JN152979

【図解】

近畿の城郭

Ⅳ

中井均［監修］

城郭談話会［編］

戎光祥出版

空から見る中世の城跡・館跡

▲関津城（滋賀県・No.2）　写真提供：滋賀県教育委員会

▲西宮城　発掘調査風景　南上空より（奈良県・No.82）　写真提供：平群町教育委員会

▼吉田住吉山遺跡　俯瞰（兵庫県・No.124）
写真提供：兵庫県立考古博物館

〈城郭の構成要素〉

石垣・石積み

▲有子山城　Ⅲ郭石垣（兵庫県・No.117）
写真提供：西尾孝昌

◀金山城　Ｉ郭に残る石垣（兵庫県・No.134）
写真提供：中西裕樹

▲稲荷山城　石垣（兵庫県・No.140）　写真提供：多田暢久

▼阿尾城　Ｉ郭北の石積み（和歌山県・No.166）
写真提供：中口孝行

〈城郭の構成要素〉

空堀

▲光明寺裏山城　堀A
（京都府・No.53）
写真提供：中川貴皓

◀広瀬山城　堀切H　西より
（奈良県・No.81）　写真提供：
寺岡光三

▶上笠間城　堀切A　北より
（奈良県・No.75）　写真提供：
寺岡光三

〈城郭の構成要素〉

土塁・虎口

▲山田城　（大阪府・No.111）
写真提供：髙田 徹

▶毛原城　大手虎口Ｄ　東より
（奈良県・No.80）　写真提供：
寺岡光三

▼高生田城　主郭土塁（兵庫県・
No.136）　写真提供：西尾孝昌

▲構北城　虎口Ｍ　Ⅻ郭より（奈良県・No.66）　写真提供：
寺岡光三

刊行にあたって

このたび、『図解近畿の城郭』Ⅳを無事、上梓することができた。本書は、各府県担当者が三十城をめどに、執筆予定者と調整し、選出した城郭を取り上げている。記述にあたっては、語句や基本スタイルの統一はなるべく行っているものの、切り口はあえて統一を図っていない。取り上げる城郭は、必ずしも地域において、あるいは中世史において著名なものばかりではない。むしろ、マイナーな城郭のほうが多いだろう。

しかし、マイナーであっても、縄張りの優れた城郭は決して少なくない。また、小規模で技巧性のない縄張りの城郭であっても、見方によっては多くの論点を備えているものである。その城郭だけに止まらない、分析視点を提示してくれることもある。時に、城郭研究全体に波紋を広げるような視点も、内在しているのではないだろうか。特色がないという点が地域の中では特徴的であり、それが個々の城郭の歴史経緯を表している場合もあるだろう。著名な城郭であっても、この点に変わりはない。すでに研究しつくされていると思われていても、新たな遺構が検出されることもあるし、遺構の評価をめぐって新解釈を示すこともできるのである。

また、本書では縄張り図の掲載を中心にしているが、必ずしも遺構の残る城郭ばかりを取り上げているわけではない。遺構が失われていても、過去に発刊された発掘調査報告書の記述や図版・写真を読み込むことで、あるいは地籍図・空中写真・絵図等の判読を通じて明らかになる点も多い。城郭遺構のみならず、城郭に似て非なる遺構を備える「城郭類似遺構」についても、いくつか取り上げている。こうした城郭について、いかに論点・情報・解釈が引き出せるか。実験的な試みとして記述された面もある。各執筆者の評価・表記が絶対的であるとは限らない。各執筆者が評価に迷い、ためらうところがあるのは、各項目をお読みいただければ、「ではないか」「可能性がある」「と思われる」等の記述が散見されるところから、ご理解いただけるのではないか。正直に言えば、地表面観察による縄張り調査や断片的な諸資料の範囲では、なかなか確定的なことを言うことは難しい。

今後、新資料が発見されれば評価を改めることが必要になるかもしれないが、現状でどれだけ切り込むことができるか、どれだけ蓋然性の高い評価が導き出されるか。各執筆者には、この点を意識して執筆に臨んでもらっている。そのため、別の解釈や疑義を持たれる点もあるかもしれない。そのような点があれば、ぜひご批判いただきたい。議論は城郭遺構の解明に寄与し、城郭研究の活性化にもつながると考えている。

二〇一七年七月

城郭談話会一同

もくじ

【和歌山県】城郭分布図

凡　例

一、本書では、軍事的な防御を前提に築かれた城郭等（含む寺院・環濠集落、城郭類似遺構等）のうち、およそ平安末期から織豊期までの中世城郭一七四ヵ所、支城・城塞群や〝付〟を含め二一六ヵ城を取り上げた。

一、本書では、城郭史上重要な位置づけが可能なもの、その地域において特徴的であるもの、その地域の歴史上重要な位置を占めるもの、今後の研究上において問題を提起すると考えられるものを中心に取り上げた。

一、各城郭の配列は市町村コード順に行った。配列が一部前後する場合もあるが、掲載の都合によるもので了とされたい。

一、所在地および史跡指定の状況などは、平成二十九年六月現在である。

一、各項目の地形図は、「数値地図２５０００オンライン」（日本地図センター発行・平成二十九年六月現在）を利用した。加筆した丸印は城郭の中心部分を示すが、城郭によっては丸印外側に城域が広がるもの、あるいは丸印内側におさまるものも存在する。図版は原則として上方を北としたが、やむをえない場合は左右いずれかを北にしている。

一、項目の「ＤＡＴＡ」のうち、規模は、各城の東西×南北のおよその最大距離を示している。

一、各項目の執筆者は、それぞれの末尾に記した。また、各図の作成者も特に注記をしていないものは各項目執筆者と同じであり、それぞれの著作権は執筆者に帰属する。

一、本書の編集にあたって、文字の統一や表記、さらに記載内容・考察等は各執筆者の意志に委ねた。したがって、各項目の文責は各項目執筆者に帰属するものである。

一、本書中、多くあげられている書籍については、左記のように省略した。

〇児玉幸多・坪井清足監修／平井聖・村井益男・村田修三編　一九七九　『日本城郭大系』全二十巻　新人物往来社→『大系』

〇中井均監修／城郭談話会編　二〇一四～二〇一六『図解近畿の城郭』Ⅰ～Ⅲ　戎光祥出版→『近畿』

一、提供者の氏名が記されている写真以外は、項目の執筆者、あるいは当社提供の写真である。

一、本書の編集には、福永清治（滋賀県）、中川貴皓（京都府）、内野和彦（奈良県）、遠藤啓輔（大阪府）、周藤匡範・永惠裕和（兵庫県）、白石博則（和歌山県）があたり、髙田徹が統括した。

一、執筆は城郭談話会員が中心であるが、会員外の方にも執筆をいただいた。また、掲載写真に関しては該当市町村の教育委員会、関係機関や、城郭談話会会員などから多大なご協力を賜った。御多忙の中、執筆ならびに協力していただいた方々に厚く御礼申し上げる。

（髙田　徹）

【滋賀県】

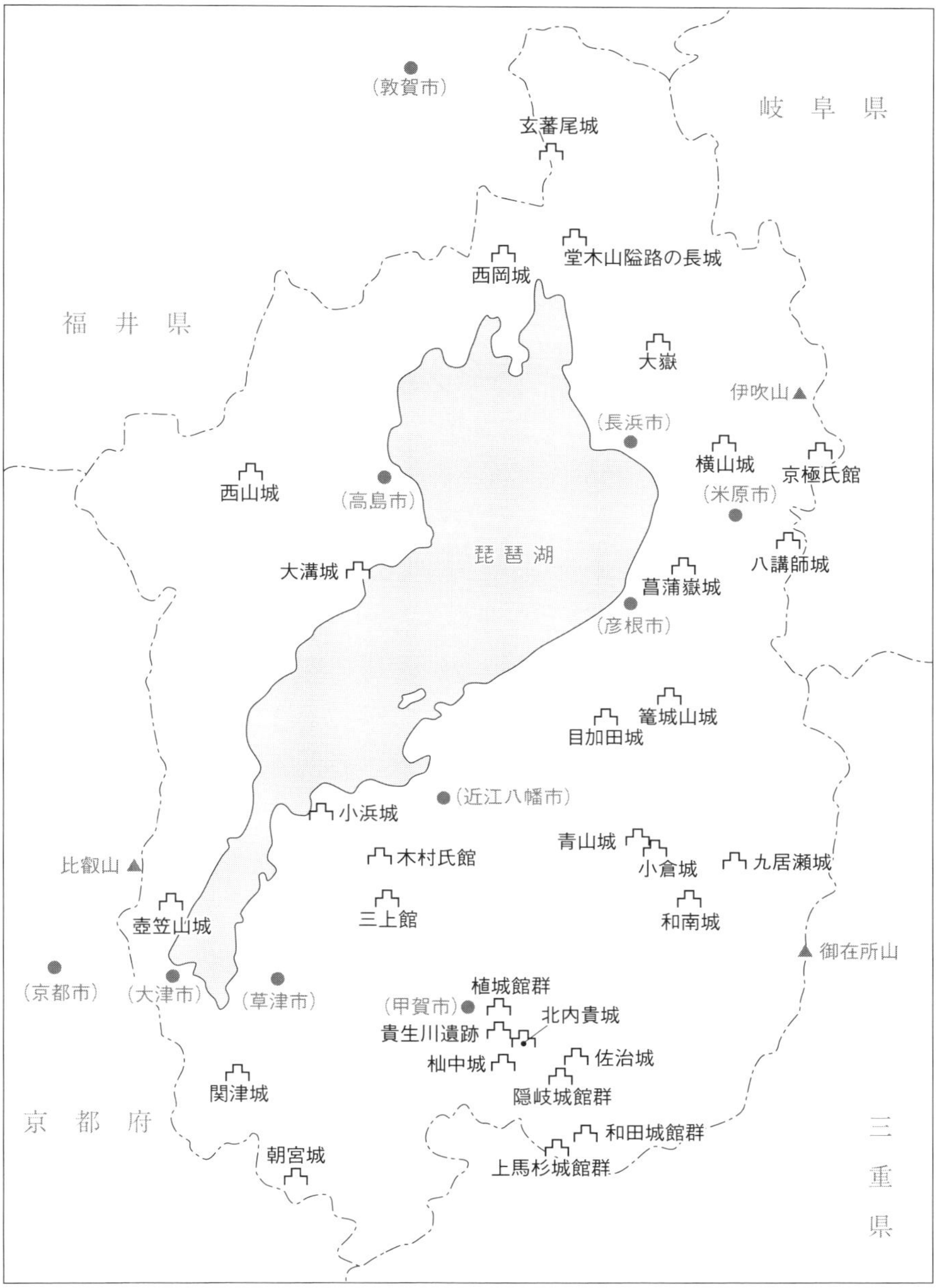

(敦賀市)
岐阜県
玄蕃尾城
堂木山隘路の長城
西岡城
福井県
大嶽
伊吹山
(長浜市)
横山城
京極氏館
西山城
(高島市)
(米原市)
琵琶湖
大溝城
八講師城
菖蒲嶽城
(彦根市)
篭城山城
目加田城
(近江八幡市)
小浜城
青山城
木村氏館
小倉城
九居瀬城
比叡山
三上館
和南城
壺笠山城
御在所山
植城館群
(京都市)
(大津市)
(草津市)
(甲賀市)
北内貴城
貴生川遺跡
杣中城
佐治城
関津城
隠岐城館群
京都府
和田城館群
三重県
朝宮城
上馬杉城館群

作画：福永清治

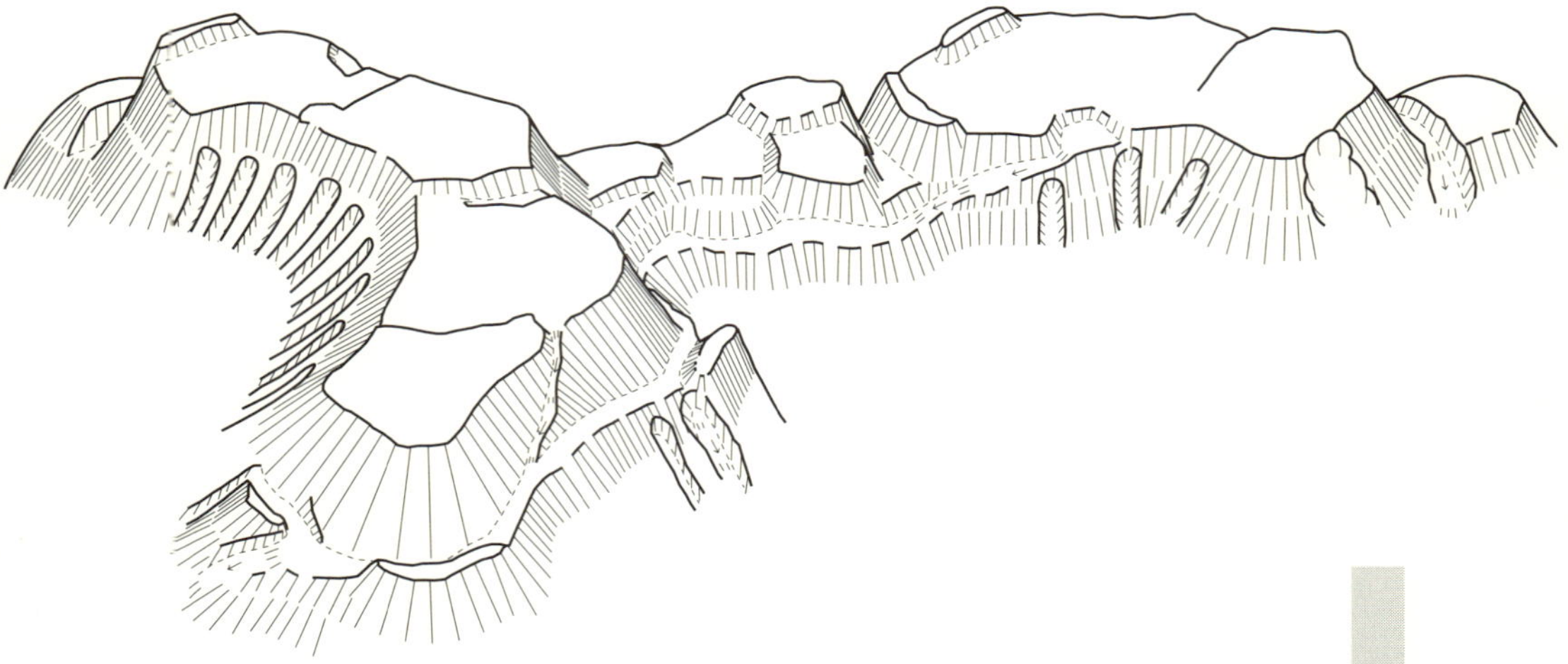

鳥瞰図と縄張り図で見る

滋賀県の城・朝宮城〈No. 18〉

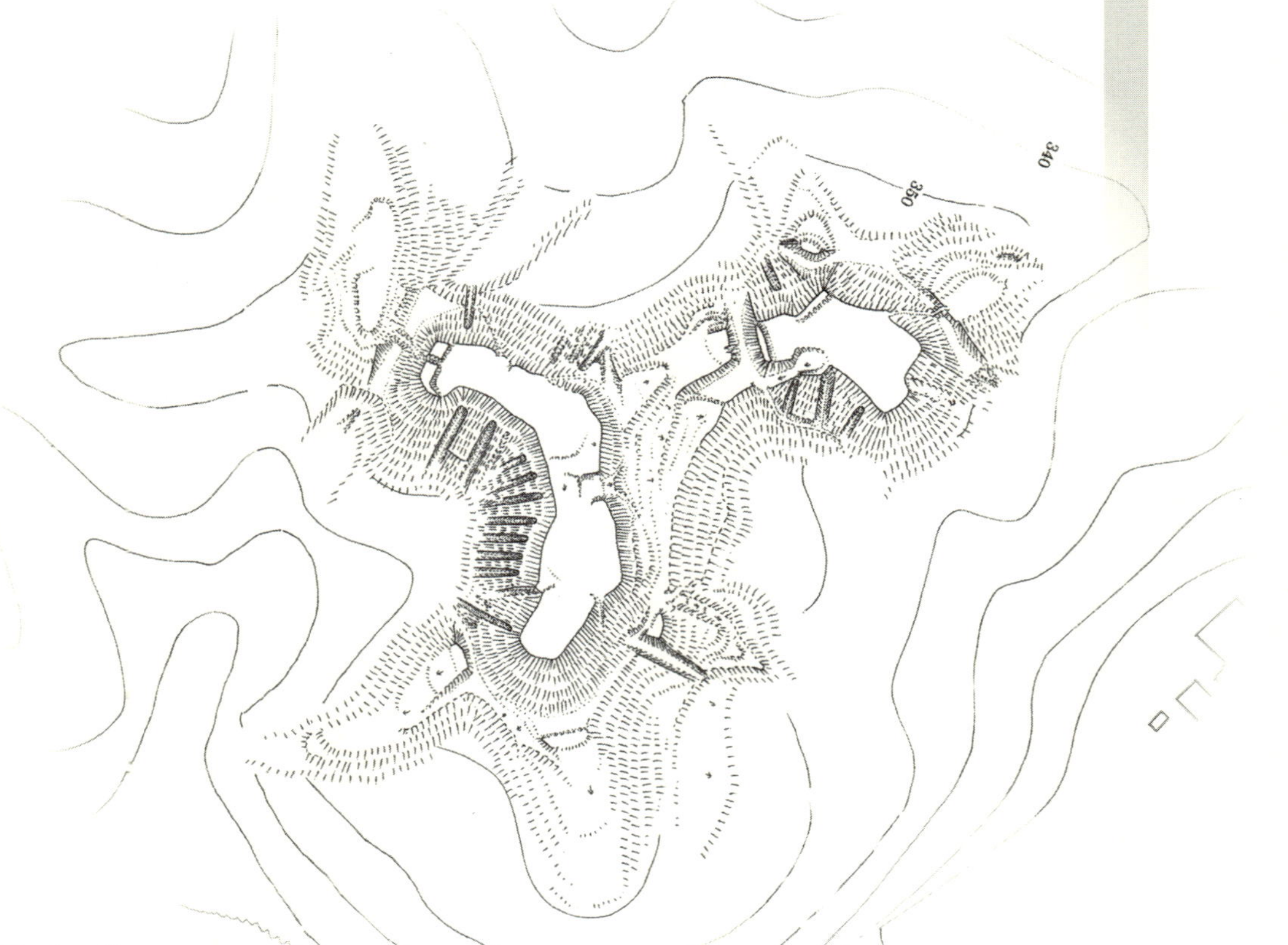

作図：髙田 徹

1

志賀の陣における朝倉・浅井軍の陣城

壺笠山城《つぼかさやまじょう》

城跡遠望

【選地】　坂本・穴太《あのう》の西に位置する比叡山から派生した、標高４２１メートルの壺笠山山頂部に築かれている。山頂周辺からは、琵琶湖方面を望むことができる。城跡付近には「白鳥越え」と呼ばれる道が通り、京都の一乗寺や修学院に抜ける道として古くから使われている。

DATA

所在：大津市坂本本町
遺構：曲輪、石垣、堀切、虎口
規模：140 × 70m
標高等：標高 421m、比高 270m

【歴史】　当城が文献上に記載されるのは、元亀元年（一五七〇）の「志賀の陣」からで、織田信長と対峙した朝倉・浅井連合軍の拠点として登場する。

信長は姉川の戦いの後、摂津の三好三人衆を攻めるが、その間隙をついて朝倉・浅井連合軍は琵琶湖西部を南北に通る北国街道を南下して坂本に布陣し、織田方の宇佐山城（『近畿』Ｉ所収）を攻めている。さらに、朝倉・浅井連合軍は「はちか峰・青山・つぼ笠山」に陣取り、急ぎ京都に戻った信長軍と対峙した（『信長公記』）。信長は連合軍に味方する山門（延暦寺）との懐柔を図るが失敗し、それからの数ヵ月間は戦線の膠着状態が続く。その間に山上の連合軍は青山から下山し、京都の一乗寺・修学院・松が崎などに放火している。

両軍とも膠着状態が打開できず、将軍足利義昭の仲介で和議を結んだ。そのため、連合軍の比叡山中の軍勢も「青山以下」の小屋を

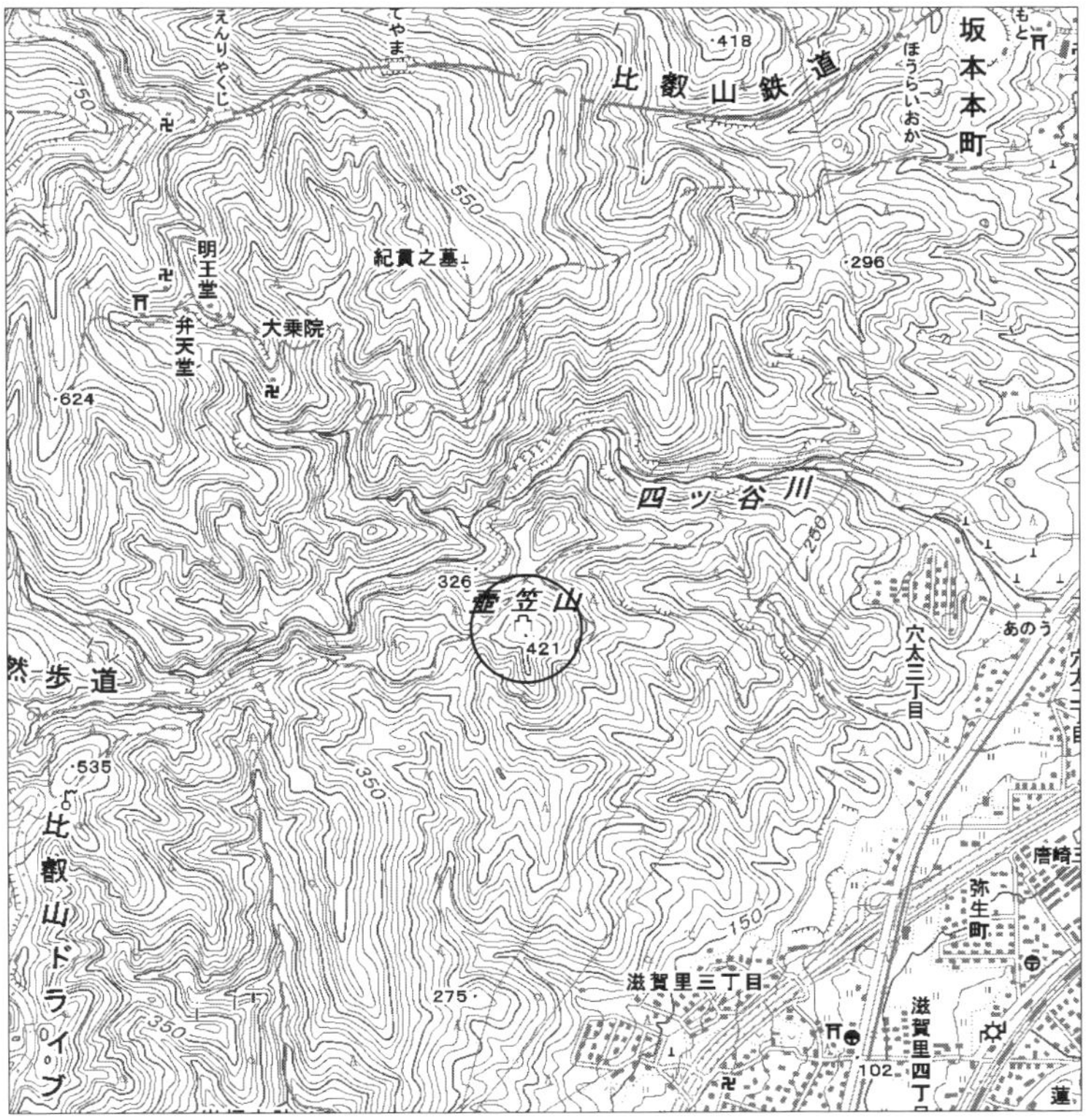

焼き払い撤退した。当城も、このときに焼き払われたと推測される。

【遺構】当城へはいくつかのルートがあるが、京阪石山坂本線穴太駅より西方の古墳公園となっている穴太《あのう》野添《のぞえ》古墳群を通り、四ツ谷川沿いの平子谷林道を進むのが歩きやすい。古墳公園から城跡までの所要時間は一時間程度である。途中で三叉路をスイッチバックして東方面へ登る。少し進むと山頂へ向かう道があり堀切Dにつながる。ただし、案内板などはないため、注意が必要である。

遺構は山頂部に築かれたⅠ郭を中心に、東西約140×南北約70メートルにかけて残存する。Ⅰ郭は30~35メートルの円形で、北東部と北西部にそれぞれ石段を伴う虎口A・Bが設けられる。

虎口Aは明確な遺構で、石段からL字状に屈曲してスロープが延びる。一方の虎口Bはかなり埋没しているが、石段が直線的にⅡ郭に取り付く。Ⅰ郭の下段は幅2~5メートルの帯曲輪Ⅱが全周し、Ⅰ郭はもともとあった古墳上に築城している可能性が高い。

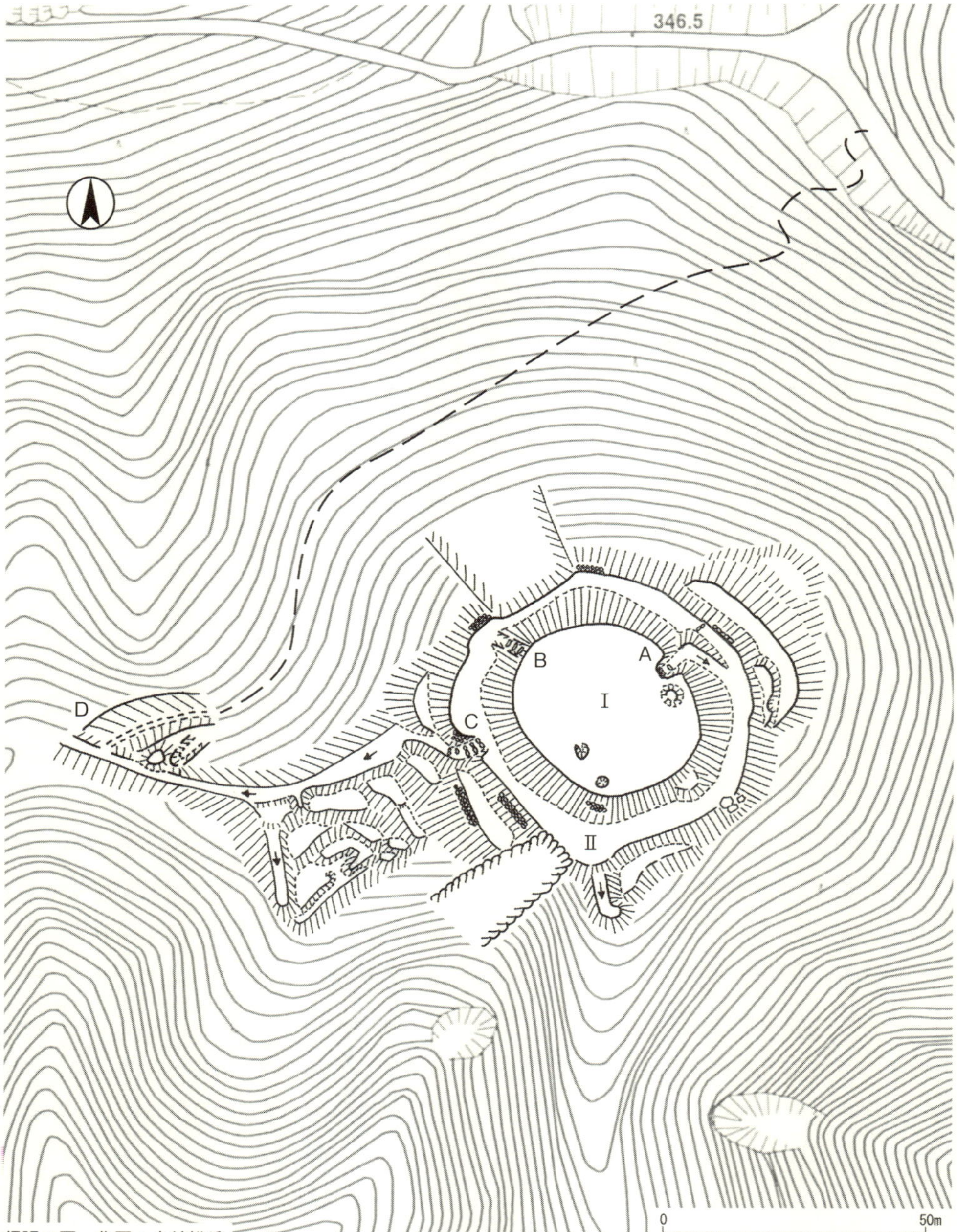

縄張り図　作図：小林裕季

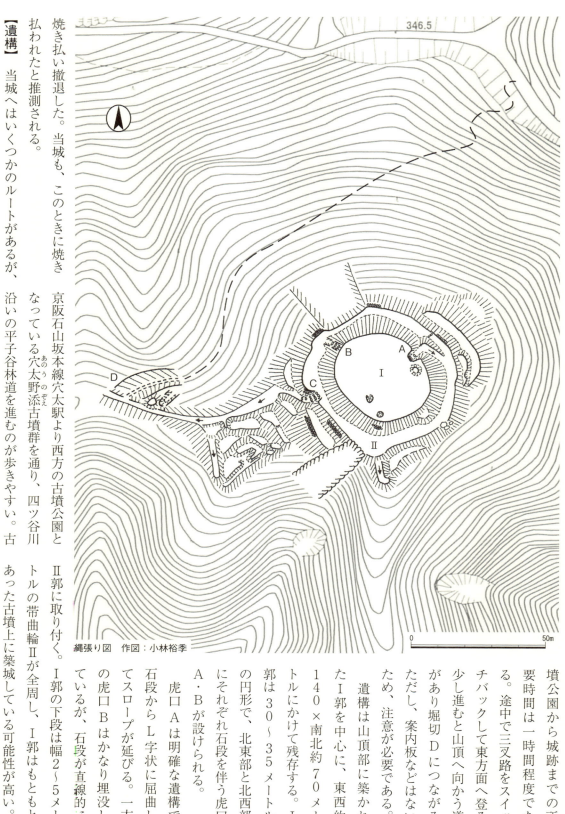

帯曲輪Ⅱの周囲には石垣が部分的に築かれ、南西部には高さ約1メートルを測るものもある。北西部にある幅約２０メートルにわたる浅い竪堀状の地形は、頂部の両端にのみ石垣が残存しているため、崩落であった可能性もある。帯曲輪Ⅱの西側は「白鳥越え」に続く尾根筋となり、石段や石垣を伴う虎口Cが築かれる。平面形はクランク状に通路を屈曲させている。虎口Cの南西斜面部には複数の小規模な曲輪が残る。

当城の遺構が確認できる最西端には、堀切Dが設けられる。尾根筋の鞍部《あんぶ》となる北側にのみ、堀切が認められる。現況は山道だが、鞍部を利用して人工的に斜面を削り取ったとみられ、隣接した尾根上の平坦部に直径約3メートルの高まりも残ることから、城に伴う遺構と考えられる。

ただし、堀切Dの西に続く白鳥越え方面は、朝倉・浅井連合軍に味方する延暦寺方面である。そのため、当城は後に、元亀二年（一五七一）に坂本城に入った明智光秀によって改修された可能性がある。

【評価】 当城は、朝倉・浅井連合軍によって「はちか峰」や「青山」とともに築城されている。地誌などの検討から、当城から北に約１００メートルにあるピークが青山と推定されているが（吉水一九八四）、明確な城郭遺構は確認できない。

また、当城から西に約１００メートルにあるピークは「白鳥山」と通称され、小規模ながら、台形状の曲輪と三条の竪堀からなる畝状空堀群が築かれている。

京都へ続く白鳥越えをおさえ、延暦寺の後方支援も期待できる立地にあり、単体ではなく、周囲の城郭を含めた複合体として当城は機能していたと考えられる。

（小林裕季）

［参考文献］吉水眞彦　一九八四「近世前期における城郭遺跡について」『史想』20号　京都教育大学考古学研究会

（上）Ⅰ郭　（中）堀切D　（下）Ⅱ郭南西部の石垣

2 発掘された水陸交通の要衝の城

関津城《せきのつじょう》

【選地】　琵琶湖から唯一流れ出る河川の瀬田川東岸に位置し、標高433メートルの笹間ヶ岳から派生した丘陵先端部に立地する。瀬田川を経て琵琶湖へとつながる発着点、および山城・宇治へとつながる陸路をおさえる、水陸交通の要衝に選地している。

【歴史】　在地土豪である宇野氏の居城とされる。承久の乱（一二二一）の際、宇野源太郎守治が戦功を立て、鎌倉幕府より恩賞として関津の地の守護に任ぜられ、当城を与えられたという。その子孫が世襲して長く城主であったとみられ、六角氏の有力家臣の青地氏や山岡氏に従属して活動し、戦国時代を中心に一定の勢力を保持し続けたようだ。

当城は発掘調査が行われており、出土遺物の年代から、一六世紀後半頃にピークを迎え、一六世紀末頃には役割を終えたとみられる。

城跡航空写真　口絵参照

DATA

所在：大津市関津３丁目
遺構：曲輪、土塁、堀切、虎口、礎石建物、門、井戸、溝、切岸（発掘調査成果）
規模：80 × 150m
標高等：標高 118m、比高 30m

【遺構】　当城は、巨視的にみると三つの土塁囲みの曲輪から構成される。道路建設に伴って城跡の大部分を対象に発掘調査が実施され、現在はⅠ・Ⅱ郭の一部とそれぞれの西側を囲む土塁が残されている。

丘陵先端部のⅠ郭は、後世の耕作等により土塁をはじめとする曲輪の削平を受けている。土塁裾の想定ラインに沿って排水用と考えられる溝が検出されていることから、本来は西側に残存する土塁が曲輪の北側にも延長していたとみられる。この溝はクランク状に屈曲しており、想定される土塁は横矢を意図したものである可能性がある。いずれにせよ、単純な方形曲輪ではなかった。

また、上段のⅡ郭からの排水は、暗渠《あんきょ》を通して下段のⅠ郭で処理する切岸裾に沿って、排水用の溝が検出されている。曲輪を土塁で囲むことから、排水の処理が問題のひとつになっていたとみられる。Ⅰ郭の南西に開口する虎口付近では、土塁がクランク状に屈曲し、虎口の西側は枡形を思わせる構造となっている。Ⅰ郭の虎口では、礎石と掘立柱が併用さ

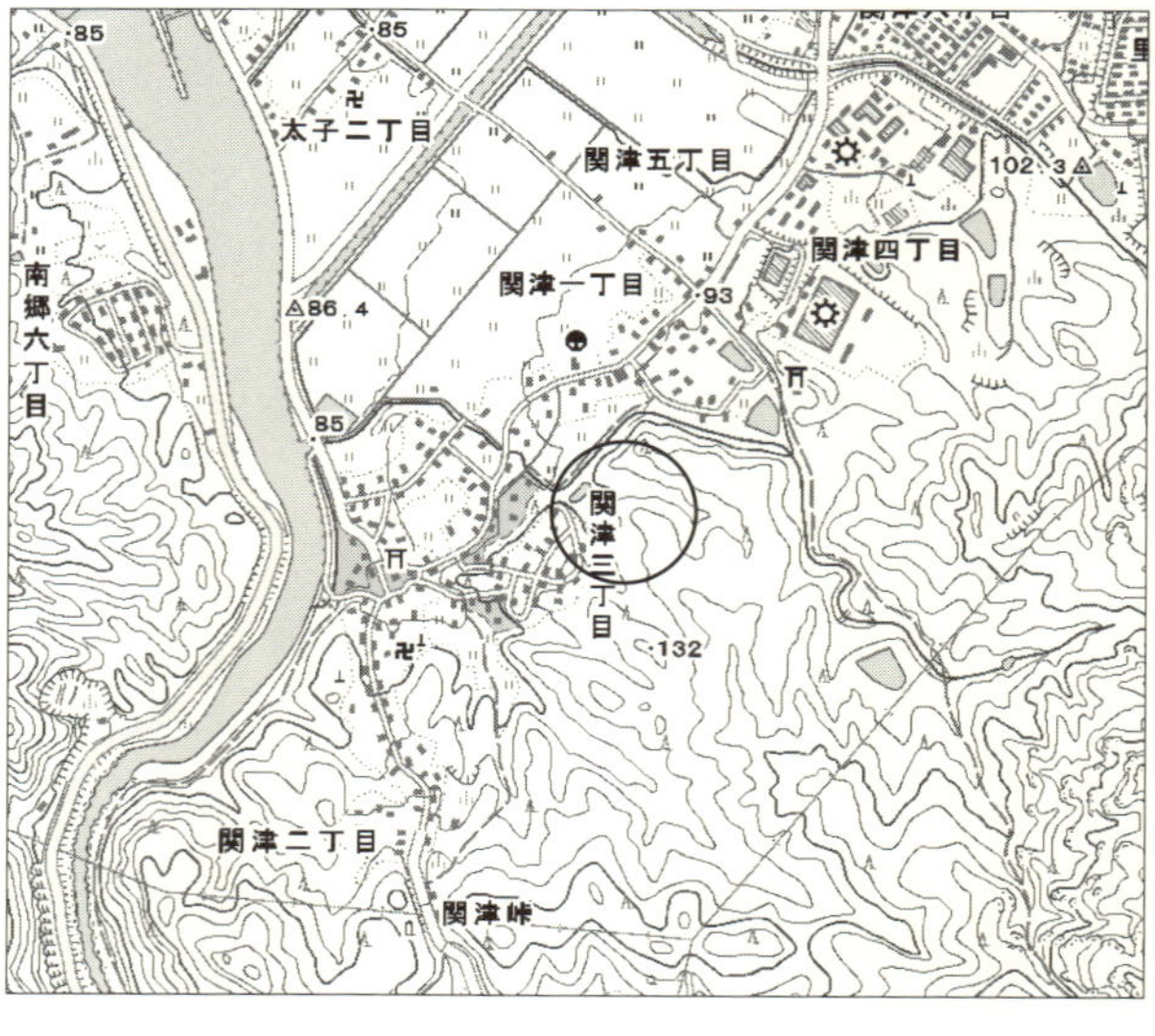

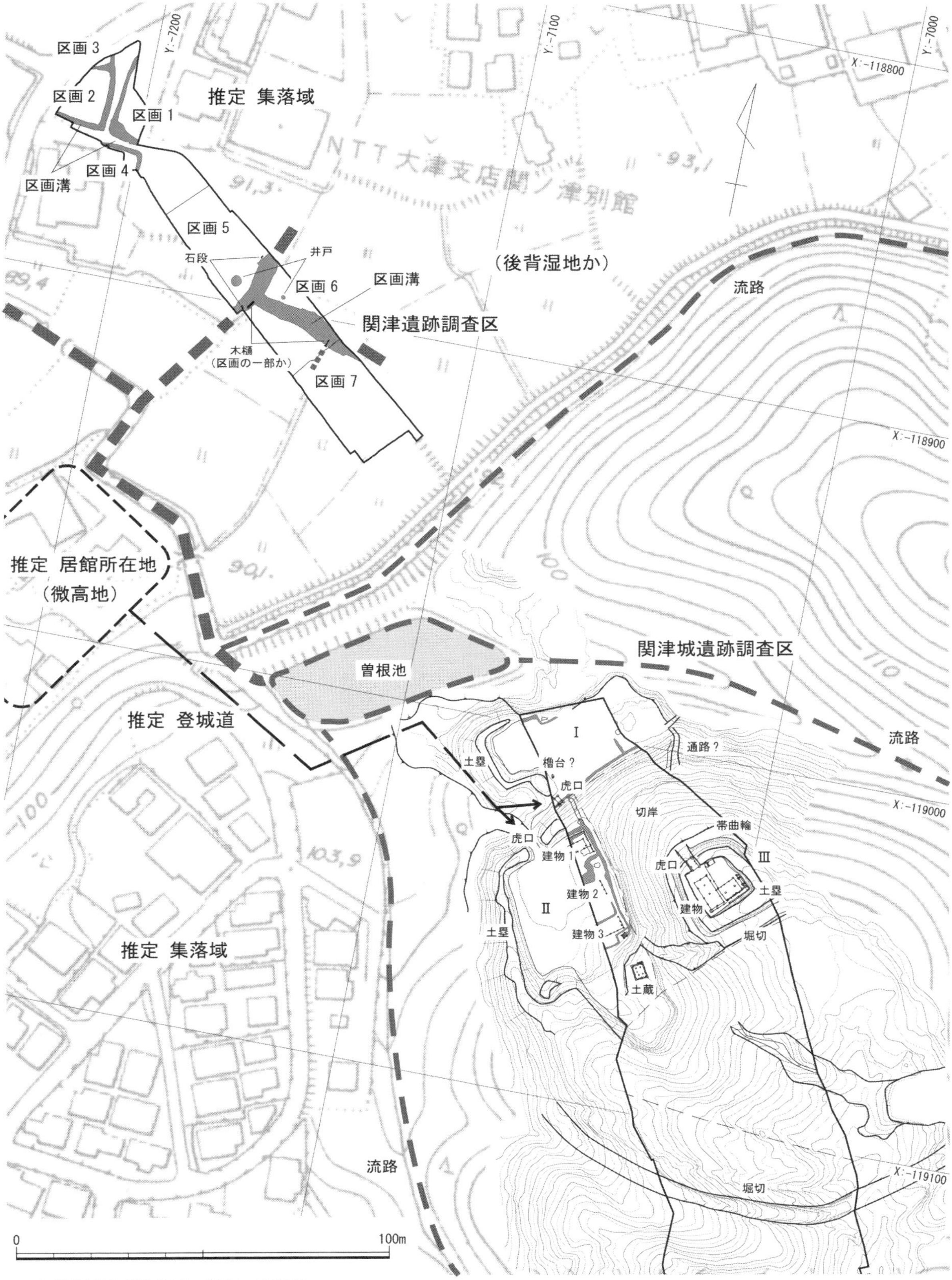

関津城主要遺構配置図　作図：小林裕季

れる門が検出されている。門の北には土塁が小丘状となって石段が取り付くことから、櫓台を伴う門であった可能性がある。

丘陵西裾には、土塁に囲まれたⅡ郭が築かれる。曲輪の東側では、火災を受けて複数回の建て替えが推測される三棟の建物跡が検出されている。各建物周辺では、日用雑器や威信財といった出土遺物の性格と分布に偏りがみられる。用途が異なる建物が整然と配置されていたようで、当城内における中心的な居館であったとみられる。

Ⅱ郭の南東上段には小規模な曲輪があり、多量の炭化穀物が出土した土蔵が築かれる。麓の集落から見通せる目立つ位置に築かれ、城主の富や経済力を見せつけることを意図していたと考えられる。

（上）Ⅱ郭上段土蔵　東より（下）Ⅲ郭　南西より
写真提供：上下とも滋賀県教育委員会

当城の最高所に築かれたⅢ郭は、方形の土塁で囲み、土塁の東・北・西の三方に通路となる帯曲輪を設ける。背後となる南側には堀切が施され、土塁と併用することで高低差を増している。

Ⅲ郭から東・北・西の斜面部は、切岸が施される。Ⅲ郭から下段のⅠ・Ⅱ郭との高低差は約15～20メートルで、斜度はおおむね四五～六〇度である。切岸裾付近では九〇度に近い壁状となる部分もあり、切岸の高い防御性を具体的に示している。

Ⅲ郭は、立地から考えて主郭とみられ、周囲に施された城郭遺構はその防御性を物語るものである。一方で、曲輪内部の発掘成果では、土師器・瀬戸美濃・白磁の皿類が際立って多く出土した。北西の虎口は、関津集落を見渡せる山麓方向に開くことからも、招いた客人などをもてなす儀礼空間であった可能性がある。

Ⅲ郭背後の南側尾根上は緩やかな地形となり、Ⅲ郭より約90メートル南に離れた位置に堀切を設けている。この堀切までが当城の範囲と考えられる。

【評価】 当城はコンパクトな配置の中で、切岸・堀切・枡形を想起させるⅠ・Ⅱ郭の虎口構造や立地などから、戦闘に対する備えを見ることができる。しかしその一方で、異なる性格の建物群のあるⅡ郭や、Ⅲ郭にみられる儀礼空間など、多面的な空間利用が行われていた。

中小の在地土豪クラスの小規模な城郭だが、「戦」の場としてだけではない城郭のあり方を提起する事例といえよう。（小林裕季）

［参考文献］三宅弘・小林裕季　二〇一六『関津城遺跡』滋賀県教育委員会・滋賀県文化財保護協会

3

鎌刃城を攻めるために築かれた城

菖《しょう》蒲《ぶ》嶽《だけ》城《じょう》

城跡遠望

【選地】　東山道（中山道）を直下に見る標高295メートルの山上に位置する。城のすぐ下には東山道が通り、摺針峠《すりばち》からの峠道と東山道が合流する地点付近から、送電線沿いに北へ尾根を登ると城跡に至る。

DATA

所在：彦根市中山町
遺構　曲輪、土塁、竪堀、堀切
規模　200 × 150m
標高等：標高 295m、比高 135m

【歴史】　応仁の乱以降、六角氏と京極氏は抗争を続けてきた。やがて、京極氏の被官であった浅井氏が勢力を伸ばすと、京極氏を擁して六角氏と対立した。坂田郡は、戦国期には京極氏と六角氏との勢力の境目にあたっていた。

今井氏の家臣である嶋氏の『嶋記録』には、天文年間に「摺針山・菖蒲嶽取出ニして、鎌のはの通路をさゝゑ」とある。つまり、今井氏は六角氏に従い、鎌刃城（『近畿』Ⅰ所収）を攻めるために当城を築いたと伝える。その後、同書によると、当城には吉田安芸守が入っている。

【遺構】　東地区と西地区の二つの城郭から構成される。尾根は「く」の字状に折れ曲がり、東地区と西地区はそれぞれその先端部に築かれている。

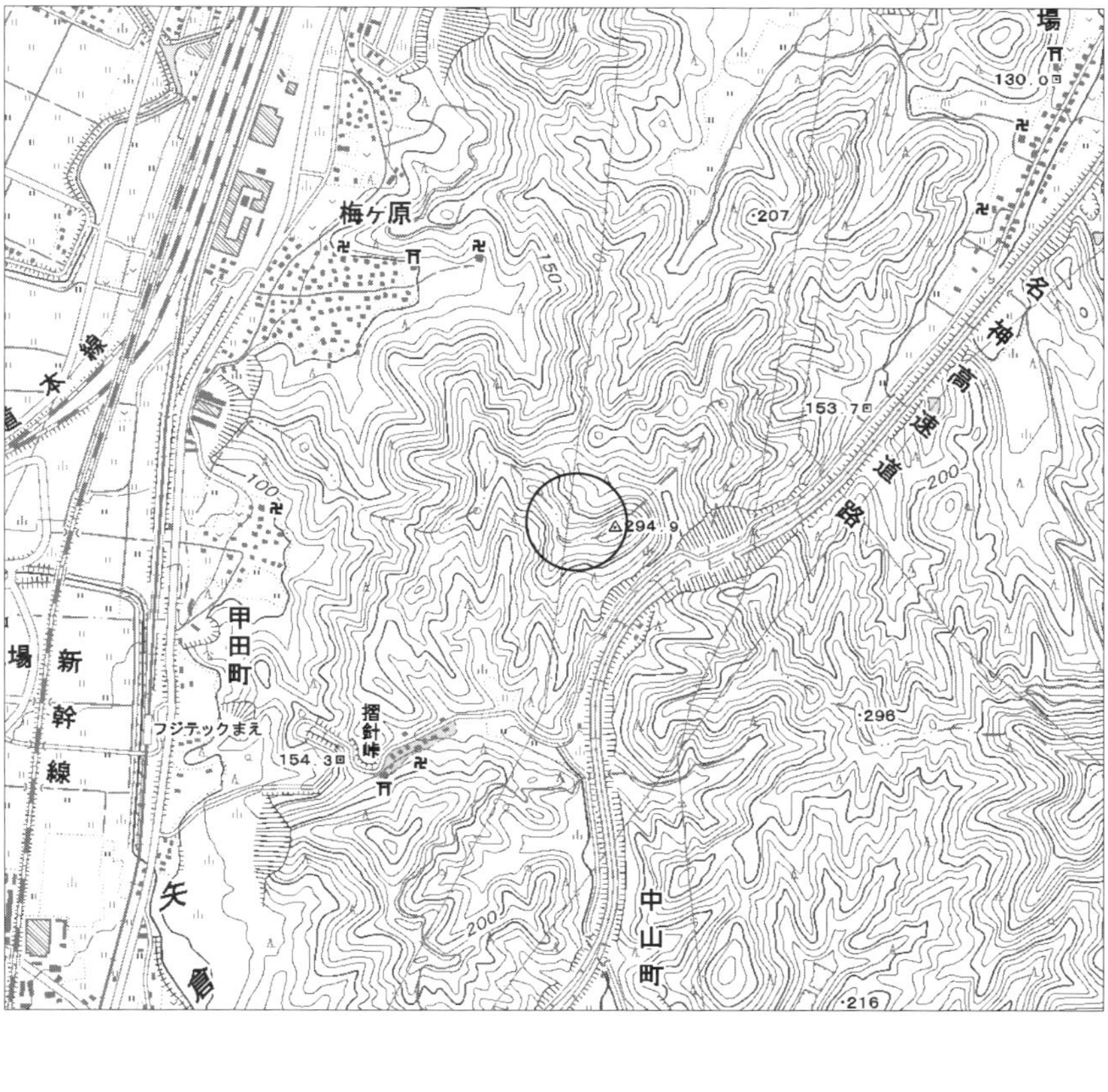

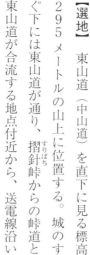

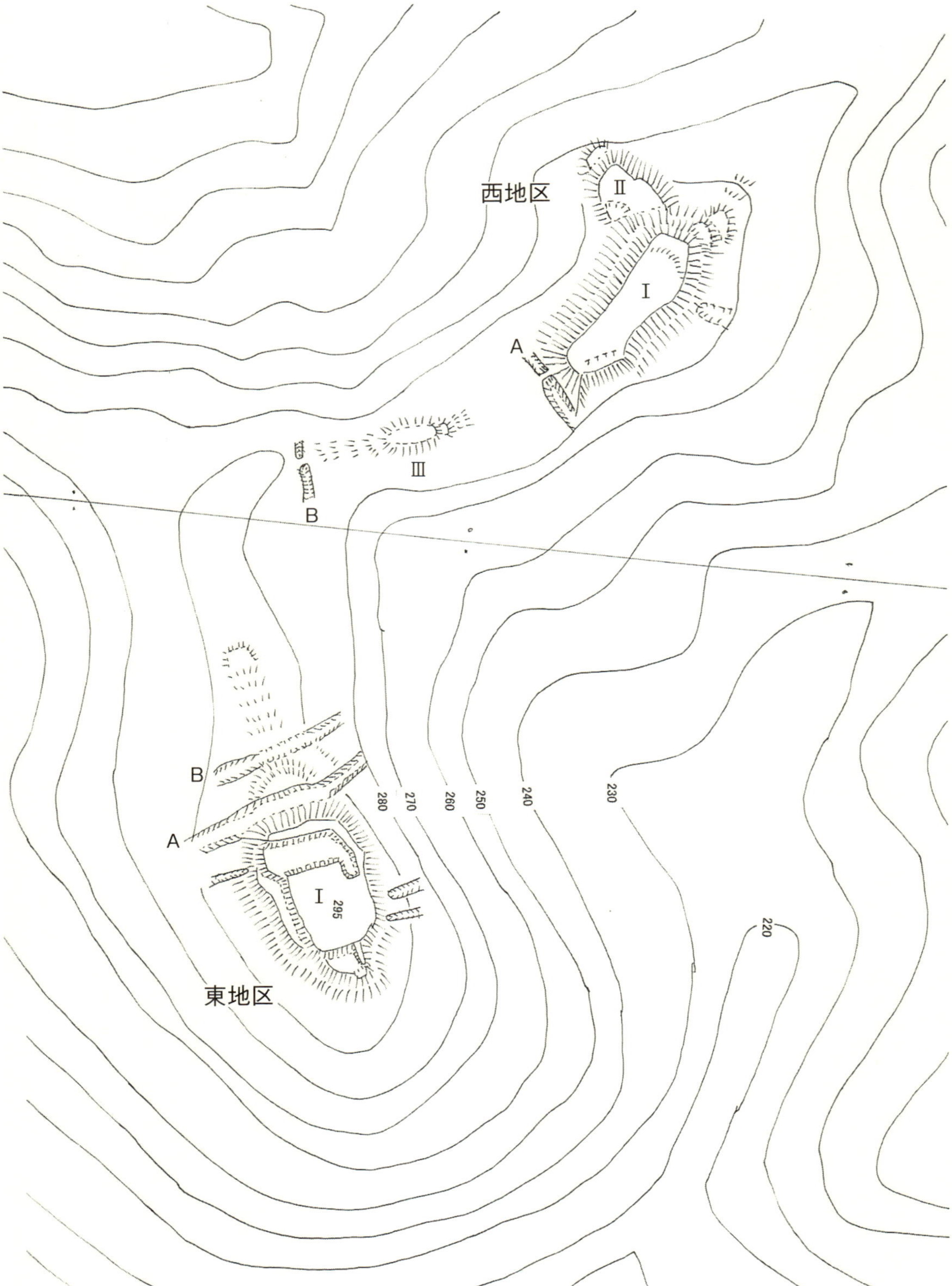

縄張り図　作図：石川浩治

東地区は、AとBの二本の堀切で尾根を断ち切っており、Bは浅いがAは深さ約3メートルを有し、いずれも両端は竪堀として落としている。

標高295メートルの地点にある東地区はⅠが主郭で、内部は二段になっている。下段は掘り込んで、土塁を削り残した形になっている。南側には土塁が築かれておらず、ここが虎口と思われる。土塁の高さは1・5メートルほどで、下段には石が散乱している。上段には土塁はなく、きれいに削平されている。北の斜面には、小規模な竪堀を二本入れている。Ⅰの東側には一段低く小曲輪があり、北側には土塁を伴っている。

西地区は、東地区とは直線距離で150メートルほど離れている。その間に浅い堀切Bを入れていて、中間に小さなピークⅢがある。Ⅲは平坦な地形ではあるが、積極的に曲輪とは評価できない。

Ⅰは西地区の主郭であり、南北に50メートルほどの細長い形である。明瞭な土塁や虎口は見られない。尾根続きには深さ2メートルの堀切Aを入れて遮断している。一段下がってⅡの曲輪があり、付属する小規模な平場がいくつかみられる。

西地区の堀切

東地区の堀切Aの切岸

【評価】 当城は、京極氏と六角氏の抗争時、鎌刃城を攻めるため築かれたと伝えられる。しかし、東山道を直下に臨む交通の要地に位置するため、その後も使用された可能性は高い。

『嶋記録』には、「摺針山・菖蒲嶽取出ニして」とあり、西地区と東地区が摺針山・菖蒲嶽にあたる可能性もあるが、あまりに近接しすぎている。摺針山は近くの摺針峠付近を指すとも考えられるが、付近の遺構の有無は未確認である。

東地区と西地区の二つを合わせて菖蒲嶽城と呼ばれている。一城別郭の縄張りとみることもできるが、縄張りはまったく異なり、本来は別の城であったのではないか。

東地区の二重堀で尾根の先端部に城域を限定する縄張りは、約1キロ南に位置するキドラ谷砦と共通する。両城が同じ勢力によって築城、もしくは改修されたことを示唆する。

（石川浩治）

4

北国街道を封鎖するための防御施設

堂木山隘路《どうぎやまあいろ》の長城《ちょうじょう》

DATA

所在：長浜市余呉町東野・中之郷
遺構：土塁（残欠）
規模：長さ約450m
標高等：標高180～147m、比高2m（低地より）

賤ヶ岳から俯瞰する北方の戦場一帯

【選地】　北国街道を越前から南下してくると、木之本で湖北平野に出る。その直前の余呉《よご》川沿いに小さな低地があり、北から天神山、堂木山、大岩山が岬状に突き出して、それぞれの岬の東側に隘路を形成している（地形図参照）。

賤ヶ岳七本槍の一人、脇坂安治の子孫に伝わった「賤ヶ嶽戦場之図」（以下、古絵図。たつの市指定文化財、たつの市立龍野歴史文化資料館蔵）には、これらの隘路のうち、堂木山の東側に柵列が描かれている。堂木山隘路の地形は地形図ではわかりにくいが、東側の幅400メートルほどが扇状地、西側の幅100メートルほどが低湿地になっており、余呉川が流れている。両者の境界は比高2メートル余の崖になっており、北国街道は、比較的地盤の良い扇状地上を通過している。

【歴史】　織田信長の横死後、山崎の戦いに勝利した羽柴秀吉は、天下への野心を露骨に現しつつあった。これに柴田勝家、織田信孝、滝川一益は連合して対抗する。秀吉は、越前北ノ庄城の勝家が雪で動けない冬季（天正十年十二月）に軍勢（以下、南軍）を動かし攻勢を発動、長浜城（滋賀県長浜市）を包囲して柴田勝豊を降伏させた後、美濃に転進して岐阜城（岐阜県岐阜市）の信孝も屈服させた。続いて長島城（三重県桑名市）の一益をも圧迫した。この情勢を受けた柴田勝家軍（以下、北軍）は、天正十一年（一五八三）二月下旬に越前を出発し、三月八日に柳ヶ瀬《やながせ》に着陣した。南軍は主力をすぐさま近江に戻し、両軍は周辺の峰々に多くの陣城《じんじろ》（砦）を築いて対陣に入った。

南軍は当初、天神山に防御線を置いたが、余呉川沿いの低湿地を横切らなければ味方と連絡がとれないうえ、行市山《ぎょういちやま》の北軍に近すぎて危険でもあるため、三月下旬に撤収した。四月初めには、東野山城～菖蒲谷砦～堂木山砦～神明山砦のラインを第一線とし、賤ヶ岳砦～岩崎山砦、田上山城を第二線とした。

天正十一年四月三日に秀吉が田上山城の弟秀長に出した手紙の中で、「惣構の堀の外に人を出すな」と指示している。文意から、この「惣構」は最前線の構であり、古絵図に描

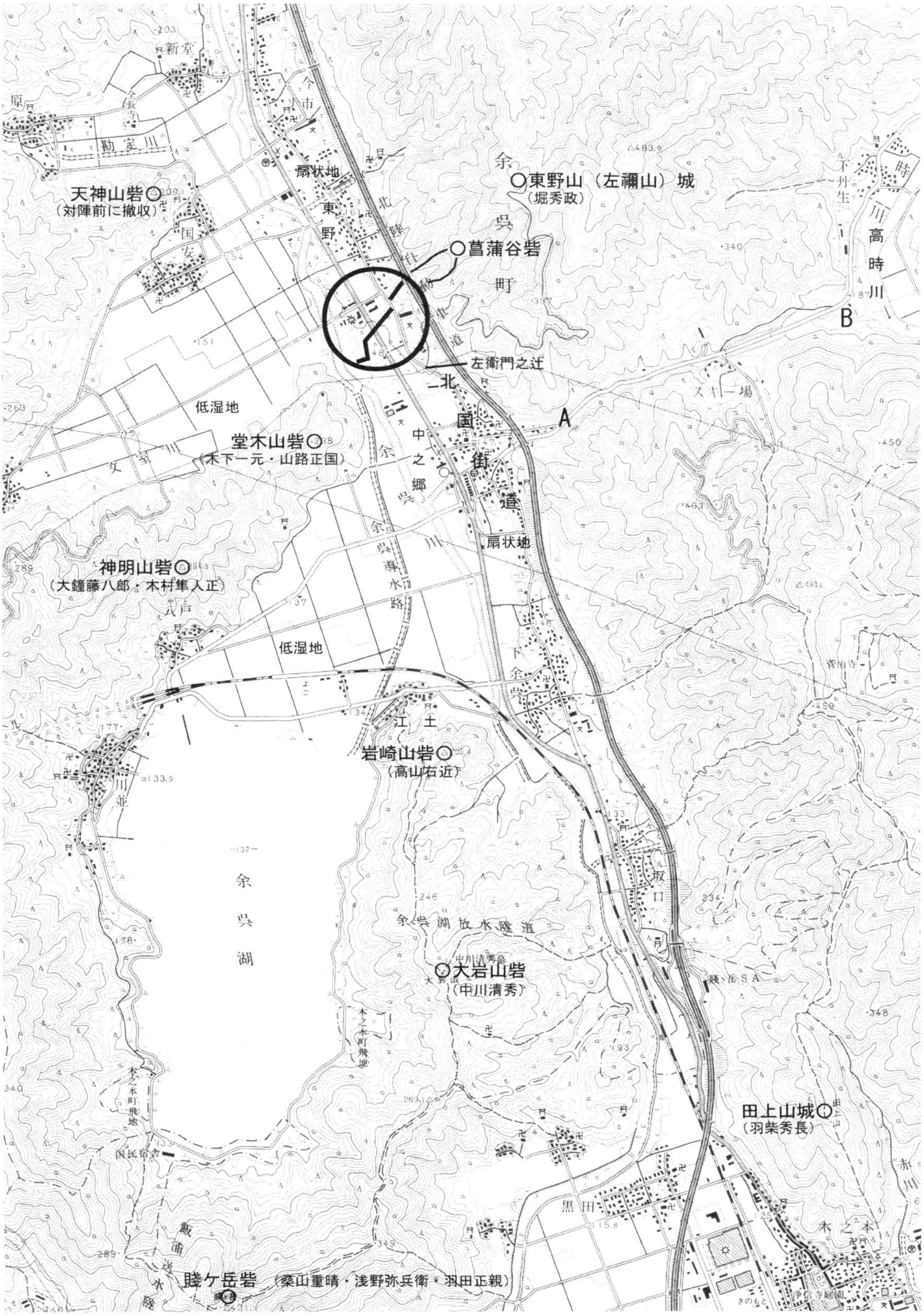

賤ヶ岳周辺の豊臣軍配置図（天正 11 年 4 月）

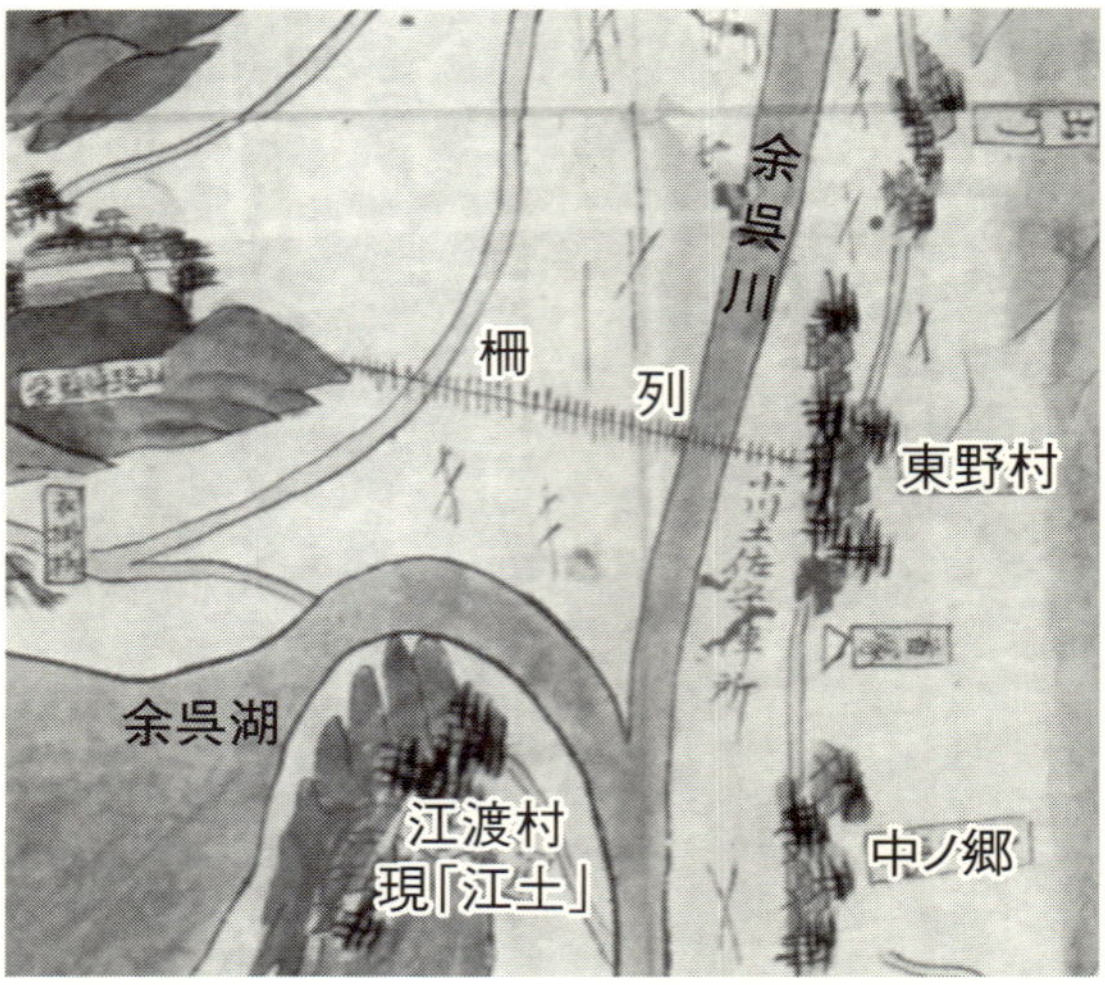

「賤ヶ嶽戦場之図」部分

かれていた柵列がこれに相当する。しかも「堀」を伴っている。一般的に古絵図に描かれる柵列は、実際には土塁や堀を伴うことがしばしばある。長篠の合戦以来、鉄砲を充分に装備した野戦築城に対する正面攻撃は、自殺行為以外の何物でもなくなっていた。四月二日に北軍が正面攻撃（威力偵察か）を行っているが、南軍は簡単に撃退している。

　四月十九日、秀吉が再起した信孝を攻めるために美濃に出陣した隙をつき、北軍の佐久間盛政らが攻勢に出た。堅固な堂木山隘路の長城ではなく、第二線の大岩山砦を迂回奇襲し、中川清秀を討ち取り岩崎山砦も制圧した。しかし、大垣から急速反転してきた南軍の主力によって、二十日夜半から二十一日にかけて北軍侵攻部隊は捕捉され、総崩れとなった。南軍の徹底的な追撃を受けて、柴田勝家は四日後に北ノ庄にて自刃し、秀吉は天下人への大きな一歩を踏み出した。

北国街道が通る扇状地と余呉川沿いの低湿地との境界の崖

【遺構】藤井尚夫氏と筆者は、一九九六年に現地調査と空中写真の判読を行い、菖蒲谷砦と堂木山砦の間には、北国街道を閉塞するための防御施設が築かれていたことを確認し、これを「堂木山隘路の長城」（以下、長城）と名付けた。現在、長城周辺は小学校、工場などが立地し、農耕による人工改変も進んでおり、遺構は土塁が断片的に存在するのみである。それらも急速に破壊が進んでおり、一見しただけでは遺構と判断しにくい。

　米軍が昭和二十二年（一九四七）に撮影した空中写真R586の写真番号25を判読すると、菖蒲谷砦西南の二本の尾根のうち、北側の尾根の西南に、直線的に連続する暗色の帯が確認できる（米軍撮影空中写真判読結果、あ〜い）。これは、地下水位の高い部分が暗色に見えるもので、ソイルマークという。その正体は、埋められた堀の痕跡である。ソイルマークをたどると、北国街道を横切るときに塁線がずれている。街道に虎口を設ける際に意図的にずらしたものであろう。さらに南西に進むと、大きくクランクしている（い〜え）。

　一九九六年四月に現地調査を行った際、長さ5メートル、高さ1・5メートル、上幅3・4〜4メートルの土塁の一部（土塁遺構写真、位置は米軍撮影空中写真判読結果参照）が確認できた。藤井氏は、これをもとに長城の土塁を高さ2メートル余、堀を深さ3メートルほどと推定した（藤井一九九六）。

堂木山隘路の長城の南後方に「左衛門之辻」と呼ばれる場所があり、かつては塚状の高まりが複数あった。長城の第二線が存在していた可能性がある。なお、余呉川流域の低湿地について、空中写真の判読、現地調査ともに遺構の存在は確認できなかった。この部分は軍勢の通過が困難であるため、柵列のみで遮断していた可能性が高い。

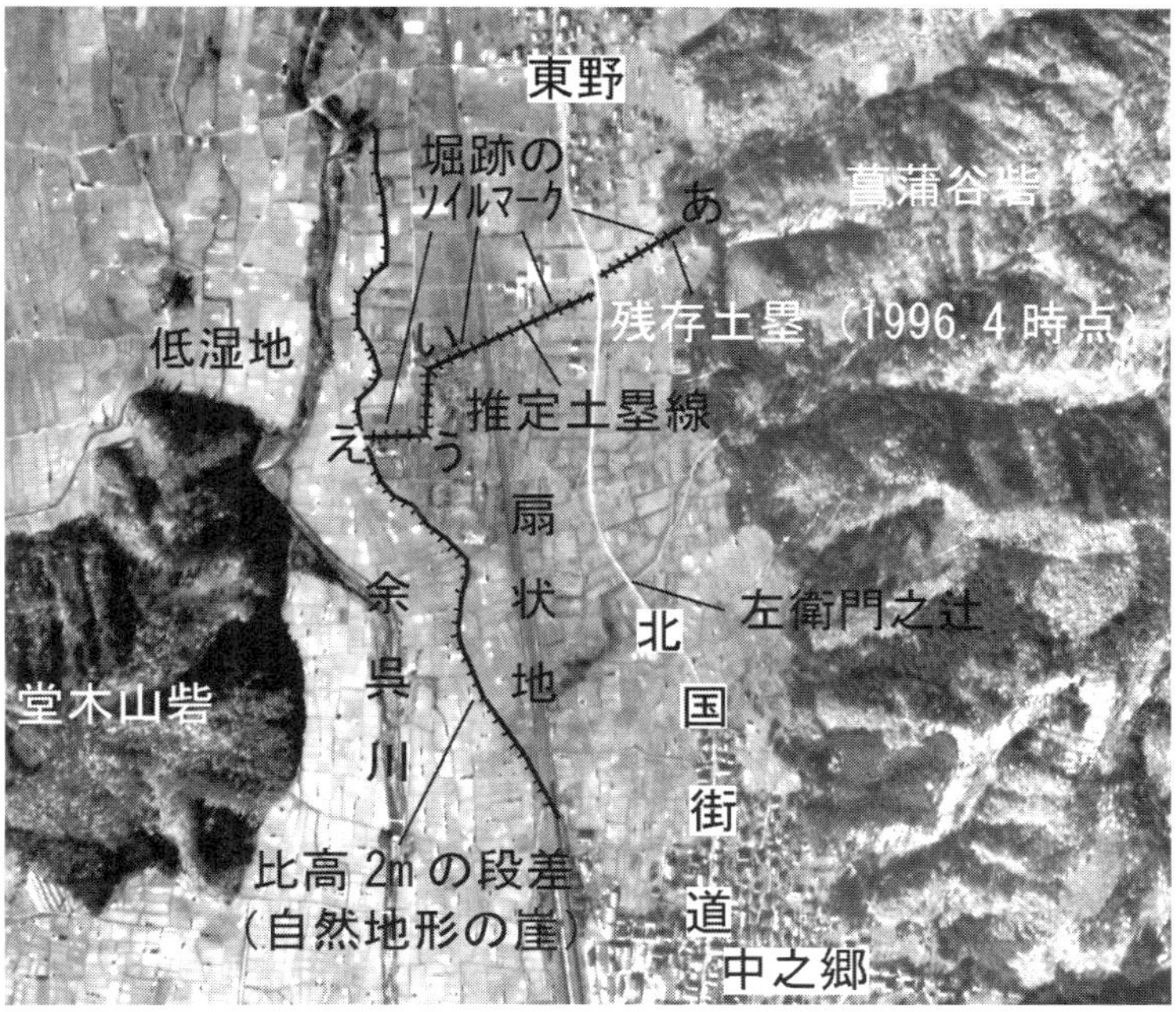

米軍撮影空中写真R586　写真番号25　昭和22年（1947）撮影（国土地理院所蔵）に加筆

土塁遺構（1996年4月時点）現在は失われている

【評価】　断片的に遺構が残されていた、賤ヶ岳の戦いで大きな役割を果したであろう長城を、古絵図を基に米軍撮影空中写真を判読して推定復元した。ただし、写真が撮影された昭和二十二年時点でも、土塁や空堀のほとんどが失われていた状態であったことをお断りしておく。

堂木山隘路の南東に、山地が低くなって谷状になっている場所がある（地形図のA・B）。脇坂家の古図には萱並道と記載されており、高時《たかとき》川沿いに木之本や長浜、関ヶ原方面に通じる北国街道の脇道だった。大岩山の隘路のほうが狭くて長城を築きやすいが、この道を閉塞できないため、南軍は、どうあっても堂木山隘路に遮断線を構築する必要があった。

堂木山砦、神明山砦に入れられた山路正国、木下、大鐘らは降伏した柴田勝豊の家臣であり、合戦時の動向を危ぶまれていた。実際、山路正国は後に北軍へ走っている。第一線にこのような連中がいるのは危険なように感じられるが、低湿地と比高2メートルの崖があるため、堂木山から長城のある扇状地にとりつくのは意外と難しい。最悪の場合、第一線の西半部を失っても、北国街道と東野山城、菖蒲谷砦が確保できれば戦術的な目的は達成できる。このような地形と複数存在していた可能性のある長城によって、大岩山、岩崎山を失っても、第一線守備隊は秀吉の来援まで耐え抜くことができた。　（坂井尚登）

［参考文献］　藤井尚夫　一九九六「秀吉の誤算と勝家の勝機」『歴史群像』一九九六年一〇月号　一〇九～一三〇　学習研究社

5 玄蕃尾城《げんばおじょう》

織豊系陣城の到達点を示す縄張り

Ｉ郭の櫓台Ｄ

【選地】　当城は、江越国境に位置する。城跡の南方には刀根坂《とねざか》（倉坂峠・久々坂《くくざか》峠）が位置し、この峠を押さえるために築かれた城であることがわかる。刀根坂は、近江柳ケ瀬と越前刀根を結ぶ重要な街道で、明治十一年（一八七八）の明治天皇の北陸行幸にも利用されている。現在も、幅二間ほどの山道が残されている。

　刀根から敦賀に出ると海路も利用でき、柳ケ瀬に残る明治の道標には、「敦賀汽船」と刻まれている。一方、城跡の東山麓には栃の木峠開削後の北国街道が縦貫しており、これに睨みを効かせている。

　刀根坂直上の尾根に選地しているのではなく、やや離れて位置していることが興味深い。城跡と峠間には平坦な尾根筋が続いており、一見すると敵に峠を押さえられかねない立地である。おそらく、城域に取り込まなかった尾根筋は、兵の駐屯地や物資の集積地とするためであったと考えられる。

　柳ケ瀬からの登城道は、距離は長いが比較的緩やかで登りやすい。刀根からは刀根坂直

DATA

所在：長浜市余呉町柳ケ瀬
別称：内中尾城
遺構：堀切、土塁、横堀
規模：250 × 150m
標高等：標高 468.2m、
　比高 260m
指定：国史跡

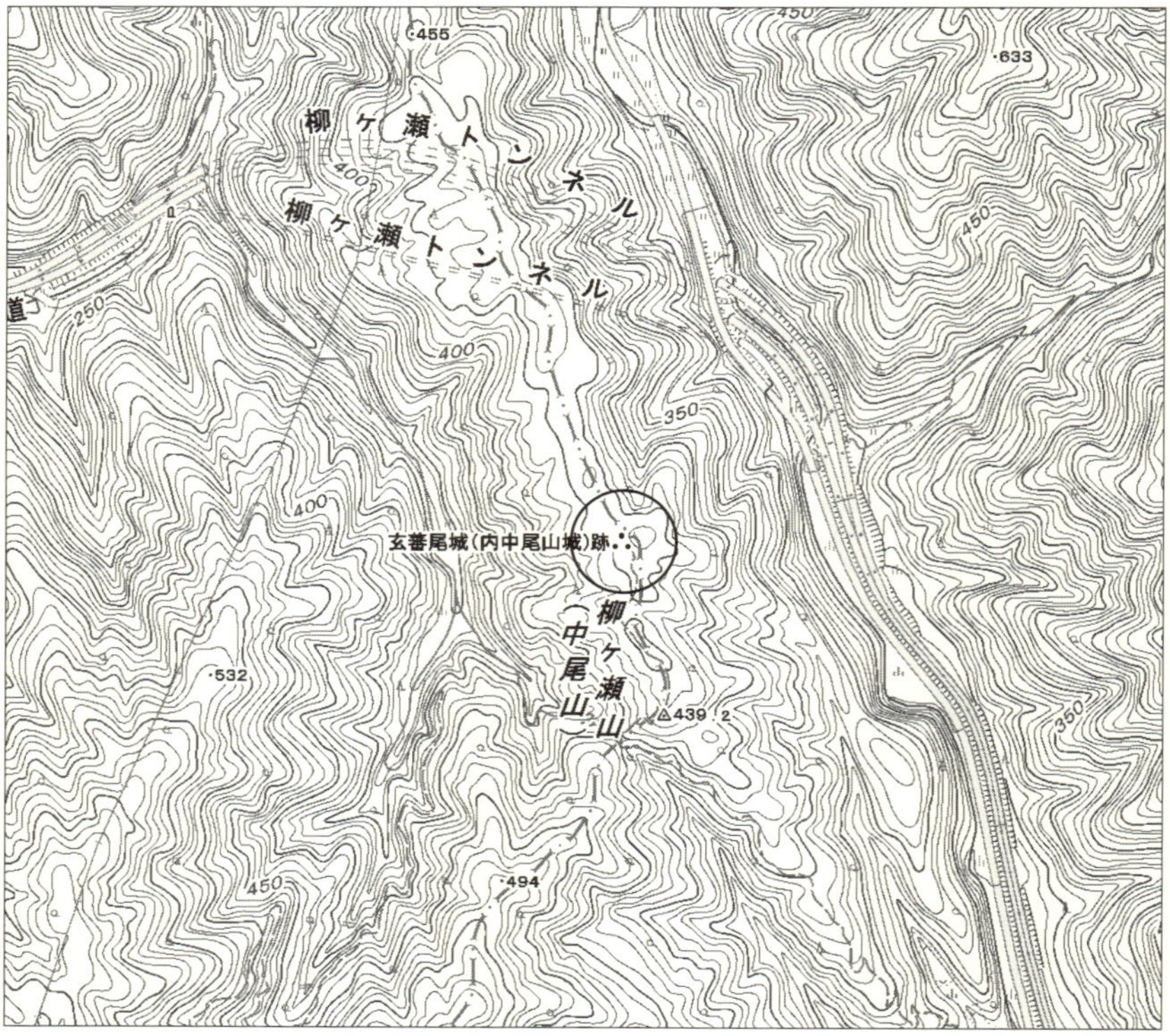

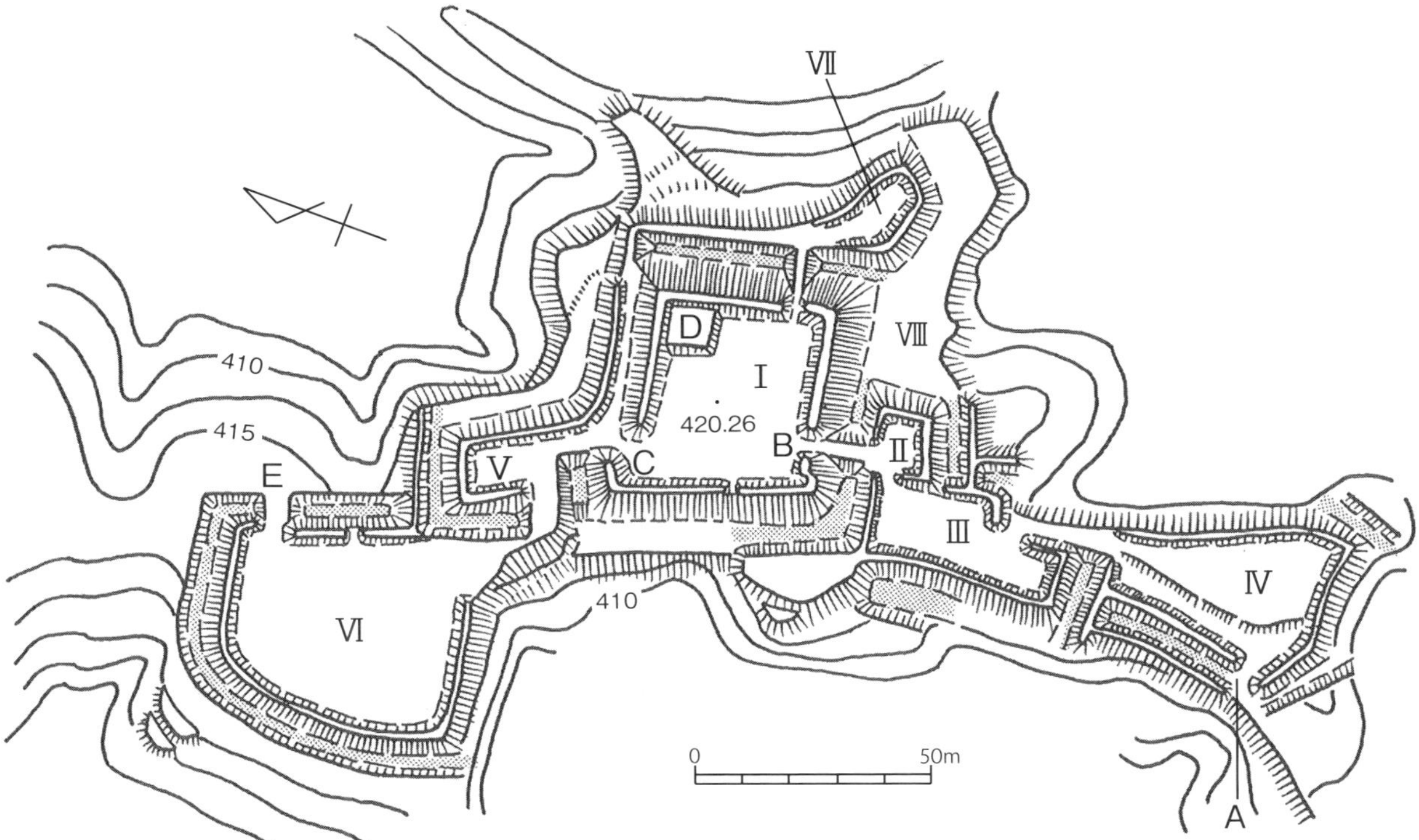

概要図　作図：中井 均

刀根坂

下まで林道があり、車で行くことができる。林道の終点に駐車して、そこから城跡までは徒歩三〇分もかからない。車を利用する場合は、このルートをおすすめする。

【歴史】　当城は、賤ヶ岳合戦における柴田勝家の本陣として有名である。ただし、刀根坂を押さえる場所として、朝倉氏が小谷城救援でたびたび利用する江越国境の要衝でもあり、戦国時代に陣城の築かれていた可能性がある。

　ところで、賤ヶ岳合戦では両軍が多くの陣城を築いているが、当城はほかの賤ヶ岳合戦の陣城に比べ、規模が大きく同じ時期に築かれたものとは考えられない。前年の清洲会議で勝家の養子（甥）勝豊が長浜城を領しており、この段階で勝家の居城北ノ庄と長浜城の中間に繋ぎの城として築かれた可能性がある。そのため勝家は、賤ヶ岳合戦での布陣について何の躊躇もなく、内中尾《うちなかお》の城（玄蕃尾城）に本陣を置いたものと考えられる。

【遺構】　当城の構造は、非常に論理的に構えられており、統一された縄張りは、戦国時代の陣城の到達点として位置付けられる。

　Ⅰ郭はほぼ半町四方の方形となり、正面虎口Ｂの前面には方形のⅡ郭が築かれ、

Ⅰ郭虎口Ｂの前面に構えられたⅡ郭

Ⅲ郭を巡る土塁

さらにその前面にも方形のⅢ郭が構えられ、いずれも虎口を交互に設け、敵の直進を阻んでいる。これらは、曲輪という兵の駐屯地ではなく、角馬出であり、虎口前面の防御の要として設けられたものである。

Ⅰ郭の搦手となる虎口Ｃは、両側の土塁をずらして喰い違いとし、前面には方形のⅤ郭が配されている。もちろん、このⅤ郭も角馬出である。Ⅴ郭から細い土橋を渡ると、北端に配されたⅥ郭がある。扇形に築かれたⅥ郭は、主郭となるⅠ郭よりも広い。ここは見事に横堀を全周させているが、実は曲輪内は削平をほとんど施していない。遮断線は設けるものの、平坦地は必要としなかったわけである。こうした構造より、Ⅵ郭は物資を集積する兵站基地として機能していたと考えられる。虎口Ｅは平虎口で土橋も幅広く、物資搬入用の虎口であったが、敵に対してはⅤ郭より見事に横矢が掛かる。

Ⅷ郭は土塁も堀も構えられない平坦地のみの曲輪である。北国街道からは谷筋を登ってこの曲輪に至ると考えられるが、ここは三方に土塁囲いのⅠ・Ⅱ・Ⅶ郭が位置しており、挟撃にさらされることとなる。これだけ完成した構造であるが、櫓台はⅠ郭の北東端の櫓台Ｄのみである。位置的には天守台といってもよいだろう。礎石も残っている。岐阜市歴史博物館所蔵の「賤ヶ岳合戦図屏風」には、賤ヶ岳砦や大岩山砦に鼠壁の土塀や櫓が描かれており、この天守も土壁による重層構造の建物が建っていた可能性が高い。

【評価】　主郭の虎口に対して角馬出を設ける点は、同じ賤ヶ岳合戦の陣城である東野山城、田上山城などにも認められる構造である。また、天守台を主郭の端部に置く構造は、秀吉築城の特徴であり、大坂城や聚楽第などの居城や、石垣山一夜城などの陣城にも共通する。織田、豊臣氏は攻城戦、対峙戦に陣城を築く戦法をとる。当城は、こうした陣城の頂点と言っても過言ではないだろう。　（中井　均）

［参考文献］高田徹　二〇〇六「玄蕃尾城」『近江の山城ベスト50を歩く』サンライズ出版／中井均　二〇一五「玄蕃尾城」『近畿の名城を歩く』吉川弘文館

6

小谷城攻めの最前線基地

横山城《よこやまじょう》

Ⅰ郭より小谷城を望む

【選地】　横山の地名は、坂田郡を東西に二分するように横たわる山に由来する。この山の北東側には東山道（中山道）の関ヶ原から分岐し、北陸に向かう越前道（北国脇往還）が走る。また、西側には東山道の鳥居本から分岐し、やはり北陸に向かう北国街道が走っている。

横山山頂からは、この二つの街道を眼下に望むことができ、横山の北側先端からは東西に流れる姉川を望むことができる。姉川の北岸は浅井郡で、南岸は坂田郡となる郡境でもあった。このため、浅井氏にとっては南方防御の前線となる山塊である。

横山の南方の鞍部は現在、県道５０９号が東西に横断しているが、観音坂トンネルの西側開口部付近に駐車場があり、そこから尾根に取り付いて城跡に登ることができる。このトンネルのほぼ上部に、旧観音坂が通っていた。また、石田集落の東端に位置する日吉神社からは、城跡の西尾根に登るハイキングコースもある。比較的整備されたルートであり、現在、最も登りやすいコースである。ただし、神社には駐車場がないので、石田集落にある石田会館に車を置いて歩くのがよいだろう。さらに横山の東側、朝日の観音寺より東の尾根筋に取り付く登城道もある。

【歴史】　当初は、浅井氏の前線基地として築かれたが、元亀元年（一五七〇）の姉川合戦

DATA

所在：長浜市堀部町・石田町・米原市朝日
遺構：二重堀切、土塁、竪堀
規模：500 × 500m
標高等：標高 312m、比高 200m

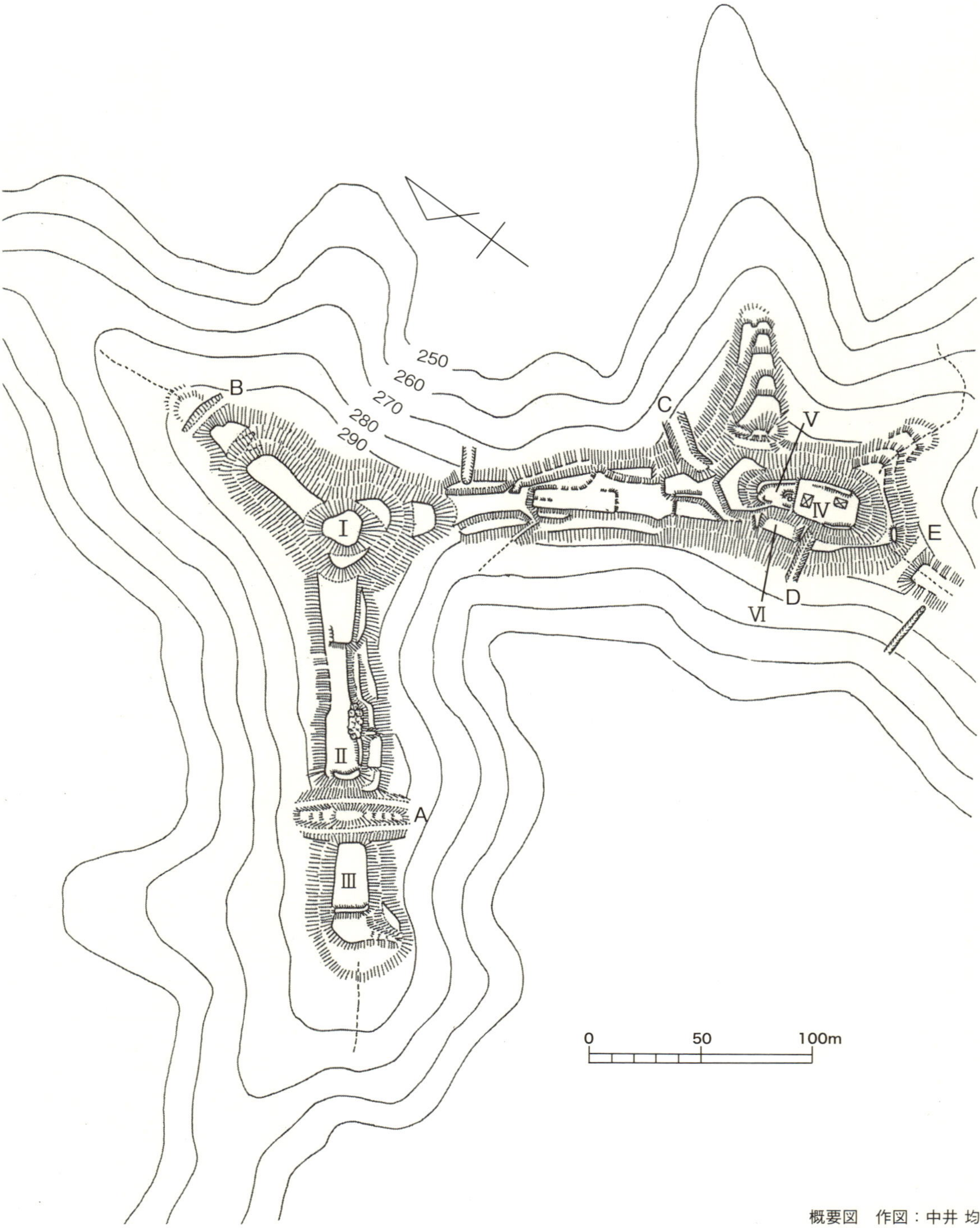

概要図　作図：中井 均

の前哨戦で織田信長に攻められ落城する。信長は直ちに木下藤吉郎を城番として置き、以後、信長の小谷城攻めの最前線基地として位置付けられた。

浅井方にとっては姉川を押さえられたため、元亀二年、三年と攻撃をおこなっている。特に元亀三年の城攻めでは、浅井軍は外郭を破り、本丸まで迫っている。織田軍はなかなか姉川を渡河して北上できなかったが、元亀三年に小谷城の咽喉部に位置する虎御前山《とらごぜんやま》に本陣が移されると、その機能は失われた。

なお、天正十年（一五八二）には賤ヶ岳合戦に備えた第二防御線として、秀吉が修築をおこなっている。

【遺構】当城は、いわゆる別城一郭の構造を示しており、便宜的に北城と南城と呼ぶ。構造には大きな違いがあり、北城は横山山頂にⅠ郭を主郭として配置している。ここからは東山道、越前道、姉川、そして小谷城を一望のもとに見渡すことができる。

西尾根筋にはⅡ郭を構えるが、一部、自然地形を残す未削平となっている。Ⅱ郭の西端に構えられているのが、二重堀切のAである。滋賀県下では二重堀切はほとんど認められず、西尾根筋に対する防御意識を読み取ることができる。さらに、二重堀切の前面にもⅢ郭が設けられており、曲輪端部には土塁も備えられている。発掘調査の結果、土塁の北端部に開口部が検出され、虎口であったことが明らかにされた。Ⅰ郭の北側尾根筋には、二段の曲輪を配置した前面に堀切Bが構えられ、城域を設定している。

こうした北城の南側は、落差をもって鞍部に至る。鞍部も曲輪状に削平はされているが、加工は未整形に近い。

（上）Ⅰ郭 （下）Ⅲ郭の土塁

一方、南城はⅣ郭が主郭となるが、形状は方形を意識している。曲輪の東・西面には土塁が巡らされているが、発掘調査の結果、二時期にわたって土塁が築かれていることが明らかにされた。その北側には一段低くⅤ郭が構えられているが、ここに登城道が取り付いており、枡形虎口として機能していた可能性が考えられる。

Ⅳ郭の西側には、両側を竪土塁と竪堀Dによって区画されたⅥ郭が、帯曲輪として配置されている。また、北城との間の鞍部から独立するように、巨大な竪堀Cが配置されている。南側には堀切Eが、同じように東側尾根筋にも堀切が掘られ、南と東の尾根筋を完全に切断している。

【評価】北城と南城では、明らかに構造に差異が認められる。北城では主郭のⅠ郭などに土塁は設けられず、削平を施すのみとなっている。これに対して、南城では主郭のⅣ郭に土塁を巡らせ、枡形虎口の可能性のある虎口も認められ、北城よりも発達した構造を示している。こうした差異は時間差によるものと考えられ、北城が信長の小谷城攻めの付城で、南城が賤ヶ岳合戦に備えて改修された陣城と見られる。

（中井　均）

[参考文献] 長浜市教育委員会 二〇〇三『詳細遺跡分布調査報告書 横山古墳群・横山城跡及び関連砦』／長浜市教育委員会 二〇一〇『詳細遺跡分布調査3 横山丘陵遺跡群確認調査報告書』

7 西岡城《にしおかじょう》

越前国境に近い戦略的に重要な城

堀切H　Ⅳ郭より　写真提供：増山政昭（以下、同）

【選地】 標高411メートルの日計《ひばかり》山から南側に延びた尾根続きの頂部、南方に横波集落を見下ろす山上に位置する。東麓の国道8号を北上すると、深坂越で福井県敦賀市に至る。

　当城の南2キロには岩《やの》熊《くま》城、東約1・5キロには応昌寺《おうしょうじ》城、北約2キロには集福寺《しゅうふくじ》若山《わかやま》城がある。また、当城は賤ケ岳合戦の陣城群とも比較的近い位置にあり、西約3・3キロには羽柴軍の神明山《しんめいやま》砦、北東約4・4キロには柴田軍の行市山《ぎょういちやま》砦がある。

　当城は、JR北陸本線近江塩津駅の西側にそびえる山上にある。駅の南西約1・5キロ、横波集落にある日吉神社境内から山道を登ると、約四〇分で城跡に到達する。

DATA
所在：長浜市西浅井町余・横波
遺構：土塁、堀、竪堀
規模：120 × 200m
標高等：標高320m、比高180m

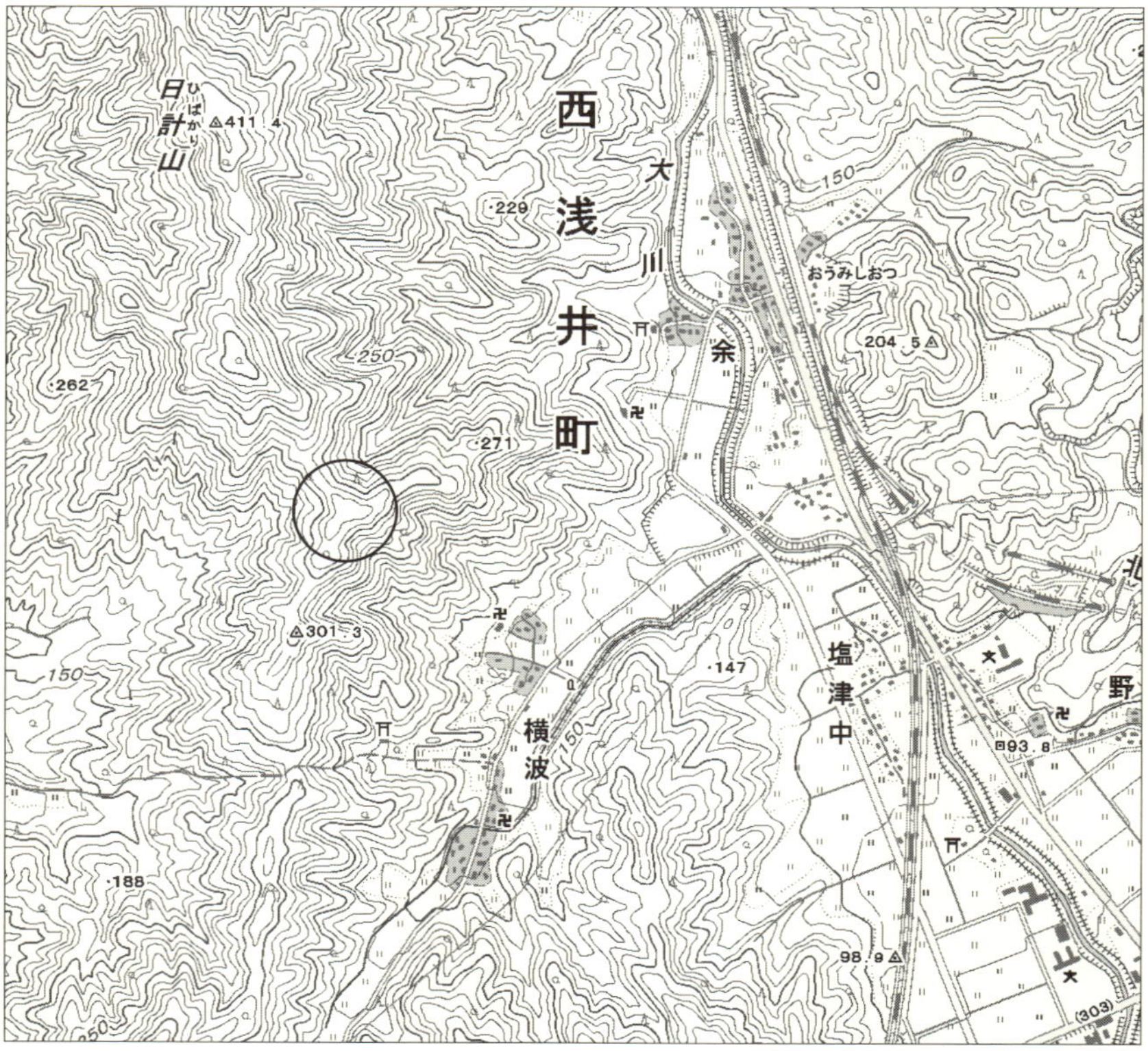

【歴史】 伝承では、当地の領主であった熊谷氏の城であったとする。『太閤記』には、天正十一年（一五八三）の賤ケ岳の合戦時、丹羽長秀が塩津・海津に七千人ほどの兵を置いたと記されている。『滋賀県中世城郭分布調査7（伊香郡・東浅井郡の城）』では、このときに丹羽長秀軍が改修したのが当城ではな

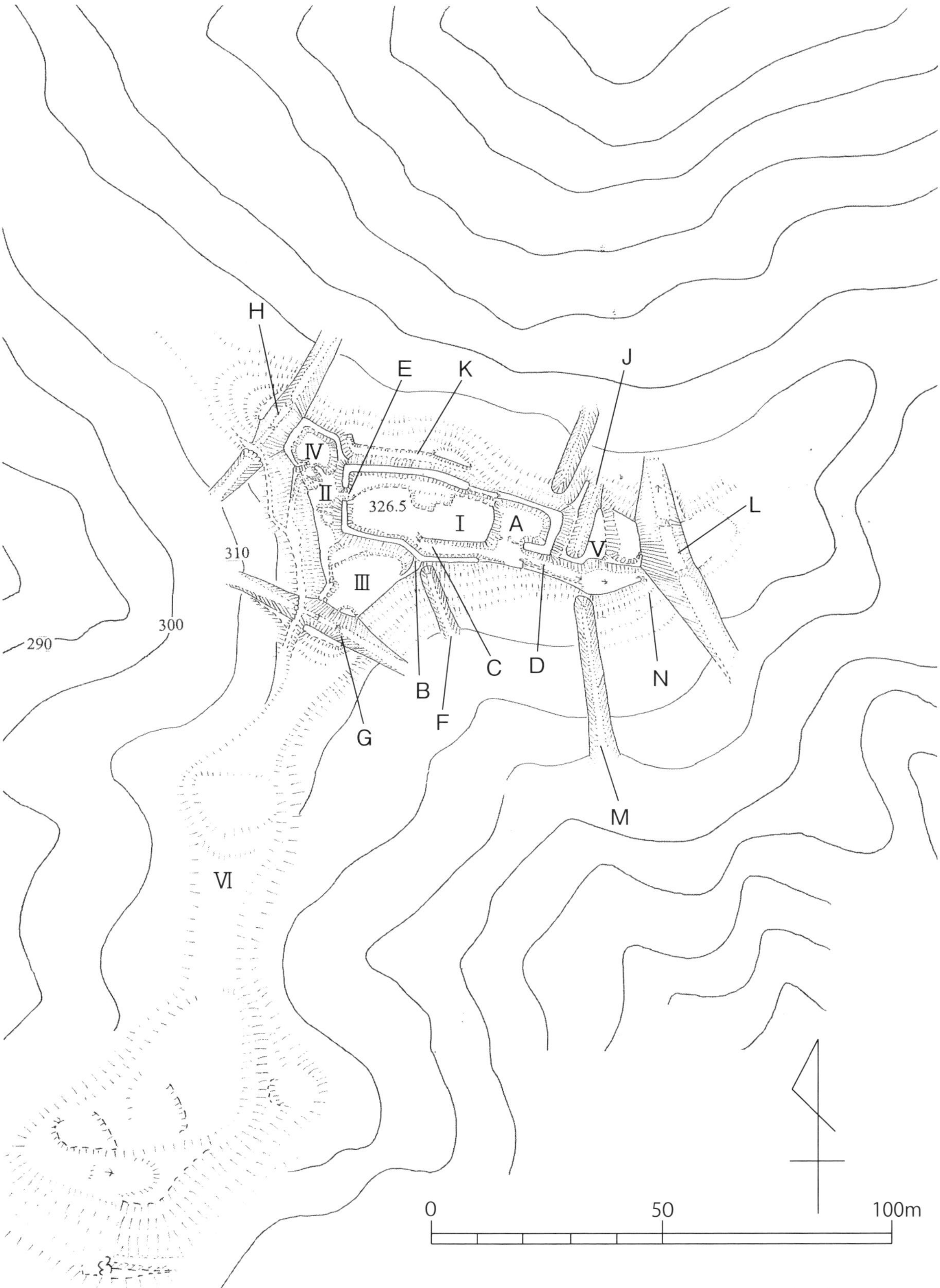

縄張り図　作図：髙田 徹

（上）Ⅰ郭のＡ　西より　（下）Ⅰ郭の虎口Ｅ　東より

かったかと推定している。

【遺構】　主郭であるⅠ郭は、東西約40×南北約25メートルの規模で、長方形を呈する曲輪である。ただし、南側の中央部の塁線は、鈍角に折れている。周囲には高さ約50センチ前後、幅2メートル前後の土塁を巡らせるが、東端の土塁は分厚くなっている。

Ⅰ郭内部には段差があり、北端と南から東端部分が低くなっている。低くなった部分のほとんどは虎口の延長上にあり、幅も6メートル前後と狭いことから、通路であったことは明らかである。

ただし、東端のＡは通路に接するものの奥まった位置にあり、広がりもある。兵をこの部分に配置し、通路に進行した敵の側面を突かせたり、東側の土塁を盾に尾根続きからの侵入に対処させたりする役割を持っていたと考えられる。

Ⅰ郭の虎口は、三ヵ所ある。ＤはⅠ郭の南東隅にあり、分厚い土塁が折れ曲がった側面に設けられている。その西側延長上で、高くなった部分との接点に虎口Ｃがあり、虎口Ｃの前面で土塁が鈍角に折れ曲がっている。また、虎口前面を守るように竪堀Ｆが設けられている。西側にある虎口Ｅは平入状で、西側のⅡ郭と連絡する。

なお、虎口Ｃの南側の土塁からは、Ⅲ郭に続く短い竪土塁が見られる。通路のように見えるが、虎口Ｃの前面にあること、虎口Ｅ・Ｄのように明確な開口部を持たないこと等から、竪堀Ｆに対応させ、かつ、Ⅰ郭とⅢ郭が分断されないように処置したものと考えたい。

Ⅰ郭の北側には、横堀Ｋが見られる。Ⅱ郭の南側、一段下がった位置にはⅢ郭がある。西側には低い土塁があり、東側の一部に竪土塁Ｂがある。現状では、外側に出る虎口・通路が見当たらない。

Ⅱ郭の北側には、ほぼ全体を土塁囲みとするⅣ郭がある。北西尾根続きに対する備えであり、外側には堀切Ｈをセットで設けている。

Ⅳ郭　西より

Ⅳ郭の虎口は南西側にあり、斜路を外側に延ばしている。

方向を転じてみると、虎口Dから先の通路は東側に向かって下降するが、N部分で堀切Lに突き当たる。現状では、堀切Lに下る道がみられるが、これは本来の通路ではあるまい。竪堀Mの存在を前提に考えると、Nからは竪堀Mと堀切Lに挟まれた位置に、山麓に下る通路があったと思われる。

ちなみに、竪堀Mと堀切Lに挟まれた位置にある尾根を南に下ると、山麓の浄徳寺付近に至る。当城と山麓を最短距離で結んでおり、ここに往時のメイン通路があった可能性が高いのではないか。

虎口Dの外側、通路脇の一段高い位置にあるのがV郭である。二段に分かれ、堀切Jと堀切Lに挟まれた位置にある。西端は土橋状となるが、その正面にはI郭の土塁が立ちはだかる。I郭土塁の中間に犬走り状の広がりがあるが、V郭への連絡路としては迂回させ過ぎの感がある。そもそも、どのようにほかの曲輪と連絡していたのか、わかりにくい曲輪である。

【評価】 当城について、『滋賀県中世城郭分布調査7（伊香郡・東浅井郡の城）』では、虎口に賤ケ岳砦（長浜市）との類似性が指摘できるとし、縄張り全般にも賤ケ岳合戦時の陣城群との共通性があると述べている。たしかに、近隣の在地城郭に比べると防御性も発達しているうえ、虎口・通路も明確である。土塁囲みである点や兵だまり状のI郭のAの存在等は、賤ケ岳合戦時の陣城群と類似する面もあり、織豊系城郭らしさをうかがわせる。

もっとも、三方の尾根を遮断する点や前後の曲輪とのつながりが不明瞭なV郭の存在等は、賤ケ岳合戦時の陣城群には類例を見出しがたい。もちろん、選地や機能・性格の違いが影響している可能性もある。

賤ケ岳合戦だけに限定せず、ほかの状況下に築かれた可能性も考えるべきではないだろうか。当城は、越前国境にも近く、琵琶湖の西岸にも東岸にも進出できる位置である。戦略的にも重要な場所であることからすれば、築城時期や城郭として存続した時間幅については、再考できる余地があるだろう。

（髙田　徹）

［参考文献］滋賀県教育委員会　一九九〇『滋賀県中世城郭分布調査7（伊香郡・東浅井郡の城）』

8 大《おお》嶽《づく》

浅井氏の小谷山最頂部に築かれた要の城

小谷山遠望　清水谷より

【選地】 大嶽は、浅井氏の居城として知られる小谷《おだに》城（『近畿』Ⅱ所収）が築かれる小谷山（標高495メートル）の最頂部に立地する。小谷山は馬蹄形に延びる山容で、尾根上や斜面部を中心に多くの城郭施設が築かれる。

南山麓には北国脇往環が通り、大嶽のある山頂部からはほぼ全方位に眺望が得られる。交通の要衝であり、また、天然の要害といえる地形の特性を活かして選地されている。

DATA

所在：長浜市湖北町伊部
遺構：曲輪、土塁、堀切、竪堀、虎口、石積み
規模：160 × 170m
標高等：標高 495m、比高 390m

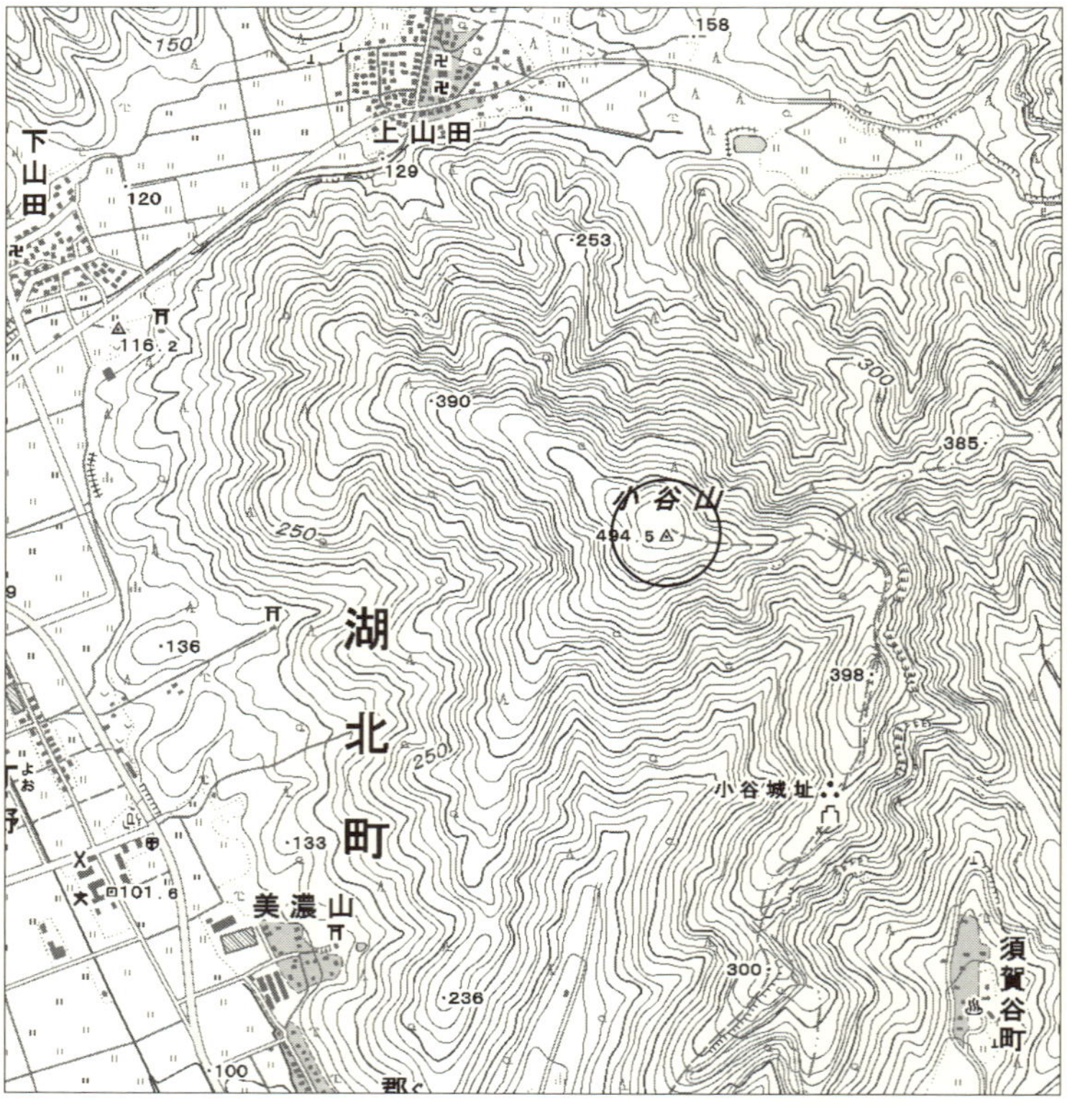

【歴史】 浅井氏は、江北を治めた京極氏の被官として、小谷山の麓にある丁《よう》野《の》郷《ごう》に居住していた。初代の浅井亮政は、大永三年（一五二三）に主家である京極氏の相続争いに乗じて勢力を伸ばし、徐々に京極氏の実権を奪い、かつての同胞であった土豪たちを被官化していく。

小谷城の築城は不詳な部分もあるが、大永五年（一五二五）、六角定頼が江北に侵攻した際に、小谷城の大嶽を攻めたことが史料上（『長享年後畿内兵乱記』）に記載されていることから、これ以前に築城されていたようだ。このことから、当初は大嶽を中心に小谷城が築かれていた可能性が高い。以降、徐々に拡張・改修を加えて、本城も東側の尾根に移動

し、現在みられる小谷山の各所に城郭を構築していく。また、浅井氏は越前朝倉氏と同盟関係を結び、本願寺勢力とも連携して六角氏との抗争をしのぎ、地位を確立していった。

三代長政のときに織田信長と同盟して最盛期を迎え、湖北三郡のほか、南の犬上・愛知《えち》、対岸の湖西高島にまで勢力を拡大する。しかし、元亀元年（一五七〇）、信長に反旗を翻し、姉川の戦いでは後退した浅井・朝倉軍を追撃して、小谷城下まで戦火が広がっている。天正元年（一五七三）には、朝倉氏を滅ぼした信長が小谷城への総攻撃を開始する。『信長公記』に、大嶽には越前から派遣された斎藤・小林・西方院を将とする軍勢五百人ほどが立て籠もっていたとある。大嶽陥落後、羽柴秀吉が小丸（京極丸）を落として二代久政を討ち、次いで本丸に孤立した長政を攻めて自害させる。

小谷城は浅井氏の旧領とともに秀吉に与えられたが、天正四年（一五七六）に秀吉は長浜城に移り、小谷城は廃城となった。

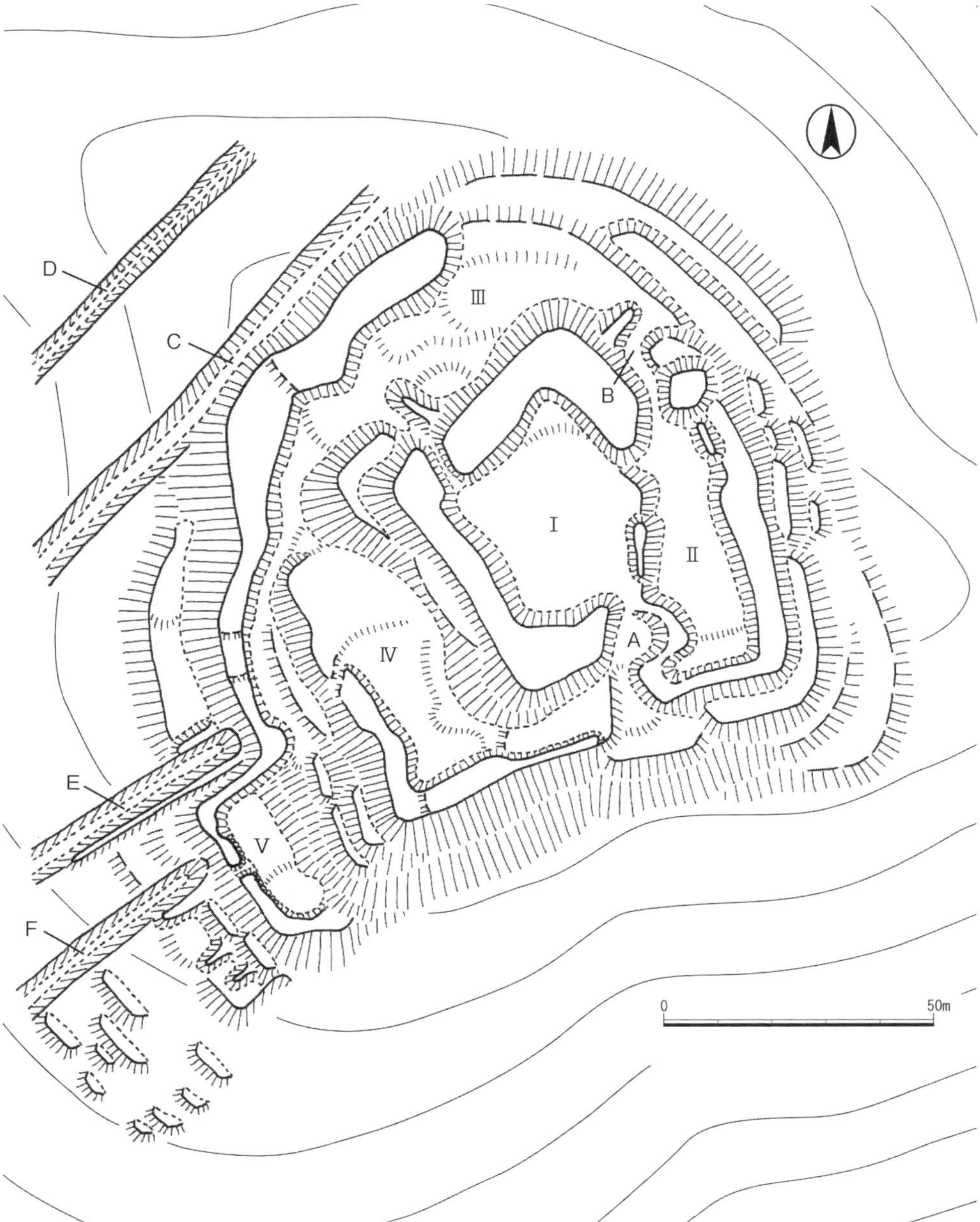

縄張り図　作図：小林裕季

【遺構】　月所丸や福寿丸といった、尾根上の要所に築かれた出曲輪の一つである。大嶽に至るルートはいくつかあるが、麓の小谷城戦国歴史資料館より清水谷を通って六坊から尾根上を登るルートは、一時間三〇分程度の所要時間である。

小谷山山頂部に築かれたⅠ郭を中心に、約160メートル四方に遺構が広がる。Ⅰ郭は、北・西・南の三方向が幅6～10メートルの重厚な土塁で囲まれ、曲輪内の規模は約25×30メートルの方形である。南側には虎口Aが開口し、遺構の残存状況はあまりよくないが、枡形虎口であったと推測される。

Ⅰ郭の東側下段には、南から東に巡る土塁で画されたⅡ郭がある。北側には虎口Bがあり、Ⅰ郭から土塁を派生させてクランク状とし、直進を防ぐ通路をつくりだしている。

Ⅰ郭を取り巻くかたちで、北・西側にはⅢ・Ⅳ郭が築かれる。いずれも、外側は重厚な土塁により防御を堅固にしている。Ⅲ郭の削平はやや甘く、緩斜面地形である。北西方向は小谷山の背後となり、二条の堀切C・Dを設けて防御する。

Ⅳ郭の南西下段に築かれるⅤ郭は西側に向かって突き出し、土塁の内側には石積みが部分的に残る。前面には竪堀E・Fが掘られ、北方に対する横矢を意識した構造だった可能性がある。

なお、大嶽から東西に延びる尾根上には小規模な曲輪が多数築かれており、その中には織田軍の大嶽占拠後に本城攻撃用に急造された曲輪も含まれていると考えられる。

（上）大嶽から本城方面（右手前）を望む　（中）Ⅰ郭　（下）堀切C

【評価】　複数が伝世する小谷城絵図には、大嶽について「大嶽城」あるいは「本丸」「二ノ丸」「三ノ丸」と記載されていることから、小谷城の中でも独立性の高い位置付けであったとみられる。また、文献史料等より浅井氏の城郭には朝倉氏の軍事的な技術支援があったことが知られる。大永五年（一五二五）以前における浅井氏の当初の小谷城として大嶽が築城された後、元亀元年（一五七〇）頃に尾根上に築かれた出曲輪などとともに改変が加えられたとみられる。山頂部という要となる立地が重視されながら、その役割や機能が変化していったと考えられる。

（小林裕季）

9 小浜城《こばまじょう》

琵琶湖岸にある六角氏家臣進藤氏の本拠

城跡遠景　北より

【選地】　近江南部を流れる野洲《やす》川は、下流域では広い沖積平野を形成している。かつて野洲川は、琵琶湖に接する部分で流路が南北に枝分かれしており、東西約4・2キロ、南北約6キロの大規模な三角洲を形成していた。

DATA

所在：守山市小浜町
遺構：堀
規模：330 × 220m
標高等：標高 86m、比高 0m

当城はこの三角洲の北端付近に位置し、東側約400メートルを野洲川の旧北流路が走る。琵琶湖周辺の中世集落は、沖積平野の微高地や自然堤防の上に存在するものが多く、当城とその集落も湿地帯の中に存在する微高地上に立地している。

琵琶湖岸から内陸側まで数キロの範囲には、内湖や河川・水路が巡っており、これらの地域では昭和三十年代までは舟が有力な交通手段であった。当城も琵琶湖の内湖と隣接しており、琵琶湖の水上交通網の一角を担う位置にあった。

【歴史】　城主は進藤氏と伝えられる。進藤氏は戦国末期の六角氏の中心的な家臣であり、進藤貞治・進藤賢盛の父子が六角定頼・六角承禎に仕えた。進藤氏の勢力範囲は野洲郡の琵琶湖側だが、野洲郡からは琵琶湖の対岸にあたる滋賀郡にも勢力基盤を有していたとされる。織田信長の近江侵攻後は織田方となり、佐久間信盛の指揮下で畿内周辺の外征に参加していたことが『信長公記』にみえる。

【遺構】　城域は、旧小浜村域の範囲とほぼ重複する。集落は東西約320×南北約220メートルの規模で、東西に長い形状である。集落内には明確な城郭遺構は残存していないが、明治初頭に作成された地籍図が存在しており、戦国期の状況をある程度うか

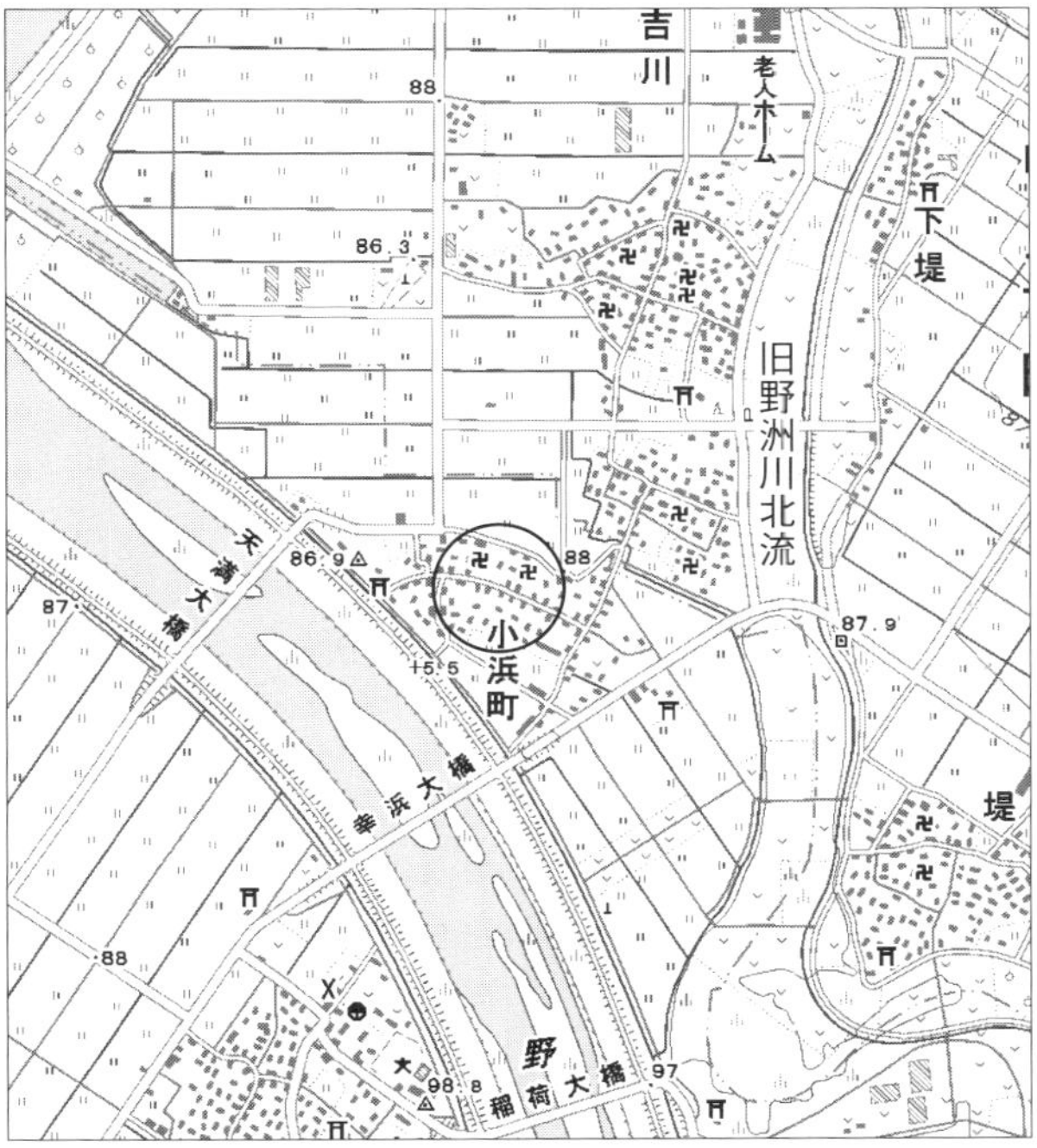

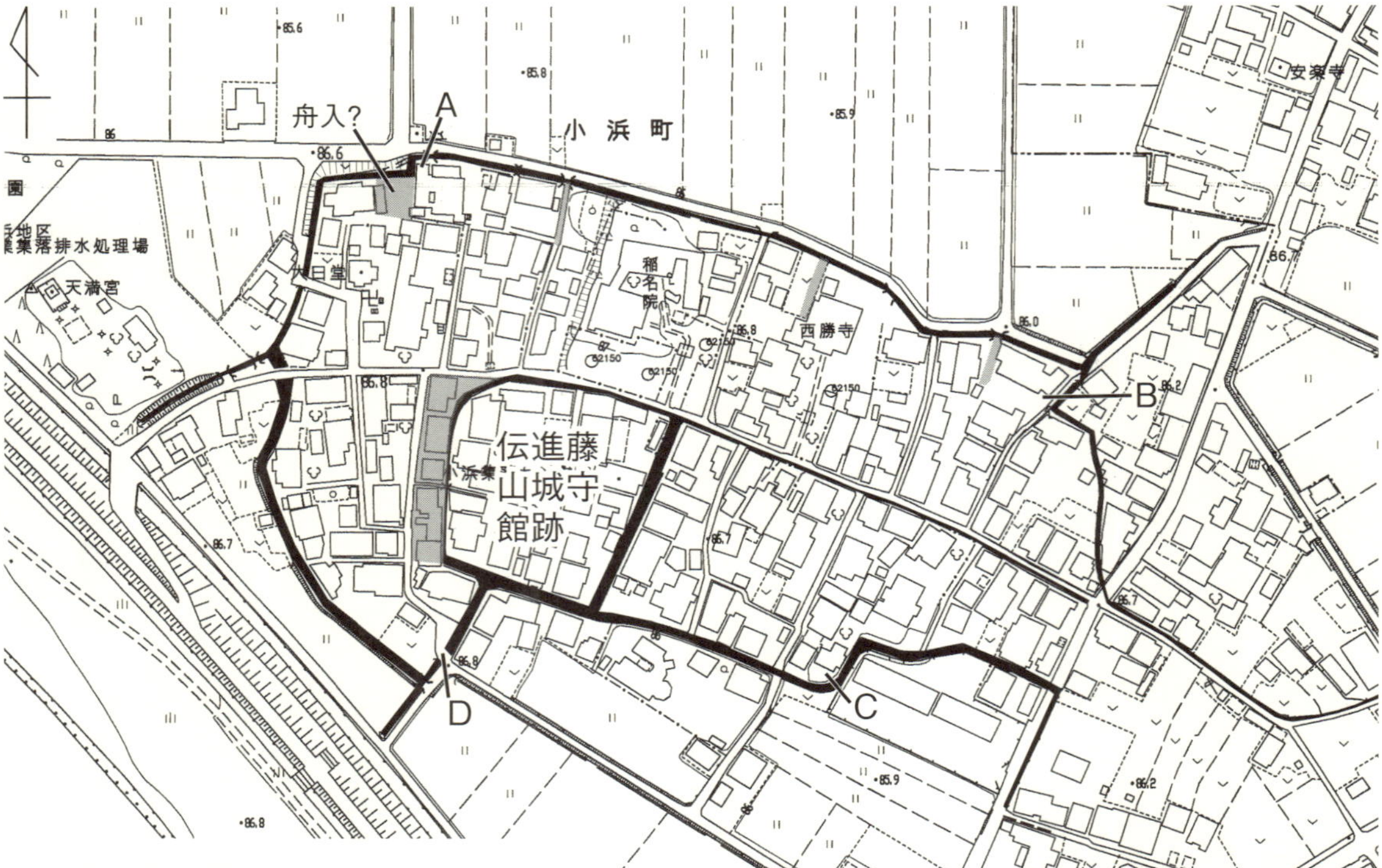

縄張り図　作図；福永清治
※堀のラインは明治六年小浜村地券取調総絵図も参考にした。

がうことができる。

地籍図に依拠すると、まず集落の外縁に幅3～4メートルの水路が巡り、集落の東端の一部を除いてこの水路が全周する。一部は埋め立てられて、現在は道路となっているところもあるが、これが当城の外側の堀に該当する。この水路はところどころで直角にクランクしており（A・B・Cなど）、敵兵の侵入に対する横矢を意識しているのであろう。

現状の水路幅はおおむね3～4メートルであるが、現在、水路に接する部分には、近世以降に構築された石垣によって屋敷地が水路側に若干拡張されている。この石垣が構築される以前の戦国期の堀幅は5～6メートルと思われる。集落外周の水路に面した石垣は、直角に屈曲して、集落内へ伸びていく個所が認められる。こうしたところは、現在道路となっているところが多いが、明治以前は集落内にも水路が入り込んでいたと思われる。

（上）伝進藤山城守館跡の現況　（下）集落外周の堀

また、現状で東西に長い集落範囲のほぼ中央には、東西の道路が縦貫しているが、この道路に接しても水路が存在していたことが地籍図からもうかがえる。このような水路を通じて、戦国期の当城内部は一辺７０～８０メートル四方の区画が並立する構造であったとみられる。

ところで、城域外周の堀のうち、南西側の一部は外側に張り出す形状となる。地籍図によれば、この付近から集落内にかけて、幅約４メートルの水路が巡っており、この範囲で７０×８０メートル程度の方形区画が復元できる。この区画に進藤山城守の館跡の伝承が残っている。区画内部は周辺の区画よりも、現状で約０・３～０・５メートル高いが、外周に土塁などが存在していたかは不明である。この区画が、当城の主郭に該当するとみられる。

虎口Ｄ付近の現況

また、集落南西側の水路の張り出し部には集落外側からの道が取り付き、Ｄを通過して集落内に進入する。Ｄは虎口に該当するとみられ、この部分では集落外周水路の張り出し部から横矢を受けて集落内に進入する構造が復元できる。現状でもＤの内部は道幅が広く、Ｄは一定の空間を持つ虎口であった可能性もある。

なお、主郭西辺の堀は、現状では幅０・５メートル程度の非常に狭い溝で、堀として機能しうるような状況ではない。明治初頭作成の地籍図からこのような状況であったようだが、現状の水路と城外からの道との間の幅約12メートルの範囲は、戦国期には堀であった可能性が想定できる。

【評価】 全体的には、横長の城域内部にある東西道が中心軸となり、その両側に５０～７０メートル四方の屋敷地が並列的に存在する構成となる。その中で、伝進藤山城守館跡の区画は、堀の張り出しによる横矢を伴う虎口を備えており、他の屋敷区画と比較して高い防御意識がうかがえる。

近江南部の平地に存在する領主居館や外周の堀を伴う集落では、集落範囲のほぼ中央に武家の居館や領主を兼ねる寺院の境内区画が占拠しているケースが最も多い。おそらく、大和でみられる惣村主導の環濠集落とは異なり、集落を堀で防御する場合は領主の主導で行われた可能性が高い。当城も、このケースに該当するとみられる。

なお、蛇足であるが、当城の外周で唯一、堀が巡らない東端部分は、隣接して方形の畑地区画が存在することが地籍図からわかる。この方形区画付近では、「北木戸」「南木戸」などの字名が残っており、当城との関連性が考えられる。

また、この畑地の方形区画の北側に隣接して吉川集落（野洲市）があり、同じく進藤氏に関連する居館の吉川城も存在する。今後はこれらを併せて進藤氏の本拠を検討する必要性がある。

（福永清治）

10 和田城館群《わだじょうかんぐん》

谷筋に密集して築かれた甲賀型城館

和田城　Ⅰ郭虎口Ａ

【選地】　甲賀の和田谷は、和田川によって形成される東西約２５０×南北約１５００メートルの狭隘な谷である。甲賀郡の最南東端に位置し、東には油日岳がそびえ、南は高嶺を経て、伊賀との国境地帯である。

DATA
所在：甲賀市甲賀町和田
遺構：堀切、土塁
規模：250 × 1500m（谷筋の規模）
標高等：標高 243.5m、比高 25m
指定：市指定史跡

　和田川の西岸には谷筋に対して丘陵尾根が突出しており、尾根先端には北側より公方屋敷支城、和田支城Ⅲ、和田支城Ⅱ、和田支城Ⅰが点々と構えられている。一方、東岸では谷開口部に殿山城が監視所的機能を備えて構えられ、和田川中流域に公方屋敷が構えられている。そして、谷筋の最奥部に構えられたのが和田城である。

　城跡へは、和田川に沿って走る県道５１号沿いにあり、城跡近くまで車で行くことができる。中流域の東岸にある善福寺の門前には、車が置けるスペースがある。また、ここには和田谷の城館跡の大きな案内板が設置され、パンフレットも配備されているので、それらを参照すれば、まず迷うことなく城跡を訪ねることができる。支城のなかには民家の裏に所在するものもあるので、一声かけて訪れるようにしたい。

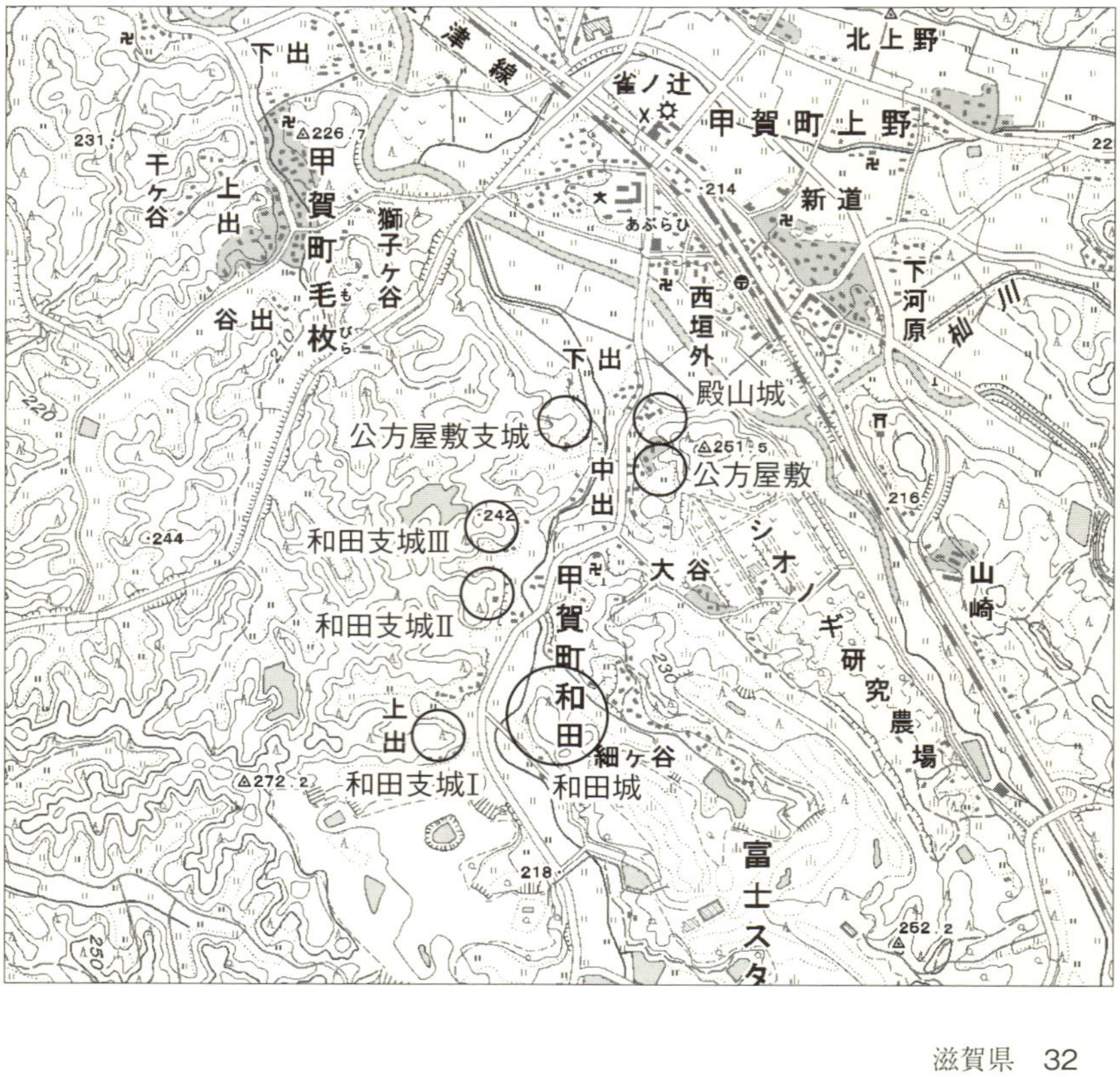

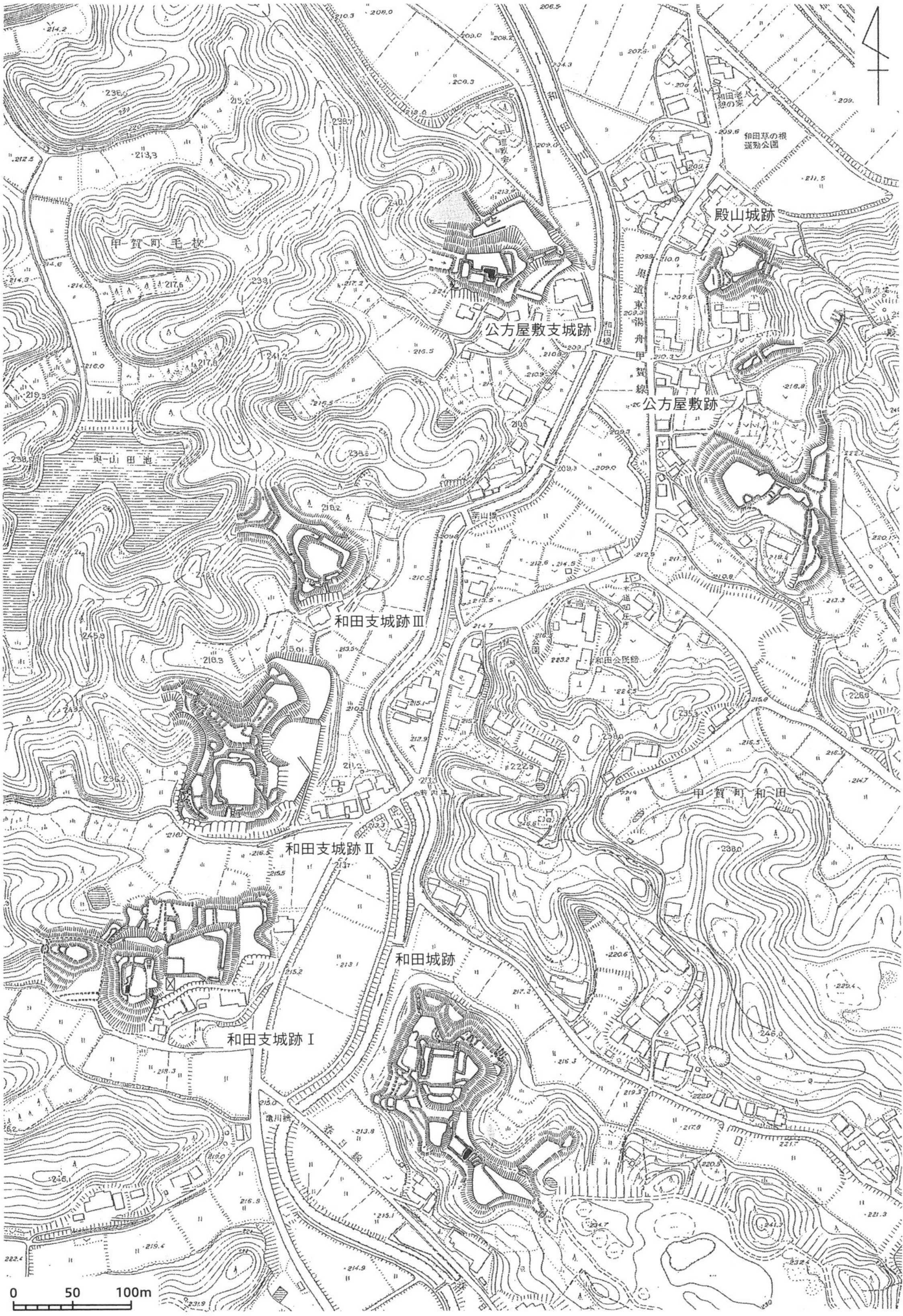

和田の城館群　作図：中井 均

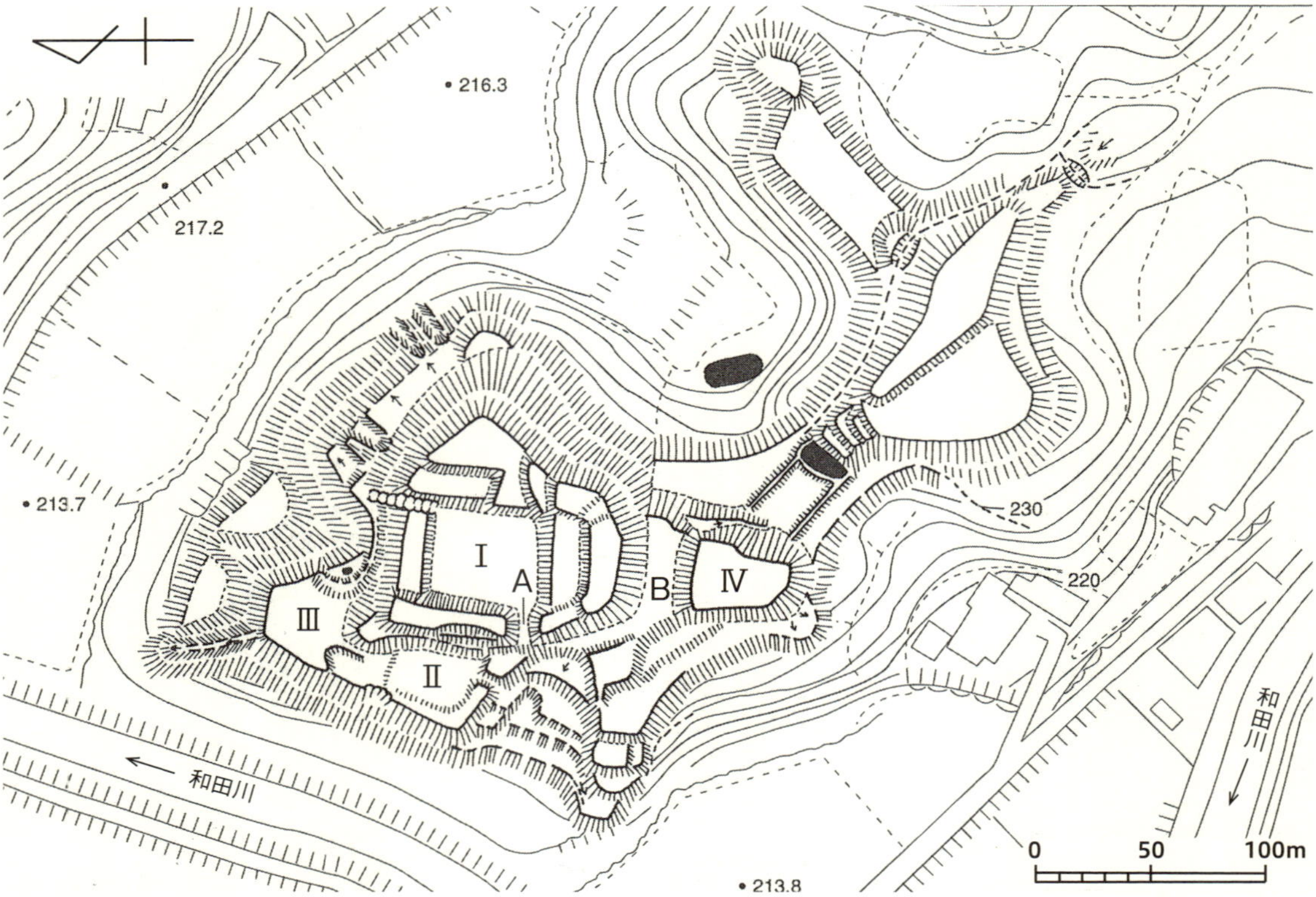

和田城　概要図　作図：中井 均

【歴史】　和田城の城主と考えられる和田氏は、いわゆる「甲賀二十一家」の一家である。

　永禄八年（一五六五）、将軍足利義輝の弟で興福寺一乗院門跡の覚慶は、甲賀和田の和田惟政を頼って奈良を脱出した。

　和田家に伝えられる『家伝并附録』によると、和田惟政の父惟助は足利義輝に仕えており、天文十五年（一五四六）には摂津で討ち死にしたと記されている。また、惟政自身も義輝に仕えており、和田氏が古くより足利将軍家とつながっていたことがうかがえる。

　脱出した覚慶を迎えたのが、和田谷の中流域東岸の公方屋敷であったと伝えられている。狭い谷部を平坦にしており、天保八年（一八三七）の「和田村絵図」には「公方屋敷」と記されており、その呼称が近世後期にまでさかのぼることがわかる。このとき脱出した覚慶こそ、後の十五代将軍義昭で、和田での逗留は短く、四ヶ月後には野洲郡の矢島（守山市）に移った。

　なお、油日神社の鐘銘には和田衆として、惟好、惟宗、惟綱、惟持などの名が見える。

【遺構】和田谷の最奥部に位置し、和田城館群の中心となるのは和田城である。主郭となるⅠ郭は、一辺約５０メートル四方の方形で、四周に土塁が巡る典型的な甲賀型の城館である。Ⅰ郭東端の土塁は突出して櫓台としている。また、南方は尾根続きとなるため、南辺土塁は幅約２０×高さ約7メートルにおよぶ巨大なものである。

　さらに、南方防御のために、土塁の外側には幅約１０×深さ約7メートルの堀切Ｂが構えられている。堀切の外側にはⅣ郭が設けられているが、それより南側は自然の鞍部となる。削平も認められるが、近世以降の耕作地と見られる。

Ⅰ郭の西辺土塁の南端に開口部があるが、これが虎口Aである。平虎口であるが、注目されるのは、虎口直下に構えられたⅡ郭である。土塁を巡らせる小曲輪ではあるが、虎口Aの前面に設けられた虎口受けと見られ、やや発達した構造の虎口となっている。現在は、城跡の北側の道路よりⅢ郭に取り付く城道が付けられているが、この虎口受けの存在より、本来はⅡ郭の南側の谷か、もしくは堀切Bから虎口Aに至ったものと考えられる。

和田城　Ⅰ郭を巡る土塁

Ⅱ郭の北側にはⅢ郭があり、その東端は一段低くなっており、円形の窪みがあり、井戸跡と見られる。このように、Ⅰ郭より一段低く、堀切BのレベルでⅡ、Ⅲ郭が帯曲輪のように東側から北側を取り巻いている。

和田城を最奥部として、和田谷には少なくともほかに五ヵ所に城跡が認められるが、いずれも主郭が方形となり、四周に土塁を巡らせ、さらに背後を巨大な堀切で断ち切るという、甲賀型の城館である。これらは連携して機能していたものと考えられる。

公方屋敷

【評価】甲賀の城館は、滋賀県の実施した中世城館跡分布調査によって、一辺が50メートル内外の方形単郭構造であることが明らかになった。こうした構造が、同名中や甲賀郡中惣の実態を示すことを明らかにできたことは、城郭研究の大きな成果となった。

さらに、その後の調査によって、方形単郭の城郭が並立する望月城・望月支城、新宮城・新宮支城、寺前城・村雨城タイプの存在や和田谷のように、一つの谷筋に集中して城館が構えられるタイプなども存在することが明らかとなった。この谷筋に集中するタイプは、ほかに隠岐や高嶺などでも認められ、その代表例が和田城館群である。

従来は、ただ単に甲賀型の城館がより密集する地域と評価されていたが、谷の開口部に監視用の小規模な城を配置し、最奥部に本城を構える構造は、明らかにまとまりを持っており、これらの城館が連携し、谷全体がひとつの城として機能していたことを物語っている。

（中井　均）

[参考文献]甲賀市史編さん委員会　二〇一〇『甲賀市史 第7巻 甲賀の城』甲賀市

11

隠岐城館群《おきじょうかんぐん》

甲賀の低丘陵に群在する小規模城館群

隠岐城から隠岐城館群を望む

【選地】 甲賀郡《こうかぐん》の北部には野洲川が流れ、その流域に旧東海道が東西に走る。野洲川流域には、比較的広い平野が広がっている。一方、甲賀郡の南部では、基本的に低丘陵群が展開する地域であり、その中心には野洲川支流の杣《そま》川が流れている。そこに流れる多くの小河川が、低丘陵地形の中に複雑に入り込んでいるのである。

低丘陵の山麓から山頂までの比高はおおむね２０～３０メートルであり、その範囲で起伏や変化に非常に富んだ地形が展開している。甲賀郡の南部では、こうした低丘陵群のピーク、あるいは平野部に突き出た山稜の突端上に、実に多くの小規模城館が築城されている。

隠岐城館群は、野洲川に面した河岸段丘背後の最初の山稜線を越えたところに存在する。城館群の周辺は、起伏に富んだ低丘陵が密集しており、そのピーク部に多くの城館が築城され、分布的にひとつの城館グループとして理解することが可能である。

【歴史】 隠岐城館群が構築された一帯は、戦

DATA

所在：甲賀市甲賀町隠岐
遺構：堀、土塁
規模：900 × 500m（全体）
標高等：標高約 210m、比高約 30 m

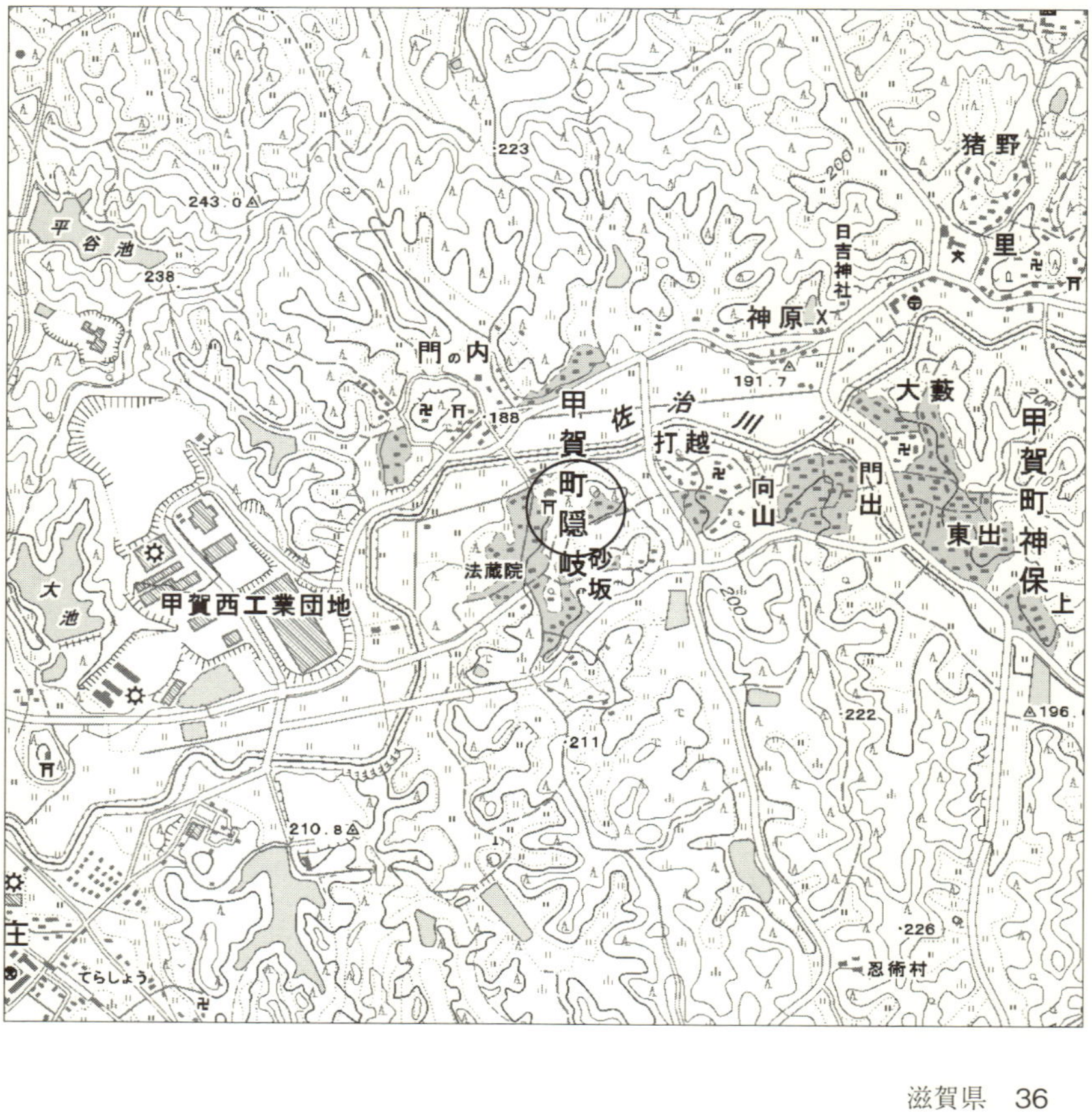

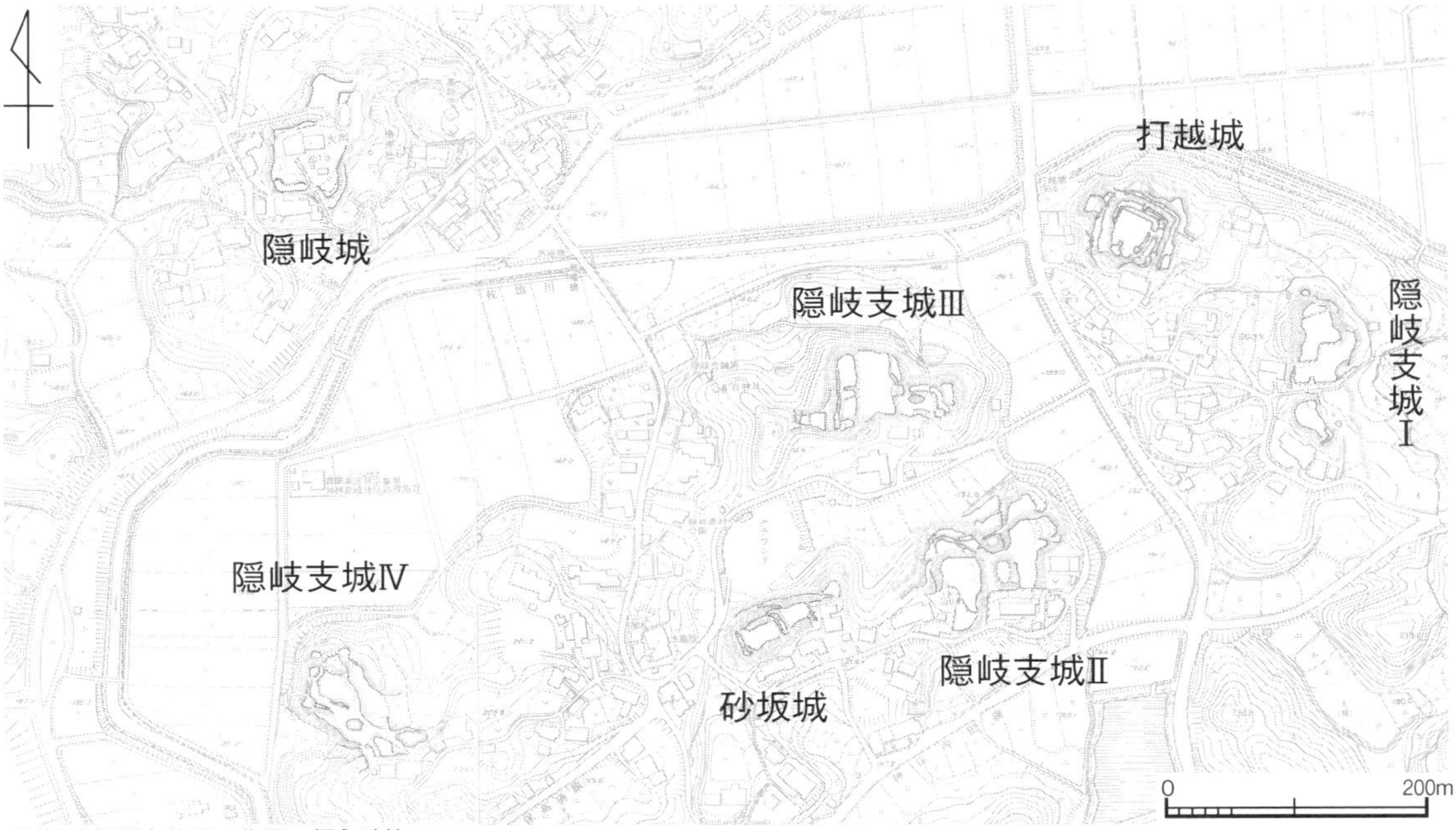

隠岐城館群全体図　作図：福永清治

打越城　Ⅰ郭内部の現況

国期には隠岐氏の領域であったとされる。隠岐氏に関する記録は明確になっていないが、鎌倉時代から南北朝時代にかけて、隠岐の守護を務めた佐々木氏の一族ではないかとする説がある。

【遺構】　ここで取り上げる隠岐城館群を構成するのは、打越城・砂坂城・隠岐支城Ⅰ～Ⅳである。なお、各城館の名称は、現代の遺跡の名称であり、とくに隠岐支城Ⅰ～Ⅳなどは、戦国期に「支城」として認識されていたかどうかは定かではない。

打越城は、一連の低丘陵密集エリアの北端部にあたり、周辺からの比高差約30メートルの丘陵頂部に存在する。城域の中央に、おおむね30メートル四方の方形曲輪Ⅰがあり、曲輪の南東辺から北西辺の一部にかけて、曲輪面からの高さ約1・5メートル程度の土塁Aが巡る。

土塁Aの内側には、曲輪内の排水のためとみられる側溝Bが確認できる。また、土塁Aの南東辺から北東辺にかけて、外側にもう一重の土塁Cが存在する。土塁Cの天端は、土塁Aよりもおよそ2メートル低い高さにあり、中間は横堀となる。Ⅰ郭の虎口は南西側に存在したとみられる。現在は南東側に下る幅の狭いスロープが存在するが、これは後世の改変を受けたものと思われる。

打越城の南東約100メートルに、隠岐支城Ⅰがある。周辺からの比高が約25メートルの低丘陵の頂部にあり、地形に合わせた平面形の曲輪が数段にわたって存在する。北端の一部に

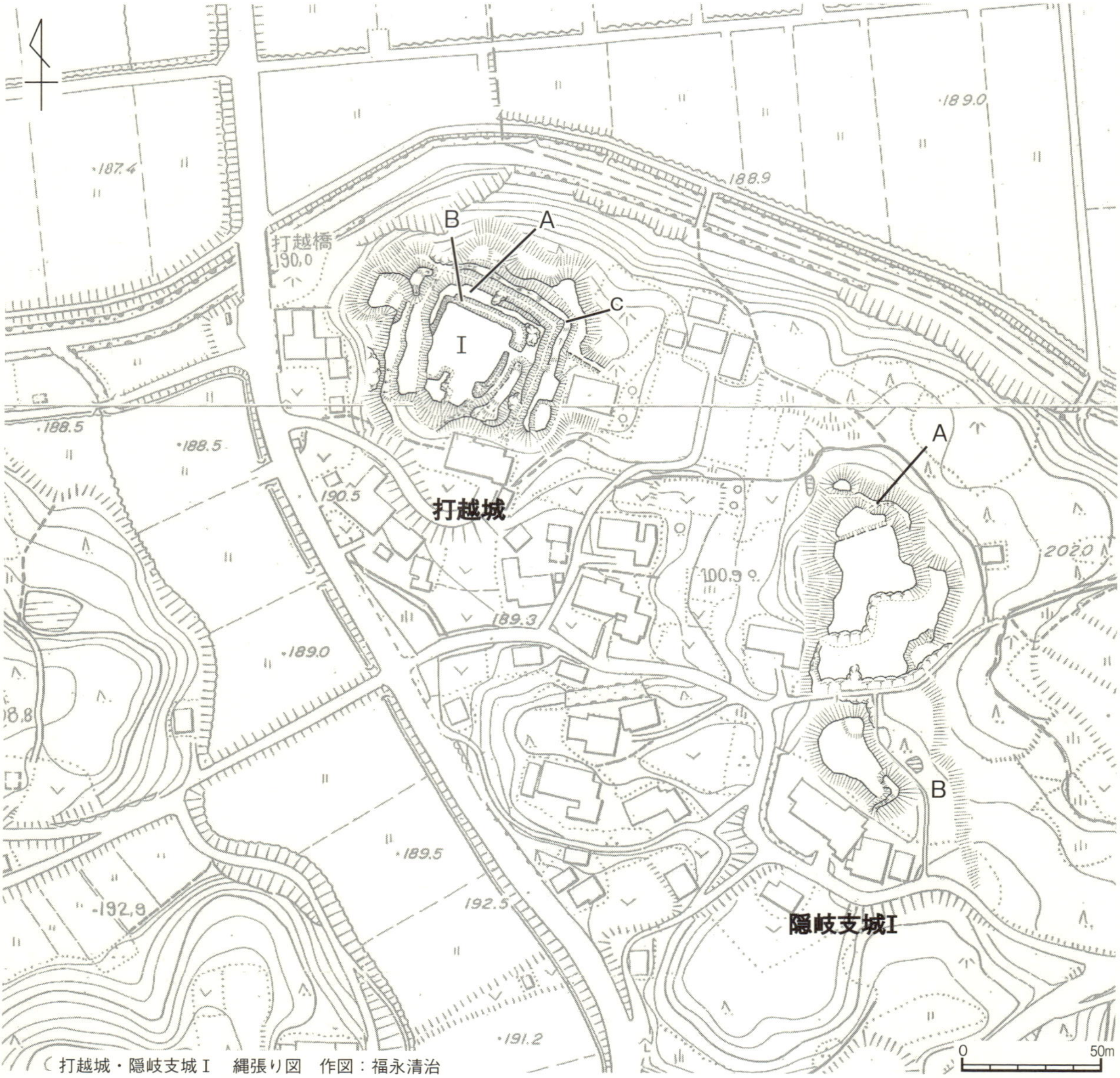

打越城・隠岐支城Ⅰ　縄張り図　作図：福永清治

打越城　曲輪と土塁

帯曲輪状の平坦面A、南側の曲輪の一部に土塁Bなどが存在するが、全体としては、数段の曲輪のみによって構成されるシンプルな縄張りである。

打越城・隠岐支城Ⅰが存在する低丘陵の西側に、一つの谷を隔てて別の低丘陵群が近接する。その東端部に隠岐支城Ⅱがある。比高差約20メートルの丘陵頂部となる部分がⅠ郭で、ここが主郭であったとみられる。Ⅰ郭は、約30メートル四方の方形を呈しており、現状ではほぼ平坦な

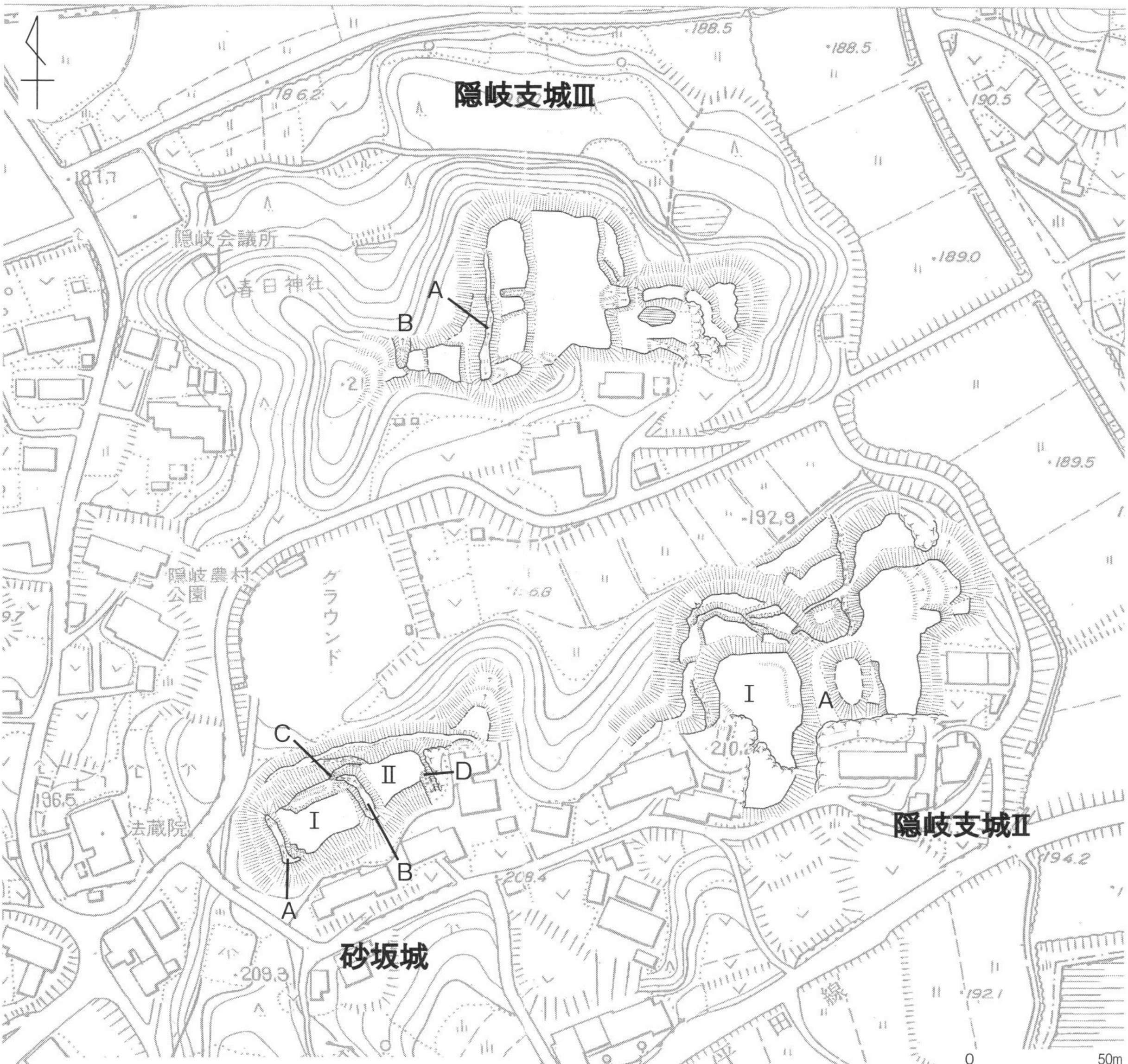

隠岐支城Ⅱ・隠岐支城Ⅲ・砂坂城　縄張り図　作図：福永清治

砂坂城　城跡遠望

地形であるが、縁辺には若干の高まりが存在する。かつては縁辺に土塁が存在していたと伝わっており、本来は土塁囲みの構造であったとみられる。

Ⅰ郭の北側と南側は、Ⅰ郭よりもおよそ5メートル低い位置にあり、数段の平坦面が連続する。東側直下には、堀切Aが存在する。一方、Ⅰ郭の南側は民家敷地となっている。本来は、この部分のどこかに虎口などが存在していたとみられるが、現状では戦国期の構造は不明である。

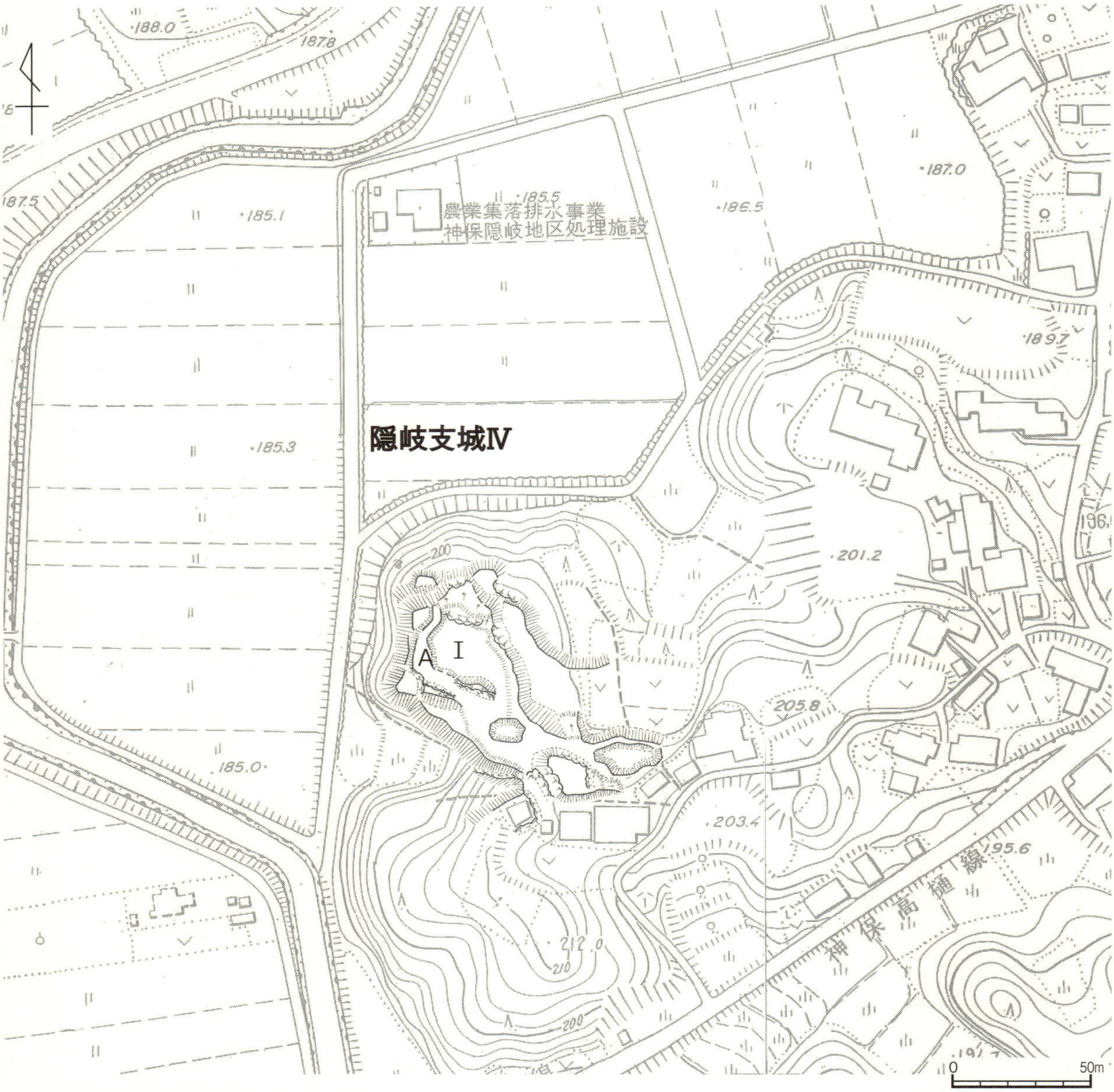

隠岐支城Ⅳ　縄張り図　作図：福永清治

隠岐支城Ⅱから北側の谷を隔て、低丘陵群の北端に位置するのが隠岐支城Ⅲである。比較的広い曲輪が展開し、一連の曲輪群の西側縁辺が最も高い地形となる。この部分には、曲輪群の西辺を防御する形で高さおよそ3メートルの土塁Aが存在する。

曲輪群はおおむね三つの曲輪で構成され、全体としてはおよそ50メートル四方の方形を呈する。土塁Aの西側直下は堀切状となり、数段の平坦面が存在した。さらに、西側に鞍部となった尾根を切断する堀切Bが存在する。

低丘陵群の中央部には砂坂城が存在する。Ⅰ郭は、およそ20×30メートルの長方形を呈し、短辺側を防御するように、高さ1・5〜2メートルの土塁A・Bがある。Ⅰ郭に明確な虎口は存在しないが、土塁Bの北端をまわり込むスロープ

Cがあって Ⅱ郭とつながる。

Ⅱ郭もおよそ15×20メートルの長方形で、南東側の隅角部に、南側に降りるスロープDが取り付く。Ⅰ郭からⅡ郭につながる道はそのまま北側斜面を下り、Ⅱ郭北東側の尾根側へと続く。尾根先にも小規模な数段の平坦面があり、この地点も曲輪として機能していたとみられる。

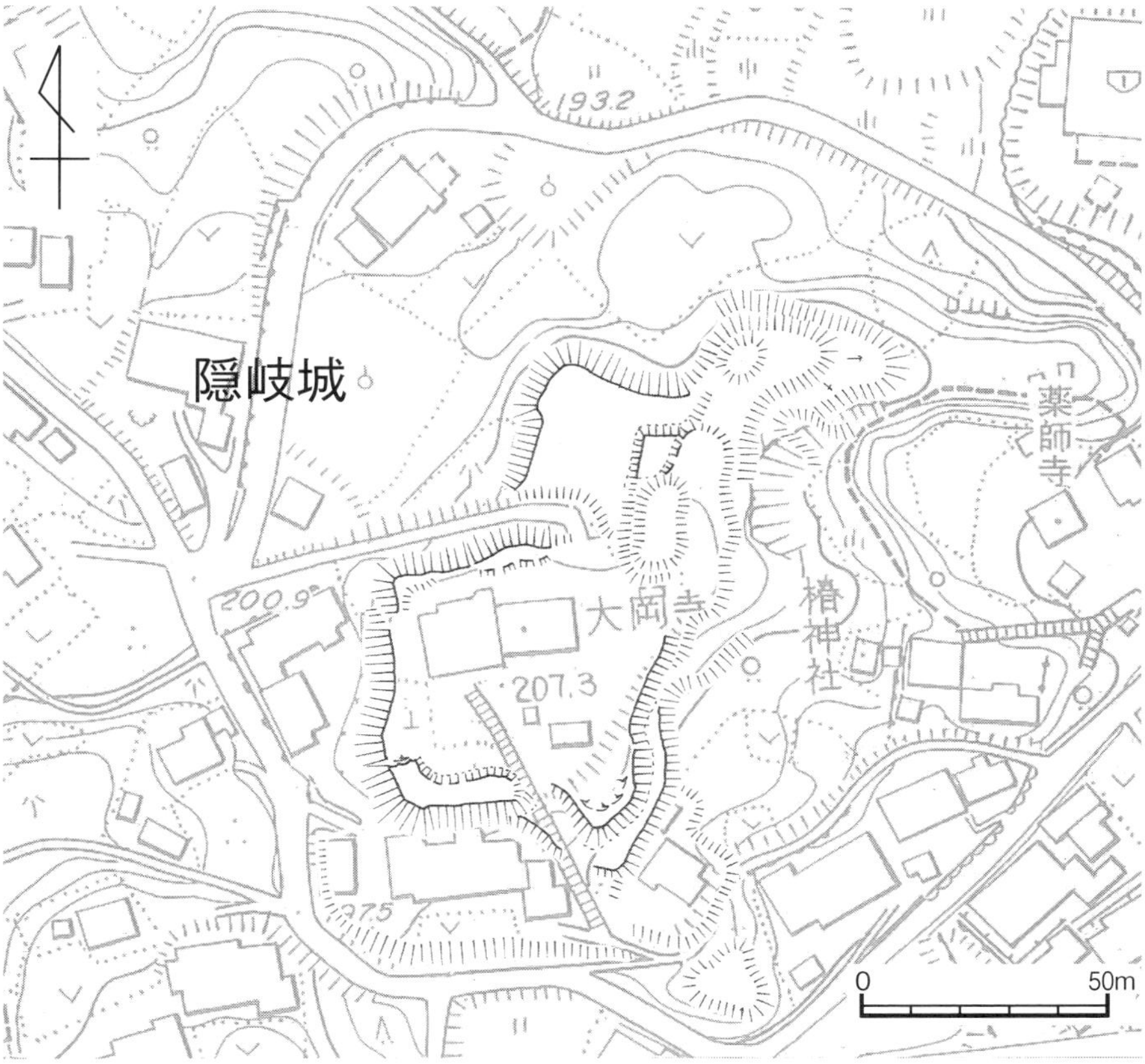

隠岐城　縄張り図　作図：福永清治

一連の低丘陵群の西端に位置するのが隠岐支城Ⅳである。比高差約20メートルの丘陵頂部に約20メートル四方のⅠ郭があり、西辺に高さ約0・5メートルの低い土塁Aが巡る。Ⅰ郭の東から北、西側の直下には小規模な曲輪が数段存在しているが、いずれも不整形な平面である。

Ⅰ郭の南東側は尾根続きの地形で、一部に存在する窪み地形は、堀切の痕跡かもしれない。

いずれにしても、後世の地形改変が大きいとみられ、土塁の本来の形状や、虎口の存在などは不明である。

なお、城館群の北を流れる佐治《さじ》川の対岸に隠岐城が存在する。現在の大岡寺《たいこうじ》境内が、およそ50メートル四方の方形曲輪であり、縁辺に土塁が残存する。

【評価】以上の城館の中で、土塁囲みの方形曲輪を基本単位として築かれている城館は、打越城・隠岐支城Ⅱ・隠岐支城Ⅳである。そのほかの城館は、地形的な制約もあってか、小規模で不整形な曲輪の一部に土塁を構築するにとどまる。こうした城館が、低丘陵群の各ピークに構築されている。本書でも取り上げている和田城館群や上馬杉城館群は、谷全体を防御するように城館が分布しているが、隠岐城館群は低丘陵群全体を防御するように分布することが特徴といえよう。

縄張り構造の細部では、打越城が土塁の外側三辺に横堀を巡らせている点で、ほかの城館より突出する存在となる。打越城の位置は、東西に谷を広く見渡す位置にあり、軍事的緊張の範囲が拡大する戦国末期に縄張りが改修された可能性もあろう。（福永清治）

甲賀郡中惣と関連する群郭形式の城

12 佐《さ》治《じ》城《じょう》

城跡遠望　北より

【選地】 甲賀町小佐治《こさじ》の集落の北側に、愛宕《あたご》山《やま》と呼ばれる標高約250メートル、裾部との比高が30～40メートル程度の丘陵が存在し、その愛宕山に隣接して城跡が立地する。

周辺の地形は、愛宕山を頂点に南北に向かって傾斜しており、現在では南側が急激に落ち込み、北側は野洲川に向かって緩やかな傾斜となる。ただし、昭和二十五年（一九五〇）に行われた大規模な開墾によって、北側一帯の地形は大きく改変されている。

【歴史】『甲賀郡志《こうがぐんし》』によると、当城の城主は甲賀衆《こうかしゅう》の佐治氏（小佐治氏）とされ、織田信長の近江侵攻にともない、信長の配下となったが、天正十三年（一五八五）の「甲賀ゆれ」に際しては、籠城して抵抗し、堀秀政《ほりひでまさ》と中村一氏《なかむらかずうじ》に攻められて落城したとされる。

しかし、築城の年代や歴史的経緯を示す資料が乏しく、詳細は不明である。

【遺構】 小佐治集落の北側の丘陵に城跡がある。開墾による地形改変を受け、Ⅰ郭とⅡ郭のすぐ北側には道路が通っている。遺構は一部を残すのみだが、Ⅰ郭とⅡ郭は本来、堀切で区切られていたと考えられ、枡形池《ますがたいけ》Aはこの堀切とつながっていたと推定される。また、枡形池Aの南側には土塁の痕跡が確認

DATA

所在：甲賀市甲賀町小佐治
遺構：曲輪、土塁、堀
規模：300 × 150m
標高等：標高 245m、比高 0m
指定：市指定史跡

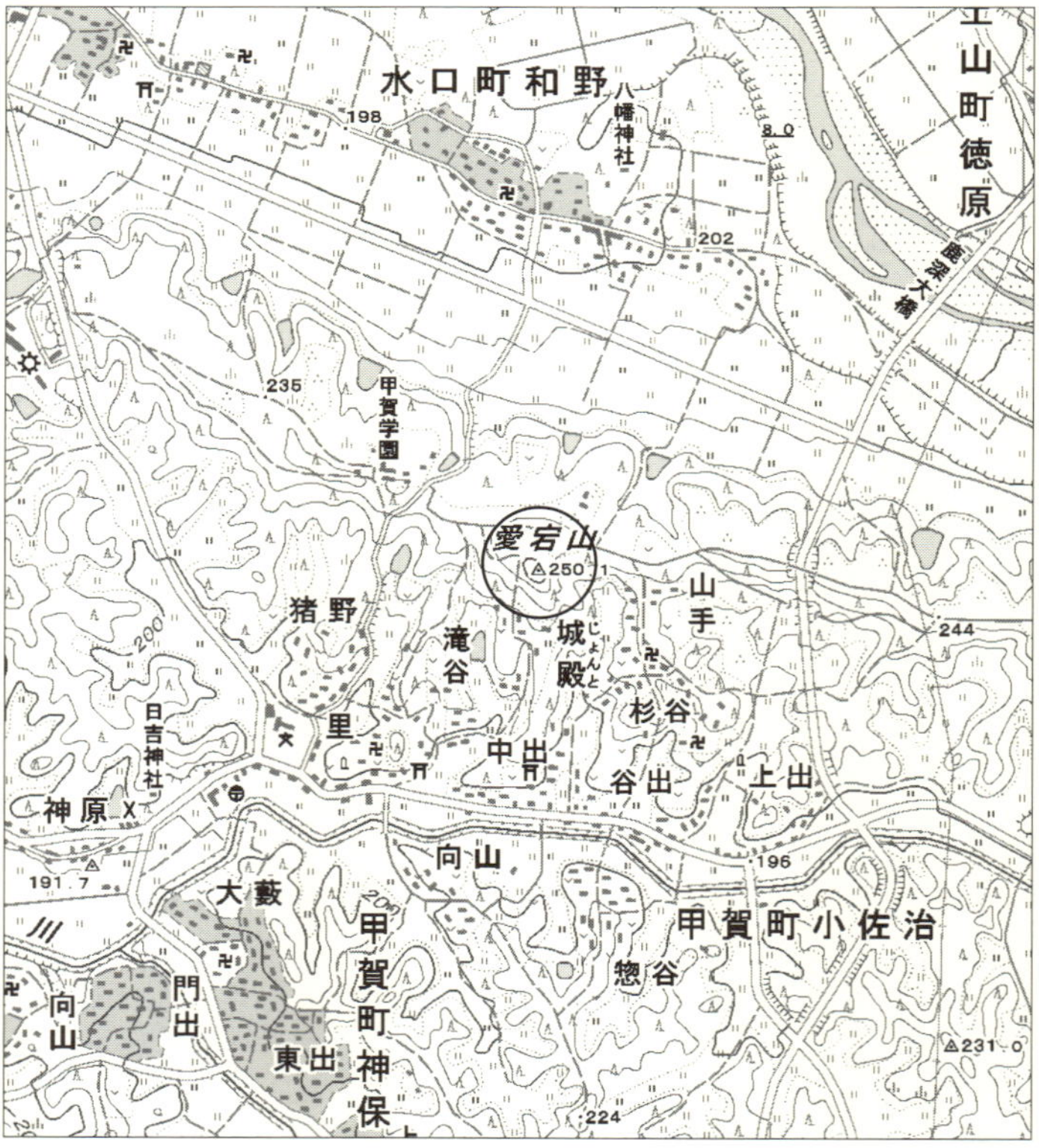

縄張り図　作図：藤岡英礼　『甲賀市史』第７巻掲載

でき、Ⅱ郭の北辺の土塁を形成したものと推定される。両者とも、推定で約１００メートル四方の規模とされる。

延享二年（一七四五）に作成された「江州甲賀郡小佐治村絵図」（『佐治神社文書』佐治神社蔵）には、「城」と記された土檀状の高まりと、その北側に「堀」が描かれている。「城」は、Ⅰ郭とⅡ郭にあたるとみられ、「堀」は枡形池Ａにあたる。Ⅱ郭の南東隅部には、城外へ延びる堀切Ｂが配置され、堀切Ｂの南側には愛宕山の最高所があるが、明確な防御遺構が確認できず、城域外とされた可能性もある。

Ⅰ郭の西側、谷を隔てた隣接する丘陵上にも土塁や堀などの遺構が認められるが、Ⅲ郭は平坦面の削平が甘く、切岸が非常に低い。絵図によれば、Ⅲ郭の周辺には建物は描かれておらず、「不動」と記されている。現在、Ⅲ郭の西側の丘陵斜面には「滝谷山不動」と呼ばれる修験《しゅげん》の行場《ぎょうば》が存在するので、前身の施設が存在した可能性が考えられる。

Ⅲ郭の南側に位置するⅣ郭は、東西２５×南北３５メートルの規模があり、北辺に幅２×高さ２メートルの土塁を配置する。土塁の北側には浅い堀切を設けて、北側に尾根を切断している。なお、曲輪の南辺に虎口状の開口部と通路状の土橋Ｃが確認できるが、後世の改変によるものと想定されている。

【評価】　当城の構造は、Ⅰ・Ⅱ郭がまとまった存在であるのに対して、Ⅲ郭とⅣ郭は別の尾根筋に立地し、お互いが独立した遺構群と認識される。そのため、すべてを一つの城郭とすべきか迷うところであり、甲賀衆の一氏族が築いた城とみなしてよいか、判断に苦しむ。

当城は、野洲川を見下ろす丘陵上に立地している。野洲川に面した丘陵上には、佐治城のほか嶬峨《ぎが》城・嶬峨西城・北内貴《きたないき》城（本書所収）がほぼ等間隔に点在している。とくに、嶬峨西城と北内貴城は丘陵裾部との比高が５０メートル以上あり、甲賀の城館の中ではかなり高い部類に入る。

これらの城は、野洲川を眼下に抑えるとともに、野洲川流域を支配する水口から杣川流域を支配する深川市場をつなぐ動脈に隣接しており、一氏族を超える勢力が連携して築いた城という見解がある。

当城の群郭形式をなす遺構群についても、同名中組織との関連性が想定されており、甲賀郡中惣の構造を考えるうえでも重要な城跡といえる。

（小谷徳彦）

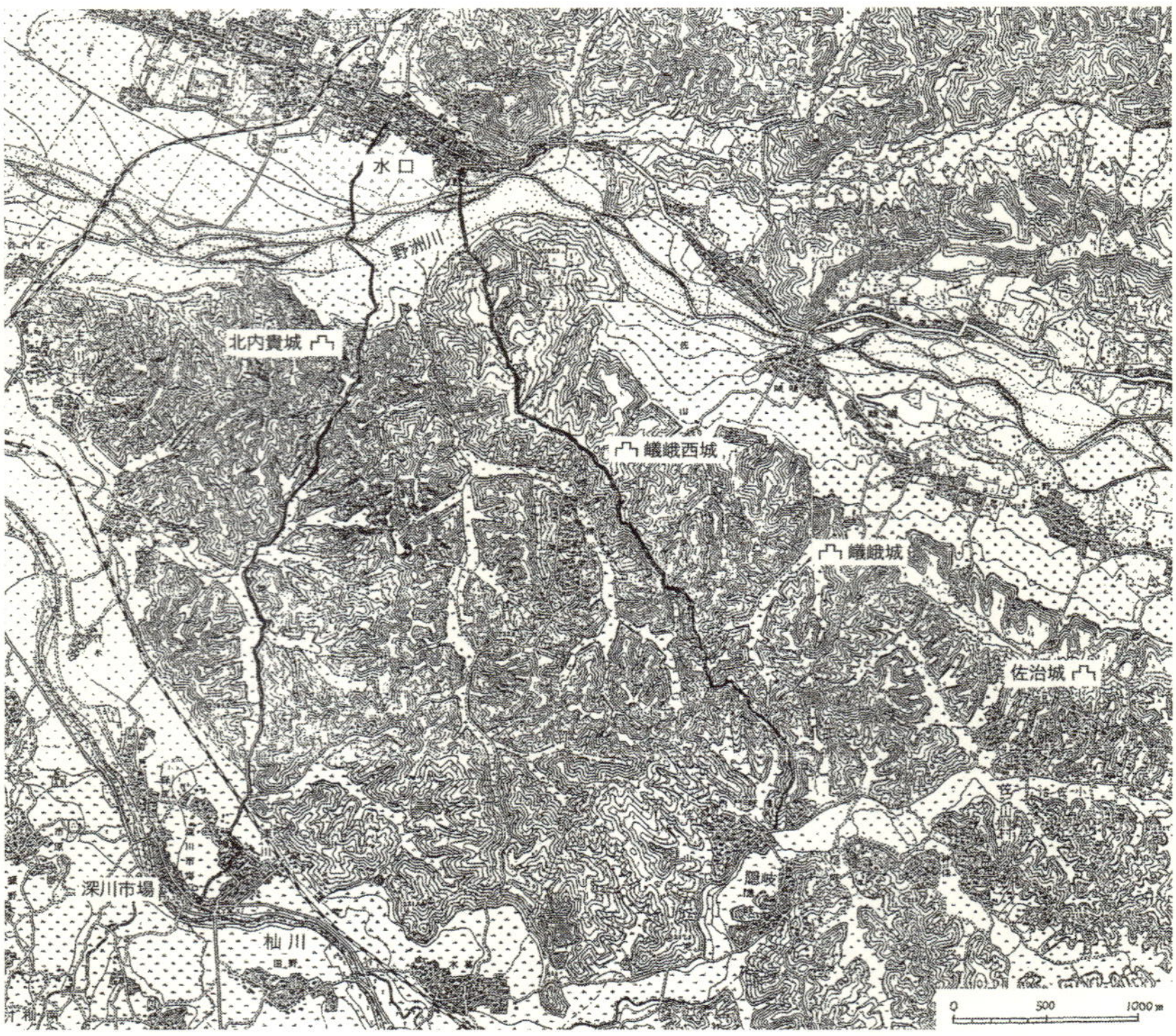

丘陵の稜線上に築かれた城　『甲賀市史』第７巻より転載

枡形池Ａ

［参考文献］藤岡英礼　二〇一〇「佐治城」『甲賀市史』第七巻　甲賀の城　甲賀市史編さん委員会

13

水口の街に臨む陣城か

北《き》内《たな》貴《いき》城《じょう》

西側から見た城跡

【選地】野洲《やす》川に向かって、南から突き出した尾根上にある。

城跡へは、北側麓から登るのが本来のルートであろうが、荒れているためたどるのは難しい。駐車スペースがある、みなくち総合公園内の大谷池脇から直登（一部、道がある）するのがよい。

DATA

所在：甲賀市水口町北内貴
別称：比佐殿屋敷
遺構：空堀、土塁
規模：100 × 100m
標高等：標高 232 m、比高約 40m

【歴史】永禄年間（一五五八～七〇）に美濃部茂忠が築き、その子治茂の室比佐女が住んだという。

【遺構】当城は、主郭のⅠをはじめとする四つの曲輪からなる。北側尾根上には数段の削平地が見られるが、城の遺構かどうかは判断できない。削平地の途中からは堀状の道が現れ、Ⅱ郭の前面で二度方向転換させる。

Ⅱ郭に入ると前面に低い段があり、道は両方向に分かれる。右（西）に行くと正面に土橋があり、主郭Ⅰに入る。左（東）に行くとⅢ郭に入る。付近にはいくつかの窪みが見られるが、用途は不明である。

主郭Ⅰは方形で、厚い土塁で囲まれている。現状では、土塁の北西側や、北側尾根続きからも入ることができるが、どちらものちの破壊道である可能性が高い。

一方、Ⅲ郭へはⅡ郭から入るほか、南側尾根続きから土橋を経て入ることができる。しかしながら、南側のルートは土橋が堀の中で折れ曲がり、幅広となった土塁（櫓台か）の上に斜めに入るもので不自然である。これも

縄張り図　作図：関口和也

破壊道であろう。

　Ⅳ郭は、南側尾根続きに土橋を有し、脇に櫓台と思われる方形の段を持つ。Ⅳ郭から主郭Ⅰへは、Ⅱ・Ⅲ郭とⅣ郭の間の堀と主郭Ⅰを巡る堀で形成された土橋Aを渡り、Ⅱ郭の西側土塁と、主郭Ⅰを囲む堀との隙間を抜けて入ることができる。北側尾根続きからも、主郭Ⅰの西側堀沿いに進んでこの隙間に至るし、Ⅲ郭の南側の道が破壊とすれば、南側尾根からの道もⅣ郭経由でここに至る。現状では虎口と考えるには狭いため、土塁が崩れて狭まった可能性を考えたい。破壊による開口の可能性もあるが、ここが虎口でないとすると、南北の尾根からの道はⅠ・Ⅱ・Ⅲ郭に入ることができなくなり、四つの曲輪が排他的に独立した状態になってしまうので、不自然である。

　そのほか、西側山腹にも堀状・切岸状の地形がみられるが、これらは城の遺構ではないと考える。

主郭Ⅰ（左側）と土橋・堀

主郭Ⅰの土橋と虎口

【評価】　甲賀の城にしては規模が小さく、堀も比較的浅い。

　注意したいのは、主郭Ⅰの二つの隅が破壊されている点である。山仕事により破壊された可能性もあるが、Ⅲ郭の南側も同様に破壊されているので、西側の三ヵ所の隅が破壊されていることになる。そうなると、かなり意図的なもの、つまり、破城により破壊されたと考えられそうである。

　また、主郭は明らかにⅠであるが、Ⅲ郭もそれに準じている。Ⅱ郭は、二つの曲輪の虎口空間として機能していたのではないか。あたかも、二つの主郭が併存していたかのようにも思える。

　川を挟んで水口《みなくち》の街に臨む立地は、戦略的にも重要な位置にある。『甲賀市史』第7巻では、「野洲川流域を抑える広域的な戦略によって築かれた」可能性を指摘するが、同感である。美濃部氏の城というよりは、外部勢力による一拠点（例えば陣城）と考えたい。

（関口和也）

［参考文献］甲賀市史編さん委員会　二〇一〇『甲賀市史』第7巻　甲賀市

14

植城館群《うえじょうかんぐん》

甲賀郡で特徴的な山中同名中の居館群

植城　城跡遠望　南より

【選地】　近江の甲賀郡《こうかぐん》は、信楽《しがらき》方面を除き、ほとんどが野洲川の流域となる。野洲川の上流では、多くの谷から支流を集め、中流域で大きな本流を形成する。植城館群周辺は野洲川の中流域にあたり、城跡は野洲川北岸の段丘上の平野部に立地する。

【歴史】　植城は、隣接して存在する山中氏館とともに、山中氏に関連する城館とされている。

山中氏の本貫地は現在の甲賀市土山町山中であるが、中世前期に甲賀市水口町の西側に柏木御厨《みくりや》が存在し、山中氏の一族が領主としてこの地に入部したとされる。この一族が、同じ「山中」を姓とする集団として山中同《どう》名中《みょうちゅう》を形成していた。

【遺構】　当城に関するこれまでの研究では、方形居館の集合体である植城は、隣接する山中氏館と併せて考察されることが多い。ここ

DATA

所在：甲賀市水口町植・宇田
別称：比佐殿屋敷
遺構：堀、土塁、虎口
規模：400 × 400m（全体）
標高等：標高 160m、比高 0m

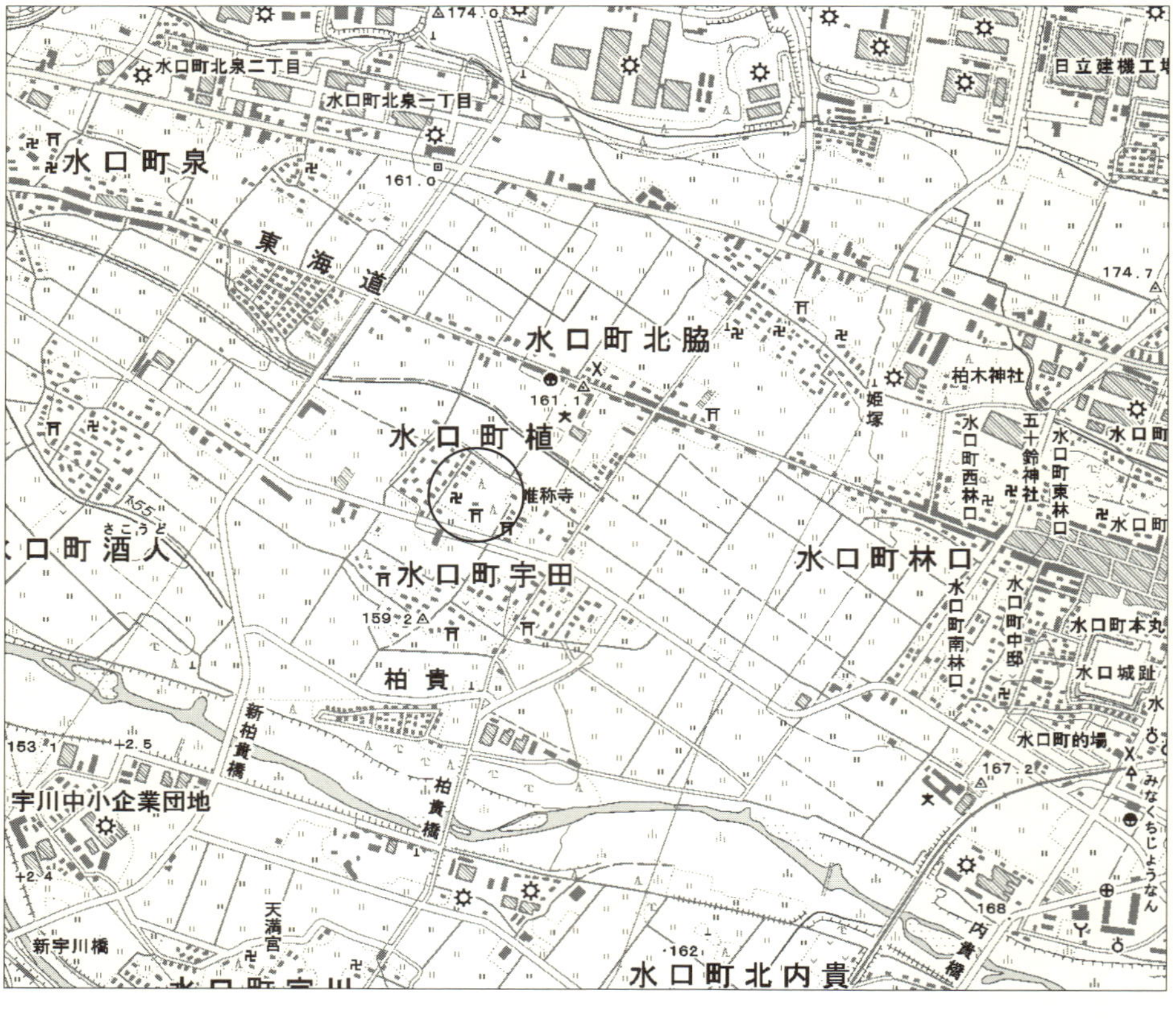

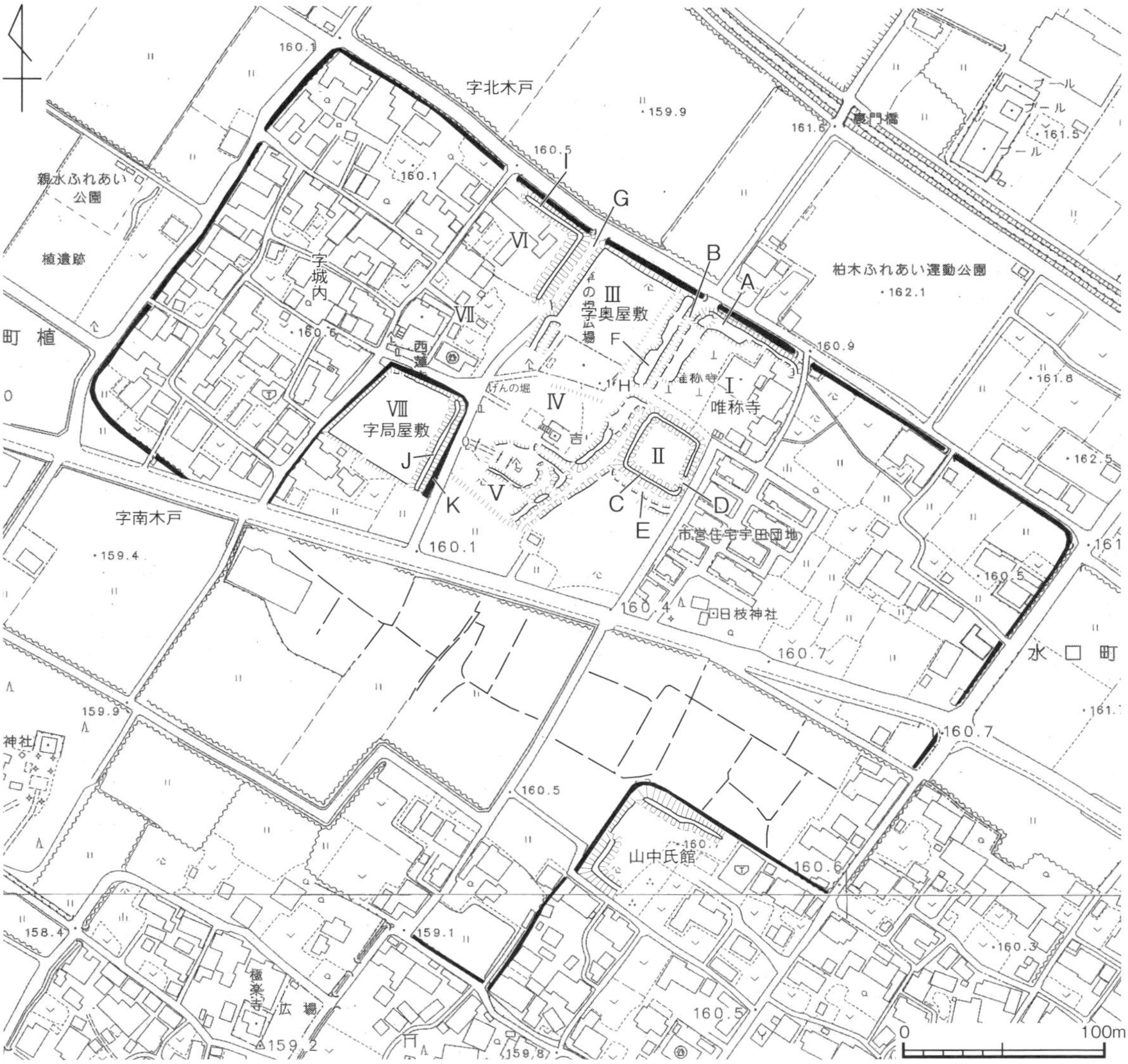

縄張り図　作図：福永清治　※Ⅱ郭の土塁は甲賀市史中井均氏図を参考とした。Ⅲ・Ⅵ郭間の土塁・堀は滋賀県教育委員会による発掘調査の遺構平面図を参考とした。Ⅷ郭周囲の堀は、明治の地籍図を参考とした。植城と山中氏館との間には、旧水田区画を表記した。

では、これらを植城館群として取り上げる。

まず、現在の水口町植集落の周囲には、220×440メートルの長方形区画が存在する。この区画は、外周を幅1・5~2メートルの水路が巡り、野洲川右岸一体に敷かれた条里地割りによって形成される。水路は近年の道路拡幅によって幅は狭くなっているが、本来は幅3~4メートル程度の堀であったと考えられる。

城館遺構が残っているエリアは、植集落南

植城　Ⅱ郭の現況

東側に隣接する寺社境内地を中心とし、長方形区画の中心を占めている。近年、残念ながら遺構の一部が失われてしまったが、土塁・堀は良好に残存しており、居館区画の復元が可能である。

　まず、現在の唯称寺《ゆいしょうじ》の境内には、北東辺と北西辺に高さおよそ1メートルあまりの土塁Aが残存し、かつては境内の周囲に土塁が全周していたとみられる。この区画をⅠ郭とする。規模はおおむね半町四方である。北東辺の土塁は集落の外周区画の堀と隣接し、北西辺の堀の外側にも幅約5メートルの堀Bが存在する。

植城　Ⅱ郭の現況

　唯称寺の南西側に、土塁囲みのⅡ郭が隣接する。ここに北西辺と南西辺に高さ約2メートルの土塁Cが残存するが、かつては土塁がⅡ郭を全周し、南東辺の南寄りの位置には平入りの虎口Dが存在していたらしい。Ⅱ郭南西辺の土塁の外側にも堀Eが存在する。

植城　局屋敷（Ⅷ郭）の土塁

　唯称寺のⅠ郭の北西側に隣接するⅢ郭には、「奥屋敷」の地名が残る。Ⅰ郭との間には堀Bがあり、Ⅲ郭側には高さ約0・5メートルの土塁Fの基底部が残存する。Ⅲ郭の北西辺は現在道路となっているが、以前は幅約9×深さ約3メートルの堀Gが存在していた。この堀は、平成十六年度に滋賀県教育委員会によって発掘調査されている。

　また、Ⅲ郭の南端は土塁と堀が途切れる虎口Hで、Ⅰ郭の西端部とつながる。現状では、Ⅲ郭の南西辺に土塁・堀などは存在していないが、Ⅲ郭はおよそ50メートル四方の方形を呈していたとみられる。

　Ⅷ郭には、「局屋敷」の地名が残る。この曲輪の南東辺に高さ約2・5メートルの土塁Jが残存しており、現在、周囲に存在する幅の広い道には、堀Kが存在していたと考えられる。『甲賀郡志』は、「局屋敷」には城主山中氏の一族が居住していたという伝承を記している。

　このほか、現状で竹藪となっているⅡ郭の南西側には、地表面から城郭遺構は確認できないが、ほかの曲輪と同規模の土地区画が認められるため、かつては曲輪であった可能性もある。Ⅱ郭南東側の住宅地も同様であり、ほかの曲輪と同じ規模・形状の土地区画となっている。

居館遺構が残るエリアの北西側の現集落内には、「城内」の地名が残る。この周囲は外側の堀と接するので、城の範囲と考えられるが、内部に遺構は残存しておらず、居館の遺構が残存するエリアとは土地区画が異なる。

以上のように、一部に堀・土塁が残存しており、こうした堀・土塁によって形成されるI~Ⅷ郭や、その他の区画が並立状態であったことがうかがえる。

【評価】戦国期の近江における村落の平面構造を考えるとき、領主居館が村落内でどの位置を占めるかによって、惣村《そうそん》と領主との勢力関係を考える切り口にされてきた。また、甲賀郡では、同名中全体と惣領《そうりょう》家の勢力関係をはかるうえで、城館群の相対的な位置関係が大きな関心となってきた。

植城館群で惣領家の居館に比定されている山中氏館は、宇田集落の垣内北端部に位置し、村落の中心位置は占めていない。そして、一族の同名中の居館に比定される植城の城館群は、山中氏館とは分離した地点に群在する形態をとる。同地への山中氏の入部が中世前期であるので、山中氏館の築城が先行し、植城の居館群の構築は後出するとみられる。

全体的な配置関係を見ると、山中氏が一門の居館群を構築するに際し、村落を巻き込んだ総合的な再編は行われず、従来からの周辺地割りに強く規制された全体プランの形成にとどまったとみられる。植城の居館群の展開は大規模ではあるが、空間構造のうえでは、在地の周辺環境から規制を受けたものであったと理解される。

（福永清治）

［参考文献］中井均　二〇一〇「植城跡」『甲賀市史』第七巻甲賀の城　甲賀市史編さん委員会／『植城遺跡―滋賀県甲賀市水口町植―』二〇〇六　滋賀県教育委員会

山中氏館　城跡全景　西より

山中氏館　北東辺の土塁

15

地中に埋没した甲賀の平地城館

貴生川遺跡《きぶかわいせき》

城館航空写真　発掘調査報告書より転載

DATA

所在：甲賀市水口町貴生川
遺構：曲輪、土塁、堀（すべて発掘調査による）
規模：48 × 50m（発掘調査で見つかった城館のみ）
標高等：標高 161m（遺構検出面）、比高 0m

【選地】　杣川《そまがわ》が水口平野へ流れ出る喉元あたりの右岸に立地する。遺跡の南側には、2メートルを超える高低差と旧流路の痕跡がみられ、杣川が形成した河岸段丘面の端部に位置することがわかる。遺跡からは、西から北にかけて眺望が広がる。

もともと水田であったが、平成二十年に甲賀市教育員会が実施した試掘調査によって遺跡が発見され、その後、平成二十五・二十六年度に公益財団法人滋賀県文化財保護協会により発掘調査が行われ、堀と土塁で囲まれた平地城館が見つかった。なお、現在は宅地となり、城跡の痕跡を確認することはできない。

【歴史】　貴生川遺跡の所在する地域は、甲賀市水口町貴生川のうち、旧西内貴《にしないき》村の範囲にあたる。この周辺は、甲賀衆の内貴氏の勢力圏に入るが、内貴氏が築いたとされる城館は旧東内貴村にあり、当該地では城館の存在をうかがわせる伝承も残っていなかった。しかし、発掘調査によって、およそ半町四方の平地城館が発見された。

城館平面図　『貴生川遺跡発掘調査報告書』より転載

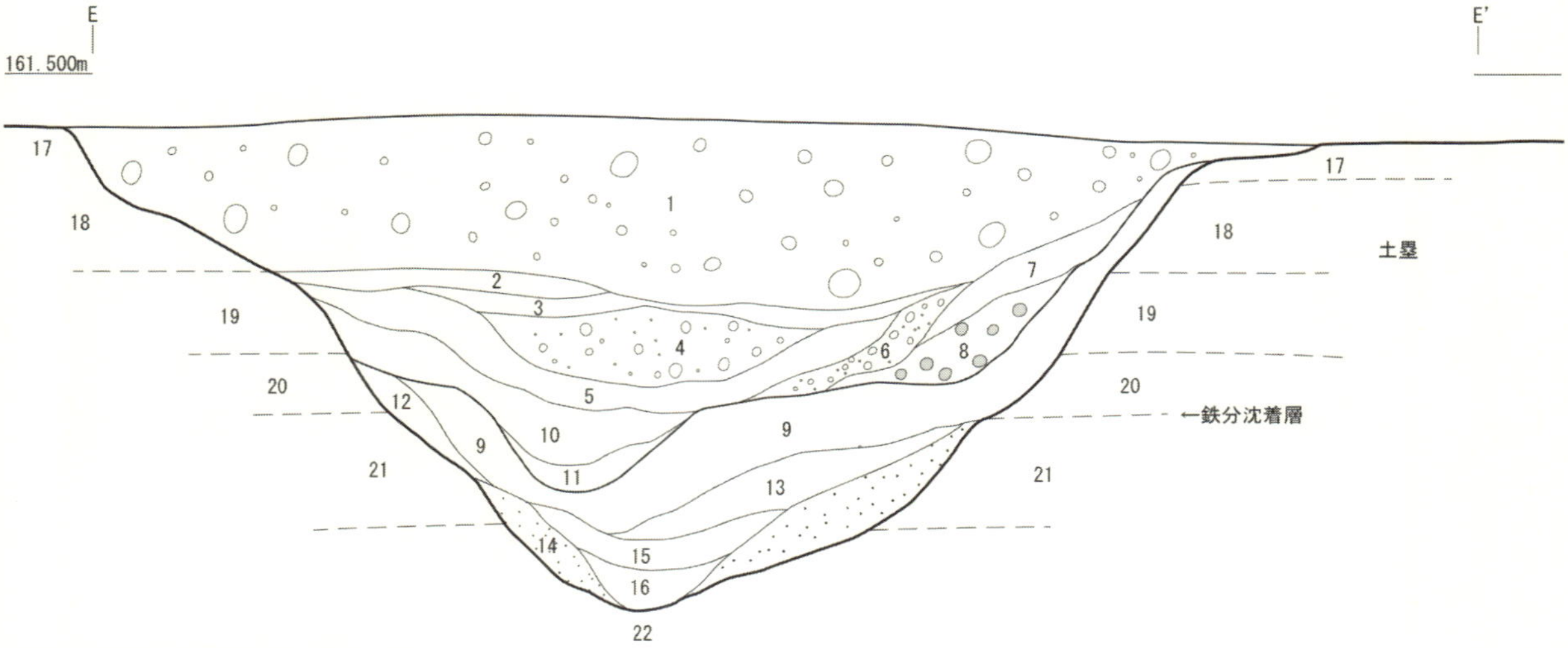

1　にぶい黄褐色土(10YR5/3)砂、礫層=造成土
2　灰色粘質土(5Y6/1)砂と少量の礫(1～5cm大)含む
3　灰色粘質土(N6/0)
4　灰色砂質土(5Y6/1)1～5cm大の礫含む
5　緑灰色粘土(7.5GR6/1)
6　灰色土(7.5Y5/1)砂と1～5cm大の小石を多く含む
7　黄褐色土(2.5Y5/3)
8　黄褐色土(2.5Y5/3)+黒褐色土(2.5Y3/1)ブロック混←古墳～中世の包含層 ］土塁の崩落土
9　黒褐色土(2.5Y3/1)に黄褐色土(2.5Y5/1)が混
10　灰色粘土(7.5Y5/1)
11　灰色粘土(7.5Y4/1)植物遺体を少量含む
12　灰色粘土(7.5Y4/1)
13　オリーブ灰色砂質土(5GY5/1)
14　暗オリーブ灰色粗砂(5GY4/1)3～10cm大の小石混ー初期の崩落土(19～20)
15　灰色粘土(10Y4/1)
16　オリーブ黒粘土(10Y3/1)
17　黒褐色土(2.5Y3/1)=古墳～中世の包含層
18　にぶい黄色土(2.5Y6/4)=地山
19　灰色砂礫層(10Y5/1)=地山 1～3cm大の小石
20　暗オリーブ褐色砂礫(2.5Y3/2)=地山 3～10cm大の小石、鉄分沈着
21　灰色砂礫(N5/1)=地山 3～10cm大の小石、鉄分沈着
22　灰色砂礫(N5/1)=地山 10～15cm大の小石、粗砂
23　にぶい黄橙色土(10YR5/4)=後世の撹乱
24　明黄褐色土(10YR6/6)やや砂質、小石混
25　暗灰黄色土(2.5Y4/2)やや砂質、小石混
26　黄灰色粘質土(2.5Y4/1)5～10cm大の礫を多く含む
27　灰色砂質土(5Y5/1)

※断面位置のアルファベットは第30図に対応

0　(S=1:50)　2m

堀断面図　『貴生川遺跡発掘調査報告書』より転載

甲賀郡で一般的な単郭方形の城館であり、甲賀衆との関わりを想像させる。なお、発掘調査では堀で囲まれた平地城館のほかに、一三世紀代の方形区画も近接して確認されており、遺構の変遷過程も注目される。

【遺構】　発掘調査では、古墳時代の竪穴住居や平安時代から鎌倉時代にかけての掘立柱建物などの多くの遺構が検出され、当遺跡は複数の時代にわたって営まれた複合遺跡であることが判明している。そのなかで、堀と土塁によって囲まれた平地城館が確認された。

城館は約三分の一が発掘され、堀の外側ラインで約48～50メートル、内側ラインで約39～42メートル程度を測り、南西ー北西方向にやや長い長方形となる。堀は、幅が上面で約6・4メートル、深さ2・6～2・8メートル、土塁側の傾斜がやや急な逆台形の断面形状となる。

堀の内側には、幅6・5～8メートルの土塁が巡る。土塁は基底部を残すのみだが、曲輪側も掘り窪めている様子がうかがえる。堀を掘削した土と、曲輪を掘り窪めた土で土塁を形成していたことが推測される。

土塁内部の曲輪は、北西ー南東方向が約30メートル、南西ー北東方向が約26メートルの規模で、石組井戸や土坑、溝など多くの遺構が検出されている。なお、発掘調査では虎口は確認されておらず、調査区外となる南側のどこかにあったと推定される。

曲輪と堀は同一土層《どそう》で埋め立てられており、出土遺物から一六世紀後半に機能し、一七世紀初頭に埋め立てられたと考えられている。

【評価】　貴生川遺跡で発見された方形の平地城館は、発掘調査を実施する以前には存在が知られていなかった。これは、発掘調査の成

発掘調査前の貴生川遺跡

城館跡の現状

発掘された堀　発掘調査報告書より転載

果が示すように、土塁を崩して、堀と曲輪を埋め立てていたためである。

当遺跡は、甲賀衆に属する内貴氏の勢力圏内に位置すると考えられるが、内貴氏の本拠とされる城館群とは離れて独立している。城館は河岸段丘の先端に立地し、三方向に眺望がきく地点に築かれている。このような立地条件などから、有力な家が単独で築いた城館ではなく、甲賀郡中惣との関係性が考慮され、杣川の河川管理を主な目的として築かれたという見解が出されている。

また、城館の成立時期と廃絶時期は、発掘調査の成果から、一六世紀後半を中心に機能し、一七世紀前半代に埋め立てられたことが明らかになっている。同時期の甲賀郡は、織田信長の近江侵攻、甲賀ゆれ、水口岡山城（『近畿』Ⅰ所収）の築城と廃城、東海道水口宿の成立といった、支配構造が大きく変わる時期である。

貴生川遺跡の城館が、杣川の河川管理を目的に築かれたかどうかはともかく、最終的に痕跡を残さないように破城されている状況は、甲賀郡中惣との関係性を示しているものと考えられる。

（小谷徳彦）


［参考文献］甲賀市教育員会・公益財団法人滋賀県文化財保護協会編　二〇一七『貴生川遺跡発掘調査報告書』

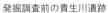

16

高い土塁を残す標準タイプの平城

杣中城《そまなかじょう》

【選地】　南と東が滝川に面する、段丘上に位置する。周囲は湿地であり、段丘は島状になっている。

【歴史】　城主・築城年代とも不明である。

南西から見た城跡

DATA

所在：甲賀市水口町杣中
遺構：空堀、土塁
規模：100 × 100m カ
標高等：標高 172m、比高約 3m

【遺構】　杣中コミュニティセンター西側の山林中に、土塁と堀が残る。土塁は約3メートルの高さを有し、現存するのは城の西側と南側の一部と思われる。

西側の土塁は堀を伴う。現状で表面がぬかるんでいることから、水堀であった可能性もある。堀は、南端で東に折れて消滅しているが、本来、その先に延びていたかどうかは不明である。現状では、東側の段差が南に折れていて、Cとの間が水田となっているが、当時からこの状態であった可能性もある。

南側の土塁は一部開口しているが、破壊の痕跡が明瞭なので、虎口ではないと考えられる。残存する南側土塁の東端あたりで、段差が南に延びている。これは、土塁の痕跡ととらえることも可能だろう。

西側の土塁は北端がやや高くなり、東に延びていたように見える。東に延びた土塁が、

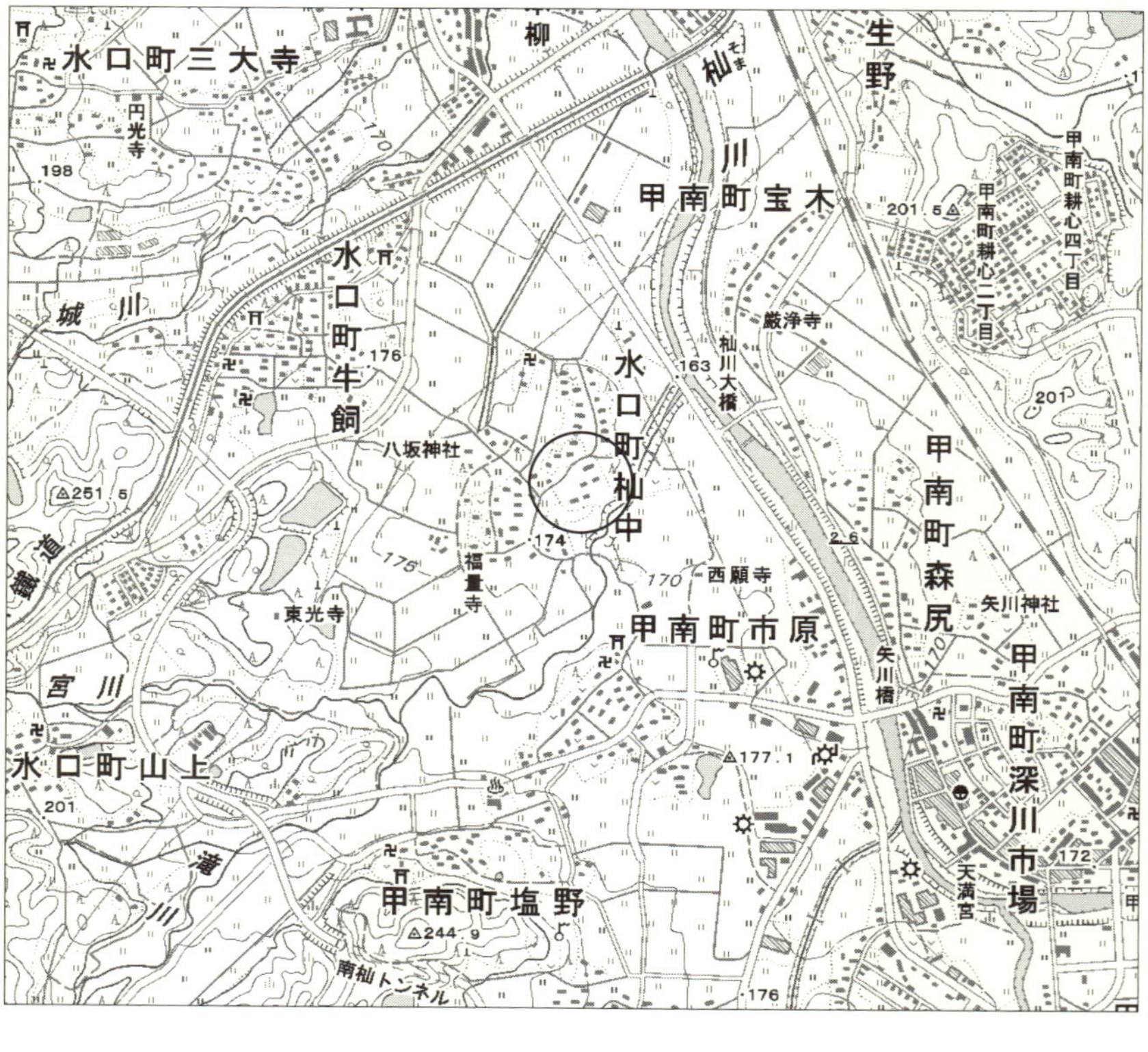

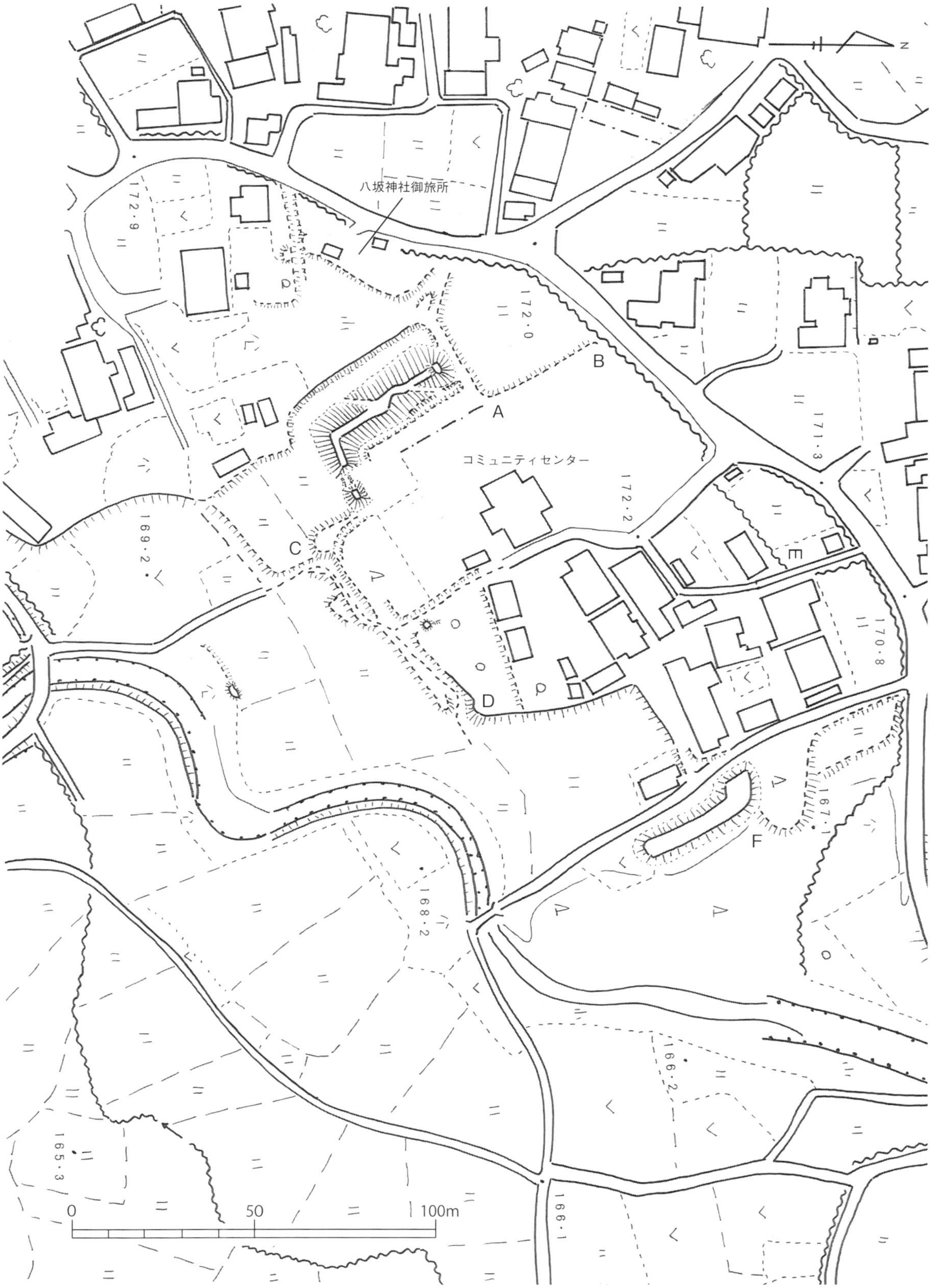
八坂神社御旅所
コミュニティセンター
A
B
C
D
E
F
172・9
172・0
172・2
171・3
169・2
170・8
167・1
168・2
166・2
165・3
166・1
0
50
100m
N

縄張り図　作図：関口和也

コミュニティセンター敷地との境になるAでさらに北に延びていた可能性もある。コミュニティセンター敷地と道の間は水路になっていて、東側は水田になっている。

コミュニティセンター敷地の北西隅Bと、南側土塁東端から南に延びる段差の端Cまでを西端と考え、段丘が狭まる位置Dと、東側段差のほぼ延長上に位置するEを東端とし、その間を城域ととらえれば、堀を含めて約100メートル四方となる。ほぼ方形の単郭プランが想定できるが、残存部分は西側に突出していたとみられる。

西側の八坂神社御旅所・熊野神社付近はやや高くなり、南側には浅い溝が見られるが、これらは城の遺構ではないと考えられる。

東側に土手状のFがあり、一部断面が露出していて、土層が観察できる。土塁のようにも見えるが、本来、もっと幅が広かったものが、削られて現在のようになった可能性も考えられる。『甲賀市史』第7巻では、城の遺構ではないと推定し、滝川の蛇行地点にあたることから、河川堤防の可能性を指摘する。曲輪を構成しているようには見えないため、本稿でも城の遺構ではないと考えたい。

【評価】『甲賀市史』第7巻によれば、甲賀の平地の城は、主郭が約50メートル規模が基本で、城域全体でも100メートルを超えるものは少ないという。そうなると、当城は標準的なタイプかそれよりやや大きいといえる。在地の領主の城と考えるのが穏当だが、遺構現存部分が西側に突出していたと考えると、やや異質な城と考えることもできる。残存部分が少なく、詳しい検討ができないのが残念である。

（関口和也）

［参考文献］甲賀市史編さん委員会　二〇一〇『甲賀市史』第7巻　甲賀市

（上）残存部分　（中上）堀跡（北から）　（中下）土塁
（下）土手状遺構

17

谷全体を防御する小規模城館群

上馬杉城館群《かみますぎじょうかんぐん》

【選地】　甲賀郡《こうかぐん》の北側は野洲川の流域であり、比較的広い平野部が広がっている。一方、甲賀郡の南側は比高30～50メートルの低丘陵が広がる地域であり、山頂部や稜線の突端に多くの城館が築城されている。

馬杉本城　遠望

DATA

所在：甲賀市甲南町上馬杉
遺構：堀切、土塁、櫓台
規模：750 × 700m（全体）
標高等：標高 230 ～ 270m、
比高 20 ～ 60m

甲賀郡の南側の中央部には、野洲川支流の杣川《そまがわ》が流れている。そこに流れる多数の小河川は、谷状地形とセットで存在しており、低丘陵群の内部へ谷状地形が複雑に入り組んだ様相を呈している。

上馬杉は、そうした谷状地形の最奥部にあたる。甲賀市の旧信楽町域を除く、いわゆる「甲賀上郡」の南端部に該当するが、城館群が存在する区域の南側約400メートルに伊賀との国境があり、伊賀側でもおおむね同様の地形が広がっている。

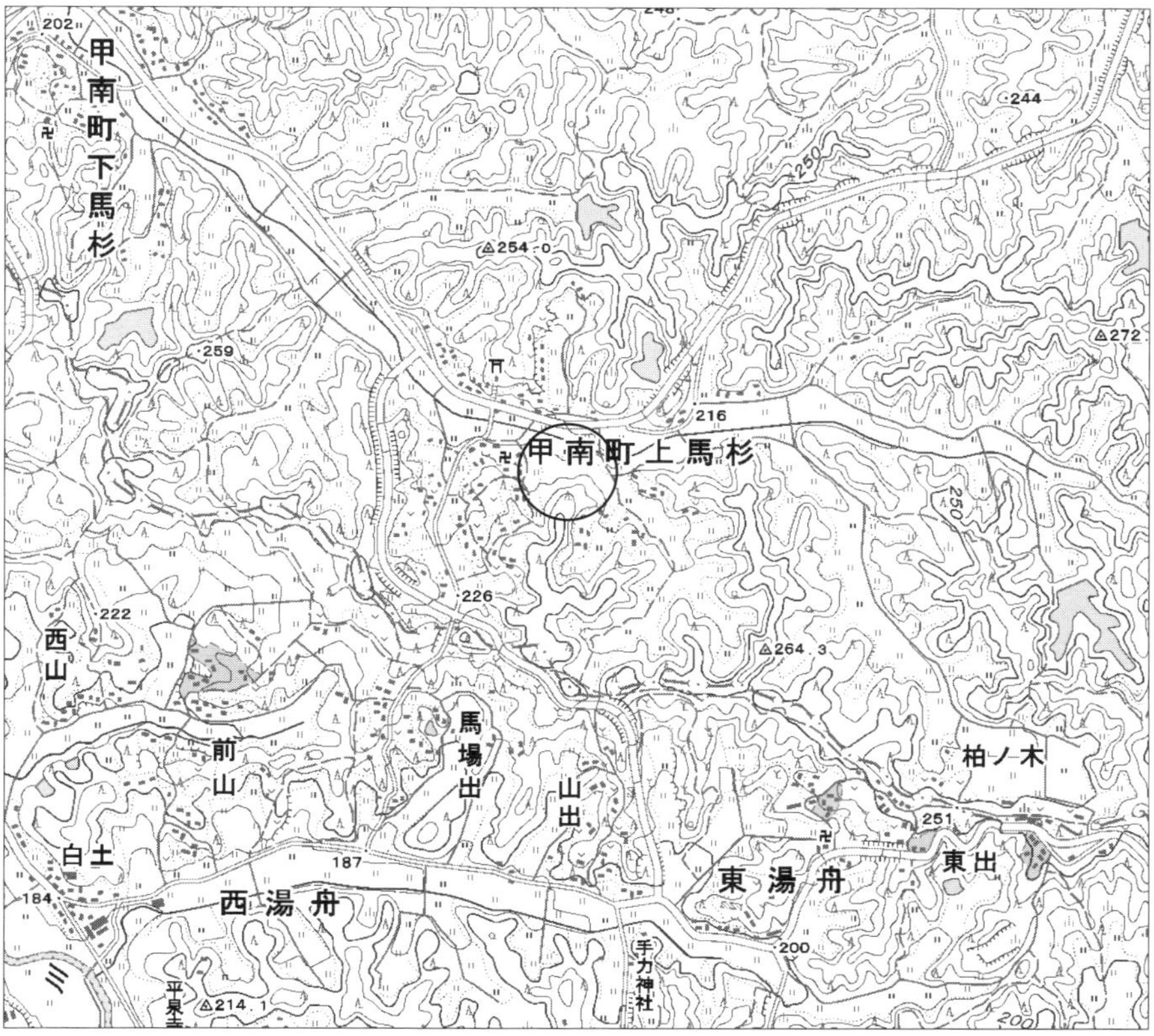

【歴史】　一連の城館群は、馬杉氏によって築城されたと考えられるが、来歴は定かではない。『甲賀郡志』などでは、甲賀郡で同名中を形成する土豪の一人として、馬杉丹後守などを挙げているが、具体的にどのような活動

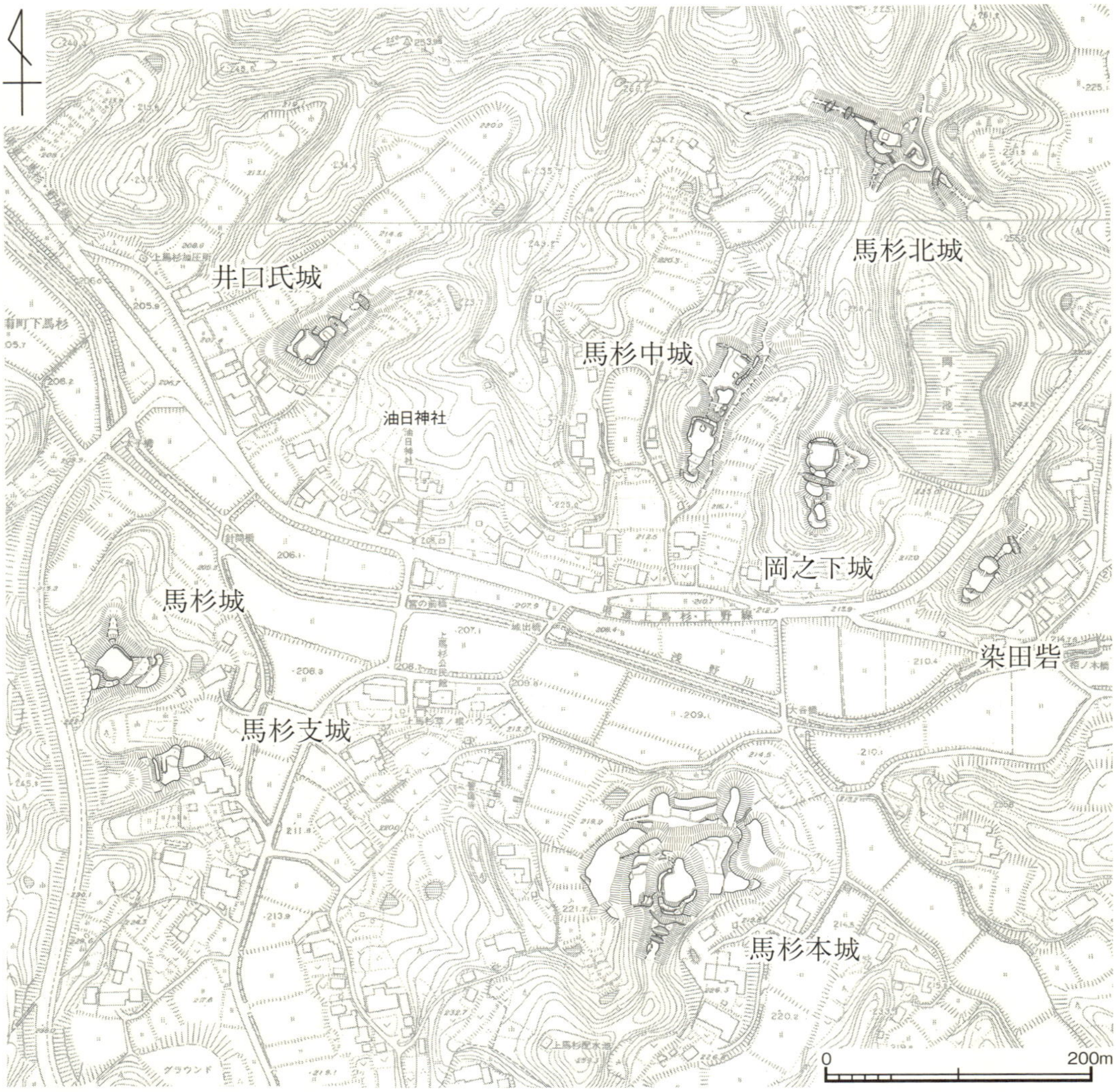

上馬杉城館群　全体図　作図：福永清治

馬杉本城から上馬杉の谷を望む

をしたかは明らかではない。おそらく、現在の甲賀市甲南町上馬杉・甲南町下馬杉を中心とした、谷部一帯を本拠とする領主であったのだろう。

【遺構】甲南町野川・甲南町下馬杉は、馬杉の谷開口部にあたり、集落背後の山上に、西出城・谷出城・小池城の三城が存在する。谷状地形を東へ移動すると甲南町上馬杉に至り、井口氏城・馬杉城・馬杉支城・馬杉中城・岡之下城・染田砦・馬杉北城・馬杉本城が存在する。

井口氏城は、上馬杉の谷の入り口北側に位置し、尾根の突端部に一辺およそ25メートル四方の土塁囲みのⅠ郭が存在する。曲輪の内側から土塁天端までの比高は約0・8メートルで、北端部に虎口Aがある。曲輪の北東辺には、本来の尾根地形を利用した櫓台Bが存在し、形状から狼煙台の可能性が指摘されている。この地点から北東側の尾根地形に対しては、堀切C・Dが防御している。

井口氏城の「対岸」にあたる上馬杉の谷の入り口南側には、馬杉城が存在し、Ⅰ郭はおよそ20メートル四方の四角形を呈する。Ⅰ郭の土塁は、北東辺のみ存在し、曲輪の内側から土塁天端までは約0・5メートルの高さである。背後の南西側の尾根続きには、井口氏城と同じように櫓台Aが存在する。曲輪の東側直下に、小規模な副郭が存在する。

馬杉城の南隣の尾根には、馬杉支城がある。

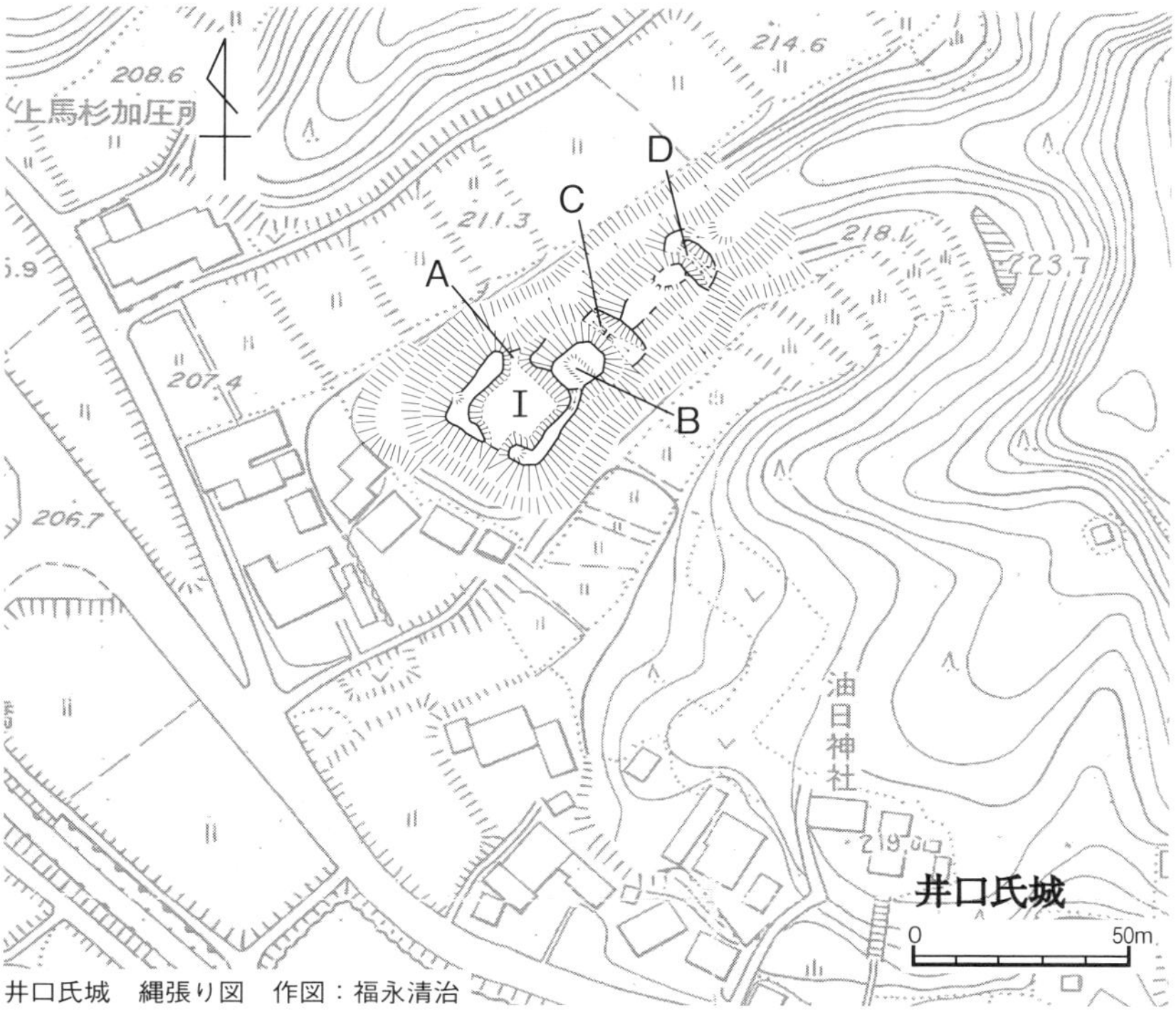

井口氏城　縄張り図　作図：福永清治

馬杉城・馬杉支城　縄張り図　作図：福永清治

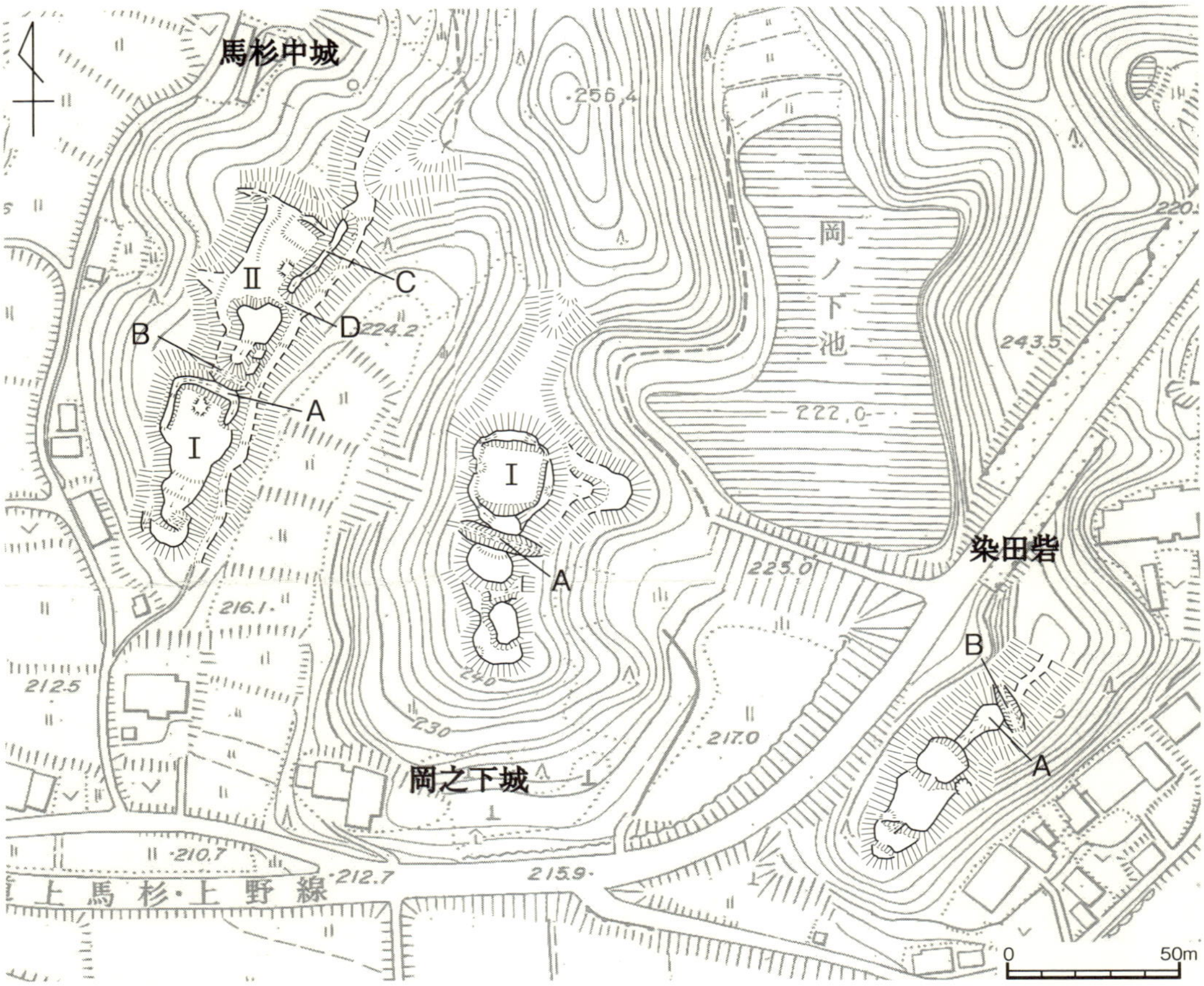

馬杉中城・岡之下城・染田砦　縄張り図　作図：福永清治

およそ15メートル四方の不整形で小規模な曲輪が二段存在し、背後の尾根側に自然地形を削り残した土塁Aがある。この土塁に接して堀切Bが存在し、背後の防御としている。

井口氏城の東隣の尾根先は、油日《あぶらひ》神社の境内である。この神社は甲賀市甲賀町油日に本社がある神社で、甲賀郡内に広く氏子圏を形成しており、この地にも末社が勧請《かんじょう》されている。おそらく、戦国期の馬杉集落においても地域信仰の中心的な存在であったのだろう。

油日神社の東隣の尾根先に、馬杉中城が存在する。尾根先部分の地形に合わせた、やや長い形状のⅠ郭があり、背後の尾根側には高さ約2・5メートルの土塁Aがある。土塁の背後には堀切Bがあり、堀切底から西側の斜面を伝ってⅡ郭へと至る。Ⅱ郭の東側に、高さ約3メートルの土塁Cが存在し、南東端に虎口Dがある。Ⅱ郭の北東端は、現状では道続きとなっているが、本来は堀切が存在していたと見られる。その先は自然地形の尾根となって、馬杉北城へと続く。

馬杉中城の東隣の尾根先に、岡之下城がある。尾根の先端部には、およそ10メート

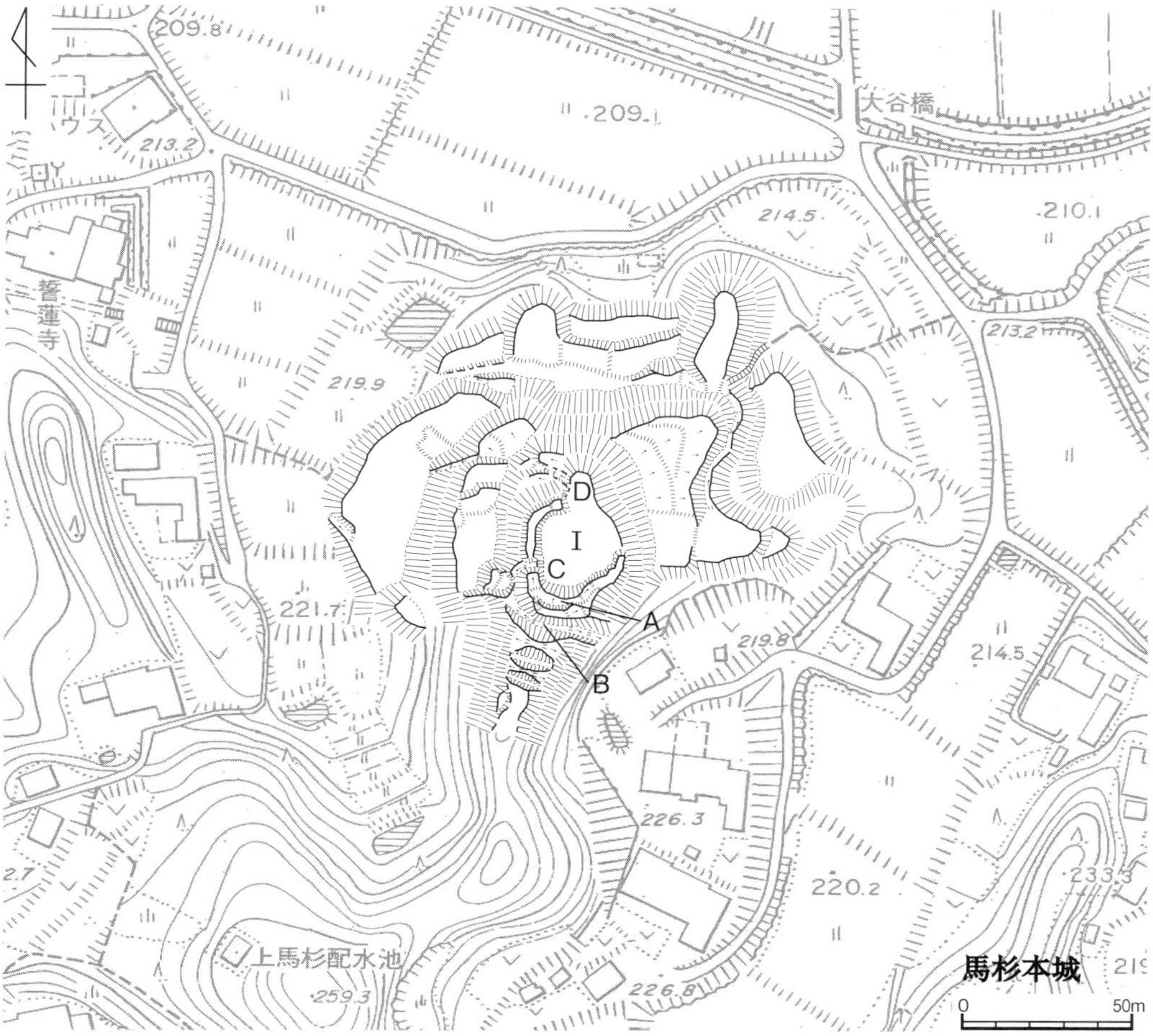

馬杉本城　縄張り図　作図：福永清治

ル四方の小規模な曲輪が連続し、堀切Ａを越えて土塁囲みのＩ郭がある。Ｉ郭縁辺の土塁は、曲輪面から約2メートルの高さで、尾根側の土塁が高く築かれている。Ｉ郭は、およそ２０メートル四方の規模で、おおむね四角形を呈する。Ｉ郭から尾根を北側に進むと、馬杉北城へと至る。

馬杉中城の東隣の尾根先端部にあるのが、染田砦である。上馬杉集落の谷の最奥部の出口にあたり、谷を通過して北の油日方面へ抜ける間道を牽制できる位置にある。１０〜１５メートル規模の曲輪が複数連なり、最頂部に櫓台状のマウンドＡがある。尾根地形の最も北側に堀切Ｂがあり、城域を区画している。曲輪縁辺に土塁などはなく、小規模でシンプルな構造である。

谷の南側中央部には馬杉本城が存在する。尾根先の最初のピークにおよそ２０×２０メートル規模のＩ郭があり、この地点から三方向の山麓側に曲輪を展開させる。Ｉ郭は、南の尾根側に高さおよそ4メートルの土塁Ａがあり、そこからＩ郭の西辺と北辺・東辺の一部に土塁が伸びる。南辺の土塁Ａの外側には、尾根に向かって三重の堀切Ｂが設けられ、

Ⅰ郭を防御する。

　Ⅰ郭の虎口は二ヵ所ある。一ヵ所は西辺の虎口Cである。西側直下の曲輪からの進入路が取り付き、南側の堀切から続く小さな曲輪からの牽制を受ける。もう一ヵ所の虎口Dは、Ⅰ郭の北端部にあたる。西辺から北辺に回りこむ土塁が途切れる地点で、Ⅰ郭から北側に張り出した部分へ西側の曲輪から登る進入路が取り付く。Ⅰ郭の東側直下は、現状では緩斜面の状態である。Ⅰ郭の東側に存在した土塁が崩されたことにより、緩斜面と化した可能性もある。

　集落の谷部から北側に外れたピークにも、馬杉北城が存在する。この地点は、北方向の油日方面につながる間道を東側に見下ろし、この道を牽制できる場所でもある。ピーク部に、およそ10×15メートル規模のⅠ郭があり、南側直下の小規模な副郭を介し、西側にあるⅡ郭とつながる。

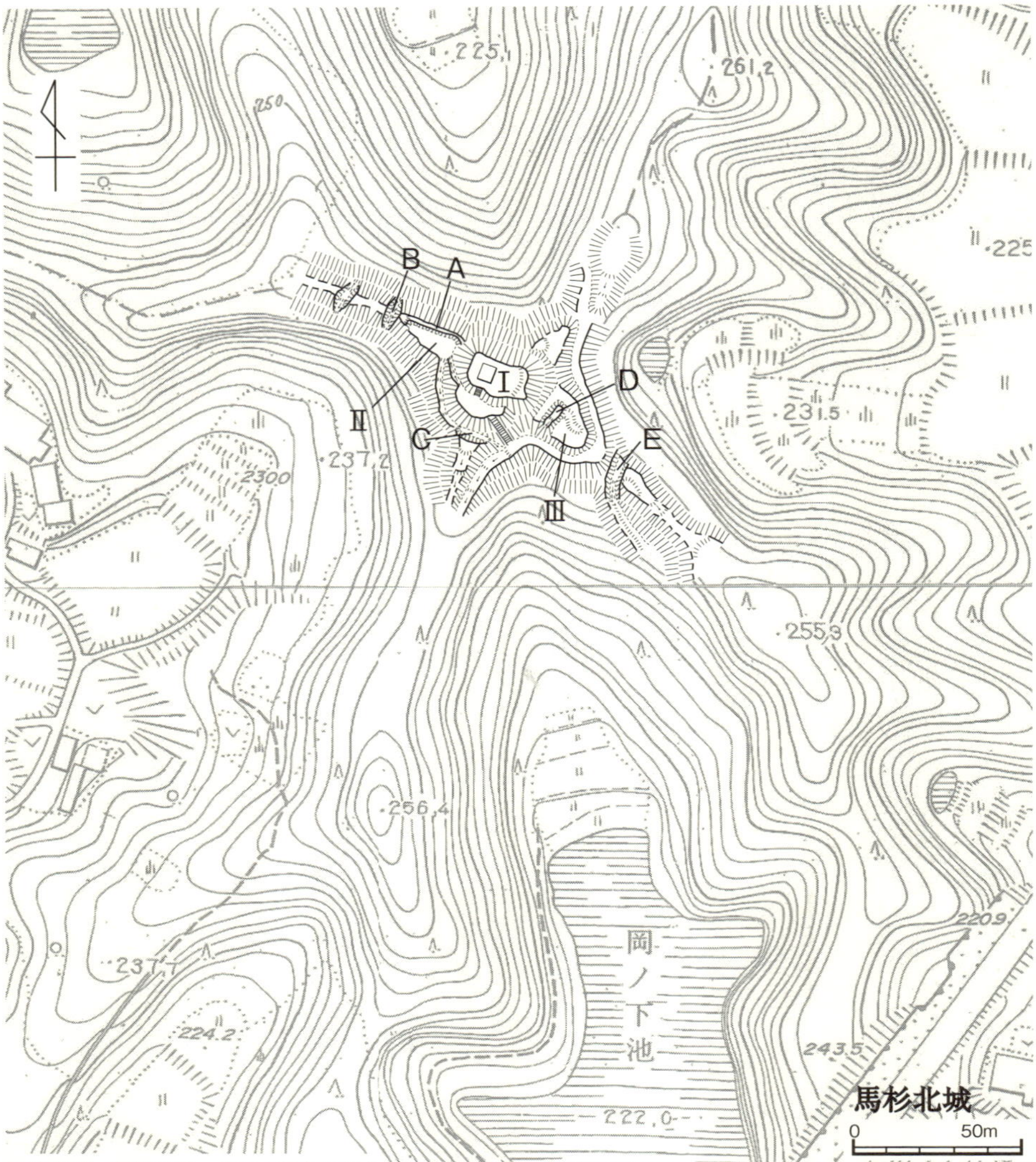

馬杉北城　縄張り図　作図：福永清治

馬杉本城　Ⅰ郭

Ⅱ郭の北側縁辺には、高さおよそ0・8メートルの土塁Aがあり、西側に隣接する堀切Bまで回り込む。西側の尾根には堀切Bを含む二ヵ所の堀切を設けて、敵兵の侵入に備える。Ⅱ郭からは、南側の尾根と道でつながっており、南側尾根部分では堀切Cの底を通過するが、後世に設けられた道である可能性もある。南側の尾根を下っていくと、岡之下城・馬杉中城へと至る。

Ⅰ郭の東側直下には、土塁DのあるⅢ郭が存在する。Ⅲ郭の東側は、後世の林道の先に堀切Eを挟んで東側の尾根へと続き、この尾根を進むと染田砦へとつながる。

馬杉本城　Ⅰ郭南辺の土塁A

馬杉本城　Ⅰ郭背後の堀切

【評価】 甲賀郡は、おおむね半町（約50メートル）四方の方形曲輪を基本とする館城タイプの縄張りが一般的である。上馬杉城館群も同様で、馬杉本城をはじめ、岡之下城・井口氏城・馬杉城なども、四角形の曲輪の縄張りを基本単位としている。こうした城館が、上馬杉では集落の谷へ突き出たほとんどの尾根突端部に築かれているのである。

このような城館分布のあり方は、同じ甲賀郡の和田（本書所収）でも見られ、複数の城館のそれぞれが一つの曲輪として機能することで、谷一帯が一つの城郭であったと考えることもできる。谷全体を防御するため、集落に近い尾根突端に築城されるのは、突発的に発生する軍事的な緊張に即応するためだろう。

また、上馬杉の城館群では、井口氏城などに特徴的な櫓台遺構などもあり、谷を全体的に防御する一体的な城郭でありながらも、個別に独自の機能が与えられていた可能性がこれまでも指摘されてきた。

もうひとつ、上馬杉城館群で特徴的なのは、岡之下城・馬杉中城・井口氏城など尾根先にある城館を、集落背後の尾根ピークにある馬杉北城が集約しているのと同時に、尾根地形を伝って隣接地域に移動する際の中継、あるいは隣接地域に対する牽制にも使用できる点である。甲賀郡のほかの地域でも馬杉北城のような城が存在しないか、再調査する必要性もあるだろう。

（福永清治）

［参考文献］村田修三　二〇一〇「馬杉本城跡」ほか『甲賀市史』第七巻甲賀の城　甲賀市史編さん委員会

18

甲賀郡では珍しい畝状空堀群

朝宮城《あさみやじょう》

【選地】　信楽《しがらき》は、旧甲賀郡の南西端にあり、東側は伊賀国、南側は山城国に面している。当城の北側直下を国道307号が東西に延びており、西方約2キロの位置にある裏白峠《うらじろ》を越えると、京都府宇治田原町方面に至る。南側約1・2キロの位置に京都府和束《わづか》町との境界がある。

旧甲賀郡は、全国的にみても城郭がきわめて密に分布する地域として著名であるが、信楽は城郭の数が少ないうえ、小川・多羅尾地区に固まる傾向がある。当城から最も近接するのは、北西約900メートルの位置にある山口館（近世における旗本山口氏の陣屋）である。中世城郭としては、東方約5キロの小川西城・小川東城、小川城がある程度であり、山城・伊賀国境に近いものの、当城周辺は中世城郭の存在が希薄である。

城跡は、朝宮小学校の南東にそびえる「城山」にある。北側山麓にある店舗裏に「朝宮城山城跡」の標柱が建ち、その付近から直登すれば、山上にあるNHKアンテナの建つⅢ郭に到達する。

【歴史】　『近江輿地志略』では、赤松満祐が伊賀攻めを行うにあたり、この地にいたと記している。『甲賀市史第7巻甲賀の城』（甲賀市、平成二十二年）で、藤岡英礼氏は遺構を通して戦国期に松永久秀勢力等、甲賀郡の外部勢力により築かれた可能性を指摘している。

堀切G　南より

DATA

所在：甲賀市信楽町下朝宮
別称：朝宮城山城、赤松城
遺構：土塁、堀切、畝状空堀群
規模：120 × 100m
標高等：標高 360m、比高 60m

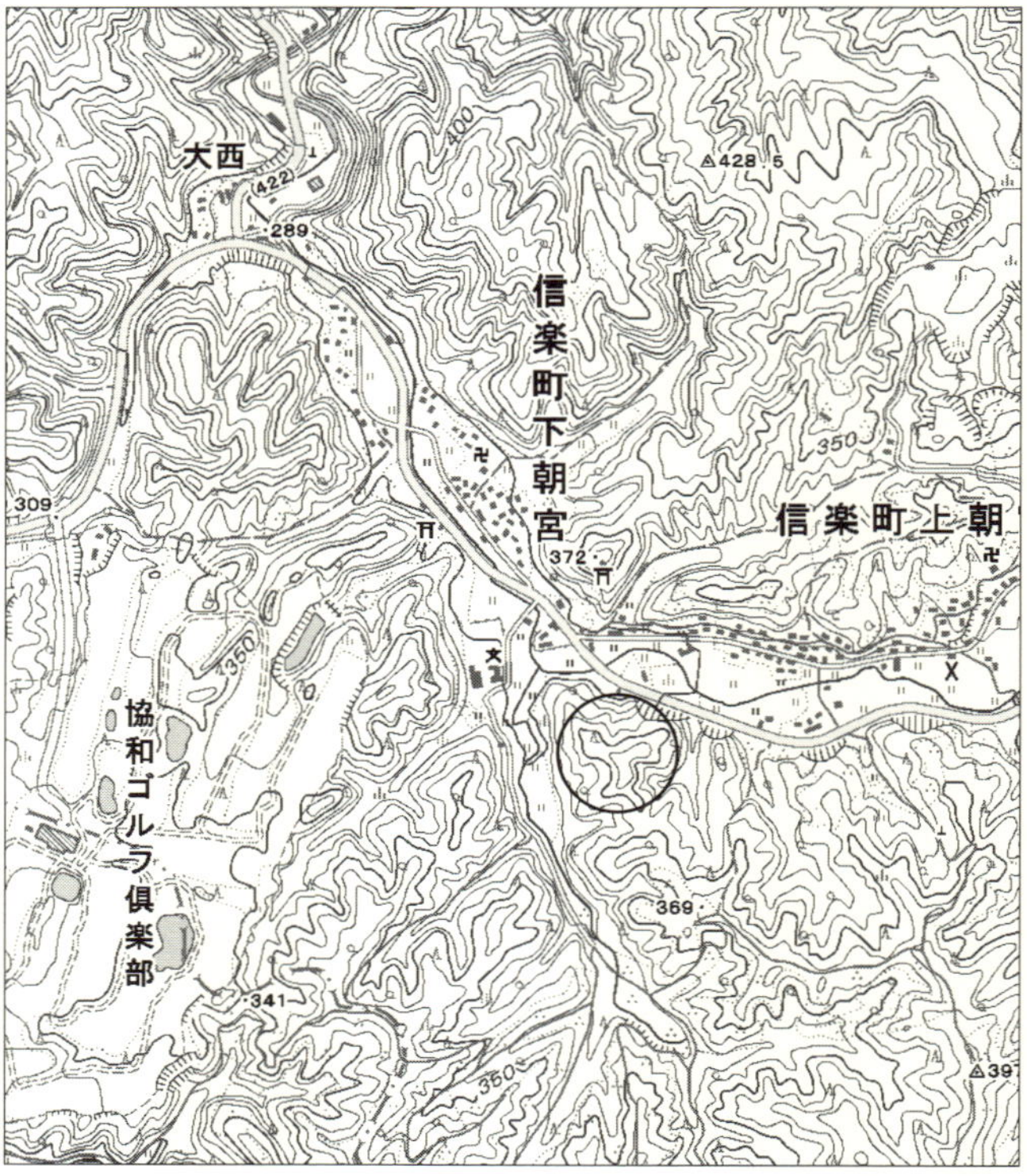

堀切Ｂ　西より

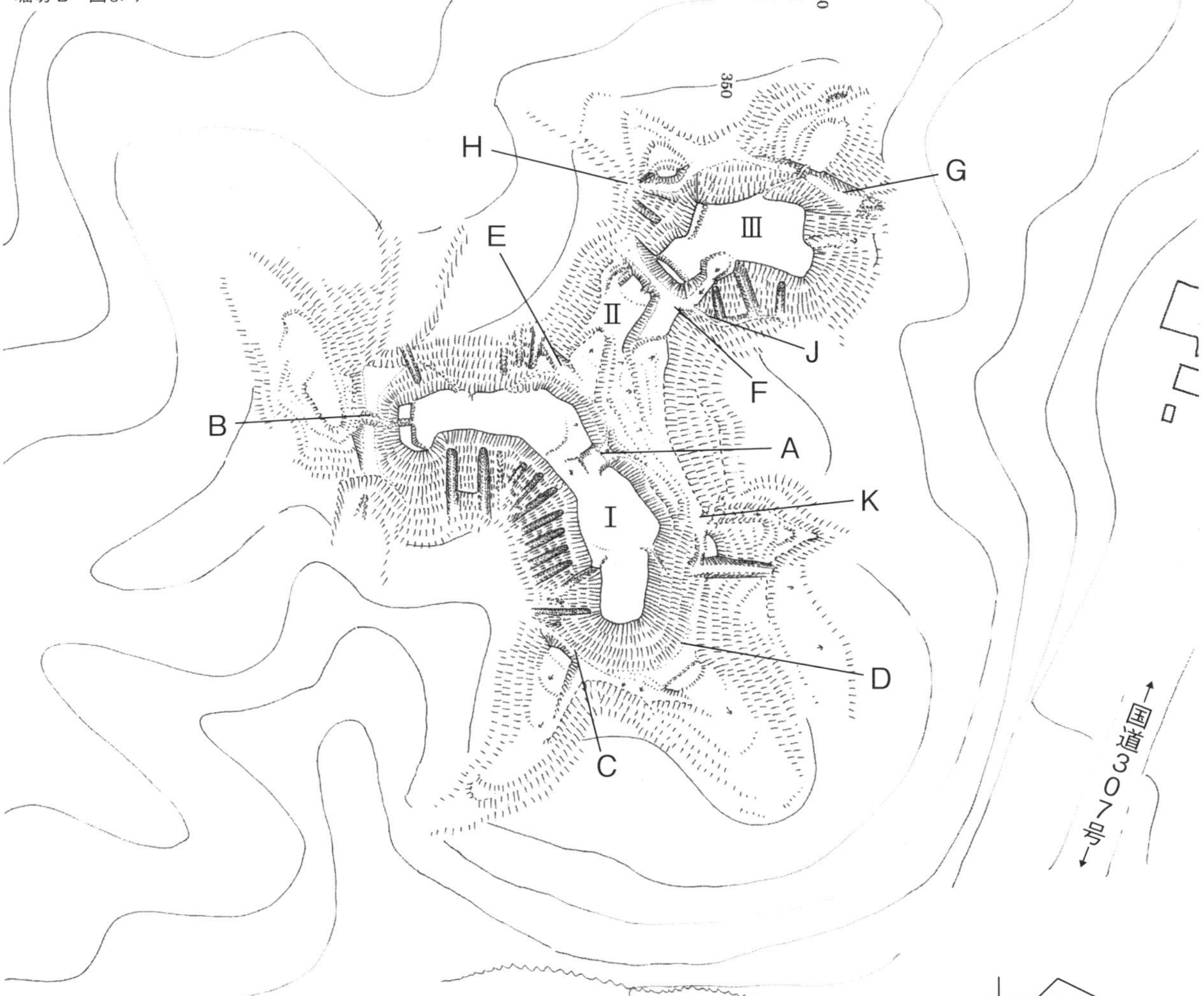

縄張り図　作図：髙田 徹

南側から見たＪ

【遺構】　当城は、巨視的に見ると主郭Ｉ、Ⅱ郭、Ⅲ郭から構成されている。主郭Ｉは「く」の字形に折れた細長い平面形態で、南端には土塁を巡らす。虎口は北側中央部のＡであり、スロープで北側の帯曲輪へ下りる。南側尾根続きは、前記の土塁に加えて堀切Ｂによって遮断する。堀切Ｂ底部には土橋が見られるが、土橋の延長は土塁をまっすぐ突き抜けている。土橋も、土塁を突き抜ける道も破壊道と考えられる。

主郭Ｉの南東、北東に延びる尾根にも、それぞれ堀切Ｃ・Ｄを設けて遮断している。ただし、主郭Ｉとの高低差が大きいためか、堀切Ｂに比べると幅はやや狭く、浅めである。

主郭Ｉで注目すべきは、南側斜面に設けられた十二本からなる畝状空堀群である。さほど緩やかな地形部分に設けられているわけではないが、主郭Ｉ直下に深く入り込む谷側から敵が侵入・登攀するのを警戒した処置であろう。旧甲賀郡内での畝状空堀群の他例は、今のところ土山町鮎河の高尾城に確認できるくらいである。

Ⅱ郭は四～五段の平坦地からなる曲輪であり、Ⅲ郭に向かい合う部分を除くと、緩斜面となったところが多い。Ⅱ郭の南西端、主郭Ｉとの境には堀切状の落ち込みＥがあり、その外側に三本からなる畝状空堀群が設けられている。

Ⅲ郭はⅡ郭との間に堀切Ｆ、北西尾根続きとの間に堀切Ｇ、西側尾根続きとの間に堀切Ｈを設け、堀切Ｆに面した部分には土塁を設けている。虎口は東側中央部にあり、スロープで堀切Ｆの脇に至る。スロープの脇には竪堀が二本設けられ、少し離れた部分にもう一本設けられている。

城域から山麓部に達する虎口・通路ははっきりしないが、Ｊ・Ｋが候補地として挙げられる。Ｊは、Ⅱ郭の虎口・スロープから折り返し、竪堀の端部付近を通るものである。現状では北側にある竪堀の先で通路が消滅するが、かつては北側斜面に通路が延びていたとみる余地がある。もう一つのＫは、堀切によって側面が擁護され、北側に向かってまっすぐ延びる道がある。いずれにせよ、北側の国道３０７号に向くように登城路が設けられていた可能性が高いだろう。

【評価】　畝状空堀群は、旧甲賀郡内でもほとんど類例がない。わずかな類例となる高尾城の畝状空堀群は規模も小さく、当城のものとはかなり異なっている。また、畝状空堀群が発達する城では、一般的に虎口が不明瞭になりがちであるが、当城では主郭Ｉ・Ⅲ郭の虎口が明瞭である。決して大規模な城郭ではないが、堀切・畝状空堀群によって城域を限定し、虎口どうしを結ぶ通路もほぼ推測できる。松永氏による築城かどうかは不明だが、外部勢力による臨時的な築城であった可能性は高い。

（髙田　徹）

19

烽火台を有する朽木氏の支城

西山城《にしやまじょう》

枡形虎口B

【選地】　当城が所在する高島市朽木《くつき》（旧朽木村）は、周囲を標高700～1000メートルの山々に囲まれ、ほぼ南北に流れる安曇《あど》川によって朽木谷が形成されている。この谷筋は、古くから若狭と京都を結ぶ道として利用され、若狭街道あるいは鯖街道とも呼ばれる。

　鎌倉時代末から明治維新までこの地を治めていたのが、朽木氏である。本城であった朽木城（朽木陣屋跡）から約1・3キロ北北東にある、標高356メートルの「西山」と呼ばれる山上に立地し、朽木城の詰の城として築かれたと推測されている。城跡の西側には若狭街道が通り、東側には琵琶湖方面が望める好位置に選地している。

【歴史】　朽木氏は、近江源氏佐々木氏の庶流で高島の地を治めた通称「高島七頭《たかしましちとう》」の一族で、街道一帯と豊富な山林資源を押さえて力を蓄えていた。京都に近い立地と軍事力により、室町幕府の奉公衆として重用され、戦乱から逃れるため、代々の足利将軍もたびたび朽木氏のもとに身を寄せている。また、元亀元年（一五七〇）に織田信長が越前の朝倉氏を攻めた時に浅井長政の裏切りに遭った際、京都への退却を先導したのが朽木元綱であったことはよく知られている。

　その後、朽木氏は豊臣秀吉、徳川家康に仕え、江戸時代には九千石を安堵されている。

DATA

所在：高島市朽木市場・荒川・西山
遺構：曲輪、土塁、堀切、虎口
規模：40 × 90m
標高等：標高 356m、比高 180m

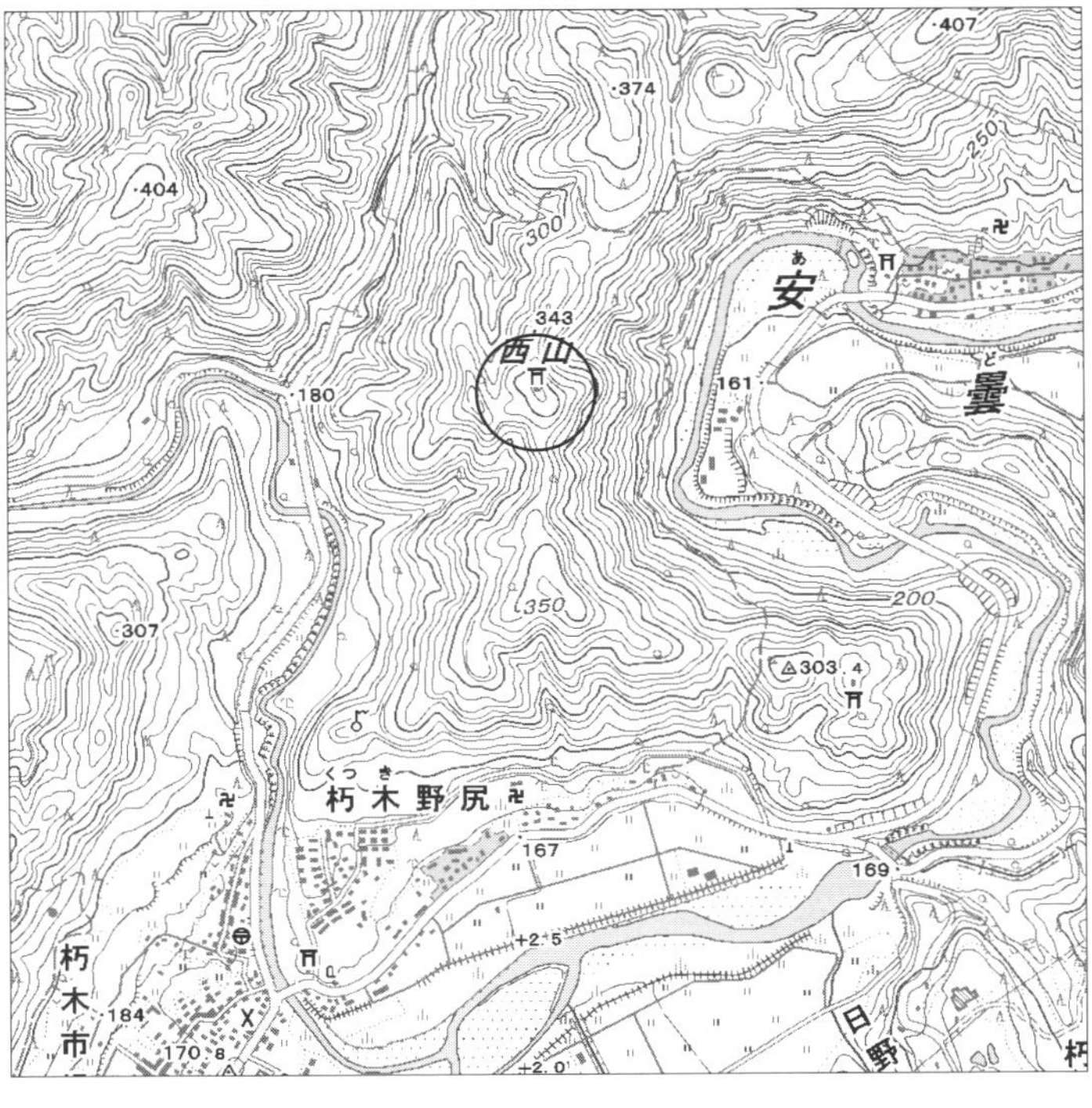

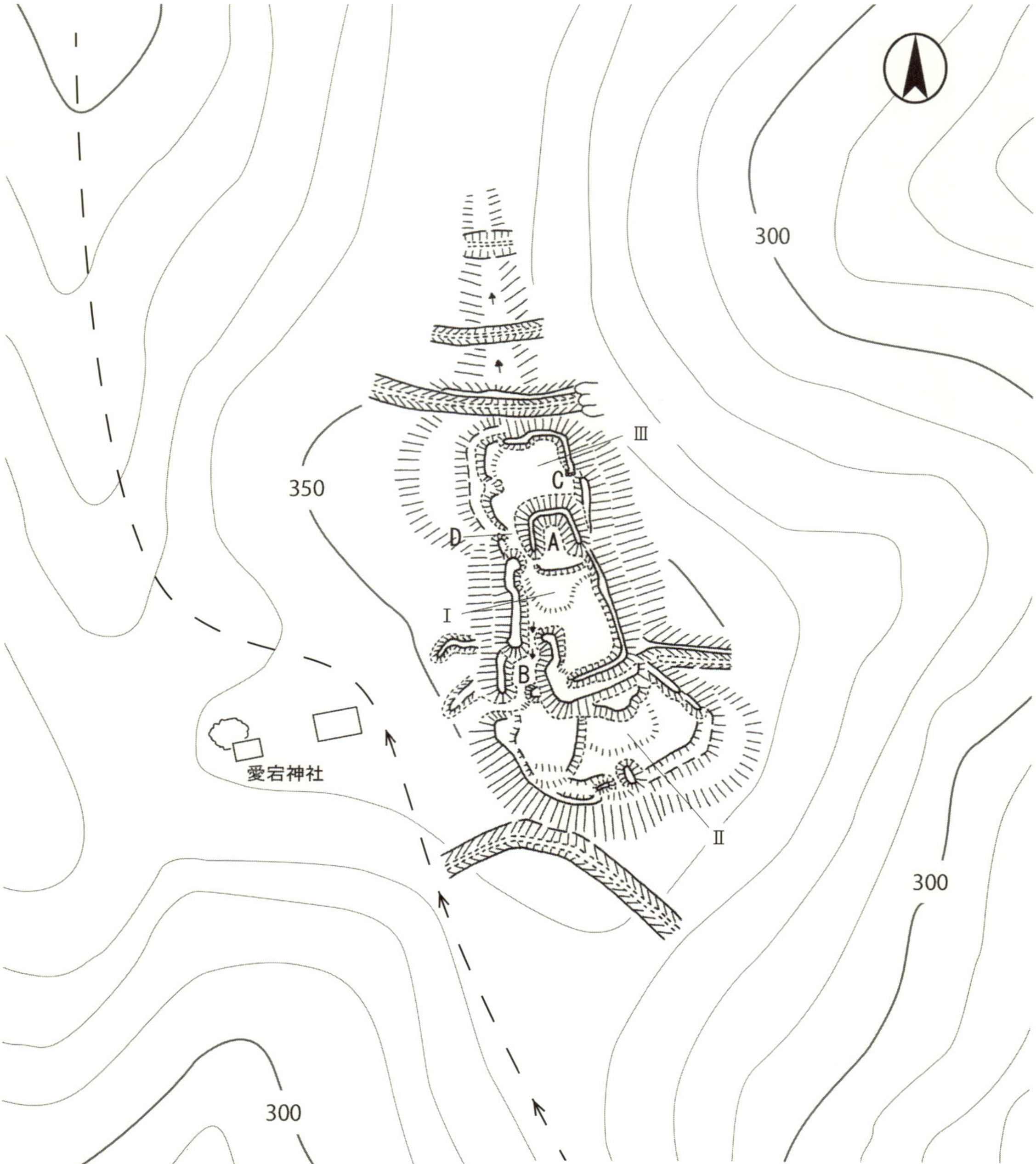

縄張り図　作図：小林裕季

当城そのものについては文献資料に記載がなく、最近になって存在が知られるようになった。

【遺構】　公園として整備されている朽木陣屋跡（朽木城跡）の背後にある林道から、およそ四〇分程度で当城の中心部にたどり着く。愛宕神社の東側に位置するピークに主体部が築かれ、そこから前後の南北約４５０メートルにわたって、出曲輪と考えられる平坦面や土塁状の地形が所々に確認できる。

主体部は、東西約４０×南北約９０メートルの規模で大きく二段に造成される。中央のⅠ郭と南北のそれぞれ一段低い位置にⅡ・Ⅲ郭を設ける。Ⅰ郭は長方形を基調とし、東西約２０×南北約４０メート

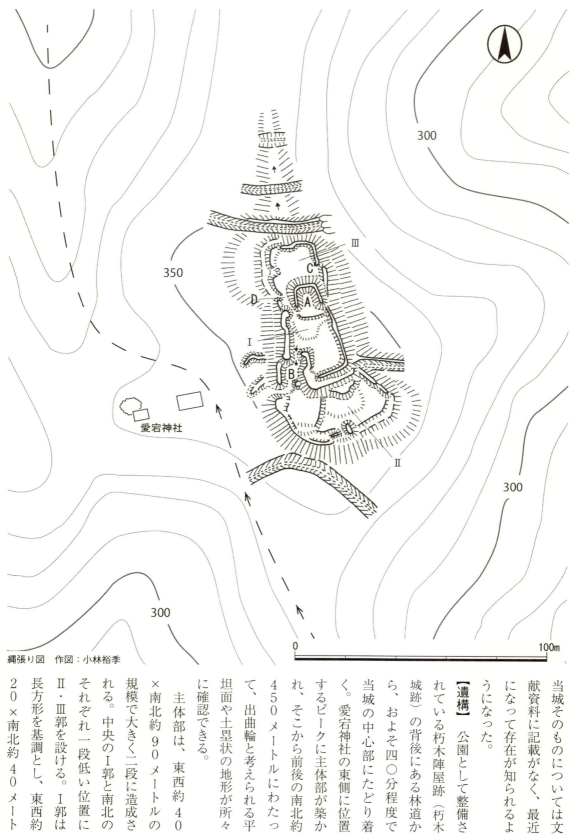

ルを測り、周囲に土塁を巡らせる。

当城の城郭遺構で特徴的なのが、烽火台《のろしだい》Aで、Ⅰ郭の北端に幅約3×高さ約3メートルにおよぶ巨大な土塁が「コ」の字状に築かれている。当城の主体部は比較的小規模な山城なので、際立つ規模の遺構である。城跡一帯は「烽台《ほうだい》」や「烽築平《ほうづきだいら》」と呼ばれ、この場で烽火が上げられたことに由来すると考えられている。烽火台の土塁が高く築かれたのは、強い北風を遮るためであったとみられる。

Ⅱ郭は、東西約45×南北約25メートルを測り、最も広い曲輪である。Ⅱ郭の北西部に虎口Bが開口し、Ⅰ郭を囲む土塁と組み合わさることで枡形虎口となっている。対する東側では、土塁を伴う一条の竪堀が設けられ、斜面を防御している。さらに、南側は幅約5メートルの堀切によって防御を強固にしている。

Ⅲ郭は、東西約20×南北約15メートルと、やや小規模な曲輪である。東側から北側にかけて土塁が巡り、東側の土塁は一部食い違って石積みが残る部分Cがあり、飲用水などを溜めた溜枡の遺構と推測されている。

Ⅲ郭の南西部には虎口Dが開口し、正面に烽火台の土塁が位置するため、直進ができない構造となっている。曲輪の北側は、三条の堀切を設けて厳重に防御している。

烽火台A

西山城北側堀切

【評価】 文献資料に記載がないため、正確な築城年代は不明だが、築城主体が朽木氏であることは確実である。発掘調査の成果により、朽木氏は室町時代中頃に居館を朽木城に移したとみられ、同城を核として要所に詰めの城となる支城網が設置されたことが知られている。このような動きのなかで、当城は朽木城とともに築かれたと推測される。
ただし、当城に残る遺構は、枡形虎口の存在といった点から、戦国時代後半にも改修が行われている可能性が高い。永禄年間(一五五八~一五六九)には、江北の浅井氏の勢力が高島郡にも波及し、さらに元亀年間(一五七〇~一五七三)には、織田信長による高島郡侵攻など、軍事的緊張の高まりにともなって、随時、城郭施設が整えられていったと考えられる。
(小林裕季)

[参考文献] 二〇一〇『朽木村史』通史編 高島市

20
信長の琵琶湖掌握の拠点

大溝城《おおみぞじょう》

写真１　天守台　高島市教育委員会提供（以下、２枚とも）

【選地】　比良《ひら》山地と琵琶湖との間に広がる高島平野の南端にあたり、琵琶湖北西岸にせり出す白鬚明神崎《しらひげみょうじんさき》の北側に位置する。大溝には古代北陸道が通るとともに、湖上交通の拠点として知られた勝野津《かつのつ》の地に比定されるなど、古くからの交通の要衝である。

DATA
所在：高島市勝野地先
遺構：天守台、石垣、堀
規模：本丸 60 × 65m
標高等：標高 85m、比高 5m

【歴史】　近江には、織田信長の安土城、織田信澄（信長の弟、信行〈信勝〉の嫡男）の大溝城、羽柴秀吉の長浜城、明智光秀の坂本城など、琵琶湖に面して築かれた「水城」が存在する。信長は、水陸交通の要衝で、軍事面でも重要であったこれらの地域をおさえることによって、琵琶湖の支配権を掌握し、天下統一への足掛かりとした。

琵琶湖の西部に位置する高島郡支配の拠点として築かれた当城は、天正六年（一五七八）に、信長の甥・信澄を城主として築城された。明智光秀の設計と伝えられ、安土城と同じ文様の瓦を使用していることから、信長の影響を大きく受けていたとされている。天正十年に起こった本能寺の変により、光秀の娘婿であった信澄は、織田信孝（信長の三男）と丹

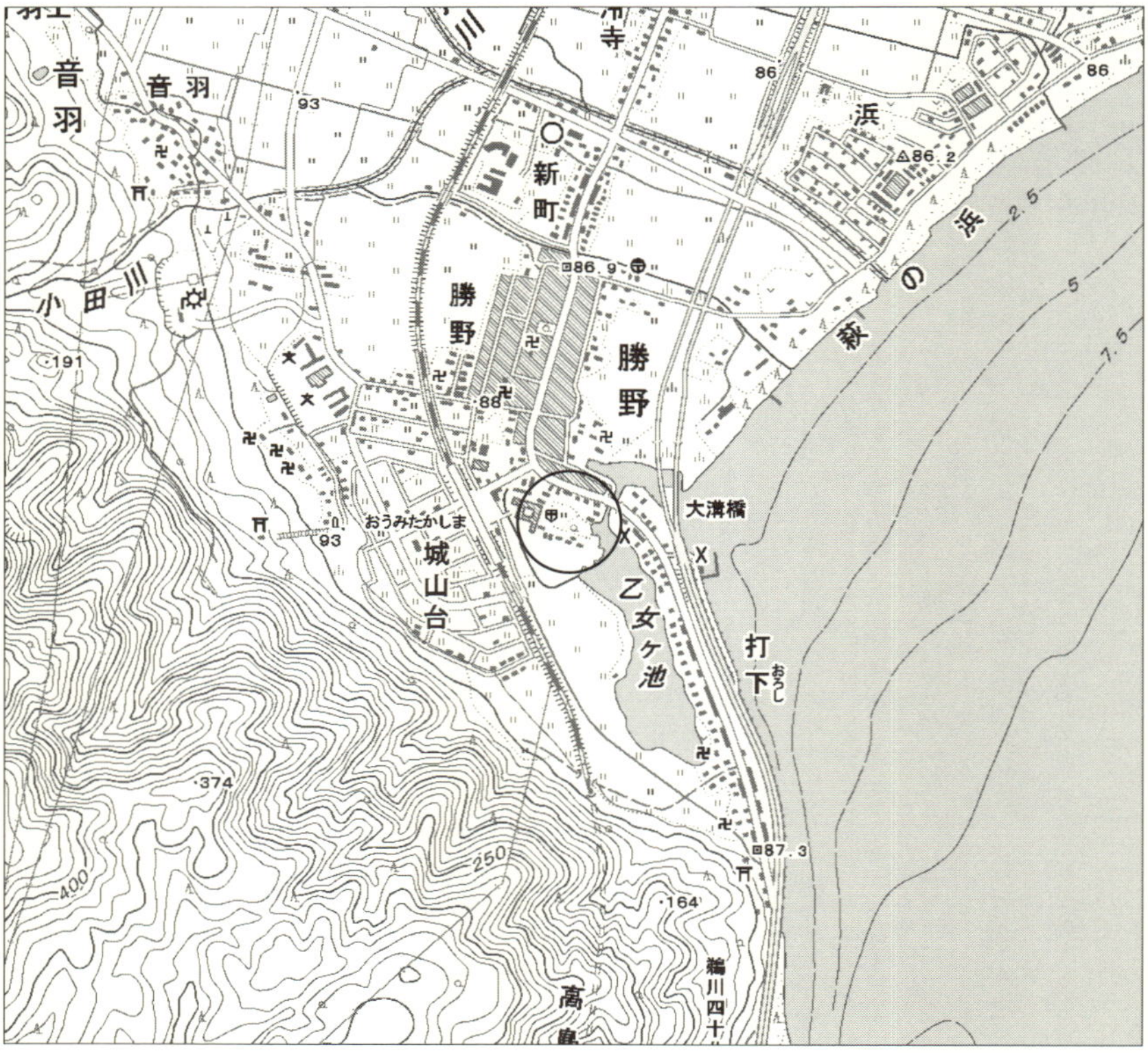

羽長秀に謀られ、大坂城で自害した。

これ以後、大溝城の城主は、丹羽長秀、加藤光泰、生駒親正、京極高次と目まぐるしく変わる。文禄四年（一五九五）頃に壊され、部材は甲賀の水口岡山城に移されたと伝えられている（天正十三年または慶長八年〈一六〇三〉とする説もある）。

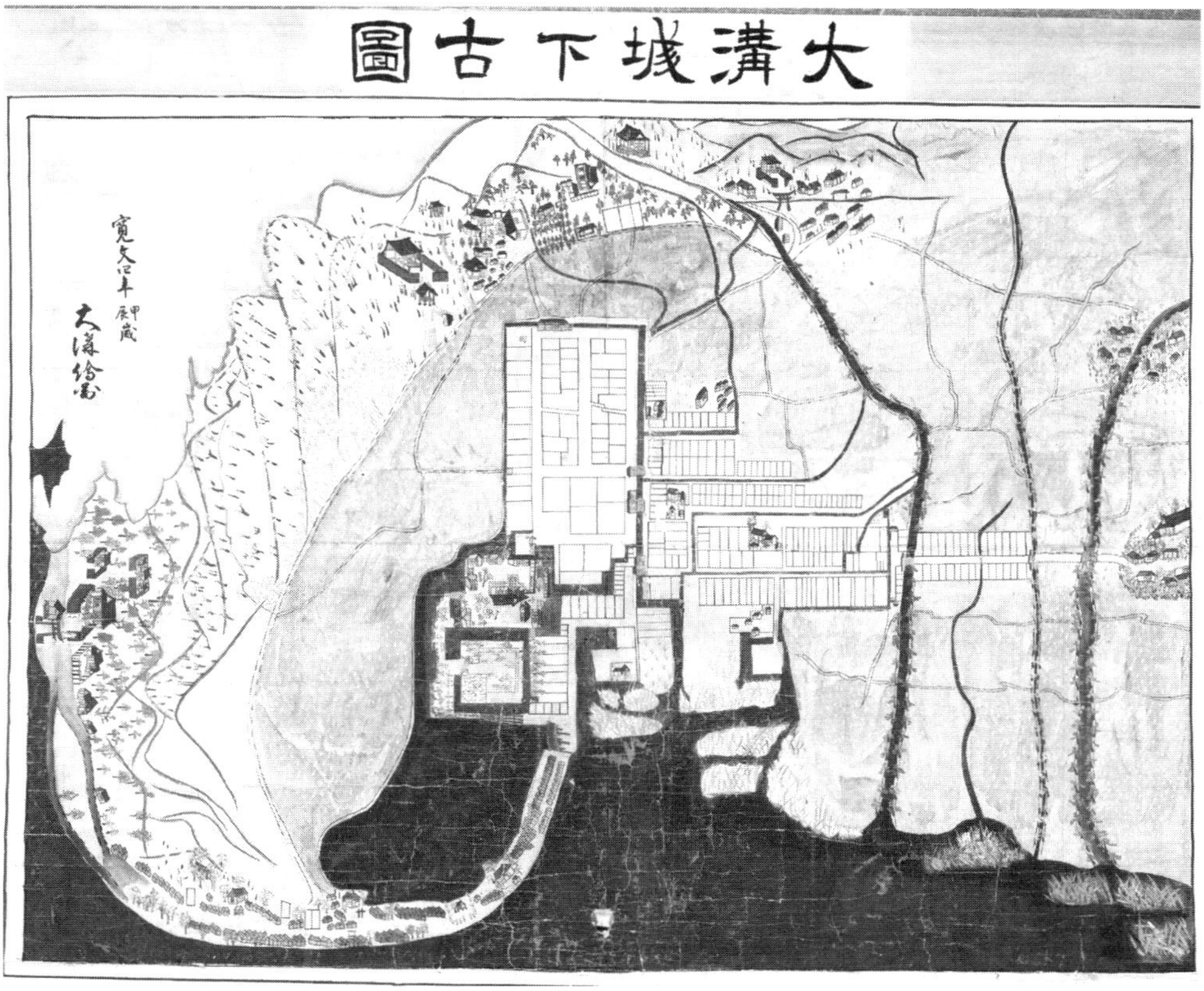

図 1　大溝城下古図　高島市蔵

江戸時代に入り、元和五年（一六一九）には分部《わけべ》光信が大溝藩主として入封し、大溝城の西側一帯に「大溝陣屋」を構え、城下の整備に努めた。寛文四年（一六六四）作成の「大溝城下古図」には、かつての大溝城の姿や大溝陣屋の様子が描かれている（図1）。

廃城以後、天守をはじめとする主要施設は解体、移築されたが、天守台はほぼ現状を保つ形で残された（写真1）。城郭を画した堀や二ノ丸、三ノ丸などの周囲一帯は埋め立てられ、市街化および耕作地化が進み、現在に至る。高島市指定史跡である天守台の石垣を除くと、大溝城の遺構は現在の地表にはほとんど残っていない状況だが、信長が琵琶湖掌握を目的に築いた「水城」としての趣を現在でもよく残している。

【遺構】 信澄が築いた大溝城の全貌は明らかでないが、現在、天守台の石垣が乙女ヶ池に隣接して残ることから、内湖を巧みに利用していることがわかる。江戸時代に作成された「大溝古城郭之絵図」には、本丸を中心に天守、堀が描かれ、廻りを内堀が囲んでいる様子がみてとれる。本丸は、南側の二ノ丸と橋でつながり、西側に三ノ丸が接している。本丸の南東隅に天守、残りの三ヵ所に隅櫓が配され、内堀の外側にも四つの隅櫓が琵琶湖と接するように設けられ、琵琶湖が外堀の役割を果たしていたことがわかる。

これまでの発掘調査では、本丸を区画する外郭の石垣および堀が確認されるなど、水城としての様相や本丸の構造等の一端が明らかになっている。本丸西端部と北端部の調査で

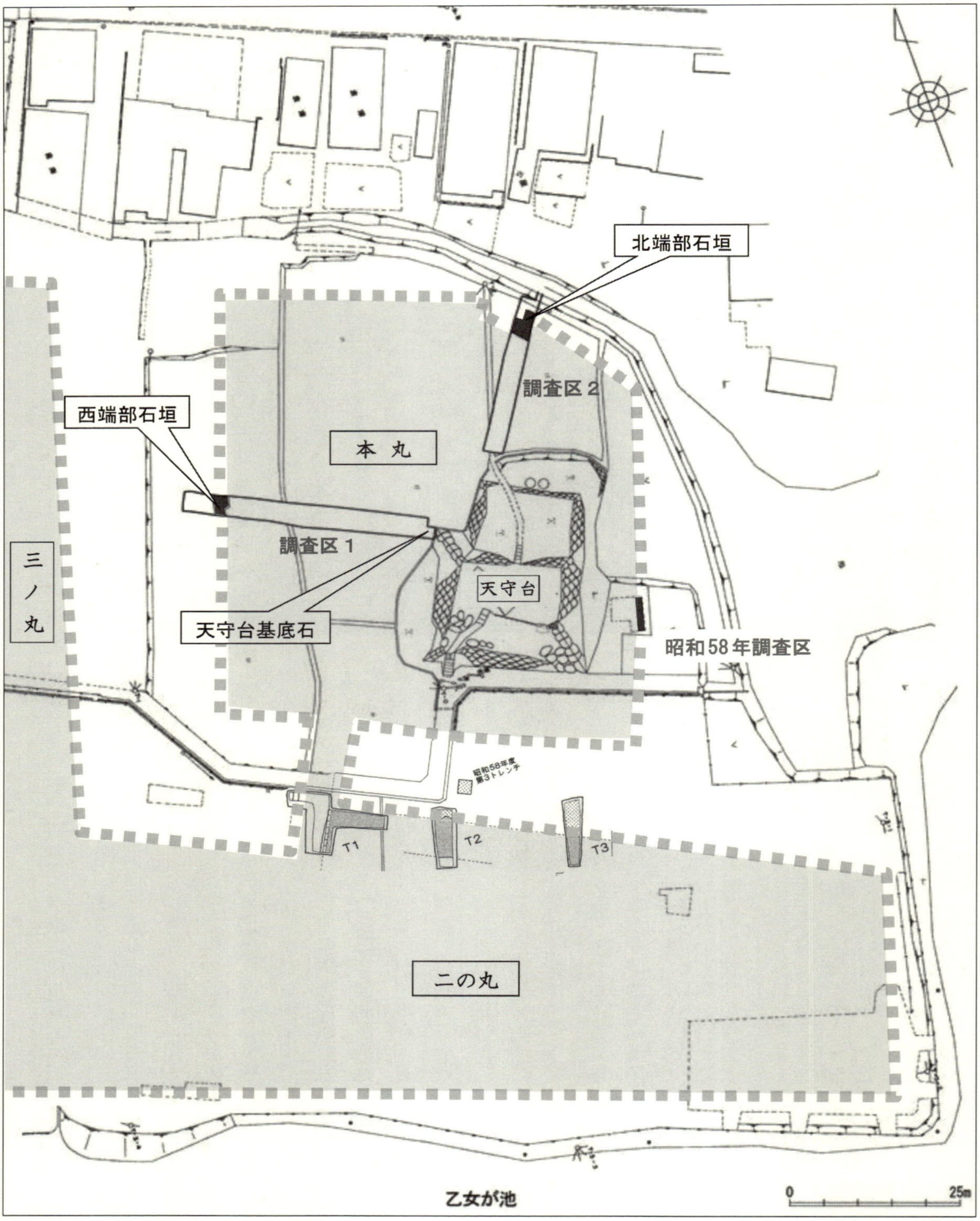

図 2　本丸範囲想定図　高島市教育委員会提供

は、耕作土（30センチ程）を除去した面から、本丸を区画する外郭ラインを示す石垣が発見されている。本丸西端部では、天守台西面の根石から約34メートルのところで南北方向に延びる石垣が検出されている（写真2）。本丸北端部では、天守台北張出部根石から約23メートルのところで東西方向にのびる石垣が検出されている（写真3）。いずれも、絵図に描かれた本丸の外郭ラインと一致する箇所である。

検出した石垣は、築石の大きさ約50～60センチを測り、根石を含め二～三段の石垣（高さ1メートル程）が残り、石垣根石下には沈下を防ぐ胴木が設けられている。一方、石垣上部は、後世の改変により崩され、堀には築石や大量の栗石のほか、天正期の瓦片や江戸時代の陶磁器片が含まれていた。当城が廃城以降、比較的長い時間をかけて堀が埋め立てられた状況がうかがえる。

なお、本丸北端部の石垣は、クランク状にほぼ直角に曲がる形で発見され、その一部は階段状を呈し、琵琶湖から直接本丸へ上がれる構造で、船着き場としての可能性が考えられている。

【評価】　これまでの調査で、古絵図の記載内容と一致するように、本丸跡が良好な形で地下に残存し、保存されていることが判明した。また、水城としての様相や構造の一端が明らかになるとともに（図2）、数少ない信長関連城郭として、さらなる調査の進展と絵図等の検証が期待される城郭のひとつである。

（宮﨑雅充）

（上）写真2　本丸西端部検出石垣
（下）写真3　本丸北端部検出石垣

21

近江の戦国期集落と武家の居館

木村氏館《きむらしやかた》

館跡遠景

【選地】 近江の湖南を流れる野洲《やす》川下流域は、基本的に河川の沖積作用によって形成された平野部となる。その中に存在する自然堤防や微高地には、鎌倉時代から集落が営まれ、大きな洪水などをきっかけに集落が移転したり、同じ場所に堆積した土層をベースにして、村落が再編されたりしてきた。

DATA

所在：野洲市北
遺構：堀、土塁
規模：60 × 80m
標高等：標高 86.8m、比高 0m

現在の集落は、基本的には戦国期以来、同じ地点・範囲に位置しており、当時の文献史料などにも村名が数多く記録されている。例えば、元亀年間（一五七〇～七三）に野洲・栗太《くりた》両郡の各村落から織田政権に対し、一向一揆に加担しない旨を誓約した「元亀の起請文」には、現在も残る集落名が多く認められる。

当城は、野洲市の北集落内の北西側縁辺部に位置している。北集落の周囲には、家棟川や光善寺川といった、中規模の河川が流れており、これらの中間域に存在する微高地上に集落が営まれたようである。

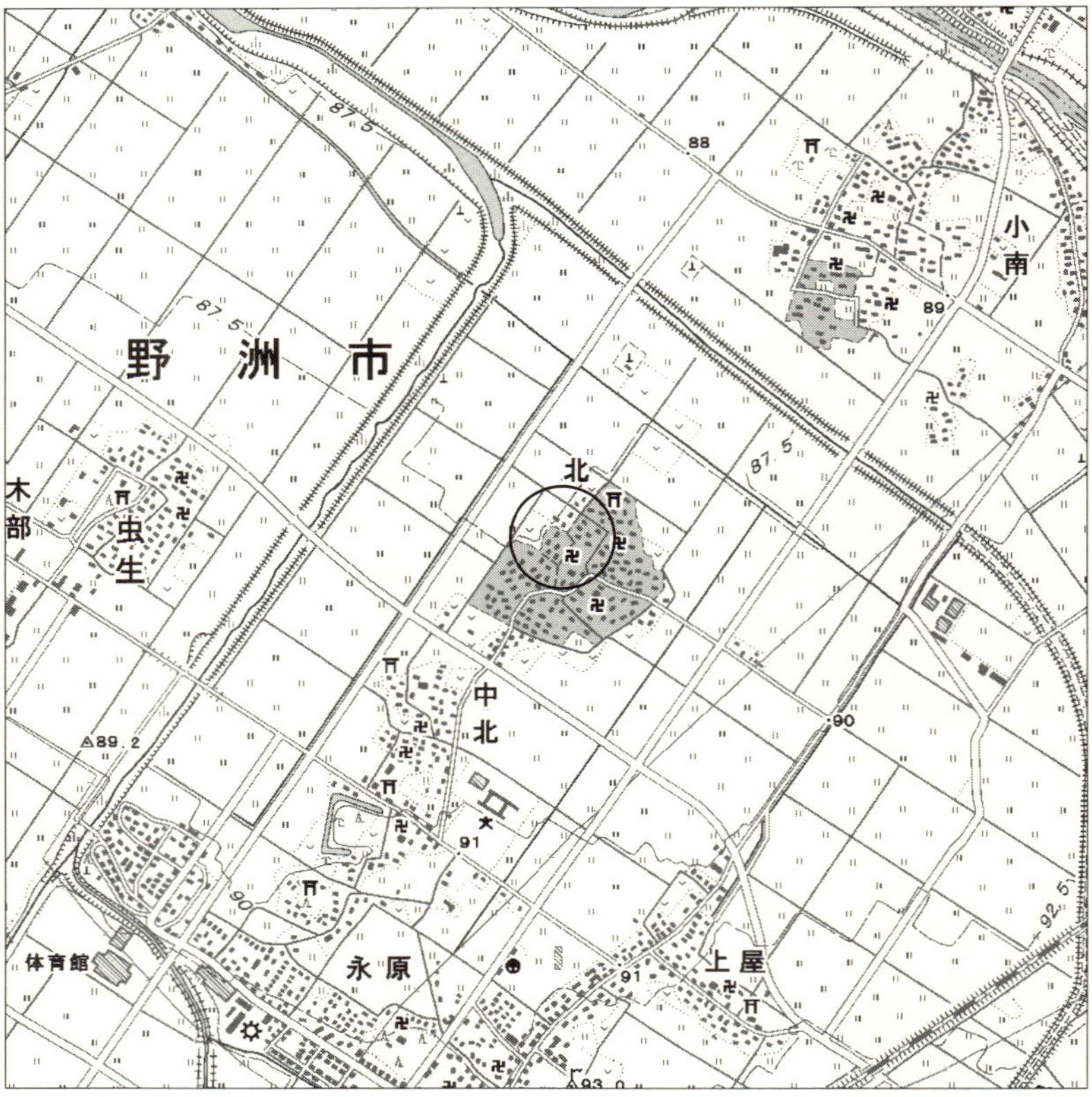

【歴史】 城主の木村氏は、鎌倉時代に佐々木氏から分枝したとされる一族で、戦国期のある段階までは、蒲生郡の豊浦が本拠地であっ

たとされる。天文十三年（一五四四）まで当主であった木村重興の代に、野洲郡江部の北村に本拠を移したと伝えられ、木村氏の本拠地の移動に際しては、野洲郡の有力な国衆《くにしゅう》である永原氏が関与していたとされる。

木村氏は代々、六角氏の家臣として活動したとされるが、六角氏家中での重興の事跡は明らかではない。なお、子息二人は元亀元年（一五七〇）の野洲川の戦いまで六角義治に従っており、同合戦で討ち死している。

【遺構】『滋賀県中世城郭分布調査3（旧野洲・栗太郡の城）』では、当城を北村城として紹介しているが、当城の存在する野洲市北には、木村氏が移転してくる前の領主であった北村氏の居館伝承地が存在する。混同をさけるために、「木村氏館」の名称を用いる。

当城の規模は、一辺50メートルの半町四方を基本とするが、北端部が三角形に突出しており、平面形状としては台形を呈している。地表面から観察可能な遺構としては、館の南東辺から北東辺を周り、北端部を経て西

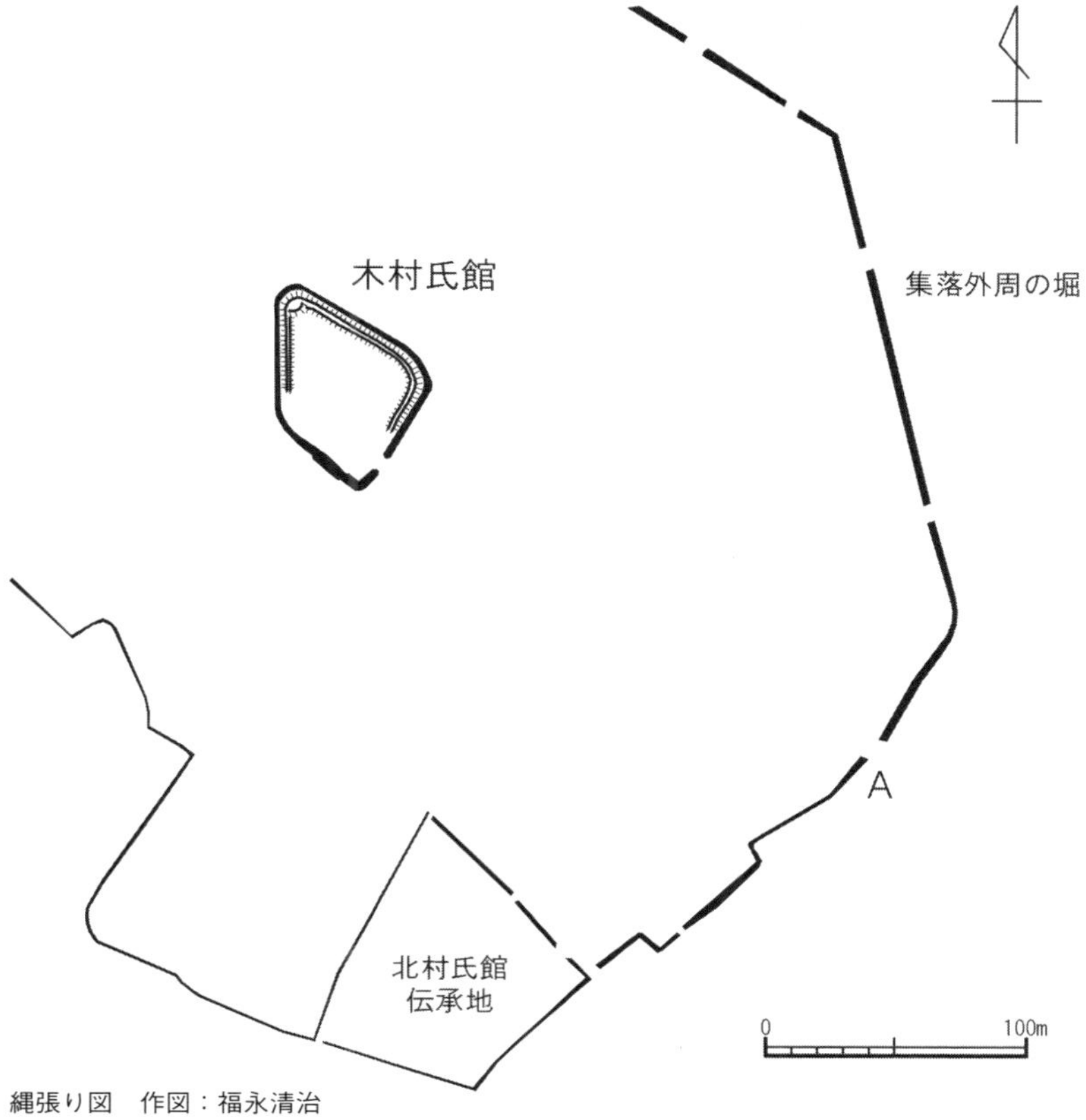

縄張り図　作図：福永清治

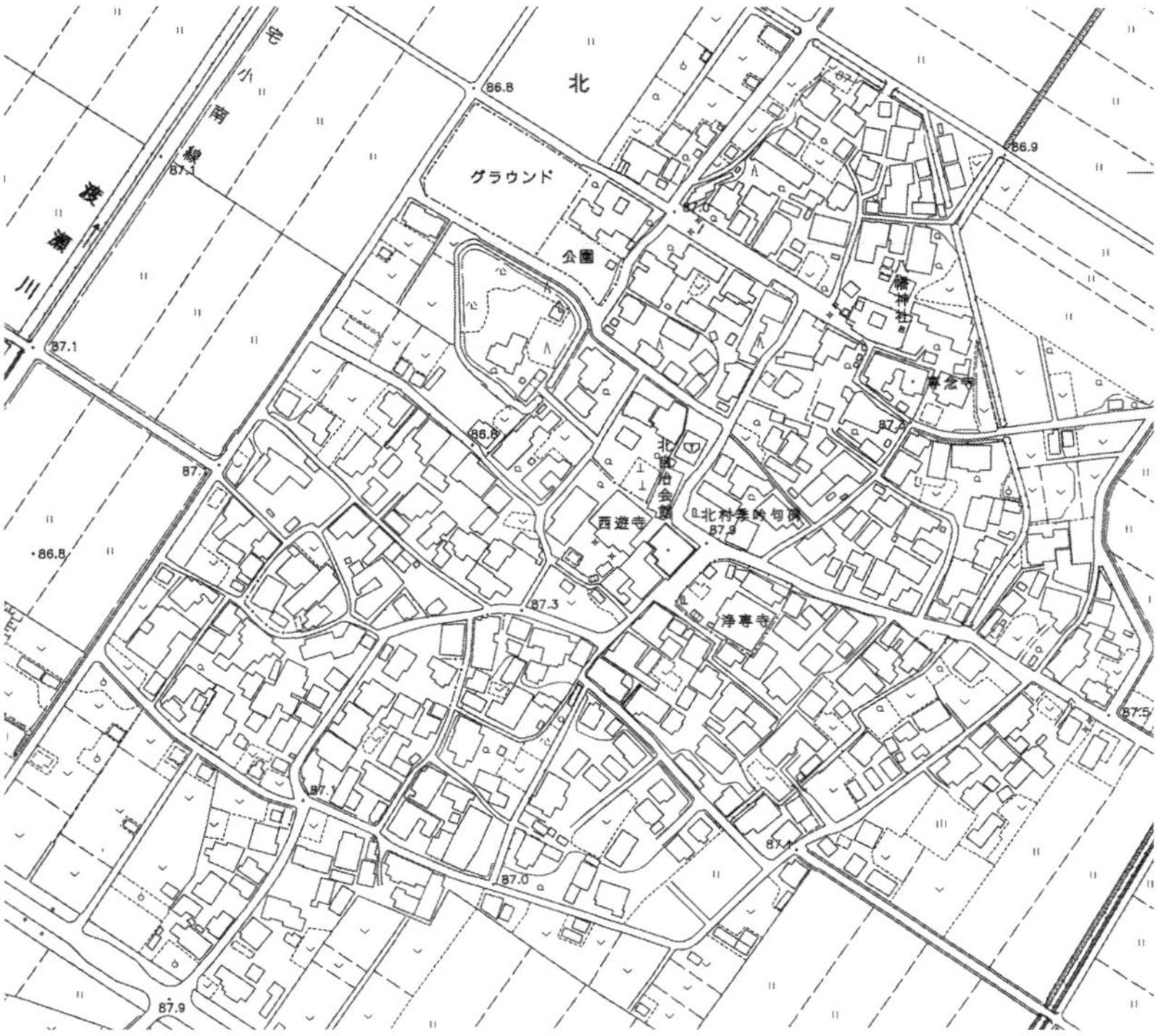

木村氏館跡地形図

辺にかけて残存する土塁がある。この土塁は、現状では曲輪内面から0・8～1・2メートル程度の高さである。

当城の周囲には、現状で幅約2メートルの堀が巡っている。当城の東端部から北東辺にかけては、新設された道路が走っているが、本来はこの範囲も堀であったのであろう。したがって、堀幅は5メートル程度存在していた部分もあったとみられる。虎口は、南東辺の南端部寄りに存在しており、村落の中心部に向けて開口している。構造は平入りの虎口である。

ところで、当城の存在する北集落は、全周はしないものの、集落の縁辺が堀で囲まれている。この堀は、集落の北端付近から東辺、南端部を経て西辺へと周り、当城周辺の北西辺のみ不完全な形状をとり、完全に集落を囲い込むものではない。集落外周の区画としての用途が主目的であり、防御性はあくまで二次的な要素に留まるとみられる。

ちなみに、集落の南端部はおよそ70メートル四方の範囲に堀が全周する区画があり、この内部の一角に、木村氏が移転してくる以前から当地の在地領主であった北村氏の居館跡が存在している。

【評価】 当城は、規模・形状ともに戦国期の当地における在地領主の一般的な居館のイメージを踏襲するものである。当城の地点は、集落の北西側縁辺にあたる。集落のメインの出入り口（A）が、主要街道の「下街道」（江戸時代の朝鮮人街道）側の南東側にあり、この地点を正面入り口と考えると、当城は集落最奥の「上座」に位置することになる。したがって、当城の位置はいわば、集落展開の扇の要となる基点にあたると考えられる。

近江南部の平野部に位置する戦国期集落が堀を構える場合、一般的には領主居館や領主を兼ねるような寺院の区画が中心に位置し、不完全ながら、集落の外周に堀を設ける場合が多い。おそらく、空間構成としては領主や寺院が惣村よりも相対的に優勢であるとみられる。当城は、その中のひとつの事例として位置付けられよう。

（福永清治）

（上）堀と土塁　（中・下）集落外周の堀

22 三上館《みかみやかた》

六角氏の守護代を務めた三上氏の居館群

城跡遠望　三上山（右）と妙光寺山（左）

【選地】　野洲市の三上山《みかみやま》は、近江南部の平野部のどの位置からも視認できる、格好のランドマークである。野洲市の南東部は、三上山をはじめとする複数の山稜によって山間地が形成されている。

三上氏の本拠である野洲郡三上は、背後に三上山を控えた平野部にあたる。当城は三上山の尾根続きに接する妙光寺山《みょうこうじやま》の南側山麓に存在し、三上山との中間の谷あいに位置する。

DATA
所在：野洲市妙光寺
遺構：堀、土塁
規模：300 × 200m
標高等：標高 105m、比高０ｍ

【歴史】　当城は、六角氏家臣の三上氏に関連すると考えられる。三上氏は、六角氏家臣として南北朝期からの活動が確認でき、一四世紀から守護代を務め、六角氏の京都屋敷に詰めて、近江の在地支配を進めるうえで重要な役割を担っていた。

ただし、戦国期になると、三上氏の六角氏家中における地位や勢力は相対的に低下していたとされ、後藤氏・進藤氏・三雲氏といった新興の勢力が台頭したとされる。とはいえ、以後も六角氏の主要な家臣として活動しており、愛知郡《えちぐん》の金剛輪寺《こんごうりんじ》のような寺院勢力から、六角氏当主への内奏役を担当していたことが知られている。永禄十年（一五六七）の六角氏式目に見える二十四名の家臣の中には、三上恒安が登場する。

【遺構】　三上館は、妙光寺の谷あいに「上屋敷」「中屋敷」「下屋敷」の三つの居館跡が知

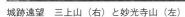

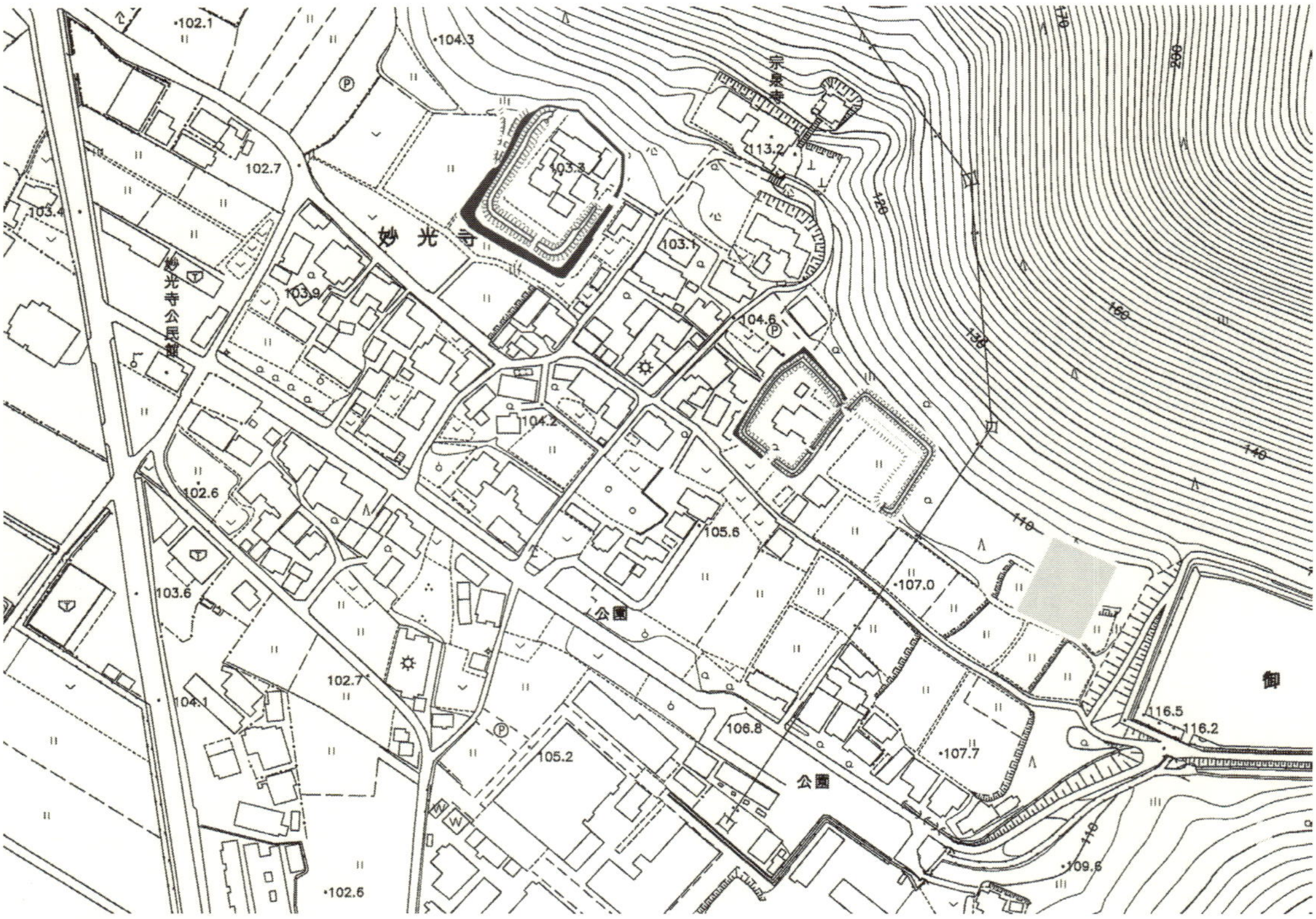

三上館地形図に縄張り図を加筆

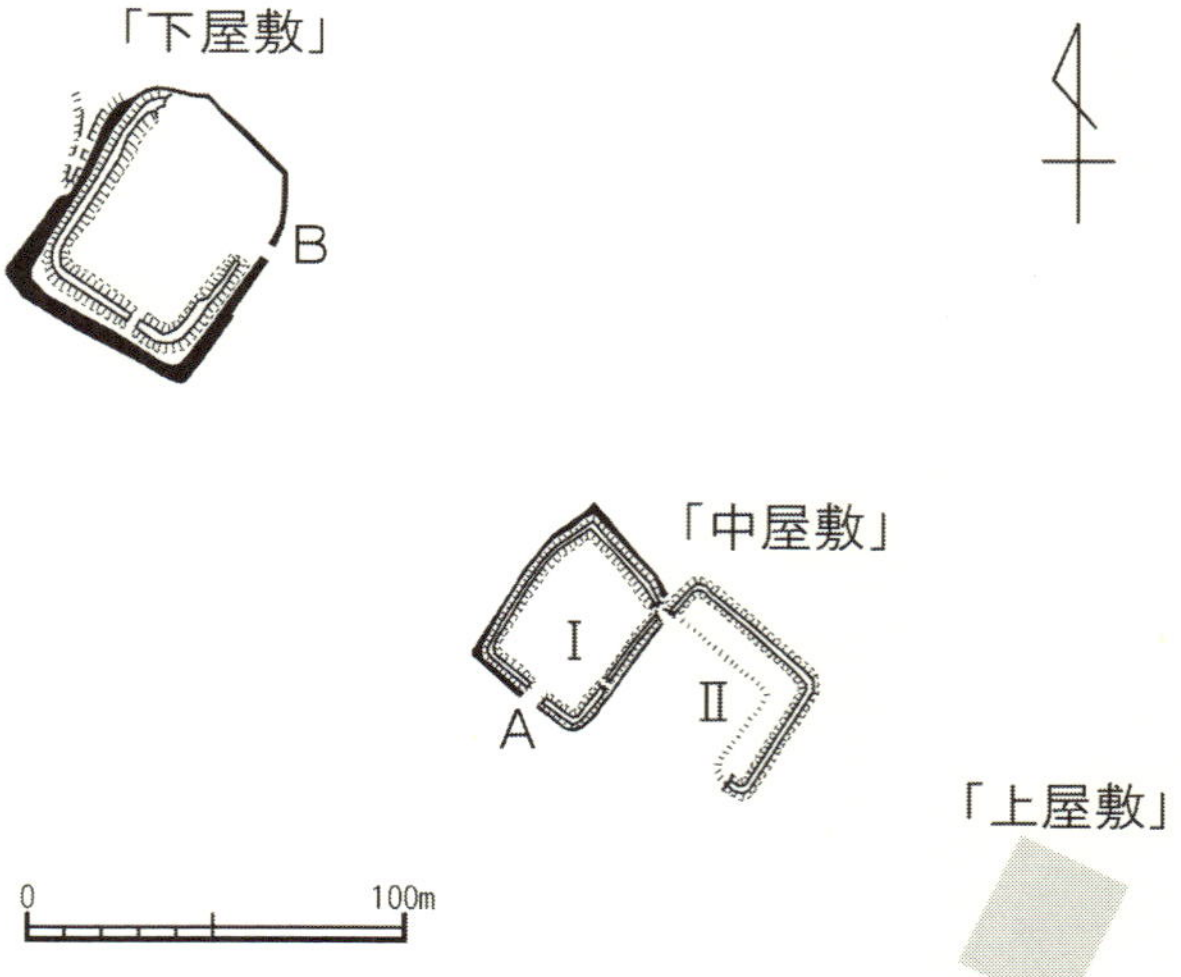

縄張り図　作図：福永清治

られている。このうち、「中屋敷」と「下屋敷」で地表面から遺構観察が可能である。

「中屋敷」は、現在の妙光寺集落の東側端部にあり、土塁囲みの方形曲輪Ｉ・Ⅱが東西に並立している。西側のＩ郭は、およそ35×50メートルの長方形を呈する。土塁が全周しており、幅は3～5メートル、高さは1・0～1・5メートルである。

南西側と南東側の二ヵ所に開口部が存在しているが、本来は南西側の虎口Aが機能していたとみられる。土塁の周囲には、幅約2メートルの堀が全周している。

Ｉ郭の東側にⅡ郭が存在する。Ⅱ郭は、曲輪の北東辺と南東辺に土塁が残存しており、およそ40×40メートルの正方形を呈する。曲輪の南西辺には土塁は存在しないが、かつては存在したのであろう。Ⅱ郭の北西辺にあたるＩ郭と接する範囲には、土塁が存在していない。残存する土塁の範囲には開口部は存在せず、曲輪の南西辺のどこかに虎口が存在していたと考えられる。

Ｉ郭とⅡ郭はほぼ同規模であるが、二つの

（上）中屋敷　Ⅰ郭の土塁と堀　（中）中屋敷　Ⅱ郭　（下）下屋敷　全景

曲輪が一辺を完全に揃えているのではなく、およそ10メートルのズレを持たせて並列させているのが特徴である。このズレの部分では横矢を効かせている。

「下屋敷」は、現在の妙光寺集落の北側端部に位置する。土塁囲みの曲輪で、およそ50×50メートルの正方形を呈する。曲輪の南東・南西・北西の三辺に土塁が巡っているが、かつては山側の北東辺にも土塁が存在したと伝わる。土塁の幅はおよそ5メートル、高さは1・5〜1・8メートルで、開口部は曲輪東端部と曲輪南西辺上の二ヵ所存在するが、戦国期にメインの虎口となっていたのは、曲輪東端部Bであろう。土塁の外側には、幅3メートル程度の堀が全周している。土塁外側の一部が埋められているため、本来は5メートル程度の堀幅が存在したことになる。

「上屋敷」は、妙光寺集落の東の外側150メートルの地点に位置する。遺構は残存しておらず、伝承地であるが、地割の状況からおよそ40×50メートル程度の居館の存在が想定できる。

【評価】当城は、一集落内に複数の方形居館が群在しており、戦国期の甲賀郡にみられる同名中の居館構成と共通性がある。

かつて、六角氏のもとで守護代を務めていた三上氏であるが、在地での活動状況はこれまでほとんど明らかになっていない。三上氏の領域とみられる範囲内で、関連城館は当城のみである。在地での城館構成も、守護の有力被官である三上氏の性格の一端を表しているといえよう。

なお、三上館の「中屋敷」「下屋敷」の曲輪内には個人宅が存在する。見学は外周から行うなど、マナー等に十分配慮されたい。

（福永清治）

23

八風街道監視の要衝

九《く》居《いの》瀬《せ》城《じょう》

【選地】中世、鈴鹿《すずか》山脈を越えて近江と北伊勢を結んだ街道の中でも、杠葉尾《ゆずりお》（滋賀県東近江市）から八風峠《はっぷうとうげ》を越え、田光《たびか》（三重県菰野町）まで結んだ「八風越・八風街道」は、近江と伊勢方面を結ぶ交通路であるとともに、重要な交易ルートとなっていた。

室町時代の後期には、六角氏の北伊勢地方への進出にともない、庇護を受けた保内《ほない》商人が通商権を独占していた。また、大永六年（一五二六）の連歌師の宗長、天文二年（一五三三）の山科言継といった文化人の通行記録が残るほか、天文九年（一五四〇）の六角義賢による北伊勢侵攻に利用される等、軍事的にも重要な街道であった。

当城が築かれた笠松山は、街道が山間部に差し掛かる位置にあり、愛知川《えちがわ》に沿って通る街道側に突出していることから、街道監視には絶好の位置を占める。

城跡遠望　愛知川に設けられた永源寺ダムより

DATA

所在：東近江市永源寺高野町
遺構：土塁、堀切
規模：200 × 100m
標高等：標高 486m、比高 240m（旧街道面より）

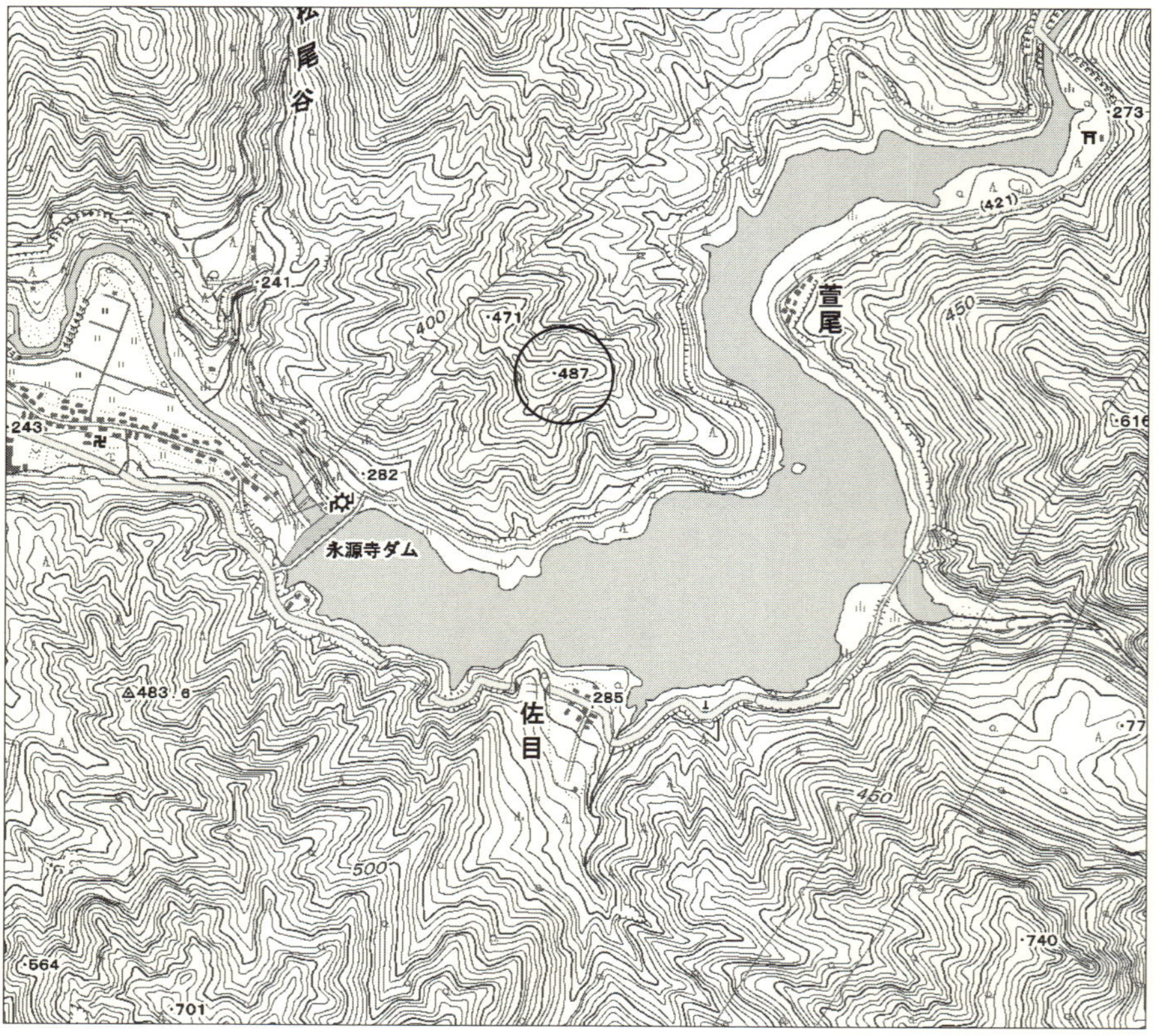

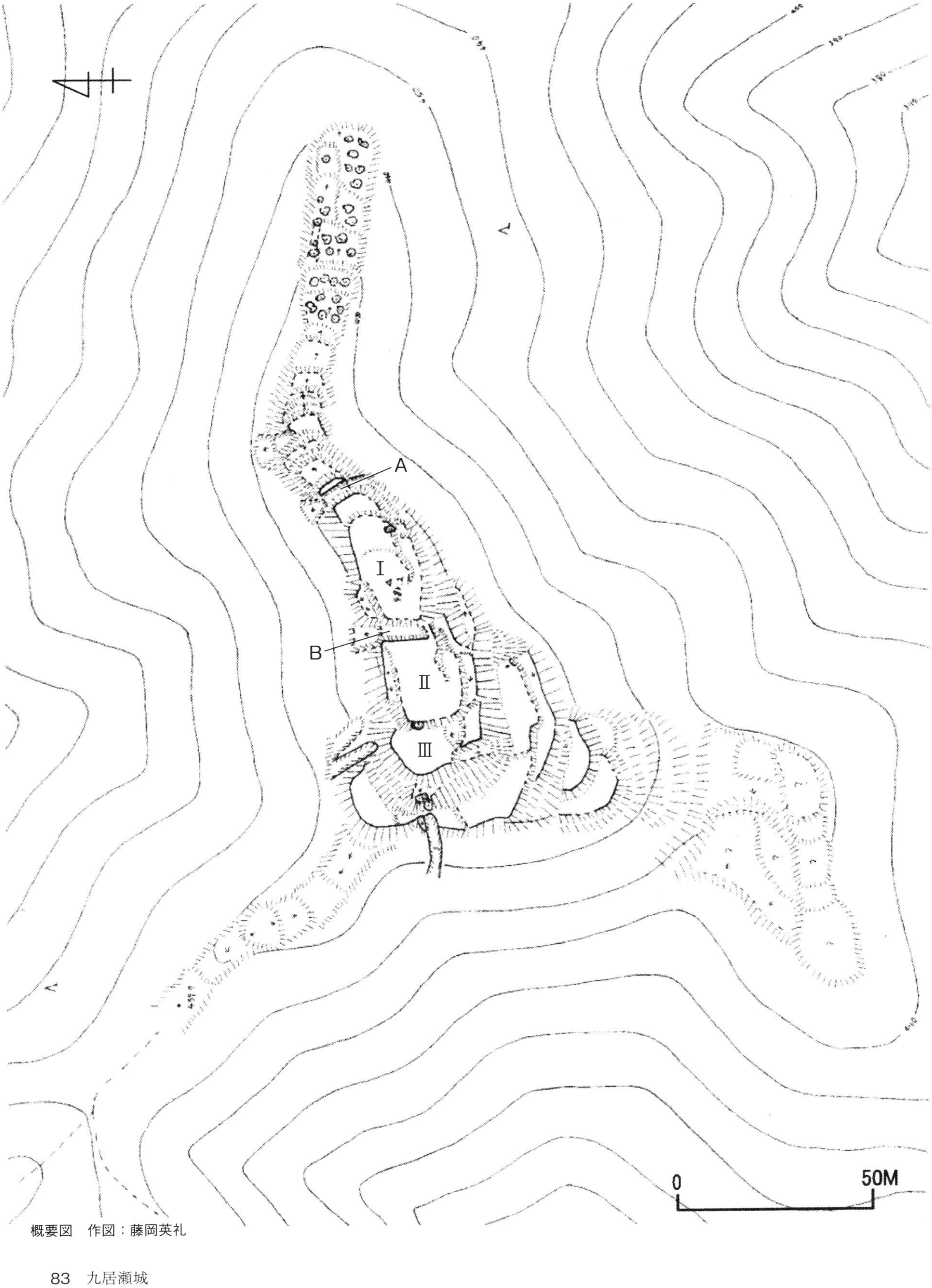

概要図　作図：藤岡英礼

Ⅰ郭の削平状況

【歴史】　伝承等によると、愛知郡から蒲生郡北東部一帯に勢力を持っていた小倉氏による築城とされる。小倉氏は、応仁の乱以降、京極家の被官である左近将監家・越前守家を惣領として複数家が分立していた。そのいずれが城主であったか不明だが、推測できる記録が残る。

永禄七年（一五六四）三月二十三日と五月二十三日に、小倉右近大夫は永源寺から当城山麓一帯を放火している。小倉右近大夫は、当時惣領であったと考えられる小倉越前守実隆と敵対したことから、当城は惣領方の城郭であったと考える。

Ⅲ郭側面の石積み

【遺構】　笠松山の山頂（標高486メートル）にⅠ郭を中心として、尾根上に複数の曲輪や堀切等が残存する。主郭と考えられるⅠ郭は約30×15メートルで、東面に一段を伴い、下方に堀切Aを設け、尾根筋を遮断している。堀切Aから東下方は、数段の小規模な削平地を経て岩が多数点在する自然地形が続き、石積み等は確認できない。Ⅰ郭の西面は、幅約5メートルの堀切Bで尾根を遮断した上で、Ⅱ郭が設けられている。

Ⅱ郭は約22×15メートルの規模で削平が甘く、土塁は見られない。Ⅱ郭の西直下で尾根は二股に分かれ、北西下方は竪堀や一部に石積みを伴うⅢ郭が設けられる一方、南西下方は、帯曲輪を重ねる構造となっている。

【評価】　構造は単純な連郭式の山城であり、全体的に削平が甘く、各尾根の先端は緩斜面の後、自然地形が続く。防御はあくまで堀切と竪堀であり、側面をラインで防御する工夫はみられない。街道を含めた谷全体の眺望が開けていることから、あくまで街道監視を目的とした土豪の城と考えられる。（振角卓哉）

［参考文献］二〇〇九『近江日野の歴史　第二巻　中世編』日野町教育委員会／二〇〇六『永源寺町史　通史編』永源寺町教育委員会

24 青山城《あおやまじょう》

鯰江城を包囲する付城

城跡遠望　東より（中央奥の森）

【選地】　愛知《えち》川右岸にある河岸段丘の端部にあり、段丘崖の南側には、県道２１７号が愛知川に沿って延びている。県道２１７号を東に進むと、市内永源寺町で愛知川左岸に延びる八風《はっぷう》街道（国道４２１号）に合流する。

当城の東方約８００メートルには小倉城（本書所収）、北西約１・２キロには井元城（『近畿』Ⅰ所収）がある。

当城は、青山町の集落内にある日吉神社の裏手（北側）にあり、同社の社地となっている。ただし、日吉神社境内からは傾斜が急で、虎口付近は草が茂って見通しが効かないうえ、行き来が困難である。日吉神社西にある車道からいったん段丘上に上がり、東側に延びた農道経由で探訪するのがよい。

【歴史】　昭和四年刊行の『近江愛智郡志』巻三によれば、青山左近右衛門実貞、同左近允勝重らが在住したという。青山氏は小倉氏一族で、佐々木六角氏に仕えたという。

【遺構】　当城は、方形単郭構造であり、段丘崖に依存する南側以外には堀を巡らし、堀の内側には土塁を設ける。土塁は西側で上幅約４メートル、北側で上幅約５メートル、西側で上幅約7メートルである。さらに北東隅では幅が約１５メートル、南東隅では同じく

DATA

所在：東近江市青山町
遺構：土塁、虎口、堀
規模：70 × 60m
標高等：標高 180m、比高 20m

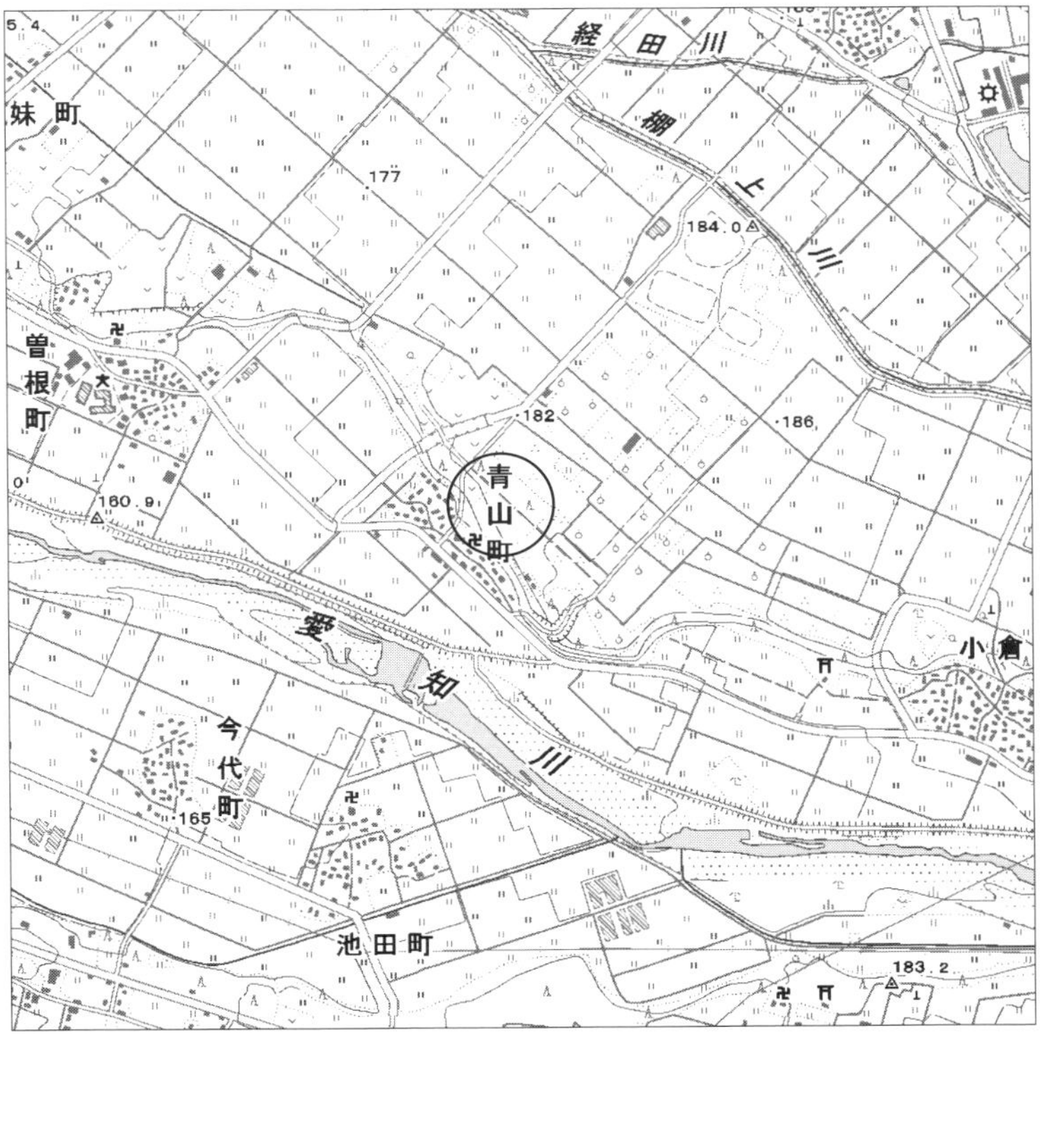

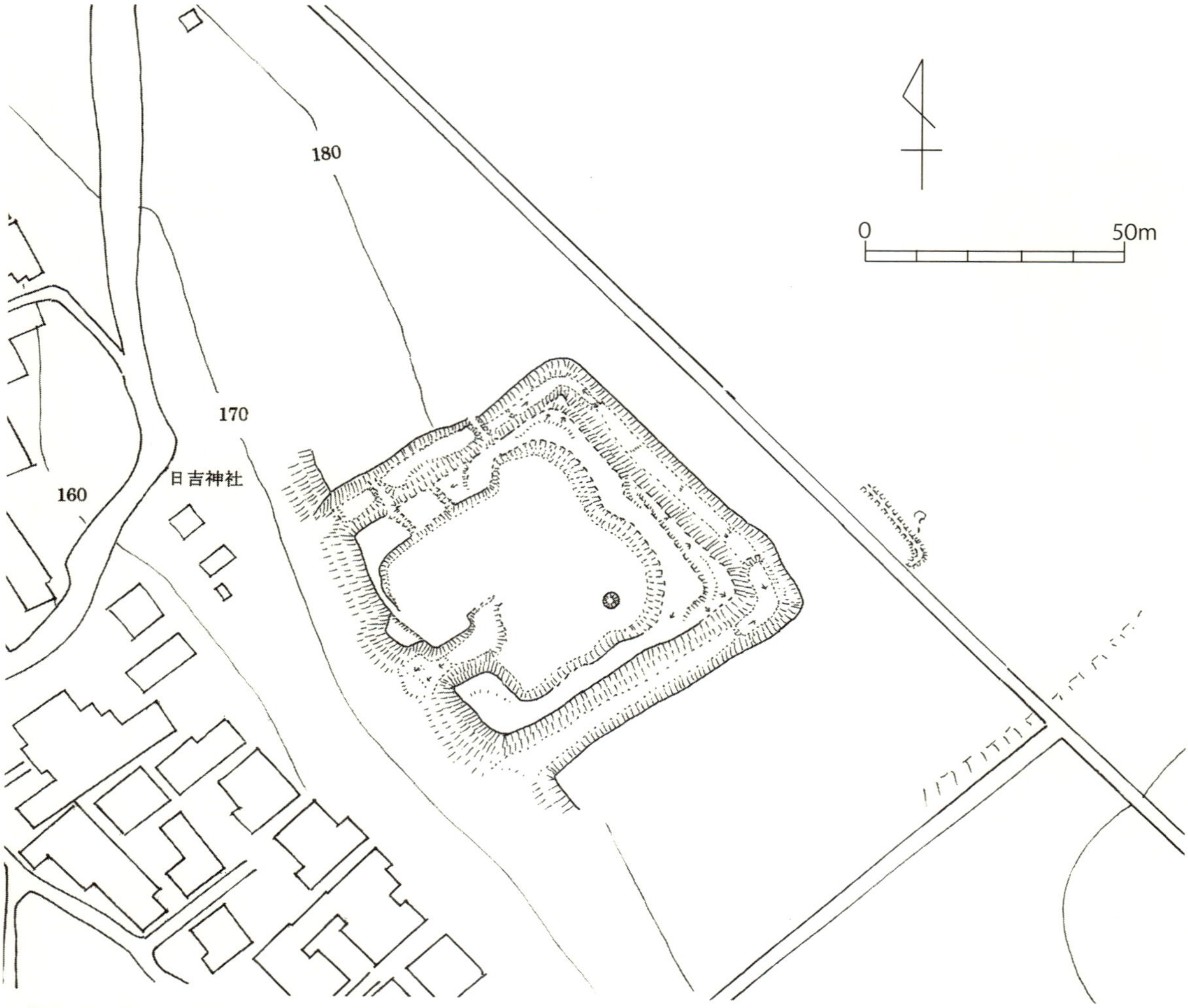

縄張り図　作図：髙田 徹

約8メートルとなる。北東隅の土塁上は、平坦ではなく傾斜を伴っている。経年変化で崩落しているが、当初は櫓台状を呈したと考えられる。これらの土塁は、曲輪内側からの高さが1・5メートル前後である。南側にも土塁は設けられているが、高さ約40センチ、幅約1メートルと小規模である。

虎口は南側の東寄りにある。曲輪面を掘り込んだ虎口であり、段丘崖下と行き来していたのは確実であるが、虎口から先の通路は明確ではない。なお、虎口のすぐ西側は、小さいながらも塁線が明瞭に張り出している。

曲輪内部は、ほぼ平坦である。曲輪内部の北東隅近くには、現状で深さ約1・5メートルの井戸跡がある。聞き取りによれば、古くから井戸跡と伝えられている。

土塁周囲に巡らされた堀は幅8メートル前後で、深さは土塁上部からでは3メートル前後、城外側からでは1・5メートル前後である。堀底部のうち、北東隅と南東隅は深くなっている。堀の南側を深く掘削すると、降雨時に雨水が段丘崖を侵食し、裾部（通路・関連施設が存在したと思われる）を水浸しにしてしまう恐れがある。それを回避するため、北東隅と南東隅を深くしているのではないかと思われる。

　西側の堀には、一見、堀障子（堀内障壁）を思わせる高まりがある。しかし、この高まりに通じるように、城内側もしくは城外側から小道が延びている。したがって、廃城後に設けられた土橋と考えられる。


【評価】　当城と同じく、愛知川右岸の段丘上にある井元城は、重ね馬出を持つ城郭として著名である。井元城は、元亀四年（一五七三）の織田信長軍による鯰江《なまずえ》城（東近江市。井元城の西方にある）攻めの付城の一つに比定されている。

　ところで、『近江愛智郡誌』の「小倉城趾」項では小倉・森・上岸本城、そして当城を、織田軍による鯰江城を包囲する城郭ではなかったかと述べる。具体的に根拠が挙げられているわけではないが、おそらく選地や縄張り、鯰江城との距離を通じての推定ではないかと思われる。昭和初期において伝承された城歴・城主にとらわれず、付城の可能性を考えていたのは先進的だったといえよう。

　ただし、井元城と比較すると違いも多い。いずれも段丘崖を利用しているが、井元城は段丘崖を背面として、前面の河岸段丘上に曲輪を連ねる。これに対して、当城は単郭のうえ、虎口は段丘崖側に開いている。虎口の向きの違いから、段丘上を積極的に使用するかしないかという違いが明瞭である。また、井元城の堀・土塁に比べると、当城は堀幅もあるうえ、土塁は分厚く、高さもある。

　こうしてみると、両城には縄張り上の違いも少なくない。井元城に比べると、当城は鯰江城よりも離れた位置、後方にある。いずれも付城であったとすると、最前線の井元城に対して、当城は安全面から上級の武将が陣を置いたか、あるいは後方の兵站を確保する目的で築かれたか、といったことが考えられる。

　一方、河岸段丘上に曲輪を展開させれば、それだけ防御性が高まるのに対し、虎口は現集落側に開かれるのみである。この点、集落側とのつながりを一層強く意識していたと捉えることもできる。井元城との違いは、付城と在地領主の城郭との違いを示すとみなす余地もある。

（髙田　徹）

西側の堀　南より（手前の高まりは土橋）

東側の堀　北より

25 小倉城《おぐらじょう》

多数の方形区画群が残る謎の城

城跡遠望　東角屋付近より（人家後方の丘陵）

【選地】　愛知《えち》川右岸にある河岸段丘の端部にあり、段丘崖の南側には、県道２１７号が愛知川に沿って延びている。県道２１７号を東に進むと、市内永源寺町にて愛知川左岸に延びる八風《はっぷう》街道（国道４２１）に合流する。

DATA
所在：東近江市小倉町
遺構：土塁、堀
規模：250 × 90m カ
標高等：標高 180m、比高 20m

当城の西方約８００メートルには青山城（本書所収）、東方約１・５キロには山口館がある。

当城は、小倉町の集落の背後にある。集落内には、城郭に関連する施設であったという「東角《ひがしかど》屋《や》」等の呼称が残る。集落から段丘崖を上る坂道の途中に、城跡の石碑が建つ。段丘上にある城跡のほとんどは私有地となっているので、みだりに立ち入ることはできない。ただし、農道脇に土塁が残っている場所もあり、それらについては農道から観察することができる。

【歴史】　昭和四年刊行の『近江愛智郡志』巻三によれば、青山左近右衛門実貞、同左近允勝重らが在住したという。また、青山氏は小倉氏一族で、佐々木六角氏に仕えたという。さらに、当城が近隣の青山・森・上岸本城とともに、元亀四年（一五七三）に織田軍が鯰江城（東近江市）を包囲する際に築かれた城郭ではないかとの見解も示している。

【遺構】　当城について、地元では城跡石碑の建つAの北西方向、段丘上のⅠであると伝え

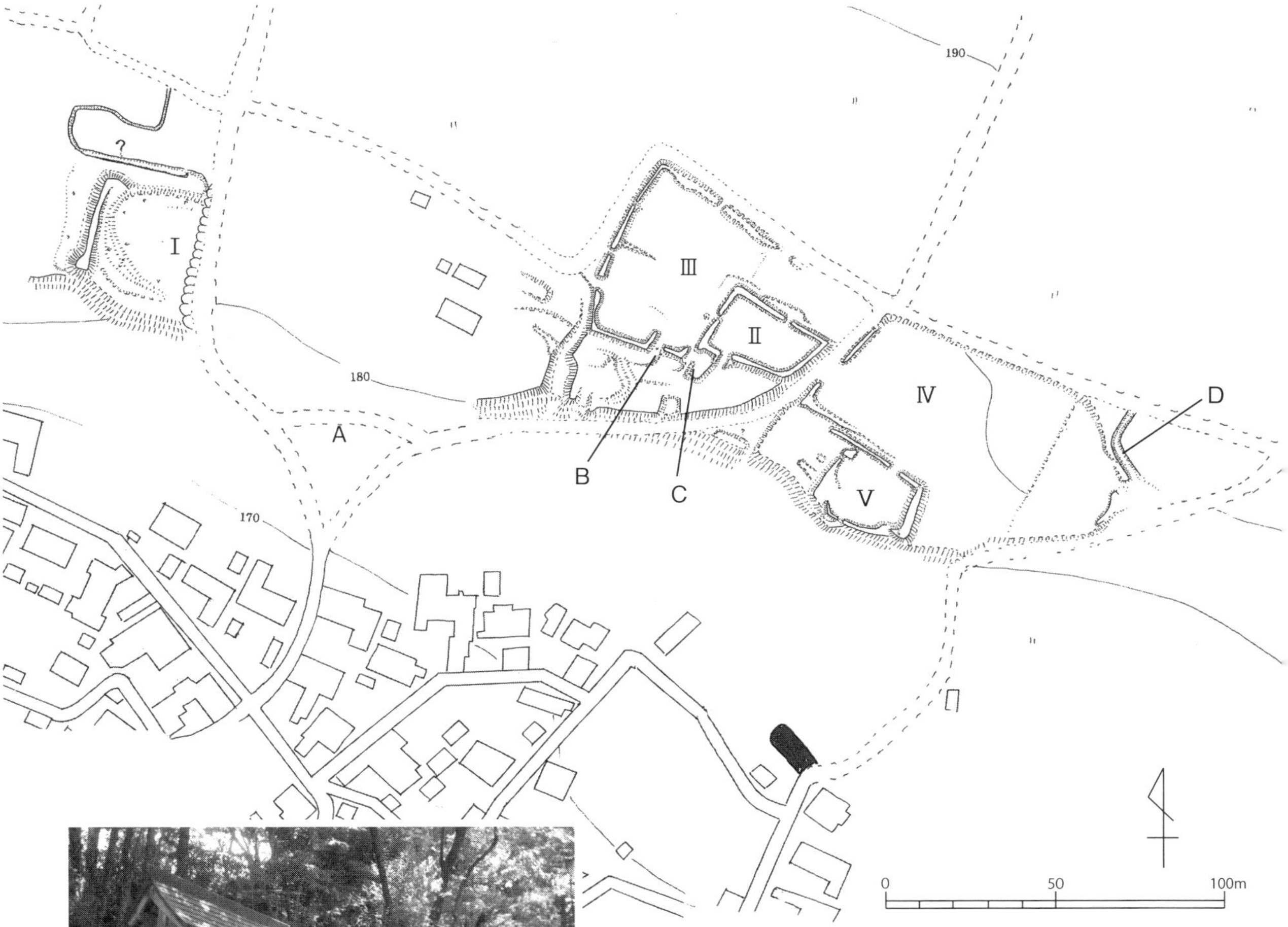

縄張り図　作図：髙田 徹

小倉城石碑と解説板

ている。Ⅰは「本丸」とも呼ばれ、北側は高さ約2メートルの塁線、その外側に幅約10メートルの堀をともなっている。堀の北端には現代の水路が併走し、改変を受けている。西側には土塁が認められるが、南端は櫓台状に広がり、北端は塁線がわずかに張り出す。この土塁の外側には、堀の痕跡と思われる落ち込みがあるが、明確ではない。

Ⅰの東側は道路拡張で削り取られている。そのため詳細は不明だが、Ⅰの範囲だけではあまりにも狭いので、道路を越えた向こう側にも、かつて曲輪が広がっていたと考えられる。

Ⅰ内部は凹凸が顕著で、曲輪としての体裁を欠いている。これは、東側の道路拡張の際に生じた排土を、曲輪内に運びこんだためであるという（滋賀県教育委員会　一九八七『滋賀県中世城郭分布調査5（旧愛知・犬上郡の城）』）。

Ⅰの東方100～200メートルの範囲となる段丘上には、土塁囲みの区画が認められる。『近江愛智郡志』巻三所収の「小倉城阯図」には、二重線で囲まれた方形区画を付近に描いており、「屋敷山」と記している。同書ではⅠの西から北、段丘下の集落内にも同様の方形区画を描く。これら方形区画は集中したところもあるが、分散したところもある。なおかつ、規模や形態に違いがあるように描かれている。現在は、Ⅰの東方に一部が残る程度であるが、かつては『近江愛智郡志』に描かれる方形区画が、段丘上と小倉集落に広がって存在していたのだろう。

これらのうちⅡは、高さ25センチ前後の土塁で囲まれた方形区画である。土塁の開口部は東側を除く三方に見られるが、北側では土塁外側にスロープが取り付いており、南側では虎口脇の土塁が広がっている。

Ⅲの土塁　南西より

ⅢはⅡの西側にあり、周囲を40センチ前後の土塁で囲い込む。西・北側は農道に沿って土塁が延びているが、北側では途中で消滅する。Ⅲの土塁もあちこちで開口するが、南側のB・Cでは食い違っている。

Ⅱから農道を隔てたⅣは、現在、地区のグラウンドになっている。農道に沿った西側には、高さ約80センチの土塁が残る。また、Ⅳの東側は高さ約1・5メートルの段差があり、その奥に深さ約60センチの溝Dがある。Ⅳの南側には土塁囲みのⅤがある。Ⅴの東側の土塁は、高さ約2メートルである。

【評価】 当城付近には、土塁囲みの方形区画が広がっていたとみられるが、その中でも規模・構造的に抜きんでていたのはⅠである。Ⅰは破壊された部分が多いが、複郭構造であったようには見えず、せいぜい50メートル四方以内に収まる、単郭であったと考えられる。周囲の方形区画と関連性があったにせよ、相互独立的な配置だったと考えられる。

失われた方形区画も多いようで、それぞれの詳細も、今となっては知りえない。Ⅰと周囲の方形区画群が同時期に並存していたのなら、Ⅰは当主等の屋敷、方形区間群は家臣層の屋敷と考えるのが無難な評価となろう。ただ、屋敷地にしては、その数が多すぎる感もある。滋賀県内の現存する中世城郭の中でも、ここまで多くの方形区画群が存在する（存在したとみられる）例はなく、解釈は難しい。あるいは、方形区画群は城というよりも、集落の跡であった可能性もあるのではないだろうか。

Ⅰが鯰江城攻めの付城の一つであったとすれば、ほかの方形区画群は同時期に築かれたものとは考えにくい。付城ならば相互独立的な曲輪を連ねるより、むしろⅠを中心とした有機的な曲輪配置を指向したはずである。すると、Ⅰに先行する時期に築かれたのが、方形区画群となるのだろうか。現存する範囲では、方形区画群のうちⅡが中心のように見えるが、土塁の規模は小さい。また、周囲の失われたと思われる方形区画群の中に、Ⅱを凌駕する区画があった可能性もある。

いずれにせよ、謎の多い城郭といえる。

（髙田　徹）

26

和南城《わなみじょう》

小倉実隆が討ち死にしたと伝わる城

城跡遠望　西より

【選地】　甲津畑《こうづはた》（滋賀県東近江市）から、杉峠、根ノ平峠を経て千草《ちくさ》（三重県菰野町）へ至る峠道である「千草越」は、北方を通る「八風《はっぷう》街道」とともに、中世において、北伊勢の四日市と近江を結ぶ重要な通商・軍用ルートであった。

元亀元年（一五七〇）五月、蒲生賢秀、速水勘六左衛門、布施藤九郎に警護された織田信長が京都から岐阜への帰途、六角承禎の依頼を受けた杉谷善住坊《すぎやぜんじゅうぼう》によって狙撃された（『信長公記』）際に利用したのが、このルートであった。千草越への入り口にあたる位置に和南の集落が広がる。

当城は、集落に鎮座する多度《たど》神社の背後、脇山の山腹（標高約320メートル）に築かれた。また、この地は蒲生郡の原集落（滋賀県日野町）に至る間道の分岐点にもあたり、日野を経て蒲生郡や甲賀郡に通じる交通・物流・軍事の要衝でもあった。

DATA

所在：東近江市和南町
遺構：土塁、堀切
規模：40 × 180m
標高等：標高 320m、比高約 40m

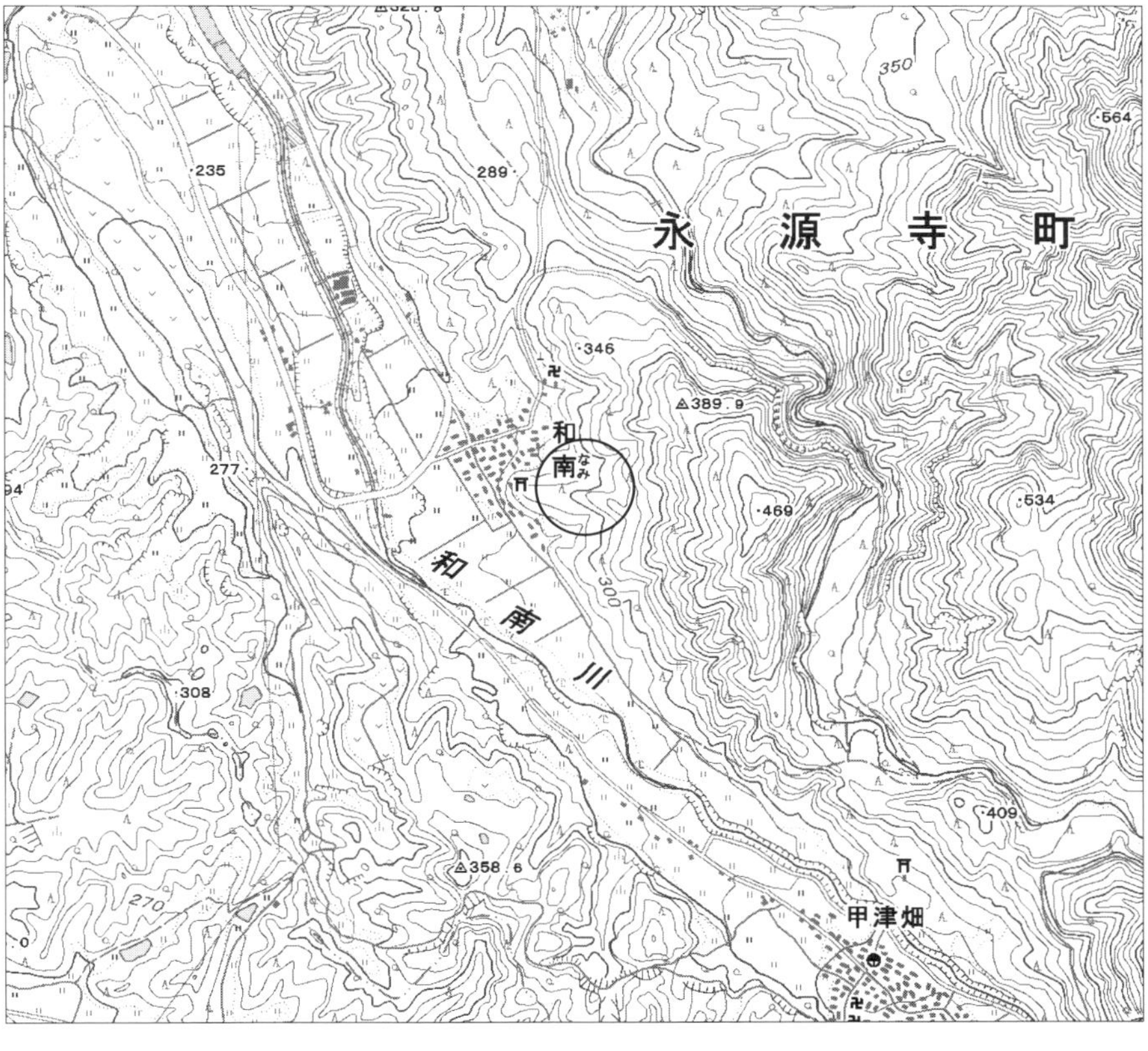

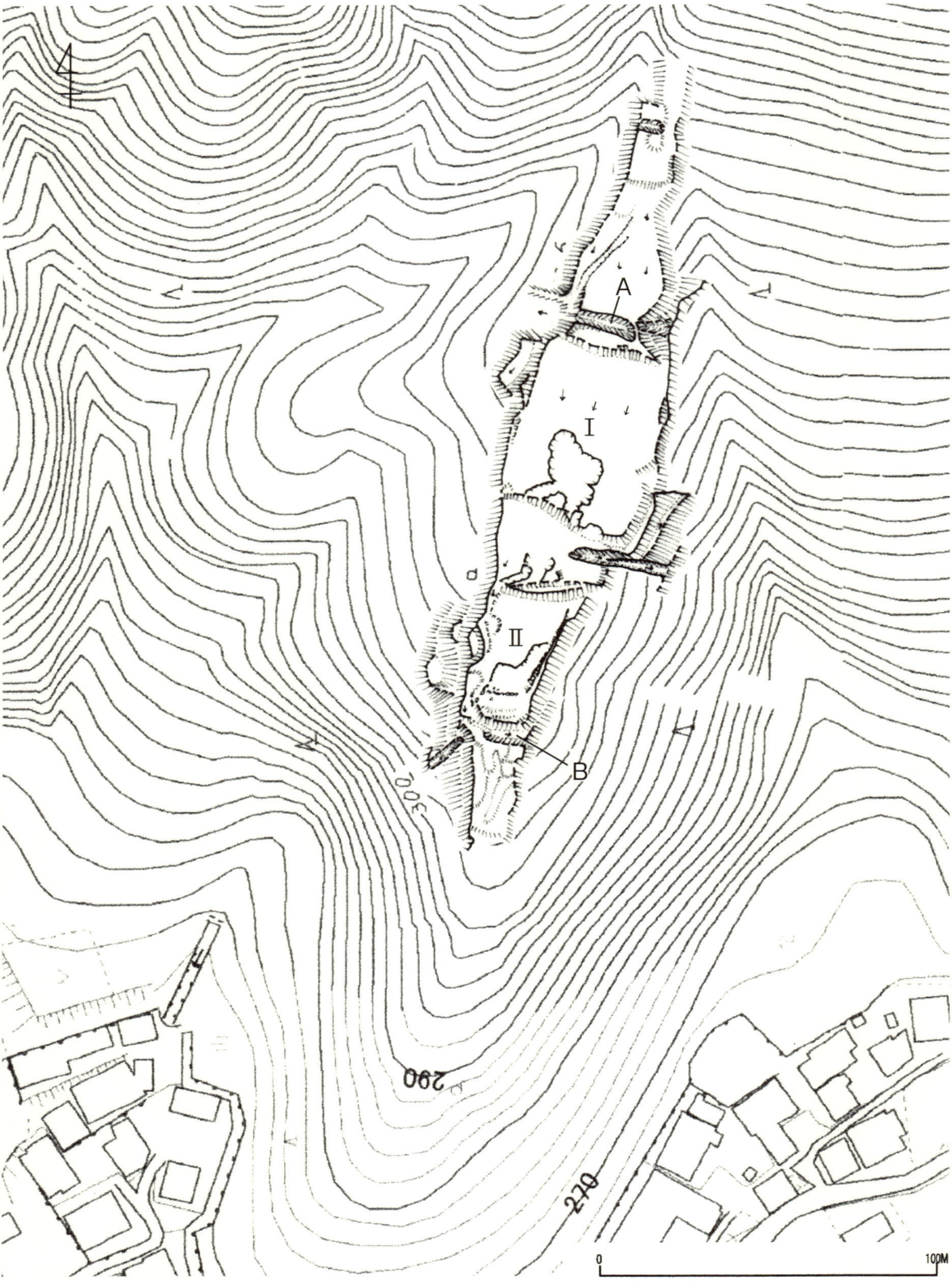

概要図　作図：振角卓哉

【歴史】　永禄三年（一五六〇）十一月付け「忠長・実隆連署書状案」によると、六角氏の永源寺の代官として、小倉越前守実隆（蒲生定秀の次男）とともに、和南中納言という土豪が確認できる。二年後の永禄五年十二月には、小倉氏の一族である小倉右近大夫と永源寺諸庵との間で利権をめぐる争論が起こり、諸庵から六角氏に訴えがあった。六角氏は右近大夫が不法であるとしたが、これに対して右近大夫は、永禄六年十月に永源寺一帯を放火するという行動に出た（『瑞石歴代雑記』）。

観音寺騒動によって六角氏の影響力が低下したのを見ての行動とも考えられるが、これを受けて、永禄七年に小倉実隆が甲津畑の速水勘解由左衛門尉とともに鎮圧に乗り出した。ところが、三月十六日の「和南山」における小倉右近大夫との合戦の際に、実隆が急死してしまう（討ち死にと伝えられる）。このとき、和南氏が小倉右近大夫方になっていたかは不明だが、状況から、当城には小倉右近大夫方が入っていたと考えられる。

この後も、五月一日には佐久良《さくら》（日野町）で六角方の寺倉氏と右近大夫の合戦が行われ、その前後に右近大夫による永源寺放火が繰り返されるなど混迷を深めたが、永禄八年に蒲生定秀が出陣し、右近大夫が降参したと伝わる（「蒲生系図由緒書」）。

（上）堀切Ａ　南より　（下）Ⅱ郭の南辺に残る土塁

【遺構】　遺構は、東から西へ下る尾根筋に設けられている。Ⅰ郭は約40×60メートルである。背後に堀切Aを設け、尾根を明確に遮断し、さらに上方にも堀切Cを設けるものの、ほぼ全体が緩斜面となっており、土塁等は見られない。

一方、Ⅰ郭の西下方に位置するⅡ郭は、約20×40メートルと、Ⅰ郭より規模が小さく削平も甘いものの、南辺に土塁が設けられている。Ⅱ郭の西下方は堀切Bを挟み、削平が不明瞭な地形へ続いている。

【評価】　Ⅰ郭は城域の最高所に位置し、平面積も最大であるものの、全体が緩斜面を止めており、積極的に主郭と評価することは困難である。一方、その下方で前面にあたるⅡ郭は、土塁で防御ラインを設定するなど、曲輪として評価できるものの削平は甘い。以上のことから、臨時的、駐屯地的なものとして構築された城郭であったと考えられる。

なお、遺構の現況から、廃城後に寺社等の用地として再利用された可能性も検討する必要があろう。

（振角卓哉）

［参考文献］二〇〇九『近江日野の歴史　第二巻　中世編』日野町教育委員会／二〇〇六『永源寺町史　通史編』永源寺町教育委員会

27

庭園を伴う北近江守護京極氏の居館

京極氏館《きょうごくしやかた》

礎石建物跡と庭園遺構

【選地】　美濃との国境にそびえる伊吹《いぶき》山（標高1377メートル）の南麓一帯に展開する国史跡「京極氏遺跡―京極氏城館跡・弥高寺《やたかじ》跡―」は、近江の東北端に位置する。滋賀県のほとんどの川が琵琶湖に流れるのに対し、居館の東を画する藤古《ふじこ》川（河戸川）は唯一、伊勢湾に流入することからも、京極氏の領域北近江でも、東に偏った立地であることがわかる。

　立地については、城下の南端に取り込まれた越前街道を経済的・軍事的理由から重要視したこと、太平寺城や勝楽寺城など、京極氏が山寺を城館に取り込む事例から、先に存在していた山寺上平寺を利用したこと、上平寺が京極氏の本貫地である柏原荘に所属することから、内紛を収めたばかりの京極高清が、防御性の高いこの地を選んだことなどが想定される。

　上平寺集落の南を東西に走る市道藤川相撲庭線が、居館の外堀跡である。ここから集落中央を山手に向かう道が大手道で、一之御門とされる四つ辻を過ぎ、集落最上部の杉本坊（集会所）背後に館と城下を画す内堀跡があり、いまは砂防水路が横切っている。ここに駐車場がある。この先の伊吹神社境内一帯が京極氏館跡である。

【歴史】　近江守護佐々木氏は、仁治二年

DATA

所在：米原市上平寺
遺構：庭園、土塁
規模：200 × 250m
標高等：標高 350m、比高 45m
指定：国指定史跡

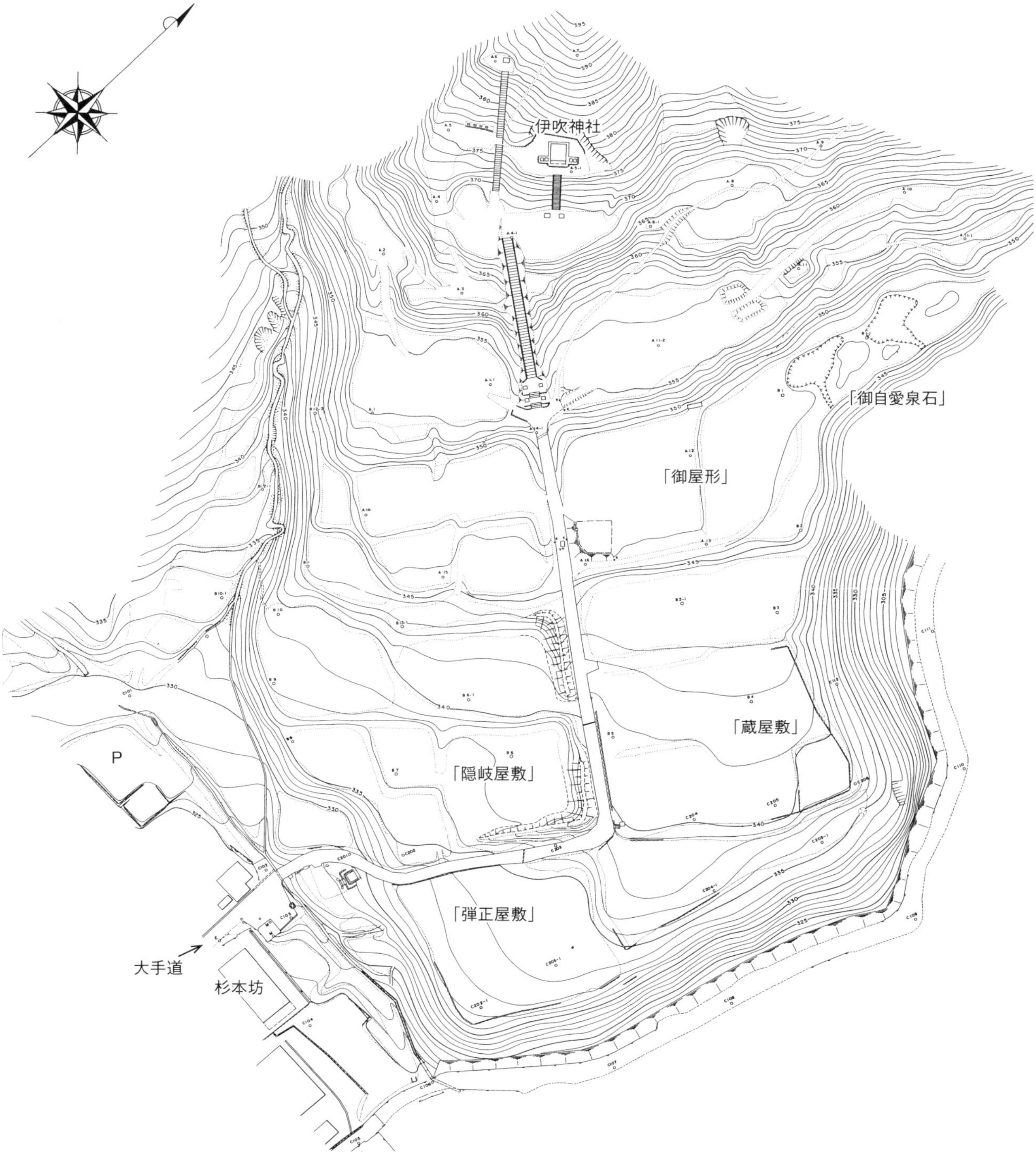

地形測量図　米原市教育委員会提供

（一二四一）、信綱の息子の代に四氏に分流した。京極氏は、四男氏信が愛知《えち》川以北の北近江六郡を与えられたことに始まる。南北朝動乱期における高氏（導誉）の活躍もあり、室町時代には北近江半国の守護権と飛騨、出雲、隠岐の守護職を相伝し、政権内では四職《ししき》家として、本家六角氏よりも優位な家格を得た。応仁・文明の乱で持清が近江一国守護に任じられるが、文明二年（一四七〇）に持清が没すると、家督をめぐり、北近江は内乱状態に陥った。

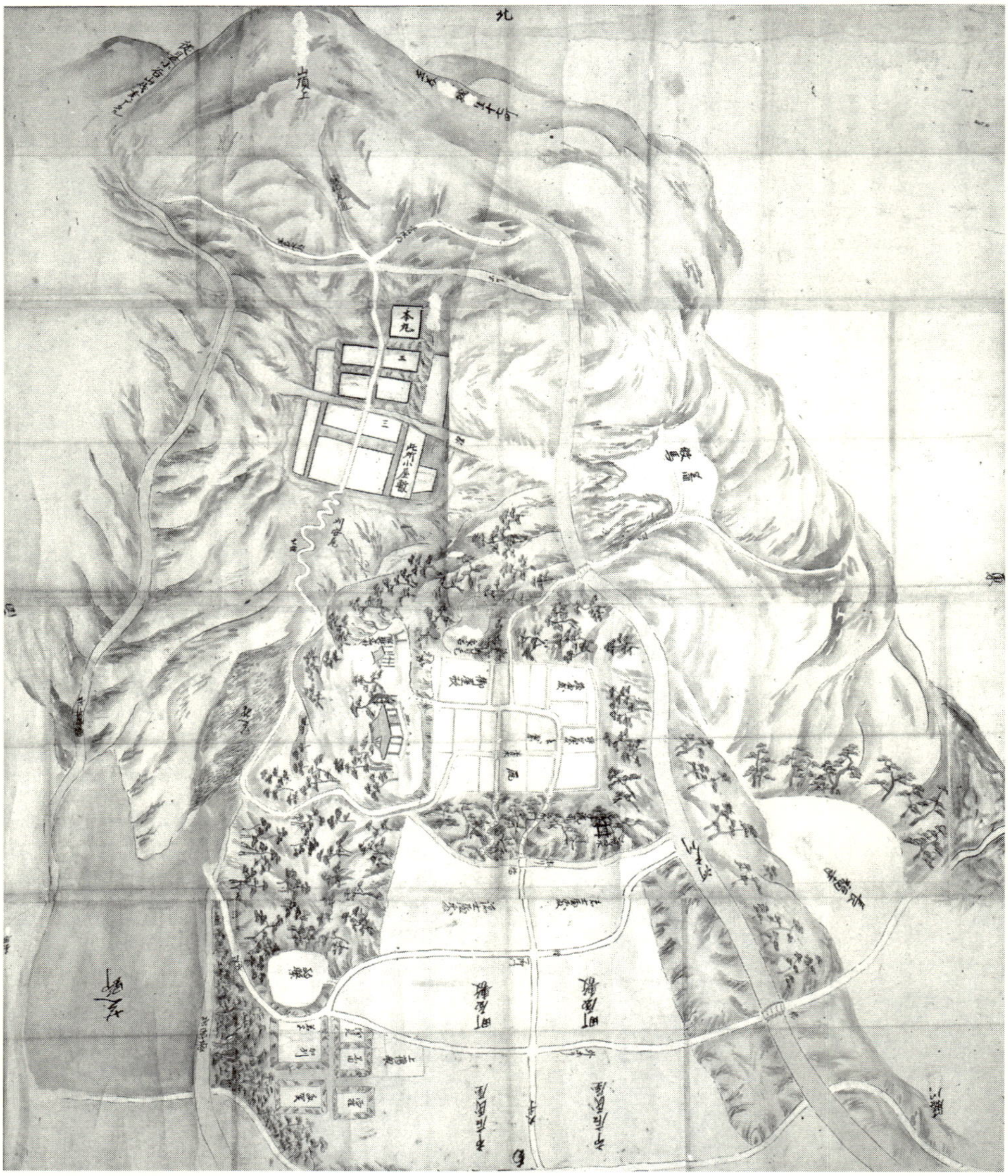

「上平寺城絵図」 米原市指定文化財 写真提供：米原市教育委員会

　京極氏館は、永正二年（一五〇五）に内紛を収めた京極高清が居館と城下、詰の城を整備したものである。しかし、大永三年（一五二三）、家臣団のクーデターにより北近江の守護所としての役割を終えた。

【遺構】 江戸時代の初期に作成されたとされる『上平寺城絵図』（上図・市指定文化財）は、城下部分など必ずしも往時を正確に描いているわけではないが、山城の構造や、山麓居館の状況などはきわめて正確に描いており、現地に足を運び、聞き取りをもとに屋敷地などが表記されているようで、信頼性は高い。

　伊吹神社の参道を入ると、左右に屋敷地の方形区画が並ぶ。右側が「弾正屋敷」（以後、「」は絵図の記載）、左側が京極一門の「隠岐氏屋敷」である。道に沿って基底幅約6×

高さ2～3メートルの土塁が残る。

参道を登りきった右側が、当主の「御屋形」（居館）である。最大幅約67×37メートルの長方形で、北側奥に約60×20メートルの庭園が付属する。中井均氏は、守護館の規模としては小さいことから、ここを門や広場、主殿、庭に面した会所《かいしょ》（常御殿）があるハレの空間とし、一段下を日常のケの空間と推定した。

京極氏館跡庭園

発掘調査では、京極氏時代の良好な遺構面が確認され、会所および付属する建物と想定される礎石建物の一部が検出された。出土遺物は、常滑・瀬戸美濃・越前、北近江では希少な丹波・備前の茶壷などの国産陶器、唐物《からもの》とよばれ、威信財《いしんざい》とされる朝鮮製や中国製の輸入陶磁器、儀礼の場で用いられる土師器《はじき》皿が礎石建物の周辺で濃密に出土した。これらは、京都系土師器皿とよばれる中大型品で、家臣屋敷や城下で多く出土する在地産の小型品をまったく使用していないのは、守護居館という限定された空間を物語っている。

土師器皿（城下出土）　写真提供：米原市教育委員会

また、「御自愛泉石」と記された庭園跡が良好に残る。庭園は、地方では守護権力のひとつとして認識されていたようで、各地の守護所で造園され、庭園を持ち込むことこそが守護のステータスであったようだ。

さらに、当主屋形の上段に「本堂」や「伊吹大権現」を置くことで、伊吹山の神に依る京極高清政権の正統で、聖なることを主張する。上平寺は京極高清の菩提寺で、伊吹神社脇には一族の五輪塔が残されている。

【評価】　一六世紀前半の武家庭園が、埋もれることなく山林の中に残っているのは貴重である。出土した会所的建物や、京都系土師器皿、威信財から、守護京極氏が京都の将軍の饗宴を北近江に持ち込み、庭園が重要な役割を担ったことがわかる。さらに、京極氏館の前面に展開する城下遺跡でも、遺構や遺物が検出されており、近江で最古の城下町と評価されている。

（髙橋順之）

［参考文献］髙橋順之　二〇一二『京極氏遺跡発掘調査報告書』米原市教育委員会

28

八講師城《はっこうしじょう》

大名クラスの純軍事的な城郭

【選地】　梓河内《あんさかわち》集落の東に聳える通称八講師山（標高約480メートル）の山上に位置する。麓の梓河内集落からの比高は、310メートルもある。梓河内集落からの林道を約5・5キロ登ると、城跡直下まで行くことができ、付近に車を停めるスペースもある。

Ⅰ郭　中央の筒は琵琶湖一周山城のろし大会に使用されたもの

DATA

所在：米原市山東町梓河内
別称：八講師砦
遺構：曲輪、土塁、石垣、竪堀、堀切
規模：250 × 250m
標高等：標高 480m、比高 310m

【歴史】『改訂近江国坂田郡志』によると、京極氏の家臣多賀豊後守高忠が拠り、後に佐々木管領の頃、沢田民部大輔が居城としたとも伝えられる。

【遺構】　標高480メートルの山上に、西からⅠ、Ⅱ、Ⅲの曲輪を並べて配置する。Ⅰ郭が最も高く、Ⅱ郭、Ⅲ郭の順に階段状に低くなっている。

Ⅰ郭が主郭で、最も高い曲輪である。自然地形に沿い、台形状を呈する。南から西側にかけて土塁を巡らせており、隅部は土塁の幅が厚くなっており、櫓台と思われる。曲輪内には大きな岩が所々に露呈しており、平坦ではない。また、北側に一段低く、腰曲輪を配している。

Ⅱ郭は東西に細長い曲輪で、Ⅰ郭より5メートルほど低い。Ⅱ郭の南には、Ⅰ郭の下から伸びる土塁が巡っており、土塁はⅢ郭まで伸びている。虎口Aは平入りであるが、その脇に石垣で固めた小さな櫓台を構えている。Ⅱ郭とⅢ郭の間の法面《のりめん》の下には比較的大きな石が散乱しており、この部分には石垣が築かれていたと思われる。

Ⅲ郭は平坦な曲輪で、北側にはⅡ郭から続く土塁が巡っている。土塁は高さ50センチ程度であるが、周囲には石が散乱していることから、石垣で補強されていたと考えられる。

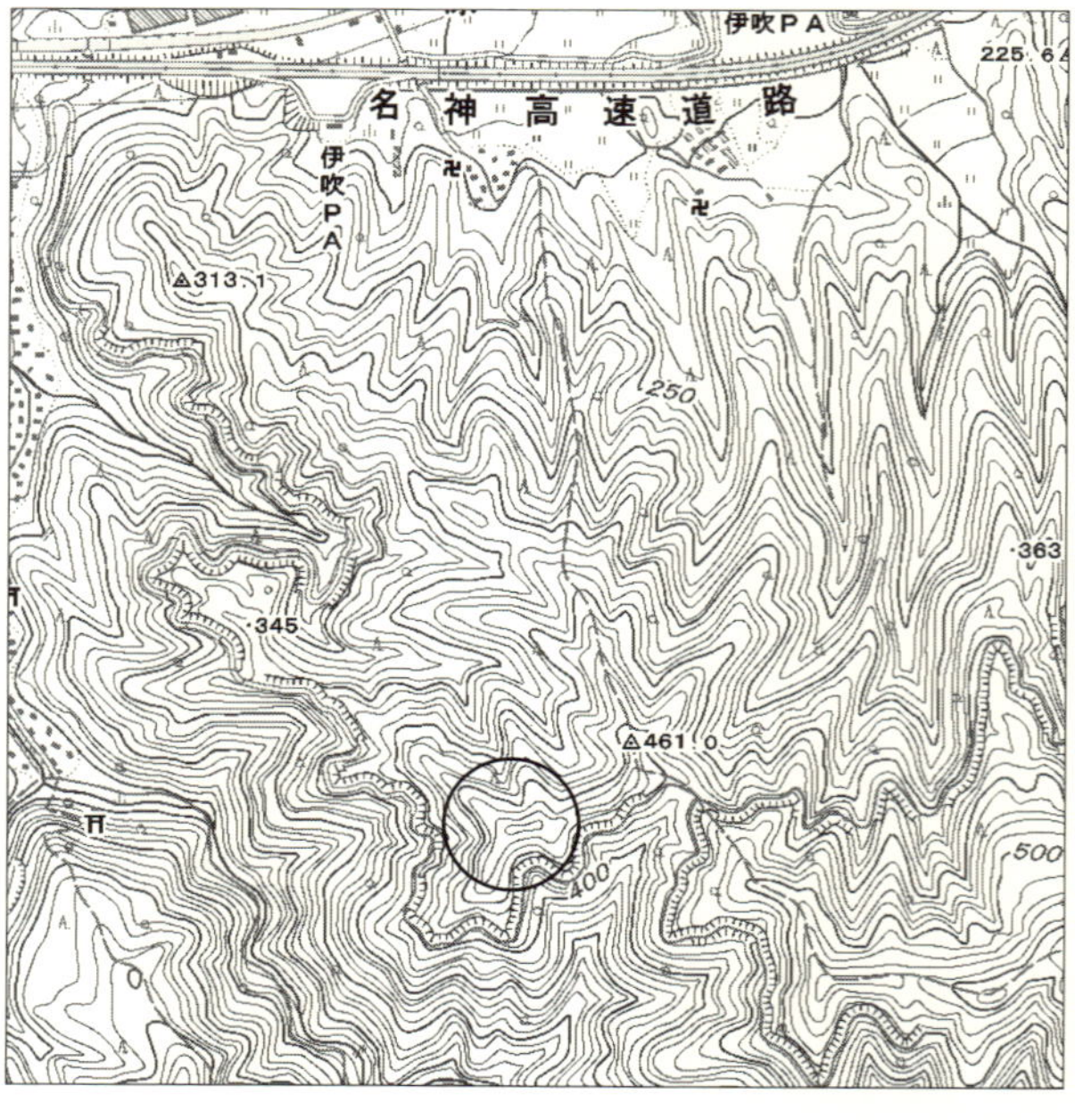

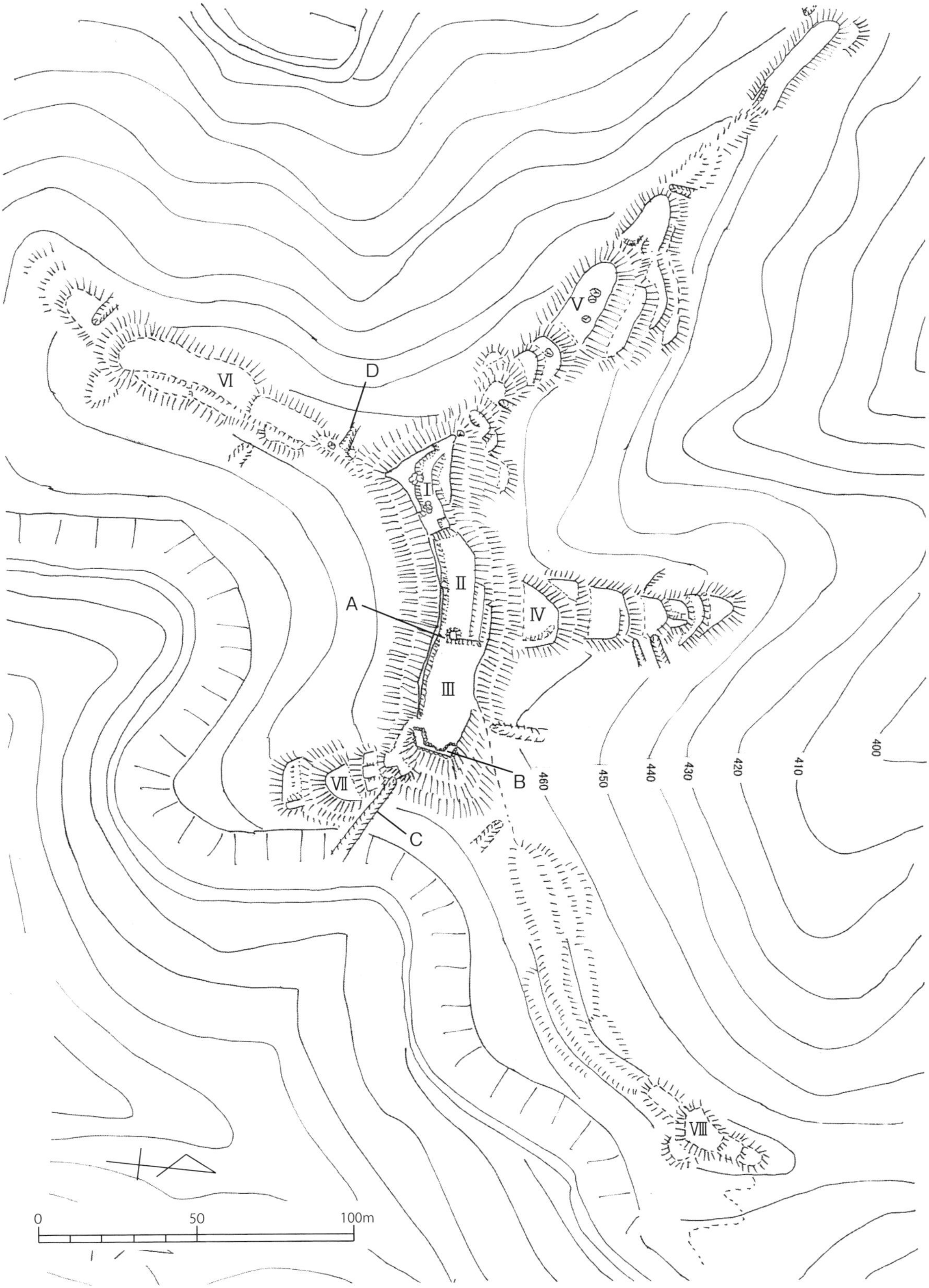

縄張り図　作図：石川浩治

Ⅱ郭の虎口

また、曲輪の東側に凹状に土塁Bを巡らせている。土塁は幅が広く、石垣で裾を固められていて、多聞櫓のような建物が建てられていた可能性がある。とくに北東隅は約2・5メートル四方の広がりがあり、櫓台と思われる。Ⅲ郭からⅦ郭へ降る部分の虎口は平入りではあるが、両脇を石垣で固めている。この部分には石垣が築かれることなどから、とくに厳重に構えられた主要な虎口であったと思われる。

山頂部のⅠ、Ⅱ、Ⅲの曲輪が当城の中心部であるが、そこから尾根が五方向に伸びており、それぞれに曲輪を配置している。

Ⅲ郭の北東には尾根が続き、Ⅲ郭の切岸は高く、浅い堀切を入れている。Ⅷ郭は、麓から上ってきた林道から遊歩道を上ったところにある曲輪である。Ⅷ郭は複数の削平地群であるが、比較的きれいに削平されているものの、城の遺構かどうか迷うところである。Ⅷ郭からⅢ郭へ続く尾根も平坦な地形であり、削平されているようにも見える。もしかすると、駐屯地的な性格の場所かもしれない。

Ⅲ郭から南に続く尾根には、Ⅶ郭を中心に四段の曲輪がある。曲輪の東には、竪堀Cを落としている。その下は、林道の建設によって破壊され、詳細は不明である。

Ⅰ郭の南側は高い切岸となっている。裾に小さな平場を設けて、その下に堀切Dを入れる。その先の尾根にはⅥ郭を中心とした細長い曲輪群があるが、全体的に削平は甘い。先端部には堀切も見られるが、その先は自然地形である。

Ⅰ郭の北西に延びる尾根は、小規模な曲輪が階段状に四段並ぶ。その先にあるⅤ郭は、切岸も高く曲輪群の中心的な位置を占める。その先にも曲輪が続くが、虎口は明瞭ではない上、土塁もなく、切岸を基本とした縄張りである。先端部の曲輪の先に竪堀を落としている。

Ⅱ郭の北の尾根にはⅣ郭がある。Ⅳ郭は東側に低い土塁を巡らせて、その下にさらに五段からなる曲輪群を設けている。この曲輪群は尾根の傾斜が急なため、平坦面を作り出すために切岸が高くなっている。小規模な竪堀を二本、東の尾根に対して入れている。

【評価】中心部にある曲輪群のⅠ郭からⅢ郭と、そこから延びる尾根に配された曲輪群の間には、構造上の差が見られる。

中心部の曲輪群は石垣を伴う土塁を設けて、要所には櫓台や多聞櫓を想定させる遺構がある。高い山上にしては広いスペースを確保しており、多くの軍勢を収容可能とする。それに対して、各尾根の曲輪は切岸を主体とした構成で階段状に配置している。『改訂近江国坂田郡志』によると、京極氏や佐々木氏の家臣の名が伝えられ、もともとは京極氏などの築いた城であったと思われるが、戦国末期に中心部のみ改修を受けたと思われる。

集落から隔絶した非常に高い山に築かれており、大名クラスの勢力による純軍事的な城郭である。

（石川浩治）

29

宗教勢力による築城か

篭城山城《ろうじょうやまじょう》

城跡遠望　西より

【選地】　犬上川を南側直下に見下ろす、比高約80メートルの山上に築かれている。北側には鞍部を介して、青竜山に続く。当城から北東方向に進むと国道306号に合流し、佐目（多賀町）、鞍掛峠経由で三重県いなべ市方面に至る。

当城から犬上川を隔てた南側約600メートルには勝楽寺《しょうらくじ》城（『近畿』Ⅲ所収）、北側約1・2キロには敏満寺《びんまんじ》城がある。

当城へは、犬上川側から上るのが最短であるが、周囲は獣害対策用のフェンスが張り巡らされ、出入りできる部分が限られている。

大回りになるが、北西側にある敏満寺集落側からの道が確実である。同集落から東へ延びる道で東名高速道路の高架下まで来ると、ゲートがある。このゲートを抜けて高架をくぐると、道は二手に分かれる。右手（南側）の林道を南下し、当城北側の鞍部を目指す。鞍部までの道は、荒れているので注意が必要。鞍部までたどり着いたら、比較的ゆるやかな尾根を約一〇分登れば城跡に着く。

DATA

所在：犬上郡多賀町敏満寺・富之尾
別称：道場山城
遺構：土塁、虎口
規模：30 × 20m
標高等：標高224.3m、比高：80m

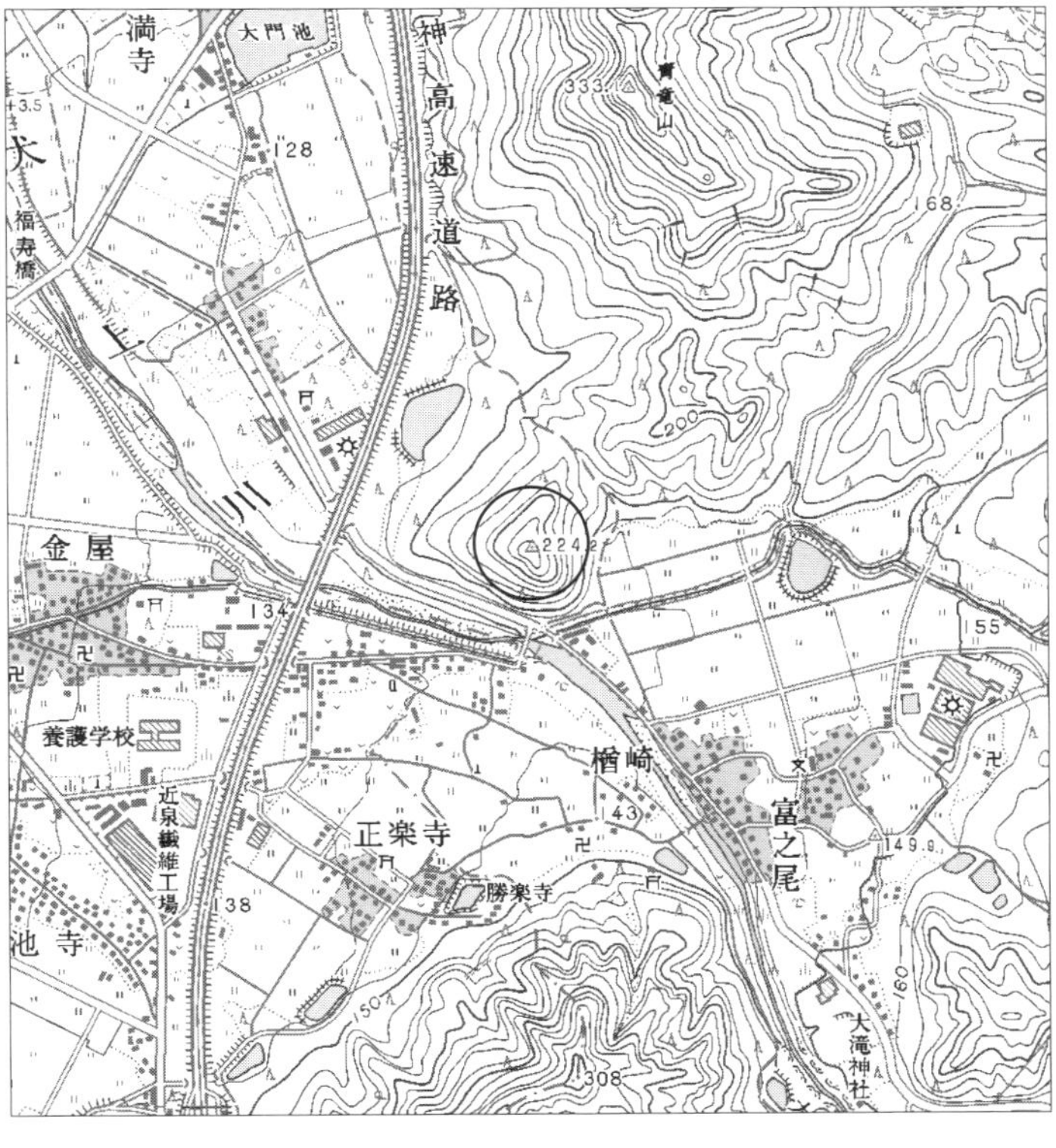

【歴史】　『甲良《こうら》町史』は、「佐目道場久遠寺の前進基地として道場山の訛ったものとも考えられる」と記すが、詳細は不明である。

【遺構】　当城は、巨視的に見ると、主郭Ⅰとその西側にあるⅡ郭から構成される。見よう

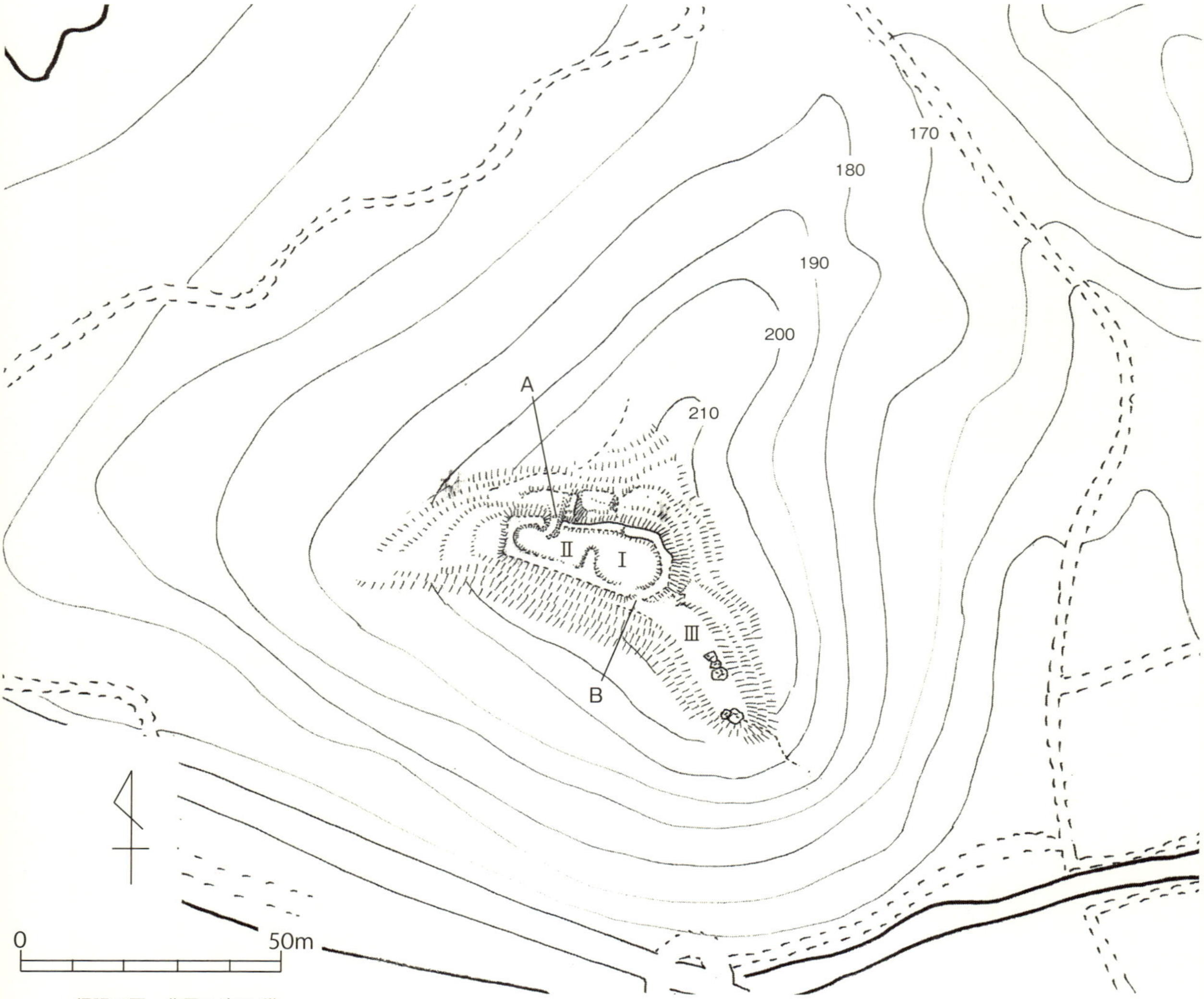

縄張り図　作図：髙田 徹

によっては単郭で、中間部分を仕切った構造といえなくもない。Ⅰ郭は、周囲を高さ15～40センチ前後の低い土塁によって囲まれる。土塁は南側で幅約3メートルであるが、北側で約1メートルとなる。南東のⅢに面した部分以外の土塁外側は、1・5～2メートル前後の切岸で囲い込んでいる。

Ⅰ郭の西側は、高さ約20センチの土塁によって、Ⅱ郭との間を分けている。この土塁は北側が開口して、Ⅱ郭に連絡している。Ⅱ郭も高さ20～40センチ前後、幅1～3メートル前後の土塁によって囲い込まれている。

Ⅱ郭の北側には、曲輪面を掘り込んだ虎口Aがある。虎口Aの東側には竪土塁状の高まりがあるので、虎口Aを出た通路は、必然的に左手（西側）へ折れる。現状では、Ⅱ郭の北西で折り返し、北側の尾根に向かう小道が延びている。折り返さずに、そのまま西側に延びた尾根を下ることも可能である。

Ⅰ郭の北側尾根続きは、約1・5メートルの切岸が設けられているが、Ⅱ郭の西側尾根続きは土塁外側に約20センチの段差を設ける程度である。土塁が崩れて低くなっているとしても、もともと遮断性はそれほど強くなかったと考えられる。

　Ⅰ郭の南東には、土塁が開口したBがある。現状ではわずかに土塁が食い違っており、虎口であった可能性もあるが、後世の山道が通された結果にすぎないとも思われる。Ⅲは自然地形であるが、平坦になっている。ところどころに岩があらわれている。地形的には、ⅢよりもⅠ郭のほうがわずかに高い。

　一方、眺望ではⅠ郭よりもⅢのほうが優れている。Ⅲは東～南～西にかけて一八〇度以上視野が広がるのに対し、Ⅰ郭ではⅢに面した方向の視覚が妨げられる。多少、岩があらわれているとはいえ、Ⅲを中心に曲輪を形作ることも不可能ではあるまい。それにもかかわらず、Ⅰ郭を中心とした縄張りが造り出されているのは、当城が南側の犬上川流域よりも、むしろ北側尾根続きの鞍部を強く意識していたためではないだろうか。

青竜山　Ⅰ郭より

Ⅰ郭　南のⅢより

【評価】　当城は小規模で、かつ全体の遮断性もそれほど強いものではない。せいぜい十数人程度で守備していたのではないだろうか。
　犬上川を挟んだ南側には、勝楽寺城がある。この場合、①当城は勝楽寺城に対する付城であった。②当城と勝楽寺城とはセットになって、犬上川の両岸や周辺域を押さえていた。③当城と勝楽寺城とは、同時に存在していなかった、等が考えられる。選地面からすれば、①は考えにくい。②か③を考えるのが妥当ではないか。
（髙田　徹）

虎口Ａ　北より

30

目加田城《めかだじょう》

目加田氏代々の居城

土塁Ａ　北より

【選地】　宇曽《うそ》川支流の岩倉川右岸に目加田集落があり、その南端近くに当城はある。城跡の一部と周辺は、ほとんど宅地となっている。当城の南西約400メートルには吉田城、南西約1・5キロには市村城、南東約1・2キロには安孫子北城・安孫子南城、南約1キロには下八木城、北約800メートルには八町城（豊郷町）、北西約1・2キロには高野瀬城（豊郷町）がある。

　当城は、現在主要部が目加田城跡公園となっている。公園の北側にある公民館横には駐車スペースもある。

【歴史】　昭和四年刊行の『近江愛智郡志』巻三によれば、「佐々木家の部将として盛名ありし目加田氏発祥の地なり（中略）元弘建武以後世襲して戦国末に至る同氏雄居の阯とす」とある。

　諸史料からも、佐々木六角氏の重臣目加（賀）田氏が確認され、その代々の居城であったと考えられる。目加田氏は、天正十年（一五八二）の本能寺の変の後、明智光秀に

DATA

所在：愛知郡愛荘町目加田
遺構：土塁、虎口、堀
規模：100 × 100m
標高等：標高 100m、比高０m
指定：町指定

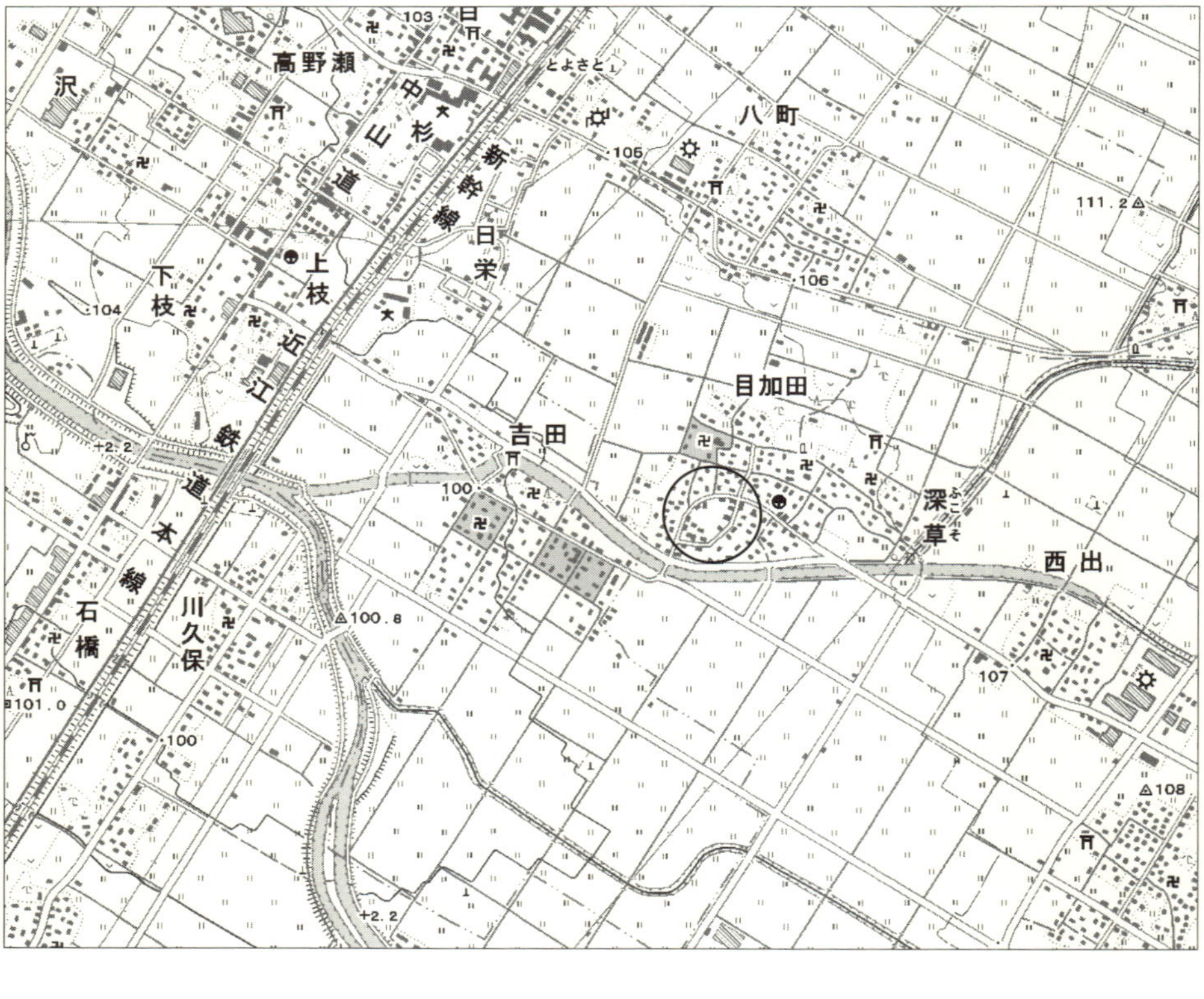

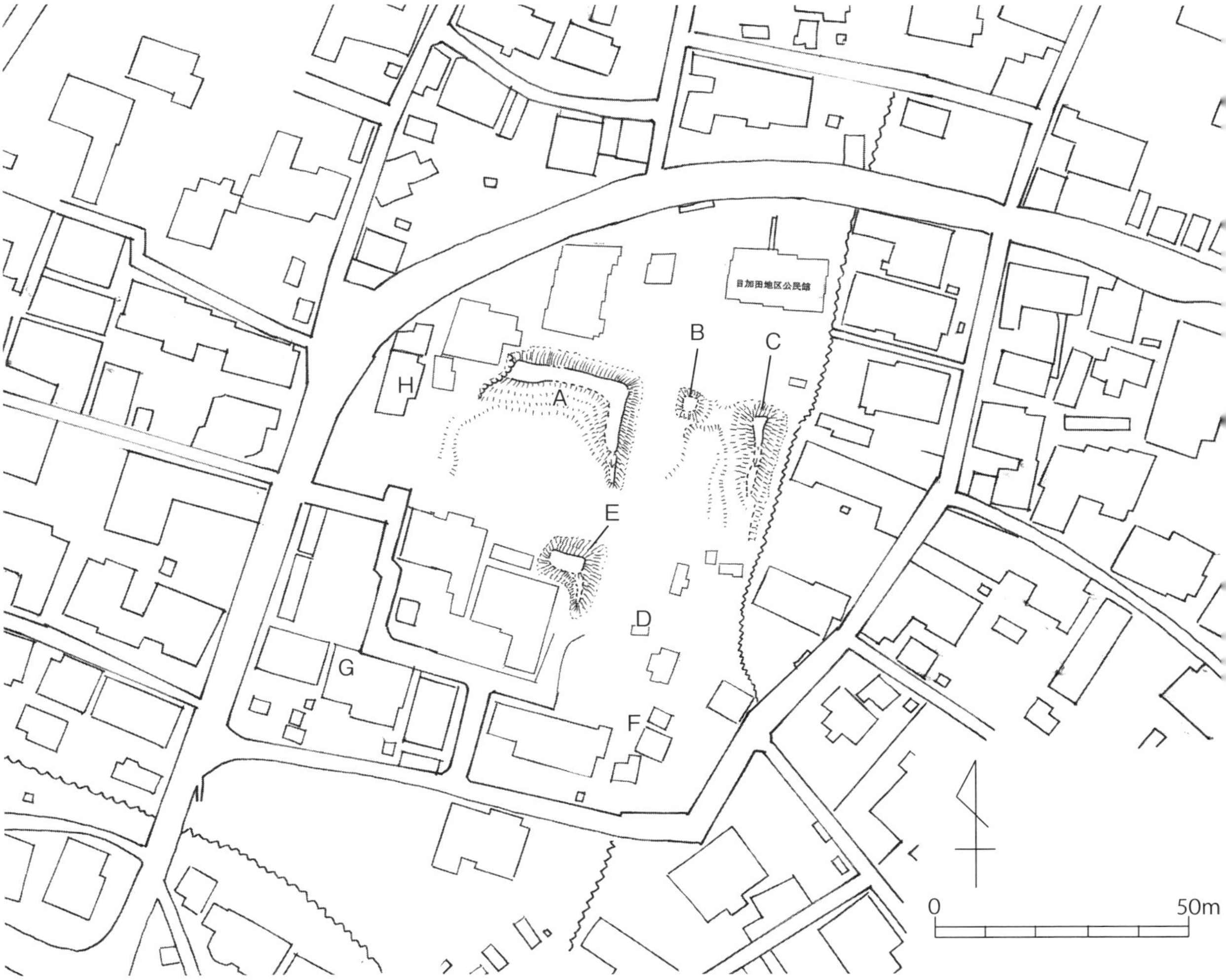

縄張り図　作図：高田 徹

属したため、羽柴秀吉により改易されたと伝えられる。

【遺構】　城跡の主要部は以前は竹藪であったが、平成十六年に公園整備がなされた。公園整備により見やすくなった部分はあるが、改変を受けている部分もある。

公園北側には、L字型に延びる土塁Aがある。高さ約3メートルで、上幅は4メートル前後である。西側は人家との境界で削り取られているので、本来、土塁はさらに西へ延びていたことがわかる。土塁Aは北側と東側の傾斜が急で、対する南側は傾斜が緩やかである。したがって、南・西側が内側、北・東側が外側であるとわかる。

現状では一続きの土塁となっているが、整備前は中央部が開口していた。整備に先立ち、開口部にトレンチも入れられているが、後世の改変と判断されている（秦荘町教育委員会二〇〇〇『秦荘町文化財調査報告書第14集—町内遺跡発掘調査報告Ⅴ—』、同　二〇〇六『秦荘町文化財調査報告書第18集—町内遺跡発掘調査報告Ⅶ—』）。

公園の南側には、土塁Eがある。高さ約1・7メートルで、上幅は4メートル前後である。

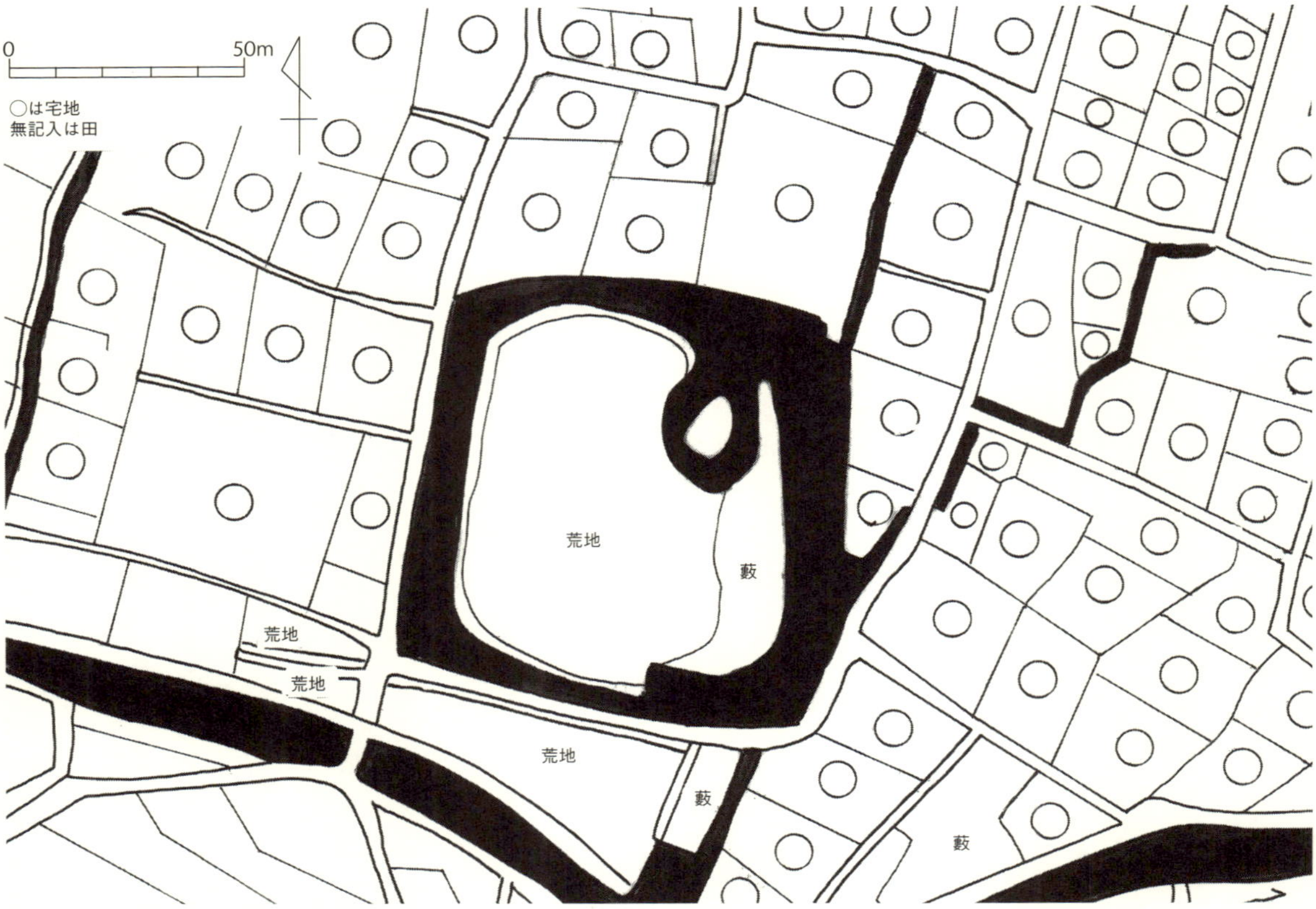

目加田城周辺地籍図　（『滋賀県中世城郭分布調査』５所収図を部分トレース）

主要部は東西にやや細長いが、南側に向かうスロープ状の張り出しを伴う。土塁Eの東面は、およそ土塁Aの東面とラインが揃う。

現在は失われているが、整備前にはD付近に南北に延びた、高さ約1メートルの土塁が長さ約15メートルにわたって残っていた。

土塁Aの東側には、高さ約1メートルの土壇Bがある。土塁の一部なのか、単独の土壇であったのか、現状だけでは判断できない。

土壇Bの東側には、弁天山と呼ばれる土塁Cがある。土塁Cは、高さ約1・5メートルで南側に向かって下降する。その北辺ラインは土壇B、土塁Cとほぼ揃っている。土塁Bの西側は若干低くなる。戦後まで、付近からは水が湧き出していたという。

土塁Cの東側には、水路が南北に延びており、外堀跡と伝えられている。土壇B・土塁C付近は、現在も竹藪となっている。

明治六年作成の地籍図によれば、集落の南側には周囲を水堀で囲まれた城跡の輪郭が明瞭に表れている。地籍図から判明する点を列記すると、

①水堀の外形は正方形に近いが、内側にある曲輪の輪郭はややいびつである。
②曲輪内は二筆からなり、西側が「荒地」、東側が「藪」となっている。
③北側の堀が窪み、窪んだ部分の中央に島が見られる。
④南側の堀に面した「藪」と「荒地」の間は折れ曲がっている。このため、「藪」側の水堀が広く、「荒地」側の堀は狭くなっている。
⑤水堀に掛かる橋は見当たらない。

⑥水堀の南東隅あたりから南側に向かって水路が延び、岩倉川に注いでいる。
⑦岩倉川は、現状よりも城跡寄りの位置を流れていた。
⑧岩倉川と水堀の間は狭くなり、「藪」「荒地」となっていた。
⑨東側の堀は、中央部でやや堀幅が広くなっており、そこに北東側から延びてきた水路が注いでいる。

となる。

土塁Ａ　南より

現状と比較すると、地籍図に見られる島の東側にある「藪」のうち、北端の細くなった部分が土塁Cにあたる。島から水堀を隔てた西側は、現状の土塁Aに比定できる。すると、土壇Ｂは島の痕跡と思われ、島の周囲は水堀であったことになる。外堀と伝えられる土塁C東側の水路の位置も、地籍図と矛盾しない。水路から東側に広がる形で、南北方向の堀が延びていたと考えられる。

地籍図に現れた曲輪の輪郭（水堀の内側のライン）を縄張り図上に比定すると、およそ土塁A～H～G～F～土塁Ｃの範囲となり、それらの外側に水堀が存在したことになる。

土塁Ｅ　南より

ここで問題になるのは、土塁Eとかつて存在した土塁Ｄの関係である。これらは、地籍図から想定される曲輪ライン上には乗らないものである。土塁E・Dの存在から、当城は単郭ではなく、内部が土塁によって区画された複郭構造と考えられる。

江戸期の宝暦十四年（一七六四）に描かれた絵図でも、城跡付近の景観は地籍図とほとんど変わらない。ただし、絵図では曲輪周囲に柵を描いており、みだりに立ち入れないようにしていたことがうかがえる。また、北西隅に木橋を描き、南側では堀幅が狭くなった様子を描いている。

ところで、当城を考えるうえで無視できないのが、『近江愛智郡誌』所収の目加田城絵図である。この絵図も、地籍図に現れた城跡と類似した様子を描いているが、全体を堀・土塁で囲み、北側には「中堀」と記されるくぼみが見られる。

絵図の虎口は北西隅と南側にあり、北西隅は木橋、南側は土橋となって「門」と記している。ただし、北西隅の木橋は土塁上に掛かるように描かれているし、地籍図に見られた島や存在が確実な土塁Ｅ・Ｄは描かれてない。つまるところ、『近江愛智郡誌』所収絵図に全幅の信頼はおけないが、南側に虎口の存在を示す点は地籍図において折れが見られる点、宝暦十四年の絵図で堀幅が狭くなる点と矛盾するものではない。そして、南側堀の対岸付近がかつて「馬場」と呼ばれていたことからも信頼できるだろう。

逆に、北西隅の木橋は、土塁の開口部が描かれない点、木橋対岸に道の地割が見られない点等から、廃城後の改変とみなすべきではないか。

以上のように考えると、水堀に囲まれた曲輪の虎口は、南側の一ヵ所だけであったと考えられる。仮にほかの箇所にあったとしても、補助的な虎口にとどまったと考えられる。

水堀南側に開く虎口を前提に考えてみると、その対岸にあって岩倉川にはさまれた「荒地」は、あたかも角馬出のような形態・位置であることに気がつく。角馬出であったかどうかはともかく、集落は当城の北・東・西に広がる。集落側に向かって虎口・曲輪を広げるのではなく、むしろそれらを背にし、南側の岩倉川やその対岸を強く意識した配置であったのは確かであろう。

北側の堀中のくぼみは、舟入遺構であったとの説がある。しかし、舟入を設けるのならば、南側の堀か、岩倉川に注ぐ水路付近に設けるのが自然である。くぼみはもともと存在した湧水池を、堀に取り込んだものではなかったか。

目加田集落は築城にともなって現在地に移ったとの伝承があり、もとは城跡の北東500メートル付近に存在したといわれている。築城にあたっては、湧水の確保を第一に考え、それに伴って集落も移動させたのではないか。そして、湧水近くに水の神である弁財天を祀ったことが、土塁Ｃを弁天山と呼ぶことにつながったのではないだろうか。

なお、目加田集落の周りには水路が巡らされ、堀のようにも見える。外郭の堀であった可能性もあるが、前述した虎口の向きを踏まえると、積極的な評価はできない。

【評価】　現在は断片的に土塁が残るのみであるが、地籍図の情報を併せ見ることで当城は複郭構造であった点、集落を背にして南側を向いていた点、南側には馬出状の曲輪が存在した可能性、湧水を確保していた点等が考えられ、推測もできる。

愛荘町付近には、当城と同じく断片的に土塁・堀を残す城郭が散見される（愛荘町の市村城、豊郷町の八町城等）。ほかの城郭についても、現況遺構に加えて地籍図、空中写真等を援用し、城郭構造を明らかにしていく作業が求められる。

ちなみに当城は、戦後の米軍空中写真では全体が藪となっており、当時の土塁・堀の残存状況を知ることができない。（髙田　徹）

【京都府】

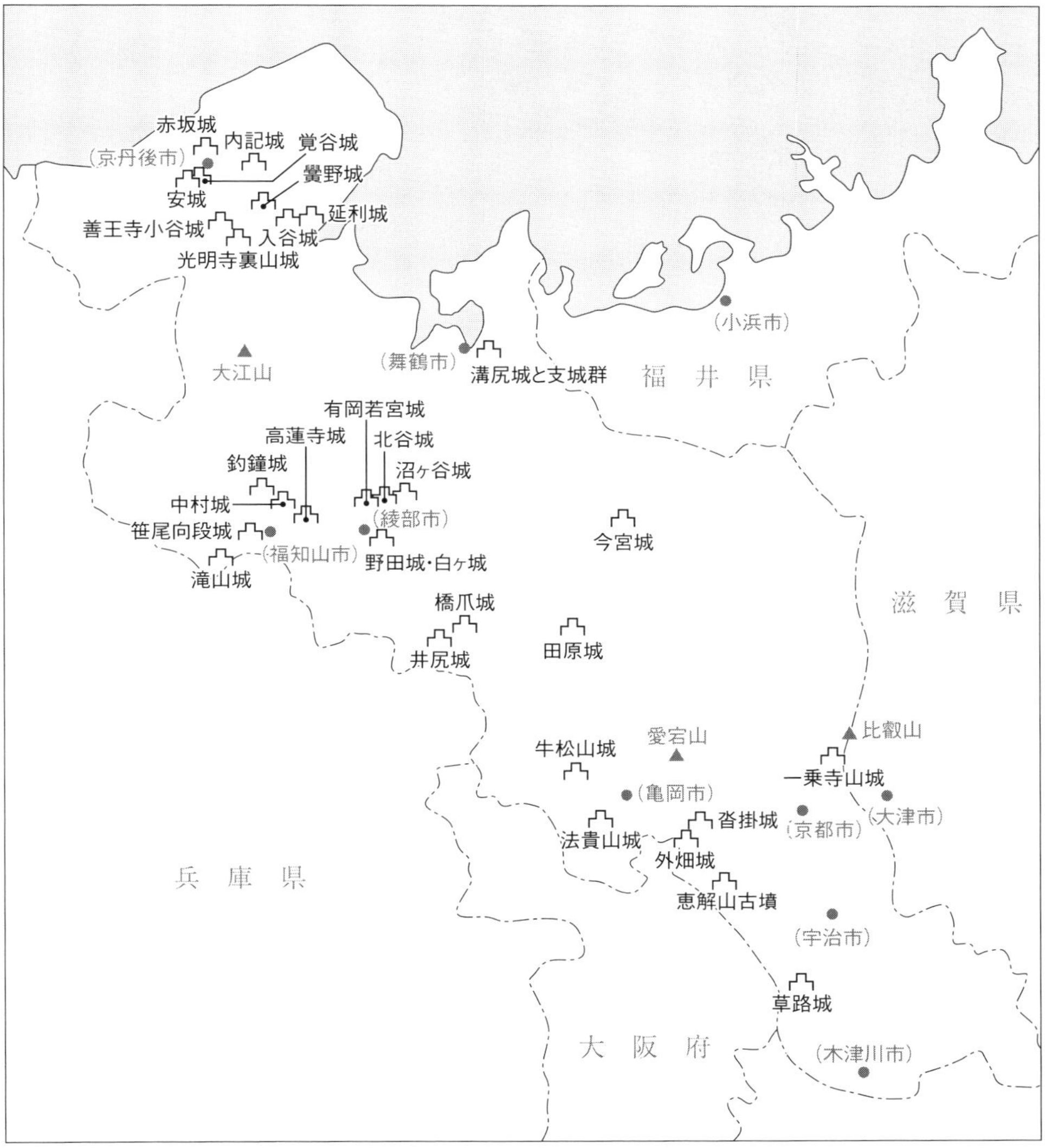

赤坂城
内記城
覚谷城
(京丹後市)
爨野城
安城
延利城
善王寺小谷城
入谷城
光明寺裏山城
(小浜市)
大江山
(舞鶴市)
溝尻城と支城群
福井県
有岡若宮城
高蓮寺城
北谷城
釣鐘城
沼ヶ谷城
中村城
(綾部市)
笹尾向段城
今宮城
(福知山市)
野田城・白ヶ城
滝山城
滋賀県
橋爪城
田原城
井尻城
愛宕山
比叡山
牛松山城
一乗寺山城
(亀岡市)
(大津市)
沓掛城
(京都市)
法貴山城
外畑城
兵庫県
恵解山古墳
(宇治市)
草路城
大阪府
(木津川市)

作画：谷 允伸

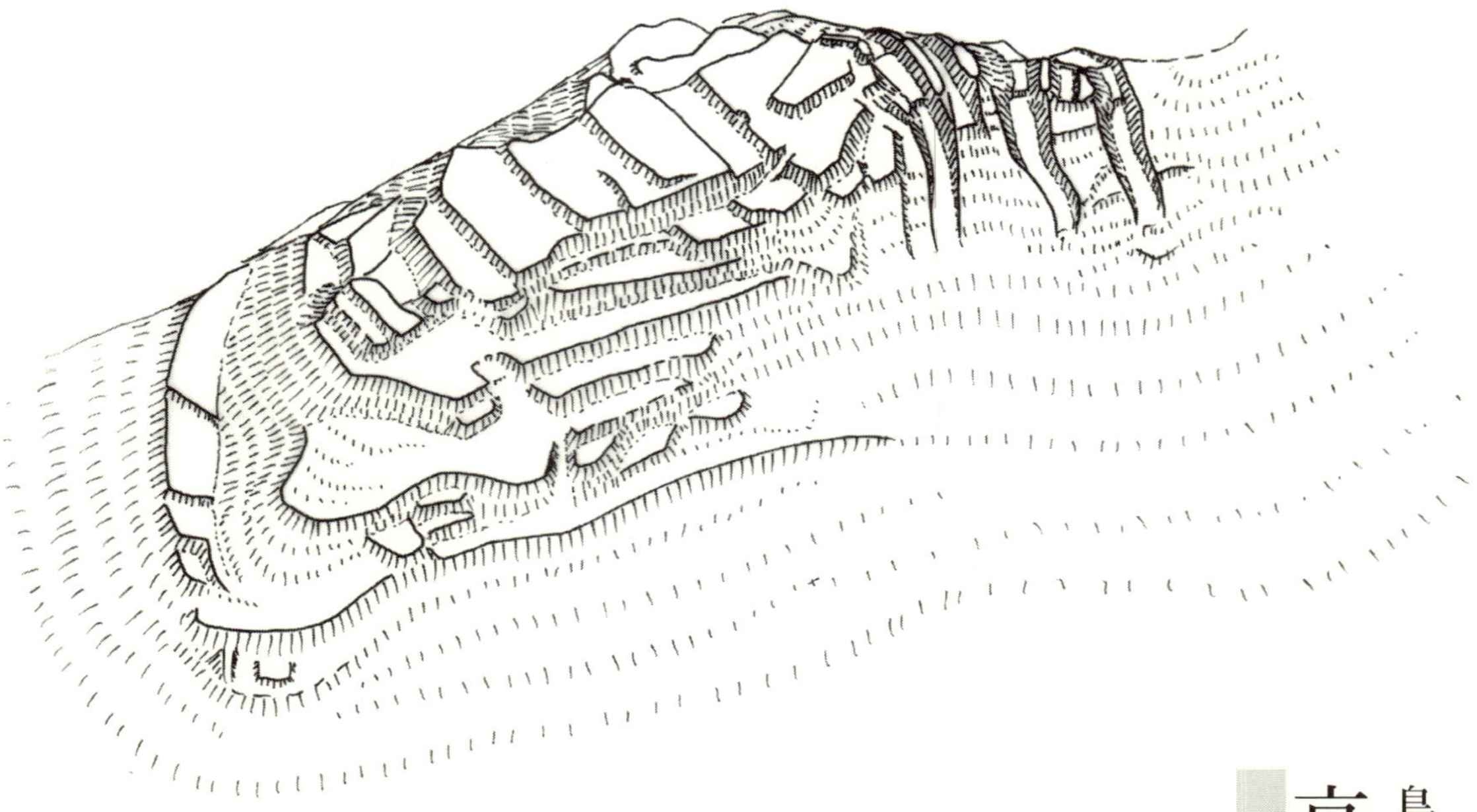

鳥瞰図と縄張り図で見る

京都府の城・入谷城〈No.55〉

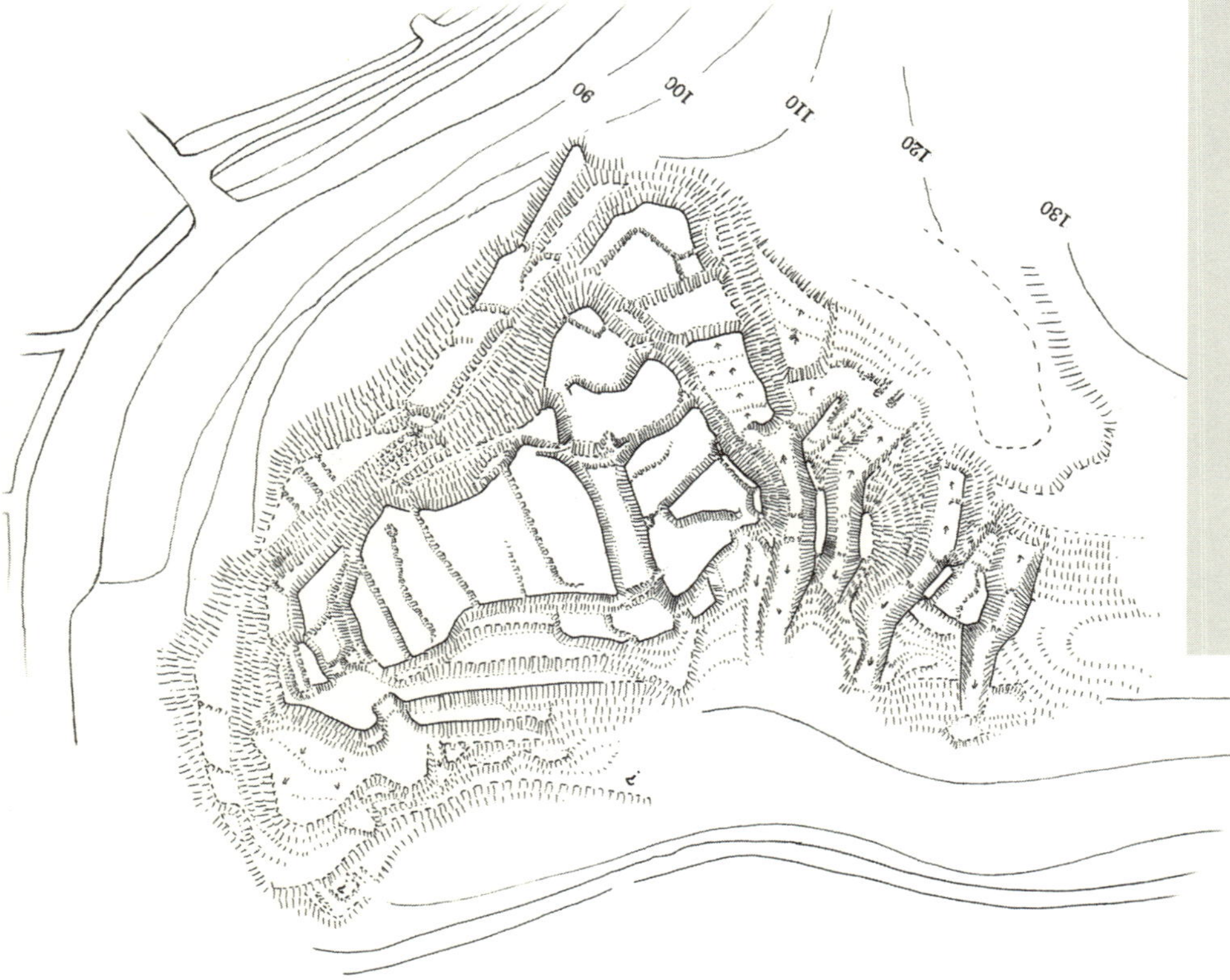

作図：高田 徹

31

一乗寺山城《いちじょうじやまじょう》

朝倉氏築城術の粋を集めた京を狙う陣城

写真１　城跡遠望　西より

【選地】　近江国と山城国の境となる比叡山系から延びる西尾根上に位置する。尾根上には、近江穴太《あのう》（滋賀県大津市）から京都盆地を結ぶ白鳥《しらとり》越え（青山越え）が走っており、国境を股にかける、戦略上の要地であった。

【歴史】　『近畿歴覧記』によれば、城主は地元の国人《こくじん》・渡辺氏とされる。しかし、福島克彦氏の検討により、現在では織田信長と抗争した朝倉・浅井連合軍が、白鳥越えのルート上に築いた陣城群の一部とする見解が有力である。

元亀元年（一五七〇）六月の姉川合戦で織田・徳川連合軍に敗れた朝倉・浅井軍は、捲土重来《けんどちょうらい》を期し、同年九月に比叡山延暦寺と結んで南下する。宇佐山城や堅田《かたた》（いずも滋賀県）を攻略しつつ、白鳥越え沿いの壺笠山（本書所収）や青山に砦を築き、京都をうかがった。対する織田軍は、

DATA

所在：京都市左京区一乗寺
別称：一乗寺城
遺構：曲輪、空堀、土塁
規模：320 × 350m
標高等：標高 427m、比高 287m

古城となっていた将軍城（瓜生山）を取り立てて対峙し、小規模な合戦をくり返した。

十二月に勅命講和が成立し、両軍は陣払いしたが、「青山以下小屋悉陣払、放火云々（『言継卿記』）」とあるので、陣所には小屋掛けがなされていたことがわかる。

【遺構】遺構は、ピーク部のてんてこ山（標高442メートル）から南に少し下った尾根上にあり、白鳥越えで分断された南北二つの地区からなる。

北地区の主郭は判然としないが、北側を土塁Aでまとめた五段の大振りな連郭が中心部となる。

中心部の虎口は二ヵ所ある。北東尾根続きに対する虎口Bは、両脇の土塁のうち北側を櫓台状に分厚くし、わずかに傾斜する土塁を張り出して食い違いとする。外側の虎口受けは、分厚い土塁からの側射を受ける。南に低い土塁を持つため、外枡形状を呈するが、導線は直線的で折れに乏しい。

南地区に対する虎口Cは平入りであるが、北側に土塁を持つ武者隠し状の空間から側射できる。虎口の直下には、二段の通路幅の平場がある。西端のDを区画する土塁は白鳥越えの拡張で破壊され、どのように廻っていたかは明らかでない。虎口Bと同様に、虎口受け状の平場に土塁を築き、外枡形状の空間を企図したと思われる。

両虎口をつなぐ土塁Aの中間には、櫓台状の張り出しEがある。Eは西尾根に対応し、下方の外縁に廻らした帯曲輪と、小規模で短い畝状空堀群からなる防御ラインFに横矢を掛けるが、連郭との間は、溝状の城内ルートとE直下の平場により隔てられており、曲輪と櫓台（土塁）の機能分化が認められる。

尾根上を通る白鳥越えは、現在は拡幅され、城郭遺構を破壊している。しかし、道路際に残る切岸を見ると、どうやら低い切岸からなる数段の帯曲輪が、連郭の南を囲繞していたようで、城内に白鳥越えを通したと思わ

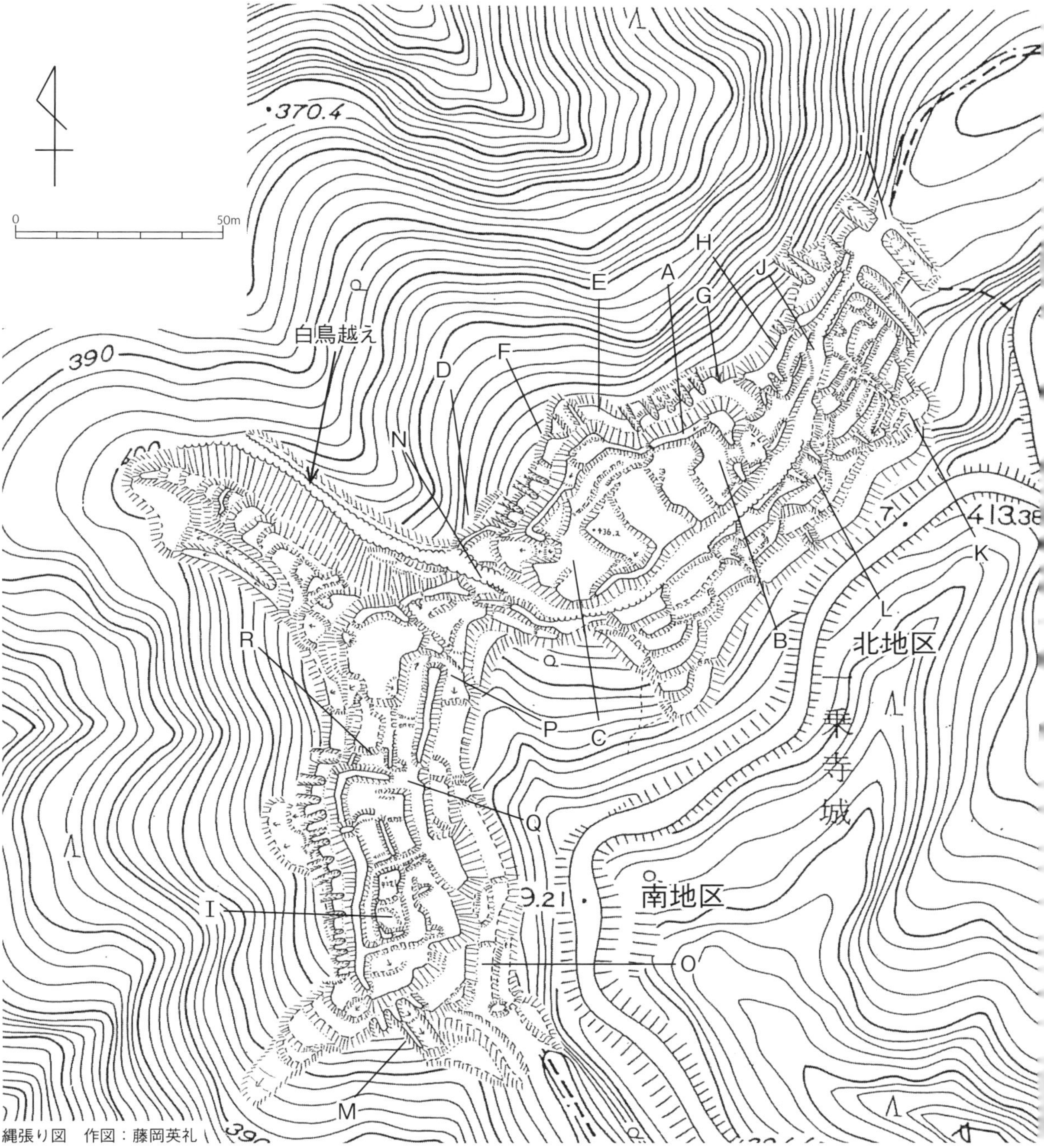

縄張り図　作図：藤岡英礼

れる。

北東尾根続きを遮断した堀切Ｇは、Ｆと結合して北側の防御ラインを形成する。Ｇの先は、尾根に沿って削り残した土塁Ｈが二重堀切Ｉまで白鳥越えと並行するが、Ｊ周辺に小規模な障壁を築いて、連郭部と白鳥越えのルートを分岐させている。

白鳥越えを挟んだ南山腹には、およそ三段の帯曲輪が廻り、内部を低い切岸や、小規模な土塁で仕切る。植林に伴う段造成の可能性も考えたが、土塁Ｋや堀状の窪地Ｌが上部の切岸や空堀ラインに対応しており、兵員の駐屯スペースであった可能性がある。

南地区は、南の尾根

道を直線で５００メートル降ると織田軍が入った将軍城の城域に至り、最前線に位置づけられる遺構であった。

南尾根続きに対する明確な虎口はないが、曲輪の切岸は比較的高い。尾根と山腹の転換部に大規模な竪堀Ｍを設けることで、白鳥越えへの虎口Ｎと南尾根道をつなぐ帯曲輪Ｏに誘導する。

Ｏを北上すると、主城域を囲む帯曲輪に開口する虎口Ｐにあたる。虎口Ｐは、西側の曲輪に挟まれた通路幅の内枡形を呈し、Ｏと中心部とを明確に分離している。

写真２　北地区Ｂ

主郭Ｉを中心とする頂部周辺は、全体的に高低差が少なく、臨時の築城の性格が強い（写真3参照）。主郭Ｉと外縁部にある土塁との間は溝で仕切るが、南側の細い土塁でつながっている。塹壕機能と土塁上部の使用という立体的な作事がなされた可能性がある。

外枡形状の虎口Ｑは、城内で大規模な部類に属すが、防御だけでなく土塁囲みの中心部とその他を分ける役目を持つ。ただ、すぐ北側に武者隠し状の小空間Ｒが当たってしまい、機能が十分に発揮できていない。

写真３　南地区主郭部

Ｒを仕切る西土塁の外側は、畝状空堀群の中でも大振りな竪堀があるが、もとはＲ底部と竪堀をつなげた堀切であったのではなかろうか。それが、戦闘の激化により、分断されていた曲輪を結んで防御ラインを補強すると同時に、内部を小土塁で細かく仕切り、小空間個々での防御力を高める作戦に切り替えた

写真４　南区虎口Ｒ

可能性がある。

【評価】 当城は、北地区が兵員の駐屯部を重視し、尾根端部に位置する南地区は、攻撃と防御を重視する役割分担があったと思われる。

当城を特徴づける虎口は、外枡形と評価されている。外枡形の虎口は、城兵の出撃口を確保するための通路状の空間が発展したものである。

村田修三氏によれば、朝倉氏は同時期の織田氏と同様に食い違い（外枡形状）虎口を指向し、永禄七年（一五六四）の若狭国進出以降に向上した築城術は、時に織田氏を凌駕する先進的なものであったと指摘している。

髙田徹氏は、朝倉氏の築城の特徴を主郭部の土塁囲みと外枡形と規定し、元亀三年から天正元年（一五七三）に朝倉氏が築いた小谷城（滋賀県・『近畿』Ⅱ所収）の山崎丸と福寿丸の段階に、横矢掛かりと虎口内部の導線の折れを確立した虎口空間に発展したと指摘する。また、縄張りを見ると、両砦の虎口空間は城域外縁に開かれている。

当城でも随所に外枡形状の虎口が見られるが、北地区は導線の曲がりが悪く直線的であり、空間の意識は未確立である。南地区はP・Qが通路幅とはいえ、虎口空間を形成する指向が見受けられるが、①城域外縁から一歩引くこと、②両虎口を入った内側に土塁がないこと、③城域外縁に行くほど虎口が小振りとなることから、城域内部を区分けする役割のほうが高いといえる。

山崎丸・福寿丸が朝倉（浅井）氏の築城によるのか、後の織田政権によるのか、再考の余地は残されているが、朝倉氏の築城とすれば、元亀の数年で朝倉氏も城域の全面において虎口の空間化を強めた可能性があろう。いずれにしろ、当城は元亀初期の朝倉氏の築城技術の集大成と見なしうる。

ところで、同時期に織田方が築いた宇佐山城は、外枡形虎口を城域内部に設けるとはいえ、曲輪切岸を石垣で固め、塁線は単純かつ直線的で大造りである。これに対し、当城は南地区に象徴されるように、土塁ラインを小規模な畝状空堀群に対応させ、城内を小土塁と小空間で細かく仕切るといった、対照的な縄張りを見せる。類似する虎口を持ちながら、朝倉氏と織田氏では築城思想（または用兵）をめぐり、大きな違いが生まれているといえよう。

なお、北地区外側の「てんてこ山」周辺には多くの平坦面が展開している。これらは切岸がゆるく、削平も甘いうえに、数時期にわたる白鳥越えの縦走でかなり破壊されている。平坦面の中には低い土塁も見られたが、平坦面の縁に沿わないなど、城郭遺構として不自然な点もあり、あえて図示しなかった。

しかし、兵員を収容するベースキャンプとしては充分に利用可能である。山地の軍事利用を考えるうえで、有益な素材になる可能性があり、今後の研究に期待する。（藤岡英礼）

［参考文献］髙田徹　二〇一三「越前朝倉氏の築城技術の一考察」『中世城郭研究』二七／福島克彦　一九八七「元亀元年『志賀御陣』における浅井・朝倉の陣城について」『近江の城』二六／「一乗寺城」二〇一五『近畿の名城を歩く 滋賀・京都・奈良編』、吉川弘文館／村田修三　一九八九「湖北の城館」（滋賀県教育委員会『滋賀県中世城郭分布調査』六

32

外畑城《とのはたじょう》

小規模でも技巧的な縄張り

東地区遠望　北より

【選地】　小塩《おじお》山の西方、京都市西京区の西端近くの山間部に位置する。当城から西方約200メートル付近で、大阪府高槻市との境界となる。付近は、昭和三十三年まで京都府亀岡市域であった。

当城の西方約2キロの位置には、田能《たのう》城（『近畿』Ⅲ所収）があるものの、付近はほとんど城郭が存在しない地域でもある。

当城は、東西二つの城郭から構成される。以下では便宜上、「東地区」「西地区」と仮称する。東地区と西地区は、谷を二つ挟んで約200メートル離れている。いずれも、山すそに獣除けのフェンスが張り巡らされている。東地区は、西側の谷部に設けられたゲート経由で上ることができるが、西地区についてはゲート・開口部がないため、探訪が難しい。

【歴史】　畑氏が城主だったと伝承されている。

DATA	
所在	京都市西京区大原野外畑町
遺構	（東地区）土塁、堀切 （西地区）土塁、堀切、竪堀
規模	（東地区）40 × 40m （西地区）40 × 30m
標高等	標高 430m、比高 20m

【遺構】　当城を構成する二つの城郭のうち、東地区は南側背後に幅約3メートル、深さ約1メートルの堀切Aを設けている。ただし、堀切Aは西側では斜面に延びず、途中で止めたようになっている。東側では次第に浅くなり、斜面と同化する。堀切Aの内側には、高さ約30センチの土塁を設けている。土塁の東端の下方部には、井戸跡を思わせる凹地

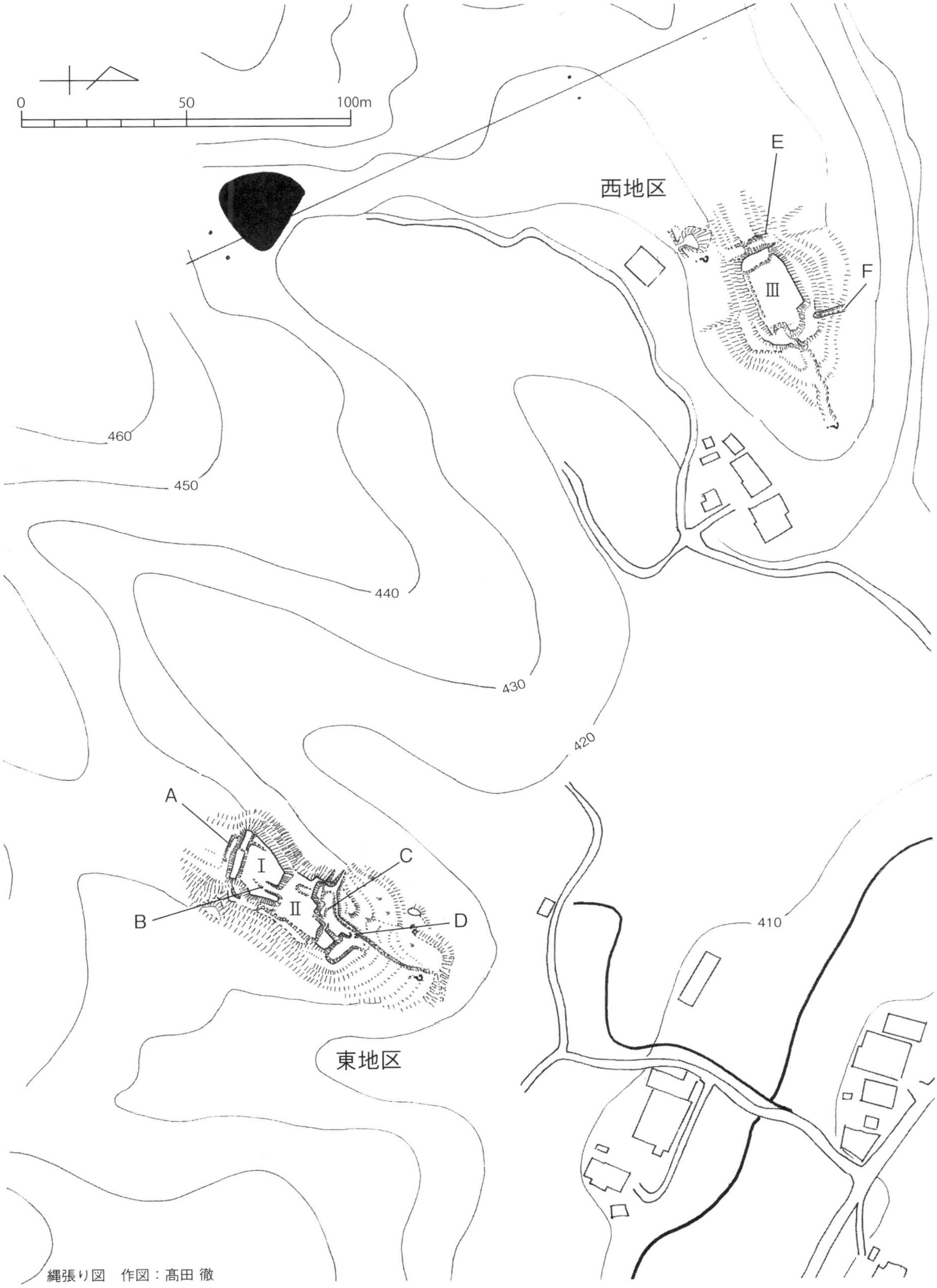

縄張り図　作図：髙田 徹

（上）東地区の堀切Ａ　南より　（下）西地区遠望　東側より

が見られる。堀切Aと土塁によって背後を守られたⅠ郭は、北側中央部に虎口Bを設ける。虎口Bは西側の塁線に対して、東側の塁線が約3メートル前方に突出する。

Ⅰ郭の北側にあるⅡ郭は、北側の塁線に折れが見られる。折れた塁線のどこかに虎口があったと思われるが、はっきりしない。Ⅰ郭とⅡ郭の塁線が接近する部分は、東西ともに明瞭なラインが見られず、締まりに欠けた感がある。

Ⅱ郭の北側には横堀状のCがある。Cは深さ約1・5メートルで、西側端部は竪堀となっている。Cの北端のDは、向かい合う塁線が食い違っており、虎口のように見える。Dの北側にはきわめて低い土塁が延びている。その延長は道になっているので、低い土塁は道か、土地の境界を示すものではないかと考えられる。

西地区も、西側尾根続きに深さ約1メートルの堀切Eを設けている。堀切Eの内側には幅約5メートルの土塁を設けているが、高さは約30センチにすぎない。堀切Eと土塁の内側にあるⅢ郭は、北側斜面に高さ約1メートルの切岸を明瞭に残している。

注目されるのは、Ⅰ郭の東側の塁線である。明らかに折れを伴って塁線が張り出す。張り出した部分は東に向かって下降しているため、元は虎口にともなう通路であったとも考えられる。一方、Ⅰ郭の南東隅にも短いスロープが見られ、これも通路のように見える。塁線の張り出しか、虎口にともなう張り出しなのかは断定できない。張り出しの北側には竪堀Fが見られるが、虎口に続く通路を規制するか、張り出しに敵を集中させるか、といった関連性の強い遺構であったと考えられる。

【評価】 東地区も、西地区も、選地はほぼ同様で、小規模な点でも共通する。遮断性の弱い部分もあるが、塁線に折れを持たせている点では共通する。いずれも、地形的にあえて折れを造り出す必要のない場所であるから、横矢掛かりや兵力を集中させて効果的防御を図るといった、軍事上の必要性から設けられていると考えられる。

小規模な城郭であるから、縄張りも簡易であるとは限らない。小規模な城郭であっても技巧的な縄張りを持っていないかどうか、改めて観察する必要性を教えてくれる事例である。

なお、地理的に考えると、当城は丹波国側の勢力により、当地より東にある金蔵寺付近を経由して長岡京市方面に出る道を押さえるために築かれたのではないだろうか。

（髙田　徹）

33 沓掛城《くつかけじょう》

山陰道の要衝・老ノ坂を押さえる城郭

B付近から見た京都市街地方面

【選地】　京都市と亀岡市の境界にある老《おい》ノ坂《さか》を北側に見下ろす山上に位置し、京都縦貫自動車道の新老ノ坂トンネルのすぐ北側にあたる。旧山陰道は、当城の南側を通っており、首塚大明神が祀られる付近が峠となっていた。

　西方約300メートルには老ノ坂城、東方約2キロには峠が堂城（京都市西京区）がある。

　城跡へは、国道9号の沓掛西口交差点から、洛西散策の森の駐車場をめざす。車道の終点である駐車場から京都縦貫自動車道の側道を歩き、同自動車道のトンネル手前付近で右に折れ、洛西散策の森の園路に入る。谷沿いの尾根を上り切ってから西に折れた後、頂部を目指す。ただし、園路は頂部を通らず、南側の鞍部（鉄塔のある側）に向かうので、注意が必要である。図のD地点がI郭と鞍部との分岐点となる。

【歴史】　城主・歴史については、不明である。

【遺構】　当城は、全体が不明瞭な段と平坦地の連続によって形成されている。自然地形の

DATA

所在：京都市西京区大枝沓掛町
遺構：堀切、切岸
規模：130 × 100m
標高等：標高 310m、比高 200m

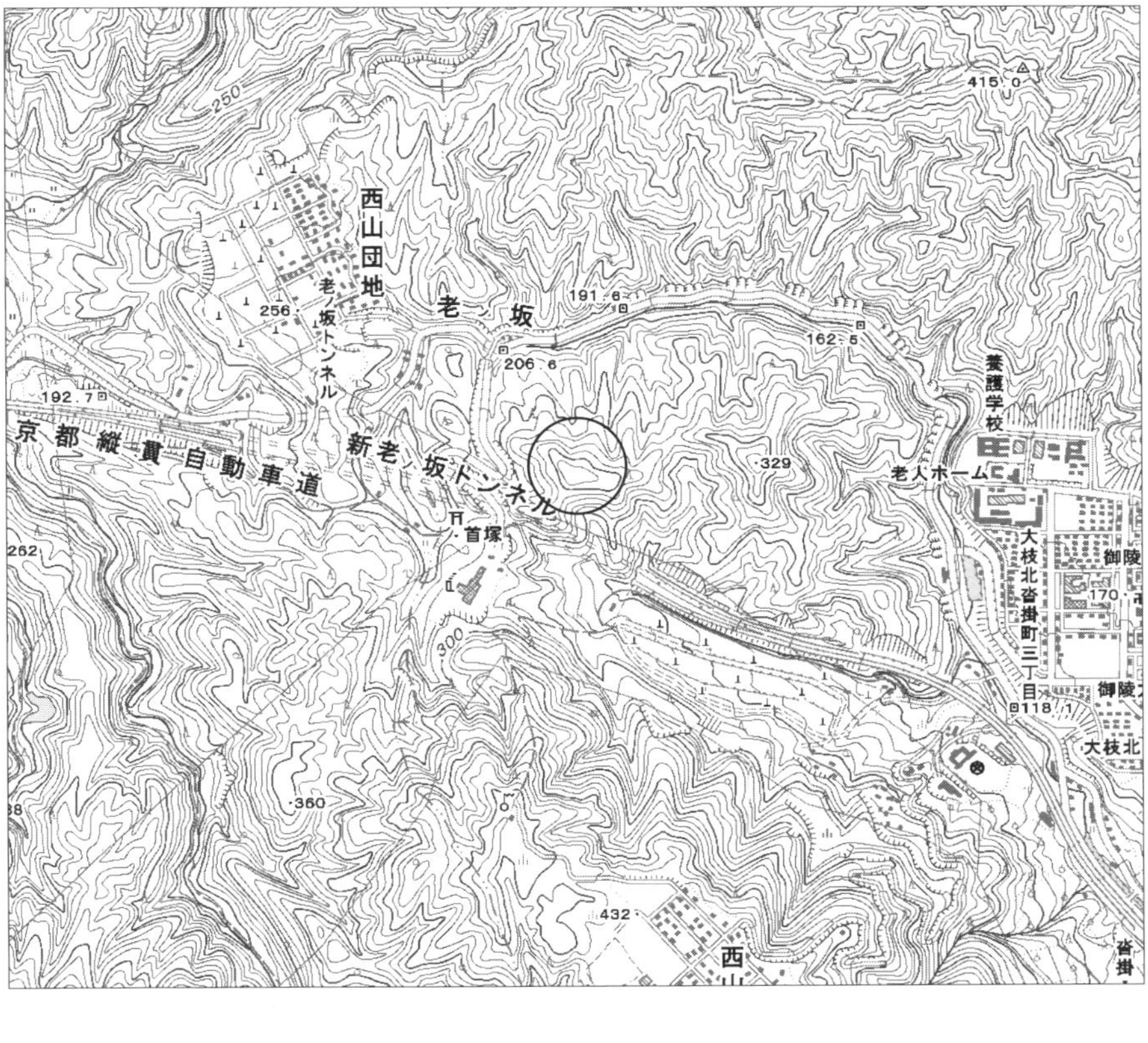

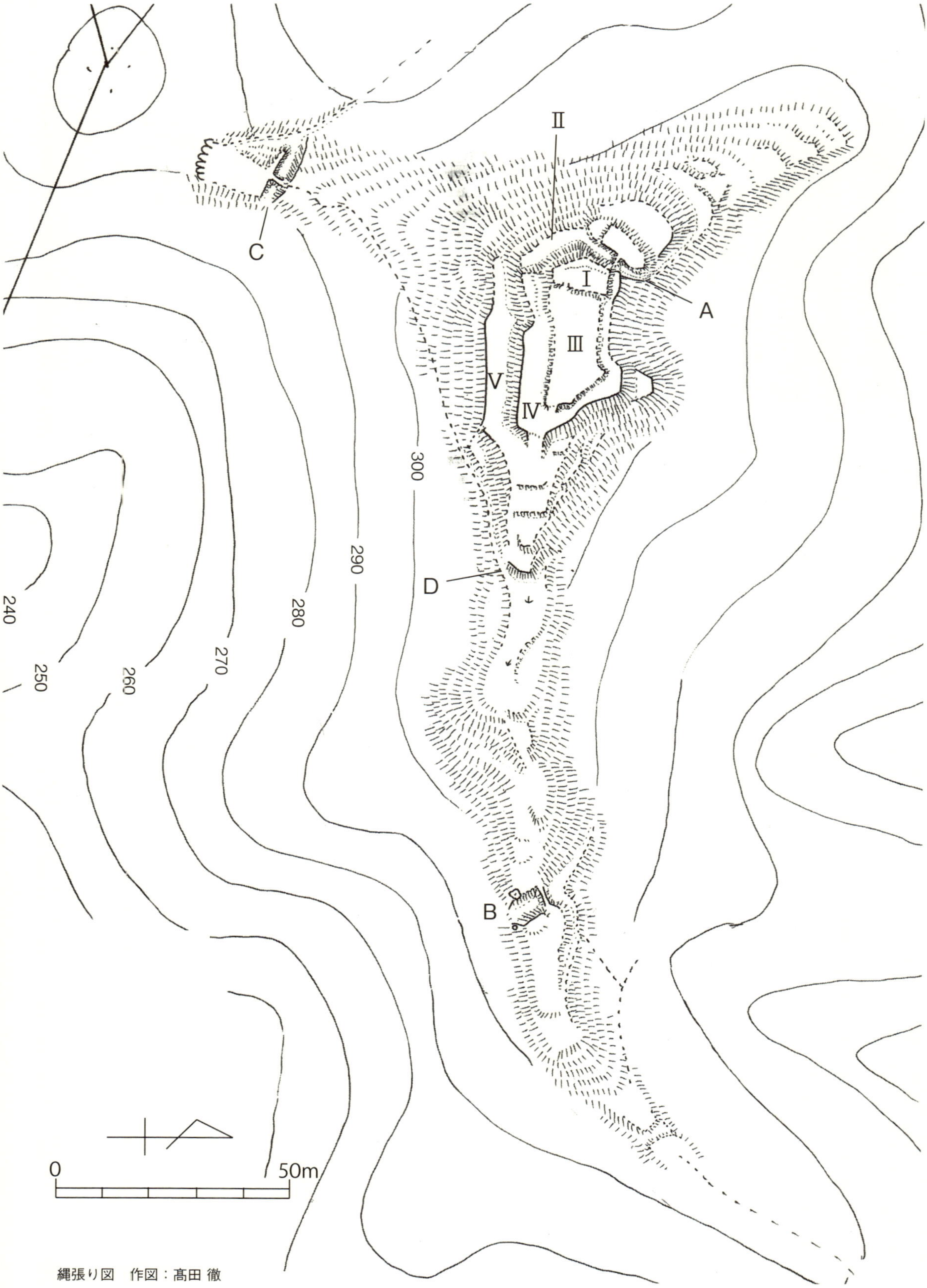

縄張り図　作図：髙田 徹

堀Aを北側から見上げる

Ⅱ郭　東より

部分が多いが、Ⅰ~Ⅴ郭付近は比較的切岸が明瞭であるうえ、曲輪としての完結性が認められる。

Ⅰ郭は、高さ約30センチの土壇状を呈する。堀Aとの関係を考えると、幅は広いけれども土塁といえなくはない。堀Aは、Ⅰ郭の北西方向にある。深さ約80センチで、中央部に土橋がある。ただし、土橋は後世に設けられたものであろう。堀Aの南側は帯曲輪状のⅡ郭につながるが、北側は斜面を回り込む道につながる。すると、堀Aは通路を兼ねた堀底道でもあった可能性が考えられる。

Ⅰ郭の東側にあるⅢ郭は、当城で最も規模の大きな曲輪で、Ⅰ郭側を除く三方を、帯曲輪状のⅣ郭に囲まれている。

Ⅴ郭は、Ⅳ郭の南側と東側を囲む曲輪である。その東側は三段ほどの平坦地を連ねてから、自然地形の尾根に続く。堀切Bは、自然地形が続いた先の尾根上にある。南側は岩盤を削って掘り込まれている。中央には、後世の山道にともなうと考えられる土橋がある。土橋の北側は、山道につながっている。

一方、Ⅴ郭の南西尾根続きには、堀切Cがある。堀切Cは幅約4×深さ約1メートルの規模である。堀切Cの南側は平坦となるが、近時に造成されたものである。

【評価】 京都市と亀岡市の境界となる老ノ坂は、山城国と丹波国の国境でもある。当城の直下を通る山陰道は、戦国期には多くの軍勢が行き来している。天正十年（一五八二）、本能寺に向かう明智光秀軍も老ノ坂を越えている。当城は、老ノ坂を押さえるために築かれているのは間違いあるまい。選地からすれば、京都側か亀岡（当時は亀山）側かはわからないが、山陰道を押さえるような大規模勢力によって築かれたとみられる。

なお、当城の南西にあり、同じく旧山陰道に向かい合うように築かれている老ノ坂城は、「城山」と呼ばれる部分や土塁を残す部分等によって構成されている（福島克彦他二〇〇〇『新修亀岡市史資料編1』）。老ノ坂城も、当城とセットになって山陰道を扼することを目的に築かれていた可能性が高いだろう。

（髙田　徹）

34 滝山城《たきやまじょう》

中世寺院・観瀧寺に連なる山城

櫓台

【選地】　兵庫県丹波市と京都府福知山市の県境になる親不知《おやしらず》山（604・5メートル）の北西1・2キロに位置する。標高300メートルの尾根上には、東西300メートルほどにわたって滝山城跡と観瀧寺跡があり、北と南の斜面は急傾斜で、登はんをするには南西尾根を通る以外に方法はない。

　西山麓の奥榎原集落との比高差は240メートルほどあり、中世の観瀧寺の本堂跡は尾根の付根にある。

【歴史】　『天田郡志資料』上巻（一九三六年、京都府郷土誌叢刊）によると、観瀧寺の項に「天正十三年兵火のため寺坊尽く焼滅せし」とあるが、当城の歴史については語られていない。

【遺構】　当城は、東西に230メートルほどの規模である。東の観瀧寺跡との境は幅6メートルほどの堀切Aで遮断し、低土塁と

DATA

所在：福知山市奥榎原
遺構：曲輪、土塁、堀切、竪堀、櫓台
規模：230 × 85m
標高等：標高 300 m、比高 240 m

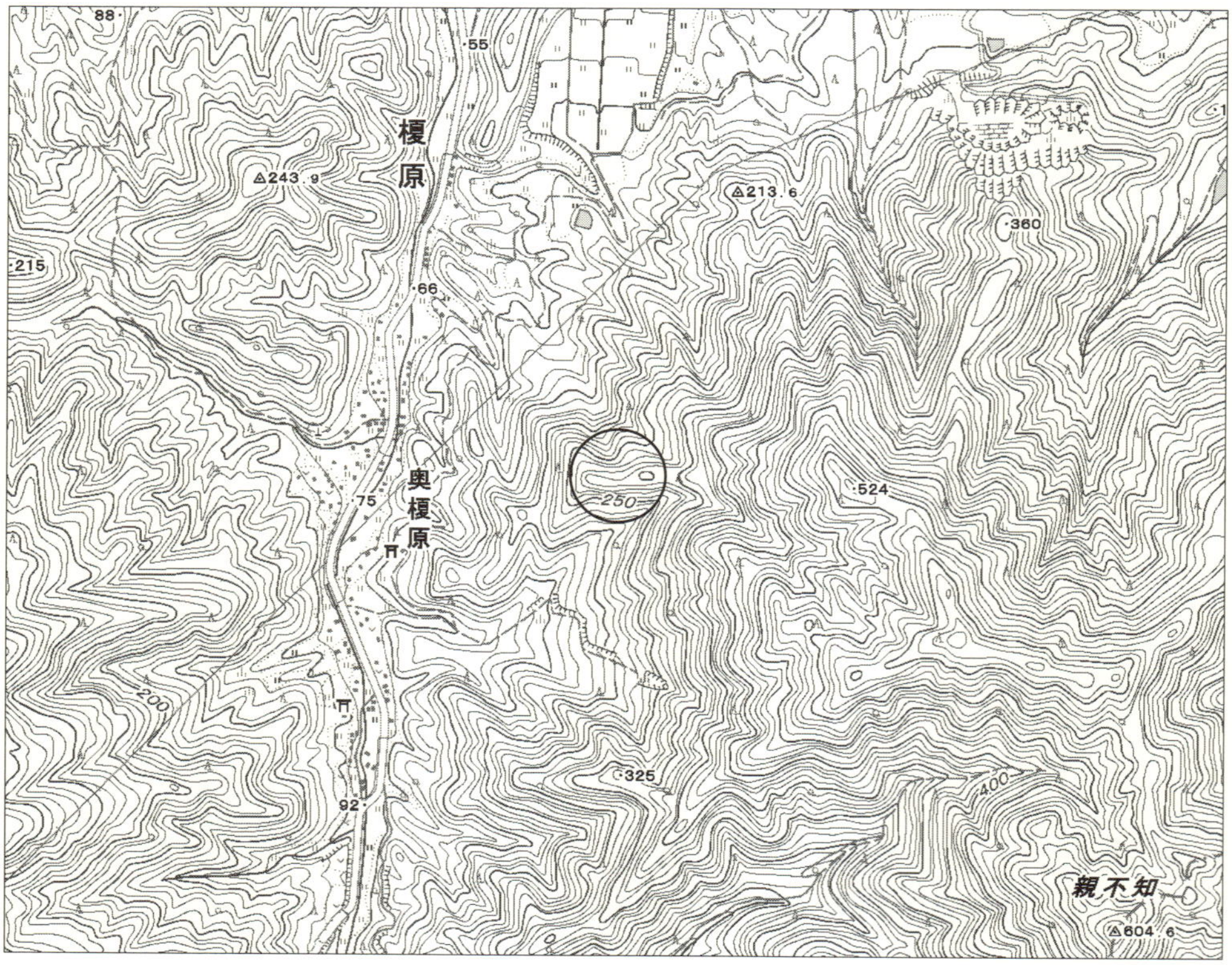

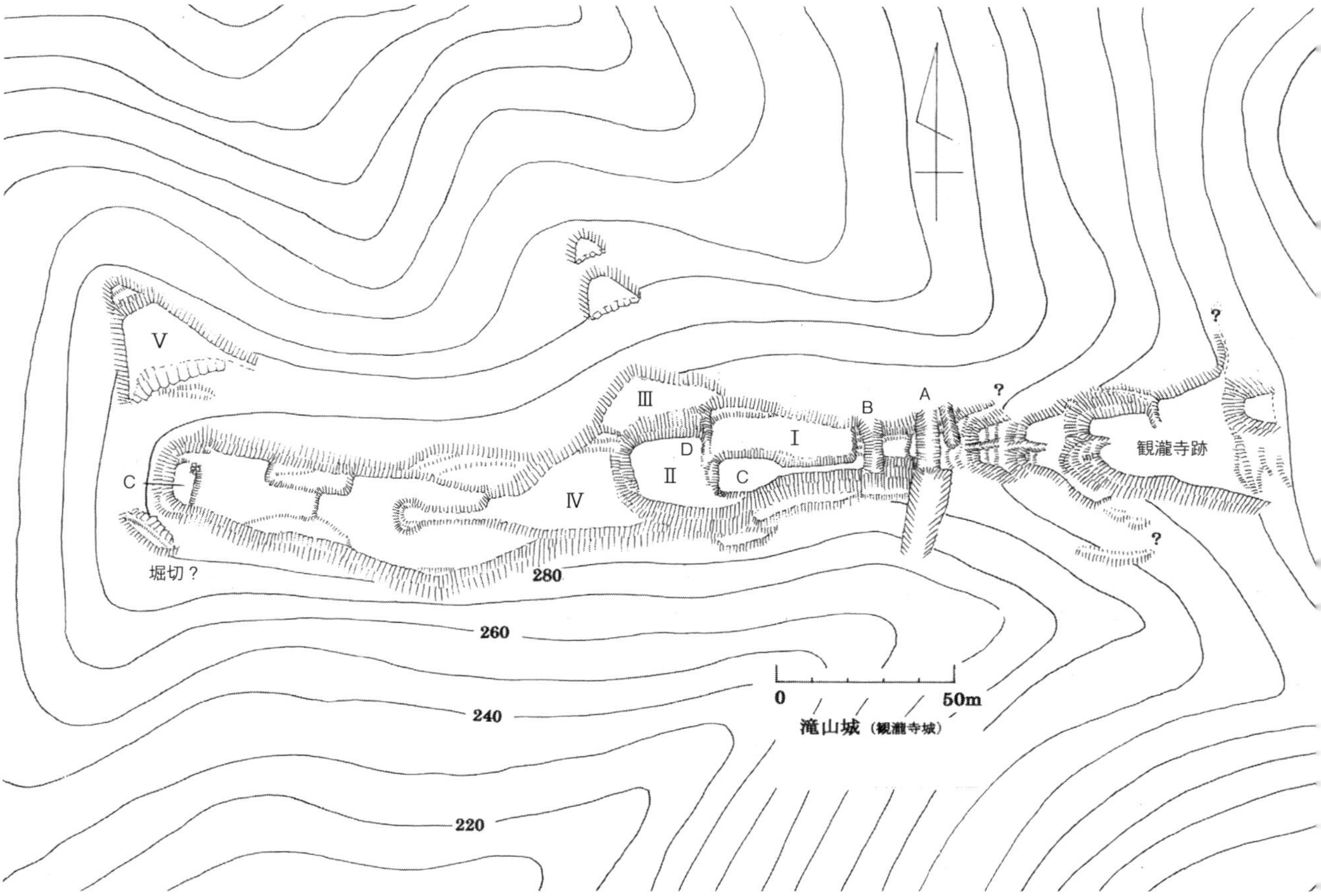

縄張り図　作図：高橋成計

幅10メートルほどの自然地形を介して幅5メートルほどの堀切Bを設ける。中心となる東西40×南北20メートル規模のⅠ郭は、南と東に土塁を設けている。南西隅に15×10メートルほどの櫓台Cがある。その西には、東西20×南北20メートルのⅡ郭があり、北のⅢ郭につながる虎口Dが北に開口する。北のⅢ郭の規模は東西35×南北10メートルほどで、北斜面には二段の曲輪がある。Ⅱ郭から西へは、東西100×南北20メートルほどの曲輪群Ⅳがあり、西端には10×7メートルほどの櫓台Eがある。南西尾根には堀切跡と思われる地形がみられるが、はっきりしない。また、北西尾根20メートル下には、東西30×南北18メートル規模のⅤ郭がある。

【評価】観瀧寺跡の西に展開する当城は、寺と同じ歴史を有すると考えられるが、当城から西に1キロ足らずに榎原城跡があるため、小規模な集落に二つも城が必要であったか疑問である。天正十三年に徳川家康に味方した余田氏（赤井氏残党ヵ）が築き、羽柴秀吉軍に寺が焼かれた可能性もあるが、推測の域を出ない。

（高橋成計）

35 高蓮寺城《こうれんじじょう》

中世と近代の複合遺跡か

Ⅵ郭の横堀状遺構

【選地】 由良川の右岸にある、標高194メートルの高龍寺《こうりゅうじ》山上にある。山頂からは、由良川の対岸となる福知山市石原《いさ》一帯が見渡せる。中世、付近は雀部《ささべ》荘であった。

北約800メートルには報恩寺城、東約900メートルには私市《きさいち》城、同じく1・1キロには四文字山城、同じく2・2キロには小貝《おがい》城がある。

城跡へは、佐賀小学校北側の道を進み、そのまま尾根上に上がれば至ることができる。ただし、山道は荒れ果て、わかりにくくなった部分が多い。

【歴史】 『丹波志』では、城主を内田河内守とする。

【遺構】 頂部にあるⅠ郭が主郭で、ほぼ正方形を呈し、中央部には浅い掘り込みがある。虎口は南西隅にあり、低い土塁が食い違い、土橋でⅡ郭と連絡する。Ⅱ郭はⅠ郭よりもわずかに低い位置にあり、Ⅰ郭との間を堀Aによって分化している。Ⅱ郭からは、南西隅にあるスロープ状の土塁BによってⅢ郭に連絡する。土塁Bは、堀切Fに面している。遮断線となるべき位置に通路・虎口を設けるの

DATA

所在：福知山市川北・報恩寺・私市
遺構：堀切、土塁
規模：220 × 100m
標高等：標高 194.8m、比高 170m

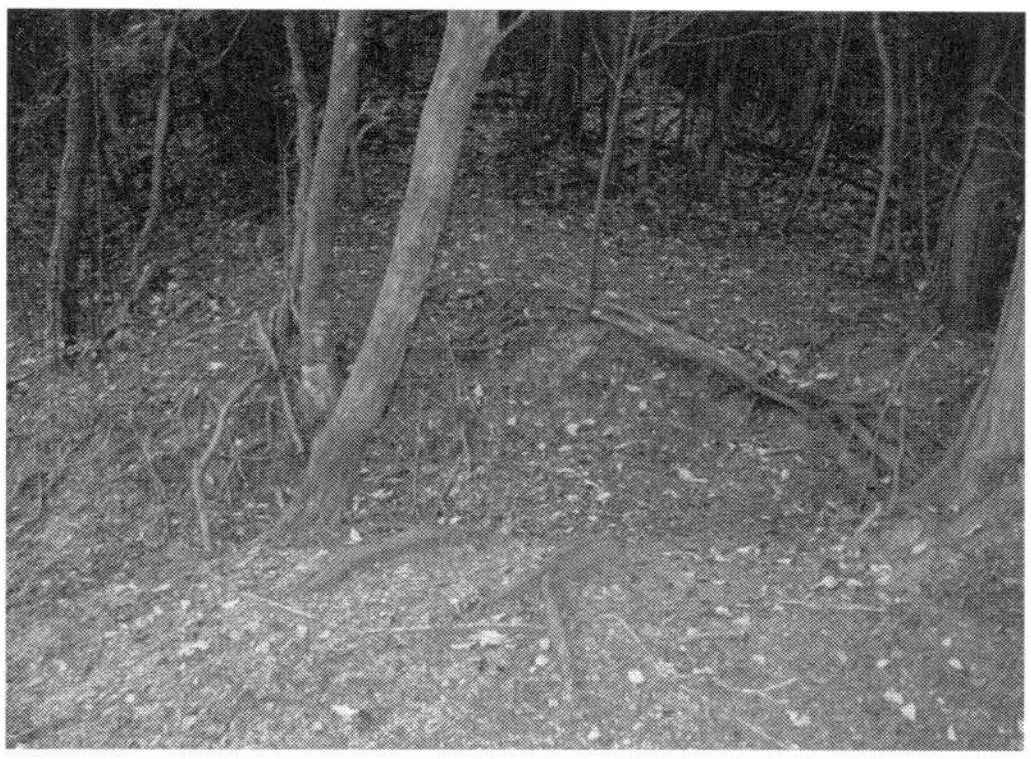

堀切Ｋ　東より

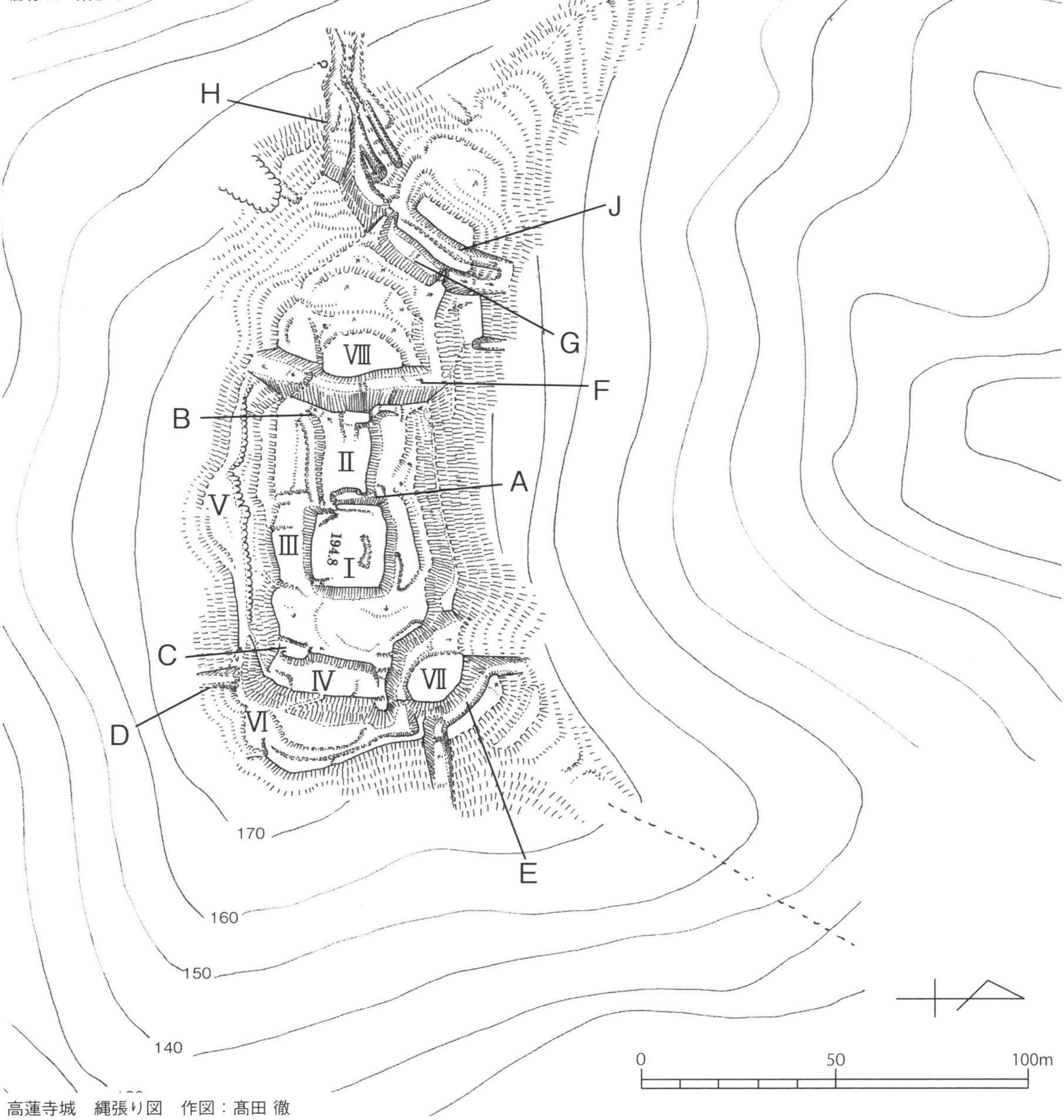

高蓮寺城　縄張り図　作図：髙田 徹

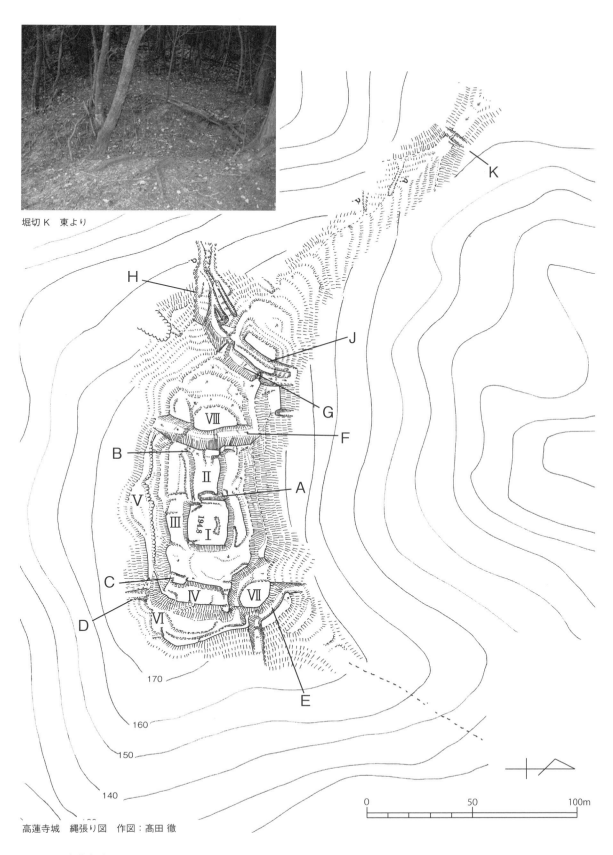

南側から見上げた竪堀Ｄ

は訝しいが、ほかにⅢ郭に連絡する虎口・通路らしき場所が見出せない。

Ⅲ郭は、内部に起伏を残し、南東隅の虎口Ｃによって Ⅳ郭に連絡する。Ⅳ郭からは南側のⅤに、Ⅴからは竪堀Ｄの脇を通ってⅥ郭に連絡する。

ところで、Ⅴは帯曲輪状を呈するが、一部切岸が不明瞭であるうえ、背面側に比較的新しい削り込みを受けている。一部切岸が不明瞭なのは、本来の曲輪面と背面側が掘削されているためではないかと思われる。

Ⅵ郭も帯曲輪状を呈し、北側から東側にかけて土塁を巡らす。土塁の内側には弧を描く、空堀状の凹みが見られる。

Ⅶ郭は、北東尾根に面した曲輪である。背面となるⅢ郭側には、浅い堀を巡らしている。堀切Ｅは、北東尾根続きの行き来を遮断し、その端部は、いずれも外側に開く竪堀となっている。

Ⅱ郭の西側にあり、東西の行き来を遮断するのが堀Ｆである。現状では、堀を挟んだ東西をどのように行き来していたのかはっきりしない。堀Ｆを挟んだ位置には、木橋を掛けられそうな場所も見当たらないし、堀底に下りる虎口も見当たらない。そして堀Ｆは、地形的にかなり強引に築かれている。

というのは、尾根がくびれた場所ではないため、かなりの土木量を費やす必要があったと考えられる。地形的にいえば、西側の堀切Ｇの地点で遮断するのが順当な処置となるが、それだけでは満足できず、堀Ｆを設けたのであろう。堀Ｆを設けることで、城域はまとまり、かつ防御性が格段に強まっている。

堀Ｆの西側対岸にあるⅧは、頂部こそ平坦になるが、全体は西側に向かって下降する。堀Ｆ以東の曲輪群と比べると、曲輪としての体裁が整っていない。

Ⅷから西に下った位置には、堀切Ｇがある。端部はⅧ側から張り出す土塁によって、半ば閉塞される。南側端部では張り出した土塁に応じて、堀切も折れている。堀切Ｇの南側延長上には、竪堀状のＨがある。Ｈは岩盤を削っており、かなり蛇行した部分もある。上方は城郭にともなう竪堀遺構と考えるが、下方部については流水によって削られたか、なんらかの理由により、後世に穿たれた城郭類似遺構の可能性がある。

堀切Ｇの西側には、堀切Ｊがある。堀切Ｊは、堀切Ｇ底部よりも高い位置にある。Ⅷ郭から見て堀切Ｇ対岸であり、敵が侵攻した場合の足場となりやすいところであるから、平坦な地形を潰す役割を期待して設けられたのではないだろうか。

堀切Ｇの西側は、自然地形の尾根がしばらく続く。尾根を下った鞍部には堀切Ｋがあり、ここまでが城域と考えられる。

【評価】　当城は比高も比較的高いうえ、規模も大きい。複数の曲輪から構成されるが、中

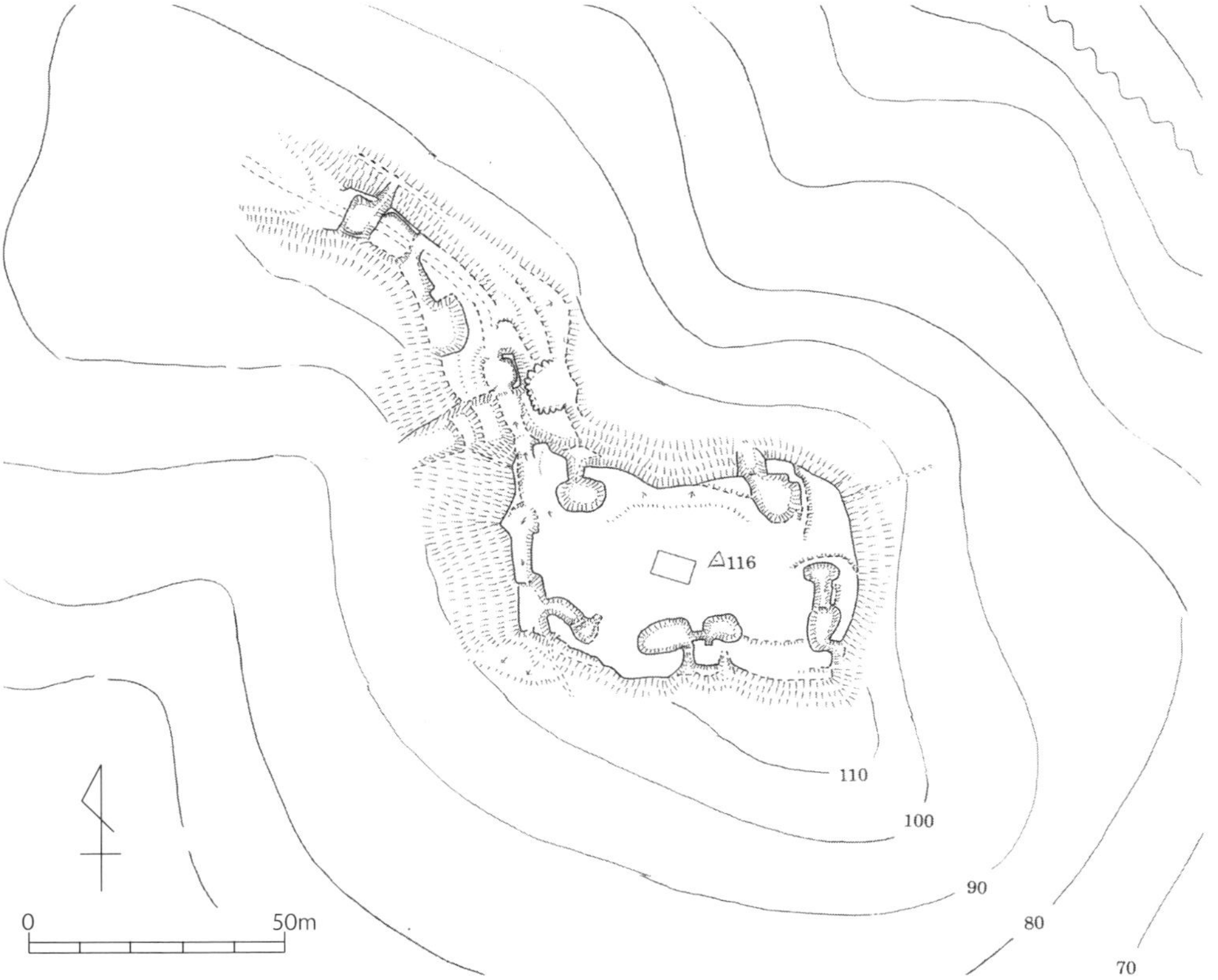

小貝城　縄張り図　作図：髙田 徹

途な位置に強引に堀切Ｆを入れ、先行地形に依存せず、意図した規模にまとめようとしている。そして、西側尾根続きに対する遮断性を徹底させている。二重に堀切を設けた形となる北東尾根続きに対しても、同様に遮断を強めている。これに対して、南側から東側にかけては、外縁部の防御性がやや弱い。

地形的な広がりを勘案すると、Ⅵ郭から南東に延びる尾根を下り、山麓部に達するのが往時の主要道であったと考えられる。主要道が通っていたため、背面となる西側および北東側ほど遮断性を高めていなかったと思われる。

当城には、縄張り的にも見るべき点が多いが、Ⅰ郭中央部の浅い掘り込み、Ｖ背面側に見られる比較的新しい削り込み、Ｈの流水によって削られたか、なんらかの理由により、後世に穿たれたとみられる竪堀状遺構等も注目される。

ところで、当城から由良川を隔てた福知山市石原付近には、昭和十九年に石原飛行場が建設された。飛行場は、現在では水田に戻った部分がほとんどである。当城のＶは、飛行場跡に向かい合う位置にあり、飛行場に関わる施設を設けたか、設けようとした跡ではないかと思われる。

当城の東方にある小貝城（綾部市）は、飛行場跡の東側に位置している。同城には、飛行場を防衛するための高射砲陣地が設けられた。現在も、曲輪跡に高射砲陣地に関わる凹地が随所に見られる。同様の施設を作ろうとした痕跡が、当城の前記遺構であるかもしれない。Ⅰ郭中央部の浅い掘り込みは、兵舎跡のようにも見受けられる。

当城で通路や虎口に一部不明瞭な部分があるのは、後世、とくに戦争期の改変を受けている可能性も考えておくべきであろう。これらが戦争遺跡ならば、中世と近代の複合遺跡ということになり、別の意味で貴重な存在になる。

（髙田　徹）

36

笹尾向段城《ささおむかいだんじょう》

弘法川を見下ろす城郭

堀G　北より

【選地】　福知山市街地の南西に隣接する丘陵上にあり、北流する弘法川を南側に見下ろす位置である。南東約900メートルの位置には笹尾羽合城《ささおはごう》、西約500メートルの位置には狸谷城、北約600メートルの位置には和久城、西約1キロの位置には新庄城（『近畿』Ⅱ所収）、同じく西約1・2キロの位置には半田城がある。

城跡へは、熊野皇大神宮と円応寺の間にある道の突き当たり（墓地入口）にある谷部から、丘陵上を東側へ回り込んで進むとわかりやすい。もしくは集落の反対側の、北側の谷から上がるのが最短距離となる。ただし、いずれもはっきりした道はない。

【歴史】　城主・歴史については、不明である。

【遺構】　当城は、曲輪の大半が畑、竹藪となり、後世の改変を受けた部分が多い。主郭はI郭で、西端にはI郭からの高さが約3メートルの土塁Aを設けている。土塁Aは、崩落や掘削によって幅を減じていると考えられる。土塁Aの西側には、堀切Bを設け、堀切Bは主郭I側からの深さが約6メートルである。注意されるのは、堀切底部の端部を、ともに小曲輪状に張り出させている点である。通

DATA

所在：福知山市字篠尾
遺構：土塁、堀切、竪堀
規模：150 × 50m
標高等：標高 50m、
比高 25m

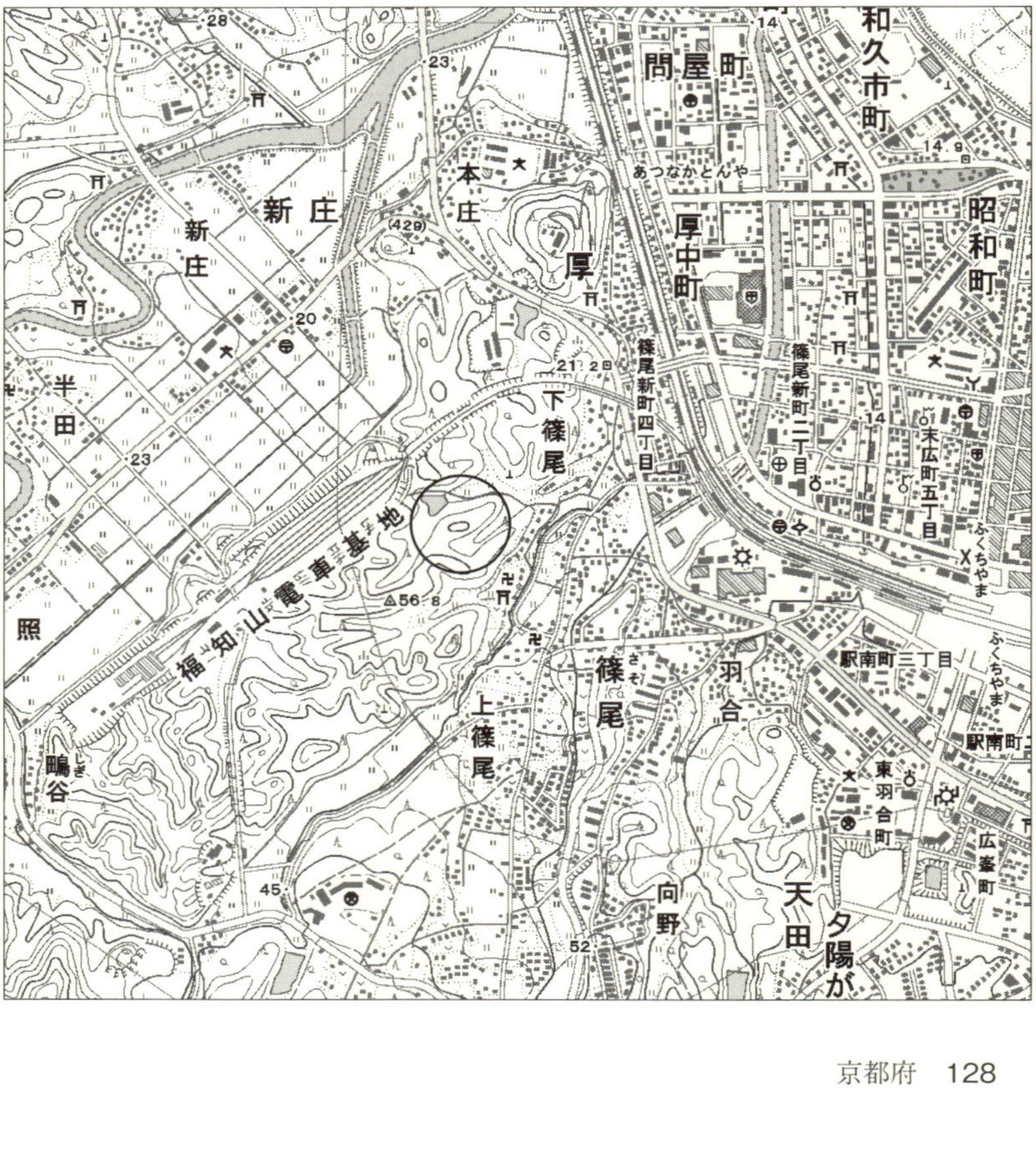

堀Ｂ　北より

縄張り図　作図：髙田 徹

常ならば、堀切の端部は斜面を掘削して処理しそうなものだが、そうとはならない。また、Ｃ・Ｄには竪堀を設けているが、これも南北で対称的な配置である。堀切端部の小曲輪状部分とともに、西側尾根続きから斜面を回り込まれないようにしたものである。

　堀切Ｂの西側には、堀Ｅがある。中央の土橋は、後世に設けられたものとみて間違いない。堀Ｅは、丘陵がくびれた位置に設けられているわけではないので、全体が５０メートル近い長さになっている。北側の端部は、谷の底近くに達している。幅は、堀切Ｂと比べると格段に狭く、城郭遺構かどうかの判断が難しい。土地の境界を示した堀である可能性もある。

北側から見上げた堀Ｅ

　Ｉ郭の北端には堀Ｆがある。堀Ｆは、Ｉ郭側からの深さが約２・５メートル、Ⅱ郭側からの深さが約１・５メートルである。現状では、堀Ｆに面したＩ郭側の斜面がなだらかになっているが、土塁を崩した痕跡が明瞭である。かつてはＩ郭側には土塁があり、一層堀Ｆを深いものにしていたことであろう。

　Ⅱ郭は、堀Ｆと堀Ｇに挟まれた小曲輪である。北側に高さ約５０センチの土塁を設けている。堀Ｇは深さ約２メートルであり、北端部は土塁でふさがれている。この土塁は土橋のようにも見えるが、Ⅱ郭とⅢ郭の土塁の延長上にあり、通路が延びていたとは考えにくい。堀Ｇから土塁を隔てた北側斜面には、竪堀Ｈが延ばされているが、堀Ｇよりもわずかに東へずれた位置に設けられている。

　Ｊは虎口であり、折れ曲がってⅡ・Ⅲ郭の南側にあるⅣ郭に入れるものである。東側には竪堀を設けて、Ⅴ郭側へ行けないように処置し、加えて直上はⅢ郭から押さえられる位置となっている。技巧的な虎口であるが、その後、どのようにＩ郭側へつながっていたのかはっきりしない。これは、Ｉ郭の南東付近一帯が大きく改変されていることが原因しているのではないか。

　Ⅲ郭の東側にあり、約２メートル低い位置にあるのがⅤ郭である。Ⅴ郭で注意されるのは、北側斜面に設けられたＫである。前面を土塁で囲まれた深さ約４０センチ、直径約７メートルの凹地で、井戸跡と考えられる。

【評価】　丘陵上を堀切によってぶつ切りにし、後方の尾根および斜面側からの回り込みを警戒した縄張りである。斜面に認められる竪堀は、単独もしくは二本単位で用いられているが、機能的には畝状空堀群と変わらないだろう。虎口Ｊの技巧性を踏まえると、Ｉ郭にも同程度も虎口を備えていた可能性がある。後世の改変により、はっきりしない部分があるのが惜しまれる。

　近接した位置にある半田城は、当城に比べるとやや小規模ながら、選地や竪堀の用い方に類似性があるので、同じ築城主体によって築かれたとみる余地がある。

（髙田　徹）

37

釣鐘城《つりがねじょう》

単独で使用された竪堀の効果

西側から見た主郭Ⅰ

【選地】　由良川の右岸にある標高143メートルの山上にある。由良川に沿って府道55号が南北に延びており、北上すれば福知山市大江町方面に至る。南下すれば、福知山市猪崎《いさき》方面に至る。

南東約500メートルの位置には中村城、同じく1・9キロには猪崎城がある。北約400メートルの位置には池部城がある。

城跡へ登るには、府道55号に面する池部公民館前から北東方向に進み、祠のある谷をまず目指す。谷の途中から南（右手）に上がる山道があり、これを上っていけば城跡に着く。ただし、山道の入口は非常にわかりにくい。地元では年に数回、山上にある祠前で祭祀が行われている。山上の祠へ行くための山道の所在について、地元の方に確認するのが望ましい。

DATA

所在：福知山市池部釣鐘
遺構：堀切、竪堀
規模：100 × 60m
標高等：標高 143.9m、比高 120m

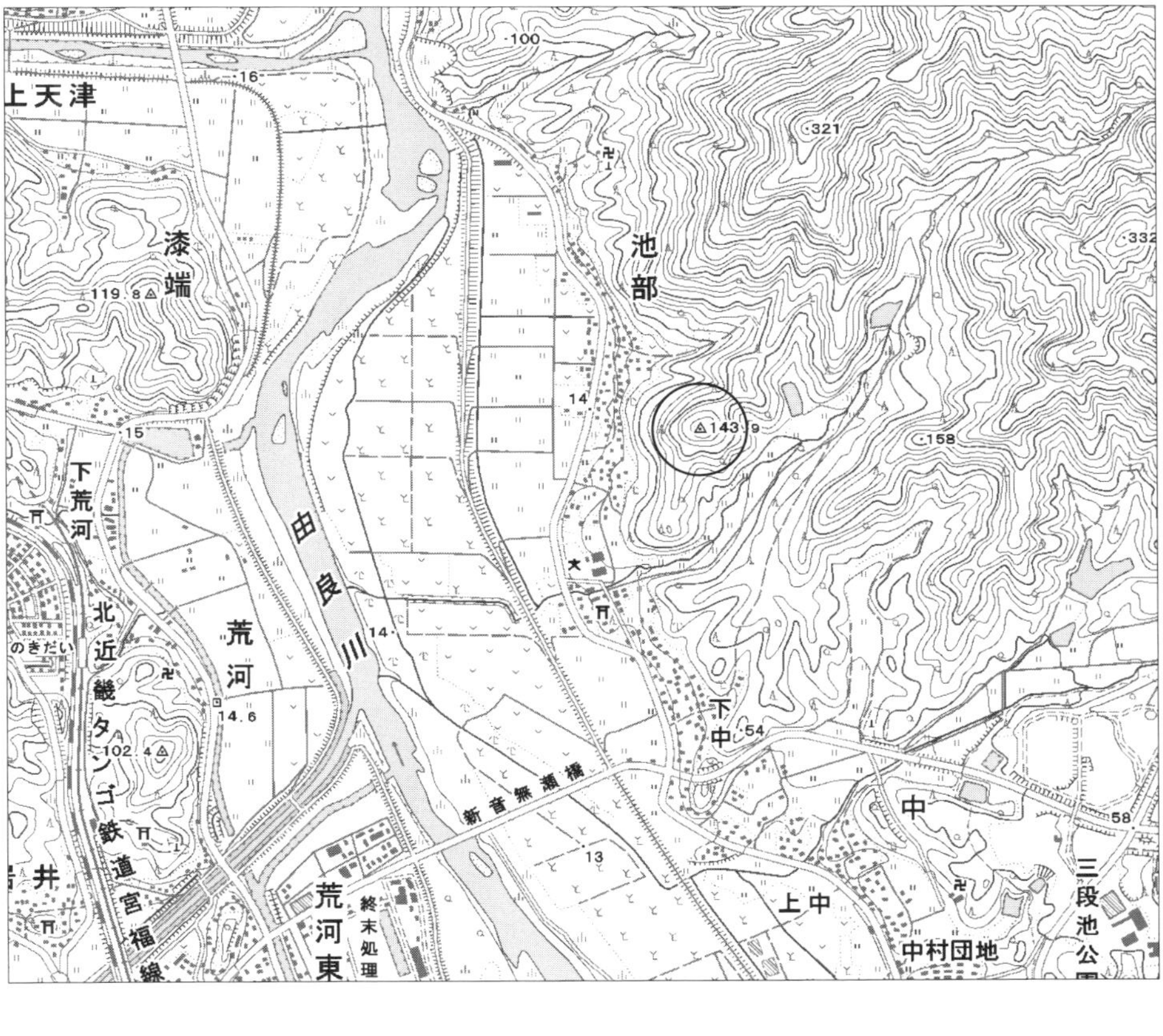

【歴史】　城主・歴史については、不明である。

【遺構】　頂部にあるⅠ郭が主郭である。中央

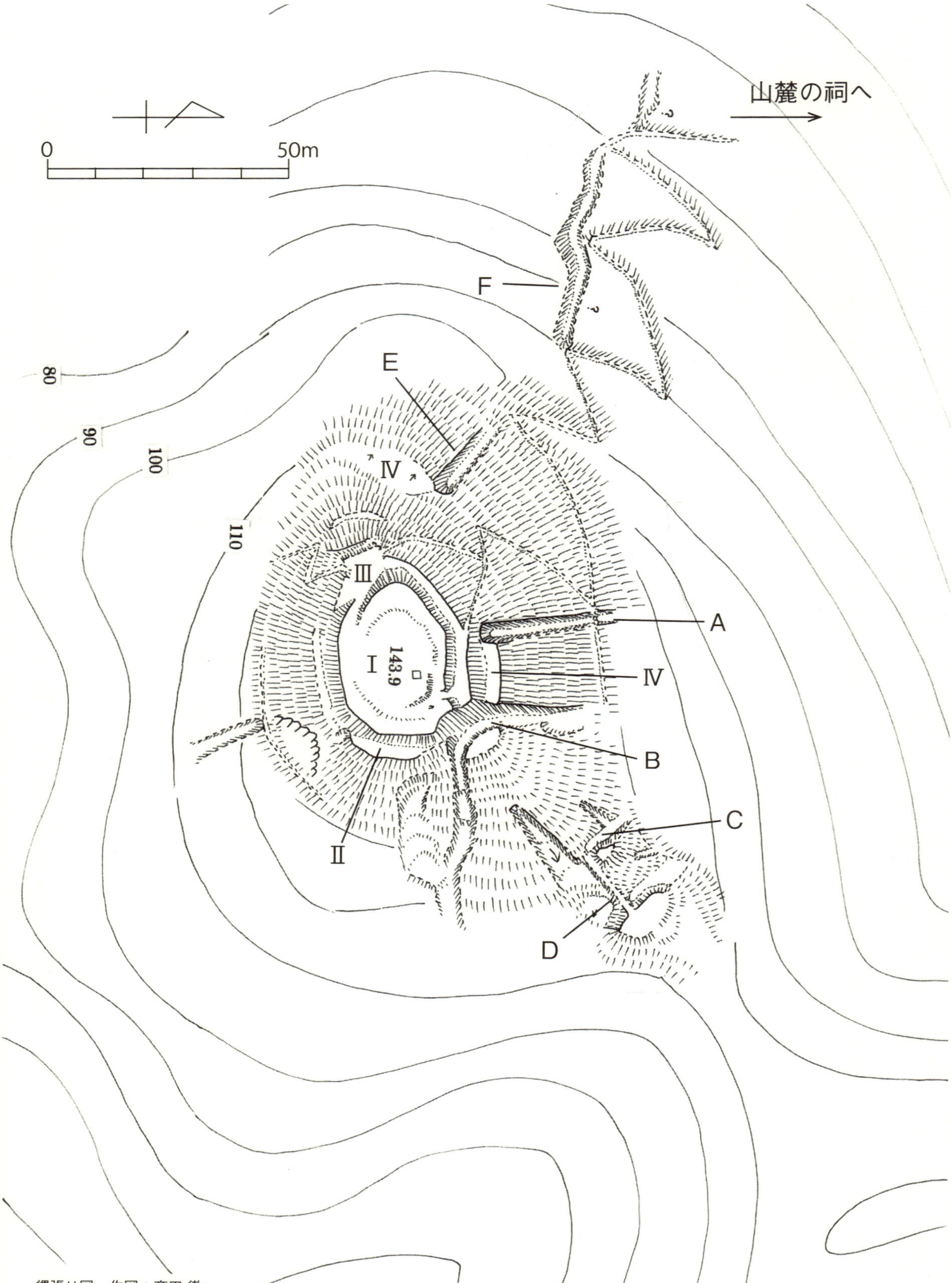

縄張り図　作図：高田 徹

北寄りに祠が建っているが、曲輪内は平坦ではなく、傾斜を残している。東側には帯曲輪のⅡ郭を設け、北側から西側にかけては帯曲輪Ⅲを設けている。Ⅲ郭の南西には、南側尾根に向かって山道が延びる。地形的に考えると、山麓から山上に上がるには、Ⅲ郭南西に延びた尾根を経由するのが最も上りやすい。往時の主要ルートも、この方面に求めるべきであろう。

Ⅲ郭の北側には、腰曲輪となるⅣ郭がある。Ⅳ郭は西側を竪堀Ａ、東側を堀切Ｂに挟まれている。なおかつ、堀切Ｂの外側を俯瞰できる位置でもある。

堀切Ｂは、北東に延びた尾根続きを区画している。両端部は竪堀となって延びている。堀切Ｂからさらに下がると小規模な堀切Ｃがあり、その側面には尾根上を潰すように二本の竪堀が設けられている。これらの下方には、後世の山道にともなう土橋によって一部埋められた堀切Ｄがある。北東尾根続きに対して遮断しようとする意識が非常に強い。

Ⅲ郭の西側にあるⅣは、やや平坦に加工されている。その北端には、竪堀Ｅが設けられている。竪堀Ｅからさらに下がると、山道に沿った位置に竪堀状のＦが見られる。ただし、Ｆは曲輪等とはかなり離れた位置にあること、山道に沿いつつも全体が蛇行することから、竪堀ではなく、材木を運び出した痕跡（木落とし）等の城郭類似遺構である可能性が高い。

【評価】 当城の主郭は削平が十分なされておらず、土塁も認められない。曲輪内部の整備は不十分な感があるが、反対に尾根続き・斜面に対する防御意識が強い。

間隔を空けて設けられた竪堀Ａや竪堀Ｅは、斜面を区画する。畝状空堀群のような効果は期待できないが、こうした竪堀の単独使用も相応の防御性が期待できたのであろう。とはいえ、当城で見られるような単独使用の竪堀の効果は、さほど明らかにされているわけではない。斜面防御といえば、畝状空堀群に注意が向きがちであるが、改めて単独使用の竪堀の効果・役割も再考してみる必要があるだろう。

（髙田　徹）

竪堀 A を北側から見上げる

堀切 B を北側から見上げる

38 中村城《なかむらじょう》

一城別郭の軍事的機能・効果

主郭北側の横堀

【選地】　由良川の右岸、中集落東側にある丘陵上にある。由良川に沿って府道55号が南北に延びており、北上すれば福知山市大江町方面に至る。

北西約500メートルの位置には釣鐘城（本書所収）、南東約800メートルには猪崎《いさき》城がある。

城跡の一角には、薬王神社が鎮座する。集落の北東にある養泉寺前の道を西に進むと、薬王神社参道入り口に着く。そこから徒歩一、二分、参道を上れば城跡にたどり着く。

【歴史】　『丹波志』によれば、城主二代横山（塩見）大膳という。地元では、赤松満祐の遺児である塩見播磨守義近が城主であったとの伝承がある。

【遺構】　当城の主郭は、Ⅰ郭である。Ⅰ郭は、北端に高さ約30センチの土塁を止める。Ⅰ郭の虎口は南東隅にあり、約1.5メートル低いⅡ郭に連絡する。

Ⅱ郭は、北側から東に向かって高さ1メートル前後の土塁を鉤型に巡らす。虎口は南西隅にあり、スロープで帯曲輪Ⅴ郭へ連絡する。Ⅴ郭からはどのように城外に出ていたのか、

DATA

所在：福知山市中上中
遺構：横堀、竪堀、土塁
規模：100 × 60m
標高等：標高 50m、比高 25m

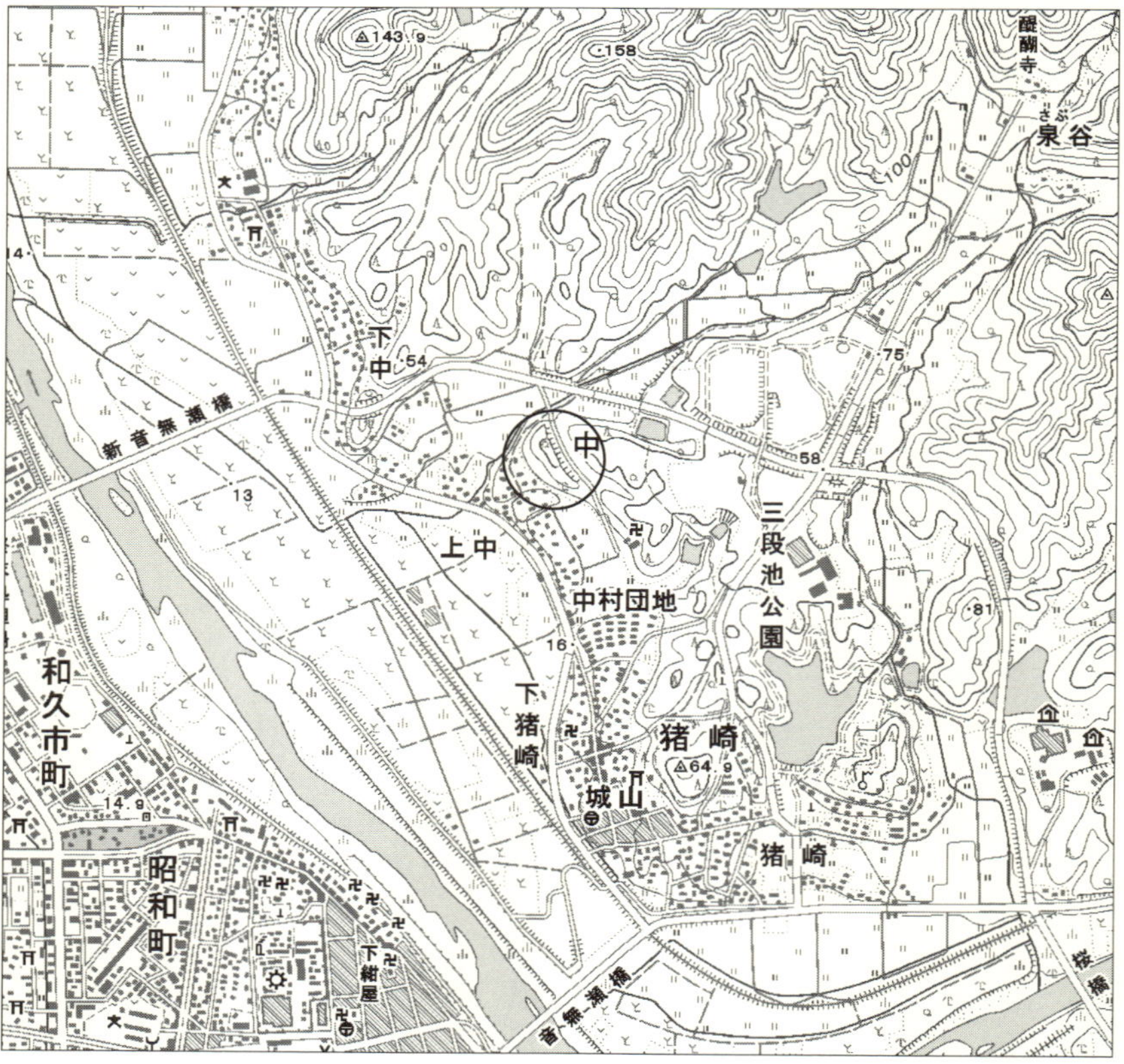

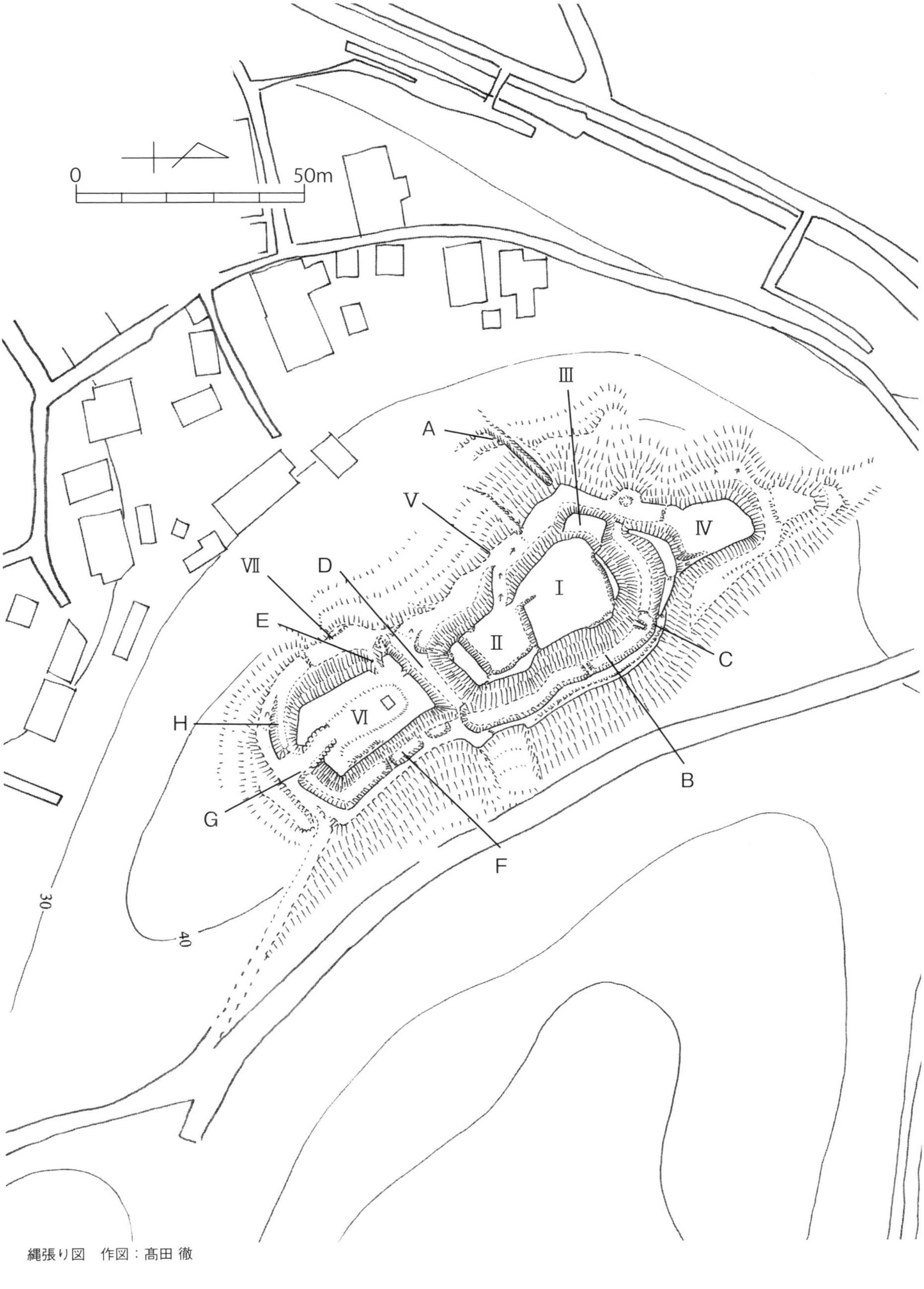

縄張り図　作図：高田 徹

いま一つははっきりしない。一案としては、現状で傾斜が緩やかになった部分のある南側から集落側へ下りていたと考えられる。もう一案として、Ｖ郭の北西延長上にあるⅣ郭付近から下りていたと考えることもできる。

いずれであったかはわからないが、Ｖ郭裾の竪堀Ａ、Ｖ郭よりも約2メートル高い位置にある小曲輪Ⅲが中途に存在しているのは、隣接して存在した、山麓に下る虎口・通路に関係していたためではなかったか。

Ⅰ・Ⅱ郭の西側から東側裾にかけては、深さ1〜1・5メートル前後の横堀Ｃが設けられている。横堀Ｃは、Ｖ・Ⅳ郭よりは高い位置にあり、Ⅱ郭とⅥ郭を分ける堀Ｄよりは低い位置にある。堀の対岸は、土塁状に整形されている。なお、横堀Ｂ中にあるＣには、段差がつけられ、土塁状の小さな仕切りが設けられている。

（上）竪堀　（下）土橋脇の横堀

Ⅱ郭とⅥ郭の間には、深さ約2メートルの堀Ｄがある。Ⅱ郭は堀Ｄに面して土塁を設けているから、Ⅱ郭とⅥ郭は直接は行き来できない。

Ⅵ郭は、薬王神社本殿がある曲輪である。東側の開口部Ｇは参道として開かれた、後世の破壊道である。本来の虎口は、南西隅にあるＥであろう。虎口Ｅを南側に下ると、帯曲輪Ⅶ郭がある。Ⅶ郭はＶ郭よりも低い位置にある。城外に出るのにわざわざ高い位置にある曲輪を経由することは考えにくいから、Ⅶ郭からは、南側の斜面を下って集落方面に連絡していたと考えられる。

Ⅵ郭の北側には、横堀Ｆがある。横堀Ｆは破壊道の開口部Ｇ部分で一部埋められているが、かつてはＨ付近まで延びていたのは確実である。横堀Ｆは、横堀Ｂとの境界も含め、三ヵ所に障壁状の高まりを造り出している。

【評価】　当城は、Ⅰ・Ⅱ郭とⅣ郭が並び立つ構造である。Ⅰ・Ⅱ郭とⅣ郭は直接つながっていた形跡はなく、いったんＶ郭もしくはⅦ郭に下りて連絡していたと考えられる。Ｖ郭とⅦ郭も高低差があり、両者を積極的につなげようとする意識は希薄である。

一方、Ⅰ・Ⅱ郭・Ⅳ郭の西〜北〜東側は段差を設けつつも、一貫して横堀で囲い込み、城域をまとめている。いわゆる一城別郭である。実際の戦闘時には、隣接する曲輪をそれぞれどのように防御していたのか、またそれぞれどのような役割分担を担ったのか。同様の事例は旧丹波国内でもいくらか見られるが、軍事的機能・効果は必ずしも明らかにされていない。今後の検討課題であろう。

（髙田　徹）

39 野田城《のだじょう》・白ヶ城《しらがじょう》

二城が並ぶように築かれた理由は

野田城　堀切C　岩盤を穿って設けられた

【選地】　綾部市街地の南東、北側直下に由良川を臨む山上に野田城が築かれ、野田城の南東尾根続き、約400メートル隔てた位置にあるのが白ヶ城である。

両城直下の由良川沿いの道を東へ進むと、綾部市山家《やまが》方面に至る。山家は、近世には旗本・谷氏の山家陣屋があり、中世には山家城があった。一方、野田・白ヶ城の西側に延びた渓谷沿いの府道173号を南下すると、質山峠越で福知山市三和町方面に至る。

野田城跡は現在、井根山公園（愛称：まゆピーの森）となっており、麓には駐車場もある。傍らに石仏が並ぶ園路も整備されており、登りやすい環境にある。

白ヶ城へ向かうには、いったん野田城跡から南東方向の鞍部まで下りなければならない。鞍部までの道は歩きやすいが、その先の道は荒れ果てている。ひたすら山頂を目指し、登るしかない。

【歴史】　野田城は、城主・歴史が不明である。白ヶ城は、『田畑反別石高其他』によれば梅原弾正忠が城主であったという。

【遺構】　野田城は、井根山秋葉神社社殿が建つI郭が主郭である。同社は、宝暦六年（一七五六）に綾部藩内で大火が起こったことにより、藩内の有志が遠州秋葉三尺坊を同七年に白髪城山へ勧請したのが始まりである。

DATA

野田城
- 所在：綾部市野田町井根山
- 遺構：堀切、竪堀
- 規模：100 × 50m
- 標高等：標高160m、比高100m

白ヶ城
- 所在：綾部市野田町白髪城
- 別称：白髪城
- 遺構：堀切、曲輪
- 規模：50 × 50m
- 標高等：標高253.1m、比高205m

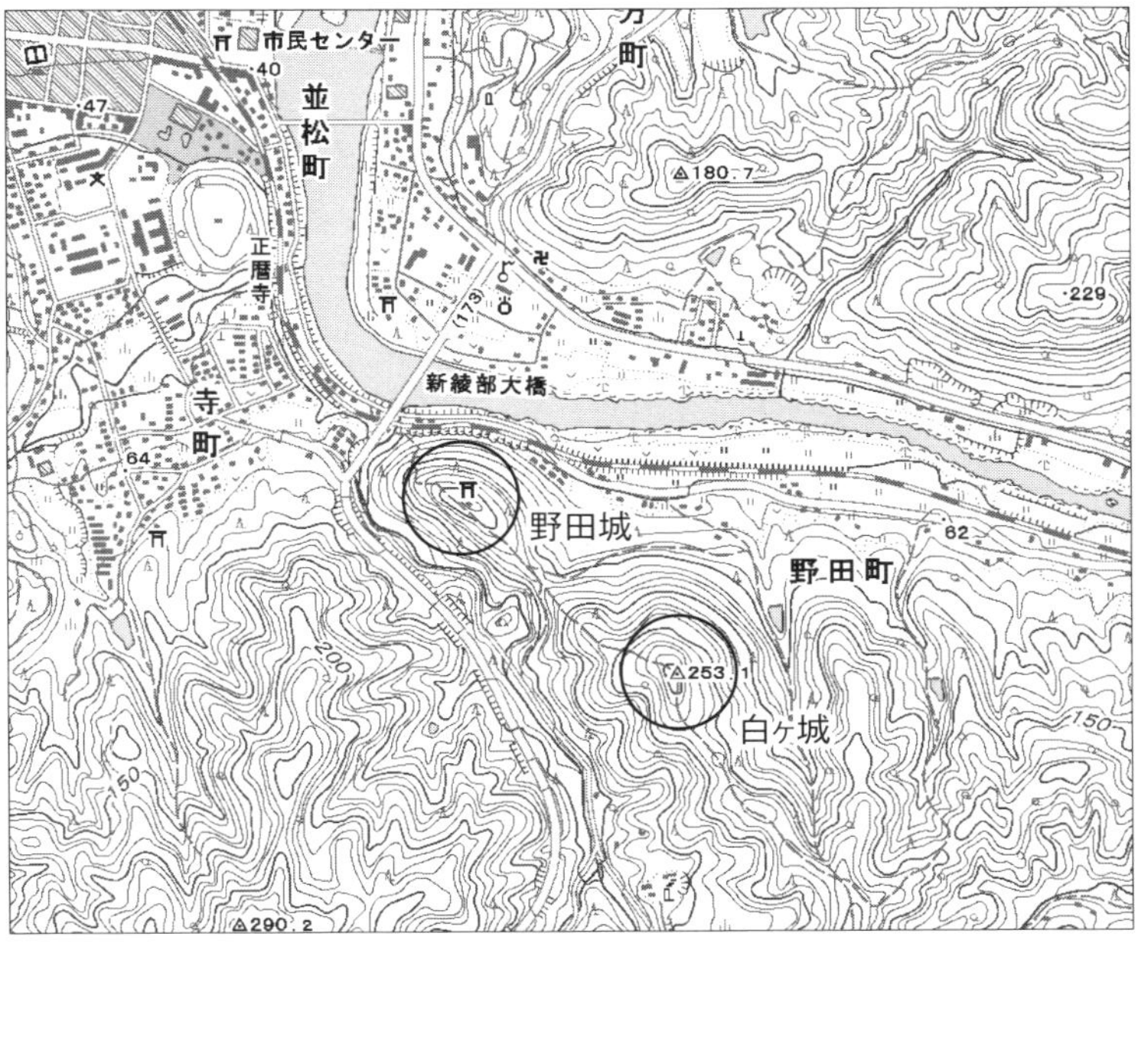

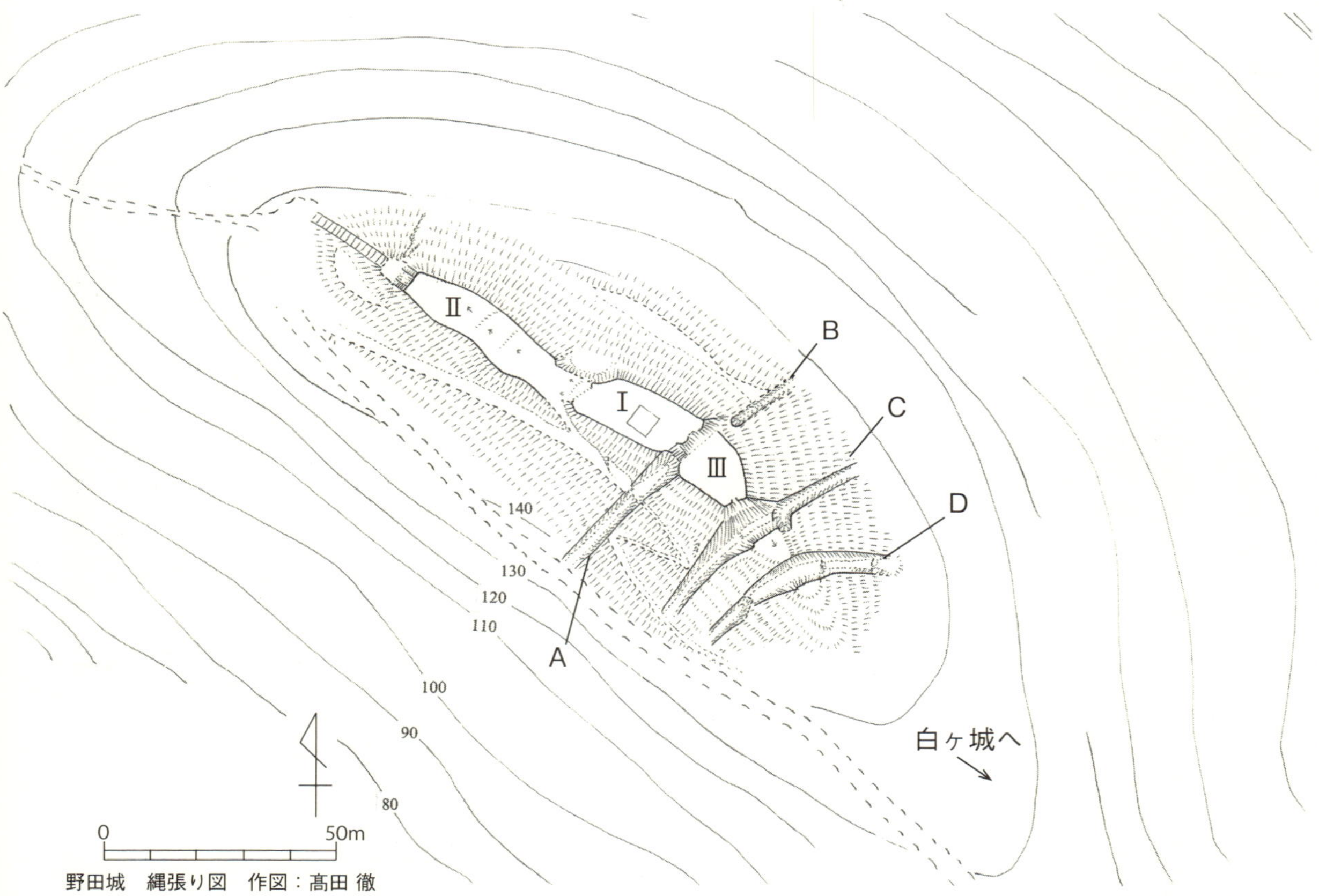

野田城　縄張り図　作図：高田 徹

野田城　竪堀Ａ　南側より見上げる

その後、明治二十三年に野田城跡に遷座し、現在に至っている。

Ⅰ郭の西側にはⅡ郭があり、Ⅱ郭は細長く伸びた曲輪である。Ⅰ郭もⅡ郭も土塁は存在せず、虎口もはっきりしない。Ⅱ郭にいたっては、全体が緩やかに傾斜するほどである。

曲輪を積極的に造成しようとした形跡はないが、南東側尾根続きに対する防備は厳重である。Ⅰ郭の東側にあり、約3メートル低い位置にはⅢ郭がある。Ⅰ郭とⅢ郭の間の南側斜面には、直線距離で約30メートルにおよび、岩盤を穿って築かれた竪堀Ａがある。Ⅲ郭を挟んで反対側斜面となる北側にも、竪堀Ｂが認められる。竪堀Ａと竪堀Ｂは南北対称の位置にあるが、上部（Ⅲ郭部分）でつながっていた形跡はない。竪堀Ａは、Ⅰ郭とⅡ郭の間の切岸から延びており、竪堀ＢはⅢ郭の切岸の途中から延びている状態が確認できる。

Ⅲ郭の東側には堀切Ｃがあり、Ⅲ郭から堀切Ｃの底部までは約4メートルの深さがある。堀切Ｃの端部はそれぞれ竪堀となって斜面に長く延びている。興味深いのは、北側では堀切と竪堀の間に段差がつけられ、竪堀は少しだけ起点をずらして穿たれている点である。堀切からまっすぐに竪堀を伸ばしたかったが、岩盤があまりに固かったため、少し位置をず

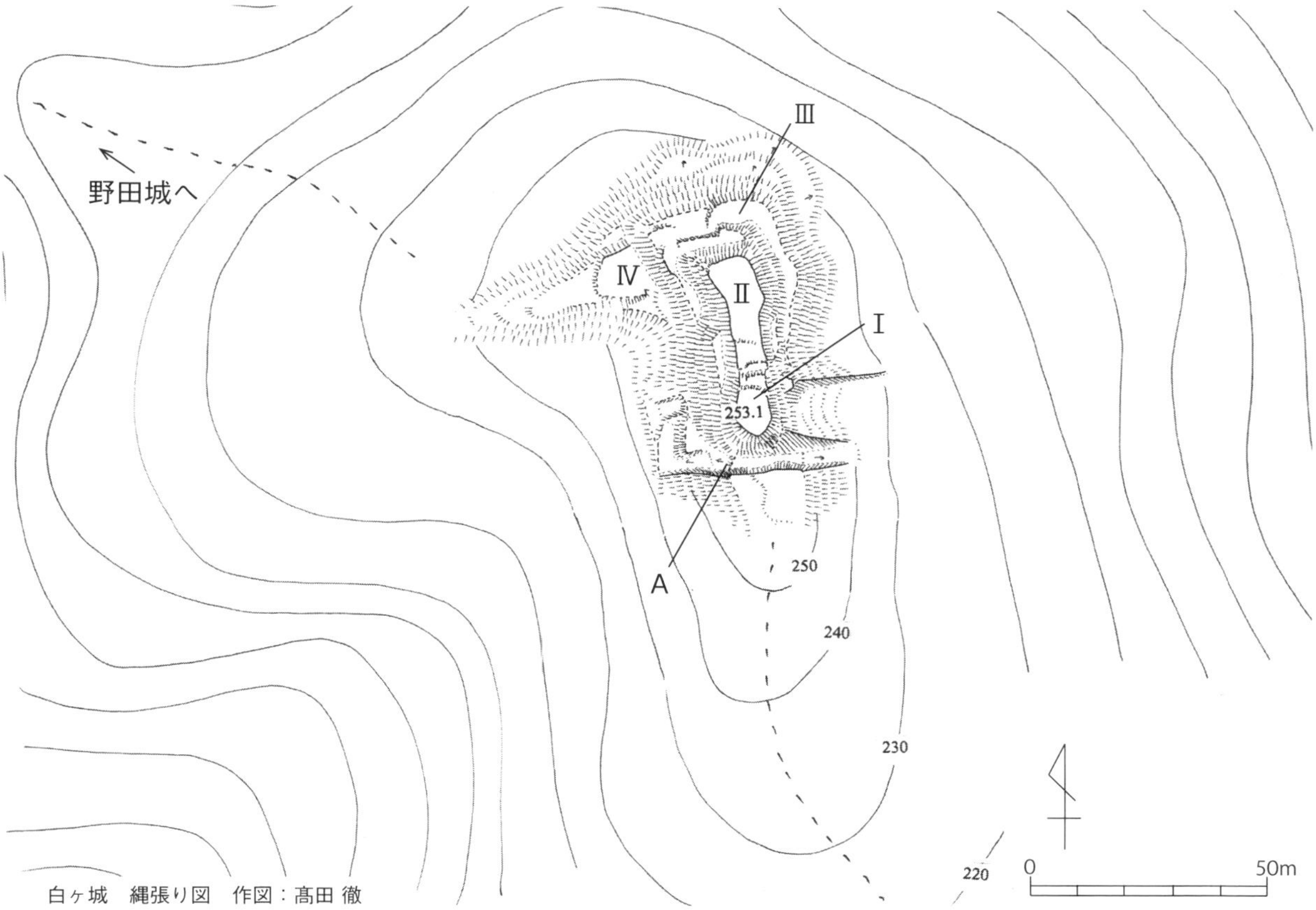

白ヶ城　縄張り図　作図：髙田 徹

らして竪堀を掘削したとみられる。

堀切Ｃと少し距離を開けて築かれている堀切Ｄは、深さ約２メートルである。これも岩盤を穿っており、端部は竪堀として延びている。

一方、白ヶ城は頂部にあるⅠ郭、その南側に長細いⅡ郭を構える。Ⅲ付近には起伏を残す平坦地が広がる。Ⅳ付近には桟瓦が散乱することから、かつて井根山秋葉神社が建っていた場所と考えられる。Ⅰ郭の南側には堀切Ａが設けられ、南側尾根続きからの侵入を遮断する。

【評価】　野田城は、背後の尾根続きに対する遮断性がきわめて厳重である。対照的に、堀切・竪堀によって守られる曲輪は狭く、あまり細工を凝らした形跡がない。野田城は南東尾根続きからの侵入を警戒するが、その方面には白ヶ城がある。この場合、①野田城と白ヶ城はセット関係、②両城の存続に時期差、③両城は対峙関係にある、等が考えられる。いずれの可能性もあるが、付近の地形を勘案すると、府道１７３号に先行する道は、かつて両城の鞍部を越えていたのではないかと思われる。逆に、鞍部における先行する道の存在を考えると、野田城の過剰な堀切の存在（敵の侵入を強く警戒）や、鞍部を介して二つの城が並ぶ理由が理解やすくなる。

（髙田　徹）

白ヶ城　堀切Ａ　北より

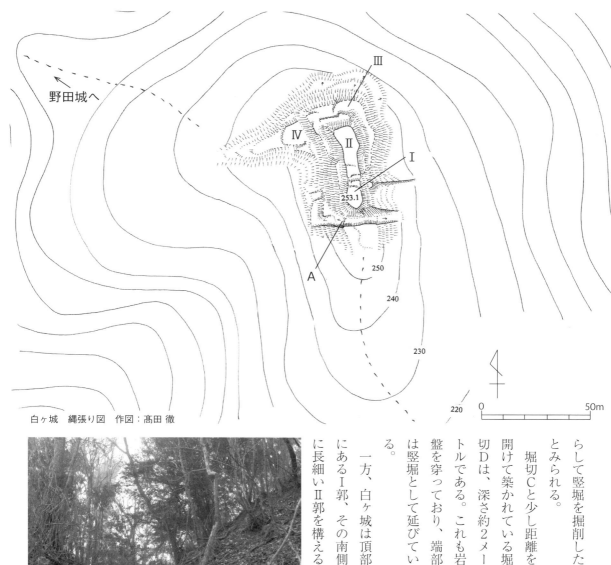

40 北谷城《きただにじょう》

コンパクトで技巧的な縄張り

城跡遠望

【選地】　綾部盆地の北東に位置する淵垣《ふちがき》に所在する。淵垣は八田川の合流地点にあたり、北東流路に沿う道を辿ると、安国寺・上杉を経て丹後国加佐郡真倉《まぐら》（現、舞鶴市）に至る。また、北流路に沿う道では、中筋《なかすじ》を経て七百石《しちひゃくこく》や上《かみ》八田《やた》につながる交通の要衝である。

　当城は、淵垣集落の北西に広がる丘陵頂部から南東に張り出した尾根頂部に選地する。それゆえ、先述の八田川合流地点を東直下に押さえ、八田川中流域に展開する諸集落を眼下におさめる眺望の良さをもつ。

【歴史】　同時代史料や後世の編纂物では当城の存在を確認できないため、築城主体やその歴史、城名さえも定かでない。

【遺構】　城内の最高所に位置し、北・西・南の三面に土塁を巡らしたⅠ郭が主郭である。Ⅰ郭の土塁は北東・南東の両隅部まで廻らず、その手前で終わるため、南東隅部では南直下のⅡ郭に対して開いている。ゆえに、この場所がⅡ郭へ至る虎口Aと解釈できよう。Ⅰ郭の土塁は北西尾根筋に面した箇所（北西隅部）がもっとも幅広で高く、端部に行くほど次第に縮小する構造となる。北西隅部の東寄りには土塁上に浅い溝が入り、スロープ状の道がⅠ郭の平坦面につながる。これは後世の改変ではなく、Ⅰ郭内部から迅速に土塁上へ登るための通路である可能性が高い。

　背後となる北西尾根続きに対しては、先述した土塁のほか、約6メートルの高さをもつ切岸を造成し、鞍部に堀切Bを穿つことで、完全に遮断するとともに城域を画している。

DATA

所在：綾部市淵垣町北谷
遺構：土塁、堀切、横堀、竪堀、虎口
規模：70×80m
標高等：標高124m、比高62m

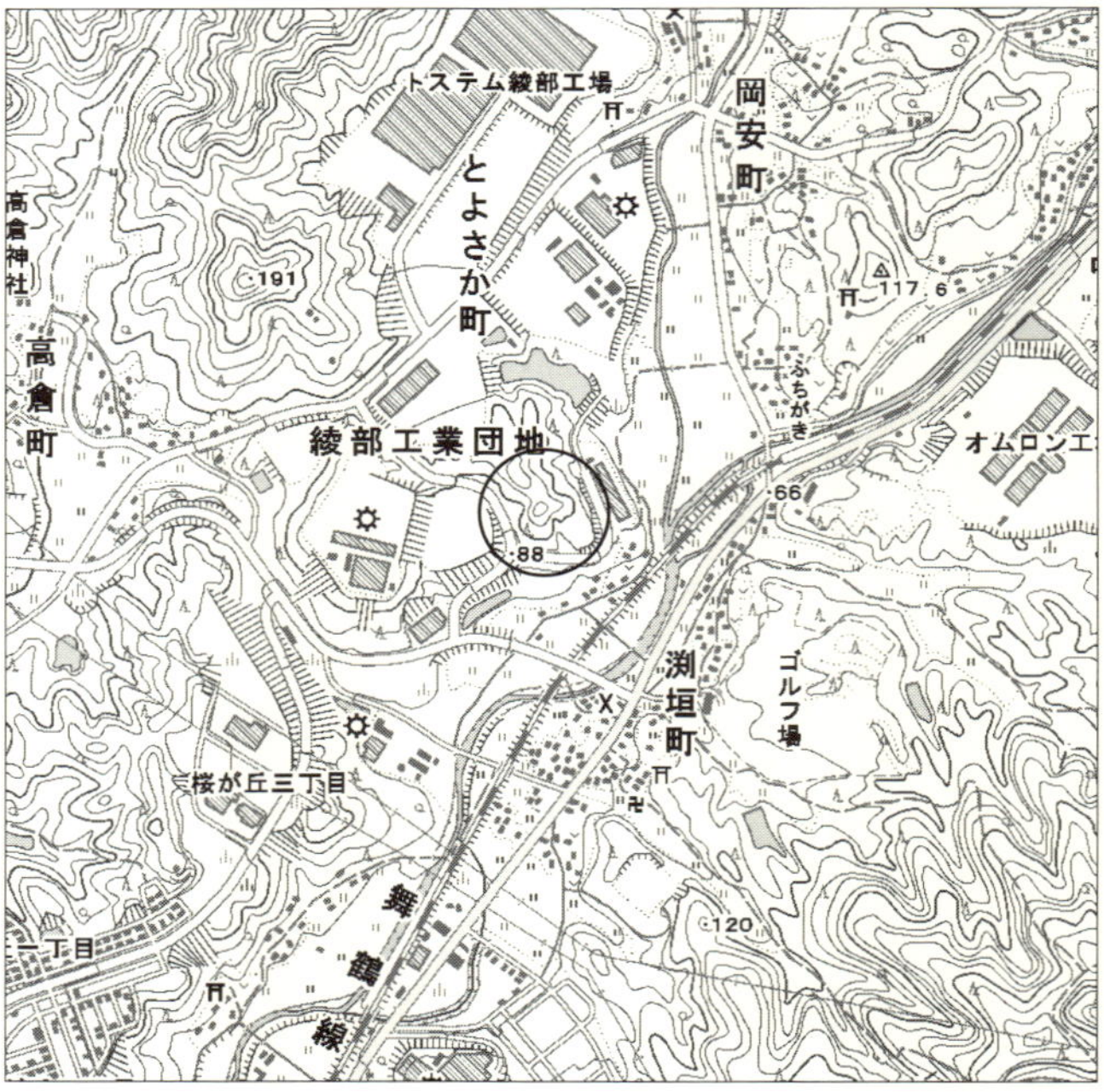

縄張り図　原図作図：中川貴皓　京都府教育庁指導部文化財保護課編 2013 より転載・加筆

Ⅰ郭の内部　奥には土塁が見える

Ⅰ郭の位置する尾根頂部を基点に、南と東には支尾根が派生するため、それぞれに普請を施している。順に確認したい。

Ⅰ郭南側には、二段の曲輪（Ⅱ・Ⅲ）が造成される。Ⅱ郭は北東隅部で虎口Ａと接続する一方、南西隅部をのばしてⅢ郭北西を守る土塁とする。さらにその上面をスロープ状にすることで、Ⅱ郭とⅢ郭をつなぐ通路の役割も付与している。Ⅲ郭はほぼ方形を呈し、南東隅部には直下の帯曲輪へ至る通路が確認できる。帯曲輪は逆Ｌ字状にⅢ郭を取り巻き、東側の一部に低土塁を設けることで横堀としている。さらに、低土塁の端部に竪堀を穿ち、尾根先からの侵入のみならず、斜面を迂回する敵に対しても備えている。

Ⅰ郭東側には、Ⅳ郭が造成される。Ⅳ郭内部の削平はⅠ・Ⅱ・Ⅲ郭に比べると甘く、地形に沿って緩やかに傾斜する。北側塁線上にはⅠ郭北東隅部直下からのびる土塁があり、土塁上にはさらに低土塁が設置される箇所を確認できる。低土塁の塁線外側には二条の竪堀があり、低土塁に対応するつくりとなる。

Ⅳ郭の東側塁線は明確な折れを有する。この折れは斜面に設けた横堀と竪堀を組み合わせた堀Cに対応させて造成されている。Ⅳ郭からは堀Cに対して横矢が掛かる。南東の尾根先に対しては堀切Dが設置され、城域を画する。堀切Dは南端を竪堀として処理する一方、北端は土橋として掘り残し、南東尾根続きとの連絡路を確保している。堀切Dの先には二段の平坦地を確認したが、城郭遺構ではない可能性がある。

（上）堀Ｃ　（中）堀切Ｄ　右手がⅣ郭　（下）Ⅳ郭の土塁　左奥にはⅠ郭の北東隅部が見える

【評価】 当城は、選地する丘陵の広がりに対し、城域をコンパクトにまとめる。遺構面では、横堀と竪堀を組み合わせた堀Cや、それに対応した塁線の折れをはじめとする城域外縁部に設けられた技巧的な防御施設が注目される。

とくに、塁線と対応する遮断施設の構築は永禄期以降とみて間違いなく（村田一九八五）、かつ、丹波国における在地系築城技術の到達点のひとつと評価できよう。類似する事例は少ないが、近隣では平山城（『近畿Ⅰ所収）を挙げることができる。一方で、虎口は簡易なものであり、複雑な導入系の防御施設は確認されない。

今後は、丹波国内はいうまでもなく、丹後など隣接地域とも比較しながら、地域の情勢を踏まえて分析を進めることが求められる。

（中川貴皓）

[参考文献] 京都府教育庁指導部文化財保護課編　二〇一三『京都府中世城館跡調査報告書』第2冊／村田修三　一九八五「戦国期の城郭—山城の縄張りを中心に—」『国立歴史民俗博物館研究報告』第8集　国立歴史民俗博物館

41

有岡若宮城《ありおかわかみやじょう》

前方後円墳を利用して築かれた城郭

城跡遠望　南より

【選地】府道77号にある舞鶴若狭自動車綾部インターチェンジ入口の南側に突き出す、尾根先端部に位置している。当城の南北に広がる山裾には、有岡集落が広がる。府道77号とそこから分岐する遠坂峠越により、市内城道路町方面へ抜ける道を眼下に臨む位置でもある。

尾根続きとなる南西約400メートルの山上には有岡御領《ありおかごりょう》城、南側約600メートルの丘陵上には仏南寺《ぶつなんじ》城、南西約1キロの山上には、綾部市内でも最大規模を誇る位田《いでん》城（『近畿』Ⅰ所収）がある。

城跡へは、有岡集落内から秋葉神社をめざせば、すぐに到達する。

【歴史】城主・歴史については、不明である。

【遺構】当城は、前方後円墳である桧山5号墳を利用した城郭である。当城および桧山5号墳が発見されたのは、比較的最近のことで、平成七年の市内詳細分布調査の際に見出され、平成九年に詳細が確認された。六世紀前半の古墳であると考えられている（三好博喜　二〇〇〇「綾部市吉美地区で新たに確認した前方後円墳と中世山城」『太邇波考古』15、両丹考古学研究会）。そのため、地元においても城跡であるとの伝承はなく、明治になって墳丘上に祀られた秋葉神社が存在する程度の認識しかない。

ただし、墳丘上には古墳時代の須恵器に加え、中世の遺物が散布しており、古墳時代および中世段階の複合遺跡であることが明らかである。

DATA

所在：綾部市有岡町桧山・若宮
遺構：堀切、畝状空堀群
規模：110 × 60m
標高等：標高 70m、比高 20m

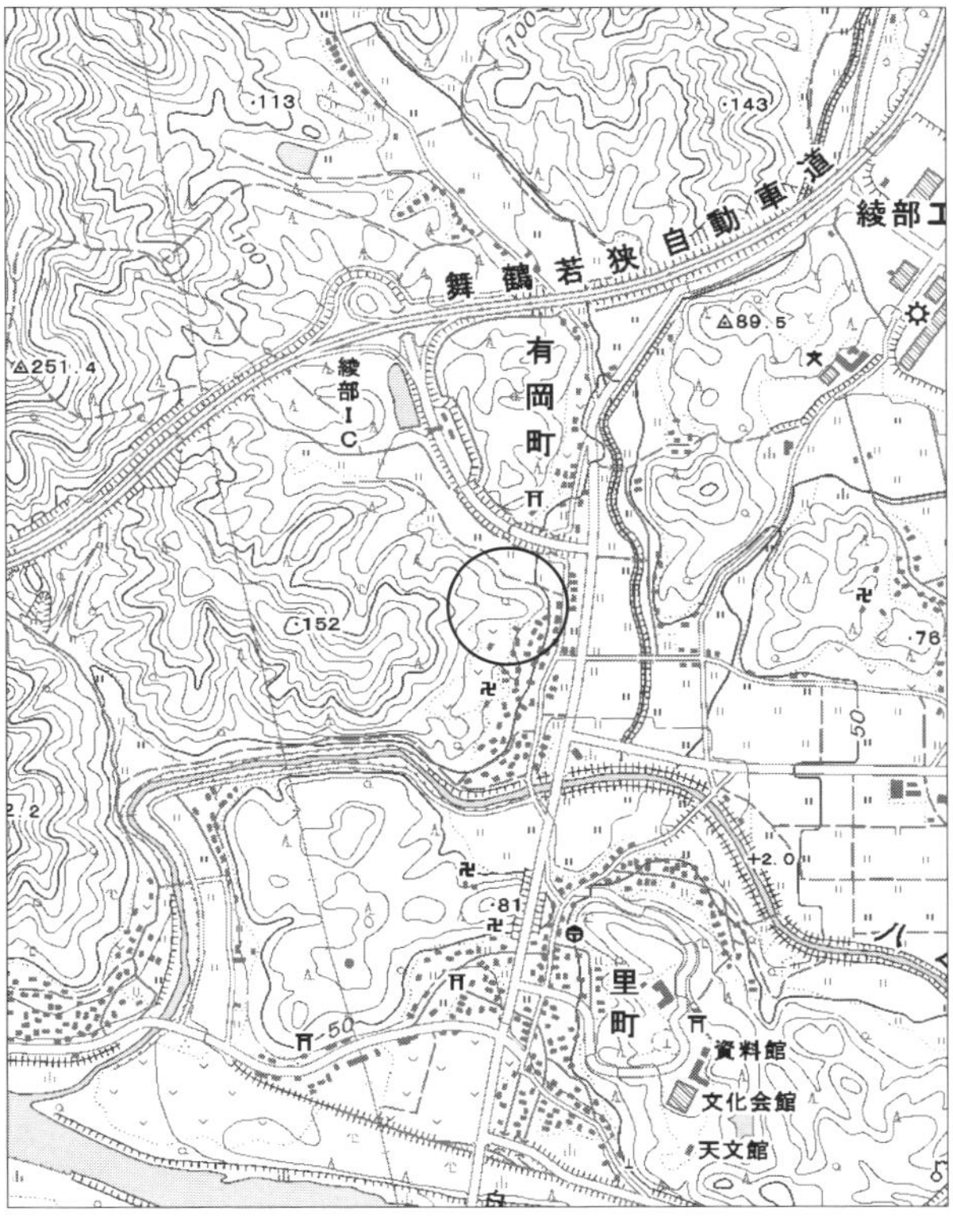

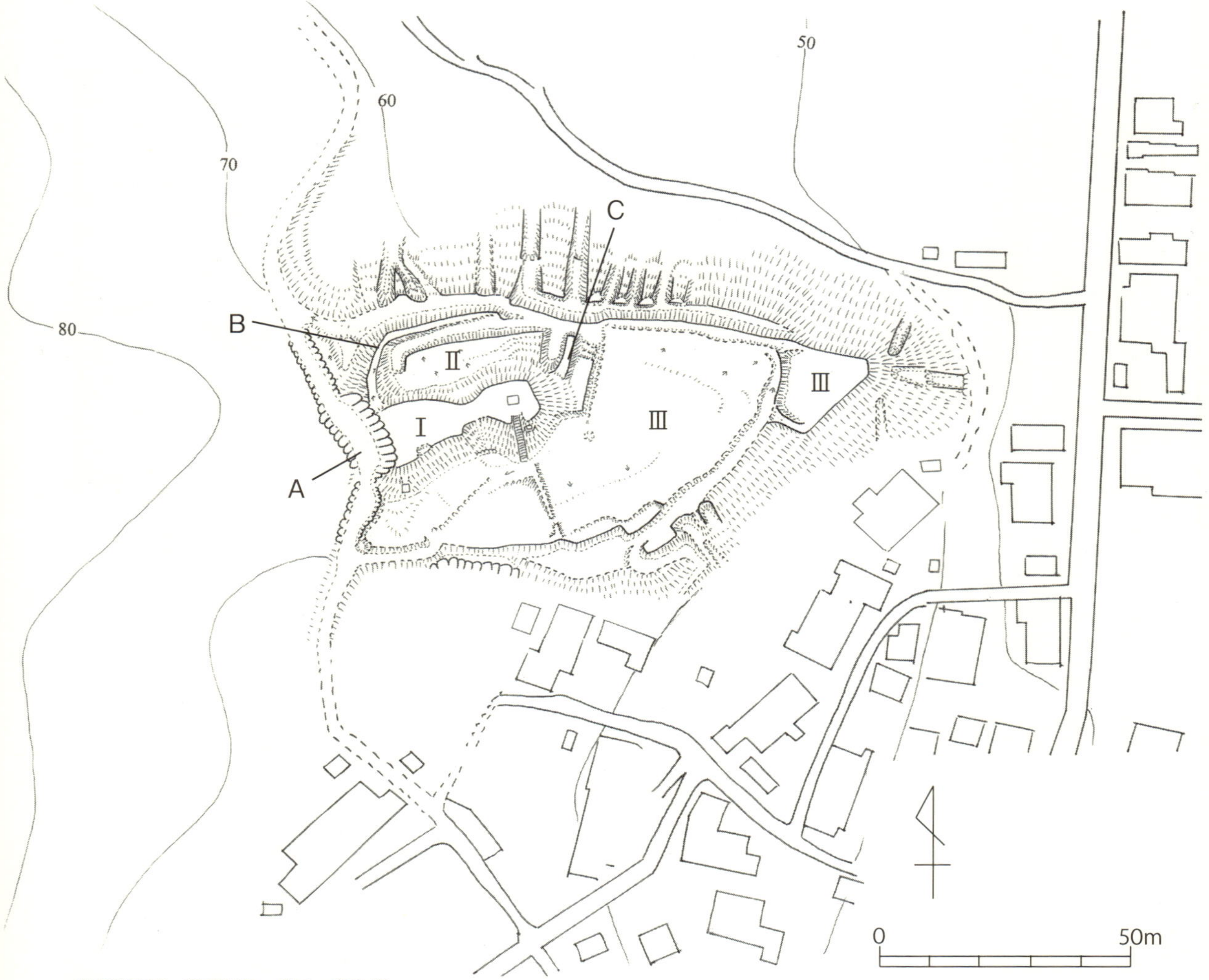

有岡若宮城　縄張り図　作図：髙田 徹

Ⅱ郭から見上げたⅠ郭　左上は秋葉神社

Ⅰ郭で確認された石臼片

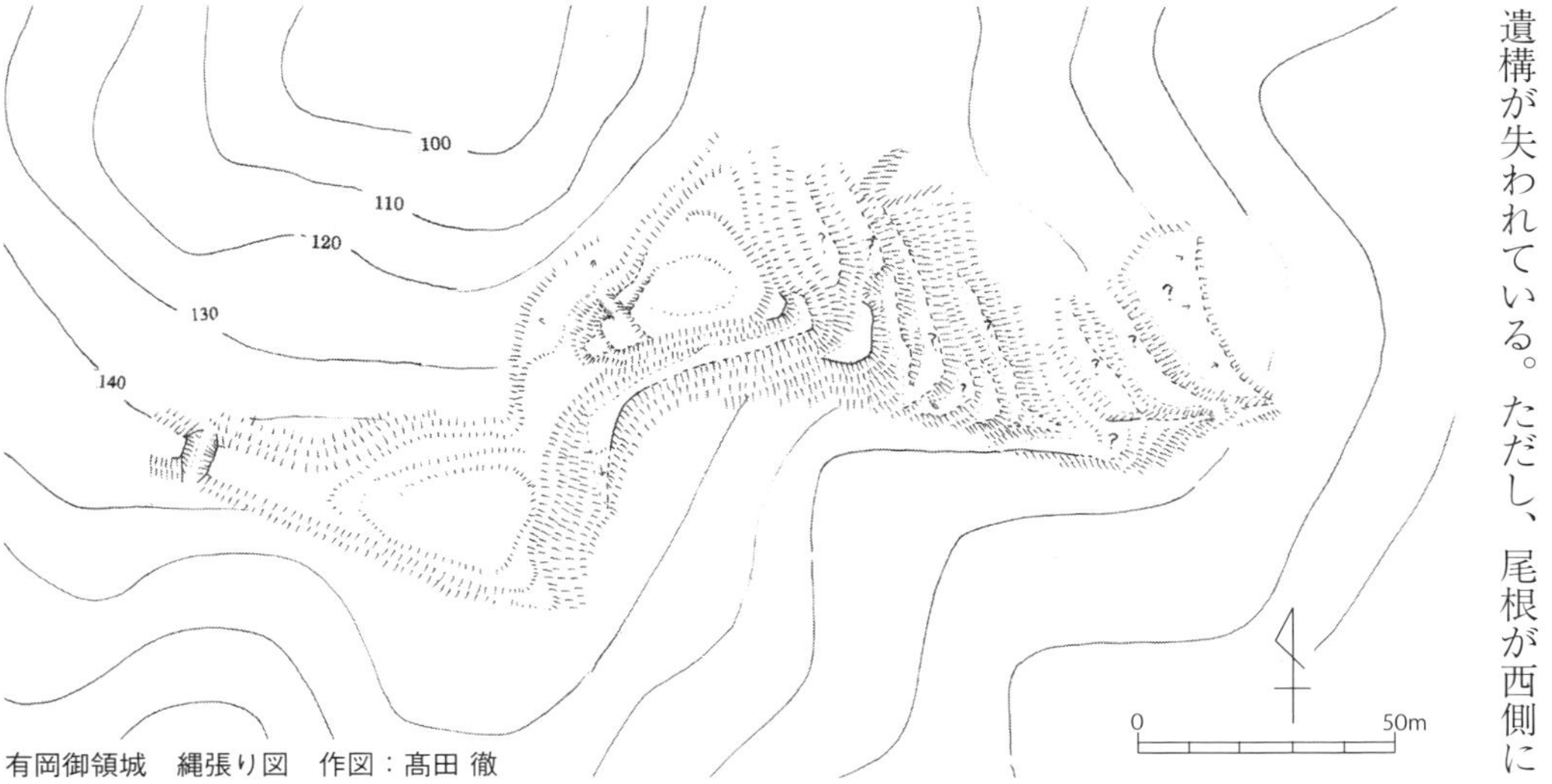

有岡御領城　縄張り図　作図：髙田 徹

主郭は、墳丘全体を利用したⅠ郭である。西側の鞍部Aは、山道の開削により、本来の遺構が失われている。ただし、尾根が西側に高くなっていく部分と墳丘の前方部の接点にあたる場所であるから、墳丘の高まりを利用して堀切が設けられていたと考えられる。前後の斜面を観察した限りでは、堀切の延長部は認められない。現状では、Ⅰ郭上部から山道までは約6・5メートルの高さがある。堀切は、それよりは浅いものであったと考えられる。

墳丘上、つまりⅠ郭は秋葉社が祀られる後円部よりも、西側の前方部のほうが60センチほど高くなっている。神社を建てる際に後円部も整備されているのは間違いないだろうが、城郭を築く際にも削平を受けているとみられる。

Ⅰ郭の北西端部からは土塁B、同じく北東端部からは土塁Cが延びて、Ⅱ郭を構成する。見方によってはⅡ郭こそ主郭部であり、墳丘を利用したⅠ郭は、Ⅱ郭背後を区画する大規模な土塁と捉えることも可能だろう。

Ⅲ郭は、Ⅰ郭よりも約3メートル低い位置に広がる曲輪である。現在は畑・荒地等となっているが、全体は緩やかに傾斜している。

三郭の東端には小曲輪のⅢ郭があり、直下の有岡集落を抜ける旧道（府道77号の前身）を見下ろす。当城を特徴づけるのは、古墳を利用していることと、畝状空堀群を用いることの二点である。竪堀はⅡ郭の南東、Ⅲ郭の東にも見られるが、まとまった数、つまり畝状空堀群となるのは北側斜面である。とくに、Ⅱ郭裾に集中して用いている。当城でのⅡ郭の重要性をうかがわせる配置である。

【評価】当城ではⅢ郭が最も広いが、平坦さを欠いており、居住性に適さないかに見える。臨時性の強い城郭であったと考えられるが、Ⅰ郭やⅡ郭付近では土塁や畝状空堀群を設け、相応の土木量を投入している。遺物も表採されることから、一定期間は維持されていたとみられる。

当城に隣接する有岡御領城は、当城が見出される以前は「有岡城」と呼ばれ、『丹波志』の記述にしたがい、城主を杉山政国としていた。ただし、有岡御領城は堀切が一本存在する程度で、明確な曲輪は認められない。平坦地は見られるが、後世に設けられた畑・植林にともなうものが大半である。

事実かどうかはさておき、当城こそ、近世地誌で城主を杉山政国とする、「有岡城」ではなかったか。

（髙田　徹）

42

沼ヶ谷城《ぬまがたにじょう》

遺構の広がりに合わせたように延びる山道

【選地】上林《かんばやし》川右岸に張り出す尾根上に築かれている。背後は標高250メートルの高所に続いており、そちら側からは見下ろされる位置になる。

城跡遠望　南より

DATA

所在：綾部市十倉中町
沼ヶ段・池の谷
遺構：土塁、堀切、竪堀
規模：100 × 100m
標高等：標高 170m、
比高 60m

上林川に沿った府道1号を北東に進むと、福井県おおい町方面に抜けることができる。上林川に沿って南下すると、近世には旗本・谷氏の山家《やまが》陣屋があったあたりに至る。

当城の南西約800メートルには赤坂城、上林川を挟んだ800メートルには赤道城がある。赤道城の南東約400メートルの位置には、梨子ヶ岡城（『近畿』I所収）がある。また、当城の南約300メートル付近には山家陣屋の谷氏の分家であった、旗本・谷氏の十倉《とくら》陣屋跡があり、「陣屋」と呼ばれている。

城跡へは、十倉中町の集落奥にある宅地の脇から上る。ただし、上り口はわかりにくいので、地元の人に事前に確認するのが望ましい。

【歴史】『丹波志』は、城主を渡辺氏とするが、詳細は不明である。赤坂城・赤道城も、渡辺氏が城主であったと伝えられる。

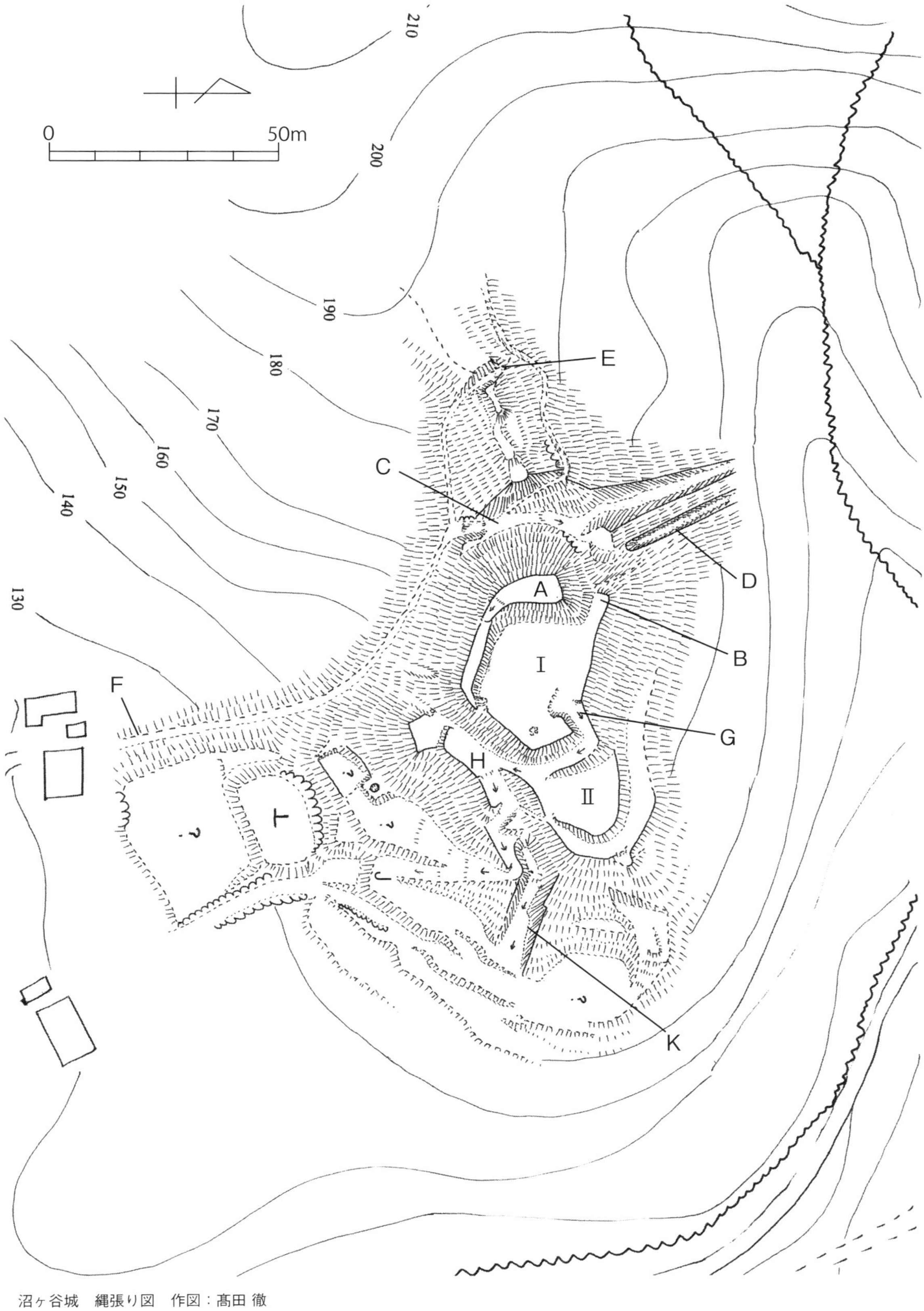

沼ヶ谷城　縄張り図　作図：髙田 徹

【遺構】　主郭であるI郭は、東西約40×南北約30メートルの規模である。西側から南側にかけて、土塁Aを設ける。土塁Aは西側では高さ約2・5メートルであり、上部は幅8メートル前後で櫓台状となる。土塁Aは、東側に向かって下降する。

注目したいのは、主郭Iの北西隅のBである。すぐ南側まで土塁Aが迫っていながら、土塁が開口している。現状は、Bから西側にある堀切C底部に下りる道がみられる。往時も同様に通路があったとすれば、堀切C側へ下りる必要性は何であったかを考えてみる必要がある。主郭Iの通路は東側に存在し、ほかの曲輪を経由して延びている。このため、堀切C側に最短距離で下りる必要性があったのならば、虎口としてのCの意義が見出せる。

あるいは、堀切Cの内側に土塁Aを設けると遮断性は極めて高くなるが、I郭からは堀切C底部の様子はわかりにくいというデメリットがある。土塁Aは櫓台状になっているので、上部に兵を配置することは可能である。もっとも、遮断性を高めた結果、堀切C底部との距離は大きく開くことになる。それにともない、矢や鉄砲による迎撃効果はいくらか後退する。そこで、土塁を一部巡らさず、土塁よりもあえて低い位置にBを設定することで、堀切C底部との距離は縮まるし、死角もいくらか減らすことができる。

このように、Bの役割については断定できないが、少なくとも上記二通りの考え方はできるだろう。堀切Cは上幅が30メートル近くあり、堀底部から土塁A上部までは10メートル以上ある、遮断性の強い堀切である。さらに北側斜面には、谷底近くまで達する竪堀を延ばしている。堀切Cを延長した竪堀の内側（東側）には、竪堀Dを併走させ、西側斜面からの回り込みを警戒している。竪堀Dは、B地点を擁護する役割も持っていたのかもしれない。

堀切Cの西側には切通Eがあり、山麓のFから上がってきた山道とつながる。聞き取りによれば、少し以前には地域の人たちによって頻繁に利用された山道であったという。

城跡近くにある十倉陣屋跡の石垣

北側から見た堀切

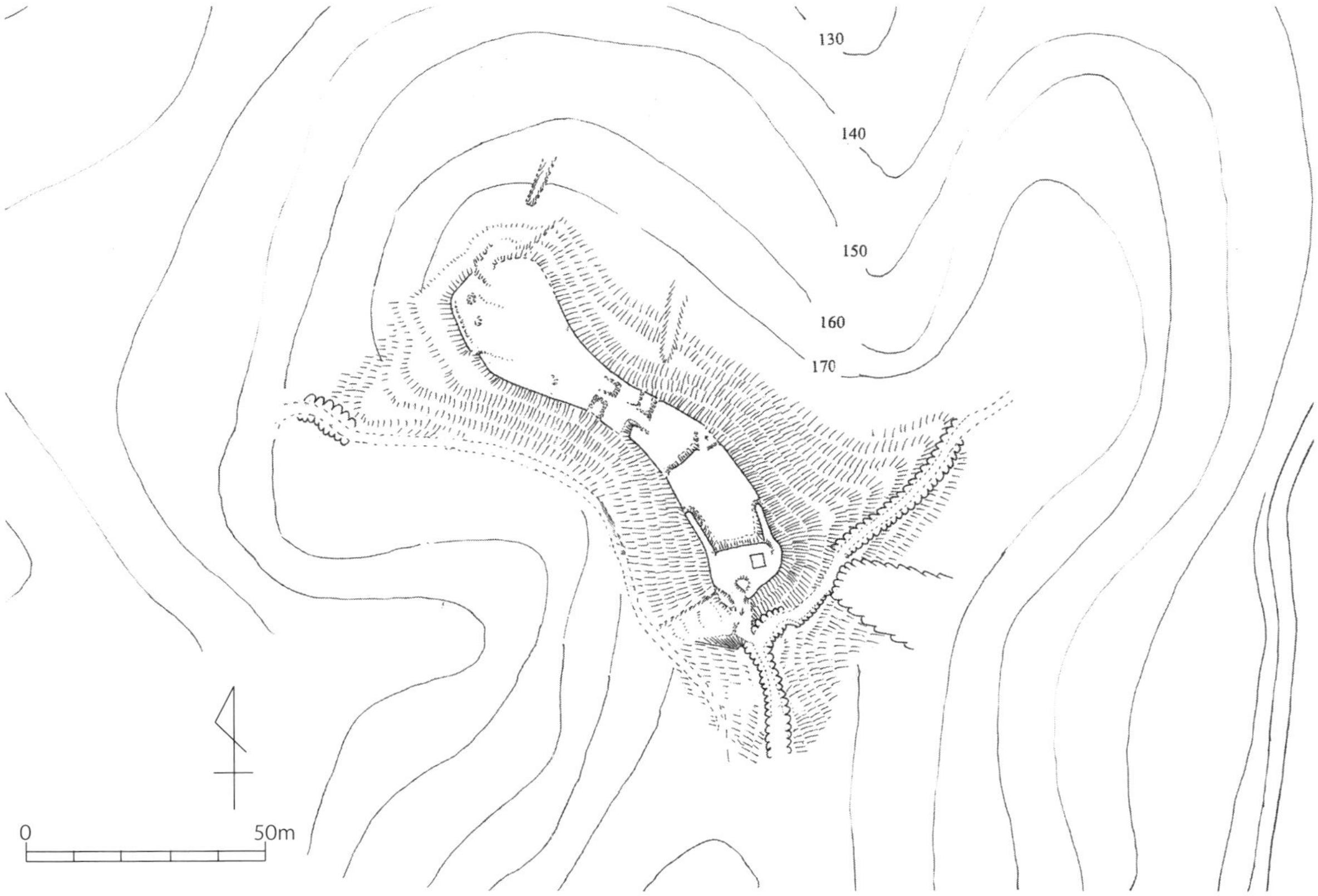

赤道城　縄張り図　作図：髙田 徹

この山道は、堀切Cの南側端部をかすめるように延びており、土塁Aから見下ろされる位置にある。

Ⅰ郭の虎口は、北東にあるGである。虎口Gへの通路は、J付近からHを経由し、折り返しながら上がらせるものである。通路の途中には竪堀Kを設けて、通路から斜面側に回り込まれること（もしくはその逆）を防いでいる。

Jの南側から東側にかけては平坦地が広がるが、大半は炭焼窯や墓地、畑として改変を受けている。往時の遺構も含まれているかもしれないが、どこまで城域であったかははっきりしない。

【評価】 城域の南西裾には、遺構の広がりに合わせたように山道が延びている。往時も同じ位置に山道があったとすれば、当城の選地や縄張りは、山道に大きく関わっていたと考えられる。Ⅰ郭の土塁が山道に面した側に設けられている点、山道と堀切C底部は接している点、堀切Cの防御上においてB地点が有効である点等が挙げられる。

ただし、現代の地形図では山道は表れておらず、往時の山道がどこまで延びていたのか、そもそも戦国時代に遡るのかは不明である。この点、上記の点は仮説の域を出ない。

ところで、当城は渡辺氏の城郭であったと伝えられるが、同じく渡辺氏の城郭であったという赤坂城は小規模な山城で、赤道城は東西に長く延びた城郭である。いずれも、平野部に突き出す尾根上に選地し、近接した位置にある。ただし、縄張り的には相違する部分が目立つ。城郭構造の使い分けがなされていたのであろうか。

（髙田　徹）

43

溝尻城《みぞじりじょう》と支城群《しじょうぐん》

東舞鶴最大の中世城郭

城跡遠望

【選地】　溝尻・堂奥・小倉・市場の四集落からの稜線が集合した山頂に築かれている。城跡に法起《ほうき》菩薩を祀る小堂があることから、「ほうきさん」、あるいは単に「おしろさん」と呼ばれている。

城内最高所の主郭からは、与保呂《よほろ》川・祖母谷《ばばだに》川・志楽《しらく》川と舞鶴東湾を一望することができ、さらに城跡東山麓に若狭街道が通っているため、丹後・若狭両国境地域を掌握する最適の地といえよう。

【歴史】　別名、矢野山城ともいう。東舞鶴地方に威を振るった矢野氏代々の居城とされており、近世の地誌類では、矢野備後守あるいは矢野満俊（藤平）を城主としている。

DATA

所在：舞鶴市字溝尻・堂奥他
別称：矢野山城・倉橋城
遺構：曲輪、堀切、畝状空堀群
規模：500 × 260m
標高等：標高 200m、比高 185 m

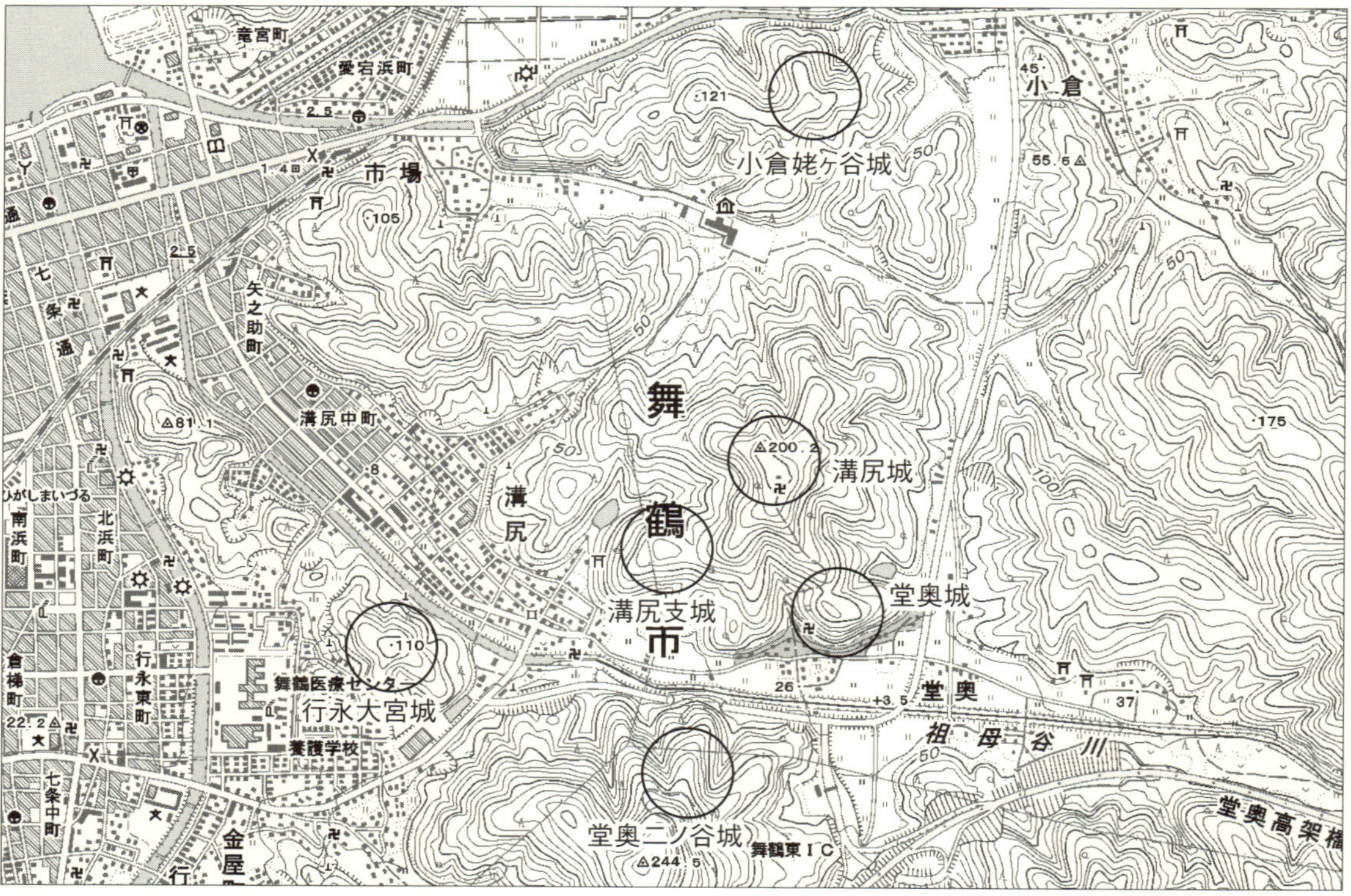

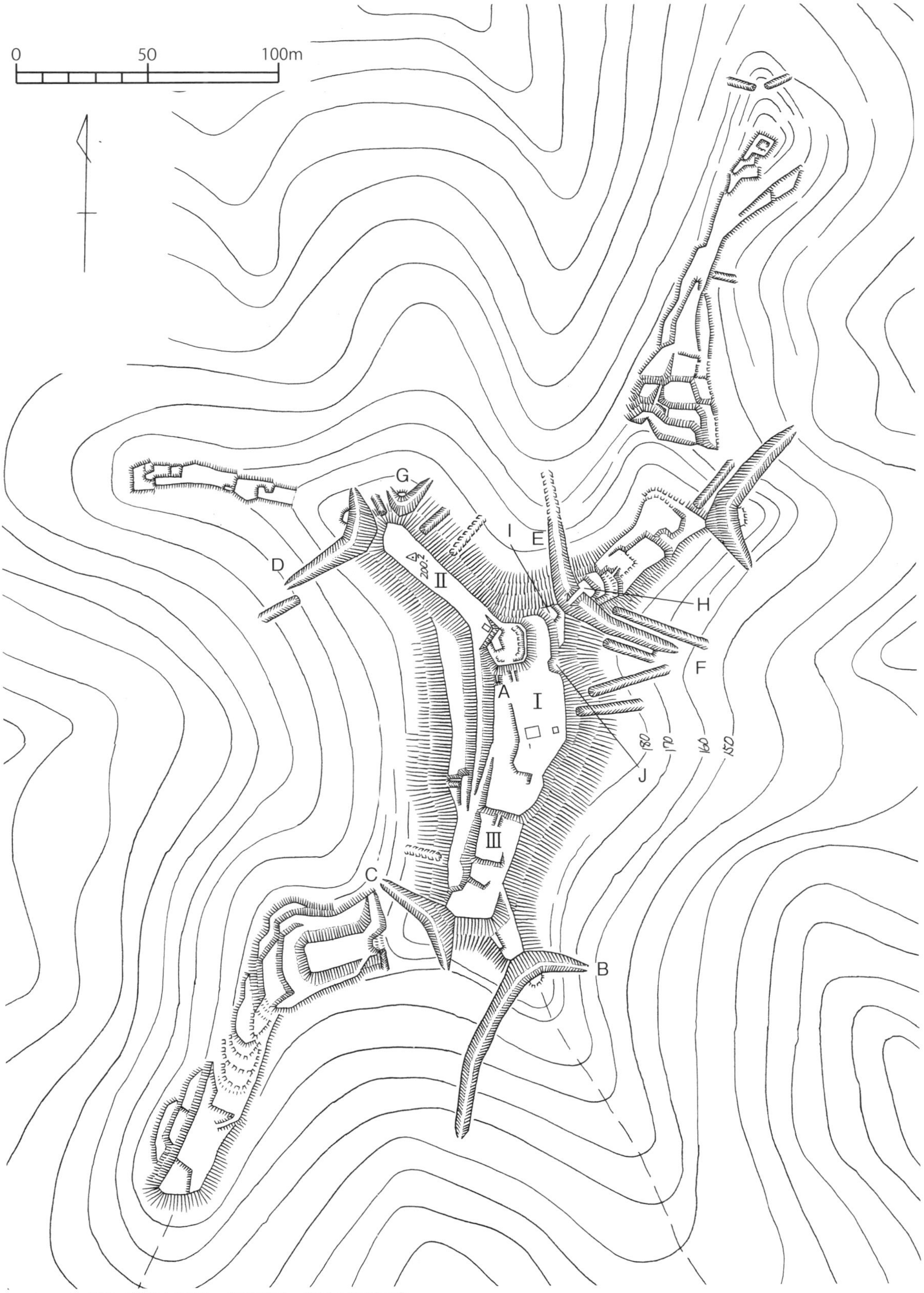

図1　溝尻城（舞鶴市溝尻）縄張り図　作図：佐伯哲也

永正十四年（一五一七）、丹後守護代延永春信が倉橋郷の倉橋城に着陣したため、同年六月二日、足利義稙は朝倉孝景に御教書《みぎょうしょ》を下し、若狭守護武田信豊と合力して倉橋城を攻めるよう命じる。六月十日、倉橋城は落城し、八月八日、義稙は再び孝景に御教書を下して倉橋城の攻略成功を褒めている。

このように、倉橋城は、将軍の命令により武田・朝倉両氏が攻めた大城郭だったと推定されるが、倉橋城の所在は確定していない。

溝尻城　Ⅰ郭に建つ法起堂

東舞鶴地方に倉梯《くらはし》山（標高244・5メートル）は実在するものの、山頂に城郭は存在していない。『大系』11では、舞鶴市の行永城を倉橋城とするが、二大勢力が攻めるにしては、あまりにも規模が小さすぎる。

最も有力視されているのが、溝尻城である。規模は雄大で、かつ複数の支城を従えており、二大勢力が攻略対象とした城郭として妥当であろう。ただ、現在見る縄張りは、畝状空堀群の存在からも判明するように、一六世紀後

溝尻城　Ⅱ郭

半以降のものと考えられ、一六世紀初期の姿ではないことを、考慮する必要はある。

永禄三年（一五六〇）にも倉橋城は登場する。すなわち、永禄三年と推定される逸見経貴書状（大成寺文書）によれば、逸見氏が若狭武田氏の依頼により、倉橋城に籠城していることが確認できる。逸見氏は武田氏の被官で、若狭高浜（福井県高浜町）周辺を支配する在地領主である。

倉橋城は、守護・守護代クラスの武将たち

溝尻城　堀切B

が攻略あるいは在城する大城郭だったことは、疑う余地がない。しかし、地誌類が伝える城主矢野氏の名は、一次史料で確認することはできない。

地誌類が伝える矢野氏は、天正七年（一五七九）に丹後征伐で入国した細川藤孝に降伏して帰農したと伝える。遺構的にも織豊政権が改修した可能性は低く、細川氏の丹後平定をもって廃城になったと考えられよう。

【遺構】 堂奥《どうおく》集落の樹徳寺の脇を通って登る山道が、最も整備されている。しかし、案内板等は一切なく、事前に登城口の確認をしておくことをおすすめする。

城内中央のⅠ郭が主郭である（図1）。北側に櫓台Aを設けている。櫓台Aの存在により、北西側のⅡ郭と主郭Ⅰは直接連絡できなくなっている。つまり、櫓台AがⅡ郭から進攻する敵軍の攻撃から、主郭Ⅰを防御しているのである。現在のように、西側の一段下がった帯曲輪状の通路を用いて連絡していたのだろう。

主郭Ⅰの南側に、Ⅲ郭が階段状に接続している。Ⅱ郭と同様に、主郭ⅠとⅢ郭を直接つなぐ通路は存在しないが、やはり西側の一段下がった帯曲輪を使用して連絡していたのだろう。バイパス的な帯曲輪が重要な役割を果たしていたことは、Ⅱ郭およびⅢ郭から横矢が掛かっていたことからも察せられる。

バイパス的な帯曲輪は存在するが、地表面観察で確認できる枡形虎口は存在しない。さらに、曲輪の塁線に巡らされた土塁や、曲輪のコーナーを固める櫓台も存在しない。これは、溝尻城の特徴の一つである。

溝尻城の防御施設で目立つのは、端部を竪堀状として延ばす堀切の存在である。四方に延びる尾根に、堀切B・C・D・Eを設けており、端部を竪堀として延ばしているため、遮断性の強い堀切となっている。さらに、堀切D・Eは数本の畝状空堀群を併設して、遮断機能を増強している。堀切と畝状空堀群をセットで用いる縄張りは、明らかに一六世紀後半の姿であり、溝尻城が一六世紀後半に改修されたことを物語っている。

一方、堀切B・Cは畝状空堀群を併設していない。この尾根の先端には、溝尻城の支城が存在しているため、敵軍が進攻する可能性が低く、この結果、畝状空堀群を併設しなかったと考えられよう。

堀切B・C・D・Eの外側にも小規模な曲輪群を設けているが、主要曲輪群と完全に遮断されているため、連絡性は非常に悪い。織豊系武将による改修の可能性が低いことを物語る縄張りである。

この中で、堀切Eだけは土橋を設けてわずかに連絡性を保っている。土橋の外側に小曲輪Hを付属させて、土橋を渡る人間を監視できる。さらに、土橋の内側には小曲輪Iと虎口Jが確認できるため、小曲輪H～虎口Jの間に、尾根を往来する通路の存在を指摘できる。畝状空堀群を併設して厳重に警戒しているため、重要な尾根道だったと考えられる。このような通路の存在も、一六世紀後半に改修された証拠の一つに挙げられる。

伝承では、織豊系武将が関与することなく廃城になったとされている。枡形虎口等、織豊系城郭に特徴的な遺構は見られない。伝承のとおり、天正七年に廃城になったと考えられる。

［支城群］ 堀切Bの先端に、堂奥城（図2）が存在する。現在は、堂奥集落の樹徳寺脇を通ってA地点に取り付き、さらに溝尻城へと登っていく。尾根続きは、端部を竪堀状とし

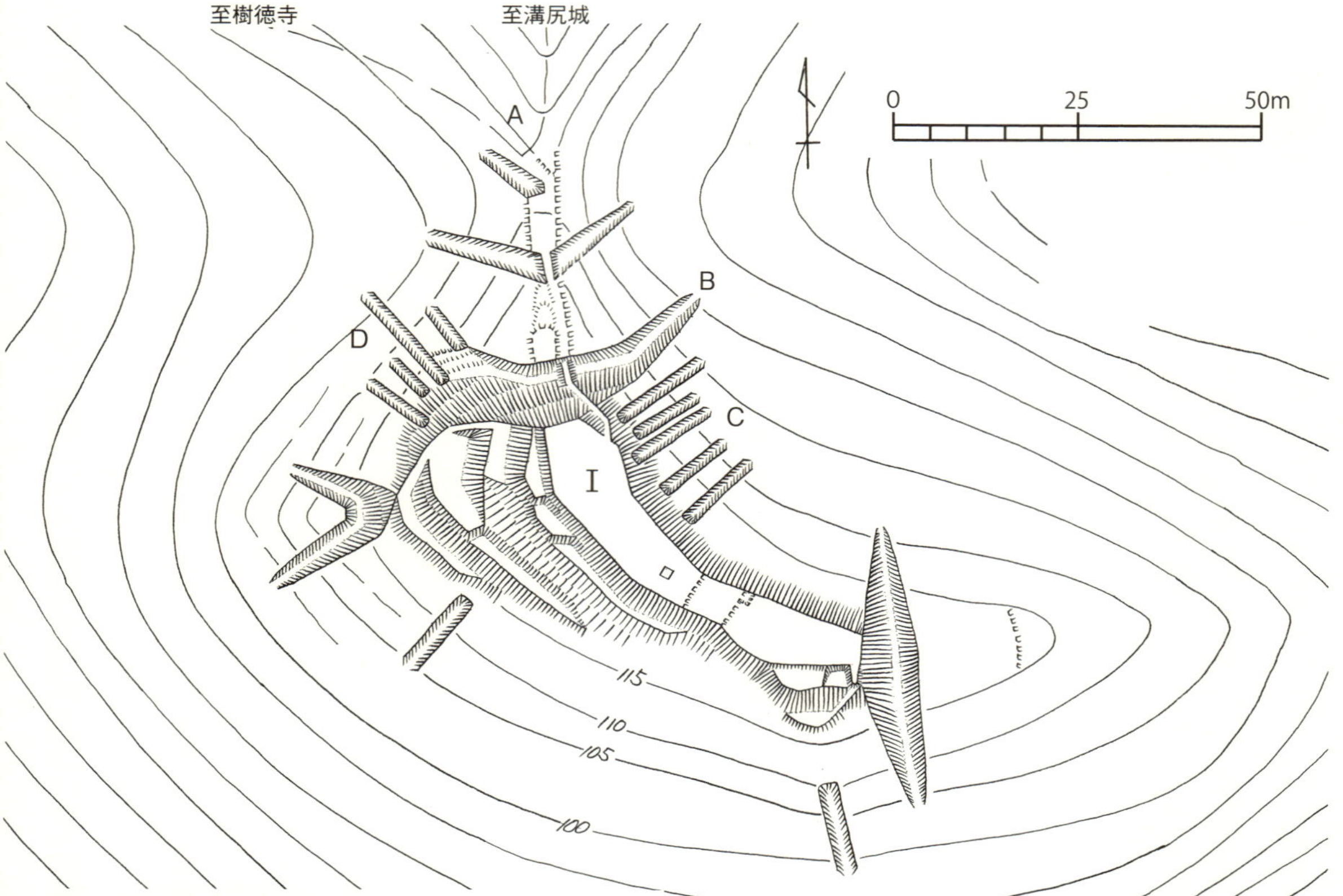

図２　堂奥城（舞鶴市堂奥）縄張り図　作図：佐伯哲也

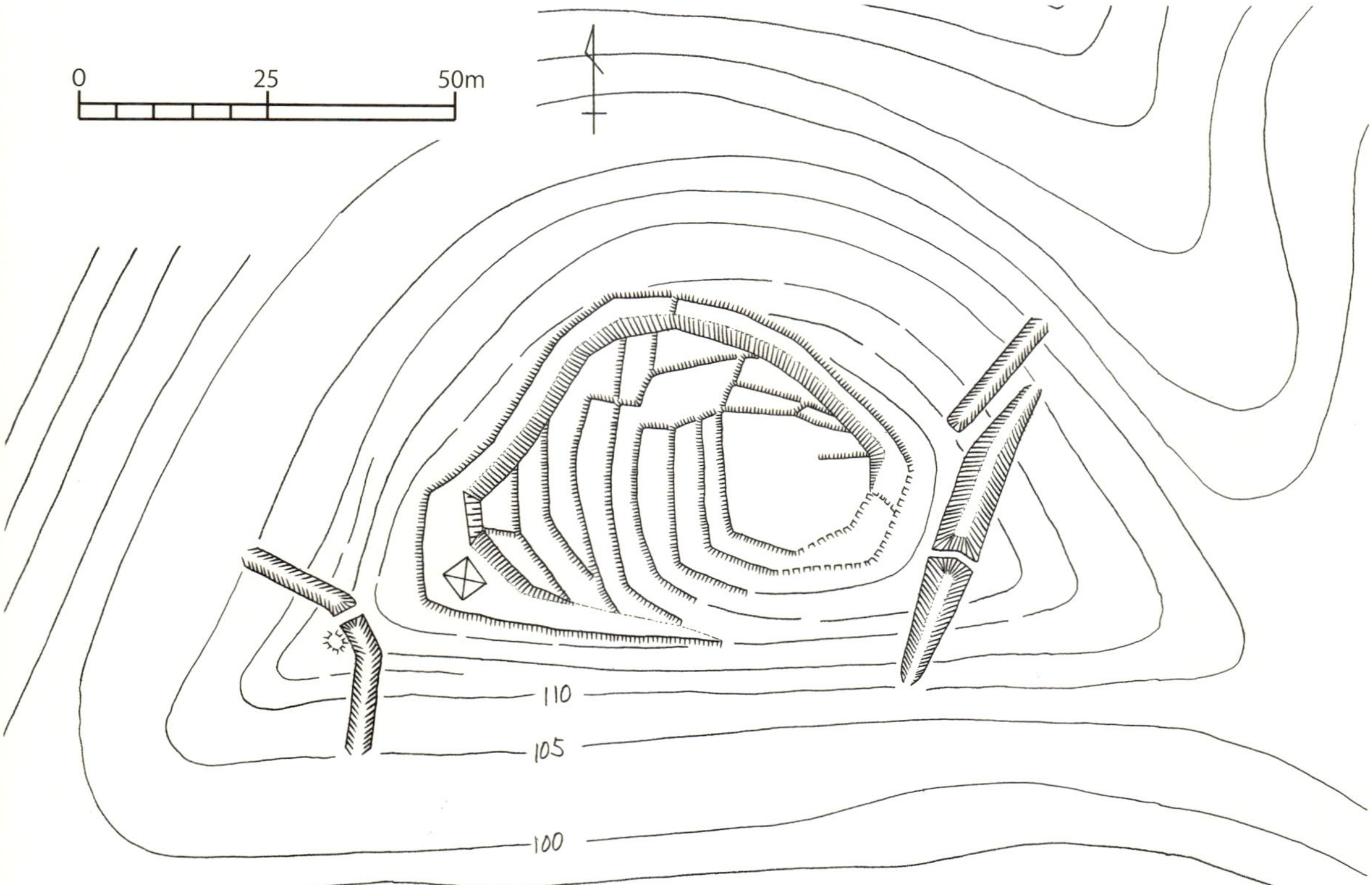

図３　溝尻支城（舞鶴市溝尻）縄張り図　作図：佐伯哲也

て延ばした堀切Bで遮断し、さらに両脇に畝状空堀群C・Dを併設して遮断機能を増強している。使用方法は溝尻城と同じで、溝尻城と同じ山域に位置していることからも、堂奥城は溝尻城の支城としてよいだろう。

堀切Cの先端に、溝尻支城（図3）が存在する。やはり尾根続きを、端部を竪堀状に落とした堀切Aで遮断している。こちらは畝状空堀群ではなく、竪堀をセットで使用している。遮断機能を増強する用法は同じで、溝尻城と同じ山域に位置していることから、溝尻城の支城としてよい。

このほか、半径2・4キロ以内の至近距離に位置しているため、溝尻城の支城とされてきた小規模城郭がいくつかある。堂奥二ノ谷城（図4）・行永大宮城（図5）・片山城（図6）・小倉姥ヶ谷城（図7）・行永城（図8）である。

小倉姥ヶ谷城と行永城は、端部を竪堀状とする堀切と畝状空堀群（竪堀）をセットで使用しており、溝尻城との縄張りの共通性が指摘できる。

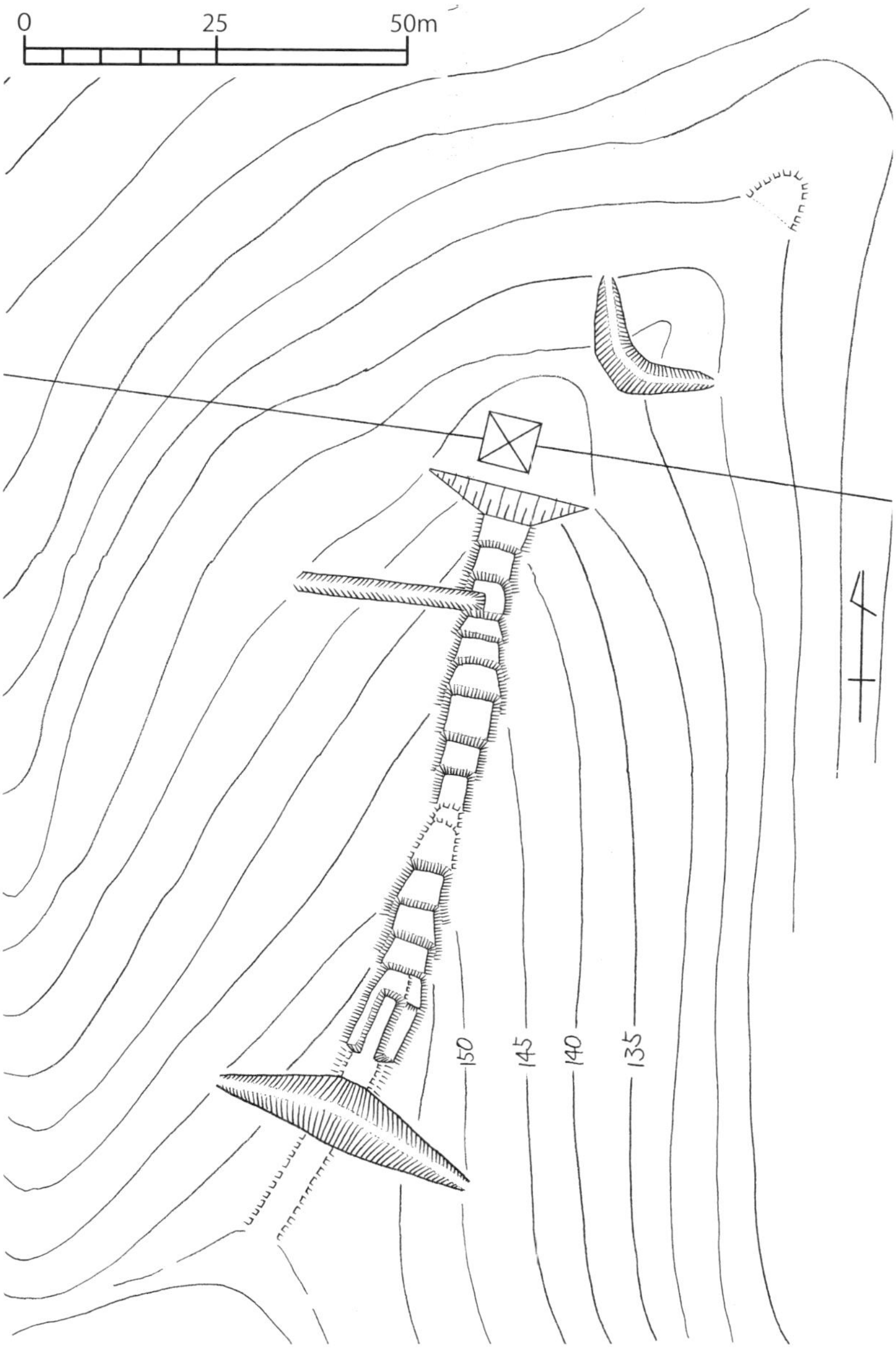

図4　常奥二ノ谷城（舞鶴市堂奥）　縄張り図　作図：佐伯哲也

しかし、ほかの三城は溝尻城との縄張りの共通性は指摘できず、それを傍証する伝承や江戸期の古記録も存在しない。したがって、過去に溝尻城の支城と言われてきたものの、疑問視される。

行永城は、永正十四年に朝倉孝景が攻めた倉橋城ではないかともされている。行永城は溝尻城の支城と推定されることから、両城が混同されて伝わったのかもしれない。

【評価】　当城は、城域が500メートルもあるうえ、少なくとも支城を四城従えており、東舞鶴最大の城郭である。倉梯城の最有力候補といえる。しかし、現存している遺構は一六世紀後半のものであり、守護・守護代が争奪した一六世紀初期の姿ではないことを考慮する必要がある。

今後は、至近距離に位置している小規模城郭群が、溝尻城とどのような関係にあったのかを解明していくことが課題といえる。

（佐伯哲也）

［参考文献］『大系』11／高橋成計　二〇〇四「遺構から考察する丹後溝尻城」『北陸の中世城郭』第十四号　北陸城郭研究会　二〇〇九／舞鶴山城研究会　二〇〇九『舞鶴の山城』／舞鶴市役所　一九九七『舞鶴市史通史編』上／元字行永会　二〇〇九『行永史』／福井県立一乗谷朝倉氏遺跡資料館　二〇一〇『越前・朝倉氏関係年表』

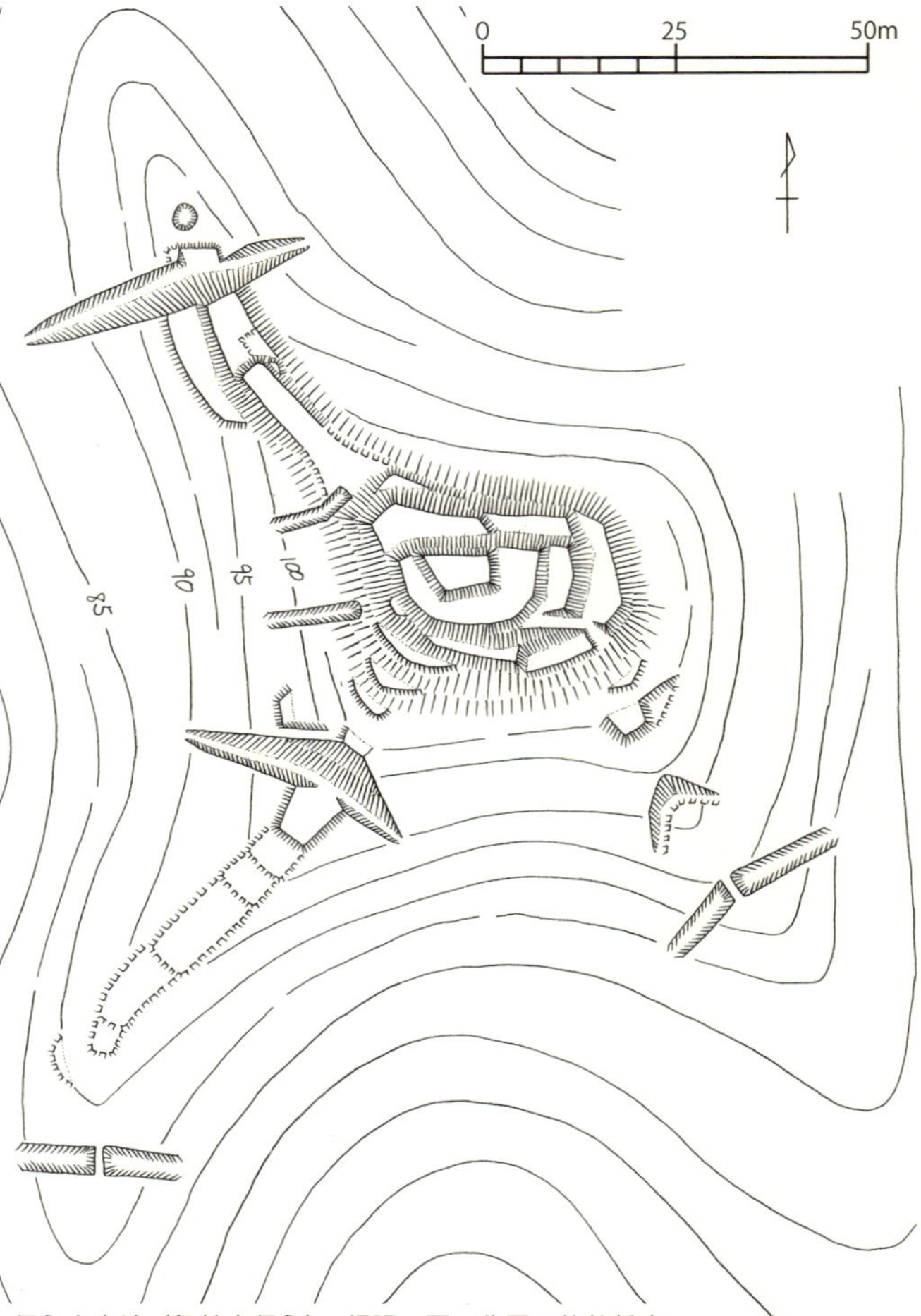

図５　行永大宮城（舞鶴市行永）　縄張り図　作図：佐伯哲也

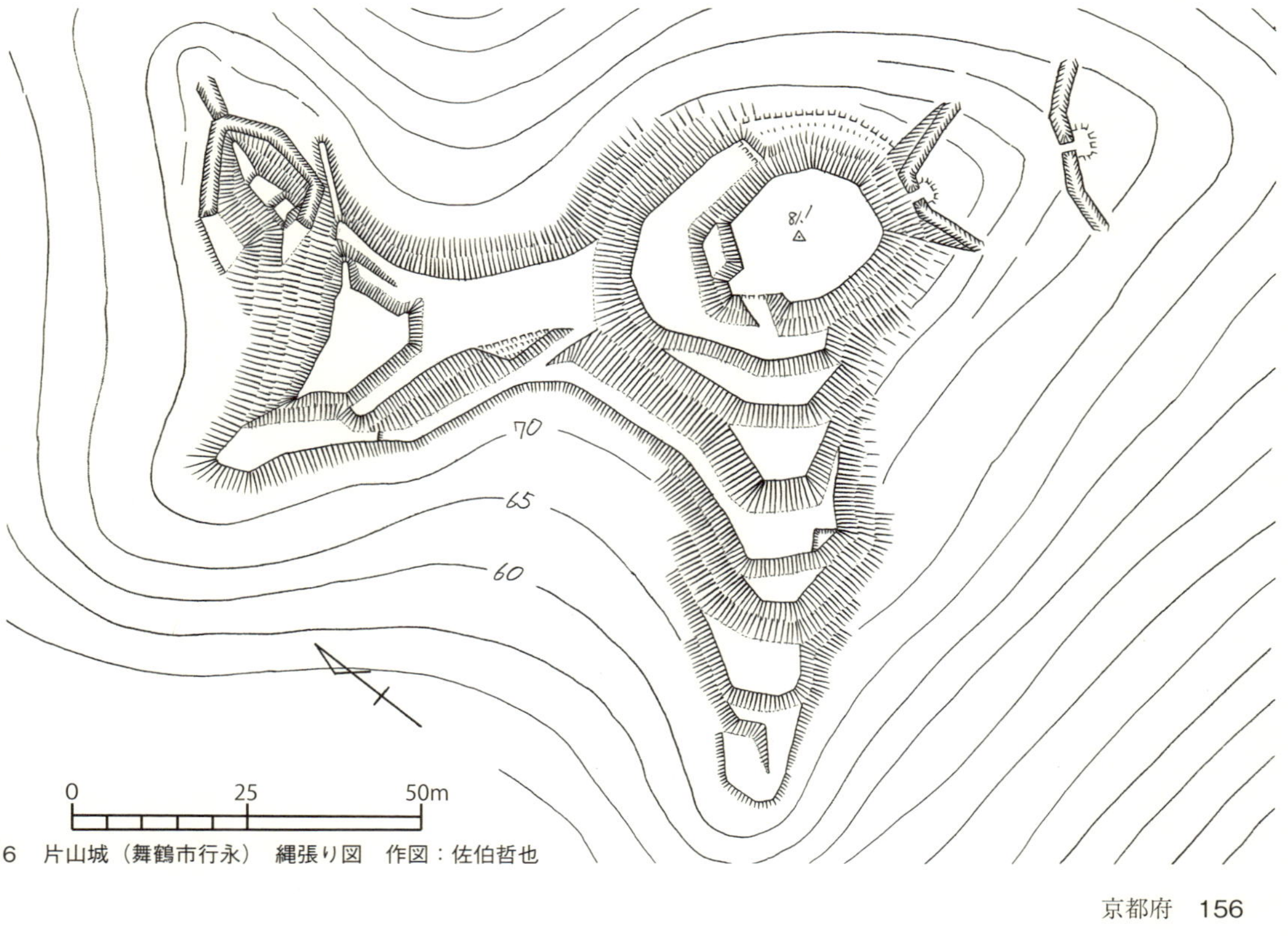

図６　片山城（舞鶴市行永）　縄張り図　作図：佐伯哲也

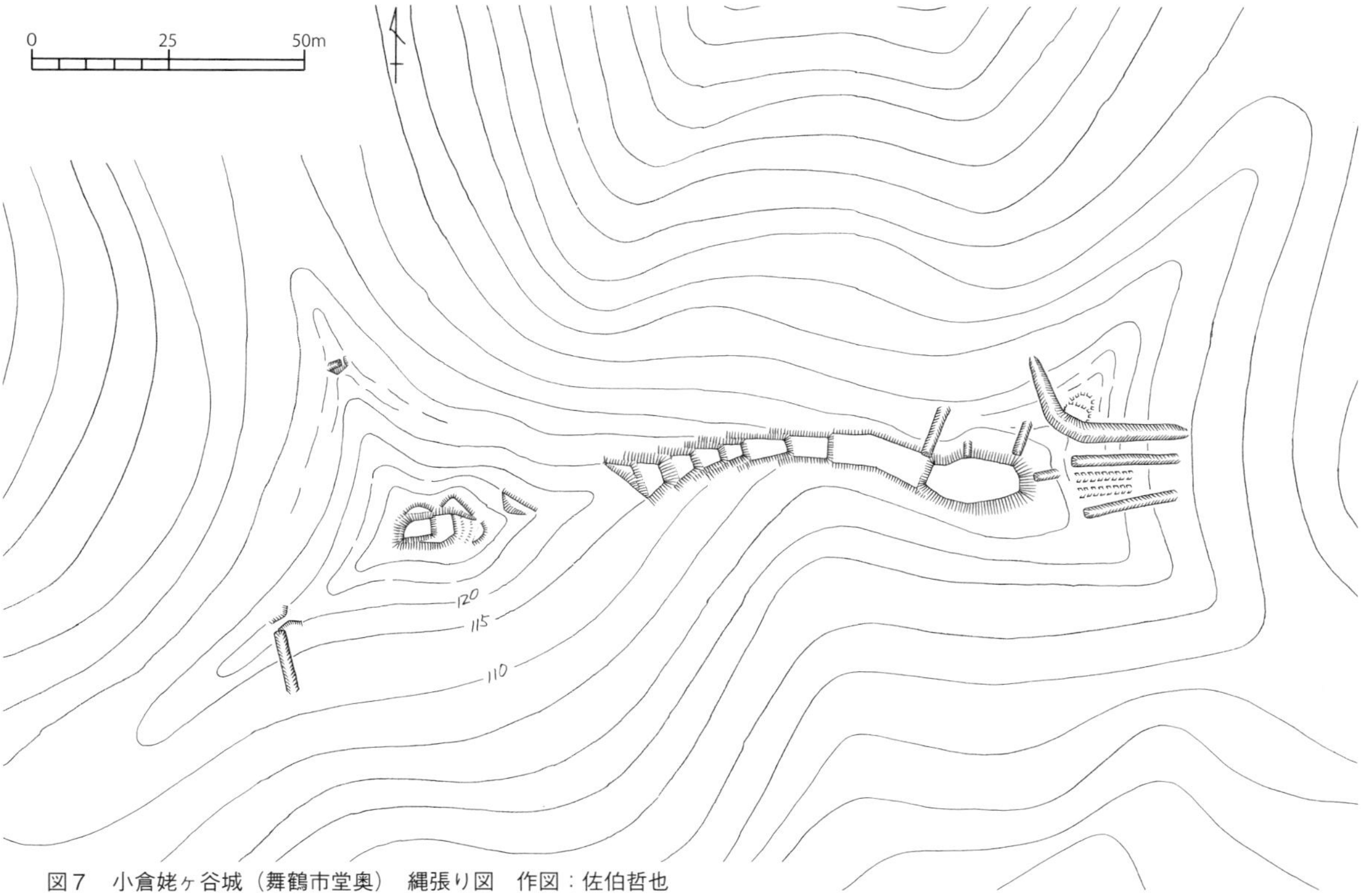

図７　小倉姥ヶ谷城（舞鶴市堂奥）　縄張り図　作図：佐伯哲也

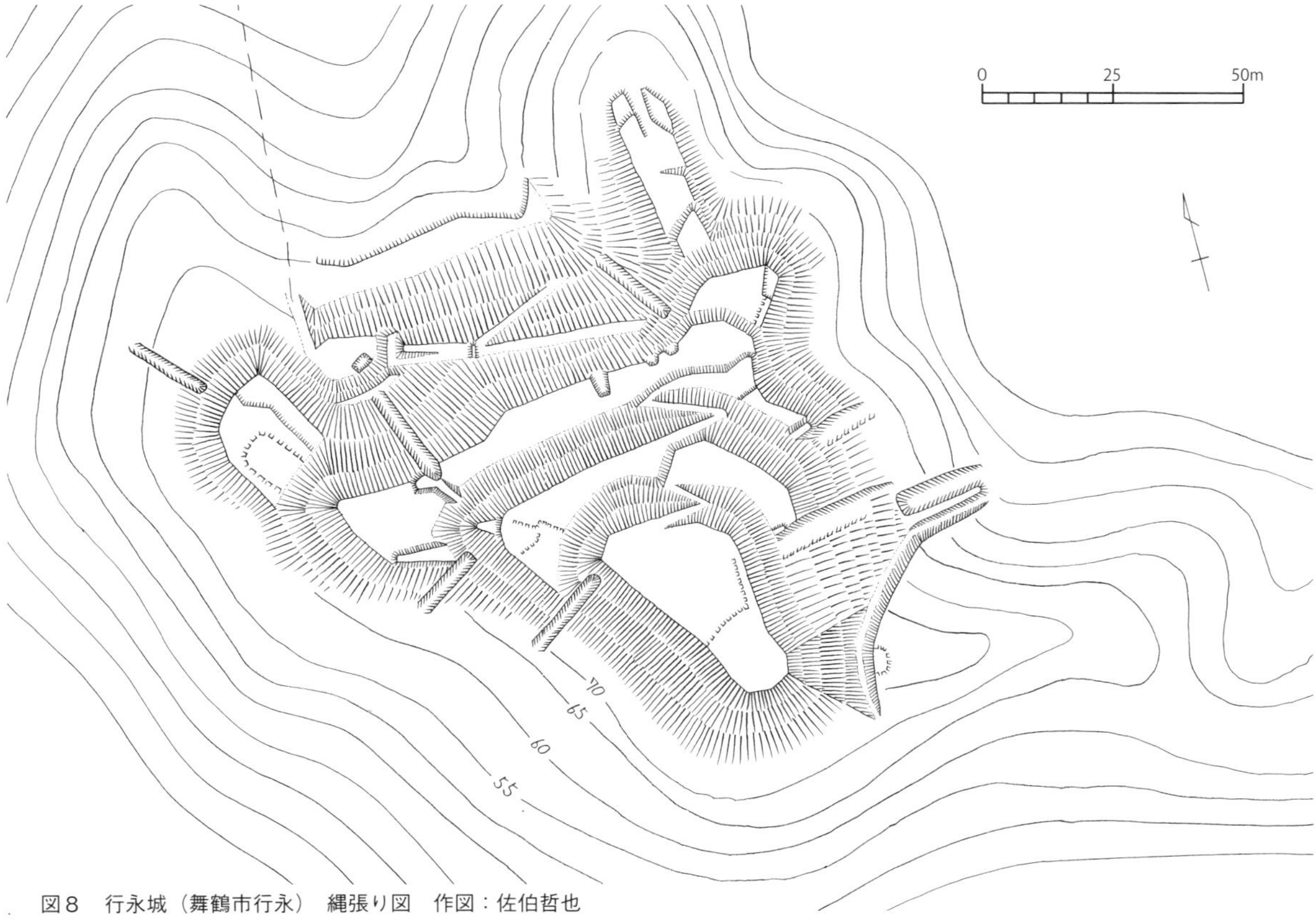

図８　行永城（舞鶴市行永）　縄張り図　作図：佐伯哲也

44

謎を秘めた技巧的な城

法貴山城《ほうきやまじょう》
—付、法貴山東城《ほうきやまひがしじょう》・法貴館《ほうきやかた》

【選地】法貴山城は亀岡市街地の南側に聳える山上に、法貴山東城はそのやや東側尾根上にある。法貴館は東側山麓近くに位置する。

【歴史】法貴山城は、細川晴元の部下、酒井三河守の城とされる。福島克彦氏は、明智光秀が笑路城《わろうじ》（亀岡市・『近畿』Ⅱ所収）攻めのために築いた陣城遺構と推定している。法貴山東城・法貴館については、とくに伝承はない。

DATA

所在：亀岡市曽我部町法貴
遺構：空堀、土塁
規模：（法貴山城）150 × 100m
（法貴山東城）40 × 60m
（法貴館）110 × 110m
標高等：（法貴山城）標高 389.4m、比高約 240m
（法貴山東城）標高 330m、比高約 180m
（法貴館）標高 190m、比高約 40m

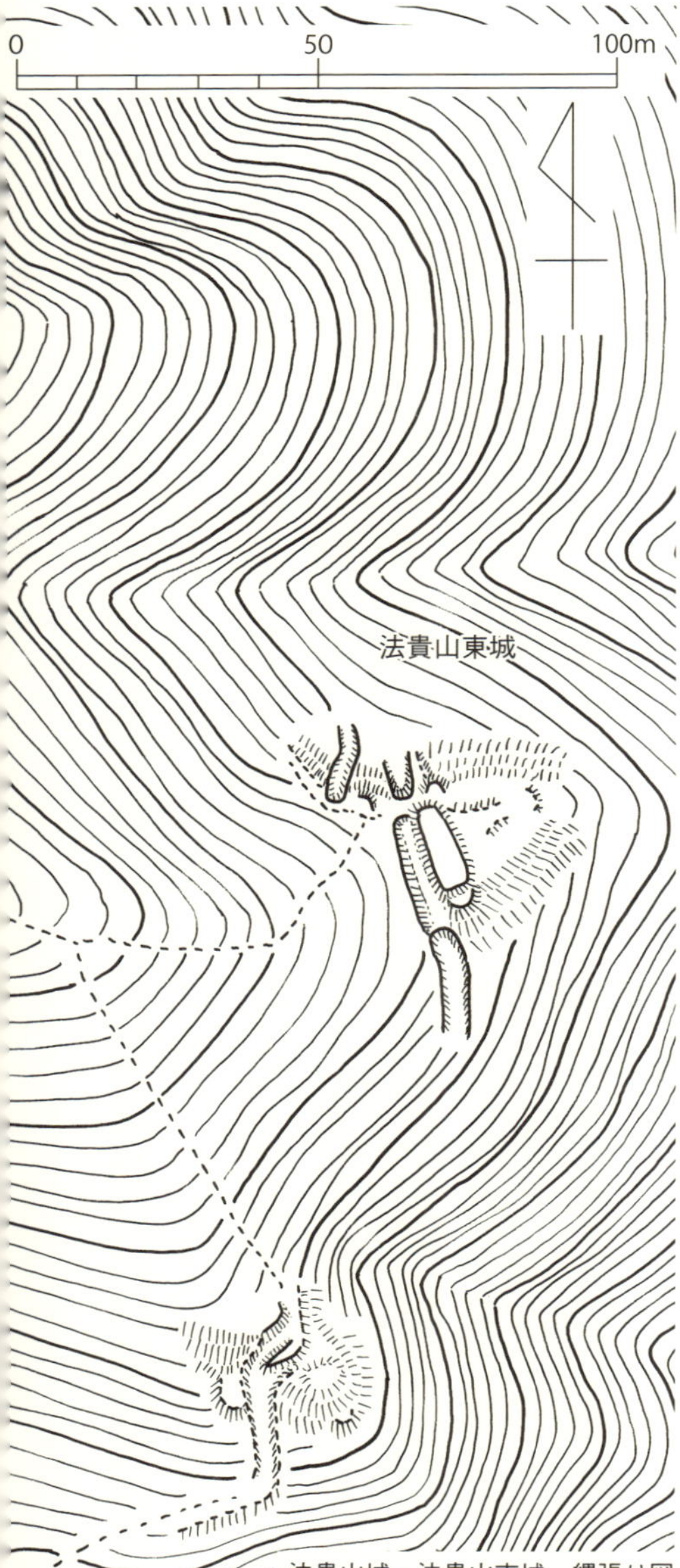

法貴山城・法貴山東城　縄張り図
作図：関口和也

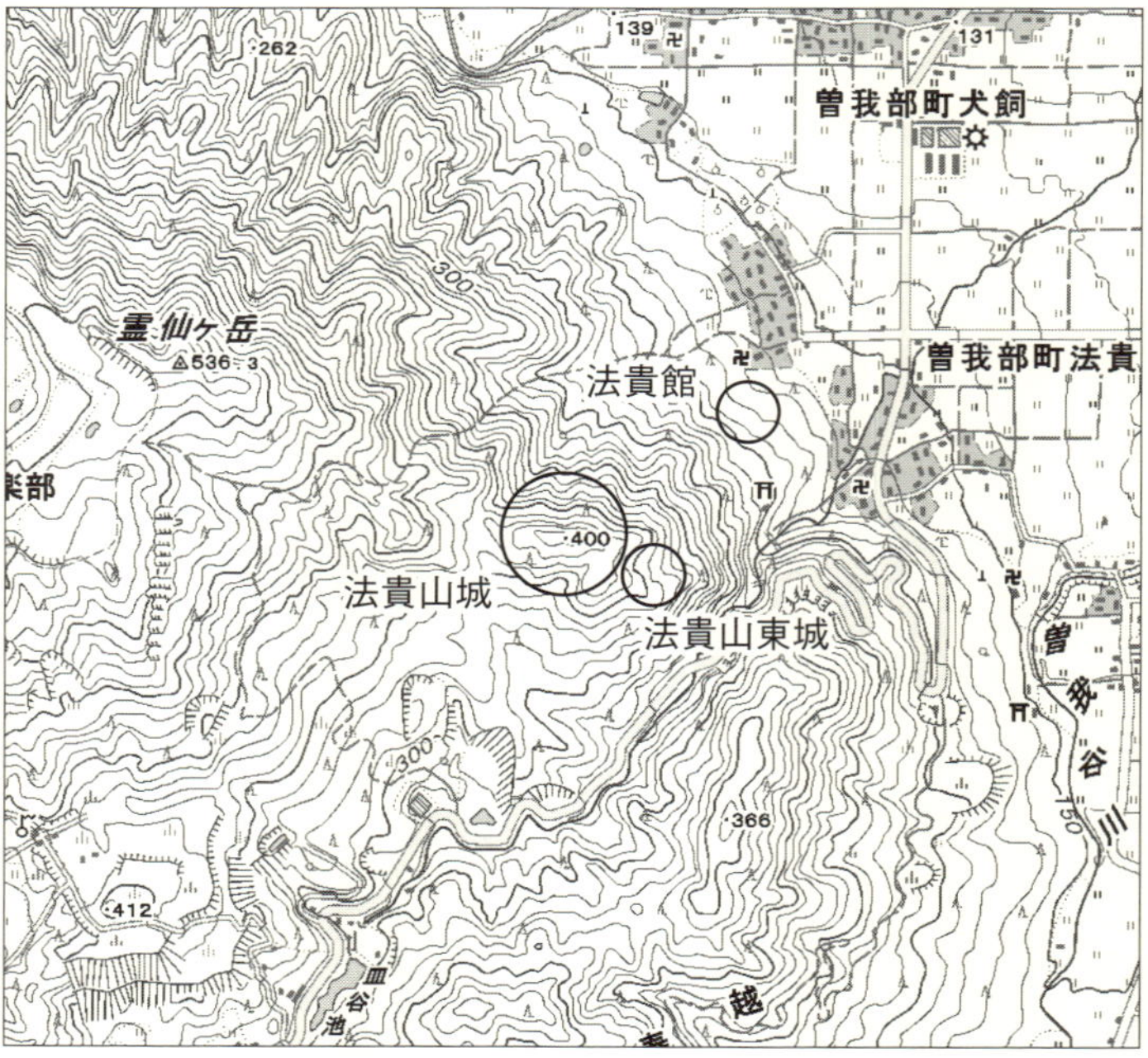

【遺構】亀岡の市街地から国道423号を南下し山道に入ると、川に架かる「明智橋」脇に法貴谷ハイキングコースの案内板と、駐車スペースがある。城への案内がとくに出ていないためわかりにくいが、山に向かって左手の道を登っていくと、Ⅶにたどり着く。『丹波』所収の図では、ここを南出丸とし、曲輪の可能性を指摘しているが、自然地形でとくに手を入れた形跡がないので、基本的には城外と考えたい。

そのまま稜線に沿って北西に進むとⅥに出る。前面に堀切Aを入れて遮断している。堀切Aは、北側斜面では竪堀となっている。南側はカーブして、Ⅵの南側を画す横堀と

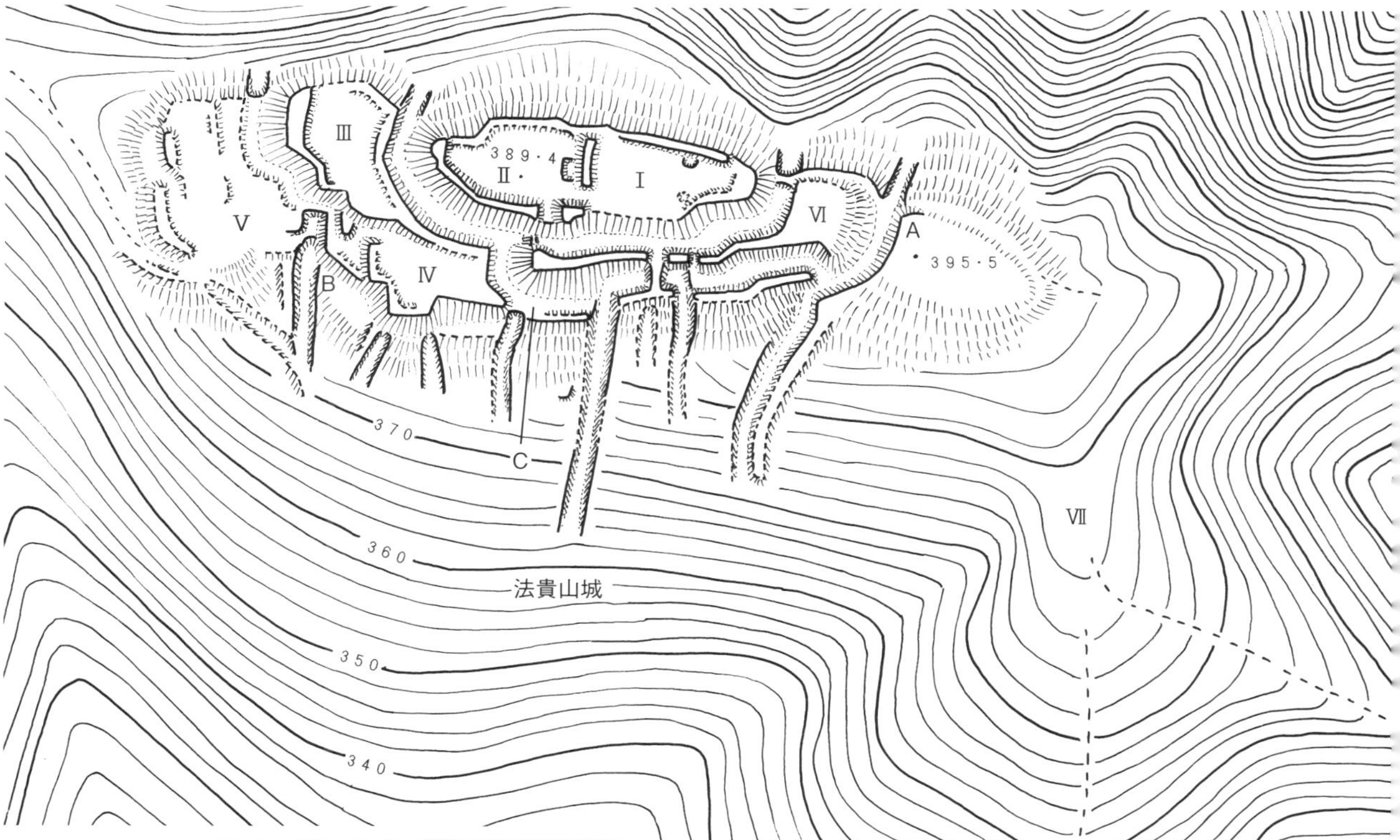

法貴山城　遠望

合流し、そのままクランクして竪堀となる。

　山頂部には、二つの曲輪Ⅰ・Ⅱがある。東側がやや高く、主郭といえるが、Ⅰ・Ⅱの二つを合わせて主郭ととらえることもできる。ⅠとⅡは土塁で区分されるが、西側に池のような窪みが残っている。近隣の笑路城も中枢部を構成する二つの曲輪を石塁で分離しており、類似性が見いだせる。Ⅰの東端とⅡの西端、さらに虎口と思われる南側の開口部の脇は櫓台となっている。

　Ⅵから主郭へは、現状では両者を画する堀の端が土橋状になっていて、そのままⅠに入る。しかしながら、Ⅰの東端が櫓台状になっていることから、この道は廃城後にできた可能性がある。そうなると、堀に沿った土塁上を進み、橋でⅡの虎口に入るか、堀の中を進んで階段等の施設でⅡに入ったと考えるしかない。

　Ⅱの西側には曲輪Ⅲがあり、西側に向かって幅の広い土塁が築かれている。西側にはⅤがあるが、ⅢとⅤの間の堀は浅く、区画だけをした、あるいは深く掘る予定だったが途中で放棄したような印象である。Ⅴには土塁状の遺構があり、虎口のように

法貴山城　堀

法貴山城　土塁

見える場所もあるが、曲輪としてよいかどうか、迷うところである。

一方、ⅤからⅣに至るルート設定はきわめて厳重である。まず、竪堀BとⅢの間の細い道を抜けると、土塁にぶつかって右に曲がる。さらにほぼ反転し、右に曲がってⅣに入る。その後は、Ⅲから延びた土塁を伝ってⅢに入るとみるのが素直な解釈だが、ⅢはⅡと直接連絡していないため、行き止まりとなってしまう。

そうなると、Ⅱの南側の堀に入るか、堀Cを東に進んで、Ⅰを囲む堀の縁辺の土塁が開口し、虎口状となっている部分から入るしかない。前者の場合は、仕切りの土塁が堀の端に設けられているので突破は難しい。したがって、後者の道を行くしかないのだが、段差を伴っており、移動は困難である。つまり、導入系の厳重なルートを設定していながら、必ずしもそれが城域全体に反映しているわけではないのである。作事によってルートが設定されていた可能性も考えられる。

法貴山東城は、尾根上に堀切と、その延長に竪堀を持つ。土塁の北側は虎口となっていたようだ。土塁の東側が曲輪と考えられるが、切岸を設けておらず、ほぼ自然地形のまま下っていく。北側斜面には竪堀がもう一本あり、道を狭めている。現状ではたどれないが、城の北側の谷間を登って堀切に至る道があったと思われ、そこを登ってくる敵に対処するために築かれたと考えられる。

また、南側尾根上にも堀状になった部分がある。こちらは道と判断したが、麓にある明智岩（かつての街道脇）の上の尾根であることから、なんらかの防御施設もしくは物見の拠点があった可能性は否定できない。

法貴館は、位置からして法貴山城主の居住域のようだが、両者を結び付ける伝承等はとくにないようだ。尾根上を土塁と堀で区画し、内部を削平する手法で築かれている。四つの曲輪からなるが、北側のⅡについては城外の可能性もある。虎口と思われるのはⅠの北側のAのみで、南側の土塁は一部破損しているようだ。水は豊富で、西側尾根から流れてくる水が北側の堀に溜まっている。すぐ北側に慈雲寺がある。

【評価】 法貴山城は、規模は小さいが、大規

法貴館　縄張り図　作図：関口和也

模な横堀を巡らし、工夫を凝らした虎口もある。ただ、一方で主郭への導入路が明確でなかったり、西側の横堀が浅かったりと、評価が難しい点も多い。もしかすると、築城工事の途中で廃されたのではないかと思わせる。また、従来あった城を改修したらしい箇所もないため、完全に新規に縄張りがなされたものと思われる。

法貴山東城は、独立した城と捉えるより、法貴山城の一部と考えたほうがよいだろう。南側尾根の遺構らしきものの存在を考慮すると、山中にはこれに類したものがまだ眠っている可能性もある。

法貴館については、独立した城なのか、法貴山城に関連するものなのか、現状でははっきりしない。防御というよりは、居住を中心に考えた構造と言えるだろう。（関口和也）

［参考文献］福島克彦　一九八八「丹波における織豊系城郭」『中世城郭研究』二／亀岡市　二〇〇〇『新修亀岡市史　資料編』第1巻／亀岡市文化資料館　一九九二『丹波』

（上・下）法貴館　堀

45

牛松山城《うしまつやまじょう》

波多野氏配下の畑氏の城か

【選地】　国道372号（篠山街道）を北側に臨む、牛松山に築かれている。南側山麓には湯の花温泉がある。

北東約800メートルには西山城、同じく1・5キロには太田山城がある。南約900メートルには丸山城、同じく1・5キロには高岳城がある。

城跡へは、北側山麓にある桜天満宮参道脇から南側に延びた道を進み、途中で右手（西）の尾根上に上る。途中に天然記念物である菫青石仮像（桜石）産出の石碑が建つが、付近は柵で囲まれており、立ち入りができない。柵を迂回し、さらに尾根を上りきると城跡にたどりつく。

【歴史】　城主は、『桑下漫録《そうかまんろく》』は畑弾正忠の砦であったとし、『丹波志』は畑牛之丞の砦であったとする。

【遺構】　当城は、ほぼ四方を土塁によって囲まれたI郭が主郭である。土塁は西側・南側・東側で高さ50センチ前後、幅が2メートル前後となる。土塁は、北側では10～20センチ前後と低くなる。土塁の切れ目は、北西隅のA、南東隅のBがあり、ともに虎口に比定できる。ただし、虎口はいずれも堀に面している。いったん堀底に下りて、続く曲輪等に連絡していたと考えられるが、現状では下り口が見出せない。このため、虎口A・Bに続く通路ははっきりしないが、最終的には城域の南東にあり、土塁に挟まれた虎口Cへ連絡していたと考えられる。虎口Cの先に通路の痕跡は認められないが、地形的に考えるならば、南東方向に延びる尾根を下り、湯の花温泉側に下りていたのではないだろうか。

堀H　主郭Iより

DATA

所在：亀岡市ひえ田野町柿花茶屋・梶林
別称：柿花城
遺構：堀切、土塁、虎口
規模：約80×30m
標高等：標高260m、比高220m

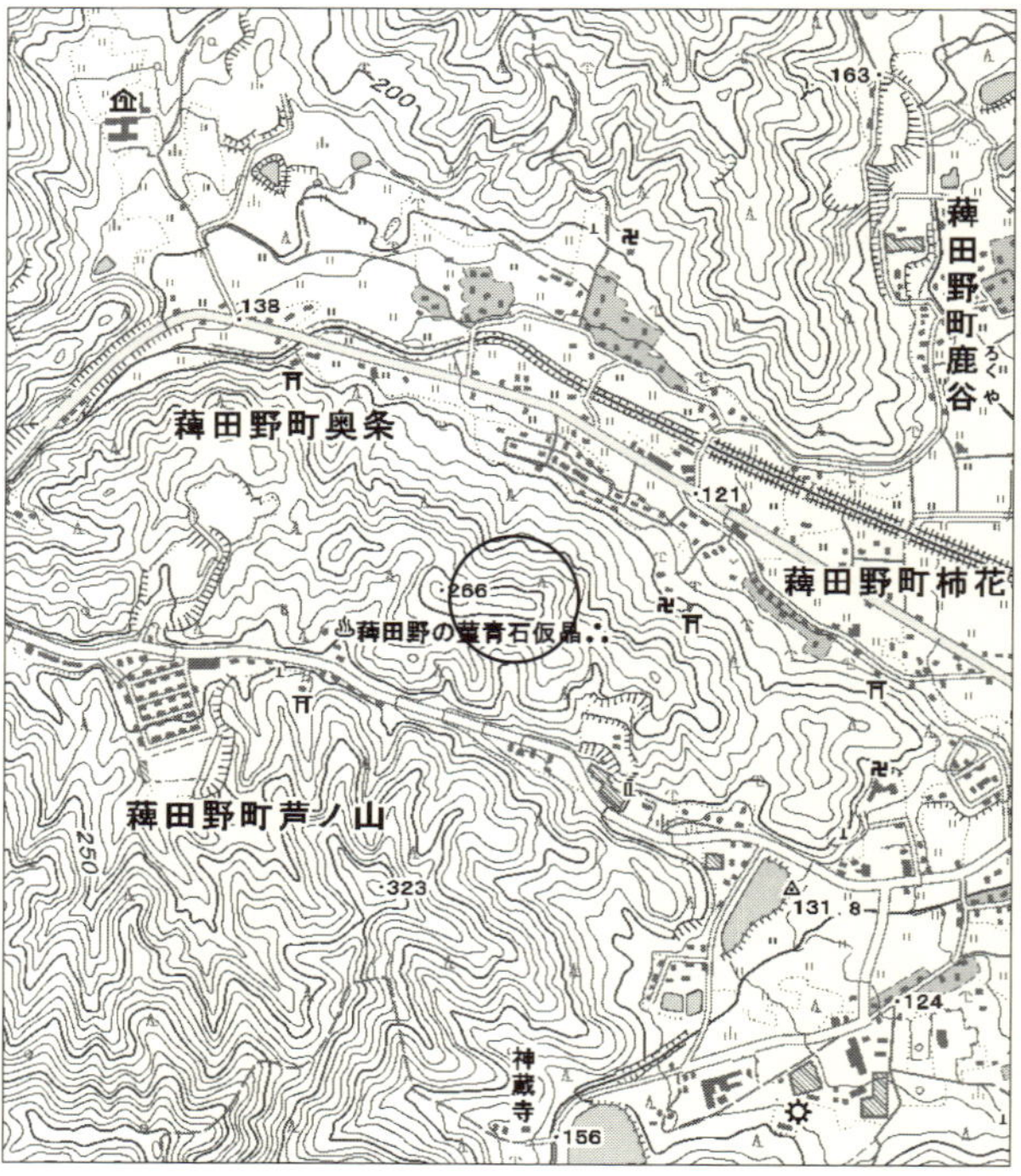

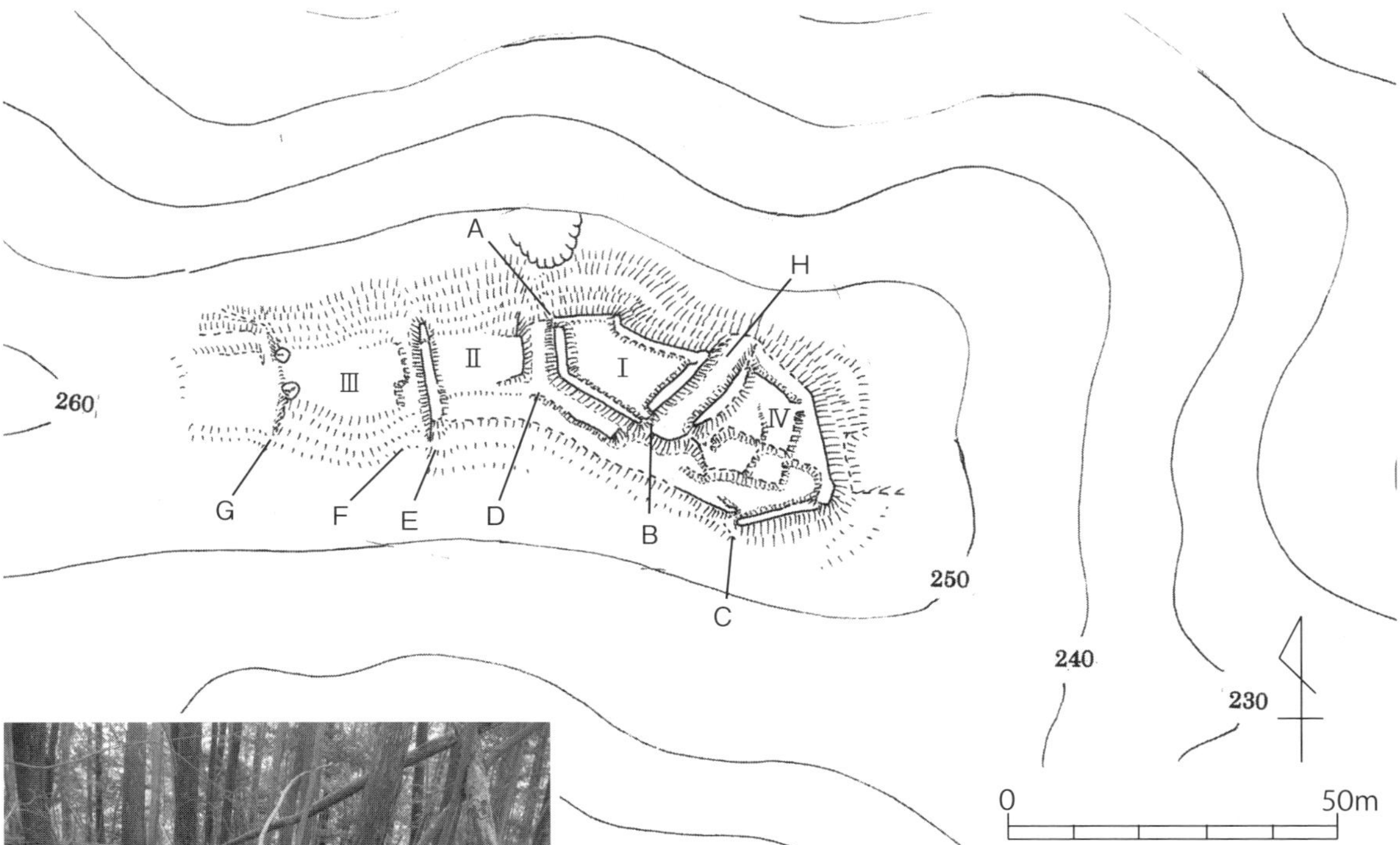

縄張り図　作図：髙田 徹

（上）Ⅱ郭の堀Ｈに面した石積み　（下）堀Ｆ　南より

主郭Ⅰの西側には、幅約6メートル、深さ約50センチの堀Dがある。堀Dの南側は、Ⅰ郭裾に延びて帯曲輪状になっている。堀Dの対岸にあるのがⅡである。Ⅱは西端を土塁E・堀Fによって区画するものの、内部は曲輪として整えられた形跡がない。

堀Fの西側もほとんど自然地形に等しいが、Gには約60センチの段差を設けて、尾根続きからの侵入を阻む意識が認められる。

一方、Ⅰ郭東側には堀Hがあり、その対岸にあるのがⅣ郭である。Ⅳ郭はⅠ郭側に向かって土塁を設け、内側は四段ほどからなる平坦地で構成されている。Ⅰ郭やほかの曲輪とどのようにつながっていたのか、はっきりしない。なお、Ⅳ郭の堀Hに面した部分には石積みがみられる。

【評価】　当城は、一部通路の位置に不明な点はあるが、主郭を土塁囲みとし、背後となる西側には堀・土塁・段差によって遮断している。加えて虎口も明瞭であり、小規模ながら技巧的な縄張りであるといえる。

近世の地誌で城主とされる畑弾正忠・畑牛之丞とは、丹波八上《やかみ》城主波多野氏の旗下にあり、八百里山城（兵庫県篠山市）主であった畑氏の一族であろうか。当城に類似した縄張りの城郭は、周辺に見られない。近世地誌の記述も参考にしつつ、築城時期を考えていく必要がある。

（髙田　徹）

46

恵解山古墳《いげのやまこふん》

勝龍寺城の惣構と考えられる巨大な堀

【選地】　JR京都線に乗って長岡京駅と山崎駅の間を走っているとき、車窓から南東側に注目していると、葺石《ふきいし》と埴輪《はにわ》を備えた古墳の姿が目に入る。これが、修景整備された恵解山古墳である。そして、逆方向（西）の車窓に目を転じると、立命館中学・高校の校舎が見える。同校の建設に先立って、平成二十三年に発掘調査がなされ、長岡京期から江戸時代までの遺構・遺物が検出された（長岡京跡右京第一〇一九次発掘調査）。そして、検出された遺構の中には、戦国期のものと推定される巨大な堀もあった。

恵解山古墳西側くびれ部付近から北西を見る。中央奥は堀が検出された立命館中学・高校

当地は、京都盆地南西の乙訓《おとくに》郡にあたり、通称「西岡《にしのおか》」と呼ばれる、北西から南東に向かって緩やかに傾斜する丘陵上に立地する。東へ進むと旧・巨椋池《おぐらいけ》があった低地になり、当地の北東にある犬川を渡ると勝龍寺《しょうりゅうじ》城（『近畿』Ⅲ所収）に至る。北から南下する西国街道が、当地の西側付近で南西に方向を変える。

【歴史】　恵解山古墳は、羽柴秀吉が明智光秀を討った天正十年（一五八二）の山崎合戦の際に、光秀側が陣を敷いたとされる「御坊塚」に比定する見解が古くからあり、検出された堀もそれに伴うものの可能性が指摘された（木村二〇一三）。また、「御坊塚」を南の境野

DATA

所在：長岡京市勝竜寺・調子・久貝
別称：長岡京跡右京八条二坊
遺構：なし（発掘調査で堀を検出）
規模：堀幅 4m、堀延長 400m カ
標高等：標高 19m（遺構面）、24m（古墳墳頂）、遺構面までの比高 0m

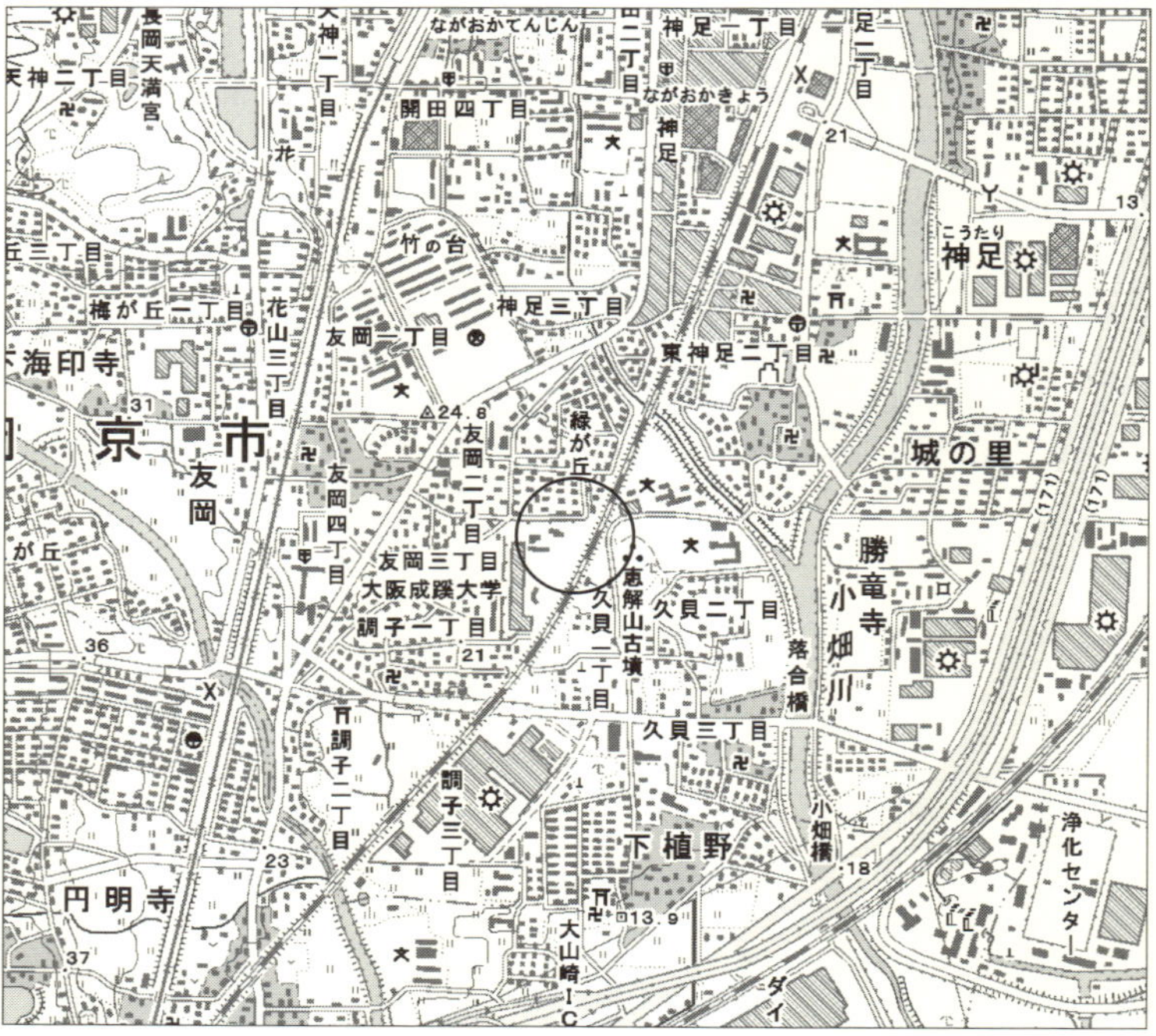

古墳群にあてる説もある。
しかし、馬部隆弘氏は、「御坊塚」伝承は史料的価値が低い『太閤記』が初出であるため信頼できないと指摘し、この堀が掘られた背景を次のように考察した。

恵解山古墳の西側くびれ部（図中のB）から火縄銃の銃弾が出土していることから（長岡京市埋蔵文化財センター二〇一二）、鉄砲が普及した一六世紀後半に時期を限定できる。

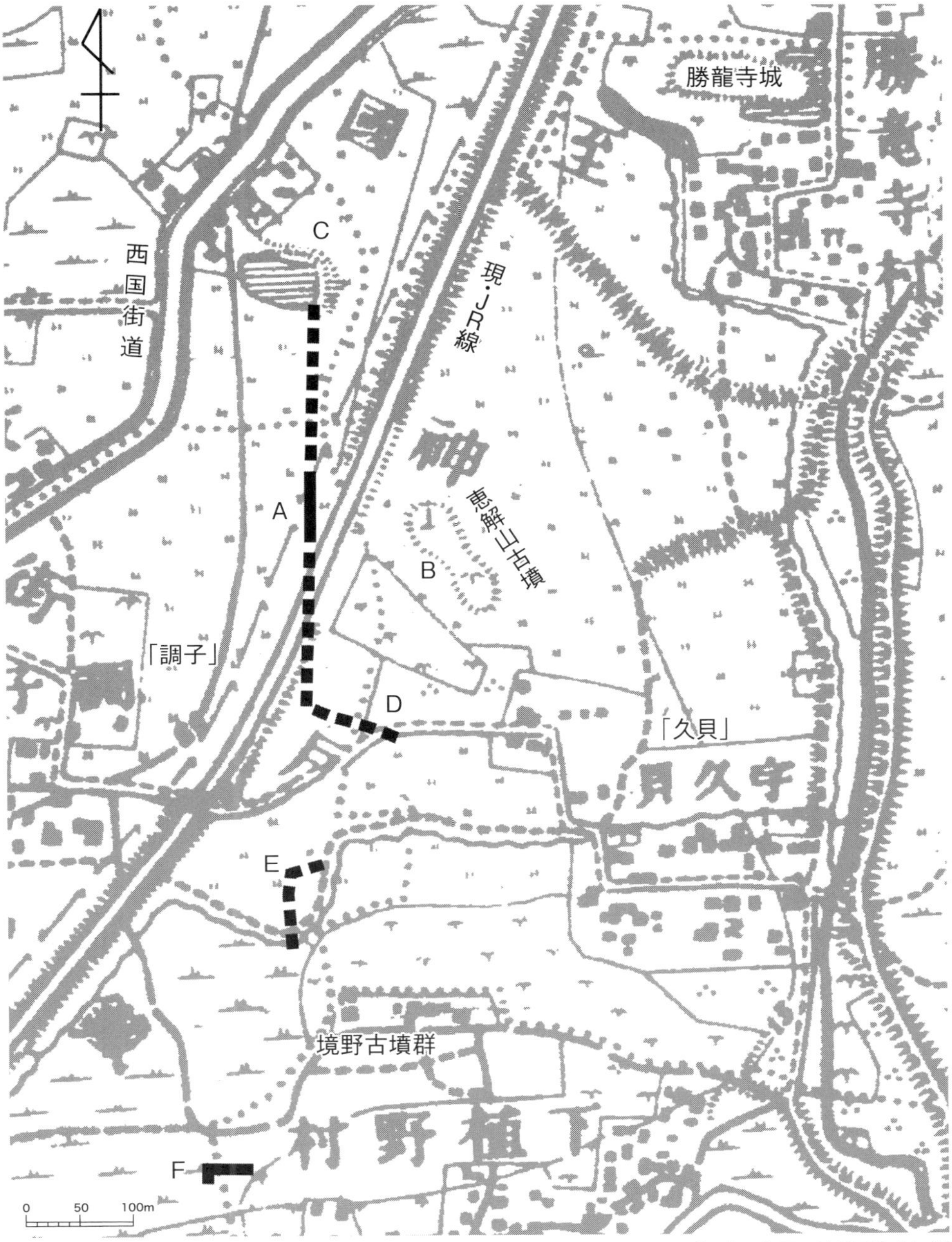

発掘調査で検出された堀（実線）と航空写真から推定される堀（破線）。地形図は『明治前期関西地誌図集成』（柏書房）による。

そして、当地の近隣にある勝龍寺城周辺での当該時期の軍事行動をまとめると、山崎合戦以外にも永禄五年（一五六二）、同九年、同十一年の計三回の軍事行動が確認できる。

中でも永禄九年の合戦は、勝龍寺城に籠城する松永方を、三好三人衆方が包囲したもので、「相城」（付城）普請の動員をかけたとみられる史料も残る。籠城戦は三ヵ月にも及んだと考えられる（馬部二〇一四）。

なお、勝龍寺城には元亀二年（一五七一）に、織田信長から「勝

恵解山古墳前方部頂から南を見る　左手奥に境野古墳群がある。右手の山は天王山

龍寺要害」の普請を命じられた細川藤孝が入城する。天正八年（一五八〇）の細川氏の国替え後も廃城とはならず、この地域の拠点城郭として維持されたと考えられる。

　また、ルイス・フロイスの『日本史』には、山崎合戦に際して明智光秀が勝龍寺城を占拠したこと、敗北した光秀は勝龍寺城に籠もって一夜を明かし、翌朝、坂本城（滋賀県大津市）に向かって出立したことが記されている。

【遺構】　立命館中学・高校建設予定地で検出された堀（図中のA）は、ほぼ南北方向を向き、字「調子《ちょうし》」と字「久貝《くがい》」の境界に相当するという。この堀は、自然地形に逆らって北へ行くほど深くなっている。そして、検出範囲北端部の堀底には粘質土が堆積しており、常時滞水していた可能性がある。

　堀の断面の規模は、おおむね幅4×深さ2メートルを測る。断面の形状は、基本的には逆台形を呈するが、「U」字状の底面を呈する部分もあれば、深く掘り窪められた部分もある。このように、場所によって形状が異なることから、分担して掘削された可能性が指摘されている。さらに、一見すると堀障子のようにも見える、幅1メートル程度の地山の削り残しが各所に見られた。これは、工事の分担区間の境界部分にあたると推定されている。

　埋土の状況から、ある程度、自然堆積で堀が埋まった後、この土地を耕地化する際に一気に埋設されたものと見られる。このことから、堀が長期間埋まることなく放置されていたと考えられる。

　自然堆積層と見られる埋土下層からは、土師器皿、瓦質土器、天目茶碗、白磁などが出土しており、一六世紀末から一七世紀前半のものという。このほか、木製の掛矢《かけや》（ハンマー）や木簡も出土した。木簡は、鎌倉での発掘調査事例から、工事区間の割り当てを表示したものである可能性が指摘されている。

　発掘調査で検出された堀の長さは68メートルである。ただし、昭和二十一年の航空写真から、堀の総延長が400メートルに及ぶ可能性があるという（以上、木村二〇一三による）。

　国土地理院のホームページで公開されている昭和二十一年の航空写真を見ると、400メートルほどの線的な区画を確かに見出すことができる。そして、その南端は「く」の字形に曲がっていることがうかがえる（図中のD）。この堀を明治時代の地形図と合成すると、次のことがわかる。

　まず、北端は池を介して西国街道にまで連なり（図中のC）、南端は、西国街道から派生して、「調子」の集落から「久貝」の集落へと東向きに延びる道にぶつかる。この道が戦国期にまでさかのぼると仮定すれば、推定される堀は、西国街道とそこから派生する道までを押さえ、それらの道から勝龍寺城へ向かおうとする人を止める役割を果たしたと推定できる。

　航空写真からは、Dよりさらに南のEにも「く」の字形の細長い区画が見られる。これも堀であれば、同様の働きをしたものと考えられる。そして、恵解山古墳は堀に迫る人の動きを高みから監視する役割を果たしたと推定される。ただし、恵解山古墳の墳丘は墓地として著しい改変を受けており、城郭としての普請がなされたかどうかを判断することはできない。

　なお、Eよりさらに南下したFでも、発掘調査によって堀が見つかっている。ここは大山崎町下植野宮脇で、境野古墳群が乗る小丘陵の西端に位置する。先行する縄文時代の遺跡や古墳を破壊して、幅最大4メートル、深さ最大1・8メートルの、断面逆台形の空堀が掘られていた。ほぼ真西に延び、直角に折れてほぼ真南に延びる角部分が検出された。埋土下層からは唐津焼や炮烙《ほうらく》など、近世初頭の遺物が出土しており、その頃まで堀が開口していたことがうかがえる（久保一九七九）。

航空写真　昭和21年　矢印間に堀の痕跡らしきものがうかがえる。国土地理院ウェブサイト公開の航空写真に加筆

【評価】　図中CからDへと延びると推定される堀について、先行研究では次のような解釈がなされている。
　まず、発掘調査報告書では、山崎合戦の際に光秀側が使用した可能性が指摘されている（木村二〇一三）。ただし、光秀側が「掘削した」と考えるのは難しい。本能寺の変後、いったん近江に入った光秀が再度上洛するのは六月八日で、山崎合戦はわずか五日後の六月十三日なのである。

これに対して馬部隆弘氏は、前述の勝龍寺城での軍事行動のうち、三ヵ月にもおよぶ永禄九年の籠城戦に際して築かれた付城の可能性を指摘している。馬部氏によれば、勝龍寺城の北にある馬場（長岡京市）に「相城」（付城）が築かれたことが史料で確認でき、ほかにも付城が築かれた可能性がある。そして、この堀は、西国街道から勝龍寺城への補給路を絶つ役割を担う付城であった可能性を指摘している（馬部二〇一四）。

さて、街道を押さえるこの長大な堀は、勝龍寺城の守備兵側が使ったとしても充分に効果を発揮したであろう。すなわち、西国街道あるいはそこから派生する道を侵攻してきた攻城兵を食い止める第一の防波堤となりうるはずである。そう考えた場合、この堀は勝龍寺城の遠構《とおがまえ》や出城として評価することも可能だと思われる。

さらに踏み込めば、勝龍寺城の惣構の一部と評価できはしないだろうか。勝龍寺城は、北側に惣構を備えていたとする見解があり、CからDの堀は、勝龍寺城南西側の惣構の一部と考えることもできるのではないか。その敷設時期については、前述した元亀二年以降の普請が候補となろう。そして、惣構を備えた城として勝龍寺城が維持され続けたのであれば、山崎合戦時に、既存の堀を光秀が使った可能性も考えられる。

なお、天正六～七年の織田信長との抗争の舞台となり、惣構の先駆形態と評価される荒木村重の有岡城（兵庫県伊丹市・『近畿』Ⅰに「伊丹城」として所収）の惣構は、鵯《ひよどり》塚をはじめとする古墳を活用したものであった。恵解山古墳周辺で見つかった堀は、古墳の活用という点で有岡城惣構との類似点が指摘でき、興味深い。

さらに、勝龍寺城の南西約1キロのところにある図中Fでも、前述のように、近世初頭まで開口していた堀が見つかっている。堀の形状や規模が図中Aの堀と類似し、さらに古墳の活用という点からも注目される。

恵解山古墳は、JR長岡京駅から、西国街道を通っても、勝龍寺城を経由しても、およそ二十分で到着する。修景整備によって、山崎合戦時に利用された可能性を指摘した説明板が墳丘上に設置された。古墳について、古墳時代に関することだけでなく、中世の再利用についても紹介している点は評価できる。

しかし、前述のように、恵解山古墳とその近傍で発見された堀の可能性は、山崎合戦に限定されるものではない。付城や出城、あるいは惣構など多様な可能性を秘めているのである。

（遠藤啓輔）

［参考文献］木村泰彦ほか　二〇一三『長岡京市埋蔵文化財調査報告書第五六集　長岡京跡右京第一〇一九次発掘調査報告　—長岡京跡右京八条二坊二・六・七町の調査—』公益財団法人長岡京埋蔵文化財センター／馬部隆弘　二〇一四「勝龍寺城近隣の堀跡について」『城郭談話会三〇周年記念誌　城郭研究の軌跡の展望Ⅲ』城郭談話会／長岡京市埋蔵文化財センター　二〇一二『長岡京市文化財調査報告書第六二冊　国史跡恵解山古墳の調査』長岡京市教育委員会／久保哲正　一九七九「長岡京跡右京一五次発掘調査報告」『長岡京跡発掘調査研究所調査報告書　第一集』長岡京跡発掘調査研究所／松田毅一・川崎桃太訳　二〇〇〇『完訳フロイス日本史③安土城と本能寺の変—織田信長編Ⅲ』中公文庫／一九八九『明治前期関西地誌図集成』柏書房

47 草路城《くさじじょう》

良好に残る南山城の平地城館

【選地】　京都府南部の山城盆地、木津川中流域の西岸に位置する平城である。付近には、河内国から山城国普賢寺谷《ふげんじだに》を経て、木津川の渡し場（草内の渡）を渡河し、奈良街道や近江国南部（信楽や大津）に向かう街道が通っており、他国から南山城に進出するうえでは掌握すべき地域であった。

城跡遠望

DATA

所在：京田辺市草内字宮ノ後・南垣内
別称：草内城
遺構：濠、土塁
規模：110 × 100m
標高等：標高 24m、比高 0m
指定：京都府文化財保全地区

【歴史】　当地は草内郷と呼ばれ、室町時代には興福寺別《べち》会五師《えごし》などの所領があった。一五世紀には、興福寺領の公《く》文《もん》として草路西殿らが政所《まんどころ》にいたが、草路氏が独自に城館を構えていたかは明らかではない。

『多聞院日記』によれば、文明十年（一四七八）に大内氏が南山城に進駐したのに伴い西殿は放逐され、草路東殿が政所に入るが、興福寺の指令を受けた地下《じげ》との軋轢が生じた。東殿は「草路城」の堀に架かる橋を引き、対抗している。この記事により、草路城は草路氏の私的な居館ではなく、興福寺領の政所という公的な性格を帯びていたこと、草路氏を代表する家筋の変更と、政所たる草路城主の地位が密接に関わったことがうかがい知れよう。

政所の位置は、城跡北西の法泉寺（真言宗智山派）が室町時代まで興福寺の傘下にあり、渡し場の整備にも携わったとされる。このことから、草内集落の南外れに興福寺の政治・

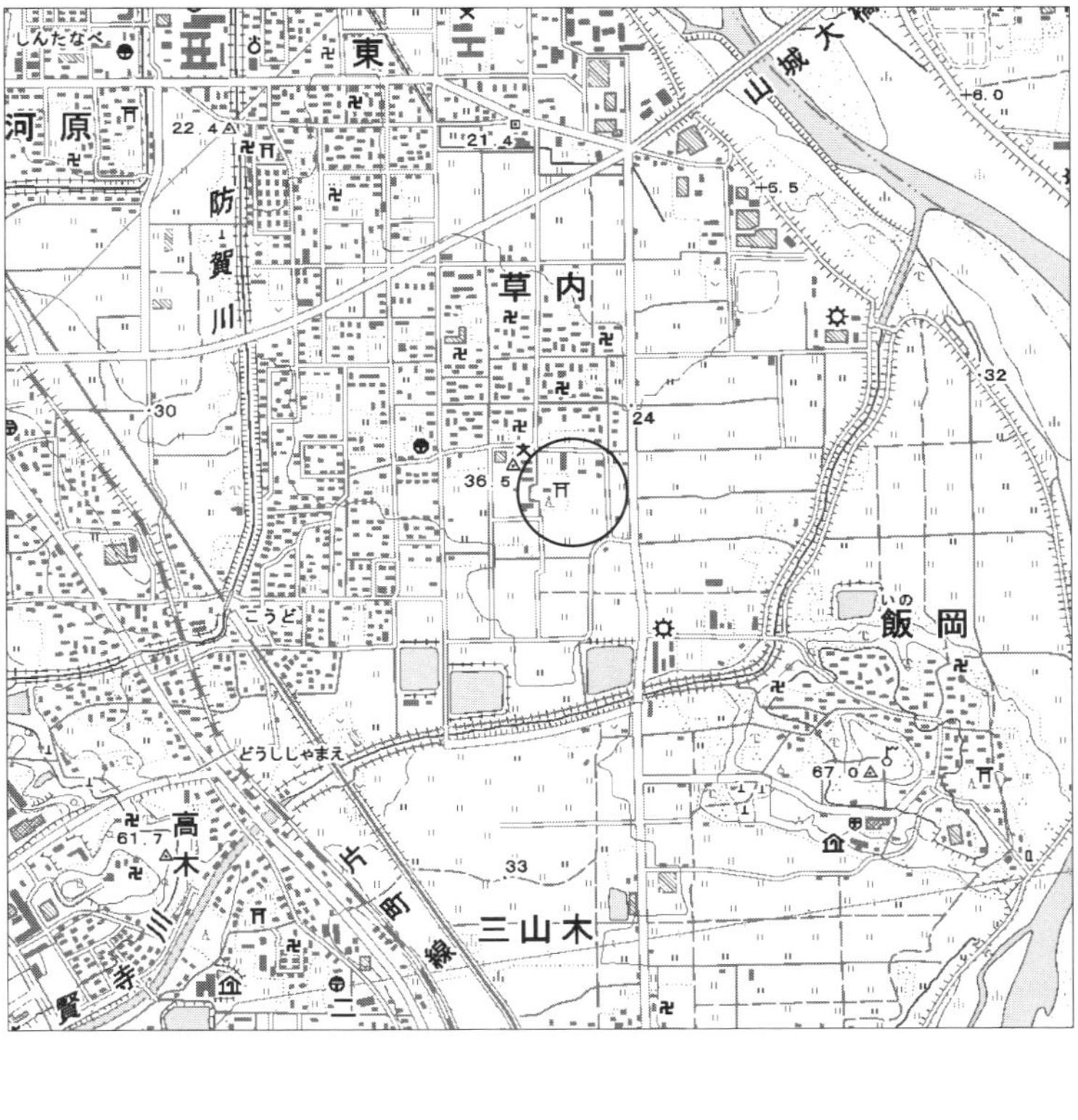

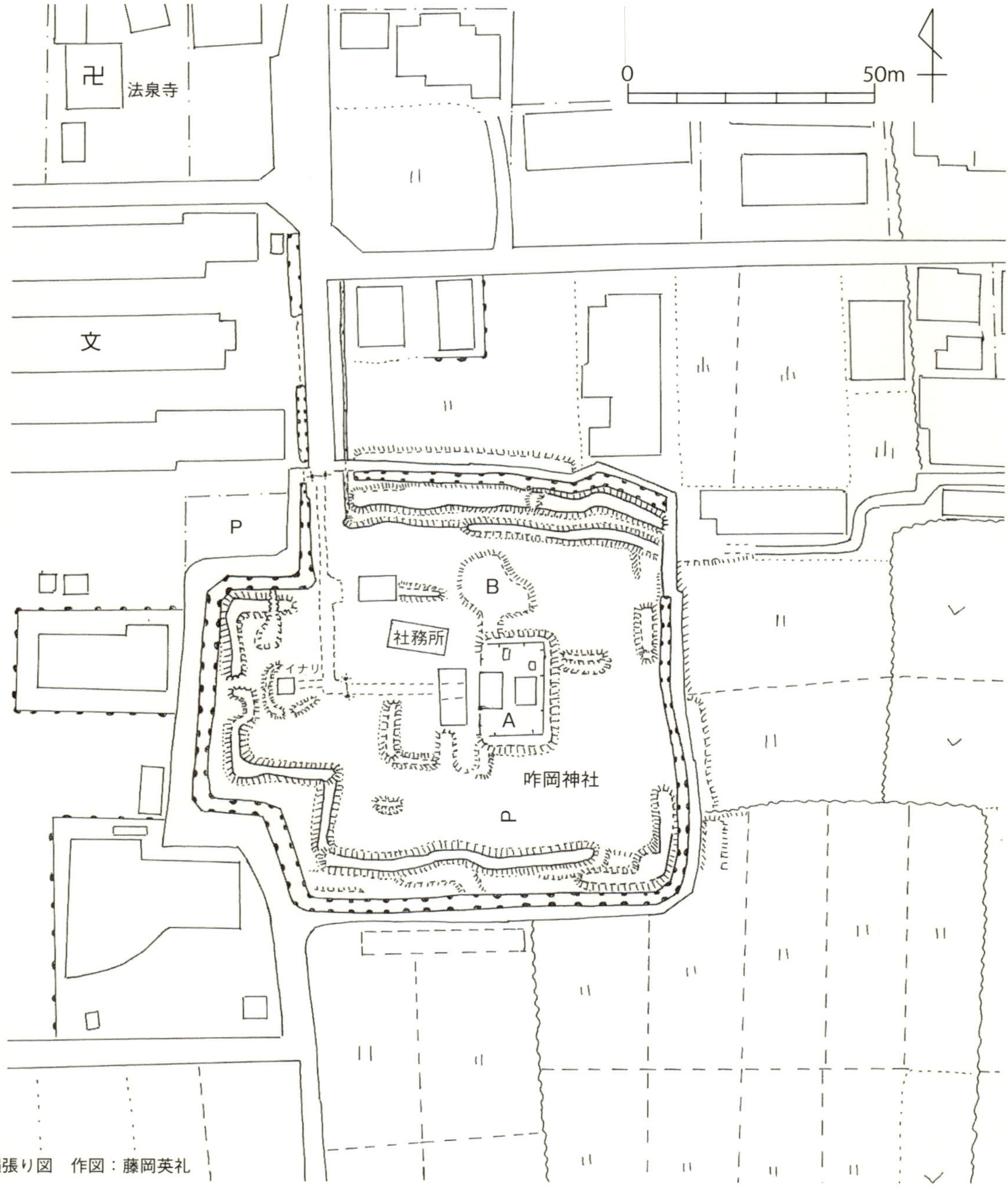

縄張り図　作図：藤岡英礼

宗教センターが集中したと思われる。

文明十四年、山城守護の畠山政長が、遊佐兵庫を大将として南山城の国人（狛氏・炭竈氏）を付けて草路城に籠もらせたが、敵対する畠山義就に河内から攻められ落城した。この城が、前記の政所（草路城）に一致するか課題だが、規模のうえでは、後に畠山尚順が籠もった水主城《みずし》（『近畿』Ⅰ所収）の一町四方と変わらないので、畠山氏の草路城は、政所の遺構を継承したと考えたい。

その後の歴史は詳らかでないが、文明十七年に勃発した山城国一揆でも、畠山氏などにより活用されたと推測されている。

城跡と重なる咋岡《くいおか》神社は、永享年間（一四二九～四一）に飯岡から分祀したと伝えるが、どのように城と関係したかは不明である。

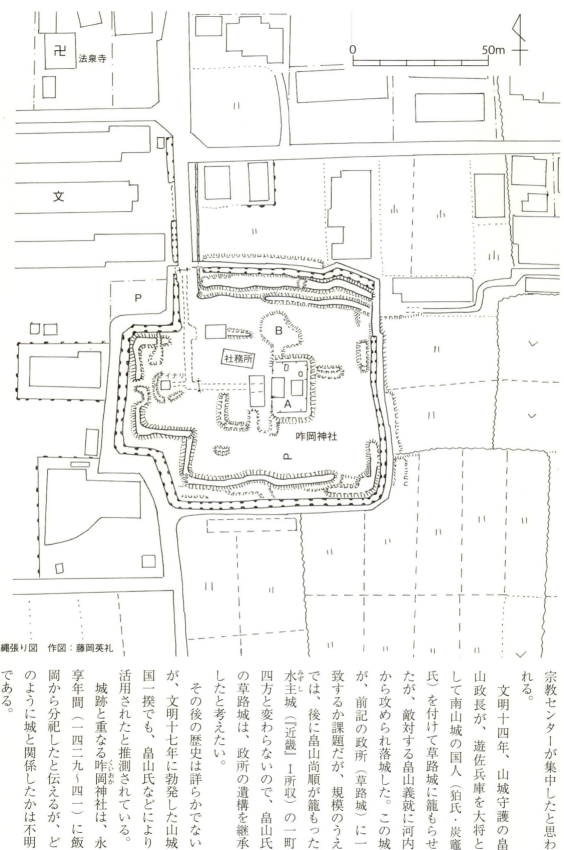

【遺構】四周を囲む水濠は、大部分が減幅され往時を留めないが、道路上に地割りが残っており、復元するとほぼ方一町の規模となる。

　西側塁線は、中央に30×60メートルを測る突出部を設ける。優れた軍事施設でありながら、方一町の範囲を越えないよう設定されており、なんらかの規制を受けていたと思われる。四周を囲む土塁は、高さが30から60センチと低いため、咋岡神社の結界とする見方があるが、小池や小祠を囲む土塁は、囲郭の土塁を部分的に破壊している。やはり、城の土塁と考えてよいのではなかろうか。

　北を二重とする水濠は、出入口（虎口）が特定できず、横矢が掛かったか不明である。濠は北西隅と東中央をわずかにクランクさせ、土塁も南東端がクランクすることから、要所に横矢状の地点を設定していたと思われる。

　咋岡神社の創建は、社伝を考慮すれば築城に先行すると思われる。郭内には、社殿に関連する基壇（A・B）以外にも、溝や土塁の残欠が残ることから、社地と城に関係する区画が併存した可能性がある。もっとも、郭内は戦国後期に流行した陣城のように、城将と城兵を分ける二元的な構造にはなっておらず、巨大な郭内は一元的に近い形で使用されたと思われる。

土塁

北側内濠

【評価】当遺構は、これまで草路氏の居館とされ、畠山氏の草路城は別の地に求める見解もあった。しかし、草路氏の居館は寺家の政所であり、公的性格が強いものであった。それゆえ、南山城に確たる拠点を持たない畠山氏にとって、寺家の公的なセンターの占拠は、在地勢力を糾合するうえでも魅力的であったと思われる。
　当遺構の突出部やクランク部の創出は、政所から守護の軍事拠点への改修を示す可能性がある。仮にそうした場合でも、突出部は方一町の範囲内で収められており、守護の城郭は寺家の規制を脱することができなかったかもしれない。その後の歴史に草路城があらわれないのは、このような制約を嫌った守護などの外来勢力が、北に位置する水主城など、より戦略的自由度の高い城館に拠点を求めた証左かもしれない。（藤岡英礼）

［参考文献］松﨑健太「草路（草内）城跡」『京都府中世城館跡調査報告書』第3冊—山城編1—

48

覚谷城《おぼえたにじょう》

吉原山城の南を守る出城

城跡遠望

【選地】　峰山市街地西側の安《やす》集落に所在する。当城が築かれた集落北端に張り出す尾根先端部は、北方約９００メートルの山頂（吉原山城〈『近畿』Ⅰ所収〉所在）からなだらかに延びる尾根の最先端にあたる。尾根両側の谷間は深く入り込むが、谷底は歩きやすい緩やかな地形で、吉原山城の直下まで至る。つまり、当城は南側から吉原山城へ至る三つのルート（尾根筋と谷間分岐点）を扼する立地であるといえる。

なお、同じ集落内には安《やす》城（本書所収、南南西約３００メートル地点）が確認されている。

DATA

所在：京丹後市峰山町安覚谷・ハツレカへ
遺構：土塁、堀切、虎口
規模：60 × 90m
標高等：標高 68m、比高 25m

【歴史】　同時代史料や後世の編纂物で当城の存在を確認できないため、築城主体やその歴史、城名さえも定かでない。地元では城跡の存在は知られているものの、伝承などは確認できない。

【遺構】　尾根先端の小頂部に位置するⅠ郭が主郭である。Ⅰ郭北西隅に確認されるスロープ状の落ち込みは、Ⅱ郭に接続する通路の痕跡と考えられる。Ⅱ郭はⅠ郭の北・東・南を囲繞するように造成され、東端の塁線上には小規模の土塁を設けている。

Ⅱ郭の南側にはⅢ郭が設けられているが、尾根を削り落とすようにⅢ郭の平坦面を造成しているため、Ⅱ郭との接続を地表面観察から読み解くことができない。Ⅲ郭の南直下にはⅣ郭があり、Ⅱ郭南東の小曲輪を経て接続

する。Ⅳ郭は内部が傾斜しており、削平が不徹底であるものの、明瞭な切岸により城域南端をなしている。

Ⅱ郭の北側は、段差を隔てた先に二段の曲輪が連続する。上段の曲輪は、北西隅にスロープ状の通路を設けて下段の曲輪に至る。下段の曲輪北端には、小規模な堀切を設けて城域北端を画するが、この堀切は両端部を竪堀としない簡素なつくりであり、尾根を遮断して防御を固める意図は乏しい。

Ⅰ・Ⅱ郭を中心に南北二段の曲輪が設けられる連郭式の城であるが、各曲輪間の接続は南北で異なっていることに留意したい。先述のように、北側はスロープ状の通路により城域端部までスムーズな移動を可能とするが、南側は接続が不明確であり、むしろ高低差のある切岸による遮断を優先させている。

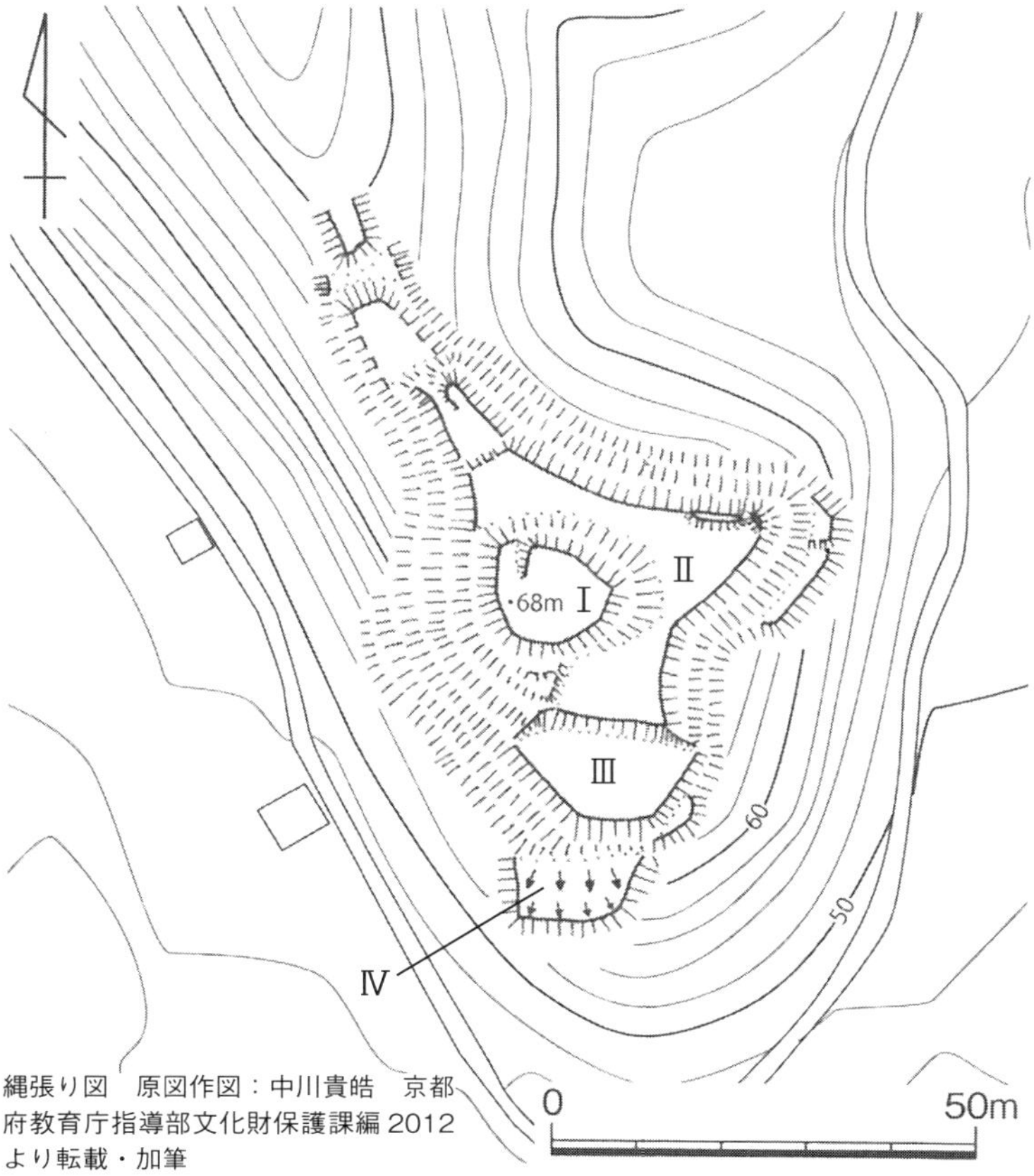

縄張り図　原図作図：中川貴皓　京都府教育庁指導部文化財保護課編 2012 より転載・加筆

【評価】 切岸と堀切による防御を主体としており、技巧的な防御施設は一切確認できない。そして、縄張りの問題として、次の二点を挙げることができる。

①防御上、最大の弱点となりうる北側尾根筋に対して、小規模で簡素な堀切を設けるにとどまること。贔屓目にみても、尾根筋に対しての備えは十分とはいえない。換言すれば、築城主体にとって北側尾根筋を明確に遮断する必要性がなかったともいえる。それに関連して、②曲輪間の接続に南北で差が生じていることである。北側は明瞭な通路により移動が容易であるが、南側は曲輪間の接続よりも遮断による防御を主体としている節がある。

そこで、選地をあらためて確認したい。当城を吉原山城南側の防衛拠点と解釈するならば、上記の縄張りの問題も解決する。すなわち、当城の南側は防御正面であるため、明確な通路を設けず遮断を優先し、北側は吉原山城との連携重視のため、移動が容易となるよう通路が整えられ、かつ、尾根筋の防御施設は最小限にとどめたのである。

以上、縄張り論と選地論から分析した結果、当城は吉原山城の出城である蓋然性が高いといえる。伝承などで当城に関わる話が確認されないのも、出城という性質（臨時性・非在地性）によるのかもしれない。（中川貴皓）

[参考文献] 京都府教育庁指導部文化財保護課編 二〇一二『京都府中世城館跡調査報告書』第1冊

49 安《やす》城《じょう》

方形プランを指向する特異な城郭

DATA

所在：京丹後市峰山町安井源谷・城山
遺構：土塁、堀切、虎口
規模：65×95m
標高等：標高70m、比高40m

【選地】峰山市街地西側に隣接する安に所在する。集落中心部に向けて西側から張り出した丘陵頂部に選地するため、安集落のみならず、峰山市街地をも一望することができる。山麓には臨済宗渓禅寺《けいぜんじ》が建つほか、峰山と小西をつなぐ東西路が通る。当城より北北東約300メートルには覚谷城《おぼえたに》（本書所収）、南西約430メートルには清水城が確認される。

【歴史】同時代史料では存在を確認できないため、築城主体や歴史は不明である。しかし、後世の編纂物『峯山旧記《みねやまきゅうき》』では、城主を後藤惣左衛門と記す。

現地での聞き取り調査では、「小西殿」の城跡という情報を得た。小西氏といえば、当城より南西2・5キロ地点に位置する奥吉原城の城主の一人と伝わるが、安まで影響を及ぼしていたのかは定かでない。今後、さらなる綿密な史料・聞き取り調査のうえ、地域の歴史を分析することが求められる。

（上）尾根を断ち切る堀切A　左手が主郭　（下）Ⅲ郭虎口C

【遺構】丘陵頂部に位置するI郭が主郭である。西側の尾根続きは上幅約16メートルの堀切Aで断ち切り、城域西端を画する。I郭は城内でも最大規模を有し、北側と堀切Aに面した西側塁線上にL字状の土塁を設ける。北東部分は地形の影響をうけるが、それ以外は直線的な塁線となり、隅部は直角に近く形成されている。

周囲の切岸は鋭く切り立ち、東直下のII郭

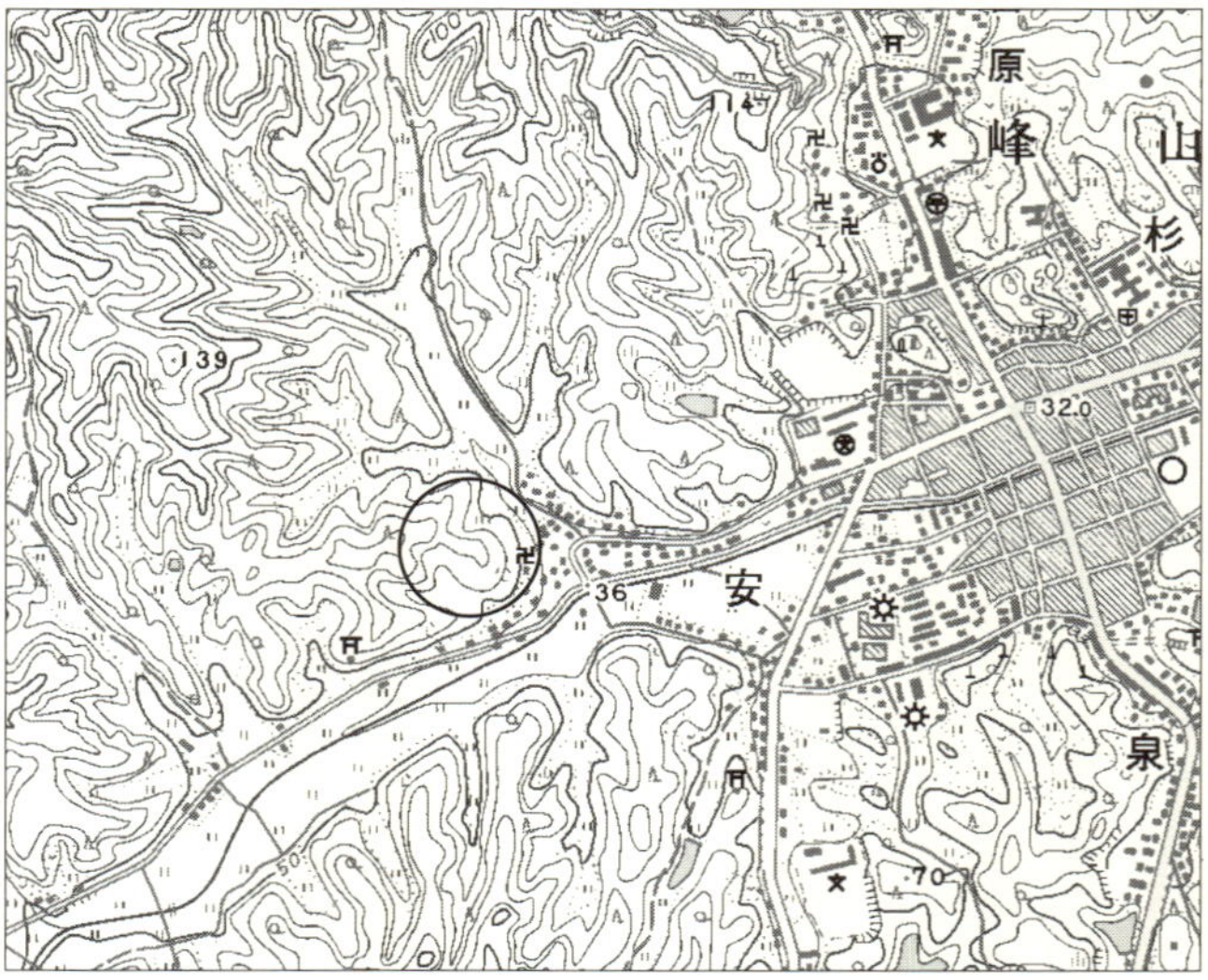

へは、Ⅰ郭からのびる竪土塁で接続する。Ⅰ・Ⅱ郭の東から南にかけては二段の帯曲輪Ⅳ・Ⅴが取り巻くが、上段帯曲輪Ⅳの堀切Aに面した西端には短い竪土塁を設けており、堀底や対岸との高低差を意識している。

Ⅰ郭北側直下には、Ⅰ郭に次ぐ広さのⅢ郭を設ける。Ⅰ郭同様、塁線は直線的で曲輪のかたちは方形に近い。北側には尾根先から襲来する敵に備えて、堀切Bが穿たれる。Ⅰ郭切岸と接する曲輪の付け根の東西には、内部を掘り窪めた虎口C・Dを造成する。なかでも、西側の虎口Cは脇に土塁を備えた構造となる。このように、Ⅲ郭は城外からのルートを集約し、敵を迎え撃つ最前線の曲輪として機能したことがわかるが、Ⅰ郭との間は高低差のある急峻な切岸で隔絶しており、どのように接続したかは定かでない。

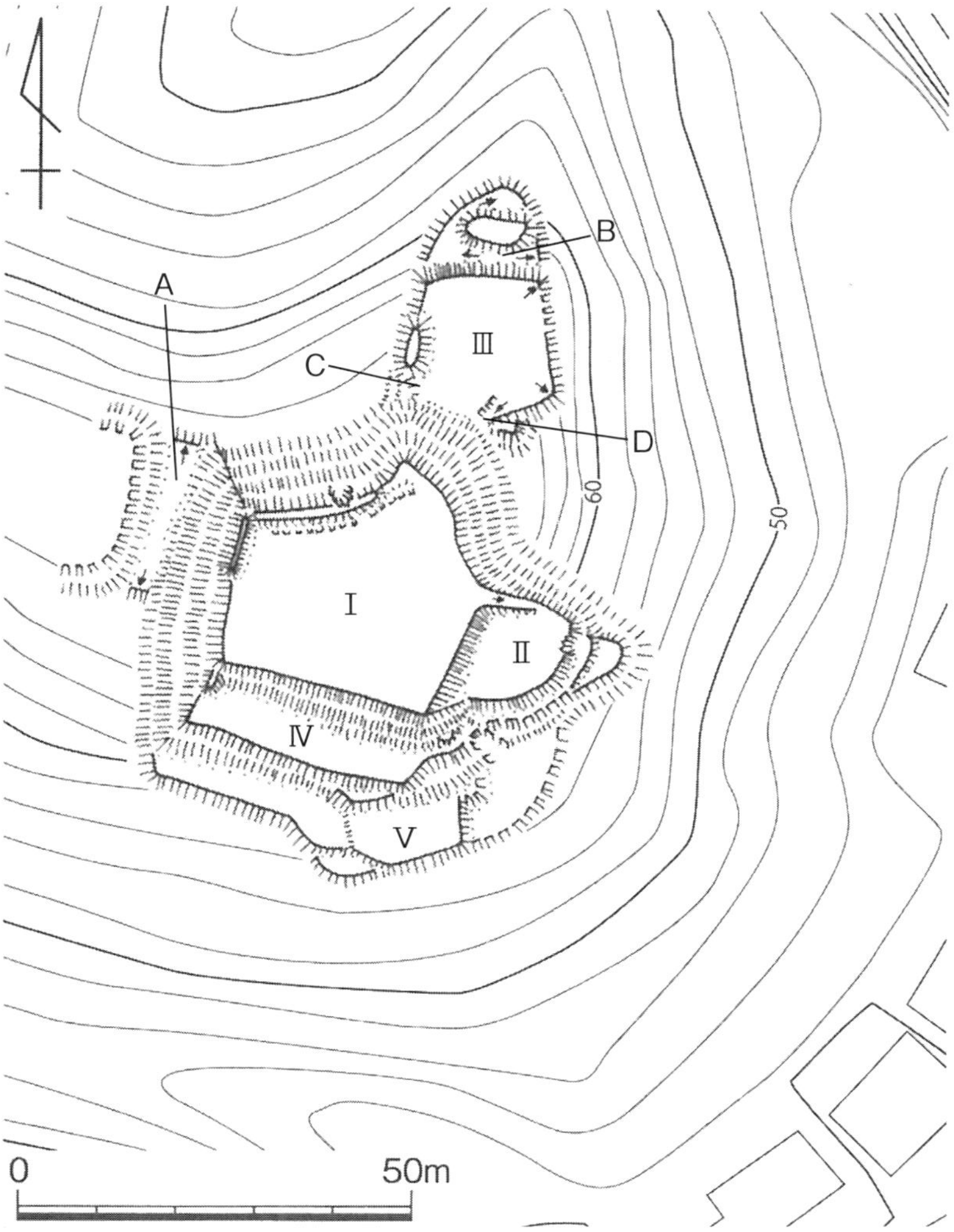

縄張り図　原図作図：中川貴皓　京都府教育庁指導部文化財保護課編 2012 より転載・加筆

【評価】　当城の特徴は、地形の影響を受ける部分はあるものの、直線的な塁線を形成し、方形を指向していることである。地形に則した縄張りプランに比べ、かなりの土木量を必要としたことは想像に難くない。にもかかわらず、その労力を負いながらも方形を指向するなんらかの必要性が、築城主体に生じたのである。

方形プランは、一般的に将軍御所や守護所をはじめとする平地居館（城館）で適用される。しかし、伊賀や甲賀のように丘陵上に展開する事例も確認されるため、当城のような事例も不自然ではないが、丹後では類例が少なく、特異であることは間違いない。今後は、築城主体や地域の歴史・城館の様相などを踏まえて、多角的に検討を進めていく必要がある。

（中川貴皓）

［参考文献］京都府教育庁指導部文化財保護課編　二〇一二『京都府中世城館跡調査報告書』第1冊

50 広域戦略に基づいて築かれた砦

赤坂城《あかさかじょう》

城跡遠望　中央の奥まった山頂付近が城跡

【選地】　赤坂集落より西方約500メートル地点の丘陵頂部に所在する。赤坂一帯では標高が高いため見晴らしは良いが、支尾根に遮られ、麓への視界は制限されている。城域背後の尾根続きには、中郡《なか》と竹野郡を分かつ郡境が南北方向に走っており、いわば郡境の城ともいうべき立地である。

当城より南約800メートルには吉原山城（『近畿』Ⅰ所収）、北東約480メートルには今井城、北西約540メートルには生野内《いくのうち》C城が位置し、いずれも尾根を経由しての移動が可能である。

【歴史】　同時代史料では確認できないため、築城主体や城名・歴史は不明である。後世の編纂物『丹後旧事記《たんごきゅうじき》』『一色軍記《いっしきぐんき》』『峯山旧記』によると、飯田越前守が城主とされる。

【遺構】　遺構はコンパクトにまとまっており、城域は丘陵頂部付近で収まる。

城内最高所に位置する小規模なⅠ郭が主郭で、北側には三段の曲輪を連郭式に配置する。このうち、下段のⅡ郭は城内最大の面積をもつ。Ⅱ郭の北側直下には帯曲輪があり、北と北東に派生する支尾根に対し、小曲輪を配置する。小曲輪の直下は尾根続きとはいえ、高低差のある急斜面を成しており、要害性の高い地形であるため、堀切などの遮断施設は設けられていない。

一方、Ⅰ郭の南は二段の曲輪が取り巻き、南西の尾根続きに対しては、二重の堀切A・

DATA

所在：京丹後市峰山町赤坂井ノ谷・石丸アソウ谷
遺構：土塁、堀切、竪堀
規模：60 × 70m
標高等：標高 135m、比高 95m

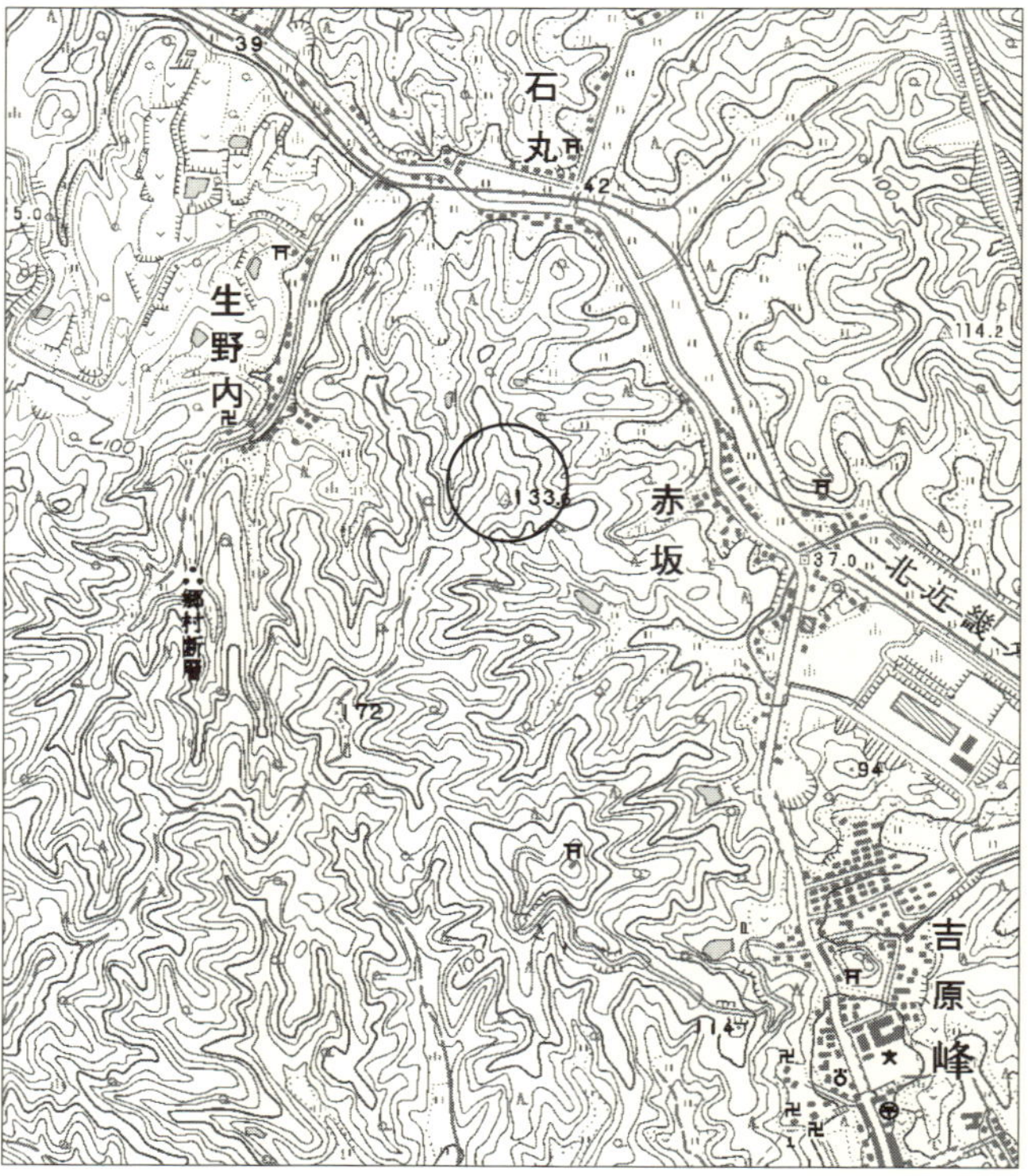

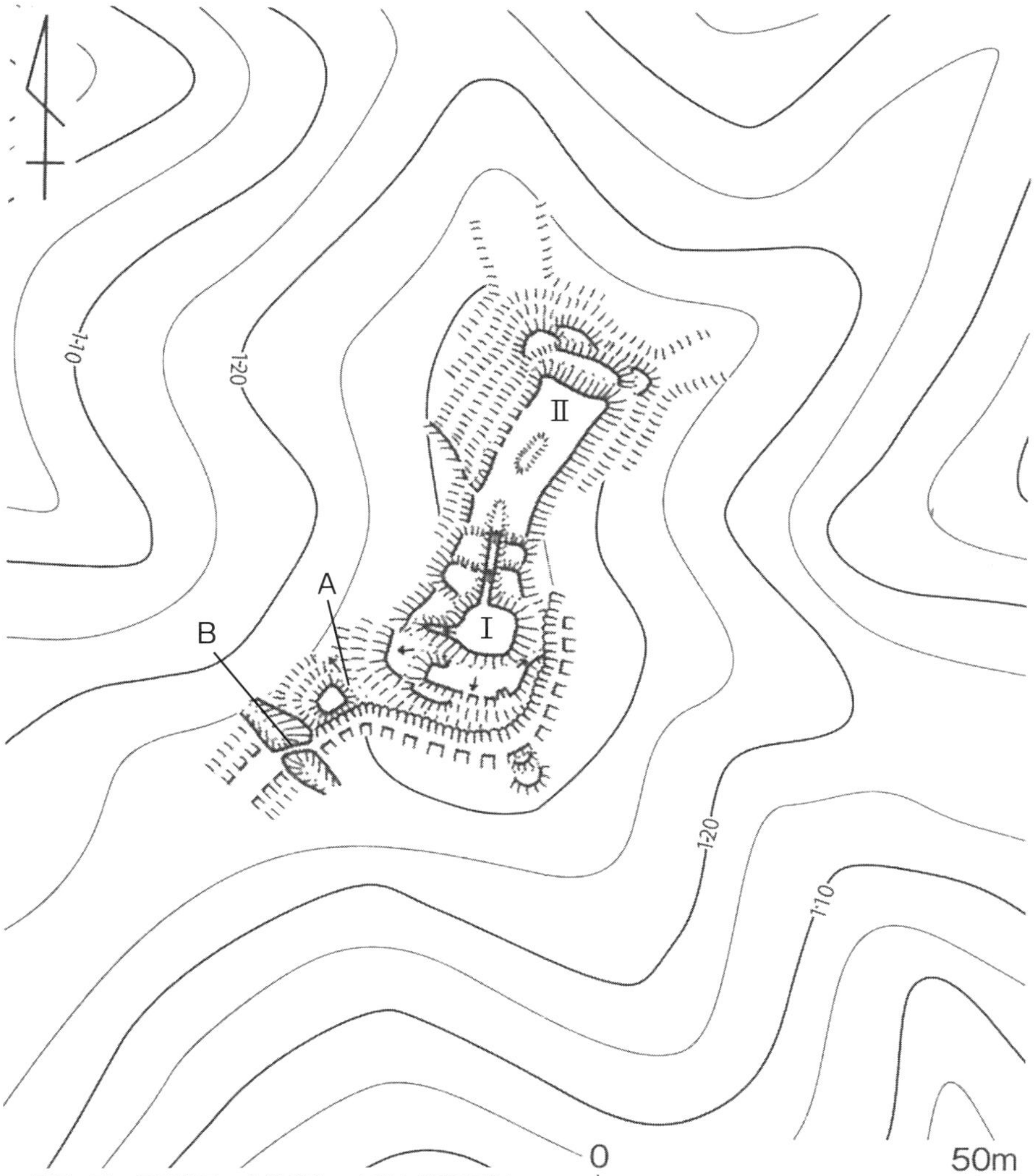

縄張り図　原図作図：中川貴皓　京都府教育庁指導部文化財保護課編 2012 より転載・加筆

Bを穿っている。両堀切とも城内側を高くして堀底や対岸との高低差をつくり、遮断に徹するが、外側の堀切Bは、さらに端部を竪堀としてのばして斜面からの進入に備えている。また、Ⅰ郭直下の南東尾根続きには、高低差のある切岸を隔てて二段の小曲輪が確認されるが、その直上は、後述の山道造成に伴って削り取られており、曲輪間の接続は定かでない。

留意したいのは、城域内にある後世の改変で、二ヵ所確認される。まず、Ⅰ郭を基点とした各曲輪の中心を貫く土塁状の遺構は、城郭遺構としては不自然であり、かつ、稜線に沿って構築されているため、後世につくられた土地境界を示す土塁と考えられる。

次いで、堀切Bに架かる土橋である。これは、Ⅰ郭東側直下から当城の遺構（堀切A端部など）を一部削り落としつつ、城域周囲を迂回するように造成された後世の山道と完全に一致するため、山道に伴うものと判断して間違いない。つまり、城郭が機能していた当時、南西尾根筋は二条の堀切によって完全に遮断されていたのである。

【評価】 当城の選地や縄張りを踏まえると、山麓の赤坂集落との関係性は希薄で、在地支配の機能は想定しづらい。むしろ、遠方の見晴らしや各尾根筋への警戒を重視する広域戦略のなかで配置された、純軍事的な城郭と解釈したほうが妥当である。築城主体や周辺に立地する城館との関係性については、今後の課題としたい。（中川貴皓）

［参考文献］京都府教育庁指導部文化財保護課編　二〇一二『京都府中世城館跡調査報告書』第1冊

51

内記城《ないきじょう》

郡の境界に佇む、畝状竪堀群の城

横堀

【選地】　竹野郡（京丹後市弥栄《やさか》町域）と中郡（京丹後市峰山町域）を隔てる箇所に位置する。竹野郡と中郡は、南から北へと流れる竹野川の氾濫作用によって開析された谷部分にあたり、当城は、その開析の狭まる部分に近接する。この谷に沿って大きく南北方向に伸びる山稜から西方向へ伸びる尾根の先端部に選地する。この先端部は城域南側へ大きく北へと向きを変え、扇型の頂部となる。

【歴史】　当城に関する記述は、一次史料では見当たらない。『丹哥府志』『丹後旧事記』『一色軍記』『峯山旧記』には、白杉主税介、白杉主税助の名前が見える。

【遺構】　当城は、尾根頂部に限られている。後述する畝状空堀群がほぼ南側を除く三方を囲んでおり、これより下位には曲輪と考えられる平坦面や城館遺構は確認できなかった。南西側は大半が道路によって開削され、破壊を受けている。南側の尾根続きには、尾根を横断する堀切が設けられており、その先には

DATA

所在：京丹後市峰山町内記丸山・小脇
遺構：横堀、畝状空堀群、土塁
規模：60 × 60m
標高等：標高 70m、比高 45m

縄張り図　作図：永恵裕和

平坦面や城館遺構が見られず、自然地形が広がっていることから、この堀切までが、城域であると判断できる。

当城は、最高所である頂部に、不整形な台形を呈する主郭を設ける。主郭内部の削平は均一ではなく、複数の平坦面を設ける。ただし、これらの平坦面群を曲輪と判断するには、切岸の傾斜が緩やかである。

また、北東部に張り出した箇所があるが、これも個別の曲輪ではなく、主郭からの派出箇所と判断した。主郭の南東隅部分には、一部に土塁が見られるが、虎口などの開口部は確認できなかった。

主郭直下には曲輪は存在せず、南側を除く三方において、畝状空堀群と横堀が認められる。形態の違いから、東側、北東部、北西部に分けて述べる。

東側は、堀切の東端部から伸びる竪堀を起点として、十二本の竪堀を擁する畝状空堀群である。いずれも、竪堀の両脇が土塁状に高まっている。起点となる竪堀から五本までと、それ以北のものでは高まりの幅が異なり、南側の五本が幅広となる。前述した主郭の南東隅土塁は、この竪堀に対応している。北東部

畝状竪堀群

は、主郭が突出する箇所にあたる。竪堀の設けられる間隔も不定で、竪堀脇の高まりの幅も不定である。

　北西部は、東側、北西部とも様相が異なり、横堀の城外側の高まりを竪堀で遮断したような形態となる。すなわち、堀幅、竪堀が設けられる間隔は不定で、竪堀脇の高まりも竪堀に沿うような直線的ではなく、土壇状を呈する。主郭からの切岸の高さも、東側の畝状空堀群設置箇所と比べて比高差が少ない。横堀の南西終端は、土塁で閉塞される。

【評価】　当城の特徴をまとめると、①郡と郡の境目付近に立地すること、②削平が不充分な単郭であること、③主郭周囲には、畝状空堀群と横堀をもつこと、の三点となる。

　周辺には、丹波城跡（『近畿』Ⅰ所収）や吉沢城跡（『近畿』Ⅲ所収）など、比較的多数の城館跡が位置している。いずれもあまり大規模な城域ではないものが多く、防御施設も切岸や堀切など、戦国期の城館で全国的、時期的にも通有のものが多い。また、曲輪内部は凹凸がなく、フラットなものが多く、当城のような起伏のあるものは見られない。

　横堀や畝状空堀群を持つ城館もあるが、城域の一部に敷設されるなど、あくまで防御施設の一つとしての使い方がなされているものが多い。

　それらに対して、当城は性格が異なることが明らかである。③の特徴である、畝状空堀群と横堀は、曲輪周囲を囲繞しながらほかの防御施設や曲輪の突出と組み合わせて、防御手段の使い分けがなされている。ほかの城館には見られない築城技術の運用の高さが見られる。

　また、②の特徴は、周囲の城館とは一線を画すものであり、曲輪内部の起伏の有無を、往時の城館の恒常的な使用の結果と見るのであれば、当城の特徴は、臨時性の表れと見ることができる。

　ただし、①の特徴からは、郡と郡の境目にほかの城館が立地しており、その点では当城が軍事的な緊張という要請のみで臨時的に築かれた、とは断言しきれない。いずれにせよ、丹後国でも当城の城域を全周する竪堀・横堀の配置のような防御施設の使い方を行う城館は少なく、防御施設のあり方、境目における城館のあり方を考えるうえで、重要な事例である。

（永恵裕和）

［参考文献］京都府教育委員会　二〇一二『京都府中世城館跡調査報告書』第１冊

52 釁野城《こうのじょう》

城域の使い分けが明確な連郭式城郭

釁野城から望む山麓

【選地】 丹後国の旧郡では中郡にあたり、現在の京丹後市大宮町の北部に所在する。竹野川中流域東岸に位置する河辺集落の南側に選地し、ちょうど集落に向かって西へと張り出す、独立丘陵の頂部である。

【歴史】『丹哥府志』『丹後旧事記』『一色軍記』『峯山旧記』に、河辺の城主として、三宅美作守の名が見られるが、河辺に所在するどの城を指すのか不明である。なお、現地には「釁野神社旧蹟」という石柱が設けられており、当城の廃絶後に曲輪を利用して神社が造られていた。

DATA

所在：京丹後市大宮町河辺釁野城
遺構：曲輪、土塁、堀切、竪堀
規模：350 × 190m、
標高等：標高 78m、比高 55m

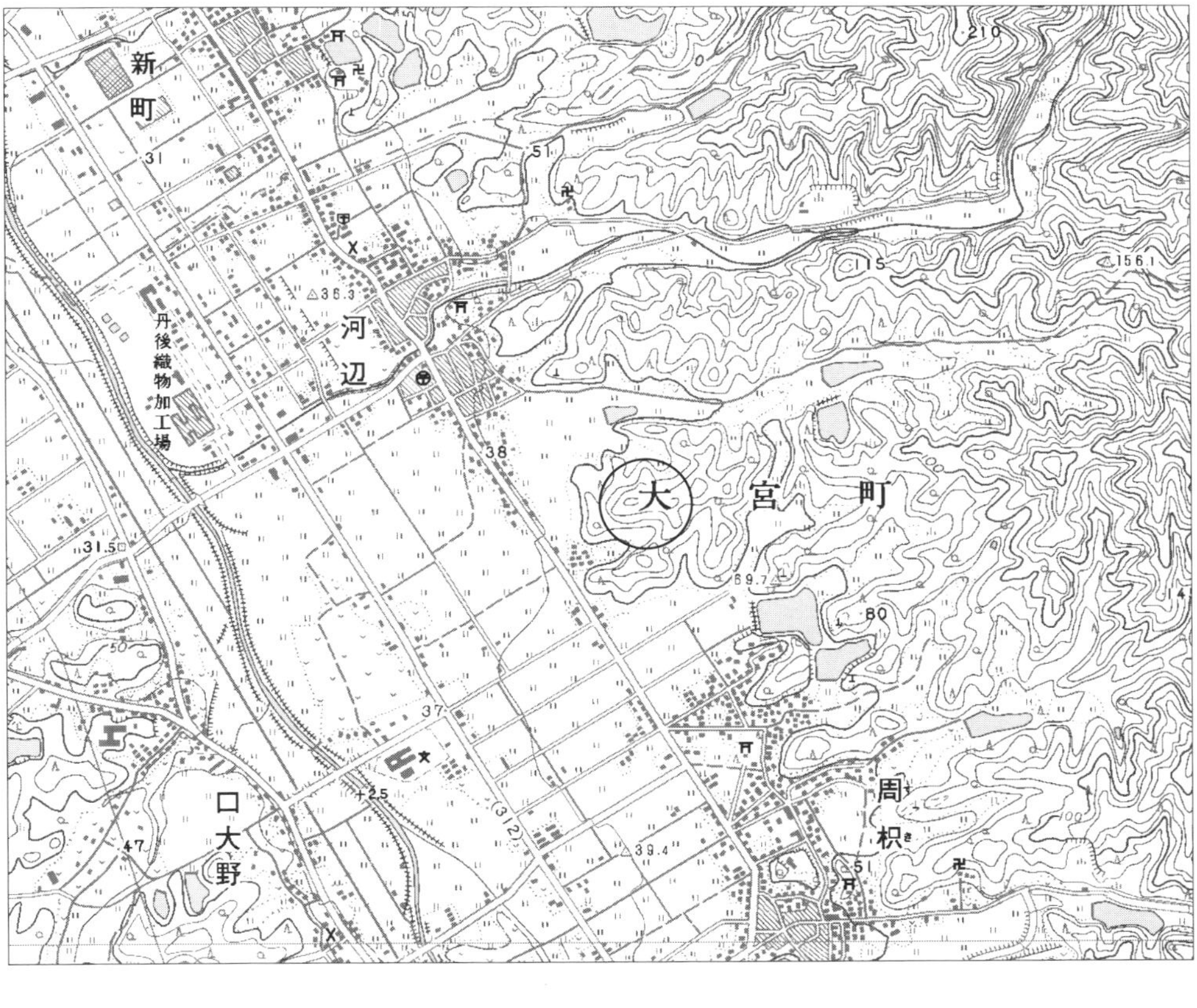

【遺構】 当城は、独立丘陵端部の尾根上に位置する連郭式の城である。堀切Aは尾根を東西に分断しており、城域を東西に二分している。ここでは便宜的に堀切Aを境にして、「西地区」と、東側の墳墓群を含むと思われる「東

縄張り図　作図：永恵裕和

地区」に分けて検討する。

西地区のうち、城内最高所に位置するI郭は堀切Aに面し、北東隅が落ち込んでいる。この落ち込みは、堀切内にある北側の段差と縁辺を一致させている。Ⅱ郭はI郭の直下に位置し、西側へ向かって平坦面が広がる。北東隅と南東隅がI郭を囲む。Ⅱ郭の西に位置するⅢ～Ⅳ郭は、城内の通路で結ばれる。Ⅳ郭は、Ⅱ郭の北東張り出しに対応して北東部が櫓台状に高まり、さらにその東縁辺に土塁をもつ。

Ⅴ～Ⅶ郭は、Ⅰ～Ⅳ郭とはつながっていないものの、Ⅴ～Ⅶ郭南側の竪堀の存在や、各曲輪の切岸の急峻さから、城を構成する遺構であると判断できる。

堀切Aより北西側下方にあるのが、Ⅷ郭である。Ⅷ郭は長方形の平面形を呈し、南北に細長く伸びる。曲輪内部は平坦であるが、切岸の傾斜に緩急があり、より外縁部に近いほうが急傾斜をなす。Ⅷ郭とI郭の間には櫓台状の高まりと、それを中心として対称形に構築される堀切・竪堀群がある。

この高まりは、I郭間の堀切と、I郭側堀切から東西両方向に三条ずつ掘削された竪堀により遮断されている。この高まりには、南西上方に前述のⅡ郭北東張り出しと、Ⅳ郭北東部が面しており、横矢掛かりが可能と判断できる。一方、堀切A南側には曲輪は確認できず、堀底が竪堀につながり延びる。その西側には竪堀によって区画された横堀が確認できる。

東地区は、西地区に比べ、平坦面の成形や切岸の傾斜が不充分である。堀切Aに対応する二条の堀切のほかに、少なくとも二条の堀切が東地区には設けられている。さらに、各所に円形の高まりが存在しており、墳墓を二次利用した城館遺構であると判断できる。

【評価】 丹後国では、尾根に階段状に弥生～古墳時代の墳墓が築かれることが多く、それらを城域に取り込んだと判断できる城跡が少なくない。その中でも、当城での、東西両地区での削平の程度や防御施設の使い方は際だっており、築城主体が充分に地形を把握した上で、城域を設定していることがわかる。

（永惠裕和）

［参考文献］京都府教育委員会 二〇一二『京都府中世城館跡調査報告書』第1冊

（上）堀切Ａ　（下）切岸

53 光明寺裏山城《こうみょうじうらやまじょう》

造成方法の異なる堀を組み合わせた城郭

堀A（左）・B（右）、虎口C（中央）

【選地】 丹後国中郡《なか》の中心地である中郡盆地の南端、奥大野に所在する。竹野川と常吉川の合流部にあたり、竹野川に沿う道を上流に向け辿れば、三重谷を経て延利《のぶとし》・久住《くすみ》・五十《いか》河《が》などの中郡北東部に至る。一方、常吉川に沿う道では、下常吉・上常吉を経て与謝郡につながる交通の要衝である。

　当城は、奥大野集落西側の東西にのびる尾根上に選地する。北西約３５０メートルに奥大野城、北東約５００メートルに平太郎城があり、奥大野集落を囲むように三城が配置されている。また、谷を挟んだ南約２００メートル地点には正垣城がある。

【歴史】 同時代史料や後世の編纂物で当城の存在を確認できないため、築城主体やその歴史、城名さえも定かでない。

【遺構】 城郭遺構は、尾根上に約１７０メートルにわたって展開し、東西両端は堀によって区画する。

　東端の堀は、南と北で造成方法が大きく異なる。南半分は外縁に土塁を設けることで堀Aを形成する一方、北半分は地面を掘り窪めて堀Bを造成している。外縁の土塁がある分、堀Aが張り出し、若干食い違い状になる。端部はそれぞれの造成方法で竪堀を構築し、堀Aは構造上、塹壕《ざんごう》（武者隠し）としても機能しうる。

　東端の堀の中央部には、堀Aの外縁の土塁と堀Bにより狭められて形成された虎口Cが確認できる。この地点は尾根先から城内へ至る導入路であり、城域全体の虎口と評価する

DATA

所在：京丹後市大宮町奥大野寺ノ上・小茂谷
遺構：土塁、堀切、竪堀、虎口
規模：170 × 60m
標高等：標高 118m、比高 68m

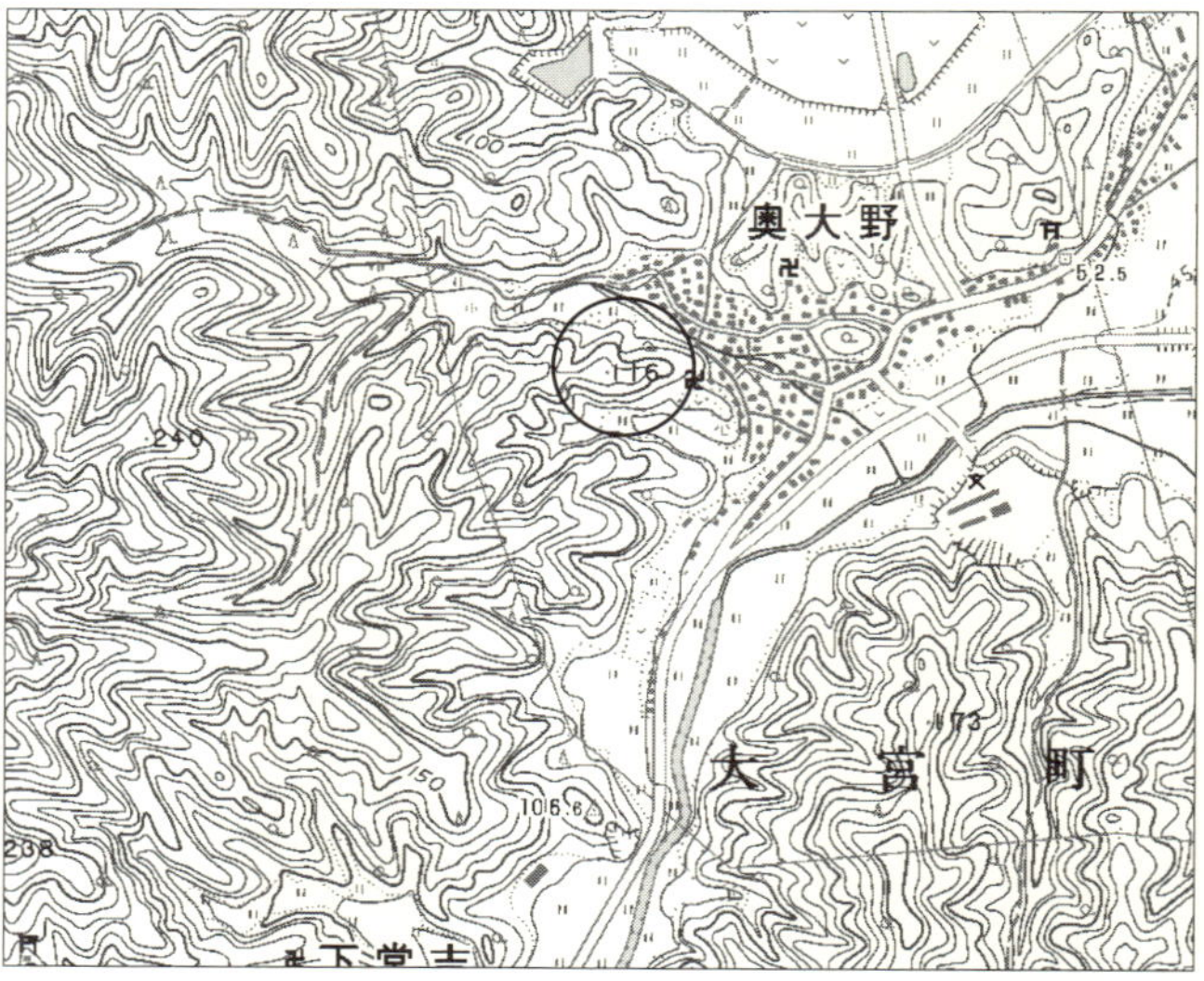

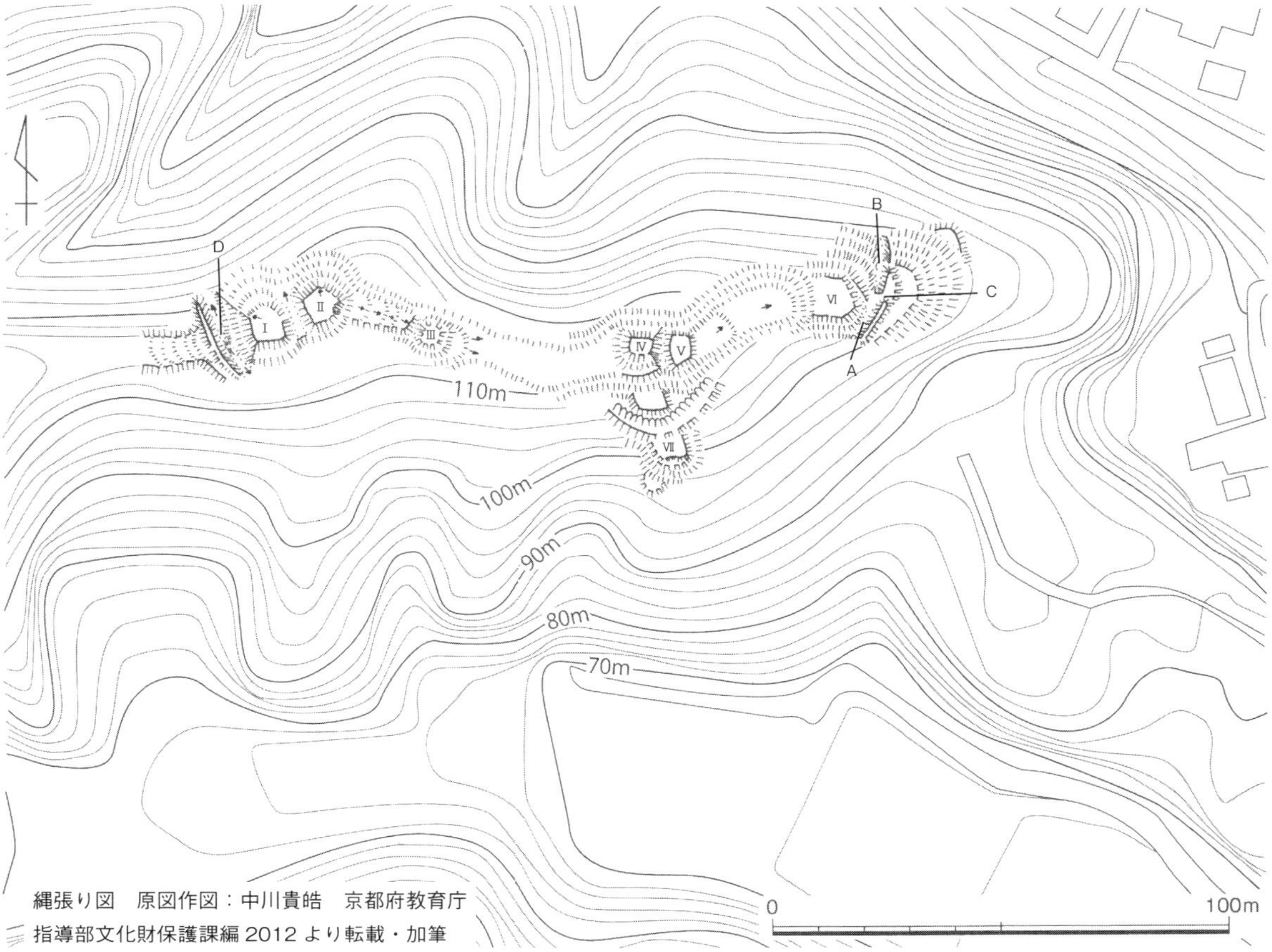

縄張り図　原図作図：中川貴皓　京都府教育庁指導部文化財保護課編 2012 より転載・加筆

ことができる。このように、造成方法の異なる堀を組み合わせて、遮断と導入を巧みに両立させている点は注目に値する。

西端の堀切Dは、西側の尾根続きに対して穿たれている。高低差のある切岸と対岸の外縁に設けられた土塁により、遮断性をより一層高めている。

東西端部の堀に挟まれた内部では、Ⅱ・Ⅲ・Ⅳ・Ⅴ郭の小頂部周辺や防御上の要となるⅠ・Ⅵ・Ⅶ郭の城域端部に曲輪が造成されるが、それ以外には普請が施されておらず、自然地形となる。

小頂部周辺の曲輪は、先行する古墳を二次利用したと考えられるものが多く、切岸の不明瞭な箇所がある。そして、曲輪に付随する小規模な堀切状の窪みは、古墳にともなう周壕の可能性が高い。城郭遺構かどうかの見極めには注意が必要である。

【評価】 当城は、尾根上に存在する古墳群を利用して築かれた城郭で、幾坂城をはじめとして、丹後では一般的に確認される事例である。城域の約四割が自然地形のまま未加工であり、曲輪の造成は最小限に留められているものの、防御上の要所には明確に普請が施されている。そのため、陣城として臨時的に機能したことが想定される。

注目すべきは、城域を画する東西両端の堀である。造成方法の異なる堀を組み合わせて遮断と導入を両立させた東端の堀と、遮断を専一にする西端の堀とで意図的に使い分けている。とくに東端の堀は技巧的であり、丹後における築城技術を考えるうえでも重要な事例となるだろう。

（中川貴皓）

［参考文献］京都府教育庁指導部文化財保護課編　二〇一二『京都府中世城館跡調査報告書』第1冊

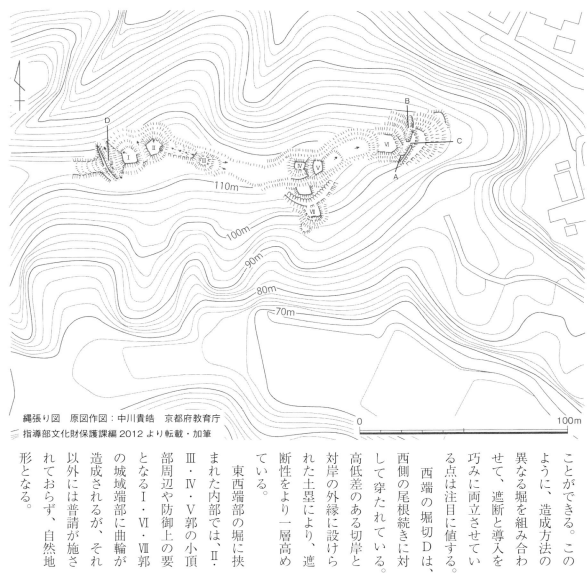

54

延利城《のぶとしじょう》

丹後半島の大規模山城

空堀

【選地】 延利集落は、街道が東西南北に通じる要衝の地である。東の岩滝から西の網野や間人《たいざ》方面に通じる東西の街道や、北の五十河方面から、三重、大宮町方面への南北の街道がある。この交差点の東側にある標高190メートル地点を中心に、延利城が展開する。

【歴史】『御料所日記』は、城主を吉田吉助とする（京都府教育庁指導部、文化財保護課二〇一二『京都府中世城館調査報告書』第一冊）。

【遺構】 南の尾根筋を三重の堀切で遮断し、主郭と考えられるⅠ、Ⅱ郭を独立させている。Ⅰ郭の規模は南北20×東西20メートルで、南の堀切側に東西10×南北8メートルほどの櫓台Aを設けて、南の堀切側を厳重に守備している。東側には、櫓台Aから接続した土塁が延びている。Ⅰ郭の北東に南北15×東西10メートルほどのⅡ郭があり、この二曲輪で主郭を固めているが、各曲輪への虎口は不明である。

Ⅰ郭の北西には、南北50×東西30メートルの不整形なⅢ郭があり、虎口Fが北西に開口し、空堀を東に進むと竪土塁に規制されて屈曲する箇所にBがあり、Bは西のⅣ郭と北のⅤ郭から横矢がけが可能となる位置にある。また、屈曲した通路はⅤ郭の東の堀切Cとは接続せず、切岸で遮断している。Ⅱ郭の北東尾根は、三条の堀切で遮断し、東西30×南北10メートルほどのⅥ郭と、東に東西30×南北10メートルほどのⅦ郭があり、東尾根先へ三段の曲輪が続き、南東斜面には南の堀切から160メートルほどにわたって横堀が敷設されている。

DATA

所在：京丹後市大宮町延利・縁多
遺構：曲輪、土塁、空堀、竪堀、堀切
規模：625 × 375m
標高等：標高 190m、比高 90m

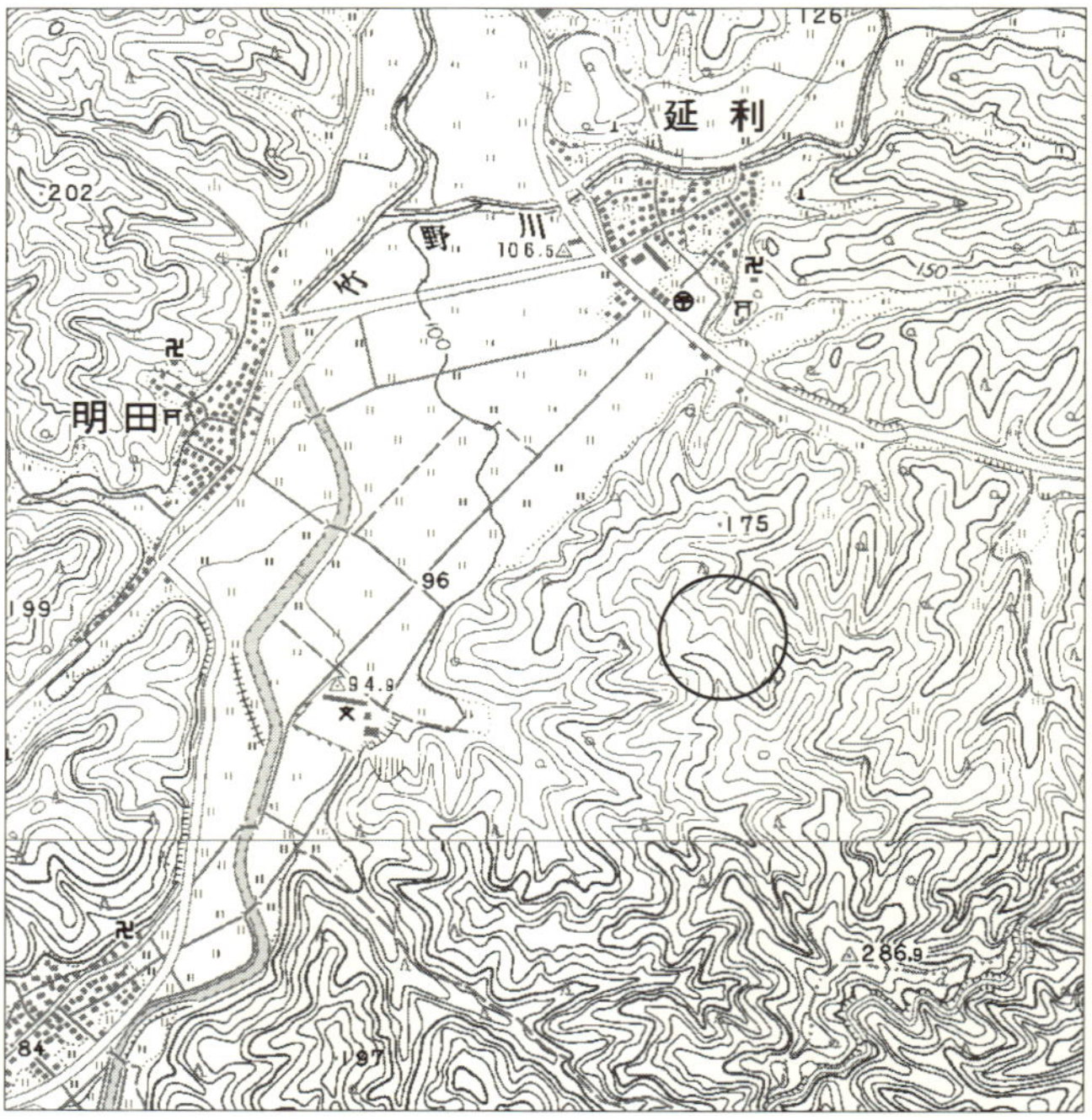

Ⅴ郭の東には、堀切を隔てて大規模な曲輪Ⅷと Ⅸが続く。Ⅷ郭は東西85×南北17メートルと大規模である。Ⅷ郭から堀切を隔てた位置にあるⅨ郭は、東西100×南北15メートルほどの規模で、中央で二段になっている。東は堀切Eで遮断し、中間にある堀切Dの北に土塁を設けている。また、Ⅵ郭とⅦ郭の北にある谷間には、十段の曲輪群が造成されている。Ⅸ郭から北へ延びる尾根上にある曲輪群Xは、全長260メートルにも及ぶ。Ⅰ、Ⅲ、Ⅳ郭の西斜面は堀切で遮断しており、この尾根筋にも曲輪が広がる。

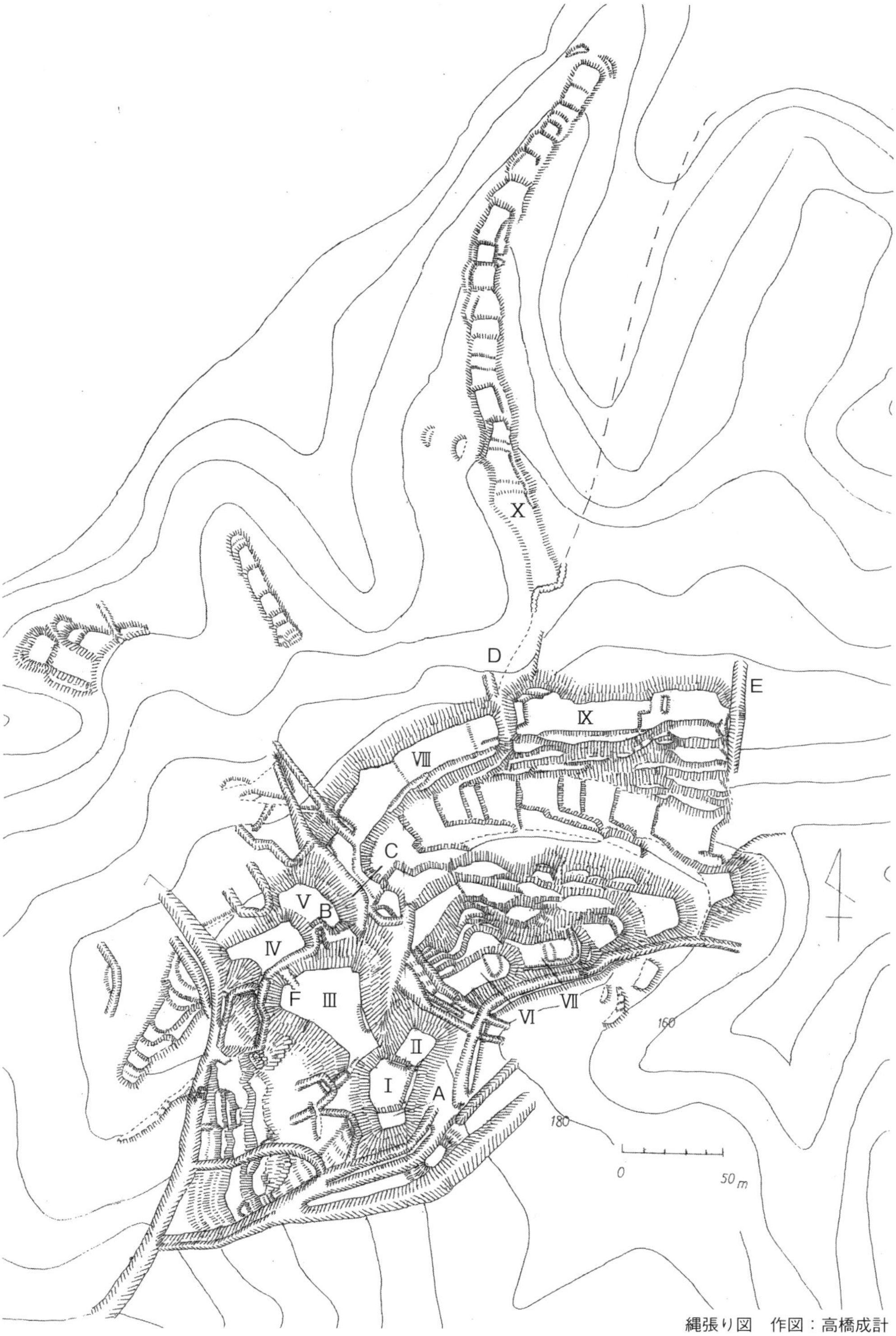

縄張り図　作図：高橋成計

【評価】当城のような大規模な城郭は、土豪層によって築城・維持・管理が行えるようなものではない。東方約5キロに位置する丹後守護所との関連を考える必要がある。

（高橋成計）

55

入谷城《いりたにじょう》

なぜ単調な縄張りに多重堀切が採用されたのか

城跡遠望　北より

【選地】　南流する竹野川を東に見下ろす、尾根先端部に築かれている。竹野川を挟んだ東側約６００メートルの位置には延利城（本書所収）、明田集落を挟んだ北側約５００メートルの位置には明田城がある。南側約５００メートルの尾根続きには、森本城（『近畿』Ⅲ所収）がある。

　城跡は大宮第三小学校の西側、竹野川の対岸にある丘陵上に築かれている。東側山麓には、湧水のある城ヶ越清水公園がある。湧水背後の小道を谷に沿って上ると、多重堀切に着く。

【歴史】　城主・歴史については、不明である。

【遺構】　当城は、尾根先端部に位置することから、背後となる南側尾根に多重堀切を巡らす。堀切は四本見られ、最も外側の堀切Aは約3メートル、次の堀切Bは約6メートル、その次の堀切Cは約4メートル、最後の堀切Dは約5メートルの深さである。とくに堀切Bが深さ、幅ともに隔絶性の強いものとなっている。

　堀切Bと堀切C、堀切Cと堀切Dの間は土塁状となっているが、堀切Aと堀切Bの間は小曲輪のようになり、堀切に面した東西両面に低い土塁を巡らしている。この部分は、南側尾根続きに備えた小陣地の様相を見せる。

　堀切Dは主郭Ⅰの直下にあり、南側で折

DATA

所在：京丹後市大宮町明田城ノ丘・入谷
別称：旧明田城
遺構：堀切、切岸
規模：100 × 120m
標高等：標高 180m、比高 50m

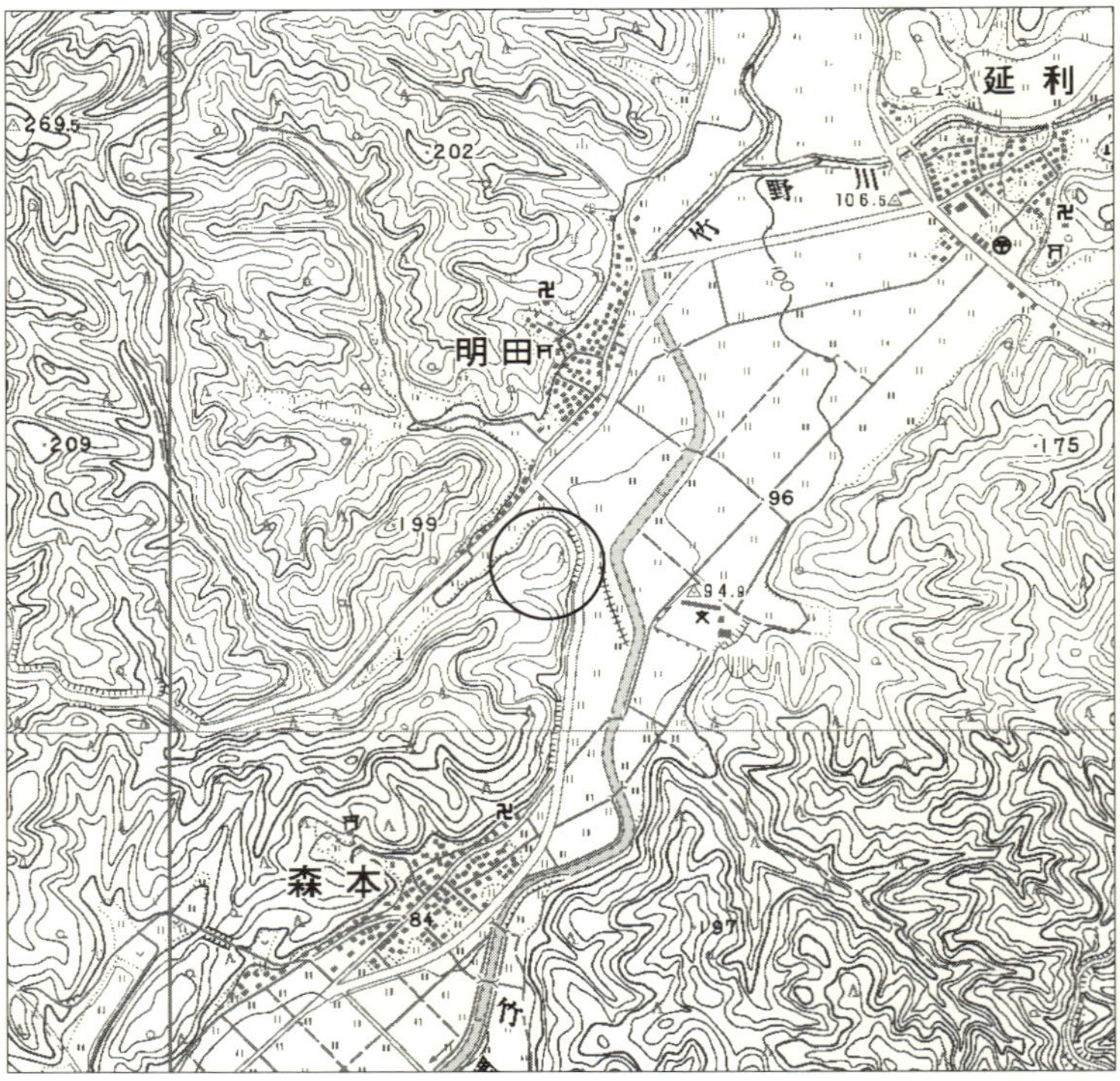

縄張り図　作図：高田 徹

堀切Ｃ　南より

堀切Ｄ　南より

れ曲がる。折れ曲がった部分の基部に存在するのが、Ⅱ郭である。Ⅱ郭は、全体が堀切Ｄと反対方向となる東側に向かって下降する。堀切Ｄに対して横矢掛かりの陣地になりそうな位置であるが、それにしては足元が安定しない造りである。

主郭はⅠ郭である。内部は三区画で、最高所は堀切Ｄに面して土塁を設ける。Ⅰ郭の北側には、深さ約1・5メートルの堀Ｅがある。堀Ｅは幅約10メートルで、底部はほぼ平坦である。堀というよりも、曲輪とみなすことも可能だろう。

Ⅰ郭から堀Ｅを隔てた位置にあるのが、Ⅲ郭である。内部には低い段があるが、これは後世の畑の跡であるように見受けられる。Ⅲ郭およびその東・西・北裾の帯曲輪状の平坦面は、ほとんどが後世に畑、植林地となっている。確実に曲輪跡も含まれているはずだが、どこまでが城郭遺構で、どこからが後世の改変なのか、にわかに判断しづらい。

【評価】 当城は、なんといっても多重の堀切が見どころであるし、縄張り的にも重要な個所となる。同様の多重堀切は近隣の延利城にも見られ、築城主体が同じであったことを示唆する。

多重堀切と曲輪間を分化する堀Ｅを除くと、縄張り全体の単調さは否めない。後世の改変により、このような姿になった可能性もあるが、もともとあまり複雑な構造ではなかった可能性もある。

堀切Ａ～Ｄは比高差のある鞍部に設けられているが、堀Ｅは比高差がほとんどない曲輪間（おそらくは本来一続きであった地形）に設けられている

主郭であるⅠ郭に対して、堀Ｅで区分されて比較的広さを有するⅢ郭は、どのような役割が期待されていたのか。このあたりが多重堀切が採用された点とも関わり、当城の役割・機能を解釈するにあたってのポイントになるのではないだろうか。

あくまで想像にすぎないが、守るべきヒト・モノはⅠ郭ではなく、むしろⅢ郭を中心に収容・貯蔵されていたのではないか。このような見方が妥当ならば、Ⅰ郭も多重堀切の延長に位置づけられる遮断線の一つであったと考えることもできるだろう。

（髙田　徹）

56

メリハリの効いた縄張りの城郭

善王寺小谷城《ぜんのうじおだにじょう》

城跡　東より

【選地】　善王寺集落の南西にある尾根先端部に位置する。北東約1キロには平岡城、北約2キロには城ノ上城、北西約1・2キロには屋敷ヶ谷城、西約1キロには長尾城がある。

DATA

所在：京丹後市大宮町善王寺小谷
遺構：堀切、土塁
規模：70 × 80m
標高等：標高 90m、比高 40m

城跡は、西側の谷に流れる渓流に架かる丸木橋を渡ると、山上への小道が続くがやや険しい。はっきりした道はないが、北側を走る車道側から取り付いて登るのが比較的安全である。

【歴史】　城主・歴史については、不明である。

【遺構】　主郭はI郭で、南側と西側に土塁を巡らす。土塁は南側では約2メートルだが、西側では北側に向かって下降する。南側の土塁の外側（南側尾根続き側）は崩落した形跡があり、本来は上部がもう少し広かったと考えられる。

I郭の中央北寄りには鉄塔が建っているため、周囲は多少改変されている可能性を考えるべきだろう。鉄塔のすぐ東側には虎口Aがある。虎口Aは幅も広く、通路の脇には石列も見られる。鉄塔建設時の資材移入路の可能性も考えたが、それにしてはII郭以降に

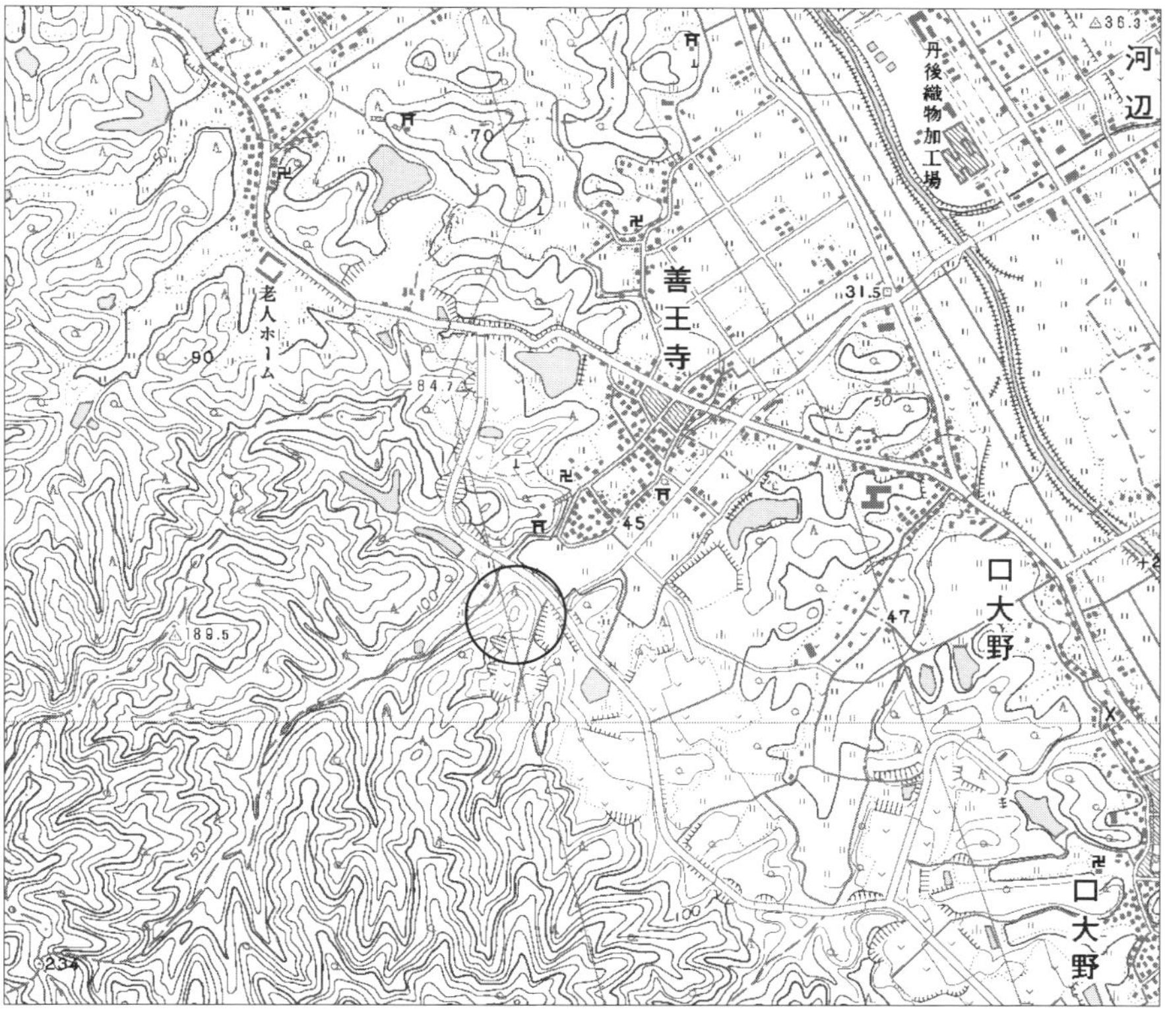

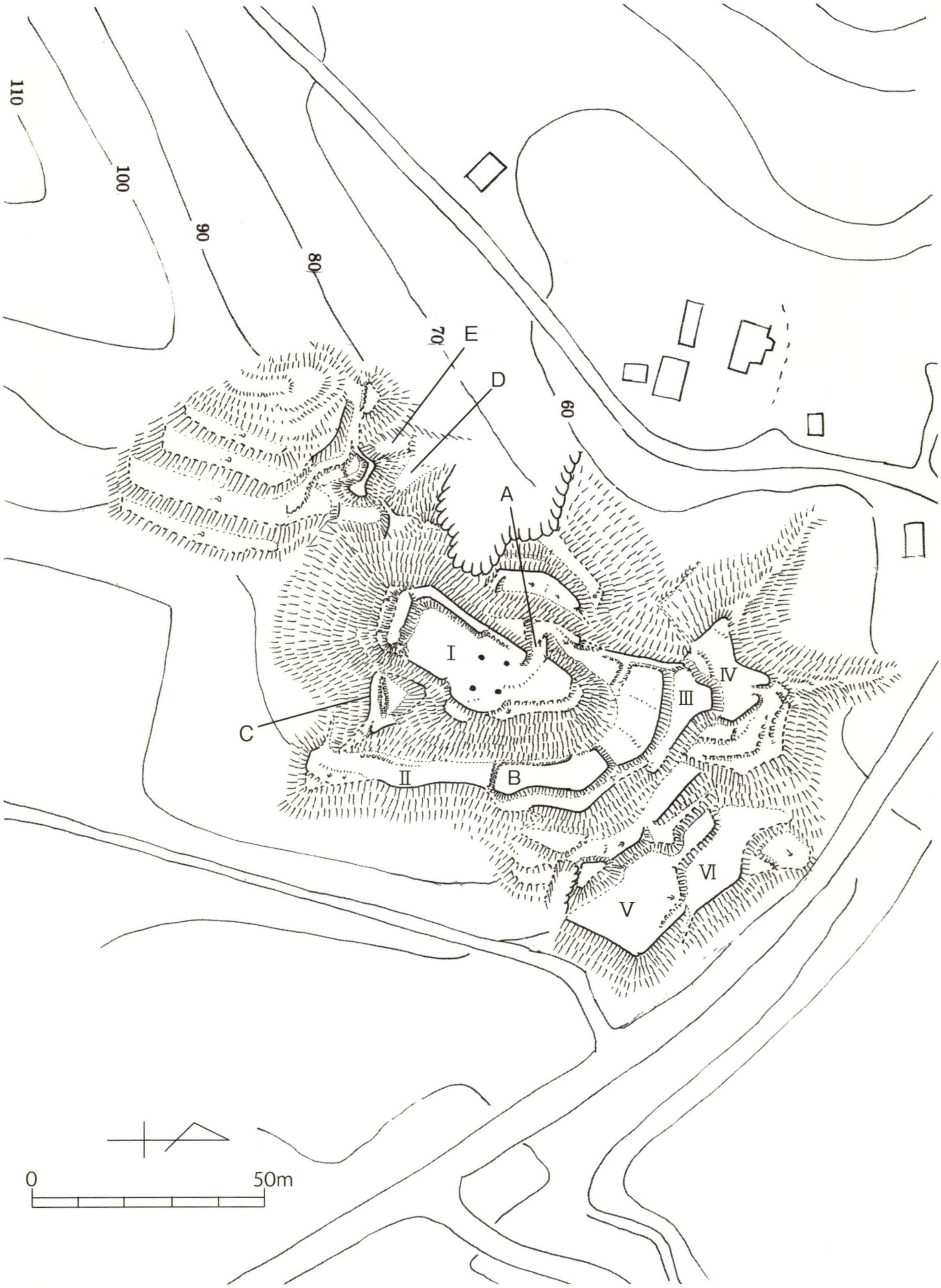

縄張り図　作図：髙田 徹

同等規模の通路が続かない。鉄塔の資材を移入したのならば、麓から山上に続く搬入路が追えてしかるべきである。したがって、Ａは虎口と判断する。実際、Ⅰ郭からほかの曲輪へ移動するには、Ａくらいしか虎口に比定できる場所が見当たらないのである。

　Ⅰ郭の5～7メートル前後低い位置に、北側から東側裾を取り巻く位置に築かれているのがⅡ郭である。Ⅱ郭の中央部のＢには、Ⅰ郭切岸直下に横堀状の落ち込みが見られる。

Ⅰ郭虎口Ａの石列

埋没を想定しても、かなり浅い。規模的には横堀であったとは考えにくい。雨水を排出するための遺構であろうか。

　Ⅰ郭とⅡ郭の中間となるＣには、小曲輪がある。前面には土塁状の高まりがあり、背後は切岸で掘り込んだようになっている。谷に面していることから、井戸跡ではないかと思われるが、はっきりはしない。

　Ⅱ郭の北側にはⅢ・Ⅳ郭、北東側にはⅤ・Ⅵ郭がある。これらがどのようにつながっていたのかは、やや判然としない。

Ⅱ郭の横堀状遺構Ｂ　南より

　Ⅰ郭の南側尾根続きには、堀切Ｄ・Ｅを設けている。堀切Ｄは中央部に土橋状の高まりがあり、全体は外側に向いて緩やかに湾曲する。その外側にある堀切Ｅは、中央部に地山を削りだしたと思われる、土橋状の高まりを設けている。堀切Ｄ・Ｅ自体はそれほど深くはないが、これらの堀底とⅠ郭とは10メートル近い比高差がある。堀切よりも地形上の比高差に、防御を大きく依存していたと考えられる。

【評価】　当城はそれほど規模が大きくはないが、尾根続きに堀切二本を入れ、かつ内側の高低差を利用してⅠ郭背後の防御を徹底している。主郭背後に多重に堀切を入れ、併せて土塁も築く類例は周辺部にもあるが、当城のような明瞭な虎口は類例に乏しい。

　一方、井戸の可能性を指摘したが、Ｃについては性格がはっきりしない。Ⅲ郭のＢは城郭類似遺構である可能性もあろうが、ではその性格は何かという問いに答えることはできない。さらなる検討が必要である。不明な点も多いが、メリハリの効いた部分の多い城であるといえよう。

（髙田　徹）

57

尾根続きに設けられた四重の堀切

今宮城《いまみやじょう》

西側城外からみた堀切群

【選地】　由良川の支流である棚野川を東に見下ろす山上に築かれている。棚野川に並走する周山《しゅうざん》街道は、北上すると堀越峠を介して福井県おおい町方面に至る。少し南下した美山町静原からは、西は京丹波町和知方面、南東は京都市左京区周山方面、南は南丹市日吉町方面に至ることができる。

当城の南約1キロには中村城（『近畿』Ⅲ所収）、同じく約2キロには島城（『近畿』Ⅰ所収）がある。また、北約2・1キロには殿城がある。

城跡へは、東側山麓にある今宮稲荷付近から尾根を上るか、その南側の谷を進んで途中で尾根に上るしかない。前者はかなり急傾斜のところが多く、はっきりした道もない。後者は、伐採された樹木によって行く手を阻まれる箇所が多いので、注意が必要である。

【歴史】　『丹波志』は、城主を川勝《かわかつ》豊前守であるとし、天正五年（一五七七）に落城したという。川勝氏は戦国期には島城を本拠とし、織田信長・豊臣秀吉に仕えている。

【遺構】　当城は、南北方向に延びた尾根上に曲輪を連ねた構造である。近隣の島城ほどではないが、大規模な城郭である。当城の特徴は、なんといっても背後の尾根続きに設けられた四重の堀切である。堀切群は、尾根上に約40メートルにわたって続き、端部はそれぞれ竪堀となっている。背後の尾根続きには高所が続くため、そちらからの侵入を徹底

DATA

所在：南丹市美山町高野今宮
遺構：土塁、堀切、竪堀
規模：240 × 170m
標高等：標高 420m、比高 215m

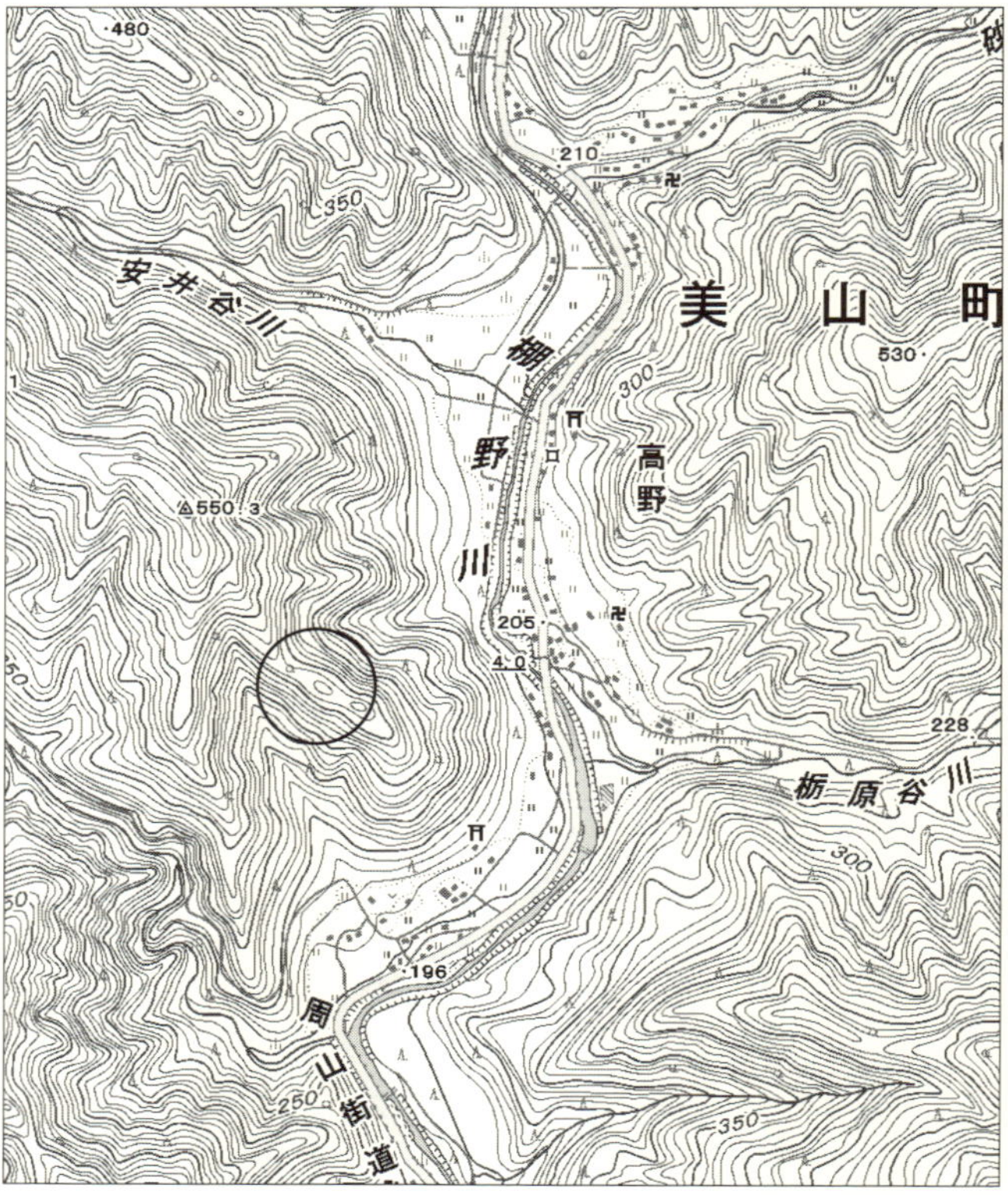

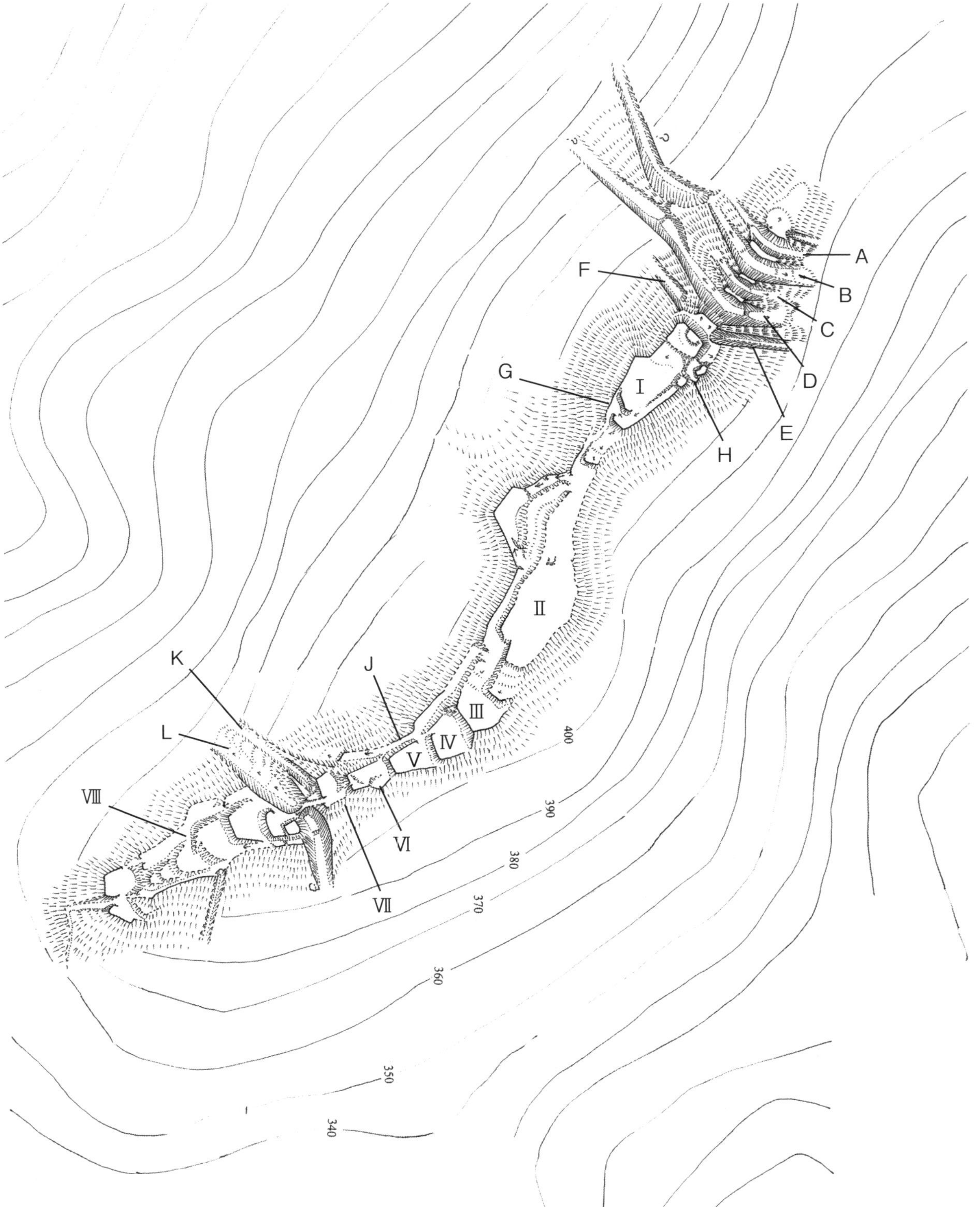

図1　縄張り図　作図：高田 徹

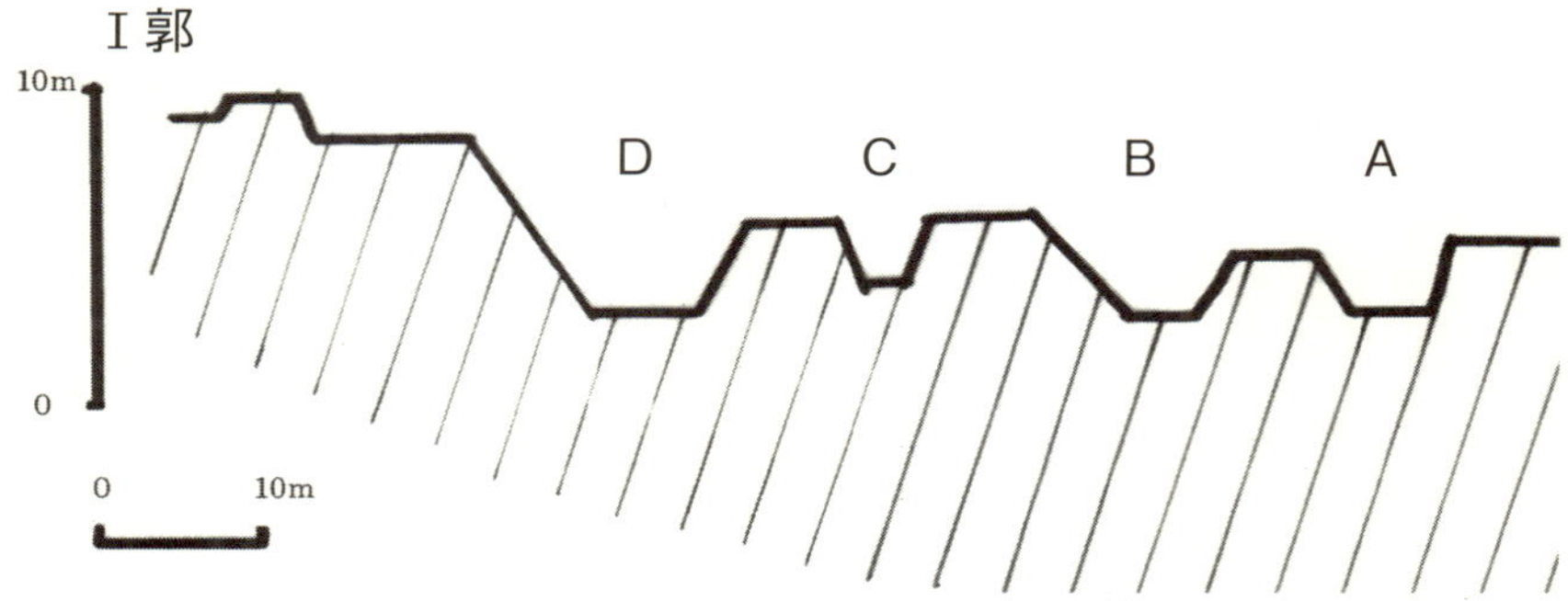

図２　多重堀切模式図

的に阻んでいる。同時に、堀切群から少し上がった付近は、南側の谷と北側の谷のそれぞれ頭部にあたる。谷を通じて背後に回り込まれるのを警戒した処置だといえる。

堀切は、最も外側のAは城外側（西側）からの深さが約2メートル、Bは同じく約1・5メートル、Cは同じく約1・5メートル、Dは同じく約3メートルである。堀切の断面を模式的に示すと、図2のようになる。堀底のレベルは先行地形に影響され、かつ先行地形を利用して変化している。堀切Cの前後はやや高くなっているため、城外（西側）からでは、堀切C・堀切Dは見通せない。

さらに、主郭にあたるⅠ郭は堀切に面した側に土塁を設け、その裾部に張り出しを設けている。張り出しの側面には竪堀E・Fを設け、堀切群と連動させている。

堀切Ｃ　西より

竪堀Ｅ　北から見上げる

主郭Ⅰは、南端に食い違い状の虎口Gを設ける。北西隅のHも虎口のように見えるが、現状ではその先に続く通路が確認できない。

Ⅱ郭は、当城で最も広い曲輪であり、南側に帯曲輪を二段設ける。Ⅱ郭の西側は尾根上にⅢ～Ⅶ郭を連ねている。それらの曲輪の南側に通路Jがあり、通路Jを通じてⅣ～Ⅵ郭は出入りするようになっている。ただし、

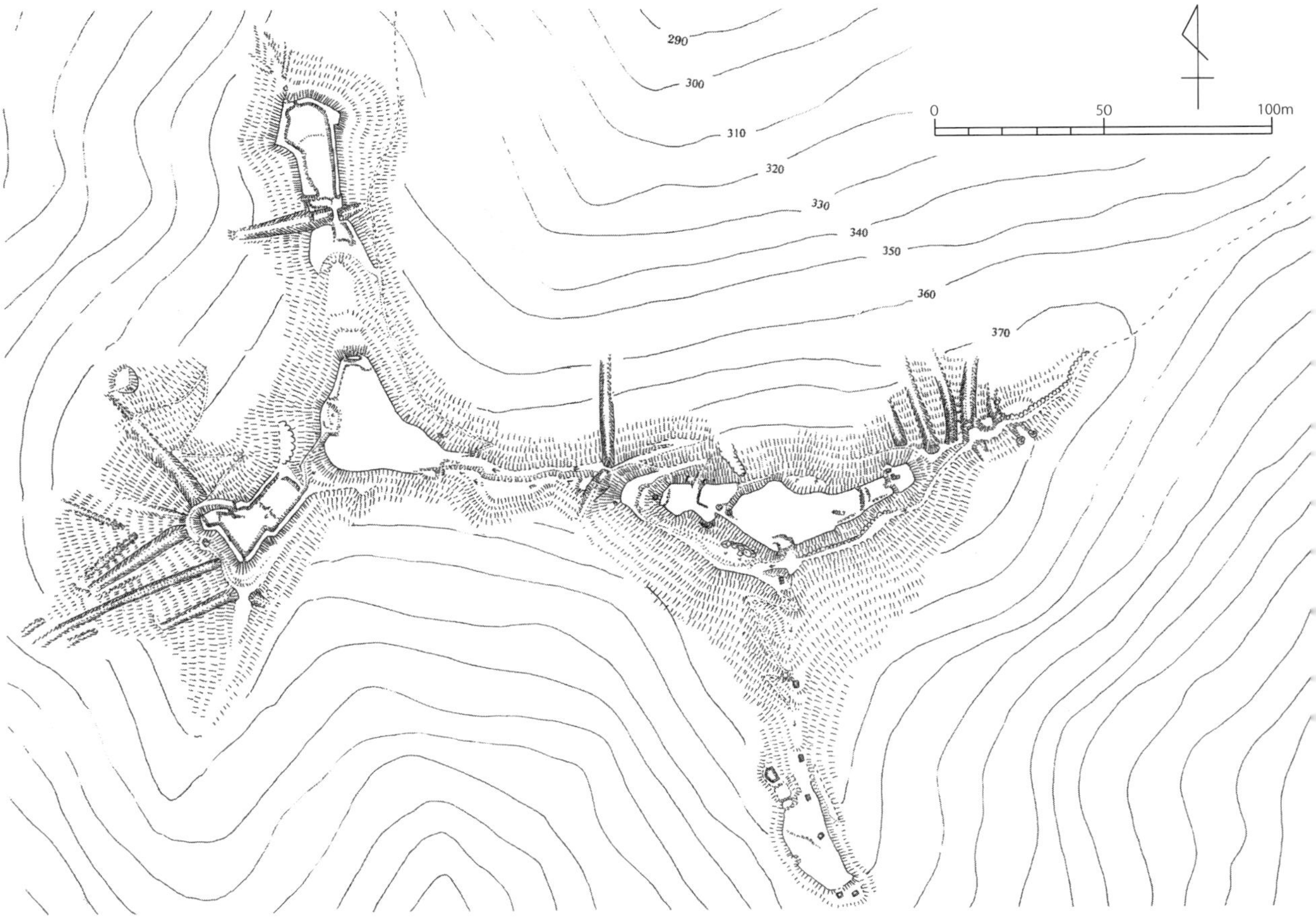

図３　島城　縄張り図　作図：髙田 徹

通路Ｊは Ⅶ郭につながっていた形跡はなく、竪堀Ｋに沿ってそのまま下降していたように見受けられる。その先には道の痕跡が見出せない。

Ⅶ郭の南側には堀切Ｌがあり、中央に土橋が設けられている。土橋の先には数段からなるⅧ郭が存在する。

【評価】　当城は尾根上に曲輪を連ね、背後を四重の堀切群で遮断する。堀切Ｌで分化されたⅧ郭群は、前衛的な曲輪であろうか。

近隣にあり、同じく川勝氏の居城であった島城、川勝氏の城郭であったと考えられる中村城では折れを伴う土塁・塁線が見られ、竪堀群も認められる。当城にはこうした点は見られない。曲輪の側面は急斜面となったところが多いから、竪堀群についてはあえて設けるまでもなかったといえる。

当城も島城も、比高の高い山上に、複数の曲輪を設けている。当城と島城の間には、築かれた時期に前後関係があるかもしれないが、本城・支城という形で並存していた可能性もある。いずれの場合においても、大規模な城郭かつ防御性を高めた城郭を築いた川勝氏の勢力の強さを窺うことができる。（髙田　徹）

58

田原城《たはらじょう》

削平地が竪堀群を補完する可能性

城跡遠望　左が城跡。右手は亀田城跡

【選地】田原川左岸にある高室山に築かれている。田原川沿いの府道19号を北上すると、南丹市美山町方面あるいは京都市左京区の旧京北《けいほく》町方面に至る。府道19号を南下すると、南丹市園部町方面に至ることができる。

当城の南西約700メートルには亀田城、同じく約1キロには片野城があり、いずれも小林氏の城郭であったとされる。

城跡は、田原川に架かる和田橋から東側に延びる林道によって上る。近年に開かれた林道を上りきると、約二〇分で山頂に着く。

【歴史】『丹波志』によれば、城主を小林若狭守であるとする。小林氏は、戦国期に田原・小畑・胡麻付近を所領としていた。

【遺構】当城は、南北に細長い方形区画となるI郭が主郭で、II郭よりも約1・5メートル高くなっている。I郭の北東隅には、人頭大程度の石を積んだ状態が認められる。現状では、I郭の南側に二ヵ所通路状の張り出しがあり、これによってII郭と連絡する。ただし、虎口として見た場合、やや狭いうえ、不明瞭である。

DATA

所在：南丹市日吉町田原
別称：高室城
遺構：堀切、竪堀、石積み
規模：約120×130m
標高等：標高320m、比高150m

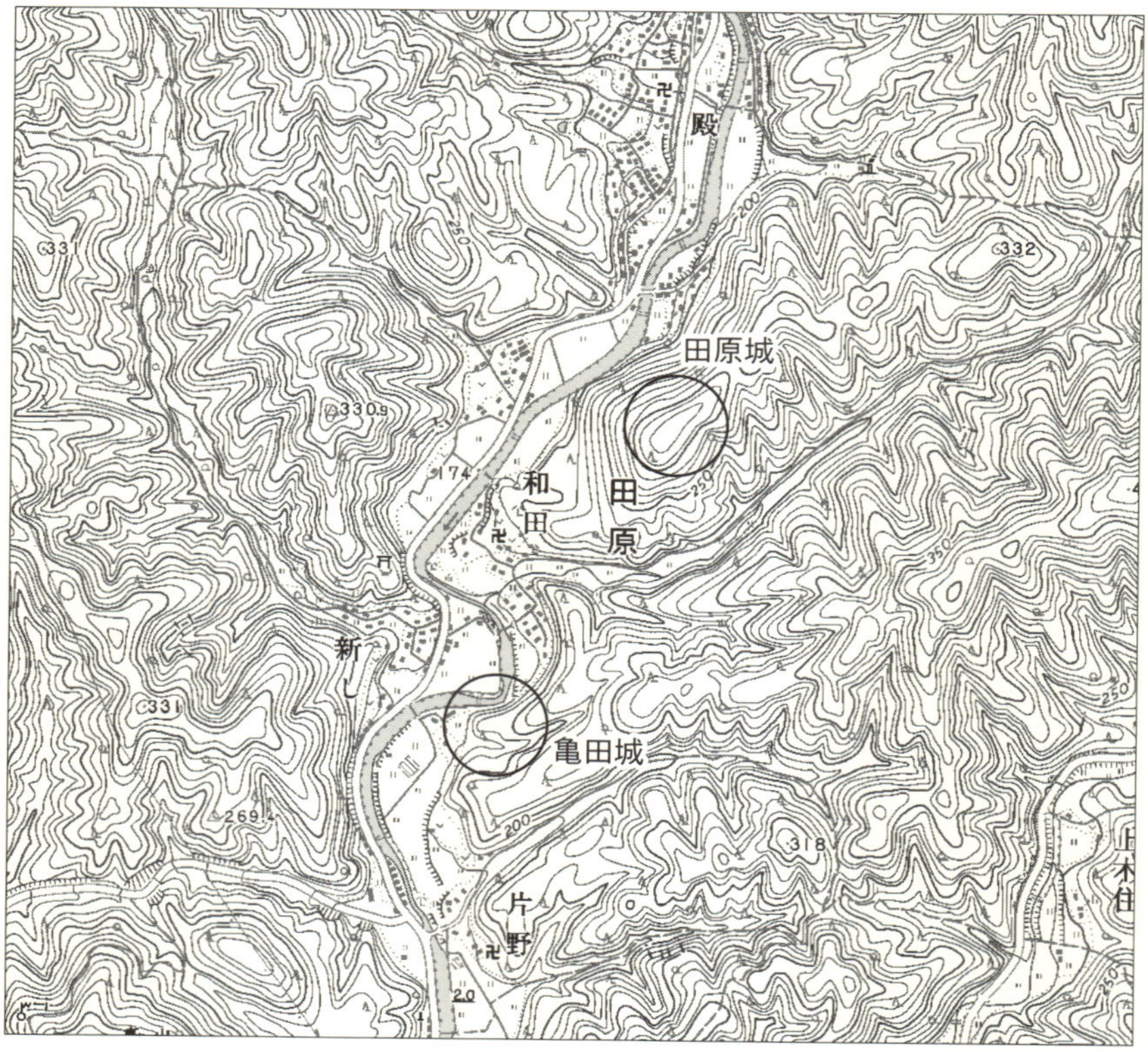

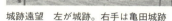

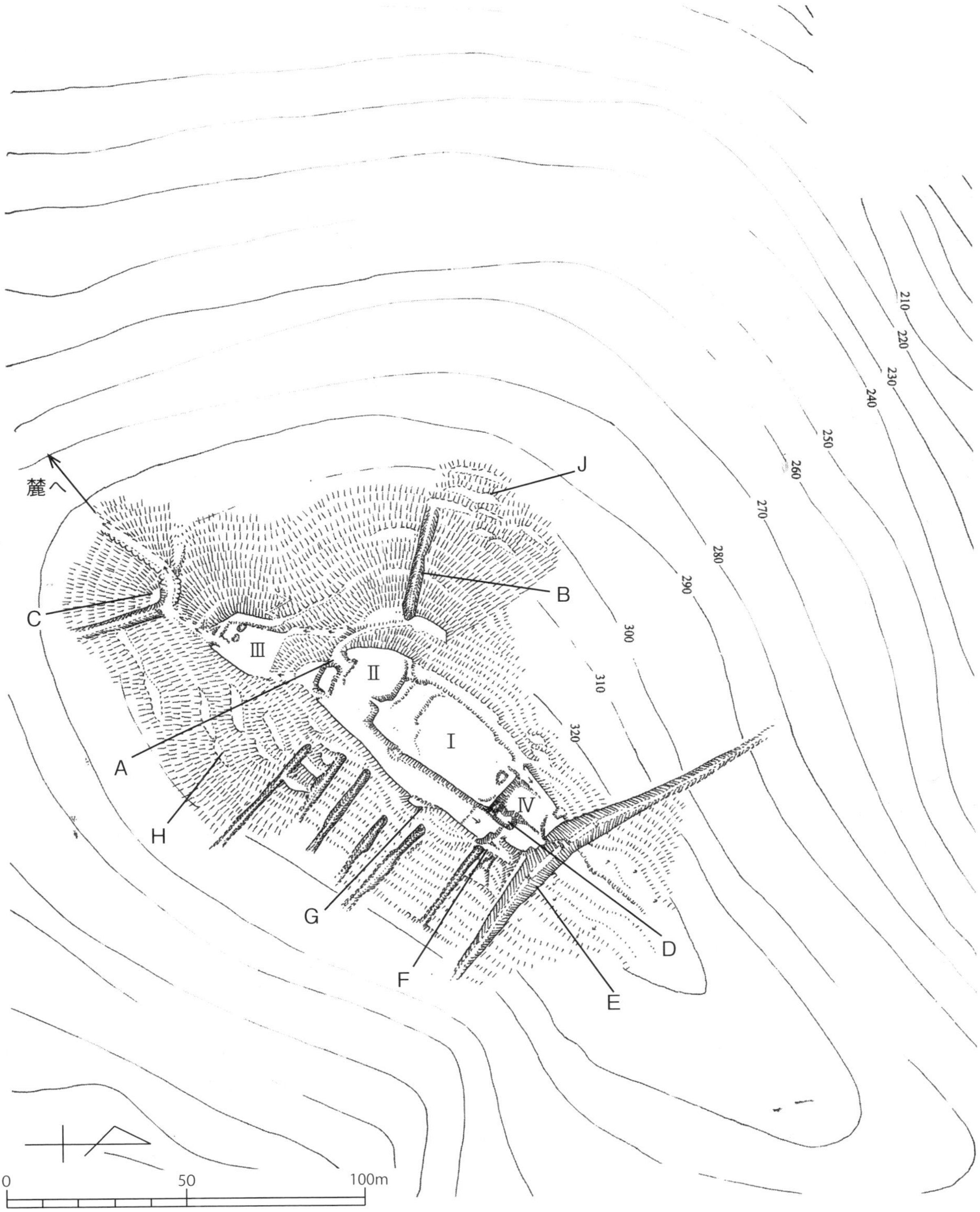
麓へ
J
B
C
Ⅲ
Ⅱ
A
Ⅰ
Ⅳ
H
G
F
D
E
210
220
230
240
250
260
270
280
290
300
310
320
0
50
100m

縄張り図　作図：高田 徹

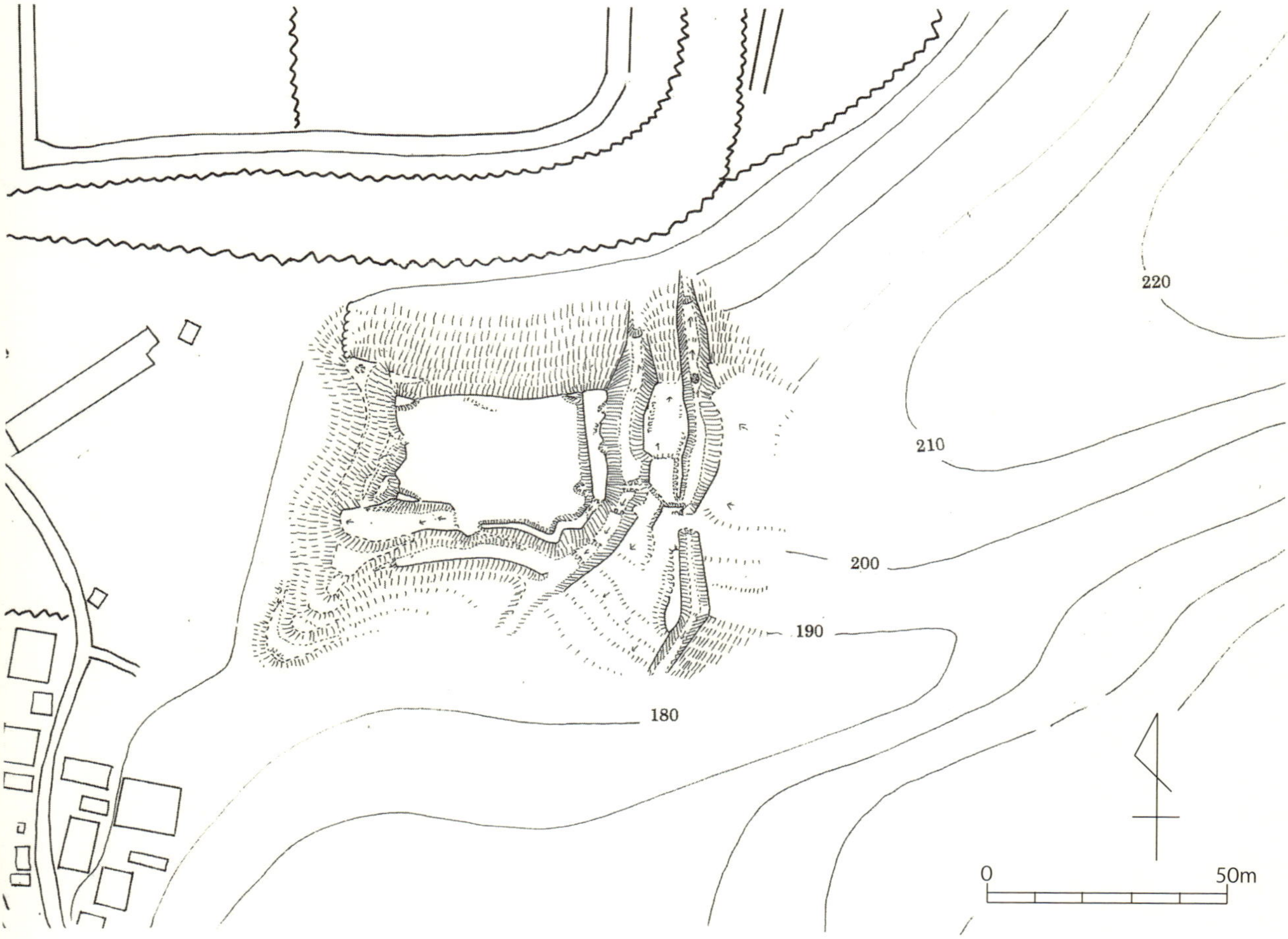

亀田城　縄張り図　作図：髙田 徹

Ⅰ郭の南・東側を囲うのがⅡ郭で、その南側には枡形状の虎口Ａがある。虎口Ａの東側にも開口部があるが、これは林道にともなう破壊道であろう。虎口Ａからは、いったん北西方向に斜面を下って竪堀Ｂ付近に至り、そこからさらに折り返して斜面を下ってⅢ郭に至っていたと考えられる。

現状では、南側から上がってくる林道が、Ⅲ郭の南側に達している。この林道は途中で、逆Ｖ字形に延びる堀切（端部は竪堀）Ｃの上部を破壊している。そのため、付近の縄張りは読み取りにくいが、堀切Ｃは、南側尾根続きを遮断していたように見える。すると通路は、Ⅲ郭から北西斜面に下り、竪堀Ｂの途中で折り返し、山麓に至っていたのではないだろうか。

Ⅰ郭の北側にあるⅣ郭は、西端にあるスロープ状の土塁でⅠ郭と連絡する。Ｄには方形の凹地が見られ、それに面するようにⅠ郭側に石積みがある。

Ⅳ郭の北側、尾根続きを遮断するのが堀切Ｅである。東西端部が竪堀となり、とくに西端では、直線距離で６０メートルほどの長さとなる。Ⅳ郭の東端には、虎口と考えられるFが見られる。ただし現状では、竪堀群の合間に道の痕跡は見いだせない。虎口Fの南側のGでは、Ⅱ郭の塁線が少しだけ折れている。崩れた部分が多いので断定はできないが、横矢掛かりであった可能性もある。

Ⅱ郭の東裾には、六本の竪堀群が見られる。この竪堀は始点の高さ、各竪堀の長さ、竪堀どうしの間隔にばらつきがある。さらに、竪堀どうしの間隔が全般的に広めであり、畝状空堀群と呼ぶべきか迷うところである。こうしたばらつきは、竪堀を構築する際に綿密な計画的配置がなかった点を推測させる。

呼称の問題はともあれ、これら竪堀群は、それほど緩斜面に設けられているわけではない。急斜面ともいえないが、それなりに傾斜を有する部分に築かれている。むしろ、反対側となる竪堀Bと堀切Eの間の西側斜面のほうが、緩やかな傾斜となった部分が多い。

【評価】 竪堀群・畝状空堀群は、一般に緩斜面に設けられることが多い。ただし、当城のように、必ずしも緩斜面とはいえない場所に築かれている例も、いくらかある。

東側に集中して竪堀群を設けたのは、築いている最中になんらかの理由で中止されたためと見なせなくもない。たしかに当城のように、曲輪の縁辺から少し開いた位置から掘削された竪堀ならば、曲輪の造成が完成した後に、竪堀群だけ追加工事することもできる。まず、東側斜面の竪堀を築き、その後で西側斜面も同様に竪堀を設ける予定であった、と考えることもできそうである。

しかし、緩斜面となる西側斜面は、軍事的には明らかに弱点である。仮に竪堀群を全周させる予定であったのならば、まずは西側に竪堀群を巡らし、その後で東側斜面に造る手順を踏むべきであろう。

むしろ、竪堀群の配置は、当初から東側に限定していたとみるべきではないか。西側は、山麓と通路でつながっているため、あえて竪堀群を設ける必要性を考えなかったのではないか。

これに関連するが、竪堀Bの先端部付近のJ付近、竪堀群の南側、Ⅲ郭の裾のH付近には、帯曲輪状の小さな削平地が複数存在する。これらの性格は不明であるが、竪堀が途切れた箇所に集中するようにも見える。これらの削平地が竪堀群を補完していた可能性もある。同様の削平地は、藁無城《わらなし》（南丹市・『近畿』Ⅲ所収）、志和賀城《しわが》（南丹市）でも見られる。

当城では、竪堀群・通路とのかかわりから考えると、斜面を階段状につぶした遺構と考える余地がある。断定は難しいが、他城の事例も踏まえ、今後、その役割等を明らかにしていくべきであろう。

なお、当城の南西にある亀田城も、小林氏の城であったと伝わる。亀田城は集落のすぐ裏手にあるが、背後を二重の堀切と土塁で区画する。堀切の端部は、竪堀となって延びている。外側の堀切は、中央部が開口しており、その内側（内側の堀切との間）は小曲輪状になっている。堀切内側の土塁は、壁のようにそそり立ち、西側に続く土塁は折れを伴っている。曲輪の北西隅、南西隅には土塁の痕跡と思われる高まりが認められる。

集落に近接しながら背後の防御が厳重な亀田城は、田原城に近接した位置にあることから居館機能の一翼を担っていた可能性もあるのではないだろうか。（髙田　徹）

[参考文献] 京都府教育庁指導部文化財保護課編　二〇一三『京都府中世城館跡調査報告書』第2冊／日吉町郷土資料館　二〇〇五『丹波動乱—内藤宗勝とその時代—』

59 橋爪城《はしづめじょう》

詰城と居館がセットの珍しい事例か

【選地】 南に橋爪集落、国道9号（山陰道）、高屋川を見下ろす山上に築かれている。谷を挟んだすぐ西側には橋爪西城が、西約1キロには垣内城、垣内南城、北西約5キロには三ノ宮東城、三ノ宮西城がある。東方約1・9キロには豊田城（『近畿』Ⅲ所収）、北東約2キロには富田城（『近畿』Ⅰ所収）がある。

橋爪城跡遠望　南西より

DATA

所在：京丹波町橋爪
遺構：土塁、堀切、竪堀
規模：約60×110m
標高等：標高240m、比高70m

【歴史】『丹波志』によれば、城主は山内盛豊・紀三郎・善右衛門・政俊であるとする。山内氏は、江戸期に土佐一国を所領とした山内一豊家の先祖であるとされ、中世には近隣の三ノ宮城（京丹波町）を本拠にしていたと伝えられる。

【遺構】 当城は、頂部に主郭であるⅠ郭を築き、その南側に曲輪を順に連ねた構造である。

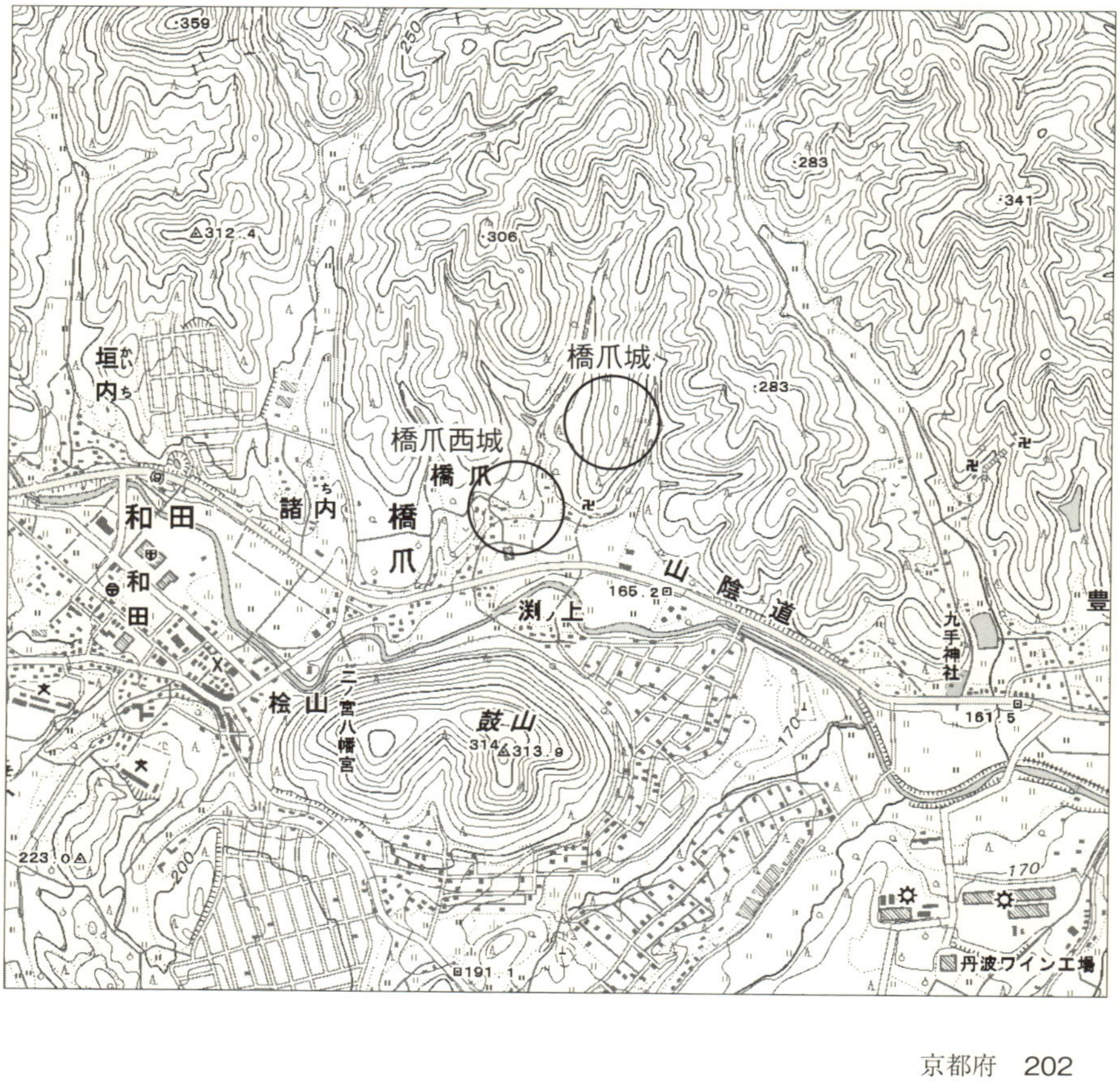

Ⅰ郭は、北側および西・東側の一部に土塁を築く。土塁の北側には深さ約5・5メートルの堀切Aを設け、背後の高所側からの侵入を防いでいる。Ⅰ郭の虎口は、南側の正面にある。

Ⅰ郭の南にあるⅡ郭は、北東部および西側

橋爪城　縄張り図　作図：高田 徹

橋爪城　主郭の虎口　西より

橋爪西城　土塁　南西より

に土塁を巡らす。土塁に挟まれた虎口Ｂは、西側を向いて開口する。虎口Ｂの北側の土塁は外側に張り出し、虎口に接近する敵の正面に対峙する構えを見せる。

虎口Ｂからは帯曲輪状のⅢ郭を通過し、土塁を兼ねた通路を通ってⅣ郭・Ⅴ郭に至る。Ⅴ郭の北西隅にある虎口Ｃから先の通路は、ややはっきりしないが、西側もしくは北西側に下りていたように見受けられる。付近には、複数の帯曲輪状の平坦地が見られる。

Ⅴ郭の南側には竪堀群が見られ、現状での深さは５０センチ前後である。竪堀群の合間にも、帯曲輪状の平坦地が広がる。

虎口Ｃから斜面を下ると、Ⅵの平坦地が広がる。土塁・堀状の遺構も見られ、城郭を背にするかなり広い平坦地であるため、当城の居館跡と見なせなくもない。ただし、現状で認められる平坦地のほとんどと、堀・土塁状の遺構は、廃城後に設けられたものであろう。これら平坦地の山際（東側）には、複数の炭焼き窯が見られる。堀・土塁状遺構も、垂直状に削りだされており、とても中世段階にさかのぼるものとは考えられない。西側では切岸（造成された平坦地端の法面）も低く、緩やかであり、防御性が期待できない。

Ⅳは近世以降に、炭焼き操業を行うために整備・造成されたものであろう。ただ、城郭が機能した段階にも、Ⅳの位置に平坦地・居館が存在した可能性までは否定しない。あくまで、現状で認められる平坦地、諸遺構を城郭遺構として疑問視するものである。

一方、Ⅳと谷を隔てた位置にある橋爪西城は、単郭ながらほぼ全周に土塁を巡らす。北側と東側の一部にはコの字型に堀を設けている。そして、南側には技巧的な虎口を設けている。この虎口は、櫓台状の高まりを側面に築き、内側には曲輪を掘り窪めて屈折を伴う平坦地を、外側には張り出しを設けている。後世の破壊・改変を差し引いても、技巧的であるといえる。同様の虎口を持つ城郭は、周辺ではほとんど見当たらない。

【評価】 当城のⅠ～Ⅴ郭とⅣとは、詰城と居館の関係にあると見られやすい。ただ、全国的にも詰城と居館がセットになって存在する例はかなり少なく、京都府下においても、同じである。その数少ない例が当城と位置づけられればよいのだが、遺構としてのⅥは、少なくとも中世にさかのぼる遺構とは考えにくい。Ⅳと重なって、より狭い範囲にかつての居館遺構が地中に埋もれている可能性も否定できないが、現状では確認するすべがない。ほかの可能性としては、当城と橋爪西城が同時に並存し、集落に近い位置にある橋爪西城が居館として、当城が詰城として機能したという見方もできるだろう。あるいは、当城・橋爪西城以外の部分、例えば集落と重なる範囲になんらかの拠点・居所が存在したという見方もできるかもしれない。

いずれにせよ、山城を維持するうえで城主や在番する兵たちの居場所はどこであったのか。山城一般は生活痕跡に乏しい傾向にあるから、こうした問題は山城の周辺域にも目を配りつつ考えていかねばならないだろう。

（髙田　徹）

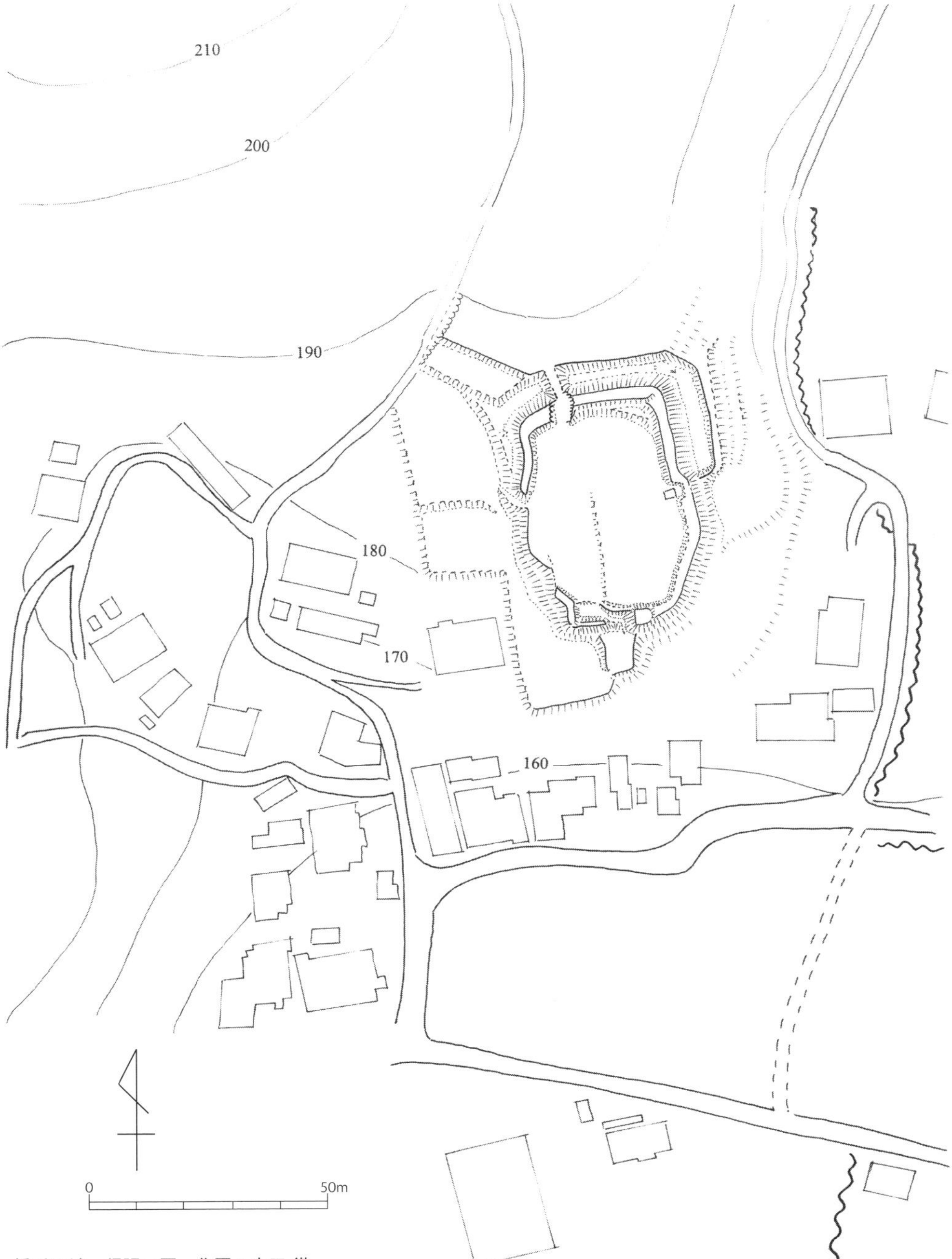

橋爪西城　縄張り図　作図：髙田 徹

60 井尻城《いじりじょう》

三つの尾根に独立的に築かれた城郭

北地区　南東より

DATA

所在：京丹波町井尻
遺構：土塁、堀切、竪堀
規模：約100×50m（各城とも）
標高等：標高210〜250m、比高20〜40m

【選地】 土師《はじ》川の支流である井尻川を東に見下ろす山上に築かれている。南北に延びた尾根から東に向かって派生した三つの小さな尾根上に、それぞれ城郭が築かれており、三つの独立的な城郭によって構成されている。

当城の北方300メートル付近には、国道9号（山陰道）が東西に延びている。また、井尻川に並走する道を南下すると、板坂峠越えで兵庫県篠山市方面に至ることができる。当城の北約1キロには坂井城、東へ約1・8キロには和田城、西へ約2キロに鎌谷城、鎌谷南城がある。

城跡は、それぞれ民家の裏山にあり、民家の脇にある小道を利用して上る。

【歴史】 『丹波志』によれば、城主は谷垣兵部であるとする。

【遺構】 当城は、三つの城郭によって構成される。これらは、背後の尾根でいずれもつながるが、背後をつなぐ尾根上には、明瞭な城郭遺構は見られない。各城は背後の尾根に対し、いずれも堀切を設ける点で共通する。堀切を渡る土橋も見られるが、いずれも後世の破壊道とみられる。

現在は三城を一括して井尻城と呼び、一つの遺跡として捉えているが、往時も一つの城とみなされていたのか（築城主体や城主が同じであったのか）、別個の城とみなされていたのかは定かではない。ここでは便宜上、北側にある城を「北地区」、中央の城を「中地区」、南側の城を「南地区」と仮称する。

「北地区」は、最も規模が大きく、明確な複郭構造である。中央に堀切Aを設けて、Ⅰ郭とⅡ郭に分化する。下位の位置にあるのがⅡ郭であるが、堀切A側に対して土塁を設け

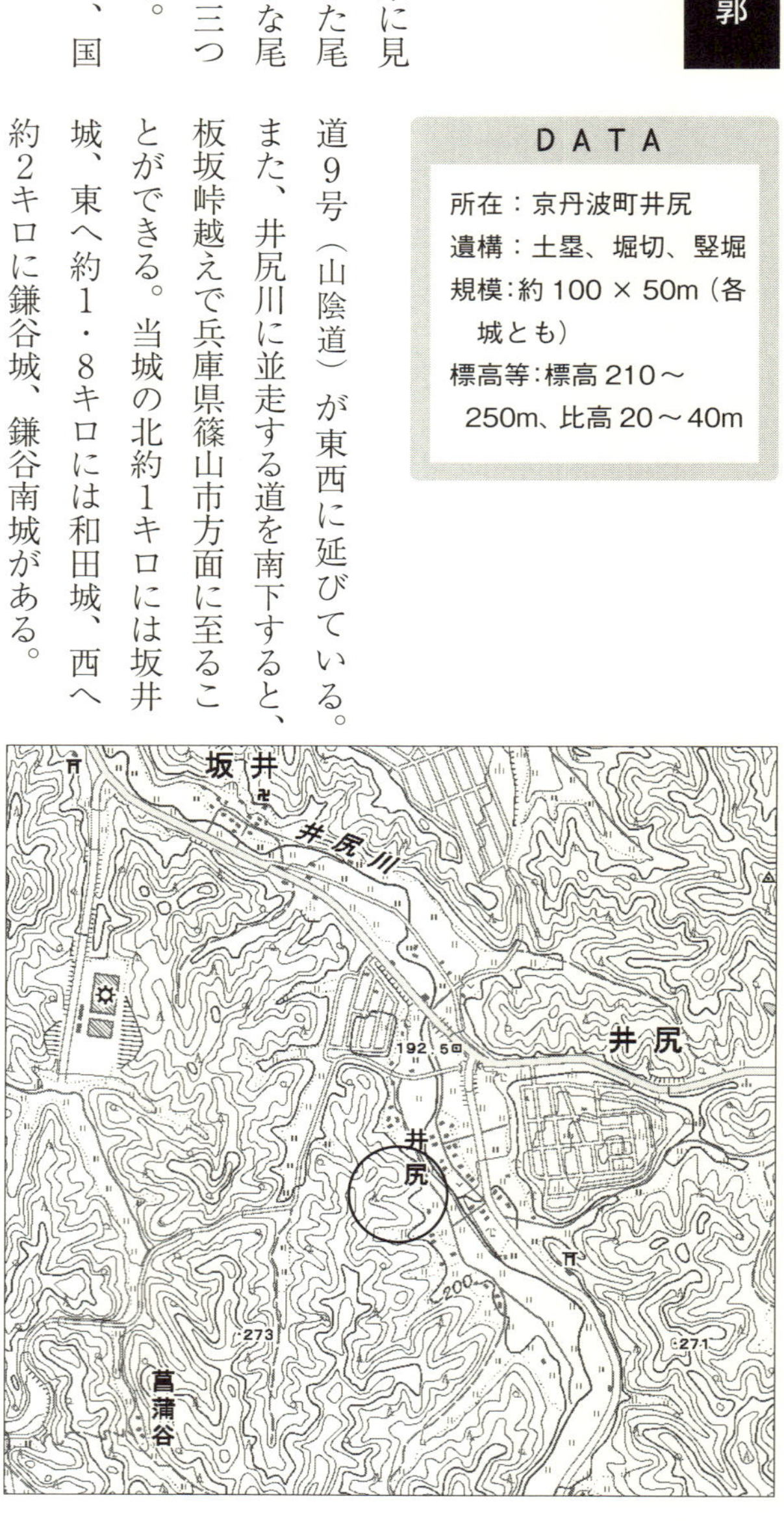

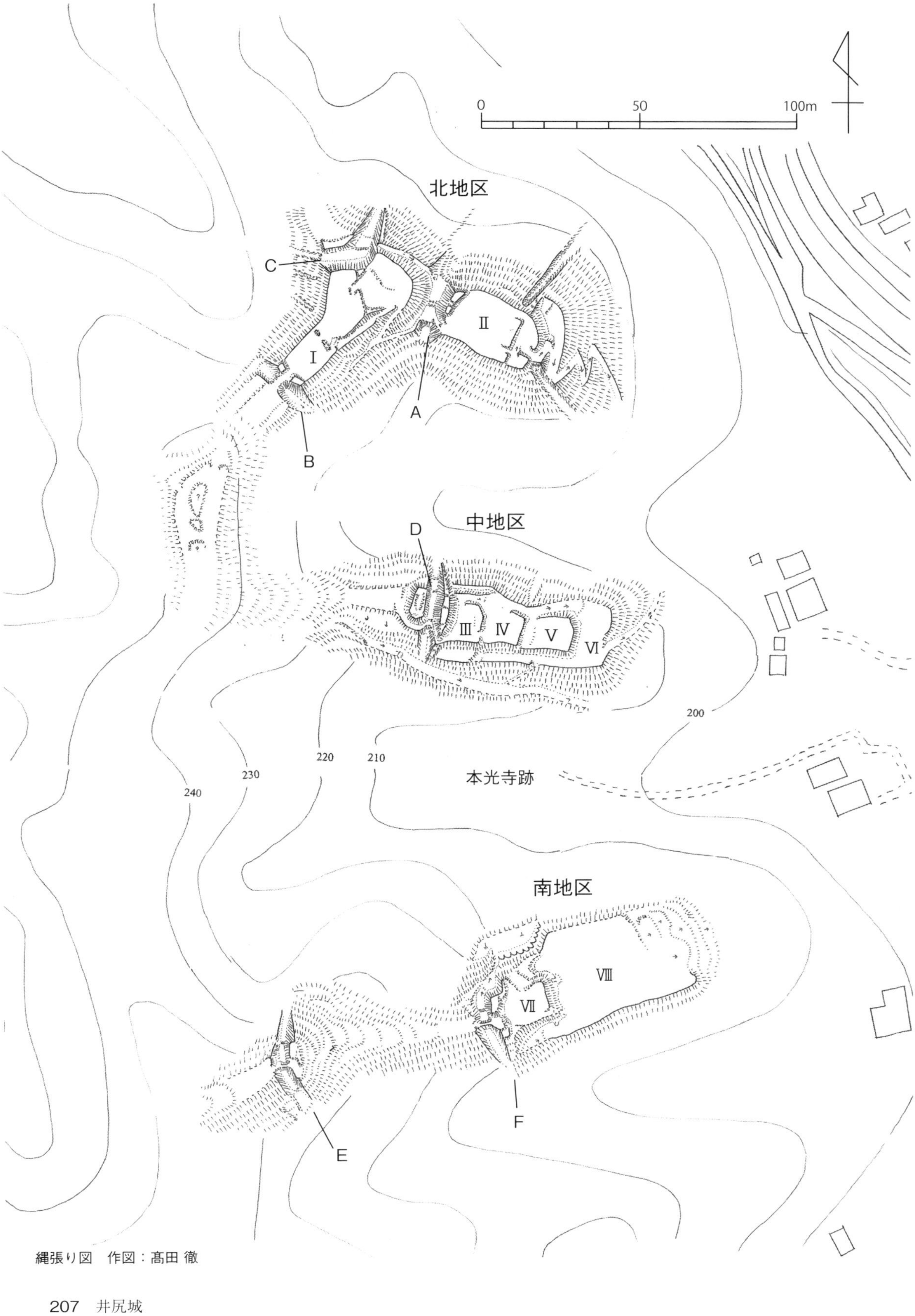

縄張り図　作図：髙田 徹

中地区の堀切

ており、独立的な縄張りとなる。当初、Ⅱ郭が設けられ、のちにⅠ郭が増築されたと考える余地もあるだろう。Ⅱ郭は、虎口の側面に二本の竪堀を設け、虎口と通路を防御している。Ⅱ郭は背後の高所続きとなるBに堀切と土塁を設け、南側に延びた尾根側にも堀切Cを設けている。

「中地区」は、背後に堀切Dを設け、内側には土塁を設けている。堀切Dの西側(外側)にも土壇を設けているのが特徴的である。内側にはⅢ・Ⅳ・Ⅴ郭を階段状に配置し、側面を帯曲輪状となるⅥ郭で囲い込んでいる。

南地区　東より

「南地区」は、背後をE・Fの二本の堀切で区画している。ただし、堀切Eと堀切Fの間は自然地形となる。堀切Fの内側には土塁を設けるが、堀切側に突き出すように折れ曲がっている。尾根伝いの侵攻が予測される敵を、突き出した部分で迎撃しようとする構えであろう。土塁の内側(東側)には上段にⅦ郭、下段にⅧ郭がある。

【評価】 京都府下の旧丹波国においても、当城のようにほぼ同程度の比高となる尾根上に、同程度の規模となる城郭が並列する例はほかに認められない。そのため、これらの位置づけは難しい。縄張り的にも、背後の尾根続きを区画する点では共通するが、曲輪配置等には相違点も多い。それぞれが機能分化していたと考えることもできようが、さりとて、それぞれがどのような役割分担をしていたか、具体案を出すこともできない。

鳥瞰図　作画：山崎敏昭

当地の歴史とどのように関わって、これら城郭が営まれたか興味深いところである。

(髙田　徹)

【奈良県】

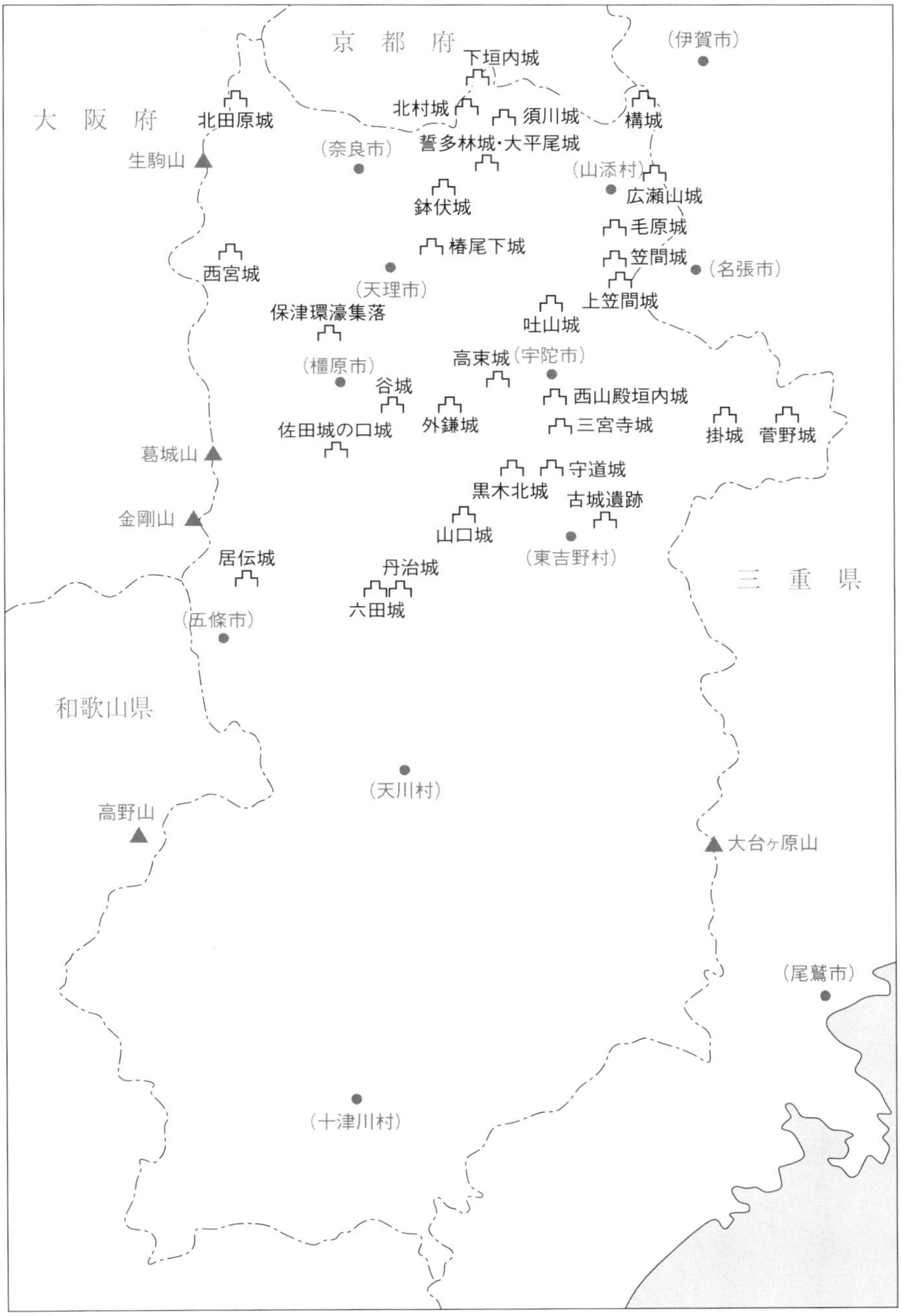

京都府
(伊賀市)
下垣内城
大阪府
北田原城
北村城
須川城
構城
誓多林城・大平尾城
生駒山
(奈良市)
(山添村)
広瀬山城
鉢伏城
毛原城
椿尾下城
笠間城
(名張市)
西宮城
(天理市)
上笠間城
保津環濠集落
吐山城
高東城
(宇陀市)
(橿原市)
谷城
西山殿垣内城
外鎌城
三宮寺城
掛城
菅野城
佐田城の口城
葛城山
守道城
黒木北城
古城遺跡
金剛山
山口城
(東吉野村)
居伝城
丹治城
三重県
六田城
(五條市)
和歌山県
(天川村)
高野山
大台ヶ原山
(尾鷲市)
(十津川村)

作画：山崎敏昭

鳥瞰図と縄張り図で見る

奈良県の城・高東城〈No.70〉

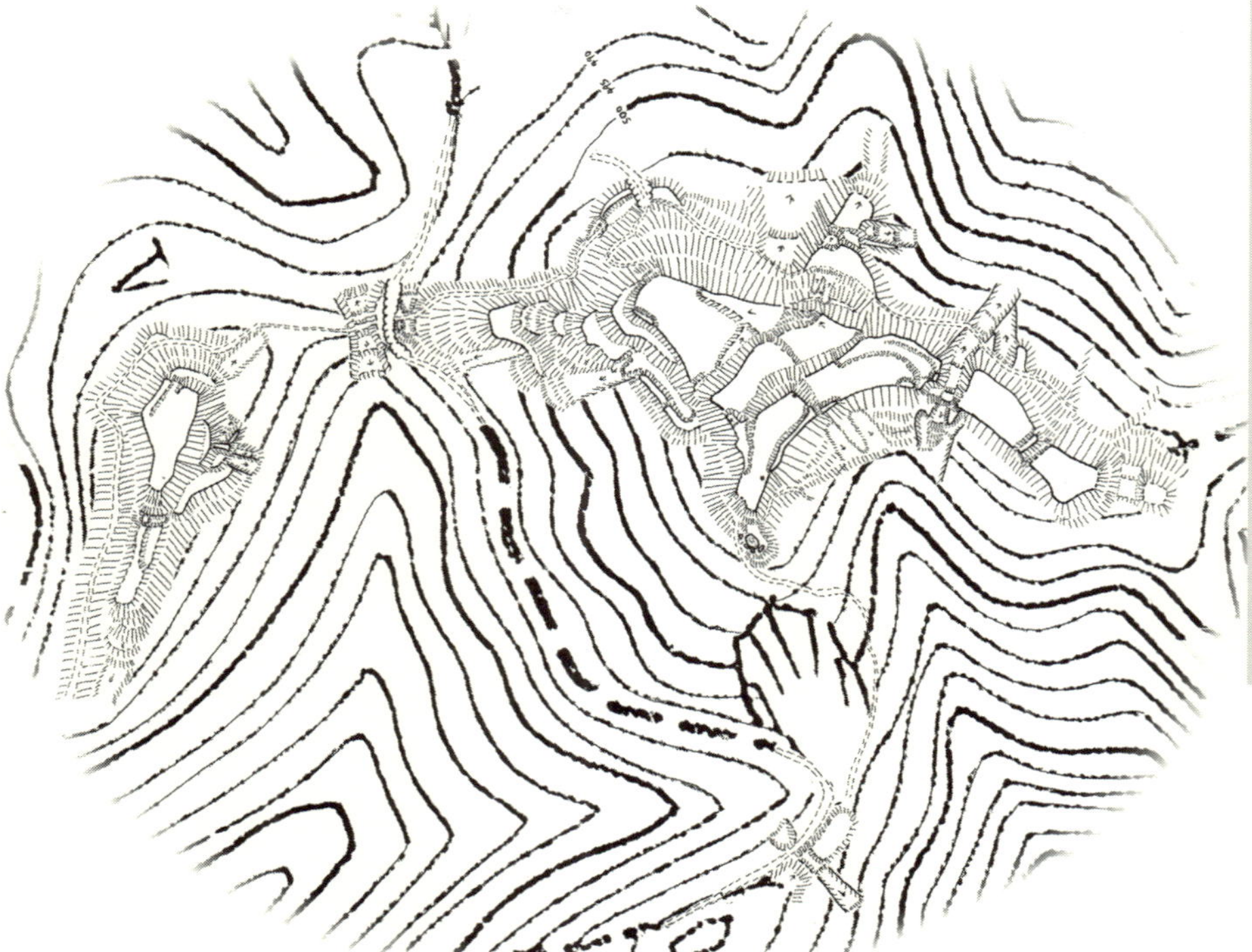

作図：藤岡英礼

61

北村城《きたむらじょう》

城内ルートの設定に重きを持つ国境の城

城跡遠景　南東より

【選地】北村郷を北方より臨む低丘陵上に造られ、南方に奈良市中より笠置へ至る道を望み、西方へはわずか450メートルほどで山城国との国境に至る立地である。近隣には、約2キロ南東に須川城（奈良市須川町・本書所収）、約1・9キロ北東に上狭川城（奈良市狭川東町・『近畿』Ⅱ所収）、約2・4キロ南には平清水北・南城（奈良市平清水町）などがある。

当城へは、南西麓の脇道を使い、約一〇分ほどで到達できる。城跡は現在、畑となっており、土地所有者（脇道入口の民家）への御声掛けをしてほしい。

【歴史】当城に関する史料、および伝承は現在確認できず、城主や歴史は不明である。

【遺構】畑地化による破壊で、一部の遺構は消失している。主郭であるⅠ郭は畑となっており、北東部は畑の造成により削られているものの、方形の形状をよく残した曲輪である。

現在、Ⅰ郭へ上がるには南西部の登り道を使うが、これは後世に付けられたものであろう。

Ⅰ郭は南北を横堀、東西を横堀と平坦地によって囲まれている。比較的当時の姿を留めていると思われるのは、南側の横堀である。横堀は、最大幅約10×深さ約4メートルの規模で、南側に土塁Aを持つ。土塁AはⅠ郭の南東裾を廻ってⅠ郭の東側へ延びるが、中程で途切れ、畑地跡の平坦地につなが

DATA

所在：奈良市北村町字城山
遺構：曲輪、土塁、横堀
規模：約66×103m
標高等：標高約260m、比高約30m（南麓集落より）

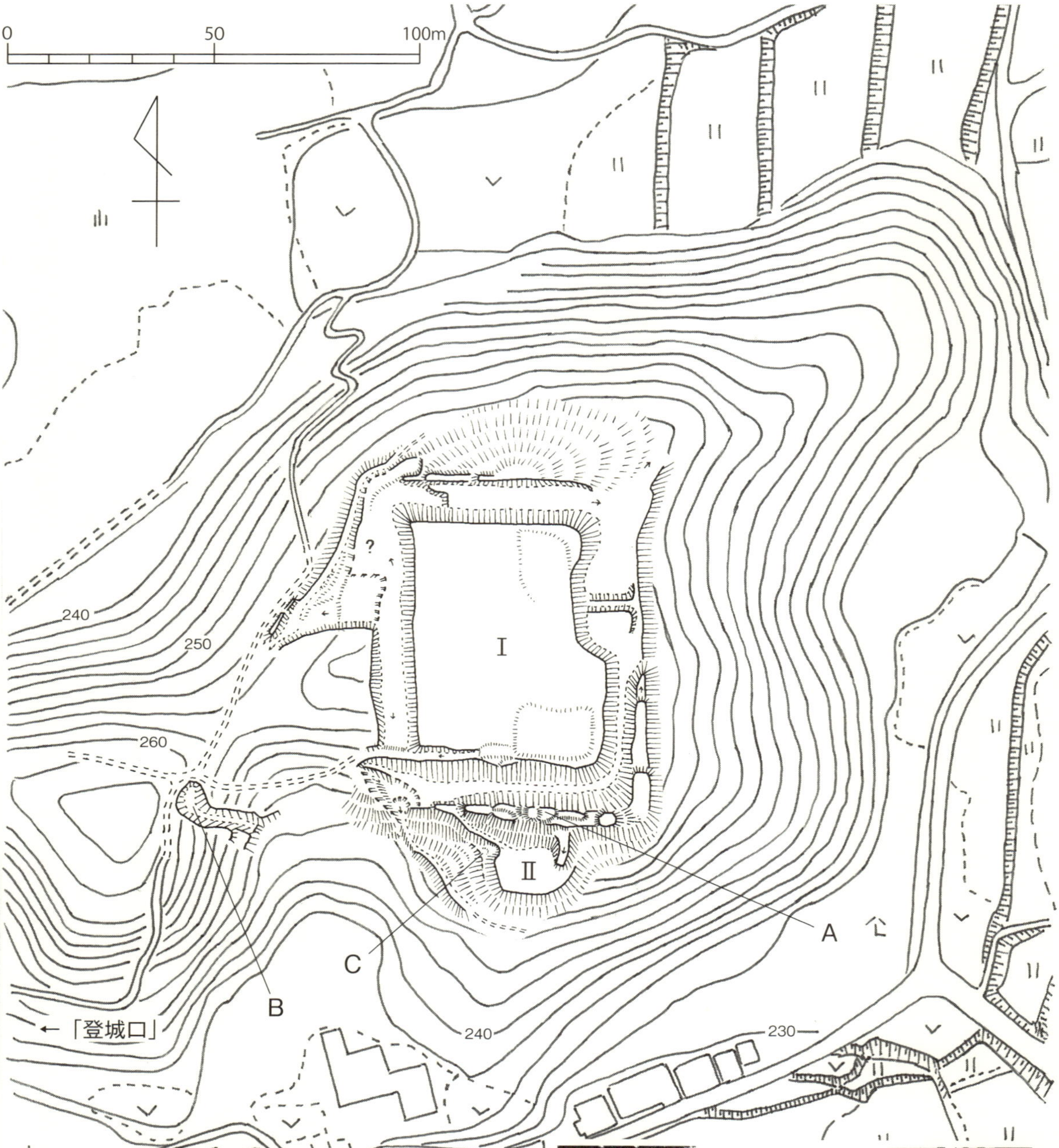

縄張り図　作図：内野和彦

I 郭

る。平坦地は畑の造成のため、Ⅰ郭北東部を削るとともに、南から続く土塁を破壊して拡張されていると思われる。このことから、かつては東側の全面は横堀となり、北東の尾根続きは遮断されていた可能性が高い。北側の横堀や西側北部にも破壊が見られる。

土塁Aの南にある腰曲輪Ⅱは、半円形の小さな曲輪で、北東部のスロープを使って土塁Aに上がることが可能である。スロープは、幅のある通路として丹念に造られていることから、土塁Aに上がることを重要視していたと思われる。土塁Aの頂部は幅があり、通路状の部分と低い土塁らしき痕跡や、いくつかの段状の突起が見られる。Ⅱ郭の南下を通る集落からの道は、Ⅰ郭南西部の横堀に入り、土塁Aより続く低い段を介してⅡ郭へ下りながらつながる。

南横堀

Ⅰ郭の西方約50メートルには、堀状の遺構Bがある。Bはしだいに浅くなり、最終的に北東へ延びる道とつながることから、現在は崩落により途切れてはいるが、南麓の集落につながる道であったと思われる。

【評価】「山内《さんない》型」城郭の典型例とされ、麓の集落を代表する小領主の館城と想定されているが、小領主の館城としては、実に巧妙に城内ルートが設定された城郭と言えるだろう。

Ⅰ郭南西の横堀からⅡ郭へつながる道は、後世に土塁Aを崩して造られた可能性が高い。道が下りでⅡ郭へつながることと、土塁Aから続く段上に端を発することに不自然さが感じられる。また、Ⅱ郭北西部の塁線の窪みCの直下には、ステップ状の段があり、緩斜面が集落からの道まで続いている。このことから、集落からの道は横堀に入らず、Cを虎口としてⅡ郭へ入った可能性が考えられる。その後、Ⅱ郭へ入った道は北東部のスロープを使って土塁Aに上がり、木橋を用いてⅠ郭へつながったと思われる。

北東部のスロープが通路として丹念に造られているのは、城内ルートを構成する重要なパーツであったためで、土塁Aの頂部に見られる段状の突起は、木橋を架ける際に、比高差のあるⅠ郭との間を調整する施設であったと考えられる。

城内ルートの設定は、集落からの道をⅡ郭へいったん引き入れることにより、Ⅰ郭より離れた堀外に防御の主体をおく意図であったと思われる。Ⅱ郭は、眼下の道の監視はもちろんのこと、主郭の前面に堀を隔てて飛び出した虎口曲輪である。馬出しとまでは言えないが、それに近い思考を持った遺構である。総体として、城内ルートの設定を重視した城郭であったと言えるだろう。

小領主の館城と想定される当城だが、山城国との境に接した要衝に位置する戦略的な面からも、築城主体の再考は必要である。

（内野和彦）

［参考文献］『大系』10／村田修三　一九九四「中世の城館」『奈良市史』通史二　奈良市

62 須川城《すがわじょう》

筒井氏が築いた織豊系城郭か

【選地】　奈良市須川町集落の東側にそびえる山上に位置する。山上の片隅には送電鉄塔が建っているが、これは周辺では城跡が比較的高い場所にあることを示している。

主郭Ⅰ北側土塁の石垣

DATA

所在：奈良市須川町
別称：鷹塚城
遺構：土塁、堀切、石垣
規模：40 × 60m
標高等：標高 310m、比高 90m

城跡のすぐ北側には、奈良市大柳生と須川町を結ぶ道が延びている。また、須川集落から北に進めば京都府笠置町方面へ至る。当城の西約1キロには北村城（本書所収）、南東約1・2キロには大柳生城がある。

城跡へは、奈良市役所東部出張所から県道47号を西に進むと、すぐに南へ折れる未舗装の道がある（車による出入りは可能）。この道の正面、鉄塔の建つ山が城跡である。鉄塔をめざして登れば、城跡に到達する。

【歴史】　簀《す》（須）川《がわ》庄の下司《げし》であった簀川氏は、一乗院方の国民である。戦国期には近隣の狭川氏としばしば対立した。天文十二年（一五四三）には、筒井順昭の率いる六千の軍勢によって、簀川城が攻められている。このとき、簀川方は三つの城を抱えていた。ほ

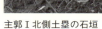

縄張り図　作図：髙田 徹

どなく二城が落城し、続いて本城にいた簀川氏も退去した。簀川氏の本城は、この後、破却されている（村田修三「須川城」『大系』10）。

筒井氏の攻撃を受けた三つの城のうち、当城がどれにあたるのか、このときの三つの城に該当するものではないのか等は明らかではない。

【遺構】　主郭Ⅰは、周囲に高さ1メートル前後の土塁を巡らしている。土塁はところどころ折れているが、直角・鋭角状ではなく、鈍角に折れた部分がほとんどである。そのため、斜面の崩落、あるいは地形に対応させて偶発的に折れ曲がったように見えなくもない。

しかし、北側では土塁の幅がほぼ一定しているうえ、土塁の外端と内端との平面形態も一定している。土塁に面した斜面が崩落したのならば、土塁は均一的に残りにくいはずである。したがって、土塁の折れは、もともと意図的に造られていたと理解できる。

Ⅱ郭から見上げたⅠ郭（左側の塁線が折れている）

土塁の折れは、北東隅および南東隅において顕著である。折れた土塁は、尾根筋に対して張り出した形となる。尾根筋に対する防御拠点として人為的に折れを設け、塁線を張り出させていると考えられる。

土塁の外側は、4~5メートル前後の切岸となっている。内側は曲輪面との高低差が小さいが、石垣を設けて固めている。石垣は北側中央部で最も残りがよく、大きい石は立てかけるように据え、小さめの石は長辺を横に倒し、上部にさらに積み上げていくという造りである。類似した石材は城域周辺に見られるから、現地で調達したものであろう。

北側から見た虎口A（矢印は模式的に示した登城路）

土塁のあちこちには、面を表した石が点在している。曲輪内部にも、同様の石材が散乱している（一部に鉄塔資材に持ち込まれたとみられる石を含む）。したがって、往時は土塁内側は石垣で固められていたと考えられる。これに対して外側は、先述のように切岸によるラインが続いており、石が積まれていた形跡は見られない。

曲輪内部は中央部がやや高くなり、平坦にはなっていない。主郭Ⅰから外側へ出る開口部は、現状で二ヶ所ある。このうち東側の開口部は塁線が食い違っているように見えるが、鉄塔建設時に付近が削り取られた痕跡が明瞭である。鉄塔は昭和五十三年に設けられているが、それ以前に調査・作図された村田修三氏の原図では、当該箇所の土塁はつながっている。したがって、開口部は破壊道であると考えられる。

すると、西側の開口部Aが、主郭Ⅰ唯一の虎口であったと理解できる。虎口Aは、主郭Ⅰ南西に延びた尾根上に張り出すように設けられた外枡形状の虎口である。この虎口に関わる部分だけ、曲輪全体が西に大きく突き出している。虎口西端にある土塁は高さ30センチほどにすぎないが、櫓台状に広くなる。櫓台状に広くなった土塁裾からは、南西および南東に尾根が延びる。これも、主郭Ⅰ北東・南東隅に見られた張り出しと同じ機能が想定できる。

虎口Aからは、主郭Ⅰの西側土塁裾を下るように道が延びている。途中で道ははっきりしなくなるが、北西に延びた尾根を通じて鞍部D付近に至り、さらに西側に下って須川集落方面に至ったと考えられる。

あるいは、鞍部Dから東に進んで谷地へ下り、県道47号付近に出た上で、大柳生方面に至っていたとも考えられる。というのは、鞍部Dの北側には丘陵があるため、城跡から県道47号側は視認しづらい。県道47号側に対する軍事行動を前提とするのならば、鞍部D北側に城郭を築くほうが妥当と思われるからである。

このように考えると、県道47号に先行する古道は鞍部Dを通過していたか、もしくは当城の南側にある稜線を横断し、須川と大柳生方面を結んでいたのではないか。いずれにせよ、古道の位置は県道47号とは違っていた可能性が高いであろう。

ところで、鞍部Dから虎口Aに至るまでの間、側面から横矢掛かりの陣地として機能するのがⅡ郭である。ただし、Ⅱ郭とⅠ郭を結ぶ虎口・通路は見当たらない。この点、Ⅱ郭は敵の侵攻次第では孤立しかねない造りである。逆に、孤立する状況にいたるまでの使われ方を前提にしていなかったということか。

主郭Ⅰの南側尾根続きには、堀切B・Cを入れて遮断する。堀切自体は共に浅いが、Ⅰ郭の切岸が高く、鋭いので十分に遮断性が期待できる。

【評価】　当城の曲輪端部の土塁幅は均一的であり、尾根続きに対しては、鈍角状に折れた塁線を造り出して備えている。土塁の内側に設けられた石垣は土留め用と考えられ、これによって曲輪内部には、平坦面がより広く確保できるようになる。

しかし、曲輪内部は平坦ではない。すると、曲輪内部の平坦面を確保するのではなく、石垣は土塁の安定性を求めるための土留めであったとも考えられる。土塁上を陣地とし、防御拠点にしようとしていた表れと捉えられるかもしれない。あるいは、土塁上の構築物（柵や土塀等）の存在を想定すべきかもしれない。

注目すべきは、虎口Aである。石垣と土造り、規模の違い等を除けば、安土城（滋賀県近江八幡市）主郭北側、七尾城（石川県七尾市）主郭西側に見られる織豊系城郭の外枡形虎口とそん色ない。

このように、当城は小規模で単郭ながら発達した縄張りが認められるうえ、曲輪内部の造成が不十分であることから、軍事性を高めた機能が想定できる。織豊政権による侵攻地に存在したのならば、ほぼ間違いなく織豊系城郭の付城と評価されるだろう。歴史に伝えられないのみで、当城が織豊政権・その下部勢力によって築かれた可能性も排除できない。

たとえば、筒井氏が織田氏傘下に入った段階でその技術的な助力を得たとか、織田配下の部将がこの地に築城したのではないかといった可能性である。

一方、戦国末期に松永久秀勢力と対峙・抗争をくり広げた筒井氏が、相応の築城術を保持し、当城を築いている状況も考えておくべきだろう。石垣自体は、筒井氏が拠点とした椿尾上城（『近畿』Ⅰ所収）でも確認できる。椿尾上《つばおかみ》城では枡形状の虎口こそ確認できないが、石垣を伴う土塁、張り出す塁線等を確認できる。

結論を急ぐのは控えるが、筒井氏が独自に、あるいは偶発的に織豊系城郭の外枡形に類似する虎口を造り出していたとみる余地もあるだろう。

（髙田　徹）

63 誓《せ》多《た》林《りん》城《じょう》・大《お》平《びら》尾《お》城《じょう》

広域監視のための古市氏の城塞群

【選地】　柳生《やぎゅう》街道の南道は、奈良盆地から大和高原に入って誓多林を抜け、大平尾を通って柳生へ至る。両城は東西に1・3キロ離れ、細い谷を通る街道を北麓に見下ろす位置に造られた。

誓多林城は、標高が高く広い眺望のきく山頂に位置する。東は石切峠・鉢伏峠、西は大平尾、南は田原を望み、北は南山城の加茂までを見渡す好立地であった。大平尾城は、街道から分岐する大平尾集落への間道を監視する要衝であり、直下で北東へ屈曲する街道沿いに大柳生城（奈良市）を見通すことができる位置にある。

誓多林城へは、北西麓の中誓多林にある八柱神社東の道を谷沿いに南へ進み、途中、東へ折れて登ると三〇分ほどで到達する。大平尾城へは下誓多林から白砂川を渡り、南出集落への旧道を登ると一〇分ほどで到達できる。

【歴史】　両城ともに、史料での確認はできない。地元の伝承によると、大平尾城は柳生街道を監視するための砦として伝わるが、両城ともに城主についての伝承は残っていない。

細川澄元・畠山義英派で大和国の有力国人であった古市公胤は、同じく有力国人であった、細川高国・畠山尚順派の筒井順興と争った。

国中《くんなか》（奈良盆地）にある本拠（古市）を追われた古市氏は、永正十七年（一五二〇）の五月から六月にかけ、後背地である大平尾を本拠として国中への再起を図る。何度か国中へ攻め込み、鉢伏《はちぶせ》峠から白毫寺《びゃくごうじ》周辺を荒らすが、そのたびに筒井方の反撃や越智氏の仲

DATA

所在：（誓多林城）奈良市誓多林町
（大平尾城）奈良市大平尾町南出字城尾
遺構：曲輪、土塁、堀切
規模：（誓多林城）約70×80m
（大平尾城）約50×70m
標高等：（誓多林城）標高520m、比高110m
（大平尾城）標高397m、比高50m
（何れも柳生街道より）

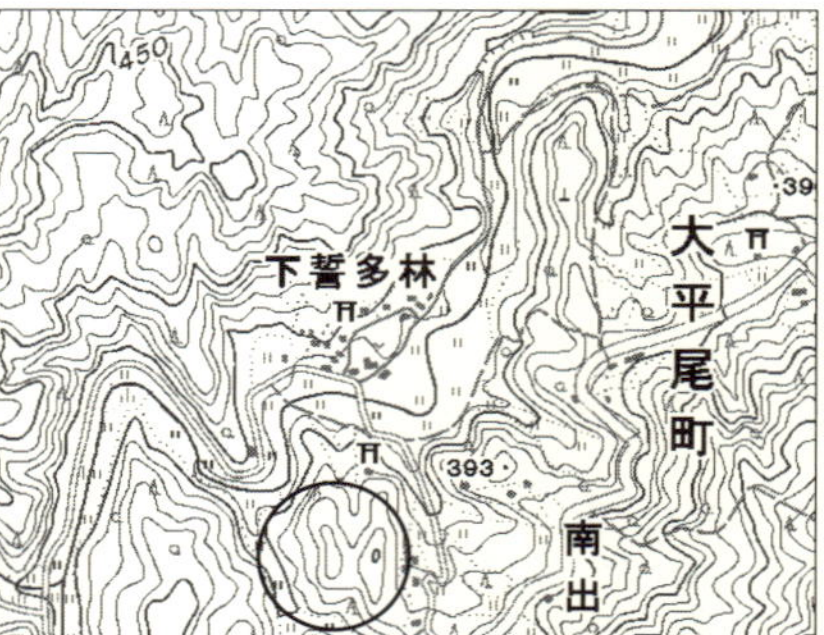

裁などにより、大平尾への退却を繰り返す（『祐維記抄』）。

古市氏の作戦行動であった大平尾と鉢伏・白毫寺の往還は、地理的に見て、両城麓を通る柳生街道を使って行われた可能性が高い。

【遺構】 西に位置する誓多林城は、最高所である主郭の下を、東から北にかけて帯曲輪が廻り、南と北西には小さな腰曲輪を配する。

主郭へは、西に向かって登る坂道状の帯曲輪を伝い、主郭の北西から上がったと思われる。主郭北西の塁線の窪みAが、主郭の虎口であろう。

主郭端部には、主郭へのルートに合わせ東から北にかけて土塁が設けられている。主郭南西部の傾斜のある突起部にも、南の腰曲輪からのルートに合わせた土塁が構築されてい

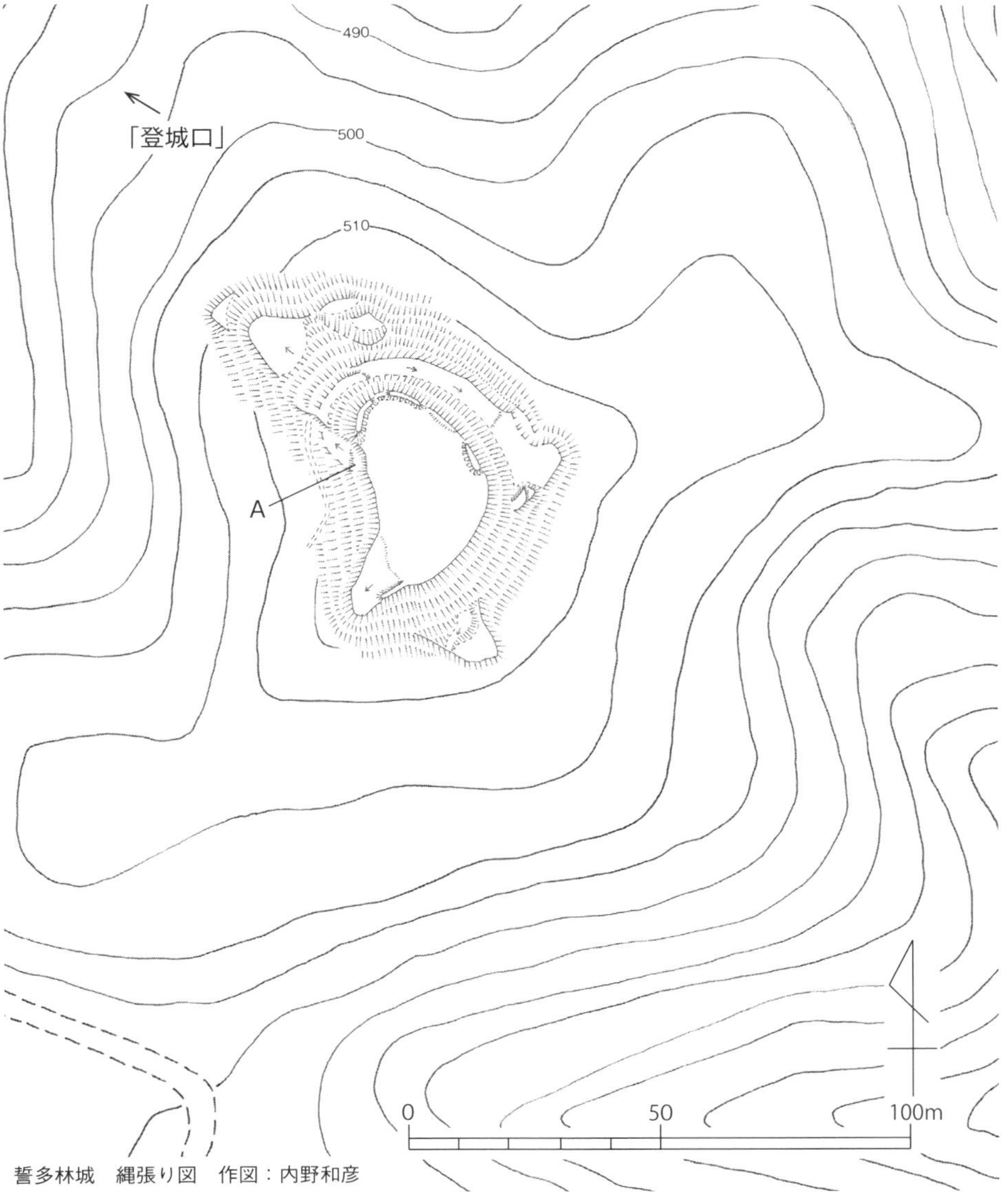

誓多林城　縄張り図　作図：内野和彦

大平尾城　主郭

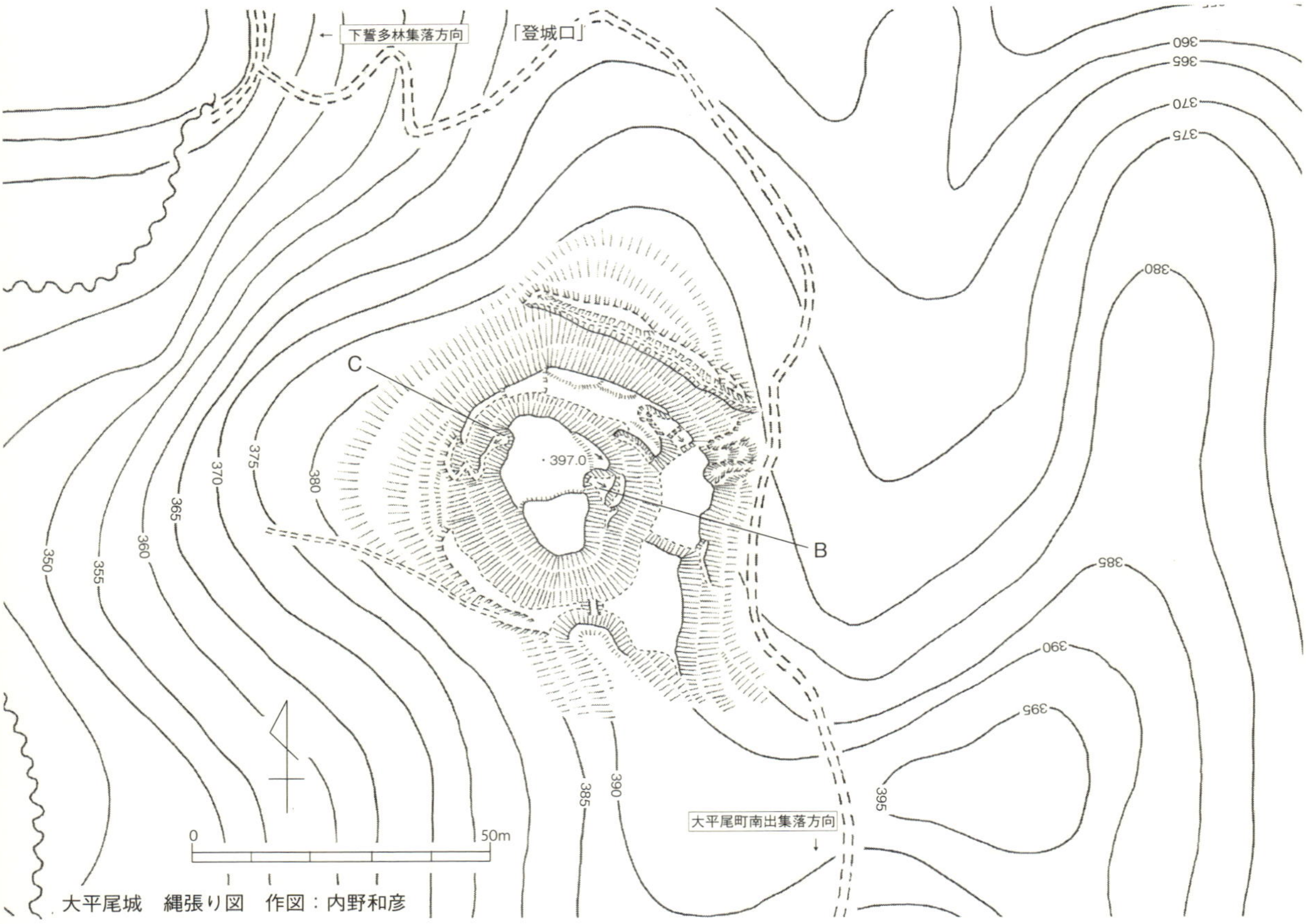

大平尾城　縄張り図　作図：内野和彦

る。東の尾根続きに普請の痕跡は見いだせないが、広く平坦な地形で、誓多林城との比高差も小さく、遮断性に乏しい。兵の駐屯などに使用されていた可能性が考えられる。

大平尾城は、最高所の主郭を中心に帯曲輪が周囲を囲む。尾根続きに対しては、南は障壁を備えた堀切、北東は切り立った切岸と浅い堀状の溝で遮断する。西部のみ途切れる帯曲輪は、北東部に低い土塁を持ち、東の一画が一段低く南では堀切と一体化する。また、帯曲輪は、北から西にかけてわずかに高くなったあと、少し下って主郭北西で途切れる。

主郭には低い段差があり、南が高く北が低

大平尾城　（上）帯曲輪東より主郭を望む　（下）帯曲輪内の段差と背後の主郭

い。主郭へ入る虎口は、BとCの二ヵ所を想定できるが、どちらも虎口であったのか、片側一方であったのか断定しづらい。Bはしっかりしたステップと、短いながらも堀状の通路を持つ。しかし、東の斜面は切り立ち、崩落の痕跡がないにもかかわらず、帯曲輪に通じるルートは見当たらない。

　Cは、北を廻る帯曲輪北西端から、細いステップ状の道が主郭へ取り付く。誓多林城の虎口と類似する手法で、塁線も虎口状の窪みを造るが、ステップ状の道は後世の破壊道である可能性が高い。Bが虎口にふさわしいと言えるが、梯子などの作事で補わないと、虎口として機能しないだろう。

大平尾城　（上）主郭東虎口状遺構　（下）主郭より帯曲輪東を見下ろす

【評価】標高の低い大平尾城は、周囲の山稜に遮られがちであるが、両城はお互いを目視することが可能であった。

　誓多林城は、国中に近いうえ標高も高く、全方位がある程度見渡せることから、広域監視の中枢であったと思われる。大平尾城は、北東方向へ屈曲する街道越しに、柳生方面との連絡を確保する伝えの城であり、大平尾を防御する砦であろう。

　古市氏は、大和国の北東部に影響力を持って後背地とし、勢力の保全を図った。また、輸送を生業とする馬借にも影響力を持ち、諸街道での連絡網を構築していたと思われる。両城は、古市氏勢力圏での街道監視や連絡網の一部であったと考えられる。

　また、縄張り面においても、主郭が屹立する点、周囲に主郭へのルートとして坂道状の帯曲輪を廻す点などに共通点が見られる。

　大平尾城の主郭へのルートは取り付き部分ではっきりしないが、ここまで述べた共通性から、両城ともに古市氏関連の城と考えてよいだろう。大平尾城の帯曲輪のうち一段低い東の一画は、城外からのルートがつながる虎口空間である。この箇所が内枡状である点は注目される。　（内野和彦）

[参考文献]村田修三　一九七七「大和の城郭(5)大平尾城周辺」『月刊奈良17―2』現代奈良協会／村田修三　一九九四「中世の城館」『奈良市史』通史二　奈良市

64 鉢伏城《はちぶせじょう》

古市氏が築いた国中地域への復活の拠点

Ⅲ郭の石積み

【選地】　奈良と名張《なばり》を結ぶ名張街道（鉢伏越）は、国中《くんなか》（奈良盆地）と東山内《ひがしさんない》（大和高原）を結ぶ主要道の一つでもあった。当城は、街道上にある鉢伏峠の西約600メートルに位置する。城内からは国中全域をほぼ眺望でき、南麓から東麓へ延びる街道を押さえる要衝地であった。

DATA
所在：奈良市鉢伏町
遺構：畝状空堀群、土塁、石積み
規模：280 × 150m
標高等：標高 431m、比高約 40m（南麓、鉢伏集落より）

　街道は、西へ約3キロ進むと有力国人である古市《ふるいち》氏の古市城（奈良市・『近畿』Ⅱ所収）へ、東へ約4・5キロ進むと古市氏の勢力圏における後背地である大平尾《おびらお》につながる。当城は古市氏の本拠と、後背地のほぼ中間地点でもあった。

　当城へは、南の集落から茶畑を経由して、南東の尾根伝い（道はない）に進むと、約三〇分でⅤ郭へ至る。中央部を南北に横断する道は、確認が取れていないため不明である。

【歴史】　永正十七年（一五二〇）五月七日、「山ノ城」に布陣していた古市公胤は、筒井勢の攻勢に遭い、九日には退却し、「山ノ城」は筒井勢に破却された。両勢による激しい攻防が続くなか、約一ヶ月後の六月十二日、古市

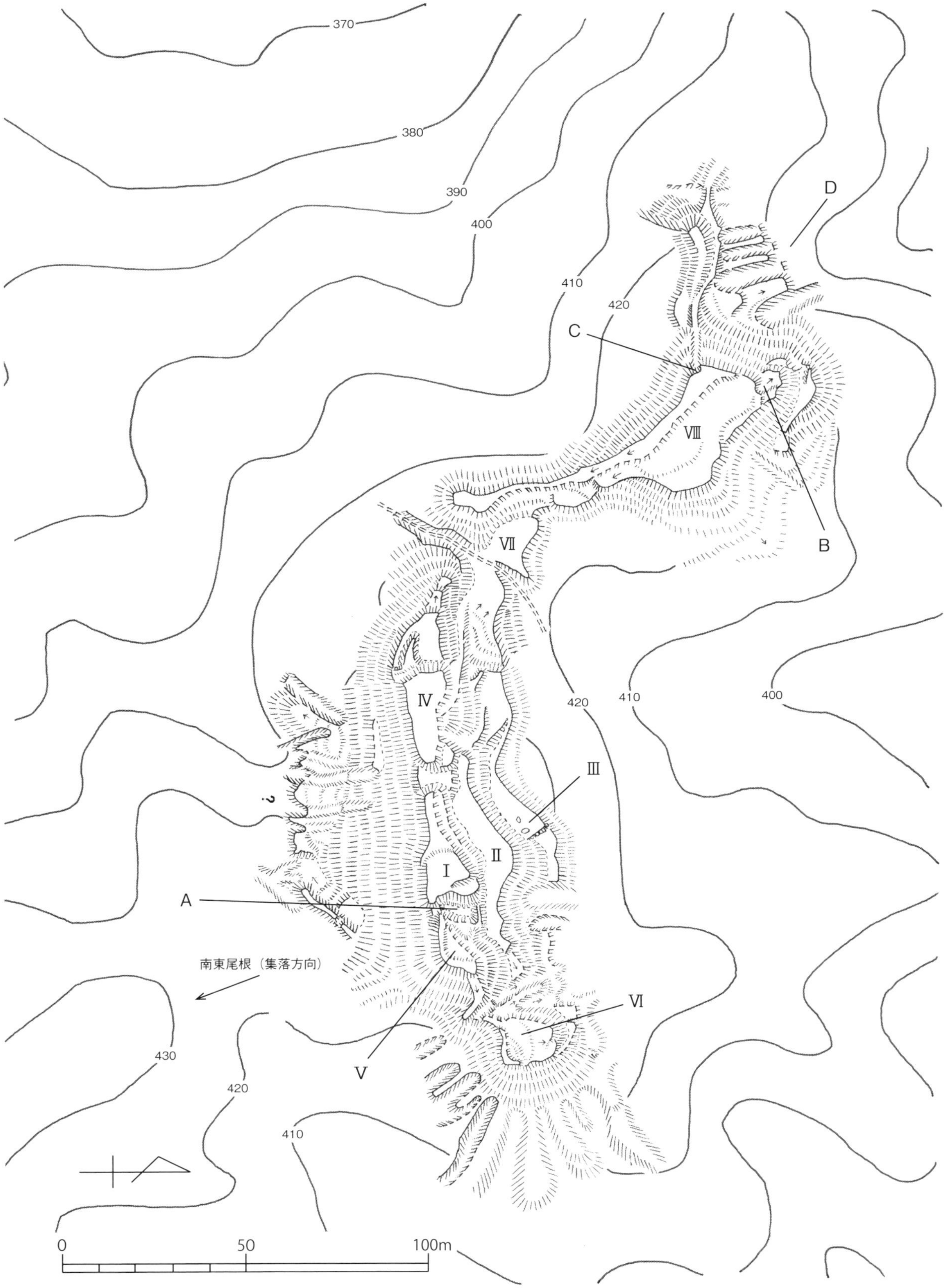

縄張り図　作図：内野和彦

223　鉢伏城

勢は鉢伏に再度、着陣する。その後、白毫《びゃくごう》寺《じ》の堂や庫里《くり》から資材を調達し、一度捨てた「山ノ城」に「小屋」を掛ける。二十二日、越智氏の使者が「山ノ城」に仲裁に訪れ、和睦を受け入れ大平尾へ退いた（「祐維記抄」『続南行雑録』）。

「祐維記抄」にたびたび登場する古市氏が布陣し、小屋を掛けた「山ノ城」が、当城とされる。

【遺構】 東西に細長い連郭式の城郭である。

散見される礎石状の石（Ⅲ郭）

南に土塁と土塁状に高い曲輪を並べ、北側には段状に低い曲輪を並べる。東西端には畝状空堀群が設けられ、土塁は鍵型になって北へ折れる点で共通する。中央部やや東寄りの南斜面には傾斜した平坦地があり、畝状空堀群らしき痕跡が見られるが、雨水の浸食による溝の可能性も高い。

東西を堀状の遺構で区切ったⅠ郭が主郭の候補となるが、堀状の遺構は浅く、Ⅱ郭との比高も少なくⅣ郭とも並列的であり、上位であるとは言い切れない。Ⅰ～Ⅴ郭までが主要部で、この曲輪群が主郭の機能を果たしていたと考えられる。

東部竪堀遺構

最高所であるⅤ郭は、南東の尾根続きに正対する櫓台で、小さいながらも東と南に向けた低い土塁を持つ。Ⅴ郭と東のⅥ郭との間には、浅い堀切状の溝があるが、北側斜面に切岸はなく、緩やかに下る。Ⅴ郭とⅥ郭を結ぶ南側の塁線には折れが造られ、南斜面に対する横矢の意識が見られる。Ⅵ郭の南から東にある畝状空堀群は、急傾斜地である南側では幅が細く短い竪堀が造られ、緩傾斜地である東側では、幅が広く長い竪堀を自然の谷へつなぐ違いが見られる。

全体的に削平や曲輪造成が不十分な城であるが、Ⅲ郭の造成はしっかりされている。Ⅲ郭は、内部に約３０センチほどの段差を持つ曲輪で、段差は五石ほどの石積みで補強されている。Ⅲ郭にはほかにも礎石状の石がいくつか散見され、重要な建物があった曲輪だと考えられる。しかし、石積みにみられる矢穴は年代が下る可能性があり、年代については再考が必要である。Ⅰ郭とⅤ郭の間には、現在、南東尾根から道のつながる堀状の遺構

Aがある。Aは井戸とも考えられるが、V郭から延びる土塁とI郭の塁線が食い違うことから、南東尾根からのルートがつながる虎口であった可能性も考えられる。

Ⅵ郭から西の鞍部に下ると、Ⅶ郭に至る。Ⅶ郭には南から北へ抜ける道が通っており、南側が切り通しとなっている。Ⅶ郭からⅧ郭へは、南側から西側に土塁が延び、西端で土塁は北へ少し折れる。Ⅶ郭とⅧ郭の間はいくつかの低い段差で結ばれる。Ⅷ郭の北西部には虎口Bがあるが、通路状の遺構は崩落により途切れる。現在、西の尾根からCへの道は、無理やり土塁上につなげた印象を受ける。

かつて西尾根からの道は、畝状空堀群Dに北側を制限されながらBへつながっていたと考えられる。Dは幅も広く、造成は東部の畝状空堀群に比べると、しっかり造られている。Dのさらに西には、堀切状の遺構が見られる。ただし、北側が浅いため、南への竪堀だけであったかもしれない。

Ⅷ郭の土塁

Ⅷ郭

【評価】　当城は、南を土塁や土塁状の高い曲輪で防御し、東西は畝状空堀群で囲い込む。北への防御意識が薄いことから、南を通る街道を意識した城郭であると言えよう。また、曲輪間あるいは区画を明確な堀切で仕切らず、東西にメリハリなく曲輪を並べる。このような城郭は、軍勢の収容を前提に造られたと考えられる。そして、曲輪の造成が甘いことから、急造による臨時の城郭であったとも言えるだろう。

以上から、当城は古市氏が永正期に国中への復帰の拠点として築城した陣城だったと考えられる。ただ、急造の城郭と考えられることから、永正期の城郭の特徴を語るのは難しい。しかし、土塁のラインや畝状空堀群がすでに活用されていたことを示す好例とも言える。Ⅲ郭には礎石建物があったと考えられるが、矢穴の評価も含め、白毫寺の堂や庫里から資材を調達して建てられた「小屋」であったのかどうかはわからない。　（内野和彦）

［参考文献］村田修三　一九八三「大和の城郭（13）鉢伏城（古市山ノ城）」『月刊奈良23―3』現代奈良協会／村田修三　一九九四「中世の城館」『奈良市史』通史二　奈良市

65

椿尾下城《つばおしもじょう》

筒井氏の影響をうけた椿尾氏の本拠

DATA
所在：奈良市北椿尾町
遺構：土塁、堀切、竪堀
規模：350 × 300m
標高等：標高 371m、比高 50m

椿尾下城　南より（右手奥に主郭Ⅰ、左手奥に堀切H）

【選地】　奈良市の南東部にある、北椿尾集落を見下ろす山上に位置する。北東約1キロ方向にある城山には、椿尾上城（『近畿』Ⅰ所収）がある。また、谷を挟んで南東約500メートルには興隆寺《こうりゅうじ》城比定地、北椿尾集落を挟んで西へ約500メートルの位置には高樋《たかひ》城がある。

城跡へは、北椿尾集落の北側に延びた道の脇から尾根上に上がれば、北端の堀切近くに至る。主郭周辺はともかく、南側一帯は藪化が激しいため、歩きにくい場所が多い。

【歴史】　当初は、大乗院方の衆徒《しゅと》であった椿尾氏の居城であったと考えられる。のちに筒井氏の勢力下となり、椿尾上城と共に松永久秀勢力との抗争時の拠点になったと考えられている（村田修三「椿尾下城」『大系』10）。

【遺構】　主郭Ⅰは、北端に土塁を設け、その外側にⅡ郭、堀切A、やや距離を開けて堀切Bを設けている。堀切A・Bとも、西側端部は竪堀となり、谷に向かって落ちている。

主郭Ⅰの東側から南側裾は、後世に畑として開墾されたためか不明瞭な部分が多い。元は、帯曲輪が巡らされていたと思われる。南東に延びる尾根に対しては、やや浅い堀切Cを設けている。

主郭Ⅰの北西側は、堀底道を兼ねたような堀D、数段の曲輪を介して堀切Eを設けている。Ⅲ郭は、城内で最も規模の大きな曲輪である。南北の裾には、帯曲輪を伴っている。Ⅲ郭の西側尾根続きには、折れを伴う土塁Fが見られる。土塁は斜面部にも延びており、斜面部では内側に竪堀を伴っている。これは、形態・構造に違和感を覚えるものである。土塁Fから南側に下った位置には、堀切Gがある。堀切Gからさらに西側、尾根先端近くに堀切Hがある。堀切Hの両端は大きく折れ曲

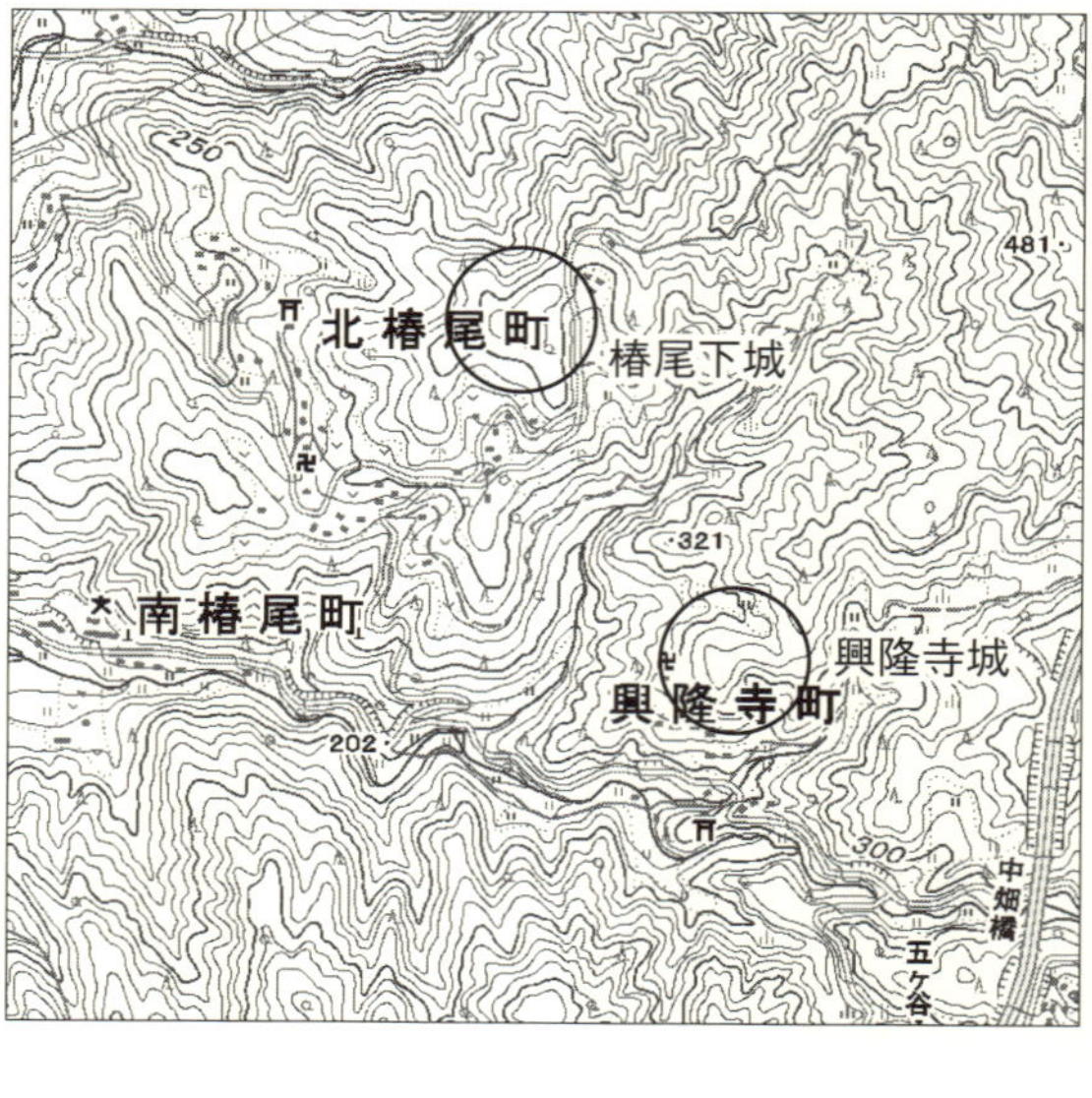

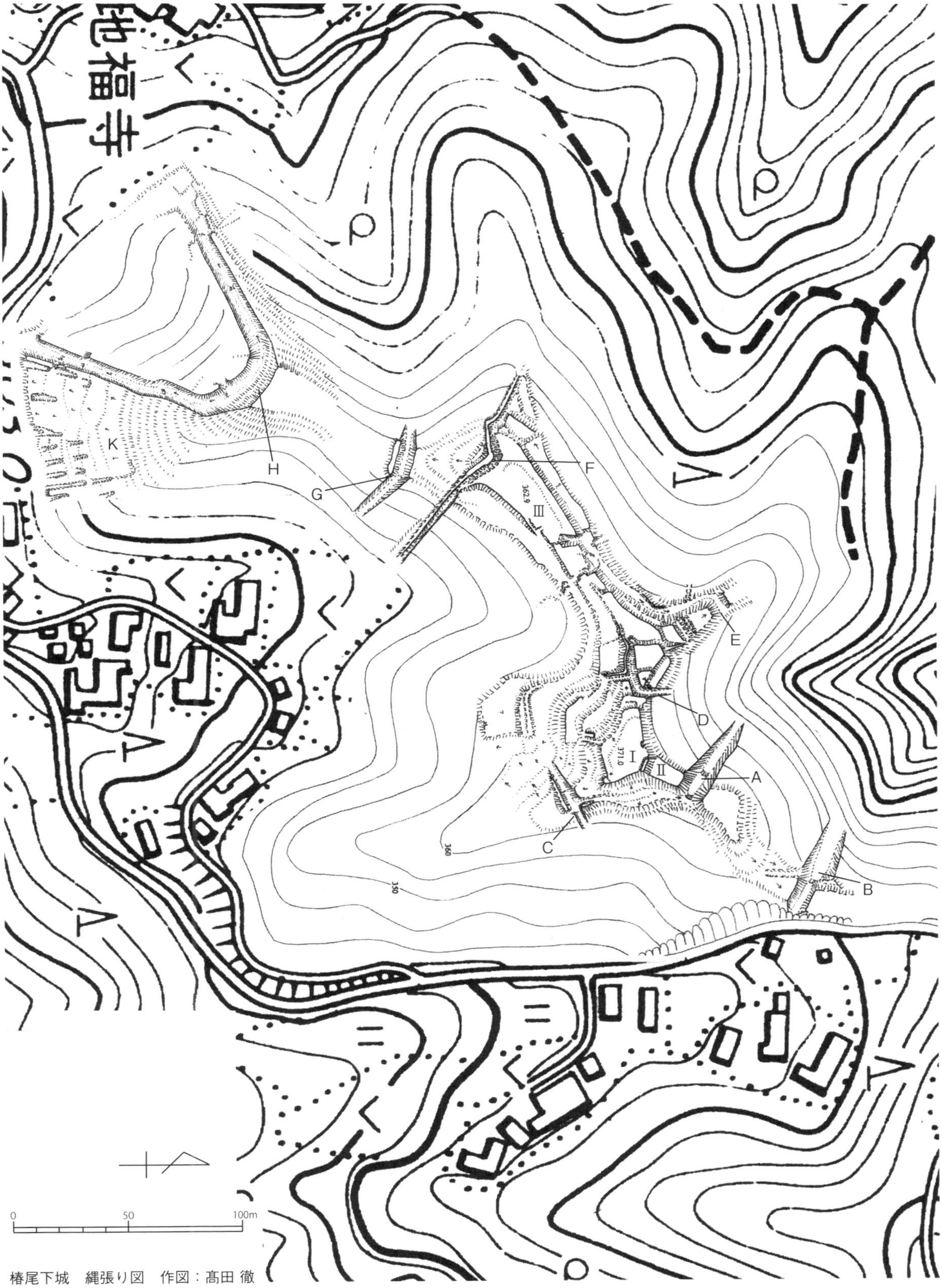

椿尾下城　縄張り図　作図：髙田 徹

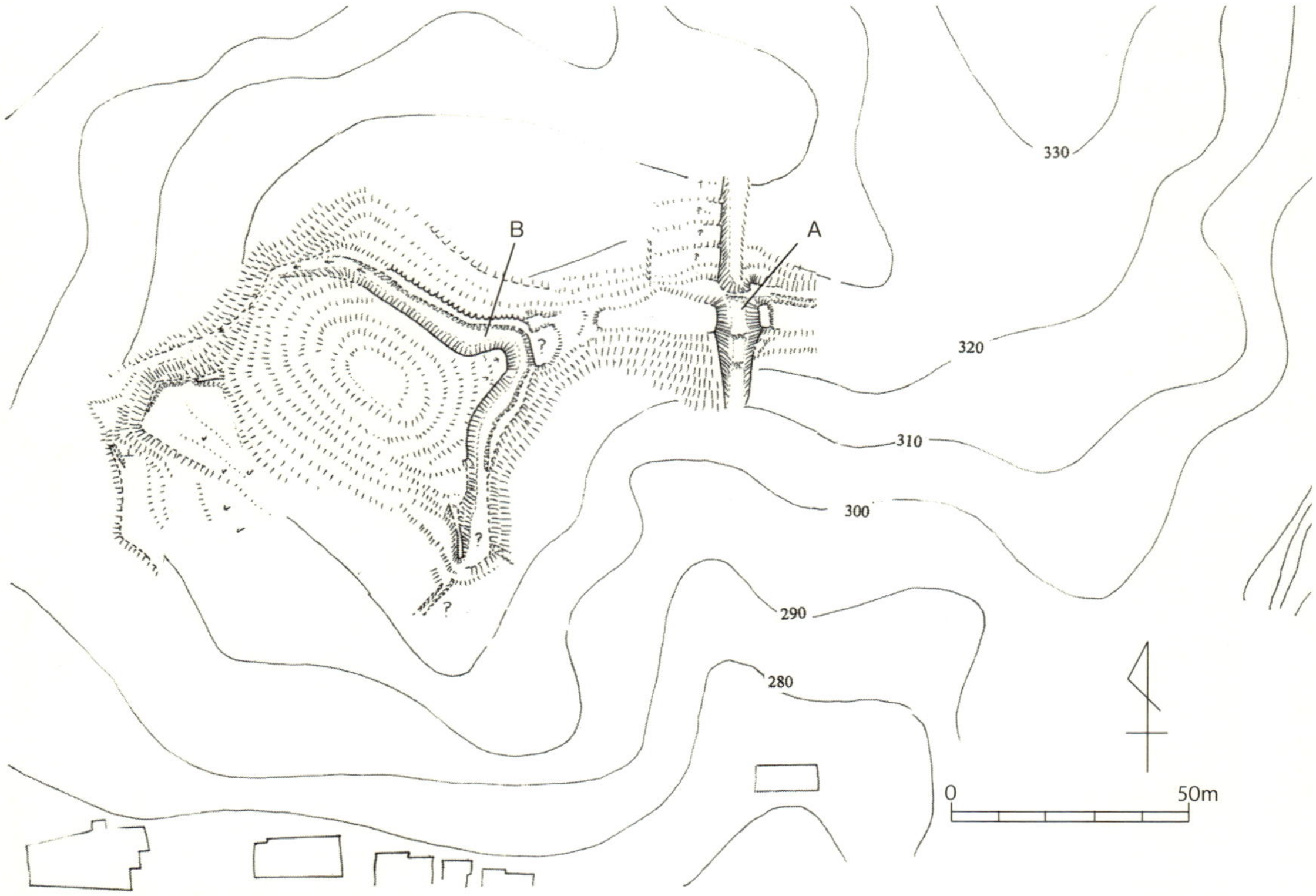

興隆寺城　縄張り図　作図：髙田 徹

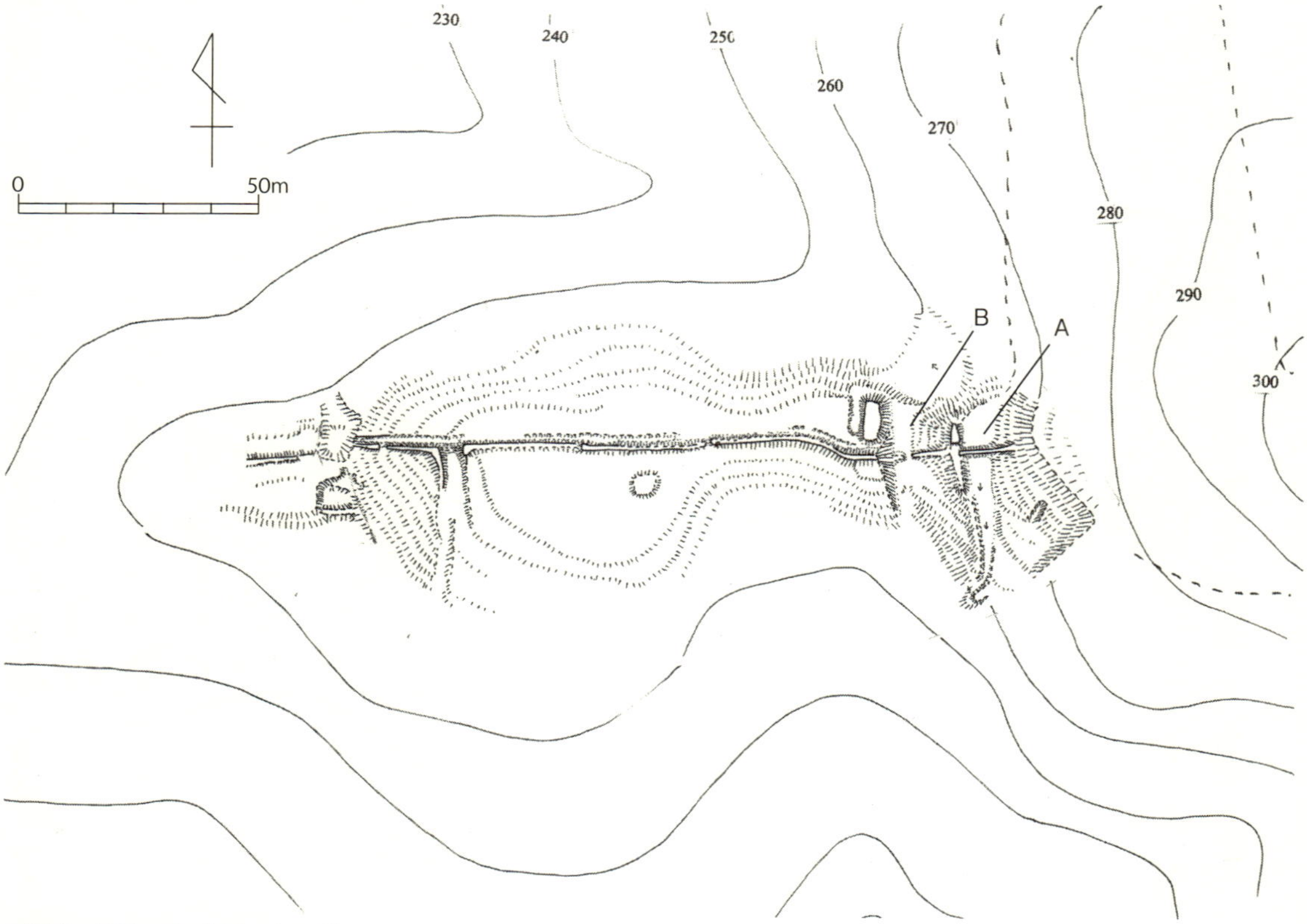

高樋城　縄張り図　作図：髙田 徹

がり、それぞれ山麓近くに達する竪堀として延びている。堀切Hは、竪堀部分を含めると逆V字形を呈している。土塁Fから堀切Hの間の尾根上はやや平坦になっているが、基本的に自然地形を止めると考えられる。

なお、堀切Hの南側、K付近には斜面を竪堀状に掘り込んだ状態が認められる。近年の改変によるものではなく、聞き取りによると、性格は不明ながら、昔から存在しているとのことである。ただし、堀切Hの外側にあることから、城郭遺構ではないと思われる。

【評価】 当城は四方に尾根が伸びているが、このうち北東および南西に延びた尾根に対する警戒が顕著である。これに対して南東側は、後世の畑による改変が及んだ影響を差し引いても、遮断性が弱めである。このことから、城に抱かれた南側の谷（現在、宅地が数軒ある）との結びつきが強かったと考えられる。

北東・南西には堀切を多重に設けるが、中間部分には自然地形を止める部分が多い。堀切に挟まれた中間部分は駐屯地として機能し、兵の多寡により、使われる場合も、使われない場合も生じたのかもしれない。ただ、南端にあって逆V字形となる堀切Gは形態もさることながら、幅も8メートル前後を有しており、特異な遺構と言える。

（上）興隆寺城比定地の堀切A　北から見上げる
（下）高樋城の尾根を縦断する土塁（城郭類似遺構）

ところで、村田修三氏は椿尾上城を中核にして、周辺域の五ヶ谷には椿尾下城、興隆寺城、高樋城、米谷城等が筒井氏によって築かれ、一大要塞と化していたと指摘されている。

興隆寺城比定地は、尾根を分断する堀切Aが見られるが、前後の位置に曲輪は存在しない。やや離れた位置に堀状の遺構Bが見られるが、内側は自然地形となっていて曲輪を伴っていない。Bは土地の境界か、山道ではないかと思われる。堀切Aも城郭遺構として見た場合、位置が変則的である。

高樋城は、東西に細長く尾根の基部となるA・Bに堀切を設けている。堀切の内部および西側尾根続きには土塁が延びているが、これは土地の境界を示すものであり、城郭遺構とは考えられない。城郭遺構である蓋然性が高いのが堀切だけであり、その場合は、堀切以西の平坦な尾根上を駐屯地としていたと考えられる。ちなみに、『多聞院日記』には元亀元年（一五七〇）、筒井氏が「高樋山ニ城拵之由也」と記しているが、これが当城にあたるのかどうかは不明である。

今後、五ヶ谷一帯の詳細な分布調査が行われれば、高樋城のような堀切遺構が発見される余地はある。ただ、複数の曲輪を伴う城郭遺構となると、椿尾上城と当城くらいに絞られると思われる。椿尾上城と共に、筒井氏の拠点として整備・機能していたのが当城であったと考えられる。

（髙田　徹）

66 構城《かまえじょう》―付、構北城《かまえきたじょう》

大和から伊賀への街道を押さえる城

【選地】　石打《いしうち》集落の中央部分には、八幡神社が鎮座する。この神社西側の標高２０６メートル地点に構城が存在し、構城から谷を挟んだ北側に構北城がある。

当城のある丘陵南下には、主要地方道である上野―南山城線（旧大和街道）が東西に通り、八幡神社の東裾部で伊賀市治田《はった》方面に至る道が分岐する。さらに北東では伊賀市白樫《しらかし》への峠越え道、京都府南山城村田山への道が分岐する。これらの道は中世に遡る可能性が高く、交通の要衝を掌握しようとする築城者による選択意図が読みとれる。

構城（左）と構北城（右）遠望　東より

DATA

所在：奈良市月ヶ瀬石打字構
遺構：曲輪、土塁、堀切、横堀、井戸
規模（構城）85 × 95m
（構北城）70 × 100m
標高等：標高 206m、比高 26m

【歴史】　旧添上郡月ヶ瀬村石打は、「猪田郷等坪付表具注暦」（「八代恒治氏所蔵文書」）仁安三年（一一六八）銘の断簡に、「猪田郷三百六十四丁三段小　石打庄田十丁半」とあり、古代から中世までは伊賀国に属していた。また、嘉禄～安貞年間（一二二七～二八）頃と推測される「大安寺領石打荘々官百姓等言上解状」の存在から、奈良大安寺領であったことが知られる。

八幡神社には、正平六年（一三五一）銘の修理棟札《むなふだ》が存在し、八幡神社が文永三年（一二六六）に大和国大安寺村より移し、永仁六年（一二九八）に造営されたことが遡って記されている。この勧進を主導したのが、石打庄の地頭職と伝わる東氏で、八幡神社に伝わる「東氏文書」には、東氏の氏神として勧進された八幡社が、弘和年間（一三八一～

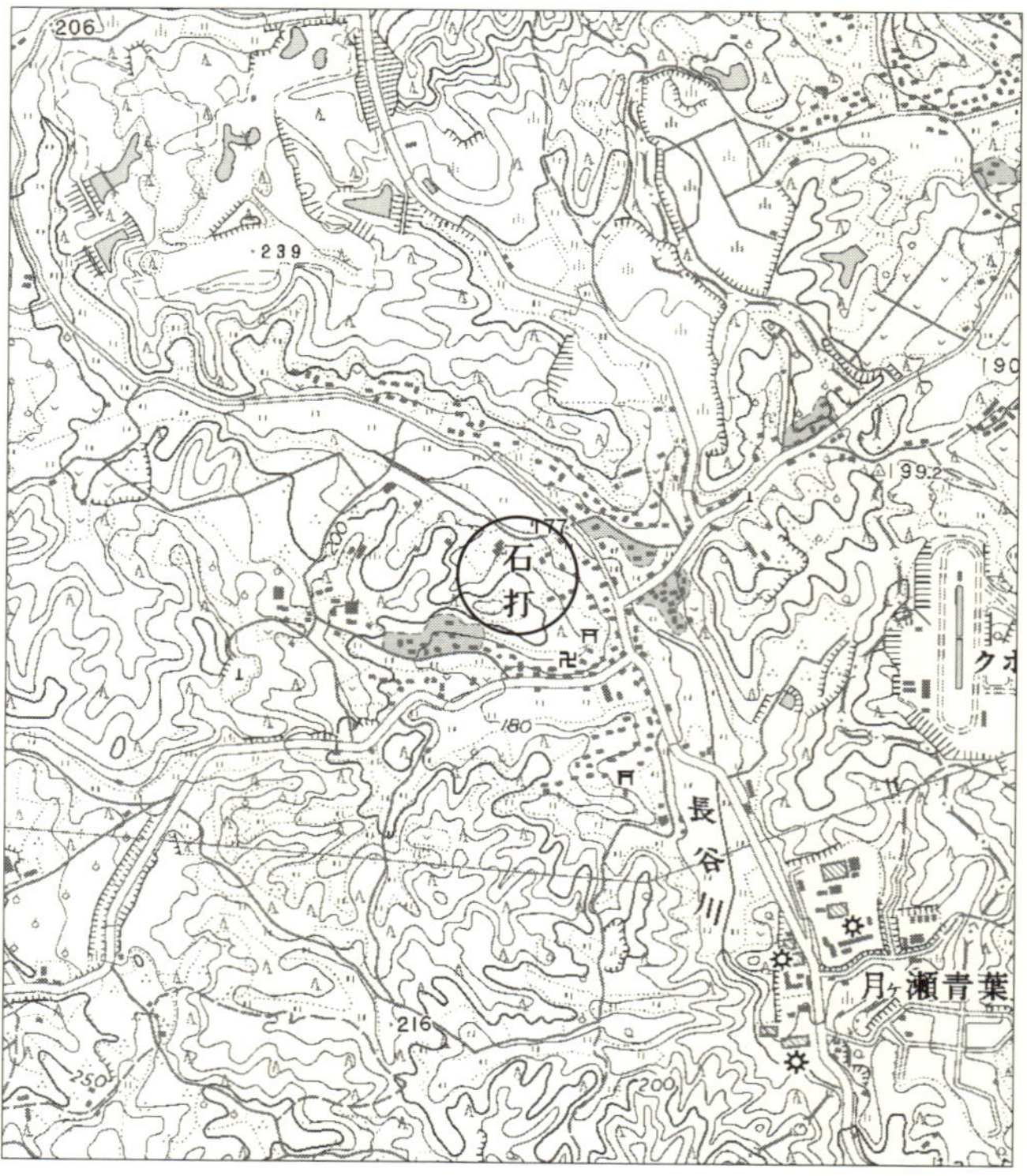

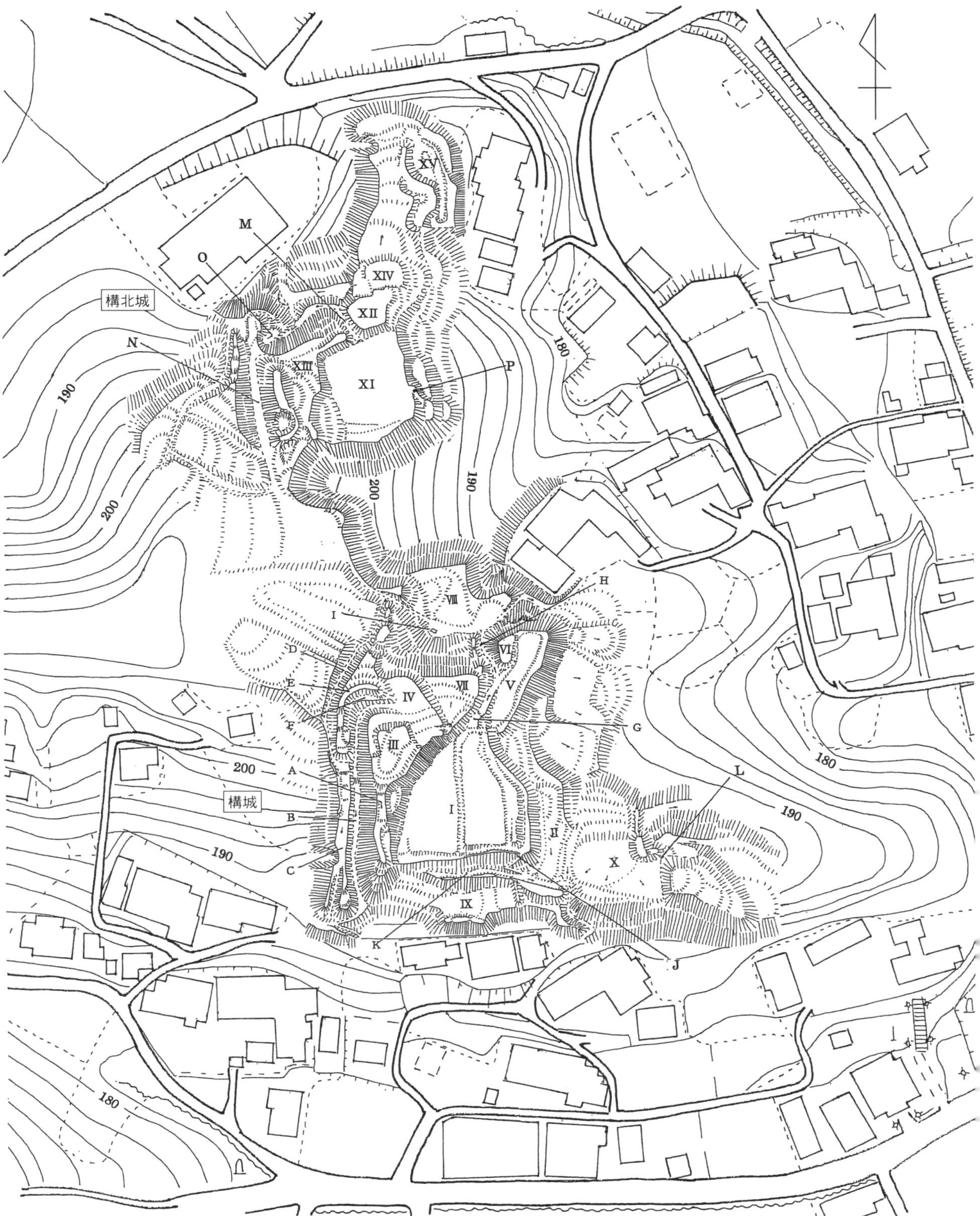
構北城
構城
M
O
N
P
XV
XIV
XII
XIII
XI
VIII
VI
VII
V
IV
III
II
I
IX
X
A
B
C
D
E
F
G
H
I
J
K
L
180
190
200
0
50m

縄張り図　作図：寺岡光三

八四）に村社に変移したと記されている。八幡神社との位置関係から、勧進を主導した東氏が当城の築城者として有力視される。

【遺構】　主郭Ⅰは、丘陵東面を大きく削り込んだ30メートル四方の規模で、背後の西～北に高さ2～7メートルの土塁を設けている。主郭Ⅰの東側は、高さ2メートル前後の切岸が面的に続き、裾部には幅10メートルで、緩やかに傾斜する腰曲輪Ⅱが存在する。

主郭Ⅰ西側の土塁は北西隅部が最も高く、三面に切岸が施された7メートル四方の櫓台状のⅢ郭が存在する。

構城　主郭Ⅰ　北より

主郭Ⅰから北に登る竪土塁Aが、Ⅲ郭への登坂道を兼ね、竪土塁Aの西側には横堀（一部竪堀）Bが、その外側に土塁Cがそれぞれ並行する。横堀Bは、Ⅲ郭の北側に位置するⅣ郭の浅い空堀から始まり、次第に竪堀へ変化するので、遮断線としての空堀機能に加え、通路としての出撃機能を備えていたと考えられる。

Ⅲ郭の北西方向には、当城および構北城に続く主尾根があり、その尾根を南北に断ち切る形で堀切Dと土塁Eが存在する。土塁Eの内側には武者隠し的な小曲輪Fが設けられ、尾根伝いからの侵入に対する備えが見られる。

構城　横堀D　北より

主郭Ⅰの北東部分には坂虎口Gが存在し、その先にⅤ郭が北東に向かって突き出す。Ⅴ郭の北側には、一段高い櫓台Ⅵが存在し、眼下の登坂道を見下ろす。食い違い状の虎口Hに対しては、Ⅶ郭と共に横矢が掛けられる工夫が見られる。虎口Hの前面にはⅧ郭が存在し、南西隅部には120センチ四方で深さ70センチの石組み井戸Ⅰが存在する。井戸枠の延石には近世の矢穴痕が見られるが、中世に遡る井戸跡と考えられ、付近は水の手曲輪と評価できる。

主郭Ⅰの南東隅には坂虎口Jが存在し、西側には武者隠し的な横堀Kが存在する。横堀Kの法面下には、帯状曲輪Ⅸが存在して南斜面側を押さえているが、西側には地滑りの痕跡が見受けられ、本来の姿を喪失している。

また、主郭Ⅰから八幡神社に続く尾根上には、Ⅹ郭が存在し、食い違い虎口と見られる土塁の開口部Lが存在し、東側尾根筋からの登城道が想定できる。

一方、北尾根がクランクする地形を活かした構北城は、東斜面を切り込んだ20メートル四方規模の主郭Ⅺを中心とし、西・北を土塁で囲んでいる。主郭Ⅺの北側土塁には虎口Mが開口する。東側にはⅫ郭が位置するが、高さは1メートルと低く、城道や虎口に対する威圧感に欠ける造りである。

西側の土塁は高さ6メートルで、内側にテラス状のXIII郭を設け、北端の帯状曲輪から、虎口Mへの城道に対して横矢が掛かる位置取りである。この西側土塁の背後には、上幅8×深さ4メートルの堀切Nが西尾根を断ち割っており、北側の竪堀Oへつながっている。

主郭Ⅺの南端には、幅4メートルほどのわずかな高まりが見られることから、南側にも低土塁が存在していたと見なされる。また、東側に坂虎口Pが存在するが、3メートル下位にある腰曲輪との連絡道と見られる。

Ⅻ郭に連続するXIV郭は、稲垣氏歴代の墓地となり、石仏や五輪塔等と共に重制《じゅうせい》六地蔵石幢《せきどう》の龕部《がんぶ》が存在する。墓地に先行する、稲垣氏に関わる中世寺院の存在が示唆される。丘陵北端に存在する二段に切り込んで築かれたXV郭は、出城的な存在であるが、空堀等が存在しないことから、中世寺院に関わる遺構の可能性も考えられる。

構城　井戸Ⅰ　北より

構北城　虎口Mを主郭Ⅺ内より見る

【評価】当城は、大和から伊賀への街道を睨む位置取りであり、構北城は南山城の田山への街道を押さえる城館として機能したと言える。

両城の縄張りには、西尾根を堀切と土塁で遮断する縄張り上の類似性が指摘できる。

当城と八幡神社の位置関係から、東氏の城館との評価も可能である。また、当城を詰城と見なすと、虎口Hから東へ下った広さ25×30メートルの宅地が館跡の候補地になる。

構北城の虎口Mの前面には、稲垣氏歴代の墓地（XIV郭）が存在し、石幢残欠の年代が一六世紀中頃と考えられることから、中世寺院と館城が併存した可能性も想定できる。Ⅻ郭とXIV郭との断差がわずかで、寛永四年（一六二七）銘の墓石が最も古いことから、この頃には廃城となって、近世の墓地改修の結果、北土塁（Ⅻ郭）が大きく削平を受けた可能性もあるだろう。

構北城は、稲垣氏に関わる城館と見なされ、城の北東500メートルの丘陵上にある西広城（稲垣氏城）が築かれる前段階の館城と位置付けることも可能である。（寺岡光三）

［参考文献］月ヶ瀬村　一九九〇『月ヶ瀬村史』

67 吐《は》山《やま》城《じょう》

幾多の合戦の舞台となった吐山氏の城郭

城跡遠望

【選地】 大和国の北東部、東山内《ひがしさんない》の都祁《つげ》盆地から南方の宇陀へは、東西二本の街道が延びる。それらの街道は吐山で合流し、香酔《こうずい》峠を越え宇陀の萩原へ至る。

当城は、街道の合流点を南西下に臨む山頂に造られた。山は四方が切り立つ峻嶮な円錐形で、山頂部及び北東麓に飛び出した尾根上に曲輪が配置されている。山頂部からは南に吐山と香酔峠、北西は都祁盆地、北東には多田氏の貝那木山《かいなぎやま》城（『近畿』Ⅱ所収）を一望する好位置であった。

城跡へは、北東麓の畑横に建つ小屋の脇道から登るとよい。北東へ延びる尾根の曲輪群まで約一〇分。そこから山頂曲輪群まではさらに一五分かかる。

DATA

所在：奈良市都祁吐山町字城山
遺構：土塁、堀切、枡形状虎口
規模：120 × 210m
標高等：標高 573.4m、比高約 90m（南東麓集落より）

【歴史】 東山内の有力国人であった吐山氏の城と伝わる。吐山氏は一時、北の都祁盆地、南の宇陀萩原まで伸張するほどの勢いをみせ、幾多の合戦の張本人ともなった。なかでも染田天神講を自派勢力の基盤とした近隣の多田氏とは、利権を巡って争いをくり返す。両者の争いは、大和国の覇権を競う最有力国人の思惑とからみ、近隣に大きな影響を及ぼした。

吐山氏の動向や当城については、『大乗院《だいじょういん》寺社雑事記《じしゃぞうじき》』および『蓮成院記録《れんじょういんきろく》』に詳しい。

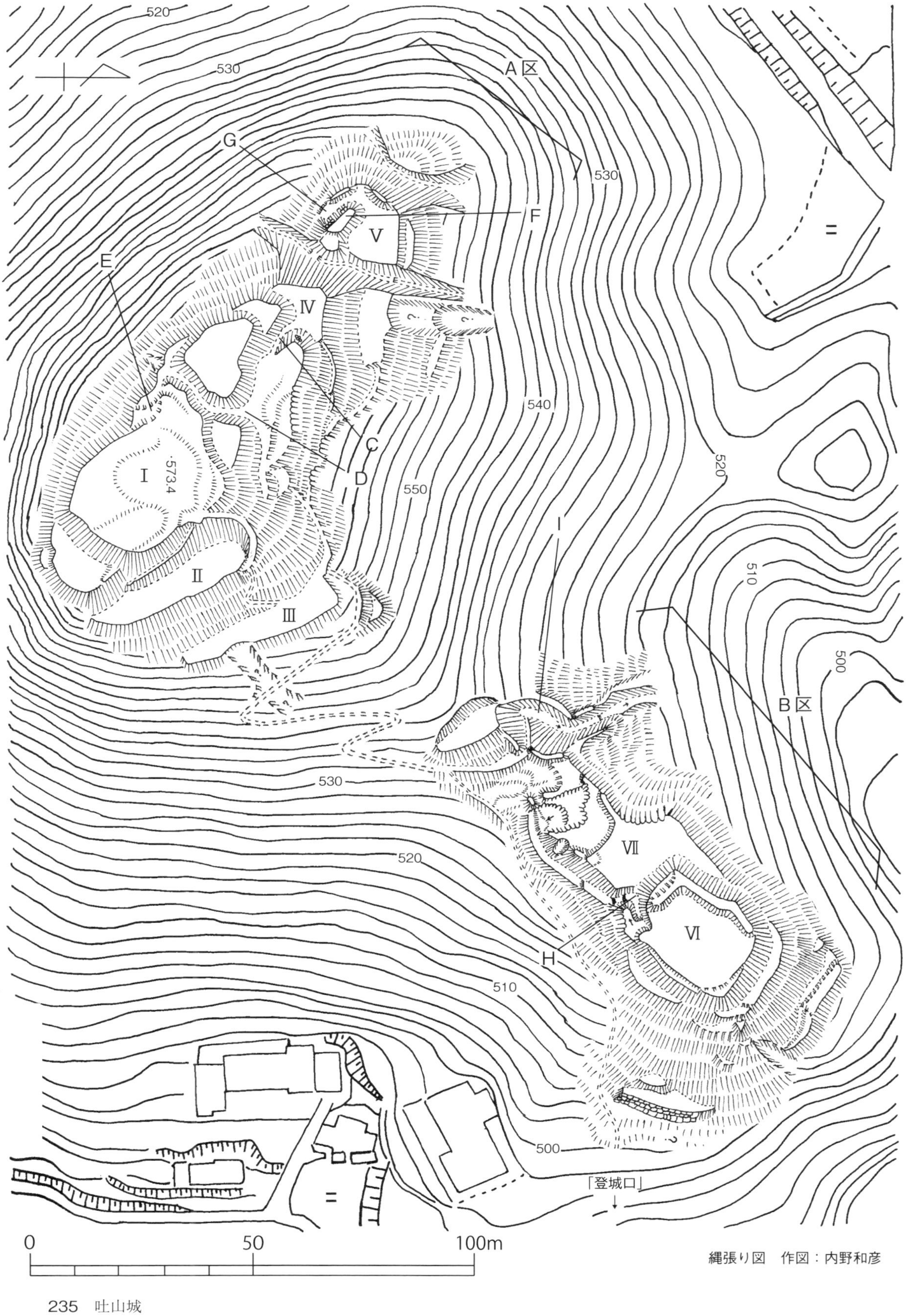
520
530
A区
530
G
F
V
=
E
Ⅳ
?
C
D
540
Ⅰ
573.4
550
520
Ⅱ
Ⅲ
Ⅰ
510
500
B区
530
Ⅶ
520
H
Ⅵ
510
500
「登城口」
=
0
50
100m

縄張り図　作図：内野和彦

畠山氏の内訌は大和国を二分し、大和の国人衆は政長派であった筒井方と、義就派の越智方に分かれ、熾烈な争いをくり返した。吐山氏は当初、筒井方であったが、のちに越智方となる。

文明十七年（一四八五）十一月、筒井方の軍勢が越智方であった多田氏の本拠、多田庄周辺と、上笠間氏の上笠間城を攻める。同年十二月、今度は越智方の下笠間氏が当城を攻め、翌年十月には多田庄への復帰を果たした多田氏が、吐山氏と合戦に及んでいる。文明十九年正月には、吐山氏や筒井氏などが当城に立て籠もり、多田氏、上笠間氏、古市氏などの越智方が対陣している。

このことから、文明十七年より当地域で起こった一連の合戦に、筒井方である吐山氏が大きく関わったことが想定できる。また、長享元年（一四八七）十月にも、吐山氏と多田氏は合戦に及んでいる。

延徳三年（一四九一）二月、興福寺領である宇陀の萩原庄を横領した吐山藤満に対し、興福寺は発向（攻撃）を決定する。それ以降、吐山藤満と一族である峯源四朗との間に内紛が起こり、藤満は二度ほど逃亡と復帰をくり返す。その間、藤満を支援する越智方の軍勢、および峯源四朗を支援する筒井方の軍勢が当城に入れ替わり入城し、合戦、対峙をくり返した。最終的に、藤満は内紛に勝利して当城へ復帰するが、越智方であった吐山氏は、その後の越智氏の衰退と筒井氏の隆盛によりその勢いは衰える。いずれにしても、大和国においてこれだけの合戦が行われ、軍勢の集結が記録に残される城郭は珍しい。

その後の記録として、約八十年後の元亀二年（一五七一）、『多聞院日記』の七月五日条には、松永久秀方の郡山の付城に布陣する吐山氏が裏切り、松永方の簀川氏を攻撃したとの記録が残っている。

（上）虎口C　（下）土塁Fの石積み

【遺構】　当城は山頂部の曲輪群（A区）、北東麓の尾根上曲輪群（B区）の二地区に分かれる。二地区それぞれにおいて、曲輪間の比高差はあまり見られない。

A区は南東から北西方向に延びる尾根上に曲輪が並び、Ⅰ郭が主郭となる。現在、Ⅲ郭からⅡ郭へ道が取り付くが、本来はⅢ郭北西部からⅣ郭へ延びる道があったと思われる。Ⅰ郭へはCの坂虎口から堀底道を抜け、虎口Eより上がる。堀底道の入り口にも坂虎口Dがあり、Ⅰ郭へのルート上には幾重にも関門

虎口G

が設けられていたようだ。Ⅳ郭の西は竪堀を伴う堀切で完全に遮断され、Ⅴ郭は土塁を用いた厳重な構えとなる。Ⅴ郭の土塁のうち、Fは幅も広く石積みの補強がされている。

塁線沿いに見られる土塁は断続的であるが、かつては北西から南西の塁線を覆う一本の土塁であったと思われる。ただし、G部に土塁の痕跡はない。G部の直下は緩斜面で、北西尾根を伝った道が西の堀切内を通ってGにつながり、最終的にFで形造られた通路状の空間に入ったと想定できる。

Ⅲ郭より約20メートル低いB区は、南西部が破壊され、一部の詳細はつかめない。Ⅵ郭へは虎口Hを使い、二回ほど折れて上がる。Hから南西方向へ延びる通路状の帯曲輪は、破壊された南西部の曲輪につながっていたと思われる。B区への虎口はIである。Iは土塁と切岸で周囲を囲まれ、北の開口部からスロープを使って城外との連絡が可能であった。現在はB区の東下の道を使いB区へ至るが、本来のルートは西直下の谷からIを介してB区へ至ったと思われる。

Ⅵ郭西端にある土塁は、直下を通るルートを警戒するためのものであろう。B区の北東尾根続きに堀切はないが、北東端は大きく尾根が削られ、かなりの高低差を持つ急斜面が造られている。

【評価】 当城において注目すべきは虎口である。とくに、城外からのルートが直接つながるI及びGは外枡形虎口で、食い違わせた土塁を前面に延ばして空間が造られている。また、前後を堀切に囲まれたⅤ郭は、曲輪群から突出した独立性の高い虎口曲輪とも言える。これは、B区を介するルート以外に、北西尾根を使った重要なルートの存在を想起させる。

北西尾根の先には地域信仰の求心的な存在であった、都祁盆地の来迎寺および水分《みくまり》神社方面に通じる街道がある。この街道は都祁盆地と吐山を行き来する主要道であり、北西尾根のルートはB区を介するものより重要であった可能性が考えられる。内枡形虎口であるHには、Ⅶ郭とⅥ郭から横矢が掛かるうえ、二度折れる工夫が見られる。そのほか一見単純に見えるC、Dにおいても、左右の塁線が張出すことで、横矢の掛る空間を造りだす工夫が施されている。

近隣の佐比山城（『近畿』Ⅲ所収）には、Gに類似する虎口が見られるが、当城のように曲輪間の比高差をあまり重視せず、ルート上の虎口に防御の中心が置かれた城郭は、大和国ではあまり例がない。一国人である吐山氏が持ちえた実戦的な虎口の技術は、大和国の城郭の進化を探るうえで、貴重な類例となるであろう。

（内野和彦）

［参考文献］二〇〇五『改訂　都祁村史』上巻　都祁市史編纂委員会／『大系』10

68

下垣内城《しもかいとじょう》

下垣内集落を見下ろす立地の城郭

堀Ｅ　南側から見上げる

DATA

所在：奈良市下狭川町
別称：佐野城
遺構：土塁、横堀
規模：80 × 60m
標高等：標高 191.3m、比高 30m

【選地】　奈良市と木津川市の境界にある、標高303メートルの「殿山」の東側、下狭川町下垣内集落の北側にある丘陵上に位置する。当城の西側、あるいは東側の道を北に進んで山越えすると、木津川畔に至る。また、当城から東に進み、白砂川に沿う道（県道33号）を北に下ると、京都府笠置町に出る。当城の南約1キロには下狭川城、南東約1キロには藤尾城がある。

城跡は、中垣内集落から下垣内集落に延びた一本道を北上し、集落を過ぎてすぐ東側の場所にある。案内板等はないので、通り過ぎないよう注意が必要である。

【歴史】　詳しい歴史は不明であるが、地元では、佐野氏の城であったと伝えられている。

【遺構】　当城は単郭に近い構造であるが、内部はⅠ・Ⅱ・Ⅲの区画によって構成される。

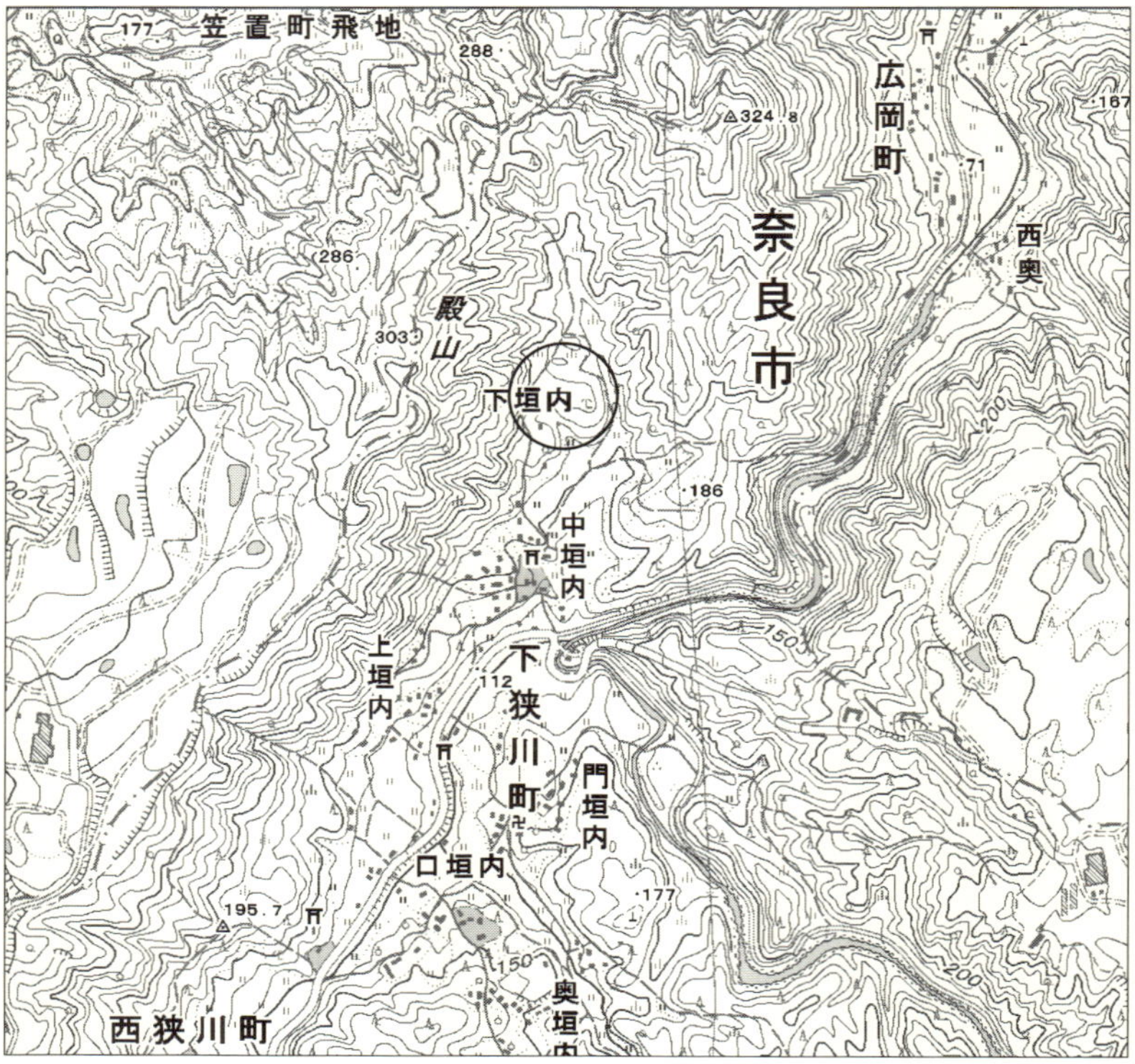

Ⅰは最も高い位置にあり、約50センチ低い位置にⅡがある。ⅠとⅡの間の段差は、畑にともなって造成されているように見えるが、もともと付近には段差があったと考えられる。Ⅱの北東部には張り出しが見られ、その裾部の約1メートル低い位置にⅢがある。

Ⅰの北・東・西側、Ⅱの西・東側の一部に

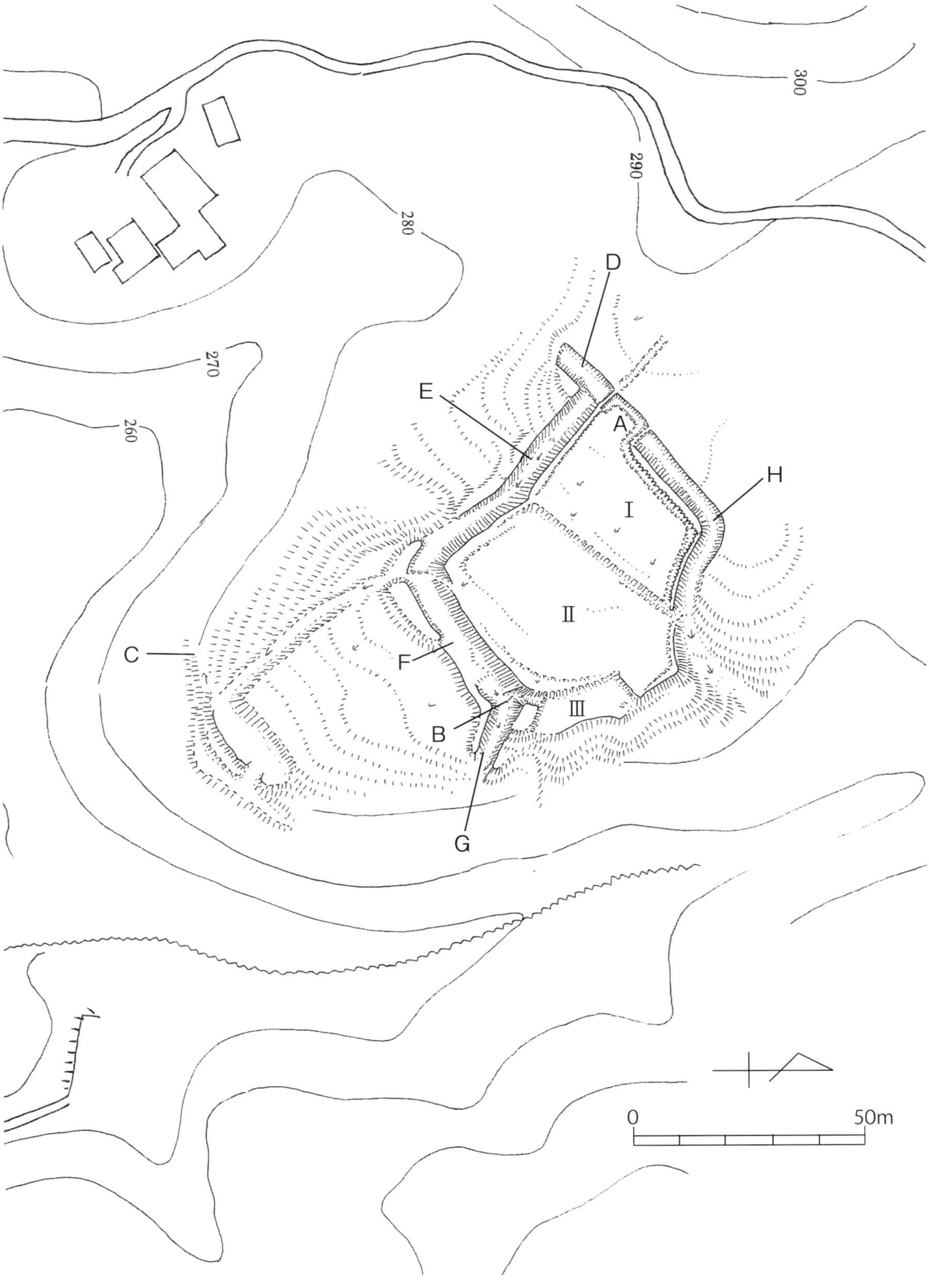

縄張り図　作図：髙田 徹

堀Ｈ　東から見上げる

は土塁を設けている。土塁の内側は削り取られており、本来の幅を減じ、さらに高さも減じていると考えられる。

Ⅰ~Ⅲの周囲は、東側の一部を除いて堀によって囲い込まれている。丘陵続きとなる北側は、堀Ｄ・Ｈによって区画している。堀Ｄは堀Ｅよりも西側に突き出し、端部は斜面まで掘り抜かず、止めた形である。堀Ｈは、途中までまっすぐ伸びた後、「く」の字形に折れて東側の谷に合流する。堀Ｈ底部から、

堀Ｈ北東部　北より

Ⅰの土塁上までは約2メートルの高さがある。Ⅰ・Ⅱの西側にある堀Ｅは、竪堀となって延びる。Ⅰから堀Ｅ底部までは、約3.5メートルの深さとなる。

堀Ｅの南端よりも、やや高い位置に延びるのが、横堀状となった堀Ｆである。堀Ｆは東西に延び、東端では「く」の字形に折れて竪堀Ｇとなる。

Ⅰ・Ⅱ・Ⅲから外側に出る虎口の位置は、明瞭ではない。現状で、Ⅰに入るには、明らかに堀を埋めたＡもしくはその東西にある土橋を使うことになるが、ともに破壊道である。虎口候補地としては、Ⅱの南側にある土壇脇にあるＢが挙げられる。ただし、Ｂから外側に出ると、傾斜する竪堀Ｇの起点あたりに下りる。傾斜度からみて、竪堀Ｇの底部を下る道があったとは思えない。

すると、堀Ｆを西に進み、堀Ｅの端部付近で折り返して、Ｃ方面に下りる道を利用したのではないかと思われる。やや迂回しすぎる感はあるが、ほかに虎口・山麓に向かう道に比定できそうな箇所は見当たらない。

【評価】 当城は、下垣内集落の最も奥にあり、集落を見下ろす立地である。現在は内側を削られ、高さも減じていると思われるが、元は北側尾根続きを土塁、そして堀によって遮断していたのは間違いない。

堀Ｄが西側に中途に突き出している理由は、はっきりしない。少なくとも、西側や北側に延長して曲輪を造り出していた形跡もない。虎口についてはＢを候補地としたが、確定的ではない。後世の改変を受けて、縄張りの一部が不明瞭になっている可能性もある。

（髙田　徹）

69

若桜神社に築かれた谷氏の館跡

谷《たに》城《じょう》

城跡遠望　西より

【選地】桜井市谷の小さな丘の上に存在し、桜井市街地の中央南寄り、ＪＲと近鉄の桜井駅から約４００メートル南に位置する。この丘は、前方後円墳の後円部といわれており、若桜《わかざくら》神社の境内地と重なっている。

当城の北、約３００メートルのところを初瀬街道が通り、東へ進めば榛原《はいばら》・名張へつながり、西へ進めば奈良盆地を経て大阪へ通じる。東に５００メートルほど行けば宇陀《うだ》に通じる道が通り、西に６００メートルほど行けば明日香から吉野に通じる道に出る。さらに、初瀬街道からは山辺の道が北に向かっており、奈良・京都に通じる。

また、本城の近辺には、東約２・４キロから北西約９００メートルの範囲に、戒重《かいじゅう》六城と呼ばれる城が、東から外鎌《とがま》城（本書所収）、赤尾城、外山《とび》城（『近畿』Ⅲ所収）、安房《あわ》城、河合城、戒重本城（いずれも桜井市）と点在している。

DATA

所在：桜井市谷
遺構：曲輪、土塁、空堀、堀切
規模：67 × 58m
標高等：標高 90m、比高約 20m

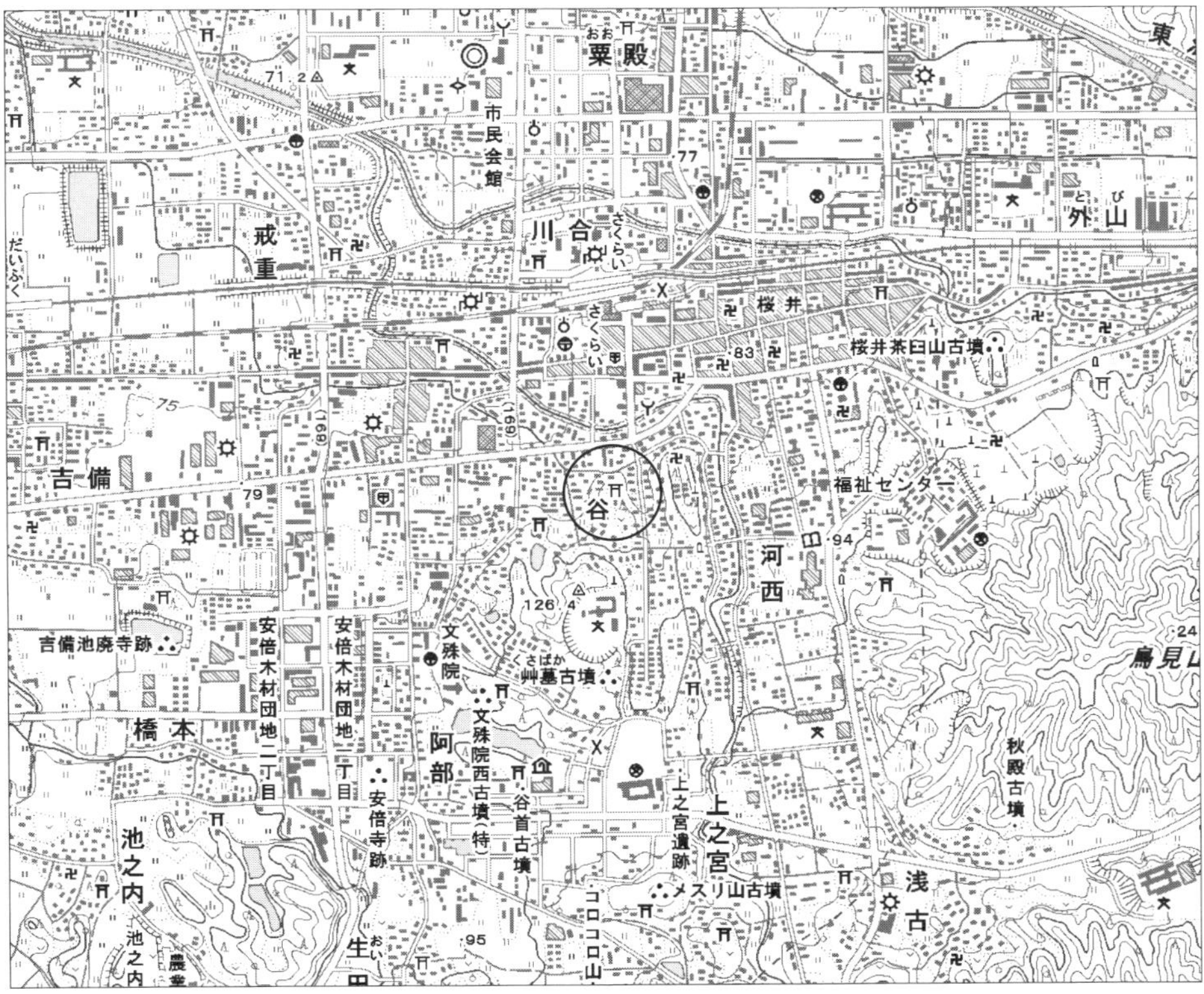

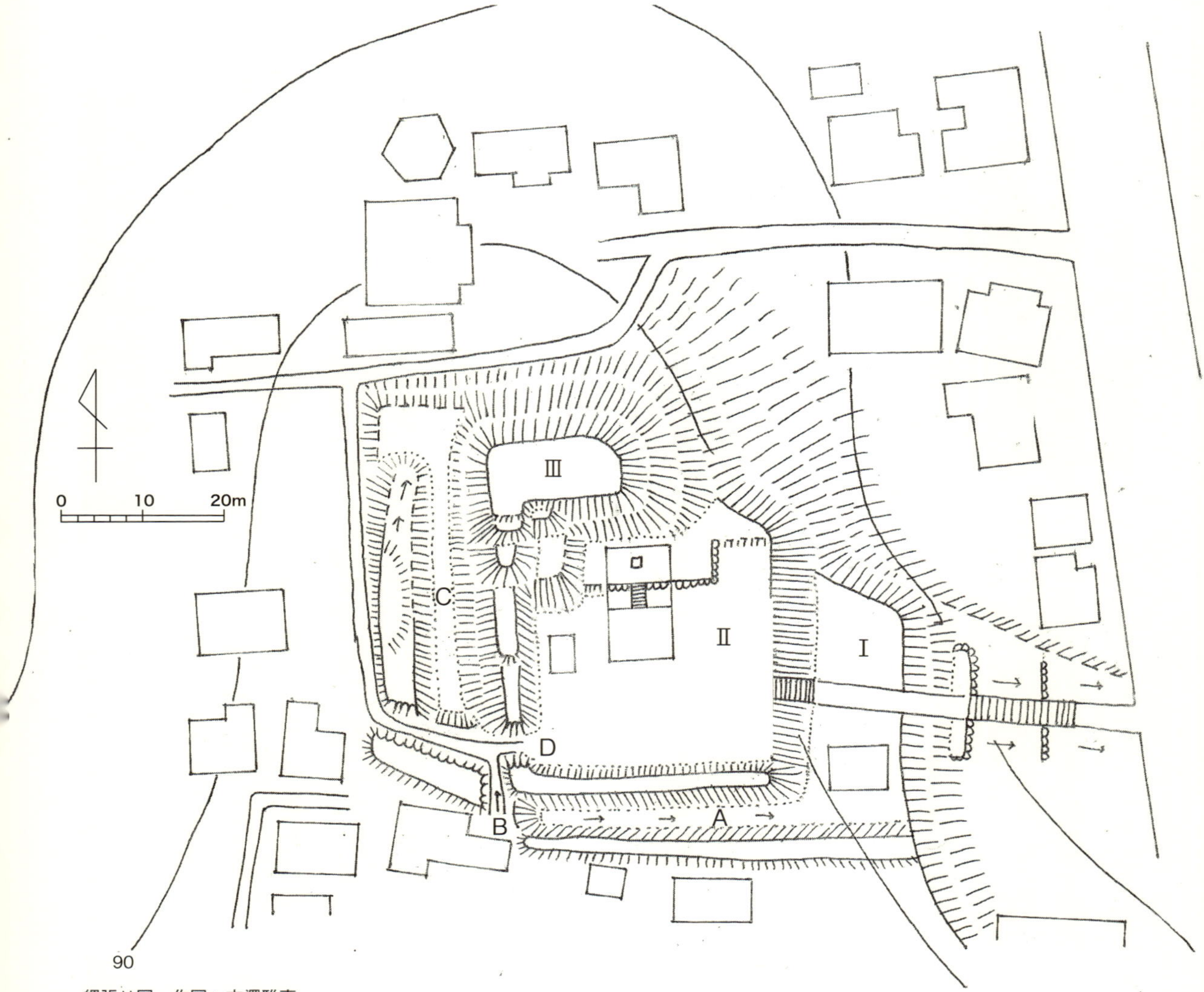

縄張り図　作図：吉澤雅嘉

城跡へは、若桜神社の参拝道を登ればすぐである。付近に駐車場はない。

【歴史】 いつ頃かは不明だが、谷氏によって築かれた城と言われている。現在、城跡には若桜神社が存在するが、若桜神社自体は、『延喜式』神名帳《じんみょうちょう》城上郡《しきのかみこおり》の若桜神社に比定されるほど古い神社なので、当城は中世になって築かれたものだろう。さらに古くは、ここを履中《りちゅう》天皇の「磐余《いわれ》稚桜《わかざくら》宮」に充てる説もあり、古くから崇拝の対象地となっていた可能性が高い。

谷氏は、大和朝廷に仕え、三輪谷を本拠地とした坂ノ上氏の末裔とする説もある。

現在は、城跡に高屋《たかや》安部《あべ》神社が鎮座するが、近世、山崩れによって別の場所から遷されたものである。

【遺構】 若桜神社の参拝道を東から西へ上ると、Ⅰ郭に出る。Ⅰ郭は、東からⅡ郭へ直接取り付くことを阻止している。現在、ここには若桜神社の社務所が置かれている。

Ⅰ郭の南にある堀切Aは、上昇しながら西に延び、南の尾根続きとⅡ郭を分断している。堀切Aの南外側には、低いながらも土塁が存在し、南尾根からの遮断性を強めている。堀切Aと南外側にある土塁は、現状ではⅡ郭の西端の道Bの手前でぶつかり止まっている。

Ⅰ郭から西へ上るとⅡ郭に達する。Ⅱ郭は城内で一番広い曲輪であり、北側は高さ80センチほど高くなっている。この一段高い平地に若桜神社の本殿が建つ。Ⅱ郭は北、西、南を土塁が囲み、北西には土塁が巨大化したようなⅢ郭が存在する。

Ⅲ郭は尾根先端に位置し、見晴らしも良く、櫓台と言える。しかし、櫓台としてはかなり大きいため、曲輪であったとも捉えられる。

Ⅱ郭西土塁の外側には堀切Cが存在し、さらに外側にある土塁とともに、西からの侵入を遮断している。堀切Cは北端で小さな曲輪状になっており、堀切Aの東端がⅠ郭となっている状況に類似する。

西土塁の南西部にあるDは、道によって破壊されている。さらに、堀切Cの南には人工的ながら不自然な高まりが存在し、D周辺から西にかけては、後世の改変をかなり受けている。先述した堀切Aと南外側にある土塁は、本来は堀切Cや西外側にある土塁とつながっていた可能性が高い。

以上から、Ⅱ郭を中心として西と南は土塁・堀切・外側の土塁で三重に防御し、北はⅢ郭と高い切岸で防御し、東を大手とする方形館の姿が見えてくる。

【評価】 若桜神社は、地域の崇拝の対象として大きな存在であった可能性が高く、神社と城とがどのように共存していたのか気になるところである。Ⅱ郭に館と神社が並立していたとも考えられるが、はっきりしない。

奈良県に限らず、多くの地域で城内に神社や信仰の対象となる岩などを取り込む事例が多く見られる。

（吉澤雅嘉）

Bから堀切Aを見る

Ⅱ郭南土塁

70 高東城《たかつかじょう》

山中の間道を押さえる砦群

【選地】　高東城が築かれた高東山は、奈良県東部に広がる大和高原の南西端に位置する。南対岸の宇陀・竜門《りゅうもん》山地との間に挟まれた初瀬構造谷には、西国札所の長谷寺や、伊勢神宮に向かう上街道（初瀬・伊勢本街道）があり、長谷寺周辺は多くの諸道が結集した、大和屈指の交通の要衝であった。

　これに対し、高東山の尾根続きである吉隠《よなばり》地区は、大和高原の都祁《つげ》盆地から円錐形の高山地帯中腹を通り長谷寺（初瀬谷）に至る、間道（山道）の結節地点であった。

　また、高東山周辺は十市《とおち》・松永氏の重要拠点であった龍王山城（天理市・『近畿』Ⅰ所収）に、さほど高低差を伴わず連絡が可能であり、上街道に結集する諸道に対し、逆落としでの進撃が容易な、隠れた交通の要衝であった。

【歴史】　当城の歴史は謎につつまれている。平安時代の昌泰元年（八九八）に藤原家賢が築き、永禄七年（一五六四）六月に松永久秀の攻撃を受け城主の藤原順賢が討ち死にし、落城したとされる。

　萱森の宮垣内集落に鎮座する高龗《たかおかみ》神社の由緒記によれば、藤原家賢は長谷寺の俗別当とされる。また、長谷寺周辺の村々で奈良時代に創始したとされる三社権現講も、藤原氏の系統が先祖代々奉仕したとされている。このことから、長谷寺の勢力を背景にした在地勢力―藤原氏が割拠したとも考えられる。しかし、当城の立地は決して一在地勢力の帰属に収まるものではないとも言えるだろう。

【遺構】　遺構は、吉隠地区から長谷寺へ抜ける山道に沿い、四ヵ所に分散して存在する。

DATA

所在：桜井市吉隠・萱森
別称：高塚城
遺構：土塁、虎口、横堀、堀切
規模：320 × 350m
標高等：標高 561m、比高 101m

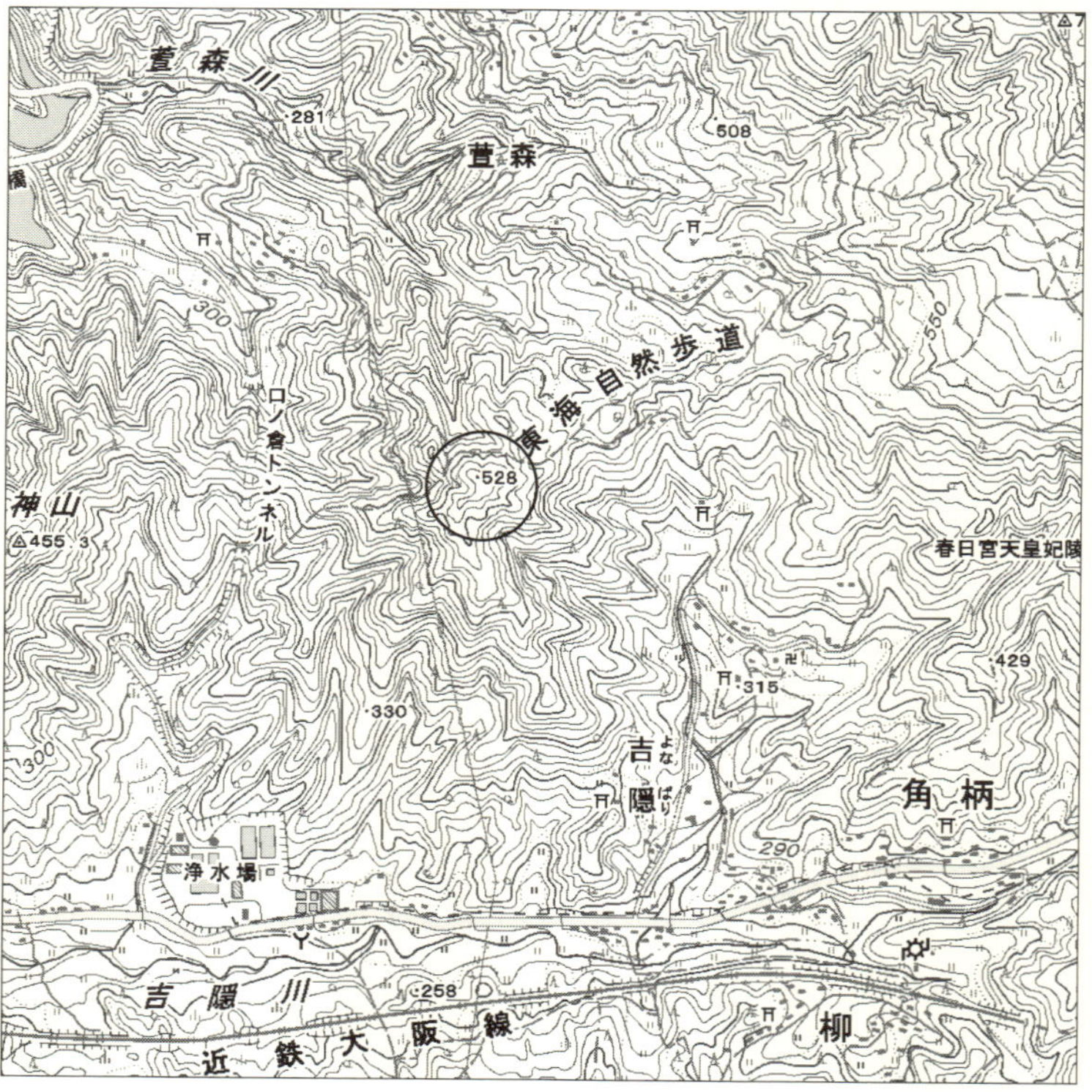

　最も大規模な高東山山頂の1区は、北から南に伸びる細い稜線と、そこから伸びる東尾根上に連郭を配置する。主郭は頂上のⅠで、馬乗石と名付けられた巨石が残る北尾根側には、堀切などの遮断施設はなく、低い塁線をわずかに折った横矢掛かりで防御する。西側の低い土塁は、南側のⅡ郭に続き、Ⅰ・Ⅱを画す腰曲輪Ⅲと併せて主城部を構成する。

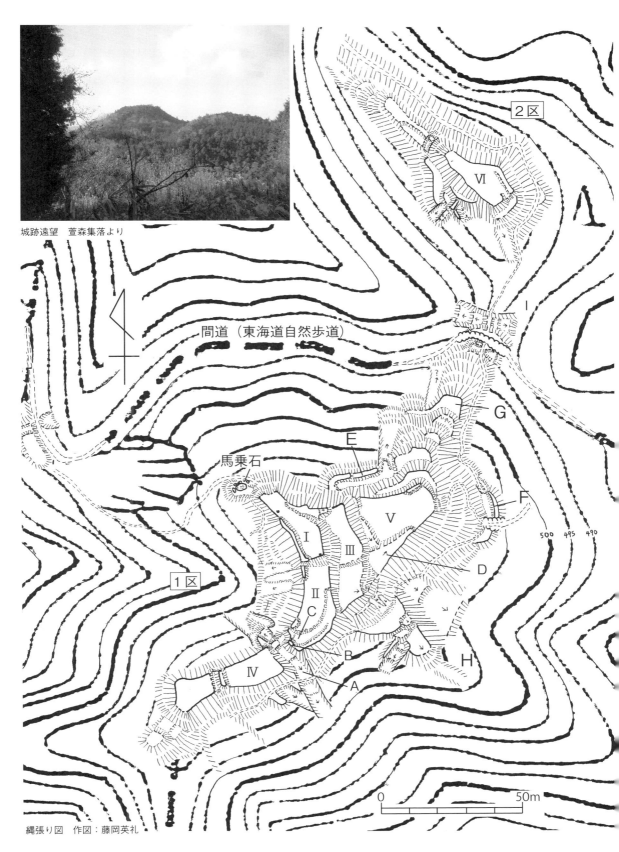

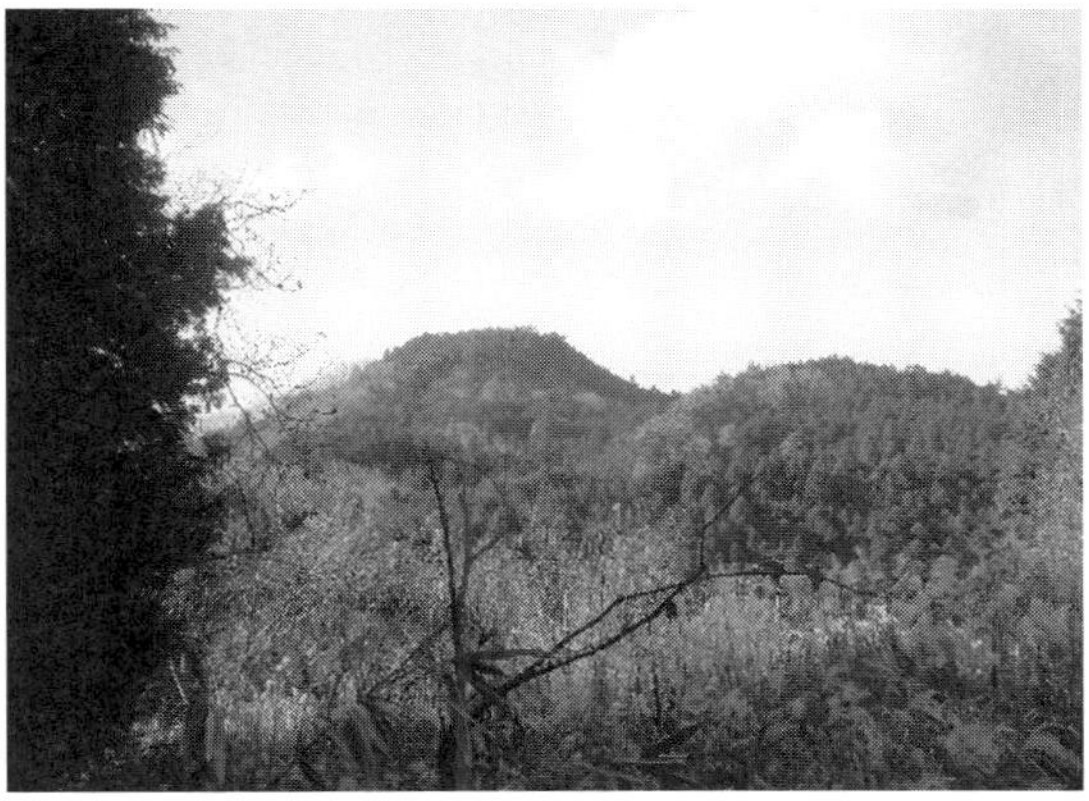

城跡遠望　萱森集落より

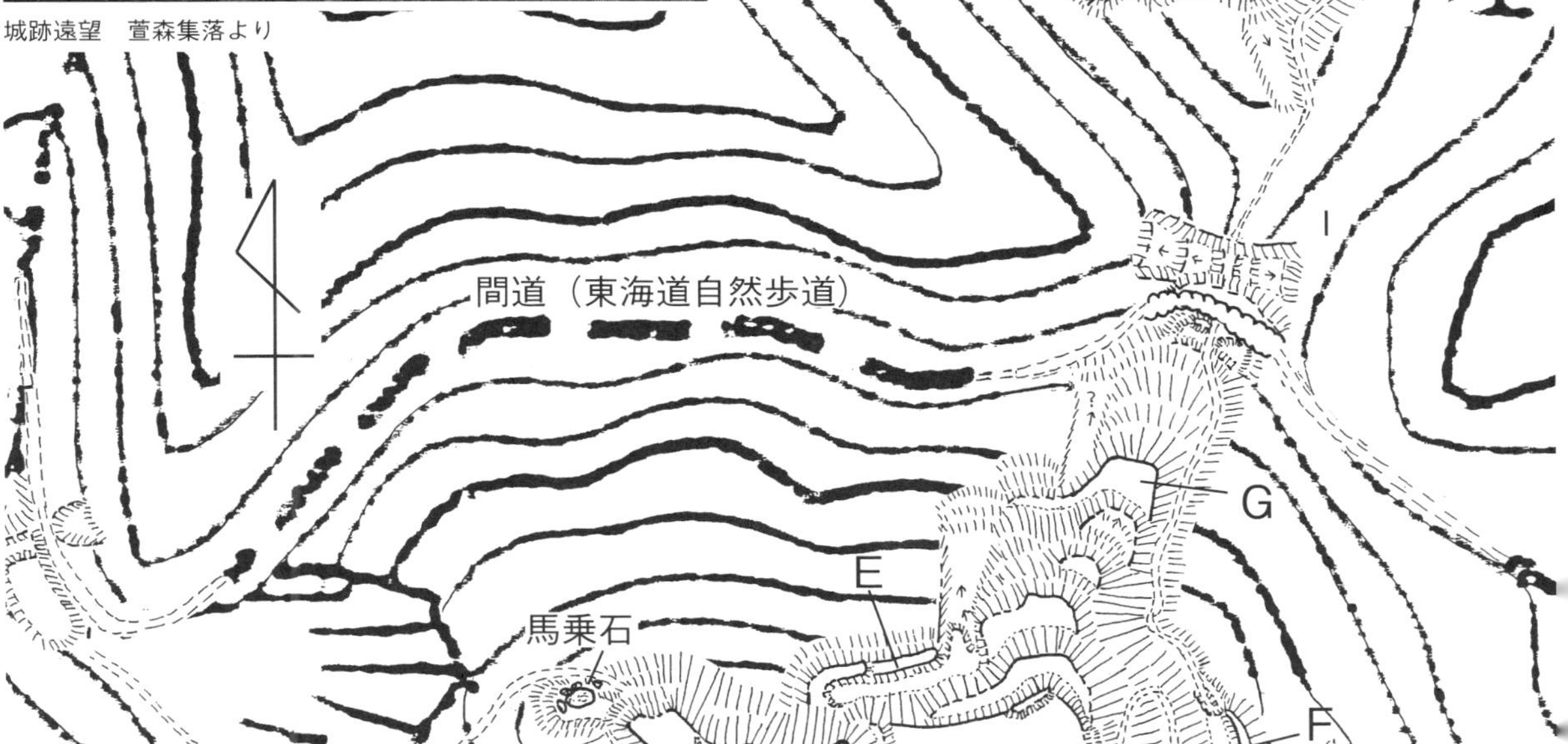

縄張り図　作図：藤岡英礼

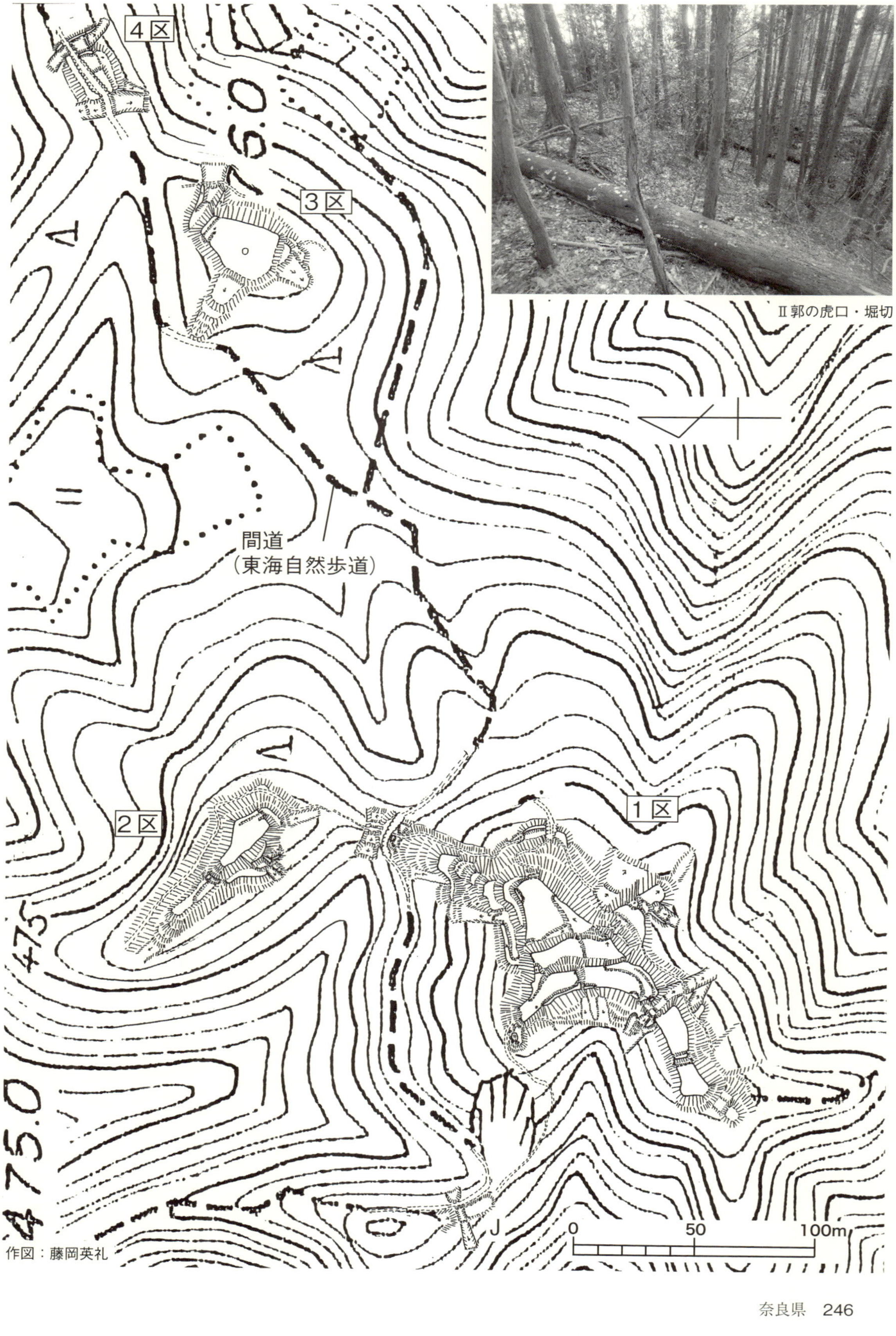

Ⅱ郭の虎口・堀切

作図：藤岡英礼

Ⅱ郭の南端は東と南に土塁を持ち、Ⅳ郭との間に設けた堀切Aと竪堀で遮断され、堀切底は北側がわずかに盛られた土橋状となる。これに対し、Ⅱ郭の南側の塁線は折れて突き出し、一際高く盛った土塁Bから横矢が掛かる。また、曲輪内の導線は折れ、城内で唯一の明確な虎口Cを形成している。

　Ⅱ郭の折れに対し、堀切を挟んだ対岸のⅣ郭のラインは直線的となり、横矢に対応していない。Ⅳ以下の南西尾根続きも、単純に堀切と小曲輪で仕切って、尾根を押さえるだけである。このことから、虎口Cは南西尾根への出撃よりも、後述する東尾根側に展開した横堀状遺構や竪堀と連動し、初期的な防御ラインの一組成を担うことを重視している。このため、虎口Cに至るルートは、傾斜の緩い西側山腹を想定してもよいだろう。

　主郭部から東尾根方向は、腰曲輪Ⅲから削り残しの土塁Dを経て、城内最大規模の曲輪であるⅤへつながる。Ⅴ郭は、その規模から兵員の収容に適しており、塁線から少し離れるが、北側と東側山腹に土塁を伴う横堀状の遺構E・Fで曲輪を囲む。開いた北側中央の尾根線Gには、小曲輪を配して間道に接続する。そして、Ⅴ郭から派生する小規模な南東尾根Hには、小曲輪と竪堀を配している。

　したがって、Ⅴ郭は稜線上のⅠ・Ⅱ・C・Aと、山腹のE・F・Hに囲まれた防御線の中にあるとともに、近接する間道の掌握と出撃を企図する重要な役目を持つと言えよう。

　1区の北側は、堀切Iを挟んだ尾根上に複郭の遺構2区が存在する。Ⅵが主郭で、北西側に小堀切、南西山腹に腰曲輪と二条の竪堀を設ける。堀切Iに接続する南尾根続きに出入口を持つが、厳重ではない。よって、A区と連携し、鞍部を通る間道の掌握を重視したようだ。

　さらに、1区から東に340メートル離れた、標高476メートルの稜線ピークにある3区は、北側に低い土塁を持つ平場があり、さらに北側を幅3メートルの堀切で遮断する。平場は全体的に切岸が緩く、堀切も尾根を貫通しないため、遺構かどうか躊躇われる。しかし、東側の4区にも低い土塁を持つ小曲輪を挟む二本の堀切が存在するため、間道を見下ろす城郭遺構の一つと判断した。

　4区は、現状では間道が曲輪中央をかなり削り込んでいるが、堀切を臨む曲輪の東側塁線が喰い違いを呈しており、間道を取り込んだ縄張りであることがわかる。このほか、1区の北西尾根続きの城取山の南側にも、竪堀とセットになった小規模な堀切Jが確認された。

【評価】　遺構を分散配置して間道を掌握する事例は大和では少なく、他地域でも、京都市の将軍地蔵山城（将軍城）や一乗寺山城（本書所収）、大阪府の国見山城塞群など、守護や大名といった広域に戦略を遂行する権力の手になるものが主流である。

　このため、当城の事例は、大和高原から宇陀にまたがる広範囲の戦略を指導した筒井方や松永方の手によると考えられる。築城主体を絞るには、築城時期が問題となる。虎口が防御ラインの一組成をなすものの出撃機能は不十分であり、防御ラインが分散化されることから、永禄期の最先端とはいえないようだ。

　ただし、城の位置に着目すると、宇陀郡から龍王山城への進撃も容易なことから、松永方として一時期、龍王山城に入っていた秋山氏などの周縁勢力の利用も視野に入れてよかろう。

（藤岡英礼）

71 外鎌城《とがまじょう》

戒重西阿が築いた戒重六城の東端

城跡遠望　北西より

【選地】 桜井市のほぼ中央、現在の市街地の東部にそびえる外鎌山の山頂にある。北に初瀬街道が走り、東へ進めば榛原《はいばら》・名張、曽《そ》爾《に》・御杖《みつえ》へつながり、西へ進めば国中《くんなか》から河内へ通じる。西麓には宇陀に通じる道が通り、宇陀から菟田野《うたの》・吉野に通じる。

西南西約1・5キロに外山《とび》城（桜井市・『近畿Ⅲ所収）、西約900メートルには赤尾城（桜井市）があり、ともに初瀬街道や宇陀街道を押さえる位置にあたる。

DATA
所在：桜井市朝倉台・忍坂
遺構：曲輪、土塁、堀切、竪堀
規模：70 × 48m
標高等：標高 292.4m、比高約 190m

城跡へは、近鉄大和朝倉駅から南東へ500メートルほど歩き、朝倉台住宅地の端にある配水地への上り道に向かう。その近くに、城跡への登山道が看板とともに存在する。そこから二〇分程度で山頂に至る。登城口の付近に駐車場はない。

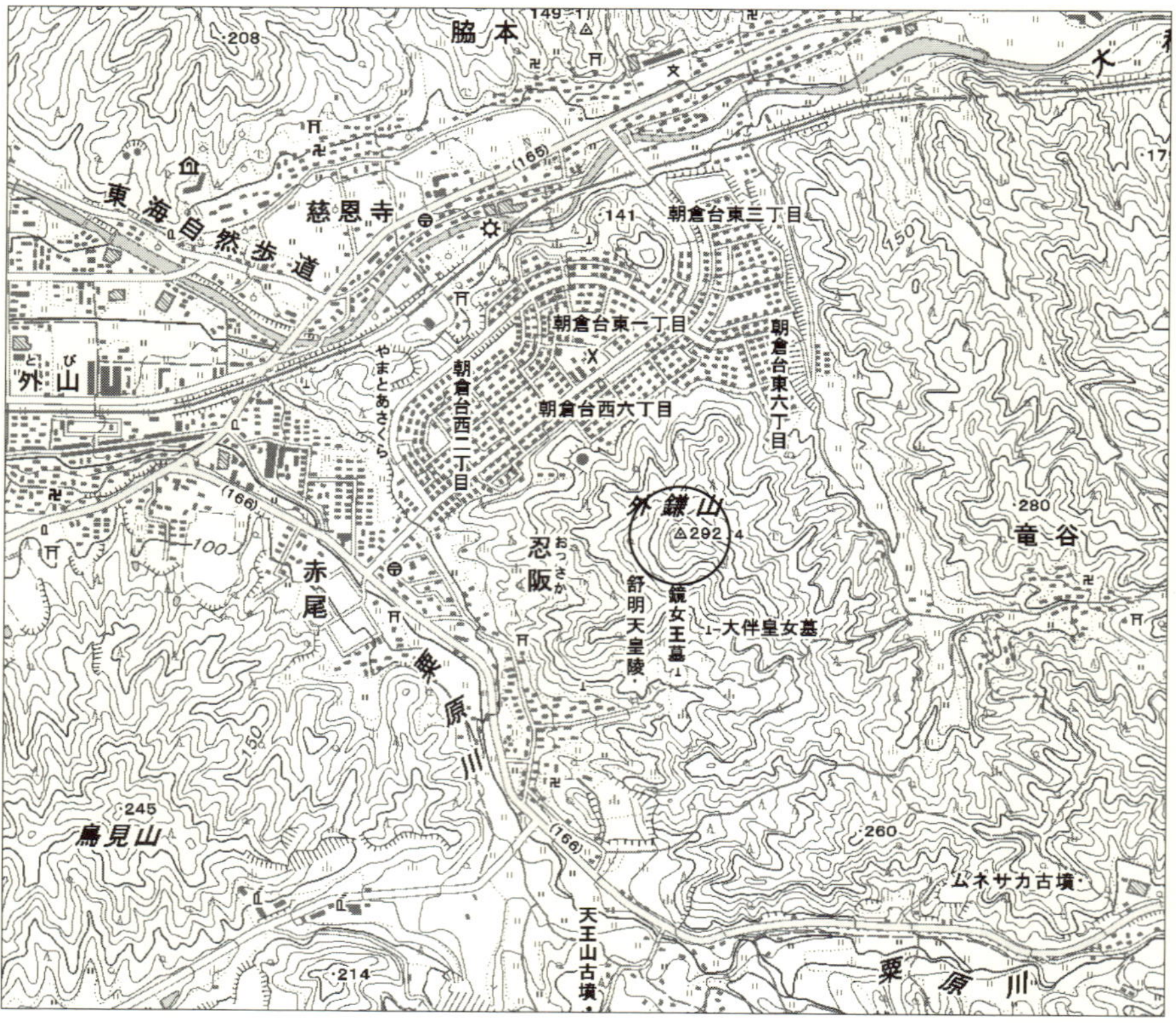

【歴史】 南北朝動乱期に、南朝方の武将戒《かい》重《じゅう》西阿（さいあ・せいあ）が築城した戒重六城の一つと言われている。戒重西阿は、『太

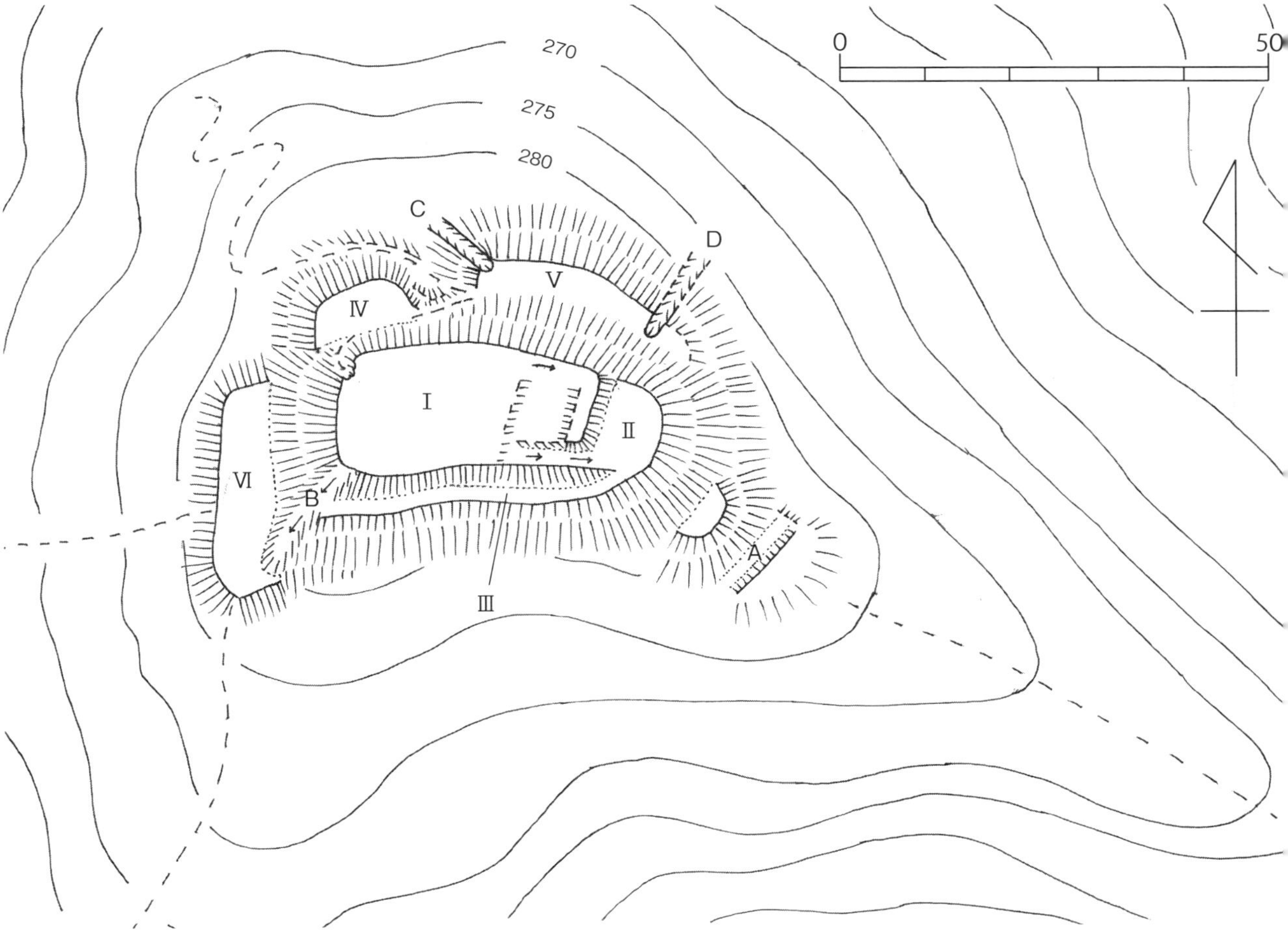

縄張り図　作図：吉澤雅嘉

平記』『大和人物志』『大和志料』『天野文書』に登場する。総合すると、南朝方の越智氏の家臣で、北朝の侵攻に備えて当城を含む戒重六城を築いたとされている。本名は高階勝房《たかしなかつふさ》で、出家して西阿と名乗ったとされる。

その兄は、宗像神社《むなかたじんじゃ》（桜井市）の神主高階義琴《よしこと》であった。同じく南朝の武将として活動しており、この時期は戒重六城の一つである外山城を守っていたようである。

興国二年（暦応四・一三四一）七月二日の夜、天野氏ら北朝方の攻撃を受けた戒重西阿は、戒重本城（桜井市）を追われ、当城に逃げ込む。しかし翌三日、当城を含むほかの城も落とされ、西阿は城内で自刃したと伝わる。

【遺構】 主郭は山頂のⅠ郭で、35×16メートルほどの規模で、城内で一番広い曲輪である。東西二段に分かれる。

主郭Ⅰの東側は約50センチ低くなっており、東端には低い土塁が存在する。現在は、その中央に横倒しになった「戒重西阿」の碑がある。

Ⅱ郭は7×10メートルで、主郭Ⅰよりも1・5メートルほど低い位置にある。Ⅱ郭から南東尾根に対しては、Ⅶ郭と堀切Aを設

主郭Ⅰより東を見る

Ⅱ郭より主郭Ⅰを見る

けて遮断性を高めている。Ⅱ郭南側にある虎口からは、通路状のⅢ郭につながる。Ⅲ郭の西端は、竪土塁Bの中ほどにつながっている。

主郭Ⅰの北直下には、Ⅳ郭とⅤ郭がある。北西側からの登山道を登ると、Ⅳ郭の直下を通り、谷地形の上を通ってⅤ郭に達する。そこから折り返してⅣ郭に入り、主郭Ⅰの北西に取り付くようになっている。

Ⅴ郭の両端には不明瞭ではあるが、竪堀Cと竪堀Dが伸びている。竪堀Cは、北西側からの登山道を通じての横移動を制限し、竪堀Dは北東斜面の横移動を制限している。

主郭Ⅰの西にはⅥ郭がある。Ⅵ郭には西麓に下りる登山道が二本あり、いずれも赤尾城・外山城の後背地に通じている。Ⅵ郭の南端には主郭Ⅰから竪土塁Bが伸びている。現在、主郭ⅠとⅥ郭はこの竪土塁上を通路として行き来ができる。ただし、竪土塁Bの上方は勾配がきつい。

なお、現状でははっきり確認できないが、一九九三年時には、Ⅳ郭からⅥ郭へつながる道を確認している。

【評価】 当城が築かれたとされる南北朝期には、北朝・幕府軍が攻撃してくる恐れのある北西方面が防御正面であったことだろう。

現状では、北西方面からの道はⅣ郭から主郭Ⅰに直接取り付く。それに対し、味方となる西麓から主郭Ⅰへつながる通路は厳重に守られている。Ⅵ郭から主郭Ⅰまで、常に上位の曲輪から攻撃できるようになっているのである。動乱期の急造とはいえ、西麓からの道に比べて、防御正面である北西方面の道に対する防御は弱いようにみえる。

なお、一九九三年時に確認したⅣ郭からⅥ郭への道を前提に考えると、Ⅳ郭から主郭Ⅰへ上がるのではなく、Ⅵ郭へ下ろして西麓からの道と合流させていた可能性がある。

（吉澤雅嘉）

72 居伝城《いでじょう》

近内氏の居館・居伝城の位置はどこか

Ⅰ郭の堀切

【選地】京奈和自動車道の五條北インターチェンジに隣接する、東谷山の尾根上に立地する。遺構は西・中央・東の三つの尾根に分散し、谷間には西林寺（真言宗）と薬師堂が存在する。西林寺からは、中央の尾根を経由して東の尾根に通じる里道が通っており、約一〇分で東の尾根に到達できる。西の尾根の遺構へは、道がないものの、西林寺裏手の墓地を抜けると五分ほどで到達できる。

【歴史】『大和志』では、近内《ちかうち》氏の居館とされている。近内氏が初めて史料上に登場するのは、『畠山家譜』の応永二年（一三九二）条である。詳しい事績は知られていないが、当城の東側一帯に広がる居伝遺跡では、一三世紀後葉～一五世紀前葉の居館跡が二ヵ所確認されている。

【遺構】遺構は、東谷山から南に派生する三つの尾根上に見られる。

DATA

所在：五條市居傳町字城ノ越・東谷山・市谷山
遺構：曲輪、堀切、土塁
規模：（西尾根の遺構）70 × 20m
（中央尾根の遺構）60 × 40m
（東尾根の遺構）100 × 70m
標高等：（西尾根の遺構）標高 235m、比高 30m
（中央尾根の遺構）標高 214m、比高 13m
（東尾根の遺構）標高 206m、比高 12m

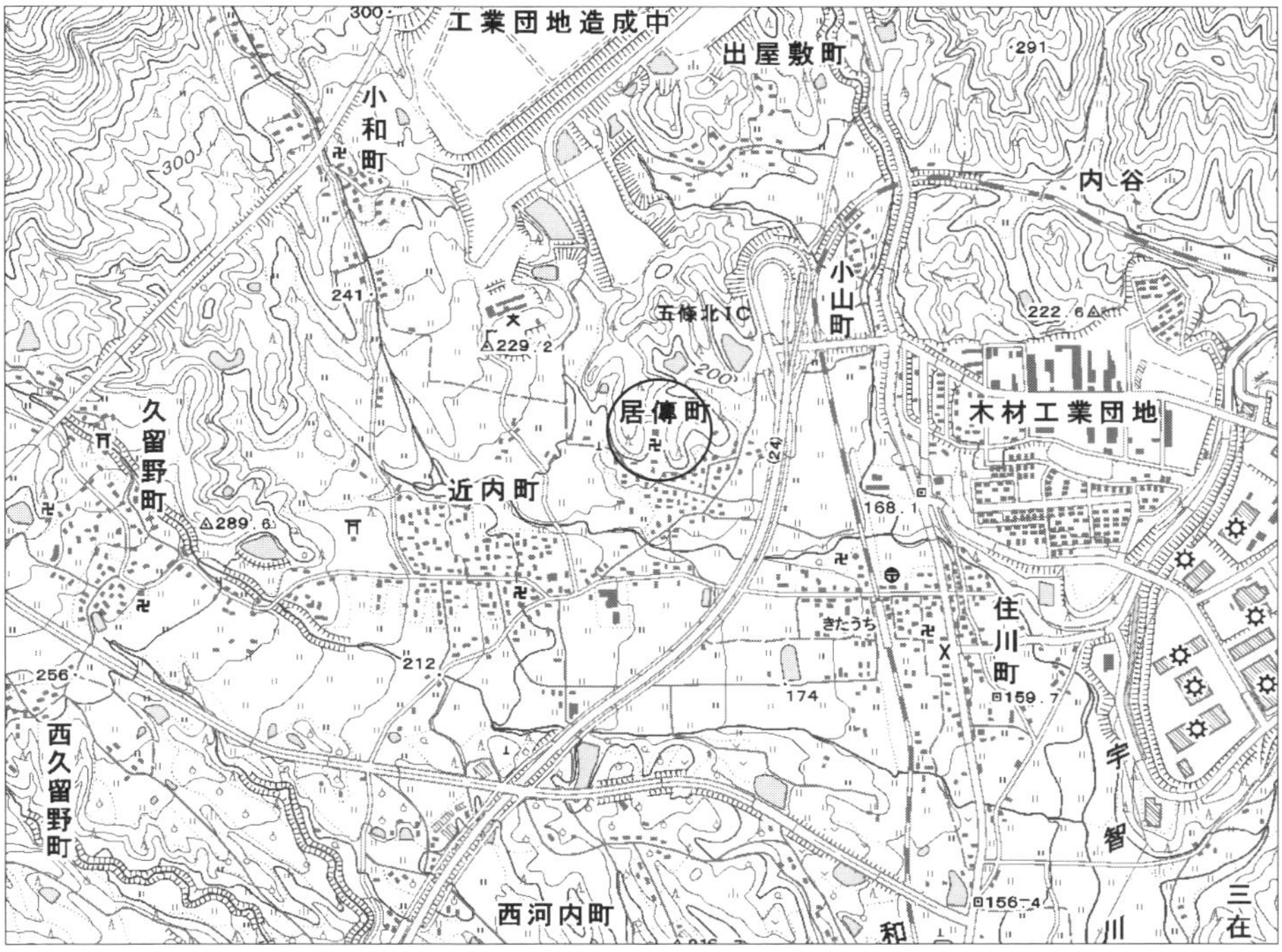

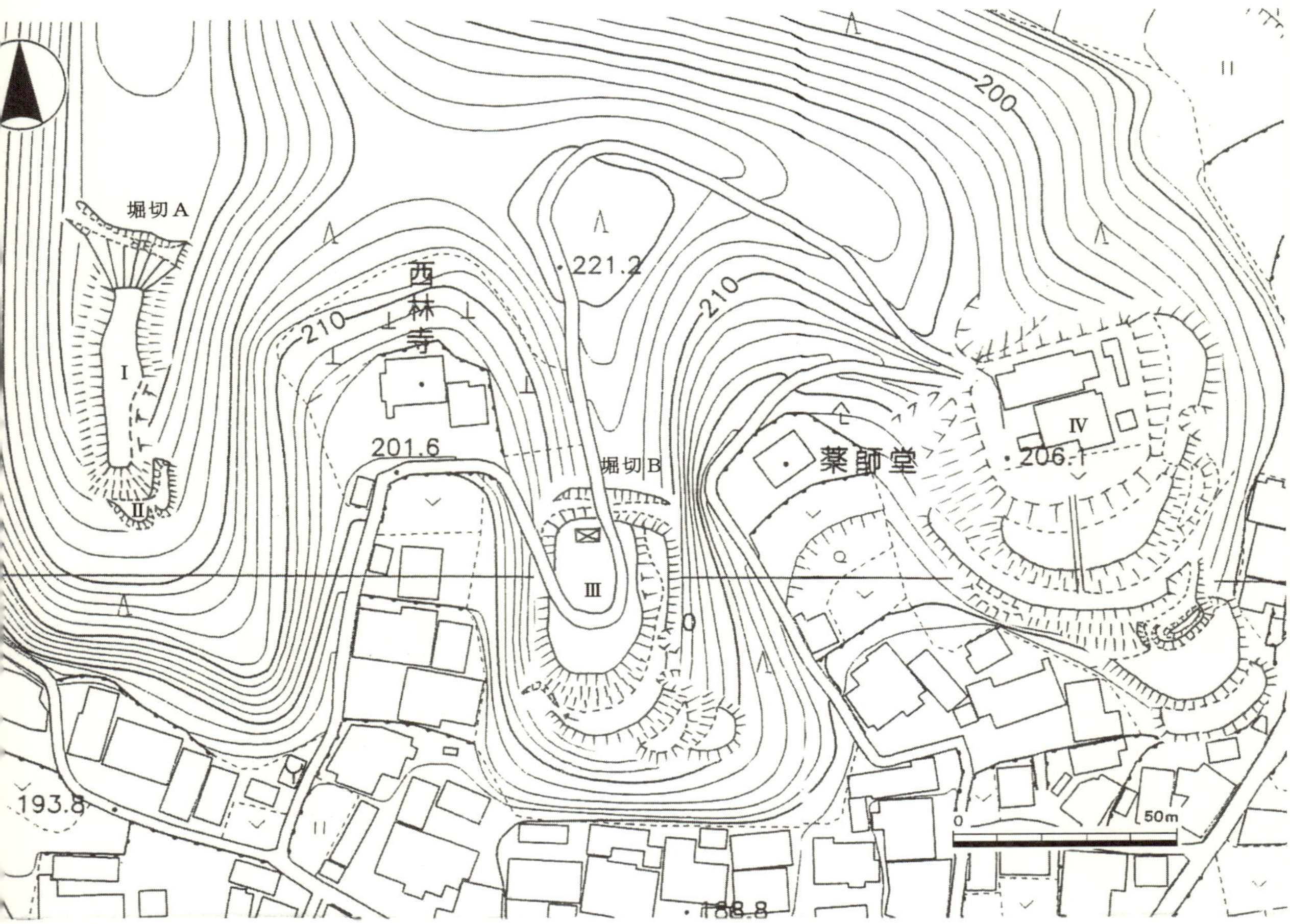

縄張り図　作図：成瀬匡章

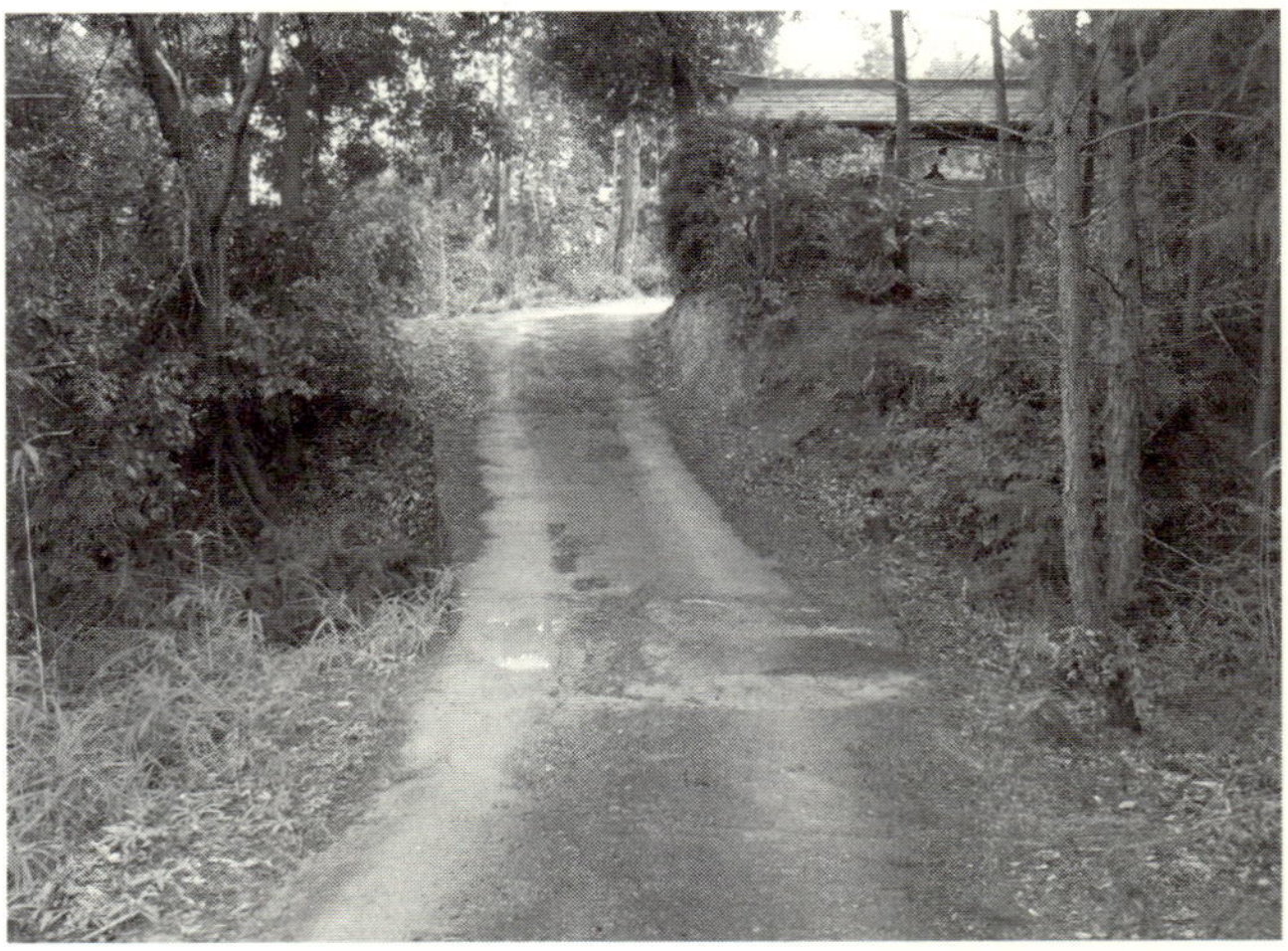
Ⅲ郭の堀切

『大系』10・『五條市史』・『奈良県遺跡地図』等で「居伝城跡」されているのは、西の尾根の遺構である。尾根上を削平してⅠ郭・Ⅱ郭を形成し、鞍部に堀切Aを設けた単純な構造で、尾根の先端側に遮断施設は見られない。Ⅰ郭とⅡ郭の間は緩斜面で、堀切AもⅠ郭との比高差は約6メートルあるが、明確な壁面が形成されているとは言えない。西の尾根の遺構は、自然地形に若干の手を加えた程度と思われる。

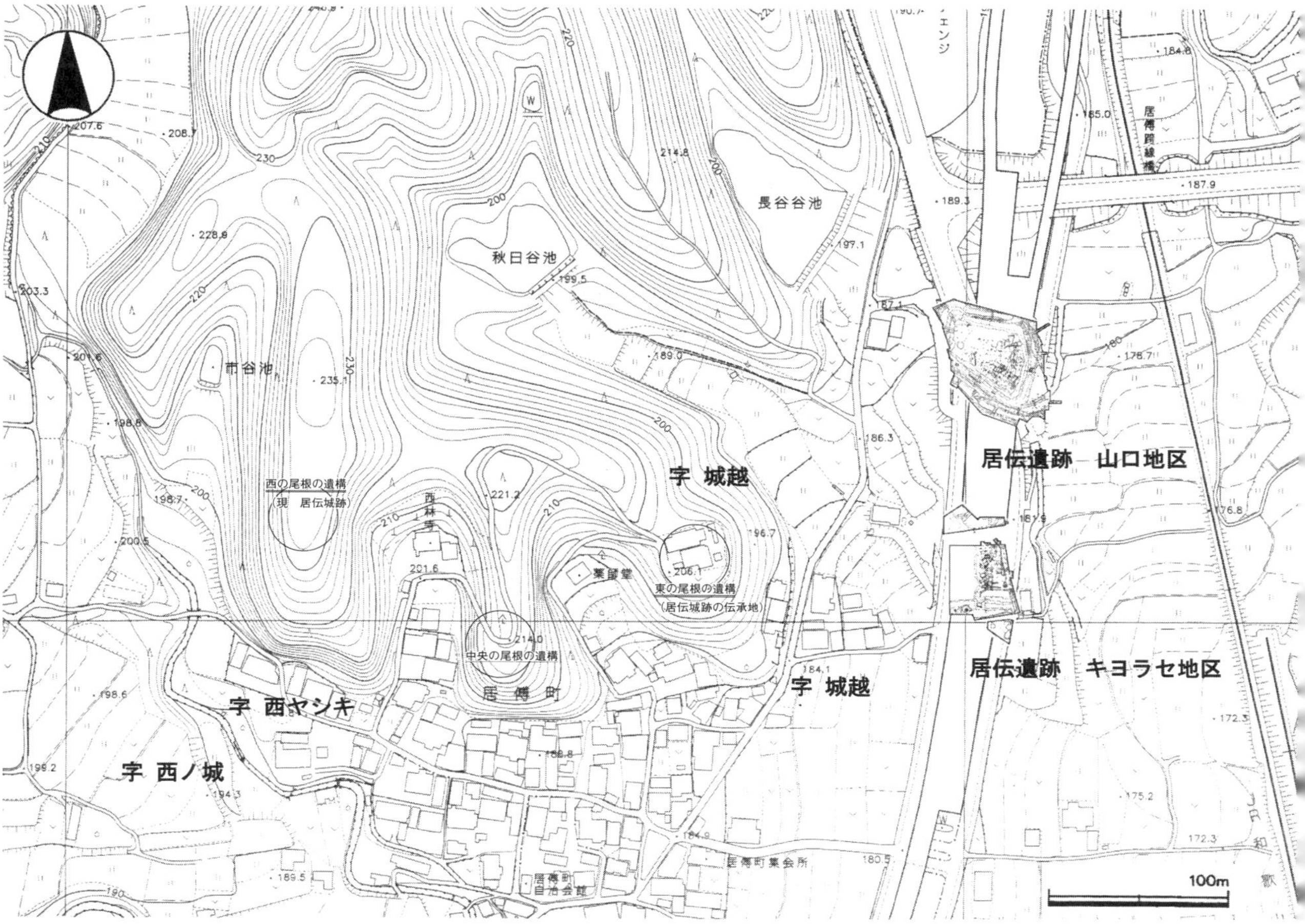

居伝遺跡調査区と居伝城周辺図

Ⅲ郭の切岸と帯曲輪

西の尾根から西林寺が立地する谷を挟んだ位置に中央の尾根があり、Ⅲ郭・堀切B・帯曲輪・削平地が見られる。Ⅲ郭と堀切Bは小祠と里道による改変を受けているが、Ⅲ郭と帯曲輪との比高差は4~5メートルほどもあり、西の尾根の遺構に比べて防御性は高い。

東の尾根の遺構は、宅地・農地として利用されているⅣ郭と、その周囲の帯曲輪と切岸・

削平地群によって構成される。

『奈良県宇智郡誌』では「居伝の塁址」について、「字城の越といひ通称を城山といふ」「東谷山の東端にあり」「西南麓の林中に薬師堂あり」とある。また、『改訂大塔宮之吉野城』では「居伝城址」を「東西約五五米」「南北約五十米」「西は東谷を隔てて瓢形の同高丘陵に相対している。この丘陵は亦更に西福谷を隔てて市谷山と呼ぶ同じく南に突出したる丘陵に相対し、」「西福谷の垣内には今真言宗の西林寺があり」としている。

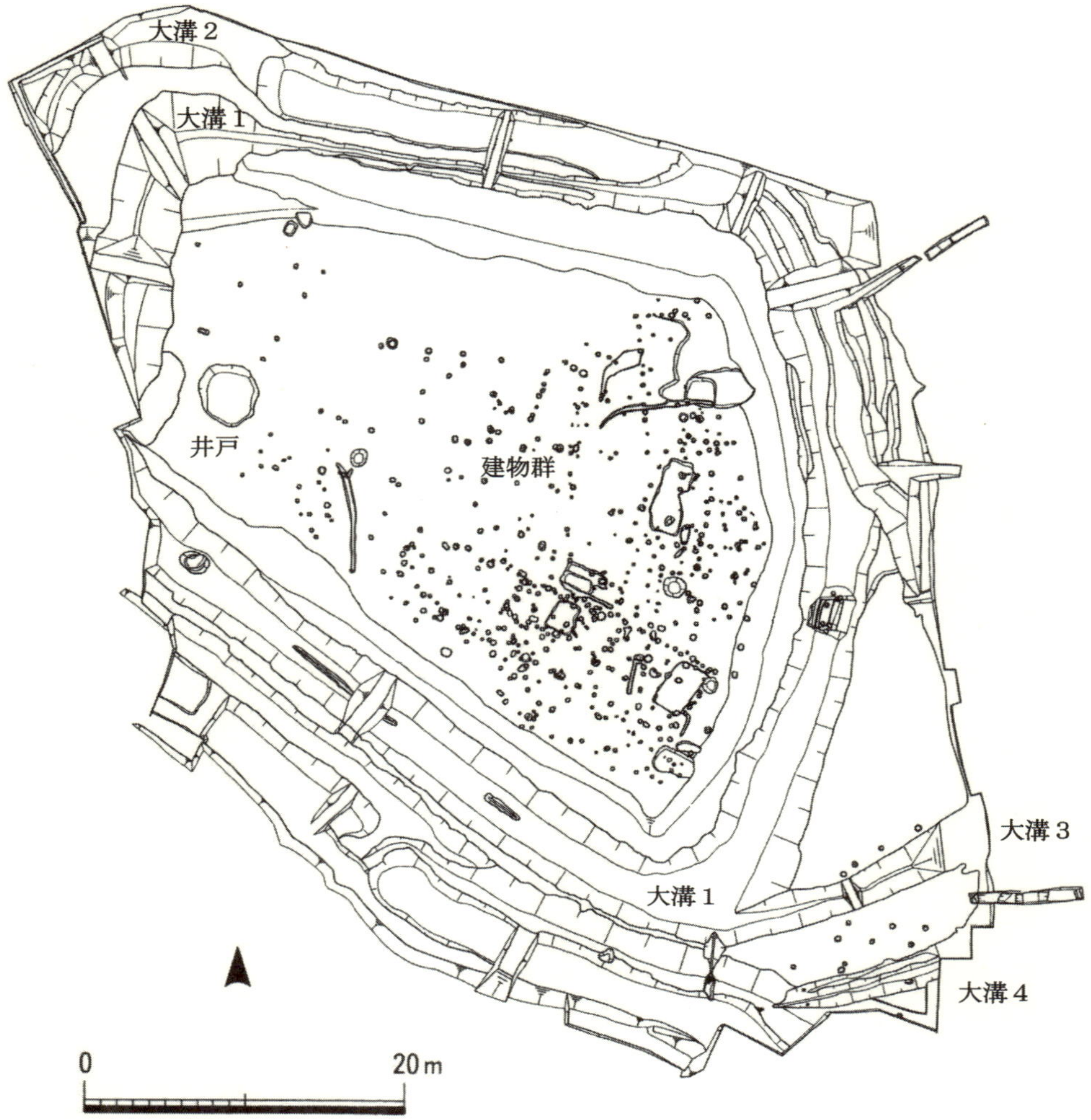

居伝遺跡調査区　居伝遺跡山口地区　館跡平面図（奈良県立橿原考古学研究所提供　『居伝遺跡』掲載図を一部改変）

Ⅲ郭・Ⅳ郭と居伝遺跡キヨラセ地区（高架下）

字「城の越」は、現在「居伝城跡」に指定されている地点の北東側の字名であり、なおかつ、薬師堂は「居伝城跡」の東方となっている。現在の「居伝城跡」は、「城の越」が宅地化されていたため、新たに確認された遺構が指定されたものである。「城の越」は現在も宅地・耕地として利用されているものの、Ⅳ郭とⅣ郭直下の帯曲輪を併せた規模は『改訂大塔宮之吉野城』の記載に近く、削平地群には小規模な土塁も確認できる。

一方で、これら三つの尾根の北側にある東谷山では、確証の持てる城郭遺構は確認することができなかった。

【評価】　居伝遺跡で確認された居館跡は、東尾根の麓にあたる字「キヨラセ」と字「山口」で検出されており、東谷山の周辺にはほかにも「西ヤシキ」「西ノ城」という字名も見られる。また、西林寺・薬師堂の敷地は一段高くなっており、越智《おち》城跡（高取町越智）のように、尾根の先端部に防御施設を設けて、谷の中に居館を構えていた可能性がある。西林寺・薬師堂およびその周辺全体を含めて、「居伝城跡」とすべきなのかもしれない。

（成瀬匡章）

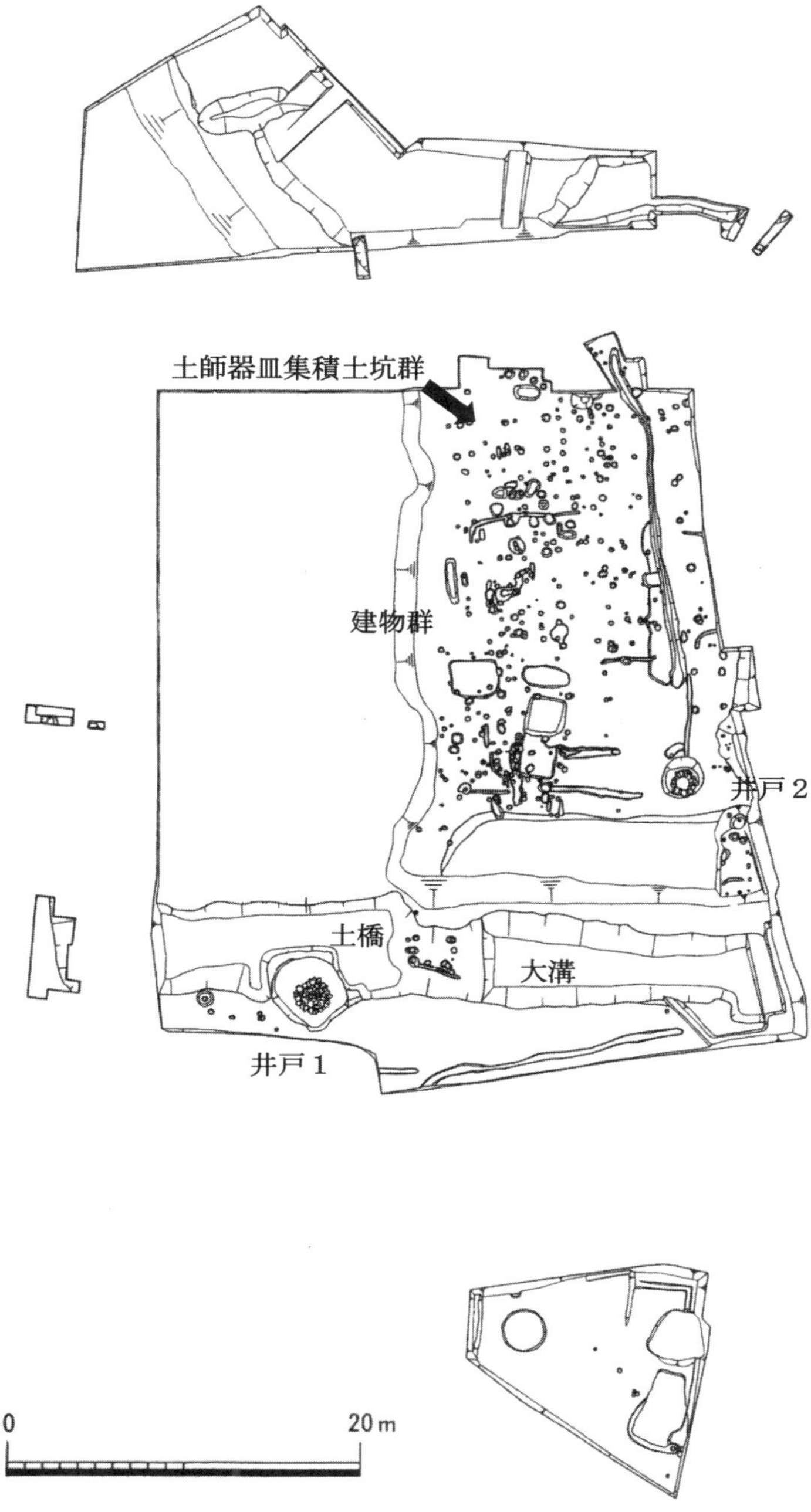

居伝遺跡調査区　居伝遺跡キヨラセ地区　館跡平面図（奈良県立橿原考古学研究所提供『居伝遺跡』掲載図を一部改変）

［参考文献］『大系』10／宇智郡役所編　一九二四『奈良県宇智郡誌』（一九九四　臨川書店より復刻）／中岡清一　一九四三『改訂大塔宮之吉野城』積善館／村田修三　一九八七「第四章　中世城郭跡」『新修　五條市史』五條市役所／本村充保・伊藤雅和　二〇〇〇『居伝遺跡』奈良県立橿原考古学研究所調査報告第79集　奈良県立橿原考古学研究所

73 北田原城《きたたわらじょう》

飯盛山城外郭の可能性がある河内国境の城郭

【選地】　生駒市北西部に位置し、河内・山城の国境に近い。南麓の伊賀街道は、東は奈良・木津に、西は河内に通じる。西麓の磐船《いわふね》街道は、北は交野《かたの》・枚方《ひらかた》に、南は生駒・王寺に通じる。

西約4キロに飯盛山《いいもりやま》城（四條畷市・大東市・『近畿』Ⅱ所収）、北西2・7キロには鷹山《たかやま》城（生駒市）、南4キロには菜畑《なばた》城（生駒市・『近畿』Ⅲ所収）がある。

【歴史】　詳細は不明だが、『大和志』には「坂ノ上丹後守の城」と記す。

城跡へは西の谷、東の谷、北西の尾根から一〇分足らずで主郭Ⅰまで行ける。付近に駐車場はない。

【遺構】　主郭Ⅰの南に30センチほど低くなった突出部があり、ここから南のⅡ郭に下りることができる。Ⅱ郭の南西の虎口から下りると、帯曲輪Ⅲに出る。帯曲輪Ⅲの北端は、北西端の櫓台Aによって狭められて堀底道となる。ここには、西麓から取り付く道がつながる。櫓台Aの西には削平の荒い平坦地がある。

主郭Ⅰの北西にある堀切の先には、尾根上に複数の曲輪が続く。北西曲輪群と北東尾根の間の谷は、竪堀群を中心に防御している。北西曲輪群内を通る道には、曲輪で通路を制限したり（B）、虎口を土塁と竪堀で狭めたりする工夫（C）が見られる。また、北西にある堀切の西端から北西曲輪群に接続する道が存在する。

城跡遠望　南西より

DATA

所在：生駒市北田原町中佐越
遺構：曲輪、土塁、空堀、竪堀
規模：190 × 220m
標高等：標高 196m、比高約 40m

主郭Ⅰの北東にある堀切は、東の谷に竪堀となって伸びている。竪堀の北側にはⅣ郭から竪土塁が伸ばされている。Ⅳ郭やその北にも竪堀や削平地が見られ、北東尾根続きに対する防御意識もうかがえる。

北東にある堀切の南には、南の堀切に続く、二条の竪堀を伴う帯曲輪が存在する。東の谷の麓近くには井戸があり、水の手として使用されたと考えられる。

Ｖ郭の東側には櫓台Ｄが付属する。櫓台Ｄは、南からＶ郭へ下りる。Ｖ郭の北は虎口受け状の小曲輪となる。ここから北に向かう二本の通路は、いずれも主郭Ⅰの南堀切の西端につながっている。

このうち西側の通路は、虎口受けから堀切西端に直接つながる。東の通路は西の通路よ

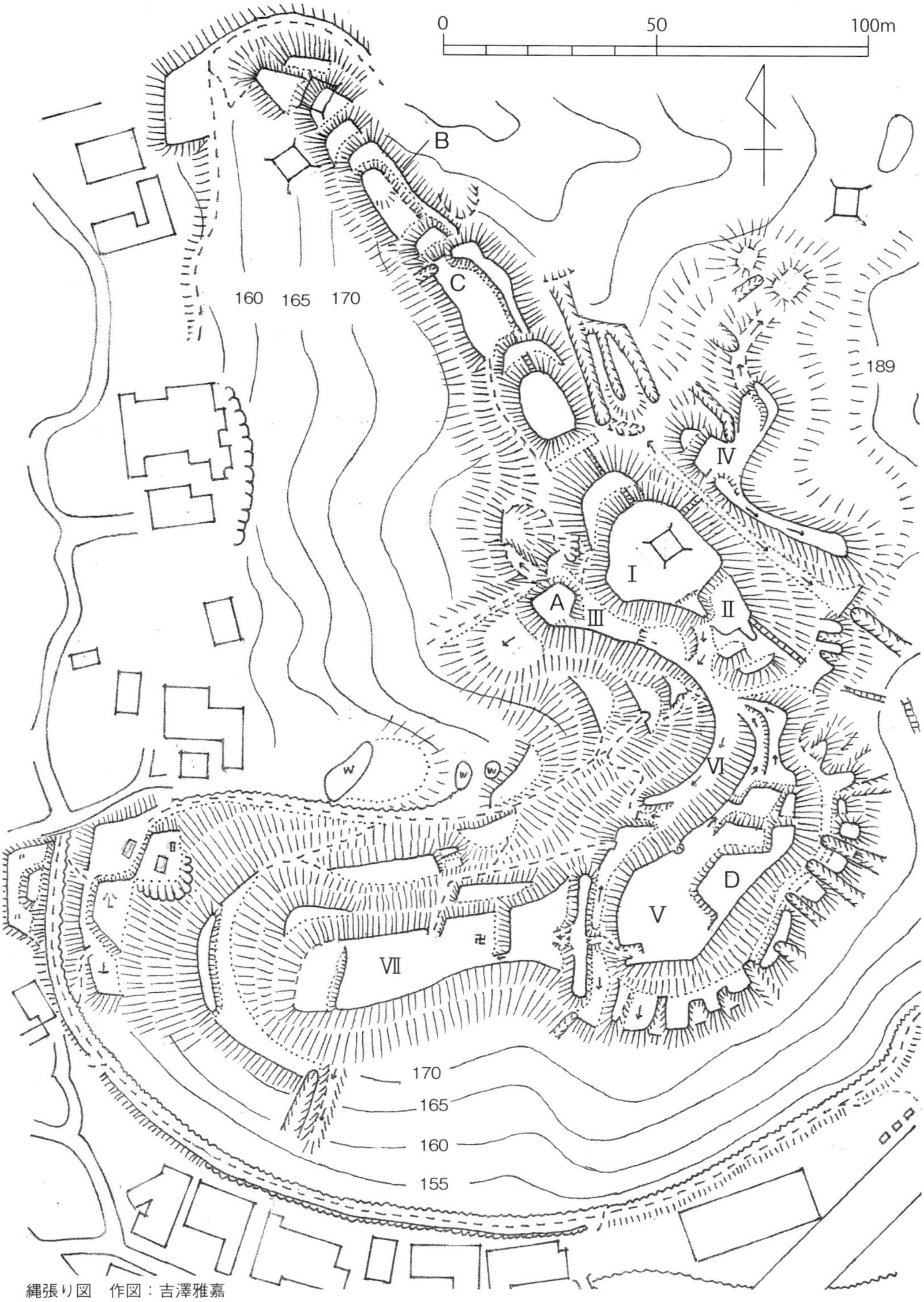

縄張り図　作図：吉澤雅嘉

主郭南堀切

り少し高く、櫓台Dにつながるので、東の谷に対して土塁の機能を持たせていたと考えられる。この南にある堀切西端は、城内のあらゆる方面へとつながる要の位置と言えるだろう。ここから帯曲輪Ⅵを南西に下ると、西の谷に下りる虎口がある。内枡形になっていて防御性が高く、当城全体の「城虎口」と考えられる。

Ⅴ郭の南西端は、小さいながらも内枡形虎口となっており、西の堀切につながる。現在は堀切の土橋と土塁のスロープでⅦ郭につながるが、本来は堀切と土塁で遮断していたと

Ⅴ郭　東より

思われる。堀底と土塁によって塹壕のように使用した可能性が考えられる。Ⅴ郭南西虎口は、堀底から帯曲輪Ⅵの虎口につながっており、堀切南端の小さい竪堀で西への回り込みを防ぐ工夫もみられる。

Ⅴ郭の東と南には、十一本の竪堀を擁する帯曲輪がある。竪堀の深さは1メートル以内の浅いものが多いが、帯曲輪を分断するものが四本ある。帯曲輪の西端は、東側が高さ約50センチ、西側が高さ約2メートルの土塁によって西の堀切と分断している。Ⅴ郭を中心とした部分を西の曲輪から遮断しようとする意識の強さがうかがえる。

西の谷を通る大手道を見下ろすように、西尾根の曲輪群が存在する。Ⅶ郭は三段に分かれる。北側中央に虎口があるが、東側は張り出して食い違いになっている。また、北側虎口を出ると東に腰曲輪があり、虎口に向かう通路を守っている。尾根の西中腹には高さ約60センチの土塁を伴う半月形の帯曲輪があり、土塁は西直下に対する塹壕として使用できる。また、この帯曲輪の南端は、竪堀と竪土塁で区画され、横移動を防いでいる。

【評価】 防御正面が東であること、規模も比較的大きいこと、主要街道を押さえる重要地点であること、城主・築城に関しての伝承が残っていないことなどから、在地勢力ではなく外部勢力の城と考えられる。

三好長慶が飯盛山城の守りとして津田城（枚方市）や田原城（四條畷市・本書所収）を構えたように、当城も飯盛山城の外郭の一つだったかもしれない。『大和志』がいう「坂ノ上丹後の守」も、河内勢力の傘下に入った大和武士の可能性がある。独立性の高いⅠ郭・Ⅴ郭のグループは、河内衆と在地衆が使い分けて守備した可能性もある。

（吉澤雅嘉）

74

笠間城《かさまじょう》

笠間郷の中心をなす下笠間氏の城郭

【選地】　笠間郷は、中央部を笠間川が北流する小盆地で、北辺の笠間川左岸の段丘上に下笠間集落が位置する。笠間城は、集落の背後にある標高３６２メートルの城山に築城されている。

城跡遠望　南より

当城は、南東方向の主尾根から南に分岐する支尾根上に曲輪群が連続して展開し、集落内を通る笠間街道を眼下に押さえることが可能であった。

【歴史】　笠間郷にあったとされる東大寺領の笠間庄は、上郷・下郷に分かれ、奈良時代には伊賀国に含まれていたが、平安時代後半には大和国山辺郡に編入されたとされる。笠間庄域は、現在の上笠間および下笠間に踏襲され、下笠間に所在するのが当城で、上笠間には上笠間城（本書所収）が存在する。

鎌倉時代の中頃以降、隣接する伊賀国黒田庄の悪党が笠間庄へ頻繁に乱入し、横領が繰り返されたことが『東大寺文書』に記されている。

室生多田庄の多田順実が、貞治年間（一三六二～六八）に始めたとされる染田天神連歌会は、東山内《ひがしさんない》衆の紐帯として二百年にわたって営まれ、下笠間でも行われた記録が存在する。東大寺と興福寺の、支配領域を超えた土豪衆の交流がうかがえる。

連歌文書の記録には、応永二十二年（一四一五）

DATA

所在：宇陀市室生下笠間字城山
別称：下笠間城
遺構：曲輪、土塁、堀切、竪堀
規模：160 × 140m
標高等：標高 362m、比高 70m

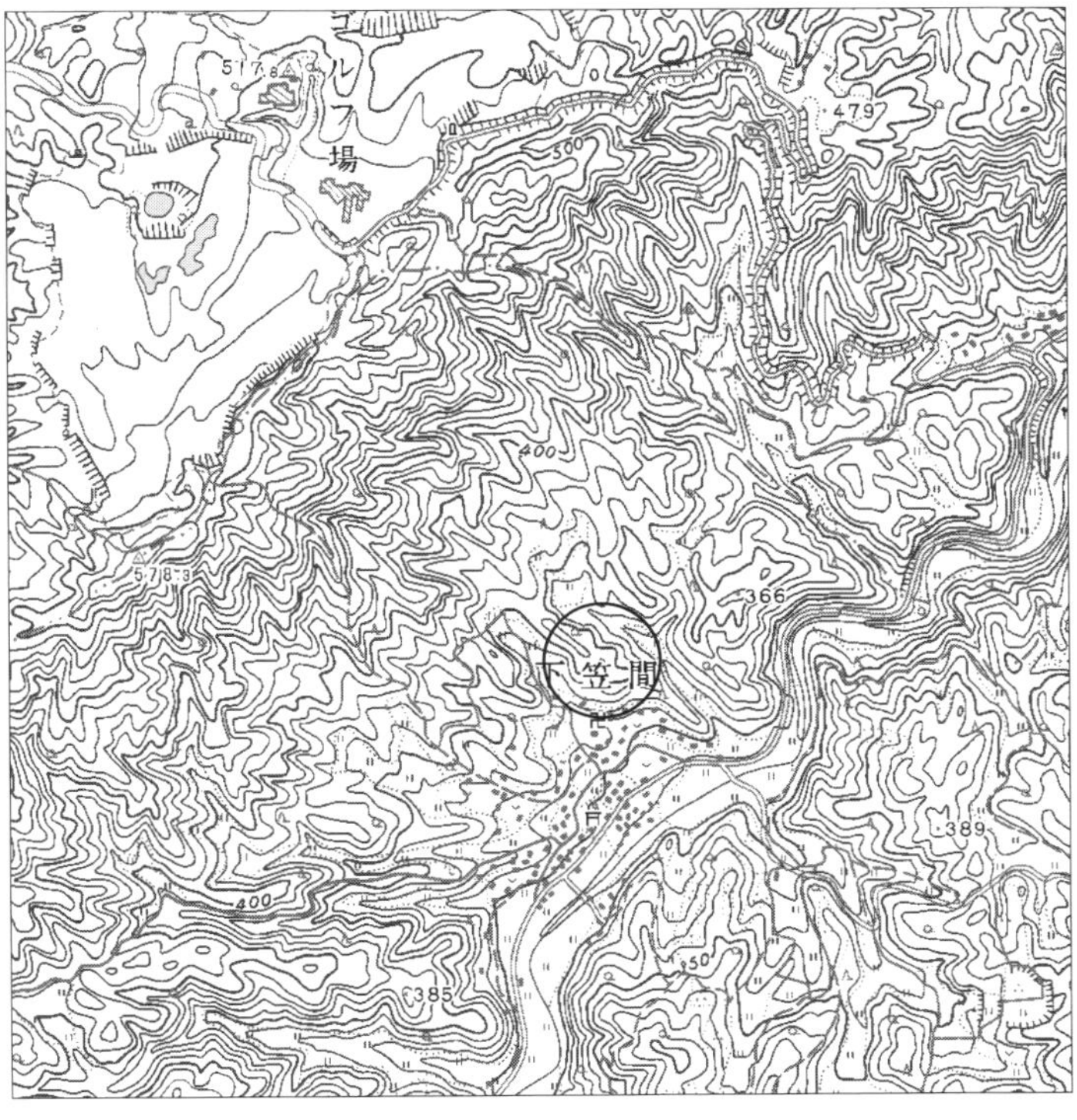

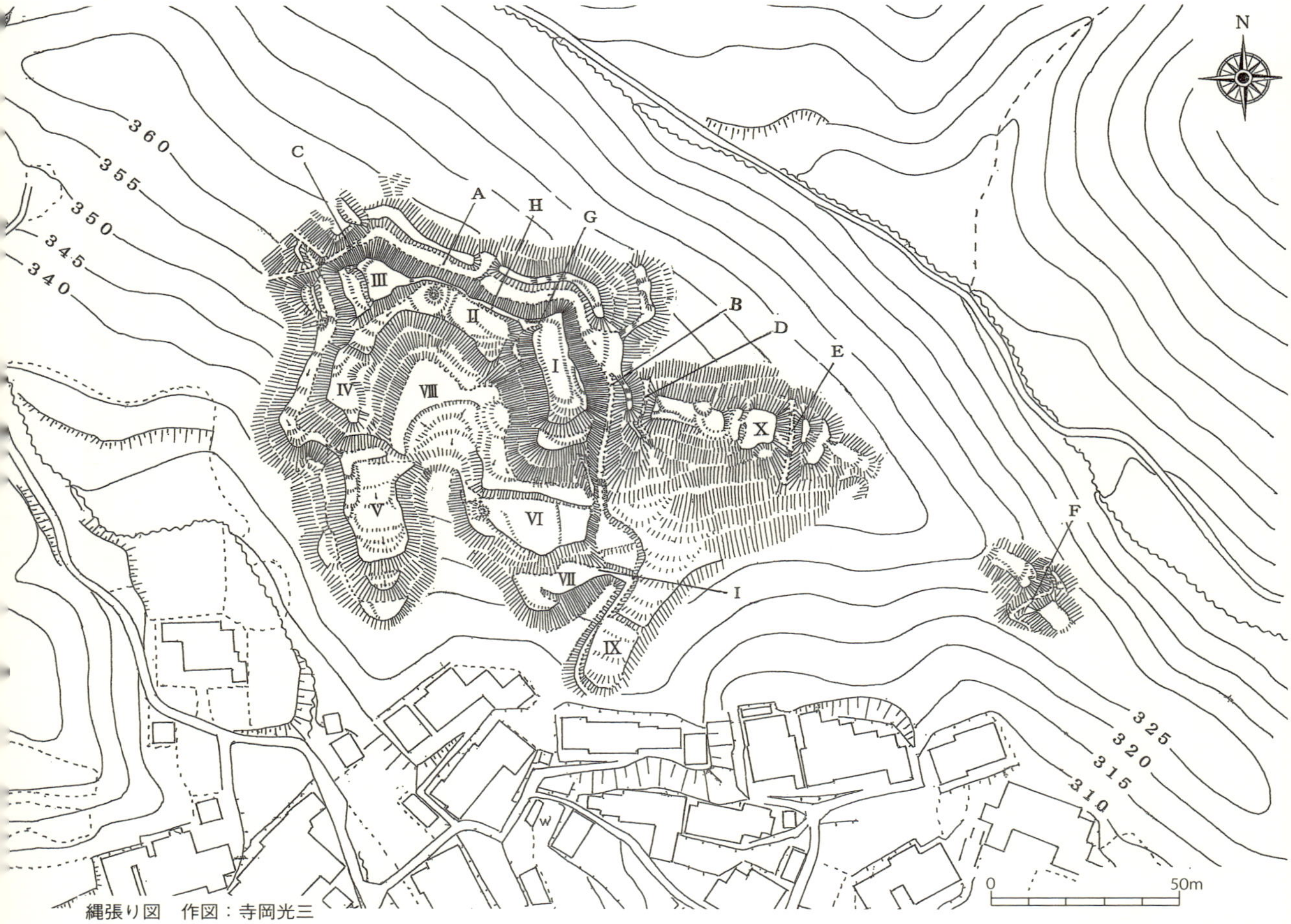

縄張り図　作図：寺岡光三

Ⅱ郭の北側土塁とⅠ郭を見る

十月の初張行が記されており、同二十八年六月の張行と続き、当年預《ねんよ》に下笠間定勢の名が見られる。

一五世紀後半に起きた応仁・文明の乱の影響が東山内にも広がり、『大乗院寺社雑事記』文明十九年（一四八七）の四月五日条には、「山内儀多田・上笠間・下笠間山田等各早方ニ向参、白石之陣古市持分也、自焼云々」とあり、明応六年（一四九七）十二月二日条には、「昨日、気原・桂原・切山《(三刀谷)》・下笠間自焼了」とある。下笠間氏が敵対する筒井勢に敗れたことを契機に、筒井傘下に降ったと想像される。

『享禄天文之記』には、「多田殿大将トシテ山内衆」とあることから、下笠間氏が連歌会に参加していた山内衆と共に、筒井氏傘下の多田氏に従って行動していたといえよう。

【遺構】『奈良県山辺郡誌』には、「笠間城址北方城山ト称スル地是ナリ下笠間氏ノ拠ル所ナリ東西六十間南北六十余間ノ平地ナリ伊賀乱ノ時滅亡スト伝フ現今ハ全部山林トル」とある。

当城は、尾根筋を利用した馬蹄形を呈しており、Ⅰ・Ⅱ・Ⅲ郭の北側には横堀Aが配され、東西に延びる尾根は堀切B・Cで遮断している。城跡の最高所は10×30メートル規模のⅠ郭で、東側は6メートルの切岸面となる。東側の尾根筋には堀切Bと堀切Dが並行し、その40メートル東方に堀切Eが存在する。これら堀切の間にはⅩ郭が配置され、東尾根伝いの敵に備えた重層な備えがうかがえる。この東尾根伝いの侵攻を阻止する三重の堀切の備えから、東尾根を降った場所に存在する堀切道Fも、笠間城の遠構えとして評価できよう。

Ⅰ郭の北西隅には食い違い虎口Gが設けられ、西側2メートル下には1メートル未満の土塁を伴う、30×10メートルのⅡ郭が存在する。Ⅱ郭の北側土塁Hが、Ⅰ郭への城道として利用されている。

Ⅱ郭の西側に位置し、二段に分かれたⅢ郭は、西尾根伝いと谷部からの敵に備えた曲輪と考えられる。三方向が堀切と空堀で遮断された堅牢な備えである。このⅢ郭への出入りも、Ⅰ郭と同様に土塁Hを城道として利用していたといえよう。

（上）堀切B　横堀Aより　（下）堀切C　横堀Aより

Ⅲ郭の南側尾根にはⅣ・Ⅴ郭が段状に続き、Ⅰ郭の南側尾根裾にも、Ⅵ・Ⅶ郭が二段に存在する。Ⅰ郭とⅥ郭との比高差は、10メートルを超える急崖地形である。また、Ⅱ郭の南側直下には、崩落の影響で全体が緩く傾斜したⅧ郭がある。谷部の最奥に位置するⅧ郭は、尾根が三方向を囲い込む姿から、本来は当城の中心的な曲輪が存在したと考えられる。

Ⅶ郭東側の虎口Ⅰには、丘陵下より登城道が取り付き、堀切Bから続く竪堀状の谷地形を土橋で渡る。この登城道に面したⅨ郭は緩斜面であるが、登城道を押さえる出曲輪といえよう。

【評価】　当城は、郷名を冠す笠間郷の中心的な城郭である。尾根上に曲輪が連続し、横堀と堀切を配した厳重な備えの縄張りとは対照的に、集落側に面した曲輪には切岸のみが施されている。Ⅰ～Ⅳ郭に囲まれたⅧ郭が、城郭の中心と見なされるが、Ⅷ郭本来の姿が失われているといえよう。

Ⅷ郭を主郭とした城館が初期の姿であり、戦国期に多重の堀切等が伴う城郭に改修されたとも考えられるのではなかろうか。

染田天神連歌会に名を連ねる下笠間氏が、笠間郷の主導権を握っていたと考えられ、明応六年（一四九七）十二月二日の下笠間自焼が当城を指すならば、当該期には築城がなされていたと思われる。

（寺岡光三）

75

縄張りの拡大に伴い寺院跡を取り込む

上笠間城《かみかさまじょう》

—付、ガイショウ寺城《じじょう》

城跡遠望　南西より

【選地】　上笠間集落は、四方を標高５００メートル前後の山稜に閉ざされた盆地である。集落の中央部を南北に笠間川が流れ、西流する川上川が合流する氾濫原《はんらんげん》には、耕作地が広がって下流の下笠間に続いている。

　上笠間集落背後の、標高５２１メートルの山稜から派生する尾根の先端部に当城の主郭Ⅰが位置する。城跡の南側裾を東西に通る笠間街道（県道都祁～名張線）を眼下に押さえている。

【歴史】　笠間庄は、奈良時代には伊賀国東大寺領の板蝿杣《いたばえのそま》に含まれていたが、平安時代後半に大和国山辺郡に編入されたとされる。

　鎌倉時代中頃以降には、隣接する伊賀国黒田庄の悪党が、笠間庄に対して頻繁に狼藉を繰り返したことが『東大寺文書』に記される。南北朝期に興福寺領多田庄の荘官であった多田順実が、貞治年間（一三六二～六八）に始めた染田天神講連歌会は、山内党《さんない》の紐帯として二百年にわたり続いた。連歌会の年預には上笠間殿・下笠間殿の名が見られ、山内党との支配領域を超えた緊密な交流の姿がうかがえる。上笠間での連歌会の張行では、現存する連歌文書から応永三十三年（一四二六）六月二十八日および、文安三年（一四四六）正月二十五日の連句会開催の当年預に上笠間定

DATA

所在：（上笠間城）宇陀市室生上笠間字古城、（ガイショウ寺城）室生上笠間字ガイショウ寺
遺構：曲輪、土塁、堀切・竪堀
規模：（上笠間城）140 × 110m
（ガイショウ寺城）80 × 60m
標高等：（上笠間城）標高 360m、比高 35m、（ガイショウ寺城）標高 350m、比高 15m

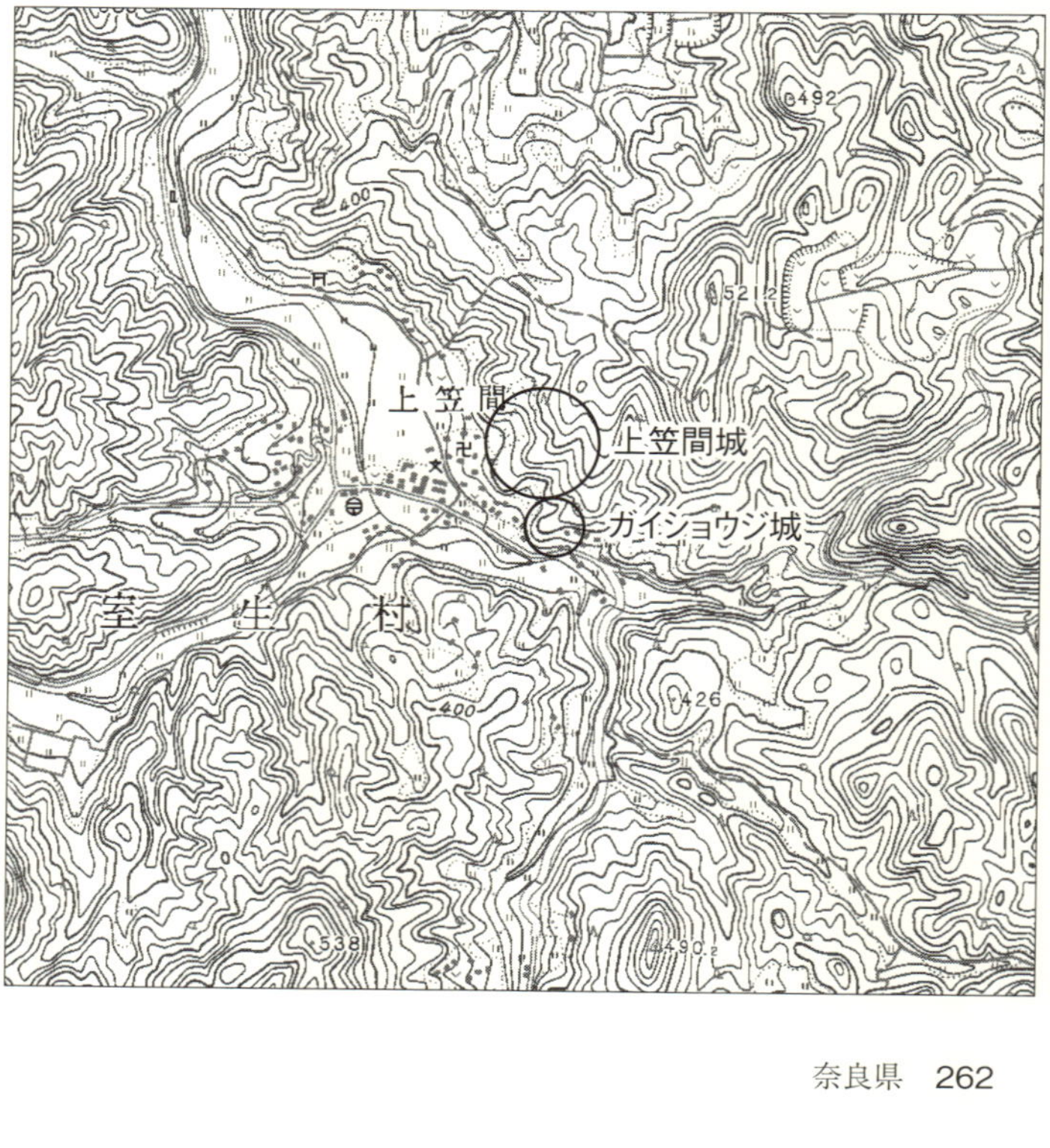

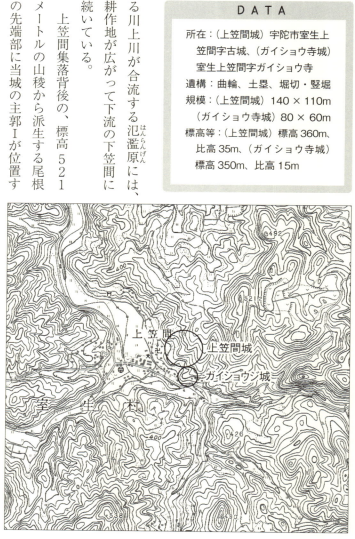

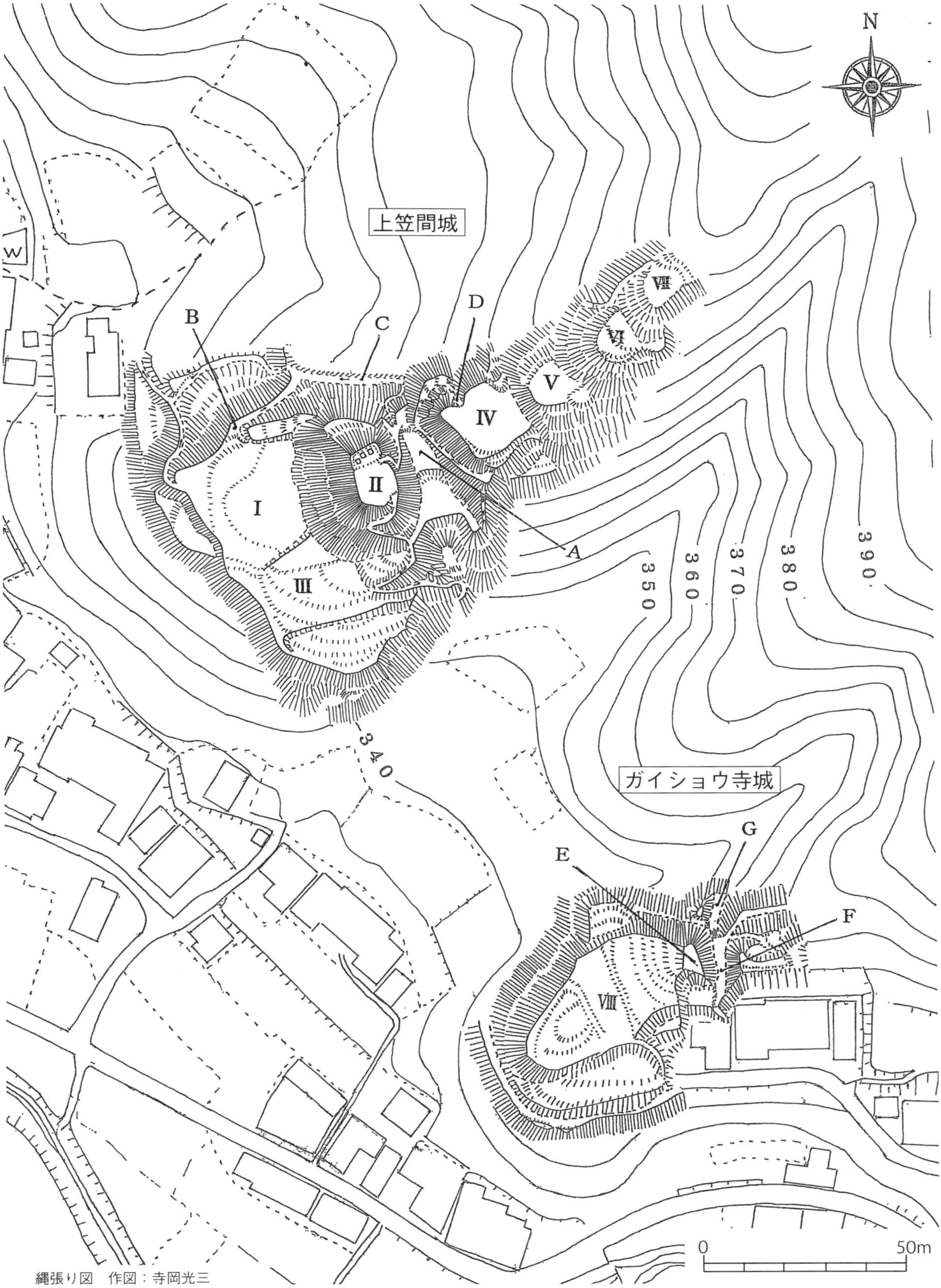
N
上笠間城
W
B
C
D
A
I
II
III
IV
V
VI
VII
340
350
360
370
380
390
ガイショウ寺城
E
G
F
VIII
0
50m
縄張り図　作図：寺岡光三

俊の名が見られ、上笠間氏が多田氏と共に行動していたことは確かなようである。

応仁・文明の動乱期には、大和国中の覇権を争う筒井・越智両党の抗争が続き、東山《ひがしさん》内《ない》にもその影響が現れる。『大乗院寺社雑事記』文明十五年（一四八三）七月十一日条に、「上笠間ハ一跡悉以申置多田息、自身ハ遁世、奥西迷惑之由云々」とあり、上笠間氏が多田氏の支配下に降ったことがうかがえる。同年十一月五日に、多田氏の留守を狙った筒井党が、多田城と上笠間城を陥落させている。

また、続く文明十九年（一四八七）の四月五日条には、「山内儀多田・上笠間・下笠間山田等各早山方ニ向参、白石之陣古市持分也、自焼云々」との記述があり、延徳元年（一四八九）十月十八日条にも、「山内合戦有之歟、古市之手者等出陣、堤以下罷向云々、上笠間没落歟云々、然者多田可迷惑事也、且如何」と見え、上笠間氏のたび重なる敗戦が認められる。

『多聞院日記』天文十九年（一五五〇）八月十二日条に、「笠間并多田沙汰トシテ、伊賀名張へ切入テ悉以シタカヘ了ト云々」とあり、多田氏に従う笠間氏の姿が見られる。永禄十二年（一五六九）六月二十五日条には、「山中上笠間一類十余人庶子ノ北二郎沙汰ニテ一時ニ生害了ト、実否ハ不知、一類六人生害云々」とあり、上笠間氏の内紛が勃発したことが記されている。

（上）主郭Ⅰと背後土塁を西側から見る
（下）ガイショウ寺城Ⅷを西から見る

東山内の筒井党の勢力拡大にともない、越智党から離れた多田氏に従い、多田氏と共に筒井順慶の傘下に入ったといえよう。

天正九年（一五八一）九月の織田信長による伊賀国平定時には、筒井順慶家臣の福住氏に従って参戦したことが知られる。

【遺構】　標高360メートル付近に、東西20×南北30メートルの主郭Ⅰが選地され、比高差13メートルの背後の土塁上に、東西10×南北15メートルの小規模なⅡ郭が存在する。東側に大規模な堀切Aが穿たれ、比高差は4メートルを測る。Ⅱ郭の北側に金毘羅権現が祀られ、灯篭には「嘉永三戌年」（一八五〇）の銘があり、この頃の勧進とみなされる。

Ⅱ郭からは視界二七〇度の広範囲を見渡せ、見張り台として機能したといえる。

主郭Ⅰの北側には、高さ1メートルほどの東西土塁が残存し、西端に虎口Bが開口する。虎口Bに取り付く城道は、堀底道Cに合流した後、北側裾を西に下っている。

主郭Ⅰの南側には、20メートル四方規模の緩斜面を残すⅢ郭が存在するが、曲輪内の改変が著しく、主郭Ⅰよりも1メートルほど高くなった北側部分は、土塁を削平した痕跡がうかがえる。

　堀切Aの対岸にⅣ郭が存在し、背後に曲輪群Ⅳ～Ⅶが段状に設けられている。Ⅳ郭は30メートル四方の規模で、堀切Aとの比高差は6メートルを測る。堀切Aからの城道が北側に回り込む位置に、坂虎口Dが開口する。Ⅳ郭の両側には、竪堀状の掘り込みが存在する。

　Ⅴ郭は、おおむね10メートル四方規模の平坦地で、Ⅳ郭との段差は7メートルを測り、明瞭な切岸が認められる。続くⅥ郭もおおむね10メートル四方規模で、Ⅴ郭との段差は9メートルを測るが、切岸が緩く、曲輪の西半は緩傾斜面である。最も高位に位置するⅦ郭は、10×7メートル規模の平坦地で、Ⅵ郭との段差は3メートルを測る。切岸面が緩く、東の尾根側には曲輪部分を画す、わずかな段差が見られるのみであり、尾根を断ち切る堀切は存在しない。

　これらの曲輪群の虎口は南側に位置すると考えられるが、尾根筋を通る山道が曲輪北側に取り付く不自然さがある。

　曲輪群の北側に隣接する丘陵には、石仏や石塔類が散見しており、中世寺院跡と見られる。上笠間城の主郭群よりも上位に連続する曲輪群が、寺院跡の一角と見なすことができ、尾根東側に備えがない状況を鑑みれば、城郭縄張りの拡大に伴い中世寺院の坊院を取り込んだ可能性が考えられよう。

　主郭Ⅰの南東方向の丘陵先端に位置するガイショウ寺城（Ⅷ）は、『奈良県山辺郡誌』に、「笠間城址　字ガイショウ寺ト云フ處ニ城アリシト云フ大字ノ東方位ス」と記された城館跡に比定できる。城跡は宅地の拡大に伴い土塁が侵食され、城館本来の姿が著しく改変を受けていると考えられるが、城の東側に残る土塁E・堀切F・竪堀Gの姿は、上笠間城の縄張りに類似している。

　Ⅷは南側崖下に川上川が流れ、狭い部分に笠間街道が通り、笠間峠越えと深野集落へと向かう分岐路を眼下に置く要衝地に選地されている。この場所からは、深野方面への街道に対して眺望が効く。笠間街道を掌握する出城として築かれたといえよう。

【評価】　当城は、主郭Ⅰを背後の土塁と堀切および竪堀で防御した居館的な縄張りを構成とする。Ⅱ郭の東側の堀切Aに続く曲輪群（Ⅳ～Ⅶ）は、Ⅳ郭を除くと明瞭な虎口が見られず、城郭の縄張りとの評価に疑問がもたれる。この曲輪群の北尾根には、中世寺院跡が広範囲に存在していた姿が示唆される。当城の縄張り拡大に伴い、寺院跡を城郭内に取り込んだと評価され、ガイショウ寺も同様と考えられる。

　当城と出城Ⅷの縄張りの共通性から、戦国期に城館の背後の中世寺院跡を縄張り内に取り込み、城域の拡大を図った蓋然性が指摘できよう。

　応永三十三年（一四二六）の染田天神講連歌会が上笠間で開催されている経緯から、この時代には、多田氏が主宰する天神講を紐帯として、一味同心する山内衆の姿が見て取れ、上笠間氏も同調していたのであろう。

　『大乗院寺社雑事記』に記された文明十五年（一四八三）の上笠間陥落を、当城の落城と見なすならば、当該期には主郭の造成がなされていたと考えられ、これ以降の城域の拡大化が想定できる。

（寺岡光三）


［参考文献］一九六六『室生村史』室生村役場

76

西山殿垣内城《にしやまとのがいとじょう》

室町時代前半に築かれた貴重な山城

堀・土塁・溝全景　西より　写真提供：奈良県立橿原考古学研究所（以下、同）

【選地】　宇陀川の支流である芳野《ほうの》川の右岸、低位丘陵上に選地する。大和盆地の東方、宇陀盆地の一角に位置し、奈良から伊勢方面へと通じる交通の要衝地である。当城は、パイロット事業に伴う農地造成と区画整理により、昭和五十六～五十八年にかけて一帯の発掘調査が行われたが、その後、丘陵自体が消滅した。

DATA

所在：宇陀市榛原町殿垣内
別称：能峠遺跡
遺構：曲輪、帯曲輪、堀切、土塁、掘立柱建物、柵列、集積、ピット群（発掘調査）
規模：110 × 60m
標高等：標高 380m、比高 30m

【歴史】　伝承では、土豪の井足《いだに》氏の城と想定されている。

【遺構】　発掘調査の成果はすでに報告書にまとめられているが、遺構は一部を除き上端・下端線がなく、等高線のみで表記されている。しかも、写真や文章で紹介されながら、実測図が提示されていない遺構も含まれる。そこで、報告書所収の遺構図をベースとし、一部は写真を参考にして、ケバ描き図に作図しなおした。

Ⅰが最高所で、主郭である。発掘調査の結果、Ⅰは古墳時代前期に造営された台状墓三基を削平して造られていた。写真から判断すると、曲輪面は多少中央部が高く、縁辺に向かって傾斜しているようである。なお、中世の遺構は一切出土せず、往時は建物が建っていない空間地であったようだ。

Ⅰから北と南に延びる尾根は、それぞれ堀切で遮断し、独立性を高めている。虎口は不明であるが、西斜面A付近からは多数のピット（小穴）群が出土した。しかし、ピットの並びに法則性が見られず、建物や柵列は想定できない。また、報告書での言及はないが、ピットが斜めに穿たれていることから、逆茂《さかも》木《ぎ》を想定することができる。同様のピット群は、B付近でも出土している。

南の堀切の対岸には、高さ2メートルの土塁が西尾根に向けて伸びる。この土塁は、拳大から人頭大程度の石と土とを混ぜて積み上

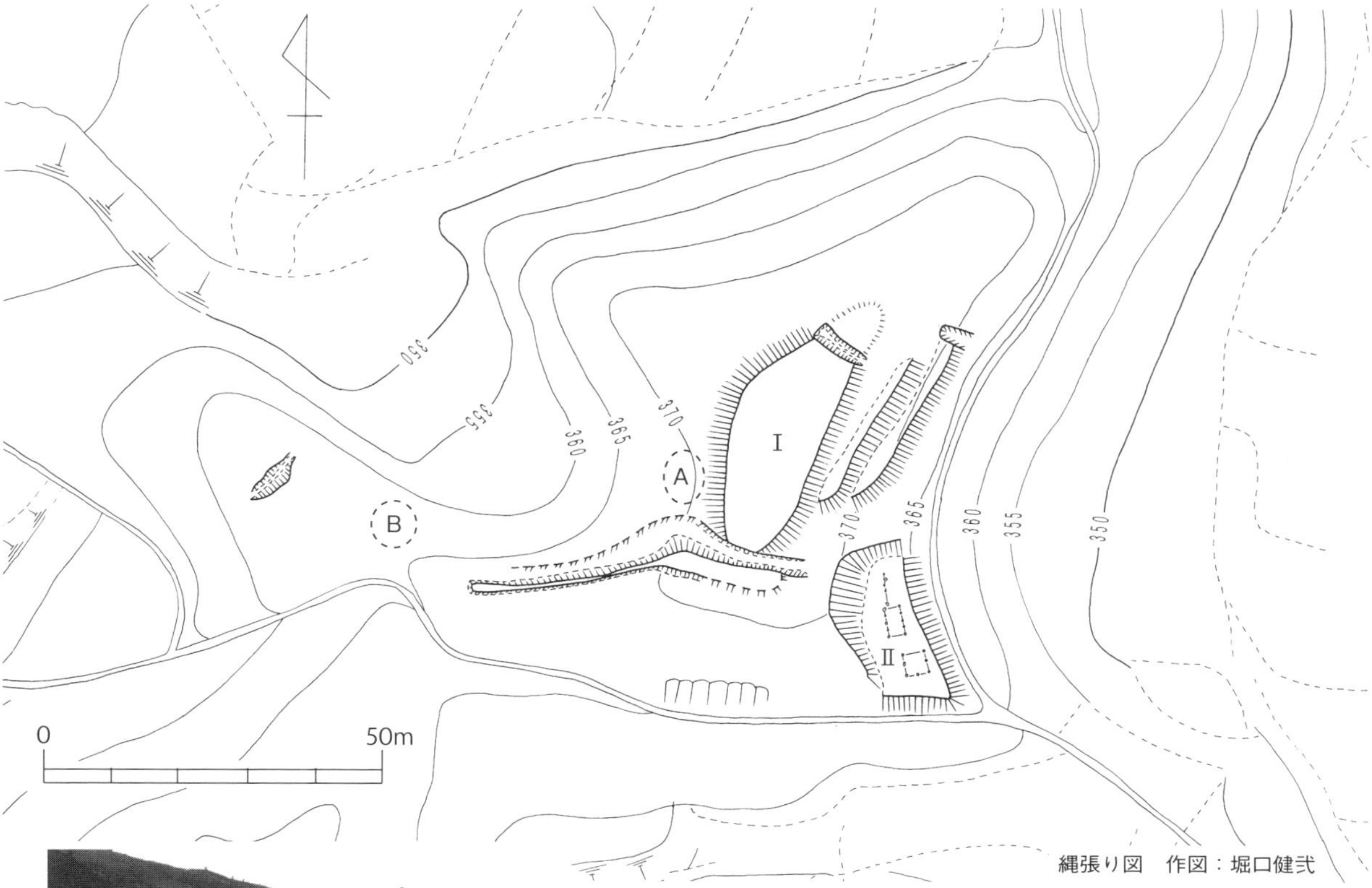

縄張り図　作図：堀口健弐

東南部平坦地調査後全景　南より

げていた。土塁外側は浅い堀状になるが、報告書では「道的機能」を想定しており、堀底道と考えられる。

Ⅰ直下の東斜面には、二段の帯曲輪が設けられている。報告書では「東斜面には、斜面を切りおとしてつくった高さ2メートルほどの段差が二条確認されている」とあるが、実測図では表現されていない。下段帯曲輪の北端は等高線から判断して、短い竪堀で城外とを遮断していたようである。

Ⅰの東南下には、斜面を掘り込んで造成されたⅡがある。掘立柱建物二棟と、それに付属する柵列や集石遺構などが出土し、ここが生活空間であったと思われる。建物は一間×四間の南北棟と二間×二間で、いずれも壁側のみに柱を持つ「側柱建物」である。この構造から、平地式建物で屋根は切妻屋根と思われる。両建物とも畳敷きに換算すると、四畳半程度となり、小規模である。

なお、西尾根先端部の離れた地点にも、一条の堀切を掘って城外とを遮断している。

瓦器《がき》、土師器、陶器、鉄釘、砥石などの遺物が出土し、報告書では、出土した土器の年代観を「一四世紀から一五世紀前半代のものを中心とし（中略）下限は一五世紀前半くらい」としている。

【評価】　発掘調査の成果から、当城はおおむね室町時代前半頃の山城と考えられる。この時期の類例は依然として調査例が少なく、いまだ不明な点が多い。室町前半期の縄張りを考えるうえでも貴重な遺構といえる。（堀口健弐）

［参考文献］一九八三『宇陀地方の遺跡調査』奈良県立橿原考古学研究所／一九八七『能《ゆき》峠《とうげ》遺跡群』Ⅱ　奈良県立橿原考古学研究所

77

松永久秀方による秋山城攻めの陣城

黒木北城《くろぎきたじょう》

城跡遠望　北西より

【選地】　熊ヶ岳から北東に派生する尾根先端部に位置する。南方尾根続きに黒木西城、黒木川河谷を挟んだ南東６００メートルの山上に黒木東城（『近畿』Ⅲ所収）、本郷川河谷を挟んだ北西６００メートルの山上に本郷東城、その西隣の尾根に本郷城（ともに『近畿』Ⅰ所収）が位置する。

　当城は、空堀C北端から空堀内を経由して、雛壇状曲輪群Ⅳに至るルートが比較的登りやすい。

【歴史】『奈良県宇陀郡史料』によると、「黒木塁」は「古城」と伝わり、城主を黒木氏とする。黒木西城の小字が「古城」であることから、「黒木塁」は黒木西城のことを指し、尾根続きの黒木北城の城主も黒木氏と伝承されていたとみられる。

【遺構】　４５×２５メートルを測るⅠ郭が主郭である。その南東端はⅡ郭を取り巻く帯曲輪となり、南西端にある堀切で城域を画す。Ⅱ郭が最頂部であり、南西部に土塁ラインを伴う曲輪を配す。Ⅱ郭は見張り台的な役割を果たしたものと考えられる。

　Ⅰ郭の北側には、削平の甘いⅢ郭を配し、南端には浅い堀切を設けている。Ⅰ～Ⅲ郭の東には雛壇状の曲輪群Ⅳを配し、南東の尾根

DATA

所在：宇陀市大宇陀黒木
遺構：土塁、空堀
規模：150m × 180m
標高等：標高 424m、比高 45m

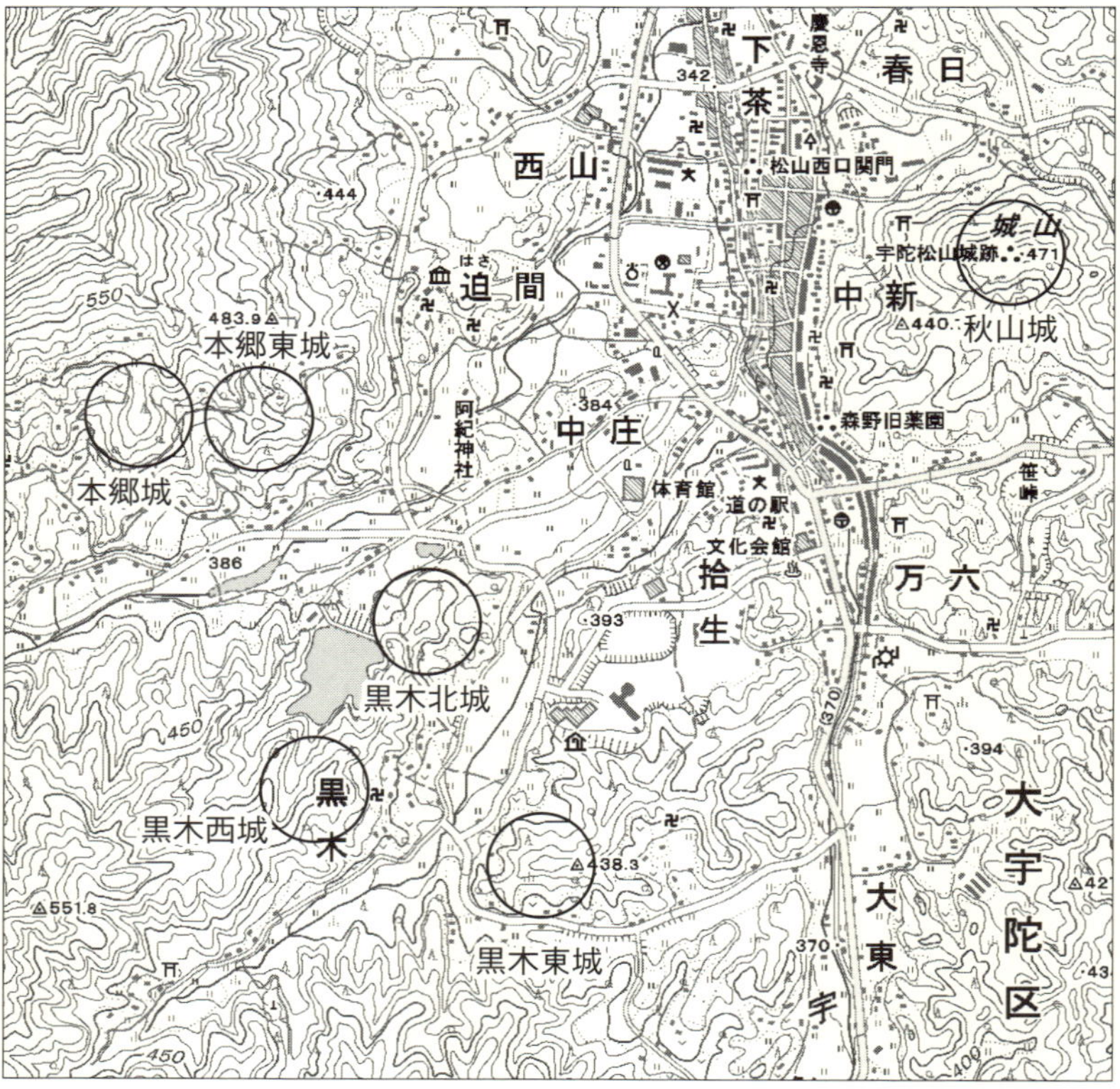

縄張り図　作図：金松 誠

空堀Ａ北端　北西から

空堀Ａ南端　南から

黒木北城北麓から秋山城を望む　南西より

続きは二重堀切で城域を画す。

I郭の北から北東側には、麓まで延びる三重の空堀A・B・Cを設け、防御ラインを形成する。いずれも曲輪群Ⅳの北端と連絡できることから、防御と城道を兼ねていた可能性が指摘できる。

【評価】 当地の土豪として黒木氏の存在が知られるが、一次史料には現れない。よって、当城のような比較的規模の大きい城郭の築城主体を黒木氏とすると整合性に欠ける。そして、南方尾根続きの黒木西城、谷を挟んだ南東に位置する黒木東城との立地関係から、この三城は連携して機能していたといえる。すなわち、黒木氏がこの三城の築城主体であったとは考えられない。

そこで、あらためて当城の縄張りを検討したい。当城は、規模の大きいI郭の南端に見張り台とみられるⅡ郭を配し、削平が甘いⅢ郭と雛壇状の曲輪群Ⅳに通路を兼ねた空堀が連動している。すなわち、I郭・Ⅲ郭・Ⅳ郭が軍勢の駐屯部として機能していたと考えられる。

黒木東城も、削平不十分な曲輪を主体とし、防御と城道を兼ねた二重の空堀を設けていることから、軍勢の駐屯機能を重視した城郭であった可能性が高い。黒木西城も、最頂部から扇状に曲輪群が展開し、広範囲にわたる城域を、麓まで延びる畝状空堀群を伴う空堀ラインで囲い込んでいる。多数の軍勢の駐屯が可能であるとともに、空堀ラインが城道を兼ねていることから、当城・黒木東城との共通性が見出せる。

すなわち、当城・黒木東城・黒木西城は、陣城の可能性が高い。立地関係から、黒木西城が両城を掌る役割を果たしたものと思われる。そして、本郷城・本郷東城も、その構造を通じて陣城の可能性が指摘されている。

次に、築城主体を検討したい。陣城群の攻撃目標は、当城の北東1・6キロに位置する秋山氏の居城秋山城とみられる。これら陣城に駐屯する大規模な軍勢を率いて秋山城を攻撃する契機は、永禄三（一五六〇）～十年に口宇陀地域を支配した松永久秀方以外には想定できない。

なお、黒木西城が秋山氏の本拠であり、当城と黒木東城がこれを守る支城として配置され、秋山氏が秋山城を追われた際の拠点とする説がある。しかし、一国人が拠点の山城を至近距離で複数持ち、支城網を形成する確かな事例は、少なくとも大和国内では確認できない。

よって、当城やこれらの諸城は、永禄三～十年に口宇陀地域を支配した松永方による秋山城攻めの陣城の可能性が高いと結論される。

（金松　誠）

［参考文献］金松誠　二〇〇八「戦国期における大和口宇陀地域の城館構成と縄張技術」『城館史料学』6　城館史料学会

78

松永久秀の口宇陀支配の拠点の一つ

守《も》道《ち》城《じょう》

【選地】　宇陀川と芳野川の中間の山上に位置する。北には東西に延びる道、東・西には当城の南から分岐して、V字に延びる道がある。城跡へは、大念寺入口付近にある墓地からⅧ郭南端に至るルートが、比較的登りやすい。

【歴史】　当地域の在地勢力である守道氏が城主だったと考えられている。

文献史料に初めて現れるのは、永禄三年（一五六〇）八月で、『沢氏古文書』五—16～20によれば、七月下旬の段階で松永久秀には口宇陀侵攻の動きがあった。八月上旬に伊勢国司北畠具教は、松永久秀方による口宇陀侵攻に備え、沢氏惣領太菊丸に対し、秋山氏が松永方に与《くみ》しないよう、「守道城」に秋山藤七郎を人質として入れ置くことを命じている。さらに、「城用心等」を堅く申し付けている。しかし、これら以外に当城を記す文献史料は見当たらないため、当城が実際に松永久秀に攻められたかどうかは不明である。

なお、松永方は同年十一月には摂州衆を率いて沢城・檜牧城《ひのまき》（両城ともに宇陀市）を陥れ、沢城には松永久秀の家臣で摂州衆の高山飛騨守が城主として入った。松永方は、永禄十年四月頃に撤退するまで口宇陀地域を支配した。

守道城遠景　南東より

DATA

所在：宇陀市大宇陀守道
遺構：堀切、土塁、空堀
規模：190 × 230 m
標高等：標高 435 m、比高 60 m

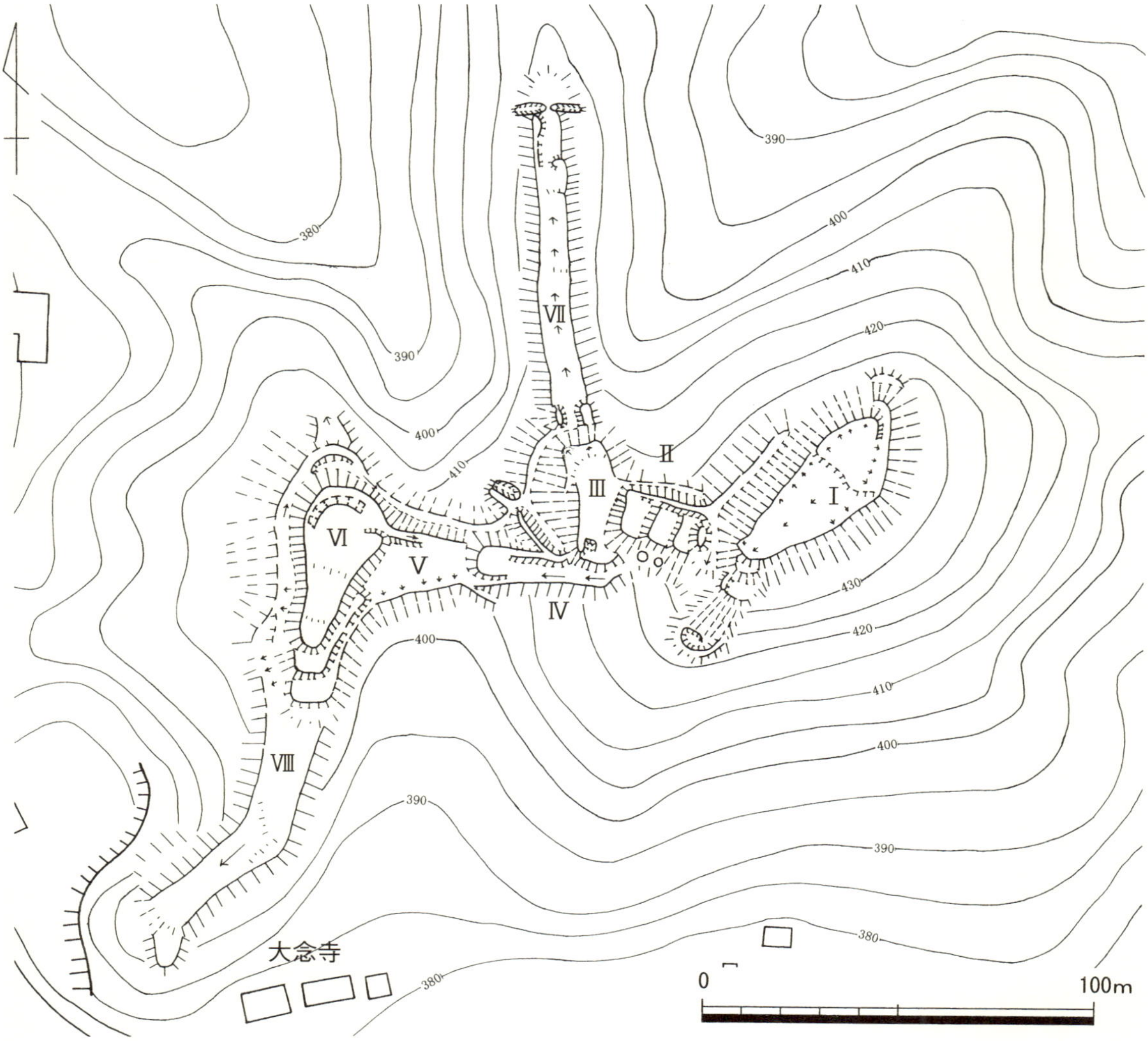

縄張り図　作図：金松 誠

【遺構】当城は、Ⅰ～Ⅷ郭によって構成されている。Ⅰ郭は城内最高所に位置し、中央北寄りで低い段差により二段に分かれている。曲輪内部の削平はやや不明瞭で、縁辺部も緩やかに傾斜し、切岸もしっかりしていない。

Ⅰ郭西側は、約7メートルの高低差で鞍部の曲輪群に至る（Ⅱ郭）。曲輪群は三段に分かれ、北側には高さ0・5メートルほどの土塁ラインが設けられている。曲輪群の東端には土塁が設けられ、Ⅰ郭とⅡ郭の間が空堀状になり、それが先述の土塁ラインに続いている。土塁ラインと空堀ラインの交差部からは、北東に延びる帯曲輪がみられる。

曲輪群から北西に降りるとⅢ郭に至る。Ⅲ郭中央からは、東に延びる帯曲輪がⅡ郭北側に配されている。西側には南北方向の土塁・空堀ラインがみられ、Ⅲ郭からⅣ郭へは南西端を経由して至る。Ⅳ郭北側には低い土塁ラインが設けられ、Ⅴ郭へは南西の通路状のスロープを経由し連絡する。Ⅴ郭は比較的広い面積を有し、Ⅵ郭へはⅤ郭北西の土塁ラインを経由して至る。Ⅵ郭は南北に細長い曲輪で、南に二段の曲輪が連なる。Ⅵ郭北縁に溝状の遺構がみられ、南側の削平は不明瞭となる。

Ⅵ郭西側からⅢ郭北側にかけて、帯曲輪がめぐらされている。帯曲輪は通路状になっており、Ⅲ郭北側でⅦ郭南端の虎口につながる。Ⅲ郭北側の虎口を経由すると、Ⅶ郭に至る。この虎口は高さ０・５メートルほどの土塁を両側に配しており、Ⅲ郭から防御できるようになっている。

Ⅶ郭は、北側に向かって傾斜しながら南北約８０メートルにわたり延びている。北側は不明瞭ながら内枡形状の空間がみられ、北端に浅い堀切と土橋を設けて城域を画している。なお、Ⅵ郭南側のⅧ郭は逆「く」の字状に折れ、山麓へ向かって傾斜していく。

Ⅶ郭北端の堀切と土橋　北より

【評価】 最高部に位置するⅠ郭が主郭といえるが、土塁などもみられず、縄張りにこれといった特徴も見出せない。一方、Ⅲ～Ⅵ郭は、北側から西側を取り巻くように帯曲輪のラインがみられ、密接な関係を持っているといえる。それは、これらの曲輪内部が通路によって相互連絡することから明らかである。そして、Ⅳ～Ⅵ郭の北縁に土塁などによる防御ラインが形成されていることも見逃せない。Ⅱ郭東側の土塁・空堀と北側の土塁ラインも、同様の築城思想のもとに形成されているものとみてよい。なお、これらの防御ラインは通路も兼ねていたものと思われる。このように、Ⅱ～Ⅷ郭は縄張り面で、有機的結合を有しているものと思われる。

すなわち、Ⅰ郭とⅡ～Ⅷ郭には縄張り上の機能差がみてとれ、後者には土塁・空堀・帯曲輪ライン、曲輪内の相互連絡による有機的結合がみられ、発達した縄張りとなる。これについては、相対的にⅠ郭が居住空間、Ⅱ～Ⅷ郭を軍事空間として捉えられよう。

次に当城の縄張り構造が、どの勢力により構築されたのかを考えたい。二つの可能性が想定でき、一つ目は在地勢力の守道氏によるもの、二つ目は口宇陀を支配した松永方によるものである。前者の場合、永禄三年八月段階で「守道城」は松永方の侵攻を警戒しており、北畠氏や沢氏の影響下において改修を受けたことになる。後者の場合、同年十一月に松永方が口宇陀を制圧して当城を接収、松永方の城郭として改修したものとなる。

縄張り技術的には、Ⅱ～Ⅷ郭にみられる帯曲輪・土塁・空堀ラインによる有機的結合やⅦ北端の内枡形状の空間の存在から考えると、在地勢力の守道氏よりも、松永方による改修を受けた可能性のほうが高いと考えられる。

縄張りが全体的に北方を意識しているのは、その方面に東西に走る主要街道があり、そこから攻めてくる在地勢力や北畠氏を警戒した結果なのであろう。

当城は、松永方による口宇陀支配の拠点城郭の一つとして、その一翼を担っていたものといえるだろう。

（金松　誠）

［参考文献］金松誠　二〇〇三「宇陀守道城に関する一考察」『古代近畿と物流の考古学』学生社

79

沢城攻めのために築かれた陣城

三宮寺城《さんぐうじじょう》

城跡遠望　南より

【選地】　旧榛原《はいばら》・大宇陀町境の芳野《ほうの》川西岸丘上に位置する。近隣には、芳野川を挟んで北東1・6キロの山上に、沢氏の山城である沢城、北東1キロの山麓に、沢氏の居館である下城・馬場遺跡、東北東750メートルの丘上に平井城が位置する。

当城へは、南山麓の舗装道から山道を経て、主郭Ⅰに至るルートが登りやすい。

【歴史】　『大和志』によると、沢氏の出城とされているが、詳細は不明である。

【遺構】　高さ0・5~1メートルほどの土塁と帯曲輪で囲まれた、楕円形を呈する小規模な主郭Ⅰからなる単郭の構造である。

主郭Ⅰは現在、墓地となっている。主郭Ⅰを囲い込む土塁を細長く延ばし、東に向かって狭めた部分を虎口として、その先に堀切と土橋を設けて主郭Ⅰへのルートを限定している。この土塁には湾曲があるので、虎口北側・南側の帯曲輪に対する、折れを伴う横矢掛かりが効く。ただし、土塁の折れは明確ではなく、土塁の開口部を細長く延ばした結果として生まれた副産物の可能性がある。

主郭Ⅰの西側は、二重堀切A・Bにより城域を画す。虎口東側の尾根には、緩斜面の未

DATA

所在：宇陀市榛原三宮寺・大宇陀藤井
遺構：堀切、土塁
規模：140 × 80m
標高等：標高 380m、比高 35m

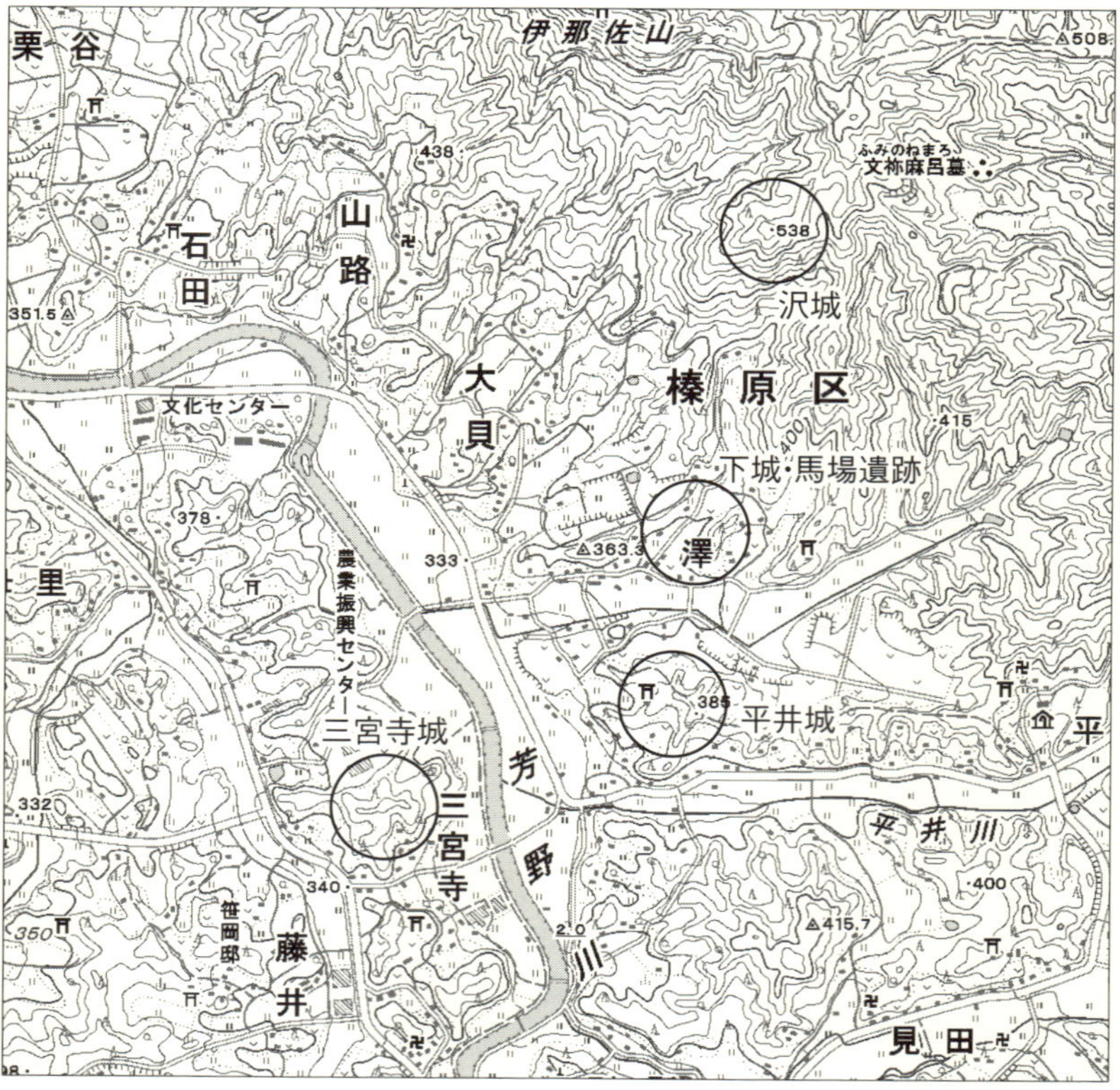

縄張り図　作図：金松 誠

主郭Ⅰ　東より

虎口　東より

整形空間Ⅱ・Ⅲ・Ⅳが広がる。

【評価】 まず、当城が築かれた経緯を考えてみる。近接する沢城をめぐる軍事的衝突として挙げられるのが、永禄三（一五六〇）～十年の松永久秀による口宇陀侵攻・支配期である。松永方は、同三年七月頃から口宇陀侵攻を企てており、十一月に摂州衆を率いて沢城・檜牧城を陥れた。沢城には、高山飛騨守が入城し、以後、口宇陀地域は同十年四月頃まで、松永方の支配を受けている。

ルイス・フロイスの『日本史』によると、沢氏は同八年以前にたびたび沢城を奪回しようとしたが失敗に終わり、同八年の末頃にも、沢城付近の豪農の策略で沢城を奪回しようとしたが、これも失敗に終わっている。

（上）堀切A　南西より　（下）未整形空間Ⅱ　南西より

同十年、松永方の口宇陀撤退に際しては、敵の大軍が高山飛騨守の拠る沢城を攻め、食糧と火薬の欠乏のために飛騨守が沢城を捨てたという（「一五七六年八月二十日付ルイス・フロイス書簡」）。

当城の築城時期は、この沢城をめぐる一連の攻防戦期とみてよかろう。

次に、縄張り構造について検討する。当城は土塁囲みの単郭構造であり、東側尾根続きに未整形の空間が広がっている。未整形空間Ⅱの東端際の北側尾根続きが、沢城へ向かうルートであったと考えられる。主郭Ⅰはそのルートに虎口を開いていることから、沢城方面を意識した縄張りである。主郭Ⅰ以外はほぼ手つかずであることから、臨時的な城郭といえる。

これらのことから、当城は沢城攻めの陣城であった可能性が高い。主郭Ⅰが沢城より離れた尾根西側に位置するのは、安全性を求めたためであろう。伝承のとおり、当城が沢城の出城であったならば、周囲の尾根もしっかりと普請して、防御を固めていたはずである。

なお、近接する平井城も、当城と共通した立地と縄張りである。平井城も、沢城攻めの陣城であった可能性が高い。

築城主体については、松永方・沢氏ともに、沢城をめぐる攻防戦をくり広げていることから、両者の可能性が想定できる。しかし、沢氏がこのような縄張り技術を修得していたかは、確実な類例がないため、判断しがたい。現時点では、松永方の陣城の可能性のほうが高いといえよう。

（金松　誠）

[参考文献]　金松誠　二〇〇一「三好・松永方城郭の陣城プラン—松永方の大和口宇陀侵攻における陣城を通して—」『城館研究論集』発刊準備号　仮称城館学会（中西裕樹編　二〇一七『松

80 毛原城《けはらじょう》

主郭背後の重層な守りが特徴の技巧的な城

城跡遠望　東の毛原集落内より

【選地】　毛原集落は山添村南端の山間部に位置し、西側は宇陀市室生下笠間に、南は三重県（名張市）境に接している。

室生上笠間から流れ下る、名張川の支流笠間川が深い谷地形を造る西岸斜面に毛原集落が営まれ、その西端に城跡が存在する。毛原城は南を笠間川、北側には笠間川の支流が流れ、切り立つ崖上に造られた要害の地であった。

また、毛原集落の西側を峠越えする切幡《きりはた》道と、笠間川沿いを下笠間に遡る笠間道の分岐点を眼下に見下ろし、交通の要衝を押さえる位置に築城されている。

【歴史】　毛原（気原）は、奈良時代には東大寺の杣山《そまやま》（東大寺の用材調達地）としていち早く開かれ、板蝿杣《いたばえのそま》に含まれていた。毛原集落の東端には、奈良時代の創建である毛原廃寺の礎石群が遺存する。

奈良時代以降には杣山が荘園化し、毛原も中世を通して東大寺領として存続するなかで、東大寺領の荘官から在地領主化したのが、城主であった毛原氏と考えられる。『大和志料』には、豊原村気原に「気原塁」の存在が記され、「気原氏之ニ據《よ》ル。国民郷土記ニ気原山城毛原長門ト即此、其出ツル所ヲ詳カニセス。」とある。また、『大系』には、気原氏は山添村の旧波多野地域を支配していた奥田氏（畑城主）の麾下《きか》とされているが、その出自は明らかではない。

気原氏は、東山内《ひがしさんない》の有力土豪であった多田氏が主導する染田天神講連歌会に、笠間氏等と共に名を連ねていたことが、『大和志料』

DATA

所在：山辺郡山添村毛原字城山
別称：城山
遺構：曲輪、土塁、空堀、堀切、竪堀、石列
規模：150 × 80m
標高等：標高 315m、比高 30m

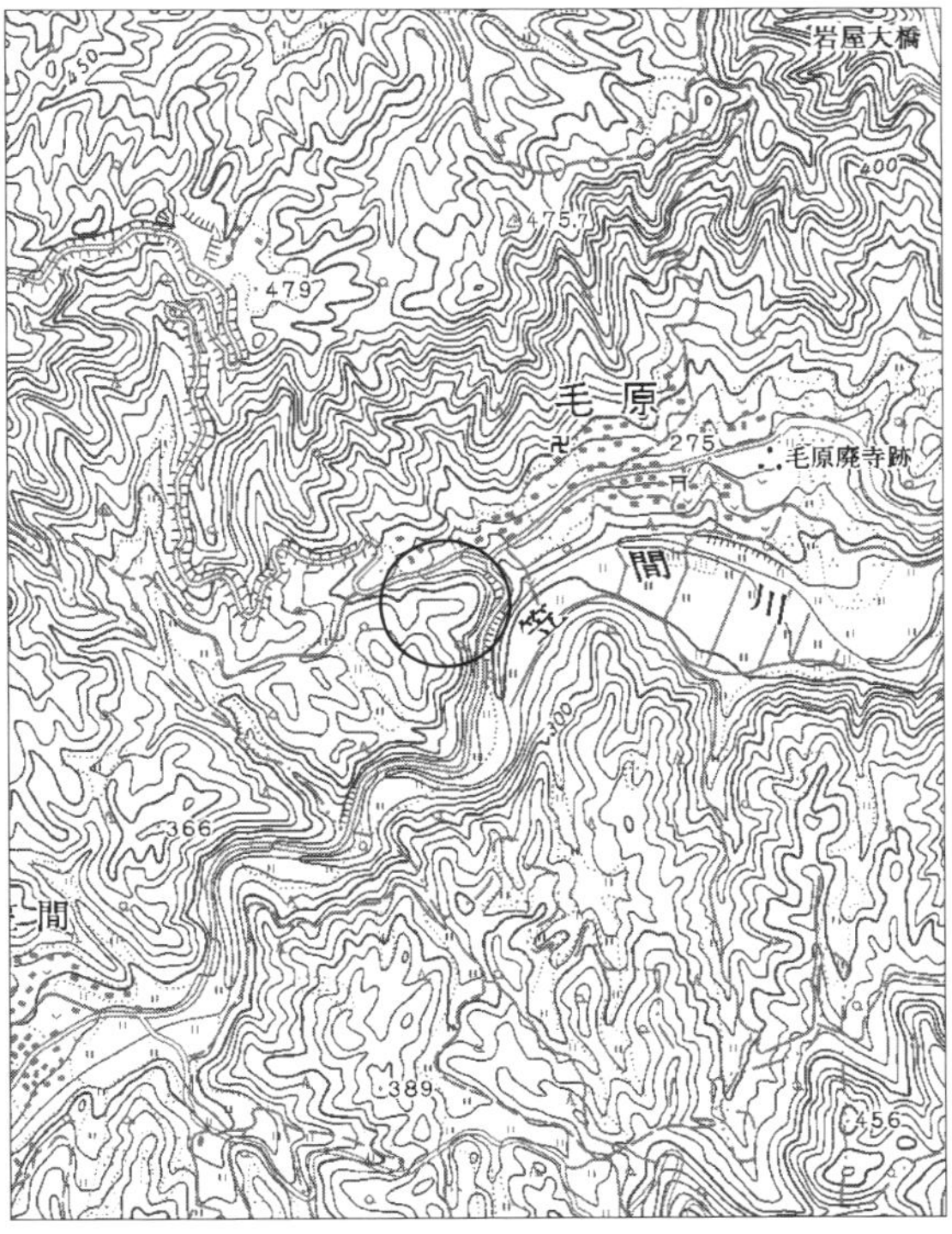

縄張り図　作図：寺岡光三

の「笠間塁　中略　神松のかけに千代汲泉哉永禄元《（一五五八）》気原殿」の記述からもうかがえる。しかし、いつの頃から連歌会に列席していたのかは定かではなく、南北朝期には気原氏が多田氏に与し、南朝方の伊勢国司北畠氏に従っていたといわれている。

文明九年（一四七七）の国中《くんなか》での抗争で、筒井氏は越智氏に敗れ、東山内に逃げて立て直しを図る過程で、越智氏に与する多田氏一族等との争いが起こった。

『大乗院寺社雑事記』明応六年（一四九七）十二月二日条に、「昨日、気原・桂原・切山《（三刀谷）》・下笠間自焼了」とあり、気原氏も筒井勢との戦に呑み込まれて敗北し、これ以降、筒井氏の傘下に降ったと考えられる。『筒井諸記』に記される、「山辺郡毛原村領主山中宗助胤順」は、毛原を掌握した筒井氏が、毛原城主として送り込んだ筒井氏の家臣と推測されよう。

【遺構】　東西尾根の東端に築かれた単郭に近い城郭である。北西南の三方向に土塁が存在する。西側に大規模な土塁Aと堀切Bがあり、技巧的な防御ラインが築かれている。

主郭Ⅰの規模は、東西５０×南北３０メー

トルを測る。耕作地に転用された時代の溝が周囲を巡り、平坦面は比較的狭く、全体が緩い傾斜地形である。西側の土塁Aの裾部分には、土留めと見られる石積みが幅4メートル以上にわたって見られる。

土塁Aの南西隅部に、見張り台的な小曲輪Ⅱが存在し、西側に武者隠しを意識した低土塁が、堀切Bに平行して設けられている。主郭Ⅰの南東隅に坂虎口Cが存在し、登城道を北側に下った位置のDには、食い違いの虎口空間が存在する。登城道を土橋状に狭め、折れを多用する技巧的な普請がなされており、大手虎口と評価できよう。

（上）堀切B　北より
（下）空堀道Gに交わる堀切H・I　土塁Fより

主郭Ⅰ背後の、東西尾根を南北に断ち切る堀切Bの両端には、竪堀が急斜面の裾まで穿たれている。この堀切の西側には、南北方向に土塁（E・F）が存在し、この土塁（E・F）の内側には、Ⅲ・Ⅳ郭が設けられている。

東西尾根の中央部を断ち割る空堀道Gは、段差を持って堀切Bにつながっており、空堀道Gの2メートルほど高い位置に堀切Hと横堀Ⅰが直交する。土塁E背後の堀切Hは深い造りで、対岸の尾根地形をわずかに削平したⅤ郭には、切り込み形式の武者溜まりが存在する。

空堀道Gから南に続く横堀Ⅰは浅く、低土塁Jを伴うⅥ郭の空堀を兼ねた横堀と位置づけられる。この土塁Jは、空堀道Gに平行し、空堀道の両翼に位置するⅤ郭とⅥ郭が高位から挟み撃ちにする意図が見られる。搦手口の堅い守りがうかがえる遺構である。

当城の縄張りは、おおむね上述の範囲と考えられるが、尾根続きの西側鞍部には、南北に通る空堀状の溝Kが遺存している。溝Kは耕作の痕跡とも考えられるが、Ⅴ郭側に切岸面が見られ、西側尾根続きに対する堀切が埋没した可能性も考えられる。空堀道Gと溝Kの交点が空堀Gの起点があることからも、溝Kが当城の外郭の一翼を担っていたと考えられる。

【評価】河川の浸食による急崖地形を最大限に利用して築かれた城郭である。主郭Ⅰの東側に取り付く大手道には、技巧的な普請がなされ、敵の侵入を阻止している。

当城は、西側の尾根続きが最大の弱点と見られる。弱点を補っているのが、三重にも及ぶ堀切の防御ラインであり、外郭にある橋頭堡的な出曲輪Ⅳ・Ⅴでもあった。

明応六年（一四九七）の毛原の自焼が当城を指すならば、当該期の築城が想定される。また、当城の技巧的な縄張りは、在地土豪の毛原氏の普請と見るよりも、筒井氏の支配下体制での縄張りの改修と見なされる。

（寺岡光三）

81

大和・伊賀の渡河点を押さえる要衝

広瀬山城《ひろせやまじょう》

—付、城山城《しろやまじょう》・ヒウラ砦《とりで》

広瀬山城遠望　広瀬橋から名張川越にみる

【選地】　広瀬集落は、名張川西岸にある標高160メートル前後の河岸段丘に位置する。集落内には名張川に架かる広瀬橋があり、対岸もわずかながら広瀬地内である。広瀬集落には伊賀へと続く伊勢街道が通り、近代まで名張川に渡しが存在していた。

　広瀬橋の西側袂には、快慶作の阿弥陀如来立像が請来された西方寺跡が存在し、北側約500メートルの丘陵端に広瀬山城が築かれている。当城は吉田から東方に延びる尾根上に位置し、西側の谷間には、吉田から続く伊勢街道があった。

【歴史】　広瀬は、名張川を介して伊賀国大滝に接する位置である。天平勝宝年間（七四九～七五六）には東大寺の杣《そま》となるが、平安時代に広瀬牧を中心とした藤井庄が、摂関家の藤原氏によって立券され、中世には興福寺領として存続していた。天正九年（一五八一）の織田信長による伊賀国平定以降は、筒井順慶の支配下となった。

　『山辺郡誌』には、「[聞書覚書]ニ廣瀬村ニ申伝フルハ地侍二人ニテ古ヘハ領ス」とある。岩井九右エ門と岩井與助がいたとされ、

DATA

所在：山辺郡山添村広瀬字水瀬・タニ
遺構：曲輪、土塁、石積み、堀切、横堀、竪堀
規模：（広瀬山城）130 × 180m
（広瀬城）70 × 80m
（ヒウラ砦）50 × 40m
標高等：（広瀬山城）標高 230m、比高 60m
（広瀬城）標高 240m、比高 60m
（ヒウラ砦）標高 224m、比高 64m

主郭Ⅰ　南より

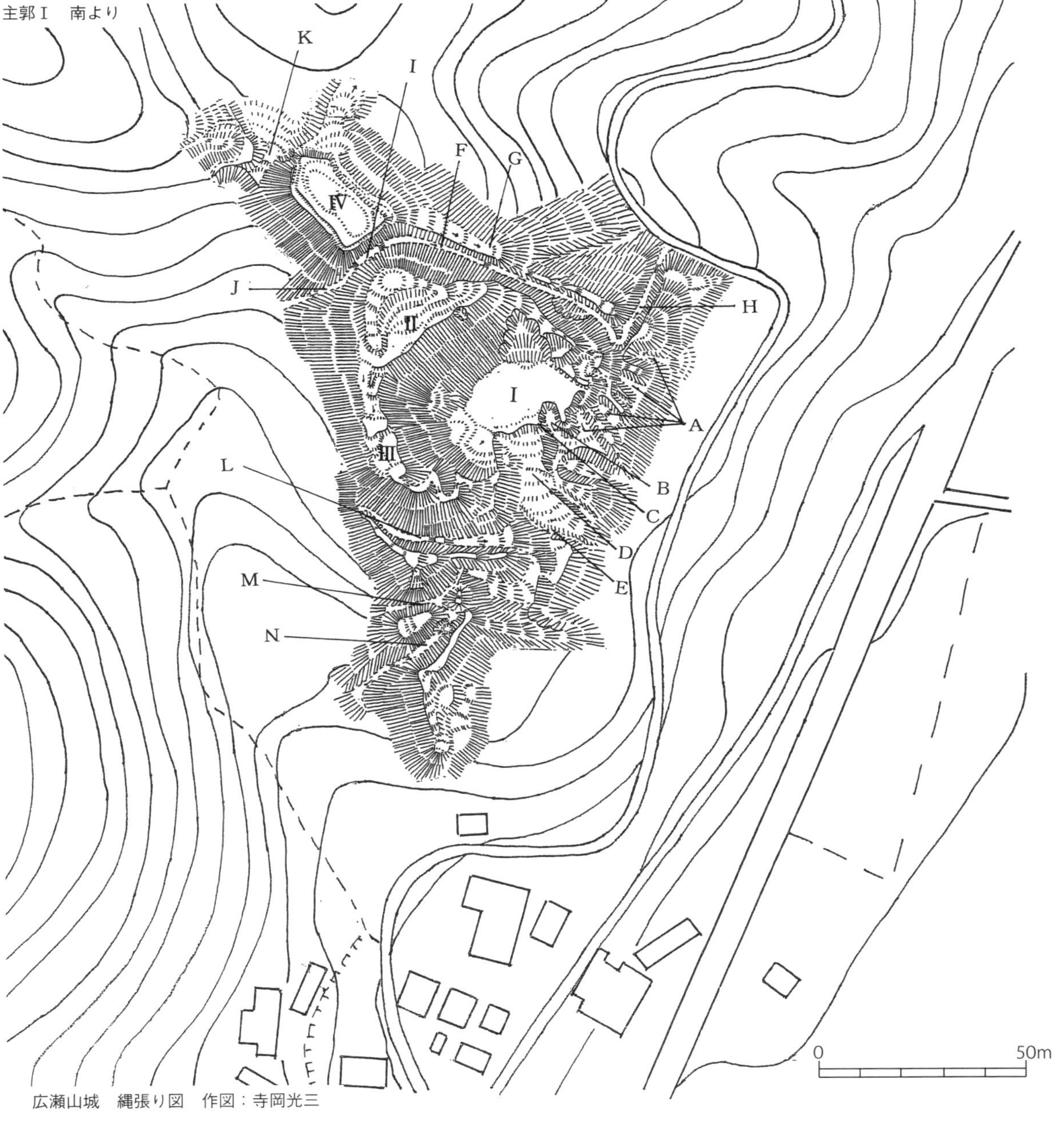

広瀬山城　縄張り図　作図：寺岡光三

横堀Ｆ　Ⅳ郭より

共に伊勢多気の旗下であったようだ。また、「国民郷土記」には、山中宗助・福村九右エ門の名も見え、広瀬庄を支配する興福寺の荘園下司《げし》衆と考えられている。

『大和志料』には、波多野村は「天文以降奥田氏之に拠る」とあり、時代は下るが、西方寺に祀られる慶長六年（一六〇一）四月十五日銘の奥田参河守の位牌や過去帳から、広瀬は筒井氏配下の奥田氏が支配していたと考えられる。

【遺構】『山辺郡誌』広瀬村の項に、「城址西南方端城山ニアリ濠ヲ以テ之ヲ周ラセリ字谷ト云ヘル所ニモアリ」とある。広瀬集落の南西端に城山が存在し、『大系』10には、「広瀬城　広瀬字城山　広瀬の西方字城山にある単郭山城で、二方に堀切がある」と記されているが、近年、県道の拡幅により、腰曲輪と西側堀切が消失した。

また、「広瀬山城　広瀬字谷　広瀬の東方山上にある山城で、郭・堀切・竪堀などの遺構がみられる」とあるが、方角は北の誤りである。名張川東岸の丘陵「字《あざ》ヒウラ」にも砦が存在する。

当城は、主尾根の南東斜面の中腹に３０×２０メートルの主郭Ⅰが存在し、各尾根には多重に堀切が設けられている。標高２３０メートル付近から分岐する支尾根が、北側の土塁や西側の土塁となり、主郭Ⅰを取り囲む。

主郭Ⅰの東斜面には、連続する竪堀状の遺構群Ａが存在するが、後世の花崗岩《かこうがん》採石時に生じた可能性もある。主郭Ⅰの南東隅部を大きく抉《えぐ》る竪堀Ｂの西側角部には、土留めの石積み列Ｄが残存する。主郭Ⅰから南側に下る緩斜面Ｅは、採石の搬出によって生じたと考えられるが、その縁辺に残る竪堀Ｅが城道と見られる。

主郭Ⅰの北側の土塁は、小さな自然地形の尾根が竪土塁状に南方へ延びており、土塁の北側には竪堀状に横堀Ｆが平行に設けられている。横堀Ｆの外側に竪土塁Ｇが設けられ、横堀Ｆの東端は、直角に北に曲がって竪堀Ｈとなる。主郭Ⅰの南西方向である比高差１６メートルの尾根上に、２０×１０メートルのⅡ郭が存在し、背後は自然地形を利用した土塁となっている。

Ⅱ郭の土塁の北西方向には、上幅１５×深さ4メートルの堀切Ⅰがあり、竪堀Ｊに続く。堀切Ⅰの対岸尾根上には、緩い削平のⅣ郭が存在し、周囲には切岸が施されている。Ⅳ郭の西側には上幅２０×深さ5メートルの堀切Ｋが築かれ、吉田からの尾根伝いの侵入を遮断している。また、Ⅳ郭から北に続く緩斜面の尾根は自然地形と見なされる。

Ⅱ郭から南に下る西側土塁の先端には、１０メートル四方のⅢ郭が存在し、主郭Ⅰへと下る葛籠折れの道がある。Ⅲ郭の南側に続く尾根筋には、東西を遮断する堀切（Ｌ・Ｍ・

N）が三条穿たれ、先端部が竪堀状に斜面を下る。堀切Nの南側には、花崗岩の採石による切り立った地形が見受けられ、東側下位の削平地は、石材搬出で生じた後世の遺構と見なされる。

広瀬山城から南西に700メートル、標高240メートルの南向き丘陵の先端に広瀬城が存在する。丘陵頂部を削平した10×30メートルの主郭曲輪が存在する。

主郭の北側に上幅13メートルの大堀切が存在し、対岸に小曲輪と尾根を断つ小規模な堀切が存在する。主郭の東側と西側にも堀切があり、この間に腰曲輪と二条の竪堀が存在する。ただし、近年の道路拡幅に伴い、主郭南側は消失している。

広瀬城は、西隣の片平からの街道を押さえる位置であり、かつ、南面する名張川が上流まで見渡せる選地から、名張川の水運を監視するための築城とも考えられる。

広瀬山城東側の、名張川を挟んで対峙する標高224メートルの東西丘陵西端にヒウラ砦が存在する。ヒウラ砦は、高さ1～2メートルの四方土塁に囲繞《いじょう》された10×7メートル規模の主郭西側に虎口が開口し、東側には堀切が設けられている。

ヒウラ砦の眼下には、鵜山からの街道および伊賀市桂からの峠越え道と同市大滝《おおだい》から名張川東岸を遡る道が交差し、名張川の渡河点に集結する。

【評価】広瀬山城は、伊勢街道を眼下に抑え、かつ、伊賀へとつながる名張川渡河点をにらむ位置に造られている。縄張りは自然地形を巧みに取り込み、痩せ尾根を竪土塁とする普請がなされており、各尾根筋に多重の堀切が設けられている。東側の法面には連続する竪堀が築かれ、広瀬城の多重堀切・連続竪堀との類似性から、築城者の共通性が示唆される。

広瀬山城に対峙するヒウラ砦は、伊賀の城館形態に縄張りが類似する。広瀬の土豪が築城したと見るよりも、伊賀衆による広瀬両城の監視と、名張川渡河点の掌握から築かれたと考えられる。戦国期の国境線が、名張川を境としていた可能性も示唆される。(寺岡光三)

［参考文献］一九六二『波多野村史』波多野村史編纂委員会

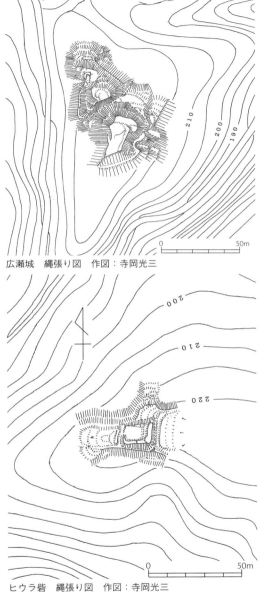

広瀬城　縄張り図　作図：寺岡光三

ヒウラ砦　縄張り図　作図：寺岡光三

82

西宮城《にしのみやじょう》

平群谷を掌握するための城

西宮城　発掘調査風景　南上空より　口絵参照

【選地】　大和国の北西部に位置する平群谷《へぐり》は、西の生駒山系と東の矢田丘陵に挟まれ、中央部を竜田川《たつた》が南流する。平群谷の中央部にある廿日山《はつかやま》丘陵に、当城は造られた。丘陵からは平群谷全域を一望でき、西方から延びる河内国からの諸道や、遠く南方の奈良盆地まで望むことが可能であった。

東約1・5キロに椿井城《つばい》（平群町・『近畿』Ⅰ所収）、北約150メートルに下垣内城《しもかいと》（平群町・『近畿』Ⅲ所収）、南西約3・4キロに信貴山城（平群町・『近畿』Ⅰ所収）がある。

城跡は現在、平群町中央公園となっており、南西麓の公園駐車場から、約二分で到達可能である。

【歴史】　当城の城主や歴史は不明だが、当地において室町期に成長した国民・嶋氏の城郭とする伝承が残る。長禄四年（一四六〇）に畠山義就の軍勢に攻撃された平群の「嶋城」（『経覚私要鈔《きょうがくしようしょう》』）や、永禄十年（一五六七）に「嶋庄屋」に乱入される「平群嶋城」（『多聞院日記』）との関係は不明である。

【遺構】　昭和五十九年に平群町教育委員会による発掘調査が行われ、当城の姿がおおむね明らかとなった。当城は、堀切を挟んで東西に主郭と副郭が並び、両者は堀切を渡る土橋でつながる。土橋を挟む南北の堀底からは柵

DATA

所在：生駒郡平群町西宮

遺構：土橋、柵列（発掘調査）、横堀

規模：約125×125m

標高等：標高80.5m、比高約20m（南麓集落より）

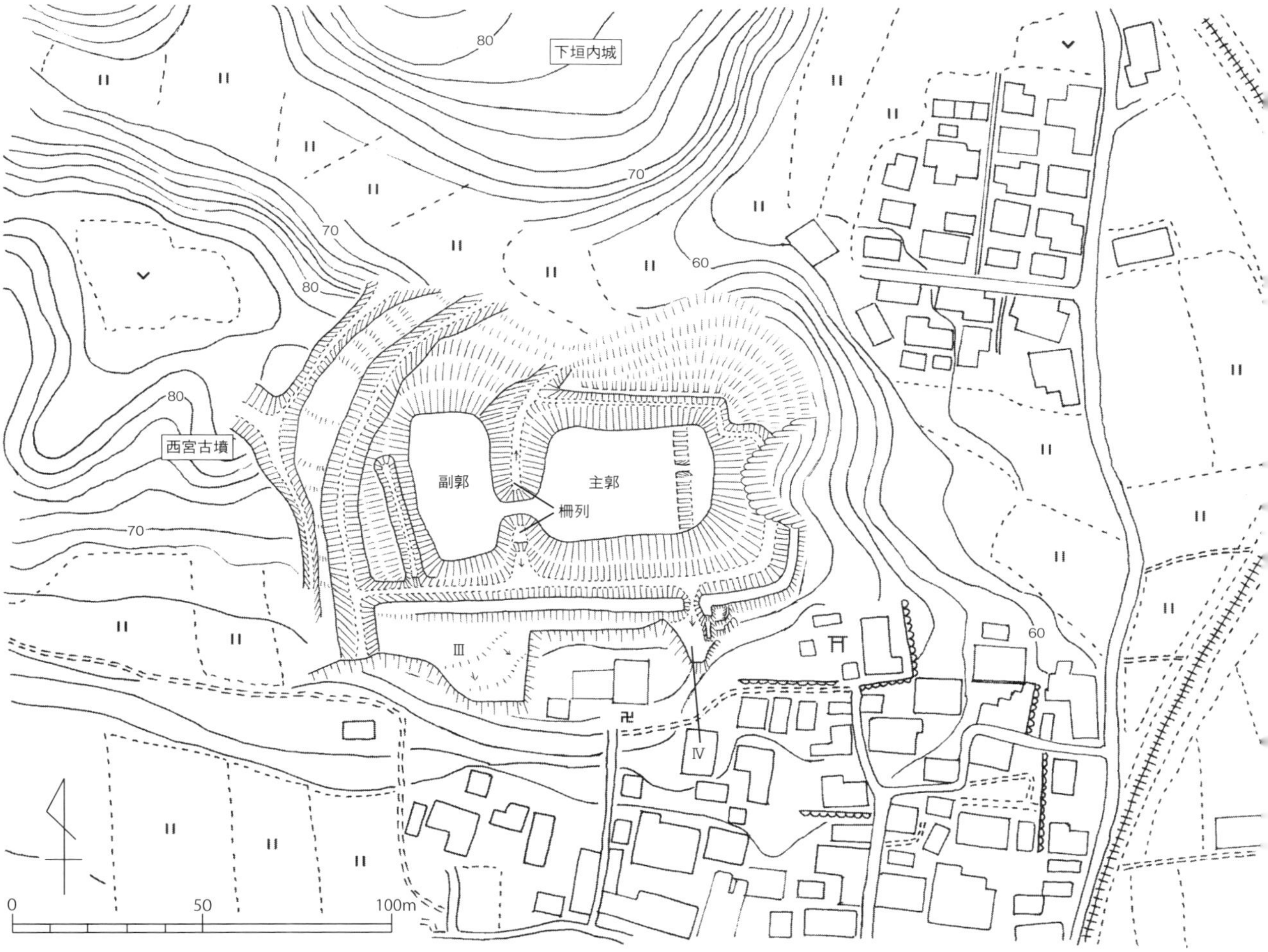

西宮城復元図　作図：内野和彦　平群町教育委員会の原図を基に公園整備前の地形図に復元

列がみつかり、堀底からの攻撃を防ぐ防御柵であったと評価されている。

主郭と副郭の南にある横堀は、幅約8×深さ約5メートルの箱堀で、南側に約2メートルの土塁を伴う。緩斜面となる副郭の西には、三重の堀が造られていた。そのうち、中央の堀は幅約10×深さ約6メートルの規模で、副郭の北裾へ廻り込んでいる。南側の堀は当初、薬研堀であったものを、箱堀に改修したことが調査により明らかとなった。

主郭の北側には、北東隅でクランクする小規模な横堀がある。横堀は南の横堀につながると思われるが、東斜面の崩落により、現在は確認できない。副郭の南側では、調査によってⅢ郭が確認された。また、発掘調査は行われていないが、主郭の南側には東辺に土塁を持つⅣ郭が確認できる。この曲輪は、土塁の開口部で横堀内と連絡されており、城内へのルートをつなぐ重要な曲輪であった可能性がある。

調査による出土遺物は、土師皿・瓦《が》器《き》椀《わん》・瓦《が》質《しつ》土器のほか、青磁・白磁や古瀬戸・備前大甕・常滑焼甕などである。平群町教育委員会では遺物を通じて、当城は一四世紀中頃に築城され、一六世紀末頃まで存続したと推定している。

西宮古墳頂部は削平され、堀が周囲を囲んでおり、当城の一部としての利用が指摘されている。しかし、古墳の位置はさほど要害性が高くなく、三重堀の外側でもあることから、一体とするにはまとまりに欠ける。古墳と当城の関係性は薄いと思われる。

【評価】 北に谷を隔てて隣接する下垣内城での昭和六十一・六十二年の発掘調査では、当城と同様に薬研堀から箱堀への改修状況が確認されている。出土遺物を通じて、両城の使用時期は重なると推定されることから、同一勢力によっていずれの堀も改修された経緯が想定されている。その改修主体については、信貴山城を拠点城郭とし、永禄期から天正期にかけて大和・河内国に影響力を持った松永氏との説もある。ただし、葛本隆将氏は、その勢力が文明期の畠山氏、あるいは越智方である可能性を指摘している。

当城の築城時における嶋氏の関与は否定できないが、発掘調査により明らかとなった最末期の実戦的で厳重な構えは、在地土豪の館とは考えづらい。平群谷は、河内国から延びる諸道の大和国側の玄関口にあたり、常に河内国の勢力による侵入を受けている。当城は、玄関口である平群谷の掌握を目的とし、外部からの勢力が築城、もしくは改修した城と考えられる。その勢力は不明だが、平群谷に影響力を及ぼした複数の外部勢力が、時期は違えど同じ目的で使用し、改修を重ねた可能性も考えられる。

当城は発掘調査のあと、公園化のため大部分が埋め戻され保存された。しかし、主郭の南北にある横堀は現在も確認可能で、とくに南の大規模な横堀は一見の価値がある。

（内野和彦）

（上）城跡現況　（中上）Ⅳ郭土塁開口部　（中下）副郭西三重堀（下）土橋と北側柵列　（中下・下、平群町教育委員会提供）

[参考文献] 平群町教育委員会編集発行一九八九『平群町遺跡分布調査概報』／葛本隆将二〇一六「下垣内城」『近畿』Ⅲ／資料提供：平群町教育委員会

83

保《ほ》津《づ》環《かん》濠《ごう》集《しゅう》落《らく》

複雑な成立背景を持つ村の城

【選地】 奈良盆地の中央部、標高50メートル前後の沖積地上に位置する。周囲には条里地割があり、古代からの官道である下ツ道（後の中街道）や太子道が走る。

保津環濠集落の西側濠

DATA
所在：磯城郡田原本町保津
別称：保津城
遺構：環濠
規模：270 × 280m
標高等：標高 47m、比高 0m
指定：田原本町指定史跡

集落の北側環濠は城下郡と十市郡の境目にあたり、集落の西側には式下郡衙《しきげぐんが》が想定されている。古代には繁栄したようだが、中世では一般的な農村集落になっていたと思われる。

【歴史】 中世の保津には、太庄（興福寺雑役免《ぞうやくめん》庄園）や保津庄（藤原摂関家―近衛家領庄園）があったが、集落の内外で行われた発掘調査によれば、一四世紀以前はいくつかの核となる小規模な集落が散在し、一五世紀後半には現集落地への集住が図られたという。

集住した屋敷地の規模は不明だが、屋敷地単位で大溝を有したようで、菅田遺跡（奈良県天理市）のように、当初は独立性の高い環溝屋敷群として出発したのかもしれない。これが一六世紀以降に次第に解消され、集落の外縁を廻る環濠と土塁を唯一の防御線とする、一元的な環濠集落に変化したと考えられる。

集落内の宗教施設の成立時期は不明だが、

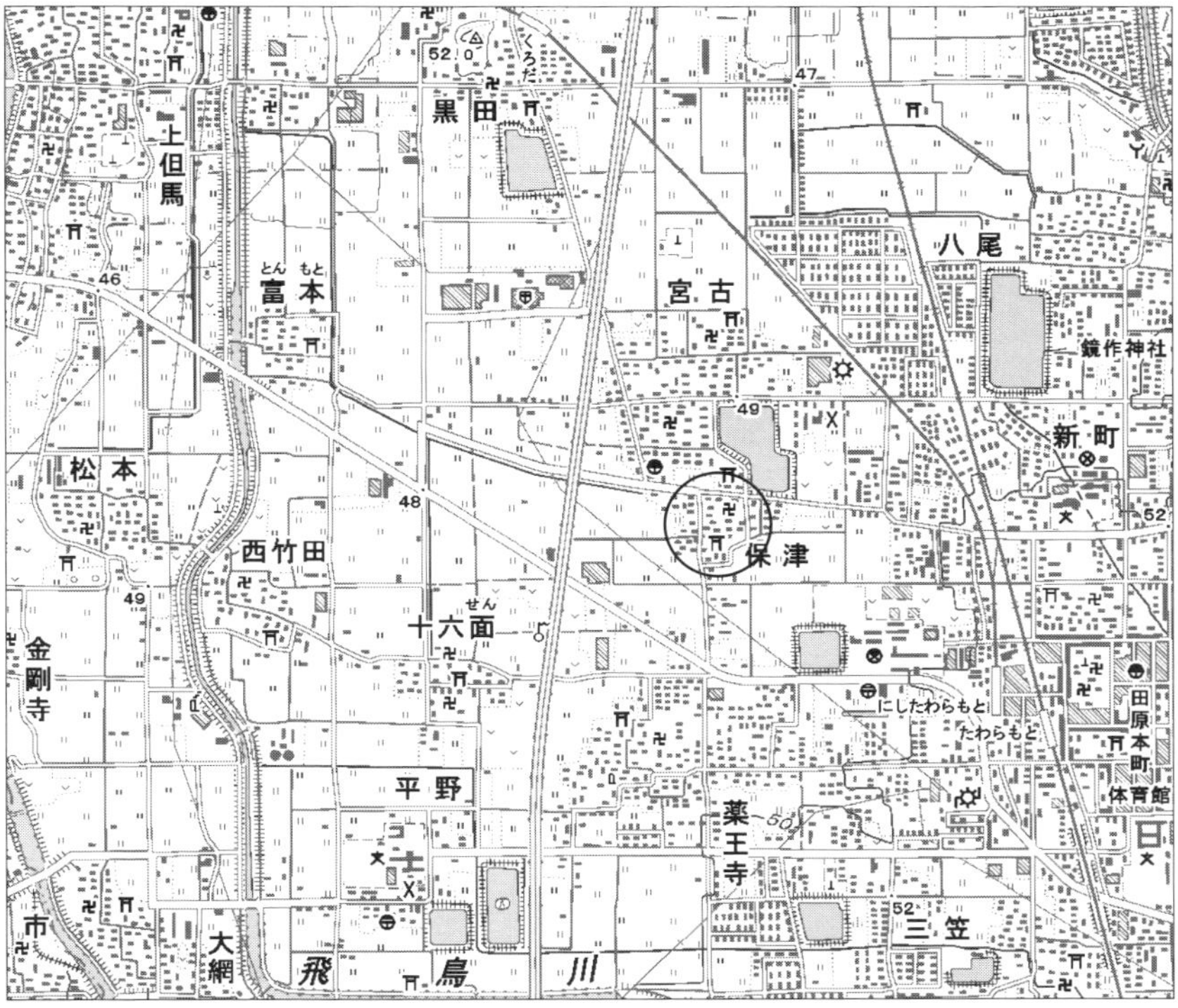

鏡作《かがみつくり》伊多神社《いたじんじゃ》は、明治時代の神仏分離以前は牛頭《ごず》天王《てんのう》社と呼ばれ（『田原本町史』本文編）、浄土真宗本願寺派の誓願寺は、寺号の拝受が宝暦十年（一七六〇）に下る道場の系譜を引く寺院であった。それぞれ、集村化の核となる存在であったと思われる。

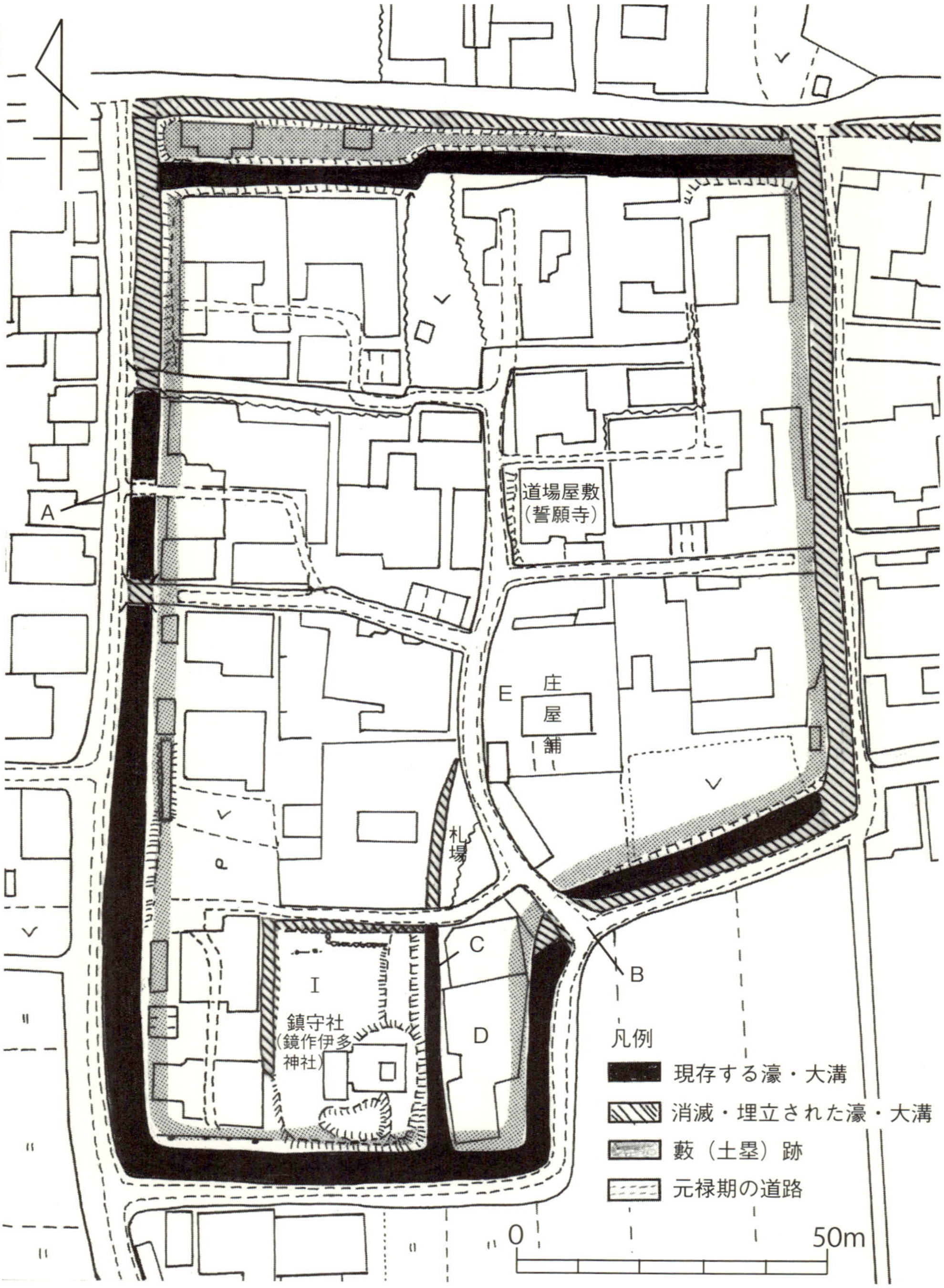

図1　縄張り図　作図：藤岡英礼

なお、当地には室町期の文明七年（一四七五）に、五大国人の一人である箸尾《はしお》氏の庶子で、戦死した保津新氏や「ホツ氏」という土豪が存在した（『大乗院寺社雑事記』）。土豪と保津集落の関係は不明だが、現集落の南西400メートルの十六面・薬王寺遺跡—「ヲヤ垣内」区域の発掘調査では、一五世紀代に大規模な濠と区画を持つ居館を核とした集落と環濠が形成され、一五世紀後半から一六世紀に濠の埋没が進み、消滅することが確認されている。調査地は保津の領域に属しており、保津氏の居館を核とした集村であった可能性が高い。

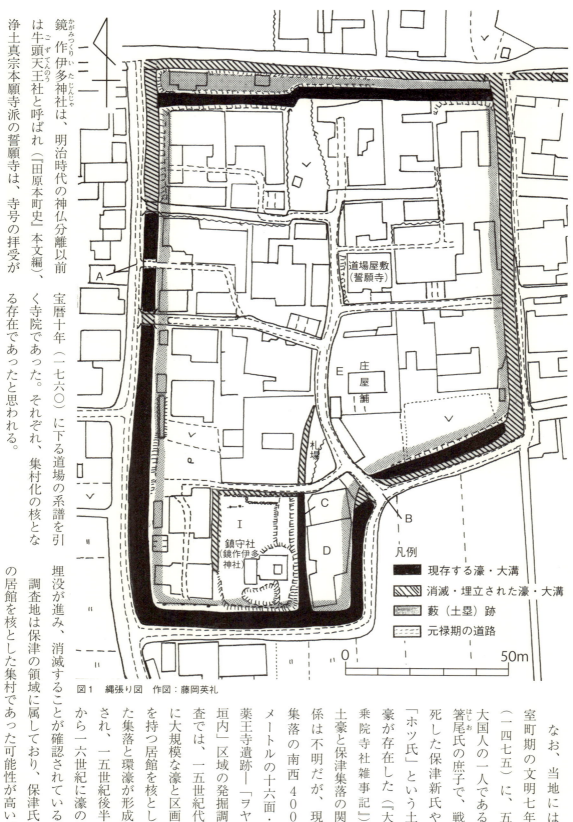

このため、居館と保津集落は、一五世紀代に並立して環濠化を遂げたことがわかる。

【遺構】 かつて集落を囲んでいた藪（土塁）や濠は、削平や減幅、埋め立てにより旧観を損なっているため、元禄十七年（一七〇四）の絵図と現地踏査を基に作成した図1で縄張りを見ていく。集落の出入口は二ヵ所あり、西側の出入口Aは幅30センチほどの細板を連ねた引橋で、南口Bが正式な出入口であった。

　集落は南に向かって大きく張り出し（I）、L字に屈曲させた南口Bに対し、西から東に向かって横矢を掛けている。南の張り出しIは、大部分が鏡作伊多神社の境内に重なるが、南口と境内の間に大溝Cを入れて複郭化している。間に挟まれた特定の屋敷地Dが横矢を担うことになるが、村落内で支配者的な立場をとっていたかは不明である。

　ところで、南口は橋を越えると、かつて開き戸の門があり、「あるきさん」と呼ばれる人物が、夕方に閂《かんぬき》をおろして西口の板橋も撤収したという。開き戸がいつまで存在したか不明だが、近世を通じて厳重な管理が徹底されたようである。開き戸を入るとすぐに、「札場（高札場）」や「庄屋舗」E、「道場屋敷」（誓願寺）と称した村内の公的空間が集中する地帯に入る。

「庄屋舗」Eは、税負担のない「御赦免地」であったが、村をリードした庄屋個人の屋敷地であったのか、庄園の拠点である政所の系譜を引く屋敷が置かれていたかは明らかでない。保津村は村を指導した沙汰人《さたにん》や、庄屋の存在が明らかでなく、仮に保津氏がその任にあっても、屋敷規模などがほかと変わらなければ突出した存在とはいえず、村の構成員として埋没していたであろう。

【評価】 武士の居館を内包しない保津環濠集落は、典型的な惣村型環濠集落であるが、成立背景は必ずしも明らかでない。

　大和国で集村化が完成する一五世紀以前の集落のうち、若槻村（大和郡山市）では最初に離れた場所にあった庄屋敷と鎮守社を核として小規模な集住（垣内）が図られ、一五世紀に両者を大溝でつないだ環濠集落が形成されたという。保津村は南口からの直線道路を挟んで、庄屋敷と鎮守社それぞれを結集の核とする東・西垣内が並立する。一元的な環濠集落の形成にあたり、東垣内の公的な施設（エリア）が、軍事性の比重が高い出入口周辺を占有したことは特筆される。

　この際、横矢空間を占有した屋敷地Dの性格が問題となるが、Dの西側を限る大溝Cは、屋敷範囲を超えた高札場付近まで続いており、四方を大溝で画した居館とはならないだろう。むしろ、軍事的占有をめぐり、東垣内の公的エリアが西垣内の鎮守社エリアに食い込んだ結果、大溝Cによって複郭化を遂げた可能性が考えられ、横矢空間の扱いをめぐって、垣内どうしで駆け引きがあったと思われる。ひと口に村を護るといっても、元来は自立性の高い屋敷―垣内の集合であり、惣村が自律的に築いた環濠集落であっても、一元的な防御空間の編成に苦慮したことが偲ばれる。

（藤岡英礼）

[参考文献] 渡辺澄夫　一九七〇「環濠集落の形成と郷村制との関係」『増訂畿内庄園の基礎構造』下　吉川弘文館／藤岡英礼　二〇〇二「中世後期における環濠集落の構造―大和の中世環濠集落を中心に」村田修三編『新視点中世城郭研究論集』／松本洋明・服部伊久男　一九八八『十六面・薬王寺遺跡』橿原考古学研究所／太田三喜　一九八八「中世末期における居館の様相」『天理大学学報』第一五七輯

84 掛《かけ》城《じょう》

長大な尾根上の連郭式城郭

城跡遠望　南より

【選地】　青蓮寺川《しょうれんじ》と山粕川《やまかす》の合流点から北に約200メートルの辻峰山《つじみね》頂にある。

青蓮寺川を北上すれば、名張に通じる。当城の南麓には伊勢街道が通っており、東へ進めば御杖を経て伊勢に、西へ向かえば榛原《はいばら》・宇陀へとつながる。

当城の南南西約1キロには八辻城（曽爾村・『近畿』Ⅰ所収）、北東約2キロに曽爾今井《そにいまい》城（曽爾村・『近畿』Ⅲ所収）がある。

城跡へは、南麓の高照寺に隣接する集会所の駐車場から山道を北へ歩き、105メートルほど登ったところで右手の谷へ入る。そこから数分で西端の堀切に着く。

【歴史】　詳細は不明だが、広浜氏の居城と伝わっている。付近は伊勢北畠氏の支配が及ぶ地域であり、広浜氏は北畠氏の傘下にあったと考えられる。八辻城・曽爾今井城と併せて、一帯を押さえていたものと考えられる。

【遺構】　南北両側が急峻となった長細い尾根上を、大小さまざまな曲輪で直線的につなげた連郭式の山城である。その規模は、東西

DATA

所在：宇陀郡曽爾村掛
遺構：曲輪、土塁、堀切
規模：250 × 120m
標高等：標高 510m、比高約 80m

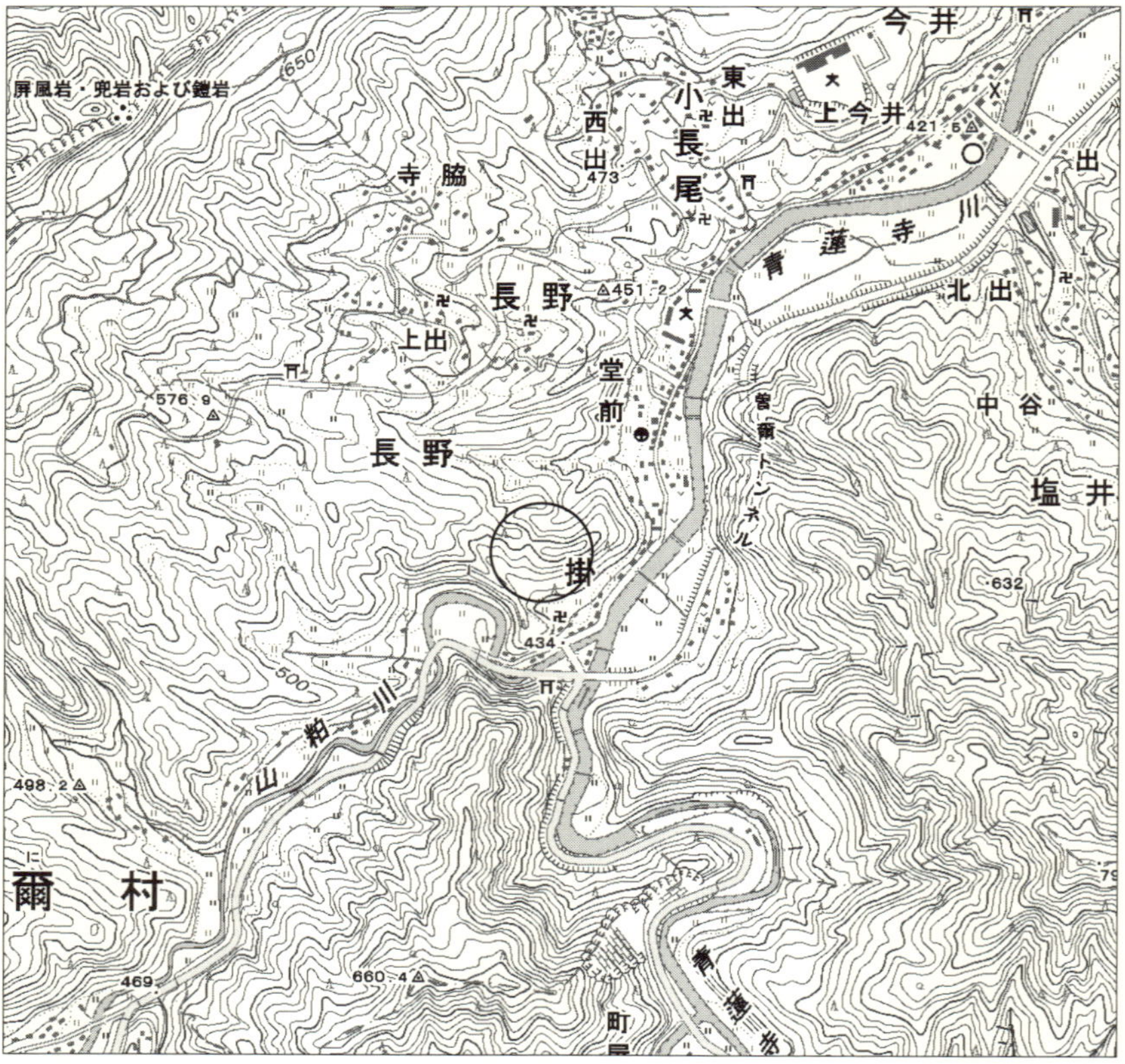

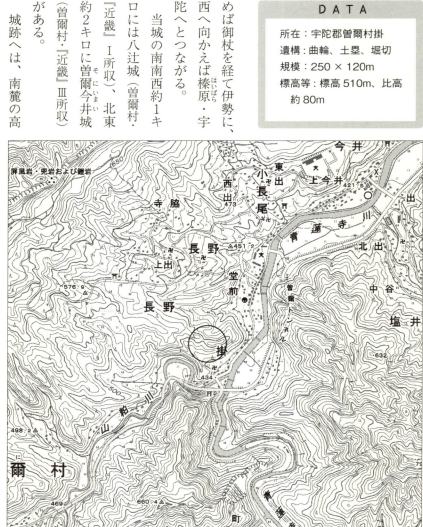

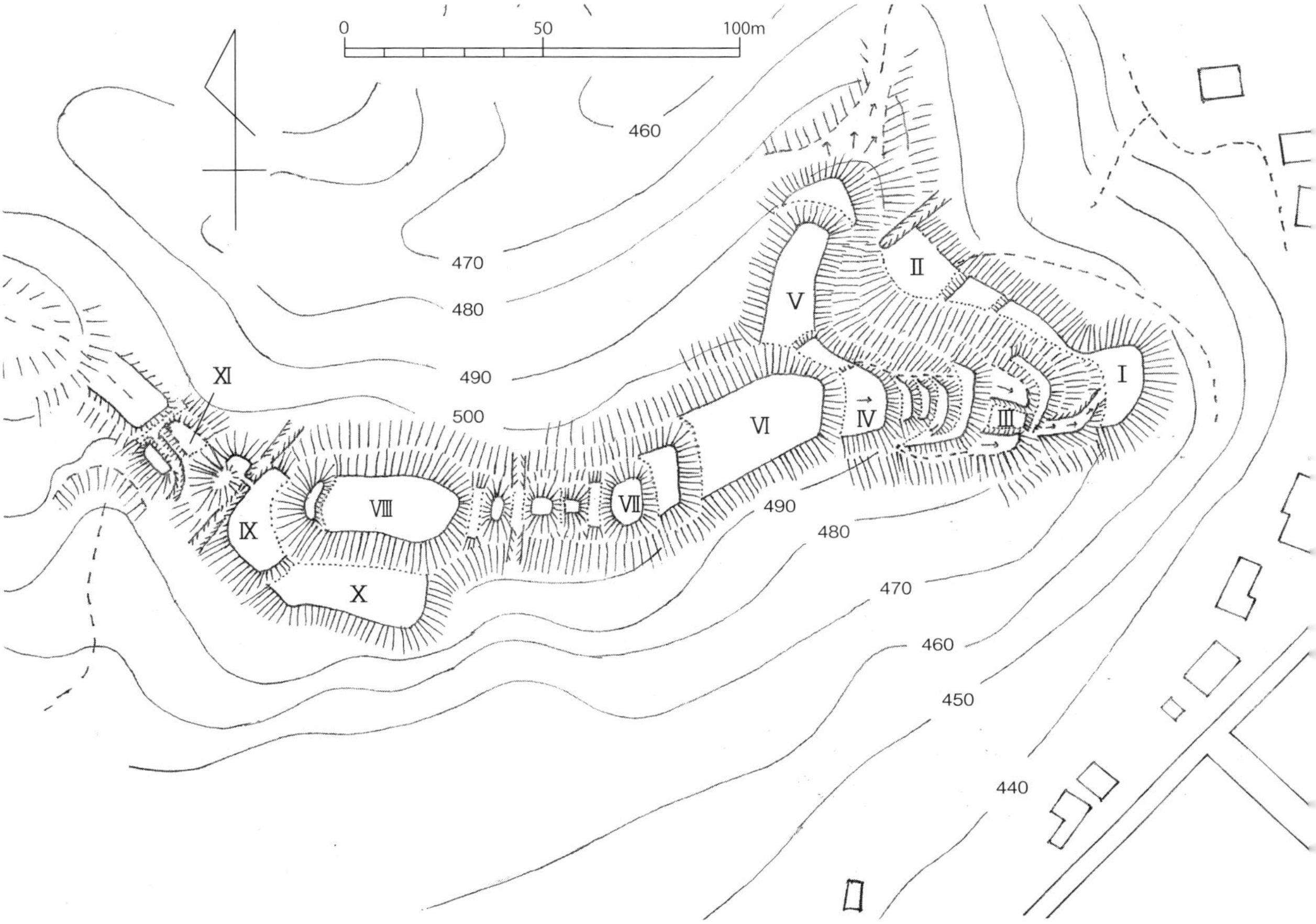

縄張り図　作図：吉澤雅嘉

２５０メートルほどになる。

大手は東麓の集落からⅠ郭の直下を通り、Ⅱ郭に上げる道と思われるが、現在は城跡の東麓にフェンスがめぐらされ、道も途切れている。

Ⅱ郭の北端には、堀切とも見える竪堀が存在し、西の尾根とを分断している。ただ、形状・規模から後世の木材搬出用の溝の可能性も捨てきれない。Ⅱ郭は５０センチほどの段差で三段に分かれている。Ⅱ郭から東へ行くとⅠ郭に入り、Ⅰ郭からは土塁状の道でⅢ郭につながる。

Ⅲ郭は南北を掘り残し、中央部分を方形に削平した曲輪である。南北の掘り残しされた部分は土塁状になっていて、そこから上位の曲輪群に向かうことができる。ここからⅣ郭までの四段の小曲輪は、北側の道と南側の緩斜面に対する備えとなっている。Ⅳ郭は１０×２０メートルほどの規模の曲輪だが、北端が西へ伸び、約1メートルの段差でⅤ郭に続く。

Ⅴ郭は３０×１５メートルほどの大きな曲輪で、北直下にもう一段曲輪を伴う。さらにその先に、緩い傾斜の平坦面が存在するが、曲輪であったかどうか判断しがたい。その先は細い尾根道となって、麓に向かっている。

Ⅵ郭は40×25メートルほどで、当城中で最も大きく、平坦面がしっかり確保され、居住性に富んでいる。城主の居館があった可能性が高い。Ⅵ郭の西には、8メートルの高い切岸と曲輪をひとつ挟んでⅦ郭がある。Ⅶ郭は城内の最高所となり、その西に連なる堀切群を見通す櫓台として機能する。

Ⅶ郭　Ⅵ郭より

Ⅶ郭西には四本の堀切が設けられ、尾根上を完全に遮断している。西から二本目の堀切には竪堀も付随していて、尾根の側面からの移動を制限している。それぞれの堀切によって掘り残された部分は小さな櫓台状になっている。これだけ完全に尾根を遮断しているにもかかわらず、さらに西にも曲輪が存在する。

堀切群の西、堀底から5メートルの切岸上には、Ⅷ郭がある。Ⅷ郭は30×15メートルほどで、西端に土塁を備える。Ⅷ郭は平坦面も広く確保されている。

Ⅶ郭　四重堀切より

Ⅷ郭の西には、約6メートルの切岸下にⅨ郭がある。Ⅸ郭は約1メートルの段差でⅩ郭とつながり、この二つの曲輪でⅧ郭の南から西を防御している。Ⅸ郭とⅩ郭の切岸も高く急峻である。

Ⅸ郭の西には土橋を持つ堀切があり、両端は竪堀となって落ちている。土橋の西には、馬出し状の小曲輪がある。南側が土塁状に盛り上がり、北側が通路として機能する。

馬出し状の曲輪から、約3メートル下がった位置にⅪ郭がある。Ⅺ郭は鞍部で、西の尾根続きを堀切で遮断している。この堀切の南にある谷からは麓につながっており、登城道となる。

【評価】 Ⅰ郭からⅪ郭まで尾根上に長く曲輪が続くが、Ⅶ郭とⅧ郭の間の四本の堀切で二つに分断されている。東側は居住性に富むⅥ郭を中心に、集落のある東や北東を向いている。西側はⅧ郭を中心とし、西の尾根続きからⅥ郭以下を守るように築かれている。東側のⅥ郭以下が在地領主の城として先に築かれ、のちに西側を増築した可能性がある。

（吉澤雅嘉）

85

伊勢との関係が考えられる国境の城

菅野城《すがののじょう》

城跡遠望　南東より

【選地】菅野集落の北の山から南東へ伸びる支尾根上に存在する。南麓に伊勢街道と菅野川（名張川）が通る。伊勢街道を東へ向かえば三重県方面へ、西へ向かえば榛原から奈良盆地、あるいは吉野へと抜けられる。菅野川を北へ下れば、三重県名張市方面に抜ける。

菅野は、西の土屋原、東の神末《こうずえ》と並んで御杖村内では大きな集落で、村内を通る伊勢街道のほぼ中央に位置する。

約1・4キロ東には神末《こうずえ》城（秋葉山城・御杖村）が、西へ約5キロの辺りには、曽爾今井《そにいまい》城（『近畿』Ⅲ所収）、掛《かけ》城（本書所収）、八辻城（『近畿』Ⅰ所収、いずれも曽爾村）がある。なお、約10キロ東には北畠氏の館跡や霧山城（多気城・三重県津市）がある。

DATA

所在：宇陀郡御杖村菅野字城坂
遺構：曲輪、土塁、空堀、堀切
規模：140×150m
標高等：標高580m、比高約50m

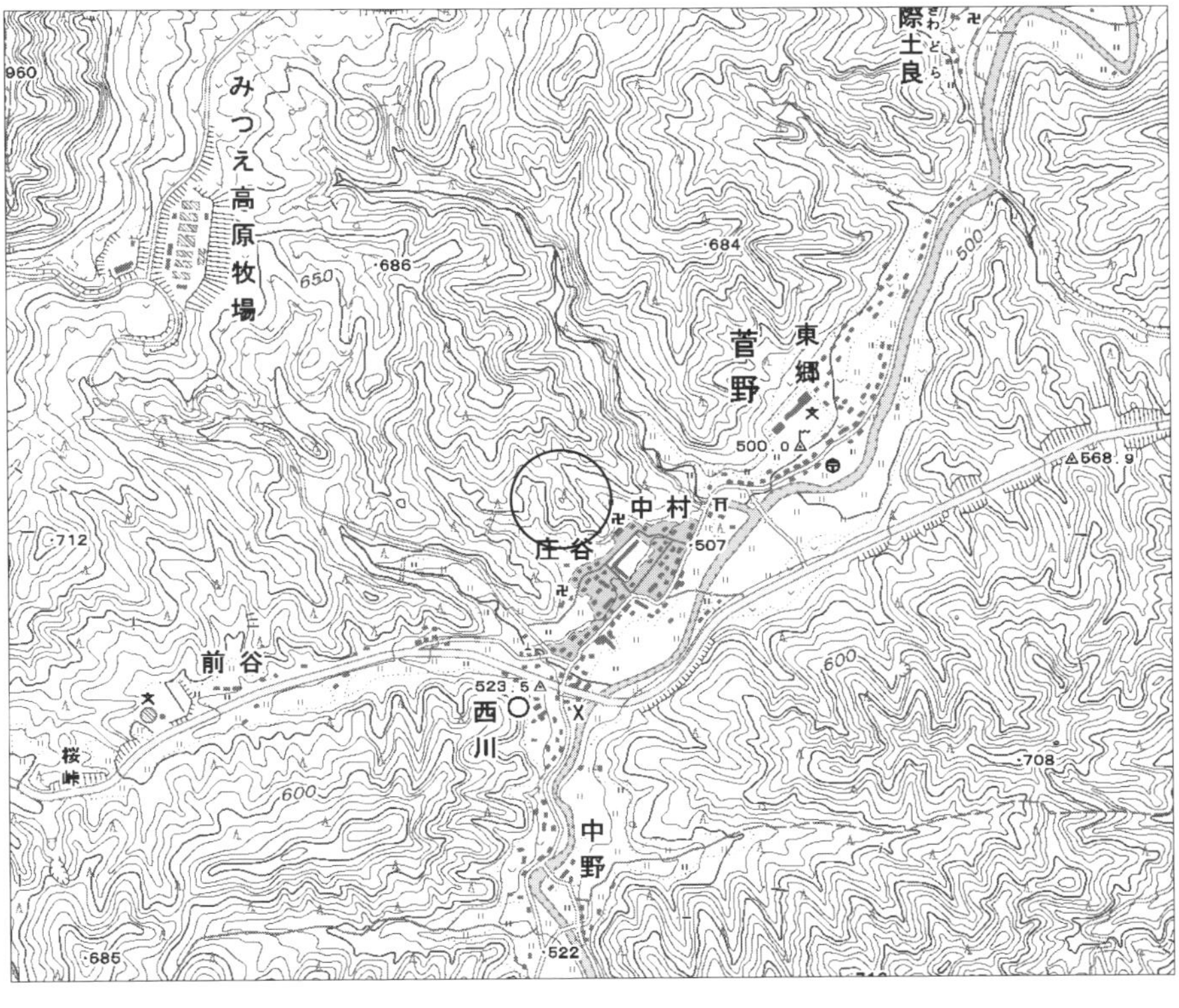

【歴史】室町時代後期の築城と伝わる。城主については菅野氏と伝わり、詳細は不明である。

【遺構】当城は尾根上にあり、最奥部の堀切から最南端の遺構までを合わせると、全長約190メートルにも及ぶ。長さだけに限れば大きな城と言えるが、一つ一つの曲輪は小さく、自然地形を残す部分もある。尾根の南東端は後世に大きく削られてしまっており、往時の様子は不明である。

主郭Ⅰは40×20メートルほどで、北西に高さ1・5メートルの土塁を伴う。土塁の外側は堀切Aで遮断し、その両端は竪堀となっている。主郭Ⅰの北東裾にはⅡ郭があり、その切岸は急峻である。

堀切Aを越えた北約35メートルのところに堀切Bがあり、その先は細いやせ尾根となっている。主郭Ⅰの土塁から堀切Bまでは、なだらかな斜面となっていて見通しが効く。したがって、堀切Bが城域の北端と考えて差し支えないであろう。

主郭Ⅰの南東にある堀切Cは、北東端がⅢ郭につながっている。Ⅲ郭は主郭Ⅰの東側へ回り込んで、主郭Ⅰを守る。Ⅲ郭の切岸も急峻であるが、Ⅲ郭とⅡ郭の間は緩斜面と

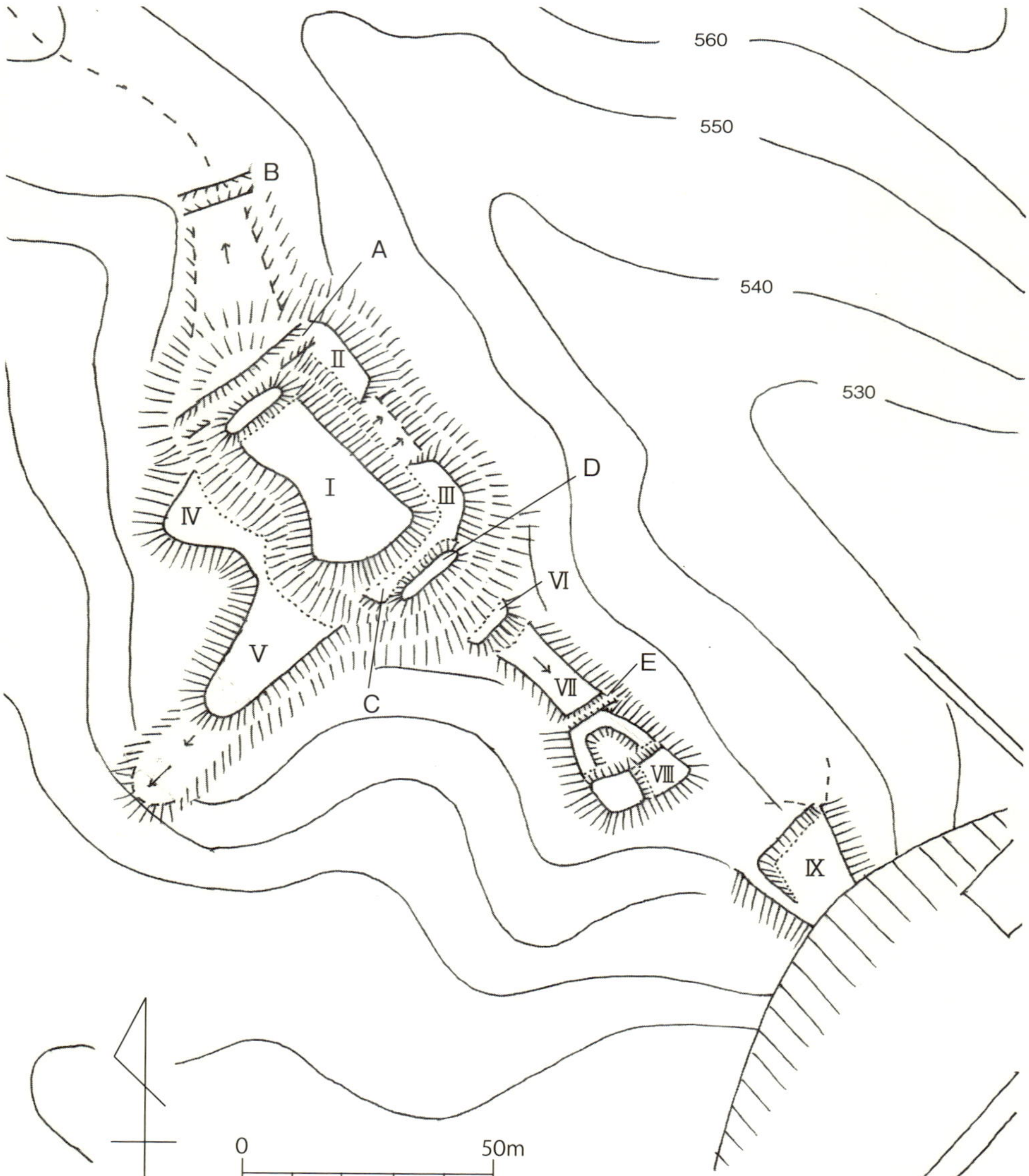

縄張り図　作図：吉澤雅嘉

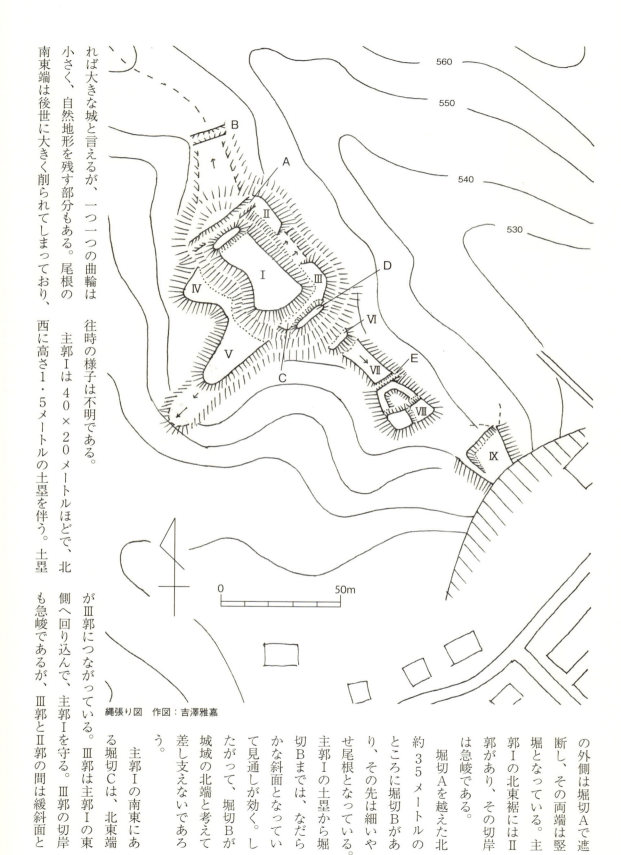

なっていて行き来が可能である。

主郭Ⅰの西から西南にかけて、Ⅳ郭とⅤ郭が存在する。主郭Ⅰから約8メートル低い位置にあり、Ⅳ郭は１０×１０メートル、Ⅴ郭は２７×１６メートルの規模で、いずれも西側の谷からの侵入に対して備えている。Ⅴ郭の西端は切岸で尾根を遮断するが、その先の尾根は細くなだらかに続いた後、約２５メートル先で傾斜が急になる。

堀切Cの南東には土塁Dが存在し、堀切Cを武者隠しとして利用できる。土塁Dから南東に約１５メートル下ると、小さなⅥ郭がある。Ⅵ郭南の尾根続きは傾斜が緩やかになる。

その先にあるⅦは、全体的に北西から南東へ傾斜している。Ⅶが曲輪として機能していたかは不明だが、尾根両側への防御は意識されている。

Ⅶの南東には堀切Eがある。堀切Eは尾根が一番細くなる箇所に設けられており、南東に続く尾根続きを遮断するには効果的である。

堀切Eの南にはⅧ郭がある。Ⅷ郭には、北寄りに水場と見られる窪みがある。南東側には一段高い曲輪や櫓台と思われる平地があるが、いずれも段差は数十センチ程度にすぎない。土塁DからⅧ郭までは約４５メートルあるが、Ⅶ郭を超えて見通しは効く。

Ⅷ郭から尾根を２０メートルほど下ると、１５×２０メートルのⅨ郭に出る。現在は、Ⅸ郭の北に急峻な登山道が付けられており、Ⅸ郭の北隅からⅧ郭へ登れるようになっている。本来はⅨ郭南西側の土塁上を通ってⅧ郭へと向かう通路であったのだろう。おそらく、大手道は消滅した南尾根上からⅨ郭の土塁につながっていたのではないかと考えられる。

【評価】　御杖村は、奈良盆地からは離れているが、当城は伊勢国守であった北畠氏の本城や霧山城から約１２キロしか離れていない。伊勢国側との関わりが考えられる城郭である。

（吉澤雅嘉）

堀切Ａ　主郭Ⅰより

主郭Ⅰの土塁　南より

86 佐田城《さだしろ》の口城《くちじょう》

集落防御の城か、越智氏関連の防御線か

横堀DからⅠ郭を望む

【選地】　当城は、集落の約400メートル北東の北側尾根上にあり、集落への連絡ルートである谷を見下ろす位置にある。佐田集落の北東約800メートルには高野街道が通り、街道から集落へは、南北の尾根に挟まれた谷地形を使って連絡していた。

谷を挟んだ約200メートル東方の南側尾根上にある佐田遺跡群（高取町）では、一五世紀中頃まで機能したと考えられる城郭が発掘調査で検出されている。また、南西約600メートルに佐田城（『近畿』Ⅲ所収）、北西約1300メートルに貝吹山城（『近畿』Ⅱ所収）、北西約2000メートルに越智館（いずれも高取町）がある。当城へは、南麓からの道を使うと一～二分でⅡ郭へ到達できる。

【歴史】　城主や歴史についての記録、伝承は残っておらず、当地周辺を本拠とした越智氏との関係性についても不明である。

DATA

所在：高市郡高取町佐田字城の口
遺構：土塁、横堀、空堀
規模：90 × 70m
標高等：標高約130m、比高約30m（東麓の谷より）

【遺構】　主郭である東西約25×南北約20メートルのⅠ郭は、南東隅を除いた東側に土塁を持つ。土塁上へは、北東隅のスロープから登ることができる。Ⅰ郭の南東隅からⅢ郭へは、南斜面を伝ったルートが延びており、土塁のない南東隅が虎口に比定できる。土塁の東には堀切Aが隣接し、堀底から土塁の上端までの高さは約5メートルである。Aの北端は竪堀状に延び、南端は一段低いⅣ

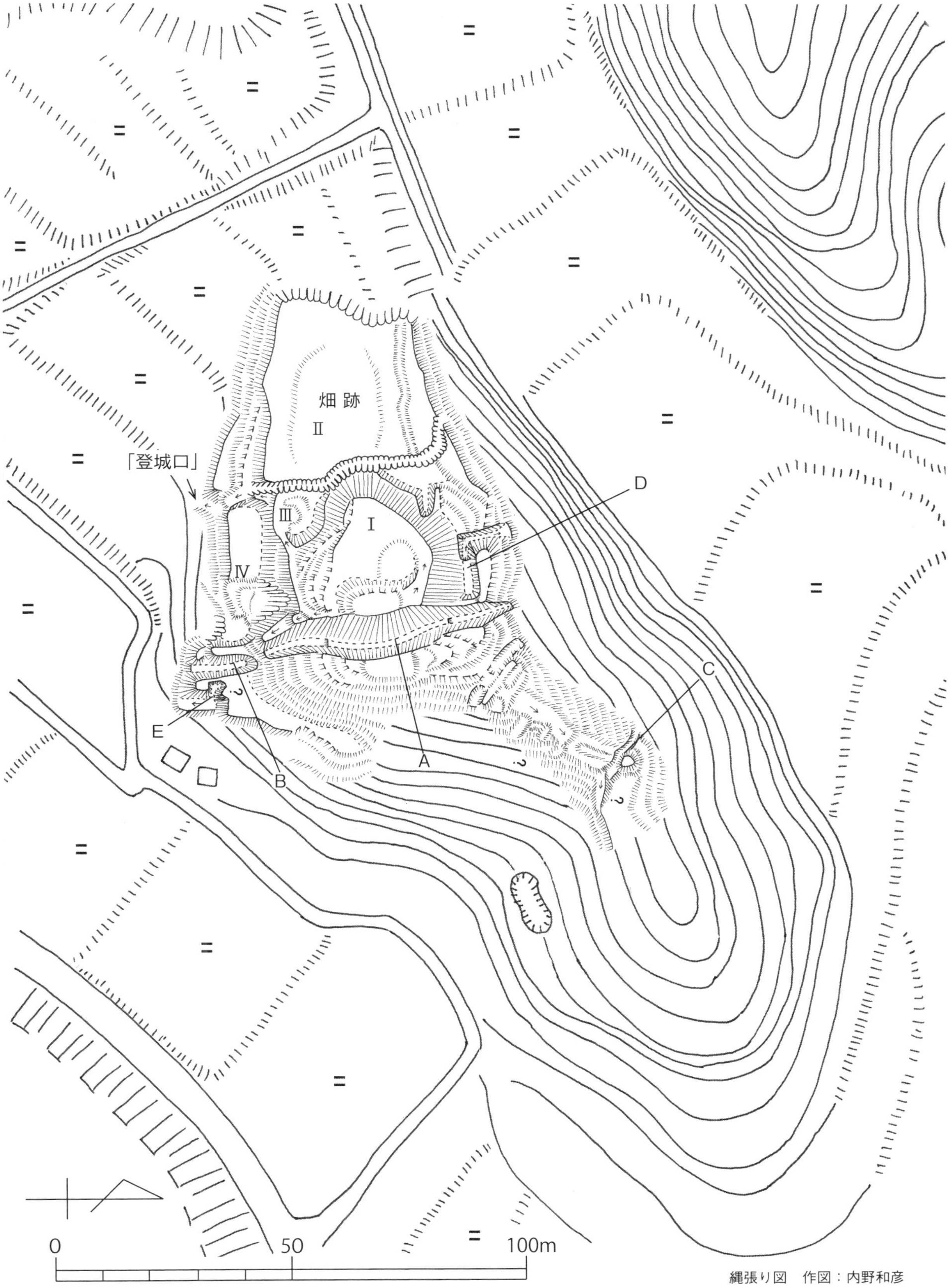

縄張り図　作図：内野和彦

297　佐田城の口城

空堀B

郭に造られた空堀Bと連動する。堀切Aの東尾根続きには二つの堀切が近接して設けられているが、どちらも幅が狭く浅い。

東方の堀状遺構Cは、曲輪からの距離などから城郭遺構ではないと思われる。堀切Aの北端付近からは横堀Dが西方へ延び、角度を変えた後、北方へ竪堀状に落ちる。堀切Aと横堀Dの間には障壁が設けられ、相互間の移動を遮断し、横堀D北側の土塁により、Ⅰ郭の北方を防御している。

横堀Dから西方へは傾斜のある地形が続き、やがて一段下がってⅡ郭となる。約40メー

Ⅳ郭

トル四方のⅡ郭は、城内で一番広い平坦地であるが、農地化による破壊が著しく、往時の姿を偲ぶのは難しい。

Ⅰ郭の南約12メートル下にはⅣ郭がある。Ⅳ郭は、北斜面の崩落によると思われる土砂の堆積により傾斜するが、もともとは削平のしっかりした帯曲輪であったと思われる。Ⅳ郭の東には、土塁を挟んで空堀Bが設けられている。空堀Bの東方にも平坦地が続き、枡形状の虎口らしきEも見られるが、城郭遺構であるかどうかの判断は難しい。

【評価】 堀切Aと空堀Bの存在から、当城は、高野街道が通る東方を意識して築城されたと考えられる。発掘調査により検出された南尾根の城郭と共に、谷を通る集落へのルートを押さえる役目を持っていたのだろう。農地化による破壊を受けているが、横堀Dの西方とⅢ郭の高さが同じであることから、両者はかつて一つの曲輪としてつながっていたと思われる。一段低いⅡ郭を農地造成のため東方へ拡張した結果、今日の姿になったと思われる。

居館を伴っていたかは不明だが、集落の前面に集落より距離を置いて位置することから、居館はなかった可能性が高い。主郭であるⅠ郭は、周囲との比高差を持ち、望楼のように屹立する。この地域を含む奈良盆地南東部によく見られる城郭の景観的特徴であり、地域と関係の深い勢力により築城されたことが想像できる。

当城の性格が、在地の土豪による集落防御なのか、はたまた越智氏本拠の南東に位置する越智氏関連の防御線を担っていたのかは、不明である。

（内野和彦）

[参考文献] 寺沢薫　一九八四「佐田遺跡群」『奈良県遺跡調査概報一九八三年度』（第二分冊）奈良県立橿原考古学研究所

87

丹治城《たんじじょう》

金峯山寺を意識した備えの城か

金竜寺から丹治城を望む

【選地】 近鉄吉野線の吉野神宮駅から南東に400メートルの字クサヒラ山、通称城山と呼ばれる小高い丘陵上に立地する。山麓の集落との比高差は90メートル近いが、金竜寺からは遊歩道があり、十五分ほどで到達できる。

DATA
所在：吉野郡吉野町丹治字クサヒラ山
遺構：曲輪、堀切、土塁
規模：100 × 60m
標高等：標高 262m、比高 86m

【歴史】 丹治城の山麓にある金龍寺は、義淵《ぎえん》が建立した大和七竜寺の一つとされる古刹で、創建当初は現在地から北に約200メートルの字「コンドウヒラ」付近にあったとされている。

金竜寺から近鉄吉野神宮前駅付近までの段丘面に、丹治遺跡が所在する。丹治遺跡は昭和十七年（一九四二）に県営貯木場の建設に伴って一部発掘調査がなされ、縄文時代晩期を中心とした遺物が多く出土した。ほかにも古墳時代前期の二重口縁壺・高坏をはじめ、中世の遺物（瓦・陶器・瓦質土器）が多量に採集されており、吉野川左岸の代表的な集落遺跡としても知られる。また、真言律宗が深く関与したとされる文永年間（一二六四～七五）の金峯山寺蔵王堂の再建、弘安二年（一二七九）の比曽寺再興に使用された瓦は、丹治遺跡内で生産されていた可能性がきわめて高い。このほか、丹治付近に居住していた誓阿尼が正応六年（一二九三）に西大寺へ田

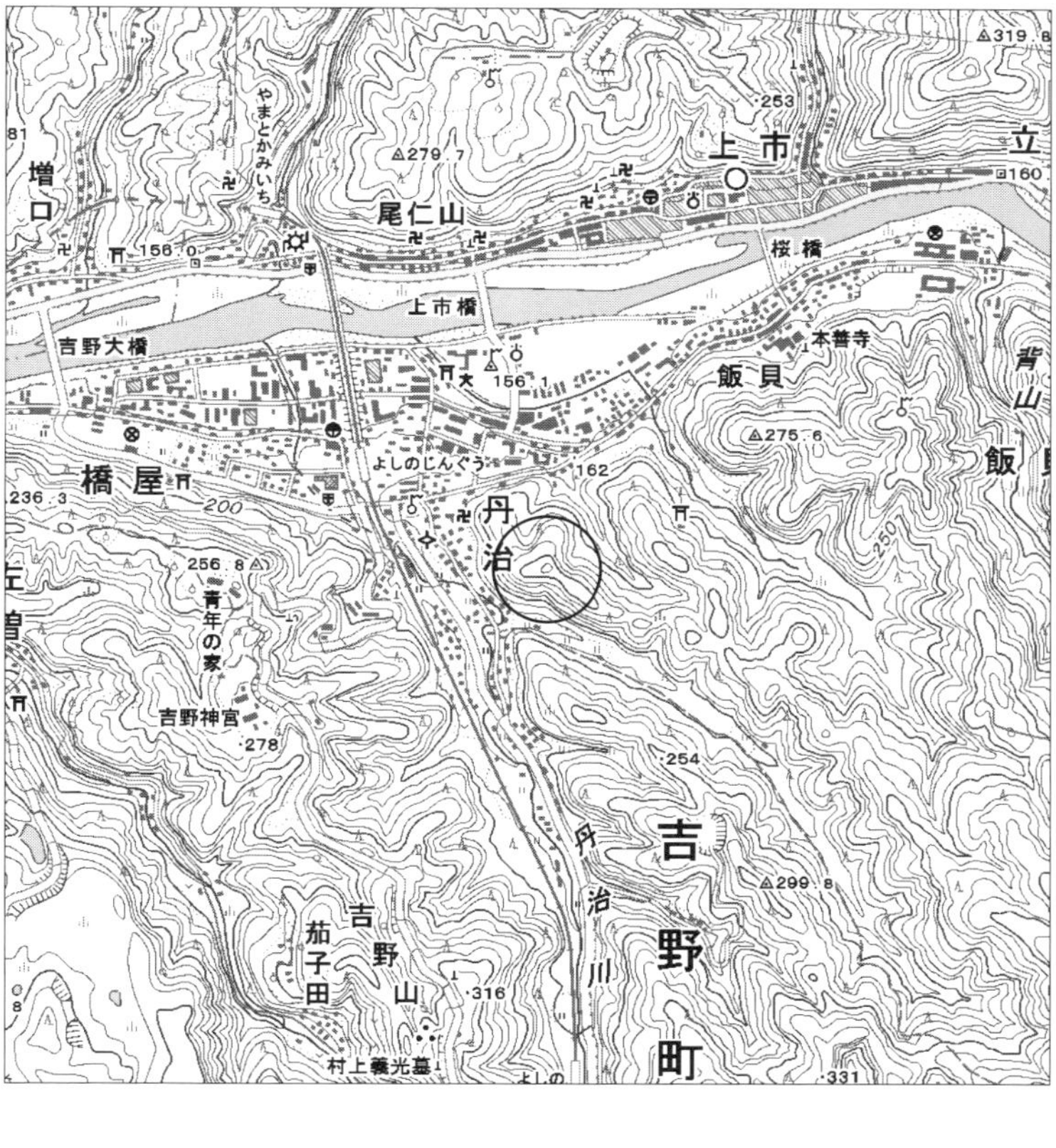

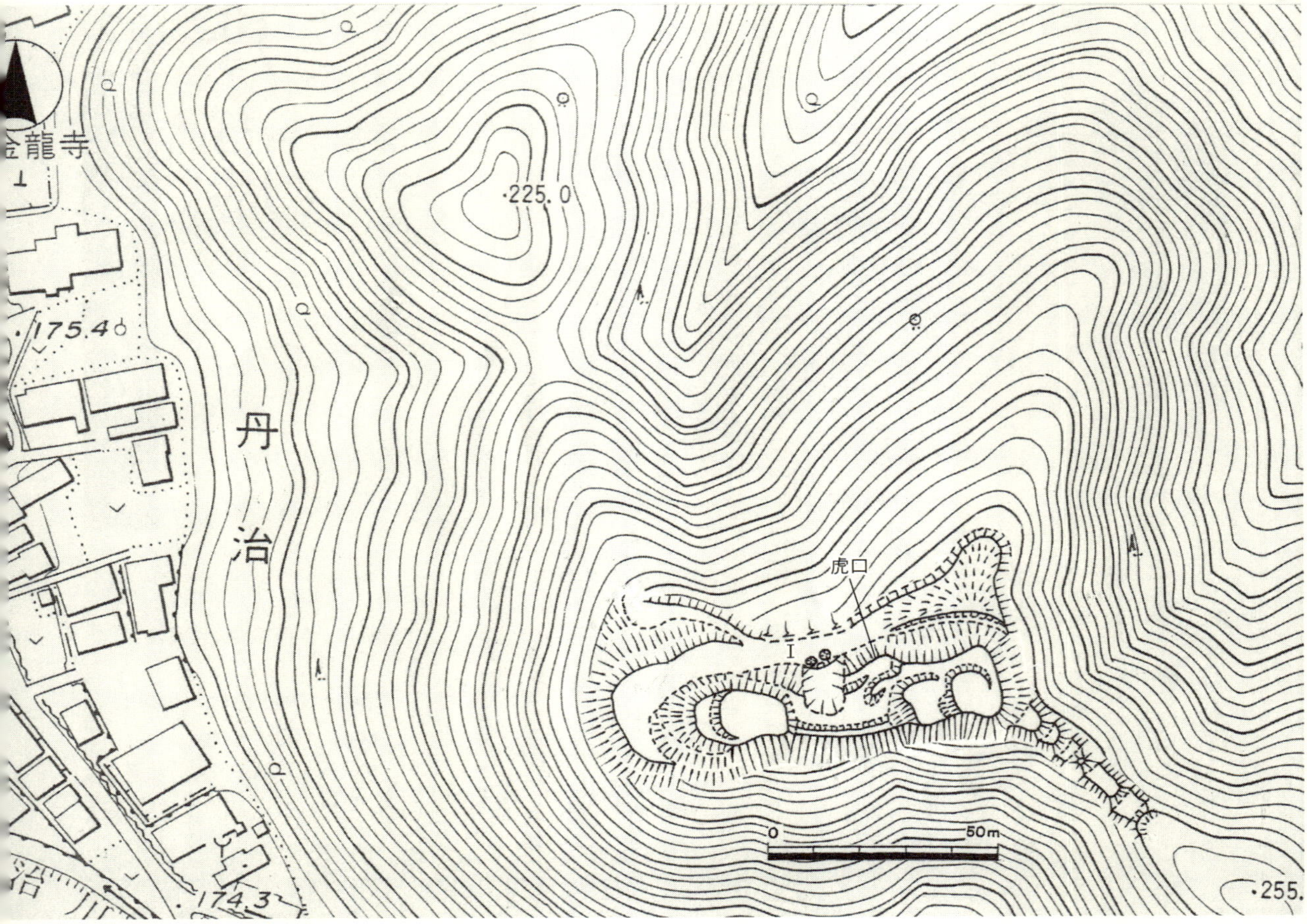

縄張り図　作図：成瀬匡章

地を寄進した記録（「西大寺田園目録」）も残されているなど、丹治は金峯山寺・西大寺・真言律宗と関係の深い地であった。

【遺構】　主郭部は、東西二つのピークからなる。東のピークは10×10メートルほどの二段の削平地で、西のピークは20×10メートルほどで、西側が一段下がる。鞍部の南側には土塁が見られる。東のピークは北側にスロープがあり、鞍部に入った辺りが虎口となっている。虎口から北斜面に向かってスロープが続く。このスロープは崩落により途中で途切れているが、折れを持ち、横矢が掛けられるようになっているので、築城当初から利用されていたものと見られる。

主郭部北側斜面には、帯曲輪状の削平地Ｉがある。削平地Ｉは耕地として利用されていたとみられ、東側は自然地形に近い。主郭部の裾に沿って横堀が見られるが、耕地に伴う溝の可能性もある。削平地Ｉと主郭部との間の切岸は、7メートル近い比高差を持つが、削平地Ｉの外側には明確な切岸は見られない。

また、山麓から当城に至る斜面上には若干の削平地が見られるものの、堀切も竪堀も確認できず、城郭遺構とは判断できなかった。

後世の改変があるとしても、当城の北側はほぼ無防備であったと考えられる。
一方で、南側に対しては執拗な防御を図っている。主郭部の南斜面はかなりの急傾斜となっているが、鞍部の南面には小規模ながら土塁を配置し、主郭部の東のピークの背後、約3メートル下方に削平地を設けて壁面を作り出している。さらに、1メートルほどの段差を作って連続した壁面を形成し、岩盤を掘り割ってまで堀切を配置している。

登山道より主郭部西ピークを仰ぎ見る

主郭部北側の削平地と横堀

【評価】 当城は、飯貝城（『近畿』Ⅱ所収）・六田城（本書所収）と共に、元弘の乱（一三三三年）の際に大塔宮護良親王によって築かれた吉野城の支城とされているが、現状の遺構は、大塔宮の築城期まで遡るものではない。また、北の吉野川側ではなく、南の吉野山側を意識した構造となっている。
吉野山に近接する各集落は、金峯山寺と関係が深い。ただし、常に金峯山寺と良好な関係が保たれていたわけではない。天文三年（一五三四）四月には、金峯山寺が飯貝城と周辺の「五郷」を攻撃し、五月と六月には逆に、金峯山寺周辺の「八郷」により金峯山寺が襲撃を受けるなど、金峯山寺と近隣の集落とは緊張が生じることもあった。
天文三年に金峯山寺と抗争した「五郷」「八郷」が、飯貝以外のどの集落が該当するのかは不明である。しかし、吉野山に近接する当城・六田城ともに吉野山側に厳重な警戒をはらった構造であることや、丹治・飯貝・六田の集落は、いずれも中世に遡る寺院や吉野川の主要な渡河点を持ち、在地有力者の存在が推定できる地であることから、当城も天文年間に金峯山寺に対して築城されたと考えたい。

（成瀬匡章）

[参考文献]『大系』10／中岡清一 一九四三『改訂大塔宮之吉野城』 積善館／吉野町史編集委員会 一九七二『吉野町史 上巻』／大淀町史編集委員会 一九七三『大淀町史』／首藤善樹著 二〇〇四『金峯山寺史』 国書刊行会／小山正文 一九八七「文永年間の金峯山蔵王堂鐘」『史迹と美術』第五七八号 史迹美術同攷会／千賀久 一九七六「吉野町丹治出土の土師器」『青陵』30号 奈良県立橿原考古学研究所

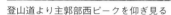

88 山口城《やまぐちじょう》

吉野郡で最も進んだ縄張りを持つ城

竜門山城（奥の山）と山口城（手前の山）

【選地】 竜門山地の主峰、竜門岳（標高905メートル）から南に派生する尾根の南端、城山山頂（標高410メートル）に築かれている。山口城へは、山麓にある菅生寺《すぎょう》西側の尾根伝いに約三〇分で到達できる。標高・比高差はそれほど大きくないが、主郭部付近は傾斜がかなり急となる。山頂からは、吉野山口神社・伊勢街道を眼下に収めることができ、竜門岳南麓を掌握するうえで、有効な場所を占めている。

DATA

所在：吉野郡吉野町山口字城山
遺構：曲輪、土塁、堀切、畝状空堀群、枡形虎口
規模：90 × 130m
標高等：標高 410m、比高 150m

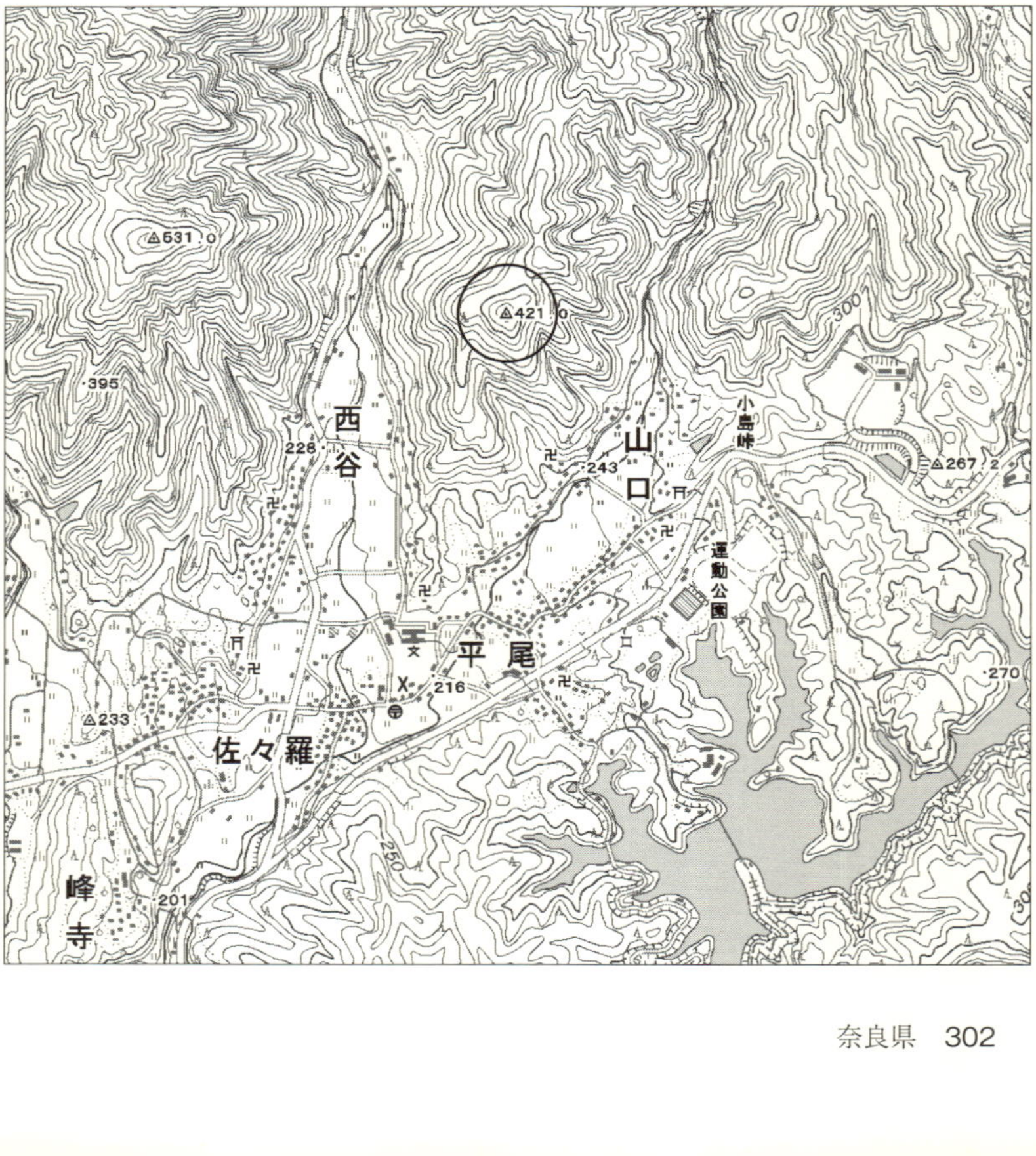

【歴史】 竜門岳南麓の盆地は、中世には興福寺領竜門庄であった地域である。南北朝時代は南朝方の牧氏の支配下にあり、その後は小川氏が代官を務めたが、年貢・公事《くじ》を無沙汰したため、応永十六年（一四〇九）から多武《とうの》峯《みね》寺が代官となっている。その後、長禄の変（一四五七年）で後南朝方からの神璽《しんじ》奪還に協力した小川弘光は、恩賞として竜門庄代官職を望んだが、興福寺に拒否されている。また、竜門庄は義就流畠山氏の影響下にもあったと考えられており、永正三年（一五〇六）には畠山義英が竜門庄の「大蔵谷」に没落している。

このように、中世の竜門庄に関しては『多聞院日記』『大乗院寺社雑事記』をはじめ、

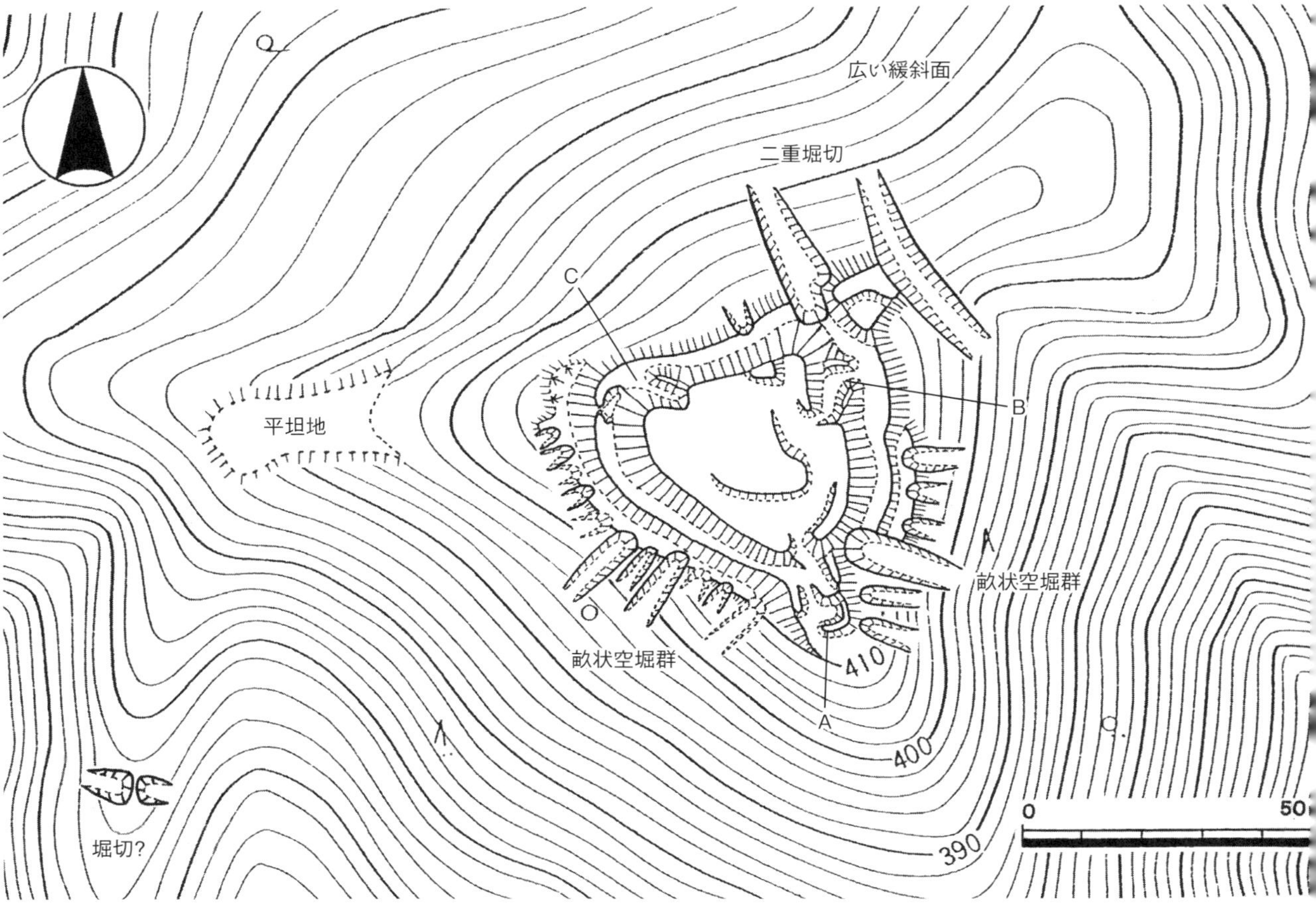

縄張り図　作図：成瀬匡章

興福寺・多武峯寺・金峯山《きんぷせん》寺のほか、地元に伝えられてきた「大頭入衆日記」（一三二五〜一五八四年）・「集議掟書案」（一五七九年）等の史料からうかがい知ることができるが、当城に関する確かな記録は見つかっていない。

【遺構】　主郭部は３０×３５メートルほどの規模で、中央部に若干の高まりが見られ、一部に低い土塁がある。周囲は３〜４メートルほどの切岸となっており、外側に帯曲輪が巡る。南面側には、帯曲輪が二段築かれている。

虎口は三ヵ所みられる。南東側の尾根に向かう虎口Aは、尾根上に小規模な土塁を設けて外枡形とし、主郭部内部も一段低くなっている。東側の虎口Bは東側の帯曲輪・堀切につながり、内枡形で主郭部から横矢が掛けられるようになっている。

虎口Cは、帯曲輪の西側につながっている。虎口Cから約５０メートル（比高差約２０メートル）離れた位置にある西の尾根の平坦地は、土塁や堀切は見られない。ただし、主郭部の南斜面から虎口Aに向かうルートに対して、効果的に横矢を掛けられる位置にあることから、城域に含まれると考えられる。虎口Cは後世の改変による可能性もあるが、この西の尾根への移動に用いられたものと考えたい。

北東側の尾根に見られる二重堀切は、主郭部北側の緩斜面に竪堀となって30～40メートルほど延びている。堀切間は土塁を伴う小曲輪として、東～北方面からの進入に備えている。

当城の最大の特徴は、畝状空堀群である。かなり埋没しており不明瞭なものが多いが、十七本確認できる。今後の精査によって若干数が増減するかもしれないが、虎口Aへと向かう主郭部の南斜面に集中的に配されている。本数はともあれ、この方面の防御を強く意識していたことに変わりはない。

また、主郭部の北側には駐屯区画として利用できそうな広い緩斜面があり、主郭部から約100メートル離れた尾根上にも堀切と見られる遺構が存在することから、城域が拡大する可能性がある。

【評価】 当城は、畝状空堀群や枡形虎口の存在から、一六世紀後半であってもより時代が下る時期のものと考えられ、同時期の飯貝城（『近畿』Ⅱ所収）・広橋城（『近畿』Ⅲ所収）より発達した縄張りとなっている。

以前、当城について、竜門庄の中心部に位置し、天正七年（一五七九）に竜門庄で戦場での掟書（「集議掟書案」）が作成されていることから、竜門庄民の関与を考えたこともあった（成瀬二〇〇四）。あらためて吉野郡内の諸城と比較すると、当城は専門的な集団が

主郭部

主郭部背後の堀切

畝状空堀群の痕跡

小人数で防御することを前提に築かれたように思える。

当城に関する築城時期や築城主体を記す史料は見つかっていないが、同時期に竜門庄に生じた軍事的緊張として、永禄十二年（一五六九）の多武峯寺と金峯山寺との抗争がある。また、永禄三年に松永氏が竜門庄内にまで進出していた伝承がある（「竜門山城」『近畿』Ⅲ所収）。そして、天正六年（一五七八）には筒井順慶が吉野郡に侵攻し、願行寺（下市町下市）・本善寺（吉野町飯貝）等の一向宗寺院を攻略している。

虎口Aを外側から望む

この筒井順慶の吉野侵攻に直接関連するものかは検討が必要であるが、慶長十年（一六〇五）頃にまとめられた「慶長郷帳」には、山口城が所在する山口地区を知行し、周辺の蔵入地を管理していた人物として、筒井順慶・定次に仕えたことがある旗本辻子和泉の名が見える。

虎口B

辻子氏は大乗院方の衆徒であり、吉野郡の在地勢力ではない。辻子氏はその後まもなく退転したらしく、寛永二年（一六二五）の「大和一国村々高帳」では、当地は郡山城主の松平忠明の知行地となっている。

筒井順慶の吉野侵攻に際しては、その戦後処理を目的に築城されたと考えられる、下市御坊峯城（『近畿』Ⅰ所収）の例もある。当城も、筒井順慶の吉野侵攻とその戦後処理に伴って築城された城の一つで、辻子氏が管理していたものではないだろうか。　（成瀬匡章）

［参考文献］村田修三　一九八三「竜門城」『月刊奈良』第二三巻 第二号　社団法人現代奈良協会／藤岡英礼ほか　二〇〇一『河内長野市城館分布調査報告書』河内長野市文化財調査報告書第34輯　河内長野市教育委員会／成瀬匡章　二〇〇四「吉野町山口城跡の調査」『青陵』111号　橿原考古学研究所／内野和彦　二〇一六「奈良県下での畝状空堀群を有する城郭について」第33回全国城郭研究者セミナー実行委員会・中世城郭研究会／『大系』10／吉野町史編集委員会　一九七二『吉野町史　上巻』／東吉野村村史編纂委員会　一九九三『東吉野村史通史編』／首藤善樹著　二〇〇四『金峯山寺史』国書刊行会

89

六田城《むだじょう》

吉野山の正面玄関、六田の渡しを臨む城

【選地】 吉野山と六田川を挟んで並行する尾根の先端部、吉野川に面した標高２１７メートルのピーク上に立地する。吉野川に面した北側は急傾斜であるが、西側の尾根筋の傾斜は緩やかで、山麓にある牟田《むだ》寺からは二〇分ほどで到達できる。

六田城と六田の渡（現、美吉野橋 ）

【歴史】 吉野町六田は、古くから吉野川の渡河点の一つであった。六田の渡し場は「柳の渡し」とも称され、金峯山を復興した理源大師聖宝が整備したとされる。

中世の「柳の渡し」については、三条西公條の『吉野詣記』（『群書類従』紀行部）に詳しい記述が見られる。天文二十二年（一五五三）三月に吉野を訪れた公條は、「柳の渡し」について、「六田の淀橋ありけるが、中絶えて修理せし折節にて、けふは船にて渡りぬ。大きなる樹をつくりこめたる旅店あり。あるじのいふやう、此の木はいはれある木なるよし申せしかば、六田の淀の柳にてはなきかと申しかけければ、其の事にてあるよし申す。みれば又あまた柳ども、いまださむくて、めもはらざる木どもなり」と記している。

「柳の渡し」は大峯奥駈道の修行場「靡」の一つでもある。また、山麓にある牟田寺も、『扶桑略記』『今昔物語集』にもその名を見ることができ、この地が古代・中世にかけて、吉野山・大峯山の玄関口として重要な位置を占めていたことがわかる。

DATA

所在：吉野郡吉野町六田
遺構：曲輪、堀切、土塁
規模：180 × 20m
標高等：標高 217m、比高 55m

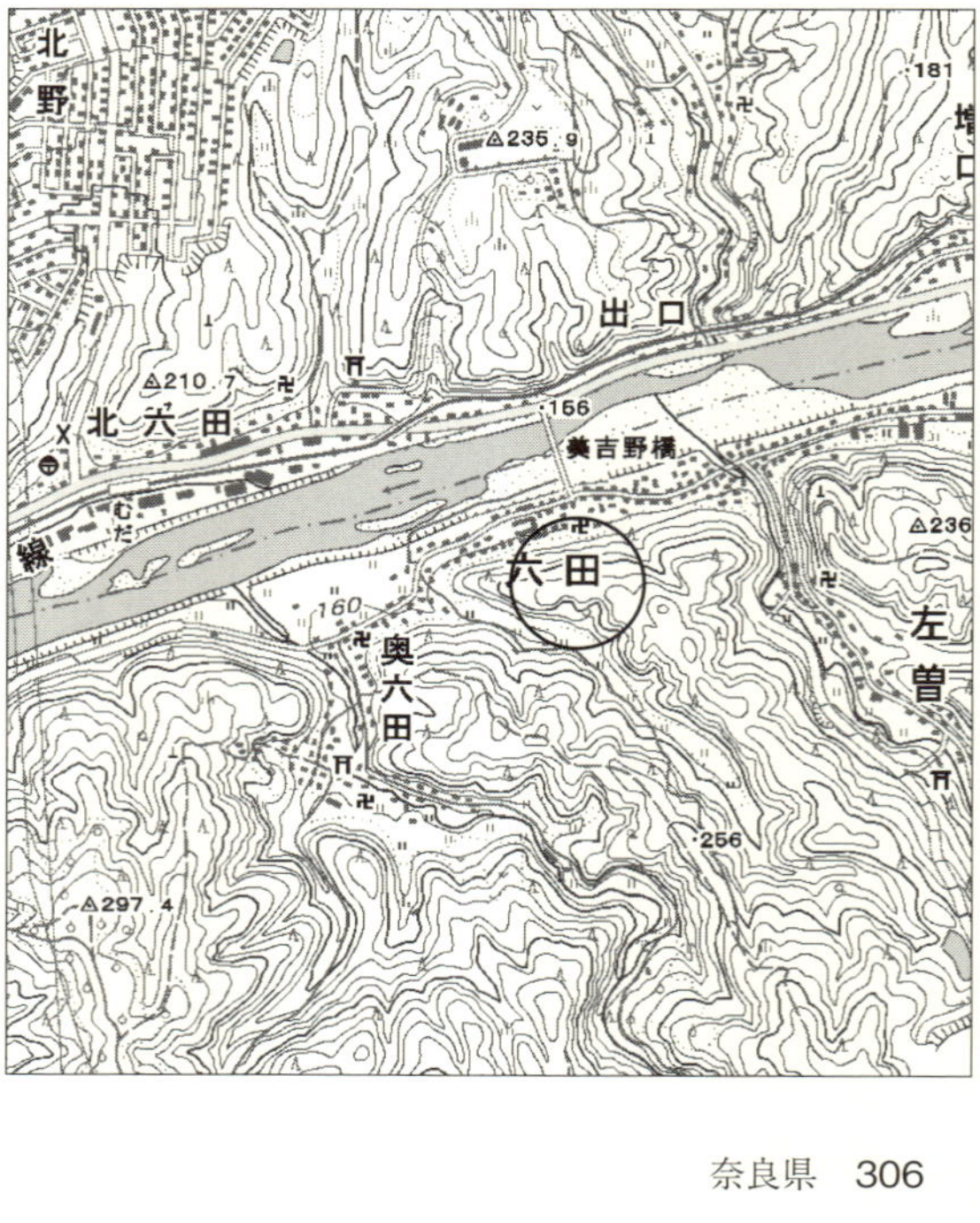

【遺構】 主郭部Ⅰ（２０×１０メートルほど）は東西に長細い形状で、北東隅を中心に土師器片が散布している。土塁・虎口などは見られない。主郭部Ⅰから西に３メートルほど下がってⅡ郭（２０×８メートルほど）がある。

主郭部ⅠとⅡ郭の間の傾斜は緩い自然地形であるが、主郭部Ⅰ側の斜面の南側をカットすることで、壁面と主郭部Ⅰへの進入路を作

鞍部を区切る土塁

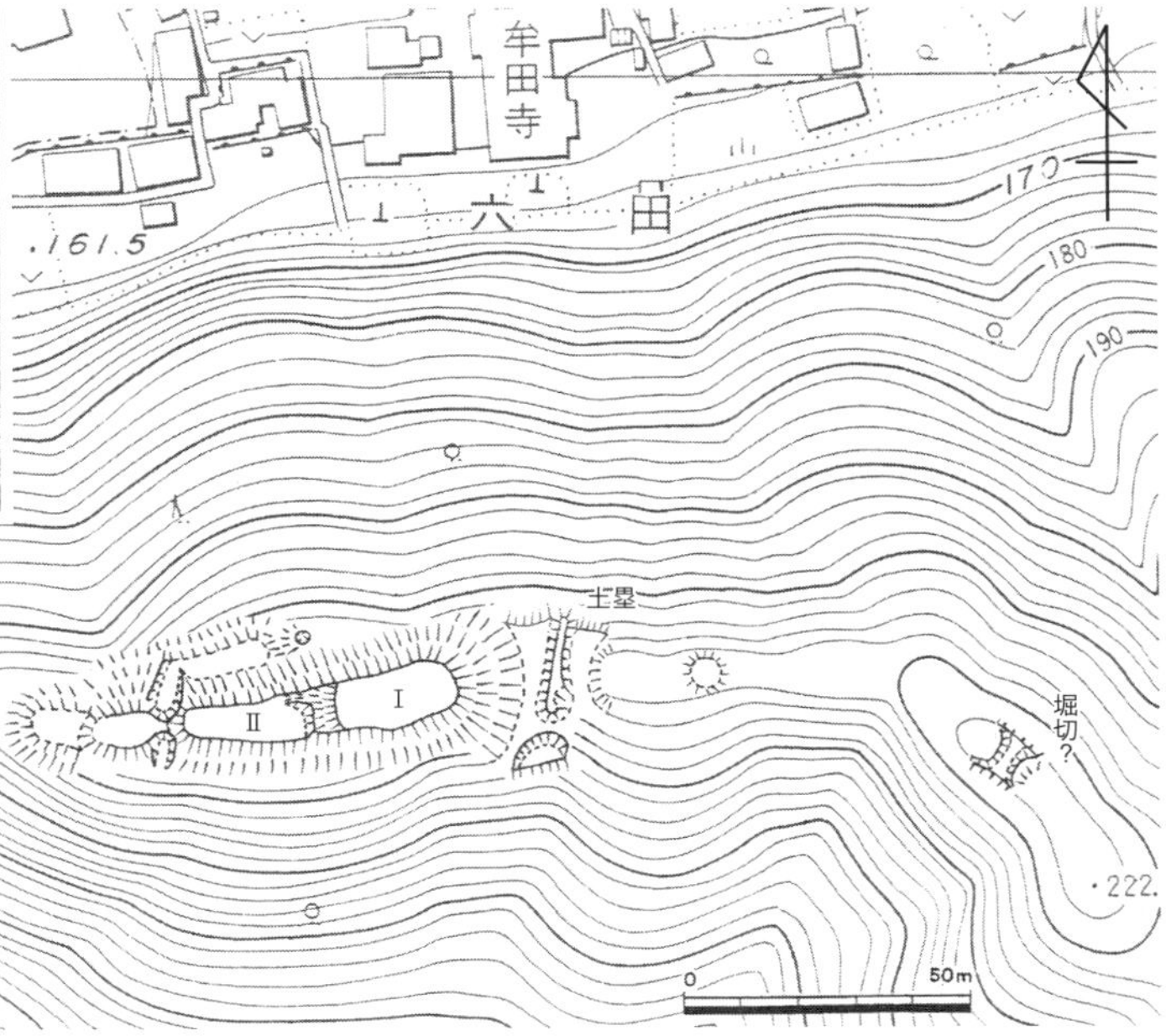

縄張り図　作図：成瀬匡章

り出している。Ⅱ郭の西には堀切が見られ、中央部が土橋状になっている。Ⅱ郭の北斜面4～5メートル下方にも削平地が見られる。堀切の外側にもわずかな段差や削平地が見られるものの、城の遺構とするには躊躇する。尾根の先端側に対しては、積極的な防御が図られているようには感じられない。

　一方、主郭部Ⅰの背後は比高差約8メートルの切岸となっており、きわめて遮断性が高い。切岸だけでも充分に遮断ができているが、それに加えて尾根の鞍部を南斜面の一部をカットして幅を狭め、中央に土塁を配することで、二重堀切化している。さらに主郭部Ⅰから約80メートル離れた尾根上にも、堀切らしい遺構が見られる。後世の改変があるとしても、西側の尾根先端部、六田の集落側はほぼ無防備であったと考えられるが、城の背後に対しては、執拗な防御が図られている。

【評価】　当城は、主郭部Ⅰ背後の切岸を見なければ、城郭と判断するのは躊躇するほどである。主郭部Ⅰ上に土師器皿片が多く散布しているので、寺院を城塞化したものかもしれない。

　吉野山に近接する地域で確認されている中世城郭には、ほかに飯貝城（『近畿』Ⅱ所収）・丹治城（本書所収）がある。これら吉野山に近接する城については、元弘の乱（一三三三年）の際に大塔宮護良親王が吉野山に籠もった際の支城とされているが、飯貝城は、天文三年（一五三四）四月から六月にかけて金峯山寺と周辺の集落との間に抗争が生じた際に、本善寺門徒によって築城されたことが知られている。また、丹治城も吉野山側に対して厳重な警戒をはらった構造となっている。

　史料や現状の遺構の観察からは、当城も飯貝城・丹治城と同様に、天文年間の金峯山寺との緊張関係の中で築城されたものと考えたほうがよさそうである。　（成瀬匡章）

［参考文献］『大系』10／中岡清一　一九四三『改訂大塔宮之吉野城』積善館／吉野町史編集委員会　一九七二『吉野町史　下巻』／首藤善樹著　二〇〇四『金峯山寺史』国書刊行会／『吉野詣記』（『新校群書類従』復刻版　一九七七）名著普及会

90 古城遺跡《ふるしろいせき》

小川氏一族「鷲家殿」の館跡か

【選地】　吉野川・紀の川に沿って和歌山市から伸びる和歌山街道は、宇陀市から伸びる榛原街道と東吉野村鷲家で合流し、高見峠を越えて三重県松阪市に至る。

西側の谷

DATA	
所在	吉野郡東吉野村鷲家字古城
遺構	曲輪
規模	80 × 50m
標高等	標高 350m、比高 25m

古城遺跡は、この二つの街道が合流する地点に立地する。眼下には和歌山街道を俯瞰することができ、街道からは約五分で到達できる場所にある。

【歴史】　東吉野村には、鎌倉時代から室町時代にかけて、東吉野村から宇陀市南部を勢力圏にしていた小川氏関係の遺跡・伝承が多く残されている。

小川氏の居城とされる小川城・小川古城（『近畿』Ⅱ所収）のほか、小栗栖の福寿院跡には小川氏が建立した鎌倉時代後期の十三重石塔、大字「小」の天照寺には小川氏歴代の五輪塔群が残り、小川古城に隣接する小三昧墓群も、小川氏関係の墓地とされている。

小川氏は『大乗院寺社雑事記』『経覚私要鈔』「沢氏文書」、そして興福寺・多武峯寺や東吉野村内に伝えられた史料・伝承からうかがい知ることができる。それらによると、東吉野村鷲家地区には「鷲家殿」と呼ばれた小川氏

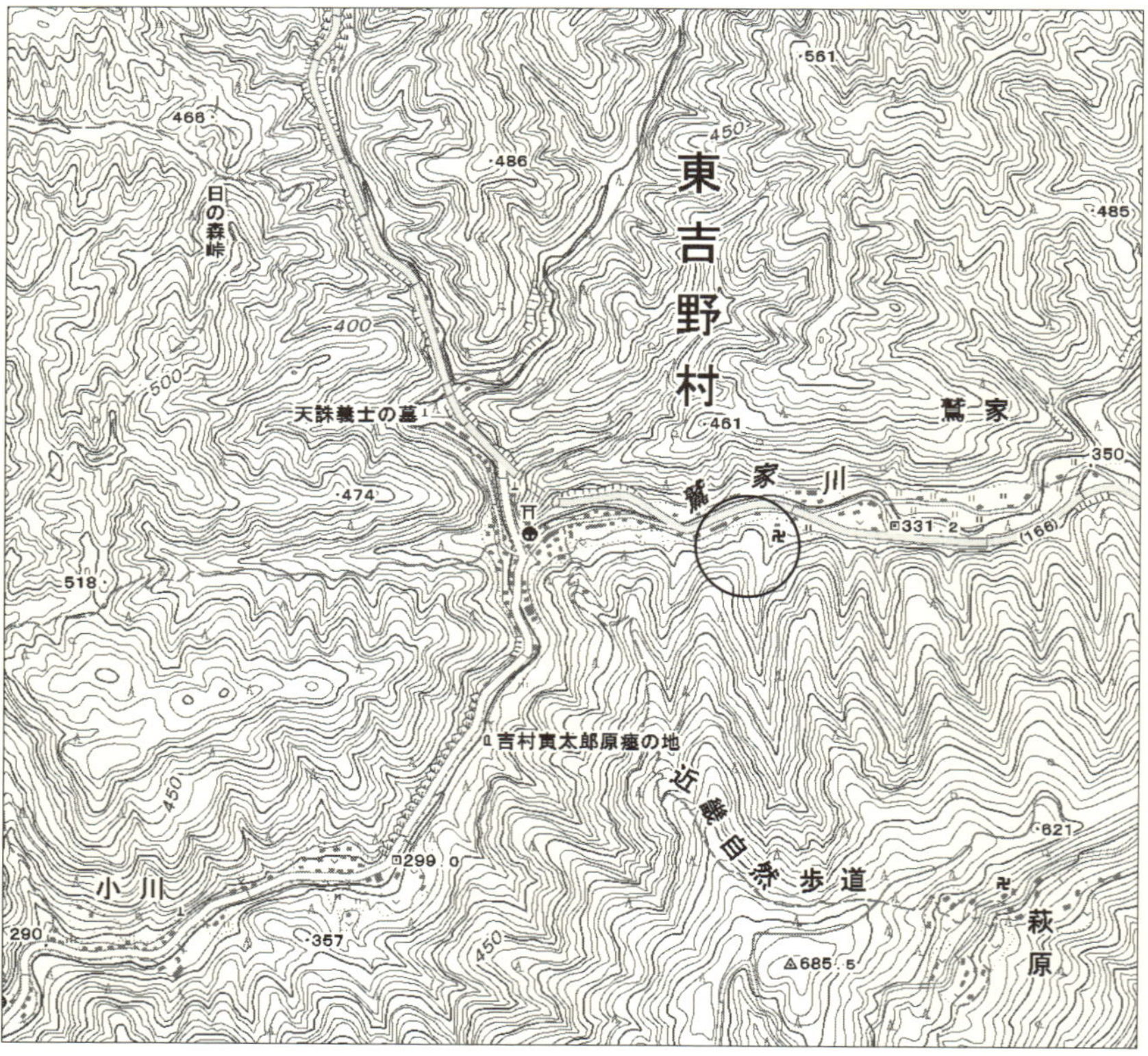

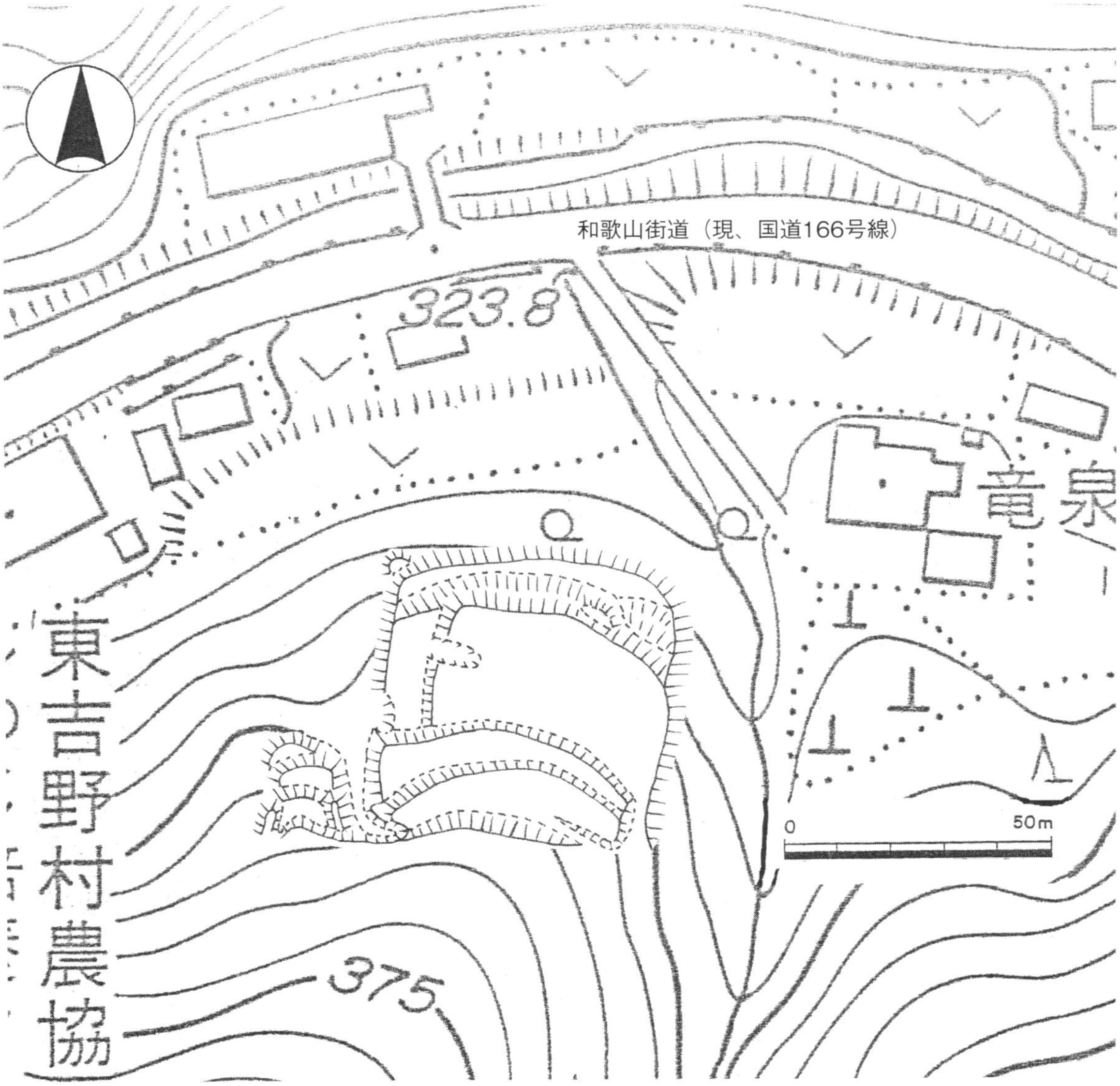

縄張り図　作図：成瀬匡章

遺物散布状況

一族が居住していたようである。

【遺構】　和歌山街道（現在の国道１６６号線）の南側の山腹に遺構があり、和歌山街道に面する竜泉寺東側の谷を通る林道から遺跡内に入る。植林地であったが、近年皆伐されて、現状は荒地となっている。植林地になる以前は、農地として利用されていたようである。

本遺跡は、三段からなる削平地で構成され、上段には近世の瓦、陶磁器が散布している。下段ではサヌカイト片やスクレイパーのほか、多くの中世遺物（土師器皿、陶器、天目茶碗）が表採される。削平地上には虎口・土塁などは見られないが、下段で表採した遺物の多くが、北側の斜面上に落とされたように散布しており、農地として利用された際に整地されたものと思われる。

削平地西側の谷は、山側に向かって延長されており、削平地の上段に向かってL字状にカーブする。谷を挟んだ箇所にも、小規模な土塁をもつ削平地群が設けられている。

【評価】 筆者は鷲家地区を踏査中、竜泉寺のご住職より、寺の西側の尾根が「フルシロ」と呼ばれる城跡の伝承地があるとのご教示を得て、本遺跡を確認することができた。古城遺跡は後世の改変もあり、土塁などは見られない。しかし、削平地の東西は谷により急傾斜となり、とくに西側の谷は、明らかに加工された痕跡が見られること、和歌山街道に近接しており、街道を俯瞰できる立地であること、地元に城跡伝承があり、中世遺物の散布が見られることから館跡と判断した。史料・記録から、中世の鷲家地区内には小川氏一族「鷲家殿」が居住していたことが知られているので、古城遺跡は「鷲家殿」の館跡と見てよいのではなかろうか。（成瀬匡章）

［参考文献］一九八五『東吉野と小川殿』東吉野村教育委員会編／一九九三『東吉野村史　通史編』東吉野村村史編纂委員会編／二〇〇四『東吉野村　小三昧墓　文化財調査報告書』東吉野村教育委員会

削平地全景

削平地西側

西の谷を挟んだ小削平地群

【大阪府】

（亀岡市）
京都府
山田城
吉村城
田尻御所
野間中城
泉原城
福井城
（高槻市）
兵庫県
木部砦
（箕面市）
松永屋敷跡
枚方寺内
（豊中市）
今西氏屋敷
（吹田市）
（神戸市）
生駒山
（大阪市）
大坂城真田丸
若江城
我孫子環濠
別所城
吉村家住宅
北岡遺跡
（堺市）
（羽曳野市）
大仙遺跡
日置荘遺跡
二上山城
奈良県
（和泉市）
池尻城
（富田林市）
和気遺跡
富田林寺内
半田城
椋本土居
金剛山
（泉佐野市）
（岬町）
和歌山県

作画：谷 允伸

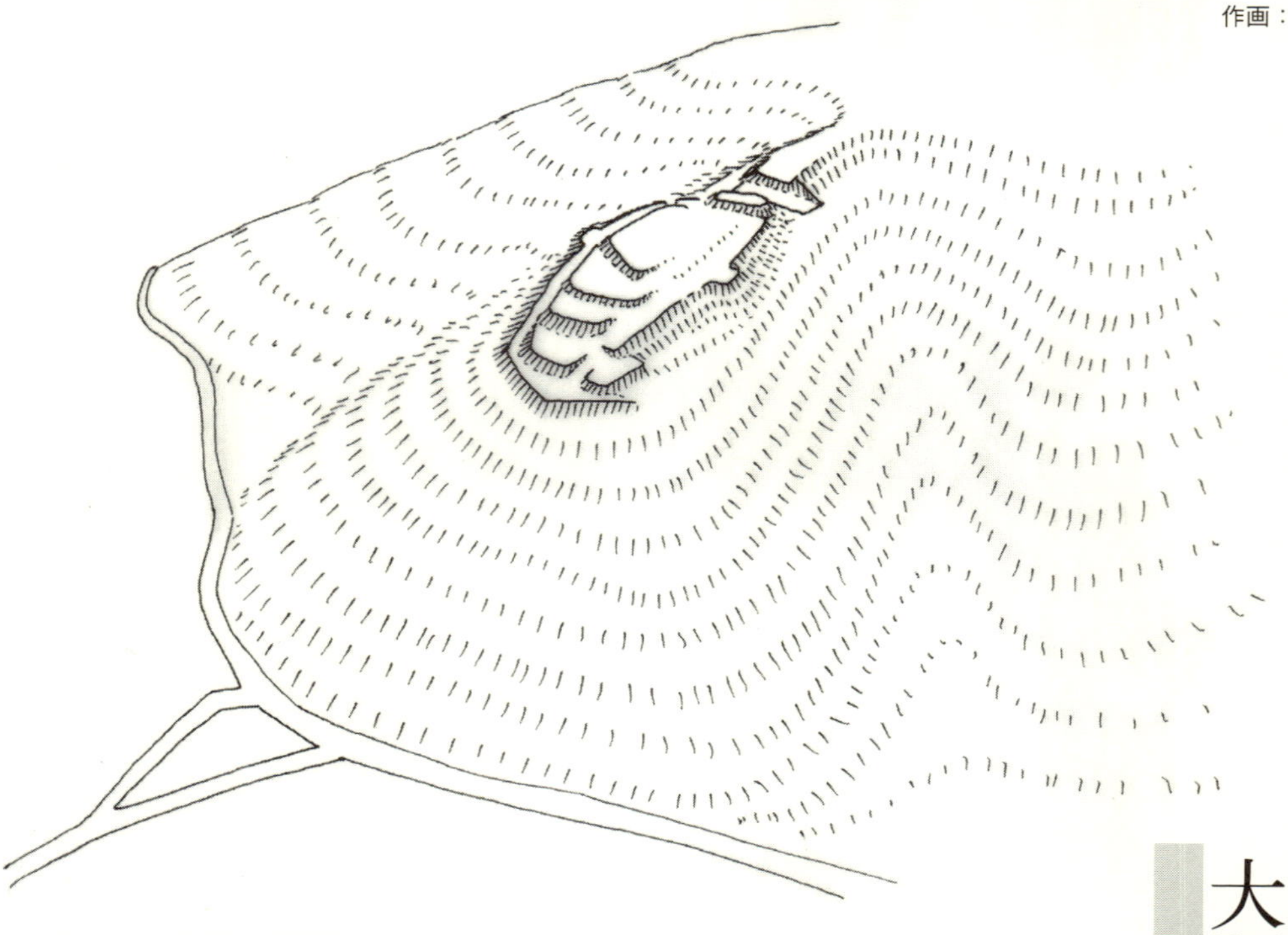

鳥瞰図と縄張り図で見る

大阪府の城・吉村城

〈No.110〉

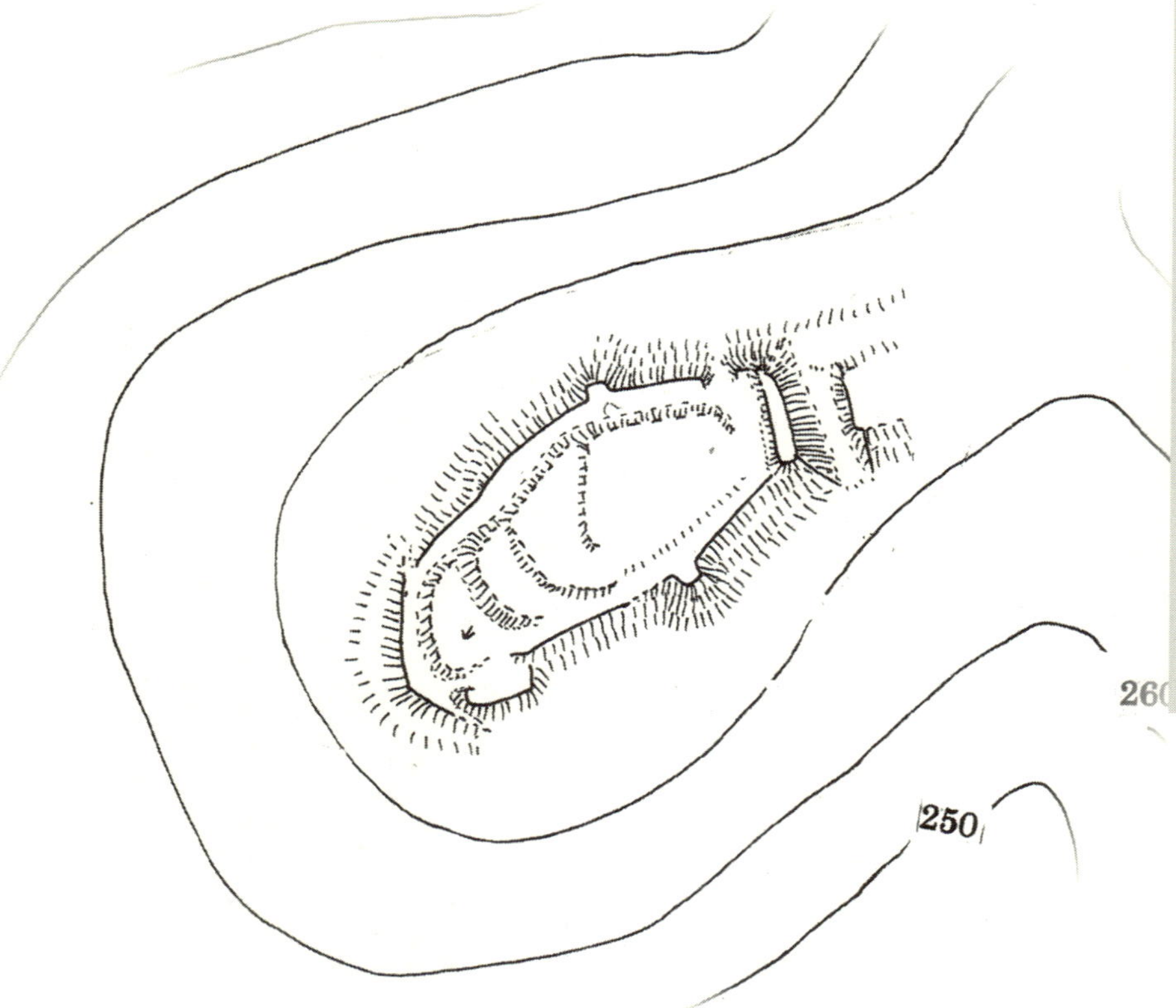

作図：髙田 徹

91 絵図・地形図・空中写真から考察する

大坂城真田丸《おおさかじょうさなだまる》

真田丸東側塁線の段差

【選地】 豊臣期大坂城南側惣構《そうがまえ》の東南部外側、最狭部の幅が100メートルほどの空堀通りの谷（清水谷）を隔てた、標高10～16メートルほどの洪積段丘（上町《うえまち》台地）上にある。

【歴史】 慶長十九年（一六一四）、緊張関係にあった徳川氏と大坂城の豊臣家は、方広寺鐘銘事件をきっかけに手切れとなり、交戦状態に入った。大坂冬の陣の勃発である。大坂方は、徳川軍の襲来に備えて惣構外側に多くの砦を構えたが、緒戦で真田丸以外の砦はことごとく陥落した。

同年十二月四日未明、前田利常勢の篠山占領から真田丸の攻防戦が始まった。井伊勢、越前松平勢も加わった攻撃であったが、寄せ手は無秩序に空堀に飛び込み、真田丸守備隊の鉄砲により甚大な損害を受けた。一説には、冬の陣における徳川方の損害の五分の四がこの戦いで生じたという。

徳川軍の攻撃によって落城することはなかったが、冬の陣の講和に際し破却された。

【遺構】 真田丸の位置については、天王寺区餌差《えさし》町の明星《めいせい》学院付近というのが、近年の諸研究で一致している（たとえば、高田二〇〇八）。

DATA

所在：大阪市天王寺区餌差町
遺構：堀跡の段差
規模：280（宰相山を含めれば500）×270m（ただし堀（幅二十四間）を除く
標高等：標高10～16m、比高5～8m（低地より）

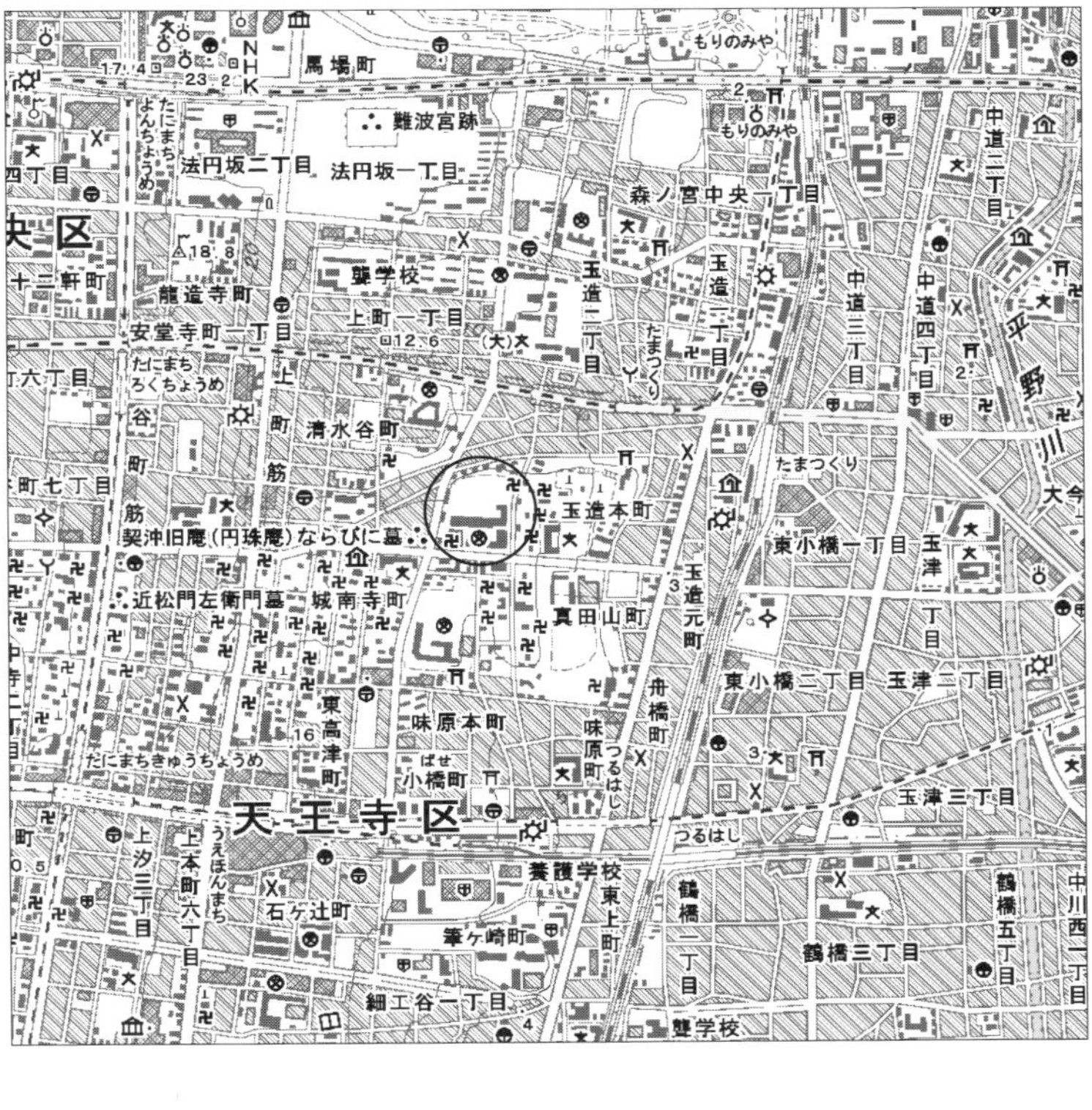

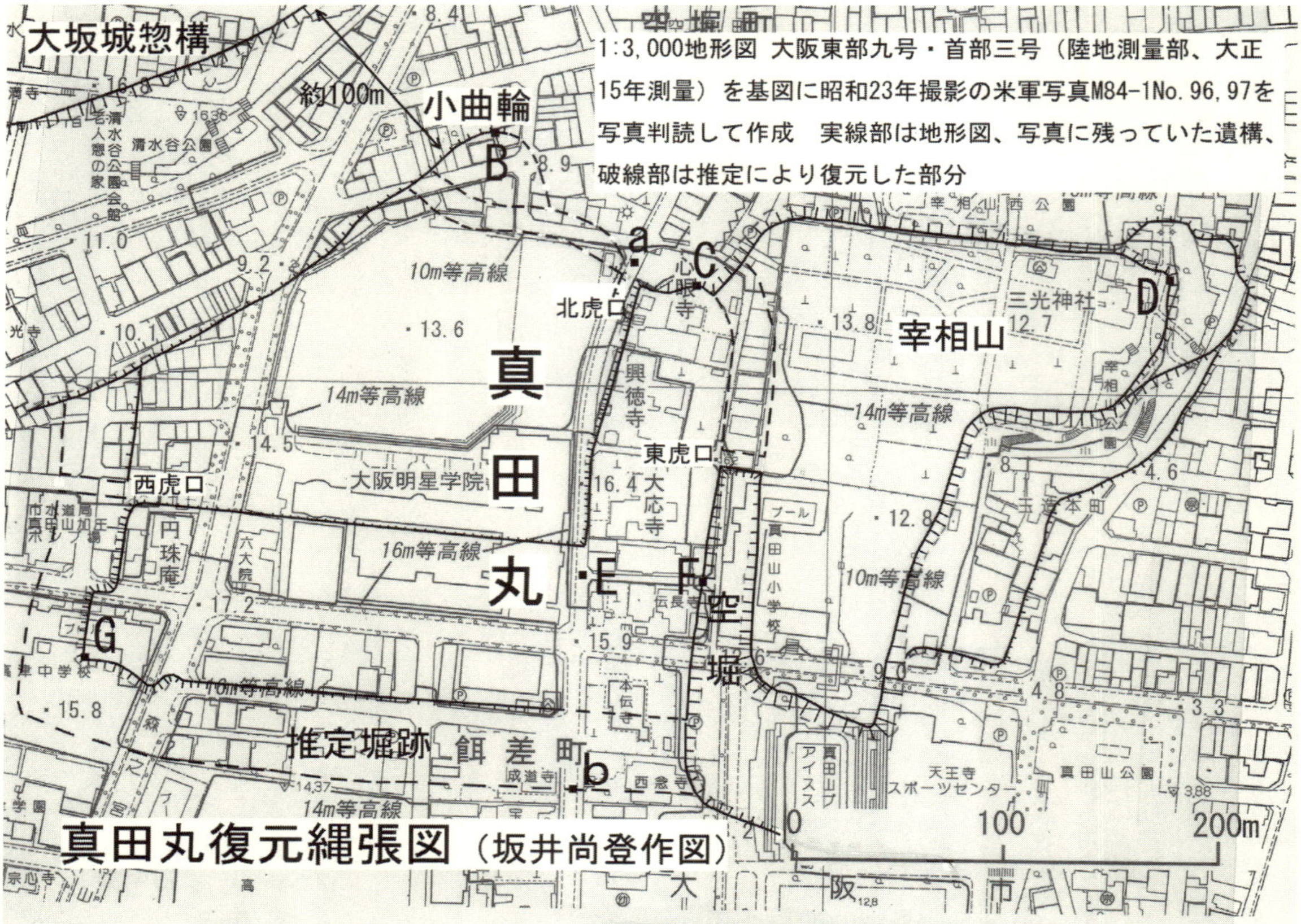

真田丸復元縄張図（坂井尚登作図）

遺構は、冬の陣の講和の際に徹底的に破壊され、その後の大阪の都市化の進展により、まったく残っていないといわれてきた。しかし、大正十五年（一九二六）に参謀本部陸地測量部が作成した三千分の一地形図に、真田丸東側の堀跡と思われる、自然地形ではありえない直線的な谷地形（三千分の一地形図上のア）が明瞭に描かれていた。この谷地形の断面形は箱堀状になっており、谷底からの比高は5メートル以上、長さは100メートル余もあった。

この堀は戦後、真田山小学校の建築に際し

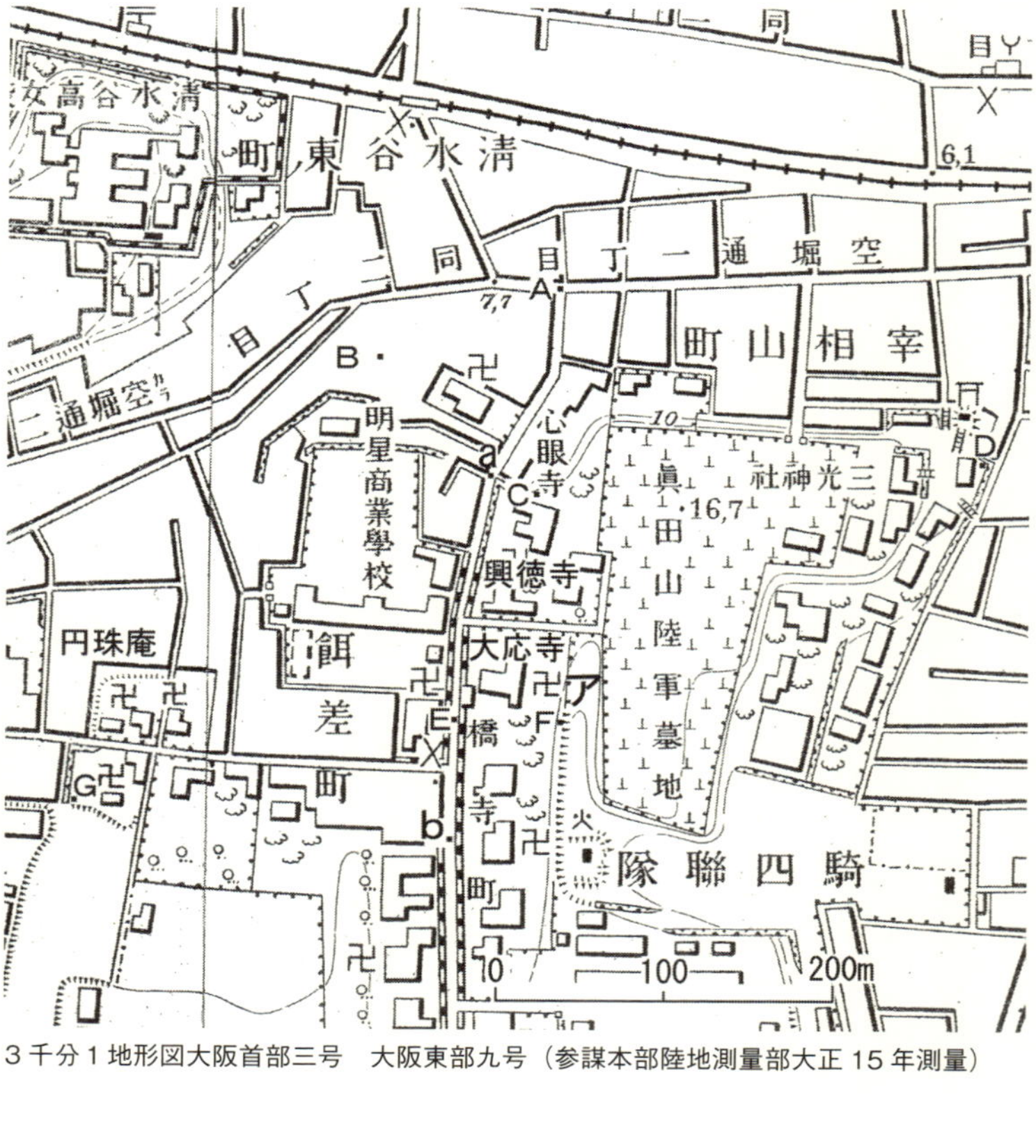

3千分1地形図大阪首部三号　大阪東部九号（参謀本部陸地測量部大正15年測量）

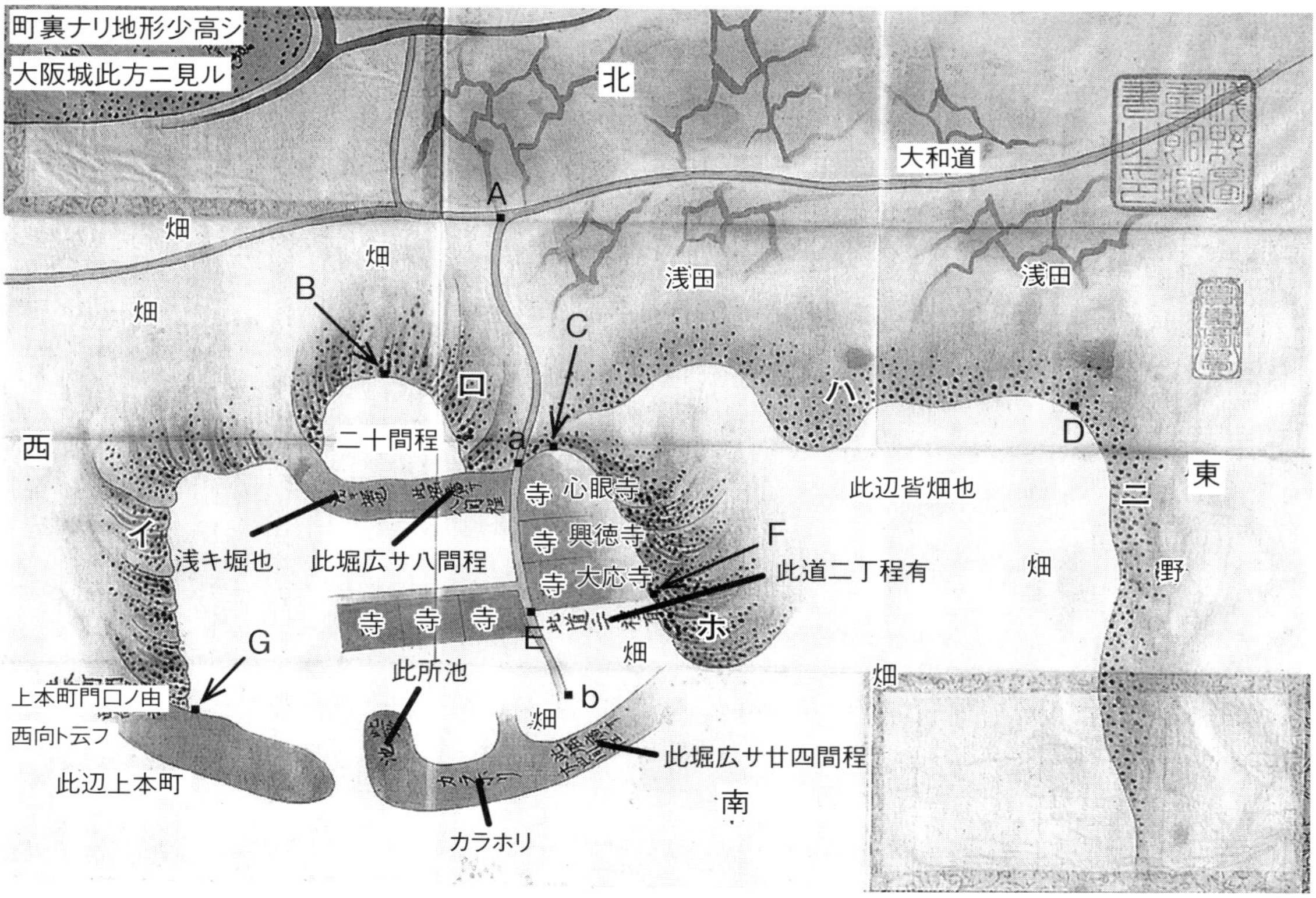

「浅野文庫諸国古城之図」の「摂津真田丸」に執筆者加筆　広島市立中央図書館蔵

て埋められてしまい、その上に同校の校舎が建っている。しかし、現在もなお、真田丸本体と比高2メートル以上の段差が見られる（写真「真田丸東側塁線の段差」）。

　ブルドーザーのない時代に土地を真っ平らにすることは大変な作業量を必要とする。講和後の破却はごく短時間でおこなわれていることから、真田丸では寄せ手（徳川軍）と正対する南側を壊すことが優先されたはずである。遺構の破壊は従来いわれてきたほど完璧にはなされておらず、注意深く資料に当たることによって、かなりの程度、復元が可能となる。

　真田丸を復元するにあたって基とする絵図は、浅野文庫所蔵「諸国古城之図」の「真田丸」を用いた。この絵図は、図中に「此道二丁程有」との注記があるように、作成者が実測・作図していたものと推測される。また、樹木に覆われた部分（段丘崖《だんきゅうがい》、図中イ～ホ）を緑色で表現（本稿はモノクロなのでわかりにくいが）するなど、一定程度の地形表現もされている。

　絵図の南側塁線に見られる凹凸だが、この図以外にこうした凹凸を表現した絵図は存在しない。南側に虎口を設定した形跡もないことから、この凹凸は横矢のための折れなどと解釈するよりも、破城の痕跡を表現したものと理解するのが自然であろう。

　近代的測量を用いて作成された地形図と比較した場合に浮かび上がってくる絵図の特徴（問題点）は、大きく分けて次の三点である。

①基準点を用いずに作成されているために、個々の地物に絶対的な座標値が与えられていない。

②作成者にとって関心の高い場所が誇張（デフォルメ）して表現されることが多

く、地形図と比較して面積・距離ともに歪みが存在する。
③目測だけで作成された見取図から歩測など簡単な測量により作成されたものまで、絵図によって精度に大きな差がある。

以上の問題点があることから、地形図上に直接絵図を重ねて遺構を復元することは不可能である。絵図を地形図に合わせて利用するためには、どうしても幾何学的な補正を行う必要がある。そのためには、絵図の中から河川の合流点や崖、道路の交差点や寺社等など、近代的測量図作成時点まで残存している地点を選び出す必要がある。こうした点を、画像処理の世界では、コントロールポイント（以下CP）という。CPは絵図自体の精度に拘束されるが、設定する数が多ければ多いほど、復元の精度は上がる。さらに復元を確かなものにするため、「諸国古城之図」の「真田丸」と現在の地形図の中間の資料である、先述した大正時代の大縮尺地形図、および昭和二十三年（一九四八）撮影の米軍撮影空中写真M84―1の写真番号96、それぞれに共通する以下のCPを選び出した。

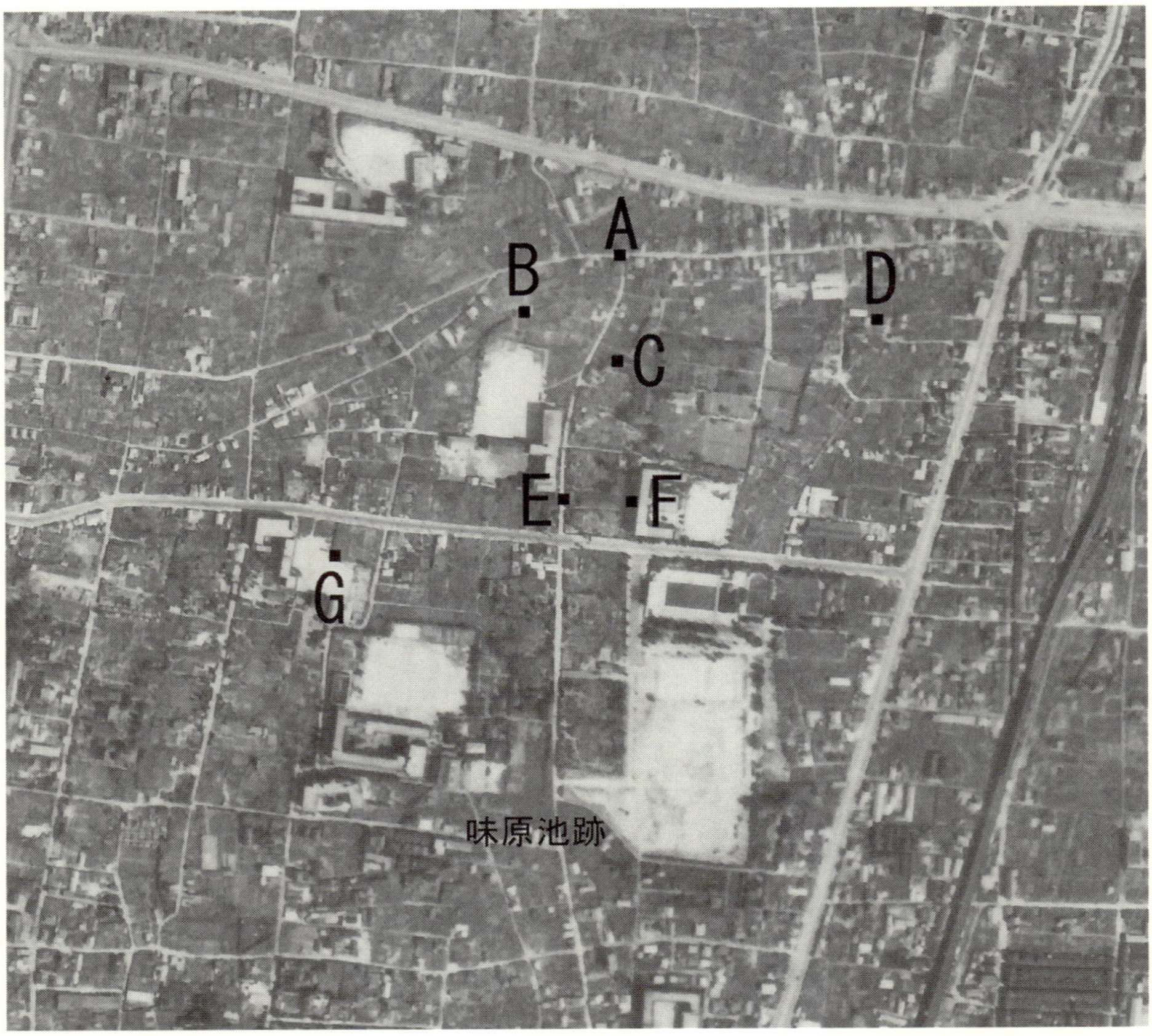

米軍撮影空中写真 M84-1　写真番号 96　昭和 23 年（1948）撮影（国土地理院所蔵）に加筆

　A・大和道と心眼《しんがん》寺坂へ向かう道の交差点、B・真田丸北側の小曲輪の先端、C・心眼寺北側の段丘崖、D・三光神社北東端の段丘崖、E・大応寺南側道路と心眼寺坂道の交差点、F・大応寺南側道路の東端、G・真田丸南西隅、このほか、心眼寺坂の登り口をa点とし、「この道二丁程有」の記述から、a点から218メートル南に行ったところ（当時の心眼寺坂道終点）にb点を設定した。

【評価】 CPを用いて幾何学的な補正をおこない、明らかになった真田丸の姿は以下の通りである。北側は最狭部で約100メートルの幅がある自然地形の清水谷（現・空堀町にある谷）を隔てて、大坂城外郭（南の惣構）に面していた。独立性の高い出丸ではあるが、最狭部は真田丸と惣構、双方からの火縄銃により火制可能な距離であり、惣構から完全に孤立しないような絶妙な距離といえる。つまり、千田嘉博氏のいう「城外孤立の城」（千田二〇一四）ではない。

真田丸の縄張り構造は、北に出丸状の小曲輪が付属した複郭で、三方を空堀に囲まれた、全体としては正方形に近い平面形を有する。規模は、南北は小曲輪も含めると270メートル余、東西は280メートルほどである（ただし、二十四間とされる堀の幅を除く）。「大坂御陣山口休庵咄」には「（真田）父子の人数六千余人にて籠申候」とあり、そのくらいの人数を収容するにはこの程度の規模が必要である。

北の小曲輪は、絵図では本丸のように見えかねないが、記載された寸法を見ると、大きさが誇張されていることがわかる。米軍撮影空中写真から判読した標高も、真田丸本体に比べて2～3メートル低く、地形的には上町台地より一段低い。ただし、この曲輪があることにより惣構とのつなぎが可能になるうえ、心眼寺坂登り口にあったと推定される北虎口を守るためにも大きな働きをしたであろう。

東側に空堀を隔てて宰相山があるが、「大坂真田丸加賀衆挿ル様子図」（永青文庫蔵）などから、付近には柵列が巡らされており、前哨陣地としての役割を果たしていた可能性が高いと考える。広義では、真田丸の一部と考えていいのかもしれない。真田勢が前田勢を挑発し、十二月四日の開戦のきっかけとなった篠山であるが、篠山は笹藪という程度の意味であり、固有の地名ではない。筆者は、樋口隆晴氏（樋口二〇一五）と同様、宰相山東側の低地を通って大坂城惣構に向かう前田勢をこの場所から真田勢が挑発し、うまく真田丸本体へ誘引した可能性が高いと考えている。

絵図の南側塁線に見られる凹凸だが、この図以外にこうした凹凸を表現した絵図は他に存在しない。南側に虎口を設定した形跡もないことから、この凹凸は横矢のための折れと解釈するよりも、破城の痕跡を表現したものと理解すべきである。また、図中「此所池」の記載をもとに、味原池付近までを真田丸の範囲と考える人もいるが、絵図をよく読めば「カラホリ」の中であり、破城により崩された土砂によって生じた凹地に水がたまったものと捉えるのが自然である

「大坂真田丸加賀衆挿ル様子図」には、真田丸の西側にも柵列が描かれている。この柵列は、他の絵図（たとえば「大坂冬の陣配陣図（僊台武鑑所収）」）にも描かれており、西側にも前衛陣地が存在していたようだ。

（坂井尚登）

[参考文献] 坂井尚登 二〇一四「大坂城真田丸―絵図・地形図・空中写真によって考察する位置と形状―」日本城郭史学会 城郭史研究34号、一二一―一二九／坂井尚登 二〇一五「真田丸を復元する―絵図・地形図・空中写真から考察する位置と形状―」株式会社学研プラス ．真田戦記、六―九／千田嘉博 二〇一四「守りでなく攻めの砦、通説を覆す真田丸の実像とその狙い」歴史街道、二〇一四年十二月号／髙田徹 二〇〇八「豊臣期大坂城外郭に関する一考察」『戦乱の空間』第7号、38―58／樋口隆晴 二〇一五「大阪城惣構真田丸」株式会社学研プラス 歴史群像一三一号

92 我孫《あびこ》子環濠《かんごう》

近世村絵図に描かれた環濠集落

【選地】 我孫子環濠は、旧・摂津国住吉郡に所在した。上町《うえまち》台地の南辺に相当する高燥な中位段丘面に立地するため、農業用水の確保に腐心する歴史が続いた。南東約500メートルに、古代に起源をもつ溜池「依網《よさみ》池」がかつて存在しており、当環濠の堀も、そこから取水していたと考えられるが、水量は充分でなかったようである（川内二〇〇五）。地形的には、推定復元図のⅣ郭が南北方向に高く、東西に向かって少しずつ下がっていく。

現在の我孫子観音　南東より

DATA

所在：大阪市住吉区我孫子
別称：我孫子城
遺構：なし
規模：250 × 300m
標高等：標高 10m、比高 1m

　我孫子から南西に延びる道を進むと堺に至る。また、北側に延びる道を進むと天王寺に至るほか、北東の平野《ひらの》へと向かう道と交差する。

　当環濠の内部には吾彦《あびこ》観音があり、この付近に「我孫子城」があったと伝承されている。

　地下鉄御堂筋線あびこ駅とJR阪和線の我孫子駅の中間にある。両駅からの距離は200から300メートル程度で、交通の便に恵まれている。

【歴史】 明応二年（一四九三）の二月、将軍・足利義材《よしき》が高屋城の畠山基家を攻めるが、同四月に政変が起きて、義材は失脚する。この事件を描いた「明応二年御陣図」（『福智院家文書』）に記載された「アイコ」が、我孫子であると考えられている。

　また、享禄四年（一五三一）に、阿波から堺に着岸した細川晴元方の軍勢が天王寺を攻める際に、我孫子や遠里小野《おりおの》に着陣した（以上、主に中西二〇一五による）。

　なお、我孫子では一四世紀後半から荏胡麻《えごま》の栽培と交易がなされたほか、鋳物師《いもじ》の活躍

も始まった（我孫子の鋳物師は、一六世紀後半には今井宗久の支配下に入ってさらなる発展を遂げた）。我孫子は商工業が盛んで、都市的な性格を持っていた可能性がある（以上、主に『住吉区史』、福島二〇一六による）。

また、当環濠を考えるには、吾彦観音に触れないわけにはいかない。吾彦観音（大聖寺）は、聖徳太子や行基の創建伝承がある古刹である。空海が諸坊の一つ「中之坊」を中興したとされ、もとは真言宗であった（現在は観音宗）。皇族や武家の尊崇を集めたが、明治時代に火災で焼失し、その後再建された。本尊の聖観音が聖武天皇の勅願仏とされていたほか、護摩堂にあった不動明王は、醍醐天皇の勅願仏とされていた。こうしたことから、「中之坊」や「不動院」とも呼ばれた。そして、吾彦観音に隣接して、明治時代まで我孫子神社があった。

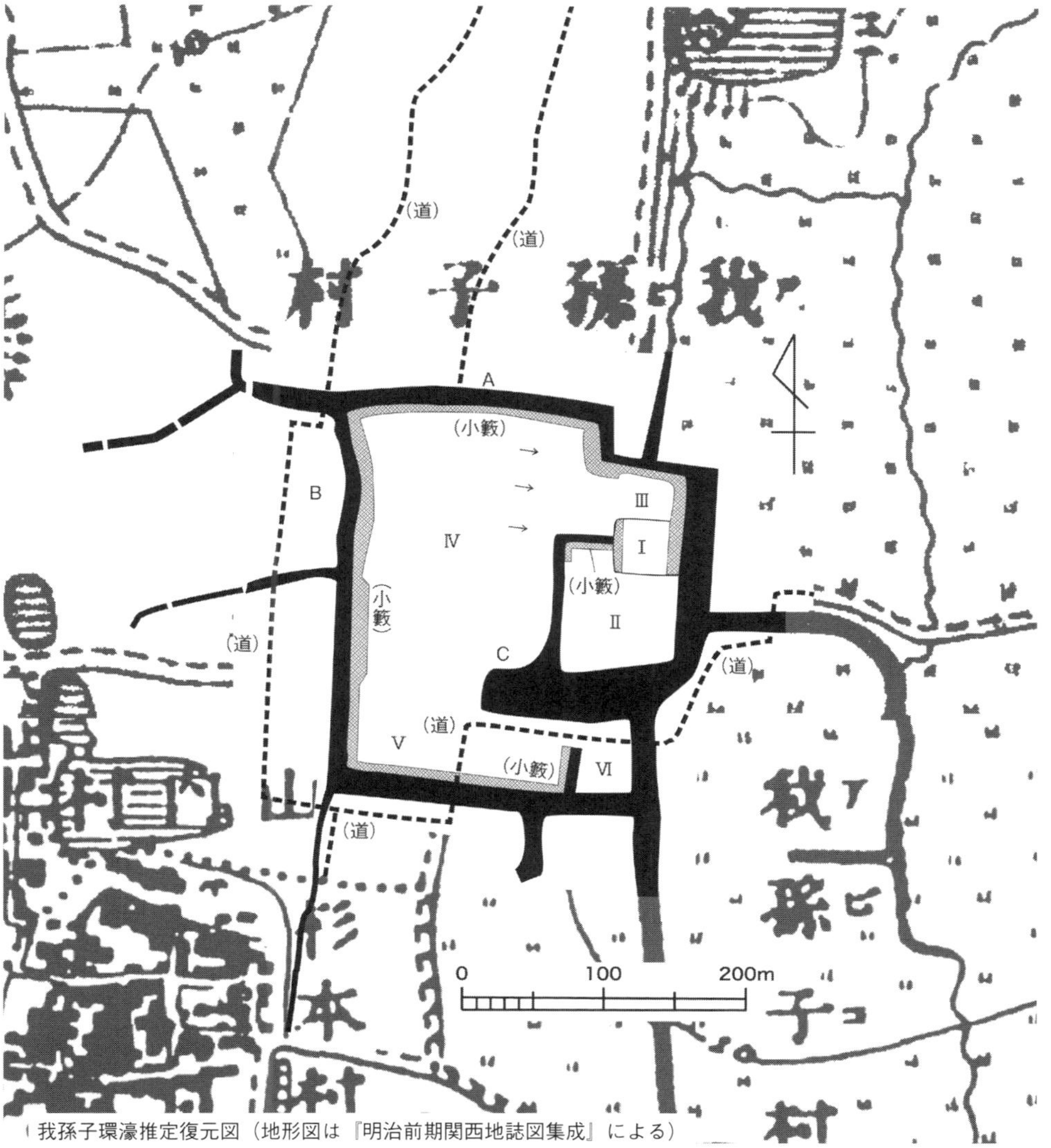

我孫子環濠推定復元図（地形図は『明治前期関西地誌図集成』による）

吾彦観音は推定復元図のⅢに所在し、また、我孫子神社の故地はⅠである。我孫子神社は、今井兵部が居城し、織田信長と抗争する大坂本願寺側の支城の一つだったとされる「我孫子城」の跡地に建てられたと伝承されてきた。『東摂城址図誌』にも「我孫子城」が紹介されているが（中村編二〇〇七）、一辺60から80メートル前後の方形の溝囲いとして描かれており、推定復元図のⅡを描いたものと考えられる。

【遺構】　当環濠は、一七世紀の「よさみ池古図（我孫子村絵図）」（福島二〇一六）をはじめとする近世の村絵図に描かれており、そこから中世の様相を類推することができる。村絵

A付近に残る段差　北より

図では、「我孫子城」と伝承される方形区画（推定復元図のⅡ）の西側にさらに広い方形の堀囲いが描かれている。これに加えて、昭和二十年代の航空写真や現地の微地形などから、東西250×南北300メートルほどの、環濠集落の様相が復元できる。

村絵図を明治時代の地形図と比較すると、北辺の堀Aがいずれにおいても共通して認められる。堀Aは現存しないが、地形の段差が当時の面影を伝えている。一方で、明治地形図にはB付近に巨大な南北の堀があるが（現在の我孫子公園敷地）、村絵図には描かれていない。萱振《かやふり》環濠（大阪府八尾市・『近畿』Ⅲ所収）では、江戸時代に新たな堀が掘られたことが知られる。当環濠でも同様に、江戸時代にB付近の堀が拡幅された可能性が考えられる。

そのほか、道の取り付き方も、村絵図と明治の地形図との間にはかなりの差異が見られる。「よさみ池古図」が描かれた後、この地域では、宝永元年（一七〇四）の大和川付け替えという大規模な土地改変がなされており、その後も明治に至るまでにかなりの改変があったことがうかがえる。

村絵図では曲輪の外縁が帯状に縁取られ、土地利用は「小藪」であったとされる。藪が繁茂した土塁で囲まれていたことが考えられるが、高土塁ではなく、切岸を表現した可能性もある。

また、防御施設も、村絵図から次のように類推できる。Ⅲの北側には、横矢掛かりが見られる。ただし、ここは環濠集落全体の北東部に相当することから、鬼門除けの可能性もある。

Ⅱ郭西側の堀は西側に突き出し（C）、Ⅳ郭とⅤ郭を分ける。さらに、南辺の環濠から北側に堀が陥入し、Ⅴ郭とⅥ郭を分ける。Ⅴ郭・Ⅵ郭は重ね馬出しのようにも見える。

【評価】　農業用水に乏しい高燥の地に立地する環濠集落であり、水利の掌握に関連していた可能性がある。環濠が用水機能を持っていたと考えられ、江戸時代に入ってからも環濠の拡大がなされたことがうかがえる。

また、氏神（旧・我孫子神社）や古刹の寺院と一体化しているが、こうした宗教施設と環濠集落の密接な関連は、萱振環濠などにも類例が見られる。

城郭として見た場合、横矢掛かりや馬出しを備えていた可能性があり、注目される。

（遠藤啓輔）

［参考文献］川内眷三　二〇〇五「17世紀末：我孫子村絵図にみる依網池の水利特性について」『四天王寺国際仏教大学紀要』第四〇号／中西裕樹　二〇一五『大阪府中世城館事典』戎光祥出版／一九九六『住吉区史』／福島克彦　二〇一六『第二四回企画展　堺と大山崎―自治都市の系譜―』大山崎町歴史資料館／中村博司（編）　二〇〇七『よみがえる茨木城』清文堂／一九八九『明治前期関西地誌図集成』柏書房

93

大仙遺跡《だいせんいせき》

巨大古墳に隣接する方形居館群

大仙遺跡全景　西より

【選地】 世界最大の墓として知られる大仙《だいせん》古墳（宮内庁指定仁徳天皇陵）は、中近世の堺環濠都市遺跡でもある堺市中心街の南東に近接する。南西を向く前方部の南東隅近くにJR百舌鳥《もず》駅があるなど、交通の便も良く、観光地化が進んでいる。とくに前方部南側は、陪冢《ばいちょう》や堺市立博物館が一体となった公園になっており、国内外の観光客でにぎわっている。

しかし、前方部西側南部は、一転して一般人立入禁止の廃墟が広がっており、閑散としている（二〇一七年現在）。これは、旧・大阪女子大学（二〇〇五年に現・大阪府立大学に再編）大仙キャンパスの跡地である。ここに中世の城館遺跡である大仙遺跡があったことは、道端にひっそりと立つ同遺跡の解説パネルがわずかに示している。

大仙古墳は、南南西から北北東へと延びる長大な台地上に立地しており（この台地を北へ進むと上町《うえまち》台地に続き、その北端には難波宮や大坂城がある）、台地天端と麓の低地との比高差は約8メートルにも及ぶ。この台地の西側斜面上に城館群が築かれていたことが、女子大建設に先立つ発掘調査で明らかになった。大仙古墳は二重（部分的に三重）の濠に囲まれ、この濠から西側の低地に向かって流れ落ちる、複数の川筋が延びる。

このうち、大仙古墳の西側中央から延びる川筋と、同古墳の南西端から延びる水路（現

DATA

所在：堺市堺区大仙町
遺構：なし
規模：130 × 150m（最大で 200 × 300m に及ぶ可能性あり）
標高等：標高 16 m、比高 8 m

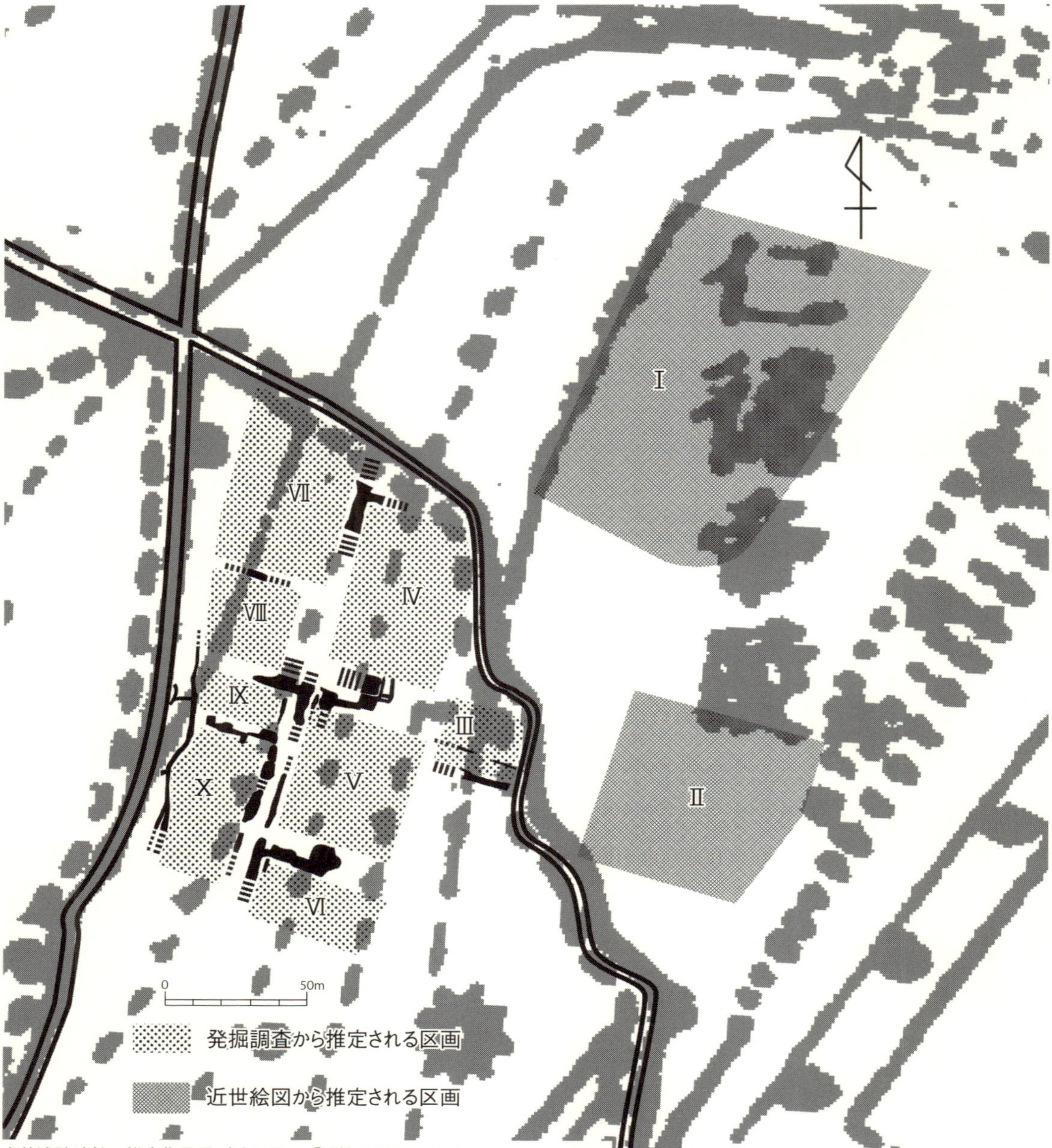

大仙遺跡城館　推定復元図（地形図は『明治前期関西地誌図集成』を使用）

在、地表面には見られないが、後述する『舳松《へのまつ》領絵図　謄写本』に見える）の間が大仙遺跡の城館の範囲であろう。享保十五年（一七三〇）のものとされる『舳松領絵図　謄写本』（福島二〇一六）を見ると、この範囲に方形の地割が群居している。

大仙古墳の周堤南西端をかすめるように、南河内から続いてきた街道が北西に向けて伸び、大仙遺跡の北西で、台地の麓に沿うようにして北北東に伸びてきた街道（この街道を南下すると、『近畿』Ⅲ所収の家原《えばら》城に至る）と合流する。このように、街道の結節点を台地上から押さえる位置に、大仙遺跡の城館群がある。

また、巨大古墳の隣接地ということにも意味があったと思われる。古墳を利用して城郭を築いた例は多いが、聖地としてのイメージや、古墳からの加護の期待から、意図的に古墳に築城したものもあったと考えられる（遠藤二〇〇五）。大仙遺跡にも、同様の背景が推定できよう。台地の麓の街道から見上げた大仙遺跡の城館群は、大仙古墳の威容と一体となって通行人を圧倒したと想像される。

大仙遺跡の現況　北西より

【歴史】大仙遺跡は、平安時代から鎌倉時代の瓦の散布地として古くから知られていた。昭和四十六年以降、女子大建設に先立つ発掘調査が複数回にわたってなされ、寺院の遺構こそ出なかったものの、瓦のほか、石地蔵の台座、一石五輪塔、卒塔婆《そとば》が出土し、中世寺院が存在した可能性が高まった。同時に、室町時代の堀を検出し、城館遺跡でもあることが明らかになった。

　昭和四十九年に遺跡内各所で調査を行った堀江門也氏は、平安時代末から鎌倉時代の瓦類と、室町時代前期の日常雑器類という、遺物の時期差に注目した。そして、寺院が平安時代末から鎌倉時代に造営されたのちに室町時代初期に廃絶し、その後、寺院跡を削平して城館が建設された、と分析。寺院と城館の明確な前後関係を推定した。なお、区画Ⅶ（呼称は本書掲載の推定復元図による。以下同じ）の西端、区画Ⅹの南端などから、遺物を伴わない長方形土坑がいくつか検出されたが、堀江氏は寺院に伴う土壙墓の可能性を指摘している（堀江一九七五）。

　一方、平成七年から翌年にかけて、区画Ⅲの調査を行った山田隆一氏は、瓦は平安時代末（一二世紀）から室町時代中期（一五世紀）までのものがあり、中には「寛正伍（年）」（一四六四）の銘が書かれたものが含まれていることから、一五世紀中ごろにも寺院関連の建物の存在が想定できるとし、「寺院を付設した城館」の可能性を示唆した。そして、検出された堀Eの最下層から一五世紀初頭頃の羽釜が、最上層からは一六世紀の輸入磁器が出土したことなどから、大仙遺跡の廃絶時期を一五世紀後半から一六世紀と推定した（山田一九八九）。

　『大仙遺跡発掘調査概要Ⅱ』掲載の遺物写真を見ると、須恵器や瓦質土器の片口鉢、スタンプ紋が押された奈良火鉢など、一五世紀初頭までのものが目立つ印象を受ける。ここでは、大仙遺跡の歴史について、平安時代末頃から寺院が造営され、室町時代には寺院と一体化した城館が形成され、一四世紀末に盛期を迎えるが、その後は衰微し、一六世紀までには廃絶した、と考えたい。

　ところで、大仙遺跡の歴史が、近接する堺の津と無関係であったとは考えがたい。そこで、大仙遺跡が機能した一六世紀までの堺の歴史をたどっておきたい。

　堺の津は、平安時代の末（一一世紀末）ごろから存在したとされる。大和や紀伊へとつながる陸路と、瀬戸内の海路とをつなぐ物資輸送の中継点として機能したばかりでなく、港の周辺は手工業や商業で栄えた。

山名氏清が和泉守護であった永和四年（一三七八）から明徳二年（一三九一）の間に、和泉守護所が堺に移され、以後、山名氏没落後も、室町時代を通じて和泉守護所は堺にありつづけた。国境にある堺は、摂津側が堺北荘、和泉側が堺南荘であり、和泉守護所は南荘にあったとされるが、その位置は不明である。

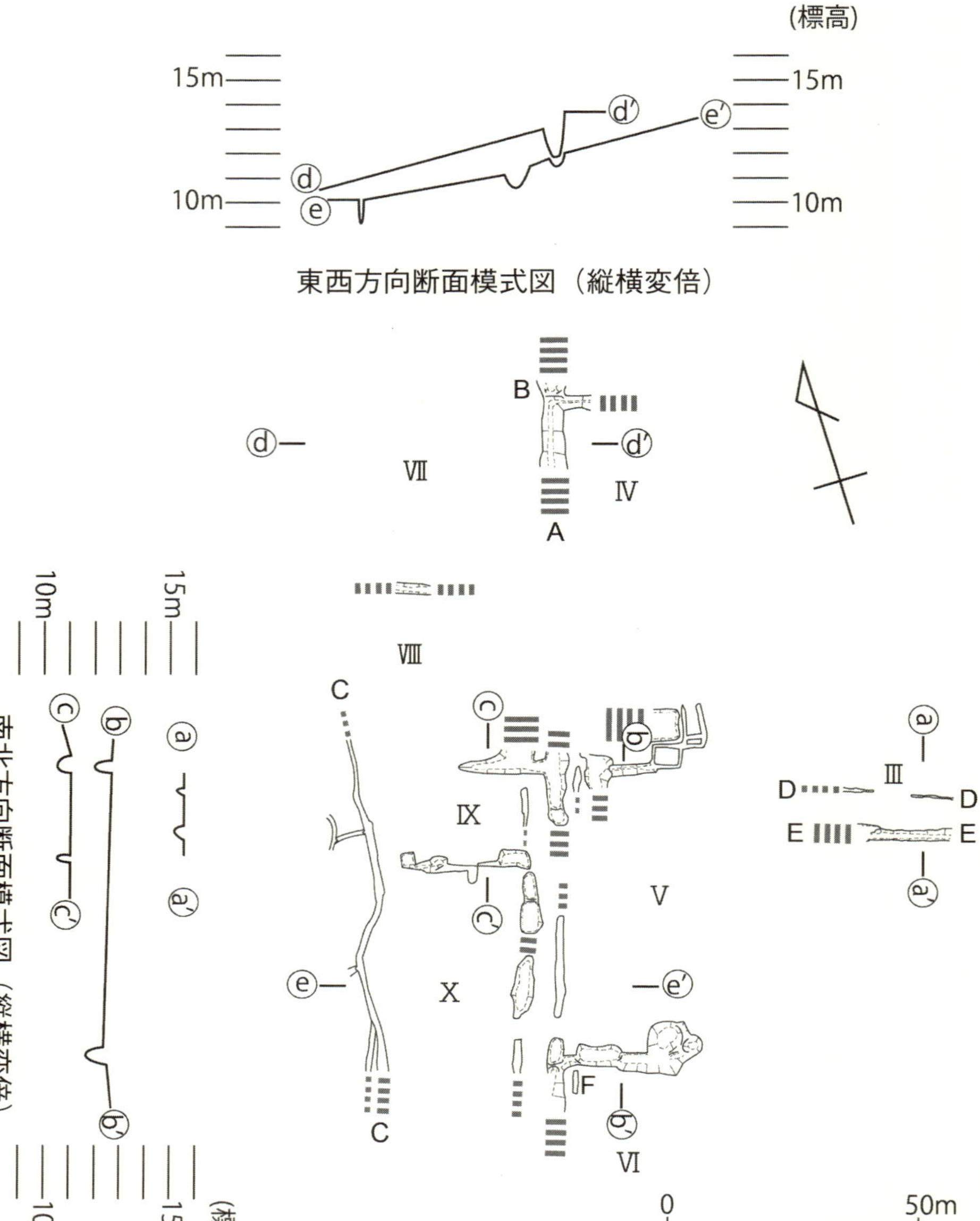

大仙遺跡　検出された堀　平面図および主要部分の断面模式図（発掘調査概要をもとに執筆者作図）

一四世紀末には応永の乱が起きる。これは、応永六年（一三九九）十二月、大内義弘が幕府に反抗したもので、この際、大内側は堺に城砦を築いて（『応永記』では「堺城」と表現される）籠城したという。堺側は、一度は幕府軍をはね返すも、その後、幕府側の火攻めを受けて敗北した。

また、一六世紀前葉に三好氏が堺に本拠地を置くも、享禄五年（一五三二）に一向一揆に敗れた三好元長が堺の顕本寺で自害するという事件があったが、この頃には大仙遺跡の城館は廃絶していたものと思われる。

【遺構】 発掘調査成果に加えて、近世の『舳松領絵図　謄写本』、および明治時代の地形図を援用しながら、大仙遺跡を復元していきたい。

発掘調査では、直線的に配された方形居館の堀が検出された。堀Aを例に規模を示すと、幅約5・5メートル、検出深さ約2メートルを測る巨大なものであり、場所によっては二段掘りにして法面を安定させていたという。堀底は平坦であるが、堀障子状の障壁も備えていたようである。堀は、真北よりやや東に振ったほぼ南北方向のものと、それに直交するほぼ東西方向のものとがある。このうち、南北方向のものは、土層の堆積状況から、東側から土が流れ込んだ可能性が考えられる。そもそも東側の土地が高いため、当然のことといえるが、堀の東側に土塁があった可能性も考えられよう。

大仙遺跡城館群の北限の可能性がある川　西より。右が大仙遺跡側。奥は大仙古墳

南北方向の堀に東西方向の堀が合流する地点（B）は、堀底がえぐれており、強い水流が渦巻いたことがうかがえるとされる。また、南北堀はB地点からさらに北に延びるが、B地点より北側の堀底は南側の堀底よりも高い。B地点より南側にある程度滞水してから北にオーバーフローして排水されていたと考えられるという。このことから、堀は常時滞水していたものと考えられる。また、近接した二条の堀が平行に走る部分もあった。

また、これらの堀よりもさらに西側には、南北方向を向きながらも蛇行する堀Cがあった。堀Cから西側の低地に向けて排水する溝が延びるが、これらの底は堀Cの底よりも高かったということである。B地点と同様に、堀に常時滞水させる効果があったものと考えられる。

堀Cのさらに西側は、泥田状を呈していたと考えられるとのことである。『応永記』には、「（堺城」の）東ノ方ハ深田ナリケレバ、一色今川両手ハ直ニ城へ切リ入ラントテ、路ヲ造ラセナドシテ」と記されている。堀Cの西側の泥田状の湿地は、堺の町の東側にあったというこの「深田」へと続いていた可能性がある。

これらの堀で囲まれた区画のそれぞれから、掘立柱建物の柱穴とみられるピット群が検出された。また、各区画は個別に井戸があったこともわかっており、各区画の独立性の高さがうかがえる。

また、堀のほか、より狭い溝も検出された。溝Dは堀Eに平行しており、底面に柱穴状の窪みがあったことから、布掘りの痕跡と推定されている。堀Eの内側に塀などの作事がなされていたものと考えられる。堀に平行する細長い土坑Fも、同様の施設の痕跡かもしれない。

以上のような発掘調査成果を、明治前期の地形図や『舳松領絵図　謄写本』と合わせて検証してみると、一層興味深いことがわかる。

まず、堀の方向である。堀の軸角は正方位とも大仙古墳の外形線とも異なっているが、この軸角はいったい何に規制されているのだろうか。遺構図面を、旧自然地形をよく残している明治前期の地形図と合成してみると、南北堀の方向と等高線の方向が見事に重なることがわかる。つまり、自然地形に逆らわずに堀を配した結果なのである。

次に、蛇行する堀Cは、明治前期の地形図

と合成してみると、台地麓の低地を南北に延びる街道の東側縁《へり》近くにこの堀Cがあることがわかる。このことから、この堀は城館の西側防御というだけでなく、街道の側溝も兼ねていた可能性がある。この堀の西側は泥田状であったとのことであるから、城館と低湿地の境界線上に、巨大な畦道のようになった街道が延びていたのだろう。

次に、『舳松領絵図　謄写本』と比較してみる。絵図では、大仙古墳の周堤南西端をかすめるようにして南東から北西に伸びる街道がつづら折りになっており、その折れた部分と方形の地割が対応している様相がうかがえる。そして、この街道の折れは、明治前期の地形図にもそのまま残っている。発掘調査で検出した堀は、堀Eや堀Aなどのように、道に直交するように意識して掘られた可能性が考えられる。

『舳松領絵図　謄写本』を見ると、発掘調査がなされていない街道の北東側にも方形地割が見られ、こちらにも方形居館群が広がっていた可能性がある。これらのことから、大仙遺跡の城館は、主要街道を計画的に城内に取り込んで縄張りされていたと考えられる。

方形区画は大小十区画以上あると推定される。発掘調査範囲の限界から、各区画の正確な規模はわからないが、比較的全容がわかる区画の規模を示すと、区画Ⅴがほぼ５０メートル四方、区画Ⅸがほぼ２０×３０メートルである。

各『発掘調査概要』記載のデータを使って、これらの区画の一部の断面模式図を作成すると、図のようになる。発掘調査に先立って存在していた旧・大阪府立大学農学部の学舎建設による改変も多々あると思われるが、各区画の高低差の傾向を把握するには有効であろ

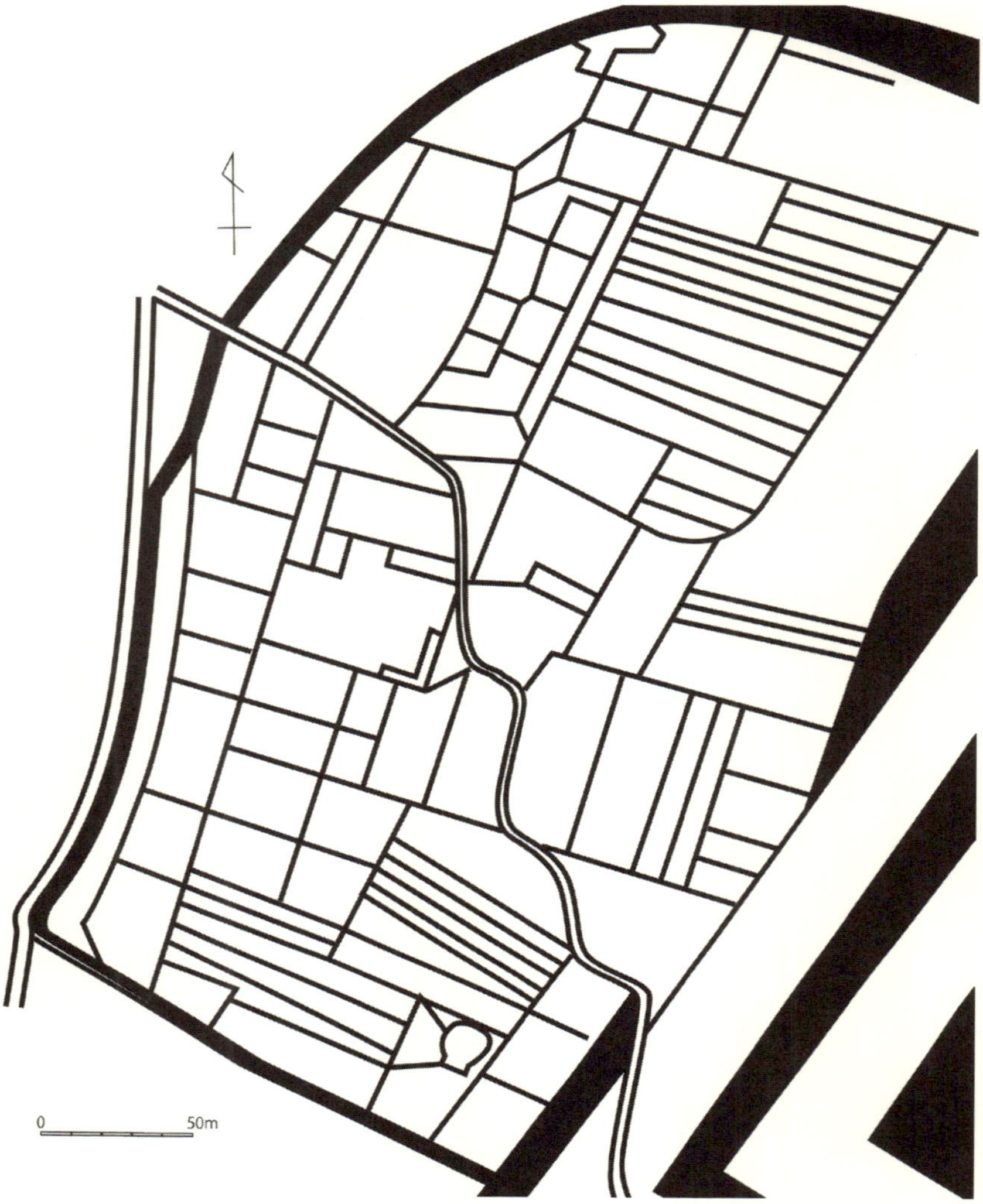

大仙遺跡付近の近世地割　作図：遠藤啓輔（『舳松領絵図　謄写本』記載の地割を現地形に合わせて改変）

う。断面図を見ると、南北に連続する区画はおおむね同じ標高であるのに対し、東西に連続した区画は、東側の区画ほど大幅に高いことが明確にわかる。往時の大仙遺跡は、巨大古墳の西側斜面に雛壇状に方形館が群集した、立体的な景観を呈していたと考えられる。

【評価】 以上の考察から、大仙遺跡に存在した城館の様相を、以下のようにまとめることができる。

①方形居館の集合体で、寺院と一体化していた可能性がある。

②街道を押さえる意図があったと考えられる。和泉から延びてきた街道は城域の西端に接し、南河内に続く街道にいたっては、計画的に方形居館群の中に取り込まれていたと考えられる。

③発掘調査で検出した城館規模は東西約130×南北約150メートルだが、それより広がるのは確実である。近世絵図から類推すれば、最大で東西200×南北300メートルにも及ぶ巨大な規模であった可能性も出てくる。

④台地の西側斜面という自然地形に逆らわずに普請がなされている。ただし、堀を直角に配するなど、明確に方形館を意識している。堺の港町を見下ろすようにして台地の西側斜面に複数の方形居館が雛壇状に鎮座し、その頂に最大の巨大古墳がそびえていたことになる。仮に土塁を伴っていれば、その威容は相当なものであったと思われる。

⑤堀は常時滞水するように工夫されている。また、近接して二条の堀が平行する部分もあった。

⑥出土遺物から、存続時期は一一世紀末（平安時代末）から一六世紀までと考えられるが、城館としての盛期は一四世紀頃であった可能性がある。

このように大仙遺跡の諸特徴をまとめたが、類似した遺跡としては、本書で掲載している北岡遺跡（大阪府藤井寺市）などが挙げられよう。

なお、『応永記』には「(「堺城」の）東ノ陣ハ、自元《もとより》難所ニテ無左右不破。一〔色〕・今川両手ニ合テ戦フ。（中略）此方ハ城第一ノ難所也」とあり、「堺城」の東側が防御上の要衝であったことがうかがえる。堺の南東にある大仙遺跡の城館群が、町の防御に重要な役割を果たしていた可能性も考えられる。しかし、この場所を「難所」たらしめていた要因について、『応永記』は前述した「深田」状の湿地について記載するのみである。これを重視すれば、大仙遺跡の城館群は応永の乱時には機能しなかったという解釈も生まれる。

現在は、広大な廃墟の間を縫う急な坂道が、方形館群が配された斜面地形を髣髴とさせる。なお、『発掘調査概要Ⅱ』によれば、遺構の多くは学舎の地下に保存する措置が取られたとのことであり、再発掘すれば、これらの遺構が再び姿を現す可能性がある。（遠藤啓輔）

［参考文献］堀江門也　一九七五『大阪府文化財調査概要一九七四―八　大仙遺跡発掘調査概要Ⅱ』大阪府教育委員会／山田隆一　一九八九『大仙遺跡発掘調査概要・Ⅲ』大阪府教育委員会／廣田浩治　二〇〇四「堺（さかい）」『第一二回東海考古学フォーラム岐阜大会　守護所・戦国城下町を考える　資料集弐』／遠藤啓輔　二〇〇五「古墳の城郭利用に関する一考察」『城館史料学　三』／福島克彦　二〇一六『第二四回企画展　堺と大山崎―自治都市の系譜―』大山崎町歴史資料館／一九八九『明治前期関西地誌図集成』柏書房／「応永記」『群書類従・第二十輯』

94

日《ひ》置《き》荘《しょう》遺《い》跡《せき》

鋳物師集団の方形居館群

【選地】　金剛山地から西に伸びる羽曳野丘陵と、和泉山地から北にひろがる陶器山丘陵に挟まれた位置にあり、西除《にしよけ》川（天野川）の中位段丘面に立地している。いくつか浅い谷地形も存在していたが、一四～一五世紀の間に整地のために埋め立てられている。

　この地域には溜池が多く存在し、開析谷の微地形を巧みに利用して築造された溜池と、平坦地に築造された皿池が混在している。また、下高野街道がこの遺跡を横断している。

【歴史】　この地域には、興福寺領の「日置荘」が設置された。『真継《まつぎ》文書』の仁安二年（一一六七）の蔵人所《くろうどどころ》牒写《ちょううつし》に「河内国丹南郡狭山郷内日置庄鋳物師《いもじ》等」とあり、鋳物師がこの地にいたことが明らかとなっている。

【遺構】　当遺跡は、一九八七年から一九九一年にかけて、近畿自動車道（阪和自動車道）と大阪府道の建設に伴って発掘調査が行われ、遺構が確認された。

　当遺跡では、堀（溝）によって囲まれた区画が十六区画確認されている。それらはすべて、ほぼ正方位で統一されており、中世の条里地割を基準に構築された。

　区画の中には建物跡や井戸跡など、生活の痕跡を示す遺構が検出されている。建物跡は掘立柱建物であり、遺構同士がかみ合っていたり、方位が異なっていたりするため、いくつか時期差が存在する。区画の溝には粘土が堆積しているものも見られ、水が巡っていたものと考えられる。遺跡の年代は一一世紀から一六世紀であるが、検出された溝の維持年代は一三世紀から一四世紀のものが多い。

　区画1は、溝に囲まれた屋敷地である。東西約12×南北約18メートルで区画され

DATA

所在：堺市美原区南余部、北余部から東区日置荘田中町、日置荘原寺町、丈六、高松
別称：余部日置荘遺跡
遺構：堀、溝、掘立柱建物、井戸
規模：約800×400m
標高等：標高45m前後、比高10m未満

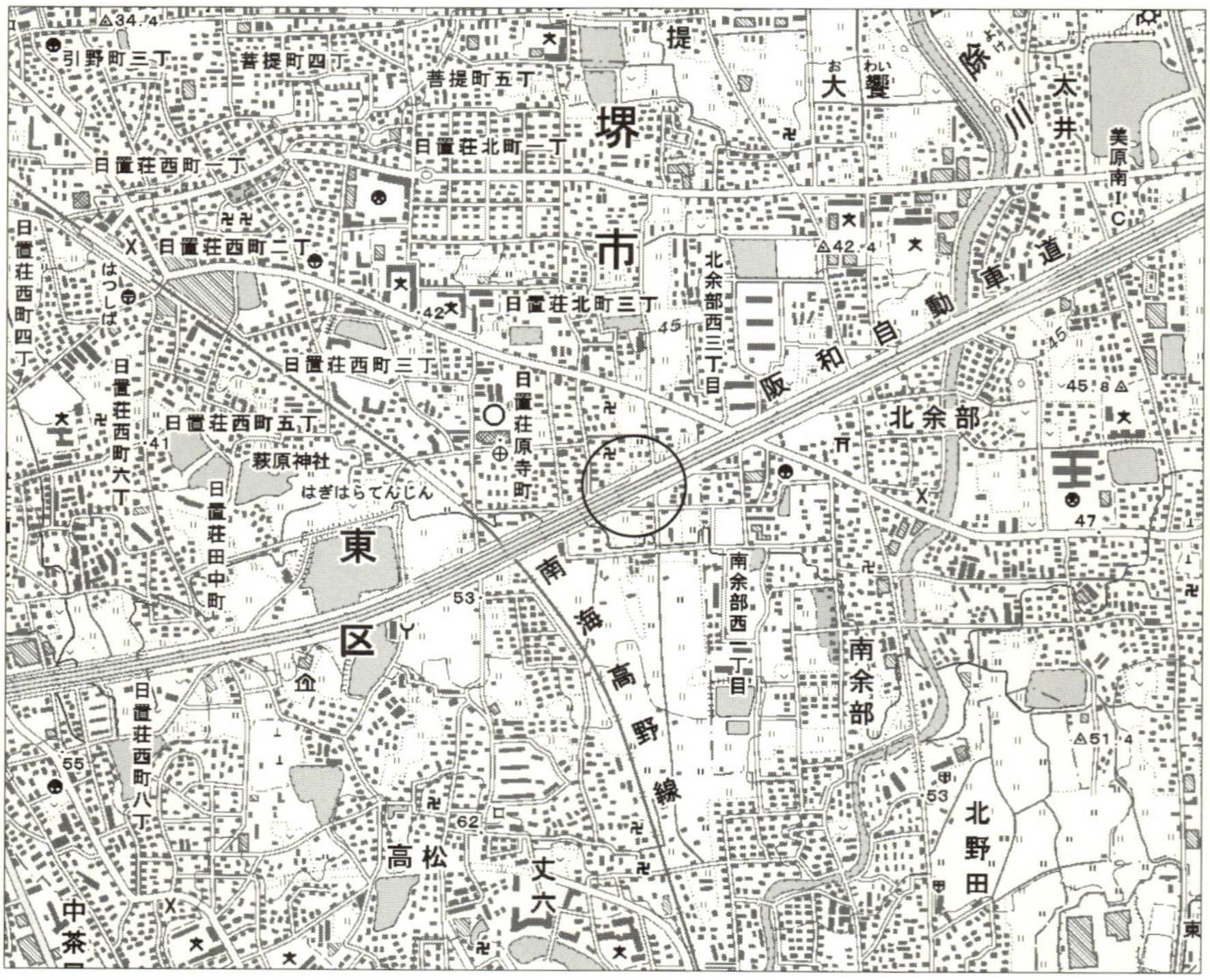

日置荘遺跡の現況

ており、区画内には建物が一棟ある。この区画に見られる溝は、幅が2メートル前後で、深さ0・2~0・3メートル程度である。

区画2は、東西95×南北42メートルの範囲である。溝は区画1よりも数が多く、長大で、全体は一町規模（約109メートル）であった可能性がある。溝は幅が約2メートルで深さが約1メートルであり、ほかの溝に比べて規模が大きい。また、暗渠遺構が見つかっており、区画2の出入りは南から行っていた。内側にも溝が検出されているが、幅は1メートル以下で深さも0・2~0・3と規模は小さい。遺構の切り合い関係から二時期に分けられる。

余部城で確認されたような堀に伴う土塁痕跡は当遺跡では見つかっていない。しかし、区画2では外溝と内溝の間に遺構が見つかっていない空間があり、土塁が存在した可能性が推測されている。区画内部には三棟の建物が見られ、それに伴うかたちで井戸も複数見られる。区画2の南側で、区画3の東側にあたる空閑地に溝や建物は存在せず、耕作地であったと推定されている。

区画3でも、東西南北に溝を巡らせた中に建物跡が複数見つかっている。南東隅のみ溝がなく、出入り口用の通路として使用されたと考えられる。内部には建物跡が三棟復元されており、井戸跡も複数見つかっている。区画3の南隣でも区画溝（区画4）が見つかっており、さらに南や東の未調査区に延びると推測される。区画4でも建物跡が1棟確認されており、これも南の未調査区に建物の南半があったと考えられる。

区画5、6、7でも、溝によって区画された空間が連続して存在する。その西隣には区画8と9があり、さらに区画8、9の西隣には、区画11と区画13が、それぞれ南北に連続して存在している。区画11と区画13の西隣には区画12と区画14が南北に並んで見つかっており、200メートル以上にわたって約20~40メートルに区画された屋敷地が連続して存在している様相が見られる。

区画には、復元された建物のほかにも柱穴と考えられるピットが数多く見つかっている。よって、復元されてはいないものの、各区画はそれぞれ建物を有したと考えられる。また、各区画には井戸跡も多く見つかっている。溝は、幅は2メートル前後から6メートル前後のものまでさまざまであるが、深さは0・5メートル以下であり、区画2の一町規模の溝の特異性が改めて注意される。

区画14から南西に約100メートルの地点に区画15が、さらに南西に約50メートルの地点に区画16が存在する。区画15は、推定幅約7×深さ約1メートルの溝に囲郭された東西約45×南北約55メートルの区画である。多くの柱穴が検出されており、なんらかの建物が存在していた。溝から鉄滓《てっさい》（鉄を製錬する際に出る不純物）が出土しており、区画15で精錬が行われていたことを示唆しているとともに、精錬を行う技術集団が、区画15もしくはその周辺に居住していたことを示している。また、区画15のすぐ北側には下高野街道が東西に通っている。区画16では、北と東を囲む形で溝が検出されている。周囲も含めて多くの建物が復元されており、溝を挟んだ北側にも多くの建物跡が確認されている。

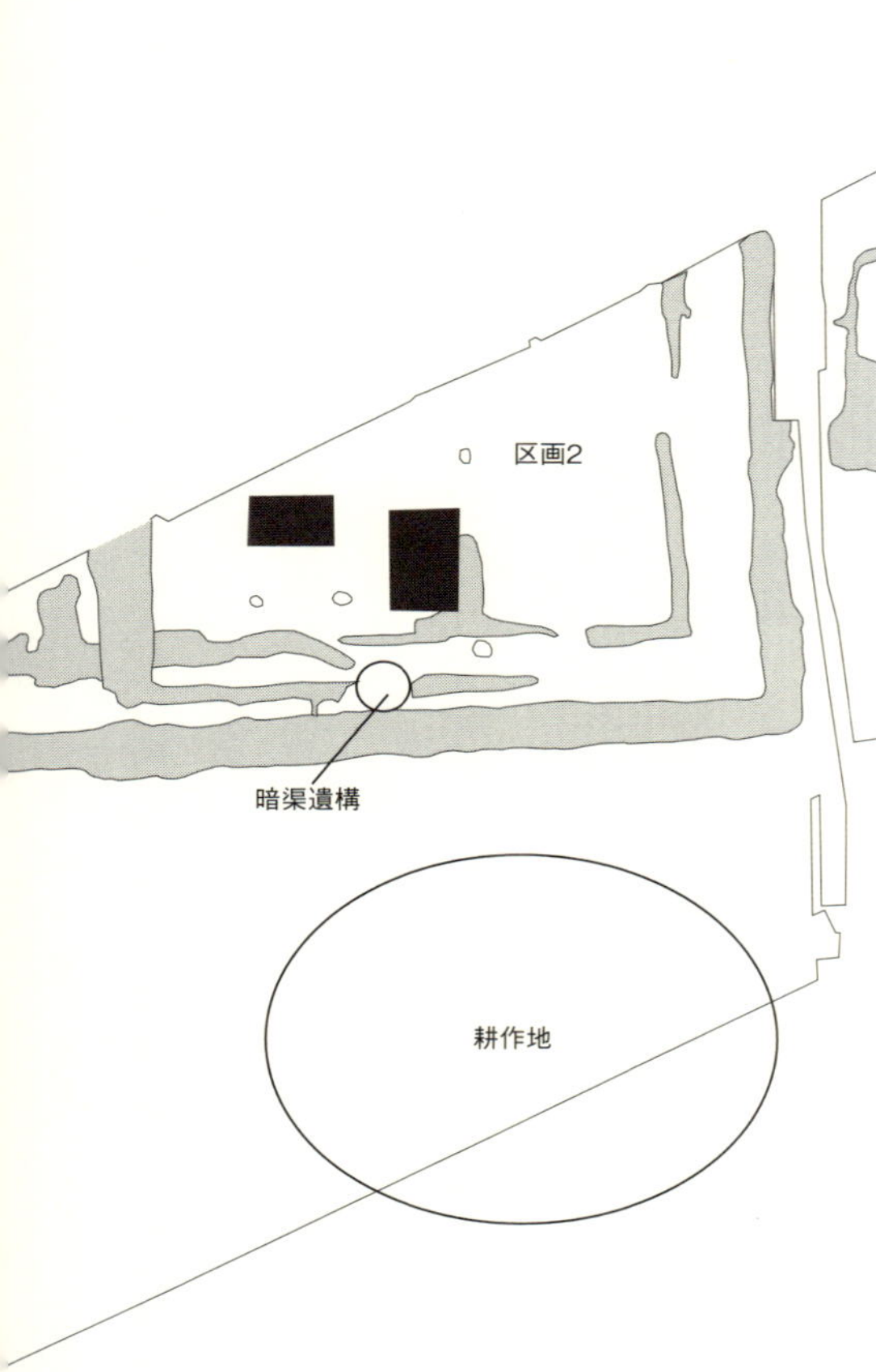

　遺物では、瓦（一二～一六世紀）が多く出土しており、寺院や寺に関わる村の施設の存在が推察される。ほかには、土師器や青磁碗、白磁碗、調理具等といったさまざまな日用品が出土しており、この土地で人々が生活していた様子が想像できる。また、先述した鉄滓に加え、炉片（区画1）や鋳型片（区画2）も出土しており、鋳造を行う施設が存在したことは確実である。

【評価】 以上のように、区画された屋敷地が連続して存在している様相が明らかになった。出土遺物から、屋敷地が1／6町規模で集合し始めたのは一三世紀頃であると考えられており、それ以前は、一一世紀頃から条里を基準とした一町規模の集落が存在していた。

　一三世紀になると、人々がこの地域に集合し始め、区画が設けられ始める。一四世紀には区画2を中心に区画が進む。一五世紀から衰退がはじまって集落は分散傾向となり、一六世紀には集落は移動・廃絶する。

　また、鋤柄俊夫氏によれば、集落は西から東へと発展・移動してきたが、一五、一六世紀になると、区画1の廃絶後に区画16に移動すると考察している。つまり、一五、一六世紀の段階では東から西へと移動しており、これまでの集落変遷とは逆の移動となる。この点については、外部からの新規の住人の存在が考えられている。

　当遺跡には、精錬を行う鋳造集団が住んでいたという点が特徴である。文献に記載されている「鋳物師」と、発掘から鋳造に関する遺構や遺物は合致しており、鋳造集団がいたことは確実である。溝を掘って水を巡らせる

区画11～14、東から　写真提供：公益財団法人大阪府文化財センター

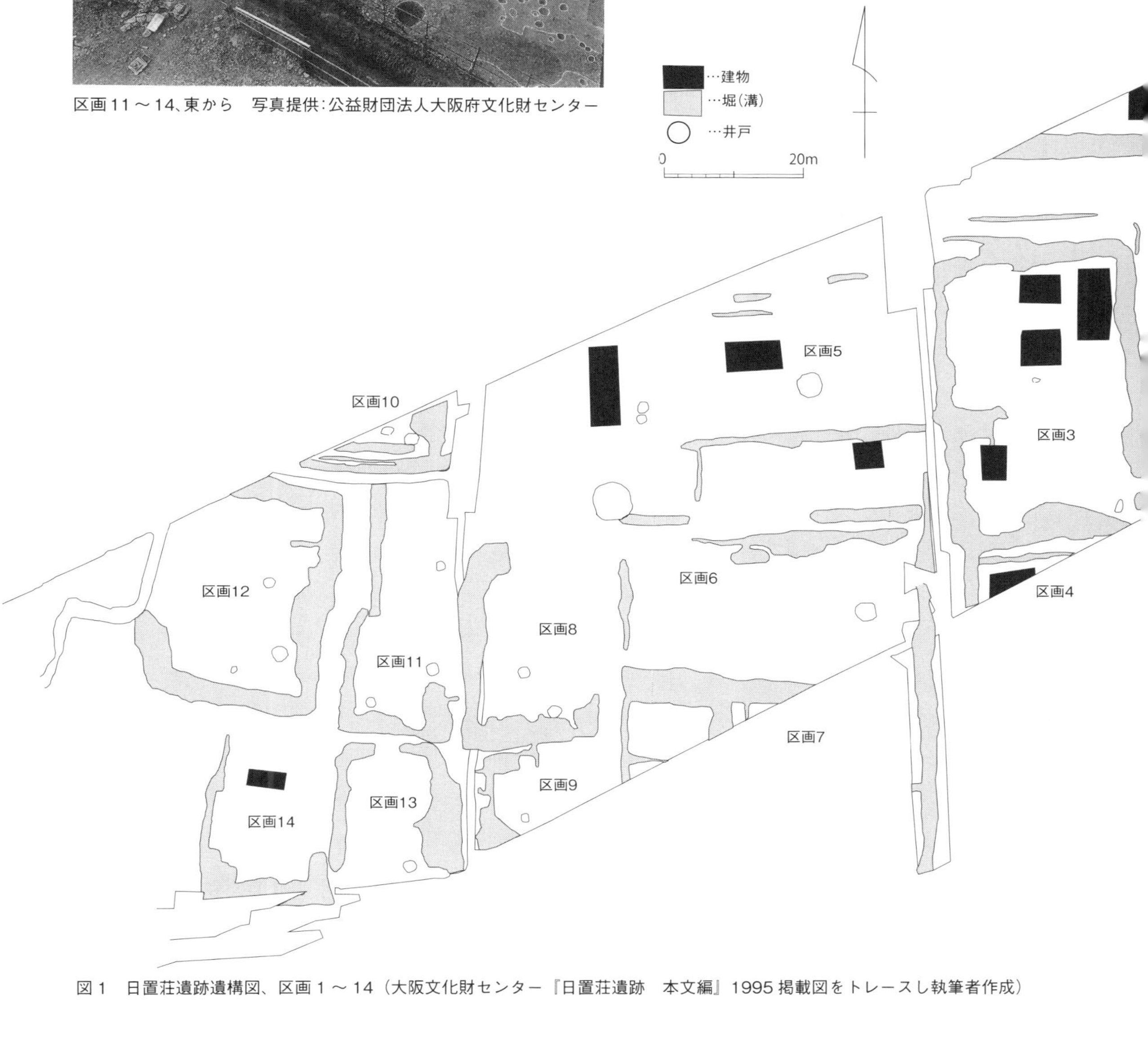

図1　日置荘遺跡遺構図、区画1～14（大阪文化財センター『日置荘遺跡　本文編』1995掲載図をトレースし執筆者作成）

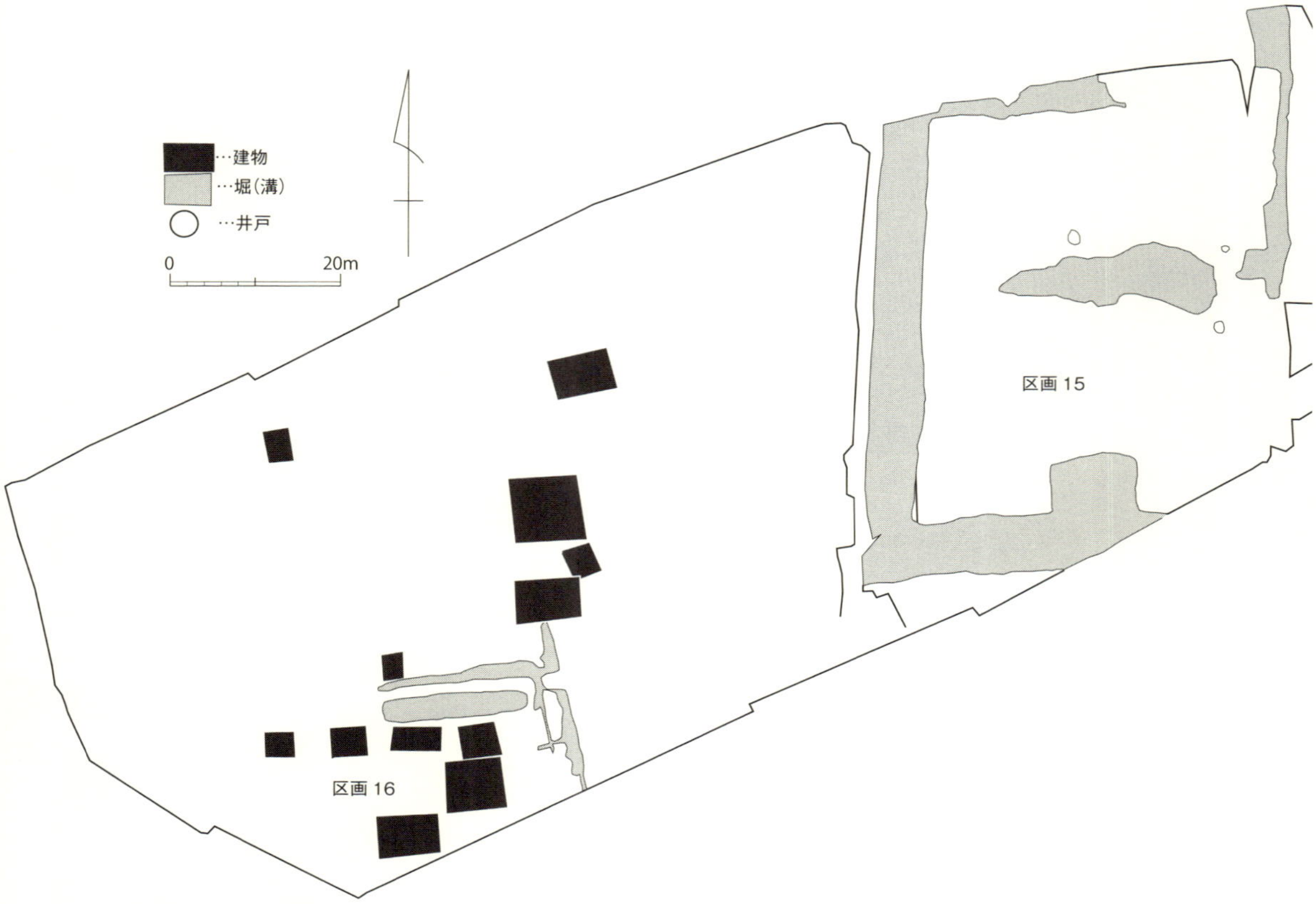

図２　日置荘遺跡遺構図、区画 15・16（大阪文化財センター『日置荘遺跡　本文編』1995 掲載図をトレースし執筆者作成）

のも防御のためだけでなく、鋳造用に水を確保したという目的が挙げられる。井戸も多く存在することから、水の確保という点で、当地が好地であったことがうかがえる。

現在明らかとなっている地区の外にも、溝囲みの遺構が続いていると考えられる。連続した溝囲みの区画を持つ集落が南北朝時代に成立し、室町時代を通して維持されたことが、発掘調査によって明らかとなっている。南北朝時代には、この周辺には悪党が進出しており、治安が悪化している時代背景がある。そういった戦乱から逃れるために人々が集まり、安全に鋳造を行っていたのだろう。

（廣富亮太）

［参考文献］大阪府教育委員会、大阪文化財センター　一九九五『日置荘遺跡　本文編』／鋤柄俊夫「第6章日置荘遺跡の遺構変遷」一九九五『日置荘遺跡　論考編』／鋤柄俊夫　一九九九「狭山池と中世村落の変容」『狭山池　論考編』／大阪府教育委員会　二〇〇五『余部日置荘遺跡』／大阪府立狭山池博物館　二〇一二『大阪府立狭山池博物館図録13　平成24年度特別展　中世狭山池の水下世界』

95

今西氏屋敷《いまにししやしき》

中世の荘官屋敷の様相を示す稀有な遺跡

今西氏屋敷の正門

【選地】　西に天竺《てんじく》川が流れる大阪平野の低地に位置し、当屋敷地付近は微高地となっている。南には、周辺地域の主要道となる東西方向の旧吹田《すいた》街道が接して通っている。中世の一帯には、奈良春日社の荘園・垂水《たるみ》西牧が広がっていた。

【歴史】　今西氏は、奈良春日社の社家であり、現地の荘官として「南郷目代」を称した。戦国期の垂水西牧では国人原田氏が台頭し、周辺地域では摂津最大の国人池田氏が勢力を持つ。今西氏は天正十年（一五八二）の山崎合戦に際して、明智光秀方に属して力を失ったというが、以降も在地の有力者として存続している。

【遺構】　現状の今西家屋敷は、東西約５０×南北約１００メートルの区画であり、周囲に一部で水をたたえた堀が存在する。現敷地内の北西隅には春日社があり、一段高くなっている。また、屋敷地の外側には東西約２００×南北約２００メートルの区画が存在し、過去の発掘調査で堀が巡っていたことが判明している。

発掘調査で判明した、外側の堀の開削時期は一三世紀中頃であり、この時点で居宅は成

DATA

所在：豊中市浜１丁目
遺構：区画、堀
規模：約 200 × 200m
標高等：標高約 5m、比高約 0m
指定：国指定史跡

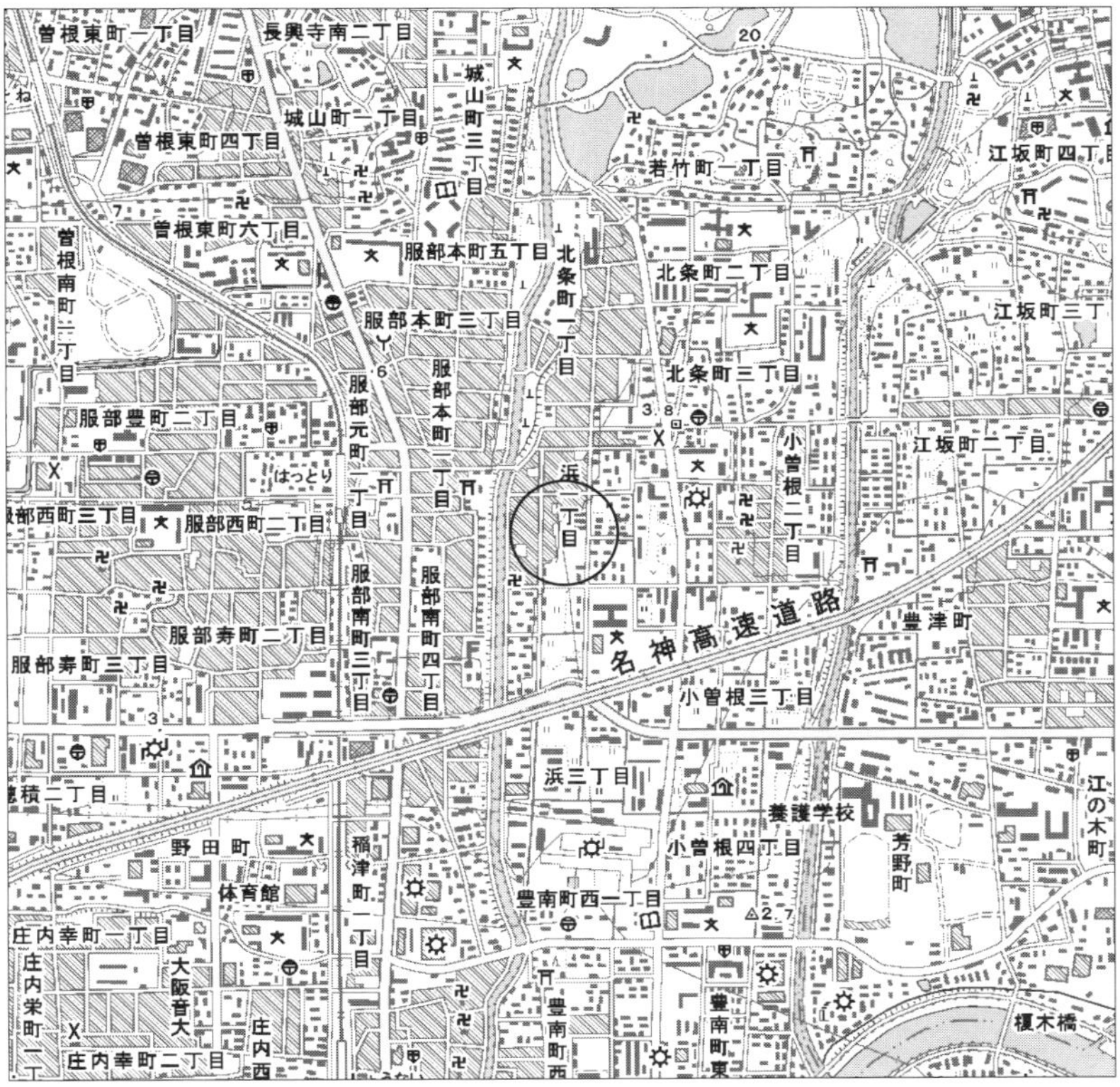

立していないことがわかっている。居宅部分に施設が確認できるのは一五世紀の前半で、神社などの荘園関連遺跡ではないかと推定されている。

戦国期の一五世紀末～一六世紀初頭にかけ、外側の堀は規模を縮小し、水路状の溝となる一方で現在の屋敷地を巡る堀が成立した。なお、発掘調査の所見からは、土塁跡ともされる居宅の高まりが戦国期に存在した可能性は低いと考えられている。

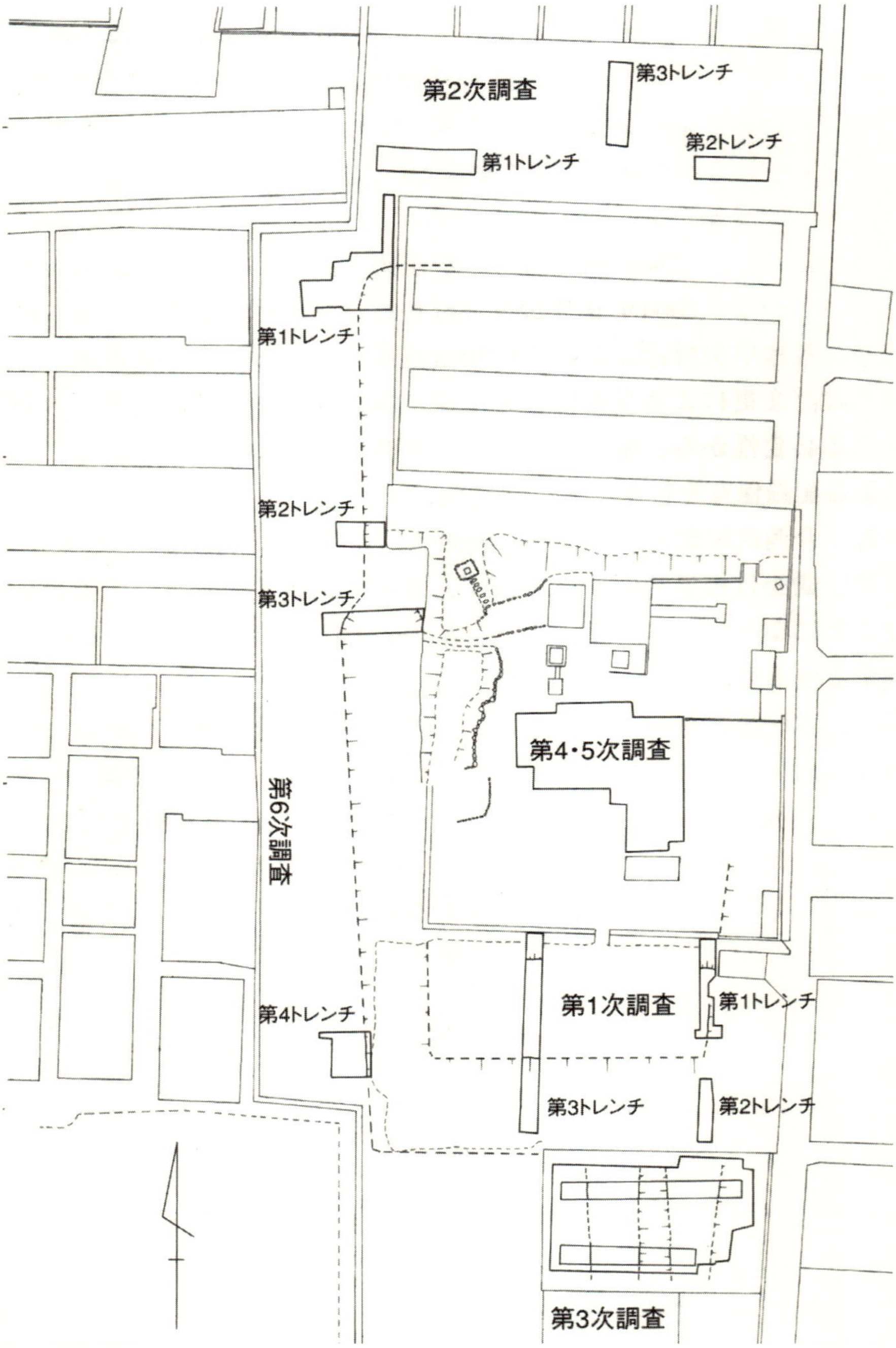

今西氏屋敷　発掘調査区位置図（橋田 2005 より転載）

【評価】　当屋敷の周辺では、いわば内堀と外堀が二重に巡り、近世城郭でいう渦郭式の平面構造となっている。ただし、外側の堀が溝となる戦国期になると内側の堀が整備されること、一般論として２００メートル四方の堀による区画は、守護館など国を代表する武家の居館に限られることをふまえると、戦国期の今西氏屋敷は、内側の堀内部として理解すべきであるように思う。

また、この区画は土塁を伴わない可能性が高く、これは武家居館ではなく、荘官屋敷であることが要因として指摘されている。戦国期の守護館でも土塁を伴わない事例が各地で報告されており、京都などの中世都市にもその傾向がある。今西氏屋敷は、土塁という区画構造物を考える良い材料となっている。

さらに、中世前期の広い区画を巡る堀は、「堀内」と呼ばれた領主による開発地を示す可能性が指摘されている。ただし、この「堀内」は、文献資料上、畿内で頻出する用語ではない。中世の荘官屋敷であることが確実な今西氏屋敷は、中世全般にかけて、領主的存在がどのような区画施設を営もうとしたのかを理解をするうえでも貴重な遺跡であろう。

（中西裕樹）

［参考文献］蔭山兼治　二〇〇四「「堀内」の再検討―その実態と論理―」『琵琶湖博物館研究調査報告』21、橋田正徳　二〇〇五『大阪府指定史跡 春日大社南郷目代 今西氏屋敷―現存する荘官屋敷にかかる第1～7次発掘調査成果の報告―』豊中市教育委員会

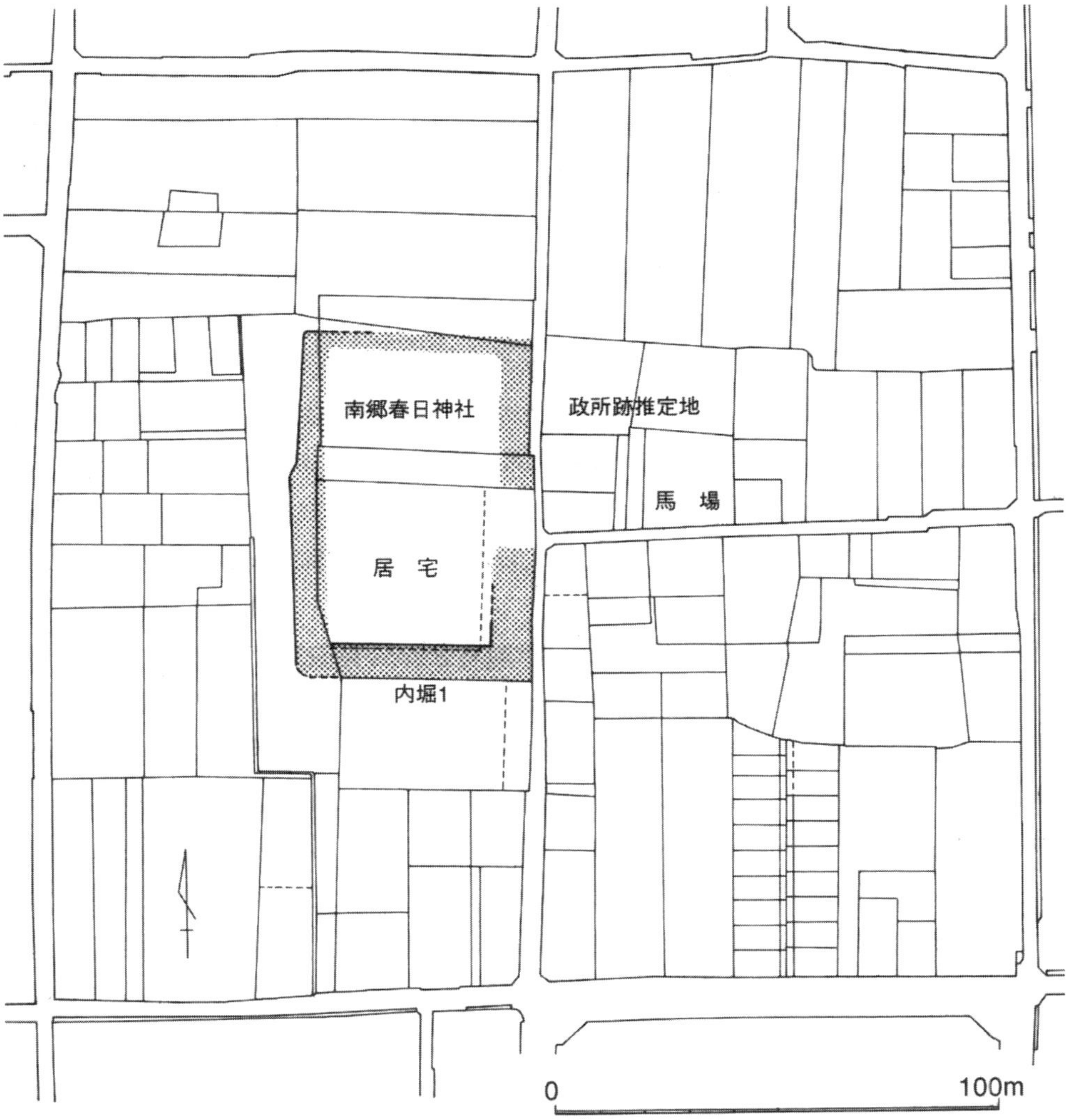

今西氏屋敷　地籍図（橋田 2005 より転載）

今西氏屋敷の北東にある末社。範囲を示すためとされる

96 木部砦《きのべとりで》

【選地】　北摂《ほくせつ》山地から流れ出た猪名《いな》川との合流点に近い余野《よの》川左岸に位置し、東から五月《さつき》山（標高315メートル）の山塊が迫る。この隘路状の地形となる付近では、ともに丹波方面からの能勢《のせ》街道と余野街道が交差し、約1・3キロ南下すると、周辺地域を代表する町場の池田に至る。戦国期の池田には、摂津国を代表する国人池田氏が池田城を構えていた。

木部砦跡の現状　西より

DATA
所在：池田市木部町
遺構：区画ヵ
規模：約80×140mヵ
標高等：標高約30m、比高約1m

【歴史】　天文年間（一五三二〜五五）に池田氏が利用したとの説、天正六年（一五七八）の織田信長による荒木村重が拠る有岡城（兵庫県伊丹市）攻めに関わる文脈で紹介される場合があるが、不詳である。

　中世の木部は細河荘に属し、以北の余野川沿いは細河郷として、近世以降もまとまりをみせた。近世木部村の庄屋家は下村氏であり、現在も町内で多く見かける名字である。下村氏は、戦国期の池田氏家臣下村氏との関係が指摘されている。

　『多聞院日記』永禄十年（一五六七）五月十九日条に「昨夜宿院ノ城へ夜打シテ池田衆損了」とあり、「下村重介死了、百計ノ大将ト云々」との注記がある。下村姓の人物が、三好三人衆方として奈良に出兵していた池田勝正の配下にいたことは確実である。

【遺構】　庄屋をつとめた下村家には、「ドエ（土居・土井か）」という城があったという言い伝えがあり、縁戚で所有する土地になっている。「城ケ前」「土居」という地名とも伝わり、当砦跡とされる場所にあたる。

　現地には、やや東に傾いた正方形が東側の南北道路で削られたような一段高い区画が

あり、現状では最大で南北約８０×東西約６０メートルである。近年までの木部周辺は、国内を代表する植木の一大産地であり、現地周辺は植木畑として使われているので、大きな改変が加えられていることが予測される。

現在の畑地は、冒頭に規模として記した東西約８０×南北約１４０メートルの範囲であり、先の一段高い区画はほぼ中央に位置する。一方、余野川に近い西側は、高さ約２メートルの石垣となり、外側は一段低い田地となっている。

概要図　作図：中西裕樹

【評価】　現状の様相から、戦国期の城館の存在を想定することは難しい。しかし、在地に下村氏という土豪層がいた可能性は高く、仮に城館が存在しない場合、土豪が城館を持てなかったのか、持つ必要がなかったのか、その解釈が課題となる。また、地名や伝承には、なんらかの動機が必要であり、伝城跡の地形は河岸段丘状を呈していることから、まったく存在が否定できるわけではない。

大阪府下は、確実に地表面から確認できるような平地の城館跡遺構が稀少である。しかし、意外に城館関連地名や伝承は多いのではなかろうか。その実態を想定していくうえで、たとえば関連地名や伝承の内容や分布などを整理し、傾向を理解することも必要だろう。当砦は、伝承の土地と伝承者、戦国期の様相が垣間見える、興味深い事例である。

（中西裕樹）

［参考文献］楢原昌夫　一九六七「木部砦」『日本城郭全集』９／柏床宜宏　二〇一四「戦国時代に池田市木部町にあった木部砦（城）跡」ホームページ『戦国大名池田勝正研究所』（http://ike-katsu.blogspot.jp/2014/06/blog-post.html）

97 松永屋敷跡《まつながやしきあと》

松永久秀ゆかりの平地城館跡か

【選地】 松永屋敷跡は、低地の集落に選地し、西側に如是川《にょぜ》が流れる。南には、戦国期の富田《とんだ》寺内町と国人入江氏の城館が存在した高槻とを結ぶ東西の幹線道が通る。

松永屋敷推定地付近の東五百住の集落

DATA

所在：高槻市東五百住
1丁目小字城垣内
遺構：地形、地割
規模：約 50 × 50m カ
標高等：標高約 10m、
比高約 0m

【歴史】 享保二年（一七一七）に刊行された軍記『陰徳太平記』に、「其ノ種姓を尋聞ニ元来摂州嶋上ノ郡五百住ニテ出生シ、豊嶋ニ住シケルアヤシノ村民ニテゾアリケル」とある。同十四年の「郡家村・東五百住村境見分絵図」（郡家財産区蔵。以下では「絵図」と略）には、東五百住《ひがしよすみ》に「松永屋敷跡畑田」という区画が見え、江戸時代の多くの地誌や絵図類では、この場所を松永久秀ゆかりの地として紹介してきた。

実際、松永久秀の出自は、東五百住周辺の土豪層あたりに求められる可能性がきわめて高い。松永氏の後裔は、高槻城主入江氏の縁戚であるとし、久秀の甥で八上城《やがみ》（兵庫県篠山市）の城主となった松永孫六が五百住から移転したという妙福寺（日蓮宗）の室町期の木造日蓮上人坐像には、「永禄五年壬戌七月吉日彩色 施主松永孫六良敬白」との書き込みがある。

【遺構】 現地周辺は宅地化され、旧村落域には二本の鉄道が通過している。隣接する河川を含めて、近世以降の土地や景観の大きな改変が容易に想定できる。

絵図の「松永屋敷跡畑田」は、周囲に溝があり、北側と東側とでは明らかに幅が広く、「とで」という湧水地があった。不鮮明だが、

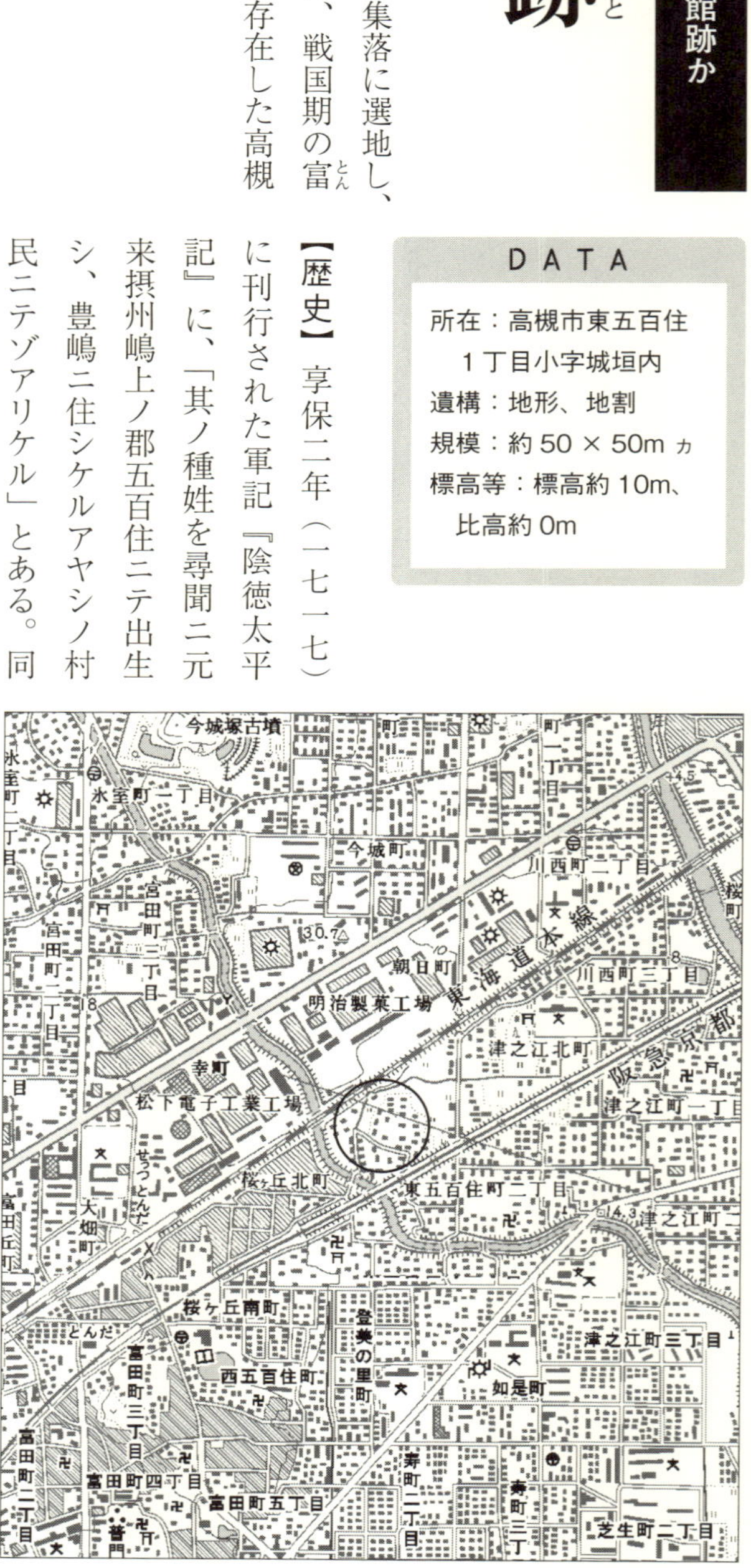

南縁には樹木のような表現が見られる。小字「城垣内」の南東は、南に約半町（５０メートル）四方が張り出すようになり、若干だが高い土地もある。北側では集落（旧村の家屋）に接し、絵図の描写をふまえると、付近が屋敷跡の候補地となる。ただし、「城垣内」内には別に高い場所があり、かつての「とで」を思わせるような田地もある。地表面観察からの、屋敷跡の現地比定は容易ではない。

【評価】 絵図と小字「城垣内」の状況から、松永屋敷は水堀を伴う半町（５０メートル）四方の区画であった可能性が高く、土塁の存在も想定される。一般的な戦国期の土豪層による城館のスケールであり、絵図が東側に描く「若宮」は、一体の祭祀施設なのかもしれない。これらの様相は松永久秀の出自に一致し、ゆかりの城館跡と考えてよいだろう。近世以降の地域社会では、禁忌を理由に中世城館跡の開発や個人所有を避ける場合があり、そのイメージにも合致する。

しかし、松永屋敷跡周辺、さらには大阪平野における平地城館の確認事例は少ない。松永屋敷自体、存在は絵図や伝承から理解されるが、直接の遺構は確認できない。

反面、周辺地域では「城垣内」のような城館関連地名が意外に多い。これらは、そもそも堀や土塁という遮断施設を持たない「城」なのかもしれないが、発掘調査の対象にはならない場合が多い。地籍図などでの確認作業を含め、どこまで実証が可能となるか、大阪府下の平地城館を考える際の課題である。

（中西裕樹）

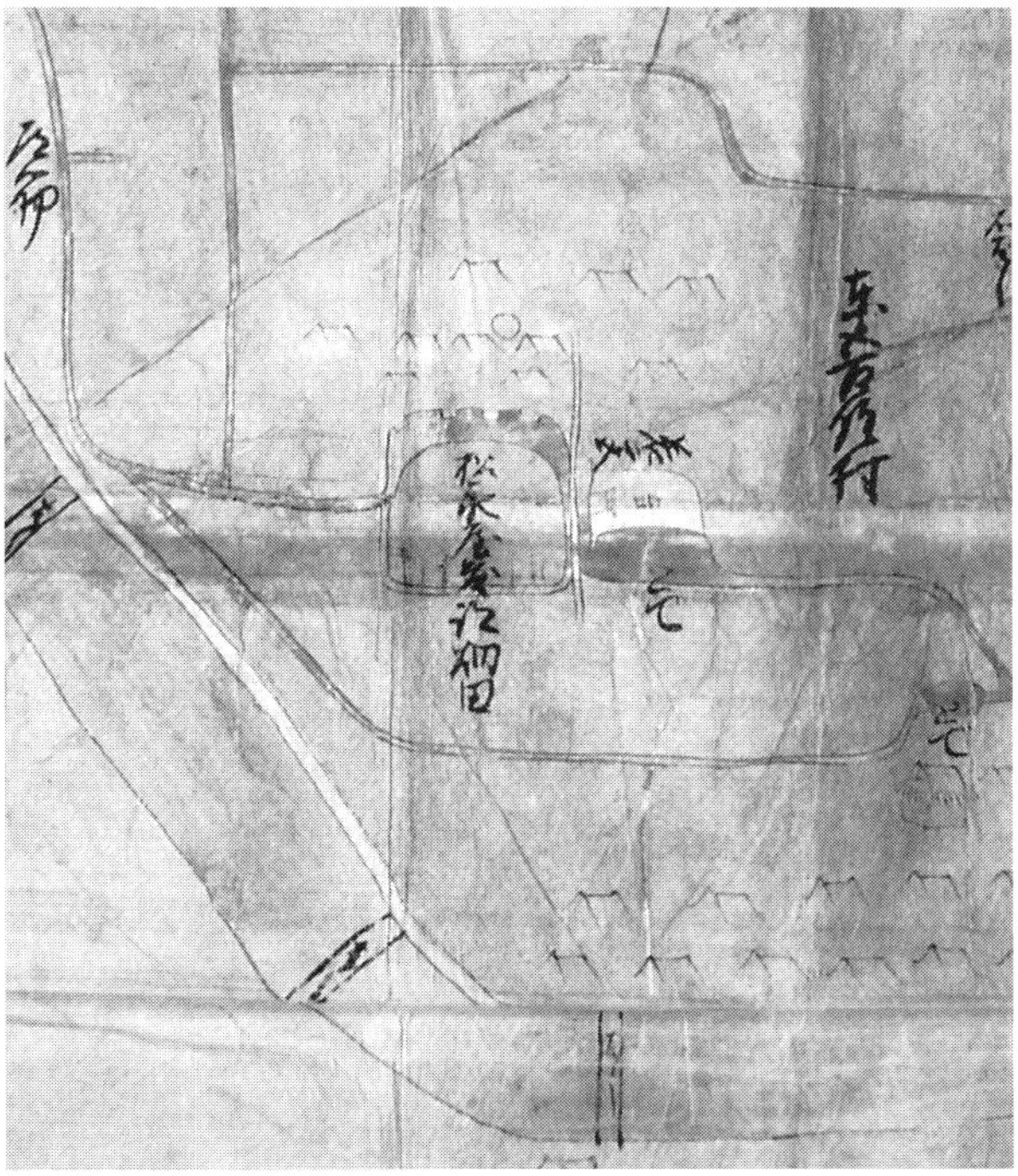

松永屋敷を描く絵図（松永屋敷跡。「郡家村・東五百住村境見分絵図」部分） 郡家財産区蔵 写真提供：高槻市教育委員会

松永屋敷関連地名 小字「城垣内」（『高槻市史』第３巻付図より） 高槻市教育委員会提供

［参考文献］拙稿 二〇一二「松永久秀の出自と高槻」『しろあとだより』５ 高槻市立しろあと歴史館／拙稿 二〇一五「松永屋敷跡」拙著『図説日本の城郭シリーズ２ 大阪府中世城館事典』戎光祥出版／拙稿 二〇一七「松永久秀の出自と末裔」天野忠幸編『松永久秀 ゆがめられた戦国の梟雄の実像』宮帯出版社

98

枚方寺内《ひらかたじない》

北河内の中心的な寺内町

字「御坊山」の九九丸塚から東方向を望む。右手が上之町。手前は蔵ノ谷　写真提供：遠藤啓輔（以下、３枚とも）

【選地】　淀川にほど近い、丘陵上の上之町《かみのちょう》と谷地形の蔵ノ谷に位置する。上之町から坂を下った淀川沿いの三矢《みつや》や岡は、早くから港湾としてひらけており、京都と大坂の中間にあたるため、戦国期以降は中継港としても機能するようになる。このように、寺内町と港町の複合的な構造をとるのが特徴である。

【歴史】　永正年間（一五〇四～二一）に、本願寺の実如によって建立されたと考えられる枚方坊を中心に、次第に寺内町が形成された。享禄二年（一五二九）には、山崎での合戦で敗北した柳本賢治が、枚方坊に逃げ込んだことで知られる。また、享禄五年には、畠山義堯を攻撃するために出陣した証如も立ち寄っている。

そして、永禄二年（一五五九）には、蓮如の十三男にあたる実従が入寺する。以後、枚方坊は順興寺と称することとなる。実従は、『私心記』なる日記を残していることから、枚方寺内町は日常の様子がわかる稀有な寺内町でもある。

右のように、独自に発展しつつも、実従を介して本願寺とも直接的な関係を持つという枚方寺内町の二面性は、『私心記』に記される日常にも反映されている。典型的な一例が、実従のもとで両腕となって働く下間頼栄と葛野信濃の二人の殿原《とのばら》である。実従が大坂から

DATA

所在：枚方市枚方上之町
遺構：なし
規模：400 × 500m
標高等：標高 30 ～ 40 m、比高 20 ～ 30m

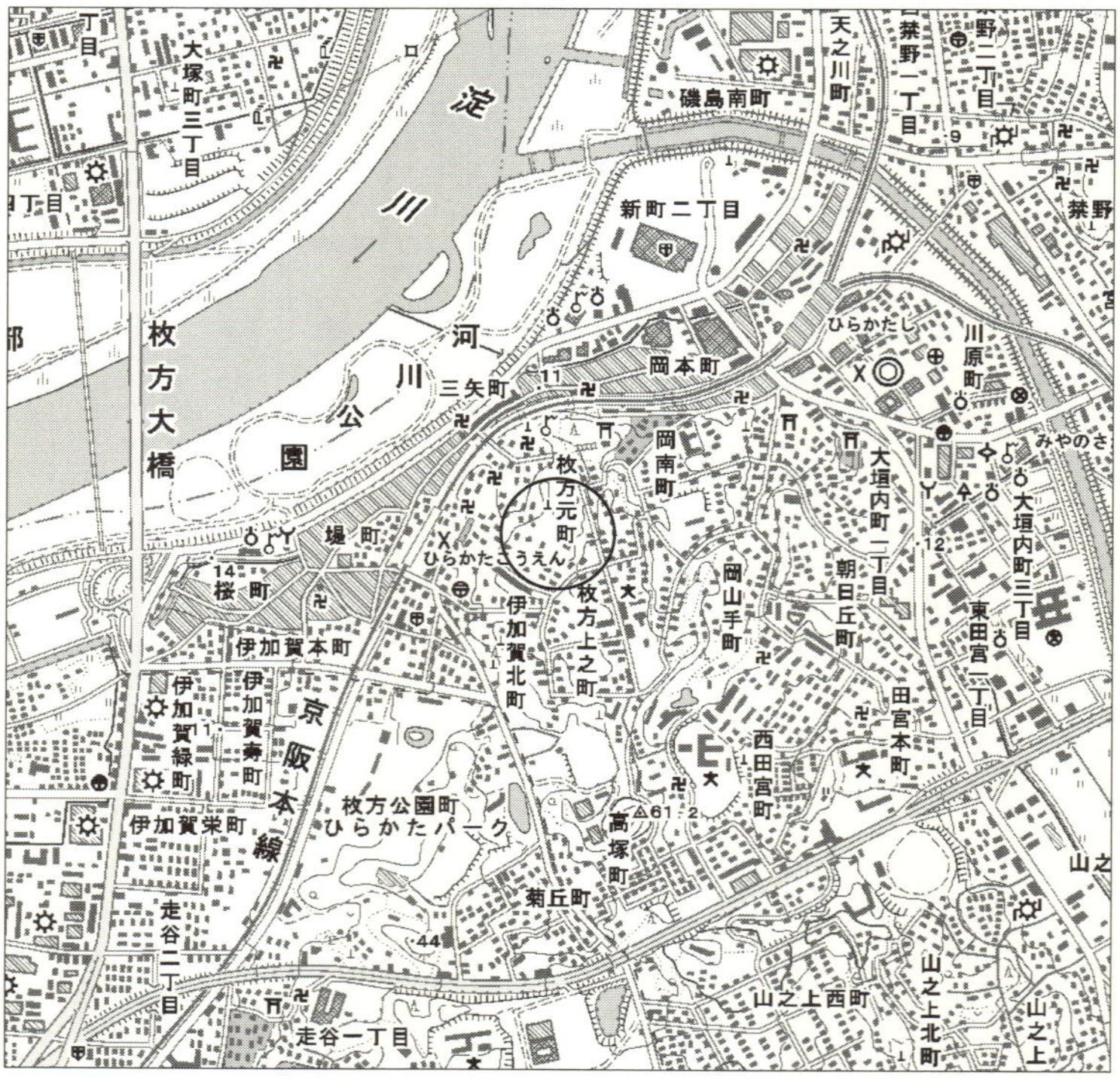

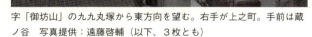

連れてきたと思われる頼栄は、専ら教団内部における交渉に携わっていた。一方の信濃は、武家権力や公家などに対する、いわば対外交渉を担った。信濃は、現地の出身と思われることから、枚方寺内町が培ってきた独自の交渉能力をここに読み取ることができる。

元亀元年（一五七〇）には織田信長の軍勢が陣取るなど、枚方寺内町の安泰は必ずしも約束されていなかったが、江戸時代に入ったころまでは順興寺も健在で、丘陵上の集落も在郷町として存続する道は残されていた。ところが、順興寺は借財問題で枚方を退去せざるをえなくなる。これによって丘陵上の中核を失ってしまったため、都市機能は港湾側に一元化されることとなった。

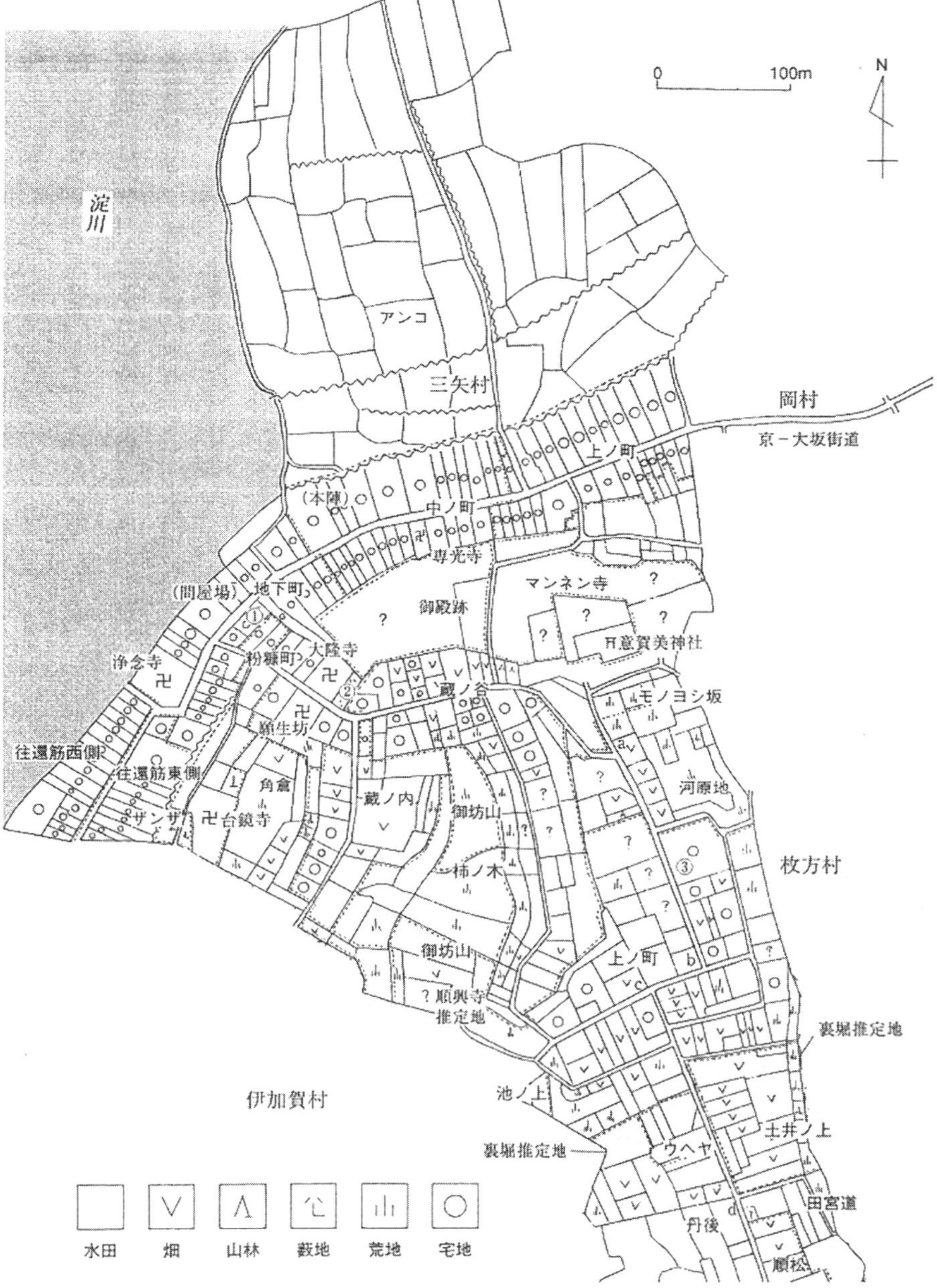

枚方寺内町地籍図　明治20年（1887）旧公図、土地台帳（大阪法務局枚方出張所所蔵）、および現行の地番図をもとに制作　ゴシック文字は小字（福島2005より転載）

「三矢」・「岡」付近

【遺構】　明確な遺構は残されていない。なお、枚方寺内町の周辺には、枚方城なる城が築かれたという伝承も伝わるが、これは近世に創作された虚説である。

【評価】　「ウラノ土居」を築く様子など、『私心記』によって普請の実態が判明する意義は大きい。また、寺内町の運営に関わる人物たちの動きが具体的にわかるという点も、ほかに例をみない。

（馬部隆弘）

［参考文献］鍛代敏雄　一九八五「枚方寺内町の構成と機能」『國學院雑誌』八六―八／草野顕之　一九九七「順興寺と枚方寺内町」『講座　蓮如』三、平凡社／天野太郎　二〇〇〇「淀川中流域における寺内町の展開」足利健亮先生追悼論文集編纂委員会編『地図と歴史空間』大明堂／福島克彦　二〇〇五「戦国期寺内町の空間構造」『寺内町研究』一〇／藤田実　二〇〇二「寺内と惣寺内」『枚方市史年報』五／馬部隆弘　二〇一二「枚方寺内町の沿革と対外関係」『史敏』一〇

枚方寺内町周辺地形図　枚方市都市計画図　昭和 47 年（1972）（福島 2005 より転載）

字「御坊山」の九九丸塚から北を望む。左奥に淀川が見える。右手は「万年寺山」で、その北側に「三矢」・「岡」がある

字「土井ノ上」推定地付近。西から。奥は枚方小学校。

99

古城らしさを伝える貴重な城郭

福井城《ふくいじょう》

Ⅰ　北東より

【選地】　府道110号と府道114号の分岐点（東福井三丁目交差点）を南側に見下ろす丘陵上に存在する。府道114号は城跡のある丘陵を横断するが、旧道は阪急バス上福井バス停付近から北西方向に延びている。福井橋を渡り、集落内を抜ける道である。

　当城から佐保川沿いに府道110号を北上すること、約2・4キロの位置には佐保城（『近畿』Ⅱ所収）があり、東方約1キロには安威《あい》城がある。

　上福井バス停のすぐ北側に、城跡に関する解説板が建っている。看板背後にある丘陵上の一帯が城跡である。

【歴史】　井上正雄『大阪府全志』巻之三には、「建武元年楠正成の築きて西国街道及び丹波街道を護り、守護代を置き、後応安七年細川頼国当国の守護となりて、複た其の守護代を此に置き、以て六代の孫細川高国に至り、大永七年二月家臣三好長元の為めに落城せりといふ」とある。また、東北（高田註。実際は西）の字矢上は、大永五、六年に三好氏の四国勢と薬師寺氏の京勢が戦った古戦場であると記している。

　『東摂城址図録』もほぼ同内容を記すが、

DATA

所在：茨木市東福井3丁目
別称：福井堡
遺構：曲輪ヵ
規模：120 × 200 m？
標高等：標高 40m、比高 10m

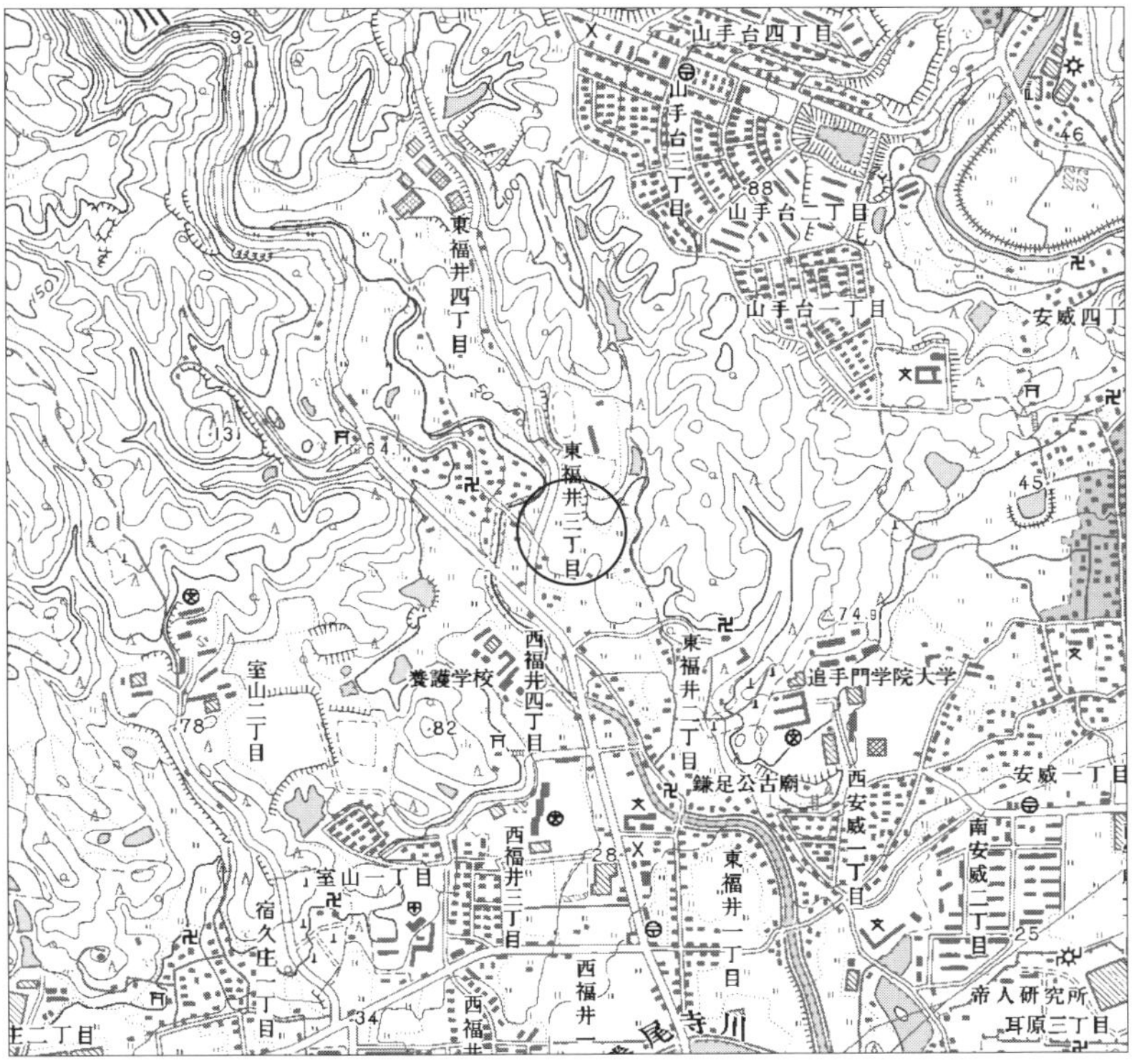

細川勝元の時代には、秋庭備前元明がいたと記している。

【遺構】『東摂城址図録』には、当城の鳥瞰図が収められている。現状は、一部に家が建っているものの大半は田となり、鳥瞰図に描かれた景観とほとんど変わりがない。

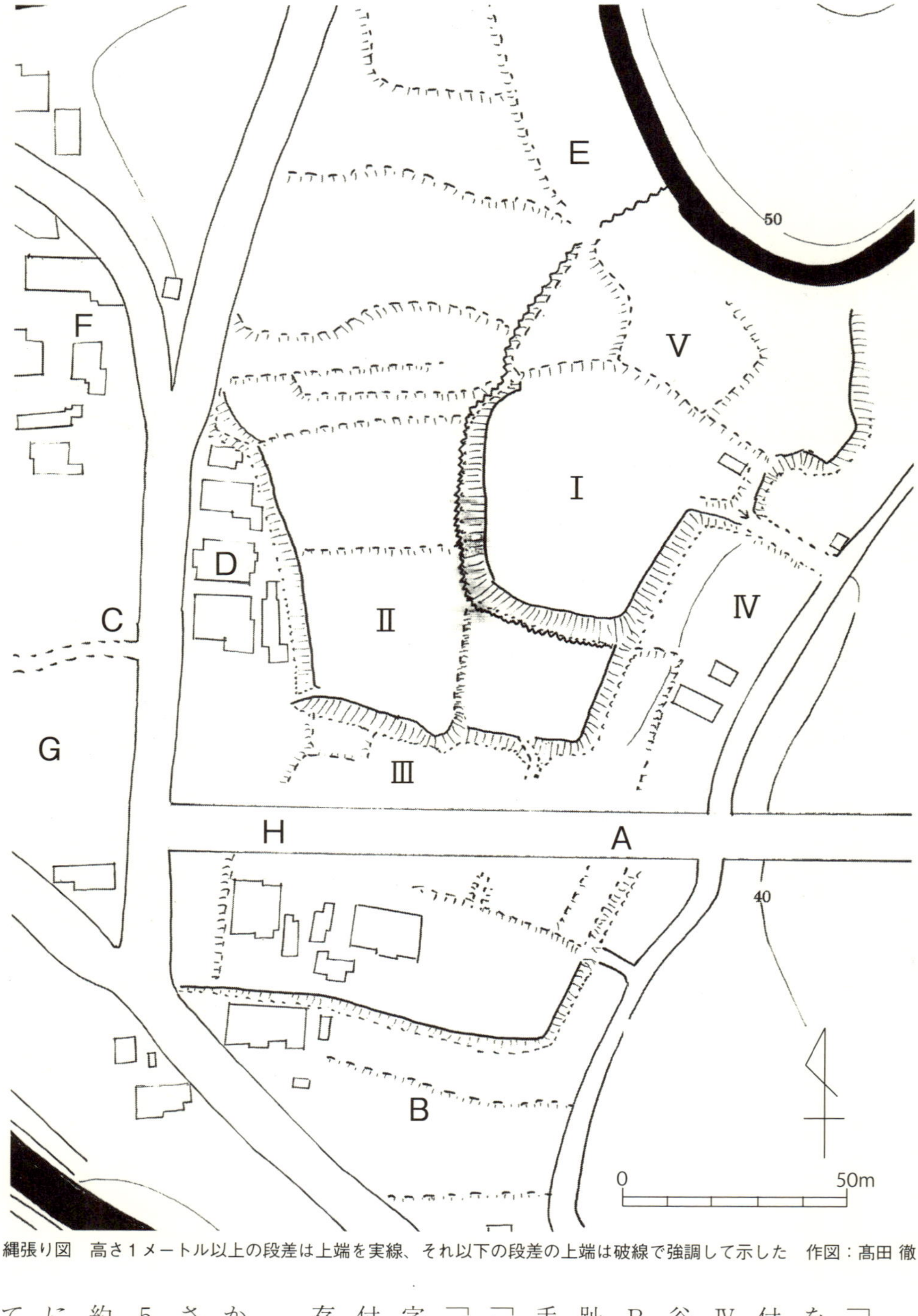

縄張り図　高さ1メートル以上の段差は上端を実線、それ以下の段差の上端は破線で強調して示した　作図：髙田 徹

鳥瞰図では、Ⅰを「旧字本丸」、Ⅱ付近を「旧字城内」、Ⅲ付近を「旧字城畠」、Ⅳ付近を「旧字城ヶ谷」とする。そして、B付近を「大手ノ趾」、E付近を「搦手ノ跡」、F付近を「旧字構」、D付近を「西堀」、G付近に「旧字出張」とし、C付近に「城ノ石」の存在を伝える。

Ⅰは、位置・規模から見ても主郭にふさわしい。東側は約5メートル、西側は約2メートルの段差によって囲い込まれている。しかし、Ⅰ北側のVは、約50センチ高くなっている。さらに、その北方約50メートルの位置には、履正社《りせいしゃ》茨木グランドのある丘陵がある。

A付近から北側を見る

この丘陵上からだと、城域が丸見えである。背後が高いにもかかわらず、とくに処置を講じないというのはいぶかしい。

一般論でいえば、①Ⅰは、元は現状よりも高かったが、後に曲輪が大きく削り取られた。②ⅠとⅤの間には土塁・堀があったが、後に土塁が崩され堀は埋められた、のいずれかであろう。先述のように、城跡一帯は田となっているが、これは北西側から水路が引き込まれているためである。おそらく、江戸期に水路が開削されることにより、城跡一帯が田と化し、替わりに堀や土塁が地表面からは消滅したと考えられる。

Ⅱは、南側と東側は2～2・5メートル、西側は約4メートルの段差によって囲い込まれる。Ⅱも、北側が次第に高くなる点ではⅠと同様である。こちらも、背後を区画する堀・土塁は見られない。

ところで平成二十七年、Ⅲ部分を横断する道路の建設に先立ち、発掘調査が行われた。その結果、A部分からは南北方向に延びる二本の堀、H付近からは石列が見つかっている（茨木市教育委員会「福井城跡　現地説明会資料」）。石列は一四世紀中～後半頃に比定され、それに先行する時期（一三～一四世紀前半頃に比定）には、区画溝を持つ屋敷地が存在したことが明らかにされた。

ただし、出土した遺物は、戦国期以前と考えられるものである。Ⅰから離れた位置が調査区になっているから、城郭に先行する段階の遺構である可能性も考えられる。戦国期の遺構が見られないのは、上層部が破壊されたためか、そもそも城域ではなかったためかのいずれかであろう。いずれにせよ、現状に照らせば、防御性の強いのはⅠ・Ⅱ付近であり、それらを中心にした範囲を城域とみなすべきではないだろうか。

なお、発掘調査では、鍛冶炉遺構が三つ見つかっている。

【評価】　当城は、明瞭な遺構を残さないが、少なくとも近代以降は大きな改変が及んでいないとみられる。大阪府下の集落に隣接する城郭のほとんどが失われている現状下、古城らしさを伝える点で貴重な存在である。

地表面からは明瞭な遺構は失われたが、地中に堀の底部等が残されている可能性は十分ある。そして、『東摂城址図録』に記された旧字や伝承にとらわれず、城域を再考する必要がある。

『東摂城址図録』の記述に基づけば、東西120メートル前後、南北200メートル前後の規模となり、あまりに大きい城郭になってしまう。南側が大手、北が搦手との評価は『東摂城址図録』の記述に基づくものであるが、かつて「外張」と呼ばれたというG付近、あるいは川を挟んだ北西にある集落側との関係も考えておくべきではないだろうか。

（髙田　徹）

100

泉原城《いずはらじょう》

小学校の校地拡張で破壊された山城

DATA

所在：茨木市大字泉原
別称：泉原ノ塁
遺構：なし
規模：30 × 30m（主郭）
標高等：標高 290m、比高 10m

東側の校庭からみた主郭跡

【選地】　茨木市街地から北方へ約8キロの山間部、箕面市と京都府亀岡市をつなぐ府道43号沿いにある。当城の北東約900メートル付近にある茨木市千提寺《せんだいじ》地区は、隠れキリシタンの里として知られる。

当城の北東約2・2キロの茨木市下音羽には音羽城（『近畿』Ⅲ所収）、南約700メートルには佐保城（『近畿』Ⅱ所収）がある。

城跡は清渓小学校となり、小学校正門前には石碑と解説板が建てられている。小学校校庭の南側にも別の解説板が建っている。付近はかつて殿垣内と呼ばれていた。また、小学校正門から東へ約120メートルのある民家の屋号は、「城の腰」であったという。

【歴史】　『東摂城址図誌』では、泉原何某が城主であったとする。『わがまち茨木　城郭編』（茨木市教育委員会、昭和六十二年）によれば、「勝尾寺文書」の歴応三年の「高山庄雑掌職宛行状案」には「泉原左近将監行親、子息鶴丸」が見え、その後、戦国期まで泉原氏の名が表れる。

【遺構】　当城は、昭和四十五年頃までは遺構を残していたようだが、その後、清渓小学校の校地拡張に伴い、破壊された。現在の小学校正門南側、校舎と体育館付近に主郭が存在した。

現在、校舎・体育館の西側には、主郭部に続いていた高まりが残る。聞き取りによれば、削り取られる前の主郭部は、現在の鉄筋コン

クリート造三階建ての校舎上部にある給水塔ほどの高さがあったというから、10メートルほどの高さであったとみられる。頂部にあった主郭は、円形を呈し、畑として利用されていたという。昭和二十三年の米軍空中写真でも、木造校舎の西側の丘陵上に、円形を呈する主郭がはっきり確認できる。

国土地理院「地図・空中写真閲覧サービス」昭和23年撮影米軍空中写真

『わがまち茨木　城郭編』によれば、主郭は「茶臼山」と呼ばれ、主郭の東側から北側にかけて二ノ丸があったという。二ノ丸は主郭よりも3メートル低い位置にあったらしい。空中写真でも、二ノ丸とされる付近が平坦になっていた様子が表れている。

『東摂城址図誌』には、城跡の鳥瞰図が描かれており、これにも主郭は畑となった円形状（ただし、北西方向が折れたように描く）に描かれており、その東側一段下がったところに帯曲輪状の畑を描く。帯曲輪状の畑の南側に城跡への道を描き、主郭の北側麓には「井趾」と記す。そして、城の規模を東西壱町、南北壱町とする。

同書のいう規模は、おそらく主郭から東・南に広がる清渓小学校校地一帯を比定した結果であろう。もっとも、校地として改変された現況から確定的なことはいえないが、それほど大規模な城郭ではなかったと考えられる。

というのは、現在も主郭の西側に続いていた山が削り残されているが、そこに明瞭な遺構は見られない。『わがまち茨木　城郭編』では、この山の南側に土塁が残ると記している。該当部分には確かに土塁状の低い高まりがあるが、主郭部と離れているうえ、その間はほぼ自然地形が広がる。さらに、土塁状の高まりは曲輪をともなうものではなく、多分に疑問がもたれる。

以上のことを考えると、当城は頂部の主郭とその東から北側に広がる曲輪（二ノ丸）によって構成されていたと考えるのが妥当であろう。

【評価】 当城は遺構を残さないが、絵図や先行調査、空中写真を通じておよそ縄張りが知られる。おそらく小規模な城郭で、比較的簡素な造りであったと考えられる。大阪府下では縄張りが判明する城は限られるため、諸資料を活用して、可能な限り実像を明らかにしていく作業が求められる。

（髙田　徹）

101 富田林寺内《とんだばやしじない》

情緒あふれた町並みが残る寺内町

興正寺別院　南東より

【選地】　南河内の石川郡に所在し、北西に羽曳野丘陵を望む平坦な段丘上に立地する。南に石川が接し、東西両側を崖で区切られた天然の要害を利用している。

DATA

所在：富田林市富田林
遺構：切岸
規模：400m 四方
標高等：標高 67m、比高 9m
指定：重要伝統的建造物群保存地区。また、重要文化財の旧杉山家住宅（17 世紀）をはじめ、寺内町の中に指定文化財あり。

河内の南北の大動脈である東高野街道を寺内町の中に取り込んでいる。当寺内から北西に出る富田林街道を進めば、大阪平野を横断する竹内《たけのうち》街道につながる。また、石川を渡河して南東の山中田《やまちゅうだ》村に出て進めば、水越峠を越えて大和に入ることができる。

【歴史】　この地に一向宗の興正寺別院が建てられたのは、永禄の初め（一五五八）頃と考えられ、史料に「富田林道場」や「とんだ林御はう（坊）」の名が登場する。興正寺が当地を買い取って一向宗の道場を建設し、これが御坊とも呼ばれる興正寺別院になったと考えられる。この道場は、もとは北西の毛人谷《えびだに》村にあったものが移されたとする近世の記録もある。

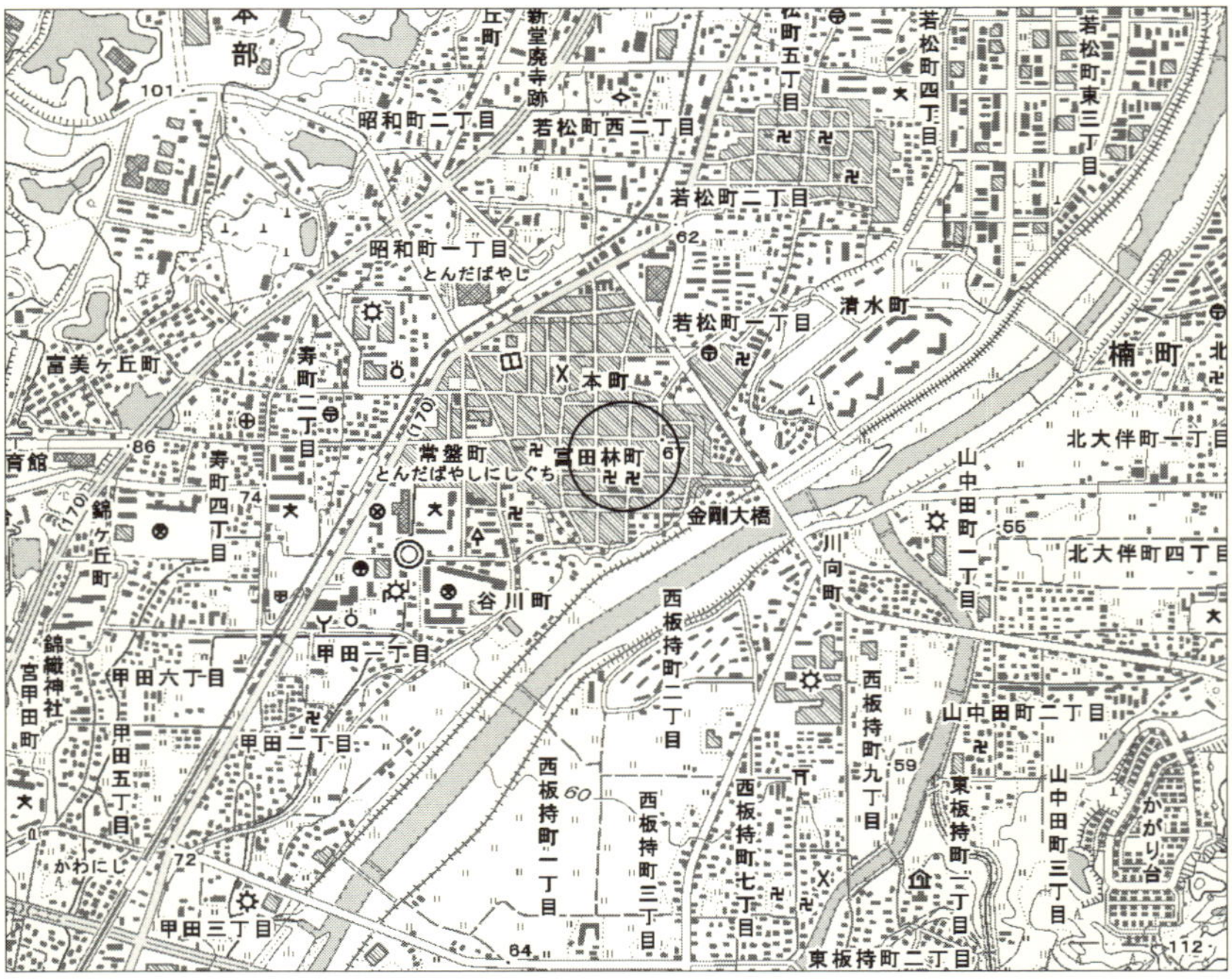

興正寺別院が核となって寺内町が形成され、周辺の四箇村（中野村、毛人谷村、新堂村、山中田村）から二人ずつ集まった代表者八人（「年寄八人衆」）による自治で運営されたという。彼らは必ずしも一向宗の門徒ではなく、

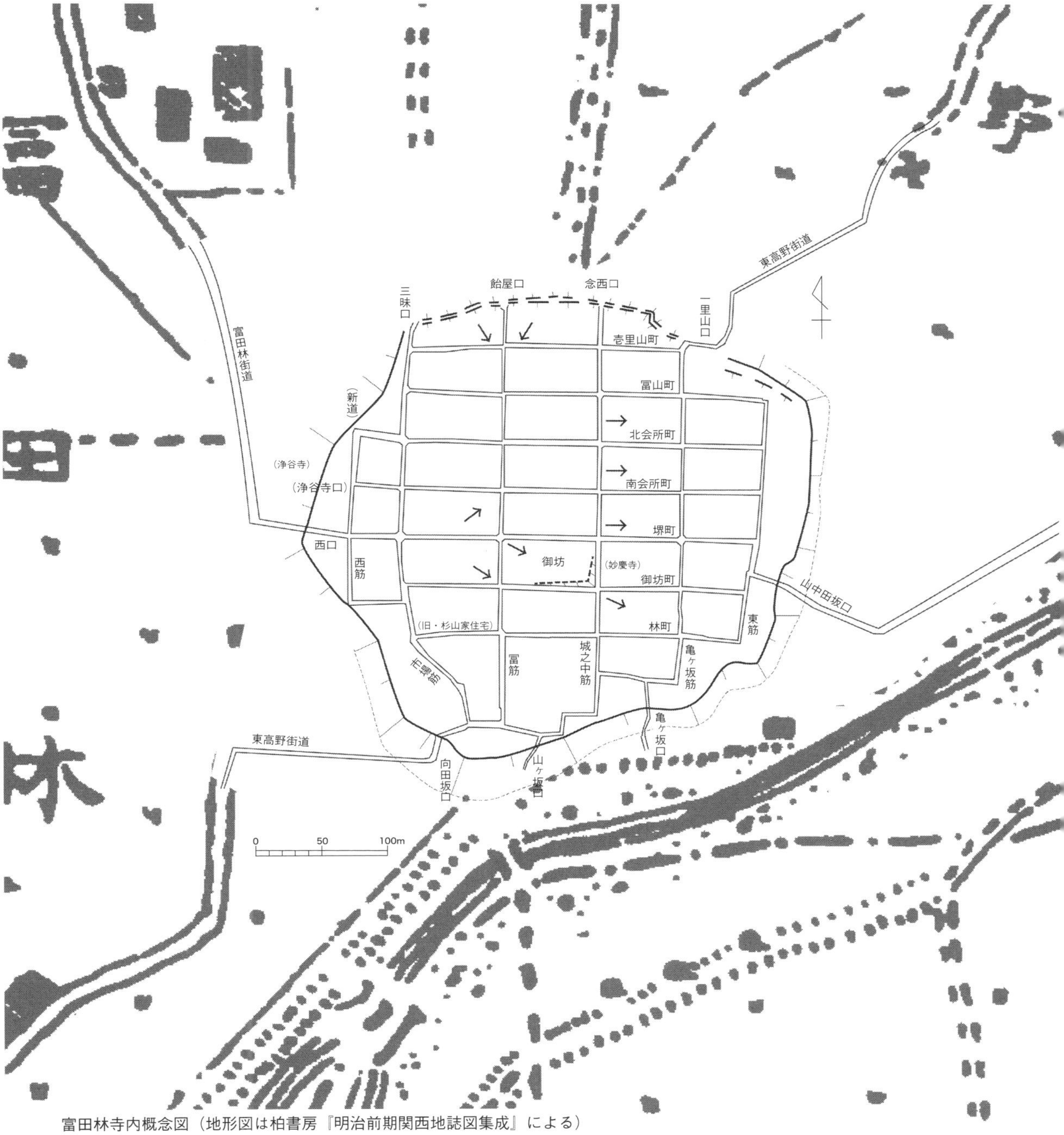

富田林寺内概念図（地形図は柏書房『明治前期関西地誌図集成』による）

商工業者が宗派と無関係に町建設の主体となった、商業都市としての性格を持っていた可能性も指摘される（脇田一九九八）。

永禄二年（一五五九）の畠山高政による禁制、同三年の安見宗房による定書から、地子銭や人夫役など諸公事の免除、徳政令（経営の混乱の原因となる）の適用の除外、「座公事」の停止（自由営業の許可）などの特権を富田林が得ていたことがうかがえる。さらに、このなかで「大坂並」の語が使われ、大坂本願寺の寺内町の特権を意識していたことがうかがえる。

そして、元亀三年（一五七二）の、同じ石川流域にある大伴道場（富田林市）に宛てた定《さだめ》

山中田坂口付近から南東を望む。手前が石川。奥右が金剛山、左が葛城山、中央が水越峠

や禁制に「諸式富田林・大ヶ塚《だいがづか》（台塚）並の事」とあることから、大ヶ塚寺内（河南町・『近畿』Ⅲ所収）とともに、課税や特権などに関して石川流域地域のスタンダード的な位置づけがなされるまでになったことがうかがえる。

元亀元年から天正八年（一五八〇）にかけて、大坂本願寺と織田信長が激しい戦闘をくり広げていたとき、富田林を差配していた「惣中」は、本願寺に与《くみ》しないことを選んだ。このため、富田林は戦火に紛れることなく近世を迎え、在郷町として発展した。

なお、寺内町には興正寺別院以外にも寺院がある。天正二年に、北西の毛人谷村から「大念仏道場」が寺内町の西端中央に移転してきて、元和六年（一六二〇）に浄谷寺（融通念仏宗）となったとされる。また、興正寺別院の東隣の区画にある妙慶寺（一向宗）は、慶長八年（一六〇三）に建立された（以上、主に『富田林市史　二』による）。

なお、近世に書かれた興正寺別院の由緒書などには、御坊開基前の当地について、「往古荒芝之地」などと記される。しかし、発掘調査では、古墳時代から奈良時代の掘立柱建物や土器などが見つかっており、実際には古くから集落が形成されていたことがうかがえる。

大ヶ塚寺内にも、未開の原野を開拓して御坊を建立した印象を与える「天文の始め迄は茫々たる芝山也」とした記述が見られる（野村一九五二）。開基前の土地の様相を「荒れた芝山」と表現するのは、由緒書を記述する際の常套句だった可能性もある。

【遺構】 正方位の碁盤目状を呈する現在の町並みは、中世の様相を伝えていると考えられる。発掘調査で寺内町成立期のものと考えられる柵列や区画溝が検出されているが、それらは現在と同じ正方位を指向している。

さらに、宝暦三年（一七五三）と安永七年（一七七六）の絵図が残されており（『富田林市史　五』）、それらから寺内町の様相を推し量ることができる。

町並みは、ほぼ正方位に東西南北の道が走る。東西の道は「町」と呼ばれ、北から壱里山町、冨山町、北会所町、南会所町、堺町、御坊町、林町の七本が走る。これらはその名のとおり、道に向き合った家々で東西に細長い「町」を形成する。南北の道は「筋」と呼ばれ、東から東筋、亀ヶ坂筋、城之中（城之内、城之門）筋、冨筋、市場筋、西筋の六本が走る。

これらの道の多くは現在、寺内町の外側まで延伸している。しかし、近世の絵図を見ると、外側につながる出入り口は、当初はもっと少なかったものと考えられる。より古い宝暦の絵図を見ると、南側に亀ヶ坂口、山家坂口、向田坂口、東側に山中田坂口、北側に一里山口、念西口、飴屋口、三昧口、西側に新道、浄谷寺口、西口が開口する。このうち、西側にある「新道」は、その名から新造の出入り口であることが類推される。

　また、浄谷寺口はその名から、元和六年とされる浄谷寺の建立以後の出入り口であることが類推される。そうすると、西側に開口していたのは西口のみであったという可能性も考えられる。これらの出入り口で、街道と接続するのは、向田坂口、山中田坂口、一里山口、西口の四箇所のみである。

　「町」と「筋」は食い違うように交差して、直進しにくくなっている部分が多い。こうした十字路は「あてまげ」と呼ばれ、防御を意識した可能性もある。同様の道路配置は大ヶ塚寺内にも見られ、やはり防御を意識したものと説明される。しかし、大ヶ塚寺内の場合は、「北組」と「南組」が個別に発展した結果、両者の接点が直進できない道路となった可能性がある（『近畿』Ⅲ参照）。富田林寺内の「あてまげ」についても、防御的側面以外の成立理由があるのかもしれない。

「あてまげ」が見られる十字路

　一方で、とくに東側から南側にかけての各出入り口の道路配置には、防御的な配慮がうかがえる。これらの出入り口は、いずれも急な坂道を登って寺内町の中に到達すると、左右いずれかに向きを変えなければ進むことができなくなっている。

　宝暦の絵図では、四周を「土居」で囲まれていたとされ、現在も北側を除く三方は急峻な崖となっている。ただし、山科本願寺（京都市山科区）に現在も残るような高土塁の痕跡は、富田林寺内には見られない。「土居」は土手全般を指すものと考え、当寺内の三方は切岸によって防御されていたと判断するのが妥当だと思われる。

　安永の絵図では、西側の切岸が「土居」、南側と東側の切岸が「高岸」と呼び分けられているが、より高低差の大きい土居を「高岸」と呼んだものと推測される。実際、現況でも西側の切岸のラインは判然としない。ここでは、昭和二十年代の航空写真などから判断して、浄谷寺の東側に本来の切岸のラインがあったと推定して図化した。

　東側・南側・西側は、切岸による防御ラインを構成していたことが現況から推定できるが、問題となるのは北側である。北側には天然の防御ラインとなるような地形変化がなく、現地の微地形を観察すると、壱里山町よりも北にある東西道が、壱里山町側よりも微妙に高いことがわかる。このことから、この東西道は、寺内町の北辺を防御するための東西方向の土塁の痕跡であり、やがて土塁の天端を道として活用するようになり、現代に至ったのではないかと推定できる。

　より古い宝暦の絵図では、壱里山町の北に「土居」が描かれているのに対し、安永の絵図では土居の部分が「道」となっており、土塁から道への変遷がうかがえる。なお、壱里山町・亀ヶ坂筋付近で、盛土によって地盤を形成している様相が発掘調査で確認されている。

寺内町の核となる興正寺別院（御坊）は、寺内町のほぼ中央に立地する。城之中筋に面して敷地東側に表門を構え、本堂も東面する。東面するのは一向宗の寺院によく見られる特徴で、参拝者が西方浄土のある西を向くようにしたものと考えられる。

寺内町の現況の微地形を見ると、御坊の西隣の区画に高さのピークがあり、そこから東方と南方へ向かって徐々に高さを減じていく様相がうかがえる。とりわけ、御坊の正門が開く城之中筋から東側は、かなりの段差をもって低くなっていく。台地のピークを背にして東面する御坊を、東側から仰ぎ見ていたのが当初の寺内町の様相だったと推察される。現在も御坊の南東には段差があり、小高くそびえるような印象を与えている。

北東部の切岸

【評価】 寺内町の特権や自治都市の発展に着目した先行研究が多数あり、また、碁盤目状の整然とした街区は、久宝寺《きゅうほうじ》寺内（大阪府八尾市・『近畿』Ⅰ所収）や今井寺内（奈良県橿原市）にも影響を与えたとされるなど、寺内町の研究素材として重視されている。

今回は、防御施設としての側面を中心に考察したが、四周を囲繞する「土居」ははたして土塁なのか、道の取り付き方は防御を意識したものなのかなど、城郭史的にも興味深い論点の宝庫である。

重要伝統的建造物群保存地区となっており、近世から残る建物群と住民の日常生活とが見事に一体となった情緒あふれる町並みになっている。山中田坂口付近には、石川や金剛・葛城山系を望むスポットもある。

都市化が進んだ大阪平野において、中世を髣髴とさせる景観が見られるのは重要なことである。そして、広い寺内町の各所に小規模な解説用施設が点在し、散策することによってさまざまな知見が得られるようになっている。近鉄富田林駅が寺内町北西の至近にあるなど、交通アクセスも良い。歴史資産の観光資源としての生かし方という面においても、きわめて興味深い事例である。（遠藤啓輔）

［参考文献］『富田林市史　二』／『同　五』／脇田修　一九九八「寺内町富田林の成立と構造」『寺内町の研究　第一巻　戦国社会と寺内町』法藏館／堀新　一九九八「富田林寺内町の成立と展開」『寺内町の研究　第三巻　地域の中の寺内町』法藏館／松本徹ほか　一九九二『富田林市埋蔵文化財調査報告書21　平成3年度富田林市内遺跡群発掘調査概要』富田林市教育委員会／田中正利ほか　二〇〇〇『富田林市埋蔵文化財調査報告31　平成11年度富田林市内遺跡群発掘調査報告書』富田林市教育委員会／藤田徹也　二〇〇五『富田林市遺跡調査会報告25　富田林寺内町遺跡』富田林市遺跡調査会／野村豊　一九五二『河内石川村学術調査報告　近世村落資料』大阪府南河内郡石川村役場・石川村学術調査報告刊行会／一九八九『明治前期関西地誌図集成』柏書房

102 椋本土居《むくもとどい》

段丘上の居宅を囲む土塁遺構

椋本土居の南東コーナーの現状

【選地】　石川が南を流れる段丘上に存在する。石川対岸には約300メートルの距離を隔てて、烏帽子形城《えぼしがた》（『近畿』Ⅱ所収）が存在している。

【歴史】　土居の主体は椋本氏とされるが、詳しいことはわかっていない。

DATA
所在：河内長野市栄町椋本垣内他
遺構：土塁、地割
規模：約50×50m
標高等：標高約114m、比高約0m

【遺構】　複数の宅地の北・東・西南を巡る土塁が存在し、「土居」と呼ばれる。塀などに遮蔽されているため、外部から遺構を詳しく観察することは難しい。

二〇〇一年に河内長野市教育委員会が実施した調査では、土塁幅は北・東で約2メートル、南西部では約1メートルであった。南西の土塁は削平を受けており、本来は北・東と同じ規模の可能性が高い。東の土塁内側には、排水用の数十センチ幅の側溝がある。

東側の土塁に沿い、集落内部を横断する大溝が外部に存在したというが、現状で確認できない。

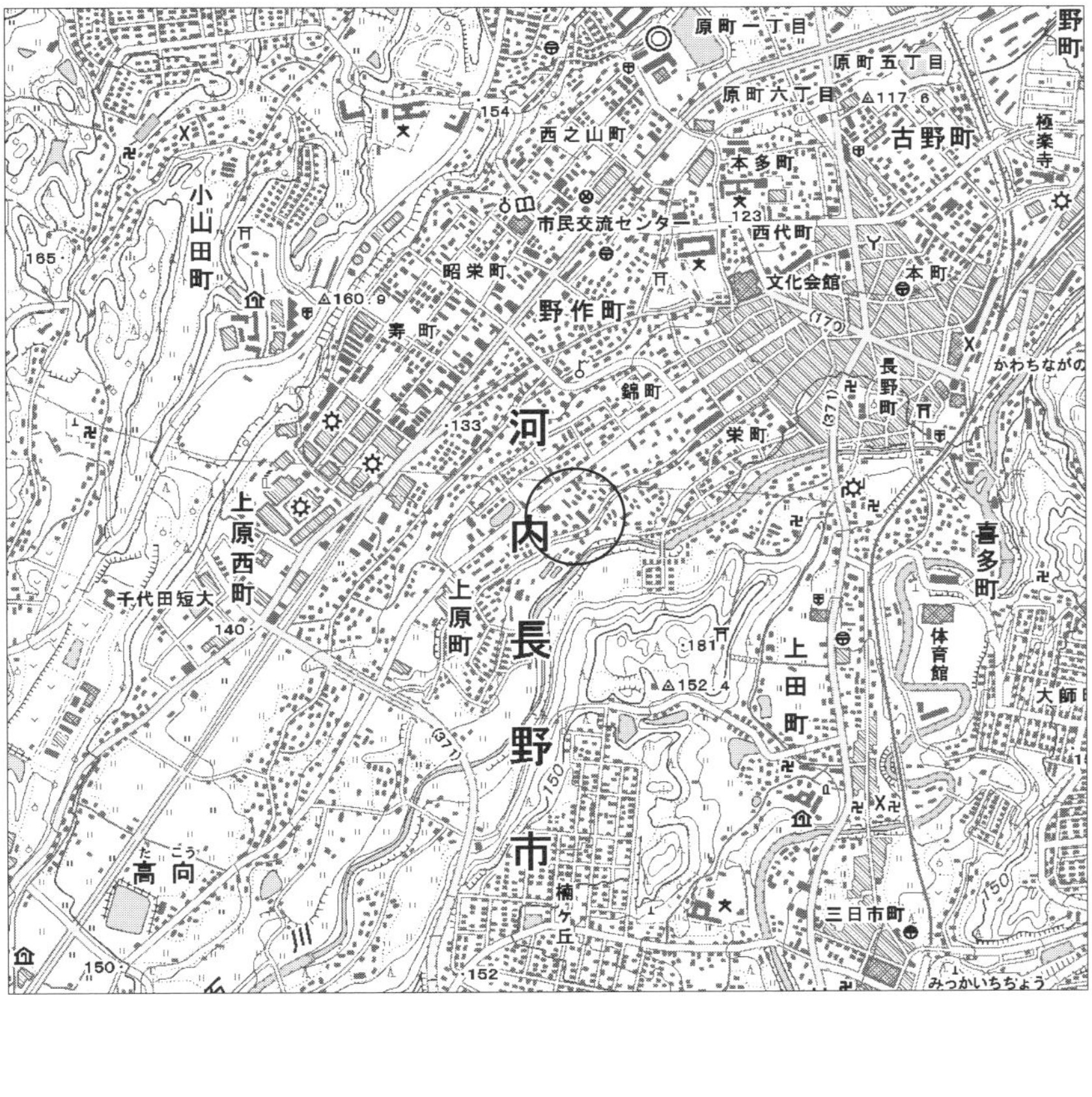

【評価】　『河内長野市城館分布調査報告書』に所収の字切図によれば、土塁は「椋本垣内」「垣内」と呼ばれる北、東、南を囲むものであった。この範囲は、およそ50×50メー

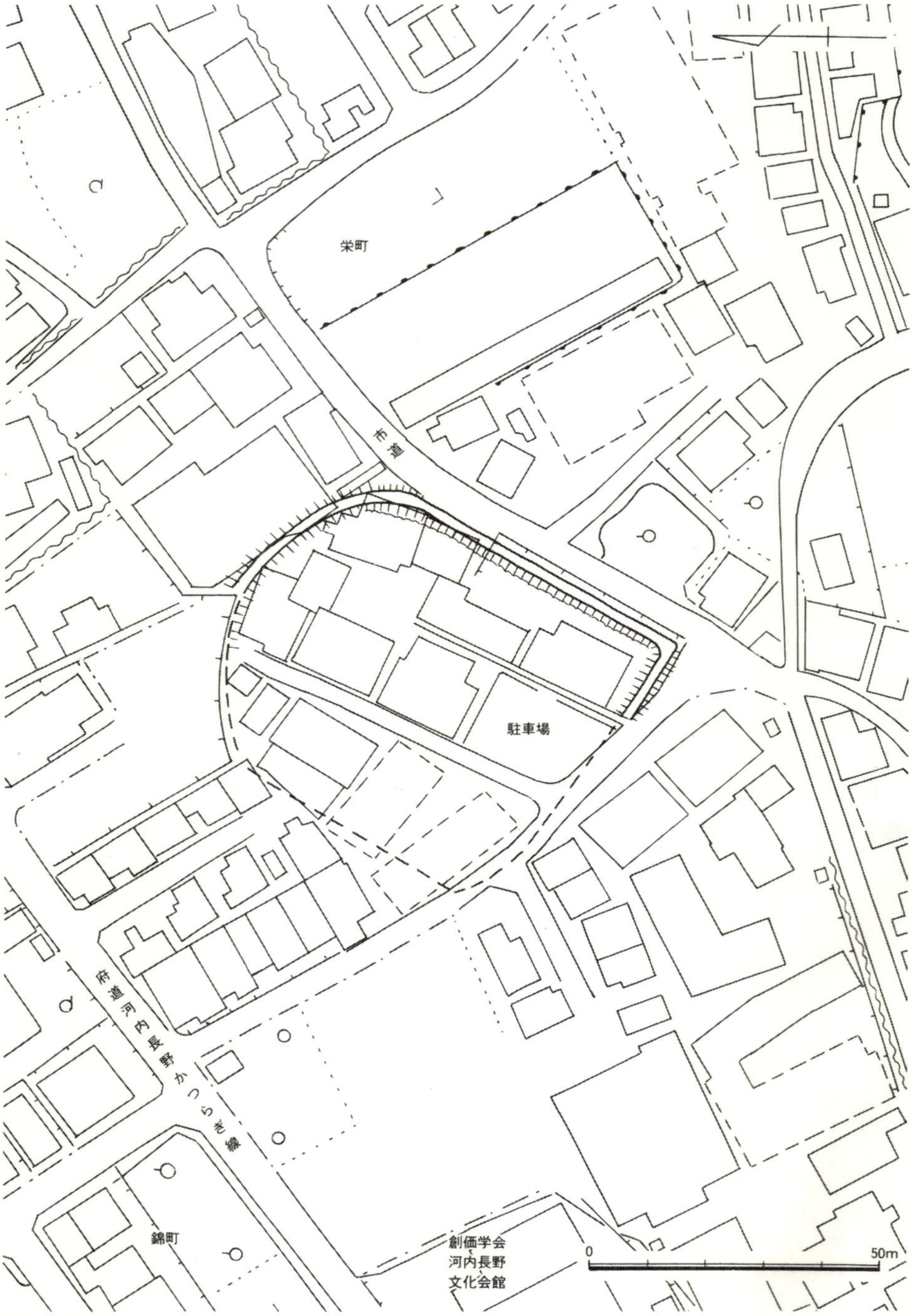

概念図（藤岡・中西 2001 より）

トルに復元できる。戦国期の土豪層による城館であった可能性が指摘できるだろう。しかし、堀（大溝）が巡っていた様子は看取できない。この場合、囲郭は土塁のみであった可能性が高い。

立地に注目すると、椋本土居は段丘上に所在するものの、縁辺部には接していない。一般的な中世城館は、地形による高低差によって外部からの遮断性を高めるものが多い。これは、集落内部に所在する土豪層の城館でも同様である。椋本土居の立地は、一般の屋敷地と変わらない。

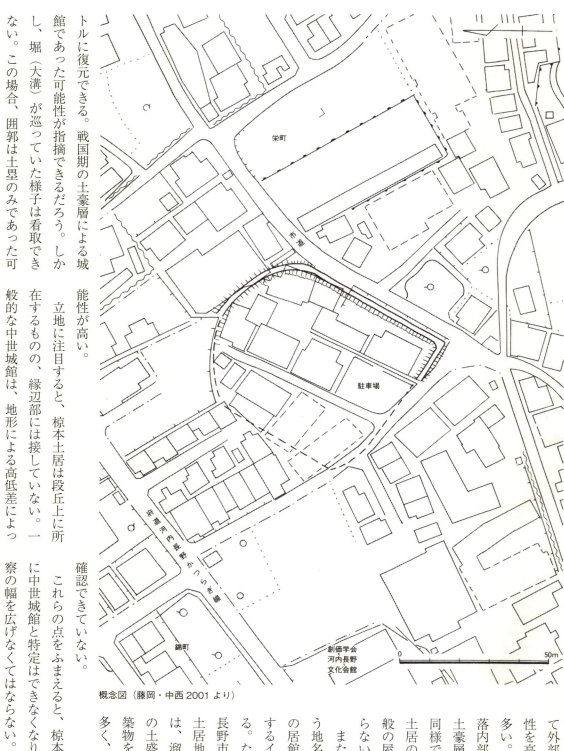

また、土居という地名には、中世の居館遺構と重複するイメージがある。ただし、河内長野市域における土居地名の所在地は、溜池の堤などの土盛りによる構築物を示す場合が多く、居館遺構は確認できていない。

これらの点をふまえると、椋本土居を単純に中世城館と特定はできなくなり、さらに考察の幅を広げなくてはならない。周辺地域で

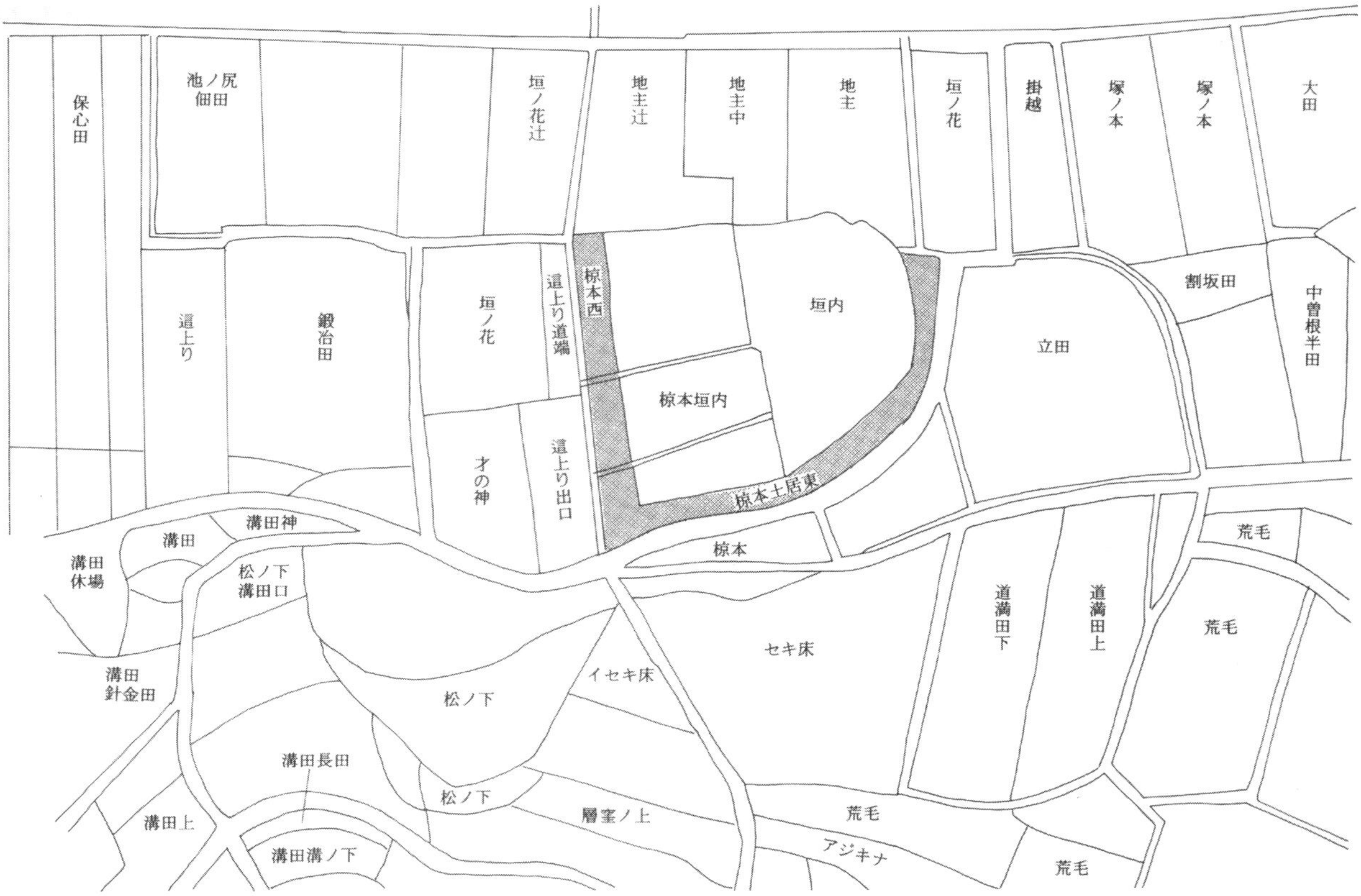

字切図（藤岡・中西 2001 より）

椋本土居の南面の現状（遠景の山が烏帽子形城方面）

のまとまった研究はなされていないが、近世以降でも村落の有力者による屋敷の中には、周囲に土塁や堀を伴うものがある。それは家の由緒や家格を示す施設として機能するもので、もはや軍事的な性格を伴うものではない。

『河内長野市城館分布調査報告書』では、椋本土居の土塁に関して、河川から家屋を守るため、近世以降に作られた受堤であることが示唆されている。段丘上の立地ではあるが、市域における土居地名の傾向を鑑みると、その可能性もまったくないわけではない。

現時点の椋本土居は、居宅を囲む土塁を伴う遺構として、河内長野市内で唯一の存在である。考古学的な検証はもちろん、中世以降の地域・村落の動向や、ほかの在地有力者の屋敷地との比較、検討が行われることを期待したい。（中西裕樹）

［参考文献］藤岡英礼・中西裕樹 二〇〇一「椋本土居」『河内長野市城館分布調査報告書』河内長野市教育委員会

103

別所城《べっしょじょう》

古地図からよみがえる方形城館跡

写真１　西側の堀跡　南西隅より

【選地】　東西を旧河道に挟まれた微高地に位置し、別所集落の中心地からは北東に約500メートルほど外れた畑地に所在する。別所城から南西に約1キロの地点に三宅城（松原市三宅中四丁目）が、南東に約2キロの地点に一津屋城《ひとつやじょう》（松原市一津屋五丁目・『近畿Ⅲ所収）がある。

DATA

所在：松原市別所８丁目
別称：城山・ジヤマ
遺構：曲輪、堀、馬出ヵ
規模：150 × 150m
標高等：標高 14.6m、比高 0m

【歴史】　具体的な歴史、城主等は不明である。『大系』12では、伝承として「戦国時代、高屋城主畠山隆正がこの城を拠守した」とし、「その子孫が相伝して畠山勘解由《かげゆ》に至って大坂の陣の時、関東方の追撃を逃れて堺に去った」とする。しかし、これらのことを確かな史料で確認することはできない。

別所村の庄屋《しょうや》中山家に伝来した「河州丹《かしゅうたん》北郡別所村領内絵図《ぼくぐんべっしょむらりょうないえず》」に、別所城跡が見える（図1）。この絵図では土地一筆ごとの筆《ひつ》界《かい》・地番・等級・面積・石高《こくだか》が記載されており、部分的に小字名も見える。

この絵図の題名の横に記された「高四百三拾弐石九斗」が、文禄検地《ぶんろくけんち》（文禄三年〈一五九四〉）の際の別所村の惣石高と一致する。このことから、文禄年間前後の状況を描いていると考えられるが、正確な作成年代は不明である（松原市史編さん室編　一九九五）。ともあれ、近世の段階で当地が古城跡と認識されていたことがうかがえる。

主郭部の字名は「城山」である（松原市史編さん室編　一九七五）。平成二十九年三月、現地の古老に聞いたところ、かつては当地を「ジョウヤマ」、あるいは「ジヤマ」と呼びならわしていたという。「ジヤマ」は、「城山（ジョウヤマ）」の転訛した語形と考えられる。

【遺構】　「河州丹北郡別所村領内絵図」に見える当城推定域の畑の形状は、現在、細分化しているものの、大枠は同じである。当城は、四方を堀で囲繞された方形城館跡であったと考えられる。

東と西の堀は旧河道を利用したものと考えられ、とくに西側の堀の残りは良好である（写真1、2）。また、西側の堀跡の辺りの字名は「谷」である（松原市史編さん室編　一九七五）。

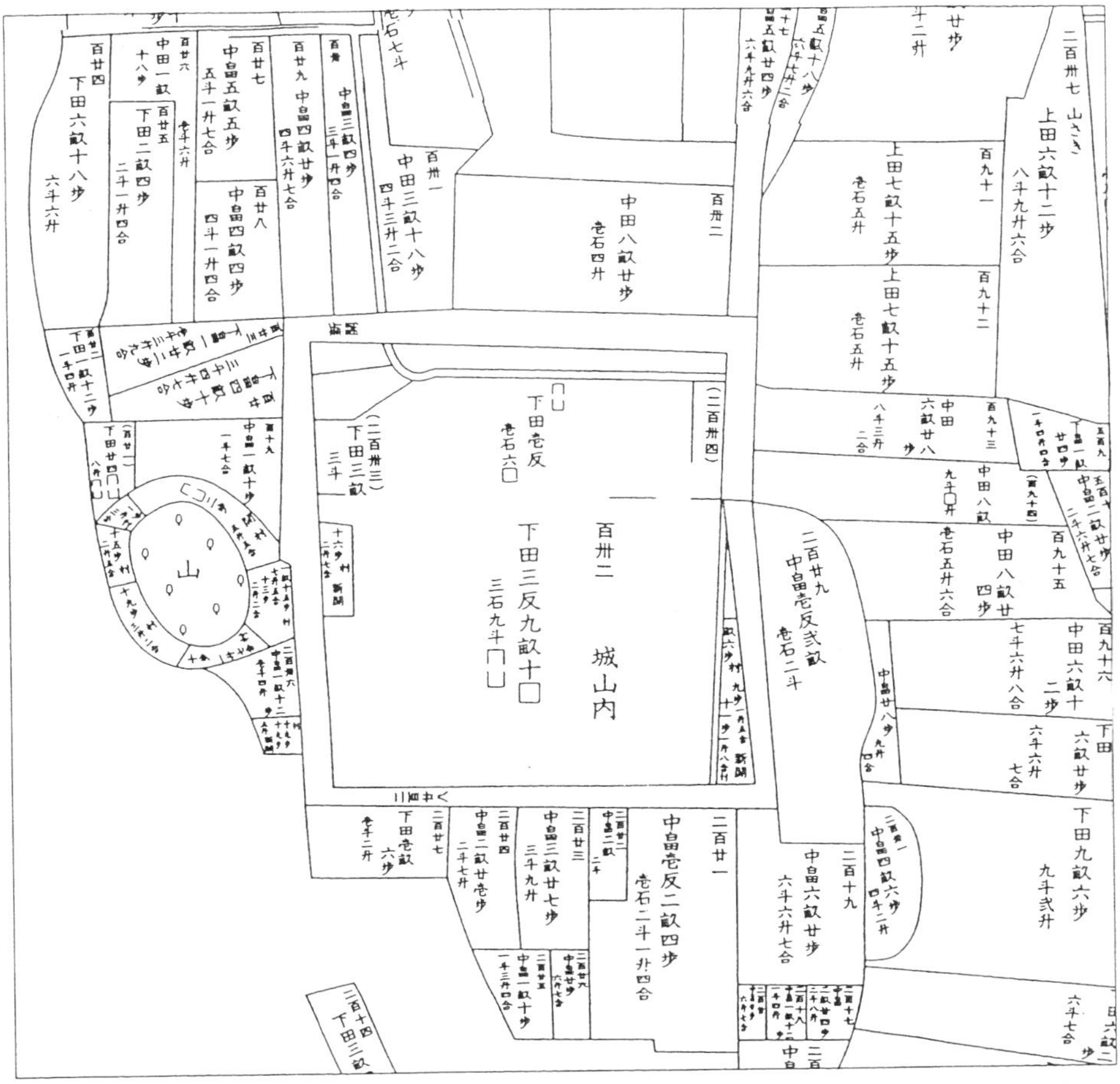

図1 「河州丹北郡別所村領内絵図」にみえる別所城跡 ※上が南（松原市史編さん室編 1995より引用）

東側は堀跡から約50メートル先の小川に向かって緩やかに傾斜しているが、同絵図で「山」と記載された土地に比定される辺りでは、わずかな段差が確認される（写真3）。現在は整地されているが、近年まで、古墳（円墳）のような形で「山」は残っていたと思われる。『大系』12掲載の地形図から、昭和期までこの微妙な土地の高まりが残存していたことがわかる。

これがいつからあるのかは不明だが、当地の土地条件から考えると、人為的な構造物であった可能性が高い。別所城が機能していた時代から存在していたとすれば、主郭に付随した馬出しなどとして利用されていたのかもしれない。

写真2 東側の堀跡 南東より

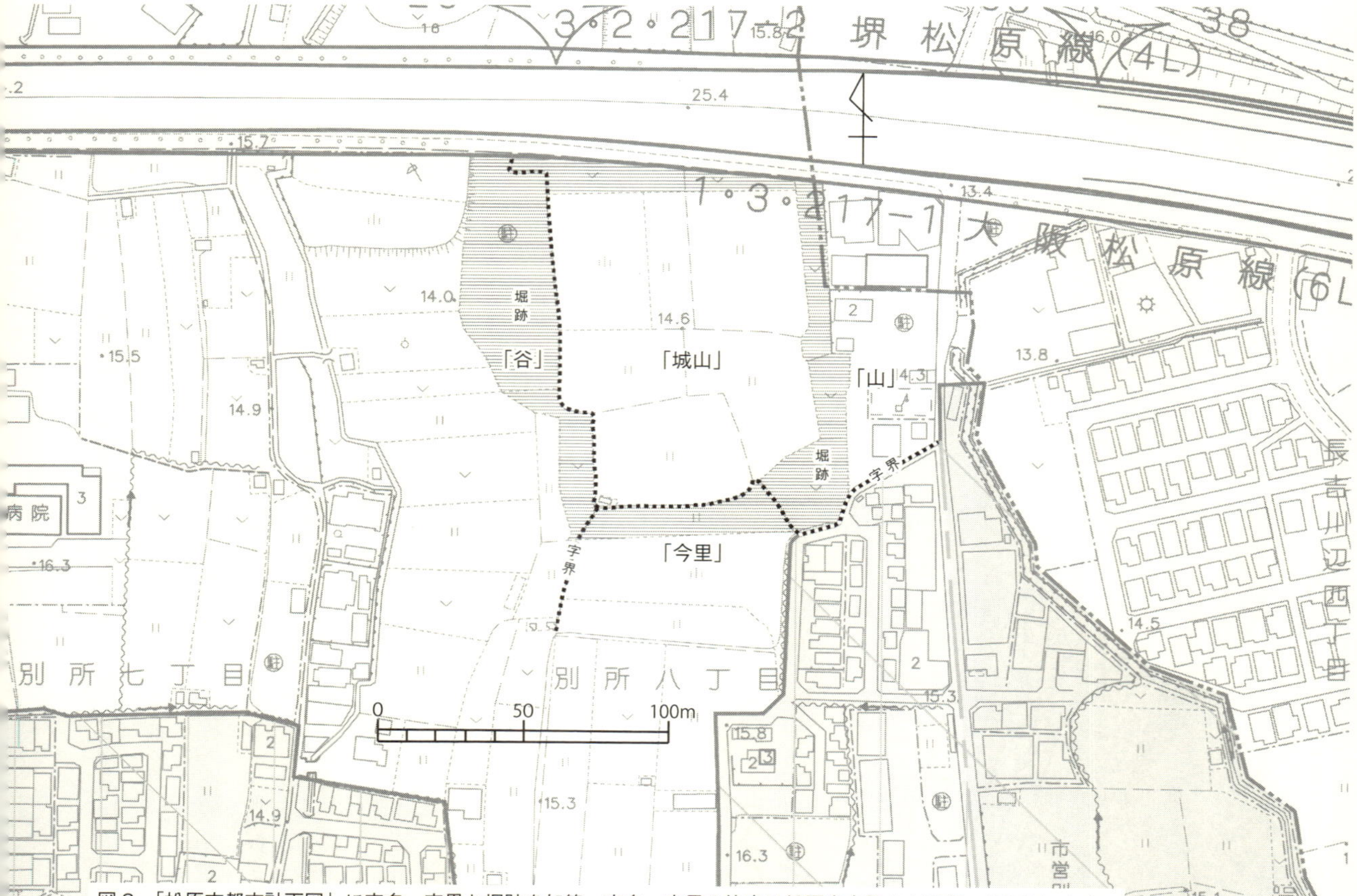

図２「松原市都市計画図」に字名・字界と堀跡を加筆。字名・字界の比定は松原市史編さん室編 1975による

写真３「河州丹北郡別所村領内絵図」にみえる「山」に比定される段差 東より

【評価】 地籍図等の土地一筆ごとの地目を記した地図では、山岳や丘陵でなくとも、平地部にある小規模な土地の高まりを「山」と表記することがままある。「河州丹北郡別所村領内絵図」に見える「山」も、その一例と考えられる。

また、集落と城館跡との間に空間的に隔たりがある事例としては、畿内では山城国開田村《かいでんむら》—開田城（京都府長岡京市・『近畿』Ⅱ所収）、大和国《やまとのくに》高田村—高田城（奈良県大和高田市）などがある（開田城は中井・仁木編二〇〇五、高田城は石川二〇一五を参照）。

中井均氏は、このような城と集落の位置関係を「居館縁辺型」、あるいは「居館分離型」と分類する（中井・仁木編二〇〇五）。別所城が在地領主の館跡であったならば、別所村—別所城はいずれかのタイプに該当しよう。

（石川美咲）

［参考文献］松原市史編さん室編　一九七五『松原市史資料集　第4号　松原における小字名と小字図』松原市役所／『大系』12／松原市史編さん室編　一九九五『松原市史研究紀要　第5号　河内国丹北郡別所村延宝検地帳』松原市役所／中井均・仁木宏編　二〇〇五『京都乙訓・西岡の戦国時代と物集女城』文理閣／石川美咲　二〇一五「桑山一直はなぜ〝新左衛門尉〟を登用したのか」『第一六回特別展　桑山一族　紀州和歌山城から大和新城へ』葛城市歴史博物館

104 北《きた》岡《おか》遺《い》跡《せき》

斜面地形に敷設された水堀群

B付近で検出された南北方向の堀　南より。2017年の現地説明会にて

【選地】　藤井寺市の旧・岡村にあり、現在の近鉄・藤井寺駅から北西に広がる。飛鳥時代以降の各時代の遺物が出土し、奈良時代から平安時代の掘立柱建物が検出されたことで知られるが、鎌倉時代から室町時代の堀も検出されており、中世に城館があった可能性が考えられる。

巨視的には、北に向かって下がっていく羽曳野丘陵上に位置する。微視的に見ると、羽曳野丘陵上に細かく切り込んだ谷状地形に面した台地の縁辺に展開する。

遺跡の南辺には、「上谷池」「下谷池」の二つの池があたかも堀のように接していた（上谷池は開発で消滅）。これらの池は、近世に入ってから築造されたものであるが（『藤井寺市史』二）、名称から、自然の谷地形を利用したものだと考えられる。地籍図（『藤井寺市史』一〇）を見ると、この上谷池・下谷池から始まる西に向かって開ける谷が、弧を描くようにして北へ方向を変える様相がうかがえる。この谷筋を、南から西を防御する天然の堀に見立てていた可能性がある。

遺跡内の自然地形は、南東から北西に向かって低くなる。推定復元図のG・H付近が最も高く、最も低いA付近との比高差は3メートル近い。また、周囲の低地との比高差は5メートルに及ぶ。また、小字「乾垣外」付近には、西側が落ちる段差が今に残る。

DATA

所在：藤井寺市岡・北岡・恵美坂
遺構：切岸、堀
規模：200 × 400m
標高等：標高 27m、比高 5m

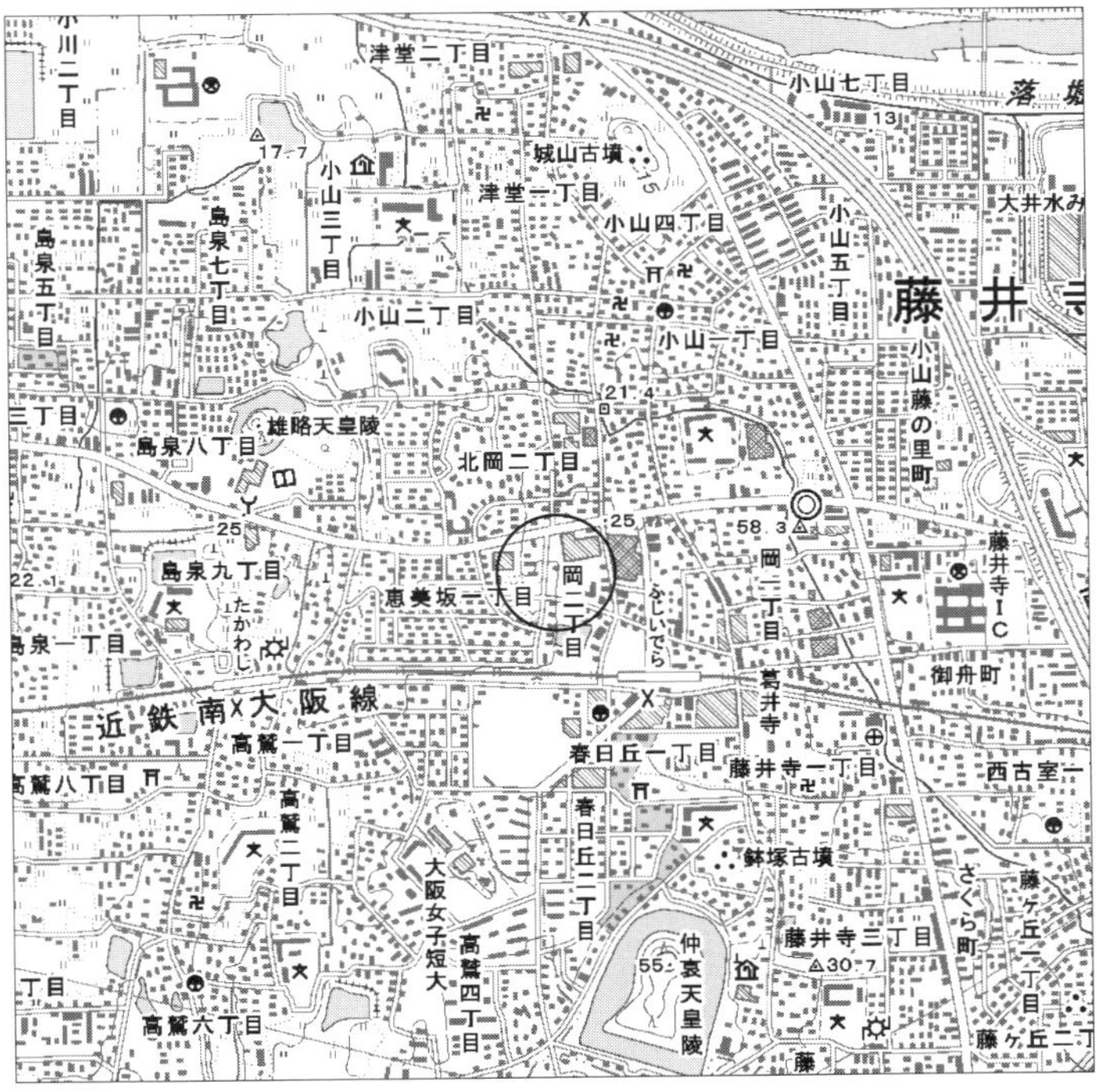

遺跡の東側に近接して、南北の街道が走る。これは、河内平野を横断する二つの主要街道、竹内《たけのうち》街道と長尾街道を結ぶ道である。南へ

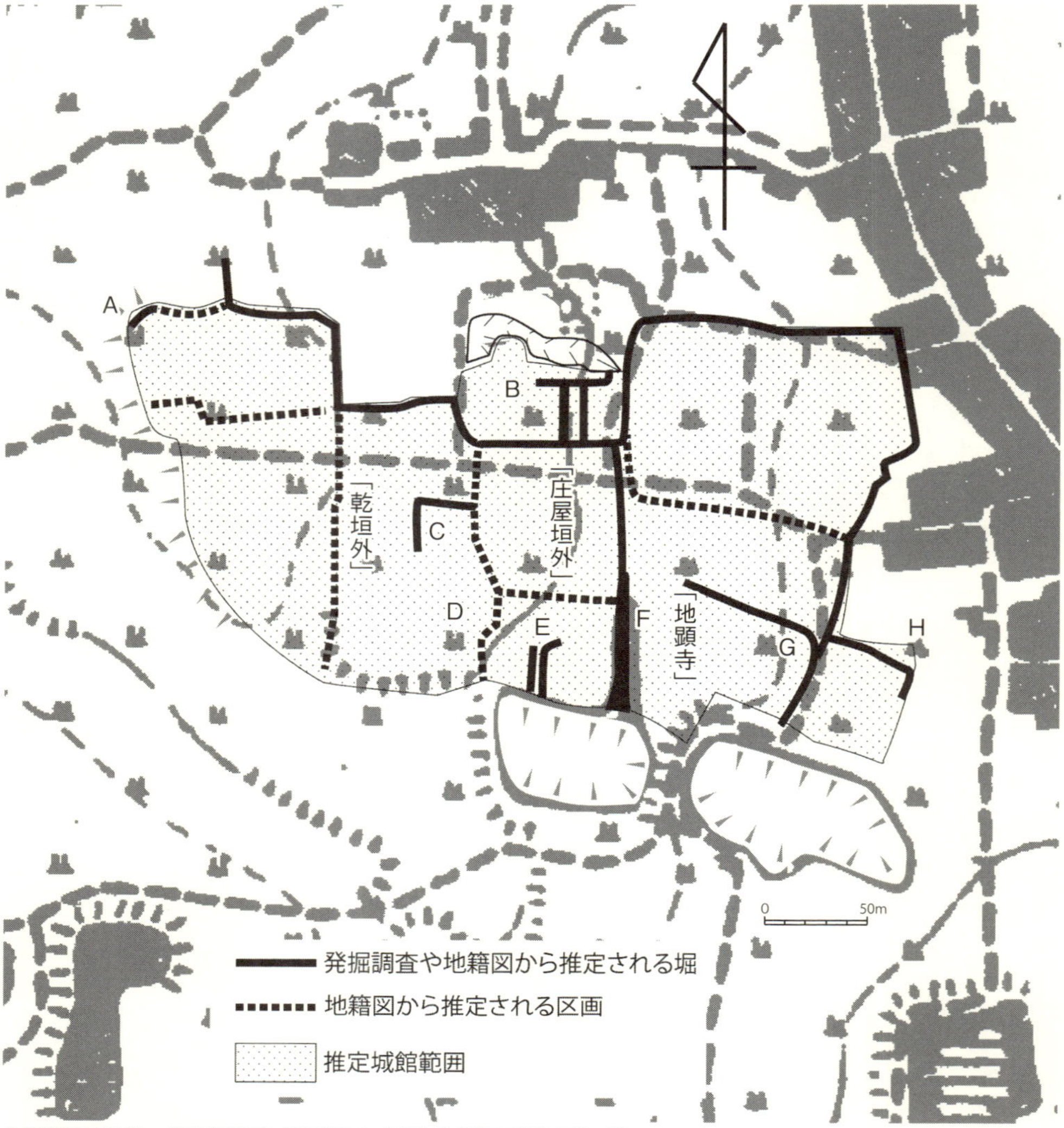

北岡遺跡城館群　推定復元図（地形図は『明治前期関西地誌図集成』による）

行くと城郭利用された岡ミサンザイ古墳（『近畿』Ⅰ所収）が、北へ行くとやはり古墳を利用した城郭である小山城（『近畿』Ⅲ所収）がある。

南東約500メートルには奈良時代の開基とされる名刹・葛井寺《ふじいでら》（藤井寺）が、南方約400メートルには岡村の氏神であった春日社（辛国《からくに》神社に合祀）がある。

【歴史】　北岡遺跡で見つかった中世遺跡を直接反映する史料はない。そこで、近隣の葛井寺（剛琳寺）や、遺跡がある旧・岡村の中世史を概観することで、北岡遺跡の歴史に代えたい。葛井寺は一時荒廃していたが、鎌倉時代には観音霊場として隆盛を取り戻していたようである。

南北朝の争乱時には、楠《くすの》木《き》正行《まさつら》が足利幕府の軍勢と戦った正平二年（一三四七）九月十七日の「藤井寺合戦」があった。

室町時代に入ると、『大乗院寺社雑事記』の「尋尊大僧正記」長禄二年（一四五八）七月十一日条・八月三日条・九月二十七日条に、岡村兵庫助入道任雅意ならびに子息弥次郎助村が、剛琳寺（葛井寺）に「反銭《たんせん》」（段銭）を課し、未納を理由に同寺に乱入して差し押さえを行った、という記事が見える。岡村親子は、自分は守護方の人間ではなく、「南都」から村内の鎮守・春日社の神主職を代々補任

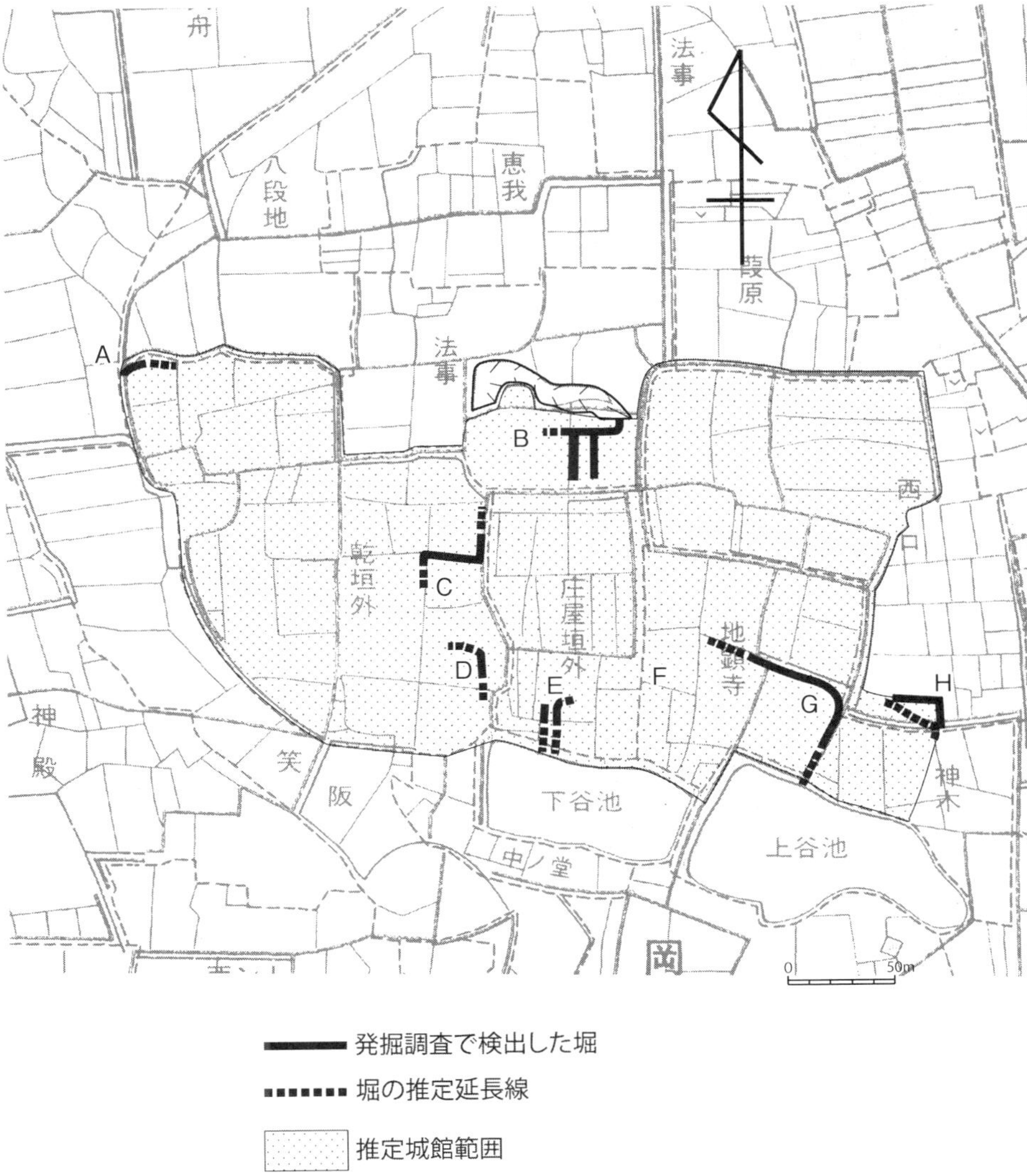

発掘調査で検出した堀（地籍図は『藤井寺市史』10による）

され、庄内の検断をしてきた、と主張している。岡村に検断権（警察権）を主張し、剛琳寺に圧力をかけるほどの実力を持った国人がいたことをうかがわせる（『藤井寺市史』一・四）。

明応二年（一四九三）の二月、将軍・足利義材《よしき》が高屋城の畠山基家を攻めるが、同四月に政変が起きて失脚する。この事件の際、義材側の畠山政長が藤井寺に布陣するなど、北岡遺跡周辺は戦乱の舞台になった。藤井寺は高屋城までわずか3キロという立地条件にあるため、永禄三年（一五六〇）に三好長慶が高屋城の畠山高政を攻めた際などにも戦場となった。

【遺構】 これまでに小規模な発掘調査が数多くなされ、中世の堀跡も検出されている。この調査成果と、地形や地籍図・近世村絵図（ともに『藤井寺市史』一〇）を総合して分析すると、中世居館群の姿が浮かんでくる。以下で、検出された堀跡を発掘調査報告書等に拠って紹介していきたい。なお、検出された堀の多くは、埋土に粘質土が堆積していることなどから、滞水していたと推定されるものが多い。そのため、これらの堀は灌漑用水としても機能していた可能性が指摘されている。

Aでは、北側に向かって落ち込んでいく地形が検出され、地籍図の字境とも合致している。Aの東、B付近には、東西に長い池があったことが地籍図からうかがえる。この池も、上谷池・下谷池と同様に近世のものと考えられるが、中世の段階から池を作るに適し

字「乾垣外」付近に残る段差　南西より

た谷状の自然地形であった可能性が考えられる。AからBを通る東西ラインより北は、現在でも急な段差をもって低くなっていく。このラインが、自然地形の高低差を活用した城館群北端の防御ラインと推定できる。

B付近では、二〇一七年に発掘調査がなされ、室町時代の堀が三条検出された。うち一条は東西方向に延び、東端が北に屈曲して近世の池（というよりも、近世の池の原形になったであろう自然の谷地形）に接続する。残る二条は5メートルの間隔をもって平行する南北方向の堀で、東西方向の堀の南側面に接続する。幅5メートルおよび6メートル、深さ0・7メートル強を測る巨大な箱堀であった。

F付近の堀の現況。奥に下谷池が見える　北より

なお、この付近の自然地形は北西に向かって下がっていくが、この南北堀は二条とも自然地形に逆らって南側が深くなっている。しかも、排水先であるはずの東西堀との接続部分には、畦状の障壁があって水が排出されにくくなっている。こうした特徴は、この堀に滞水させるための工夫と考えられる（藤井寺市教育委員会二〇一七）。このように堀に滞水させる工夫は、大仙遺跡（大阪府堺市：本書所収）にも見られ、注目される。

Cでは、幅2・5×深さ0・85メートルの堀を検出した。箱堀で、底面には二次焼成を受けた土器や礫《れき》が敷き詰められていたという。また、断面観察から、何度か掘り直しがされたことがうかがえる。出土遺物から、鎌倉時代から安土桃山時代まで使用されたと推定されている。また、堀北半の東側（字「庄屋垣外」側）には、基底部を杭で土留めした、幅0・8メートルの土塁の基底部が検出された。なお、堀の周辺からは多くの井戸が検出されている。

Dで検出した堀は、幅1・4×深さ0・4メートルで、断面V字形を呈する。出土遺物から、一三世紀前半の年代が考えられている。また、仏具である五鈷杵《ごこしょ》が二点、堀埋土に意図的に立てたように出土したのも注目される。中世段階で埋没した堀と考えられており、そのためか、地籍図の字境から少しずれている。

Eでは、幅1・8メートルの東側の堀と、幅3・3×深さ0・9メートルの西側の堀が並行して検出された。後者からは一五世紀前半の土器類が大量に出土した。

近世村絵図や明治期の地形図を見ると、Eの東側に、下谷池から派生した南北に細長い池があったことがうかがえ（F）、現在も水路の形で残っている。

Gで検出した堀は、上端幅推定6メートル、下端幅約1・7メートル、深さ1・5メートルを測る巨大なものである。一五～一六世紀に開削され、近世まで存続したものと考えられるという。

Hでは、ほぼ正方位を向く幅1メートル未満の堀と、東南東から西北西方向を向く幅約2メートルの堀とが検出された。これらは時期差があると考えられるが、切り合いが錯綜していて、前後関係の判断は難しそうである。ただし、地籍図の地割を見ると、この付近は正方位の地割になっている。このことから、斜交の地割から正方位の地割へと変遷し、近代に至ったと推定したい。なお、幅2メートルの堀の方向は、Gで検出した堀と同じである。一四世紀後半から一五世紀前半の遺物が出土した。

A付近　南西より。城館側（右）に向かって高くなっている。左の側溝は堀の痕跡か

発掘調査では土器類のほか、軒平瓦を含む中世の瓦も出土している。

【評価】 実施された発掘調査はいずれも小規模だが、その成果を集積し、地籍図なども加えて検討することで、多数の方形館が集合した城館の様相が浮かび上がってきた。北岡遺跡の周知の埋蔵文化財包蔵地範囲は、東西800×南北600メートルという広大なものだが、この中の東西400×南北200メートルの範囲内に城館群が収まるものと推定したい。

当地は、歴史的に多くの戦乱の舞台となっており、史料から有力な在地国人の存在も推定される。また、次のような特徴を指摘できる。

①方形館は、自然の斜面地形に雛壇状に集合している。

②中世の瓦が出土したことや、「地顕寺」という小字が見られることから、城館群と一体化した中世寺院があった可能性も考えられる。

③堀は部分的に二条平行に近接し、意図的に滞水させていたと考えられる。

これらの諸特徴は、やはり方形館の複合体と考えられる大阪府堺市・大仙遺跡に共通しており、注目される。

（遠藤啓輔）

［参考文献］『藤井寺市史』一・二・三・四・一〇／藤井寺市教育委員会　一九九四『石川流域遺跡群発掘調査報告Ⅸ　藤井寺市文化財調査報告第一〇集』／藤井寺市教育委員会　一九九五『石川流域遺跡群発掘調査報告Ⅹ　藤井寺市文化財調査報告第一一集』／藤井寺市教育委員会　一九九六『北岡遺跡　藤井寺市文化財報告第一三集』／藤井寺市教育委員会　二〇一一『藤井寺市発掘調査概報　第六号』／藤井寺市教育委員会　二〇一七．四．二二『現地説明会史料　北岡遺跡の発掘調査』／一九八九『明治前期関西地誌図集成』柏書房

105

和《わ》気《け》遺《い》跡《せき》

代表的な「堀内」遺構が確認できる遺跡

【選地】 和泉市に所在し、和泉山脈に源を持つ槇《まき》尾《お》川《がわ》と松尾川の両川に挟まれた、和泉中央丘陵の西裾部に位置する。また、本遺跡の北西約2キロ先には和泉国の国衙（和泉市府中町）が設置されており、和泉国の中心地であった。

和気遺跡・寺門地区遠望　南の歩道橋から

　本遺跡の北西約800メートル先には熊野（小栗）街道が通り、槇尾川をさかのぼると名刹の槇尾山《まきのおさん》施福《せふく》寺《じ》がある。槇尾山には、南北朝期に南朝側の城として築かれたとされる施福寺城（『近畿』I所収）がある。

　現在、和気遺跡は団地と小学校になっており、当時の面影は残っていない。唯一の痕跡は、和泉市立和気小学校の校門のそばにある石碑だけである。交通アクセスは、JR西日本阪和線和泉府中駅で下車後、徒歩約三〇分である。

【歴史】 本遺跡に該当すると思われる城館は、今のところ史料上確認できない。和気遺跡の近くには国衙があり、国衙周辺には古代の土地管理制度である条里制地割の痕跡が存在する。本遺跡でもその痕跡が残っており、検出された遺構―堀・建物・溝等―のほとんどは、和泉郡の条里地割に近似した方向性（海岸線に平行で南北に四六度の傾きを持つ）となる。

【遺構】 大阪府住宅供給公社によって和泉市府中町・今福町・寺門町・和気町の一部に団

DATA

所在：和泉市和気町４丁目、寺門町１丁目、今福町２丁目
遺構：掘立柱建物、堀、溝、土拡、柵
規模：42 × 48m（Ⅳ―１「堀内」の規模）
標高等：標高 26m、比高 0m

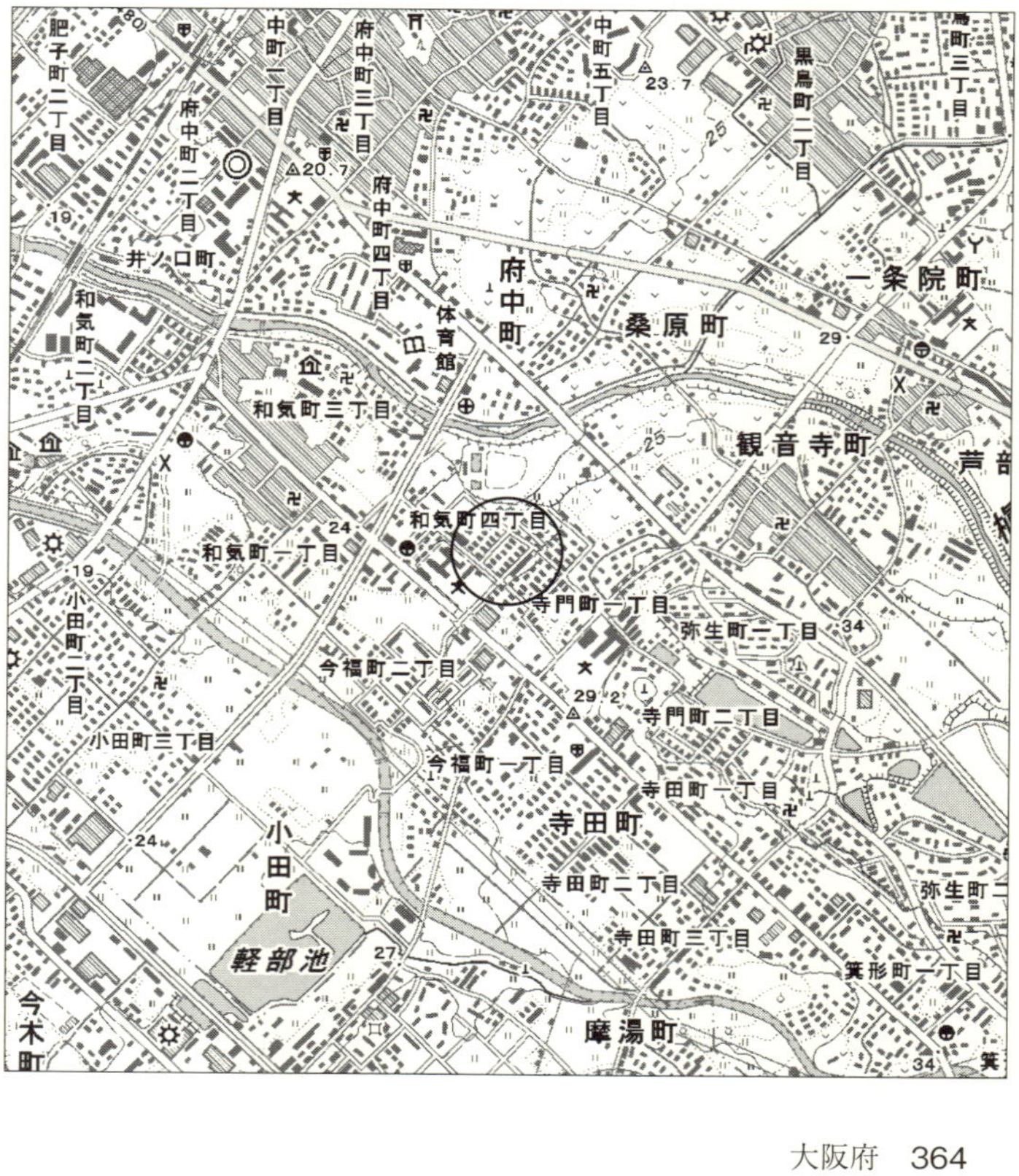

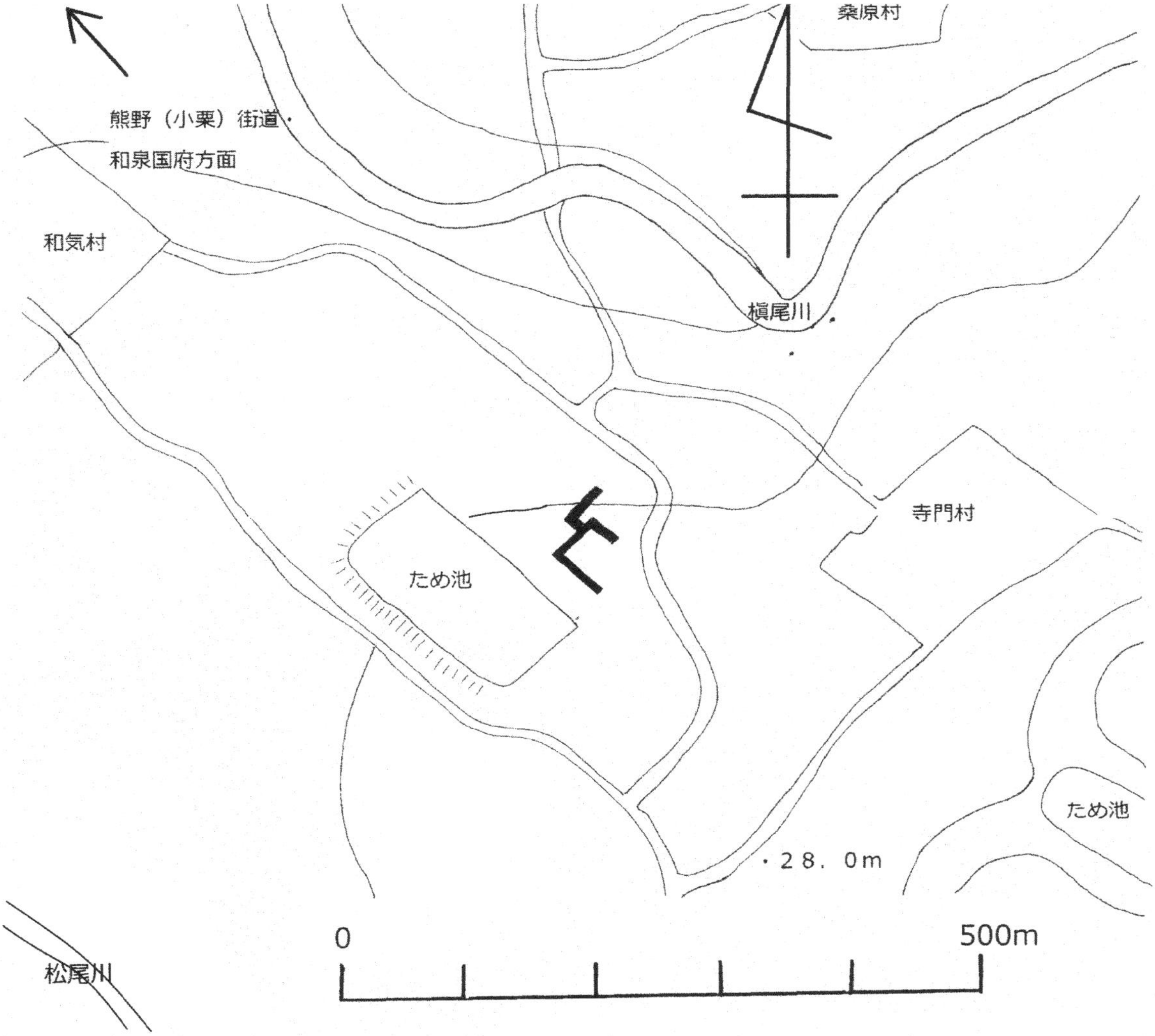

明治期の和気遺跡周辺の地形　『明治前期関西地誌図集成』（柏書房、1989 年）を基に発掘調査で検出した堀を合成　作図：北畠 俊

地造成計画が立てられた。それに伴って大阪府教育委員会が団地造成予定地内の試掘調査を行い、本遺跡が発見された。これを受けて、大阪府教育委員会と和泉市教育委員会によって「和気遺跡調査会」が設置された。和気遺跡調査会によって昭和五十一年から昭和五十四年にかけて発掘調査が行われ、本遺跡が弥生時代中期、古墳時代前・後期、中・近世の遺構・遺物を包含する複合遺跡であることが判明した。

その後、造成工事計画の変更により、補完調査が昭和五十四年から翌年にかけて実施された。この調査により、堀を伴う掘立柱建物群の全容を確認することができた。

本遺跡は、大きく二つの地区（今福地区・寺門地区）に分けることができ、中世の遺構・遺物は主に寺門地区に集中している。本書は主に中世城郭に関わる遺構を取り上げるので、寺門地区で検出された遺構と出土した遺物について取り上げる。

寺門地区では、二次にわたる調査によって掘立柱建物五十二棟が見つかっている。掘立柱建物群はⅢ期にわたって設けられた。出土した瓦器椀や推定される耐用年数から、掘立

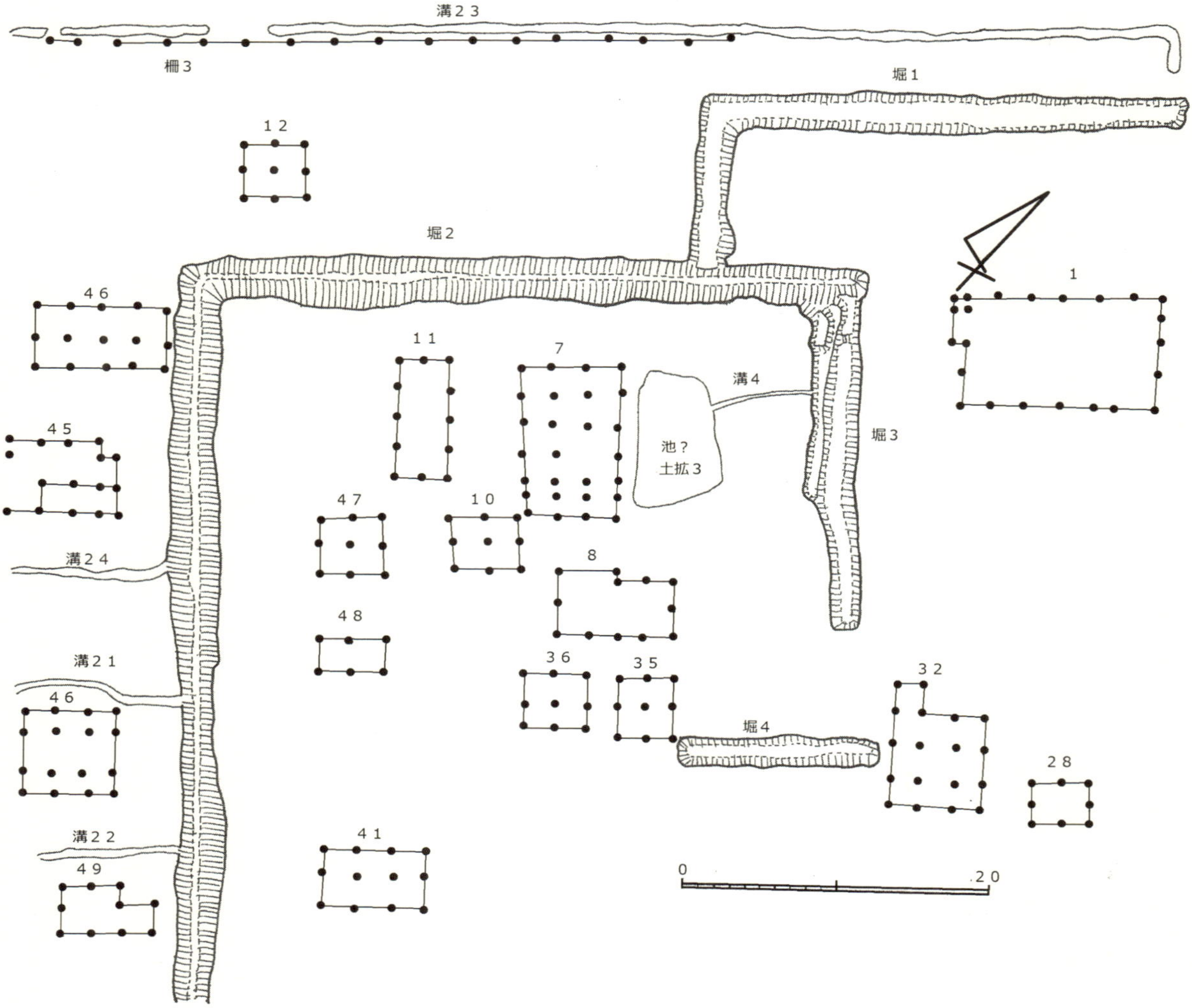

和気遺跡　Ⅵ―２　作図：北畠 俊（和気遺跡調査会原図を基に作成）

柱建物群は、一二世紀中葉から一三世紀中葉以降に営まれたものだと考えられる。以下、遺跡の様相を三つの時期に分けて、順に説明していく。遺構の呼称や時期区分の名称については、混乱を避けるために発掘調査報告書に準じた。Ⅰ期・Ⅱ期は鎌倉時代以前であるから、ここではⅢ期・Ⅳ―1期・Ⅳ―2期・Ⅴ期について、図を併用して説明する。

Ⅲ期では、堀は確認ができないが、二棟の大型建物を確認できる。したがって、初期の段階からかなり大規模な屋敷が存在していたといえる。

Ⅳ―1期では堀が掘削される。堀2と堀3、堀4を確認することができ、これらの堀で形成された「堀内」とも呼ぶべき空間が形成された。「堀内」には、主屋のほか、副屋・納屋などの付属建物も確認することができる。井戸も見つかった（井戸2）。また、建物7に隣接して検出された土拡3は、溝4によって堀3とつながっており、恒常的に水が満たされていたと考えられる。庭園の池であった可能性もある。

Ⅳ―2期では、堀1が掘削され、「堀内」が拡張された時期である。堀1・堀2・堀3

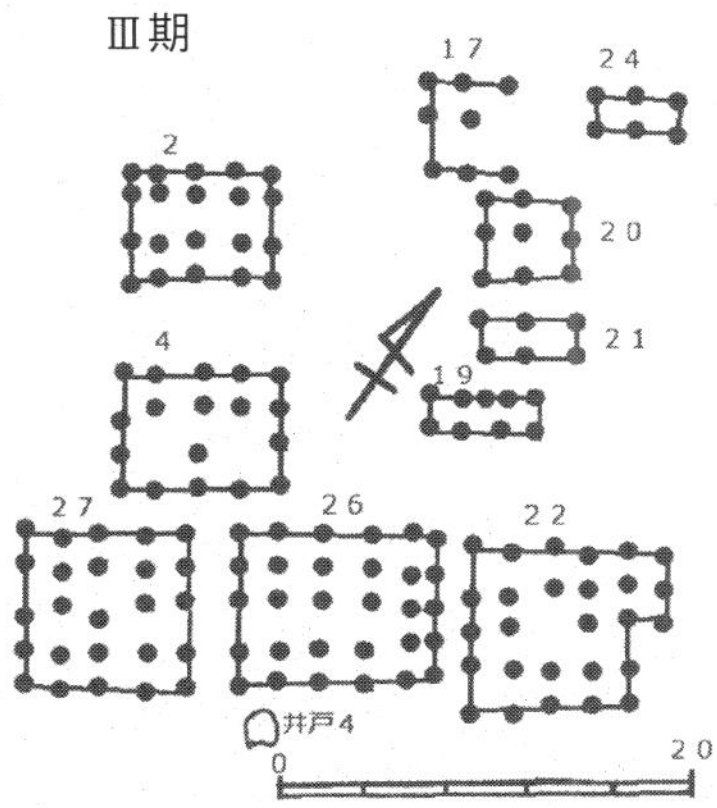

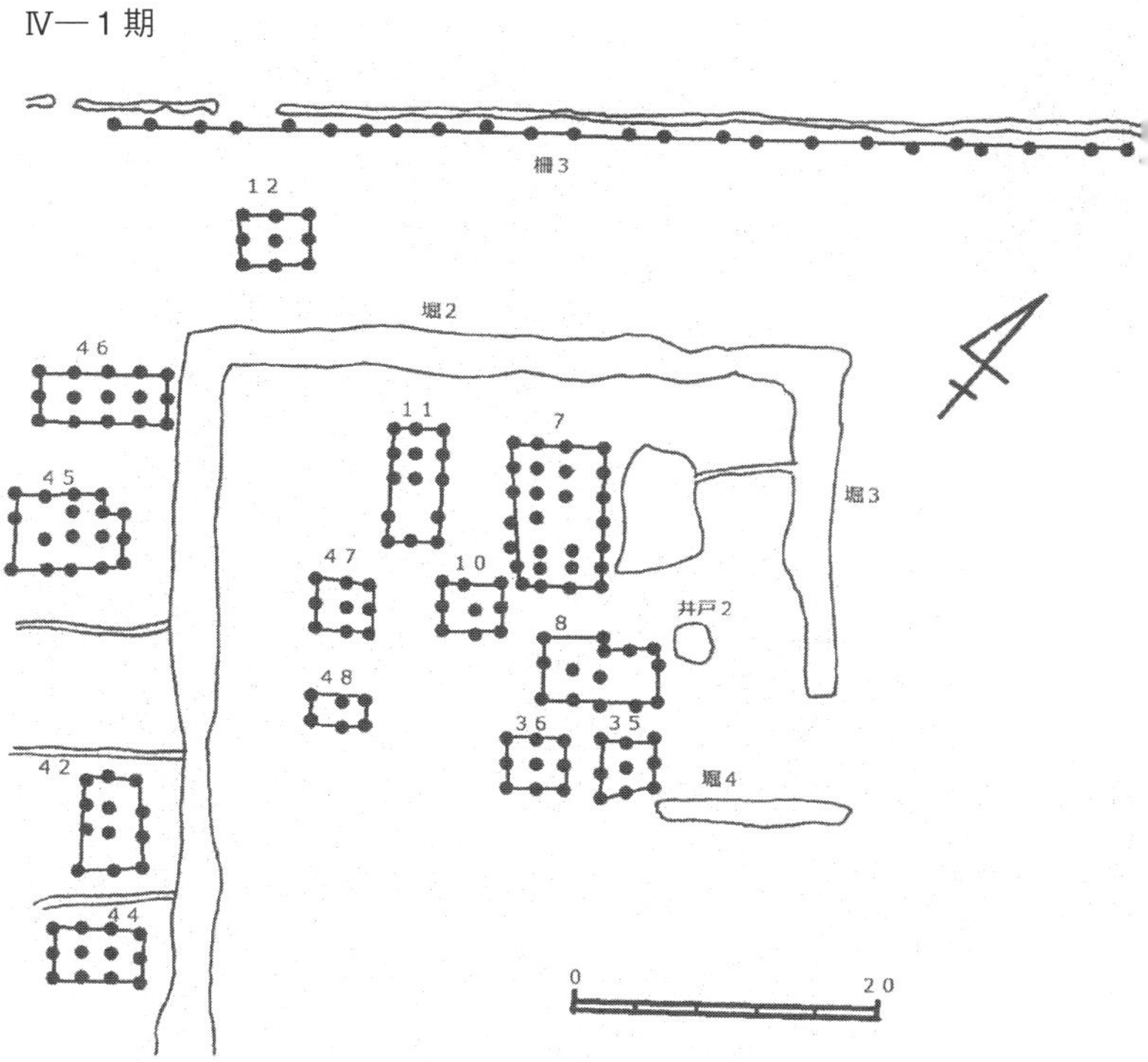

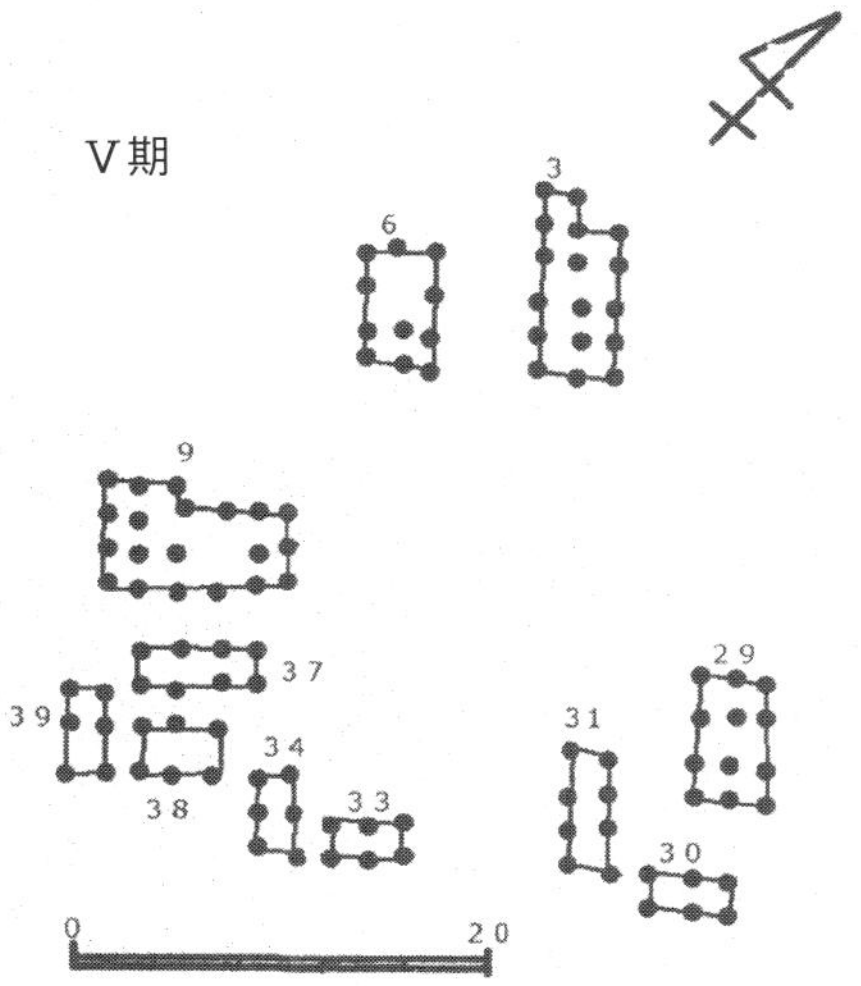

和気遺跡　Ⅲ・Ⅳ—1・Ⅴ期　作図：北畠 俊（和気遺跡調査会原図を基に作成）

の内側に、大型建物が建てられ、これらはⅣ—1期の「堀内」の建物と共存している。このことから、これらの建物の主体者は、同族集団の可能性がある。少なくとも、対立した関係ではなかっただろう。

Ⅴ期は、堀が埋没した時期である。また、Ⅲ期、Ⅳ期で見られた建物の配置の規則性は、この時期になると認められない。遺物は、瓦器の椀・小皿・羽釜、土師質皿・小皿・羽釜、陶磁器類、鉄器などがあり、その大半が「堀内」から出土している。

【評価】　本遺跡は、中世初期の土地支配の拠点として、支配者層が営んだ館であろう。「堀内」には、大型の建物や庭園の池の可能性も考えられる土抗3があり、土師器・瓦器などの日常雑器類が出土していることから、生活拠点であったと考えられる。

ただし、堀は深いところでも1・5メートルほどしかなく、場所によってはかなり浅くなっている。したがって、防御性はあまり高くない。柵も堀と平行して存在しており、集落との境界として使われたのではないかと考えられる。

（北畠　俊）

［参考文献］一九七九　和気『遺跡発掘調査報告書』和気遺跡調査会／一九八一　『和気遺跡発掘調査報告書Ⅱ』和気遺跡調査会

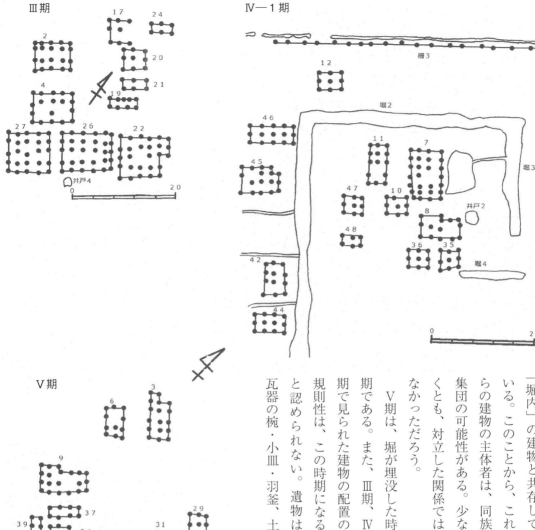

106

吉《よし》村《むら》家《け》住《じゅう》宅《たく》

近世の庄屋屋敷をめぐる堀と土塁

西側に残る土塁

【選地】 集落の南西に位置し、南面は奈良と堺を結ぶ主要道・長尾街道に接する。

【歴史】 近世の大庄屋であった吉村家の屋敷地であり、元和元年（一六一五）からまもない建築とされる主屋は、昭和十二年（一九三七）に民家として初めて国宝（戦後に重要文化財）となった。後に長屋門と土蔵、屋敷地なども追加指定を受けている。

吉村家は、天正十九年（一五九一）に「まん所」と称し、河内国守護畠山氏の家臣であった丹下氏の末裔という伝承を持つ。丹下氏は、畠山氏当主を支える有力内衆の家であり、西南西に約１・２キロ離れた大塚山古墳（大阪府羽曳野市・松原市）を丹下城として利用したという。

【遺構】 屋敷地周囲の北〜西側にかけて、土塁を伴う水堀が確認できる。北側の堀は、現状で東西長約７０メートル、幅は１０メートルを優に超え、屋敷地側に長さ約４０メートルの土塁がある。西側の堀は、現状で南北長が約４０メートル、幅は広いところで１０メートルに近い。内側の土塁は約３０メートルの長さである。

屋敷地の北西隅部において、土塁は最も高くなる。近年まで祠が所在し、屋敷地の庭園の一部としても機能している。現状でも、これに伴う石組や平坦地などが確認できる。

堀の延長は水路となり、吉村家住宅の敷地よりも大きい約一町（１００メートル）四方以上の範囲を区画している。この区画の内部は、現状で周囲よりも一段高い土地であり、近世の村絵図にも明瞭に描かれる。

DATA

所在：羽曳野市島泉５丁目
遺構：土塁、堀
規模：約 100 × 100m
標高等：標高約 20m、比高約 0m
指定：国指定重要文化財（主屋等）

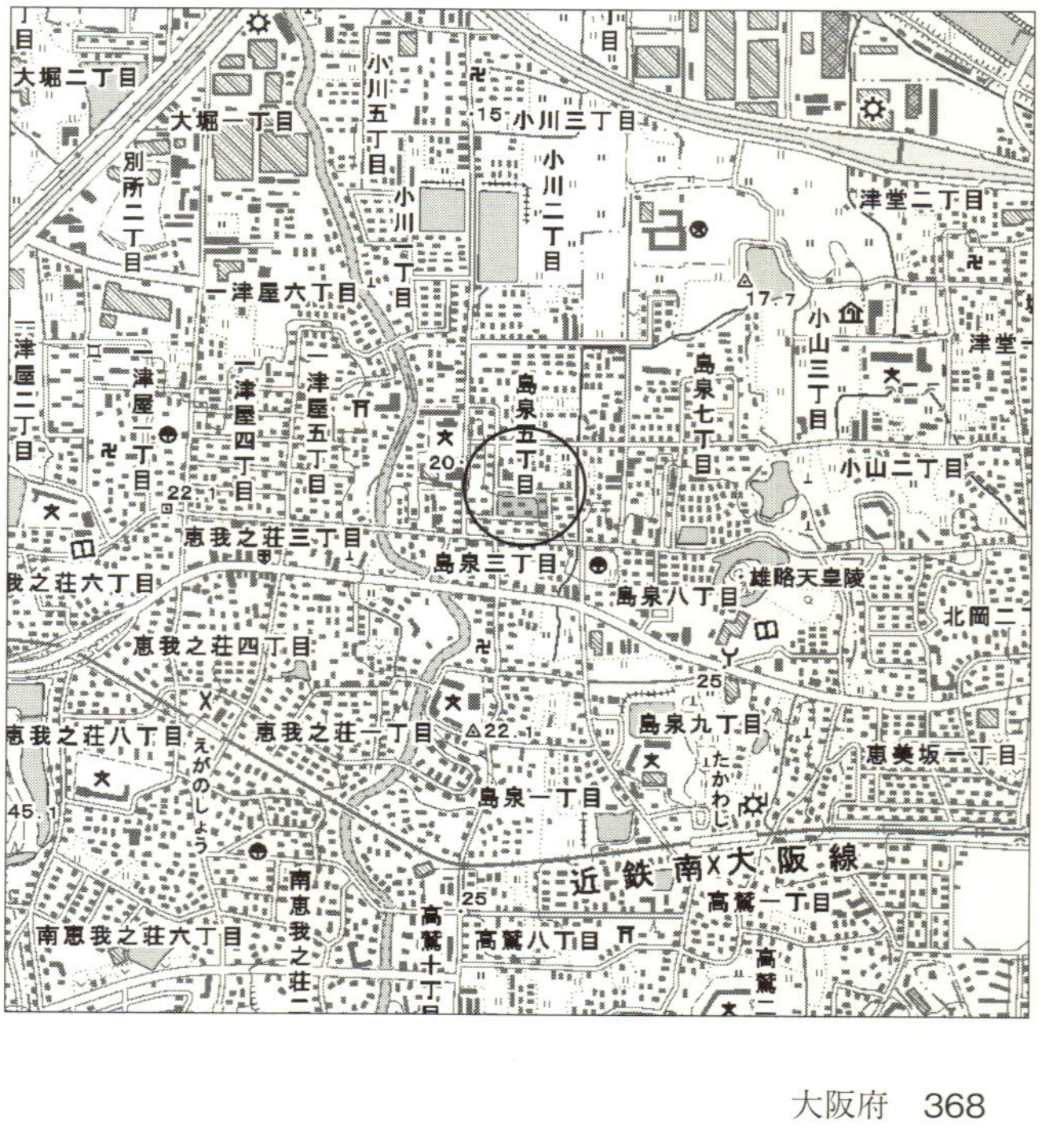

遺構概念図　作図：中西裕樹

北側の堀

【評価】　吉村家住宅に残る堀と土塁の規模をふまえると、戦国期の平地城館、かつ方形館と認識すべき遺構である。そして、一町四方以上の方形館は通常、守護や相当の武家が営んだと考えられるものである。また、区画の南に長尾街道が通過している点も特徴である。

大阪府下でこの規模の城館は稀少であるが、類例に和泉国の樫井《かしい》城（泉佐野市・『近畿』Ⅲ所収）がある。熊野街道に面した堀跡や区画があり、やはり一町四方の規模が想定できる。

樫井城は、近接して重要文化財の奥家住宅（庄屋屋敷）があり、主屋は吉村家住宅と同じ一六一五年からまもない建築とされる。また、奥氏は紀伊国を代表する国人で、畠山氏家臣の湯川氏の系譜を伝える。そして、畠山高政から城を預かったという伝承を持つ。

大阪府下において街道に直接面した城の立地、かつ方一町以上の規模となる屋敷は限定できる。また、ともに戦国期の有力武将の系譜を由緒とする近世の庄屋屋敷に関連する。吉村家住宅については、近世の大庄屋屋敷としてよく知られる一方、現在に残る遺構は戦国期の城館とひとまずは理解し、考察する余地が大いにある。城郭研究の対象になってこなかった近世の庄屋屋敷などを視野に入れ、平地城館の系譜を考える必要があるだろう。

（中西裕樹）

［参考文献］内田九州男　一九八一「丹下城」『大系』12 新人物往来社／内田満　一九九八「十七世紀の村方騒動」『羽曳野市史　第2巻』／拙稿　二〇一五「樫井城」『大阪府中世城館事典』戎光祥出版／大阪府教育委員会・泉佐野市教育委員会　二〇一五『大阪府泉佐野市・奥家住宅総合調査報告書』

107

若江城《わかえじょう》

湿地に守られた織豊系城郭への移行期の平城

主郭南西側の堀に廃棄された瓦などの建築部材（『若江遺跡第27次発掘調査報告』より転載）

DATA

所在：東大阪市若江本町・若江北町・若江南町
遺構：堀、石垣、逆茂木、塼列建物、礎石建物、土橋（発掘）
規模：主郭120×120m
惣構560×580m
標高等：標高4.7m、比高0m

【選地】　旧大和川の支流が形成した自然堤防である微高地上に位置する。周囲には低湿地が広がり、要害の地であると同時に、水上交通の起点でもあった。大阪から奈良へ向かう十三《じゅうさん》街道と、河内国を南北に通る河内街道が交差する交通の要衝でもある。

このような事情により、古くから当地には若江郡衙や若江寺が置かれ、地域の拠点として繁栄したと考えられている。

【歴史】　一五世紀後半の当城は、河内国の拠点として畠山義就《よしひろ》と政長による争奪戦の舞台の一つとなる。

文献上の初出は、寛正元年（一四六〇）九月に京都を追われた畠山義就が当城に入ったという記事である（『長禄記』）。これには「四方ハ皆深田ニテ、口二ツニシテ所々ヲ堀切テ、掻楯《かいだて》、櫓、木戸、逆茂木思ノ儘《まま》ニ拵《こしら》ヘテ」の記述があり、当城の具体的な構造を示すものとして興味深い。

文明九年（一四七七）における応仁・文明の乱の終結に際して、畠山義就は京都の陣営を引き払い、河内国へ下向する。その際に目

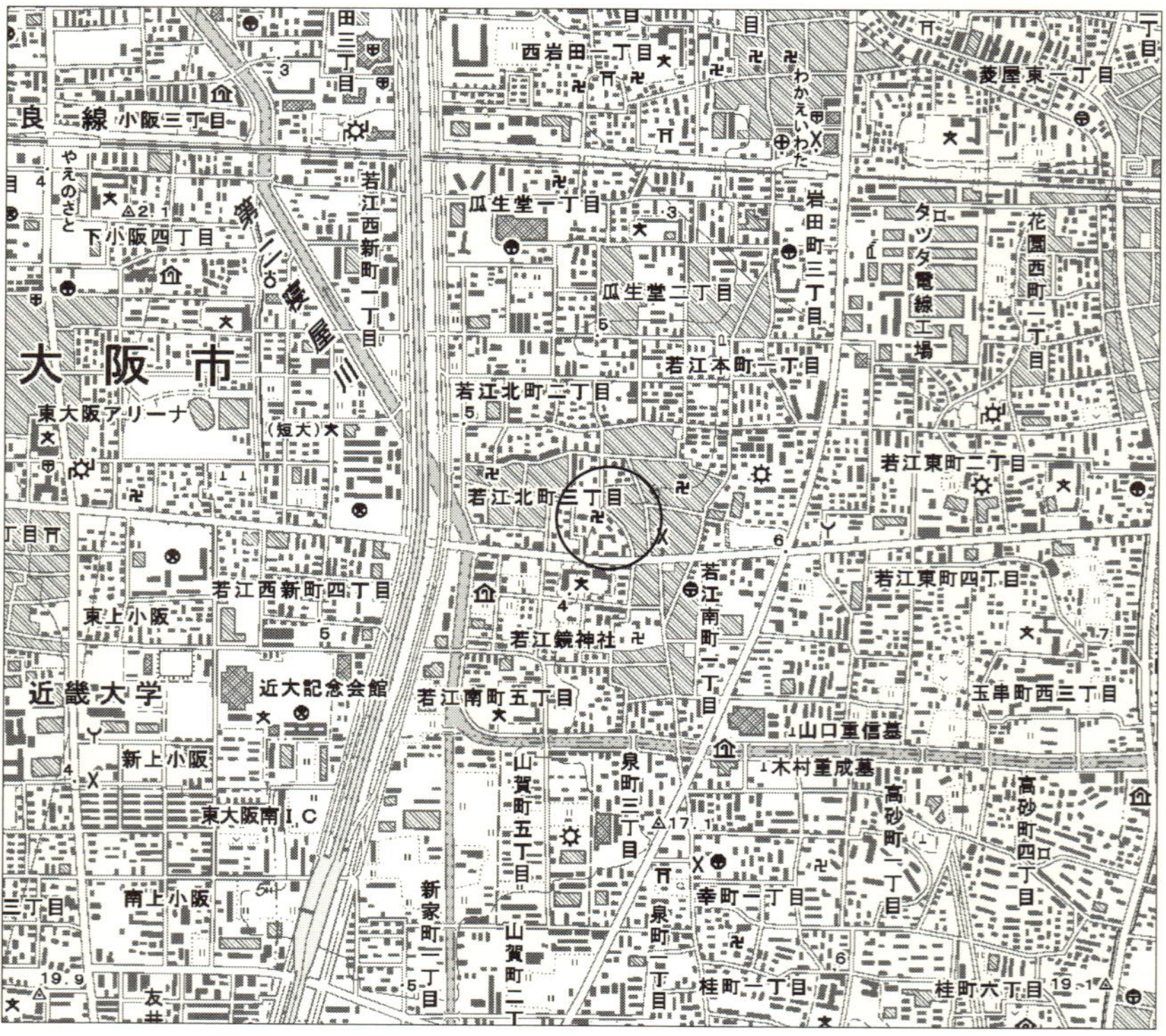

指したのが、畠山政長方の遊佐長直が守る当城であった。義就は騎兵三千五百、歩兵二千余の大軍を率いて九月二十一日に京都を出発し、十月三日には八尾城（八尾市）に入って当城と政長方の誉田《こんだ》城（羽曳野市）の連絡を断つ。十月十日に当城が落城し、遊佐長直は天王寺（大阪市）から船で敗走する（『大乗院寺社雑事記』）。

　一五世紀後半の畠山氏による争奪からおよそ一世紀を経て、当城は三好義継の城として再び史料上に現れる。小谷利明氏によると、永禄十一年（一五六八）に三好義継に与えられた城は、一次史料によれば、当城ではなく飯盛山城（大東市・四條畷市・『近畿』Ⅱ所収）であることが明らかである。

　永禄十三年正月に松永久秀が若江に礼に向かった記事（『二条宴乗記』）は、すでに三好義継が若江に居城していたことを示すと考えられる（小谷二〇一五）。永禄十一年の織田信長上洛当時は信長と同盟していた三好義継であったが、元亀三年（一五七二）には信長包囲網の一端を担うことになる。

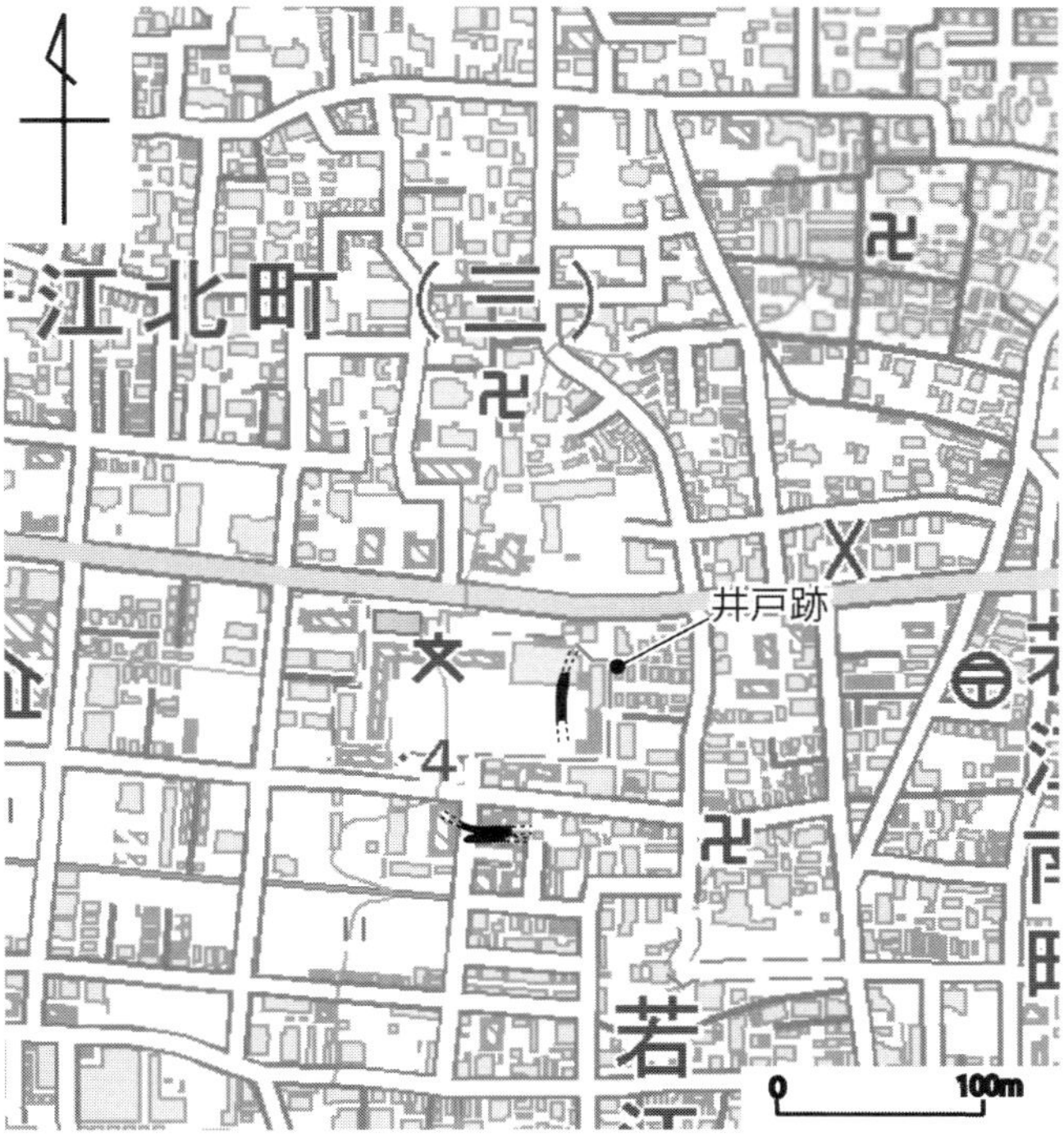

図1　若江城検出遺構図（15世紀後半）　菅原2016をトレース・加筆し地理院地図に合成

　天正元年（一五七三）七月、槙島城（京都府宇治市）で信長に敗れた足利義昭を当城に受け入れたことは有名な事実である。同年十一月には、ついに信長が佐久間信盛らを派遣して当城を攻める。のちに若江三人衆と呼ばれる義継家臣の池田教正・野間長前・多羅尾綱知は信長に内応し、信盛を城内に招き入れる。追い詰められた義継は自害し、当城は落城する。

　若江落城の様子は『信長公記』に詳しく記されており、「天主」の下まで攻められた義継が、女房衆や息子を刺殺したのち、腹を十文字に切って自害したとある。実態は明らかではないが、三好段階の当城に「天主」と呼ばれる施設が存在したことは注目される。

　織田信長の支配下に入った当城は、若江三人衆に預けられる。以降は大坂本願寺（大阪市）攻めのための拠点となっており、天正四年五月五日には、若江入りした信長が本願寺攻めを指揮した記録がある（『信長公記』）。天正四年に石山合戦が終結すると、廃城となったようであり、池田教正は南の八尾城に移っている。

【遺構】現在の地表面にはまったく遺構が残存しないが、若江遺跡の発掘調査成果から遺構の様子を知ることができる。若江遺跡は弥生時代中期から江戸時代にかけての複合遺跡であり、発掘調査は推定主郭の南側に集中している。菅原章太氏による最新の調査成果を踏まえた報告（菅原二〇一六）を、筆者が遺

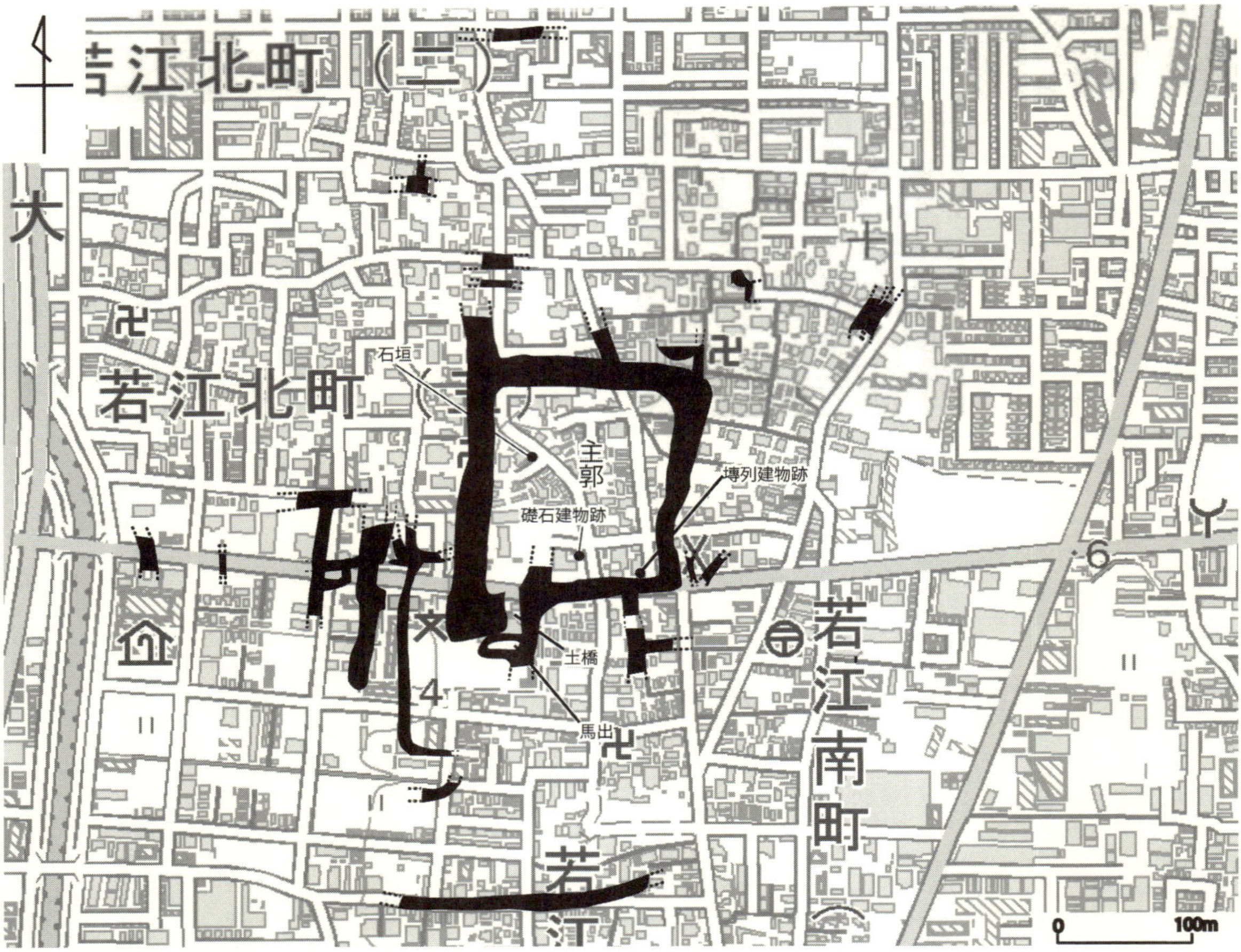

図２　若江城検出遺構図（16 世紀後半）　菅原 2016 をトレース・加筆し地理院地図に合成

構の時期別に整理した図を挙げる。以下、括弧内は若江遺跡の調査次数である。

一五世紀後半（畠山期）の遺構としては、三条の溝と一基の井戸が確認されるのみであり（三五次調査・三八次調査）、河内国守護所として機能したとされるわりには、遺構がきわめて少ない。三好期、または織田期の工事で、畠山期の遺構が破壊された可能性が考えられる。

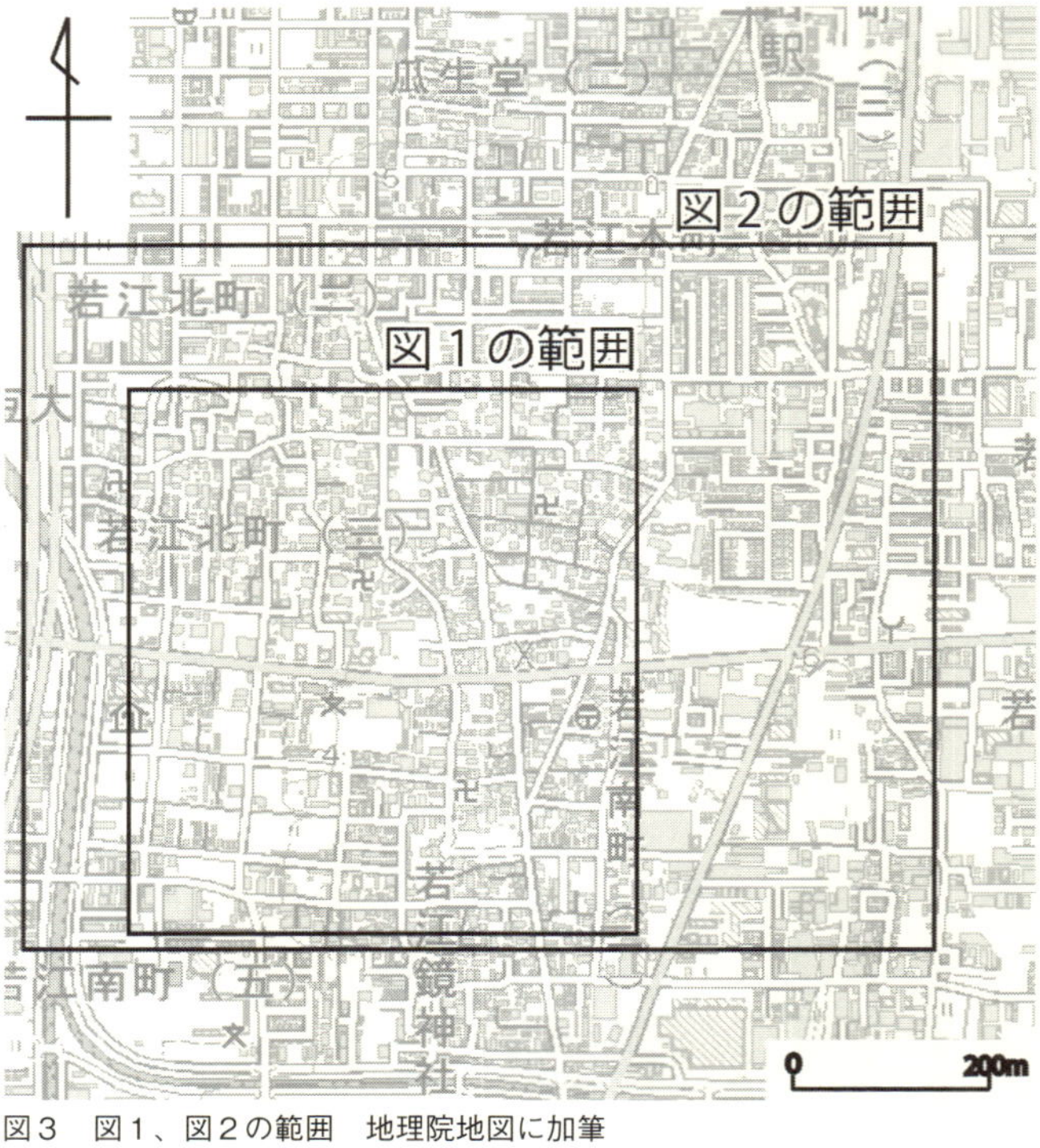

図３　図１、図２の範囲　地理院地図に加筆

一六世紀後半の三好期と織田期は、ともに期間が短く近接しているため、遺物型式による区分が不可能である。一六世紀後半の遺構群の造営主体については、今後議論していく必要があるだろう。

内堀は深さ3・5メートル前後、幅15～30メートルであり、肩部に逆茂木《さかもぎ》が打たれている。廃城後も内堀が完全に埋められることなく残存し、近世に水路として利用されたことが、発掘調査で明らかになっている（三八次調査）。内堀に囲まれた主郭は東西約130×南北約130メートルの大きさで、方形である。

城跡を貫通する道路と城跡碑の遠景　西から

主郭の内部からは石垣（三九次調査）・礎石建物（五次調査）・塼《せん》列建物（五次調査）が検出され、主郭の利用の一端がうかがえる。推定される主郭の北西部で石垣が検出されており、高さは約0・7メートルで、石臼・五輪塔・宝篋印塔《ほうきょういんとう》の転用石材を含む。

塼列建物は土蔵として機能したと考えられ、堺環濠都市遺跡（堺市）・伊丹城（兵庫県伊丹市・『近畿』Ⅰ所収）・置塩《おじお》城（兵庫県姫路市・『近畿』Ⅰ所収）など、畿内を中心に分布するうちの一例である。主郭南の堀に面して建てられていることから、置塩城の例と同様に、城外側への視覚的効果を狙ったものであった可能性がある。

主郭の南西に位置する内堀内からは、大量の瓦・壁下地・礎石がその順番に堆積している状況が検出されている（二四次調査・二七次調査）。これは、瓦葺建物を上屋から順に取り壊して堀に廃棄したものと考えられるため、主郭南西部に瓦葺の隅櫓が存在したと推定される。廃棄された瓦の中に転用可能な完形品を含み、建物の上部構造のみならず、礎石も廃棄していることから、徹底的な破壊の痕跡として評価できよう。

主郭南の土橋の前面には突出部が設けられ、発掘調査報告書では織豊系城郭の馬出しと評価されている（二七次調査）。しかし、土橋よりも一段高く城内から直接アプローチできないことから、馬出しと評価することはできないとの意見もある（中西二〇一五）。

若江鏡神社の南側や若江小学校の西側など、城の周囲からも堀が検出され、総構の存在が推定されている。

【評価】　一六世紀の遺構群が三好期と織田期のどちらに属するか、言い換えれば初期の織豊系城郭と評価すべきか、あるいは三好氏による築城の到達点と評価すべきかは、現在のところ判断材料を欠く。推定主郭の大部分は発掘調査がなされておらず、当城の実態にはいまだ不明な点が多いからである。

議論の対象になっている主郭南側の「馬出」も、全面が発掘調査されたわけではなく、今後の調査の進展が待たれる。もっとも、義継は信長と服属に近い同盟関係にあったことか

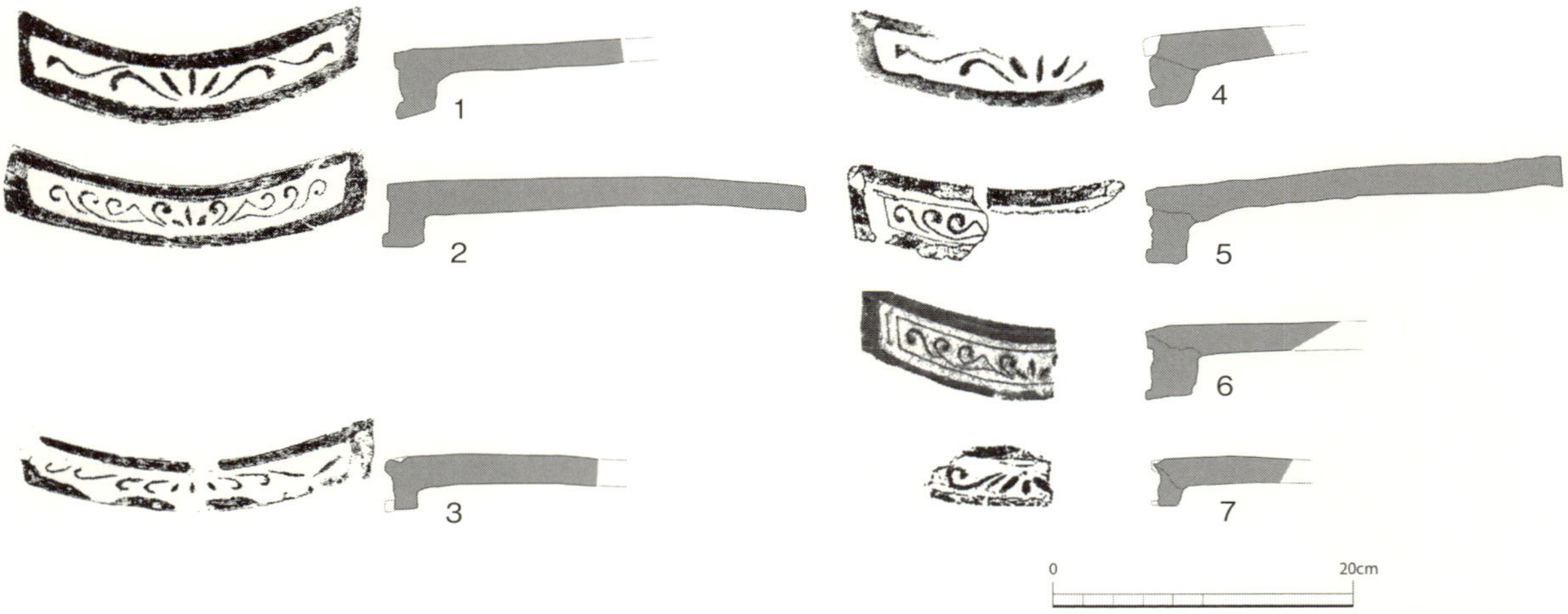

図4　若江城出土瓦と他遺跡出土瓦との関係　1～3、若江城（才原 1998）　4、久宝寺寺内町（岡田 2004）　5、大坂本願寺（八木 1998　6、私部城（吉田 2015）　7、勝龍寺城（岩崎 1991）（各報告書より図面をトレース・修正して転載）

ら、三好期に織田と三好の両方の特徴を併せ持つ城郭が築かれた可能性もある。

堀から大量に廃棄された状態で出土した瓦についても、使用開始時期が三好期か織田期かという論点が強調されており、多くの研究者が独自の見解を述べている。その論争を直接解決に導くものではないが、出土瓦についての重要な知見が近年得られた。すなわち、ほかの都市・城郭の出土瓦との関係である。

図4は、前述の堀から大量に出土した瓦の一部である。1の三葉二反転唐草文軒平瓦は当城で最も多く出土している軒平瓦で、久宝寺寺内町（八尾市・『近畿』Ⅰ所収）で同笵品（4）が出土している（岡田二〇〇四）。

2は三葉四反転唐草文軒平瓦で、中心から二つ目の唐草に折れを持つ特徴的な文様である。私部城（『近畿』Ⅰ所収）・大坂城下層（大坂本願寺）出土瓦（5、6）との同笵関係があり、それらより後出すると考えられている（吉田二〇一五）。

3は下向三葉四反転唐草文軒平瓦で、勝龍寺城（京都府長岡京市・『近畿』Ⅲ所収）出土瓦（7）と中心飾が一致しているが、唐草は異なっている。しかし、法量・焼成・調整・顎形状は一致しているため、きわめて近い関係にある瓦であるといえよう。

以上の知見から、当城出土瓦との関係が認められる瓦は、大阪平野とその周辺に分布していることがわかる。当城に用いられた瓦は、大阪平野近辺で生産された瓦である可能性が高い。

（岡本　健）

［参考文献］岩崎誠　一九九一『勝龍寺城発掘調査報告』長岡京市埋蔵文化財センター／才原金弘　一九九八『若江遺跡第27次発掘調査報告』東大阪市文化財協会／八木久栄　一九九八「瓦類」『大坂城跡』Ⅲ、大阪市文化財協会／岡田清一　二〇〇四『久宝寺寺内町遺跡第1次調査―「八尾市まちなみセンター」建設工事に伴う発掘調査報告書―』八尾市文化財調査研究会／小谷利明　二〇一五「若江城」『近畿の名城を歩く』吉川弘文館／中西裕樹　二〇一五『大阪府中世城館事典』戎光祥出版／吉田知史二〇一五『私部城跡発掘調査報告』交野市教育委員会／菅原章太　二〇一六「落陽　若江城と三好氏―調査成果から―」『シンポジウム　乱世を駆け抜けた城　若江城を探る』発表レジュメ

108

半田城《はんだじょう》

狭山池を押さえるための城郭

城跡遠景

【選地】　当城が所在する狭山地域は、南河内の中でも丘陵部と平野部の接点であり、狭山池から約1・7キロ南に所在している。

DATA	
所在	大阪狭山市半田１丁目
遺構	土塁、空堀
規模	約 50 × 50m 程度
標高等	標高 95m、比高（台地側から）２m、（段丘の下から）８m

狭山池は、飛鳥時代に西除川《にしよけ》と三津屋川《みつや》の合流点をせき止めて造られた日本最古のため池として知られ、中世においても丘陵地である河内西部の貴重な灌漑用水を支えていた。

その水利を押さえるため、西除川沿いには当城をはじめ、池尻城（本書所収）・野田城・大饗城《おあい》などが存在した。西除川は城の西を流れて狭山池に流れ込んでおり、城はこの西除川の中位河岸段丘の端に位置し、西は段丘崖によって防御されている。北には「シロノサカ」という通称地名、「城」という小字が存在する。

【歴史】　築城時期は不明だが、「南山巡狩録《なんざんじゅんしゅろく》」には建武四年（一三三七）に南朝方の高木氏、佐備《さび》氏などが北朝方の半田城を攻めた記事が見られる。

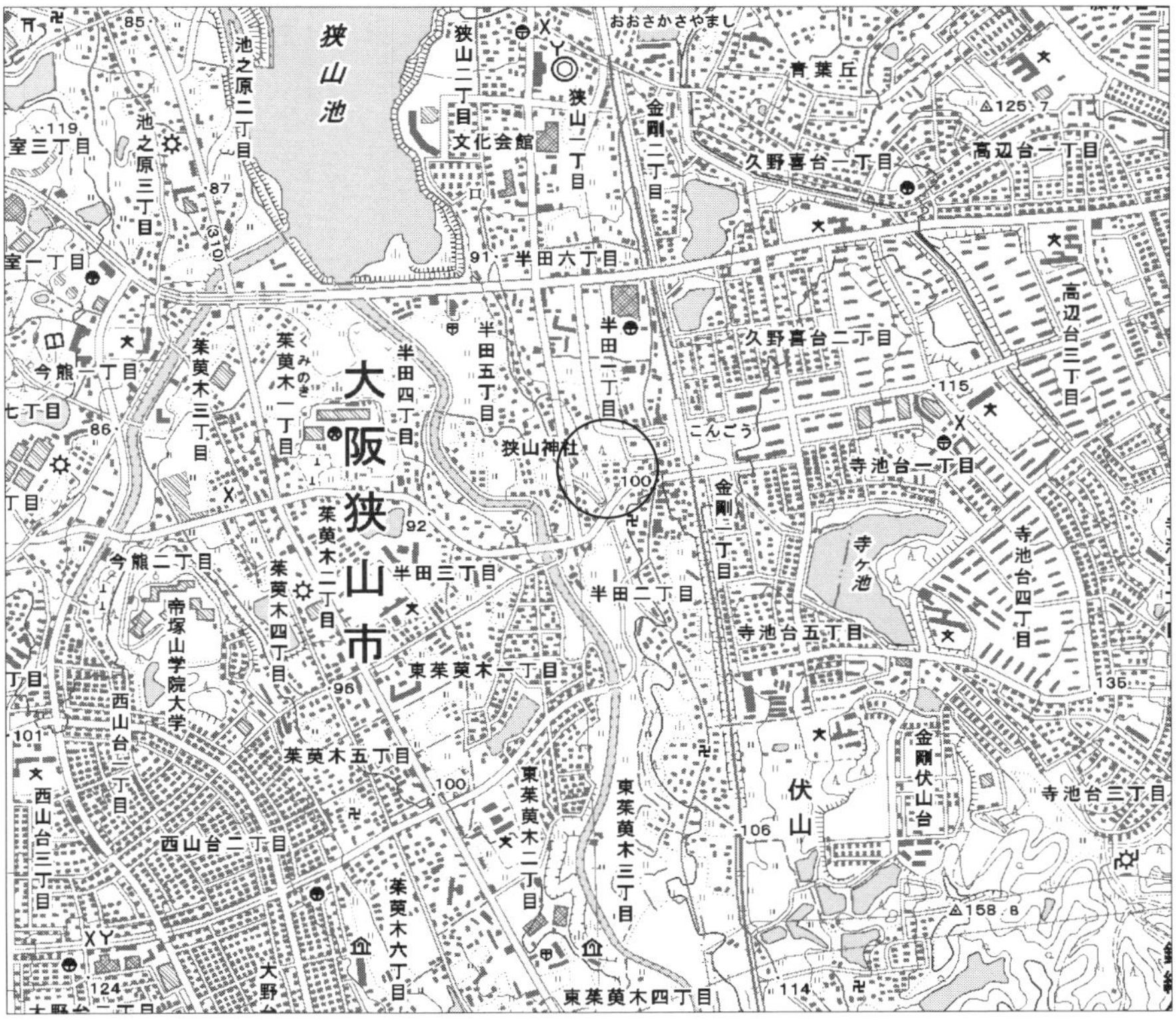

半田神社遺跡測量図　大阪狭山市教育委員会 1989 より転載

また、「高木《たかぎ》遠盛《とおもり》忠状写」には、高木遠盛が南朝方に属し、延元《えんげん》三年（一三三八）に「池尻・半田」を攻めたことが見える。なお、明応《めいおう》年間（一四九二〜一五〇一）には埴田《はにた》右近《うこん》が居城したとも伝えられるが、詳細は不明である。

【遺構】前述の通称地名・小字が残る一帯は、埋蔵文化財包蔵地として周知の「半田城跡」の範囲とされている。「半田城跡」は発掘調査もほとんど行われておらず、明確な城郭の遺構は発見されていない。

一方、「半田城跡」に隣接し、現在、狭山神社が鎮座する宮山の敷地内となっている「狭山神社遺跡」に、当城の遺構と推定される土塁や溝状の遺構が存在する。土塁は神社のある段丘崖を除く北・南・東側を囲むように、ややいびつな約半町四方の方形区画となり、高さ80センチ程度である。

北から東側にかけては、土塁の内側に50センチ程度の溝と70センチ程度の土塁があり、南側にも土塁の内側にわずかな高まりと溝状の遺構が確認できる。虎口は明確ではないものの、南北の土塁と段丘崖の間にわずかな開口部が存在する。

また、平成元年と平成三年に学術調査が行われ、中世期の遺構として土塁のほか、基壇状遺構や複数の焼土坑が検出された。そして、平安から鎌倉期の軒丸瓦と軒平瓦が数点出土している。大型の焼土坑は狼煙台との解釈がなされているが、城郭遺構と断定できる遺構は発見されなかった。

【評価】当城はその立地、残された地名から、池尻城とともに狭山池を南北で押さえる要地であると解釈できる。一方、狭山神社に残る遺構では発掘調査が行われたものの、城郭遺構であると断定できる遺構が発見されていないこと、土塁の構造と規模、狭山神社の境内となっている現状などから、城館に類似する神社遺構の可能性がやはり高い。

土塁に関しては、現存する約80センチの高さであったとしても、柵列等の遮蔽物を設けることで防御は可能であったとの指摘や、池尻城第1期との類似性も指摘されるところではある。しかし、この程度の高さの土塁ならば、神社の結界として捉えるべきではないだろうか。「半田城跡」と「狭山神社遺跡」のさらなる調査が待たれる。　（河本愛輝）

［参考文献］大阪狭山市教育委員会　一九八九『狭山神社遺跡測量調査報告書』／大阪狭山市教育委員会　一九九〇『狭山神社遺跡試掘調査報告書』／大阪狭山市教育委員会　一九九二『狭山神社遺跡試掘調査報告書２』／植田隆司　二〇〇八「狭山神社遺跡の土塁と半田城」『南河内における中世城館の調査』大阪府教育委員会

城跡現況　狭山神社

土塁と溝

109 池尻城《いけじりじょう》

交通の要衝・池尻を押さえるための城か

城跡現況

DATA
所在：大阪狭山市池尻中３丁目
遺構：空堀、土塁、曲輪、建物遺構（発掘）
規模：約 300 × 500m、
標高等：標高 74.9 m、比高０m

【選地】 狭山池西北側の河岸段丘の突端に築かれている。狭山池は、飛鳥時代に西除川《にしよけ》と三津屋《みつや》川の合流点をせき止めて造られた日本最古のため池として知られ、丘陵地である河内西部の貴重な灌漑用水を支えていた。その水利を押さえるため、西除川沿いには当城をはじめ、半田城（本書所収）・野田城・大饗《おあい》城などが存在した。

また、美原・野田方面から南下する街道は、城の南西付近で南北に分岐し、西へは西高野街道に接続し、東へは富田林・千早赤阪方面に至る交通の要衝に位置する。城跡には、「古城」や「古城南」、「小屋の内」などの小字が伝えられている。

【歴史】 築城時期は不明だが、「高木遠盛《たかぎとおもり》軍忠状写」には、高木遠盛が南朝方に属し、延《えん》元《げん》八年（一三三八）に「池尻・半田」を攻めたことがみえる。さらに、「和田助氏《わだすけうじ》軍忠状」には、正平《しょうへい》二年（一三四七）に楠木《くすのき》正行《まさつら》が細川顕氏《ほそかわあきうじ》、畠山国清《はたけやまくにきよ》と「河州池尻」で戦闘を行ったことが記載されている。「河州池尻」における戦いは、翌年の四条畷の戦いに至る前哨戦となっている。

【遺構】 当城に関する遺構は、都市化に伴って地表面からはほぼ消滅しているが、宅地造成に伴い、数次に及ぶ発掘調査が行われている。とくに昭和六十年の調査では、一四世紀後半を画期とする前後二期の城館遺跡が検出され、土師器や瓦器、陶磁器、瓦などが出土している。

前期は、河岸段丘の縁辺部やや内側に控え

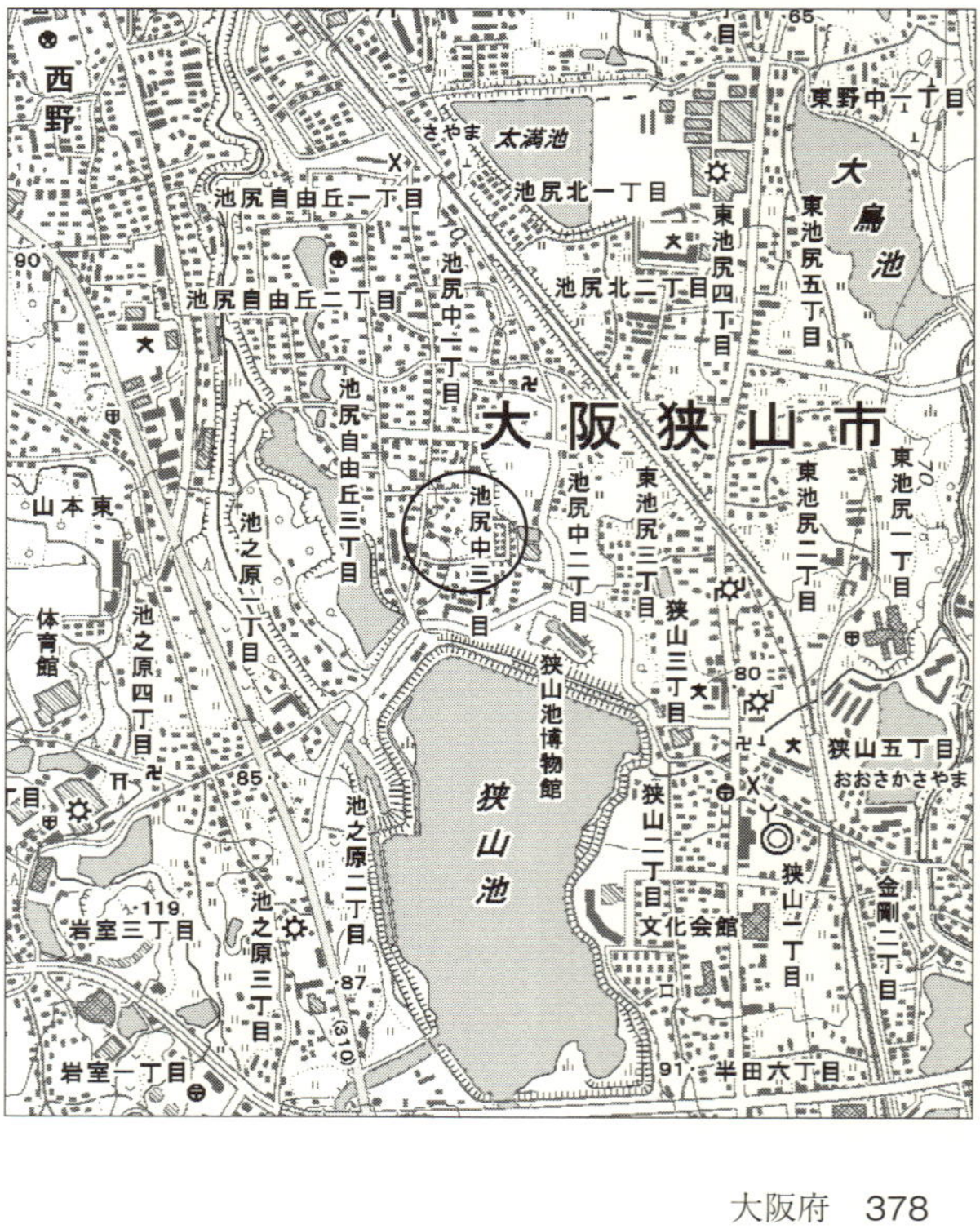

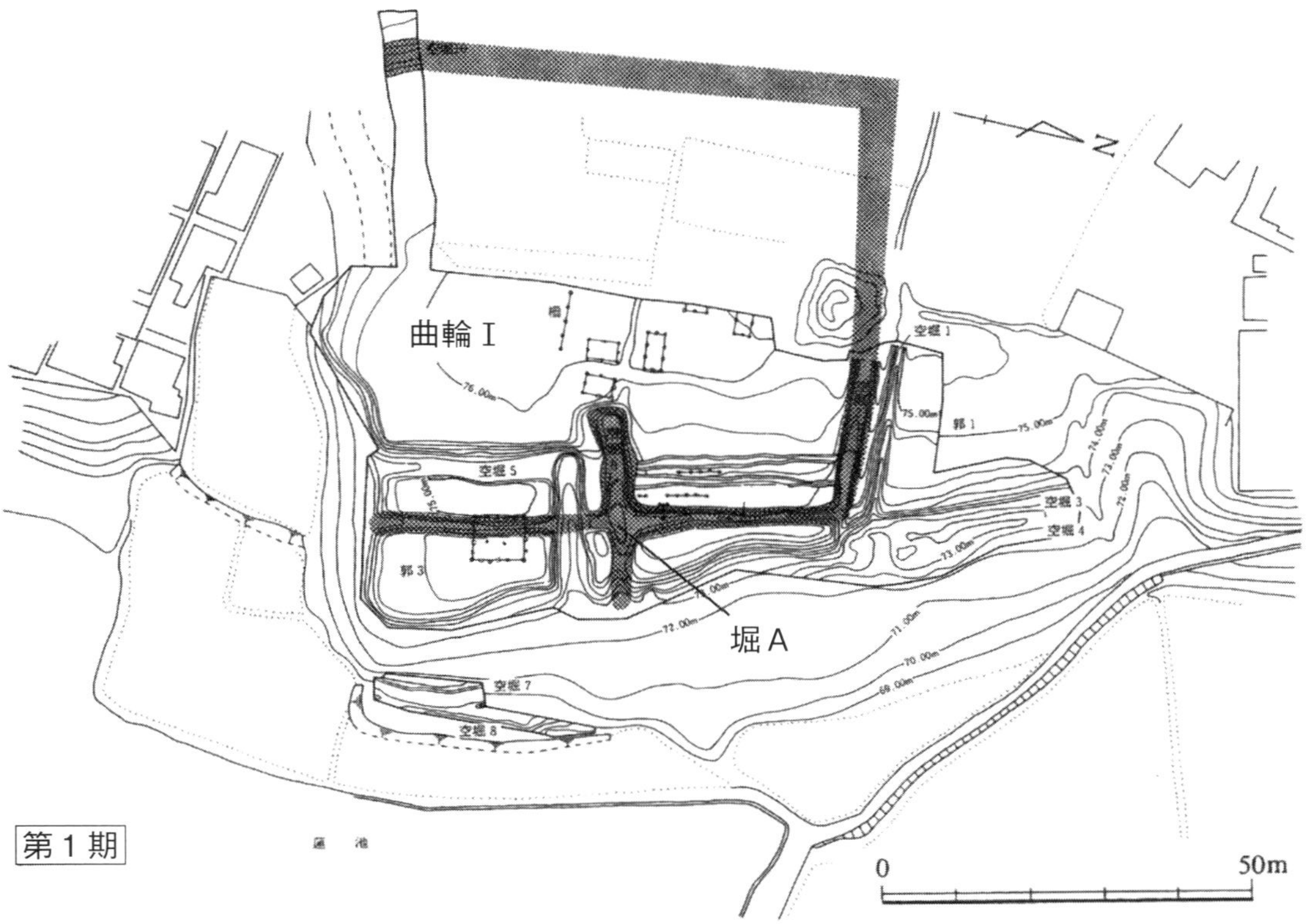

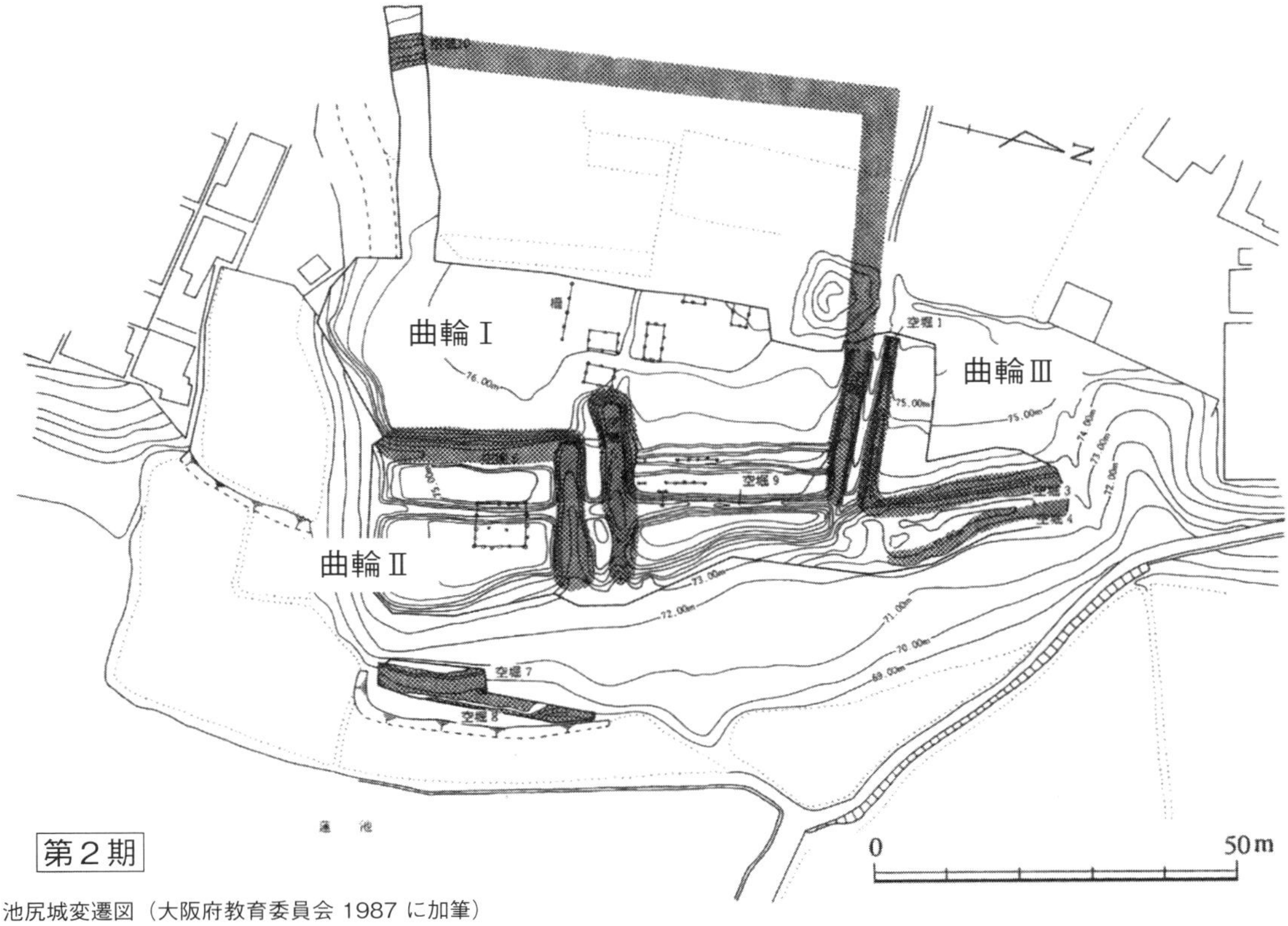

池尻城変遷図（大阪府教育委員会 1987 に加筆）

池尻城跡から街道方面を望む

た場所に築かれている。南の開析谷を除く三方に空堀を廻らせた一辺約65メートルの方形居館であり、東側の堀には南北方向の溝や柵が検出されている。また、居館中央部から数棟の掘立柱建物跡が検出されている。

後期は、前期の方形居館を踏襲しながらも、段丘の縁辺部を城内に取り込もうとする意図が見受けられる。居館東側の堀を埋め戻して北東部を段丘の縁辺部まで拡張し、南東部を切り離して新たな曲輪としている。北側の曲輪からは柱跡などが検出されなかった一方、居館や南東の曲輪からは建物跡が検出されている。

城内からは瓦類が出土しており、仏堂的施設が存在した可能性が高い。ただし、数が少ないことや出土位置が不明であることから、現時点でどのような構造物であったかは詳らかではない。

後期に拡張されて埋め戻された東側の堀底からは、「三目結《みつめゆい》」紋章が鋳出された大刀の柄を飾る銅製の兜金《かぶとがね》が出土している。当城を拠点にした土豪勢力が佩刀したものであろうと推定されている。また、遺構の調査も行われ、街道を越えて現在の副池の対岸までを含む半径500メートルの範囲には、土塁が複数箇所にわたって残存していることが判明している。しかし、これらの土塁は周囲に存在する溜め池に伴う、泥の掻き揚げなどの可能性が高く、城域は発掘調査が行われた範囲近辺と考えるのが妥当だろう。

なお、この発掘調査の風景を再現したジオラマ模型が、近隣に所在する大阪府立狭山池博物館に展示されており、現在は失われた発掘当時の様子を知ることができる。

【評価】 当城に関しては、いくつかの先行研究が存在している。末永雅雄氏は、『狭山町史』において、前述の文献資料を詳細に検討する一方で、城館遺跡が検出された突端の南方の長方形の突出部こそが当城の主郭部であると指摘した。これを踏まえて、小林義孝氏は城館遺跡南方の長方形の突出部を第三期居館跡であるとし、これを一五・一六世紀の居館であると想定して、城内を街道が通るあり方から、高屋城に類似した城郭であったと推測している。

しかし、この長方形の突出部は主郭に隣接する曲輪であった可能性は高いものの、江戸時代以降の耕作地として造成された改変である可能性が高い。城域については、発掘調査で検出された土塁を含め、さらなる検討の余地が残されている。

当城は狭山池北堤に近く、水利確保のために重要な場所に位置している。また、南河内における拠点として改修された南北朝期の居館事例としての重要性が、発掘調査を通じて評価できる。

さらに注目したいのは、検出された城館遺跡の立地が、城の西をほぼ南北に通る直線の

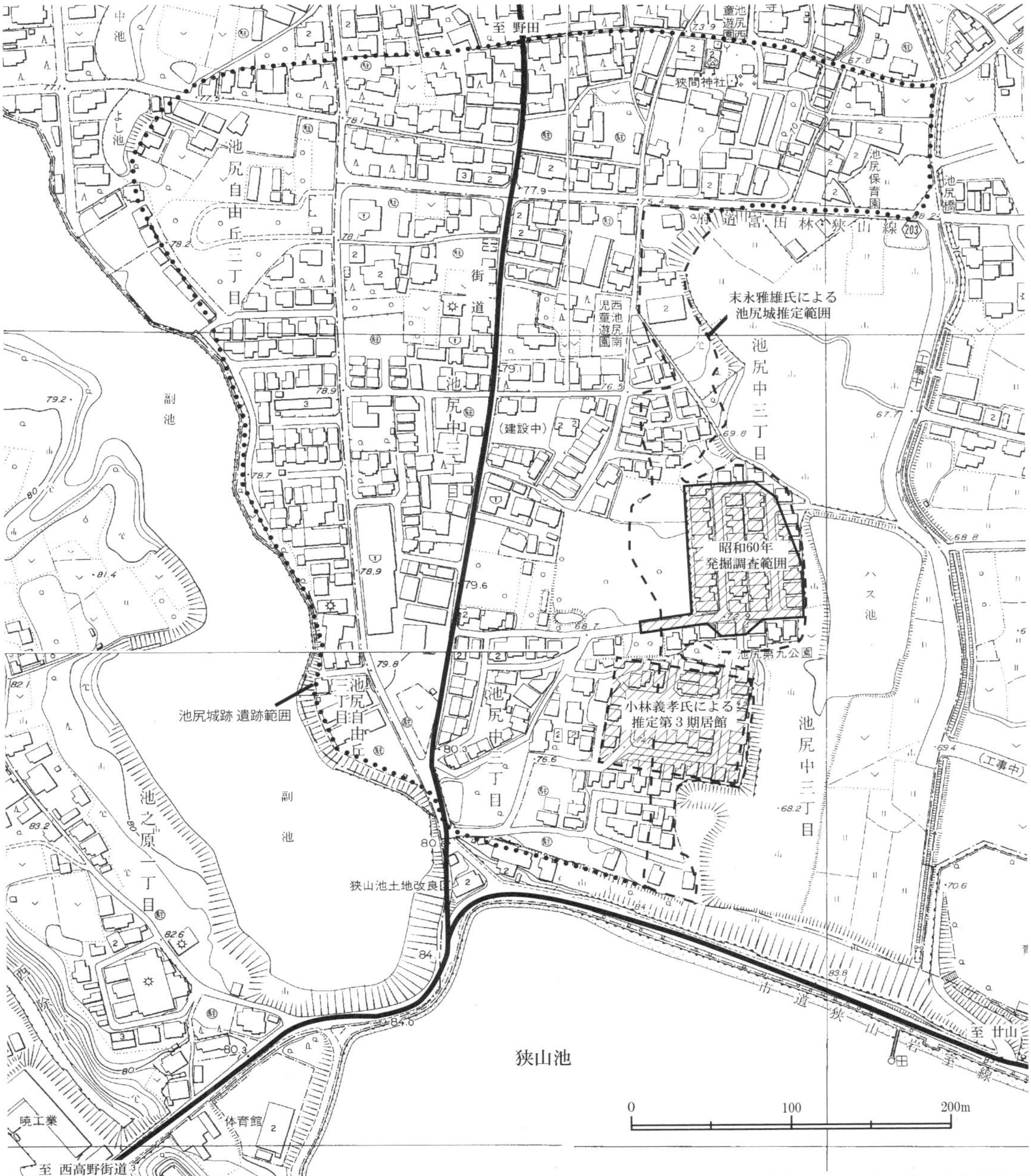

池尻城全体図（小林義孝 1999 等を基に執筆者作成）

街道と同等もしくは低い段丘の縁辺に位置していることである。街道より低い立地は、軍事的に不利になる。しかし、「大辻」の字が残り、西高野街道に向かう交通の要衝である池尻の地を押さえるため、この位置でも役割を担っていた可能性もある。第二期に複数掘られた堀も、この低い立地を克服するための改修であったことが推測される。

これは、畿内における私部城《きさべ》のような武家権力の在地化に伴う、摂河泉における平地城館の具体例として評価できる。

（河本愛輝）

［参考文献］ 大阪府教育委員会 一九八七『池尻城跡発掘調査概要』／大阪府教育委員会 一九八八『池尻城跡発掘調査概要・Ⅱ』／大阪府教育委員会 一九八九『池尻城跡発掘調査概要・Ⅲ』／小林義孝 一九九九「河内池尻城跡再考」『狭山池 論考編』

110 吉村城《よしむらじょう》

少人数で守備と攻撃を行う単郭城郭

城跡遠望　西側の山辺川畔より

【選地】　南流する山辺《やまべ》川左岸にあり、標高322メートルの頂部から西へ派生した尾根先端近くに築かれている。

山辺川を挟んだ、わずか西側400メートルの対岸には森上城がある（『近畿』Ⅱ所収）。また、当城の北約800メートルの山上には、山辺城がある（『近畿』Ⅱ所収）。山辺城の前面にあって、山辺川沿いの狭窄地を当城と森上城で挟み込んだ形となる。さらに、南約900メートルの位置には片山城がある（『近畿』Ⅲ所収）。

城跡へは、標高322メートルの頂部の南側麓にある洞雲寺脇の林道から上り、北西方向へ進む。終点近くにある西側に延びた尾根を下れば、城跡に至る。ただし、この方面からの探訪はわかりにくい。西側の山辺川方向から上るのがわかりやすいが、道はなく、傾斜は急である。

【歴史】　『大阪府全史』巻之三によれば、吉村城を挙げ、その伝承を「天文年中吉村備後

DATA

所在：豊能郡能勢町栗栖
遺構：堀切、土塁
規模：50 × 70m
標高等：標高 270m、比高 70m

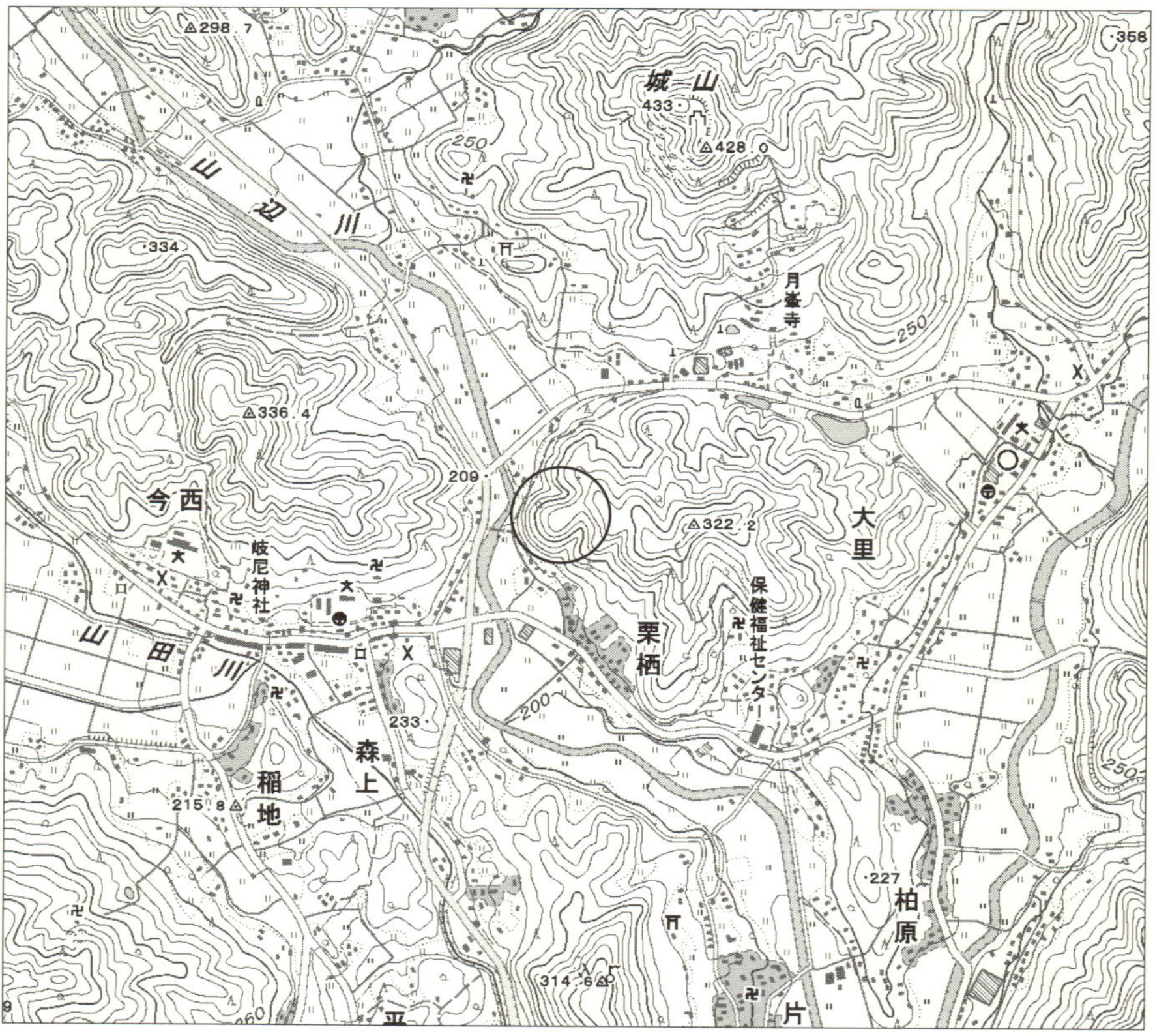

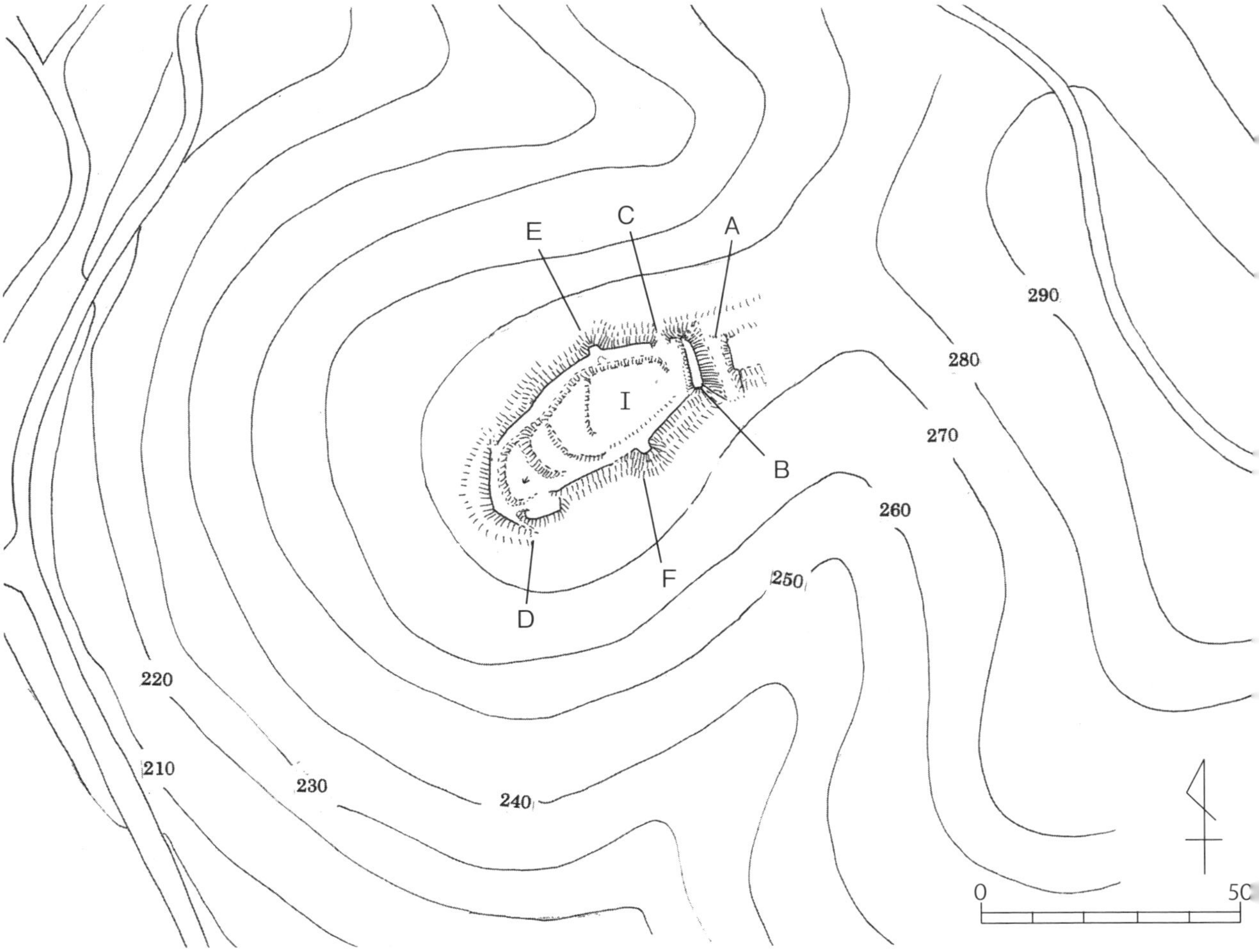

縄張り図　作図：髙田 徹

守源盛光の居城なりしと。其の後裔は今尚邑に残れり」と記す。同書では別に栗栖《くりす》城を挙げ、「水原右衛門尉源盛景の居城にして、水原源六郎光景に至り、塩川伯耆守に攻められて落城せりといふ」とある。栗栖城と吉村城の関係は定かではない。同じ大字内にあった城とされるから、ここで取り上げる吉村城が、『大阪府全史』のいう栗栖城であった可能性も否定できない。

なお、同書によれば、当時（大正十一年頃）、山麓には荊《いばら》（を持つ草の意味か）のない芝生となったところがあった。これは、天正期に織田信澄（織田信長の甥）が能勢に侵攻した際、山辺城主大町宗長が戦いに敗れ、この地で殺害されたという。宗長の怨念により、芝生になっていたというのである。山辺城との位置関係を踏まえれば、当城は山辺城の前衛として、大町氏によって築かれた可能性もあるだろう。

【遺構】　当城は、東側尾根続きに対して堀切Aを設け、その内側に土塁Bを設ける。堀切Aは幅約8×深さ約3メートル、土塁Bは幅約3メートル×高さ約50センチの規模である。土塁Bの内側（西側）にⅠ郭があり、

堀切A　北より

張り出しF　西より

内部には高さ1メートル前後の四段ほどからなる段差を持ち、曲輪の端部は通路状に平坦になっている。

　虎口の可能性として、まず北東隅のCが挙げられる。曲輪の端部が掘り込まれており、切岸直下に下りられるようになっている。ただし、現状では外に延びる道の痕跡が見当たらない。いささか違和感のある位置のため、虎口候補地として可能性を指摘するにとどめておく。

　もう一つ虎口に比定できるのは、南西隅にあるDである。曲輪の塁線をやや食い違わせ、そこから通路状の地形がわずかに延びている。周囲の地形や縄張りに照らせば、Dは虎口とみなして問題ないだろう。

　注目すべきは、北側塁線上にあるE、南側の塁線上にあるFである。いずれも1m前後の張り出しを曲輪端部に、南北で対称に近い位置に設けている。これは、横矢掛かりを含む斜面防御を意図した遺構と考えられる。E・Fとも、それぞれ一人の兵が立ち、斜面を登ってくるであろう敵に対して警戒した備えと考えられる。

　なお、図示はしていないが、北西側斜面には竪堀状の落ち込みが認められる。ただし、竪堀状の落ち込みの始点は、斜面の中途な位置である。その延長上の山頂には、テレビアンテナが設置されている。これらのことから、竪堀状の落ち込みは、埋設ケーブルを埋めたか、その資材を搬入した痕跡ではないかと考えられる。

【評価】　当城は、小規模な単郭城郭であり、内部は段差をともなう等、平坦になった場所はごく限られている。十数人程度で守備していたのではないだろうか。少ない人数で守備していても、果敢に攻撃が開始できるよう、張り出し部E・Fが設けられたのであろう。

　このような遺構は、近隣はいうに及ばず、他地域でもあまり見かけない。ただ、従来、周辺の他城では見落とされている可能性もあり、今後の精査が求められる。　（髙田　徹）

【参考文献】　中西裕樹　二〇一五『大阪府中世城館事典』戎光祥出版

111

山田城《やまだじょう》

堀切を挟んでⅠ郭とⅡ郭が対称する縄張り

城跡遠望　東より

【選地】　能勢町の西端近く、垂水と山田の間にある山上に位置する。東側約８００メートルには今西・森上城（『近畿』Ⅱ所収）、谷を隔てた南西約３００メートルの山上には垂水城がある。北側約２００メートルの山上には浮《うき》ノ城比定地があるが、明瞭な城郭遺構は認められず、寺院跡ではないかと思われる。

　城跡への道は荒れ果てて、わからなくなった部分が多い。東側から尾根を登っていくか、南側の谷筋から直登する必要がある。

DATA

所在：豊能郡能勢町垂水・山田
遺構：堀切、土塁、虎口
規模：120 × 100m
標高等：標高 360m、比高 120m

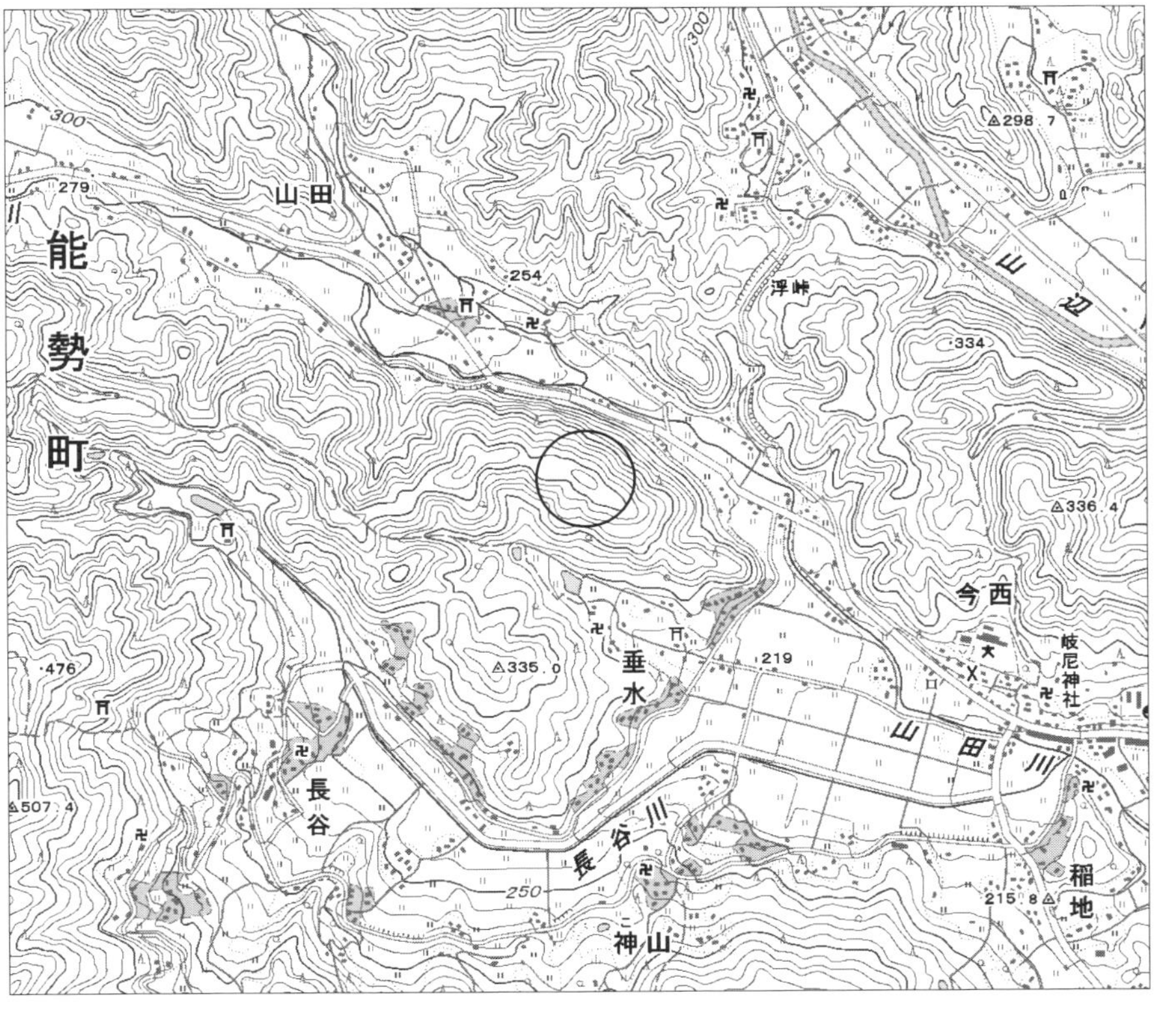

【歴史】　『大系』12では、『多田社記』によるとして、「治安二年より山田御亀屋の城主多田出羽守満政の五男山田刑部大輔源忠国也、同書北の丸には兄忠重在住す」とある。また、天正年間、山田景明のときに落城したとも記している。『摂津志』は、最初山田氏が城主であったが、後に塩川氏となったとしている。『大阪府全史』巻之三によれば、城山と呼ばれ、「東西七拾参間・南北弐拾五間にして、回字形五稜形をなせるも、石壁等の存するものな

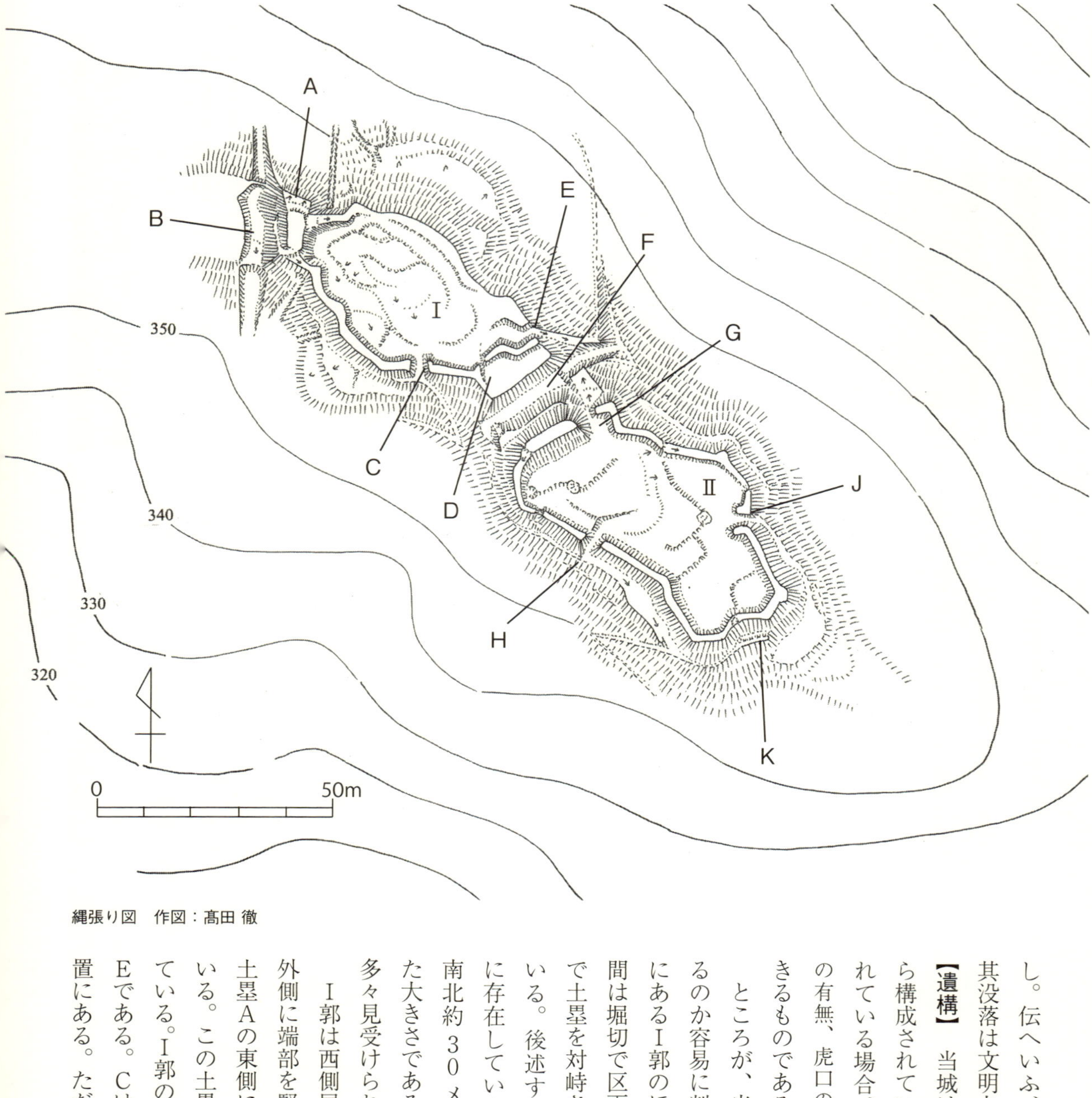

縄張り図　作図：髙田 徹

し。伝へいふ、三田三之丞景明の居城にして、其没落は文明九年なりと」とある。

【遺構】当城は、南北に並んだ二つの曲輪から構成されている。二つ並んで曲輪が設けられている場合、通常は縄張り上の強弱（土塁の有無、虎口の優位性等）から主郭が判断できるものである。

ところが、当城の場合、どちらが主郭であるのか容易に判断しづらい。地形上高い位置にあるⅠ郭のほうが優位ではあるが、両者の間は堀切で区画されているうえ、堀切を挟んで土塁を対峙させるように、それぞれ設けている。後述するが、虎口も向かい合う位置に存在している。いずれも、東西約５０×南北約３０メートルの規模であり、拮抗した大きさである。そのほかにも類似する点が多々見受けられる。

Ⅰ郭は西側尾根続きに土塁Aを設け、その外側に端部を竪堀とした堀切Bを設けている。土塁Aの東側には、下降しつつ土塁が延びている。この土塁は、緩やかに折れながら延びている。Ⅰ郭の虎口と考えられるのは、C・D・Eである。Cは、後世の破壊道を思わせる位置にある。ただし、Ⅱ郭にも類似した位置に、あたかも対称状に虎口が見られることを踏まえれば、Cも虎口と考えてよいだろう。Cの先に延びる道は、折り返しつつ、南西方向の尾根上に向かう。

　Eは、曲輪の端部を掘り込んだ虎口であり、虎口から延びた通路は堀切Fの脇を下り、途中で折り返して北方向の尾根に向かう。虎口Dは、土塁が内側に窪み、内枡形状となる。そして、前面にテラス状の平坦面を設けている。虎口Dから先の通路ははっきりしない。

Ⅰ郭とⅡ郭を分ける堀切

可能性が高いのは、Ⅱ郭の虎口G方向に対して橋を渡すことである。しかし、地形の変貌を考慮すべきであるが、現状は高低差が生じるため、やや橋を渡しにくい状況ではある。

　Ⅰ郭内部は平坦な部分が限られており、凹凸・傾斜が認められる。堀切Fは、Ⅰ郭とⅡ郭を区画する。その北側は、竪堀なって斜面側に延びている。

　Ⅱ郭は周囲に土塁を巡らすが、堀切Fに面した部分が最も高い。虎口は、G・H・Jに見られる。Ⅱ郭内部も平坦な部分は限られ、ところどころに段差を伴っている。Ⅰ郭に比べると、直線的で直角状に折れる段差が多い。段差の中には、建物の基壇を思わせるところもある。北西隅には井戸に比定される石組みが見られる。

Ⅱ郭北側の土塁

　Ⅱ郭端部は、南東に延びた尾根に対して凸状に張り出し、折れを伴う。横矢掛かりというよりも、塁線を狭めて尾根に対峙し、効果的な防御を意図していたと考えられる。子細に見ると、Ⅰ郭の土塁Aも類似した造りであることに気がつく。

【評価】　当城は、堀切を挟んで向かい合い、対称状に設けられた曲輪によって構成される。虎口の数や向きも対称に近い。対称性の強い縄張りは、築城時の計画性の高さを彷彿とさせる。一部の虎口は枡形状となり、尾根筋に対して塁線を狭める等、軍事性の強さが明瞭である。一方、曲輪内部に平坦な部分が限られており、臨時的な様相もうかがえる。

　戦国末期の発達した縄張りであり、少なくとも治安二年あるいは文明九年よりも下った時期の築城であろう。

（髙田　徹）

112

田尻御所《たじりごしょ》

寺院による築城伝承がある戦国末期の山城

Ｉ郭から見た北西方向、中央やや左手が田尻城

【選地】 南流する田尻川と、田尻川対岸にある下田尻集落を見下ろす山上に築かれている。南側尾根続き約２００メートルの位置には、猪ノ子峠がある。峠を挟んで東西に延びる道は、能勢町内を横断する。当城の北西約６００メートルの位置には、田尻城（『近畿』Ⅲ所収）がある。

城跡へは猪ノ子峠から、北側に上っていく林道を利用する。ただし、林道は城跡のある山頂部の脇を通過している。そのため、林道途中から斜面を上り、山頂の城跡を目指す必要がある。

【歴史】 『大阪府全史』巻之三によれば、伝承として「永承年間御室御所（仁和寺）の建営に係り、能勢地方を支配せし所なりと」とある。また、中西裕樹氏は戦国期に能勢氏が関わっていたと推定している（中西裕樹著 二〇一五『大阪府中世城館事典』戎光祥出版）。

【遺構】 当城は、南側を堀切A、北側を堀切Bによって I 郭を囲い込んだ、単郭状の構成である。

DATA

所在：豊能郡能勢町野間出野・下田尻
遺構：堀切、土塁、切岸
規模：50 × 70m
標高等：標高 365.9m、比高 160m

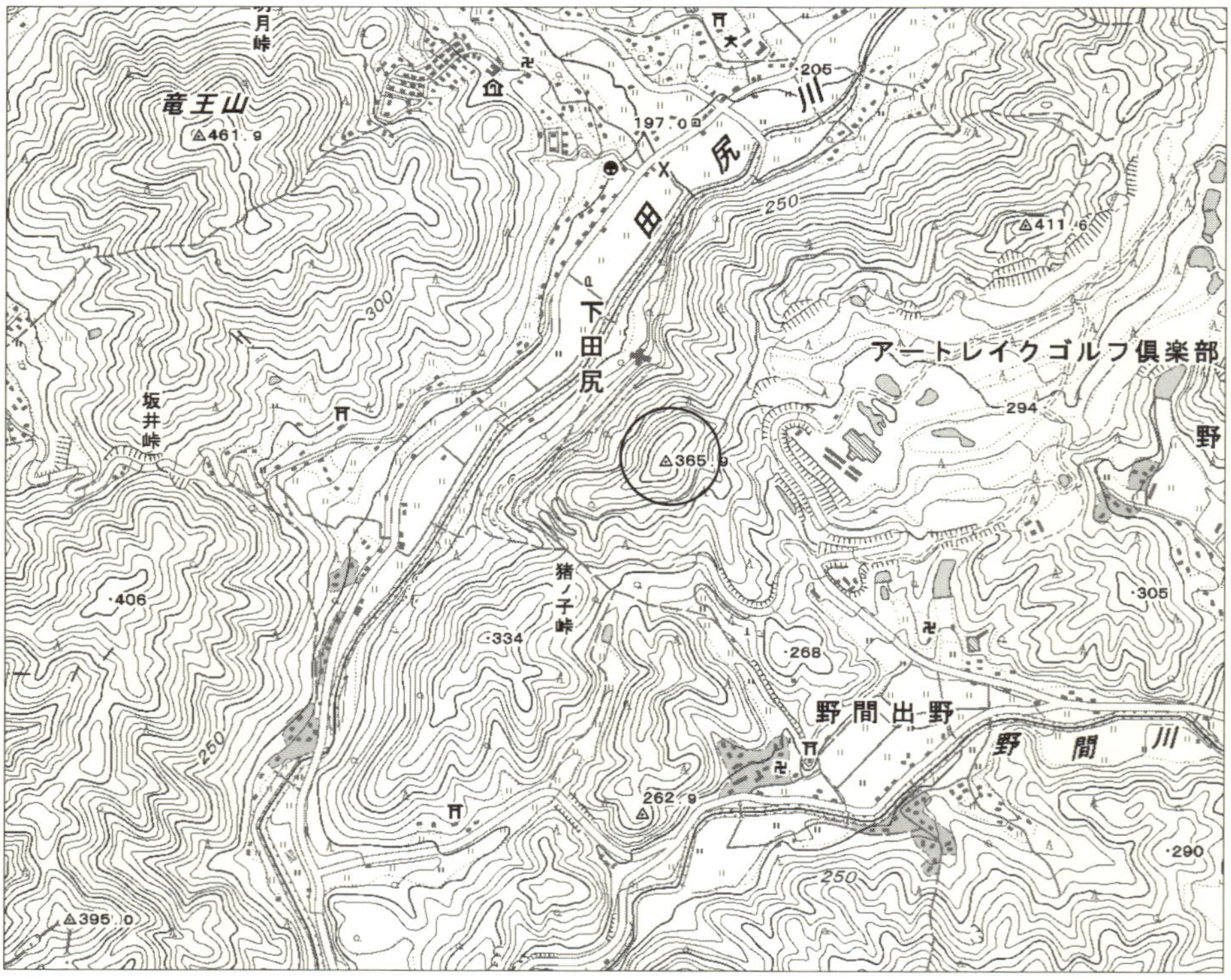

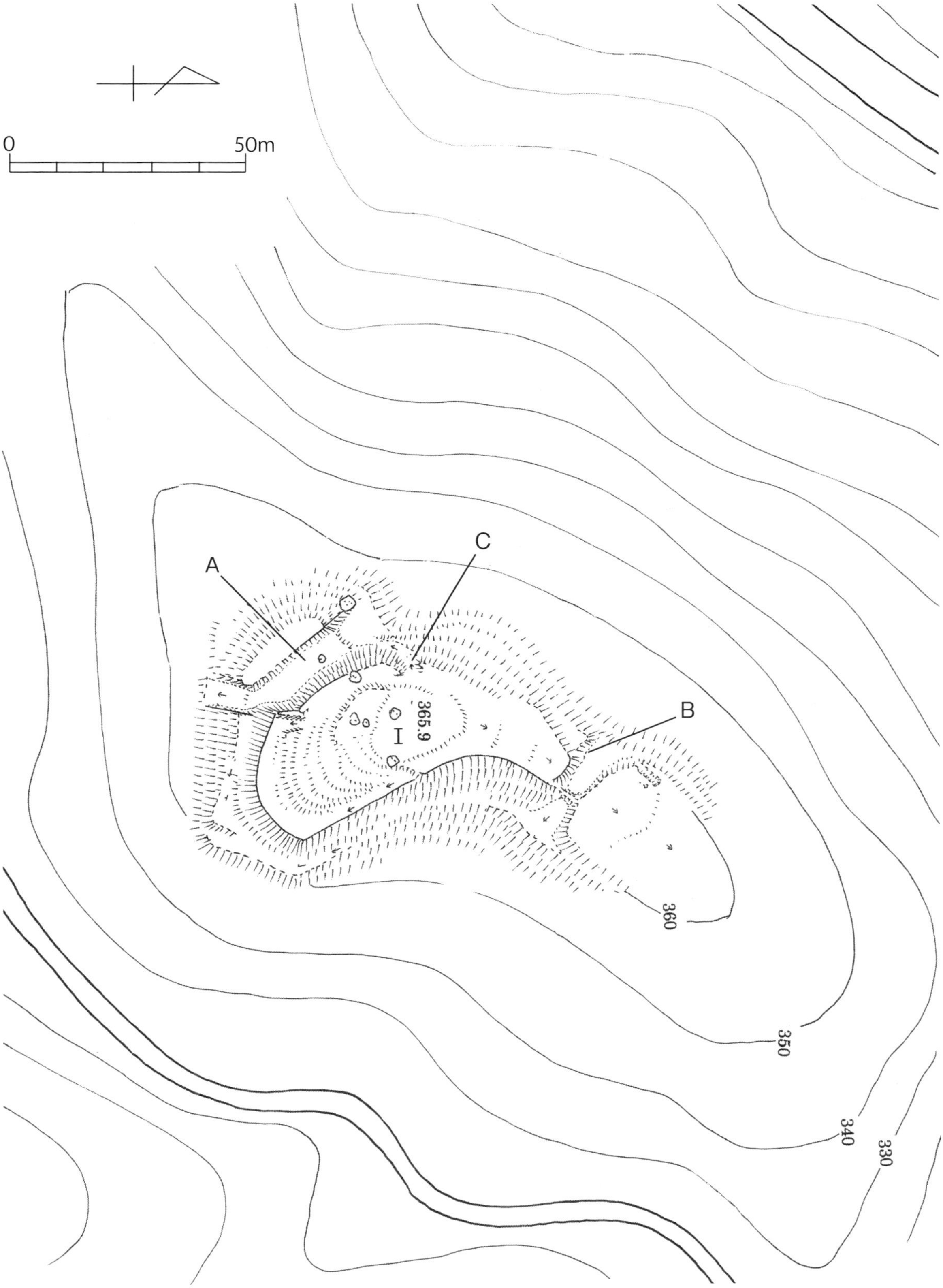

縄張り図　作図：髙田 徹

堀切Aは南西側、つまり猪ノ子峠側へ続く尾根に対して設けられたものである。幅は約4メートル、I郭側からの深さは約3メートルである。南側端部は鈍角に折れて短い竪堀となる。竪堀部分の深さは約1・5メートルである。

堀切Bは、I郭から約2メートル低い位置にある。幅は約5メートルで、中央東寄りに土橋が見られるが、後世の山道であろう。城外側から測ると、堀切Bは深さ約1メートルである。

I郭はあちこちに岩が露頭し、平坦になった部分は限られている。中央部が高く、各端部に向かって傾斜する傾向にある。それでも、西側を除く端部には切岸によるラインが認められ、曲輪をほぼ囲い込んでいる。とくに南東端部では帯曲輪状となり、堀切Aの折れに合わせて切岸も折れている。折れた部分には、土塁も認められる。

I郭の虎口ははっきりしないが、候補地として考えられるのはCである。I郭から堀切Aの底部に下りるスロープが認められるが、Cのすぐ北側はやや緩やかな傾斜となっている。そのため、虎口としてはやや締まりがない。仮にCが虎口であったのならば、堀切Aは堀底道を兼ねていたことになるであろう。

堀切A　南より

堀切B　東より

【評価】 当城は、単郭であるうえ、内部はほとんど削平された形跡がない。実質的に曲輪として利用できそうなのは、端部の切岸天端付近にほぼ限定される。小規模ながら、堀切と併せてそれだけ遮断性を重んじた縄張りであるといえる。仁和寺が築城に関わったという伝承はいぶかしいが、寺院による築城が伝わるのは興味深い。

堀切端部は折れる点は、近隣の田尻城に類似する。比高の低い位置にある田尻城と比べ、広域に視野が広がることは、築城主体が広域を支配したか、広域におよぶ戦闘を前提にしていたか、のいずれかであろう。具体的な時期を特定することはできないが、戦国末期に能勢郡一帯の軍事的な緊張状態を期に築かれたのではないだろうか。

（髙田　徹）

113

築城途中で建設が中止された城郭

野間中城《のまなかじょう》

城跡遠望　西より

【選地】　野間中集落の北側、東西に延びた丘陵の西端に存在する。

当城の南側約150メートルの位置にある府道4号は、能勢町をほぼ横断している。

当城から府道4号を南東に進むと、すぐに山道となり、やがて野間峠に至る。逆方向の西へ進むと、猪ノ子峠・坂井峠方面に至る。

また、当城の西約600メートルの位置にある国道477号は、能勢町をほぼ縦断している。国道477号の東、つまり当城寄りの位置には旧道（能勢街道）が南北に並走しており、北は京都市亀岡市方面、南は兵庫県川西市方面とを結んでいる。

当城の南約400メートルの山上には野間城（『近畿』Ⅰ所収）、野間峠を越えた南東2・4キロの山上には水牢城（『近畿』Ⅲ所収）、西約2・4キロの山上には田尻御所（本書所収）、北約1キロの山上には丸山城（『近畿』Ⅱ所収）がある。

DATA

所在：豊能郡能勢町野間中
遺構：堀切、土塁、竪堀
規模：40 × 60m
標高等：標高 300m、比高 50m

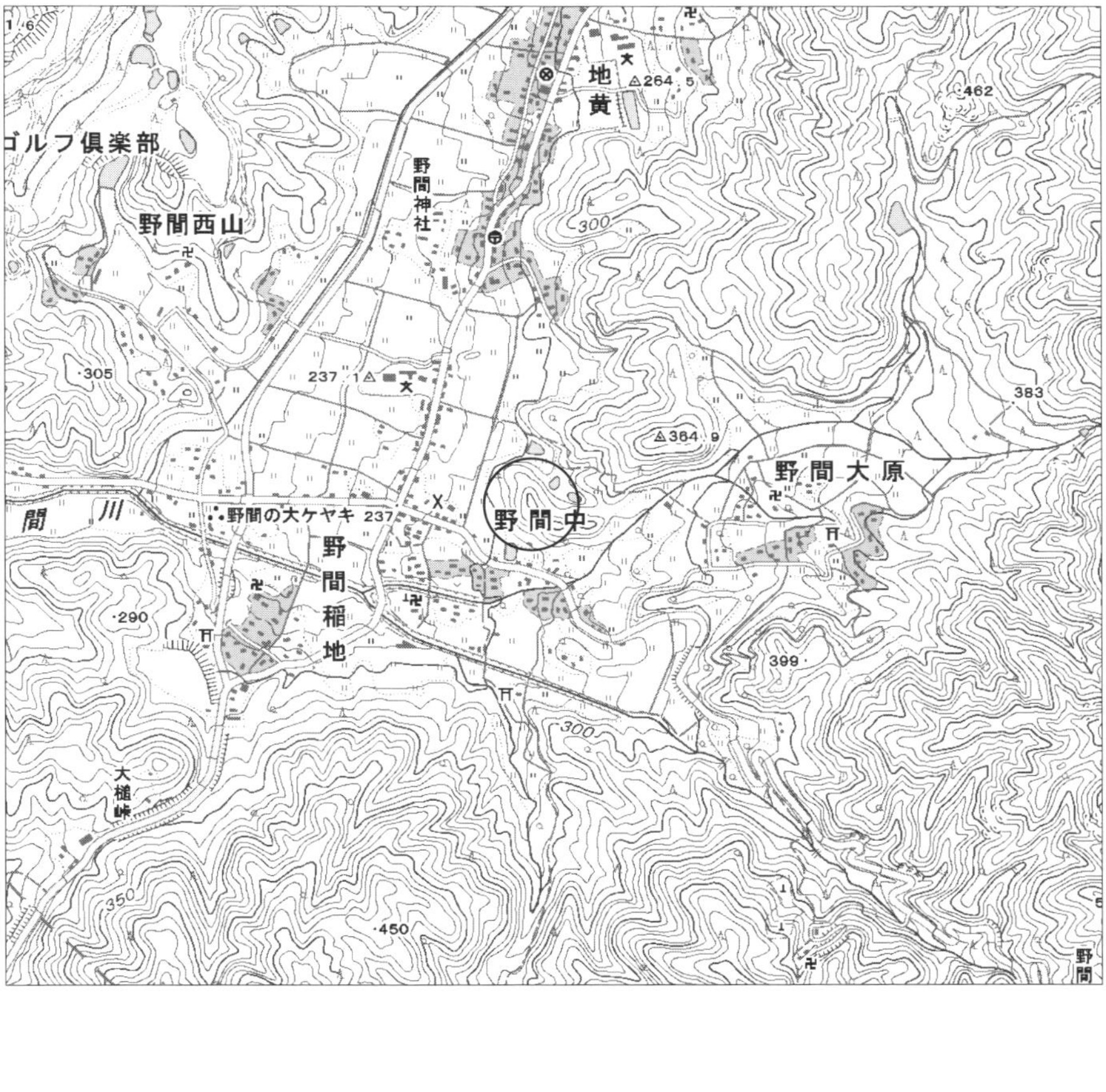

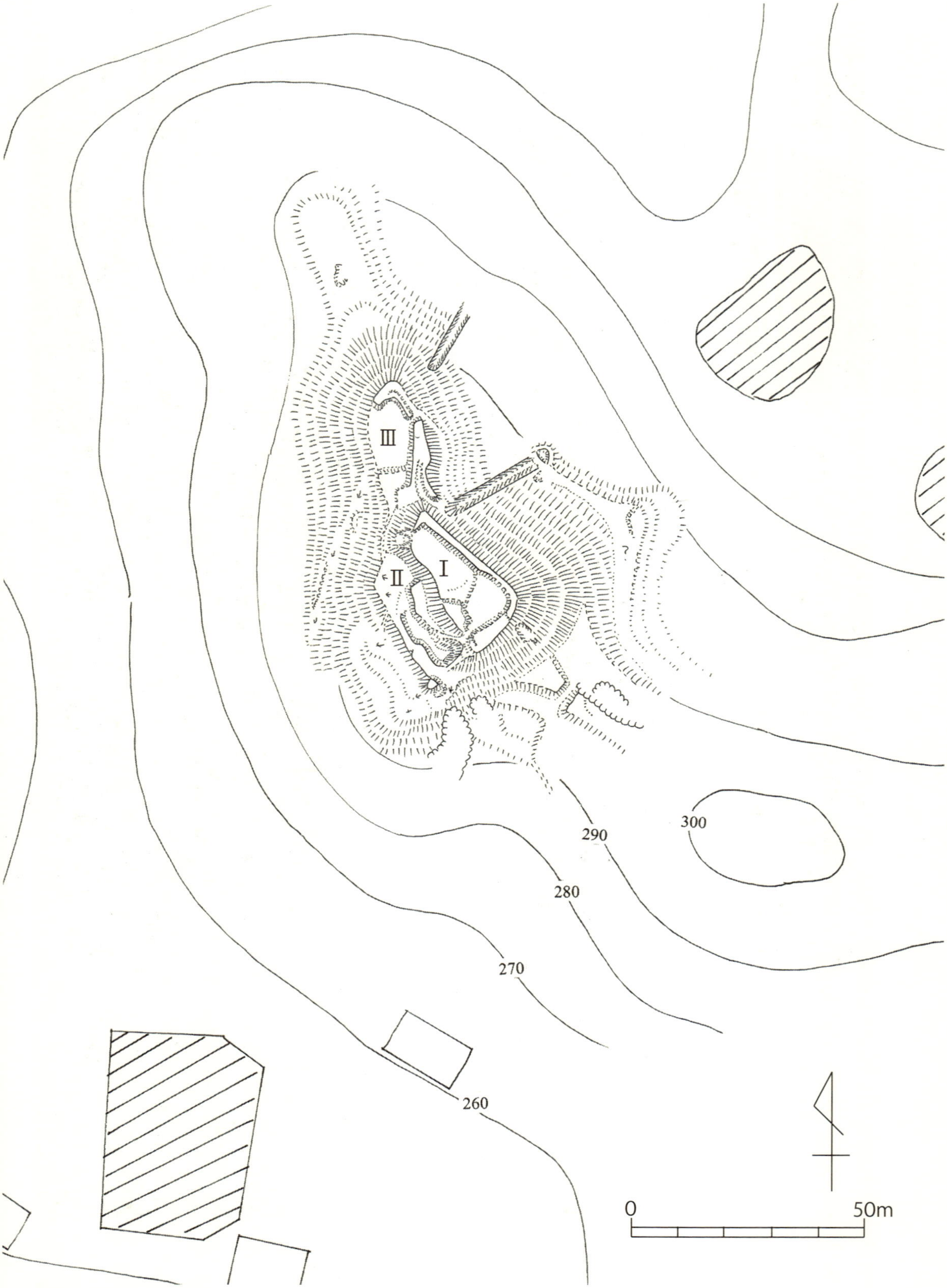

縄張り図　作図：高田 徹

城跡へは、南側山麓にある集落付近からだと上がりやすい。近くの民家で上り口を確認し、城跡への立ち入りを断ったうえでの探訪を心がけたい。

【歴史】　中西裕樹『大阪府中世城館事典』（戎光祥出版、平成二十七年）には、野間氏の系図に「新城を南山に築くも中止す」とあると記している。同じく、野間中にあった野間氏が、野間城に替わって新たに築こうとしたものの、中止になったのが当城であったというのである。地元にも、同様の伝承が残されている。

Ⅰ郭（左上）とⅡ郭（右下）

【遺構】　当城は、およそ三つの曲輪から構成されている。最も高い位置にあり、北～東～南側にかけて土塁を設けているⅠ郭が主郭である。Ⅰ郭を巡る土塁は高さ約1・5メートルであるが、南側は低くなっている。虎口ははっきりしないが、現状で候補地を挙げるとすれば、北西隅の土塁脇、南西隅の土塁脇の二ヶ所である。

主郭Ⅰの東側は尾根続きとなるが、切岸によって遮断した形となる。堀切状の地形もあるが、付近には土取りをした痕跡が認められる。このため堀切ではなく、後世の破壊による凹地である可能性が高い。

Ⅰ郭の西側にあるⅡ郭は、帯曲輪状の曲輪である。中央部に深さ30センチほどの凹地が見られる。Ⅱ郭の南側にはスロープ状の地形があり、西側の緩斜面に連絡する。これが虎口であるかどうかは、はっきりしない。

Ⅲ郭もⅠ郭同様、北～東～南側にかけて土塁を巡らす。ただし、こちらの土塁は高さ・幅が均一さを欠いている。東側中央部が途切れているが、これは後世の破壊かもしれない。Ⅲ郭とⅠ郭の間とⅢ郭の北東の斜面には、竪堀が延ばされている。

【評価】　当城は、巡らされた土塁の向きから、主要曲輪の虎口は西側を向いていたと考えられ、登城路も同じく西側を向いていたと思われる。よって、北側にある谷方向からの侵入を強く警戒した縄張りであるといえる。

伝えられているように、見ようによっては、造りかけで中止されたような箇所が存在する。虎口がはっきりしないこと、土塁が均一さに欠けること、等である。ただし、こうした点は、後世の改変である可能性も否定しきれない。背後に堀切が存在しないのも、もともと切岸による防御を想定していたとの見方も可能である。

もっとも、国内に存在する中世城郭の中には、築城途中で中止・放棄されたものも少なくなかったと思われる。そもそも、完成された中世城郭は、どれくらいあったのか。進行形で増築・改築をされた中世城郭もあったのではないか。そして、縄張り面からどこまで城郭普請の完成度が明らかにできるのか。当城はこうした点を再考させる一事例となろう。

（髙田　徹）

114

二上山城《にじょうさんじょう》

松永久秀が本陣とした河内・大和国境の山城

【選地】 河内・大和国境にある二上山に位置する。北方の雄岳《おだけ》と南方の雌岳《めだけ》の二つの山頂がある双耳峰であり、雄岳の山頂部を中心に城郭化されている。河内国と大和国を結ぶ古代からの幹線道路である竹内《たけのうち》街道が、雌岳南方の東西に通っている。

雄岳遠景　雌岳との中間地点より

DATA

所在：南河内郡太子町山田・奈良県葛城市染野
遺構：曲輪、堀切
規模：（雄岳）440 × 140m
（雌岳）90 × 75m
標高等：（雄岳）標高 517m、比高 400m
（雌岳）標高 474m、比高 380m

現在、金剛生駒紀泉国定公園となっている。登城するには、車ならば二上山万葉の森駐車場に停めて、徒歩三〇分で雌岳に至るルートがおすすめである。電車ならば、近鉄南大阪線二上山駅もしくは同大阪線二上駅で降り、徒歩九〇分で雄岳に至ることができる。

【歴史】 史料上の初見は南北朝期で、南朝方の安満法橋了願軍忠状によると、延元二年（一三三七）十月十日、「二上城において篝役を勤仕せしめ、兇徒を相待ち、同十一日、山田荘において合戦致しおわんぬ」とある（『紀伊続風土記』）。また、北朝方の出雲国御家人伊藤義明の軍忠状には、十月十一日に「二上御敵等退散の処、同日山田村兇徒等追い払い、処々在家に火を懸ける」とある（『萩藩閥録』）。これにより、南朝方が二上山城で敵を待ち受け、麓の山田村一帯で合戦に及んだことがわかる。

次に現れるのは、永正四年（一五〇七）である。細川京兆家の細川政元の配下である赤沢朝経が大和に侵攻していたところ、六月二十三日に政元が子の澄之等に殺害された。これにより、二十五日に朝経配下の和田源四郎・蘆田助次郎以下が「二上山」を捨てて逃げたところ、大和国人一揆衆が桜井で蜂起し、源四郎・助次郎以下数百人が自害に追い込ま

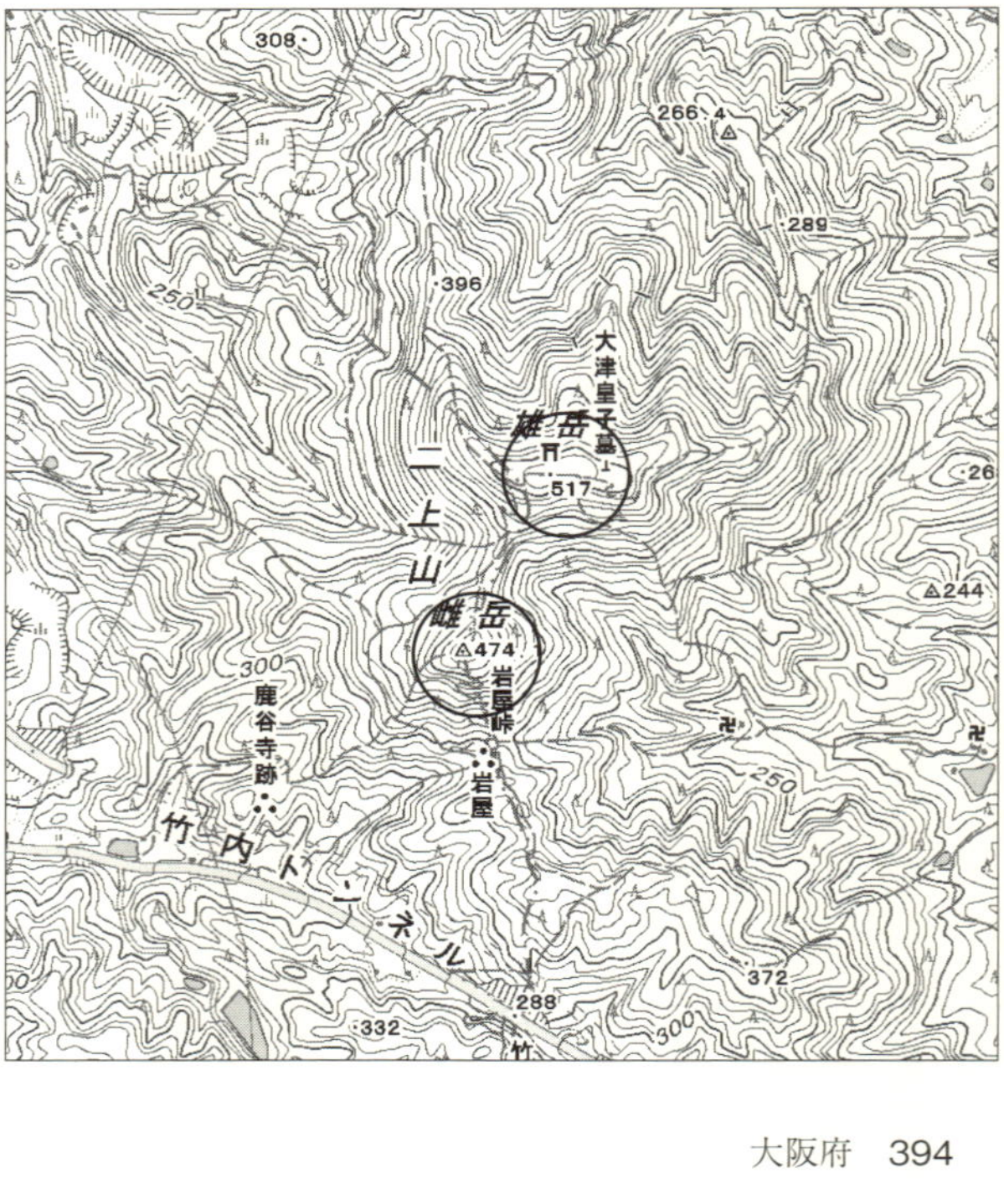

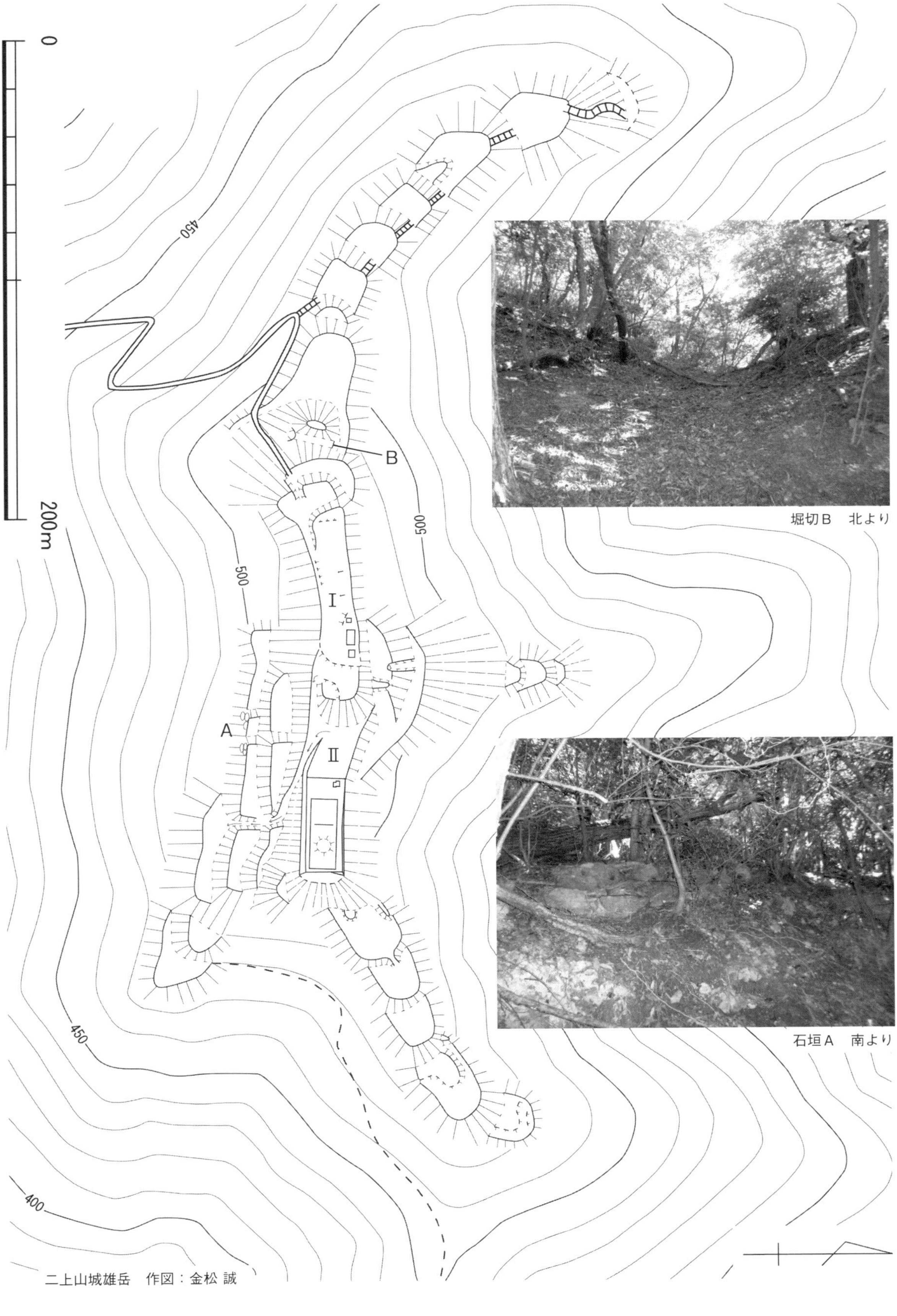

堀切B　北より

石垣A　南より

二上山城雄岳　作図：金松 誠

れている（『多聞院日記』）。

次いで、丹後で敗死した朝経の跡を継いだ養子長経は、八月に大和へ侵攻すると、大和国人衆は一揆をもって対抗し、十一月十三日に「二上山・釜口ノ上・桃尾」に集まり、篝火を焚いて気勢を上げている（『多聞院日記』）。

天文十年（一五四一）、信貴山城を拠点としていた木沢長政が、「尼上嶽」に城を築いた（『二條寺主家記抜萃』）。しかし、同十一年三月十七日、河内太平寺合戦で長政が自害したため、同夜に信貴山城とともに木沢中務を大将とする「尾（尼カ）上城」もことごとく焼け落ちた（『多聞院日記』）。

永禄二年（一五五九）八月六日、松永久秀が大和に侵入し、筒井城を攻め落とし、十四日に久秀は万歳《まんざい》へ陣立てした後、「二上カタケ本陣」から、「高尾」を焼き払っている（『享禄天文之記』）。

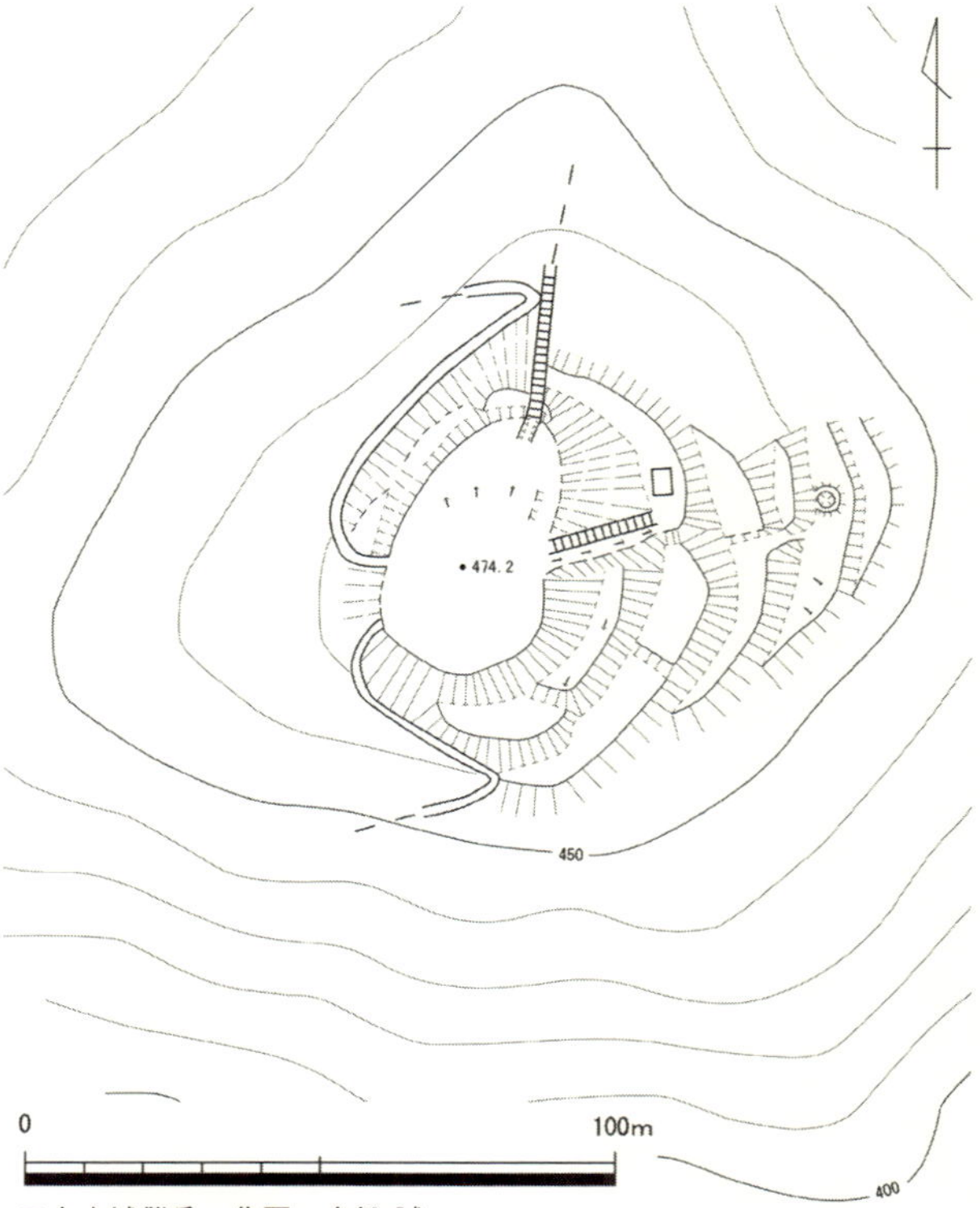

二上山城雌岳　作図：金松 誠

【遺構】　雄岳は、山頂部の８０×１４メートルの主郭Ⅰと、その東側の６０×１６メートルのⅡ郭を中心部とする。主郭Ⅰ東側には、葛木《かつらぎ》二上《にじょう》神社が鎮座し、Ⅱ郭東側には宮内庁が管理する大津皇子の墓がある。主郭Ⅰ・Ⅱ郭の南北に東西方向に延びる帯曲輪を配し、南側の帯曲輪の一部に二、三段積みの扁平な石で積まれた石垣Aが確認できる。

北東・北西に延びる尾根続きには、数段の曲輪群を連ね、北西側尾根続きの基部には堀切Bを設ける。主郭Ⅰ東端から北側に延びる尾根続きにも、自然地形を挟んで小規模な曲輪群がみられる。

雌岳は、山頂部の南側に日時計が設置されている。東側に数段の削平地が配されているが、土塁や堀が見られないほか、太平洋戦争の際に民間防空監視哨として利用されていたことから、これら削平地は純粋な城郭遺構ではない可能性がある。

【評価】　当城は、南北朝時代初期に南朝方の城郭として築かれたもので、戦国期には赤沢朝経方や大和国人一揆衆が使用し、天文期には木沢長政方が整備し、永禄期には松永久秀が一時的に本陣とするなど、河内と大和を股にかけた広域勢力による利用が確認できる。

縄張り的には、雄岳を中心とした連郭式の大規模な山城であり、多くの労力を要して普請がなされていることから、臨時的なものではなく、恒常的な城郭として機能していたものと考えられる。このことから、現在見られる遺構は、基本的には木沢長政期のものである可能性が高い。当城は、信貴山城とともに、木沢長政の拠点城郭の一つとして機能していたものと考えられよう。

（金松　誠）

［参考文献］中西裕樹　二〇一五『大阪府中世城館事典』戎光祥出版

【兵庫県】

（豊岡市）
高巻城
鶴城
中藤城
有子山城
浅間城
鳥 取 県
京 都 府
高生田城
尾崎天王山城
氷ノ山
夜久野城
（朝来市）
（丹波市）
東中遺構
生野平城
岡 山 県
金山城
板井城
西谷城
長谷高山城
（篠山市）
稲荷山城
屋形構
藍岡山城
大 阪 府
白旗城
風呂ヶ谷城
苔縄城
堀井城・小堀城
屋口城
貴志城
（川西市）
尼子山城
（姫路市）
志方城
（赤穂市）
長谷山城
生瀬城・寺山砦
加里屋古城
神吉城
吉田住吉山遺跡
（神戸市）
（明石市）

作画：谷 允伸

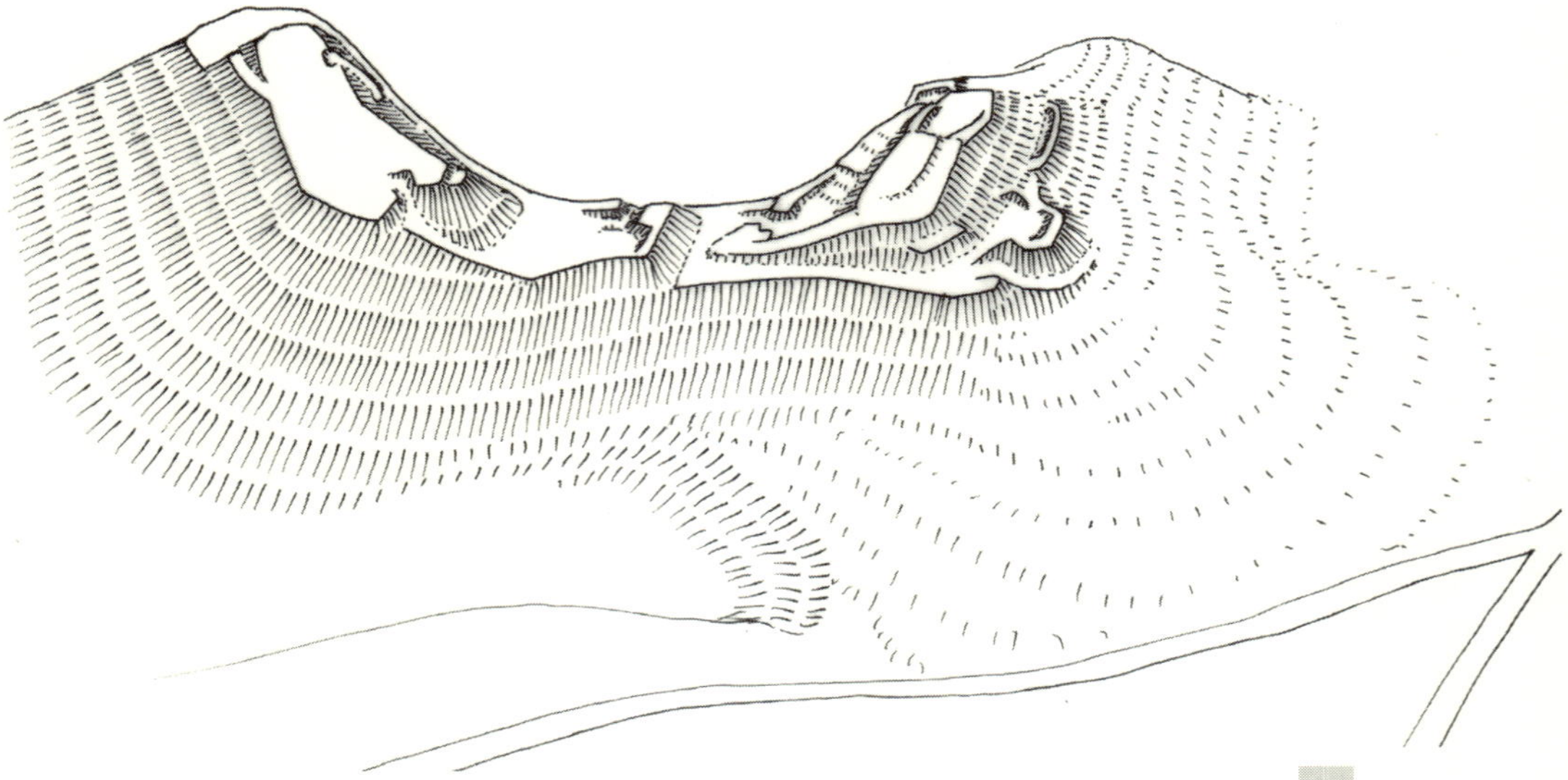

鳥瞰図と縄張り図で見る

兵庫県の城・夜久野城〈No.135〉

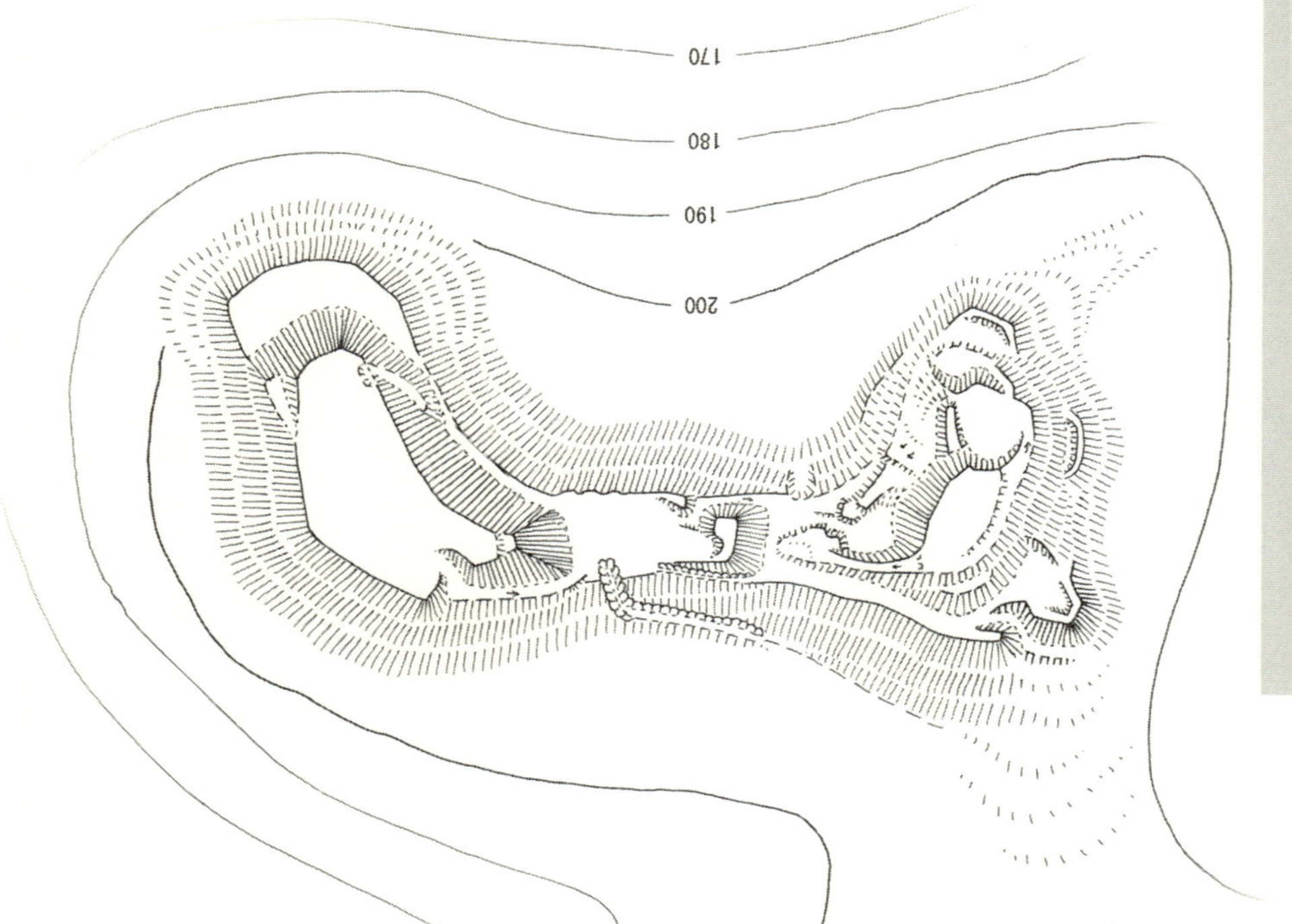

作図：谷 允伸

115

有馬街道の生瀬口を押さえる番城

生瀬城《なまぜじょう》・寺山砦《てらやまとりで》

生瀬城・寺山砦遠望　武庫川淵より（手前が城山、中央奥に寺山）

【選地】　生瀬は旧有馬郡の東南部にあり、武《む》庫川《こがわ》の渓谷に臨む西摂平野最奥部に位置する。鎌倉時代初期から名が見える、武庫川右岸の比高約20メートルの河岸段丘上に広がる宿場町で、町の中央を、西摂平野の川西・池田方面から宝塚市を経て湯山（有馬温泉）に至る有馬街道が通る。中世から近世の湯山は交通の結節点であり、中世後半になると生瀬の街道筋は「生瀬口」と呼ばれ、西摂平野から有馬を経て兵庫内陸の各地に至る玄関口として重要な位置を担っていた。

　また、浄土宗浄橋寺（開創証空、仁治二年〈一二四一〉）の門前町でもあり、播磨や摂津国の諸将がこの地を往来した際、浄橋寺を宿所にしたことが知られ、「生瀬口の要害」等の城館を想起させる記述が見られる（『細川両家記』ほか）。浄橋寺は諸将によって利用されたことにより、しばしば兵火にかかり、灰燼に帰している。この「要害」は、同寺や僧坊を指す可能性が高い。

　生瀬城は、宿場の西へ200メートルの街道が湯山へ向かう船坂渓谷沿いの有馬道と、武庫川沿いに塩瀬へ向かう通称「暗がり道」とに分岐する地点を見下ろす、城山（しろや

DATA

所在：西宮市塩瀬町生瀬（生瀬城）字城山、（寺山砦）字寺山

遺構：（生瀬城）曲輪、土塁、平坦地群

（寺山砦）曲輪、土塁、堀切

規模：（生瀬城）90×85m

（寺山砦）100×120m

標高等：（生瀬城）標高152m、比高110m

（寺山砦）標高166.1m、比高80m

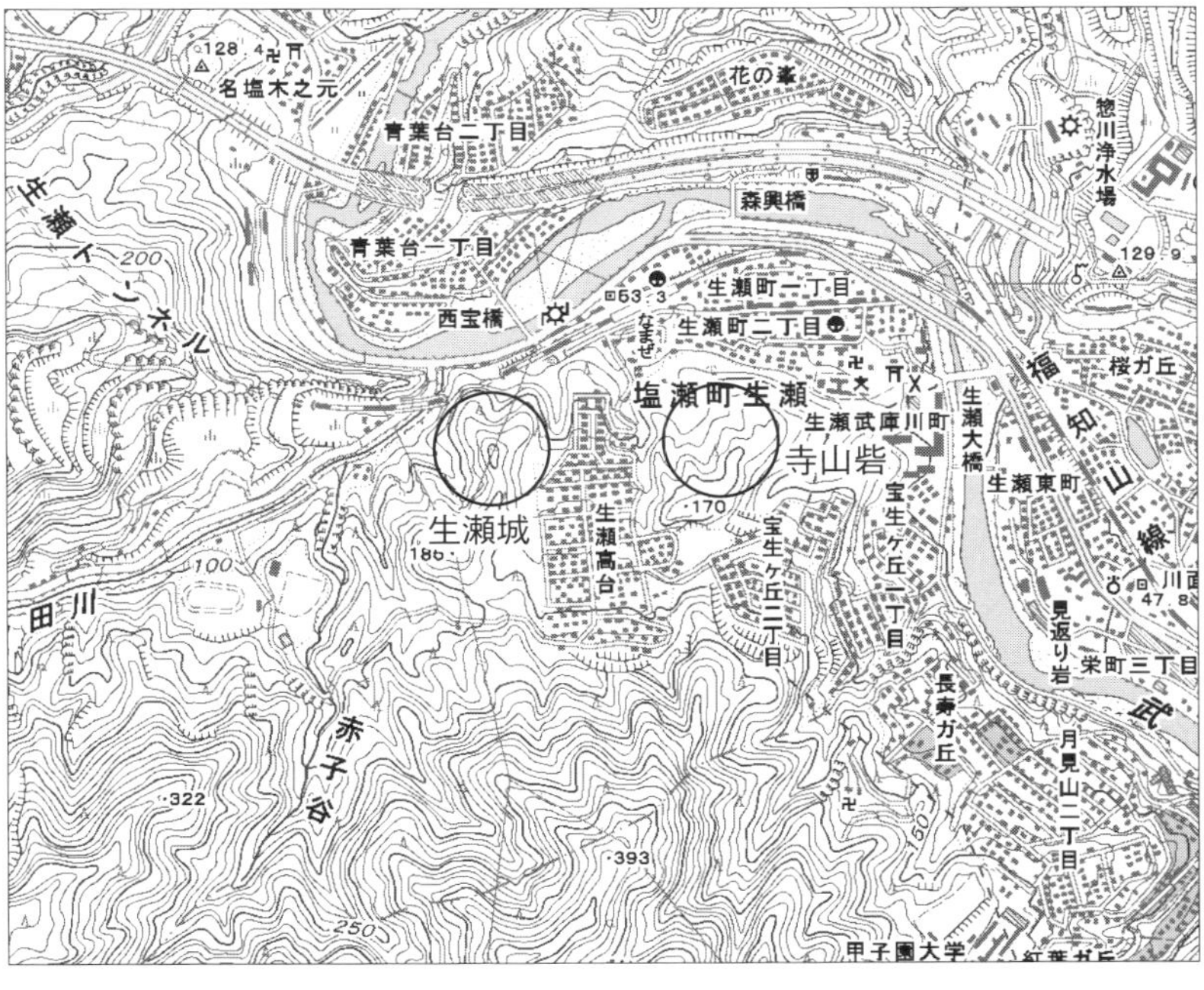

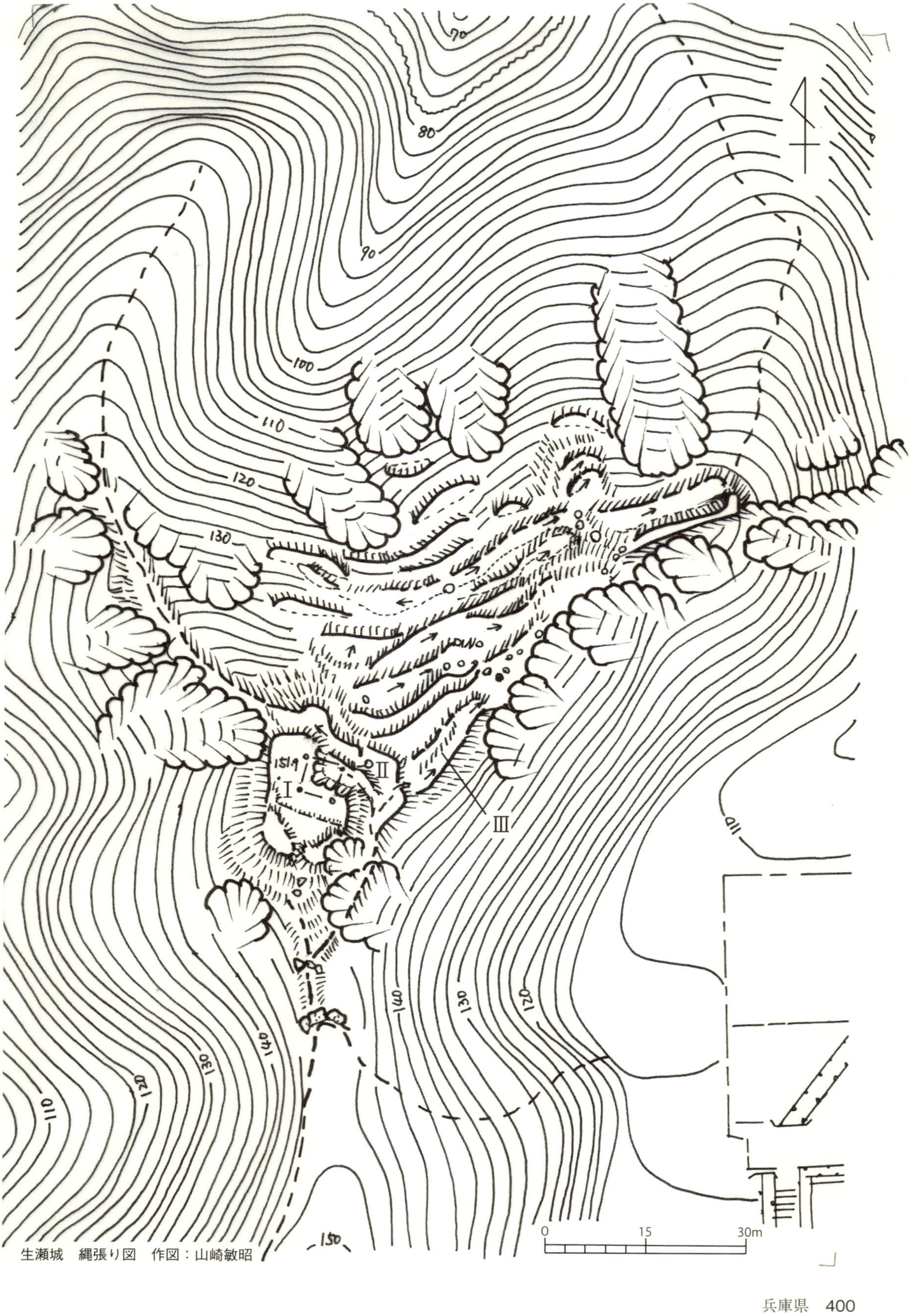

生瀬城　縄張り図　作図：山崎敏昭

ま：標高152メートル）の山頂に立地する。

寺山砦は、浄橋寺南側の愛宕延命地蔵堂と光照稲荷大明神社のある字寺山の無名峰（標高166・1メートル）に立地する。西への眺望は城山に阻まれているが、堀切の位置からは、東側に大きく視野が開け、浄橋寺境内および生瀬宿、宝塚市街地と武庫川の流れ、遠く大阪平野を望むことができる。

城山へは、JR生瀬駅から西へ生瀬高台住宅地へと歩を進め、住宅地西側の高雄谷川から導水路を経ること約三〇分で到着する。寺山砦へは、旧街道筋を東に進み、浄橋寺西の里道を経て、小学校裏から登山道を登ること約一五分で地蔵堂と稲荷社の境内へ至る。

生瀬城　Ⅲ郭の東端部の土塁

【歴史】 城主として、『摂津名所図会』等の近世地誌に三木番次郎の名が見える。これについて、『有馬郡誌』では名所図会の解説をもとに、「三木番次郎居れりと云えども、これは三木番城のことにて、人名にあらず」とし、三木の別所氏と伊丹の荒木氏の連携を分断し、生瀬口の要害を扼するために設けられた「堡塁」の跡とする。『三田市史』（宮田二〇〇〇）でも、三木合戦の際に築かれた番城（陣城）が転訛したものではないかと推定する。
また、『有馬郡誌』では、「生瀬の小（太）多田川と武庫と合する地点の西に」とあり、城山と川を挟んだ西側の砕石場跡の地点になんらかの遺構があった可能性も考えられる。
寺山砦についての伝承はない。本稿で砦とした尾根上の遺構について、『三田市史』は山上の僧坊を守備するために設けられた遺構と推定する。

【遺構】 生瀬城は、城山の山頂に東西15×南北20メートルの規模のⅠ郭（主郭）を設け、北側の街道に面して「八」字状に分岐する東尾根を中心に、不整形の平坦地を連ねる。Ⅰ郭の中心は、送電線の鉄塔が設けられ改変されている。

Ⅰ郭の東から東北方向に幅10×長さ60メートルのⅡ郭を設ける。Ⅱ郭の北東端には、背後に土塁を設ける狭小なⅢ郭がある。Ⅱ郭の北側斜面には、雛壇状の削平の甘い平坦地が認められる。ただ、城山周辺は傾斜が四五度以上の斜面が多く、花崗岩の風化土の自然崩落地形もあり、傾斜が緩やかな部分の平坦地群以外では注意を要する。

寺山砦は、山頂（標高166・1メートル）から北東方向に尾根を下った位置に幅3メートルの堀切A、両側が崩落した平坦地と幅5メートルの堀切B、東西8×南北25メートルの削平の甘いⅠ郭、その北側に公園となっている東西20×南北40メートルのⅡ郭、やや下って地蔵堂と稲荷社のあるⅢ郭を連ねる。Ⅱ郭の西端には南北1間半×東西半間の礎石列があり、近年までなんらかの堂祠のあったことをうかがわせる。

なお、寺山砦の東側に位置する狼谷に面し

た斜面には、石積みを伴う十六区画以上の平坦地群が認められ、『三田市史』では僧坊跡の可能性を指摘している。石積みの大半には、小ぶりの自然石を斜めに用いて積む技法が認められ、近代以降に構築されたものである可能性が高い。平坦地群の先端部分は公園となっているが、かつて麓に存在した炭酸水工場の源泉井戸等の施設が設けられていたとされる。平坦地群では、現状でも頂部に二基の溜池跡、水路、水溜や肥溜の跡と考えられる窪地が存在する等、近代以降に耕作地であった様子がうかがえ、それ以前の状況は判然としない。

寺山砦（上）浄橋寺から寺山を望む　（中）堀切Ａ　（下）東麓の平坦地群

【評価】　生瀬城は、小規模な曲輪I・IIと間に挟まれた谷部の雛壇状の平坦地群からなる。こうした曲輪配置は、三木城を囲んだ織田方の付城群にみる曲輪と兵の駐屯地の平坦地群のあり方と共通する。近世の地誌にみえる三木方への番城であったという伝承とともに興味深い。城が築城された時期は不明だが、削平の甘い狭小な雛壇地形の駐屯部が認められる付城は、三木合戦の後半に多い点、旧有馬郡域では山口城（西宮市）に認められる点から、旧有馬郡域が荒木方から回復された天正六年（一五七八）十二月以降に設けられたものと推定したい。

寺山砦の遺構は、浄橋寺の山上伽藍・僧坊

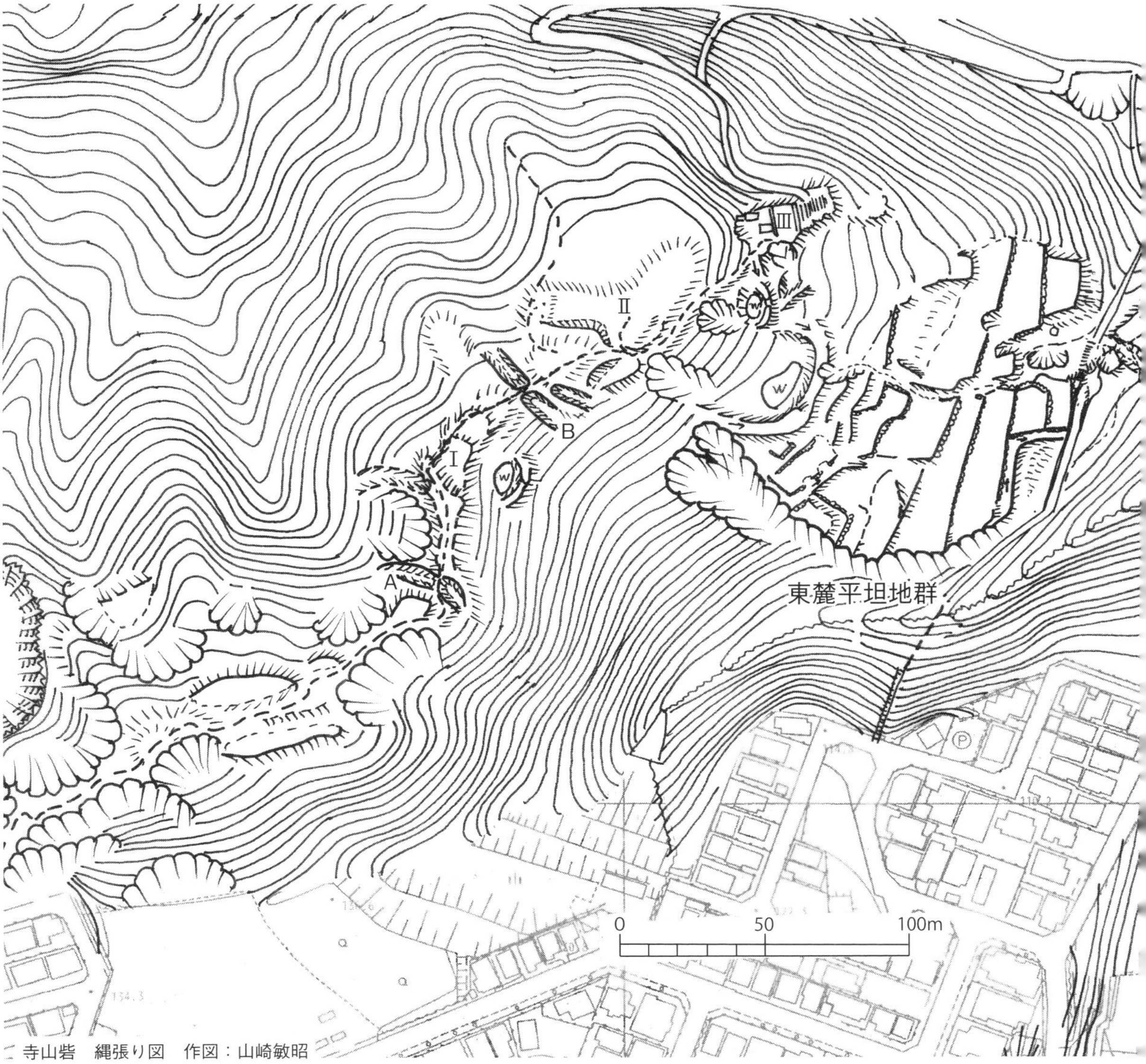

寺山砦　縄張り図　作図：山崎敏昭

群を守備するための遺構である可能性も指摘される。寺伝では、天正の兵乱の際に「未申（南西）の山谷」に本尊が遷座したことを伝えるが、創建瓦等の古瓦は現在の境内付近で発見されており、山上伽藍についての伝承は確認できない。文献に現れる「生瀬口の要害」は、浄橋寺だけでなく、寺の立地する段丘上の集落全体を指すものであった可能性が高い。

寺山砦は、浄橋寺がいずれかの勢力の宿所になった際に、東側の街道筋や渡河点、西摂平野への遠見を兼ねた番所的な機能を持っていたと推定したい。砦を東の番城であったとすると、生瀬城を西側の番城であったと考えることができる。これら二つの番城と、中核部である浄橋寺と坊院が連携しながら、「生瀬口の要害」は構成されていたのではないだろうか。

また、戦国時代の末期には、番城としての西側の生瀬城が重視されたため、きわめて小規模かつ他地域の勢力による城でありながら、近世の地誌に伝承される結果となったのであろう。

（山崎敏昭）

［参考文献］宮田逸民　二〇〇〇「ⅵ　生瀬城」『三田市史』第三巻

116

中藤城《なかふじじょう》

丹後からの侵入を防ぐ境目の山城

DATA

所在：豊岡市但東町中藤字愛宕山
遺構：堀切、竪堀
規模：40 × 90m
標高等：標高 185m、比高 30m

城跡遠望　北より（正面）

【選地】 中藤集落の南、太田川を隔てた位置にある尾根先端部に所在する。当城の東約1・3キロにある岩屋峠は、京都府与謝野町との境界にあり、かつては但馬国と丹後国の国境であった。岩屋峠から県道2号を西に向かって下ってくると、正面に見えるのが当城で、その東の谷に南北に延びる県道705号を南下すると、加悦奥峠がある。この峠道でも与謝野町側へ抜けることができる。

当城の北側約500メートル、中藤集落の背後の山上には八幡城がある。西側約400メートルには口藤城、南側約1・5キロには金蔵寺城（『近畿』Ⅱ所収）がある。

中藤集落の中央部にある中藤公民館の南側には、太田川に架かる丸太橋がある。丸太橋を渡ると、すぐ正面に城跡へと続く山道があり、徒歩二分ほどで頂部の城跡に着く。

【歴史】 城主・歴史については、不明である。

【遺構】 主郭はⅠ郭で、中央部には愛宕神社が祀られている。Ⅰ郭は南北に細長く、現状では北側のⅡ郭から出入りする。ただし、現状の通路は曲輪間を貫通するように延びてお

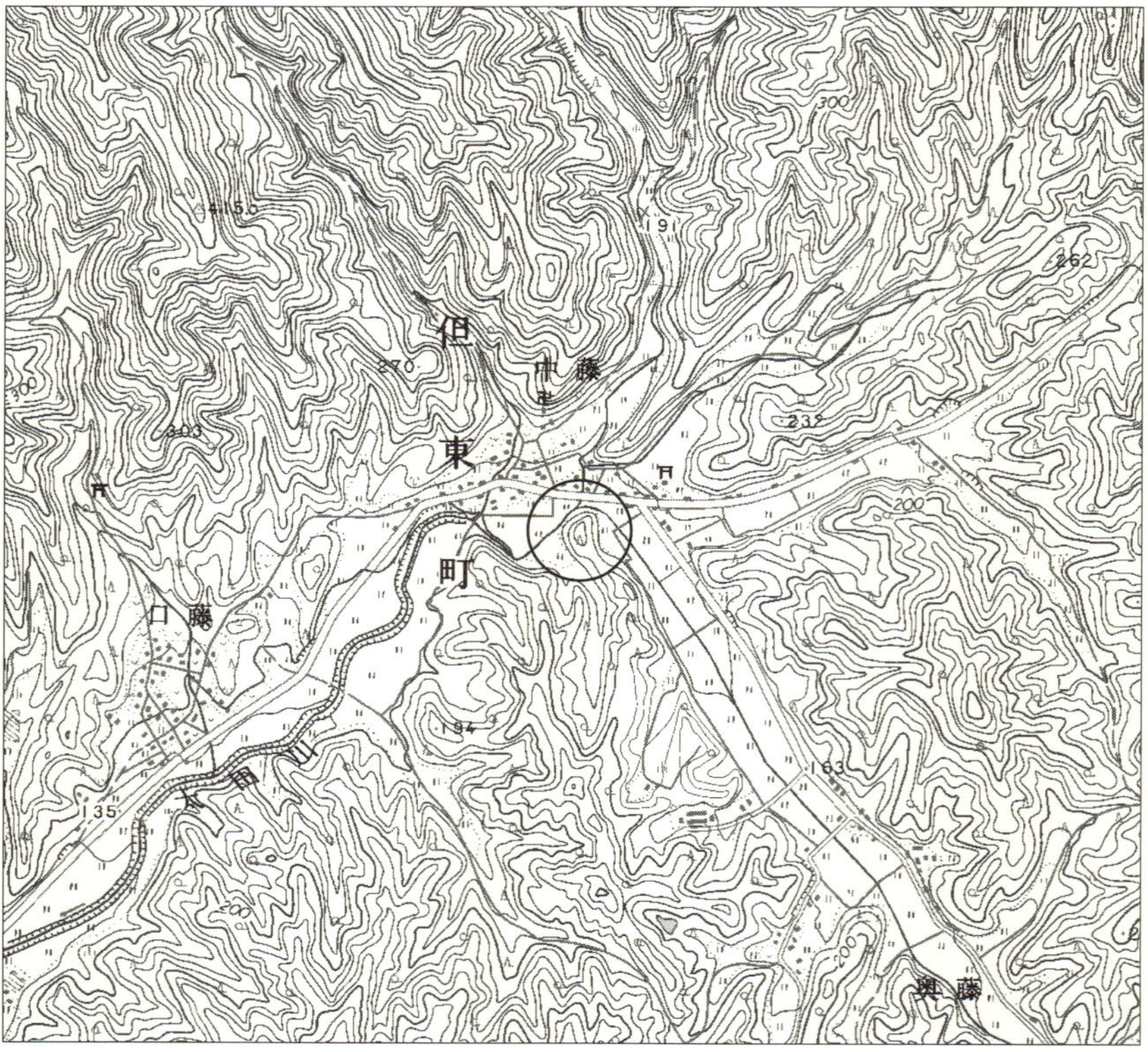

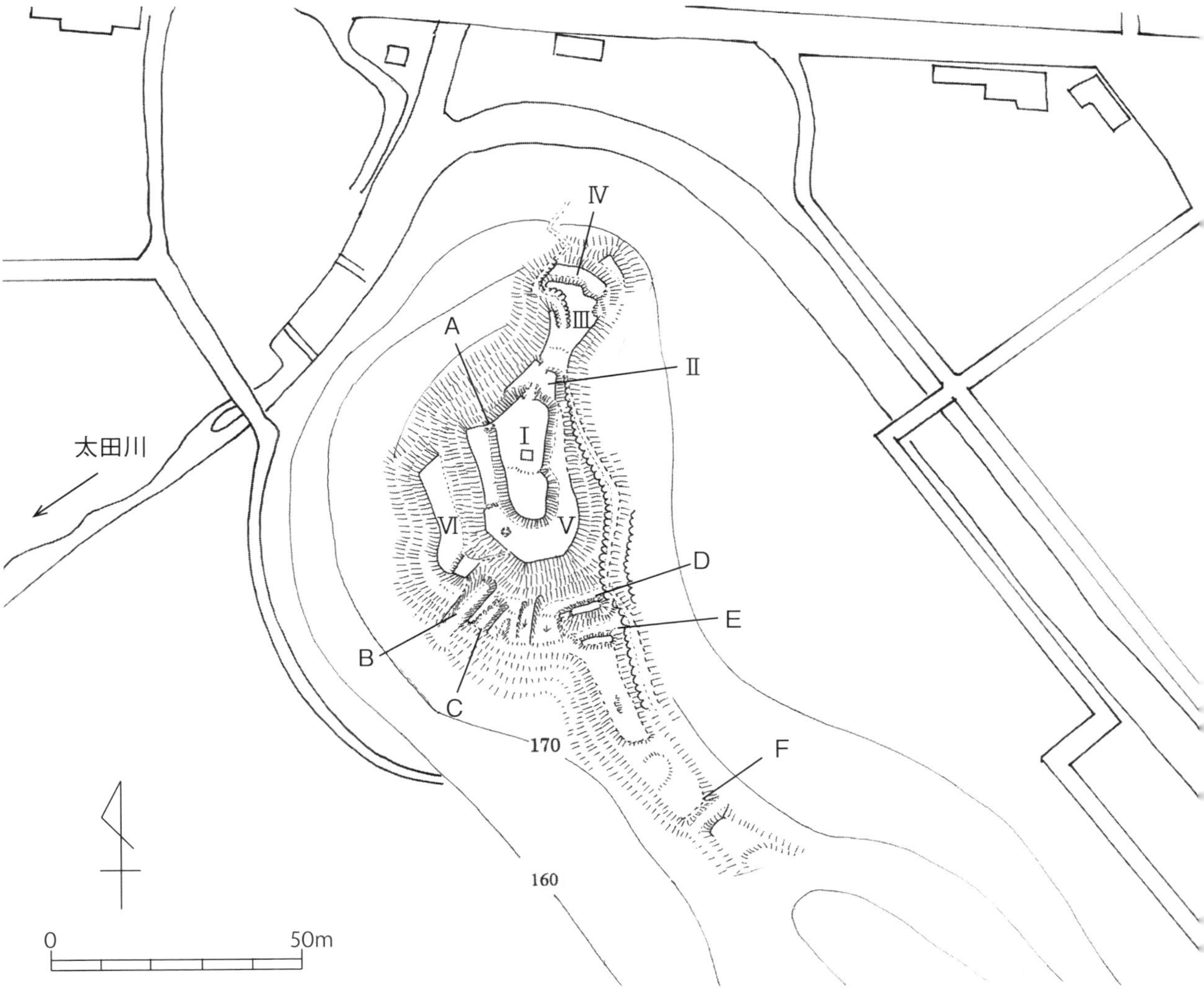

中藤城　縄張り図　作図：高田 徹

り、愛宕神社の参道として整備されたものだろう。虎口は明確ではないが、候補地は二ヵ所ある。一ヵ所は、Ⅰ郭東側の塁線が窪んだところで、もう一ヵ所は、Ⅰ郭西側にあるAである。Aには短いスロープ状の土塁が見られ、曲輪間を上り下りすることができる。ただし、曲輪縁辺にあるので、虎口であったかどうかの判断が難しい。

Ⅰ郭の北側、約2メートル低い位置にⅡ郭がある。Ⅱ郭の北側、約1メートル低い位置にⅢ郭がある。Ⅲ郭の北東隅にある道も、曲輪面が大きく掘り込まれているので、神社参道として設けられたものだろう。現状でははっきりしない面もあるが、Ⅲ郭の北側には腰曲輪状のⅣ郭があり、その東西端で切岸が途絶えている。付近に虎口があり、そこから山麓に下る道があったのではないかと思われる。曲輪配置や地形上、ほかの部分から山麓に下りる道があったとは考えにくい。

Ⅰ郭の西~南~東側の裾を囲い込むのがⅤ郭で、Ⅰ郭よりも約1・8メートル低くなっている。現状は不明瞭ながら、元は北端部でⅡ郭につながっていたのかもしれない。

Ⅴ郭の西側、約4メートル低い位置にある

竪堀Bと Ⅳ郭　南より

帯曲輪がⅥ郭である。Ⅵ郭の南側には土塁が設けられ、土塁の南側には竪堀Bが設けられている。竪堀Bの南側には竪堀Cが設けられているが、竪堀Cの底部は竪堀Bの底部よりも高くなっており、竪堀どうしに高低差がつけられている。

Ⅴ郭の南側尾根続きを遮断する位置にあるのが、堀切Dである。Ⅰ郭から堀切Dの底部までの深さは約4mである。堀切Dは、近年の農道拡幅により東端部が破壊され、破壊以前に作成された西尾孝昌氏の図によれば、堀切Dの東側は竪堀となって延びていたようである。

主郭Ⅰからみた東方岩屋峠方面

堀切Dの西側は、南側へ大きく折れ曲がって竪堀となる。堀切D西側の竪堀、その並びにある竪堀C・Bは、併せて畝状空堀群とみなすことができる。これら竪堀群の南側斜面は比較的緩やかな傾斜のため、敵の侵入を強く警戒した処置であろう。

堀切Dのすぐ南側にある堀切Eは、深さが約1・2メートルとやや浅いが、堀切Dと一体になった二重堀切を構成する。さらに、堀切Eの南側約40メートルの位置には、深さ約50センチの堀切Fを設ける。堀切Fの南側から、次第に尾根は高くなっていく。地形が高くなる直前の位置に、念を入れて遮断線を構築しているのだろう。

【評価】当城は小規模で、曲輪の面積から考えると、せいぜい数十人程度で守備していたと考えられる。三方は比較的急斜面に囲まれ、南側は堀切と畝状空堀群によって防御を固めている。自然地形も活用した、防御性の強い城郭であるから、比較的少人数でも十分守備できたことであろう。

ところで、当城の周囲には城郭がやや密に分布している。寺院を利用した金蔵寺城は比高の高い山上に位置し、規模も大きく、畝状空堀群も使用している。口藤城は小規模ながら、曲輪群の前後に堀切を設け、陣城的な様相をみせる。八幡城は集落からはやや奥まった山上にあり、四方に延びる堀切で区画した中規模の城郭である。

どちらかといえば、これら城郭は共通性に乏しい。したがって、異なる時期に、異なる

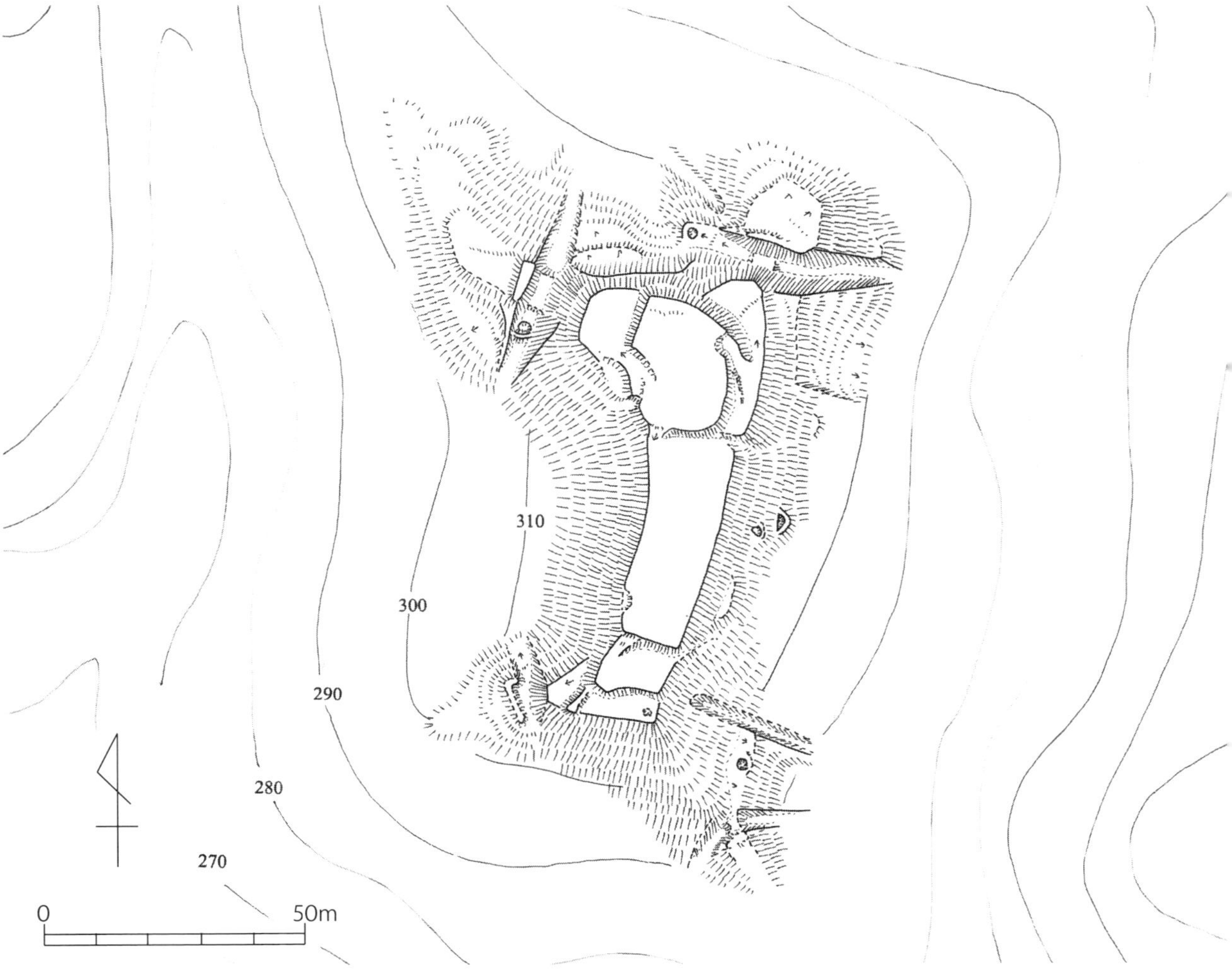

八幡城　縄張り図　作図：髙田 徹

築城主体によって築かれたと考えることもできる。逆に、役割・機能を分化した城郭群が一時期に、同じ築城主体によって築かれたと考えることもできる。

いずれの場合が妥当か、簡単に答えは出せないものの、注意したいのは、岩屋峠を越えた丹後国側の状況である。当城の東1・8キロの位置にある与謝野町側には、岩屋城をはじめとする城郭が存在する。ただし、中間の岩屋峠までの間には城郭が確認されていない。峠を挟んで、やや距離を開けたうえで、但馬国側も丹後国側も城郭が存在している。これは、各領域の支配層が、国境を挟んで互いを牽制しつつ城郭を築いた状況を示しているのではないか。

当城を含む但馬国側は、戦国期に山名氏勢力下となっていた。したがって、山名方が丹後国側に侵攻する際の拠点、あるいは丹後国側からの侵攻を国境近くで食い止める拠点として築かれたのが、当城や八幡城等であったのではないだろうか。　（髙田　徹）

［参考文献］豊岡市歴史文化遺産活用活性化事業実行委員会　二〇一三『豊岡市の城郭集成Ⅱ』

117

有子山城《ありこやまじょう》

織豊期に改修された高石垣の曲輪群

城跡航空写真　写真提供：山名氏城跡保存会

【選地】　円山川支流の出石《いずし》川右岸、出石城下の南側、標高321・5メートルの有子山山頂に所在する。当城からは眺望が効き、北は眼下に出石城下、さらに約1キロ先の豊岡城まで見え、南は但東町を東進する京街道を見通すことができる交通の要衝にある。

城跡に至るには、出石城の稲荷曲輪の左側（東側）の尾根を直登する（所要時間：約六〇分）。

【歴史】　永禄十二年（一五六九）八月の此隅《このすみ》山《やま》城（『近畿』Ⅰ所収）落城後、但馬守護山名祐豊は但馬を脱出して泉州堺（大阪府堺市）に逃れたが、織田信長の御用商人今井宗久の斡旋で但馬に帰国し、天正二年（一五七四）頃に当城を築城したとされる。

天正三年春には、「尼子掃討」を目的として「芸但和睦」（山名氏と毛利氏の同盟）が成立する。同年十月には、毛利方の丹波黒井城（丹波市）主荻野直正が太田垣輝延の竹田城と祐豊の当城を急襲し、信長の部将明智光秀に救援を要請している（八木豊信書状「吉川家文書」）。この頃から、但馬においても織田方と毛利方の対立が先鋭化してくる。

天正五年十一月、羽柴秀長の第一次但馬進攻により南但馬は制圧され、秀長は竹田城を拠点とする。天正六年四月十八日には、織田方の宵田《よいだ》城（豊岡市・『近畿』Ⅱ所収）城督伊藤与三左衛門尉・同城主垣屋光成らと、毛利方の轟城主垣屋豊続・古志重信・宇山久信ら

DATA

所在：豊岡市出石町内町字城山
遺構：曲輪、堀切、竪堀、堀切・竪堀、畝状空堀群、土塁
規模：740 × 780m
標高等：標高 321m、比高約 310m
指定：国指定

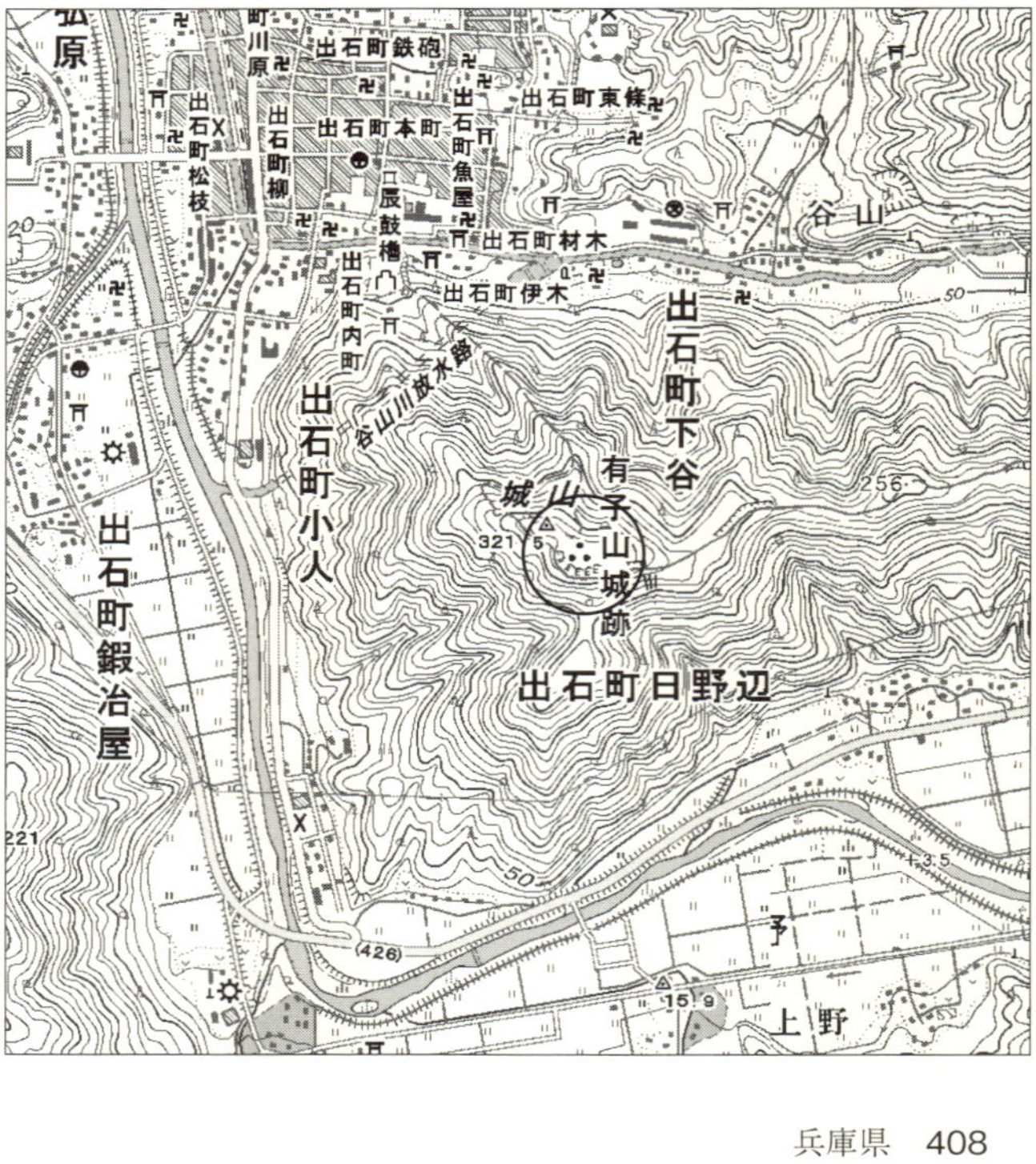

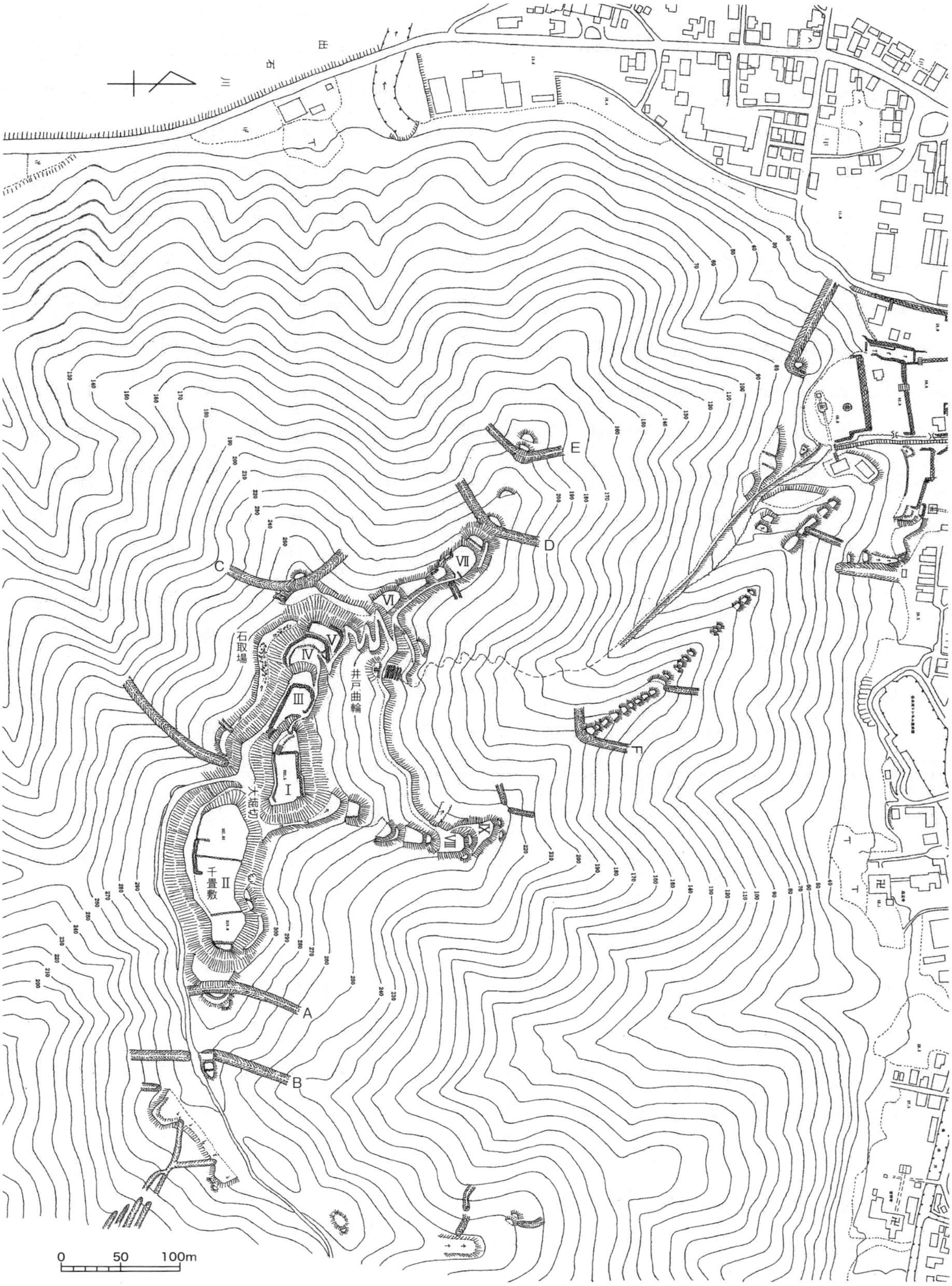

縄張り図　作図：西尾孝昌

が「宵田城」「水生城古城」の戦いで激突した。この戦いは、毛利方が一時的に勝利したが、このとき祐豊・氏政父子は毛利党の支援を行わず、日和見の姿勢であった。吉川元春は古志重信宛ての書状で、「出石(祐豊・氏政)の御事、今に敵共味方とも相澄まず、去る頃宵田表へ豊続相戦われ候時も、出石より少人数成りとも差出され候わば弥勝利たるべく候に、其の儀無きの由に候、世上を見合さる趣きに候哉」と記している(垣屋豊続書状「田結庄文書」・毛利輝元書状写「垣屋文書」・吉川元春書状「牛尾家文書」など)。

(上)主郭Ⅰ石垣と虎口　(下)堀切・竪堀

このような姿勢の祐豊父子に対し、宵田・水生城の戦いから一ヵ月経った同年五月十六日、秀吉は出石郡の知行と居城(当城)安堵を条件に、織田方に味方するよう誘っている(羽柴秀吉書状写「村岡山名家文書」)。さらに秀吉は同年六月、但馬の国衆を竹田城に召し出している(『信長公記』)。

その後、祐豊父子は織田方の誘いに応じなかったようで、天正八年三〜五月、秀長の第二次但馬進攻のとき、当城は落城している。このとき、当城には垣屋豊続隠岐守恒総・同駿河守豊続が立て籠もっていたが、一戦も交えず落城したという(『武功夜話』)。なお、落城は五月十六日とされるが(現在、内町にある福成寺は当時出石川対岸の広原谷にあり、秀長の本陣になったといわれる)、「福成寺広原谷中」に三月晦日付で羽柴秀吉の禁制が出されているので、落城は四月初旬頃であったと思われる(羽柴秀吉禁制「福成寺文書」)。

天正八年の秀吉の因幡攻めでは、山名氏政が私部城(鳥取県八頭町)の在番を務めた(羽柴秀吉書状「利生護国寺文書」)。その後、秀吉の馬廻衆となり、天正十年(一五八二)八月には播磨国加古郡内で二千石を拝領している(羽柴秀吉判物「記録御用所本古文書」)。

天正八年、但馬の知行割が行われ、羽柴秀長は但馬七郡十万五千余石(ほか二万石は宮部継潤)と播磨二郡を与えられた。秀長は同年五月に当城に入部し、五月二十三日には秀長軍は「氷の山越え」を通り、但馬衆三〜四千余を動員して、秀吉の因幡攻めに参加している(吉川元春書状写「山田家文書」)。

天正九年七月、秀吉の因幡攻めのときには、海路を利用し、二〜三万余の軍勢を動員して丸山城(鳥取市)東方の吹上浜に上陸している(山縣長茂覚書「石見吉川家文書」)。また、当城には城代として木下昌利を配置していたようである(木下昌利書状「総持寺文書」)。

本能寺の変後の天正十一年六月、秀長は播磨姫路城主となり、青木勘兵衛尉が一万八千石を与えられて城代となった。天正十三年、秀長は大和郡山（奈良県大和郡山市）に移り、前野長康が但馬七郡七万五千石を与えられて当城の城主となった。しかし、長康は文禄四年（一五九五）豊臣秀次事件に連座して息子景定と共に切腹、前野家は断絶した。

　前野長康除封後の文禄四年八月、小出吉政が長康旧領の内で五万三千石を与えられ（小出吉政知行状「金井家文書」、播磨国龍野城（たつの市・『近畿』Ⅲ所収）から入部した（吉政の所領はのち五万五千石となる）。慶長五年（一六〇〇）の関ヶ原の戦いで、吉政は父秀政（岸和田城主）と共に西軍に与同し、丹波・但馬の諸将と共に丹後国田辺城の細川幽斎を攻めている。しかしこのとき、吉政の弟秀家ほか一族は東軍に与したため、戦後は秀政・吉政共に赦され、旧領を安堵された。

（上）千畳敷石塁　（下）大堀切

　慶長九年に秀政が死ぬと、吉政が和泉岸和田城（大阪府岸和田市）に移り、当城は吉政嫡男の吉英が継いだ。この頃、当城の居館部を改修して出石城（I期）が築城された。

　慶長十八年に吉政が没したため、吉英が岸和田五万石（岸和田三万石・出石二万石）を領し、弟吉親が出石（三万石）へ入封した。元和元年（一六一五）の大坂夏の陣で豊臣氏が滅亡すると、幕府は泉南の軍事的要地に譜代大名を配置したため、吉英は元和五年に出石へ再封され、出石の吉親は丹波国園部（三万石）へ移封された。

　岸和田を失った吉英は、出石城（I期）の北側に堀と土塁で囲まれた広い三の丸（Ⅱ期）を築城し、外堀の外に町場を整備するなど、現在みる出石城下町の原型をつくった。当城は、出石城の拡張（三の丸）に伴い、次第に使用されなくなったと思われる。

【遺構】当城は、山頂の主郭Iから三方へ向に延びる尾根に、連郭式に曲輪群を配置し、各尾根の先端に大規模な堀切・竪堀を構築した縄張りを特徴とする。主郭Iから北西方向に配置した五段の曲輪には、高石垣を構築している。遺構は大きくみると、山名時代に造成された山腹部と、織豊期に山名時代の縄張りを石垣で改修した山頂部に分かれる。

○山腹部　戦国末期（山名時代）　山腹部の尾根筋は、階段状の曲輪群と曲輪先端に大規模な堀切・竪堀（A・B・C・D・E）を多用して防御している。全体的に、曲輪群は広さも切岸もそれほど大きくない。ちなみに、主郭I北西尾根の曲輪群は、Ⅵ郭が18×20メートル、Ⅶ郭が24×27メートルである。また、主郭I北尾根の曲輪群は、Ⅷ郭が23×20メートル、Ⅸ郭が21×18メートルを測るにすぎない。

○山頂部　織豊期　山頂部には、大堀切（幅

（上）石取場の残石　（中）井戸曲輪の石垣　（下）出石城二の丸の埋没石垣

28×深さ12メートル）を挟んで、東側に「千畳敷」のⅡ、西側に主郭Ⅰを含む石垣をもつ六段の曲輪群が配置されている。

千畳敷Ⅱは、東西130×南北50メートルを測る広大な曲輪で、石列によって三つに区画され、一部に築地塀の跡が残る。東端には低い石垣をもつ櫓台の跡もみられる。ここでは、コビキAの軒丸瓦や丹波焼擂鉢片・青磁片・天目茶碗片など、一六世紀後半から一七世紀初頭の遺物が表採されており、居住空間として利用されていたようである。

千畳敷Ⅱの虎口は一ヵ所で、「大堀切」から南西側を回り込んで進入する坂虎口である。千畳敷Ⅱは、遺物などから織豊期に利用されていたことは明らかであるが、山名氏築城期の姿は不明である。

主郭Ⅰは、東西42×南北20メートルを測るほぼ長方形を呈する曲輪で、城下に面した北側と西側に高さ4メートルの石垣を構築している。北側石垣には幅の狭い折れが設けられ、西側石垣の南隅には、二十三段の石段（幅4×長さ9・2メートル）による坂虎口が付いている。南側と東側には石垣はなく、南側には折れをもつ幅3・4〜2×高さ1・3メートルの土塁（内側の基部には石列が残る）、南東隅の大堀切側には、櫓台跡と思われる高まり（高さ0・4メートル）を設けている。主郭Ⅰと千畳敷Ⅱの間は、一続きの尾根であった箇所を大堀切によって切断したもので、大堀切から長い帯曲輪をまわすことによって、主郭Ⅰ・Ⅲ郭の防御性を高めている。

主郭Ⅰの階段を下りると虎口曲輪があり、二折れの通路を経て、多角形で細長く総石垣のⅢ郭（南北38×東西20メートル）に至る。石垣の高さは4・5〜5メートルを測り、三ヵ所にシノギ積みを設けている。とくに南側の石垣は長く、長さ38メートルを測る。その東端に石垣の継目があるが、その部分も含めると全長46メートルもある。

Ⅳ郭は32×20メートルを測り、曲輪の縁には、基部に石列をもつ土塁が巡らされている。石垣は、すべてがシノギ積みで造成されている。その裾部は土の法面であり、途中から石垣が積まれている。

Ｖ郭は３２×１６メートルを測り、曲輪の両端にシノギ積みの石垣がある。中間部分は石垣が崩落したものか、土の法面となっている。

主郭Ⅰを含む石垣を有する部分は、算木積みが確立しておらず、シノギ積みを多用しているのが特徴的である。表採した瓦片もすべてがコビキＡであることから、天正期前半の造成と考えられる。

石垣を有する部分の南西斜面には、幅７～１０メートルを測る帯曲輪を構築しているが、付近には矢穴を持つ多くの岩が広範囲にわたって散乱している。傾斜を残す未整地であり、石取場（採石場）遺構と考えられる。

井戸曲輪は主郭Ⅰ北斜面の谷部を掘り込むように造成されており、北面（谷側）には、曲輪の崩壊を防ぐための七段からなる石垣が構築されている。

なお、本来の登城路は現在の東尾根ルートではなく、出石城の稲荷曲輪から南東に延びる谷筋にあり、幅２～３メートルの道が続いていた。現在、この本来の谷道は崩落しているが、谷奥の途中から葛折りで井戸曲輪の石垣に取り付くようになっていた。

【評価】 当城の石垣を有する部分の曲輪群は、天正八年以降、羽柴秀長によって但馬支配・山陰方面への前進基地として、山名時代の城を大改修したものと理解される。

また、広大な千畳敷Ⅱは表採遺物の多さから、織豊期には瓦葺き建物や築地などの建物群が存在し、山上での居住がなされていたと思われる。

平成十八年、豊岡市教育委員会が都市公園整備に伴って実施した出石城の本丸・二の丸の発掘調査では、現在の石垣の内側に織豊期の埋没石垣を確認した。二の丸では、石段の虎口とそれを塞ぐ二時期の石垣を検出しているが、いずれも裏込石をもち、鏡石を利用した文禄～慶長期の造成とされる。本丸でも虎口から建物に至る石段や、櫓台構築前の埋没石垣を検出した。瓦片はコビキＡとコビキＢが出土した。平成二十七年にも、石垣修復に伴う「山里丸」の確認調査で、コビキＡの瓦を確認している。

この結果、慶長九年（一六〇四）の小出吉英の出石城築城以前に織豊期の石垣をもつ居館が存在し、それを改修して現在の出石城が築城された可能性が高まった。したがって、少なくとも織豊期（天正八～慶長五年）には、当城（山上の城郭）と居館（山下の城郭）がセットで機能していたと考えられる。また、山名祐豊の居館（守護所）も、織豊期の石垣の下にその存在が推定できる。

なお、石取場遺構には多数の矢穴が見られるものの、当城の石垣には、これまで矢穴は見つかっていない。矢穴が多く見つかっているのは、吉英時代の出石城である。したがって、この石取場遺構は、出石城の石垣採取場所であった可能性が高いとされている。しかし筆者は、矢穴のない当城の石垣採取場所もここではなかったかと考えている。今後、検討を要する問題である。

なお、近年の調査で、堀切・竪堀Ｂのさらに東側の斜面から畝状空堀群が発見された。四～五条からなる畝状空堀群であるが、その造成時期は当城築城期の天正二年頃と考えるのか、それ以降の造成なのか、議論の分かれるところである。現段階で、筆者は天正二年段階は堀切・竪堀が卓越する縄張りであり、その後、天正七年までに畝状空堀群は造成されたと考えている。

（西尾孝昌）

118 鶴城《つるじょう》 ―付、海老手城《えびてじょう》

畝状空堀群が特徴的な田結庄氏の居城

鶴城遠望

【選地】　円山川とその支流六方川との合流点を南に見下ろし、船町・山本集落の東側にあたる標高115メートルの愛宕山に所在する。当城からの眺望はすばらしく、北・南・西方面を見通すことができる。城下の船町・六地蔵や対岸の一日市は、織豊期の豊岡城下町の成立以前には、円山川の舟運で栄えていたという。

当城へ至るには、船町から愛宕神社の参道を登り、さらに神社の北側奥へ進むと主郭Ⅰに到達する（所要時間：約三〇～四〇分）。

【歴史】　城主は但馬守護八名氏の有力国人田結庄《たいのしょう》氏であり、支配領域は円山川下流域であった。建武四年（一三三七）年六月、南朝方であった田結庄城が北朝方の仁科蔵人将監・伊達貞綱ら

DATA

所在：豊岡市山本字鶴ガ城
遺構：曲輪、土塁、虎口、堀切、竪堀、畝状空堀群
規模：330 × 525m
標高等：標高 115m、比高約 110m
指定：豊岡市指定

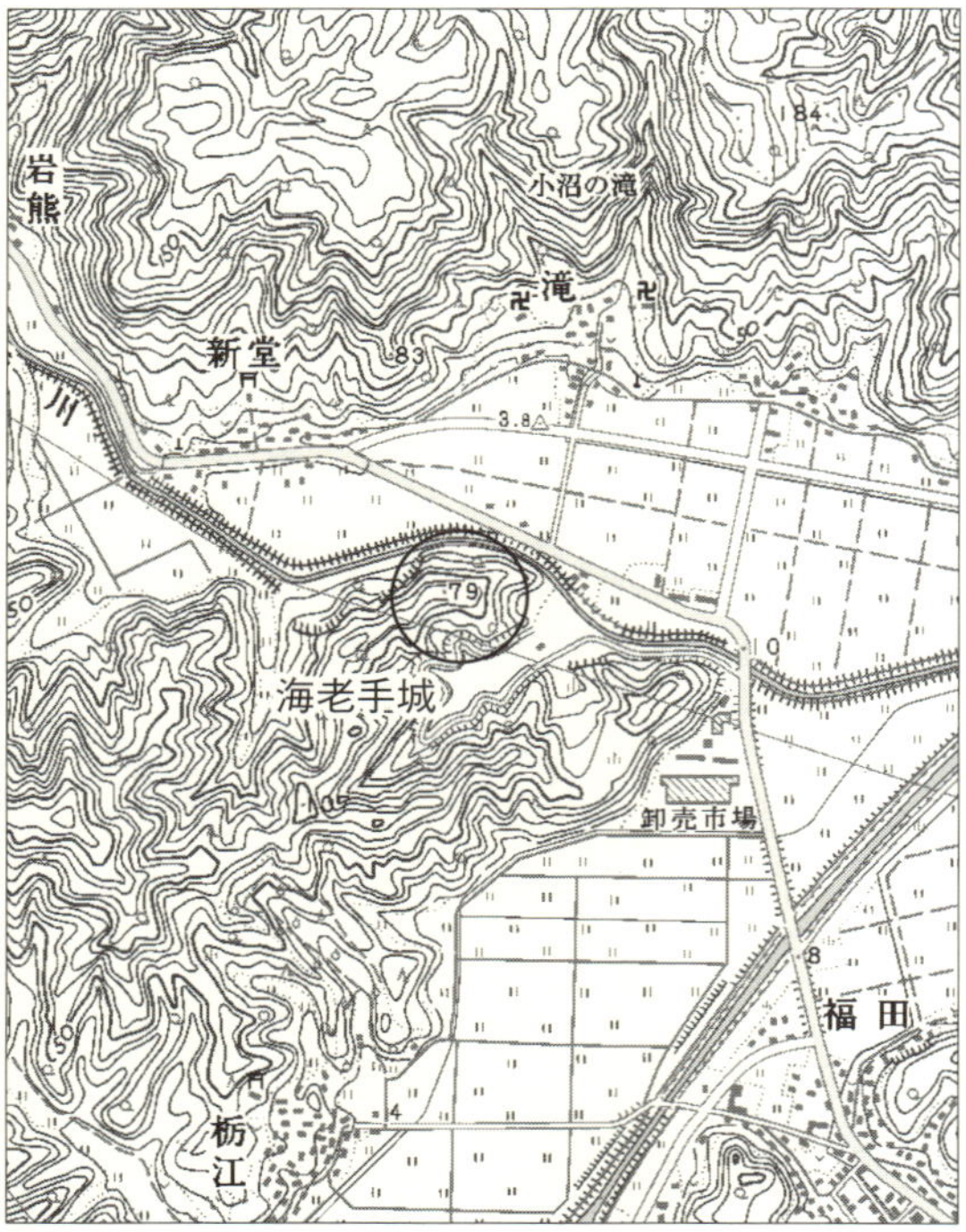

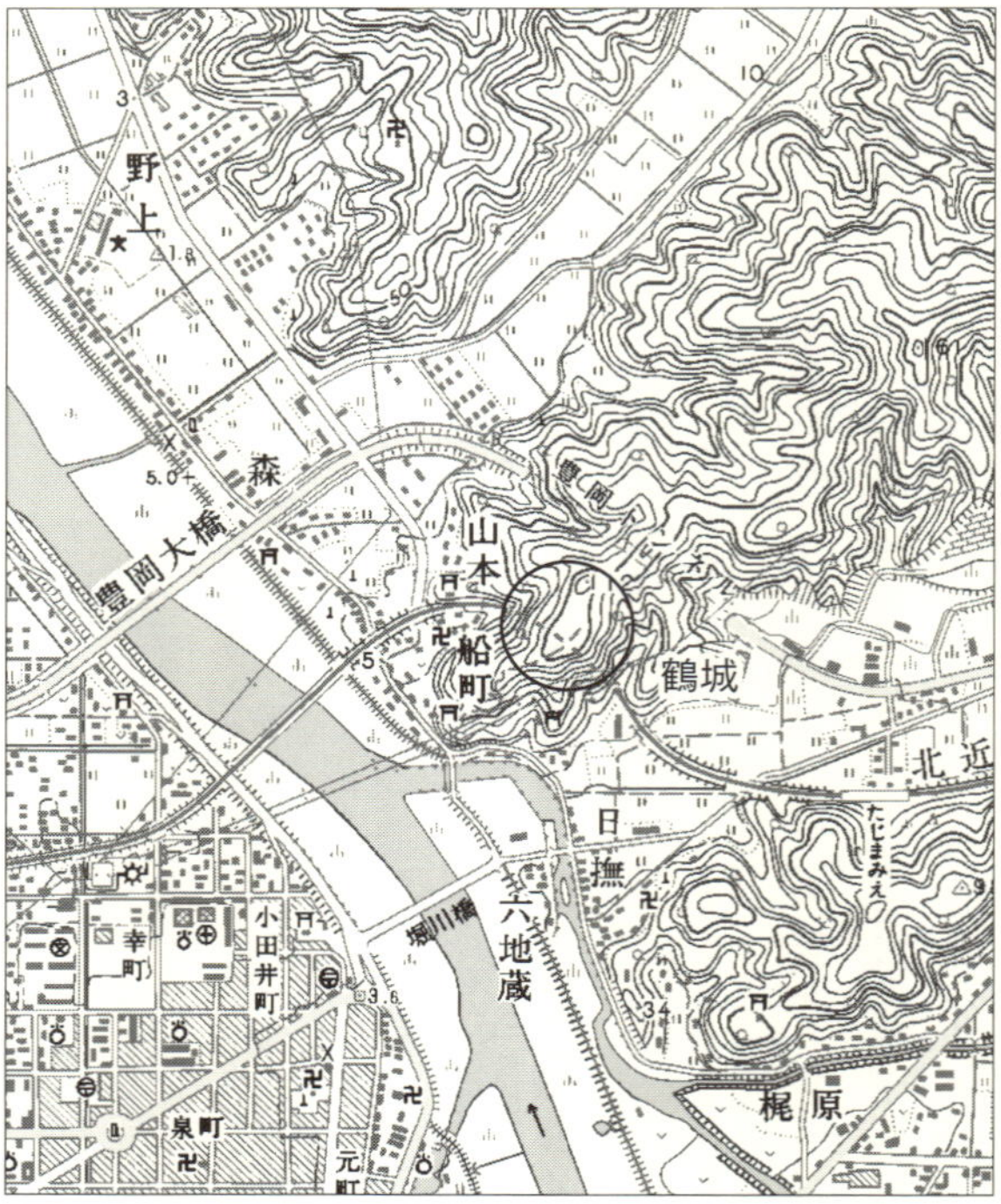

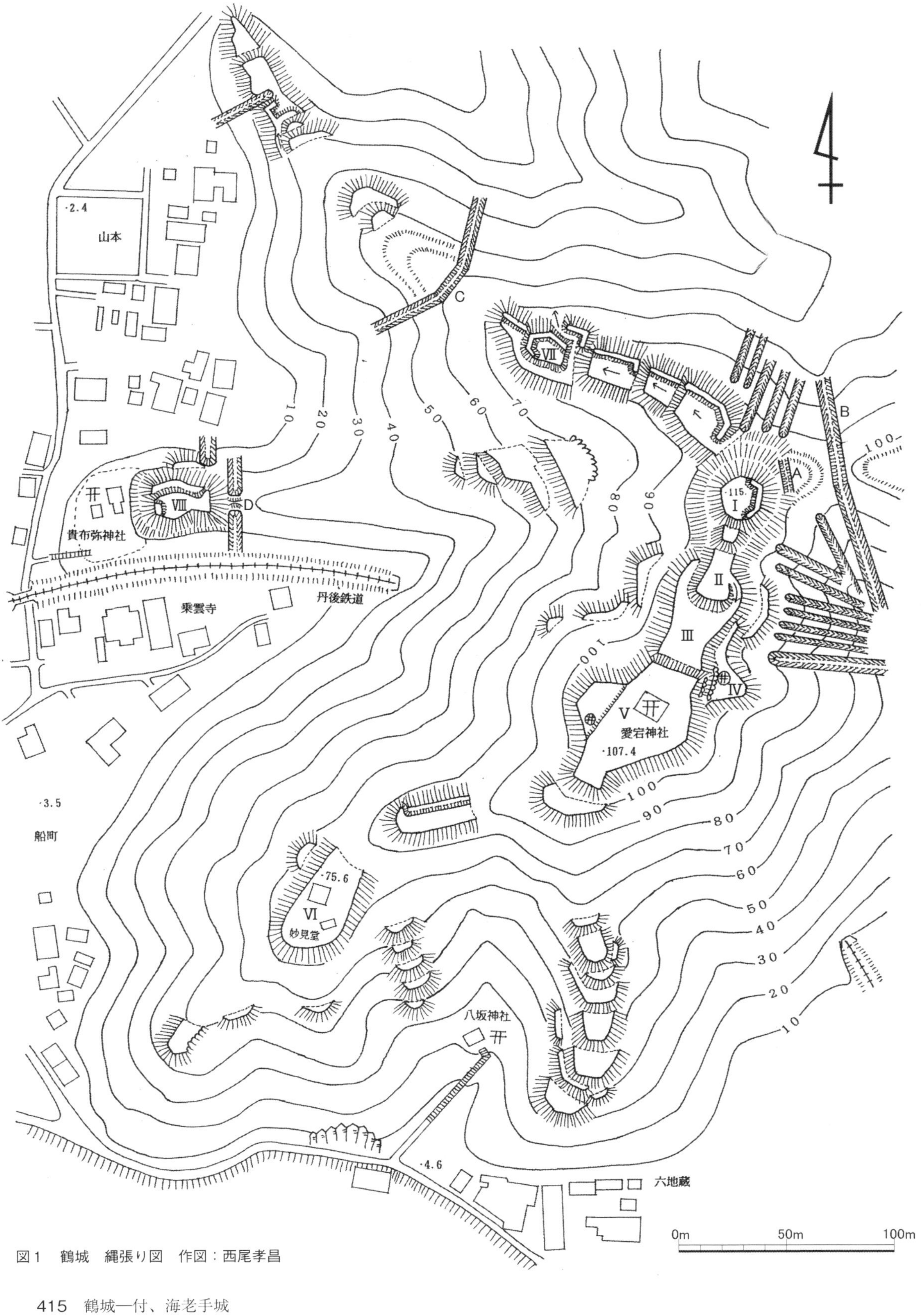

図1　鶴城　縄張り図　作図：西尾孝昌

鶴城　主郭土塁

鶴城　堀切Ｄ

攻められている（伊達貞綱軍忠状『但馬伊達文書』）。永正元年（一五〇四）夏には、但馬守護山名致豊と楽々前《ささのくま》城主垣屋続成との抗争が再燃し、続成が致豊・田結庄豊朝の立て籠もる此隅山《このすみやま》城（豊岡市・『近畿』Ⅰ所収）を攻めている（田結庄豊朝添状・沙門某出石神社修造勧進帳『神床家文書』）。

永禄十二年（一五六九）八月、織田信長が毛利氏への「雲伯因三ヶ国合力」として、木下秀吉・坂井政尚勢二万人を但馬に送り込み、生野銀山を接収するとともに、山名氏の本城此隅山城・垣屋《かきや》城（楽々前城カ）など十八城を攻略した。そのとき、田結庄城（鶴城）と垣屋氏の観音寺城（鶴ヶ峰城）は攻略を免れているが、秀吉の「相城」（付城）に包囲され、近日中には落城するであろう旨が記されている（朝山日乗書状案『益田家文書』）。

天正三年（一五七五）十月、尼子方の是義と毛利方の竹野轟城城主垣屋豊続が激突した「野田合戦」によって、田結庄是義は自刃する（江戸期成立の『但州但州一覧集』『但州発元記』）。この戦いは、田結庄是義の属将・主栗坂主水海老手城が垣屋豊続・長越前守らによって攻略され、その奪還を是義に依頼し、両者によって海老手城をめぐる攻防が展開される。その後、当城と海老手城との中間地点である「野田」（豊岡市野田の湿田）での合戦となり、垣屋豊続が勝利したことを記す。

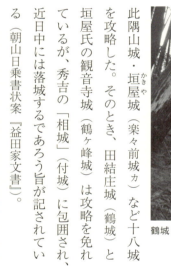

合戦の様相は軍記物以上には判明しないものの、同年三月、八木城主八木豊信が「芸但和睦」（尼子一掃を目的とした毛利氏と山名氏の同盟）に従って但馬の情勢を吉川元春に報告する中で（八木豊信書状『吉川文書』）、「於田結庄表、垣駿（垣屋豊続）被及一戦、被得勝利候間、海老手之城、于今無異儀被持之候、不可有御気遣候」と記されており、その事実は裏付けられる。

【遺構】主郭Ⅰから三方向に延びる尾根に連郭式に曲輪を配置し、北西尾根を土塁と畝状空堀群、南尾根を堀切・竪堀と畝状空堀群で守備する縄張りである（図1）。

主郭Ⅰは東西１８×南北２２メートルあり、その東縁には低い土塁を構築している。また、主郭Ⅰ東下の尾根には二重の堀切Ａ・Ｂを設けている。堀切Ａは幅２×深さ０・３メートルと浅いが、堀切Ｂは幅１５×深さ

鶴城　井戸

鶴城　外枡形状の虎口

8~9メートルと大規模で、竪堀は幅3・5×長さ20~45メートルある。

Ⅱ郭は17×23メートル、鞍部のⅢ郭は21×29・5メートルを測る。Ⅳ郭には水の手（井戸）があり、土砂の崩落を防ぐため、山側（西側）に石積みがある。主郭Ⅰ・Ⅱ郭・Ⅲ郭の東斜面には、八条からなる畝状空堀群を構築している。中でも南端の竪堀は幅4×長さ40メートルを測り、大規模である。ほかの竪堀は、幅2~2・5×長さ22~33メートルほどである。

Ⅴ郭は東西60×南北69メートルと広く、現在、愛宕神社がある。愛宕神社は、元和五年（一六一九）に豊岡城主杉原長房が勧請したもので、明治四年までは別当寺の宝城寺も存在していた。

Ⅴ郭の南西尾根には妙見堂のあるⅥ郭（23×43メートル）、その東側には、五段の小規模曲輪群（最大15×5メートル）を構築している。また、Ⅴ郭から少し離れた南尾根には、十数段の曲輪群（最大19×13・5メートル）を設けている。

主郭Ⅰの北側斜面には五条の畝状空堀群を設け、北西尾根には十段ほどの曲輪と堀切・竪堀を配置している。曲輪群は南尾根とは異なり、曲輪の北縁に土塁を多用している。とくにⅦ郭（11×16・5メートル）は土塁囲みで、その東側に小規模な外枡形状の虎口（幅2~3×高さ2メートル）を構築している。堀切Cは大規模で、幅13×深さ9メートルを測り、竪堀は幅4~5×長さ25~37メートルある。

主郭Ⅰの西側には、谷筋に二段の曲輪を設け、さらに尾根先端に堀切・竪堀DとⅧ郭（12×21メートル）を構築して、居館（「御屋敷」）からの登城ルートを押さえる砦を普請している。

【評価】 当城は小規模で、しかも不連続な曲輪群の存在から、南北朝期に築城起源をもつと思われるが、現在見る遺構の全体は、戦国期に田結庄氏が改修したものであろう。しかし、畝状空堀群は天正三年の野田合戦による落城以降、垣屋豊続によって改修されたものと推察される。

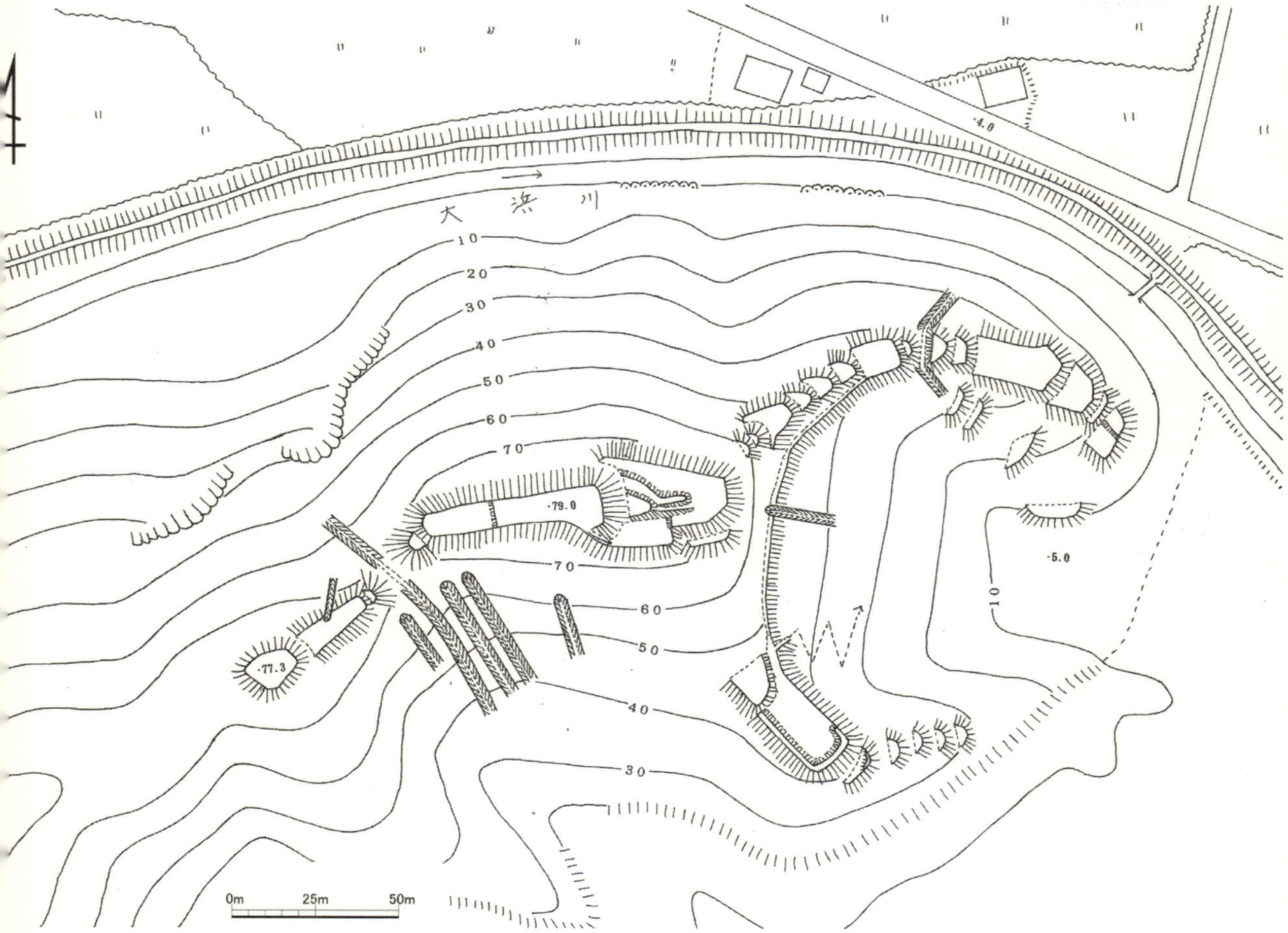

図２　海老手城　縄張り図　作図：西尾孝昌

ちなみに、野田合戦の契機となった海老手城（豊岡市）にも畝状空堀群が存在する（図2）。海老手城は豊岡盆地の西端、当城から直線距離で約2・7キロほど離れているが、ちょうど竹野町から豊岡市に入るルートの入り口にあたる。

前述の『吉川文書』からは、吉川元春が垣屋豊続と田結庄是義の戦いを注視している。吉川・豊続方の作戦として、海老手城を橋頭堡として豊岡盆地への進出を企図していたのではなかろうか。このように考えると、野田合戦は吉川元春のなんらかの指示のもとに行われた、毛利（垣屋豊続）対尼子（田結庄是義）の代理戦争であったとみられる。そして、当城・海老手城の畝状空堀群は、田結庄氏の滅亡以降、垣屋豊続によって改修されたものと判断される。

一方、主郭Iの北西にある折れを持つ土塁や、外枡形状の虎口の存在はどのように考えるべきか。伝承（覚『山本村文書』）では、天正八年（一五八〇）の羽柴秀長の第二次但馬進攻のときに宮部継潤が一時的に当城へ入城したというが、この際の普請という見方もできよう。

（西尾孝昌）

119 志方城《しかたじょう》

三木合戦での東播磨の抵抗拠点

土塁・堀跡と推定される北側の段差

【選地】 播磨平野の北東に位置し、南以外の三方を山稜に囲まれた盆地の中心に位置する。東側の法華山川を代表として、小河川が南北に流れており、それによって開析された南北方向の段丘がある。城跡が選地するのは、中央に位置する段丘上である。

この段丘は、ちょうど当城がある箇所で西へと屈曲し、全体として「く」の字状を呈しながら、緩やかに下降する。東側は段丘崖として、急傾斜をなしており、西側は溜池へと向かって流れる小河川により開析され、緩やかな傾斜を伴う谷となっている。

【歴史】 築城年代は定かではない。城主は、志方の土豪である櫛橋氏と伝わる。

当城が歴史上に登場するのは、天正六年（一五七八）の三木合戦に伴う羽柴秀吉の播磨進出時である。同六月二十六日に「しかたの城」へ織田信雄を筆頭に城攻めが行われ、七月十五日に落城した（『信長公記』巻11）。

【遺構】 当城は大半が住宅地となっており、詳細に地表面観察を行うことができなかった。そこで、地表面観察の成果を補うために、国土地理院の公開する基盤地図情報数値地図5mメッシュデータ（FG-GML-5234-

DATA

所在：加古川市志方町志方
遺構：曲輪、土塁
規模：200 × 300m
標高等：標高 20m、比高 7m

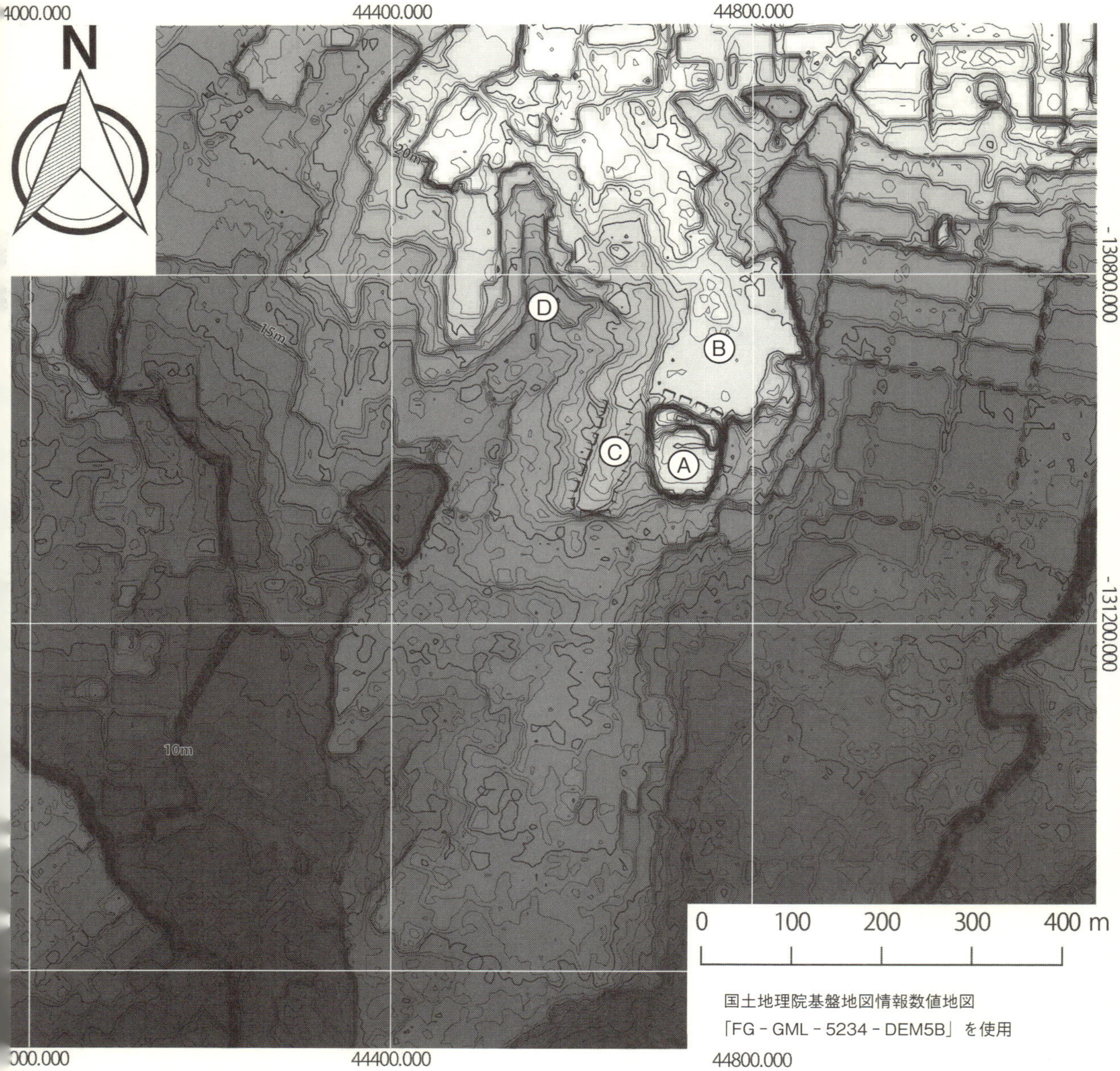

図１　志方城跡周辺の微地形図（S＝1/6500）

ＤＥＭ５Ｂ）を利用し、より微細な地形の情報を取得する。

具体的には、当該データをＱＧＩＳ（地理情報システムソフト）で読み込み、等高線・標高別グラデーション・傾斜図を作成し、一枚の図として合成した。なお、等高線は２５センチ間隔、標高別グラデーションは、高所が白く、低所が黒くなるよう設定した。また、傾斜図は急傾斜を黒く、緩傾斜を白くしている。

Ａは段丘の先端部で、平面形は方形を呈する。現状では、観音寺とその墓地になっている。北側に、コの字状を呈する１メートル以上の高まりがある。等高線ではうまく表現しきれていないが、Ｂとの間に堀状のくぼみもある。

Ｂは、Ａよりも下位に位置する。現在は大半が小学校の敷地となり、一部北側が住

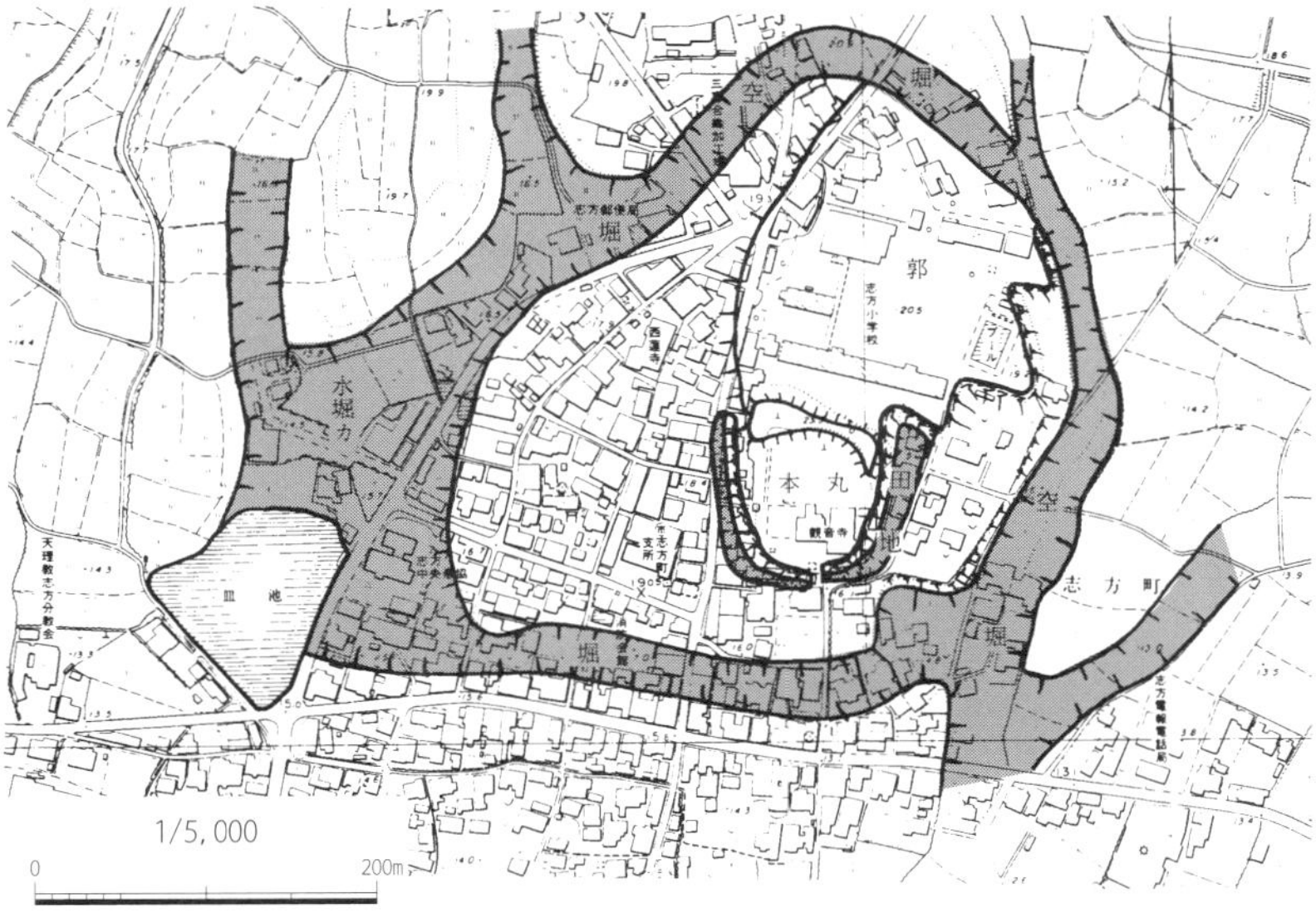

図２　縄張り図（兵庫県教育委員会 1982 より転記一部改変）

宅地となっている。そのため、踏査を充分に行えていないが、小学校北側に隣接する住宅地は周囲よりやや高くなっており（図中Ｂの北側）、後述する谷Ｄが入り込み、段丘頂部が最も狭まる箇所であることから、堀切などの遮断施設があったものと推測できる。

ＣはＡの西側に所在し、Ｂより下位に位置する。現在、Ａとの間は道路となっているが、緩やかな谷状地形となっている。また、Ｃの西側も南北方向に段差が認められる。Ａ・Ｃ間の谷状地形は、Ａ・Ｂ間の堀状地形の西端で収束する。また、同様にＡの東側にも、わずかながら南北方向の落ち込みが確認できる。

Ｄは、Ａ～Ｃの位置する段丘の西側を東西方向に延びる谷である。傾斜は緩やかで、北上するにしたがって谷底の傾斜は急になり、幅も狭まる。Ｃに面するあたりから東へと分岐し、Ｂの北側へと緩やかに湾曲しながら延びる。これに対応するように、頂部を挟んで反対側にも小さい谷が入り込み、双方からＡ～Ｃの位置する段丘の幅を狭めている。

以上を総合すると、Ａ・Ｂ・Ｃは、それぞれ主郭・曲輪２・曲輪３と読み替えることができる。主郭の北側高まりと堀状のくぼみは、主郭と曲輪２を画する土塁と堀、主郭と曲輪３の間の谷状落ち込みは、横堀と考えられる。また、曲輪２の高まりと段丘頂部の幅の狭まりは、北へと続く頂部に対して設けられた堀切の残欠と考えられる。

当城に関する先行研究の代表的なものとして、『兵庫県の中世城館・荘園遺跡』（一九八二年）・『加古川市史』が挙げられる（一九九四年）。図２は、市史に掲載されている図であるが、おおよそ今回の検討と合致しており、先行研究の成果を追認することができた。

ただし、いくつかの箇所で今回確認できなかった遺構がある。最大のものは、曲輪３の西側への広がりである。現状では完全に宅地化されてしまっているが、東から西へと緩やかに傾斜している。これが宅地造成による切土によってなされたものかは不明だが、曲輪３の規模については拡大する余地もある。

【評価】　先行研究では丘の上の平城という位置付けがなされているが、今回の検討により①段丘先端部という地形を活用していること、②曲輪間には比高による階層差があること、③とくに主郭は遮断施設で囲繞し、独立性が高いことが明らかとなった。　　（永恵裕和）

［参考文献］兵庫県教育委員会　一九八二『兵庫県の中世城館・荘園遺跡』／加古川市　一九九四『加古川市史』第二巻　本編Ⅱ

120

神《かん》吉《き》城《じょう》

三木合戦の激戦地となった神吉氏の居城

中の丸跡と伝わる常楽寺

DATA

所在：加古川市東神吉町神吉
遺構：曲輪
規模：400 × 300m
標高等：標高 13m、比高 8m

【選地】　播磨平野の北東部を塞ぐ東西方向に延びる中位段丘の西端に位置し、当城の前面は崖状の地形となる。

当城よりも東側では中位段丘がやや後退し、全面に低位段丘が広がる。西側では当城から続く中位段丘が延びた後、低位段丘へと切り替わる。この低位段丘は北から流れる法華山川によって大きく開削され、細長く段丘頂部を狭めながら西へと延びる。

【歴史】　築城年代は定かではない。城主は土豪の神吉氏と伝わる。

当城が歴史上登場するのは、天正六年（一五七八）の三木合戦に伴う羽柴秀吉の播磨進出時である。五月には、織田軍の先陣が当城へと向かい、六月二十六日から本格的な城攻めが開始される（『信長公記』巻11）。

城攻めの様子からは、周囲に「外構」が設けられ、堀に囲まれ虎口を持つ「本城」がある。「本城」には、塀、矢蔵がある。「本城」は内部構造として、天守を持つ「中の丸」、「東の丸」「西の丸」に分かれている（『同』巻11）。

【遺構】　城跡の大半は住宅地となっており、詳細な地表面観察を行うことができなかった。そこで、地表面観察の成果を補うために、国

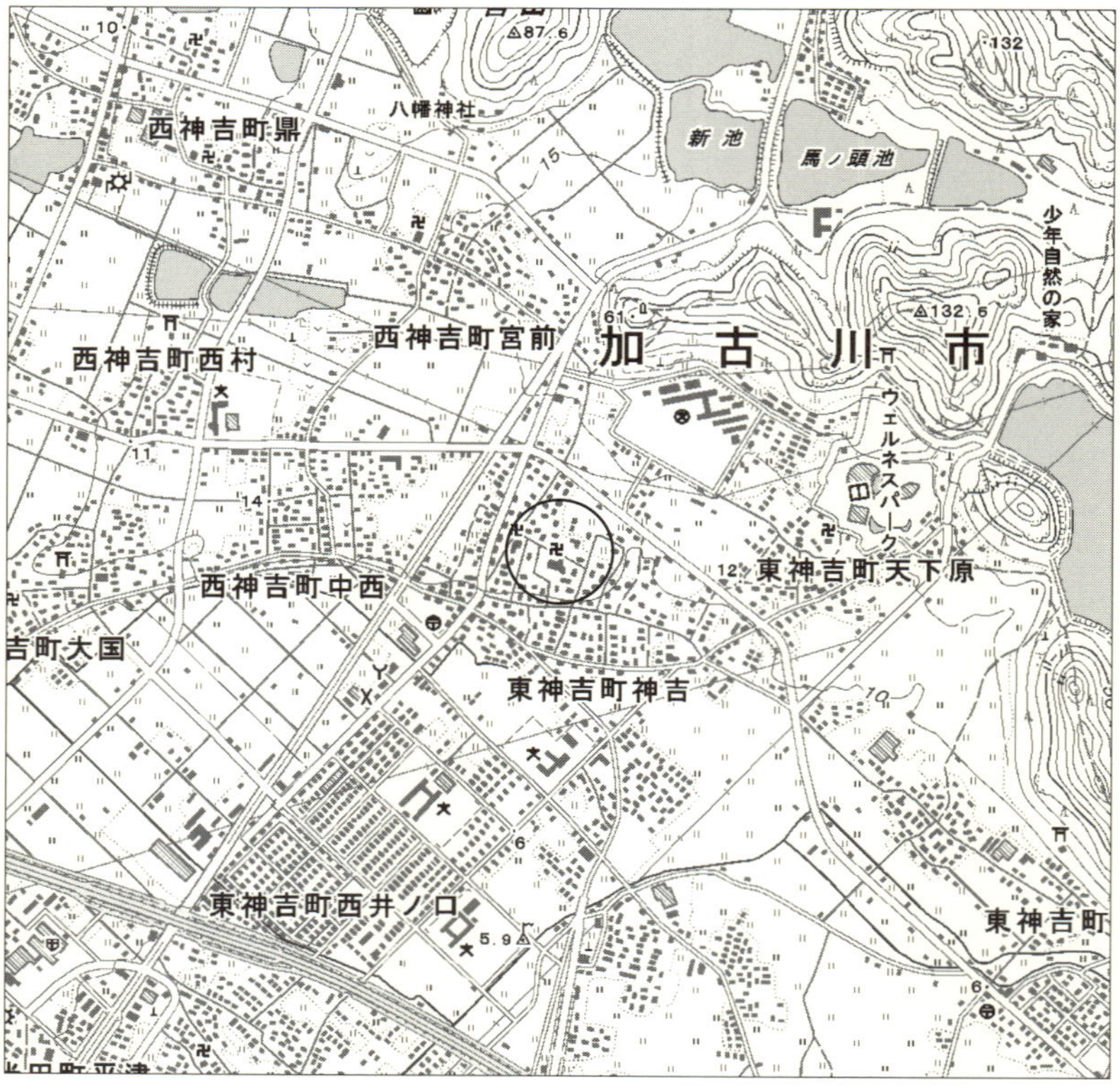

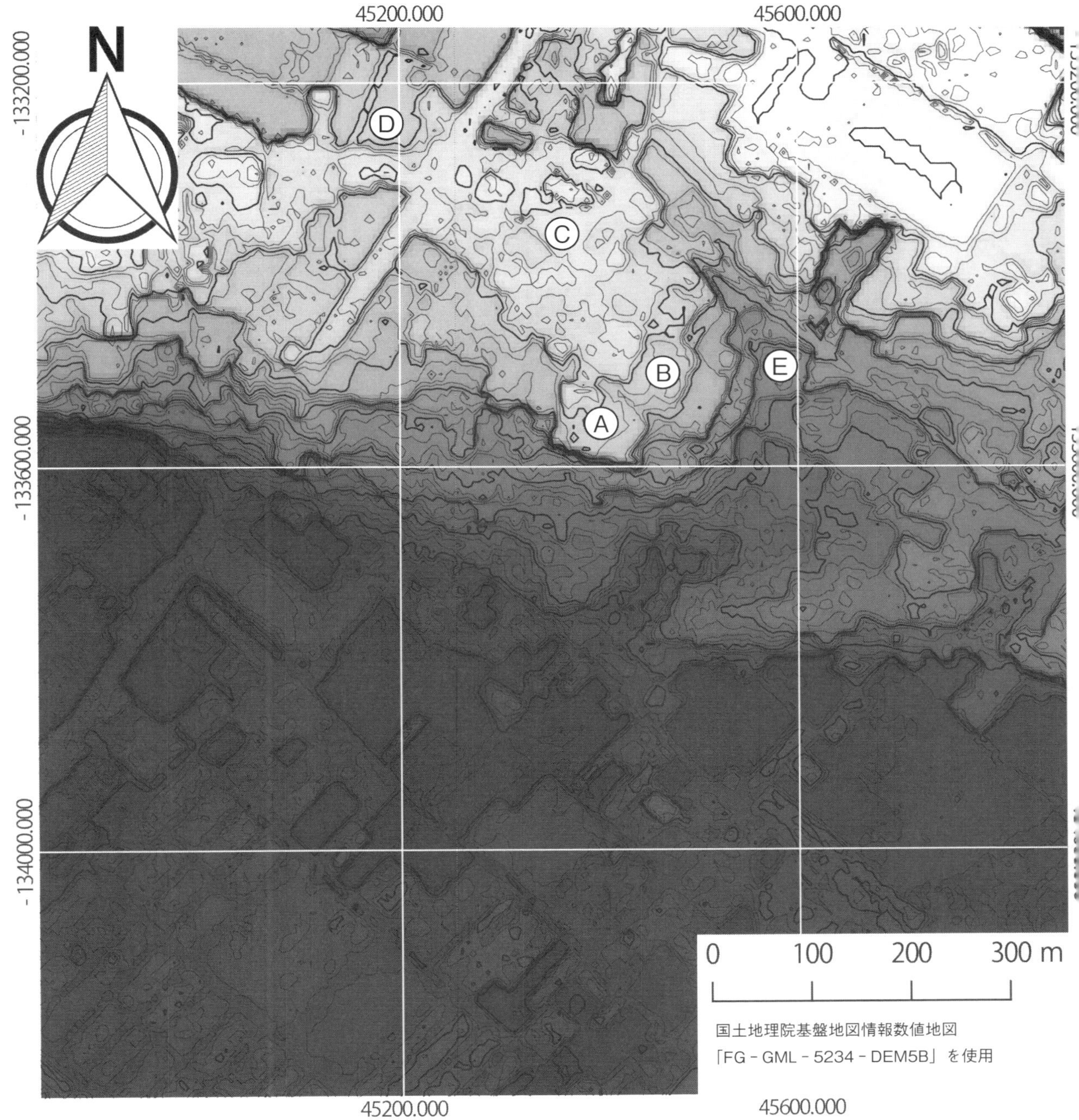

図１　神吉城跡周辺の微地形図（Ｓ＝１/6500）

土地理院の公開する基盤地図情報数値地図５ｍメッシュデータ（ＦＧ－ＧＭＬ－５２３４－ＤＥＭ５Ｂ）を利用し、より微細な地形の情報を取得する。

具体的には、当該データをＱＧＩＳ（地理情報システムソフト）で読み込み、等高線・標高別グラデーション・傾斜図を作成し、一枚の図として合成した。なお、等高線は２５センチ間隔、標高別グラデーションは、高所が白く、低所が黒くなるよう設定した。また、傾斜図は急傾斜を黒く、緩傾斜を白くしている。

Ａは、現在の常楽寺の敷地である。段丘の最高所ではないが、現状では方形の平面形を呈し、周囲より突出していることから、城域の可能性が高い。Ａの北を除く三方は明瞭な高低差があり、かつては切岸であった可能性をうかがわせる。また、一部に石垣も見られるが、積み方などから近現代の所産であると思われる。北側は直線状に落ち窪んでおり、道路の開削に伴うものとも思われるが、ここでは積極的に評価して、堀の痕跡と考えたい。

Bは Aの東側に位置し、Aと同じく方形を呈する。Aと同程度の規模であり、西を除く三方に明瞭な高低差を持つ。Bより東側にも、同様な方形を呈する平坦面がある。

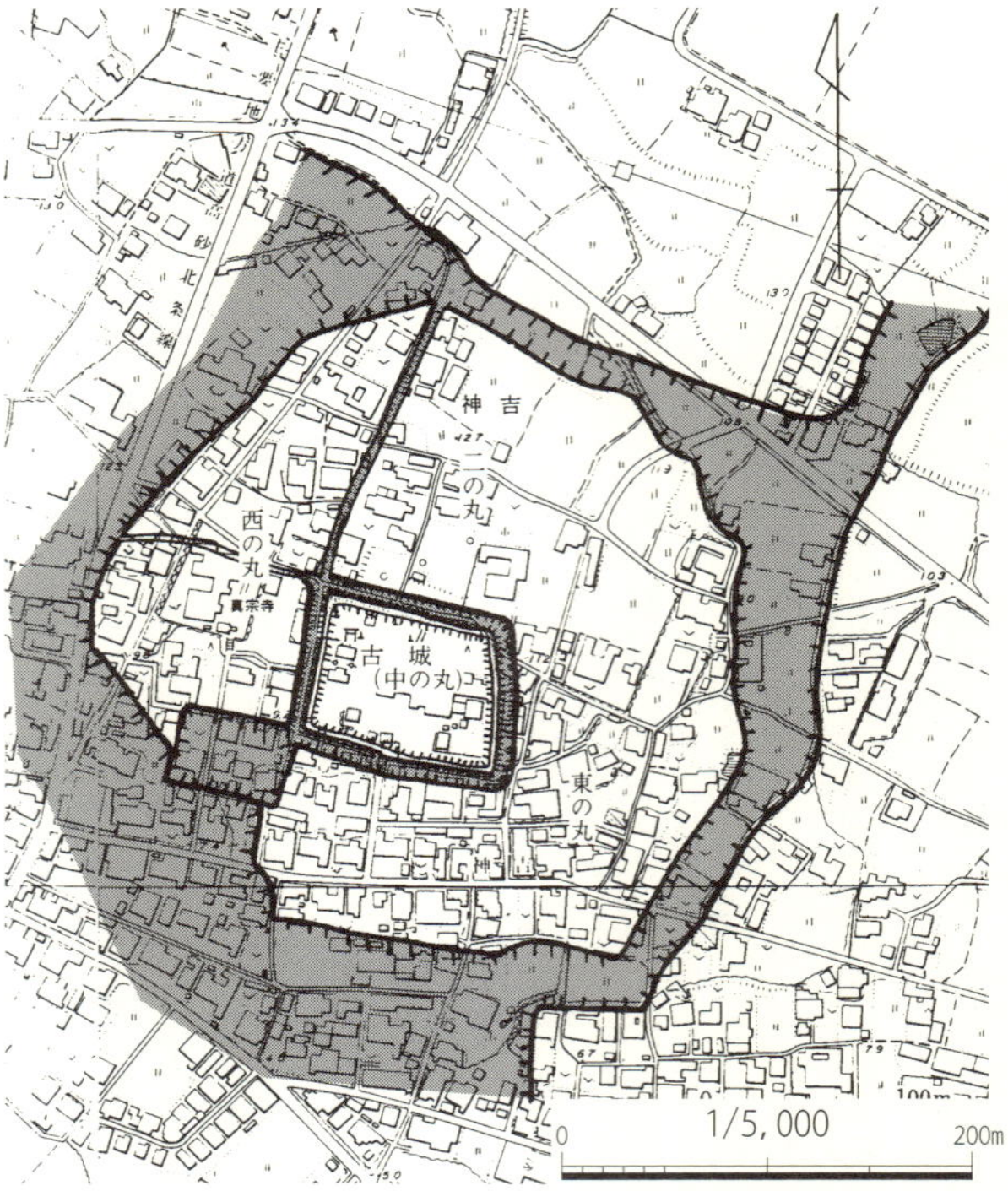

図2　縄張り図（兵庫県教育委員会 1982 より転記一部改変）

Cは Aの北側、Bの西側に位置する。段丘の頂部であり、AやBよりも高い位置にある。AやBのような明瞭な平面形は持たない。西側のD部分で頂部の幅が狭められている。

Eは、A〜Cの東側に位置する谷状の落ち込みである。Cの北側から東に延び、A〜Bに接しながら南へと折れる。

以上を総合すると、A・B・Cはそれぞれ主郭・曲輪2・曲輪3と読み替えることができる。また、DはCの西側を区切る堀切か横堀の痕跡であり、Eは段丘を横断しながら延びる小さな谷を、城域の東側を区切る堀である可能性が高い。

当跡に関する先行研究の代表的なものとして、『兵庫県の中世城館・荘園遺跡』（一九八二年）・『加古川市史』（一九九四年）が挙げられる。図2は、市史に掲載されている図であるが、おおよそ今回の検討と合致しており、先行研究の成果を追認することができた。市史に準ずるならば、本稿のAが古城（中の丸）にあたり、Bが東の丸、Cが二の丸および西の丸の一部にあたると考えられる。

ただし、いくつかの箇所で今回確認できなかった遺構がある。西の丸の南側と古城（中の丸）西側の曲輪である。前者については、たしかに現地でも平坦な箇所が見られるが、本稿でDとした堀切・横堀の堀底部分と高さが同じになるので、曲輪とは判断しがたい。後者については、図1にあるように緩傾斜となっており、また南側の広がりが不明瞭なので、今回は曲輪とは判断しなかった。

【評価】 今回の検討で、当城の「本城」の検討ができた。当城の「本城」は、自然地形である段丘や開析した小さな谷を利用して城域を区画している。内部の曲輪構成は、必ずしも主郭を中心としたものではないが、史料によれば、天守や矢蔵などの建造物を持つものであった。現状では宅地化が進んでおり、より詳細な遺構の検討はできていない。今後の調査が待たれる。

（永恵裕和）

［参考文献］兵庫県教育委員会　一九八二『兵庫県の中世城館・荘園遺跡』／加古川市　一九九四『加古川市史』第二巻　本編Ⅱ

121

堀《ほり》井《い》城《じょう》・小《こ》堀《ぼり》城《じょう》

加古川右岸に隣り合う平城群

【選地】　加古川の中流右岸、新部《しんべ》の渡しの北西、加古川と西の段丘との間の平野に築かれた城館であり、南500メートルの河合城とは水路でつながる。

【歴史】　室町時代、播磨守護赤松満祐《みつすけ》は嘉吉の乱（嘉吉元年・一四四一）を起こし、将軍義教《よしのり》を殺害すると播磨に下り、両城の南に位置する河合《かわい》城に入った。河合城より義教の首を安国寺に葬送し、その後、城山（たつの市新宮町）に滅んだ。『播磨《はりま》鑑《かがみ》』によれば、両城は河合城の支城とされるが、その当時、両城がすでに存在したのかは不明である。

　後に播磨を回復した赤松政則は、文明十五年（一四八三）、真弓峠の合戦で山名氏に敗れ、播磨から駆逐された。翌々年、政則と家臣団は再度団結して播磨に入ると、滝野光明寺（加東市滝野町）に陣を敷いた（『光明寺文書』）。光明寺を本陣とした赤松勢は、山名氏重臣垣屋一族が籠もる蔭木城（所在地は確定せず諸説ある）を攻め落とした。河合城と両城は共にこの進撃路上にあるが、記録には現れない。

　『播磨鑑』では矢野氏、『加東郡誌』は堀井氏を城主とする。旗本斯波《しば》氏の株を得た堀井氏が、明治時代に城跡を買収して堀を浚《さら》え改修し住居とした。主郭周囲の堀は灌漑用水として使われたために、壁面が崩れかけている。

　小堀城は、地元では「こっぽり」と呼ばれており、『播磨鑑』には中村城として記述される。中村氏が城主であった金鑵《かなつるべ》城との関連ではなく、河合郷の中村の城という意味と

堀井城　主郭土塁北西隅　東より

DATA

所在：小野市河合西町・河合中町
遺構：土塁、竪堀、空堀
規模：（堀井城）160 × 200m
　（小堀城）200 × 150m
標高等：標高 35m、比高 0m

考えるべきであり、『播磨鑑』は城主を三枝氏と伝える。天正七年（一五七九）、三木城をめぐる平田大村合戦に別所方として合戦に参加して討たれた三枝一族が記録に見える。

城跡の南200メートルには、「太閤渡し」と呼ばれる加古川の渡河点「新部の渡し」がある。

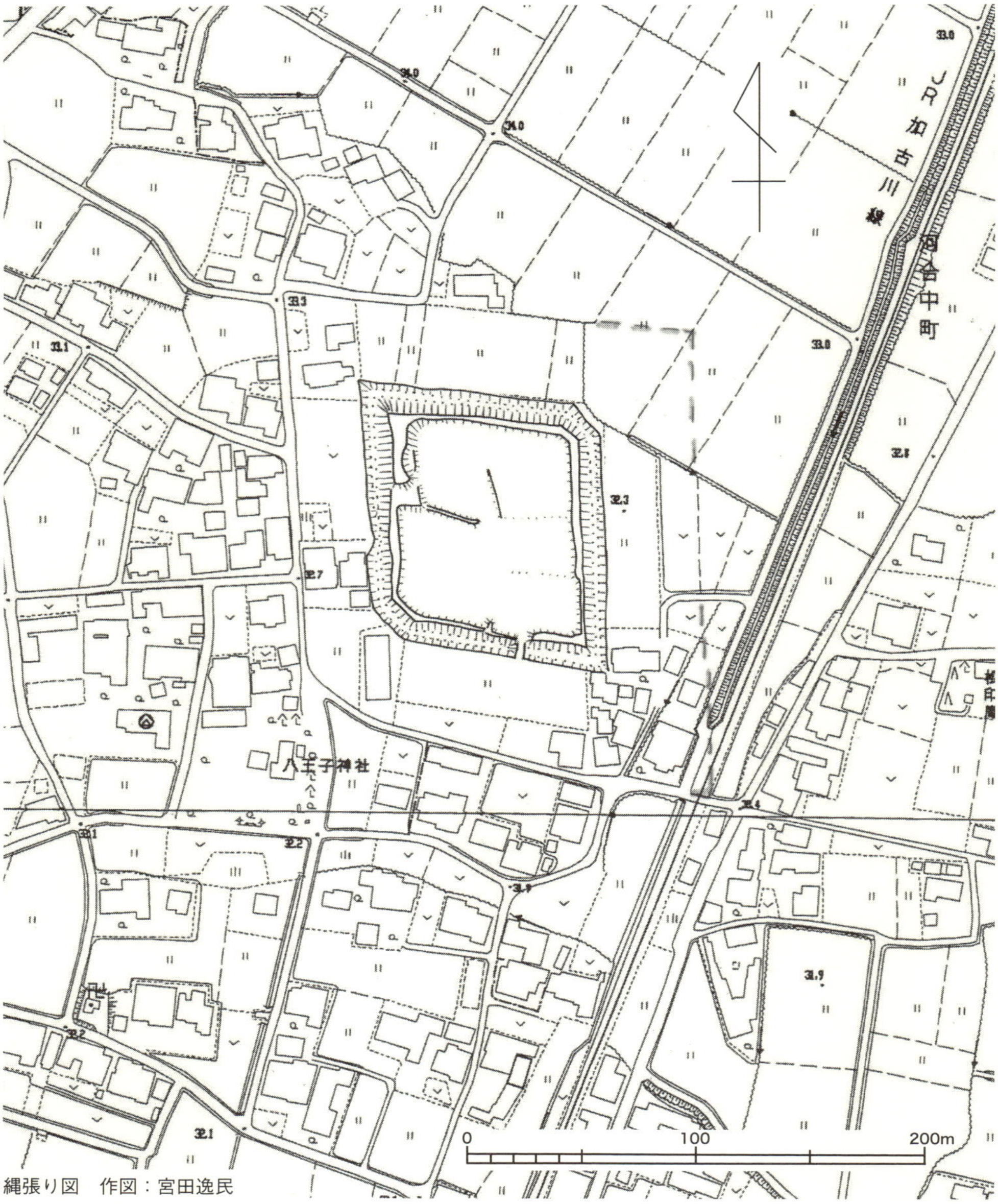

縄張り図　作図：宮田逸民

【遺構】堀井城の字限図「構」を見ると、堀に囲まれた方形の館とその外構となる菱型の水路が見える。水路は東西160×南北200メートルであったが、北東側は圃場整備により損なわれている。

堀井城　主郭全景　南東より

主郭も東西80×南北100メートルの菱形で、周囲を幅8～10メートルの堀が廻る。内部は高低差があるが、ほぼ平坦で内側より高さ1~4メートル、基底部幅6~14メートルと一様ではない土塁が築かれており、段丘側となる北西部が高くなる。虎口と土橋が南面に設けられている。

小野市教育委員会の発掘調査によると、主郭の堀は拡幅されており、現状は南側で土塁上部から2・5メートルのところで堀底となるが、往時の堀は、現在の堀底の1メートル下にV字型となっていた。北西部の土塁の内側には先行する時期の土塁が見つかり、外側に拡幅されていた。曲輪内部の区画は新しく、昭和の畑、明治の屋敷、その下に城のピットや溝などの遺構があって、東側によく残っていた。

小堀城は土塁の残欠がところどころに残り、土塁残欠に囲まれるほぼ80メートル四方の範囲が主郭であったと推定される。主郭東側の道路は堀跡と考えられるが、判然としない。主郭の南西80メートルには南北50メートル、高さ約2メートルの土塁が残る。土塁上部の幅は狭いため、人が登れない構造と推定される。土塁西側に堀を伴うのかは不明で、南端部分に「西門」の伝承が残る。残存土塁両端の連結先が不明確なために、城域全体の形状は不明である。道路工事の際、主郭南側を西に延長した付近で、堀が現存土塁と直交する配置で検出されている。現存土塁南端の東側に堀は検出されなかった。

【評価】両城と河合城の三城は共に方形館であり、隣接して水路でつながる位置関係にあるが、同時に機能して本城・支城関係にあったのか判然としない。発掘調査においても、存続時期を決める明確な遺物が残されていないようであるが、「嘉吉の乱」に遡る遺構とも思えない。遺構面が重層しないとされるようであるので、長期間使用された城ではない。あるいは中世末期、当地に緊張関係があった際に築かれた城が今に残っているのかもしれない。(宮田逸民)

[参考文献]兵庫県教育委員会 一九九二『兵庫県の中世城館と荘園遺跡』/小野市 一九九六『小野市史別巻 文化財編』/兵庫県小野市教育委員会 二〇一三『堀井城跡確認調査報告書』

(上)堀井城 東堀 (中)小堀城西 土塁西面 北より
(下)小堀城 西土塁。左端は「西門」と伝えられる開口部 南より

122 加里屋古城《かりやこじょう》

「古城」伝承地は近世初めの「寺内」か

万福寺Ⅰ山門　東より

【選地】　史料上の初見となる『播州赤穂郡志』（一七四七年跋）によると、享徳年間（一四五二～五五）に赤松一族の岡豊前守によって、赤穂城下の一町目Aから寺町Bの間、南北六十間（一町・約109メートル）、東西は大川Cから横町Dまでの七千二百坪（東西換算して百二十間＝二町・約218メートル）の範囲に築かれたと伝えられている。

東は大川（現在の加里屋川）、南・西・北の三方は赤穂城下の一町目筋・横町筋・寺町筋に画された区域（東西約250×南北約160メートル）より内側の二町目E・三町目F全域が想定されていたようである。現在の地形や地割、江戸期の城下町絵図などからも、城跡の徴証はうかがえない。

伝承地の周辺は、江戸時代には海に面した赤穂城北側、城下町の一画として多くの町屋が建ち並び、現在も市街地化して駅前から赤穂城までの街路（赤穂駅前大石神社線）が中央を通っている。中世以前は千種川河口部に急速に発達した三角州上にあって、一五世紀代、大川東向かいの坂越庄中村Gが、河口の湊として繁栄する頃までには安定した陸地となったと思われる。

中村には、浄土真宗「播磨六坊」のひとつ永応寺Hが開かれていたが、同じく六坊のひ

DATA

所在：赤穂市加里屋・加里屋南
遺構：未確認
規模：約220×110m
標高等：標高約2m（現況）、比高0m

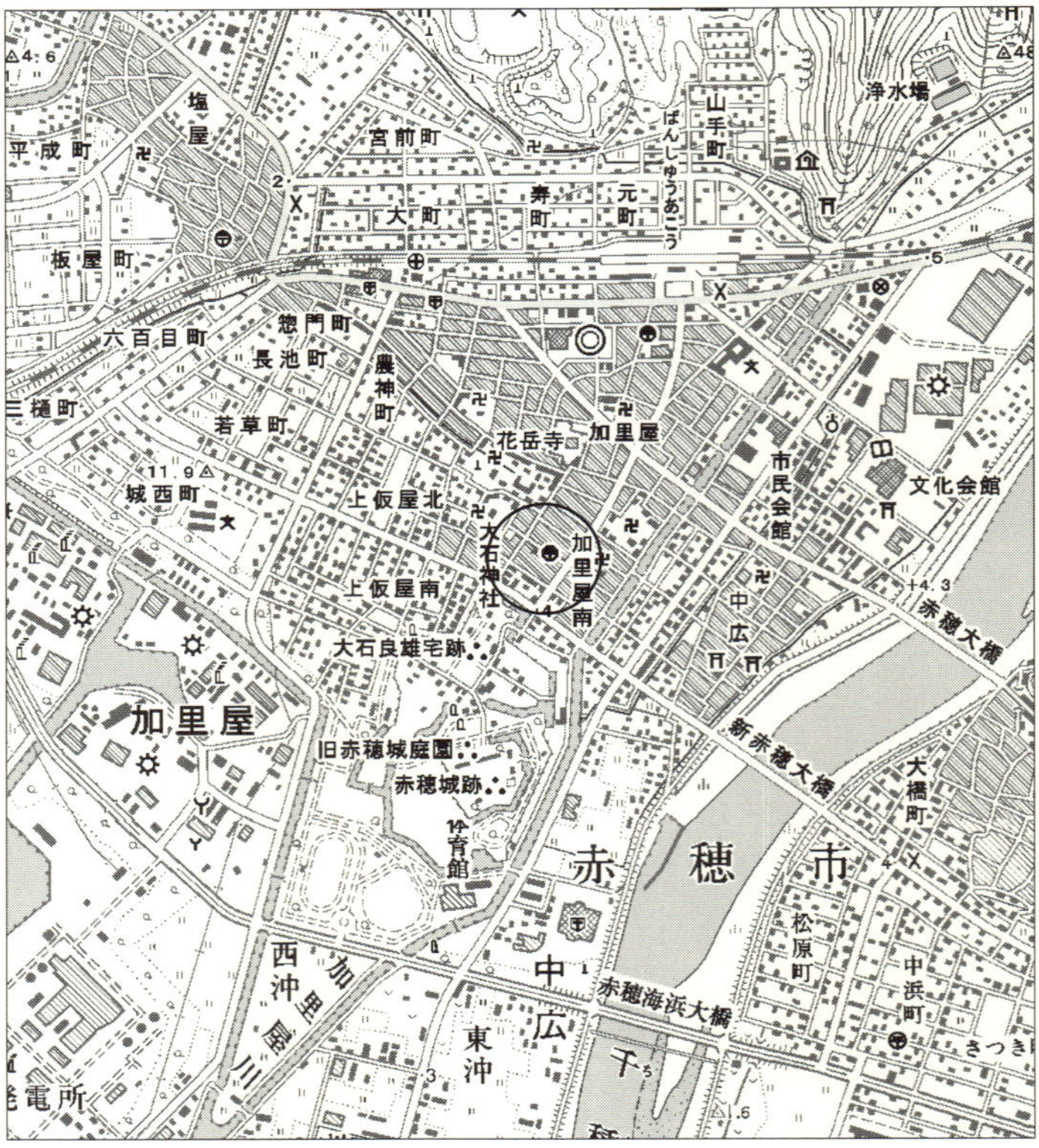

とつである万福寺Iが天正三年（一五七五）以降、那波大島（相生市那波大浜町）より加里屋へ移転し、後に大川両岸に形成される赤穂城下町の礎となった。

【歴史】当城についての記述は、『播州赤穂郡志』以降の地誌・由来書に散見されるが、いずれも『播州赤穂郡志』と同様の内容にとどまり、一次史料は皆無である。

一方、当城を築いたとされる岡豊前守については、『岡城記《おかじょうき》』に詳しい。同書は、赤穂郡八洞《はっとう》村（相生市若狭野《わかさの》町）の豪農・岡家の由緒を語り、下土井城（岡城）主と伝えられ

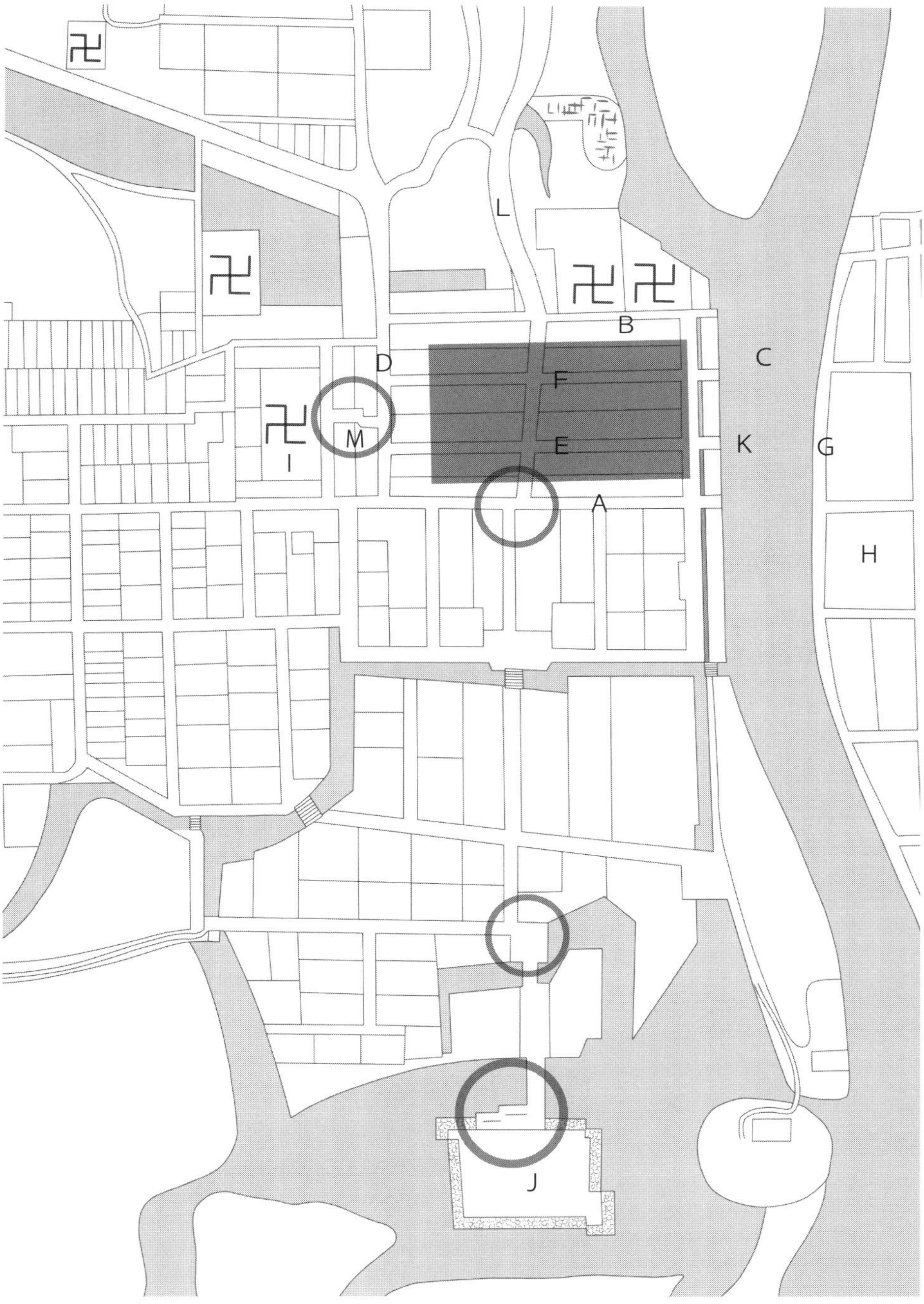

「加里屋古城」と池田藩政期の赤穂城下関係図（『赤穂市史』第５巻　付図１を加工・修正）　作図：荻 能幸

る同家の先祖が、鎌倉期以来、代々豊前守などを称している。

岡家は同書で赤松氏一族と伝えられ、織豊期に赤穂郡を領した備前の宇喜多秀家の宿老のひとり、岡豊前守も先祖とされているが、備前の岡豊前守は藤原氏とされる（『寛政重修諸家譜』）、中世の同地域・矢野荘（相生市）の第一級史料である『東寺文書』に、岡家についての記述が皆無である点等からみて、後世の潤色が多いと思われる。

『岡城記』の記述中、赤穂城下との関わりで注目すべきは、八洞村北の同郡寺田村（相生市若狭野町）にある真宗寺院・善行寺が岡豊前守の開基とされ、その子孫が代々住職を務めていることである。同寺の由緒書でもある『岡城記』によれば、浅野藩政期には、同寺は古城伝承地の西にある万福寺の末寺であった（万福寺蔵「万福寺総末寺帳幷邑郡附」）。

（上）永応寺Ｈ山門と太鼓楼　東より　（下）古城伝承地 - 赤穂駅前大石神社線　南より

万福寺は江戸期当初、西本願寺の末寺として西播磨とその周辺の四十三寺の末寺道場を支配していたが、元禄年間（一六八八～一七〇四）に本山並びに播磨の触頭《ふれがしら》寺院・亀山本徳寺（姫路市亀山）と対立して東本願寺派に改派し、多くの末寺が西本願寺に帰参したため寺勢が衰えており、善行寺も西本願寺に帰参したとみられる（一九九九「赤穂市」『兵庫県の地名Ⅱ』）。

古城伝承の背景には、「岡豊前守」（善行寺のかつての本寺・万福寺の影響が考えられる。

なお、豊臣政権下の赤穂郡は、実在の岡豊前守をはじめとする宇喜多家の宿老衆に分割して与えられ（「播磨国知行割覚」『海老名文書』）、事実上、彼らの在京賄領となっていたとみられる。慶長五年（一六〇〇）には池田輝政領となり、末弟池田長政によって「一重ノ掻上城」Ｊが築かれる（『播州赤穂郡志』）も、長政は三年で下津井城に移り、しばらく城主は置かれていない。大名権力による支配体制の確立は、徳川家康の外孫・池田（松平）政綱が赤穂藩主となり、上水道が整備されて、近世城下町の体裁が整う元和年間（一六一五～二四）以降を待たねばならない。

【遺構】 当城伝承地内では、平成十～十五年度にかけて、赤穂市教育委員会により、赤穂駅前大石神社線街路の整備に伴う発掘調査が実施され、近世の赤穂城下の町屋とみられる一六世紀末～一七世紀初頭を上限とする遺構と遺物が確認されているが、一五・一六世紀代の遺構については、城館跡を含め未確認である（荒木幸治　二〇〇五『発掘された赤穂城下町』および二〇〇七『同２』）。

また、同報告書では、当城の範囲内におい

て、一六世紀末～一七世紀初頭の遺構面直上から同遺構面掘方にかけて、「コビキB」の調整痕の残る瓦片が出土し、特殊な位置づけの（町屋）建物が集中していた可能性が指摘されている。

そこで、指摘のあった年代直後の一七世紀前半の赤穂城下を描いたとされる最古の城絵図「松平右京大輔政綱公御時代之絵図」の当城伝承地周辺を見てみると、東西に長い方格地割二列が、南北で町筋に面して背中合わせに配置される典型的な町屋プランとなっている。しかも、大川東岸の中村G（永応寺H）から船渡りKを経て、西方の万福寺に延びる壱～三丁目、寺町の町通りに、北からの姫路街道Lが横丁として交差して、赤穂城下に至るかたちとなっている。南端の赤穂城を中核とする城下町に隣接しながらも、武家屋敷やほかの寺院のあった痕跡もない、西端の万福寺を中核とする門前町的な町屋プランといえよう。

万福寺正面の枡形M跡　東より

【評価】 当城伝承地は、池田家赤穂藩の段階では、万福寺の門前町のような町屋プランを呈している。しかも注目すべきことに、同寺正面の町通りに折れ（クランク）を設け、赤穂城に至る大手の町筋と同様、枡形Mを表現している。

「万福寺由緒書」（万福寺蔵）等によると、同寺には太閤秀吉より御堂の箱棟のほか、威信財として格式の高い建築様式の使用を許されたという伝承が残る。中央権力からの権威を背景に、末寺道場の支配に臨んでいたと思われる。あたかも戦国期の本願寺が朝廷の権威を背景に、門跡寺院として諸役免除の「寺内」特権を獲得した（脇田晴子　一九九〇「戦国期における天皇権威の浮上(上)」『日本史研究』三四〇）ように、万福寺も近世武家政権・大名権力から新たな「寺内」特権の地を設けることを許されていたのではないか。

当城伝承地は、万福寺が天正年間に赤穂へ移ってから、元和年間に池田家城下町として整備されるまでの間、同寺の境内と門徒衆の住居等が集まった「加里屋寺内」であった可能性がある。当城伝承地内で出土した瓦片が寺内の万福寺伽藍に葺かれていたとすれば、近世初頭の町屋地域からの出土について説明がつく。万福寺正面の枡形については、上水道敷設を含む池田家城下町建設の際、協力して現在地に移転した功績として使用が許されたと考えられる。

岡豊前守の築城伝承は、池田家の改易と浅野家の入封（浅野藩政期以降の絵図からは枡形が消える）によって、本来は万福寺の「寺内」であったのが岡氏（同寺末寺の善行寺）の古城に置き換えられ、さらには万福寺の東本願寺派への改派などを経て忘れ去られ、別の由緒が語られるようになったと推察される。

（荻　能幸）

［参考文献］一九八二『赤穂市史』第五巻／一九八三『同』第二巻／一九八四『同』第四巻

123

尼子山城《あまこやまじょう》

赤穂郡内随一の眺望を誇る岩山の城

城跡遠望　南西より

【選地】 千種川下流域の東岸にあって、周囲の山塊の中でひときわ高くそびえ立つ尼子山上にある。南麓、高野《こうの》集落裏にある尼子神社脇の登山道から、徒歩約五〇分で山上の城跡に達する。

城跡は、山頂部から南に瀬戸内海の家島、小豆島を望み、東方は山頂近くの尾根上から、たつの市の的場山や鶏《けい》籠《ろう》山（龍野城〈『近畿』Ⅱ所収〉）が遠望でき、北は黒沢山光明寺（赤穂市東有年・「八幡山城」〈『近畿』Ⅲ所収〉）や、隣の上郡町市街地、駒山城（同町井上・山野里・『近畿』Ⅱ所収）からも山頂部分が目視されるなど、山がちの赤穂郡内にあって、郡内外からのランドマークとして抜きん出た立地である。

山頂にもある尼子神社社殿Aの約20メートル西、山頂西端にある径約10メートルを超える巨岩Bは、山麓からもよく見える。山上には江戸時代から祇園《ぎおん》社が祀られ、雨乞いが行われていた（『播州赤穂郡志』〈一七四七跋〉）。これらのことから、本来、山

DATA

所在：赤穂市高野
遺構：切岸、水溜
規模：約 160 × 130m
標高等：標高 259m、
比高約 250m

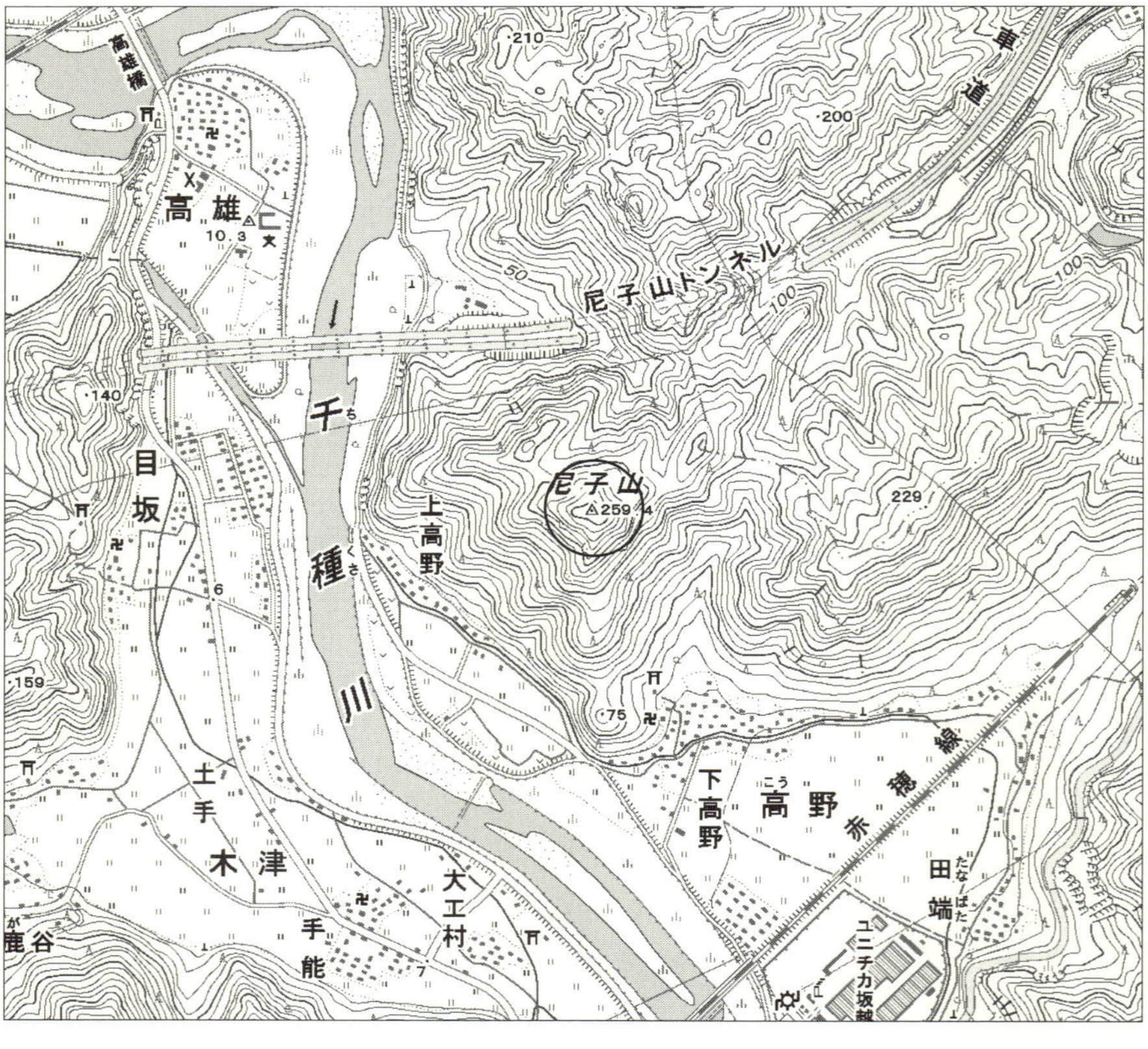

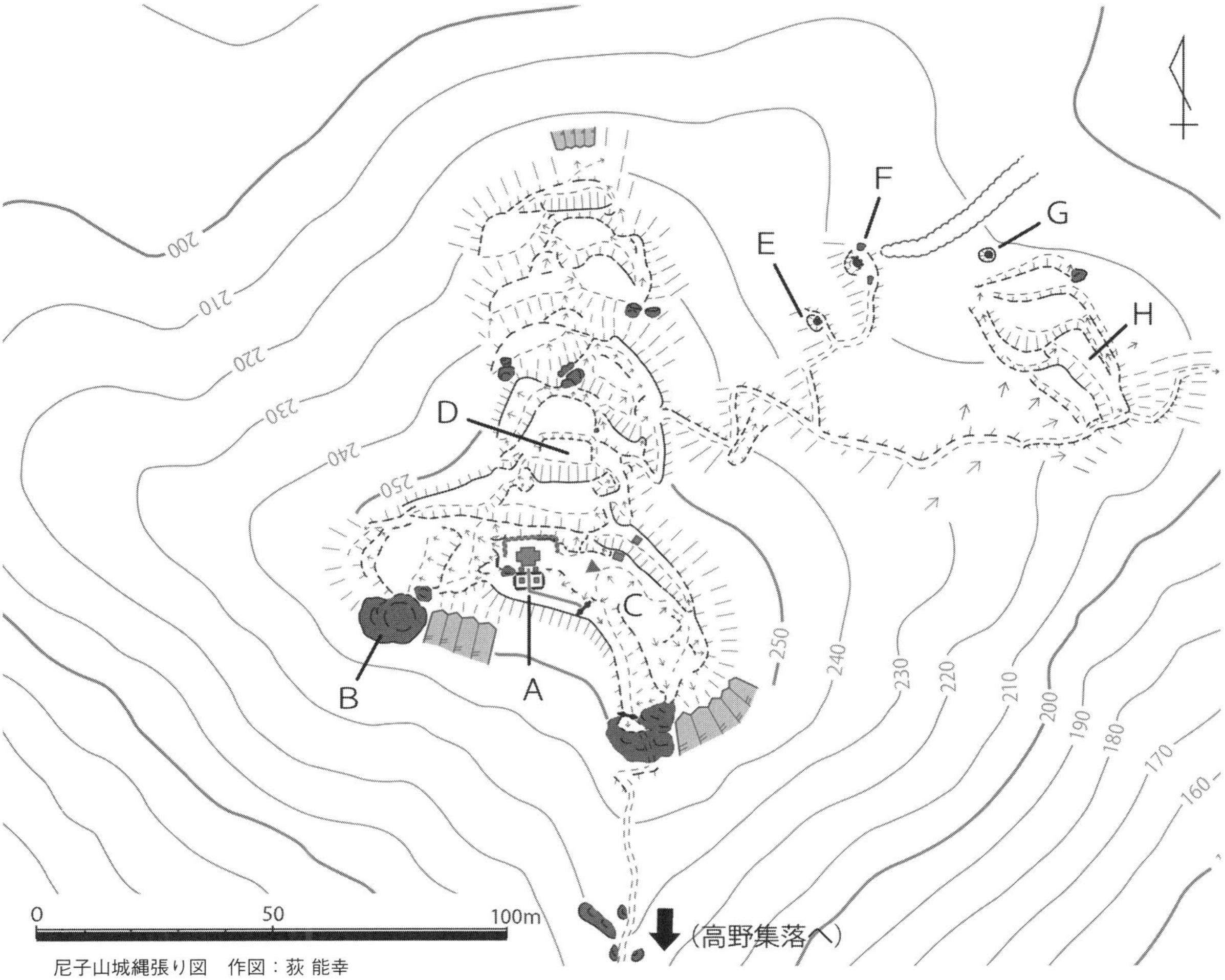

尼子山城縄張り図　作図：荻 能幸

山頂の尼子神社社殿Ａ　南東より

上は巨岩を磐座《いわくら》とする信仰の場であったと思われる。

【歴史】　当城は、『赤松家播備作城記』（一七〇〇年前後）以降の古城記・地誌に伝承が記されるのみである。伝承によると、先の城主は尼子将監義久で、永禄六年（一五六三）に毛利元就に攻められて落城し、後の城主は富田（戸田）采女《うねめ》で、天正年間（一五七三〜九二）にやはり落城したという。

尼子義久の伝承は、永禄九年に出雲・月山《がっさん》富田城が開城し、毛利元就に降った史実が基になっているとみられる。尼子神社を祀る高野には、登山道途中に「尼子将監墓」銘の近世墓が残る。角柱形の墓標表面には「井山将監」「大永元年（一五二一）辛巳正月十一日」の銘も刻まれ、尼子氏以外の城主伝承もあった可能性がうかがえる。

　幕末に若狭野陣屋（旗本浅野家）に仕えた尼子高義の祖先は、尼子山北麓の周世に住んでいたと伝えられ（小林楓村《ふうそん》一九五七「西播磨人物傳（其一）」『播磨』第三六号）、彼ら尼子氏末裔の働きかけによって、「雨乞い山」から尼子山への転訛が促され、尼子氏伝承が形成されたとも考えられる。

　一方、富田采女伝承として、高野から千種川を挟んだ西岸、浜市に采女塚という五輪塔が残る。別の伝承では、富田氏は赤松一族とされるが、史料では赤松惣領家の年寄として代々仕え、享徳三年（一四五四）の赤松則《のり》尚《ひさ》らによる山名氏からの播磨回復のための挙兵の際、赤穂郡代として行動を共にするなど（『東寺文書』ほか）、播磨国内や赤穂郡になんらかの勢力基盤を有していたとみられる。

　備前・浦上宗景《うらがみむねかげ》に攻め落とされた八幡山城（赤穂市東有年）の主として、富田右京の名が伝えられることから、尼子山城主伝承とあわせて考えると、戦国期の千種川下流域の領主であったと思われる。

　戦国期末の永禄～天正年間にかけて、赤穂郡には備前より浦上宗景、さらにそれを逐って宇喜多直家《うきたなおいえ》が侵攻し、天正五年（一五七七）頃には本願寺が坂越《さこし》の門徒衆と永応寺《えいおうじ》（赤穂市中広）に対し、織田方であった龍野方面を攻める宇喜多・毛利勢に協力を求める（「四

（上）山頂西端の巨岩B　東より　（中）山頂からみた南の眺望　（下）尾根上からみた北東の眺望

月廿一日付本願寺顕如書状」永応寺蔵）など、反織田勢力の支配下にあった。

翌六年には羽柴秀吉の軍勢が八幡山・奈波《なば》（兵庫県相生市那波）方面に攻め込み（「三月廿七日付織田信長黒印状写」『黒田文書』）、当時の尼子山城周辺は、織田・毛利両勢の境目領域として強い軍事的緊張下にあったことがうかがえる。

【遺構】当城は、山頂Cから北方の尾根筋にかけての傾斜地を、南北約120×東西約70メートルの範囲で雛壇状に削り、曲輪群を形成している。各曲輪間の高低差に加え、縁辺部は切岸により防御を高めているが、堀・土塁・虎口・櫓台などの技巧的な防御施設や、用兵に利するための広い平坦地を確保しようとする指向も弱い。尼子神社社殿A周辺の築地跡や山頂部から三段目の曲輪に残る幅約14メートル、奥行約5メートルの基壇跡Dなど、現代までのたび重なる改修痕が残されている。

北東谷筋に降りる道を下ると、湧水池を掘りくぼめた水溜E～Gが三ヶ所確認される。周辺は湿地化しており、城の水の手として利用されていたとみられる。谷筋の右脇の東尾根上には、五段からなる削平地Hが認められ、尾根筋および谷筋の水の手を守るための曲輪跡と考えられる。切岸のみで、堀切等の防御の工夫は見られない。

【評価】当城は発達した縄張構造を持たず、城郭の規模も大きくはないため、築城主体は尼子・織田・毛利勢といった外部の大勢力によるものとは考えにくい。伝承に言う、富田氏のような小領主による築城・使用と考えるほうが妥当だろう。

ただし、郡内外、とくに北東方向の龍野方面への眺望の良さは、西下する織田（羽柴）勢の動きを監視するには最適といえる。天正六年に富田氏や坂越門徒衆が籠城し、織田勢と対峙し合戦に及んだ事態はありえたと考えられる。

（荻　能幸）

［参考文献］一九八三『赤穂市史』第二巻／一九八四『同』第四巻

（上）尼子将監墓（高野）（中）采女塚（浜市）
（下）水溜F　南東より

吉田住吉山遺跡《よしだすみよしやまいせき》

南北朝期と戦国末期に使用された陣城

Ⅰ郭全景　北西より　写真提供：兵庫県立考古博物館

【選地】 三木市の平野部を望む半島状の低位丘陵に選地する。丘陵の北麓を流れる東吉田川と、南麓を流れる細目川とが合流して、加古川の支流の志染《しじみ》川に注いでいる。当遺跡を縦断する形でバイパス道が建設されることになり、平成十四～十六年にかけて事前の発掘調査が実施され、その後、丘陵の大部分が消滅した。

【歴史】 城の歴史は不明だが、『播磨鑑』に「吉田村ノ上」とあり、当地が三木合戦の付城群の範囲に含まれることから、同合戦の付城の可能性が考えられていた。

【遺構】 発掘調査の成果は、すでに報告書として刊行されている。縄張り図は、報告書所収の図面類を基に作成したうえで、後述する二時期の遺構を同時に表現している。

Ⅰ郭が主郭で、半島状丘陵の前面を大堀切で遮断し、曲輪の背後に高さ1メートル弱の土塁と四重の堀切で尾根筋を遮断する。Ⅰ郭の北側から西側にかけて、幅2メートル×深さ55センチの狭くて浅い横堀を巡らす。北斜面には、さらに数段の帯曲輪や腰曲輪を連ねる。南斜面に防御施設が一切ないのは、もともとが天然の急崖のためであろう。

西方の二つ隣の小ピークにも、独立性の高い曲輪群がある。Ⅱ郭は城に先行する古墳の墳丘を利用したらしく、下位に曲輪や帯曲輪を巡らす。城域は、本来はもう少し西方へ展開していたと思われるが、早い時期の開発により破壊されたようである。

【評価】 報告書では、南北朝期の遺構を強調するが、読み込んでみると、新旧二時期の遺

DATA

所在：三木市志染町吉田
遺構：曲輪、土塁、堀切、横堀、帯曲輪、掘立柱建物（発掘調査）
規模：240×120m
標高等：標高97m、比高24m

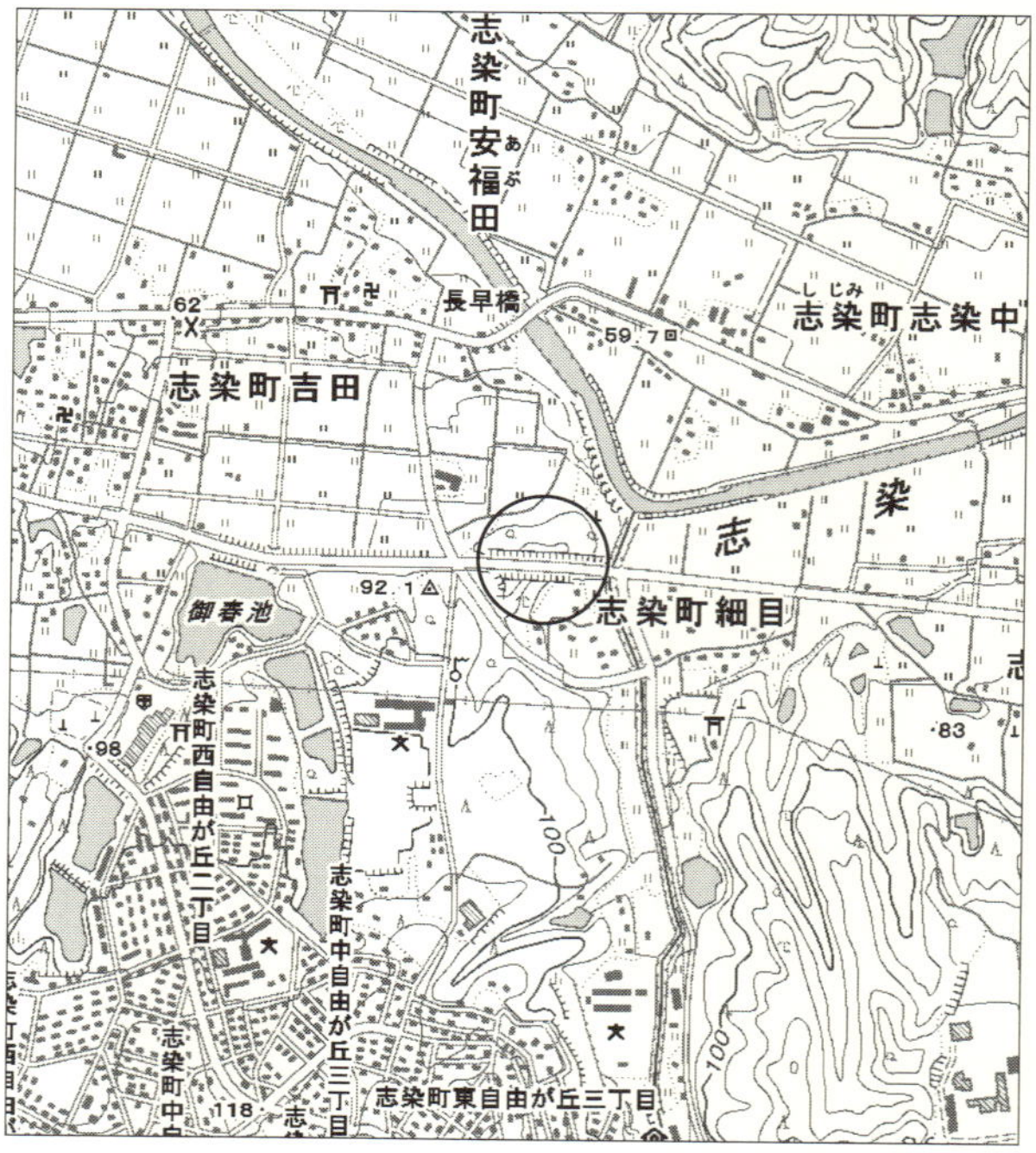

構が混在していることがわかる（以下は、報告書の時期区分呼称とは異なる）。

○下層遺構　Ｉ郭と前面の大堀切、浅い横堀、背後の土塁、「空堀１」の段階である。Ｉ郭内で、七間×一間の長屋状の掘立柱建物一棟が出土した。土塁は表面観察時よりも一回り小さい、高さ約40センチであった。

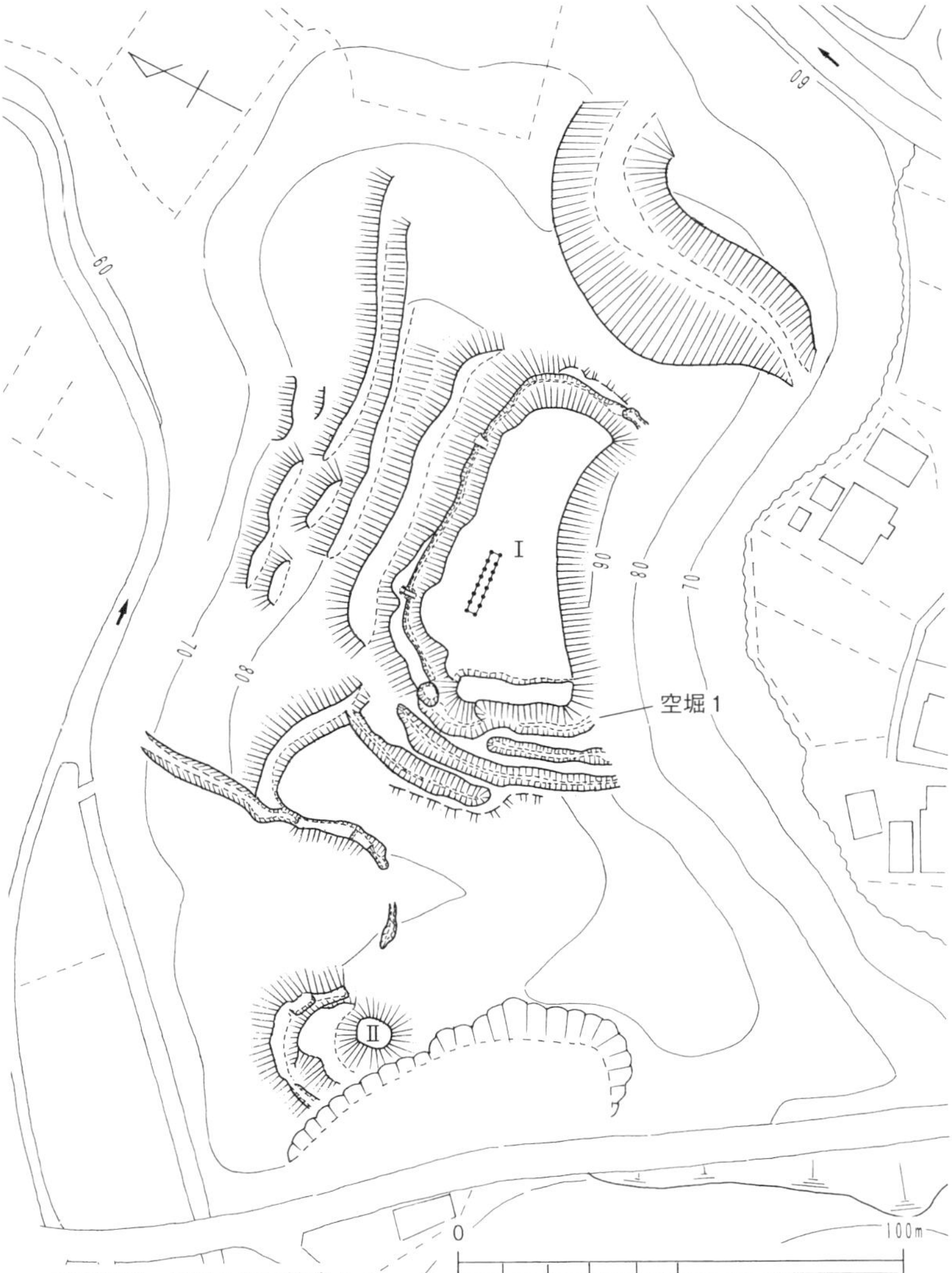

縄張り図　作図：堀口健弐

遺物は多く、土師器皿・甕・羽釜、須恵器甕・捏鉢・擂鉢・椀、瀬戸美濃焼、備前焼甕・擂鉢、丹波焼甕、青磁椀、鉄製品刀・鏃《やじり》・小札《こざね》・釘・鎌・斧・五徳、鍛冶関連、銅製品・銅塊、古銭、石製品・石鍋・温石《おんじゃく》・砥石《といし》・硯《すずり》などが出土した。報告書では、遺物の年代観を「一四世紀」とするが、土師器皿は図版から判断するかぎり、一四世紀前半頃と思われる。

また、硯の銘文の「？暦二年」は、嘉暦二年（一三二七）に比定されている。南北朝の争乱期に、南朝方であった新田氏配下の金谷《かねや》経氏《かねうじ》が丹生山の山岳寺院を拠点に挙兵し、暦応二年（一三三九）に北朝方が「志染軍陣」から攻撃を行ったことから、報告書では同戦役の陣城に比定している。

○上層遺構　Ｉ郭を巡る横堀を埋めて帯曲輪群を増設し、さらに尾根背後にも三重の堀を増設して四重堀切とする。

出土遺物は極端に少なく、土師器皿、備前焼擂鉢、瓦質土器風炉《ふろ》などが出土した。備前焼・瓦質土器の時期は「一五世紀前半」とするが、土師器皿の一部は一六世紀後半に下りそうに思える。

上層遺構は遺物量が少ないものの、一五～一六世紀に下る土器が出土していることから、戦国期にもこの地でなんらかの営みがあったことは確実である。また、北斜面に展開する帯曲輪・腰曲輪群は、三木合戦の陣城に見られる一般兵士用の駐屯地に類似する。よって、当城の最終段階を、三木合戦に関わる付城群の一つと評価してみたい。（堀口健弐）

［参考文献］二〇一一『吉田住吉山遺跡群』兵庫県教育委員会

125 屋口城《やぐちじょう》

横堀を廻らす戦国末期の縄張り

城跡全景　北東より　写真提供：周藤匡範（以下、同）

DATA

所在：小野市中谷町字西山
遺構：曲輪、土塁、堀切
規模：110 × 150 m
標高等：標高 122m、比高 50m

【選地】　東条川は丹波国に源を発し、加東市や小野市の山間部を南西から西側へと流れて加古川に合流する。山間部を川沿いに続く小平野が、東条谷である。加西市の北条や姫路方面から、丹波や摂津三田へ抜ける街道が通る。

中世の史料には、「東条ノ八日市」や「クホ木」の「四日市」（『祇園社家日記』）などもみえ、交通の要衝であった。

東条谷には、ほかにも天神城や小沢《おざわ》城（『近畿』Ⅲ所収）、小田城などの中世山城が点在する。また、当城から見下ろす北側山麓には、中世平城の豊地《といち》城もあった。

当城は、東条谷の南側にある標高１５０メートル前後の丘陵から北へ延びる尾根上に位置する。尾根先端の最高所を主郭とし、平野側へ面した北側斜面に虎口や曲輪を配す。南は鞍部を経て尾根が続くが、鞍部に土橋を設けた堀切を備えて城域を画する。

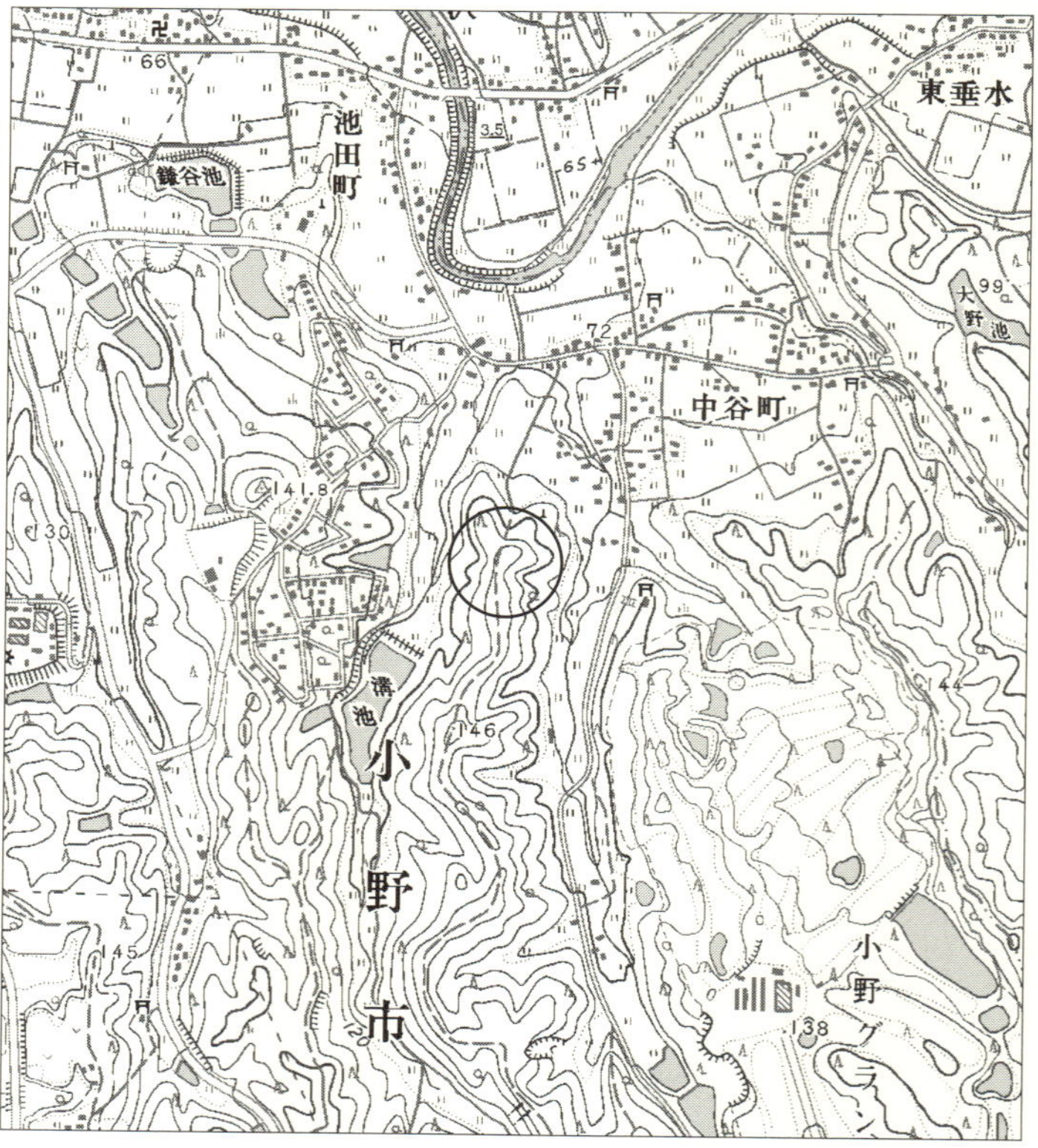

【歴史】　東条谷は南北朝時代にも戦場となっており、建武三年（一三三六）には、「東条城」が北朝方に攻められている。応仁の乱後に守護赤松氏が復活すると、戦国時代まで国人依藤《よりふじ》氏の勢力圏となった。三木城の別所氏によって依藤氏が滅ぼされた後は、別所重棟が豊地城へ入っている。

当時の記録から、当城そのものは確認でき

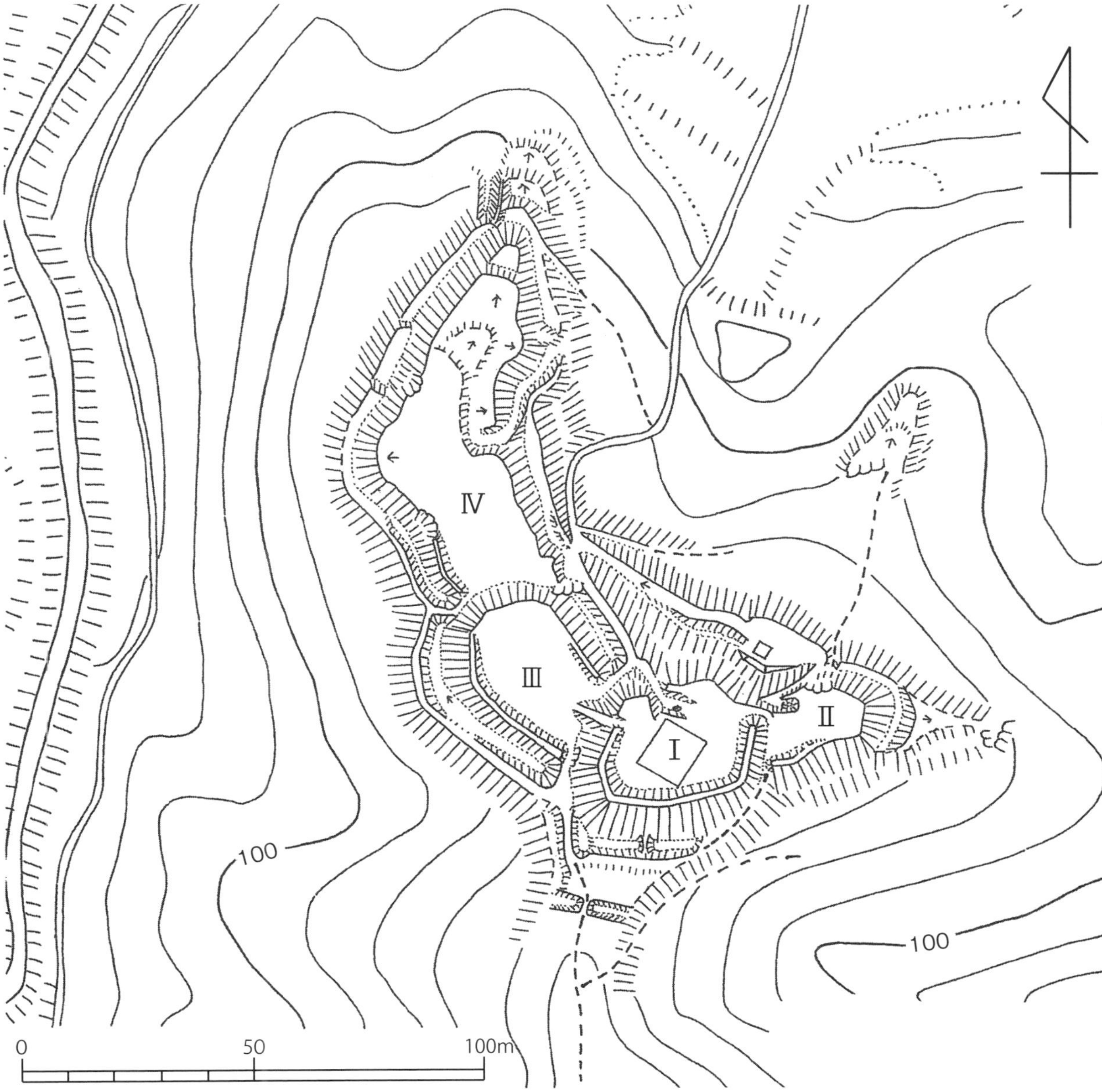

縄張り図　作図：多田暢久

ないが、『播磨鑑』には、「矢口城」として「豊地ノ枝城也」とある。また、重棟の家臣である吉田伊賀守を城主とする伝承の存在や、豊地城との位置関係から、その詰城的な機能が想定されている。

三木合戦後に羽柴秀吉が出した「国中城わるべき覚」（「一柳家文書」）では、城割の対象のひとつに豊地城のこととみられる「東条之城」もあげられている。城割そのものは実施されなかった可能性も高いが、当城を含め、周辺の城はこの前後に廃城となった可能性が高い。

【遺構】 当城は、尾根先端の最高所を主郭Ⅰとし、そこからやや北西へと下る尾根上に、二つの南北に長い曲輪Ⅲ郭とⅣ郭を設ける。主郭Ⅰの東側にも短い尾根が出ており、こちらにも小規模なⅡ郭が付く。主郭Ⅰから北東にも短い尾根が延びるが、明確な遺構は確認できない。このうちⅣ郭が最も広いが、やや削平が甘く、北側の曲輪内は低い段差を含み

主郭Ⅰ塁線の土塁

ながら下がっていく。

主郭Ⅰの北西には虎口があり、Ⅲ郭とⅣ郭の北東沿いに山麓へ下る登城路が取り付く。この道は、そのまま豊地城方面へと続いており、大手道と評価できる。内側がやや窪んでおり、内枡形であった可能性もある。ただ、曲輪内には貯水槽があり、この設置に伴う破壊道とする意見もある。

北側以外の主郭Ⅰの三方は土塁を設ける。土塁の北東端が少し開き、Ⅱ郭へ下る通路となる。また、現状では主郭Ⅰから西側のⅢ郭

主郭Ⅰ北西の虎口

へ通じる斜路があり、こちらを主郭Ⅰへの虎口とする説もあるが、破壊道の可能性が高い。

主郭Ⅰ南側の土塁外は、尾根に対する堀切を二本設けている。外側のものは尾根鞍部に位置し、幅も狭い。土橋が架かるが、当時のものかどうかは不明である。内側のものは土塁の外側に沿ってあり、一部で途切れながらもⅢ郭とⅣ郭の南西沿いを横堀状に続く。Ⅳ郭の途中からは帯曲輪となるが、北端まで延び、先端を竪堀とする。

Ⅲ郭の北東側もⅣ郭にかけて横堀となり、

大手道と考えられる主郭Ⅰへの導線

その対岸が先の登城路となる。Ⅲ郭・Ⅳ郭とも横堀に沿った個所に土塁を設けている。

主郭Ⅰの北側からⅡ郭東側の堀切にかけても、一部が横堀状になっており、城域全体の防御ラインを画する縄張りといえる。

Ⅳ郭の南西隅のⅢ郭と接する部分の土塁の切れ目は、虎口と見られる。横堀に土橋を設けており、その後はⅢ郭南西側横堀の対岸土塁上を通路として、南側の尾根へ出ていたものと推定できる。

各曲輪は少しずつずれた状態で接しており、

横堀の内に対して横矢を掛けることが可能である。

【評価】縄張り上の優位性や、曲輪の削平や横堀と帯曲輪の使い分けなどの普請の程度を含めて、主郭Ⅰを中心とする求心的な構造といえる。

主郭ⅠからⅢ郭への斜路が後世の破壊であるならば、城内の移動は曲輪間を直接連絡させず、横堀外側の土塁上を通行させていたことになる。通路と曲輪の機能の分化を読み取ることも可能であろう。横堀沿いには、曲輪側にも土塁を築いているので、通路の監視と征圧を意図していたと推定される。

明確な食い違いや枡形などの複雑な虎口は確認できないものの、Ⅳ郭南西の虎口や横堀内に対して横矢を意図したとみられる塁線の屈曲も多用されている。

『小野市史』では、小田城（小野市）などのように横矢がかりに伴う櫓台の発達が見られないことから、豊地城が廃城となった戦国時代末よりやや古い縄張りと見る。ただ、横矢の設定に、虎口や進行ルートを意識したとみられる巧みな縄張りの事例は少ないことから、現状の遺構の時期が戦国末期まで下る可能性も残る。文献から推定された、天正八年ごろの廃城に近い時期の縄張りと見ておきたい。その場合、播磨における織豊系城郭導入直前の在来系縄張りの最終段階の事例と評価できる。

（多田暢久）

［参考文献］宮田逸民　一九八一「屋口城」『大系』／宮田逸民　一九九六「屋口城」『小野市史』別巻・文化財編　小野市

Ⅲ郭塁線の土塁

Ⅲ・Ⅳ郭南西の横堀

Ⅳ郭南西隅の虎口　西外側より

126

有馬郡最北に位置する山城

藍岡山城《あいおかやまじょう》

【選地】　三田《さんだ》市の北端、丹波国境の日出坂《ひでさか》峠に面する藍本盆地の中央部に位置し、盆地西側の虚空蔵山《こくぞうさん》（標高592メートル）の東麓に位置する独立丘陵（城山、標高211メートル）に立地する。東前面には藍本盆地が広がり、武庫川《むこがわ》が流れ丹波街道が通る。

当城へは、JR藍本駅から旧街道を南へ約1キロ、藍本集落を抜けて虚空蔵山登山口方面を右折し、徒歩三〇分で到着する。城は里山となっており、周辺の畦道からたどることができる。当城の東端は民家の裏庭・竹林に続いていることから、踏査に配慮が必要である。

城跡遠望　東より

DATA

所在：三田市藍本（旧地名、藍本庄字城山）
遺構：曲輪、堀切
規模：90 × 50m
標高等：標高 211m、比高 20m

【歴史】　伝承によれば、赤松康則が築城し、その子孫の藍氏が城主とされる。また、近世地誌の『摂北軍記』に見える土豪山崎恒政の築山城とする説もある。同軍記によれば、城主は藍出雲守房清であり、天正七年（一五七九）に荒木村重の攻撃によって落城したとされる。なお、このときに城側は、初めは竹の皮を敷いて敵襲をしのいだが、火をかけられたため全山炎上し、落城した。この逸話が、思慮を欠いた行動をしたとき「藍の殿さんが」という話として残されている。

【遺構】　丘陵の頂部に主郭であるⅠ郭と、Ⅰ郭の東と南を囲うようにⅡ郭を設ける。Ⅰ郭の西側には堀切を設けるが、北側は明瞭であるものの、南は不明瞭で完全に尾根筋を遮断していない。ただ、南側は、東に5メートルずらした位置の南に竪堀があるから、堀切と竪堀で城域を画していたのだろう。竪堀は、Ⅰ郭からの横矢かがりを意識したものとされている（多田二〇〇〇）。

Ⅰ郭は、40×15メートルの楕円形の曲輪である。曲輪周囲の切岸は明瞭で、高さ

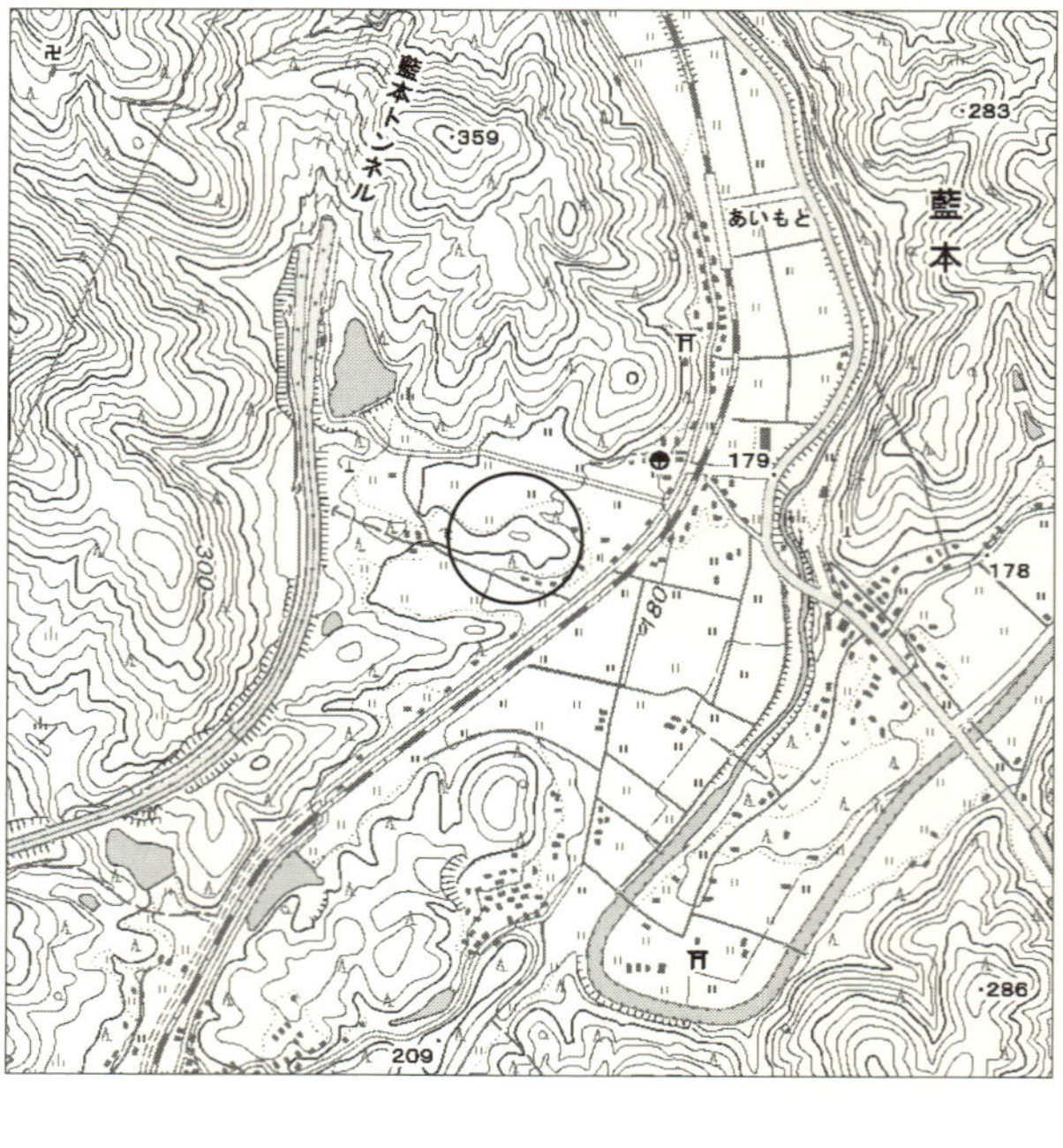

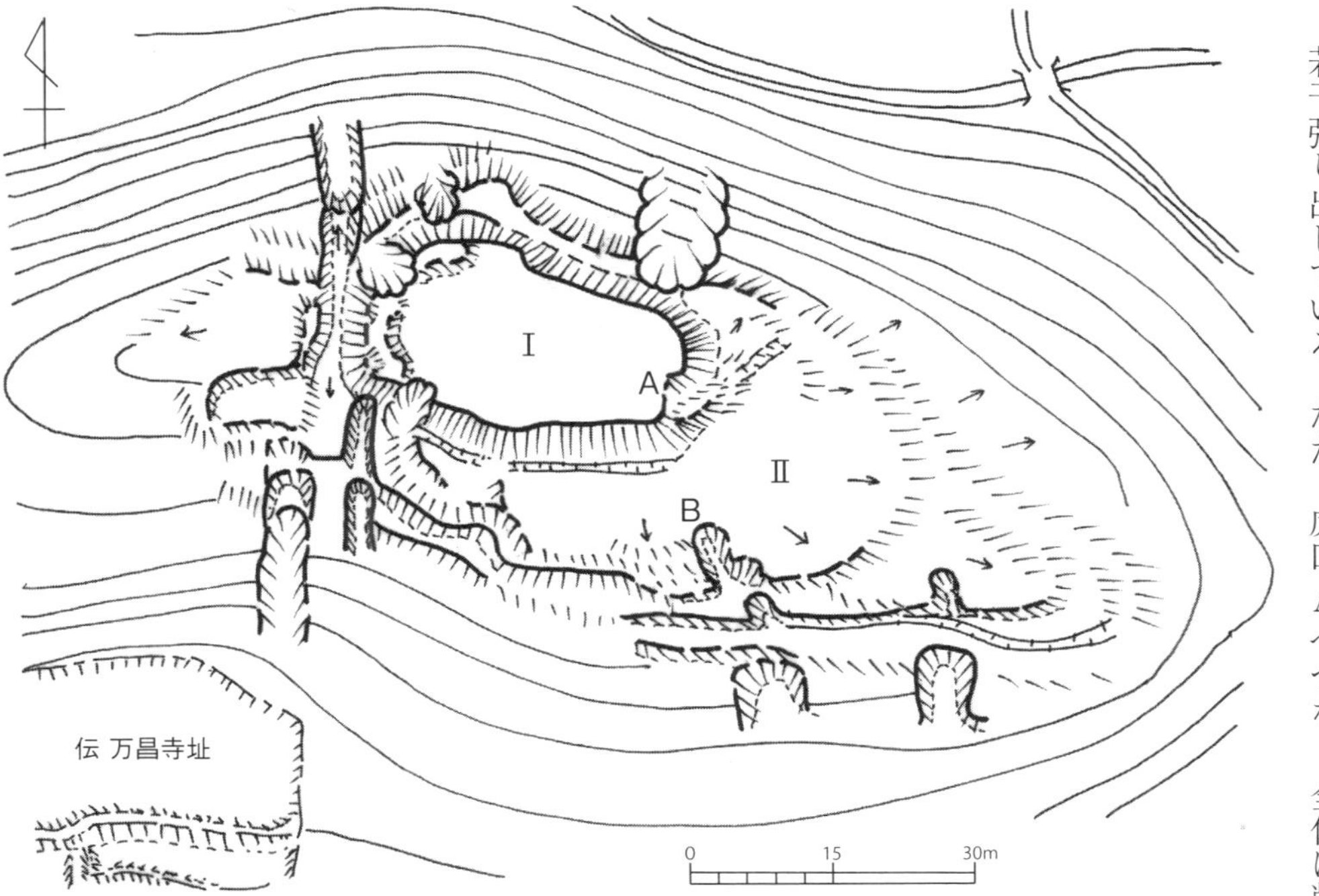

縄張り図　作図：山崎敏昭

Ⅰ郭　南西堀切

は5メートルに達する。西端の堀切に面した部分に低い土塁状の高まりを設ける。虎口Aは東に設けられ、虎口北側にある塁線は、若干張り出している。ただ、虎口Aへつながる斜路の部分は東側の切岸が地滑りしたものである可能性がある。

Ⅱ郭は東西80メートルの曲輪であるが、全体に削平も甘く、切岸も不明瞭である。虎口は南東部のBに比定できる。Ⅰ郭の北側にも帯曲輪状の平坦地があり、所々で崩落しているが、Ⅱ郭と連続していた可能性が高い。

Ⅰ郭西の堀切西側は、堀切に沿って土塁状の高まりが認められるものの、そのほかは自然地形である。なお、当城の南西部に城主一族の菩提寺とされる伝万昌寺址の水田があり、その北側に墓地が営まれている。

【評価】　当城は二つの曲輪からなり、比較的単純な構造である。そして、主郭であるⅠ郭の明瞭さに比べて、Ⅱ郭のあいまいさが際立っている。Ⅱ郭については、『三田市史』（多田二〇〇〇）では、臨時的な性格が強いと指摘されている。

市域で同様の縄張りをもつ城館には、森本城（三田市東本庄）がある。同城は切岸が明瞭な楕円形の主郭の周囲を横堀と土塁で囲み、その西側に土塁囲みのⅡ郭を設ける。森本城の主郭を囲む横堀と土塁を均して曲輪にすれば、当城にきわめて類似した縄張りとなる。当城には、地域の土豪藍氏の居城だったという伝承と別に、近世の地誌『摂北軍記』にみる、外部勢力である山崎氏の城だった可能性もある。森本城については、本庄丸山城（『近畿』Ⅲ所収）を攻略するために築かれた城という伝承がある。二つの城にみる縄張りの類似性と、共通する外部勢力との関連は興味深い。

築城の時期は不明だが、遺構からは戦国時代後半と考えることができる。　（山崎敏昭）

［参考文献］多田暢久　二〇〇〇「27 藍岡山城」『三田市史』第三巻

127 風呂《ふろ》ヶ《が》谷《たに》城《じょう》

交通・軍事的に重要な有馬氏系列の城

城跡現況

【選地】 三田《さんだ》市けやき台の東北端、武庫川《むこがわ》とその支流相野川、青野川と内神川《うちがみがわ》の合流点に臨む丘陵の尾根先端に立地し、現状はけやき台公園の東にある林地である。

北と東側に眺望が開けており、武庫川の対岸の眼下に下井沢城（館）、遠くに本庄丸山城（『近畿』Ⅲ所収）が臨める。当城の立地する丘陵の西や南には、弥生時代の丘陵上集落である有鼻遺跡や有鼻古墳群等の遺跡がある。

当城周辺の北側では武庫川とその支流三川の合流点であることに加え、交通路は有馬から丹波へ通じる丹波道、眼下には三田から広野、相野を経て篠山市今田町と加東市社町の清水寺に至る西国巡礼道が通じる。城の西北に開けた内神の谷には、三木市吉川町から通じる交通路があった。

当城へは、ＪＲ広野駅から南へ約１・２キロ、徒歩約三〇分で、けやき台公園に到着する。交通の便は、ＪＲ新三田駅前からバスに乗り、けやき台公園で下車するのがよい。

【歴史】 当城についての伝承はなく、昭和四十年代のニュータウン開発前の遺跡分布調査で発見されたもので、一九九〇年代まで地域でも認識されていなかった。一九九〇年代当時、当城北麓の農家がかつて土豪の屋敷であったという伝承を得ることができたが、当城との関わりは不明である。

DATA

所在：三田市けやき台６丁目（旧地名、下井沢字風呂ヶ谷、有鼻）
遺構：土塁、堀切
規模：50 × 150m
標高等：標高 205 m、比高 45m

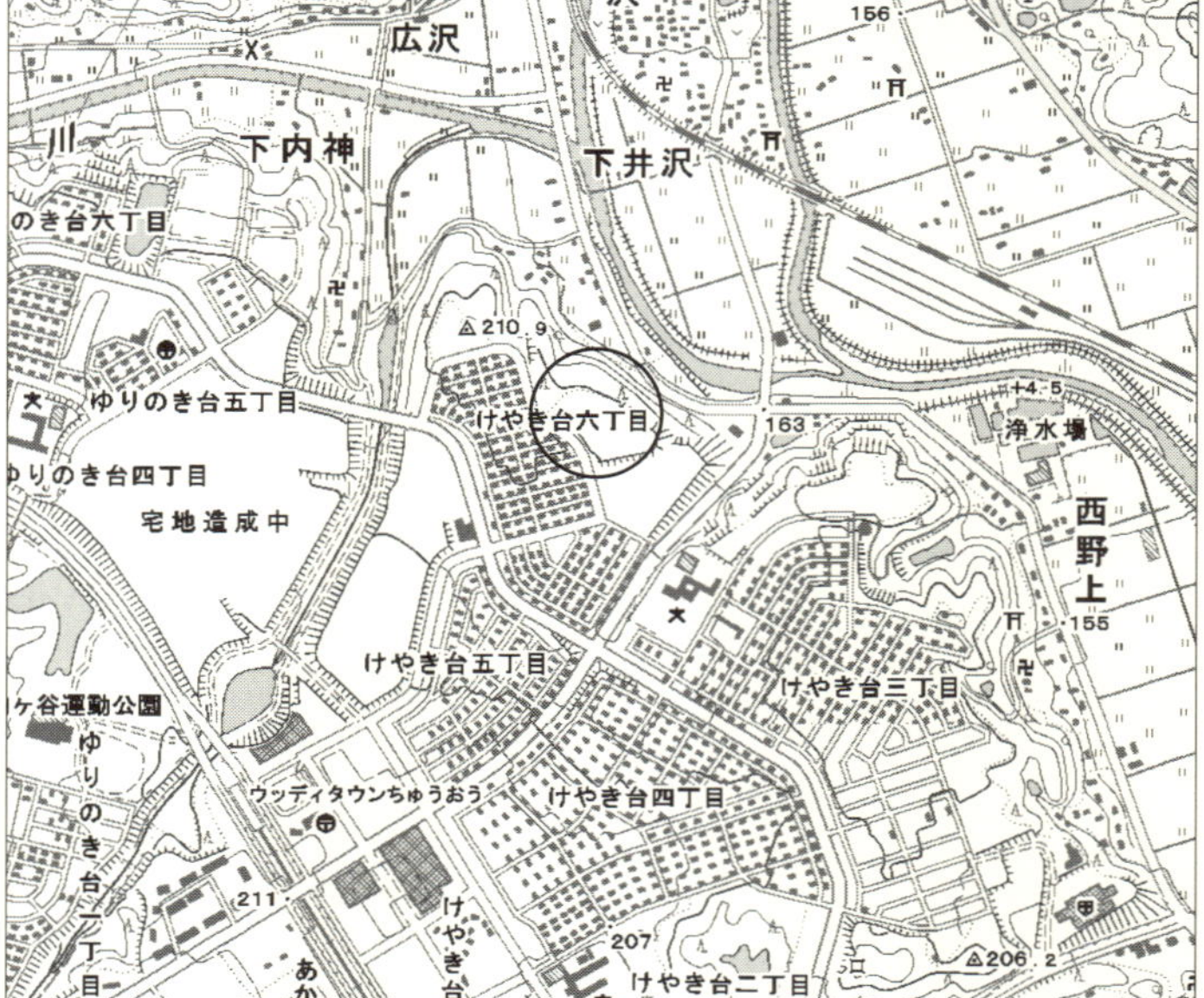

風呂ヶ谷は、現在は埋め立てられて公園の駐車場になっている西側の谷にあった鉱泉にちなむ地名である。

【遺構】当城は、丘陵地に造成された住宅団地の一角に、公園の林地として保存されている。遺構は、丘陵の尾根先端にⅠ～Ⅲ郭の三つの曲輪を配置し、曲輪の間を三本の堀切で遮断する。堀切に面したそれぞれの曲輪の端部は切り立った切岸とはならず、緩やかな勾配をつけて堀切に達する点が特徴的である。北端に位置するⅠ郭は最も規模が大きく、30×40メートルの不整五角形の曲輪で、主郭と考えられる。

　集落方向である北側を開いた三方に、高さ約1メートルの低い土塁を巡らす。曲輪の背後となる土塁の南端は、旧地形を削り残したと考えられ、幅10メートルを測る。一方、西側土塁の先端は尾根筋

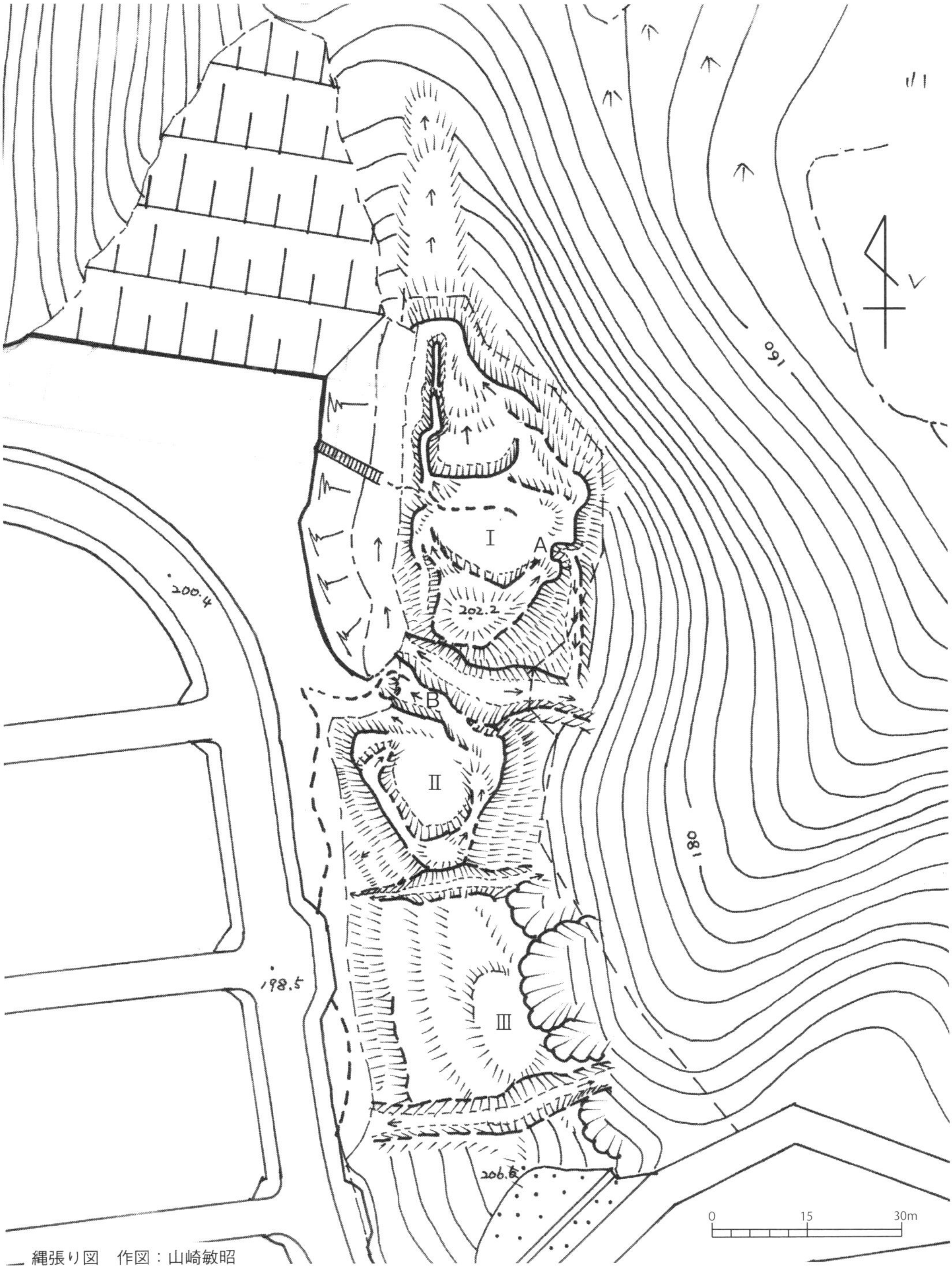

縄張り図　作図：山崎敏昭

Ⅱ郭の土塁

へと続き、Ⅰ郭の北端にある段の中央で止まり、西側からの経路を方向づけする意識がうかがえる。虎口Aは、曲輪東側の土塁の先端部に開口する。虎口Aからは南の堀切に向かい斜路が延びる。Ⅱ郭もⅠ郭と同様に不整形五角形であり、開放される北側以外の三方に土塁を設ける。虎口は北側開口部Bであり、経路は堀切の西部に並行した竪堀へと続く。Ⅲ郭は最も南の曲輪である。標高も高く、北の堀切に面した部分は切岸等が明瞭であるが、総じて曲輪内部の削平は甘い。

当城の西側斜面と堀切の先端部は、平成九年に住宅地の造成に先立って西隣の有鼻遺跡とともに発掘調査され、堀切は幅5×深さ3メートルの規模で、丘陵裾まで掘られていたことが明らかとなった。当城に関わるとされる出土遺物は、丹波焼の甕破片と石仏片の二点であった。そのほかは、ほとんどが古墳時代から古代の遺物であった。

【評価】　当城の意義は、その位置にある。狭い意味の三田盆地北端にあり、丹波に源を発する武庫川本流に盆地北端の段丘を刻んで流れる三本の支流が合流する地点を臨む。同時に、武庫川本流と支流に並行して北からは丹波街道、西からは播磨からの経路が通っており、それらが交叉する対岸の台地上の上井沢は、近世まで馬借が置かれる町場として交通の結節点であった。こうした陸上の交通路も眼下に収めている。

また、当城から半径500メートル圏内には、下井沢城（館）、中西山城、平方城、内神城（『近畿』Ⅰ所収）が集中して存在しており、軍事的にも重視された地域だったことを示す。当城は、それらのなかで集落との比高が最も高い。丘陵続きの西や南方面へは視野が限定されるが、北への眺望の点においては群を抜いている。

当城の尾根を堀切で遮断して曲輪を設ける点、堀切に面した曲輪の端部から緩やかな勾配をつけて堀切に達する点は、本庄丸山城の曲輪の特徴に類似する。こうした縄張りや曲輪の端部の処理のあり方は、有馬郡の地域的な特徴とも捉えられる。なお、本庄丸山城は、国人有馬氏の奉行人森鼻氏の管轄する城であったと推定される。

周辺の平地の館城である下井沢城（館）以外の内神城、中西山城や平方城は、天正期の織田信長勢力による三田攻めの付城である可能性が指摘されている。こうした中で、当城の歴史や築城主体は不明ながら、比高が突出する点、尾根の最高部でない低い位置に主郭を置く等の曲輪配置は、桑原城（『近畿』Ⅱ所収）や三田城、本庄丸山城に類似する。在地勢力による築城、とりわけ有馬郡分郡守護であった国人有馬氏の系列の城であった可能性を指摘できる。

（山崎敏昭）

［参考文献］山崎敏昭　二〇〇〇「20 風呂ヶ谷城」『三田市史』第三巻

128

貴志城《きしじょう》

二つの時期の遺構が残る貴志氏の館城

城跡遠望　東北より

【選地】　三田《さんだ》市貴志集落を見渡す集落北側の段丘先端（A）と中央付近（B）の二ヵ所に立地する。段丘は武庫川《むこがわ》に迫り、交通路は段丘と武庫川との間を現在の県道黒石三田線が通る。当城の立地する段丘を越える里道もあり、古くはこうした経路が利用されていた可能性がある。段丘背後の周辺1キロ圏内の丘陵には釜屋《かまや》城（『近畿』Ⅲ所収）、五良谷《ごろだに》城があり、武庫川の対岸には大原城（『近畿』Ⅲ所収）が位置する。

当城への経路は、JR新三田駅から西へ武庫川を渡って西南方向へ約500メートルで到着する。

【歴史】　貴志区は、『吾妻鑑』や『太平記』に登場する土豪、貴志四郎五郎義氏の本貫地として知られている。当城は貴志氏の館城と考えられるが、詳しい伝承等は残っていない。

【遺構】　当城の現状は、A遺構は住宅の背後の林地、B遺構は区の公会堂敷地となっている。A遺構は最近まで認識されておらず、二〇〇〇年の三田市史編さん事業で再確認された。A遺構はⅠ～Ⅲ郭の曲輪からなるが、周辺は家屋の建替えに伴う宅地や墓地の造成による改変が進んでいる。Ⅰ郭は段丘の突端に位置し、西北部は空堀・堀切、土塁が残るが、南部は削平が進み、土塁の断面があらわになっている。土塁は基底部の幅7×高さ3メートルを測る大規模なものであり、堀切に向かって二ヵ所の突出部を設ける。曲輪の北と東側はそのまま段丘崖につながる。

Ⅱ郭は、Ⅰ郭から幅5メートルの堀切を隔てた西に位置する、約20メートル四方の正

DATA

所在：三田市貴志字坂ノ下ほか
遺構：曲輪、土塁、堀切、空堀
規模：150 × 80m
標高等：標高 170m、比高 15m

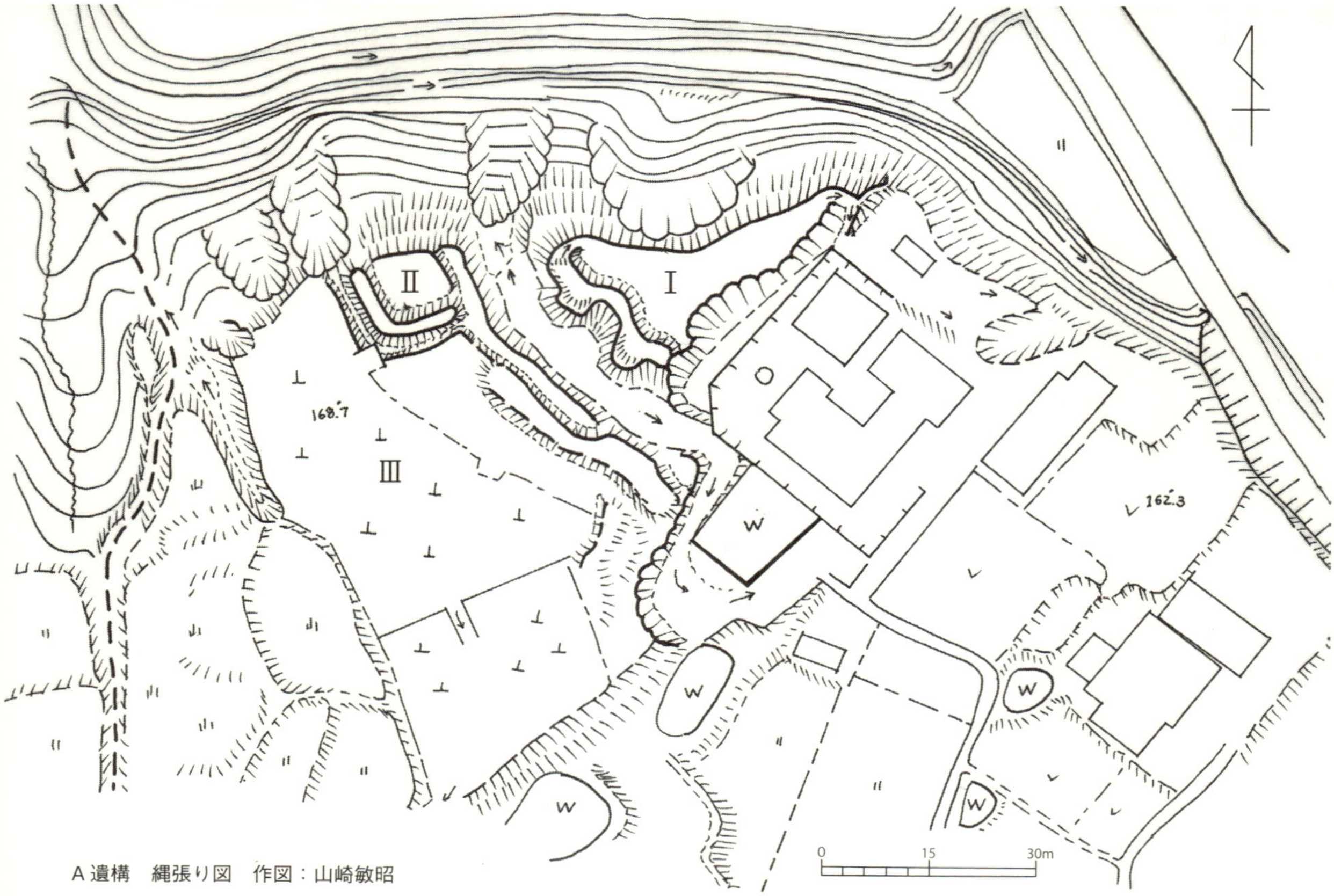

A遺構　縄張り図　作図：山崎敏昭

方形に近い曲輪である。南と西側に幅3×高さ2メートルの土塁を設ける。土塁の外側には幅3×深さ1メートルの空堀を設けて遮断する。Ⅲ郭は、Ⅱ郭の西側にある。集落の墓地による改変が進んでいるが、東南部に土塁の痕跡が認められる。筆者は以前、墓地の西端までを城域と考えた（『三田市史』）。

A遺構　Ⅰ郭の土塁断面

B遺構は、A遺構の西100メートルに位置する、東西50×南北70メートルの長方形の曲輪である。土塁は、北辺と西南部の一部が庚申祠の基壇として残存するのみである。

北東の土塁の一部には櫓台状の高まりとなるが、周辺の貴志古墳群の古墳を利用した可能性もある。土塁の外側には、幅3×深さ1メートル未満の浅い堀の痕跡が認められる。なお、B遺構の一角は、明治初年作成と考えられる村絵図では、「十王堂」の付箋が貼られており、周辺には寺院址であった伝承も残されている。

【評価】 A・Bの遺構は、段丘に築かれた館城である。A遺構は元の姿が不明だが、Ⅰ郭に残された、突出部を設けた平面形がw字状になる土塁は、三田市域では内神城（『近畿』Ⅰ所収）や立石城（『近畿』Ⅱ所収）の遺構に共通点が見られる。これらの城館は、戦国時代末期に織田信長軍等が三田攻めのために築いた可能性も考えられている。当城のA遺構

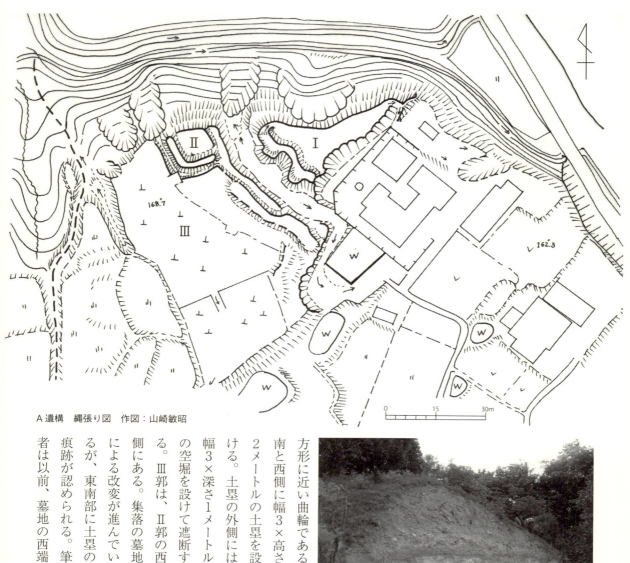

は、そうした遺構の類例に入れることができるかもしれない。

B遺構は、本来は単郭の方形の館城であったものが、近世に堂祠の基壇や境内等として転用されたものだろう。中世前期の文献に登場する土豪貴志氏の居館だった可能性が高い。

当城は、時期を異にする二つの遺構を残す館城ということができる。

（山崎敏昭）

［参考文献］山崎敏昭　二〇〇〇「4　貴志城」『三田市史』第三巻

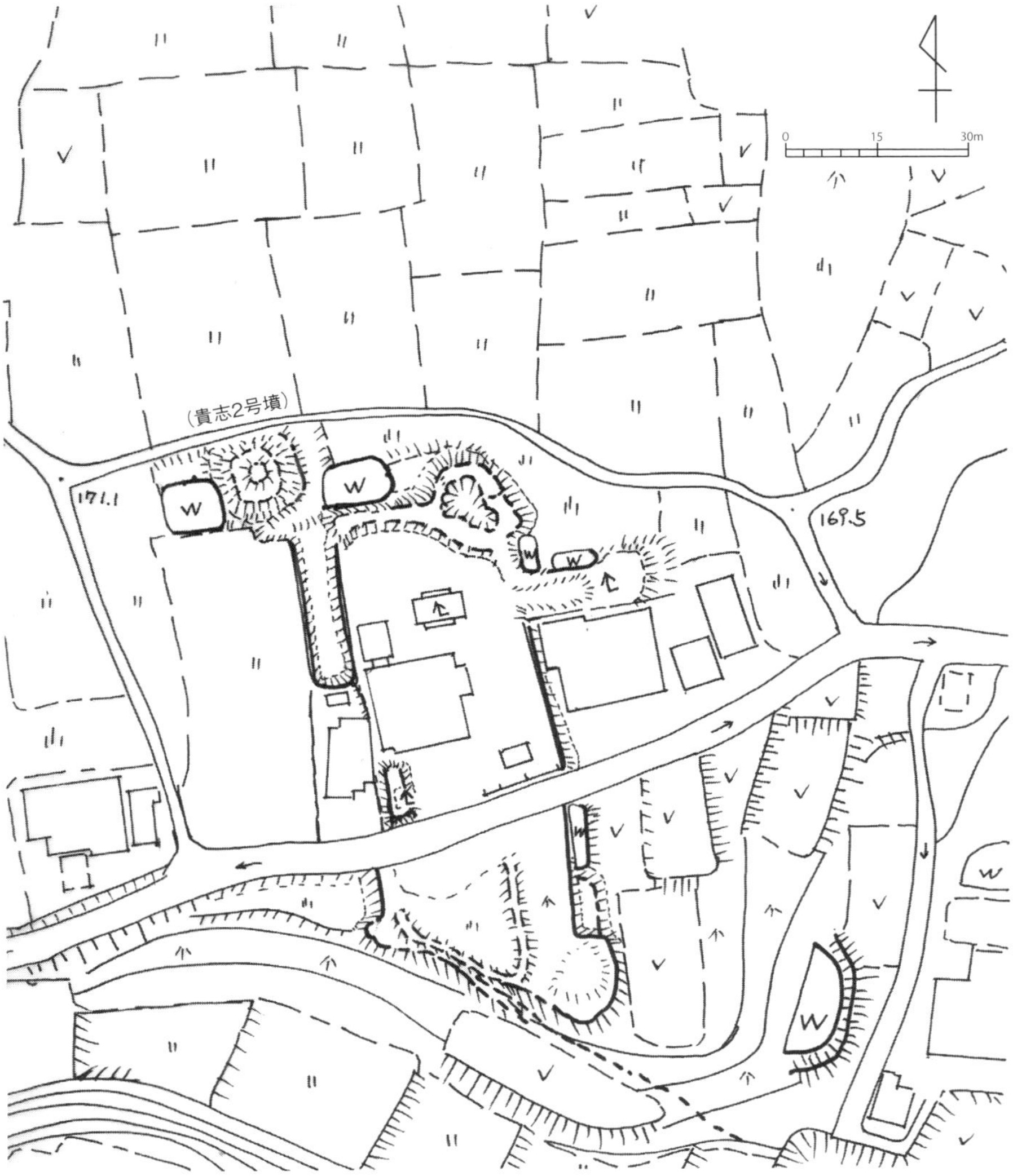

B遺構　縄張り図　作図：山崎敏昭

B遺構　西土塁痕跡

B遺構　西側堀跡

129

板井城《いたいじょう》

計画的な構造でコンパクトにまとまる山城

城跡遠望　北より

【選地】丹波国多紀郡に属し、独立丘陵状を呈した長さ約300メートルの山地北端に選地する。北麓を小坂川が洗うように流れ、春日神社が所在している。

【歴史】寛政六年（一七九四）にまとめられた『丹波志』では、応永六年（一三九九）に畑城に籠もった山名氏清の子・宮田左馬助が居住したという。

山名氏は、一族あわせて十一ヶ国の守護職を持つ大勢力だったが、権力強化を図る将軍足利義満の画策によって挙兵し、明徳二年（一三九一）に丹波守護山名氏清らが京都で戦死を遂げる（明徳の乱）。応永六年（一三九九）には、やはり有力守護家の大内氏が義満に兵を挙げたものの、同じく敗れた（応永の乱）。この際に丹波で呼応したのが、宮田時清であった。なお、奥畑城（茶臼山城〈篠山市〉）は氏清の築城と伝わる。

当城のある場所は、近衛家領の宮田荘に属していた。観応三年（一三五二）頃、丹波国石龕寺《せきがんじ》（兵庫県丹波市）の衆徒越前房らが、宮田荘小坂・板井村の領家職を押領している。

応永の乱後の応永十三年、足利義持は山名調心に宮田荘を与え、同二十九年には山名時広に安堵している。彼らは山名一族の宮田氏であり、応仁元年（一四六七）に誅罰を受けるまで、周辺に勢力を持ったのだろう。

当城の城主伝承は、戦国時代直前の在地の様相と結びけられたことになる。城跡（I郭）の祠は、城主・山名小太郎を祀るという。

【遺構】遺構は、尾根上の曲輪と土塁、堀切などで構成される。南北に長い城域は、北・南端の堀切で設定されている。

DATA

所在：篠山市上板井
遺構：曲輪、土塁、堀切、虎口
規模：約50×120m
標高等：標高240m、比高30m

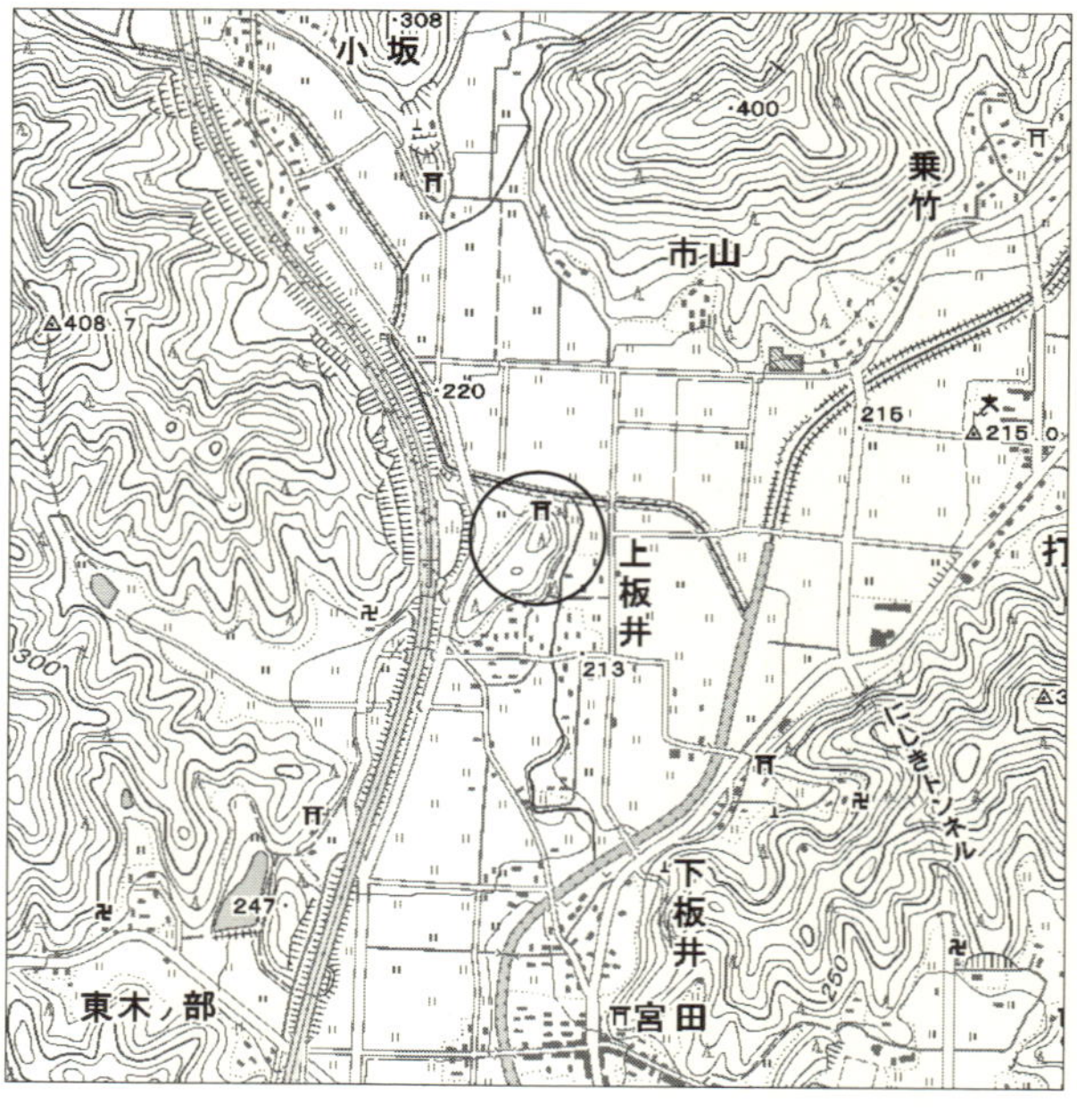

内部に祠が所在するⅠ郭は、北端の堀切方向に土塁を設ける。南側の東・西縁辺部は、スロープ状のルートでⅡ郭と連絡し、西側のスロープはⅡ郭の土塁上を通る。
この南にⅢ郭、さらに一段高いⅣ郭がある。Ⅳ郭は長方形の平面で、南側の堀切に面して土塁を設ける。北側のⅢ郭とは、東・西から伸びる土塁上をスロープとして連絡している。なお、堀切は二重であり、端部の竪堀部分を含むと、最大長５０メートルに及ぶ。
Ⅰ・Ⅱ郭とⅢ・Ⅳ郭は、正対するような構造であり、西側のスロープは城域全体の西縁辺部の土塁としても機能する。主郭は、城内の高所で地形の先端にあたるⅠ郭かと思われるが、求心的な構造ではない。その中間で、この土塁が途絶える部分の東側に、Ⅰ・Ⅱ郭とⅢ・Ⅳ郭を画する堀切状の通路Ⅴが東側の山麓から延びてくる。一種の虎口と評価できるだろう。現状ではⅢ郭へと直接ルートが取り付くが、本来はⅤ郭を介したと考えるべきであろう。このルートを使うと、城までの所要時間は約五分である。

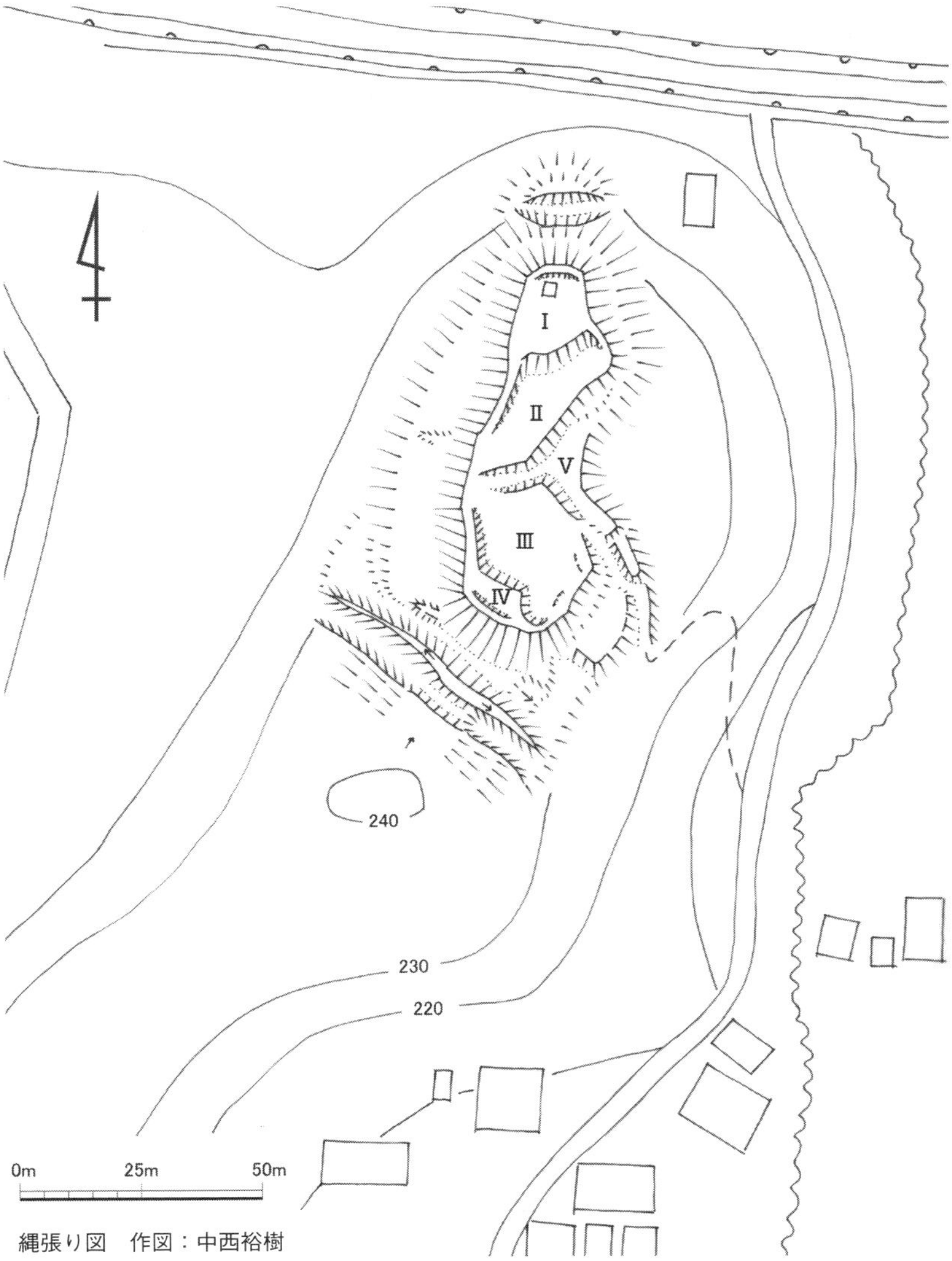

縄張り図　作図：中西裕樹

【評価】曲輪配置や通路、土塁の配置など、全体構造が計画的であり、コンパクトに城域をまとめる。二重堀切は、戦国末期に機能した多紀郡の山城の特徴であるため、これらの遺構は当該期のものだろう。しかし、伝承ではそれ以前の地域史が語られ、地元の人たちの城跡への認識を示すものとして興味深い。

（中西裕樹）

［参考文献］拙稿　二〇〇〇「丹波国多紀郡東部の中世城館構造と在地勢力—荒木・籾井・波々伯部氏関連の城郭から—」『愛城研報告』５愛知中世城郭研究会／高橋成計　二〇〇〇「板井城」八上研究会編『戦国・織豊期城郭論　丹波八上城遺跡群に関する総合研究』和泉書院／黒川直則　二〇〇一「丹波国」『講座　日本荘園史』８　吉川弘文館

130

西谷城《にしたにじょう》

篠山市西部の畝状空堀を多用した城郭

【選地】 篠山市の北西部・西谷の丘陵上に位置する。南西山麓には、大化年間に開基したとされる弘誓寺《ぐぜいじ》がある。

弘誓寺より遊歩道が設けられており、それを使えば二〇分ほどで城域に入る。途中、道が踏み跡程度になったところもあり、訪れる際には道を見失わないよう、注意が必要である。

畝状空堀 C

【歴史】 地誌『丹波志』には、「西谷堡」として取り上げられるが、城主・歴史ともに不明である。

【遺構】 主郭のⅠ郭は南北に長い形状で、東西に小規模な腰曲輪を伴うが、ほかの曲輪へ連絡する明確な虎口を有さない。南側は、スロープ状の緩斜面を介してⅡ郭へ連絡する。Ⅱ郭を含め、Ⅰ郭から南には七つの腰曲輪が連続する。いずれも切岸は、最も高い場所で2メートルほどに止まる。これらの腰曲輪群は、駐屯地を確保するために造成されたものであり、切岸は曲輪間の区画分けであったと考えられる。

Ⅰ・Ⅱ郭の東西は、通路を兼ねた帯曲輪Ⅸ・Ⅹを設けて、Ⅺ・Ⅻ郭に連絡する。Ⅺ郭は北東の尾根続きを堀切Dで遮断し、東側には三本、北側には四本の竪堀によって畝状空堀群A・Bを形成している。

畝状空堀群A・Bは、堀切Dの遮断性をさらに強化・補完するものであろう。Ⅻ郭の北西にも、同様に四本の竪堀で畝状空堀群Cを形成し、これらは北西に派生する尾根

DATA

所在：篠山市西谷
別称：西谷堡
遺構：曲輪、土塁、畝状空堀群、堀切
規模：100 × 150m
標高等：標高 350m、比高 150m

筋からの侵入者の横移動を制限している。さらに、Ⅺ郭は畝状空堀群Ｃに対して横矢が掛けられるように、塁線が北側に張り出している。

また、畝状空堀群Ａ・Ｂ・Ｃには共に横堀が付随している。畝状空堀群内に侵入者が入っても、曲輪面への登はんを困難にさせる防御上の工夫であろう。

当城は、北東・北西に派生する尾根筋に対して厳重な防御態勢を敷いている。最も至近距離で当城に近づくルートに対しての防衛的意識が現れていると言えよう。

【評価】明確な虎口を持たず、切岸も2メートルほどと低めである。侵入が想定される北東は、緩斜面に対する措置と尾根続きの遮断性を強化するために畝状空堀群を採用する。

多紀郡では、史料により天正年間の使用が確認される城郭には畝状空堀群が採用されず、複雑な虎口が用いられる傾向がある。そのことから、当城は天正期以前、波多野氏が三好氏と争った永禄年間以前に築かれたと考えられる。

（三宅　勝）

［参考文献］『丹波志』／八上城研究会編　二〇〇〇『戦国・織豊期城郭論』和泉書院

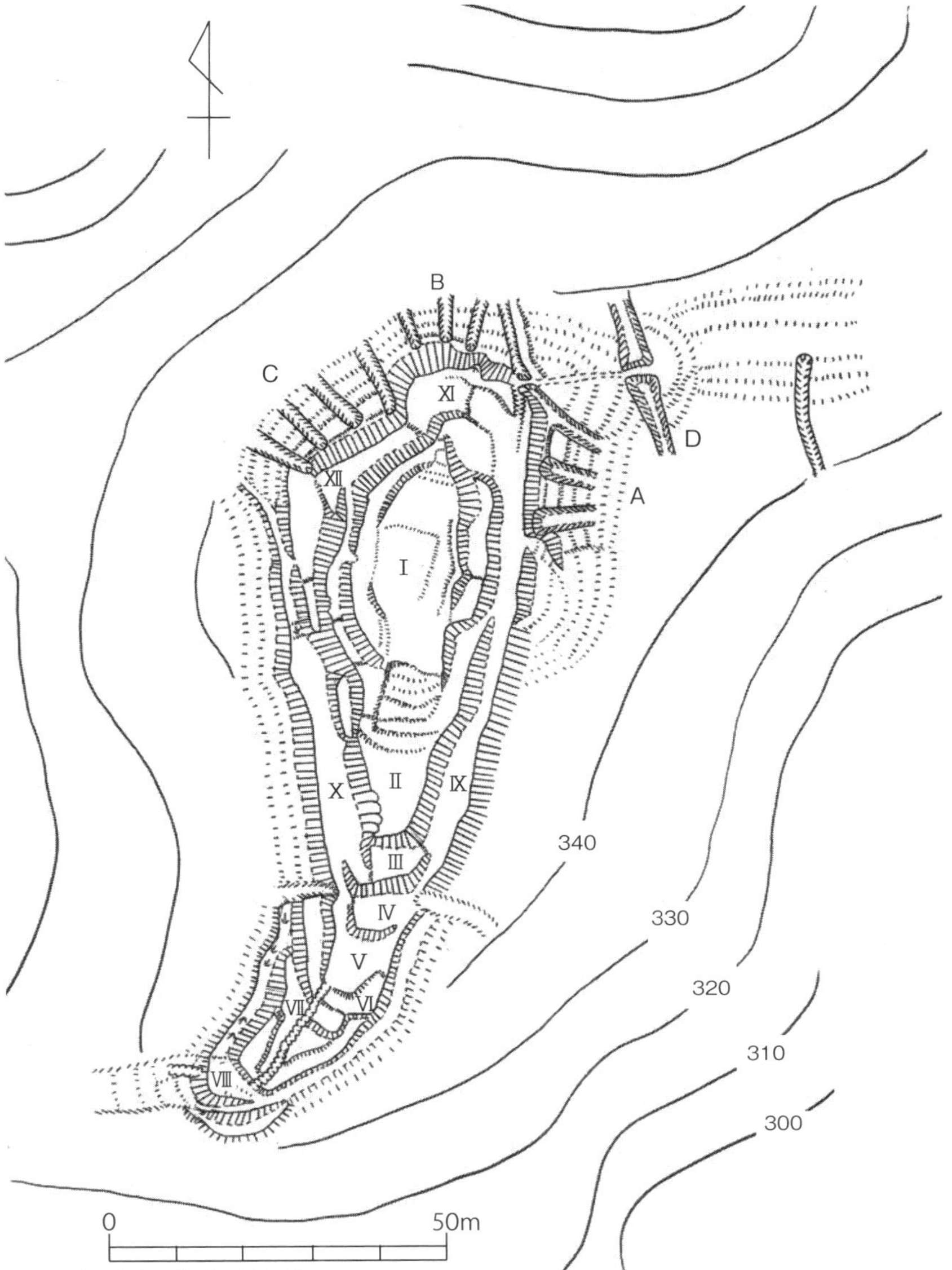

縄張り図　作図：三宅 勝

Ⅺ郭

131

浅《あさ》間《ま》城《じょう》

峠の入り口を押さえる山名氏の支城

主郭Ⅰの土塁

【選地】 当城は豊岡市出石《いずし》町との境に近い、養父《やぶ》市八鹿《ようか》町浅間に所在する。

当地は、但馬守護である山名氏の本拠である旧出石郡へと至る峠への入り口を押さえる要衝である。当城は、峠へ通じる街道の南側丘陵に位置する。

【歴史】 「伊佐橋本家の新田開発覚書」（『兵庫県の中世城館・荘園遺跡』）によると、「大永・享禄（一五二一～三二）のころ浅間の小城主松浦左衛門尉宗房という者あり、（中略）天文・弘治（一五三二～五八）のころ、江州高島佐々木の氏族近江守義高山名宮内大輔俊豊の時代、当国漂泊しけり。松浦氏老いて男子なく、近江守を娘に嫁て家を譲る。依て佐々木居城す。山名に従う」とある。

また、「浅間佐々木系図」（『兵庫県の中世城館・荘園遺跡』）には、義高は「天正のころ但州浅間に下り、三百三拾石横領、居城を築き山名氏政に属す」とあり、天正のころに佐々木氏が当城に入ったとある。同系図によると、その後佐々木氏は、羽柴秀長による但馬侵攻

DATA

所在：養父市八鹿町浅間字四田谷
遺構：曲輪、土塁、虎口、堀切、竪堀
規模：170 × 210m
標高等：標高 130m、比高 100m

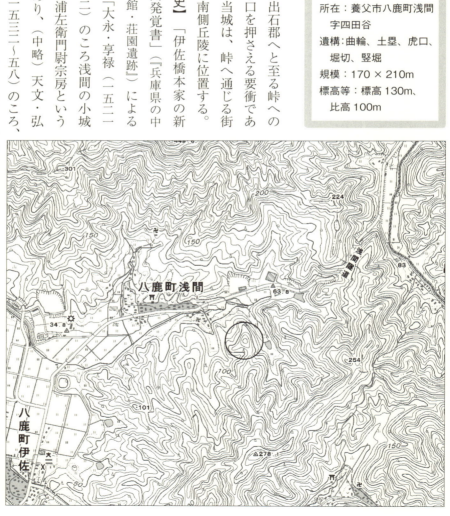

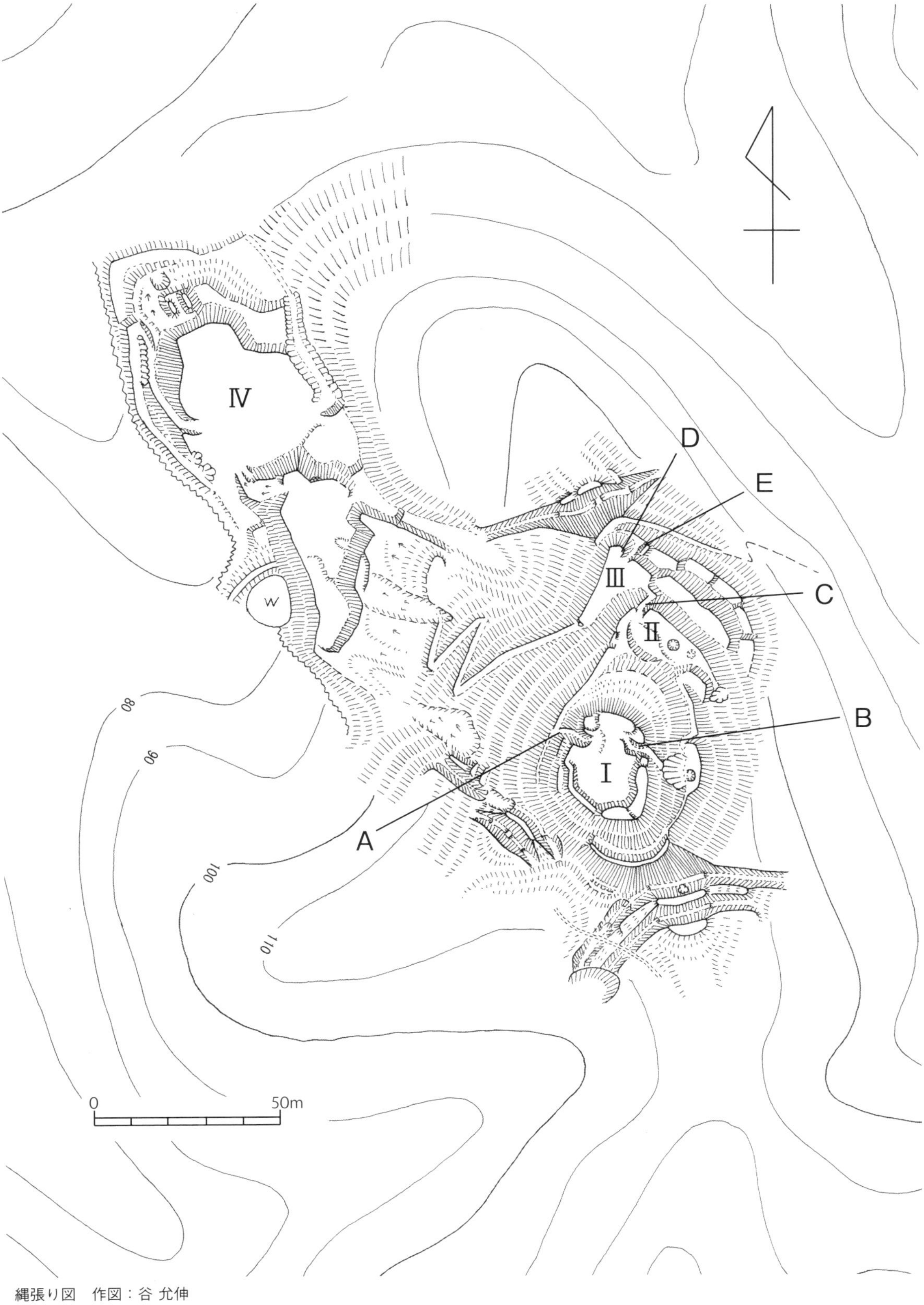

縄張り図　作図：谷 允伸

虎口D

北尾根堀切

により降伏し、のちに朝鮮出兵にも参陣している。

【遺構】　当城は、主郭Ⅰを最高所に、三段の曲輪を連ねた縄張りである。また、三方向に派生する尾根には、それぞれに堀切・竪堀を設けて遮断している。北側の尾根に対しては、深く鋭い堀切を設け、緩い谷の入り込む西側には堀切端部から竪堀を落とし、北側を遮断している。

主郭Ⅰ背後の南尾根に対しては、二重の堀切と、その両端から伸びる竪堀を設けて防御している。

南西の尾根側にも、小規模であるが二重の堀切を設けている。堀切の西側斜面には、堀切の北側端部に伸びる竪堀を落とし、北側への迂回を防いでいる。

主郭Ⅰの尾根を下った北西側には、Ⅲ郭と山麓の居館推定地Ⅳをつなぐ通路が存在する。北尾根の堀切と竪堀、西尾根の二重堀切と竪堀は、ちょうど主郭ⅠとⅣ郭との間の斜面を城内として区画する役割をはたしている。

主郭Ⅰは、南側半分を囲繞する土塁を設ける。土塁の南側が高くなっており、直下に横堀を設けて、前述の二重堀切とともに、厳重な遮断線となる。主郭Ⅰの虎口は、東西それぞれに虎口A・Bを設けている。虎口Aは、主郭内をやや方形に掘り込み、虎口Bでは開口部に対応して、土塁がやや低い位置にある。なお、いずれの虎口も主郭Ⅰから下りた後、主郭Ⅰの北側裾を巡ったのち、Ⅱ郭へとつながる。

Ⅱ郭北側には虎口Cを設け、「く」の字に折れた通路によってⅢ郭と接続する。Ⅲ郭は、北側尾根続きを堀切によって強固に遮断している。Ⅲ郭と堀切の間には、通路をわずかに広げたような小テラスがみられる。後世の山道である可能性もあるが、そこから東側へと下る通路の痕跡が確認できる。東側山麓へと通じる往時の道の痕跡とみられる。

虎口Dからは、Ⅲ郭から北東方向へ直進

したのち、ほぼ直角に北西方向へ折れる。この屈折点には、石列を伴う土塁Ｅがある。土塁Ｅの背後には、細長く山裾を巻くように曲輪が取り付く。

Ⅳ郭は、二段で構成される居館推定地の先端にあたり、城内最大の曲輪である。上位の曲輪とは虎口状の通路で接続しており、Ⅳ郭と合わせて利用されたとみられる。さらに上位にも広大な区画が存在し、自然地形に近いが周囲には切岸を設けている。

横堀

【評価】 当城は、街道に面する北側尾根続きに対しては、鋭く造成された堀切によって強固に遮断しており、敵を寄せ付けない。また、南側尾根続きには、火力を二重堀切と上部に設けた防御施設に集中している。よって、築城者は北側の街道よりも、背後の尾根側からの侵入を警戒していたとみられる。

当城の南には、岩崎《いわさい》集落を経由し出石へ抜ける街道が存在し、天正期に山名氏の居城・有子山城（豊岡市出石町：本書所収）を攻めた織田軍が、このルートを利用したという伝承も残る。

先行研究では、当城について①土塁囲みの主郭、②主郭に虎口を二ヵ所設ける、③但馬では希少な横堀の存在、を根拠に、天正期の織田勢力による但馬侵攻後に、城主佐々木氏が織豊系城郭化を果たしたと考えている（養父市教育委員会　二〇〇〇『図説養父市城郭事典』）。

たしかに、当城の近隣では①②の特徴を持つ城郭はあまり例がない。しかし、もう少し広い範囲に目を配ると、山名氏の居城であった此隅山城（豊岡市出石町・『近畿』Ⅰ所収）、その支城とされる鳥居城（豊岡市出石町）にも、①の特徴が認められる。

また、有子山城の西に位置する中村城（豊岡市出石町）には横堀、旧出石郡内の西垣城（豊岡市但東町）にも、横堀状の類似施設、すなわち③の特徴を持つ城郭が存在する。ほかにも織田勢力に抵抗した但馬国人勢力の城郭には、①の特徴がいくつか確認できる。

こうした事例を踏まえると、当城も山名氏、もしくは城主佐々木氏ら在地勢力によって築城・改修したと考える余地がある。

いずれにせよ、当城①〜③の特徴を通じて、但馬国の中心地であった出石の西方を守備・監視したであろう、当城の重要性は疑うべくもない。

今後は、但馬内外における類似した特徴を備える城郭の相互比較、また織豊系城郭との類似点・相違点を一つずつ明らかにしていくことが必要となる。

（谷　允伸）

［参考文献］石田松蔵・梅谷光信　一九八五　兵庫県教育委員会『兵庫県の中世城館・荘園遺跡』但馬地区抜刷／西尾孝昌　二〇一〇　養父市教育委員会『図説養父市城郭事典』

132

石積みをめぐらせた八木城の支城

尾崎天王山城《おさきてんのうざんじょう》

【選地】　養父《やぶ》市尾崎集落の東に所在する。南側に走る山陰道（現国道9号）を封鎖するように突き出したその姿から、別名横尾城とも呼ばれる。

城跡遠望

DATA

所在：養父市尾崎字横尾
別称：横尾城
遺構：曲輪、土塁、虎口、横堀、石積み
規模：25 × 100m
標高等：標高 250m、比高 90m

　東へ4キロの距離には、但馬守護山名氏の重臣・八木氏の八木城（養父市八鹿町・『近畿』Ⅰ所収）が所在する。当城はその支城であったとされる。

　また、西方に広がる氷ノ山越えによって、因幡国（現、鳥取県）の若桜《わかさ》地域へと接続する。

【歴史】　具体的な歴史、城主等は不明であるが、『養父郡誌』によると八木氏の家臣である中島兵庫が当地に在したとしている。

【遺構】　当城は、南北約50×東西約16メートルの規模を持つ主郭Ⅰの南面に、約40メートル以上にわたって石積みをめぐらせているのが特徴である。石積みは西側の街道を向くように積まれており、裏込め石は認められない。高さは約1～1・5メートルである。石積みには二ヵ所の折れを持つが、一つはわずか1メートルほどの張り出しであり、もう一つは鈍角に折れた小規模なものである。東面には、高さ約3・5メートルの鋭い切岸を設けており、西面とは対照的である。

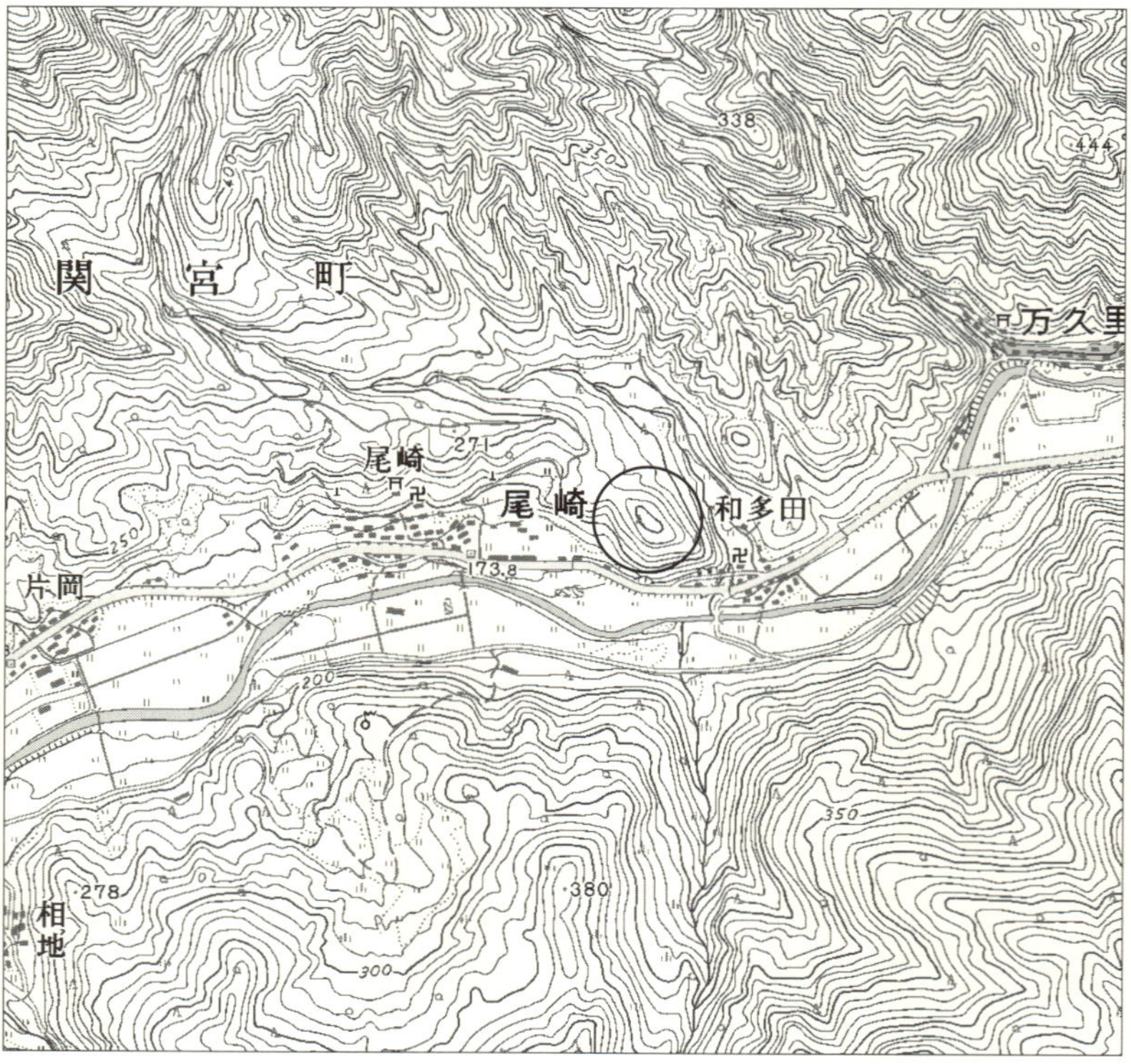

南西隅には虎口Ａが開口している。虎口Ａはほかの部分の石積みとは異なり、縦向きに石を積み上げて通路を確保し、その間に巨石を石段状に築いている。この石段の段差は大きく、昇降しづらい。

北面には、高さ約１メートルの土塁を設け、そのすぐ東側には、塁線がくぼんだＤが存在する。また、主郭Ⅰ内部には約３０メートルにわたって土壇がみられる。この土壇が遺構ならば、曲輪として利用できる範囲は極めて狭くなる。その場合、主郭Ⅰ内に建造物があった可能性は低くなる。

主郭Ⅰの南面から東面にかけての一段下には、帯曲輪Ⅱが取り巻く。帯曲輪Ⅱ南面には、小規模な横堀Ｂと、それを縦断する土橋状のＣを備える。横堀Ｂのさらに下位にはⅢ郭を設け、そこから南に向かってＬ字状に石列を施した通路が伸びている。

石列を施した通路は、南東の尾根から登る大手道と考えられる。主郭Ⅰへのルートは、まず、Ｌ字状の通路を上がり、西側からまずⅢ郭へ入る。Ⅲ郭からは、横堀Ｂの外側切岸に積まれた石列の途切れる中央部に進み、土橋状のＣへと

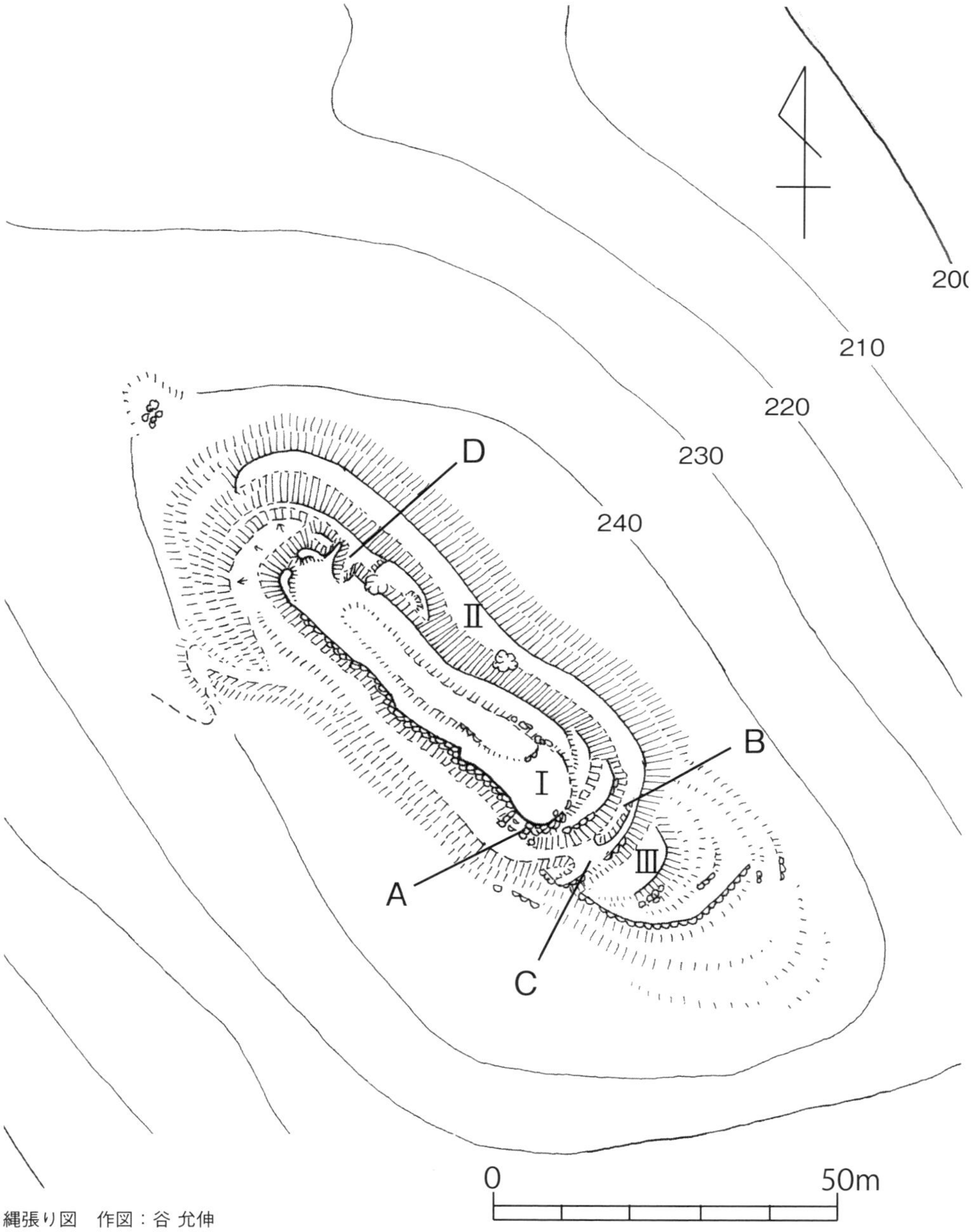

縄張り図　作図：谷 允伸

（上）虎口A　（下）主郭の石積み

入る。土橋状のCからは、主郭Iの切岸と、横堀Bの間に残された細い通路を通り、西側の犬走りを経由してから、虎口Aへと至る。

【評価】 先行研究では、折れを持つ石積みと横堀、そして複雑な導線を持つとされ、織豊勢力によって築かれたといわれてきた。しかし、虎口やそれに至る導線は簡素であり、石積みの積み方も乱雑かつ裏込め石を伴わないものである。

この石積みの構造は、筆者の知る限り、類例が見当たらず、地表面観察のみからは、城郭に伴うものか判断しがたい。ただし、当城と同様の、主郭に帯曲輪をめぐらせるプランの城郭は周辺に多数存在する。八木城の西方を監視する位置にあることからも、石積みの評価は別として、当城の平面構造は戦国期に築かれたと考えられる。

さらに、仮にこの石積みが城郭遺構であった場合、上部に建築物が存在した可能性は低い。主郭I内部の削平は不充分で幅も狭いことから、恒久的な使用・維持を目的としていたとは思えず、なんらかの軍事的な緊張下で利用されたものと考えられる。

戦国期の当地における、軍事的緊張としては次の二時期が考えられる。

①天正三年頃、尼子家再興のため各地を転々としていた山中鹿介らが、因幡の若桜鬼ヶ城に入っている。但馬には尼子を支援する国人が多くいた。その連携を阻止するため、毛利方である八木氏が氷ノ山越えを封鎖して備えていた。当然、八木城の西方は緊張下にあったとみられる（『吉川家文書』）。

②天正八年頃、但馬の抵抗勢力はことごとく羽柴秀長に降伏する。しかし唯一、小代谷（香美町）に拠った残党が小代一揆を起こし、抵抗していた。当時、加保（養父市大屋町）にいた藤堂高虎が苦戦させられた話も伝わっており、相当な緊張状態にあったとみられる（『公室年譜略』）。

この二時期には、当城が直接関わったことは知られない。しかし、八木城周辺が軍事的緊張に見舞われていたことが確認でき、八木城の西方を監視できる位置にある当城が八木城の支城として因幡方面から侵入を警戒する機能を果たしていたと考えることはできる。

（谷　允伸）

[参考文献] 西尾孝昌 二〇一〇 養父市教育委員会『図説養父市城郭事典』／一九二八 養父市教育会『養父郡誌』

133 東中遺構《ひがしなかいこう》

遺跡地図に記載のない謎の城郭

【選地】　春日盆地の南東に位置する東中集落の南側、低丘陵状の尾根先端部に存在する。黒井から東に延びる京街道と、佐中峠を越え、篠山につながる街道の分岐点に位置している。

城跡全景　北西に黒井城主郭部を望む

南東には、赤井幸家の居城と伝わる三尾山城が聳え、麓には幸家の家臣であった河津氏の館跡がある。

【歴史】　『丹波氷上郡誌』に「部落の南方小丘に城山の古跡あり。三尾城の支砦なるべし、丹波志にある赤井家臣柳田左衛門尉の居城なりしか」とあるが、ほかに史料もなく、歴史は不明である。また、兵庫県遺跡地図には、「東中城」として当城の西側の尾根が記載されている。『丹波氷上郡誌』の記述がどちらを指すのか判断できない。

【遺構】　当遺構は、一般的に「東中城」とされているが、兵庫県遺跡分布図にはこの位置に記載がなく、西側の尾根が「東中城」と記載されている。そのため、あえて「東中遺構」という形で取り上げるが、構造から判断して、城郭遺構であることは間違いない。

当城は、低い丘状の尾根先端部に築かれている。主郭Ⅰを中心に、北にⅡ郭・Ⅲ郭を、主郭Ⅰ東直下に二区画からなる帯曲輪を配し、城域南端の尾根伝いを二重堀切で断ち切って城域を設定している。

主郭Ⅰは、まとまった面積を有し、南北両端の塁線に土塁を設けている。南端の土塁は、主郭Ⅰより一段高い土壇状の平坦面を囲むように設けられており、南尾根筋に対する監視

DATA

所在：丹波市春日町東中
遺構：曲輪、土塁、竪堀、堀切、虎口
規模：60 × 120m
標高等：標高 140m、比高 20m

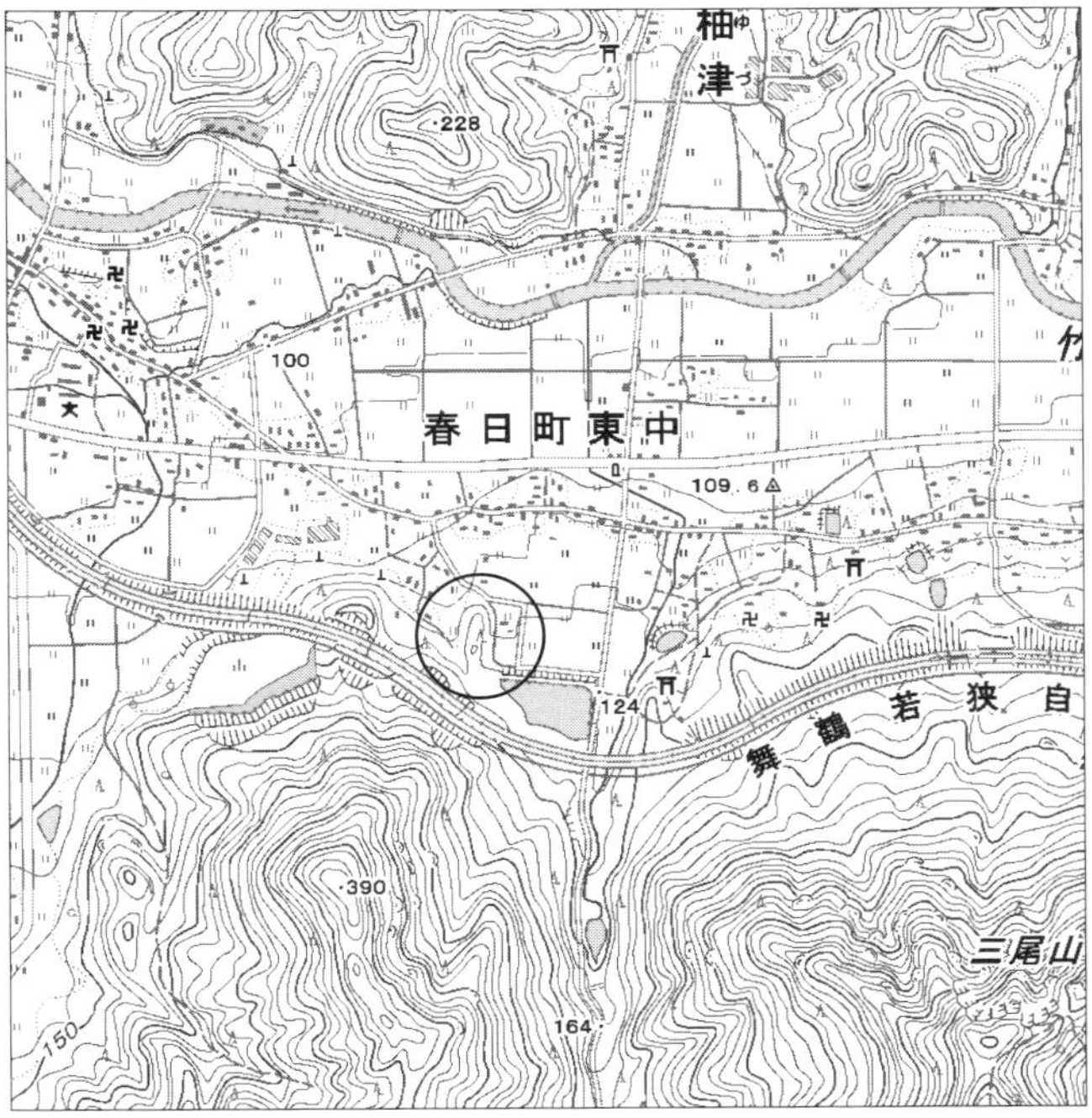

主郭Ⅰ北側の堀切Ａ　東より

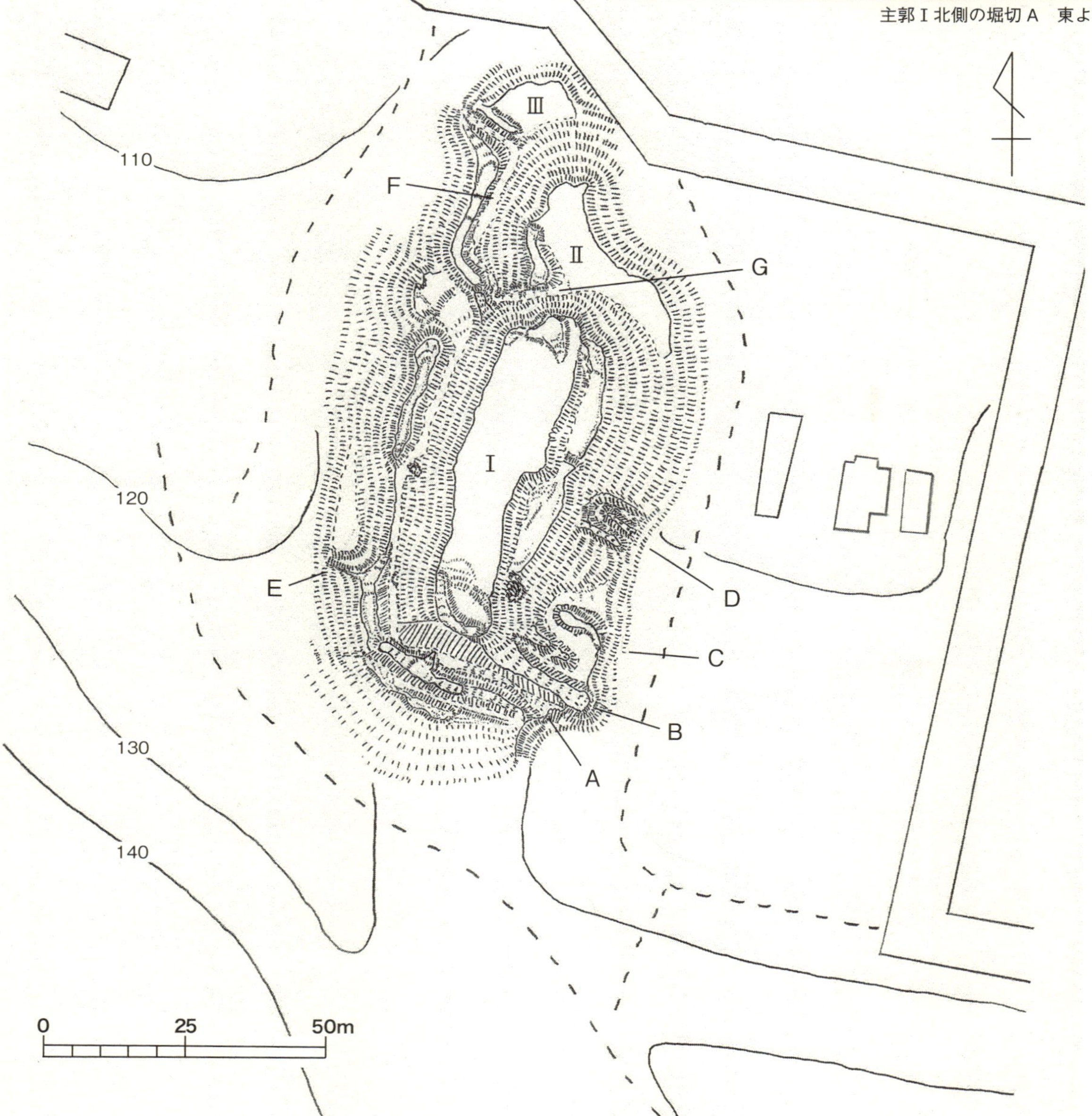

縄張り図　作図：周藤匡範

を担う櫓台と推定できる。

　城域南端の堀切Ａは、その南側に並走する浅い堀切と共に二重堀切を形成し、尾根伝いを断ち切る。堀切Ａの東端は東斜面に竪堀として延ばされているが、西端は収束せず、主郭Ⅰ西側直下を横堀状に取り巻いている。この横堀は主郭Ⅰ北端部まで続き、幅を拡げながら西側斜面に開口するが、開口部下方の斜面が崩落している。往時の状況は不明である。

　堀切Ａから東斜面に延ばされた竪堀の北側には、規模の大きな竪土塁Ｂ、障壁Ｃ・Ｄが連続して設けられている。障壁Ｃ・Ｄは大きさに違いが見られるものの、中央の土塁を逆Ｕ字型の堀で囲み、南辺に竪土塁を設けるという点で共通する。直下の斜面が東側の農道に沿って削られている可能性が高く、障壁の全体が残存しているかどうか判断できない。それでも障壁南辺のみに竪土塁を設けていることから、南からの回り込みを意識したものであると推測する。

　また、西側斜面にも空堀に並走する土塁から竪土塁Ｅが派生しており、南尾根に対する防御性が強く感じ取れる。

（上）障壁Ｄ　主郭Ⅰ上より　（下）導線Ｆ　主郭Ⅰ北端土塁より

　尾根の南西先端からは、導線ＦがⅡ郭の西側に取りつく。導線ＦはⅡ郭の切岸と土塁に挟まれ、三回屈折してⅡ郭のＧに至る。

　この経路にはⅢ郭西の土塁、Ⅱ郭西の土塁がきれいに対応しており、城外からの進入路と考えて間違いないだろう。Ⅱ郭への結節点Ｇは、主郭Ⅰ北端の土塁より見降ろされる位置にあり、虎口であったと考えられる。

【評価】　主郭Ⅰは広大な面積を有し、居住性は十分確保されている。一方、竪土塁の多用や障壁Ｃ・Ｄ、横堀の施設などは、丹波市の周辺城郭では見られない構造であり、在地城館が外部勢力により大幅に改修された痕跡と推測される。竪堀や竪土塁は、黒井城攻めで構築された織田方の陣城にも共通して認められ、その際に当城も改修利用されたと考えるのが順当だろう。もっとも、当城の遺構はかなりしっかりと造られており、黒井城攻めに際しての臨時築城の域を超える印象を受ける。当城に関する文献は確認できず、先行研究もない。今後、さらなる調査が必要である。

（周藤匡範）


【参考文献】一九八五『丹波氷上郡誌』臨川書店（初版一九二七年）／高橋成計　二〇〇三「明智光秀の丹波攻略と陣城」『丹波第五号』丹波史談会／高橋成計　二〇〇九「丹波黒井城攻略期の陣城考察」『中世城郭研究二三号』中世城郭研究会

134 金山城《きんざんじょう》

明智光秀が築城した郡境の山城

鬼の架け橋

【選地】 丹波国の多紀郡《たき》と氷上郡《ひかみ》の郡境にあたる金山《きんざん》山頂に位置し、丹波を代表する山城である多紀郡の八上城《やがみ》（兵庫県篠山市）、氷上郡の黒井城（兵庫県丹波市）が遠望できる。

城跡の西側は、両郡を結ぶ街道が通る鐘ケ坂峠であり、「鬼の架橋」という奇岩とともに、かつては歌川広重の浮世絵「六十余州名所図会 鐘坂」に描かれる名所であった。山頂周辺には「行者岩」などの多くの巨岩が存在し、山麓の追入《おいれ》に移転している園林寺（現日蓮宗）の故地でもあった。

山麓の追入神社横に登山道があり、城跡までの所要時間は約四〇分である。

【歴史】 天正三年（一五七五）、織田信長は敵対する黒井城の荻野氏を攻めるため、明智光秀が率いる軍勢を差し向けた。しかし、八上城の波多野氏が離反し、黒井城攻めは頓挫する。荻野（赤井）氏と波多野氏は、丹波を代表する勢力であり、光秀の丹波攻略は天正七年まで続く。この間、光秀は両氏を分断するために当城を築いたとされ、天正六年と考えられる書状で、光秀は家臣の小畠越前守が「錦山・国料」を見廻ったことを賞している（小畠文書）。この錦山が金山城、国料が北に約三・八キロ離れた国領《こくりょう》城（兵庫県丹波市春日町国領）に比定できる。金山城では合戦があり、明智方の首を取ったという記録がある（『本城惣右衛門覚書』）。

【遺構】 岩山であるピークが主郭のI郭であり、要所に石垣の使用が確認できる。北側に

DATA

所在：丹波市柏原町上小倉・篠山市追入
遺構：曲輪、土塁、堀切、竪堀
規模：約 250 × 300m
標高等：標高 540m、比高 280m

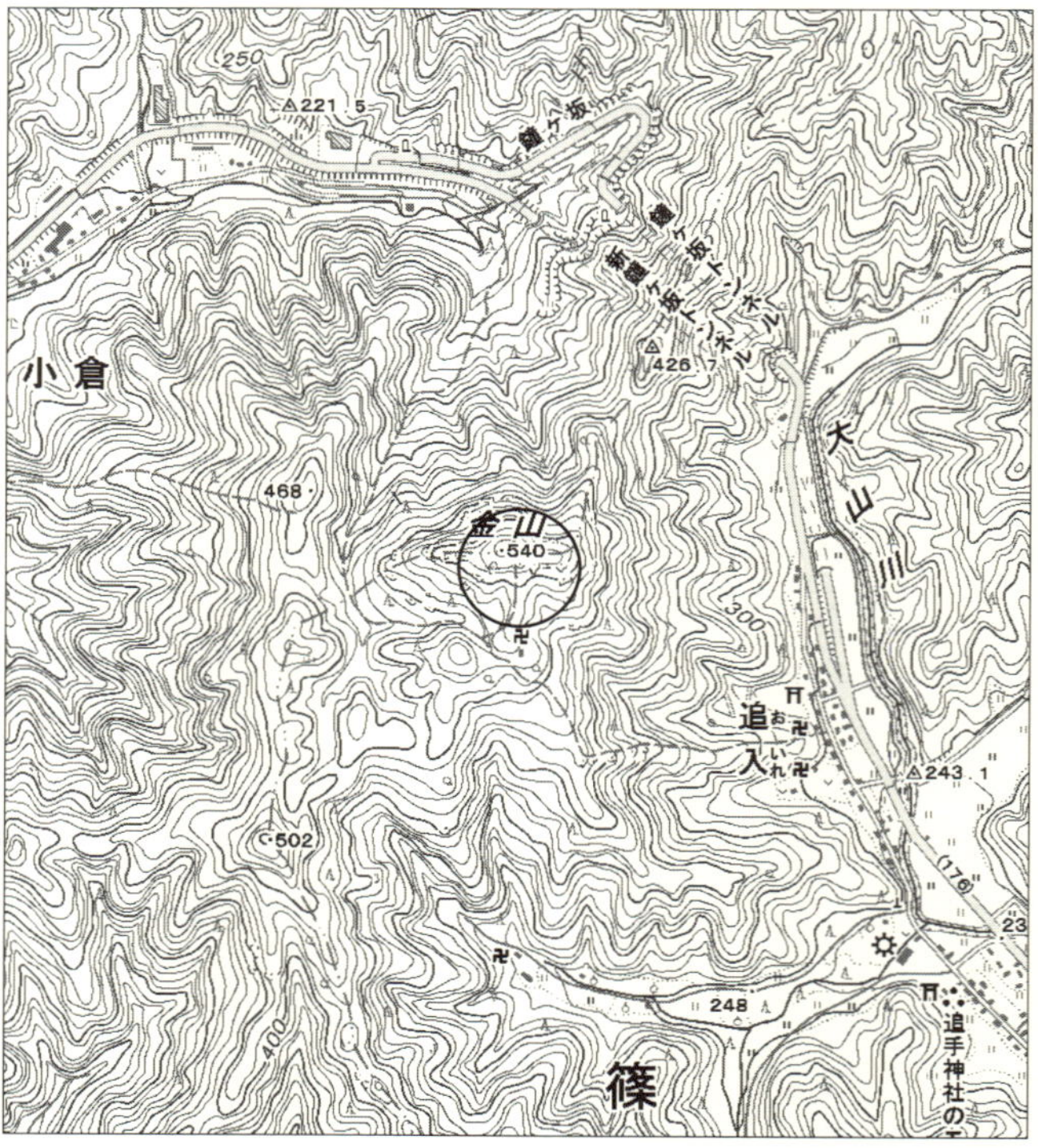

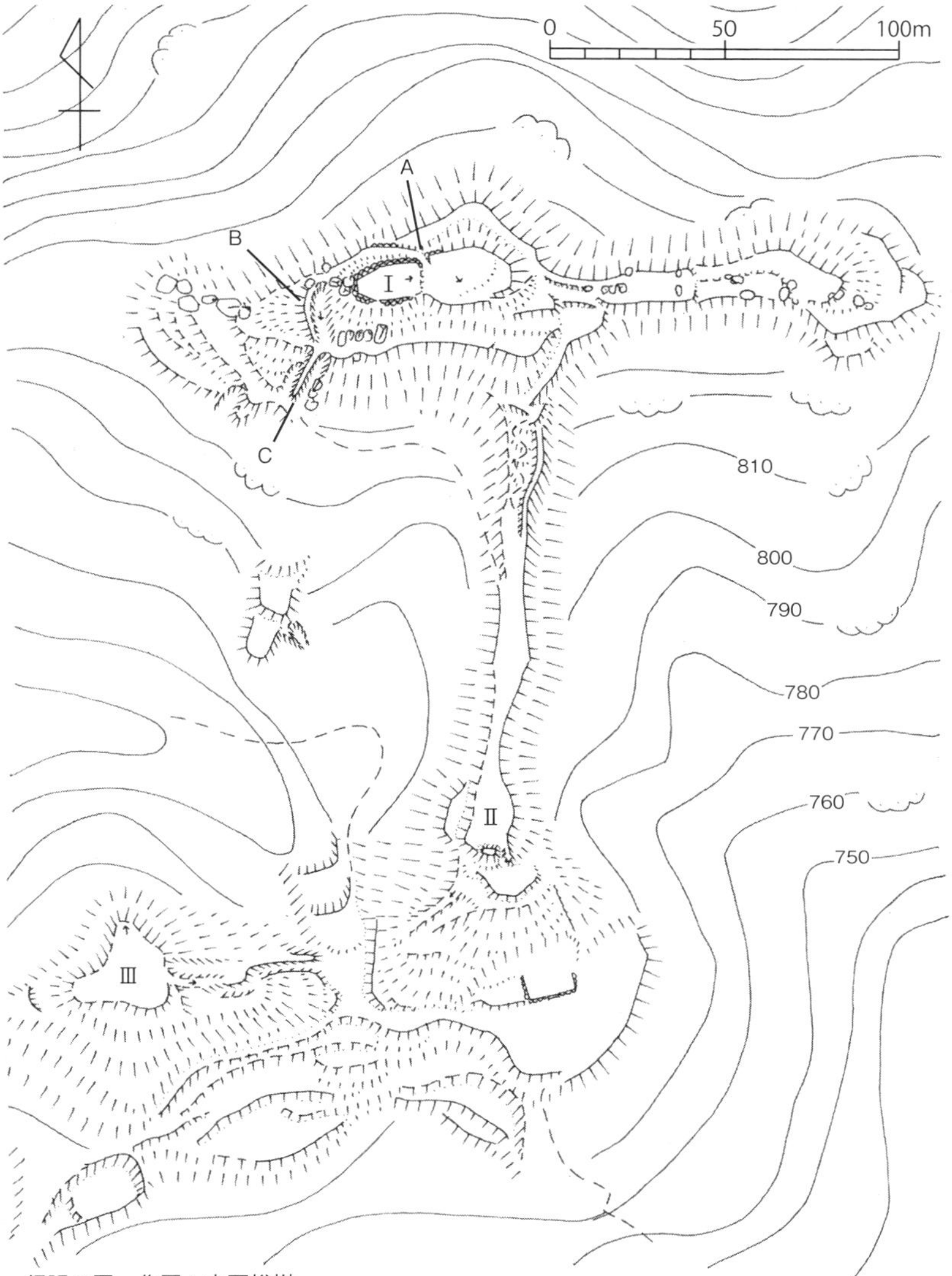

縄張り図　作図：中西裕樹

は、石垣を伴う一折れのスロープ状による虎口Aが設定されている。南に延びる尾根上は、まとまった面積のⅡ郭となり、この方面に対して、Ⅰ郭からは竪土塁B、山腹のルートに対しては同じく竪土塁Cが伸びる。

Ⅱ郭の南端には土塁が存在し、この下に園林寺跡の平坦面がある。Ⅱ郭と西のピークⅢ郭からは、両者間の谷地形に向けて竪堀と竪土塁が伸び、谷周辺には平坦地が確認される。

【評価】 Ⅰ郭の虎口形態や石垣の使用など、遺構の年代観は、およそ文献で確認できる明智光秀による築城と考えて大きな齟齬はない。特定時期・地域と勢力の軍事的緊張下における城郭の様相がわかる点で、当城の遺構や立地が研究に益するところは大きい。

また、明智氏の利用が考えられる丹波の周山《しゅうざん》城（京都市右京区・『近畿』Ⅰ所収）でも竪土塁が確認できる。この時期の明智氏、もしくは丹波における築城プランを示すものと想定できる。

金山は、その様相から明らかに山岳信仰の場である。丹波に多くできる戦国期の山岳寺院（跡）を利用した山城同様、当城では園林寺の平坦面を利用したのだろう。織豊政権の城郭では珍しい事例であるが、谷間の平坦地に向け、ピークから伸ばされた竪土塁などがこれを示唆している。（中西裕樹）

[参考文献] 藤井善布　一九八一「金山城」『大系』12／福島克彦　一九九〇「織豊系城郭の地域的展開—明智光秀の丹波支配と城郭—」村田修三編『中世城郭研究論集』新人物往来社／高橋成計　二〇〇〇「金山城」八上城研究会編『戦国・織豊期城郭論　丹波八上城遺跡群に関する総合研究』和泉書院／福島克彦　二〇〇五「織豊系城郭論と地域史研究—丹波国を中心に—」『城館史料学』3　城館史料学会／髙田徹　二〇〇六「丹波八上城の縄張り評価について—中西裕樹・福島克彦氏による反論をめぐって—」『戦乱の空間』5　戦乱の空間編集会

135 夜《や》久《く》野《の》城《じょう》

技巧的な虎口を持つ境目の城郭

城跡遠望

【選地】　但馬国と丹波国（兵庫県と京都府）との県境にほど近い、夜久野ヶ原、朝来《あさご》市山東町金浦《かなうら》の低丘陵に築かれている。近世の山陰街道（国道9号）を見下ろす位置にあり、因幡国から当地を経由し、丹波へ抜けることができる。古来より丹後国の成相寺《なりあい》（宮津市）への往来も多く、成相道として親しまれた交通の要衝であった。

　また、夜久野ヶ原は国境の要衝であるため、たびたび合戦の場となっている。

DATA
所在：朝来市山東町金浦
遺構：曲輪、土塁、虎口
規模：110 × 150m
標高等：標高 228m、比高 25m

【歴史】　『朝来志』によると、山名上野介は所領を失い、縁戚の山名祐豊のもとに長男豊直、次男豊次の身を寄せさせた。祐豊はこの二子を波多野秀光に托し、秀光は所領の磯部の地に住まわせた。それ以後、二子は磯部氏を称したという。また、長男豊直は当城に、次男豊次は磯部城（朝来市山東町）に入ったともいわれる。

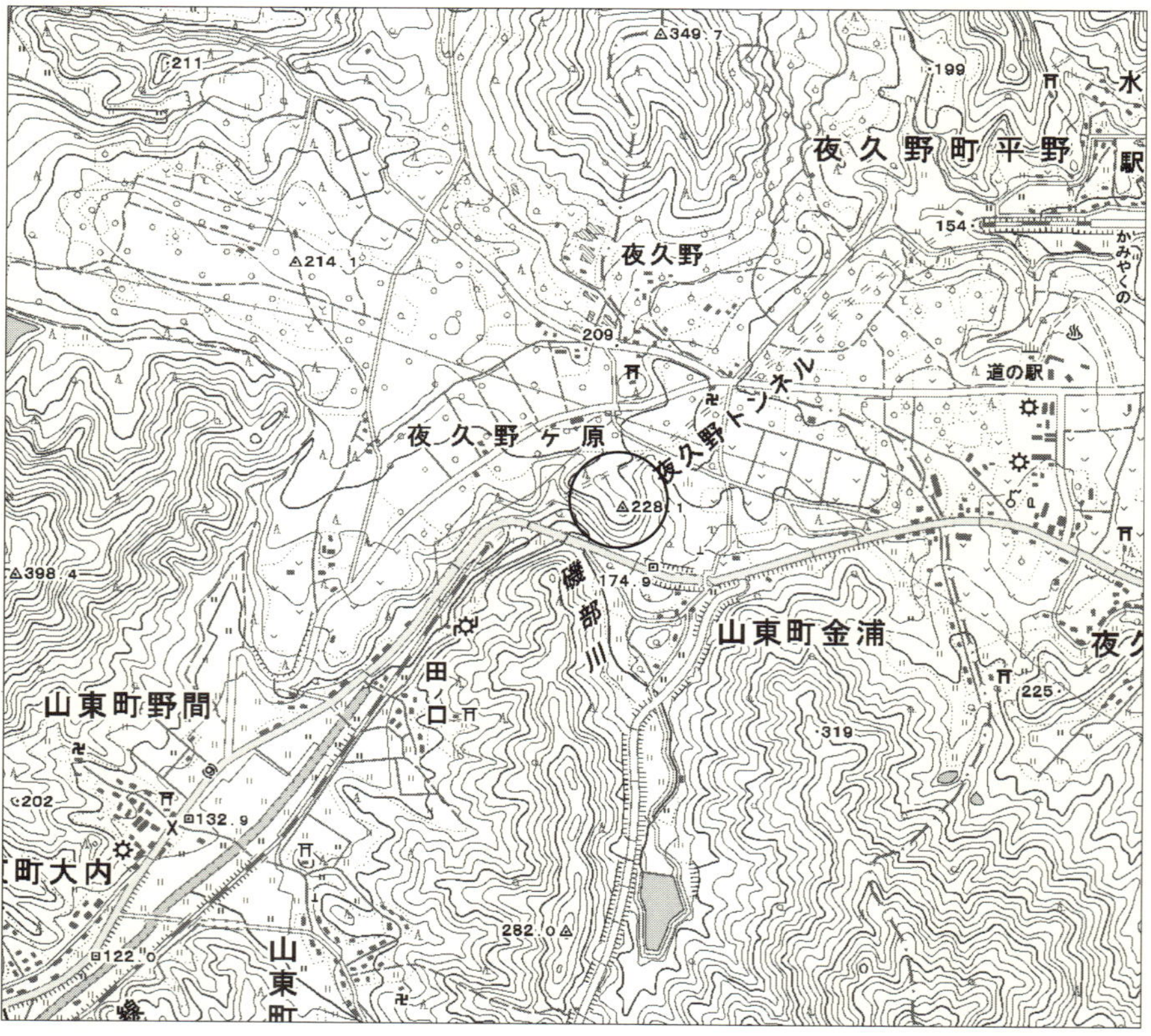

　以上の事柄は一次史料では確認できないが、

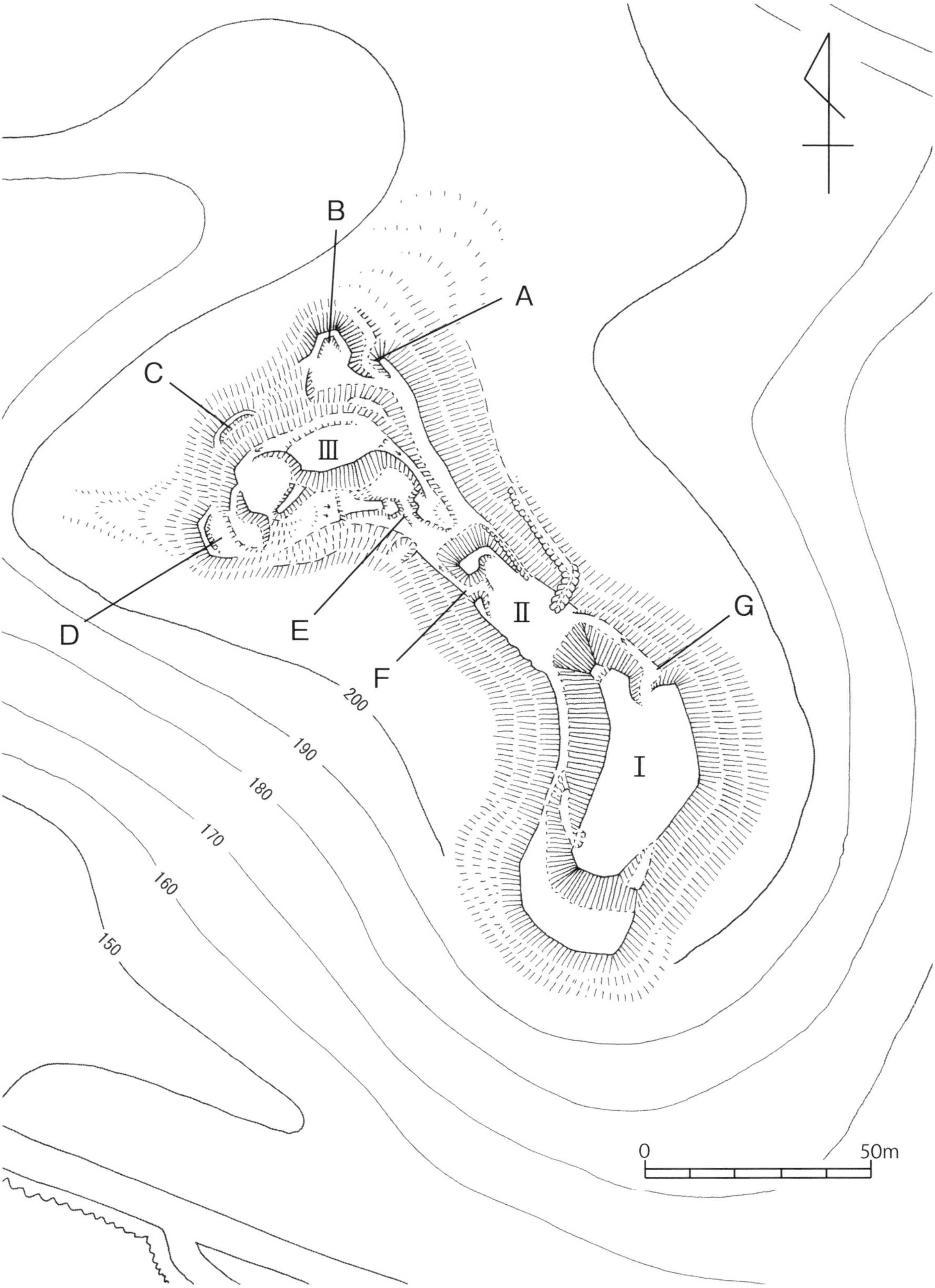

縄張り図　作図：谷 允伸

主郭Ⅰの切岸　Ⅱ郭より

Ⅱ郭土塁と虎口F

元亀二年（一五七一）に勃発した、丹波山垣城（丹波市青垣町）の戦いにおける二通の感状に、磯部豊直に関する記述がある（「岡村文書」）。これらの感状により、少なくとも磯部氏が当地を地盤に活動していたことがわかる。

磯部豊直は、後に羽柴秀吉に従い因幡に移ることになる。このとき、当城も廃城になったとみられるが、一説には竹田城（朝来市和田山町）城主赤松広秀の家臣である、泥《なずみ》宗右衛門が入ったとも伝わる。

【遺構】当城の縄張りは、巨観的に見ると三地区から構成されている。①南端に位置し街道に面した、城内最大の曲輪である主郭Ⅰ、②北端に広がる夜久野ヶ原に突き出した、Ⅲ郭を中心とした曲輪群、③主郭Ⅰと、北端の曲輪群とを結ぶⅡ郭。

当城の縄張りの特徴は、それぞれの曲輪に明確な虎口を設け、それが交互に配置されている点である。

当城では、夜久野ヶ原に面する北方を除く三方が急斜面となり、とくに南の街道側は絶壁に近い。唯一の緩斜面となる北東側が登城路であったとみられ、Ⅲ郭の北側には虎口Aが設けられている。虎口Aは土塁を伴う小曲輪Bとの組み合わせにより、城域への侵入を厳重に制限する。虎口Aへは小曲輪Bの直下を通り、右に一度折れさらに左へ折れて、ようやく虎口を通過する。虎口Aに侵入を許しても敵兵に対しては、Ⅲ郭および南に伸びる土塁からの迎撃が可能となる。

Ⅱ郭の塁壁前では、右に折れ、Ⅱ郭の櫓台を持つ土塁を伴う虎口Fへと引き込まれる。現状の虎口Fは、土塁の風化により判別が困難だが、食い違い虎口となっていた可能性もある。

主郭Ⅰは、城内で最も高い約9メートルの切岸東面に通路を設け、右に折れて入る虎口Gを有する。主郭Ⅰの南側は絶壁に近く、この方面から敵の侵攻は考えにくい。北端のⅢ郭と比べると、その比高は二倍以上ある。そのため、Ⅲ郭の曲輪群に設けられたような、

虎口Ａ　北東より

土塁囲みの火点は見当たらず、主郭Ⅰの南には、比較的大規模な腰曲輪が設けられているにすぎない。

対するⅢ郭を中心とした曲輪群には、北東と西側に派生する尾根に対して、それぞれに土塁を伴った曲輪Ｂ・Ｄを配置し、火力を集中させている。それを補完するように、Ｂ・Ｄの中間部には、現状では３０センチに満たない低土塁を伴う塹壕状の施設Ｃが存在する。山麓から迂回を試みる敵兵や、西側の尾根に対する備えとして設けられたとみられる。

また、Ⅲ郭直下には、土塁に囲繞された虎口Ｅが存在する。虎口Ｅ内部は武者溜まりとして機能しており、虎口Ｆを攻めてくる敵に対し、背後からの逆襲が有効となる。

主郭Ⅰが急峻な地形と、高い切岸に頼る防御であるのに対して、北側の曲輪群が厳重に防御されているのは、当城の防御正面が、夜久野ヶ原と接する北面であるからにほかならない。Ⅲ郭を中心とした曲輪群が防御正面の最前線に位置し、防衛を担うとともに逆襲の任務を付与された、機能分化の結果であろう。

【評価】　当城は、虎口や土塁など技巧的な面を有する。北方の夜久野ヶ原側から登はんした場合、比高はわずか２５メートルにすぎず、自然地形を活かし切っているとはいい難い。

また、磯部豊直の弟である豊次が入ったといわれる磯部城は、当城の南西１・５キロにあるが、縄張りの様相は大きく異なる。磯部城は鋭い切岸を設け、畝状空堀群によって斜面を防御する縄張りである。朝来市山東町域に多く分布する、畝状空堀群を持つほかの城郭と同様に、虎口に工夫は見られない。

このように、当城の突出した技巧的な縄張りは、自然地形を利用する戦国期通有の城郭のあり方とも、畝状空堀群を多用する但馬国南東部（朝来市山東町）の地域とのあり方とも異なる。縄張りからは、在地勢力の築城と考えるよりも、より広域的な勢力の戦略的な要請に基づく築城と理解したい。

あくまでも伝承の域を出ないが、当城は豊臣期竹田城の支城であったと伝わっている。もちろん、後世の創作の可能性も否定できないが、畝状空堀群を持たず、虎口を連続させた技巧的な縄張りを持つ当城が織豊系勢力の城郭と伝わるのは、非常に興味深い。但馬国でこのような特徴を持つ城郭の類例は少なく、貴重な事例である。

今後はさらに、隣接地域の城郭との比較を進め、明確な虎口を持つ但馬国内の城郭について検討していく必要がある。（谷　允伸）

［参考文献］一九八四『山東町誌』上巻　山東町誌編集委員会／木村発　一九〇三『朝来志』／谷允伸　二〇一六「但馬　磯部城」『中世城郭研究』第三〇号　中世城郭研究会

136

高生田城《たこうだじょう》—付、和田城《わだじょう》

傑出した縄張りの福富氏の居城

城跡遠望

【選地】 円山川支流の糸井川右岸、高生田集落背後（北西側）に所在する。当城は、糸井谷（糸井庄）のほぼ中央部に位置し、山陰道から糸井谷を経て出石《いずし》へ抜ける街道を押さえる要地である。山頂からは、糸井谷の全体が見通せる。

DATA
所在：朝来市和田山町高生田字高生田山
遺構：曲輪、堀切、竪堀、堀切、竪堀、土塁
規模：250 × 250m
標高等：標高 222m、比高約 130m
指定：豊岡市指定

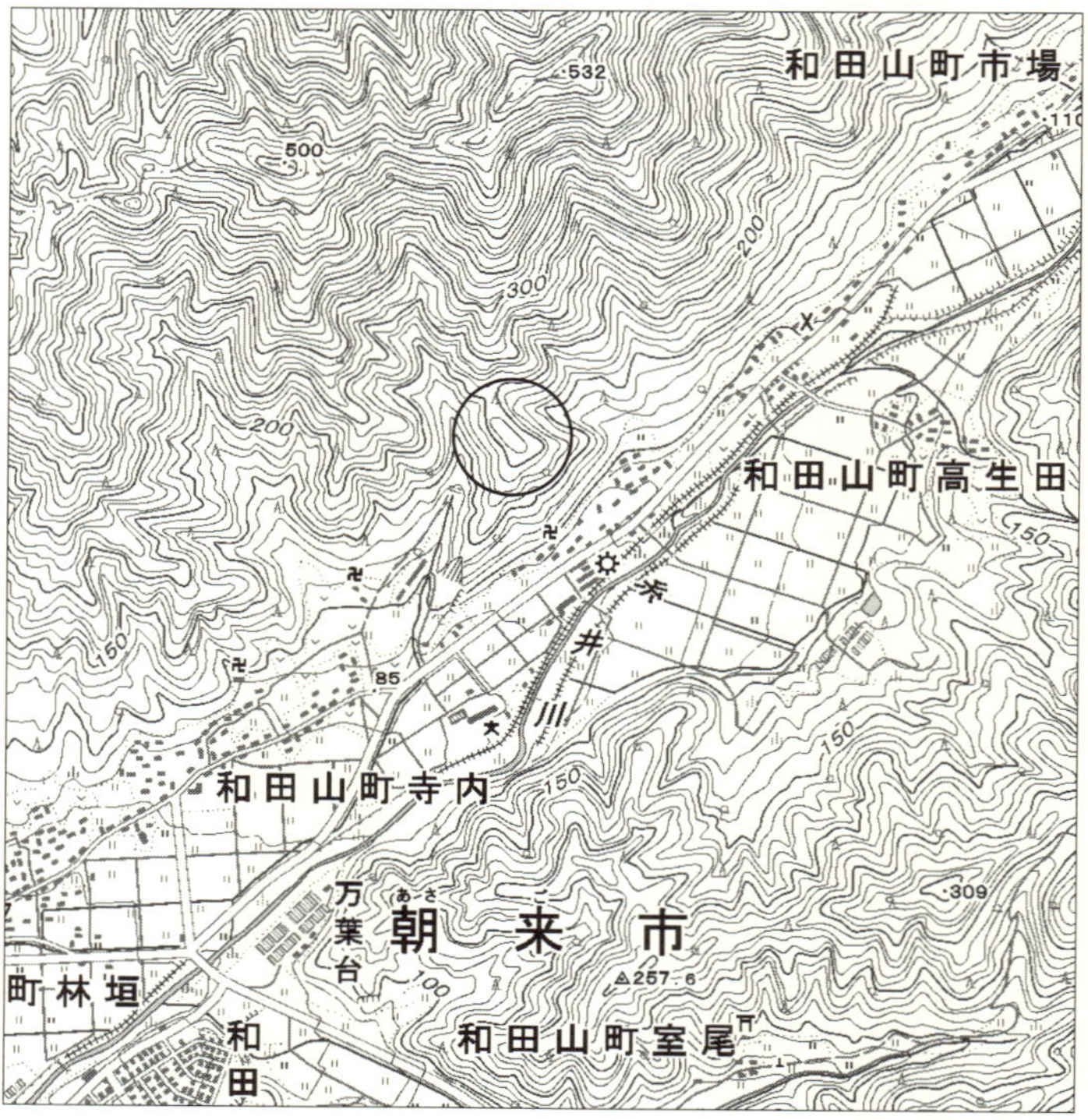

【歴史】 糸井庄は鎌倉期には法勝寺領で、荘官は在地領主の小谷氏（家茂）であった。小谷氏は、南北朝期にも勢力を維持し、但馬守護仁木氏の給人となっていたが、貞治六年（一三六七）、新守護長道金の時代にはその地位を奪われ、一名主となってしまったという（『後愚昧記』）。

その後、永和四年（一三七八）の守護山名時義の時代には、糸井庄の半済給人は福富左衛門四郎となっている。この頃、福富氏は山名氏の家臣（一説には御内衆）として糸井庄に入部したものと思われる。それ以降、福富氏は長享二年（一四八八）から永正十三年（一五一六）年まで、日光院（八鹿町）に反銭・諸公事免除、土地寄進などを行っている（『日光院文書』）。

天文二十三年（一五五四）七月、土田郷と枚田郷（いずれも朝来市和田山町）の山境争論に対して、山名宗詮（祐豊）が裁許状を出している。争論は竹田城（朝来市）主太田垣土佐守（輝延）の斡旋によって、「長尾を境とすること」「枚田郷より土田山に牛六疋・

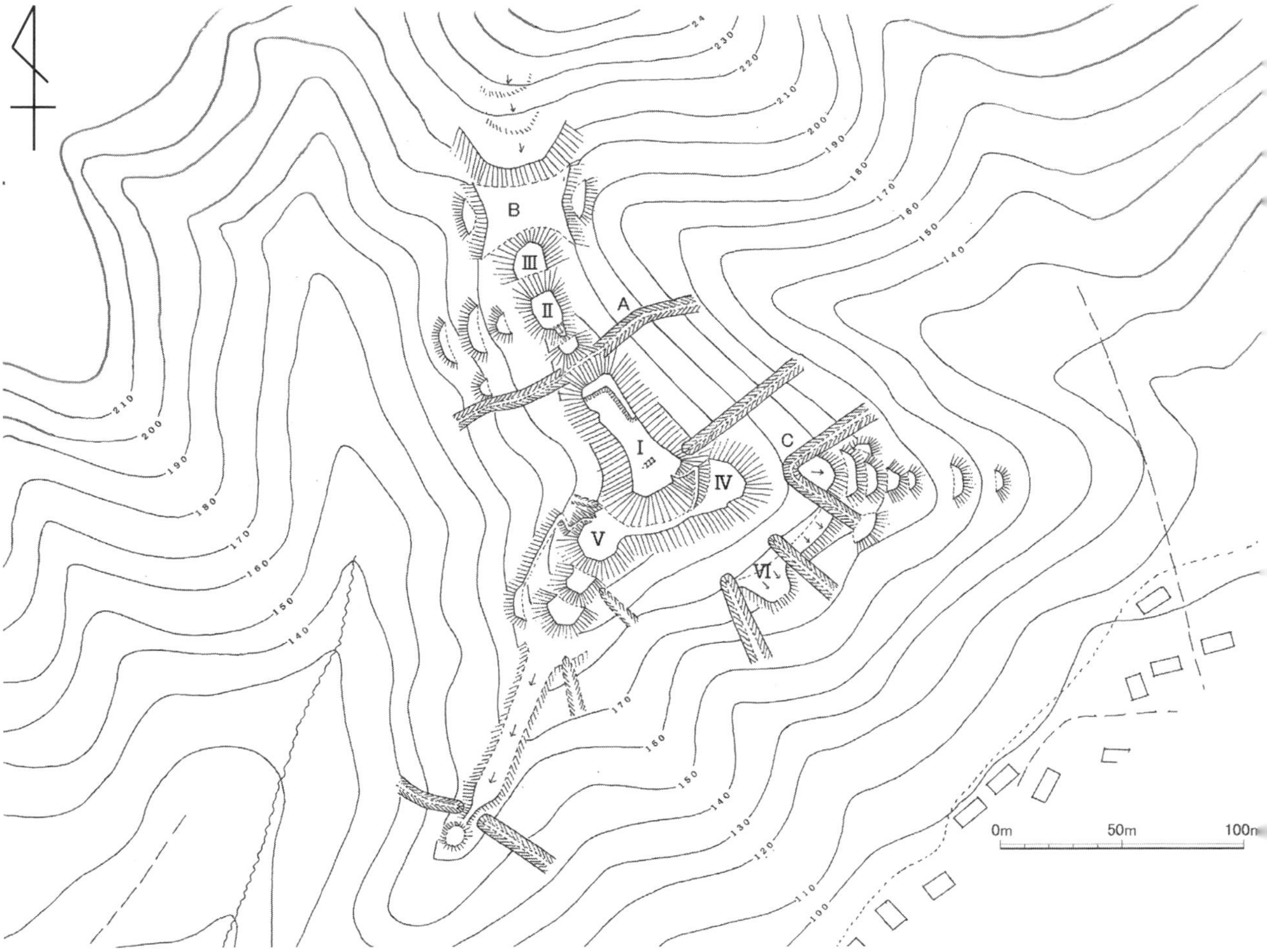

図1　高生田城　縄張り図　作図：西尾孝昌

高生田城　主郭Ⅰと土塁

高生田城　主郭Ⅰの切岸

牧（夫ヵ）六人を入れること」で決着し、宛名として福富七郎右衛門の名がみえる。福富氏は糸井郷だけでなく、土田郷の領域も支配下に治めていたものと思われる。

【遺構】　主郭Ⅰの背後（西側）を二条の堀切と竪堀で遮断し、主郭Ⅰから二方向に延びる尾根筋に、階段状に曲輪や竪堀群を配置して防御を固めた縄張りである（図1）。

主郭Ⅰは、東西約54×南北約20・5メートルと広く、堀切側（北側）に鉤状の幅広い土塁（幅4×高さ1メートル）、北斜面には虎口を守備する大規模な竪堀（幅4×長さ65メートル）を構築している。

主郭Ⅰ背後には、幅15×深さ8メートルの大規模な堀切Aと竪堀（幅3・5〜5×長さ45〜55メートル）を設けている。さらにその北側には、三つの小規模な曲輪（Ⅱ・Ⅲなど）と幅広い箱堀（幅28×深さ5メートル）を構築している。

主郭Ⅰの南東尾根には、しっかり整地したⅣ郭（22×15メートル）と小曲輪群を設け、尾根を断ち切って大規模な堀切Cと竪堀（幅3・5〜4・8×長さ25メートル）を設けている。さらに、その南斜面には、帯曲輪を切って二条の大規模な竪堀を構築している。

主郭Ⅰの南西尾根には、三つの曲輪を配置しているが、Ⅴ郭は15×20・5メートルを測り、主郭Ⅰとの段差は約15メートル以上である。その南には自然地形が続くが、90メートルほど下がった所に大規模な土橋・竪堀を構築して、尾根筋を守備している。竪堀は、幅3・6〜4×長さ25〜35メー

高生田城　主郭Ⅰへの虎口

高生田城　堀切A

高生田城　竪堀

トルを測る。

【評価】　主郭Ⅰや各曲輪の切岸が高く、強固に造成されているだけでなく、三つの尾根筋を大規模な堀切や竪堀で遮断した、優れた縄張りである。築城時期は、小規模な曲輪群を構築した南北朝期に遡ると思われるが、室町期に主郭Ⅰを中心に改修し、さらに戦国期に大規模な竪堀群で補強したことがうかがえる。

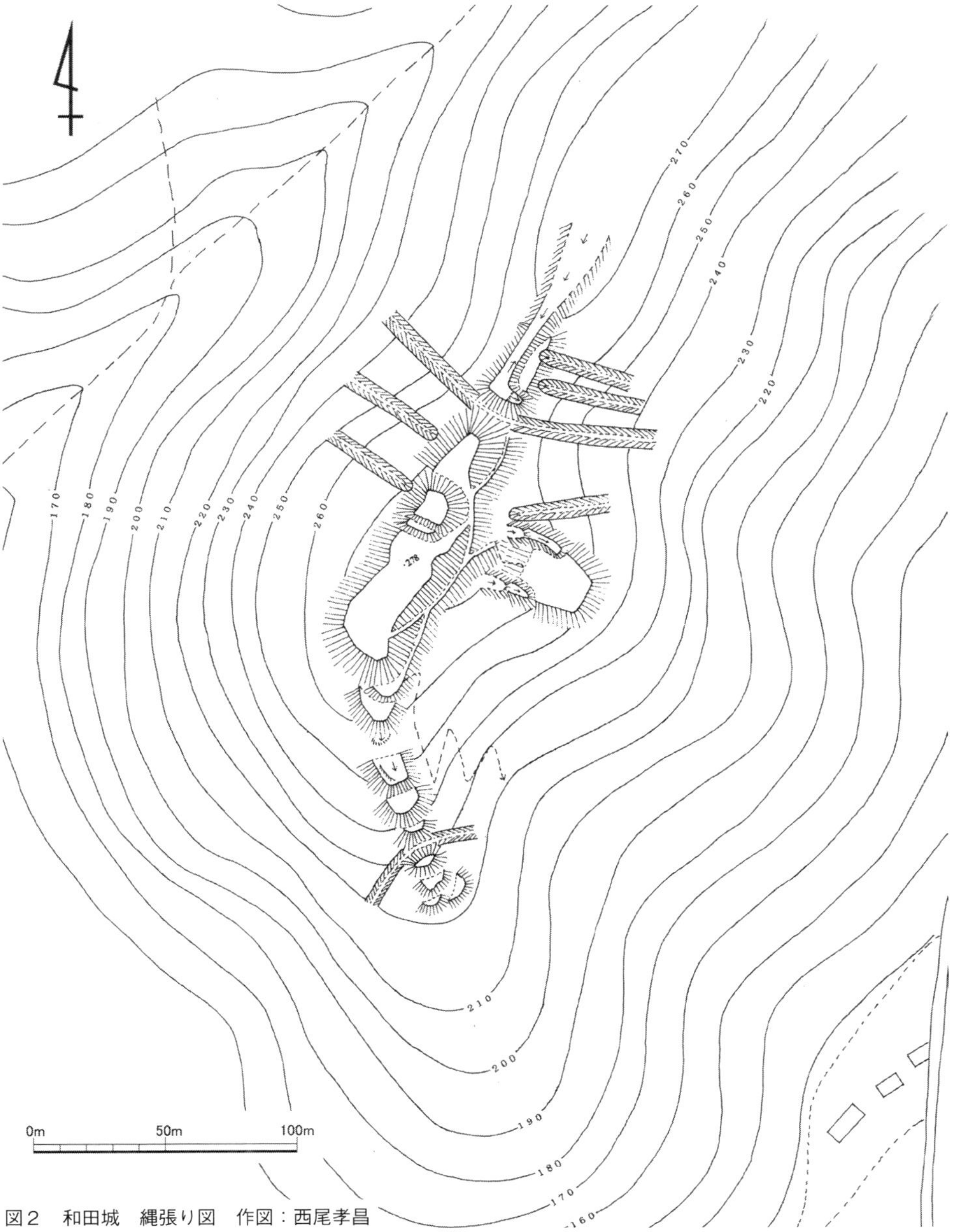

図2　和田城　縄張り図　作図：西尾孝昌

一方、小谷氏の城とされる和田城は、同じく糸井谷に所在し、当城と直線距離にして約1・8キロしか離れていない。和田城は糸井谷から出石の奥山へ越える分岐点に所在し、当城と同様、尾根筋を堀切・竪堀で遮断する縄張りを特徴とし、一部、畝状空堀群を構築している。戦国期には、福富氏の支配する城郭になったと思われる（図2）。

前述した天文二十三年の史料からすると、土田郷と枚田郷との山境相論は太田垣氏と福富氏との所領をめぐる争いではあるが、福富氏が山名氏の直臣であることを勘案すると、事実上、守護山名氏と国人太田垣氏との境界争いとみられる。糸井谷を統べる福富氏の城郭（当城・和田城）が傑出した縄張りをもつのは、出石への通路を守備する役割だけでなく、太田垣氏との境目の城として重要視されたからではなかろうか。

（西尾孝昌）

137

生野平城《いくのひらじょう》

但馬に対して盆地中央に築かれた平城

主郭東側堀跡

【選地】 旧生野町の中心地にあり、東は市川に接する。周囲を山々に囲まれた谷の狭い平地の中央に位置しており、播磨と但馬を結ぶ播但道が城内の東縁を南北に通過している。

当城の北東800メートルには、標高609メートル、比高280メートルの生野山城がそびえる。山城山麓から東方の山間一帯が有名な生野銀山である。

DATA

所在：朝来市生野町口銀谷《くちがなや》
遺構：なし
規模：170×210m（主郭）
標高等：標高315m、比高0m

【歴史】 生野銀山は天文十一年（一五四二）頃、生野山城の山麓付近で地元民が銀を採掘し、石見銀山の精錬技術を導入して開発されたとされる。

当初、銀山支配には但馬守護山名祐豊《すけとよ》が当たり、弘治二年（一五五六）四月に白銀二百両を内裏に献上している。しかし、銀山の実行支配は重臣の竹田城主太田垣朝延《おおたがきとものぶ》に奪われた。太田垣氏は銀山支配を京正阿弥《しょうあみ》に委ね、次いで永禄元年（一五六〇）には杉原七郎左衛門を代官とした。

同十二年、織田信長は毛利氏の要請に応じて但馬へ木下藤吉郎、坂井右近を派遣して制圧し、銀山を占領した。山名祐豊は泉州堺に逃れたが、同年冬には今井宗久、長谷川宗仁の斡旋により但馬に帰国した。その際、信長は北播磨の別所重棟、丹波黒井城（丹波市）の荻野直正に祐豊帰国の助力を要請している。両者の領有地は生野から京への最短路に位置していた。祐豊は帰国したものの銀山支配を回復できず、生野は太田垣氏の支配下にあった。信長は祐豊に御用吹屋《ふきや》銀の上納を求めていたが実行されたかは不明で、太田垣朝延と信長は会談している。元亀元年（一五七〇）、今井宗久は代官を生野に常駐させ、銀山支配に関わろうとした。

天正元年（一五七三）、毛利・吉川氏が隣国因幡に侵攻すると同三年、祐豊は信長に替えて毛利氏と誼を通じ、太田垣氏も従った。

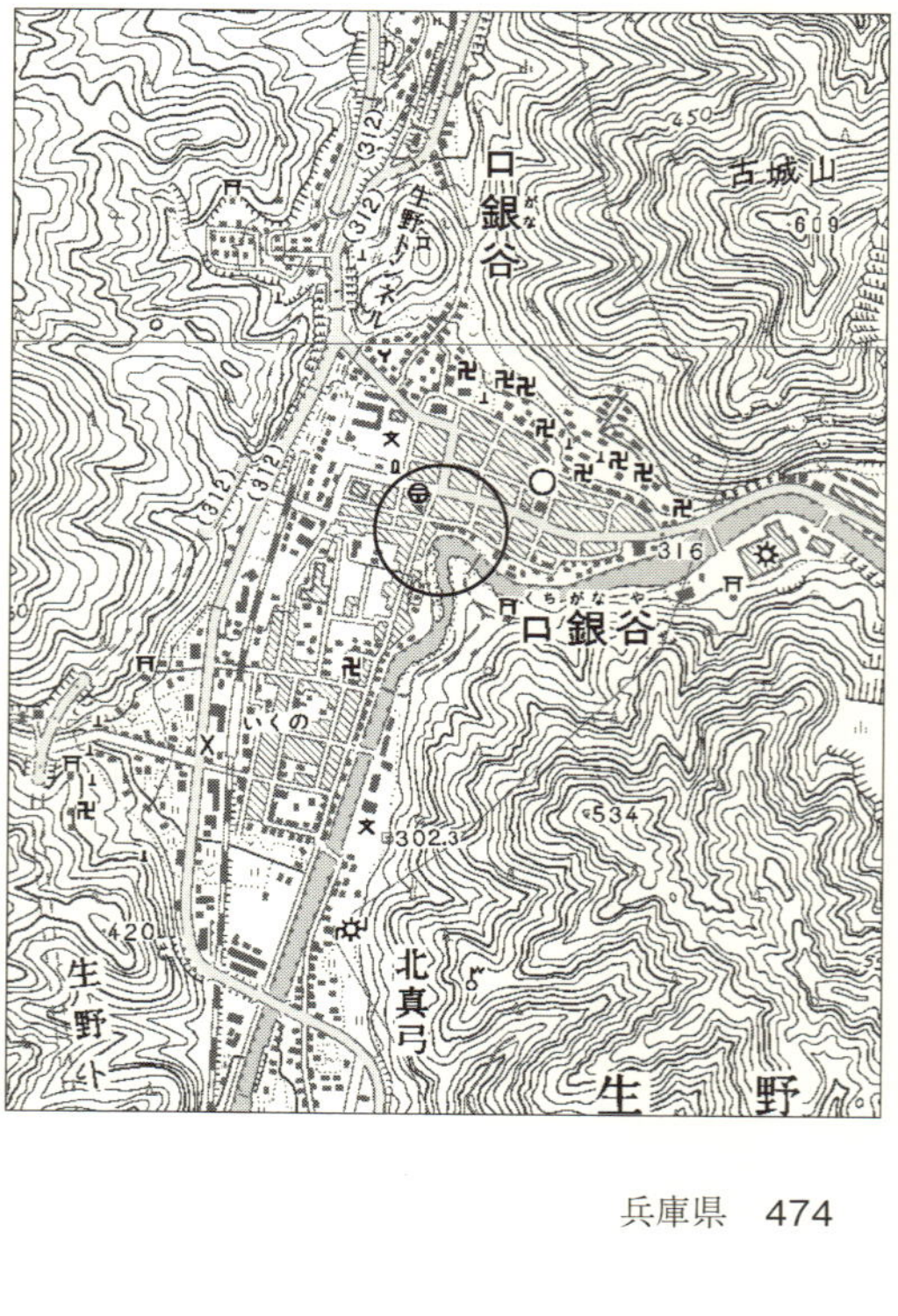

同五年十月、荻野直正が丹波から侵攻して竹田城を落とした。翌十一月、羽柴秀吉は秀長を但馬に派遣して竹田城と生野銀山を占拠すると、現地で銀を入手して翌年信長に献じたという。同六年七月、上月合戦後に秀吉は但馬へ入り、竹田城を再占領した。同八年四月、播磨をほぼ制圧した秀吉は、弟秀長を但馬に侵攻させると再度竹田城を制圧、太田垣氏は降伏した。その後、生野銀山には信長の代官生熊国利が入った。同十年、本能寺の変以降、生野銀山は秀吉の蔵入り地となり、伊藤石見守長親が代官として派遣された。

当城自体の歴史はいま一つ明確でないが、生野山城は、遅くとも天正八年四月の太田垣氏の降伏と共に廃されたと考えられる。当城は、生野銀山が織田信長の実効支配下に入り、代官が派遣される際、信長が秀吉に築かせた可能性が高いようである。

慶長五年（一六〇〇）の関ヶ原合戦の後、生野は幕府直轄地となり、当城は陣屋となって間宮新左衛門が奉行として鉱山管理にあたった。享保元年（一七一六）以降は生野代官所となり、代官は十万石以上の待遇であったとされる。

明治二年には生野県となり県庁が置かれるも、同四年に豊岡県に併合されて廃止された。その後、鉱山への連絡道が陣屋を貫いている。

【遺構】 当城は市街地化している。遺構としては、総構の堀とされる小川（両国川）が市川にそそいでいる。総構南側の播磨口（特圓寺の西）から市外地を西側に廻り、生野史料館近くまで溝として残り、生野こども園付近にいたる。その延長は但馬口に至ると思われ

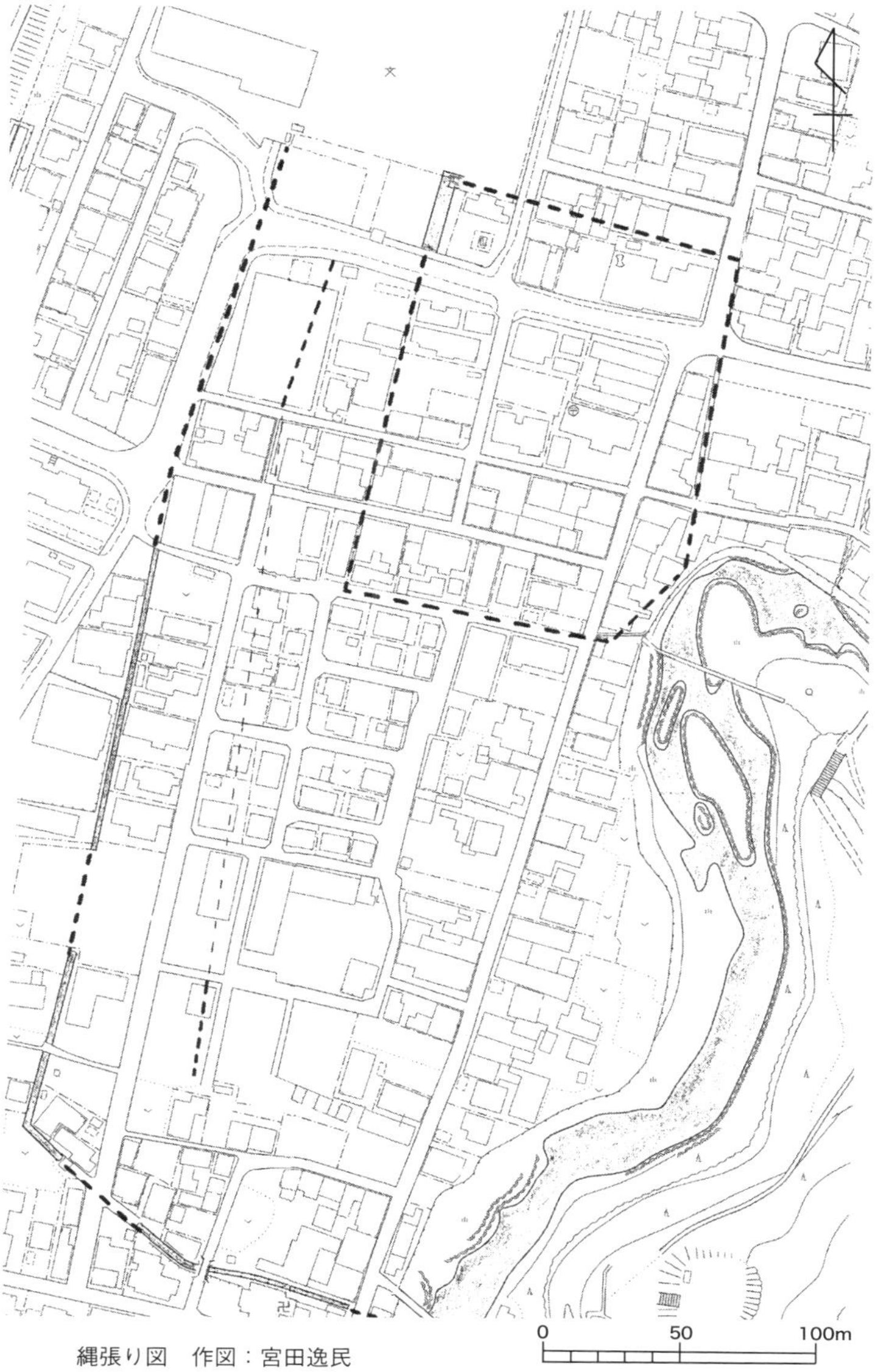

縄張り図　作図：宮田逸民

生野小学校南側観光駐車場に明示される石垣と堀

るが、詳細はわからない。

　江戸時代に、生野代官所は当城を再利用していた。その陣屋の記録に表口八十間、裏行六十一間とある。生野小学校南側の発掘調査で当城主郭の石垣が出土しており、観光駐車場に石列で出土位置と堀幅（7メートル）を明示している。明治に埋められた堀が担っていた排水機能は、現在の水路に置き換えられており、現水路が堀跡と考えられる。出土した石垣の上部は、江戸時代に修築され落とし積み仕様であった。しかし、石垣基底部は自然石を使用した野面積みである。

　北垣聰一郎氏によれば、石垣基底部は築城当時のままで、生野代官所時代に上部のみ修築したと推定されている。その代官所の石垣は、明治の銀山開発にトロッコ軌道の石垣石材に転用されたという。

（上）石垣転用石材による生野銀山トロッコ軌道石垣
（下）総構堀跡播磨口西側

　代官所前の高札場は口銀谷交差点の少し南にあったので、そこが主郭大手虎口であろう。生野銀山の「生野鉱物館」には、天保十五年（一八四四）再築時の生野代官所平面図を基にした復元俯瞰画が展示されている。代官所平図面によれば、主郭内部に堀が見え、さらに区画割がなされていたようである。しかし、復元俯瞰図は平面図とは内容が異なり、主郭内部に天守台らしき石垣や二基の櫓台と石築地等を配置するように描かれている。この俯瞰図の信憑性には疑問が残る。

　主郭と総構の間、マインホールでは「掻き揚げ外堀」のV字堀と推測できる堀が検出されている。その延長は、生野小学校グラウンドと市立口銀谷ふれあいセンター西隣へつながっていたと推定できる。

　主郭内部にあたる現生野郵便局付近では、コビキAの瓦が大量に出土している。

【評価】　当城は、山名氏から織田信長へ当地域の支配者が交替したことを明示するための新城である。生野銀山支配とは別に播磨と但馬を結ぶ街道の関所として生野盆地の中心地に位置し、但馬に対して築かれたのであろう。その当時、但馬竹田城（朝来市）が現存ほどの規模で強固に築かれていたのであれば、当城は城郭ではなく単なる銀山管理の役所であったかもしれない。但馬に対処するために、播磨を結ぶ街道を取り込むように盆地中央に平城が居座るように配置されたと考えられ、その基本構造は明治まで残っていたのである。

（宮田逸民）

［参考文献］生野町教育委員会　二〇〇三『生野代官所跡関連遺跡』／朝来市教育委員会　二〇〇七『生野代官所跡関連遺跡』／朝来市教育委員会　二〇一一『生野城と生野銀山』／城郭談話会　二〇一七『織豊系城郭とは何か』サンライズ出版

138

長谷山城《はせやまじょう》

江戸時代の絵図にも描かれた畝状空堀群

【選地】　国道2号線を揖保川《いぼがわ》を渡って約2キロほど西へ進むと、北側から丘陵が迫り、道はやや左へとカーブする。その途中から正面に見える丘陵上が城跡で、南側は「西池」を隔てて近世の山陽道が通る。街道に対し、南北両側の丘陵により街道が挟まれる隘路に位置する交通の要衝である。

城跡全景　南より　写真提供：周藤 匡範（以下、同）

DATA

所在：たつの市揖保川町大門

遺構：曲輪、畝状空堀群、堀切

規模：120 × 50m

標高等：標高 93m、比高 70m

　西側に標高50メートル程度の短い尾根が続くのみで、独立性は高い。西側の尾根上には、たつの市と相生市の境界が通る。また、北西約4キロにある光明山城《こうみょうせん》（『近畿』Ⅱ所収）から当城の西側へ続く丘陵線は、揖西郡と赤穂郡の境でもあった。ただ、北側の丘陵は標高143メートル、南側は171メートルと当城よりも高くなっており、高さよりも街道への隣接と、立地の独立性を重視したことがわかる。

　西側山麓から西側の通路を通ると三〇分ほどで城跡にいたる。途中、ゴルフ練習場で道が分断され、通路の状況は不良である。

【歴史】　『赤松家播備作城記』によれば、長谷川政時が築城し、明応頃には広瀬師満、その後は衛藤但馬守、同越中守が城主となり、天正二年（一五七四）に廃城になったとある。一方、『播磨鑑』では、江藤越中守清好が弘治年中に築いたとする。

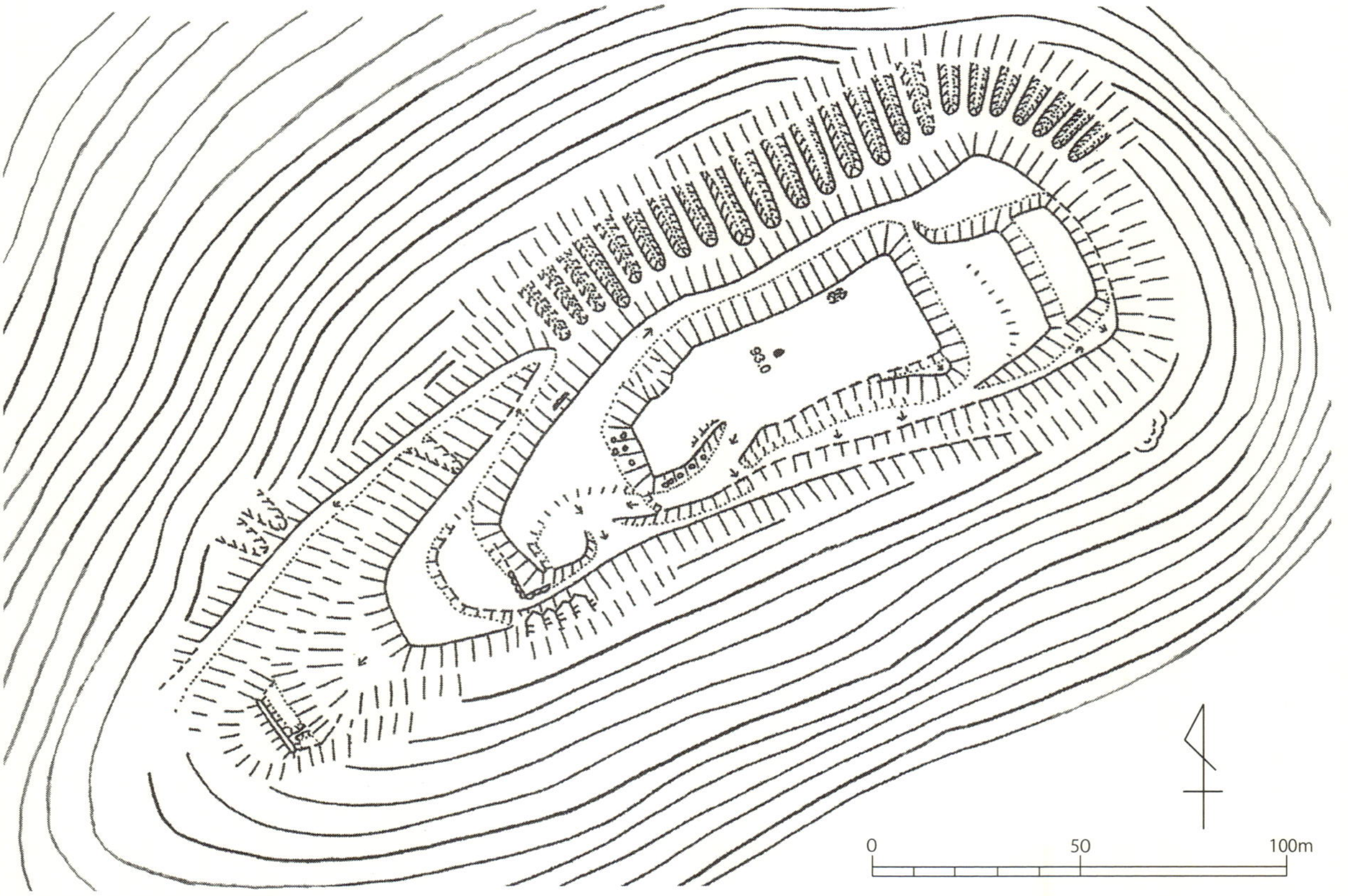

縄張り図　作図：多田暢久

石田善人氏は、衛（江）藤越中守は龍野赤松氏の家臣で、斑鳩《いかるが》寺関係の文書などにみえる衛藤光範のことと指摘しており、龍野の赤松氏とのかかわりがうかがえる。

　当城の北側に位置する大門村は、近世初頭までは長福寺村と呼ばれており、長福路《（寺）》城と表記されることもあった。広島藩の浅野文庫に伝わった『諸国古城之図』に縄張り図（以下、絵図と略す）が収録されているが、そこでは「長福寺城」と記される。

【遺構】　山頂の主郭は、東西38×南北13メートルの長方形で、南西部に西へと下る斜路が開く。そのほかに明確な出入口は確認できない。斜路付近の切岸には、石材の散布が見られる。

　絵図には、主郭内に二ヵ所の井戸が描かれ、その一つと見られる直径約3メートルの穴が、北東部の縁辺近くにある。

　主郭の東西には、それぞれ二段の曲輪が設けられ、主郭の南北両側にある帯曲輪によって連絡する。主郭から下った西側一段目の曲輪も、南西に二段目の曲輪へと下る虎口がある。その途中にも、一段分の石列が残るので、主郭とともに虎口付近は石積みで固めていた可能性があろう。

　西側二段目の曲輪から西へと尾根を少し下ると、絵図に描かれた堀切がある。堀切は浅く、前面が土塁状になるので武者溜りとして機能した可能性が考えられる。

　城の北面から東面の北部にかけては、帯曲輪の切岸下に、二十本余りの畝状空堀群が確認できる。絵図では、城の全周に三十本程度の竪堀が描かれているが、現状では南側や西側では確認できない。これが絵図の書き誤りか、遺構が失われたのかは不明である。北側の帯曲輪が南側よりも幅が広いのは、畝状空堀群への攻撃のための足場として機能していたからであろうと推定される。

　山麓からの登城路について、絵図には二ヵ所描かれているが、南西のものは確認できない。西側からの城道は、尾根のやや北側斜面を斜めに登り、畝状空堀群西端の手前で折れて、西側二段目の曲輪へと入る。

【評価】　たつの市と相生市周辺における畝状空堀群の確認事例は少なく、ほかに光明山城の事例が知られる。

　光明山城は、龍野赤松氏初代の赤松政秀が陣として利用していた。山下晃誉氏によれば、その後の永正期にも、赤松村景や龍野赤松氏の家臣である樫村内蔵助が城内にいた可能性があり、当城とともに龍野赤松氏とのかかわりは強い。

　畝状空堀群の間に横堀を設ける光明山城に対し、当城では横堀は使われていない。しかし、帯曲輪による城域区画の意識は読み取ることができるので、ともに戦国末期の縄張りと見てよいと思われる。

　光明山城は、龍野から上郡へ抜ける中世山陽道を見下ろす郡境に位置する。ともに、戦国末期に龍野赤松氏の境目城として築かれた可能性が高い。

（多田暢久）


［参考文献］揖保川町史編纂専門委員会　二〇〇一『揖保川町史第三巻』揖保川町／石田善人　一九八一「長福寺」『浅野文庫蔵諸国古城之図』新人物往来社

主郭

西側１段目曲輪の虎口付近　南より

北斜面の畝状空堀群

139 屋形構《やかたかまえ》

赤松家臣高橋氏の方形館

城跡全景　北西より

【選地】　播磨平野を南北に流れる市川の中流市川町にあり、北から東、南を山で囲まれ、西は市川という半ば独立した地域が大字「屋形」である。川寄りに集落があり、その一段上の段丘上に当城がある。南900メートルには比高100メートル、標高216メートルに詰め城であったと考えられる飯盛山城がある。

【歴史】　播磨守護赤松氏は嘉吉の乱（一四四一）で滅んだが、赤松政則が再興を果たした。しかし、文明十五年（一四八三）に真弓峠の戦いに敗れると、山名氏は但馬から播磨に入り、長享二年（一四八八）まで五年間播磨に進駐していた。この経路上にあたるのが当城で、その間の混乱に見舞われたことであろう。

　地元の伝承では、政則の内室が病気療養のために当城に住んでいたという。『赤松家播備作城記』は、赤松晴政が屋形城に居住した後、置塩城《おじお》（『近畿』Ⅰ所収）を築いて移ったとする。守護家最後の当主赤松則房は、信長・秀吉に従い中世末の混乱を乗り切ったが、阿波に転封となった後に断絶した。

　『岡山藩家中諸士家譜五音寄』によると、当地を領したのは赤松氏重臣び高橋四郎太夫で、高橋氏は館の南に位置する飯盛山城の城主であり、赤松則房に従っていた。関ヶ原合戦の後には、播磨に入った池田輝政に四郎太夫の子が仕えたようだ。

【遺構】　東が高くなった丘陵上に築かれた、土塁で囲いこんだ方形館である。東西約60×南北約50メートルである。四方に2メートル弱の土塁が残っているが、南東側

DATA

所在：神崎郡市川町屋形
別称：カマヤのグロ
遺構：土塁
規模：60 × 50m
標高等：標高 108m、比高２ｍ

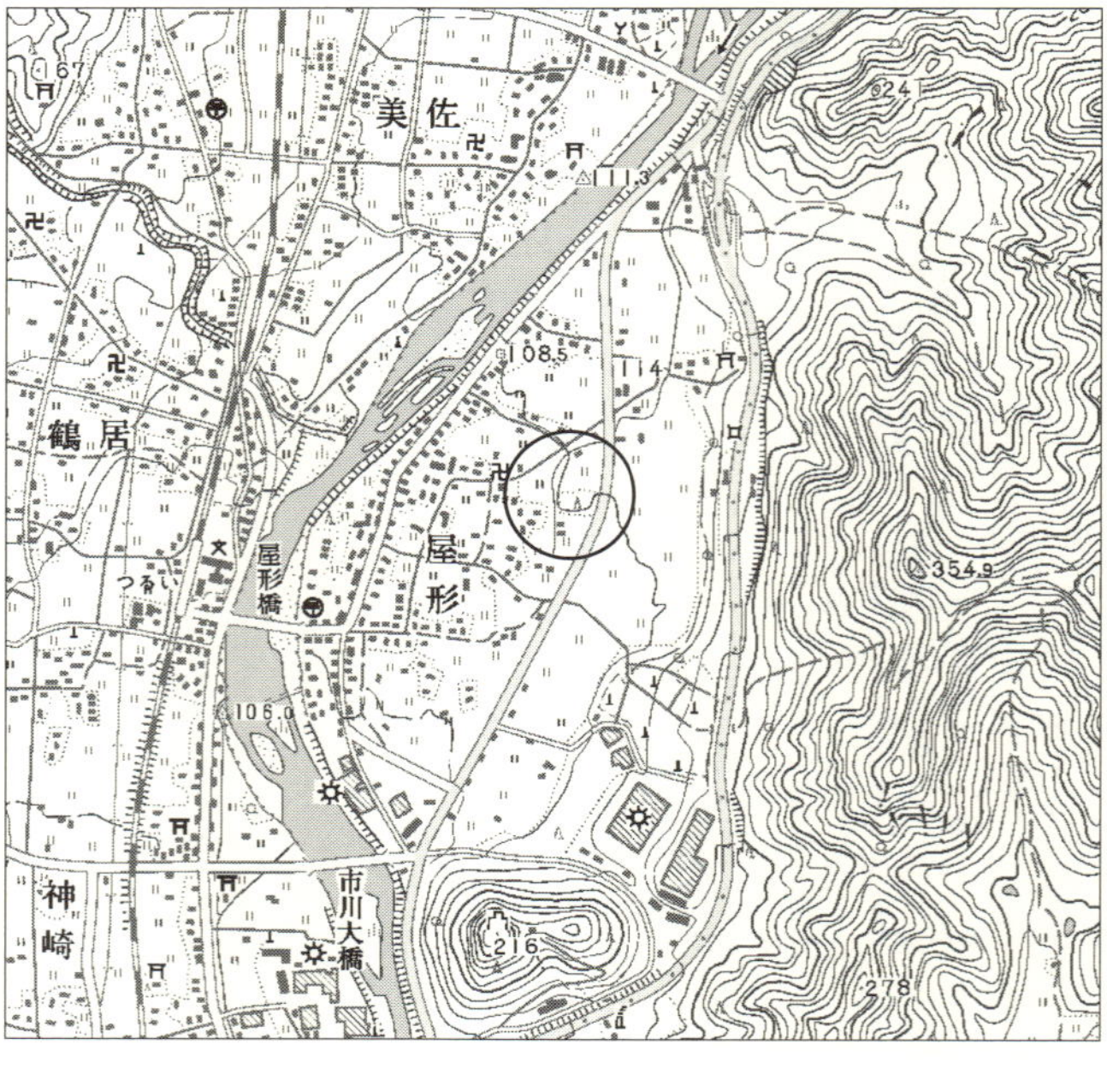

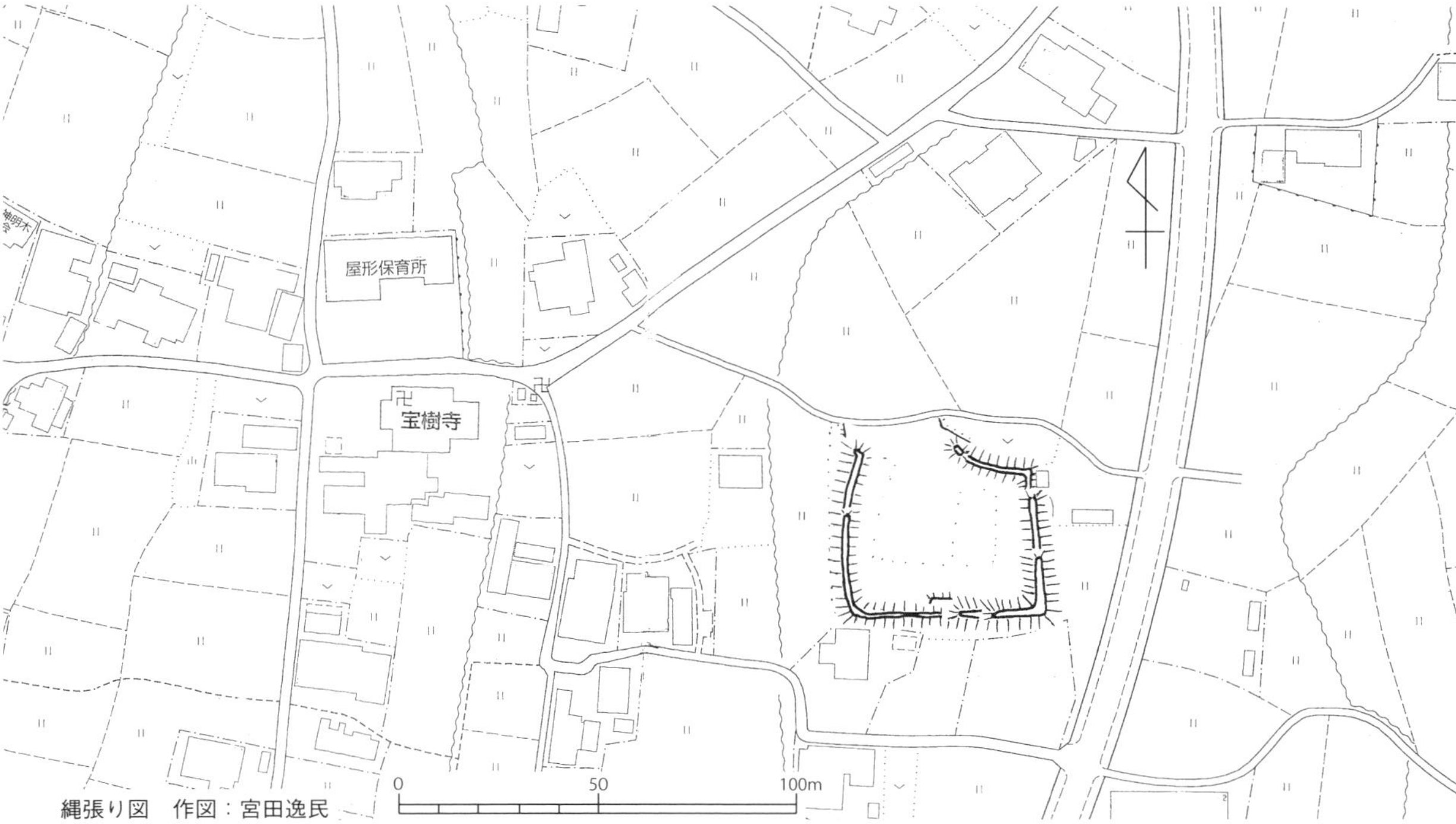

縄張り図　作図：宮田逸民

西側土塁　北より

のみ3メートルと高い。西300メートルに集落があり、それらを俯瞰する位置を占める。北に虎口が開くが、虎口であるのか疑問とする向きもある。西は低い段丘崖に面している。北の虎口付近のみ土塁に平行して水田があり、堀跡かもしれない。

その他の三方に堀を推測させるような形状の畑、水田は見られないが、南を「ほりのたんぼ」という。発掘調査をしないと確定できないが、堀を伴っていたのかもしれない。

飯盛山城は岩山に築かれ、西の頂部に狭い削平地があり、北西と南西側に曲輪がある。

【評価】『神崎郡誌』によると、当城の西150メートルにある宝樹寺は、赤松政村が母の菩提を弔うために建立したとされ、城主の菩提寺だったと考えられる。しかし、当城はほぼ半町四方なので、伝承にあるような守護が築く規模ではない。御屋形を守護とする発想から転じた誤伝ではなかろうか。

大字「屋形」の中央に位置するので、当地を領したとされる高橋氏の館とみてよいだろう。城自体は「カマヤのグロ」と呼ばれている。この呼び名は「構《かまい》」の「畔《くろ》『あぜ』」と理解できると、高田徹氏が指摘した。その一方、地元では高橋氏という領主がいた城であって、方形館として四方に土塁を良好に残す貴重な遺跡との認識はない。また、屋形地区は江戸時代で約四百石である。この地に築かれ維持されたのが屋形構と飯盛山城となる。城とそれを支える基盤となる地域の対比が明瞭に観察できる貴重な例でもある。

（宮田逸民）

〔参考文献〕古今往来同好会　二〇一〇『屋形構と赤松氏報告集』

140

稲荷山城《いなりやまじょう》

但馬へ通じる要衝に築かれた守護の城

城跡全景　東より

DATA

所在：神崎郡市川町鶴居
遺構：曲輪、石積み、竪堀、堀切
規模：80 × 300m
標高等：標高 433m、比高 300m

【選地】市川は、遠く北方の生野《いくの》に源を発する。その上流、寺前から甘地《あまじ》にかけての川沿いの平野は、南の福崎との境付近で山が川近くまで迫るため、小盆地を形成する。盆地の周囲には、標高400メートル前後の山が連なり、当城は、そのうち市川西岸の鶴居西側の山頂にある。西側の夢前町《ゆめさきちょう》との境界となる500メートル前後の山並みから南東に派生する尾根先端の山頂に築かれている。そこからは、南東と北東に尾根が下る。現在は、南東尾根に登山道があり、こちらが大手道と推定できる。

市川沿いには、播磨と但馬を結ぶ主要街道が走り、但馬からの山名氏の侵攻では、たびたび戦場となった。周辺には、柏尾山城や寺谷城、谷城などの山城が2～6キロの範囲で点在する。また、平野部には屋形構などの平城も集中しており、中世後半に地域の軍事的緊張が高かったことがうかがえる。

城跡へは、大手道とみられる鶴居中学校の西にある墓地から上る。道はよく手入れされており、途中に急傾斜はあるものの、約一時間で城跡に至る。なお、山麓近くでは、登山道沿いに竪堀状の溝がみられるが、遺構の可能性は低い。

【歴史】山麓の鶴居周辺は、永良《ながら》庄に属していた。『赤松家播備作城記』では、永良則綱が築城し、則泰、泰秀と続き、加東郡の拾一《といち》城へ移ったとされている。その後は応仁年間に広瀬雅親が再築し、死後は守護赤松氏が家

臣を派遣したとある。また、広峯新四郎が守備していた永禄頃に、別所氏の攻撃を受けて落城したとする。なお、『播磨鑑』では、城主を広瀬師範の子の永良則縄とする。

一方、喜多泰章氏は、大永二年（一五二二）に播磨に侵攻した山名誠豊が使用した「長らの城」（赤松記）であった可能性を指摘したうえで、戦国時代には赤松晴政方の拠点となり、守備していた広峯新四郎が敵を退けた「永良残容」（広峰文書）に比定する。赤松則房段階には、北東約4キロにある柏尾山城を指す「大嶽」（上月文書）が守護方の拠点となっており、この頃には廃城となるか、機能が低下していた可能性がある。

【遺構】山頂の主郭は、東西15×南北35メートルの長方形で、内部は南端と西縁がわずかに低くなる。南西と北西に虎口が開くので、西縁部はそれを結ぶ通路であった可能性があり、南端も虎口を意識していたと推定される。南西の虎口付近では、戦国末期の備前焼壷や擂鉢の小片も採集されている。

主郭より南側は、小さな曲輪が尾根を下りながら八段ほど続き、その先に堀切状の遺構を設ける。途中、主郭の南東から南側などの一部には、石積みが築かれている。小さな自然石をほぼ垂直に積んでおり、高さのある個所では数段に分けている。城道は、これら小

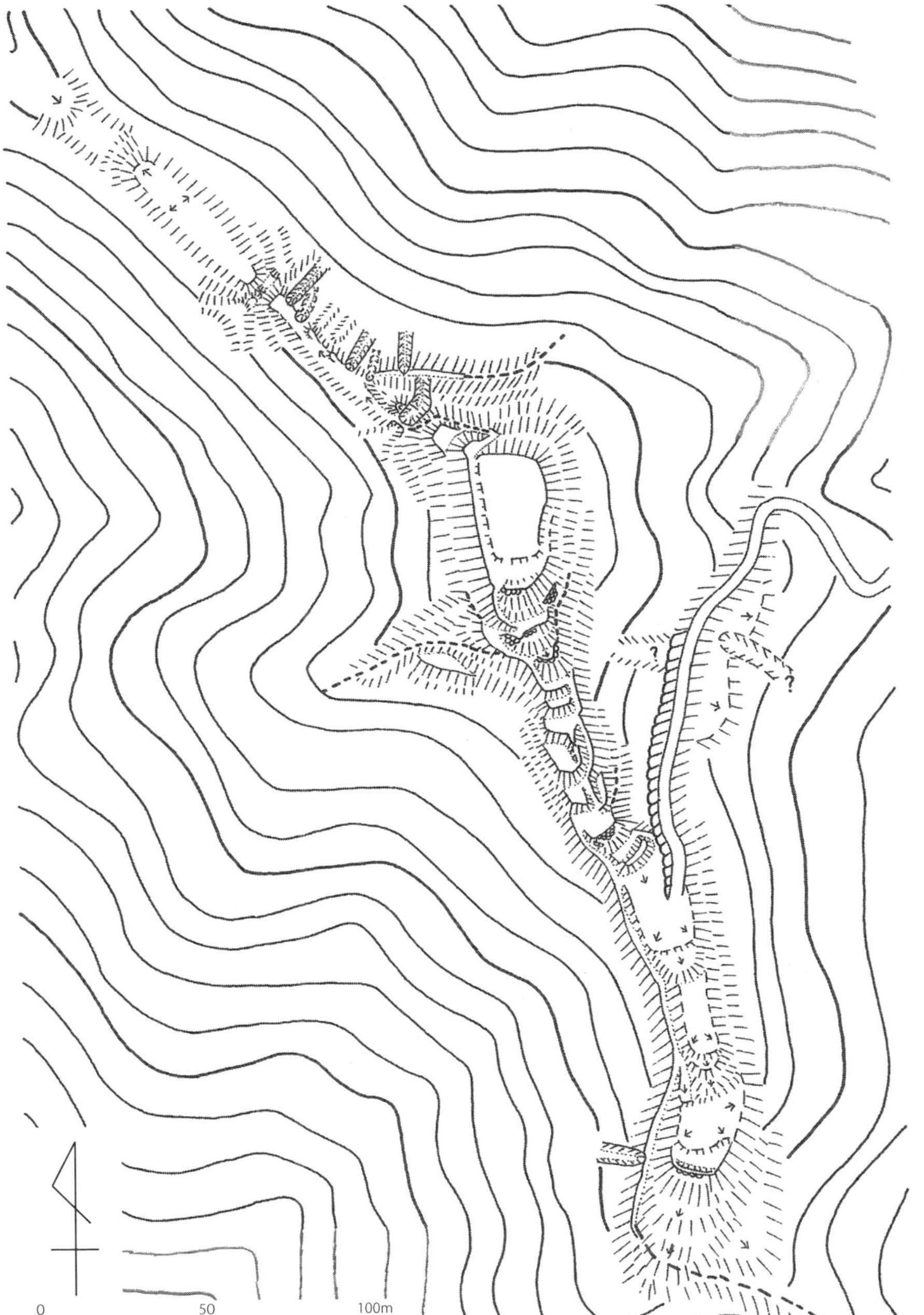

縄張り図　作図：多田暢久

主郭

曲輪の側面に設定され、一部には、曲輪と区分する土塁もみられる。

堀切状の遺構は、その底が城道よりやや高い。前面が土塁状となり、武者溜りであった可能性が高い。

ここから南へは、尾根が緩やかになり、削平は不十分なものの、曲輪として使用可能な平坦地が四段ほど続く。

主郭の北西尾根続きは、虎口を下ると小さな腰曲輪があり、その先に土橋を伴う堀切を設ける。堀切からはやせ尾根が５０メートルほど続き、次の堀切となる。堀切間の尾根

石積み

上は、曲輪として加工されていないが、北東側斜面に約七本の連続した竪堀を設定する。竪堀間を北東からの旧通路が通るので、城背後の側面防御と通路の限定という機能が推定される。

【評価】　市川町域における城郭の群在は、すでに指摘されているように、境目としての軍事的緊張のゆえであろう。当城をはじめとする柏尾山城や寺前城などの比高が４００メートル以上となる山城は、守護赤松氏が設けた可能性が高い。

主郭南側の曲輪は、中央の武者溜りで区分される。南は削平が不十分で、副次的な性格であったとみられ、守護方の軍勢を臨時に収容するなどの機能が推定される。ただ、その南端は切岸を伴う低い土塁と石積みで区画し、側面を通る通路を竪堀で限定するなど、城域を明確に設定する手法が認められる。

武者溜りは、山陽地方に見られる縄張り手法として松岡進氏が指摘した、土塁囲み小曲輪と類似しており、戦国時代後半の縄張りであろう。市川町内では、谷城の堀切も一部が武者溜りとなる。

赤松則房段階の拠点とされる柏尾山城の畝状空堀群と比べ、当城の北西尾根の竪堀は、曲輪を伴わないなど粗放な様相である。史料から指摘される赤松晴政段階の遺構とすれば、播磨においては天文末から永禄頃に畝状空堀群の初源があり、天正頃に発達したことを示す資料として評価できる。（多田暢久）

［参考文献］　喜多泰章　二〇一〇「市川町屋形の平地城館について」『ミニフォーラム屋形構と赤松氏　報告集』古今往来同好会／たつの市埋蔵文化財センター　二〇〇七『再現　播磨の中世城郭』たつの市埋蔵文化財センター

141 高巻城《たかまきじょう》

羽柴秀長に備えた「垣屋豊続の要害」

城跡遠望

【選地】 岸田川右岸にある七釜集落の南東、新市集落の北東となる標高157・8メートルの丘陵に所在する。浜坂平野の南端に位置する要地で、北は浜坂方面の日本海、南は岸田川下流域の温泉方面を見通すことができ、西下には温泉・浜坂街道が南北に通っている。

城跡へ至るには、北側山裾にある「ゆ〜らく館」（温泉場）裏の尾根先端から登る（所要時間：約六〇分）。

DATA

所在：美方郡新温泉町七釜字霜月谷・新市字城山
遺構：曲輪、堀切、竪堀、堀切・竪堀、畝状空堀群、土塁
規模：200 × 350m
標高等：標高 157m、比高約 148m

【歴史】 城主は田公《たぎみ》氏で、元亀二年（一五七一）に因幡鳥取城主武田高信が芦屋城（新温泉町）の塩冶肥前守を攻めた「庭中合戦」のとき、田公筑前守は二方郡（新温泉町）の地侍衆（栃谷城主塩冶左衛門尉・指杭城主屋谷伯耆守・井土城主河越大和守・黒坂城主黒坂因幡守など）とともに、塩冶方として参戦している（『稲場民談記』『陰徳太平記』『大庭軍記』）。

江戸期の『但馬国国主城主覚』は、「田公甚之助殿ハ新市村御城御持被成、三代相続申候」、同じく江戸期の『二方民談記』は、「新市村古城跡あり、田公将監の二男甚之進を新市村へ置き城を守らす」と記している。また、『新市村墓籍簿』（浜坂町慈済寺蔵）には、「親翁意禅浄門、天正六寅九月二三日、田公筑前守、慶法妙禅定尼、同上」と記され、新市字奥ドイには筑前守のものと伝える墓碑がある。

田公氏は、塩冶氏（浜坂芦屋城主）とともに二方郡を二分した有力国人で、守護山名氏の直臣として代々重用されていた。一次史料では、山名持豊の代には「豊職」、政豊・誠豊・

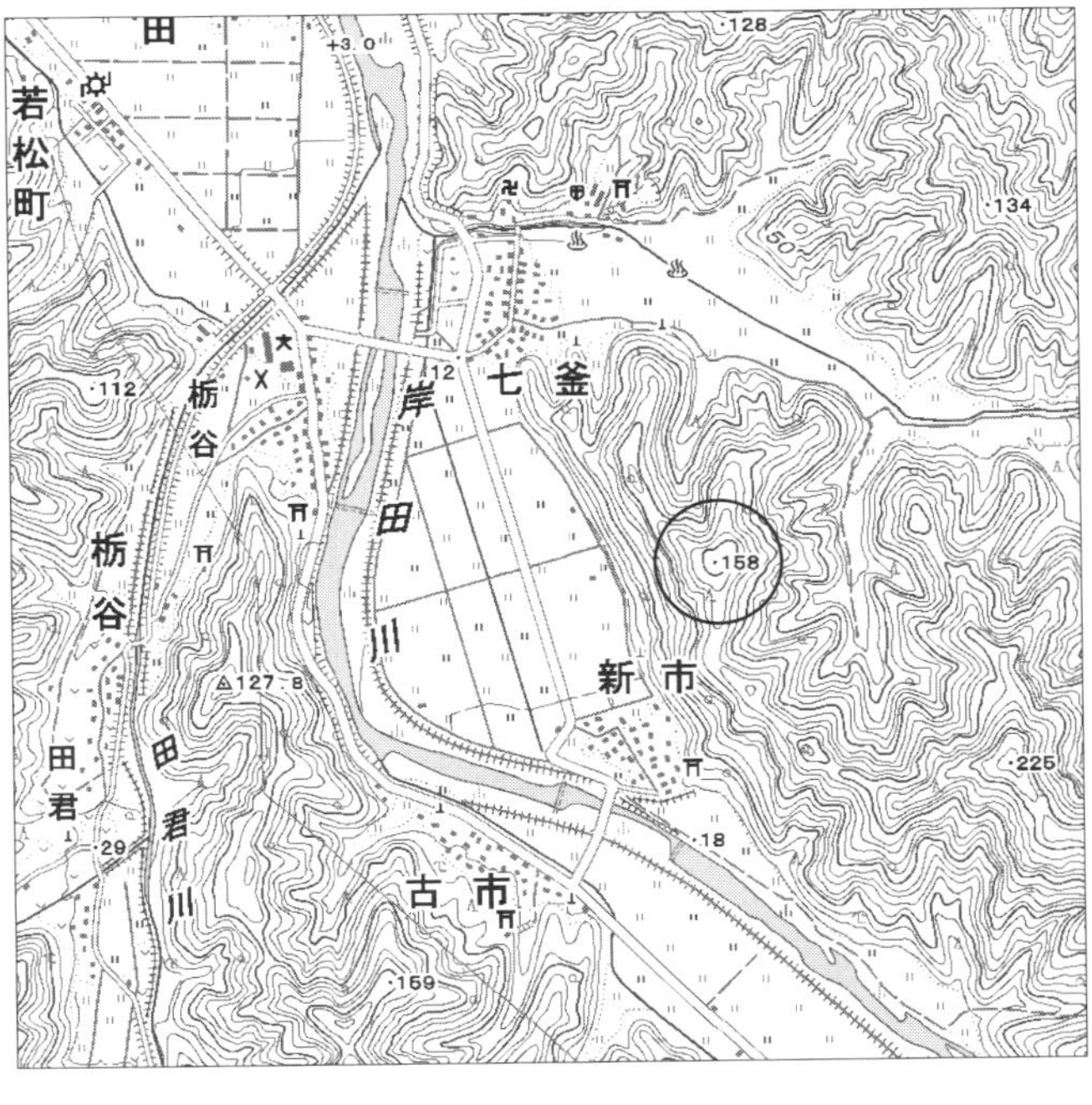

祐豊の代には「豊高」「誠高」が確認できる。とくに、政豊が俊豊（政豊の子）と但馬守護職を争ったときには、政豊の唯一の支えとなっていた（『蔭涼軒日録』長享二年〈一四八八〉七月・九月）。

『蔭涼軒日録』長享二年九月二日条には、「但馬の事一国悉く垣屋に依る、田公息新左衛門城を構え木崎（城崎）に於て居し、一蹴に足らず、金吾（政豊）・田公肥前守（豊高）一所に居住し、其の外馬廻衆十員計り金吾に随逐す、其の中宇津・下津屋両人摠衆悪し、垣屋衆凡そ三千員計り之有り、摠衆は又次郎（俊豊）殿を以て主と為すを欲す、垣屋孫四郎未定、其の主人其の意を識れずと云々、金吾・田公の所居（居所）は木崎を阻て十八丁計り、正法寺と云う寺也」とある。

また、田公氏は多子（新温泉町）の地侍に知行宛行状を発給する権限も掌握していたよ

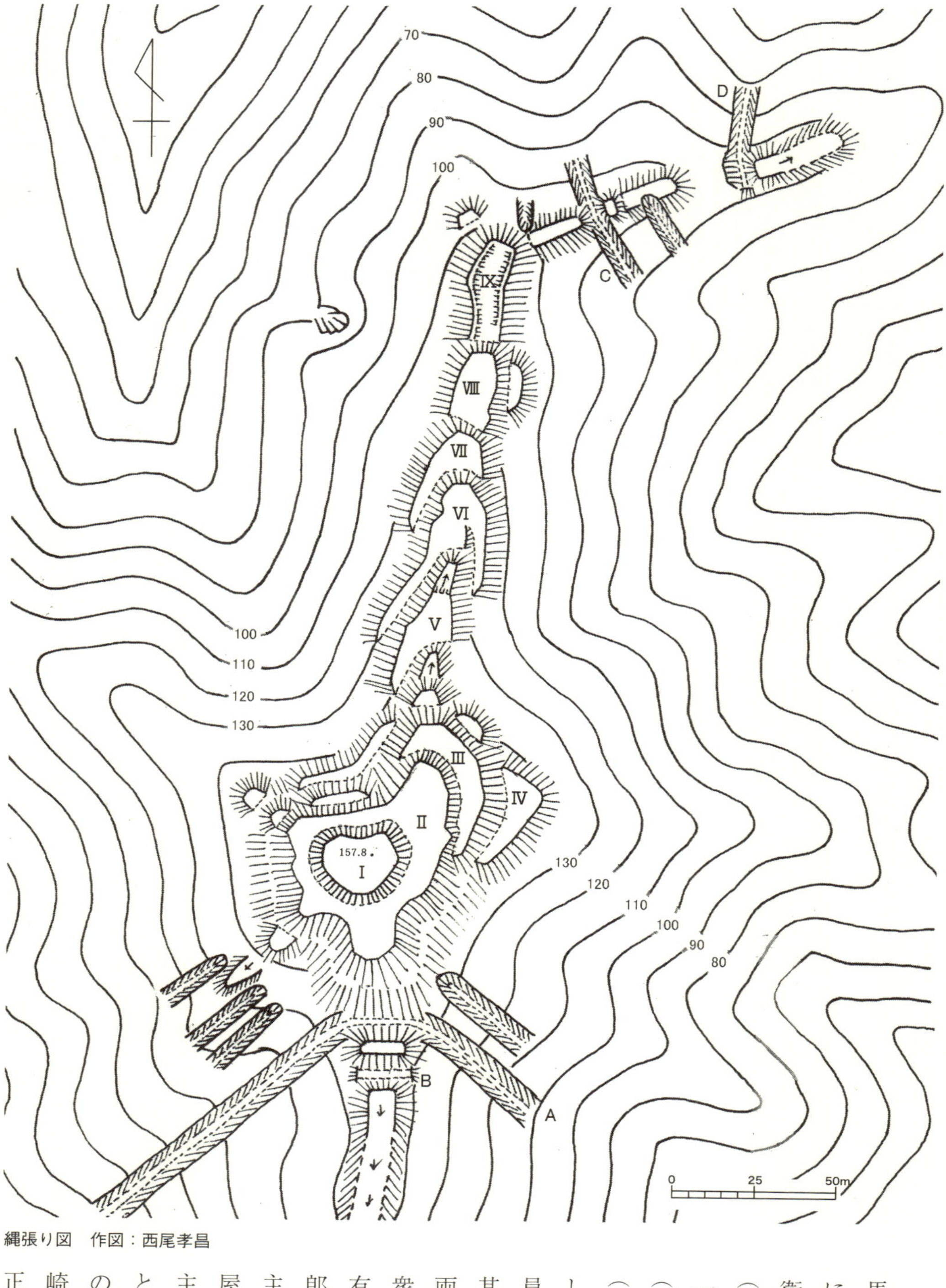

縄張り図　作図：西尾孝昌

（上）大堀切　（下）Ⅸ郭土塁

うである（田公豊高知行宛行状『林田文書』）。

なお、伊勢御師《おんし》の御檀家帳である『但馬国にしかた日記』（弘治三年・一五五七）には、杉谷村（現、新温泉町古市・新市）に、当城城主田公氏の家臣と思われる「中村備後」「黒坂美作」「黒坂和泉」「井合三郎衛門」などが居住したことが知られる。

【遺構】　主郭Ⅰの背後を二重の堀切や竪堀群で遮断し、その前面の尾根を階段状に曲輪群を配置したもので、先端部は複数の堀切・竪堀で防御する縄張りである。

山頂部の主郭Ⅰは東西22×南北20メートルを測り、その周りに複数の曲輪を連結した幅3～20メートルを測る帯曲輪Ⅱを巡らせる。主郭Ⅰと帯曲輪Ⅱとの段差は、約3・5メートルを測る。

主郭Ⅰ背後の堀切Aは幅約11×深さ約15メートルと大規模で、長さ100メートル以上ある竪堀（幅6～8メートル）は、主尾根から山麓まで続いている。堀切Bは小規模で浅いものである。堀切A東側の竪堀も規模が大きく、幅5×長さ35メートルを測る。

また、堀切Aの西斜面には三条からなる大規模な畝状空堀群を構築して防御を固め、竪堀は幅3～5×長さ20～30メートルを測る。

Ⅲ郭は幅10メートルを測り、帯曲輪Ⅱとの高低差は約1メートルある。また、Ⅳ郭は幅11メートルを測り、Ⅲ郭との段差は約8メートルある。

Ⅲ郭の北尾根には、七段ほどの曲輪群と堀切・竪堀を構築している。ちなみに、Ⅴ郭は11×20メートルを測り、Ⅵ郭は9×18メートル、Ⅶ郭は13×12メートル、Ⅷ郭は12×22メートルを測る。また、Ⅸ郭は8×32メートルを測る細長い曲輪で、幅2～2・5×高さ0・5～0・6メートルほどの土塁が巡る。

Ⅸ郭北東尾根の堀切Cは、幅4×深さ1・5メートルと浅く、竪堀は幅3×長さ15～20メートルを測る。また、堀切Dは幅4・5×深さ1メートルと浅く、竪堀は幅3×長さ19メートルを測る。

【評価】　縄張りから判断すると、南北朝期から室町期に造られた城を、戦国期に帯曲輪と大規模な堀切・竪堀、畝状空堀群を築いて改修したことがうかがえる。

二方郡の拠点城郭であることも考え合わせると、当城は天正七年段階に毛利方として秀長の但馬進攻に備えた、「垣屋豊続の要害」の一つと思われる。

（西尾孝昌）

142 苔縄城《こけなわじょう》

赤松氏飛躍の地に紡ぎだされた幻の山城

苔縄城跡・法雲寺遠望　南東より

【選地】　播磨西端を南流する千種川中流域の盆地北端にそびえる愛宕《あたご》山（標高411メートル）から東に延びる、通称「涌金峰《わきがねのみね》」の頂部（標高369メートル）にあったといわれている。山麓・苔縄集落の段丘上には、建武四年（一三三七）、赤松円心開基の菩提寺・法雲寺《ほううんじ》が建立されており、今も法灯を伝えている。

その南側・旧境内主要部に建てられた旧赤松小学校（現在廃校）の裏手は、「苔縄ふれあいの森」として登山道が整備されており、中腹の展望デッキを経て、約一時間で峰上の愛宕社A周辺に至る。

涌金峰は、盆地中央を東西に通過した中世の山陽道の一地点と目される竹万《ちくま》周辺の千種川沿いから、川上に遠望される。

【歴史】　当城は、元弘三年（一三三三）、鎌倉幕府打倒のために挙兵した赤松円心が、「佐用庄苔縄ノ山ニ城ヲ構テ与力ノ輩ヲ相招」いたと『太平記』にある。「大塔宮護良親王令旨」（『太山寺文書』）の札紙書にある、二月二十五日の軍勢集結地「赤松城」は当城を指すと

DATA

所在：赤穂郡上郡町苔縄（山上伝承地、山麓推定地共）
遺構：（山上）山頂の社周辺の小削平地、（山麓）旧法雲寺境内の削平地群
規模：（山上）約 30 × 10m　（山麓）約 200 × 120m
標高等：（山上）標高 369m、比高 約 330m、（山麓）標高約 60m、比高約 20 m

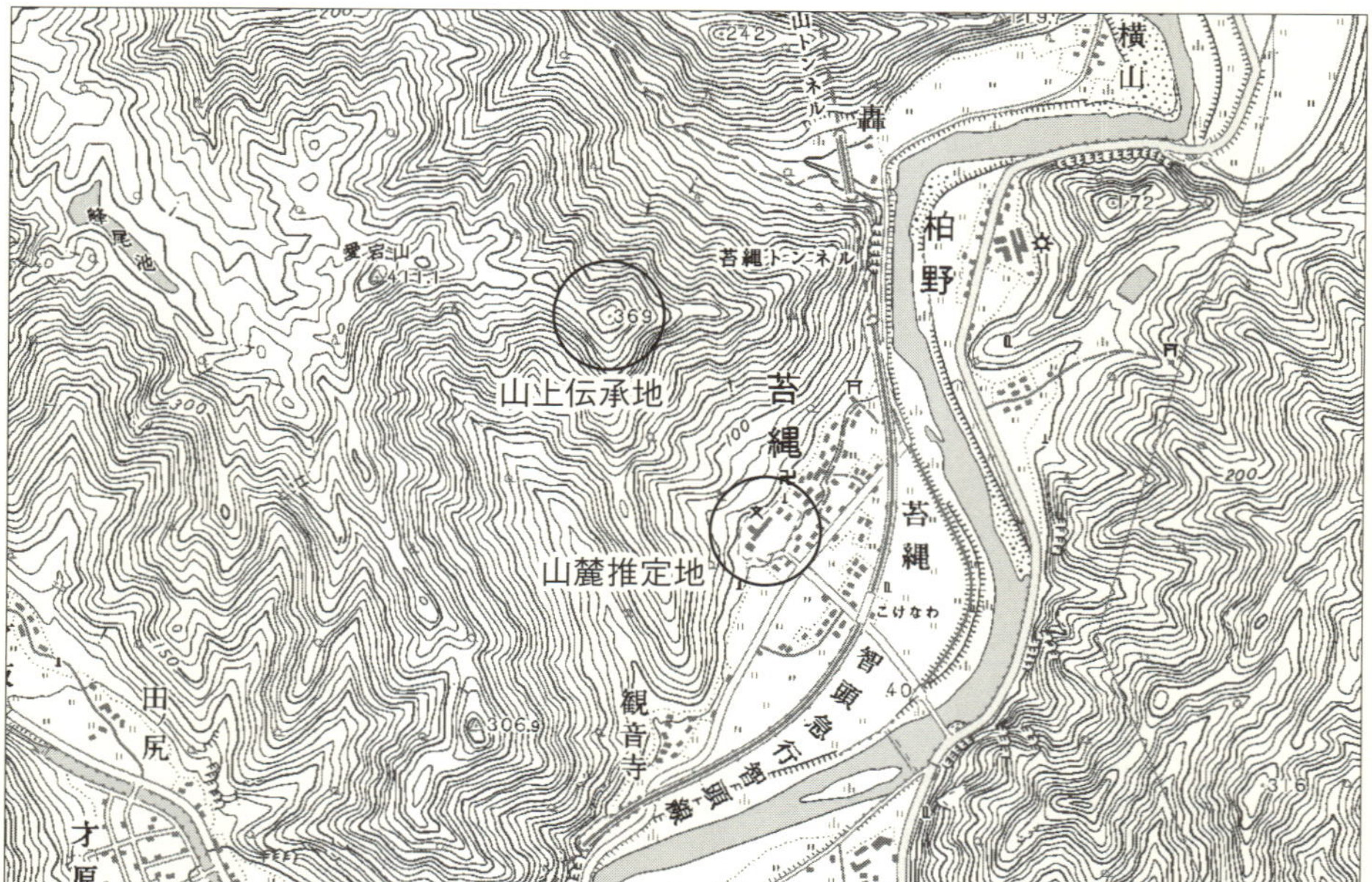

みられ、備後の武士・城頼連《じょうよりつら》も二月二十三日に苔縄城（山野里宿）に馳せ参じ、同月二十六日の高田城攻めに加わっている（「城頼連申状案」『毛利家文書』）。しかし、赤松勢はその後山陽道を京へ進軍したため、合戦の舞台となることはなかった。

その後、当城は同時代史料には表れないが、近世以降の古城記・地誌に記載されている。『赤松家播備作《ばんびさく》城記』（一七〇〇前後）では「白幡山西ノ丸也」とあり、白旗城（上郡町赤松ほか・本書所収）の前身に比定され、赤松則祐の居城とある。

『播州赤穂郡志』（一七四七年跋）などの地誌には、感状山《かんじょうさん》城（相生市）から移った赤松則祐、次いで子息義房（同時代史料では未確認の人物）の居城とあり、『播磨古城記』（一八六一～六八頃）では、則祐は「千軒家《せんげんや》城」主として苔縄村「西門」に移ったと記されている。

下って大正十一年（一九二二）には、赤松居館跡（上郡町赤松・『近畿』Ⅲ所収）にあっ

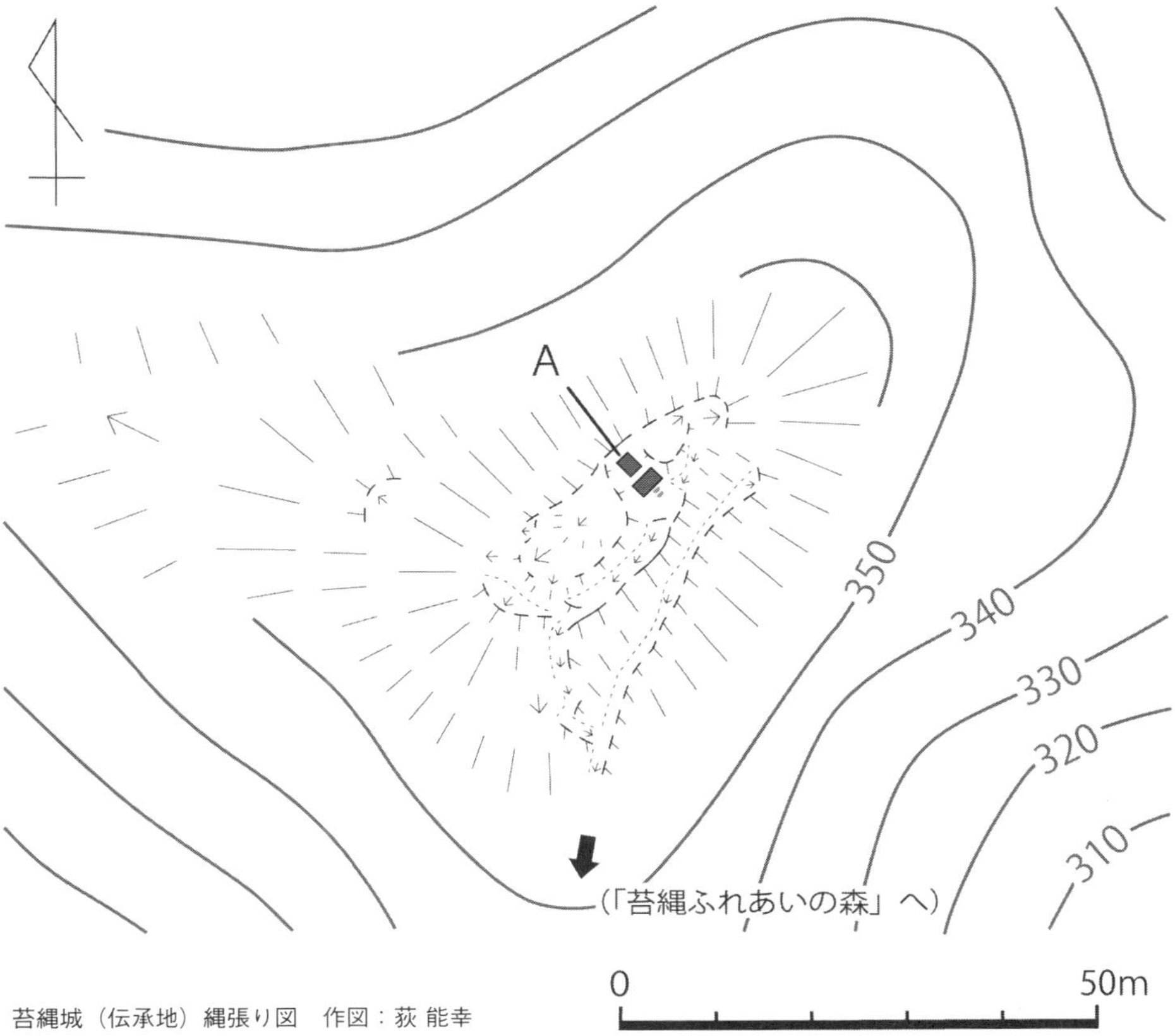

苔縄城（伝承地）縄張り図　作図：荻 能幸

（上）涌金峰（中央）遠望　南より　（下）苔縄城（山上）の愛宕社A　南より

た赤松尋常小学校の敷地に苔縄城址碑が建てられている。このように、複数の伝承地が挙げられ比定地が定まらないのは、後述するように遺構の不明瞭さと、赤松則祐・義房父子を城主とする由緒譚の影響と思われる。

【遺構】 苔縄城跡と伝えられる峰上には、愛宕社Aが祀られ、社殿を中心とする幅約30メートル、奥行約10メートルの範囲に狭小な削平地と緩斜面が認められるが、周りの急斜面や西側と北東に連なる尾根筋は自然地形のままで、城郭遺構は認められない。近世からすでに、城跡と言い切るのは難しかったのであろう。

一方、南東山麓の高台上にある法雲寺Bは、南北朝～室町時代には赤松氏代々の庇護を受け、諸山、後に五山に次ぐ十刹に列した大寺である。南側に隣接する旧赤松小学校の敷地Cを含む幅約200メートル、奥行約120メートルの高台全体が旧境内地とみられる。

昭和四十一年（一九六六）に小学校が造成される以前の字限図でも、旧小学校の範囲のほとんどが外縁斜面を山林地とする畑地だったことが確認され、旧地形が現在もほぼ残されていることがわかる。

旧小学校の地は通称「トウヤシキ」と呼ばれている。山裾に連なる北西に残る平坦地に

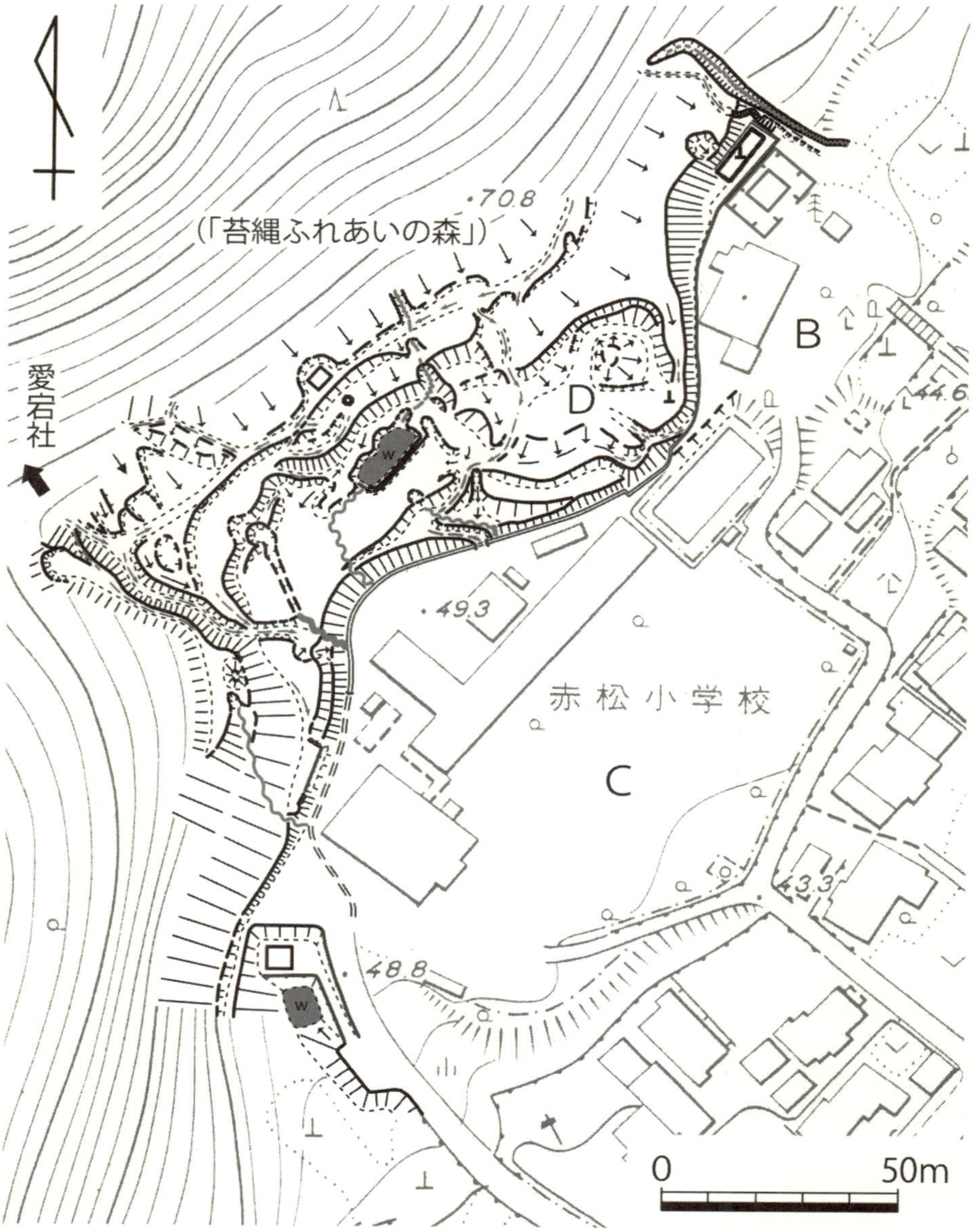

法雲寺の遺構現況図　作図：荻 能幸

は、一辺約12×高さ約0・6メートルの基壇跡とみられる盛土Ｄが認められる。これは、貞和元年（一三四五）に室町幕府の命で法雲寺に建立された播磨国利生塔《りしょうとう》跡と推定され、「塔屋敷」地名の由来になったと思われる。江戸時代末には「千軒家城」跡に比定されたこともあり、城館跡とみなされることもあったようである。

利生塔基壇跡Ｄ　南より

【評価】　当城は、山上に曲輪や切岸・堀切等を築いて籠城するための山城ではない。史料が示すように、反幕府勢の集結地として築かれ、主要部分は後に法雲寺が開かれた山麓の高台一帯にあったと考えられる。

当城伝承地の涌金峰は、南方の中世山陽道方面から遠望され、千種川南北に眺望の利く立地である。このことから、軍勢集結の目印や見張場として利用されたと推測されるが、防御施設である切岸・堀切などが認められない。少なくとも、峰上が籠城戦の場とはみられていなかったことの反映であろう。

一方、山麓の高台は、扇状地が河川に浸食されて形成された段丘となっており、軍勢集結に必要な空間や、地形の高低差による要害性は備わっている。のちにこの地に開かれる法雲寺をはじめ、赤松居館跡や旧宝林寺跡、白旗八幡社跡、栖雲寺跡、赤松一族の春日部家居館跡を含むと推定される西方寺跡（上郡町船坂・「船坂城塞群」〈『近畿』Ⅱ所収〉）等、周辺の赤松氏関連の旧跡も段丘上にある。よって、当城も後述する同時期の城のように、既存の寺社等の屋敷地に城を構えた可能性がある。

当城は、『太平記』に描かれた、元弘元年（一三三一）に先立って倒幕の兵を挙げた河内・楠木正成の赤坂城（大阪府千早赤阪村）、備後・桜山四郎入道が城郭とした備後国一宮（広島県福山市）等のような急ごしらえの城とみられる。護良親王の令旨にみえる軍勢集結の日である二月二十五日を期して、城に拠らず攻勢をかける計画だったと考えられる。前述の城頼連も、苔縄の約3・5キロ南方の山野里宿（山陽道）に二月二十三日に到着後まもなく、軍勢集結日の翌二十六日には高田城を攻め、山陽道を東上する軍勢に加わっている。

当城は、立地や当時の情勢から、籠城戦を前提に築かれた城ではない。籠城戦に耐えうる本格的な中世山城の登場は、当地では建武三年（一三三六）の白旗城築城が嚆矢となる。共に赤松氏飛躍の由緒を語る城郭ではあるが、それゆえに中世城郭初現期の段階的な差異が十分に認識されず、比定地の混乱を招いたのであろう。

（荻　能幸）

［参考文献］一九九九『上郡町史』第三巻／二〇〇八『上郡町史』第一巻

143

白旗城《しらはたじょう》

播磨守護・赤松惣領家由緒の本城

城跡遠望　西麓より

【選地】　播磨西端の千種川上流域に形成された、鎌倉時代の荘園「佐用荘《さよのしょう》」南端に位置し、同荘より興り、室町幕府の播磨・備前・美作国守護職等に就いた赤松氏発祥の地、赤松を西方に見下ろす白旗山上に構えられた。麓には白旗八幡社跡・栖雲寺《せいうんじ》跡・赤松居館跡・赤松五社八幡社・松雲寺《しょううんじ》・宝林寺《ほうりんじ》といった赤松氏ゆかりの寺社・館跡が東西一直線に並ぶ。

　赤松の地は、千種川畔に残る字名「宿」からうかがえるように、山陽道から千種川沿いに遡上して、美作道・因幡道の分岐する佐用荘中央部に至る街道の中継地であったとみられ、赤松氏と盛衰を共にした当城の歴史は、この地の地理的条件に規定されている。

　現在、山上までは近畿（山陽）自然歩道が整備されており、東西山麓の野桑《のぐわ》・赤松両側から徒歩約一時間で城跡に達する。

【歴史】　当城は、九州に下った足利尊氏に与した赤松円心が建武三年（一三三六）に構え、西下する新田義貞勢を約五十日にわたり足止めして、尊氏勢の京上を助けた「白旗城合戦」（『新田左中将被責赤松事』『太平記』巻十六ほか）で著名である。「赤松家系図」（『続群書類従』第五輯下）に、「白幡寺」に城を構えた際、二月十六日に白旗影向の瑞兆があり、八幡・

DATA

所在：赤穂郡上郡町赤松・細野・大冨・野桑
遺構：曲輪群、石積み、土塁、堀切等
規模：約 350 × 850m
標高等：標高 440m、比高約 390m
指定：国指定史跡（赤松氏城跡）

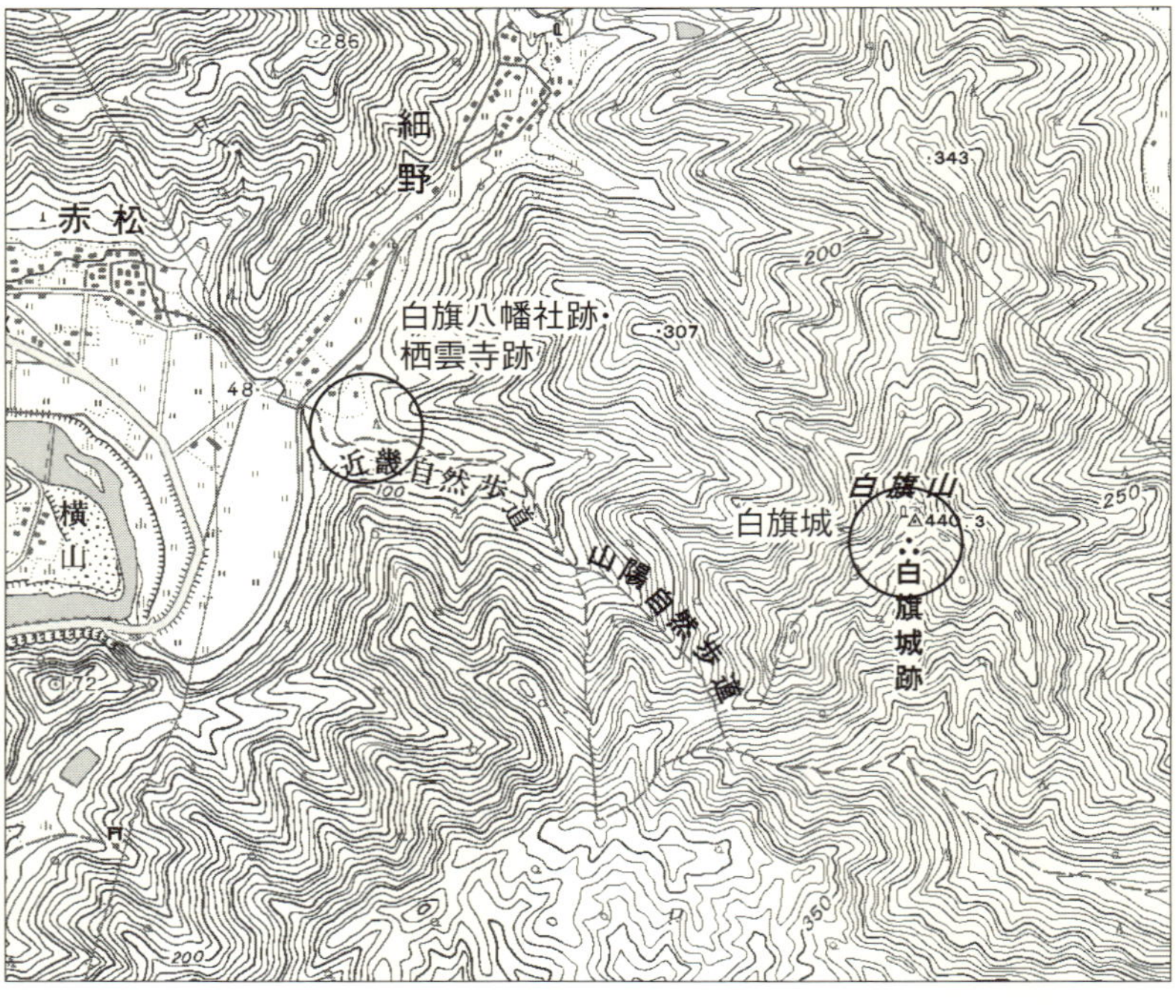

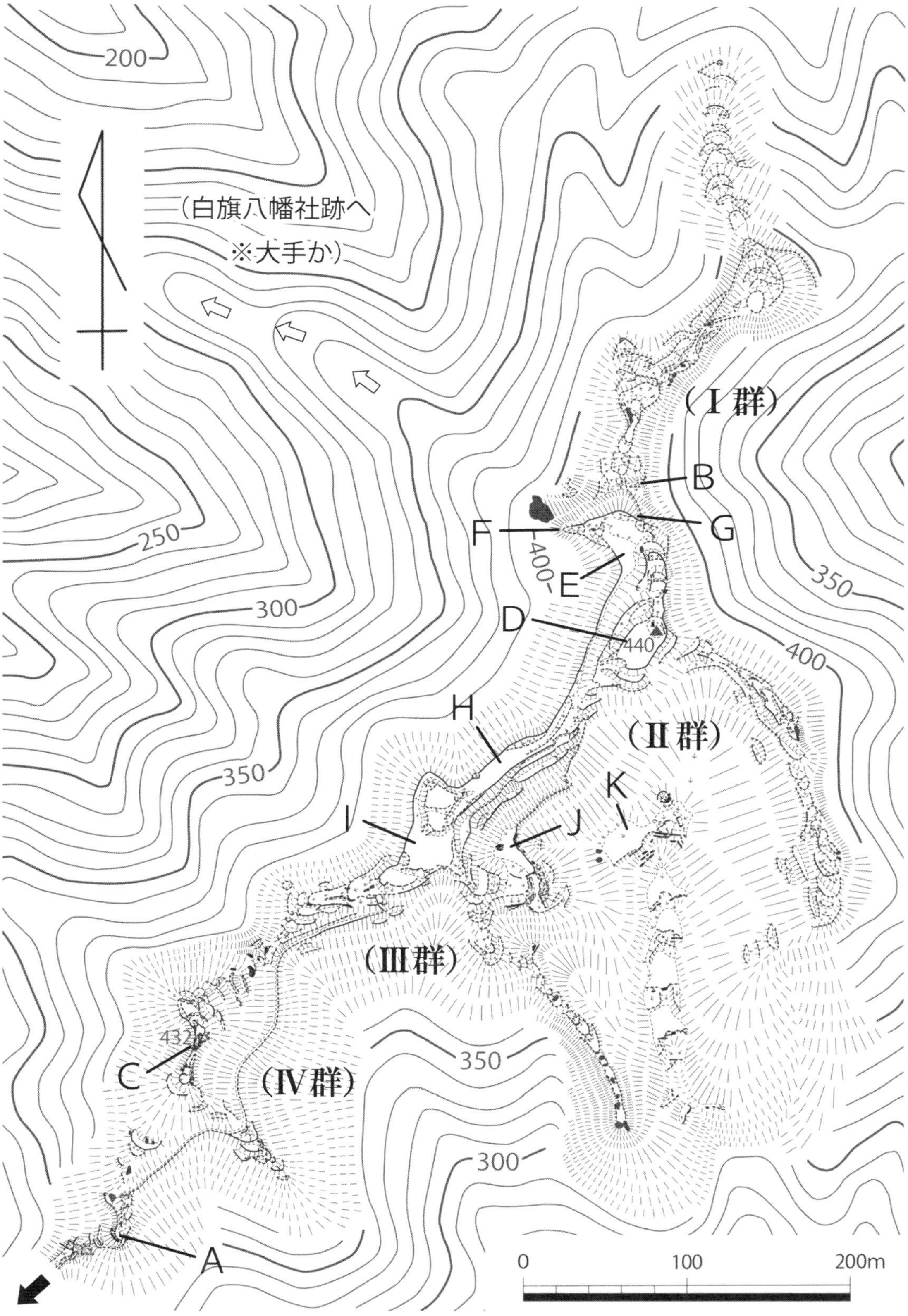

白旗城縄張り図　作図：荻 能幸

春日両社を勧請したとあることから、同時期の観音寺城（滋賀県近江八幡市・『近畿』Ⅱ所収）や霊山《りょうぜん》城（福島県伊達市）等と同様、山岳寺院を改修して城を構えたとみられる。同年三月十七日、備前国安養寺《あんようじ》（岡山県和気町）でも、足利方の戦勝祈祷に応えて「白旗」出現の霊瑞があった（「備前国安養寺衆徒等申状案」『安養寺文書』）とされる。本来は霊山「白幡寺」の由緒譚であったと思われる白旗影向の奇瑞が、築城や祈祷に対する瑞兆に転用されていく過程がみてとれる。

野桑側登山道脇の五輪石　南より

当城は、山陽道を西下する新田勢を近傍の枝道で足止めしつつ、円心自らが矢面に立って本貫地・赤松を主戦場とし、後方の佐用荘や美作などの尊氏与党の拠点手前に留めるという意味で、絶妙の立地条件にある。この合戦の勝利は、播磨内外における円心の評価を押し上げ、播磨国守護職への途を開く契機となった。

次いで、当城が史料に表れるのは、観応元年（一三五〇）の「観応の擾乱」勃発を契機に、南朝（足利直冬）方となった山陰の守護大名・山名氏と対峙する前後からである。円心の継嗣、長男の赤松範資《のりすけ》・三男則祐《そくゆう》らによって使用され（「観応二年二月三日条」『大乗院日記目録』ほか）、康安元年（一三六一）には、足利春王丸（後の三代将軍義満）が当城に一時避難している（「弘宗定智禅師行状」『続群書類従』第九輯下）。

Ⅳ群頂部Cの巨岩群　南より

美作に侵攻する山名氏に対し、赤松惣領家を継いだ則祐は越部《こしべ》荘（兵庫県たつの市）に守護屋形と城山城を、赤松にも宝林寺や赤松五社宮を整備する。貞治三年（一三六四）に山名氏が幕府に帰順し、美作国守護に就いた後も、翌年には赤松に守護屋形を造営（「公田・重藤十六名学衆方年貢等散用状貞治四年分」『東寺百合文書』）し、美作の山名に対する最前線で播磨防衛の貫徹を図っている。

下って明徳二年（一三九一）には、則祐継嗣の赤松義則《よしのり》が明徳の乱に先立ち、当城に矢野荘（兵庫県相生市）から「誘《こしらえ》人夫」を徴用している（「学衆方年貢等散用状明徳二年分」『教王護国寺文書』）。

観応元年、円心の没後に播磨守護職を継いだ範資は、同年、将軍尊氏より当城警固の命（「将軍足利尊氏御判御教書」『河野美術館所蔵文書』）と白旗鎮守八幡・春日両社神主職の安堵（「足利尊氏袖御下文案『黒坂勝美氏所蔵文書』）を受けている。当城を構えてからこの時点まで、赤松家当主（白旗城主）を神主とする八幡社などが城内に営まれていたことが確認される。山名氏の幕府帰順後の永和二年（一三七六）には城山城内の本堂を改修している（「学衆方年貢等散用状永和二年分」『教王護国寺文書』）。これらの点とあわせると、赤松惣領家では戦時に城郭を構えた以外、平時に城地を寺社境内として維持管理していたと考えられる。

応永三十四年（一四二七）には、赤松義則没後の播磨支配をめぐり、赤松円心次男貞範《さだのり》末流の春日部《かすかべ》家を推す四代将軍義持と対立した赤松満祐《みつすけ》が播磨に下国し、白旗・城山両城に兵糧を入れ、籠城の準備をしている（学衆方年貢等散用状応永三十四年分」『東寺百合文書』）が、後に和解している。

白旗城・Ⅲ群 J（「侍屋敷」）庭園遺構の遺構概測図　作図：荻 能幸

正長二年（一四二九）、当城に旗が降るという風聞があり（『建内記』正長二年七月一日条および『満済准后日記』正長二年七月四日条）、吉兆として足利尊氏（白旗城合戦）・義満（応永の乱）の際にも同様のことがあったという。同年、播磨国に波及した土一揆の鎮圧直後の情勢下、足利将軍家との絆の由緒を語ることで両者の関係修復を印象付け、播磨守護・赤松惣領家の権威を高める風説の舞台装置として、当城と白旗八幡社が機能していることがうかがえる。

永享七年（一四三五）、当

城麓の八幡社で一切経《いっさいきょう》が目撃されていることから（『鎮増私聞書』永享七年八月廿九日条）、赤松義則か満祐の代に、白旗八幡社は山麓に白旗寺を神宮寺として遷座し、一切経を蔵して法会を執り行えるまでの規模に整備されたとみられる。

土塁G　東より

六代将軍義教を謀殺するも、城山城に赤松惣領家がいったん滅びた嘉吉の乱（一四四一年）時の当城の詳細は不明である。享徳三年（一四五四）、山名氏から播磨国奪還を目指す赤松則尚《のりひさ》が当城での籠城を準備する（「東寺二十一口方評定引付享徳三年十一月条」『東寺百合文書』）も、後に敗死している。

Ⅱ群頂部D（本丸）　南西より

応仁の乱に乗じて赤松家を再興した政則《まさのり》は、播磨、次いで美作国を奪還後の延徳二年（一四九〇）に「赤松旧宅」（赤松居館と推定）に入り（『蔭凉軒日録』延徳二年六月二十三日条）、法雲寺や宝林寺の復興を図るなど、周辺施設の整備を図ったとみられる。当城については、美作統治に関与したとみられる赤松家年寄衆・櫛橋《くしはし》則高の名字を冠する「櫛橋丸」の曲輪名が伝えられており、美作統治のための播磨側拠点として整備の対象となったと思われる。

政則の死後、明応八年（一四九九）に継嗣の義村《よしむら》を擁した浦上則宗《うらがみのりむね》・宇喜多能家《うきたよしいえ》が当城に籠城（「宇喜多能家画像賛」）する。永正四年（一五〇七）には義村と対立する赤松播磨守（大河内勝範《かつのり》）が当城に拠るも没落、翌年に敗死している（『実隆公記』永正四年九月十一日条および永正五年九月十四日条）。義村も、永正十七年に備前の浦上村宗《むらむね》と対立し、村宗方の美作攻めのため当城に入るが（『鵤荘引付』永正十七年十一月二十七日条）、後に撤退している。義村は翌年、村宗によって室津に幽閉・暗殺されている。

その後の当城についての史料は確認できず、天文七年（一五三八）の尼子勢の播磨侵攻により、赤松惣領家の播磨支配が事実上終焉する頃までに廃城となったとみられる。

江戸時代には、城跡は赤松氏発祥の故地として、遠祖季房《すえふさ》までさかのぼる白旗降下伝承

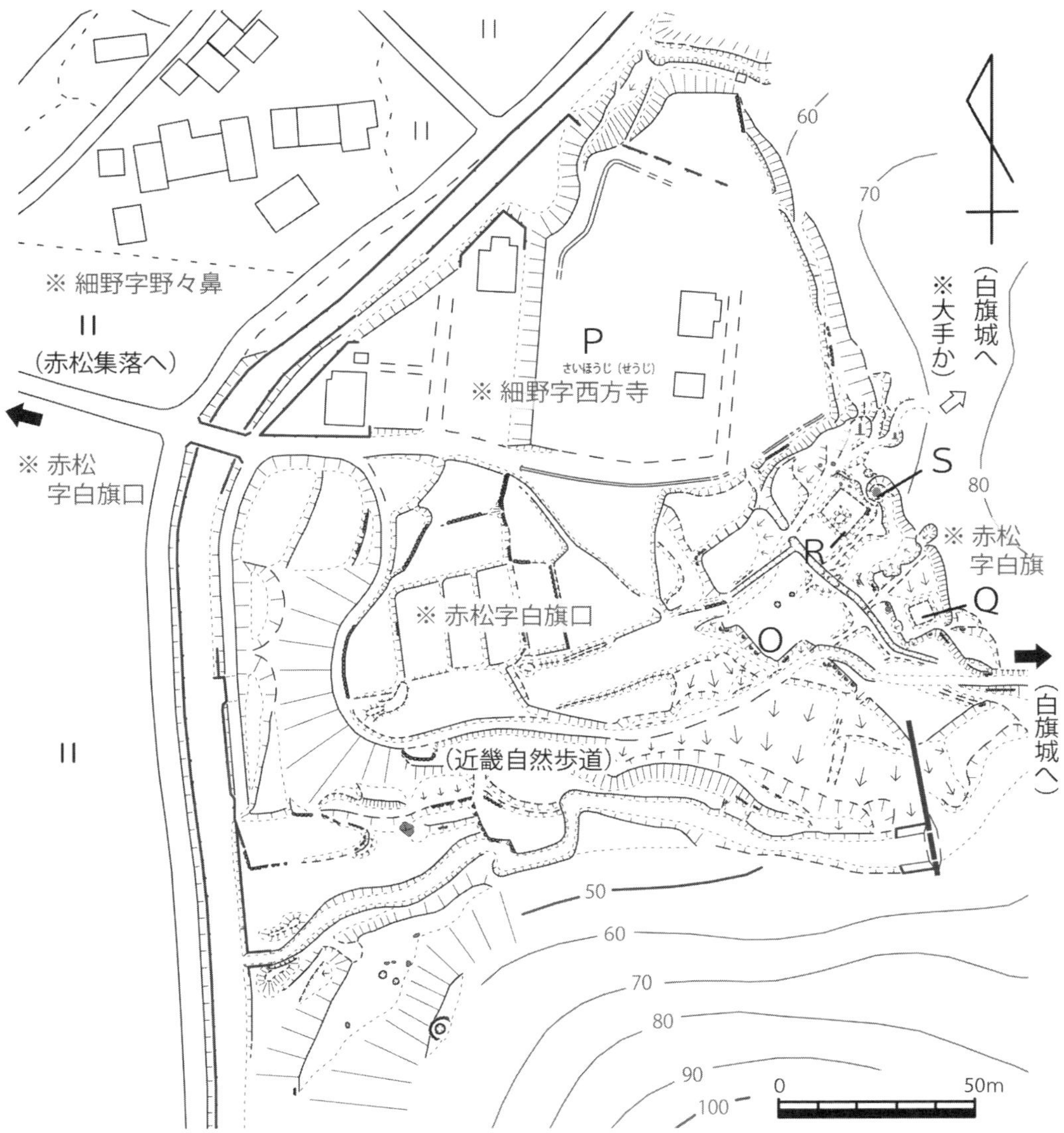

白旗八幡社跡・栖雲寺跡の遺構現況図　作図：荻 能幸

が語られるようになった（『赤松盛衰記』ほか）。また、広島藩によって作成された『諸国古城之図』に絵図が残されている。

【遺構】　当城の遺構は、標高約４４０メートルの白旗山頂を中心とした尾根上と、一部南側の谷底にかけて大小多くの曲輪群が分布し、城域は東西約３５０×南北約８５０メートルに及ぶ。曲輪群については、北からⅠ～Ⅳ群に分けて詳述する。

南北両端のⅠ・Ⅳ群は、尾根主脈を中心とする狭小で削平の弱い曲輪群からなる。南北朝・室町期の古い段階の遺構とも考えられるが、Ⅳ群（「櫛橋丸」伝承地を含む）南端には、石積みによって弓射の足場を確保した小曲輪Ａが残り、直下の堀切と対になって進入ルートへの防御強化が図られている。後述するⅠ群南端の堀切Ｂとあわせ、戦国前期までの新しい段階の遺構とみられるため、城兵の駐屯部として改修・使用されてきたと思われる。各頂部等からの山麓への眺望は良好である。

また、Ⅳ群頂部Ｃ（「櫛橋丸」）には巨

岩群がそのまま残り、磐座《いわくら》として祀られていた可能性がある。赤松側からみると、Ⅳ群頂部は西方にせり出して最高峰のように見えることから、巨岩を依代《よりしろ》に白旗（八幡神）が影向した聖地として、当初の白旗八幡社鎮座地であったと思われる。

城域中央部のⅡ・Ⅲ群は、尾根主脈上の「本丸」「馬場丸」「二の丸」と伝えられる、広大で削平の強い曲輪群を中心とする。城主などが詰める中核部として改修が重ねられた結果

「侍屋敷」東縁の石積みN　南東より

とみられる。白旗山頂のⅡ群頂部D（「本丸」）北側下には、「三の丸」伝承地Eの北縁に、西側支脈からⅠ・Ⅱ群境の鞍部へ回り込む登城ルートに横矢を掛ける張出Fや土塁Gが残る。鞍部東に堀切Bを設けてⅠ群側からも挟撃できるようにするなど、防御が厳重化されており、本来の大手と考えられる。

Ⅲ群は、「馬場丸」Hと「二の丸」伝承地Ⅰ等、主脈部の広大な曲輪群に加え、南側の谷筋に「侍屋敷」Jや『播州赤穂郡志』

「墓所」Kの石積み　南東より

（一七四七跋）に「墓所」Kと伝えられる曲輪群が残る。高さ1・5メートル程度の石積みが、一部後世の積み直しがみられるものの、各所の縁辺部に築かれている。

谷筋最上段の「侍屋敷」には、井戸あるいは園池とみられる石組Lや、庭園遺構とみられる立石および配石M、その東縁には石積みの一部Nとテラス状の緩斜面が残る。編年上一四〇〇年頃の古瀬戸花瓶も採集されていることから、庭園を配した懸造《かけづくり》の仏堂が東縁に建てられた可能性がある。

その下方の「墓所」東部には、基壇石組の痕跡が観察される。谷筋の南方400メートルの登山道脇に置かれた四〜五基分の五輪石を組み合わせた五輪塔が残ることからみて、元来は寺院開山の墓所（奥の院）であったと考えられる。また、Ⅱ・Ⅲ群の南側支脈に残る、Ⅰ・Ⅱ群と同様に狭小な曲輪群も城兵の駐屯部とみられ、頂部からの眺望も良い。

なお、赤松への大手道があったとみられるⅡ群西の支脈を、現在の白旗山登山口まで下った位置の高台南半部（赤松字白旗・白旗口）は赤松惣領家整備の白旗八幡社跡O、北半部（細野字西方寺）は赤松貞範開基、春日部

家ゆかりの栖雲寺跡の伝承地Ｐである。

白旗八幡社跡の山際には、南北二基の基壇跡が観察される。南側の基壇跡Ｑは、発掘調査で木製塔婆の礎石と瓦等が出土し、北側基壇跡Ｒの上には、明治期に赤松五社八幡社へ合祀・移転されるまでの小祠の基壇跡とみられる盛土が、その東脇には放生池とみられる池の跡Ｓが残る。木製塔婆は、中近世の神社、とくに八幡社に多く見られる神社境内に内包された神宮寺の施設と考えられる。

庭園遺構Ｍ　北より

白旗八幡社基壇Ｑ　南東より

【評価】 当城は、史料に見えるように、南北朝期から戦国前期までの約二百年近く、赤松惣領家を中心とする赤松氏の一族が連綿と使用してきた。当初は、同時期の山城と同じく山岳寺院の霊験と要害性に拠って構えられ、やがて播磨国守護・赤松惣領家の由緒と美作・山陰方面への備えを理由に、城郭の維持が図られてきた。

戦国後期の発達した縄張り構造は認められず、採集遺物の備前焼等も一五世紀後半を下限とするため、史料に見える年代観と矛盾しない。戦国後期に戦国大名によって居城化される以前の、赤松惣領家という特定の守護大名累代の本城として長期間存続した希少な事例といえる。

長期間存続した要因として、①矢野荘（兵庫県相生市）等の播磨国内の荘園に守護役を課すなど、守護公権（国成敗権）を行使して戦時の使用と整備がたびたびなされたこと、②平時には寺社境内を城の一部とする赤松惣領家の「聖地」化が進められたこと、が挙げられる。

「白旗降下」の奇瑞は、播磨国守護・赤松惣領家の由緒を語る舞台装置としての城郭と寺社の一体化を促し、室町幕府の安定期には、ついに山麓に寺社部分を拡張、一切経や木製塔婆を備えた白旗八幡社の遷座に至る。白旗降下伝承は、赤松氏没落後の近世以降も、赤松氏発祥地の由緒を語る由来譚へと、かたちを変えて語り継がれている。（荻　能幸）

［参考文献］上郡町教育委員会・白旗城跡調査委員会編　一九九八『国指定史跡　赤松氏城跡　白旗　城跡』／一九九九『上郡町史』第三巻、二〇〇八『同』第一巻

144

長谷《はせ》高山城《こうやまじょう》

美作・因幡に至る街道を扼する未完の堅城

DATA

所在：佐用郡佐用町横坂
別称：尼ヶ城
遺構：切岸、竪堀、石積み
規模：約430×160m
標高等：標高約250m、比高約130m

【選地】　佐用盆地を北東から見下ろす山上にあり、城域内から北に利神《りかん》城跡（佐用町平福）、南西に高倉山城跡（同町櫛田・『近畿』Ⅰ所収）などを遠望できる。山麓は北方の美作・因幡方面との交通の要衝で、近世には因幡道が姫路方面から城跡南麓、西麓を経て鳥取方面へ通っていた。

　北東に連なる山塊の尾根続き約2・8キロ先には、行基の開山と伝える山岳寺院・高伏《たかふし》山長谷《ちょうこく》寺に至る。船越《ふなこし》山瑠璃《るり》寺（佐用町船越）の末寺として、代々修験僧の住んだ寺で、城名にも見える「長谷」の寺号から、中世の長《は》谷《せ》寺（奈良県桜井市）への勧進活動の影響がうかがえる。

　城域南西端の尾根突端にある曲輪Aは、長谷寺の鐘撞《かねつき》堂跡と伝えられ、戦前まで雨乞いの場であったという。同所から弥生の墳丘墓が発掘され、西ノ土居墳墓と名付けられている（一九九八『平成九年度佐用郡埋蔵文化財調査年報』）。

　山麓から城跡へは、南麓を東西に横切る中国縦貫道の下を国道373号線が交差する地点南から、約120メートル東の縦貫道隧道をくぐって登山口に出ると、そこから徒歩約二〇分で達する。

【歴史】　当城は、一次史料では確認できないが、近世の古城記・地誌では赤松氏の遠祖、宇野則景の居城と伝えられている。赤松一族の得平《とくひら》因幡入道が記した『得平記』（一五八八記）では則景について記されているが、当城に関する記述はない。

　登山口から約500メートル南に旧跡が残る臨済宗諸山《しょざん》の円応《えんのう》寺（佐用町円応寺）の開基は、赤松氏一族の宇野氏とされており、南北朝～室町期には周辺が宇野氏の本貫地で

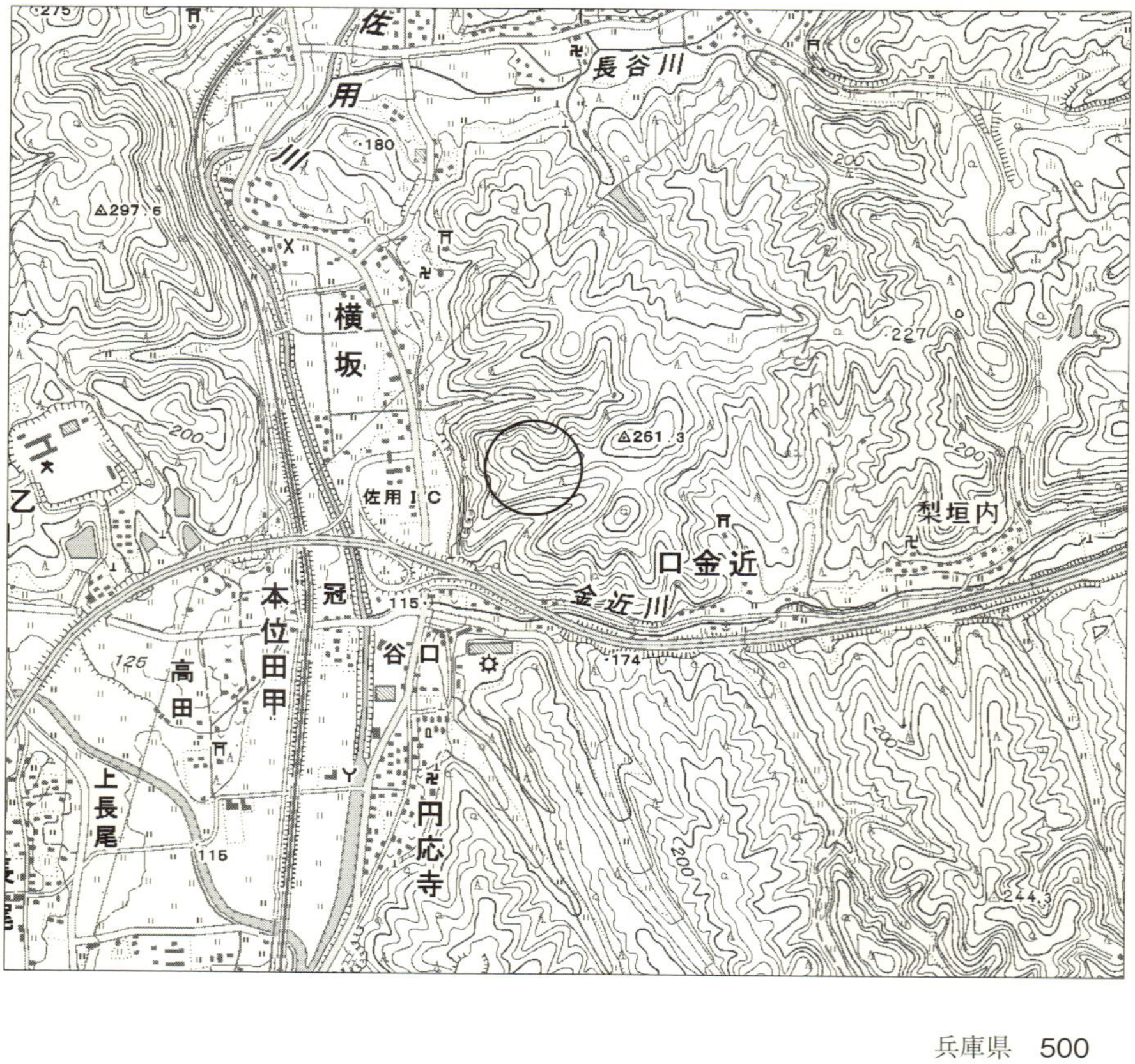

城跡遠望　南西より

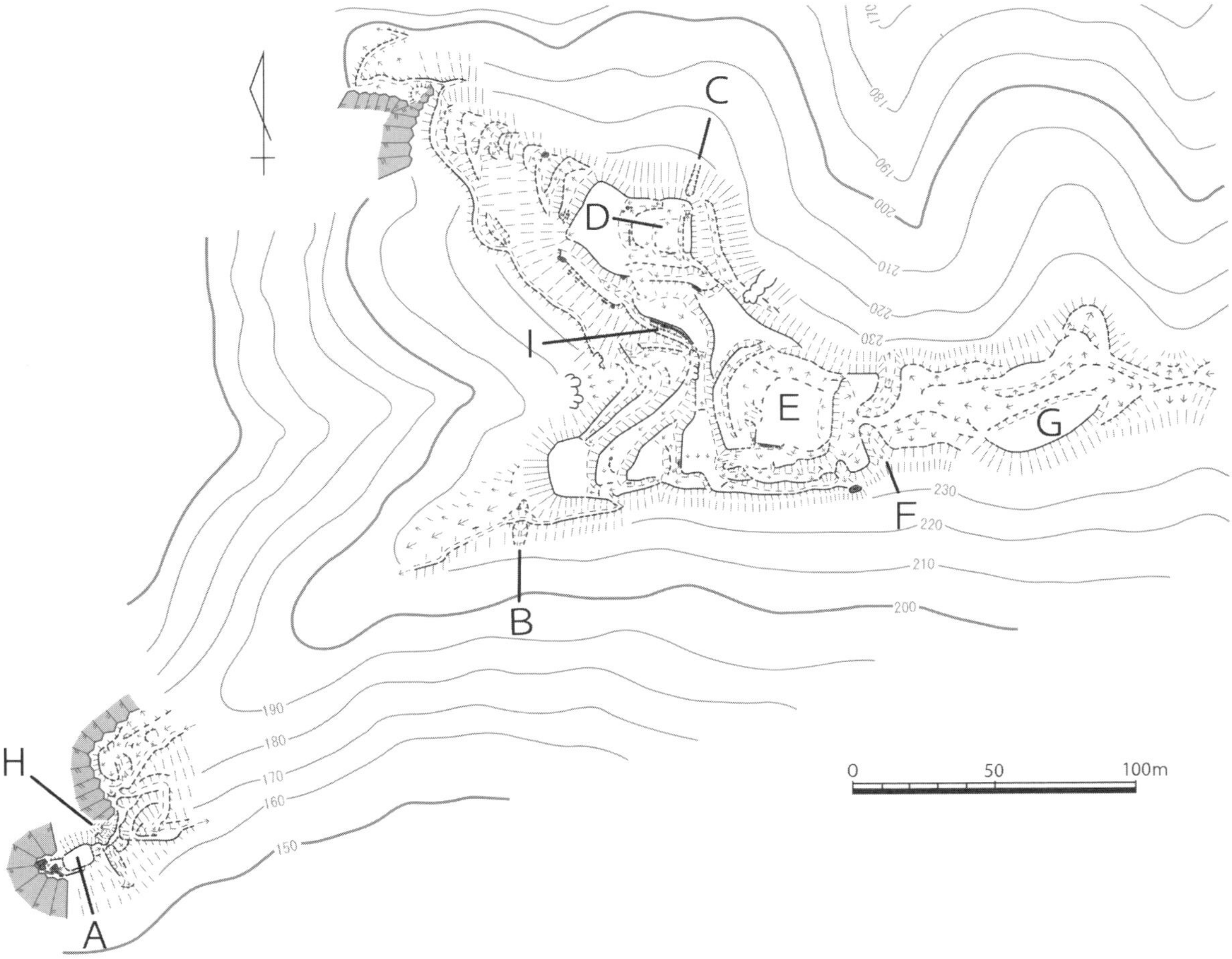

長谷高山城縄張り図　作図：荻 能幸

曲輪Ａからみた南西の眺望

あったとみられる。

　一方、当城の別称・尼ヶ城の由来として、天正五年（一五七七）に尼子勝久がこの城に拠ったことが『佐用郡誌』（一九二六）に挙げられている。

　同時期の状況としては、天正五年の第一次上月城合戦直後には、当城北方の利神城主・別所中務と作州（吉野郡）・新免《しんめん》弾正左衛門が佐用郡を平定した羽柴秀吉勢に服属している（「十二月五日付羽柴秀吉書状」『下村文書』）。

　しかし、翌六年の第二次合戦後、佐用郡から撤退した織田勢から宍粟郡の宇野氏が離反し、毛利方として、宇喜多勢とともに織田方の龍野城（『近畿』Ⅲ所収）や置塩城（『近畿』Ⅰ所収）を攻めている（「霜月十四日付小早川隆景書状写」『毛利家文書』ほか）。一方、新

竪堀Ｂからみた西端の曲輪切岸　南西より

「千畳敷」伝承地Ｅ　南より

免氏は引き続き織田方に属している（「七月十六日付羽柴秀吉書状」『新免文書』ほか）。

　この時期、佐用郡と「因幡道」（近世街道の前身）を入れ替わり押さえた織田・毛利両勢にとって、北方の新免氏への対処上、当城の戦略的価値は非常に高かったことがうかがえる。

【遺構】　当城は、西側にV字状に枝分かれする尾根上に築かれている。西側に降る尾根方向に対して数段にわたり切岸と奥行きのある曲輪をセットで設け、一部に竪堀B・Cを配して回り込みを防ぐなど、堅固で工夫された縄張構造が見ることができる。城内での兵力・火力の展開を意識した、戦国末期の縄張りと考えられる。

石積みⅠ　南より

　一方、中心の曲輪に当たる二ヵ所の尾根頂部D・Eとその周辺は、一部、造成が未完成のままである。尾根東側の堀切F以東の削平地Gも、一部の削平に止まり、さらに東側の尾根鞍部を堀切などで画した状況も認められない。

曲輪Ｄ西下の五輪石

　以上の状況より、当城は防御の最前線である西側外郭部から築城作業が進められたが、完成間近に、なんらかの事情で廃城になったと考えられる。堀切以東の削平地は、築城時に軍勢が駐屯した痕跡と解釈でき、城域に組み込むか否か留保されたまま廃城になった可能性がある。
　曲輪Aの東側鞍部には、二条の堀切Hが確認されるが、その上の尾根には明瞭な曲輪は形成されていない。曲輪Aは物見の場に止め、城攻めがなされた際には城内に撤収する前提で設けられたとみられる。
　特徴的な遺構や遺物として、石積みIと、「千畳敷《せんじょうじき》」と呼ばれる尾根頂部の曲輪Eを中心に散布する瓦片（角田誠　一九九三「長谷高山城」『播磨利神城』）が挙げられる。石積みは高さ約1・5メートル以下と低く、瓦は編年上一四世紀中頃と位置付けられる（田中幸夫　二〇〇四『播磨の中世瓦―瓦が語る神社・寺・城跡―』）。
　しかし、尾根頂部に瓦片が散布することは、中世の山岳寺院の瓦葺建物の立地（尾根下方や鞍部）とはやや異なる。このことから、中世寺院の瓦葺建物の遺構とは考えにくい。

曲輪D周辺では、中世末とみられる一石五輪塔をはじめとする五輪塔石材が集散しており、築城時に石積みの石材として搬入された可能性がある。同様に、瓦も山麓の円応寺（南北朝～室町期）から搬入されたと考えると、縄張りから推定される戦国末期の築城時期と瓦の古さがずれる点について、理解しやすくなる。


【評価】 伝承では、宇野則景や尼子勝久が城主とされているが、前述のように、戦国末期の発達した縄張りや、天正五・六年（一五七七・七八）における当城の戦略的価値などからみて、佐用郡に侵入した織田・毛利方どちらかの外部勢力による築城と考えられる。

同時期、赤穂郡で展開された両勢の築城と比定される山城の縄張りと比較すると、宇喜多勢の八幡山城（赤穂市東有年・『近畿』Ⅲ所収）・駒山城（上郡町井上・山野里・『近畿』Ⅱ所収）と比べ、切岸と奥行きのある曲輪の組み合わせは発達している。

しかし、織田方の播磨国衆の築城と目される高田城（上郡町奥・『近畿』Ⅱ所収）や鴾ケ《つきが》堂《どう》城（赤穂市有年横尾）、鍋子城（赤穂市東有年：ともに『近畿』Ⅲ所収）にみられる（多重）堀切や櫓台をさらに組み合せる手法は未熟であるため、織田方の築城とは考えにくい。

一方、瓦葺建物の使用については、宇喜多勢（長船貞親）が拠った駒山城や、宇喜多領国内の美作・篠葺《ささぶき》城（真庭市）、備前・虎倉《こくら》城（岡山市）から瓦が採集されていることから、宇喜多勢による使用と考えられる。

よって、当城は、天正六年に宇喜多勢が播磨中央の龍野・置塩へ侵攻する過程で、北方の新免氏に対する備えとして築城されたと考えられる。赤穂郡の宇喜多勢諸城と比べて縄張りが発達しているのは、織田勢との戦いの中から学んだ成果と推察される。（荻　能幸）

【和歌山県】

大阪府
奈良県
三重県
熊野灘
小峰寺
松山城
（橋本市）
猿岡山城
古和田城
名古曽城館群
名倉城
（和歌山市）
秋月城
（紀の川市）
龍門山
秋葉山城
志賀城
高野山
襷城
（海南市）
鳶ヶ巣山城
（有田市）
（有田川町）
二川天城
阿尾城
（御坊市）
要害森山城
高幡山城
中峰城
本宮城
横手山城
能城城
（みなべ町）
鷹ノ巣城
高地山城
高田古城山城・経塚山城
（田辺市）
大塔山
龍口城
宮代城
那智山
（新宮市）
血深城
殿和田森城
市鹿野城
（那智勝浦町）
安宅大野城
周参見中山城
小匠城
太地城
古武之森城
（すさみ町）
（串本町）

作画：吉田 亘

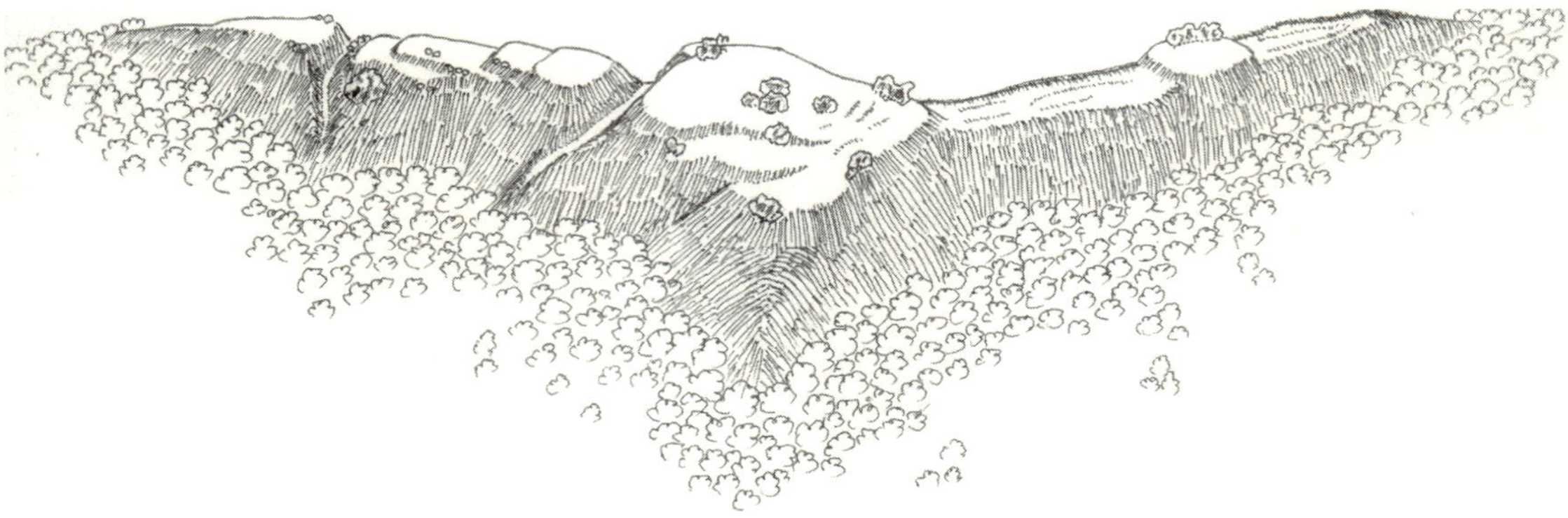

鳥瞰図と縄張り図で見る

和歌山県の城・宮代城〈No. 153〉

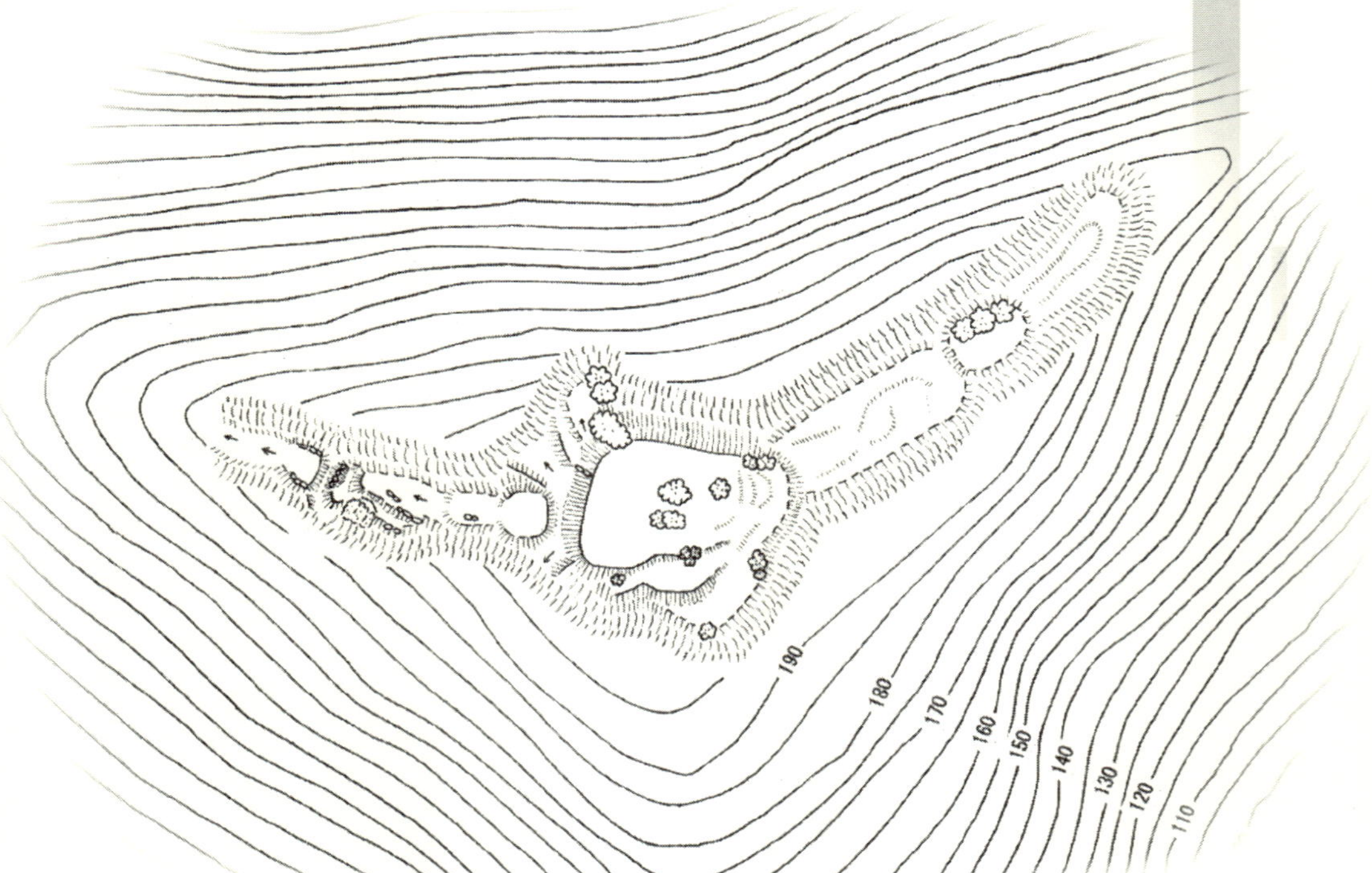

作図：野田 理

145

秋月城《あきづきじょう》

県道で分断された紀伊一宮を守る平地城館跡

【選地】 日前宮《にちぜんぐう》（日前宮《ひのくま》・国懸宮《くにかかす》）の北東、県道鳴神・木広線が曲輪を分断する形で、わずかにその痕跡を残している。現状は耕地・道路・店舗などになっている。城跡は日前宮に付属する集落「西垣内」の北で、集落からやや離れた微高地にあたる。

ここから西約1キロには、同じ日前宮にかかわり、この地域（宮郷）の中心となる太田城跡がある（環濠集落との評価がある）。

太田城（『近畿』Ⅱ所収）は、天正十三年、紀州平定の途にあった羽柴秀吉が大堤を築いて水攻めにした城として有名である。

堀跡東から

DATA

所在：和歌山市秋月
別称：飯垣城
遺構：堀、曲輪
規模：80 × 80m
標高等：標高5m、比高約0m

【歴史】 『紀伊続風土記』「名草郡神宮郷秋月　侍飯垣周防守居城といふ　今田地の字に城の
村」の条に、「○城趾　日前宮ノ森の東耕月　内　矢倉下　城堀　飯垣なといふあり」とあ
寺の西にあり　文明年中国造俊連築し所　青　る。

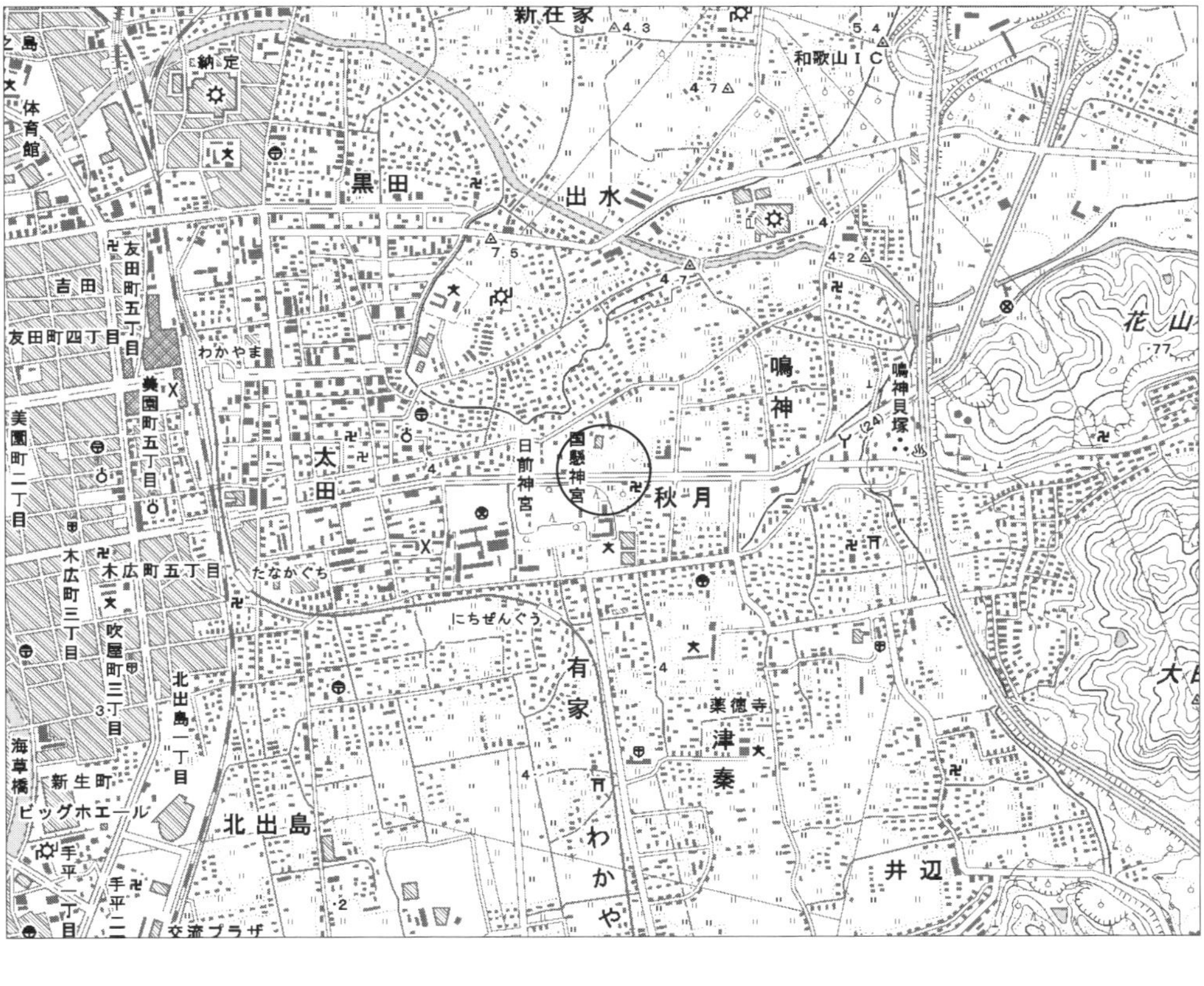

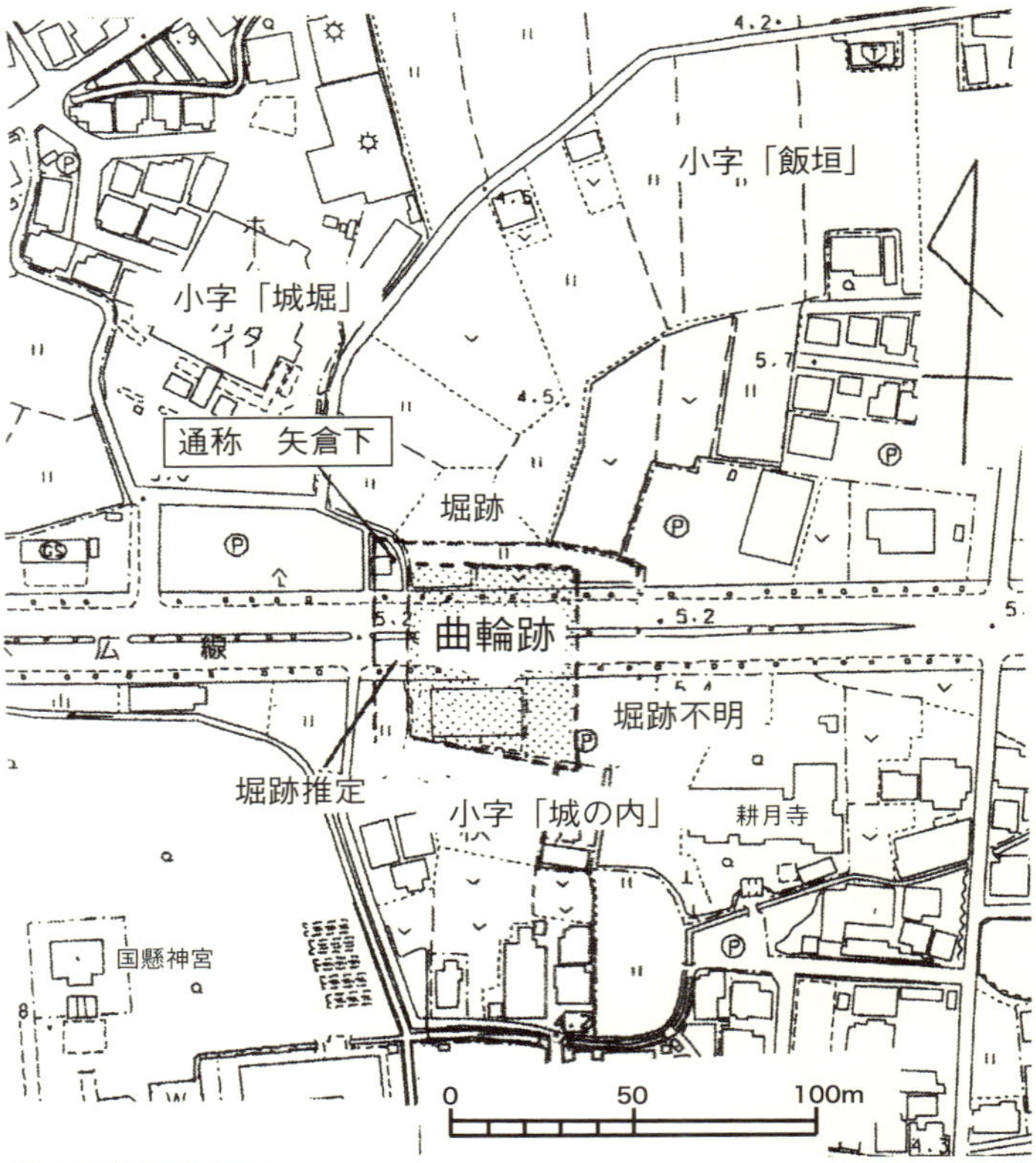

秋月城跡推定復元図

「日前宮文書」の「文明四年神事流鏑馬添日記写」など複数の文書に日前宮・紀氏の家人として飯垣氏が登場することから、居住のための平地城館であったようだ。

前述の太田城水攻めの際には、当城は大堤の内側（水没する地域）にあたっていたようだ。このころ、すでに当城は放棄されていたようである。

【遺構】 道路で南北に分断された、東西25×南北50メートルの自然堤防上が曲輪跡と伝えられている（小字「城の内」にあたる）。道路北側の台地（現耕作地・曲輪跡か）には北と東・西に「コ」の字形に低地があり、堀跡とされている。

台地（曲輪）角の低地を、地元では「ヤグラシタ（矢倉下）」と呼んでいる。地籍図を見ると、小字「城の内」のうち、周囲が水田で囲まれ地目が「畑地」となった微高地の方形区画があり、城跡伝承地と一致する。

ただし、現状の台地（曲輪跡）とは規模で一致しない。聞き取りによると、耕作に伴って西側（通称「ヤグラシタ」）を削ったようだ。聞き取りに基づいて現地形図上で復元を試みたところ、台地上の東西約40×南北約50メートルの堀で囲まれた曲輪跡と推定できる。周囲の堀は、現況では北辺の幅約5メートルの水田部分のみが確認される。

『和歌山県史考古編』には、県道鳴神・木広線を建設する際に「幅3メートル、深さ60センチの堀状の溝」や瓦器《がき》などの遺物が出土したとするが、位置など詳細は不明である。

【評価】 地誌『紀伊続風土記』には、中世に日前宮・紀氏が日前宮領を他からの押領から守るために、太田城・冬野《ふゆの》城・天守山城・弁財天山城・忌部《いんべ》山《やま》城・秋月城ら六城を築いたと記している。

太田城は太田の集落と重なり、まったく遺構は残っていない。冬野城・天守山城・弁財天山城・忌部山城は山城で、開発から免れた場所であるが、城郭遺構は残されていない（自然地形のまま）。

伝・紀氏の山城は、曲輪や堀切など、城郭としてはかばかしい造成を行わなかった可能性が高い。むしろ近世になってから、秀吉の紀州攻めで没落した日前宮・紀氏が旧領の広大さや影響力の大きさを誇示するために、城跡の存在を喧伝したという見方もあるほどである。

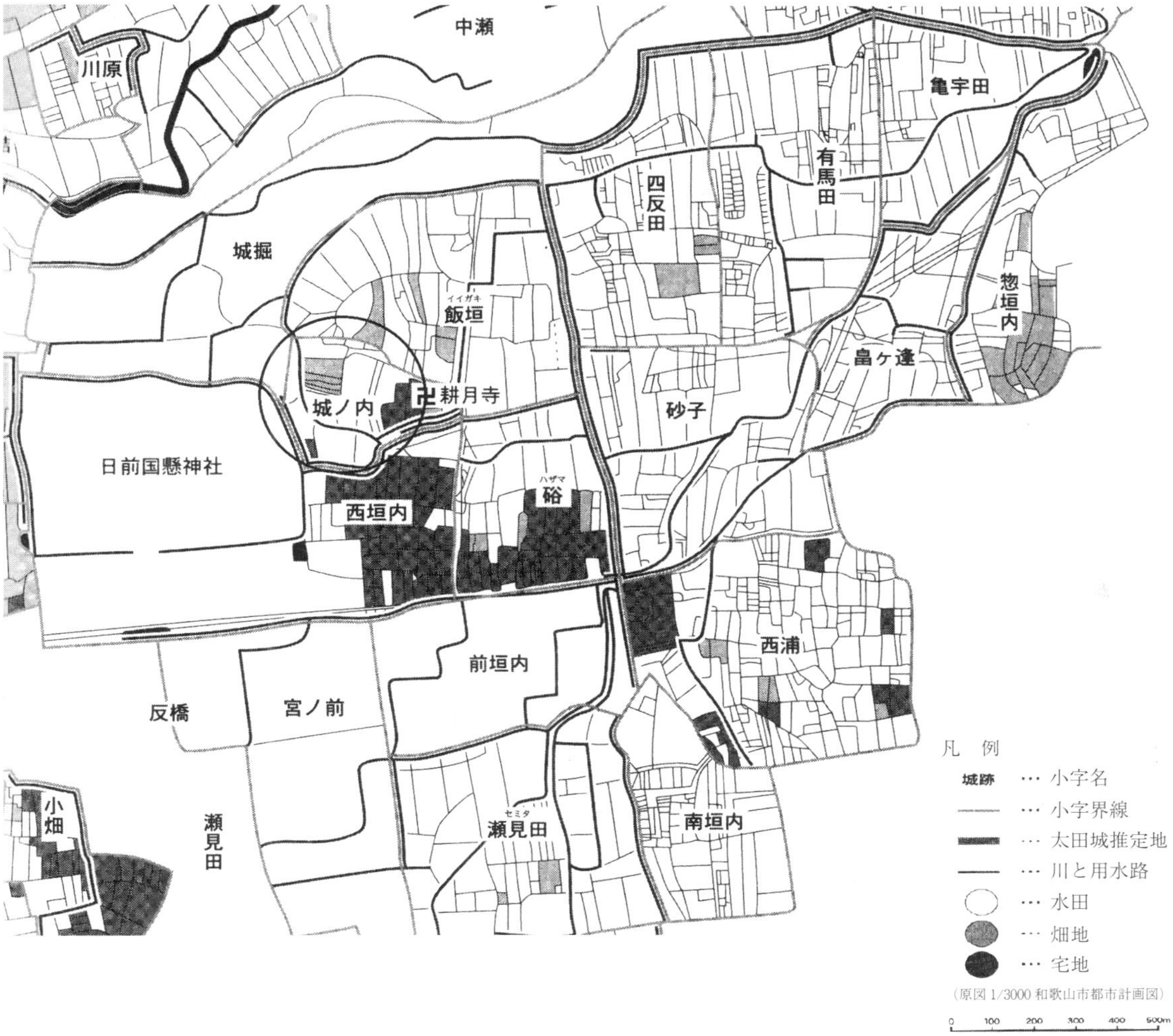

湯峯愛氏作成「太田城水攻め堤防一帯地籍図集成」から秋月城一帯を拡大。『和歌山地方史研究』56 号（2009）所収の「地籍図による太田城水攻め堤防の復元」より

当城跡の真ん中を幹線道路が通り、破壊が相当進んでいるが、今も地表面の観察で遺構を確認することができる貴重な遺跡が当地である。

（白石博則）

通称「矢倉下」

146 小峰寺《おみねじ》

畠山氏の内紛で軍事利用された山寺

本堂

【選地】 紀伊国と大和国の国境付近に位置する山寺である。当地は、隅田《すだ》荘の東端に位置し、約1・3キロ北西には守護畠山氏の長薮城（橋本市慶賀野）がある。小峰台の宅地開発により、周辺の景観は大きく変化している。初芝橋本高校の手前で西に折れると、当寺に至る。

DATA

所在：橋本市小峰台
遺構：削平地、堀切
規模：140 × 130m
標高等：標高 240m、比高約 60m

【歴史】 当寺は、役行者《えんのぎょうじゃ》が開基したとされる修験の霊場である。南北朝期には金剛山転法輪寺の配下に入り、天正年間（一五七三〜九二）の兵火で焼失する。近世には、仁和寺末寺の真言宗寺院となった。

永正十年（一五一三）、畠山義英の勢力が小峰寺と大澤寺（奈良県五條市）に籠もる。畠山卜山は、大和国の宇智郡衆に対し、紀伊国の伊都郡衆と協力して義英方を攻めるよう指示している（『三箇家文書』）。畠山氏の抗争のなかで、当寺が軍事的に利用されたことがうかがえる。

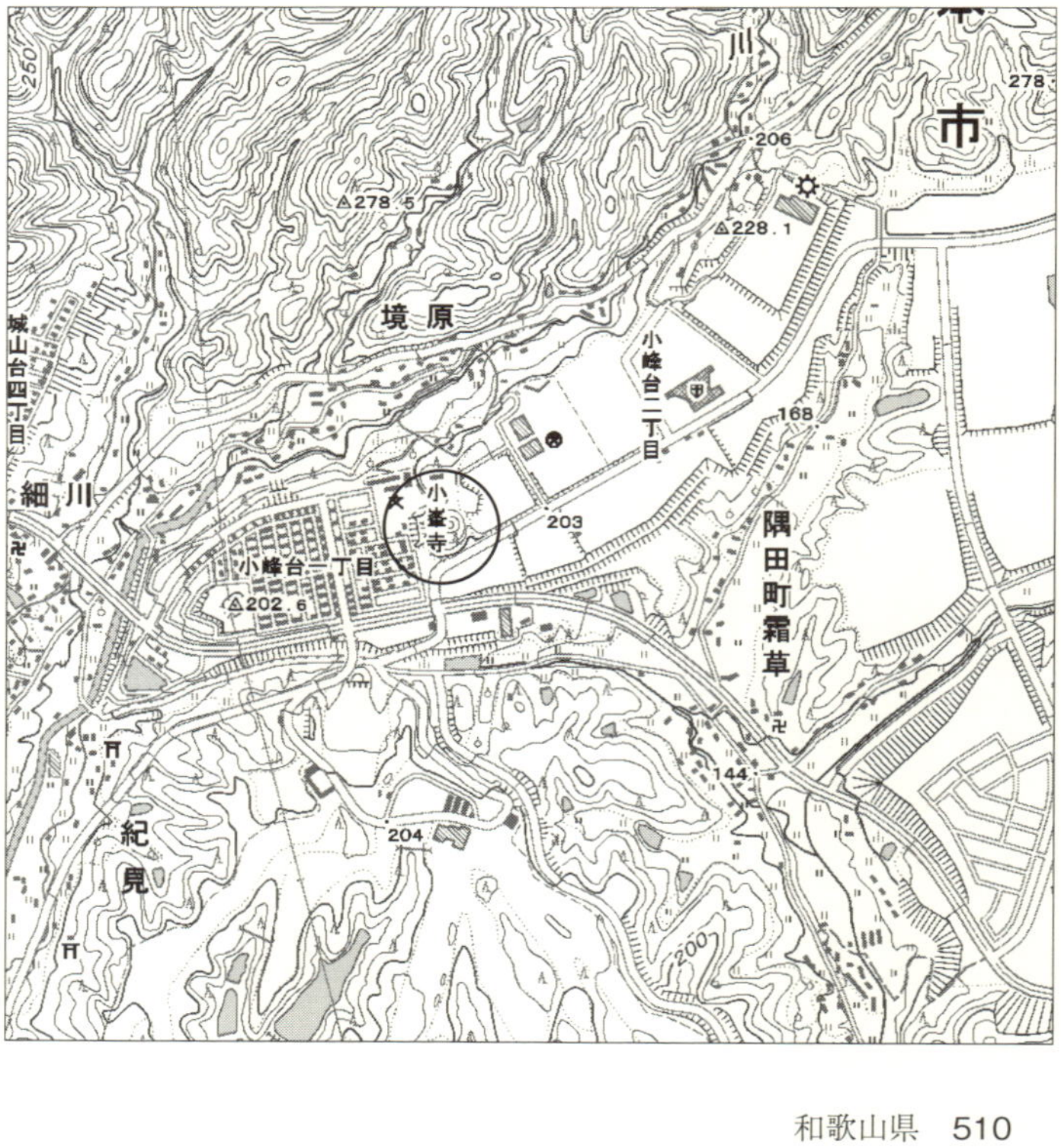

【構造】 かつては複数の寺坊をもつ大きな寺院であったが、宅地開発が進み、現在では二つのピークに堂舎を構えるのみとなっている。削平地Ⅰには本堂と聖魂堂、削平地Ⅱには行者堂がそれぞれ建つ。削平地Ⅰ・Ⅱの間の尾根上には、天授五年（一三七九）銘の宝篋印塔（橋本市指定文化財）がある。削平地Ⅲから東の尾根にかけては、近年の造成により

失われた。その際、発掘調査で建物の痕跡が確認され、寺院に伴う施設があったことが判明した。なお、削平地Ⅲにあった十三重の石塔は、現在、行者堂の脇に移設されている。

先の発掘調査では、削平地Ⅱの東部で堀切も検出された。堀切Aは幅約6メートル、深さ約0・8メートルで、岩盤を掘り窪めて造成されていた。近世の絵図にもこの堀切は描かれている。

遺構図　発掘調査報告書（1989年）より転載・加筆

【評価】　応永二十年（一四一三）の「境原山四方書写」（『葛原家文書』）には「塔尾峯堀□《(切カ)》」とあり、寺域を画する堀切の存在が確認できる。堀切Aは寺域の境にはなく、内部を区画する目的で構築されたと考えられる。

このように、堀切Aを寺院の施設とみなすならば、城塞化の痕跡を地表面に見出すことはできない。畠山基家は、紀伊国北東部に独自の軍事拠点をもたず、当寺を一時的に間借りして戦闘に臨んだ。その際、「城郭」としての改変は普請の面までは及ばなかったとみられる。

これに対して畠山卜山方は、おそらく長薮城を拠点に周辺の領主層を結集し、基家方に対峙した。当該期の隅田荘周辺では、畠山卜山が軍事的に優位にあり、基家は独自の軍事拠点を整備するまでには至らなかった。そのような状況下で、比較的「要害」の地にあり、最低限のライフラインをもつ当寺は、一時的に軍事利用するにはふさわしいと基家方は判断したのであろう。

（新谷和之）

［参考文献］新谷和之　二〇一〇「小峰寺」和歌山城郭研究9／岩倉哲夫　二〇〇六「永正・大永期の畠山氏の抗争と「小峰寺」―大和・河内・紀伊国境付近の城郭と関連つけて―」和歌山城郭研究5

天授５年銘の宝篋印塔

147 名古曽《なこそ》城館群《じょうかんぐん》・名倉城《なくらじょう》

官省符荘の政所一族が拠った城館群

高坊氏館跡に建つ「名古曽城跡」の碑

DATA
所在：橋本市高野口町名古曽・名倉
遺構：空堀、曲輪
規模：400 × 300m の範囲に6城館が点在する
標高等：標高 85m、比高 0m

【選地】 橋本市（旧高野口町）名古曽《なこそ》は、紀ノ川の北岸の低位洪積台地上に位置する。台地上を紀ノ川の支流、旧田原川が南北に流れ、扇状地を形成している（現在は付け変えられて西に流路が変わっている）。この旧田原川の東には高野山の領域型荘園である官省符荘《かんしょうふしょう》を管理する政所《まんどころ》一族の有力荘官、高坊《たかぼう》氏・塙坂《はねさか》氏・小田氏らの城館跡がある。

　また、旧田原川を隔てた西の名倉には、政所一族の一員である亀岡氏の館跡や、守護勢が駐屯した名倉城跡が伝わる。

【歴史】 岩倉哲夫氏の研究によると、官省符荘とは永承四年（一〇四九）、高野山が、開山以来、紀伊国内に散在していた田地四八町余りを国家に返納する代わりに、高野山麓の高野政所周辺の田地を付与されることでできた領域型荘園である。範囲は旧高野口町の全域を中心とした東西10キロにも及び、紀ノ川の南北にまたがる広大なものであった。

　この荘園の荘官を務めたのは「四荘官」と呼ばれる高坊氏・田所《たどころ》氏・亀岡氏・岡氏らである。ほかに、荘園の実務を担う所司を務

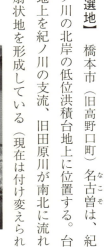

めたのが大野氏（二家）・小田氏・塙坂氏・曽和《そわ》氏・幸徳丸ら（苗字不明）であった。四荘官と六氏は、次第にその性格を僧侶的なものから武家的なものへ変貌させてゆき、やがて南北朝期の内乱の中で「政所一族」として結束を持つようになっていく。

　しかし、政所一族の結束は必ずしも強いものではなかった。応仁の乱の前後に紀伊守護畠山氏は義就派と政長派に分裂し抗争したが、政所一族も二派に分裂した。寛正四年（一四六三）、紀ノ川南岸にある岡氏の岡城には、二度にわたって義就派の勢力が籠城することとなった。一方、敵対する政長派は、高坊氏の居館を拠点として岡城を攻撃している。

　さて、政所一族の中で岡氏は河南の慈尊院《じそんいん》の傍ら（岡城跡・『近畿』Ⅲ所収）に住み、田所氏は荘園の西端かつらぎ町の中飯降《なかいぶり》城に拠った。荘園中央部の名古曽には、高坊氏・小田氏・塙坂氏らが居を構え、やや西の名倉には亀岡氏が拠った（亀岡氏館）。

（上）塙坂館南の空堀跡　（下）高坊氏館の西の空堀跡

　この亀岡氏館を核にして、守護勢などが入った名倉城が営まれたようだ。『多聞院日記』永禄十年（一五六七）九月二日の条に「根来寺衆去晦日ニ紀州イトノ郡ナクラト云城迄連判衆三千ほとにて立了」とある。「ナクラ云城」は、亀岡氏館の南の名倉城を指すものであろう。

　当時、紀伊守護であった畠山秋高が根来連判衆ら三千人を率いてこの城に立ち寄り、当時敵対していた三好方らとの戦いのために大和方面に進撃していったようだ。

【遺構】　ここでは、①塙坂氏館跡、②高坊氏館跡、③小田氏館跡、④亀岡氏館及び名倉城跡を取り上げる。

①塙坂氏館跡　小字「高尾」にあり、図1のⅠにあたる。延宝五年（一六七七）、南名古曽村が紀州藩に差し出した「大指出帳」には「古土居　東西、南北三十間四方是ハ塙坂と申人の屋敷の跡之由」とある。推定地には北と西が段丘崖、南は幅18メートル（長さ約60メートル）の空堀状地形（現在は道路）が残る。北は一九九五年の宅地造成に関わる発掘調査で、幅6メートルの空堀跡や土塁跡が確認されている。このように、塙坂氏館は二方向は崖、二方向は空堀で遮断されていた。発掘調査では他に一四〜一五世紀の遺物や掘立柱建物・土坑・塀跡の柱穴などが確認された。

　塙坂氏は、戦国期に東の隅田《すだ》荘（橋本市隅田町）に進出し、近世初頭にはこの地を離れて隅田荘に移住したことが確認される。

②高坊氏館跡　①の東の小字「上之段《じょうのだん》」にあたる。①とは空堀によって隔てられていた

図1　名古曽城館群の推定復元図　作図：白石博則

ようだ。遺構は残らず、近代の早い段階に学校や試験場などの施設が建設され、地籍図からも遺構を推定できない。『紀伊続風土記』には「村の乾にあるを高尾といふ人の屋敷地東西五十間南北四十間」（ここの「高尾」は「高坊」の転訛であろう）とある。それに基づいて場所を比定すると、図1のⅢの範囲となる。高坊氏は近世初頭にはこの地を離れ、かつらぎ町中飯降に移住したとされる。現在、推定地内に「名古曽城跡」の石碑が立つ。

なお、図1のⅡは城館伝承地ではないが、塙坂氏館跡や高坊氏館跡と空堀によって隔てられた場所で、東西南北60メートルの不定形の平坦地である。土師皿などが多量に散布しており、館跡の可能性がある。岩倉哲夫氏は、この地を「政所一族の曽和氏や幸徳丸」の館に想定されている

③小田氏館跡（図1のⅣ）　小字「城ノ越《しろのこし》」にある段丘崖に面した地点である。現状は畑地や宅地で、およそ上下二段に造成されている。小田氏は、ここから600メートル南の橋本市小田を本貫地とする武士で、政所一族としてこの地に居を構えたのであろう。明確な遺構は確認できないが、南・西は急崖で

北は浸食谷、東だけが台地に繋がる立地である。東に堀切などの施設があれば四方遮断が貫徹されるが、現状では確認されない。

④亀岡氏館跡　庚申《こうしん》山南麓に営まれた館（図1のV）で、西・南は段丘崖、東は明治中期の地籍図などで復元すると小さな浸食谷で遮断されていたようで、明治期には溜池が造られていた。背後を山、三方を谷や崖で守られた館であったようだ。今は開発が進み、遺構は残らない。

名倉城跡は、亀岡氏館の東の小字「城跡」にあったようだが、現在はJR高野口駅や民家などに変貌し、遺構は明確ではない（図1のⅥ）。岩倉哲夫氏は、名倉城は亀岡氏館を包含した臨時的な城郭で、官省符荘の荘官層の連合組織である政所一族の城であったと推定されている。前出の『多聞院日記』の守護畠山氏方の「（根来）連判衆二千ほと」が拠ることができる大規模で臨時的な城郭であったのだろう。

地籍図などで復元すると、亀岡氏館との間には前出の亀岡氏館の東の浸食谷が南北に入り、名倉城と館の間は遮断されていたと推定される。また、東には旧田原川、南は段丘崖で遮断されていたようだ。

現状は市街化されて城跡の痕跡を残さないが、城の南端は、地蔵寺とその下（南）の建物の間の崖であったと推定される。また、小字「城跡」と小字「宮田」の境となる段丘崖の下には地元で「殿《とう》の井戸」と呼ばれる湧水があり、名倉城との関連が伝わる。

（上）JR高野口駅前小字「城跡」（下）殿の井戸

【評価】　名古曽・名倉にこのように荘官館や守護系の城郭が集中したのは、この地の南に旧大和街道が東西に通る交通の要衝であったからだ。また、紀ノ川の渡しに下る道と大和街道との交点に「名倉市場」と呼ばれる市場が営まれたことによる。現在も「市場北脇」「市場南脇」という小字が残り、市場に伴うことの多い蛭子《えびす》神社が祀られている。

このように、名古曽・名倉の場所は富が集中する「都市的な場」であり、拠点的な集落であった。この地を段丘の上から見下ろす場所に営まれたのが、名古曽城館群および名倉城跡である。交通路や市場と城館の関連を知ることができる非常に貴重な遺跡である。すでに開発が進み改変が著しいが、今後歴史的な景観として顕彰されるべき場所である。

（白石博則）

［参考文献］岩倉哲夫　二〇〇〇「官省符荘」『きのくに荘園の世界』上巻　清文堂／岩倉哲夫「伊都・橋本地方の中世城郭について」御坊文化財研究会編『あかね』第17号

148 松山城《まつやまじょう》

信長の高野山攻めで築かれた陣城

城跡遠望

【選地】 当城が築かれた菖蒲谷は、橋本市御《み》幸辻《ゆきつじ》から紀ノ川広域農道を西に約1キロ進んだ子安地蔵寺の北方にあたる。城跡のある山塊の東麓斜面は、現在、宅地が造成され開発が進んでいる。

中世には、河内国から紀見峠を越えて御幸辻を経由し、菖蒲谷・神野々を経て紀ノ川を渡り、高野山に向かう高野参詣道が通っていたという。

【歴史】 天正九年（一五八一）、和泉国槇尾山施福寺は織田信長の差出検地に応じず、敵対したために、施福寺堂宇は焼き払われ、焼失した。

その後、信長は高野山に対し、逃亡した荒木村重の旧臣の引き渡しと、佐久間信盛の遺品の引き取りを要求したが、高野山は使者をことごとく殺害し、敵対することとなる。信長は報復として、高野聖を数百人召し捕り処刑した。

翌年には、信長から在地武士の生地《おんじ》氏や贄《にえ》川《かわ》氏に「松山新介を派遣するので配下に属し

DATA

所在：橋本市大字菖蒲谷小字清谷（田和）
別称：菖蒲谷城・菖蒲田和の城
遺構：曲輪、土塁
規模：100 × 70m
標高等：標高 308m、比高 85m

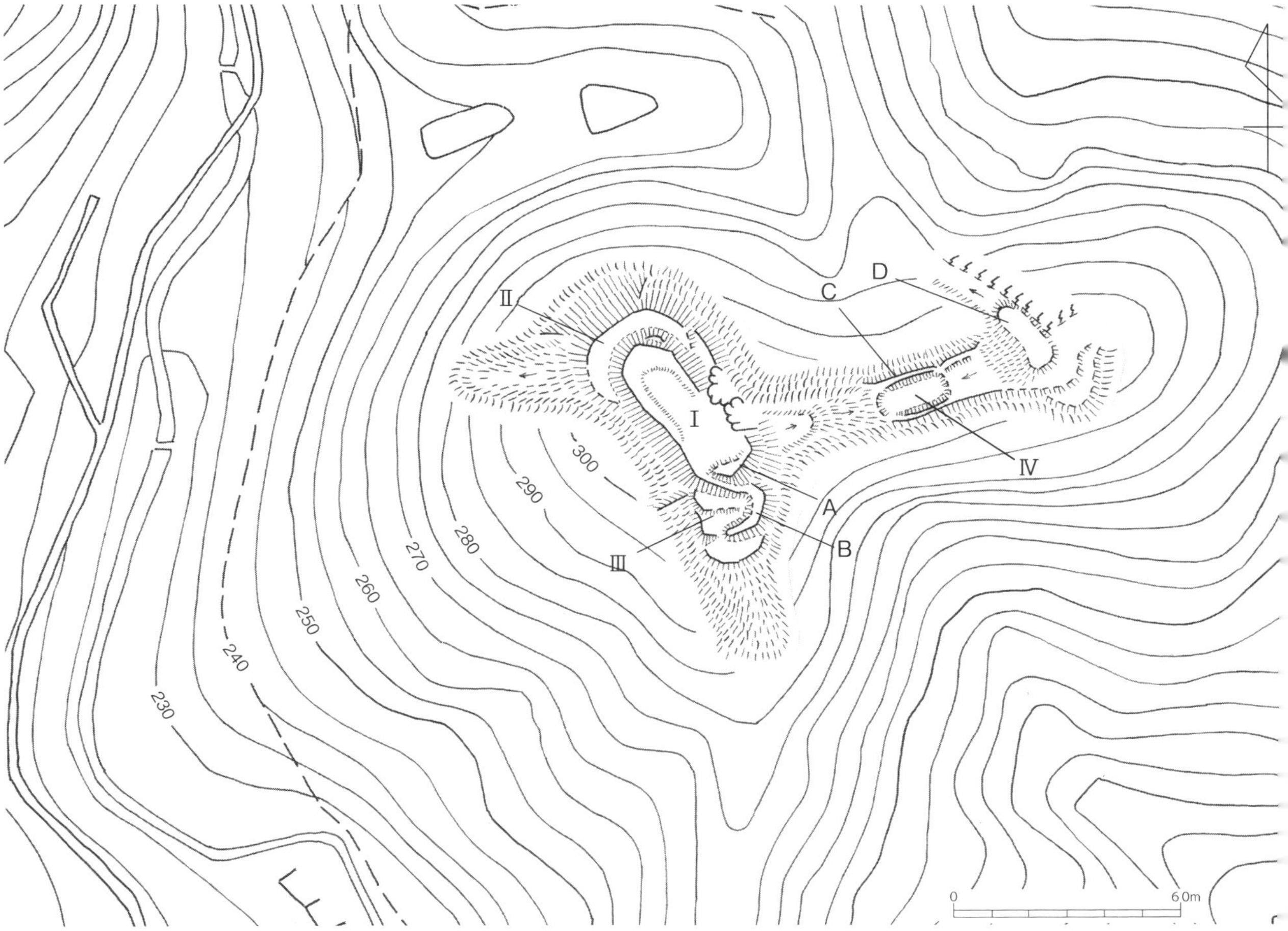

縄張り図　作図：野田 理

働くように申し付ける」との朱印状が発給されている。その松山新介が菖蒲谷に「多和城」を築城し、昼夜にわたって九度山《くどやま》表へ「相働」いたという。

なお、信長の高野山攻めは小規模なもので、軍記類の『天正高野治乱記』や『高野春秋編年輯録』でいう「信長方十三万、高野山方三万」というほどの話ではなく、局地的な戦闘であったようだ。このような緩慢な高野山攻めも、結局は天正十年の本能寺の変で終息することとなる。

【遺構】 Ⅰ郭は40×15メートル、方形を指向するが曲輪面の削平は曖昧で、ほとん

Ⅰ郭

ど居住性を無視している。東端に、わずかに土塁Ａが認められる。Ⅰ郭の谷側は半円状にⅡ郭を築き、防御性を増している。

Ⅰ郭からⅢ郭に至るルートには、複数の折れを加え（四折れ）、縦深性をつくりだしている。Ⅲ郭は１０×１０メートルの方形で、中央付近の段差により二分割されている。また、塁線上に幅3メートルの削り残し土塁Ｂを配することで、Ⅰ郭の橋頭堡的存在となっている。

Ⅲ郭下にも小さな平坦部分が残されているが、Ⅲ郭虎口を構築した際の残土処理跡と思われる。山塊鞍部のⅣ郭は、約３０×１０メートルの平坦部で、東西の稜線に土塁Ｃが残されている。判断が難しいが、東端Ｄを削り残し土塁と評価すれば、当域まで城域が広がる。

Ⅲ郭の虎口土塁

Ⅳ郭土塁

【評価】　明確な虎口と防御拠点をⅢ郭に集中させた構造は、高野山領や紀ノ川流域では稀有な存在である。また、中心となるⅠ郭の粗雑な削平に反して、Ⅰ郭から独立した土塁を伴う虎口構造は陣城の範疇に入り、戦国末期の築城が想定できる。

「高野山攻め」を想定した場合、城兵の駐屯部をⅣ郭とするならば、Ⅰ郭が小規模であっても指揮所的な機能は発揮できる。周辺に立地する生地氏の「銭坂城」（『近畿』Ⅱ所収）や「長薮城」は、高野山に敵対した勢力の城であり、信長の「高野山攻め」は、高野山の玄関口である高野口町から橋本市にかけ広範囲に展開する。それこそ高野山の封じ込めを意図したものと思われ、中でも「松山城」は、規模こそ誇れるものではないが、織豊勢力が紀州に築城した陣城の数少ない事例といえるだろう。

（野田　理）

［参考文献］仁井田好古編　一九九〇『紀伊続風土記』臨川書店／岩倉哲夫　二〇〇一「織田信長の高野山攻め」『南紀徳川史研究』7／和歌山城郭調査研究会9　二〇一〇『和歌山城郭研究』九

149

鷹《たか》ノ《の》巣《す》城《じょう》

愛洲氏の伝承と修験の様相を示す複合遺跡

城跡遠望

【選地】　当城が立地する奇絶峡《きぜつきょう》は、田辺市を流れる右会津川上流の渓谷にある。東岸の高尾山（606メートル）と西岸の三星山（549メートル）の間、約2キロにわたって両岸が絶壁となった景勝地である。絶壁には、高尾山赤城谷を水源とする落差約23メートルの赤城の滝と不動明王の小宇が祀られており、修行場を連想させる。

そこから、整備された近畿自然遊歩道を中腹の三角点（330・3メートル）まで登った後、山腹を南に向かった枝尾根の標高370メートル地点が鷹ノ巣城である。従来、下方の標高292メートル地点、および周辺が当城とされていたが、遺構は存在しない。

【歴史】　『紀伊続風土記』によれば、秋津荘上秋津村項に、鷹ノ巣城跡として記されている。「村の子丑の方、鷹尾山の内、鷹ノ巣というにあり。東西二十五間、南北十間。山嶮にして登るべからず。愛洲三郎長俊の城跡という。長俊は上秋津村・下秋津村の地頭なり」とある。

また、伝承も残る。「秀吉の紀州攻めのとき、三千人の兵士が田辺を焼き払い秋津まで攻め上った。鷹ノ巣城と千光寺の僧徒が共に防戦したが、敗れてしまった。その時、千光寺は本堂も塔も山門も焼き払われ、鷹巣城は孤立し包囲されたが、城主の長俊は笠をさして崖

DATA

所在：田辺市上秋津
遺構：曲輪、堀切
規模：60 × 40m
標高等：標高 370m、比高 320m

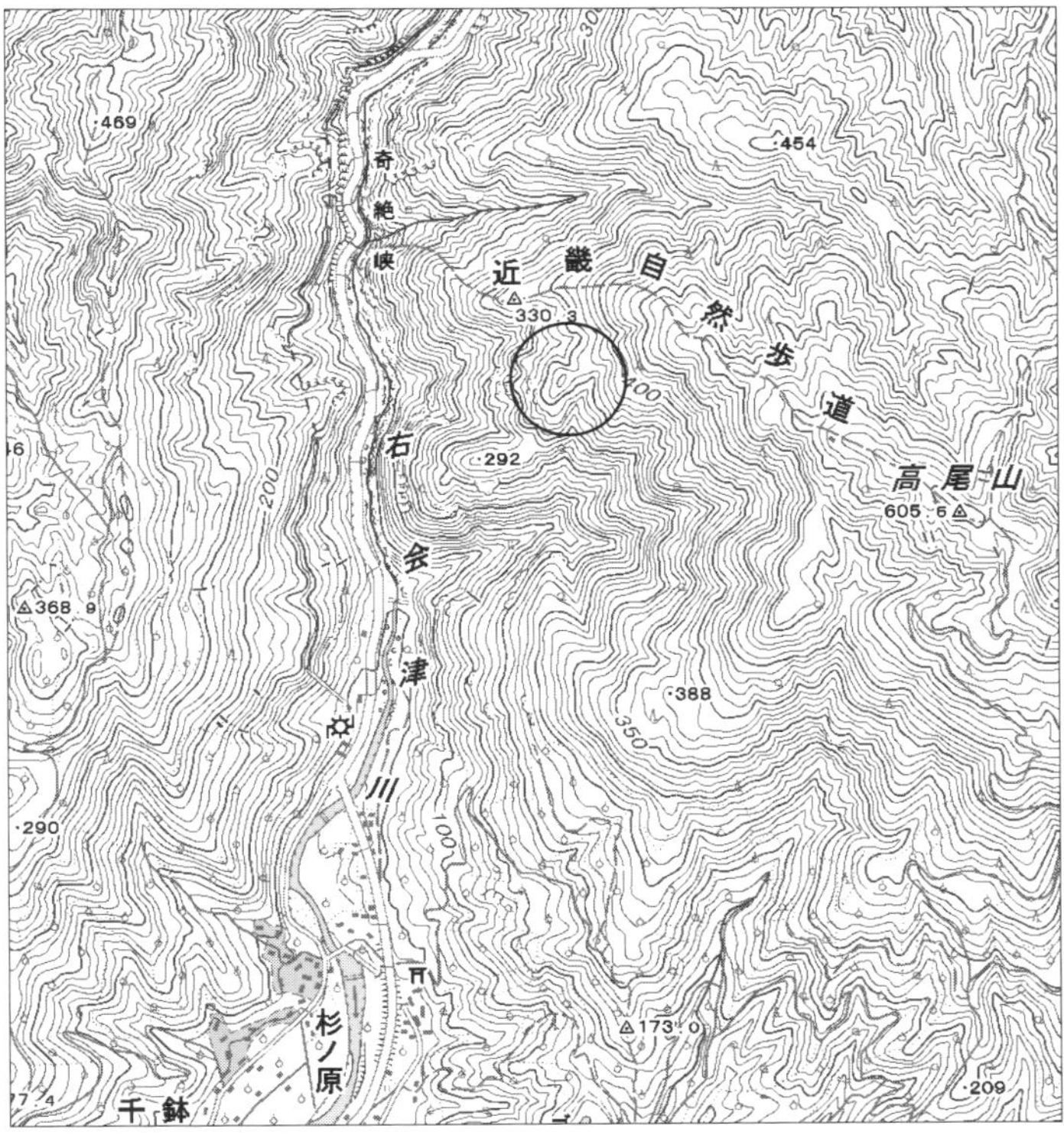

縄張り図　作図：野田 理

Ⅰ郭

を飛び降り、敵の真ん中で一人奮戦して討ち死にした」と伝わる。千光寺は、由来記によれば、高尾山の中腹にあったが、豊臣氏の南征の際、焼き払われたと記されている。

地誌にみえる愛洲氏は、南北朝時代に南朝方に属し、南北合一後も幕府にも守護にも属さない国人領主とされる。愛洲三郎長俊と呼ばれる人物は不明であるが、西麓の秋津雲森宮・若一王子（現、豊秋津神社）に伝わる永正七年（一五一〇）の棟札に「信心の大壇越愛洲元俊」の名がみえることから、この地域への関与を指摘できる。

【遺構】 高尾山から秋津川に落ちる枝尾根を堀切で遮断し、岩盤質の尾根頂部に曲輪を構えた単郭構造である。

堀切Aは、幅3メートルで、尾根筋を切り落としている。堀切AとⅠ郭間の斜面には、わずかな平坦部Ⅱがあるが、これは岩盤に由来する自然地形と思われる。

Ⅰ郭は、25×35メートルの円形で、面積のほぼ半分を二つ岩と呼ばれる巨岩が占める。中央部が裂け、上部は二つの頂きとなっており、二つの頂きにはそれぞれ逆円錐状の穴が穿たれている。

Ⅰ郭の平坦面は、ところどころ岩が露出し、曲輪内の移動が困難と思えるが、岩を盾とする見方も可能であろう。曲輪南のCには、石積みの伴う虎口が認められる。この石積みは、通路を確保するように上方に並べられている。

Ⅰ郭の北方にも、平坦部Ⅲが見られる。先端の巨岩の間に腐葉土が積もって、平坦になったものである。

【評価】 当城は、秋津荘の全体を視野に収めることができる地点に築かれている。しかし、地勢を見れば、眼前には、険しく切り立った秋津川が遮り、背後は高尾山山系が連なる。当城から秋津荘への道程は困難で、山腹伝いに千光寺跡（標高388メートル）まで進み、未確認ではあるが、参詣道を下るのが無難であろう。

こうした立地に城郭を築く必然性を考えれば、純粋に「籠りのための城」と評価できる。秋津荘が外部勢力の侵攻にあっても、この地で籠もることで領主権を保持できると考えた結果が、当城築城の真意と思われる。背後の尾根筋に堀切を築き防御を厚くしたのも、この意図の現れではないか。

ただ、山腹の千光寺跡や周辺の行場、城内の巨石や石積みは修験場の様相を示しており、複合遺跡の可能性もある。

（野田　理）

（上）堀切Ａ　（中）二つ岩Ｂ　（下）虎口Ｃ

［参考文献］和歌山城郭調査研究会　二〇一六『和歌山城郭研究』15／田辺市史編さん委員会　一九九一『田辺市史』／仁井田好古編　一九九〇『紀伊続風土記』臨川書店

150 本宮城《ほんぐうじょう》

熊野古道沿い、シダに埋もれた曲輪が残る

曲輪内

【選地】 熊野川の蛇行を右岸（西岸）から見下ろす丘陵尾根頂部に位置する。直下には熊野本宮大社と本宮の町並み、さらにその先には、大斎原《おおゆのはら》を見下ろすことができる。南麓の平野集落背後からは熊野古道が谷筋を上り、本宮城西方の鞍部を南から切り通して縦断していく。ここに古道沿いに設けられた標柱が立つ。

【歴史】 記録等にその記載はなく、具体的な歴史や城主等は明らかにできない。

【遺構】 複雑に支尾根が分岐しながら、東へ延びる尾根を掘り切り、その間を主郭Ⅰとする。

主郭Ⅰは30×15メートルの規模で、東西を堀切で遮断する。内部はシダに覆われ、地表面はほとんどわからない。土塁はないが、東西両端がわずかに高まっており、その痕跡の可能性はある。

東の堀切A（上幅8×深さ3・5メートル）は尾根幅いっぱいに掘り切り、南端では腰曲輪のⅣ郭に接する。このⅣ郭の西端から竪堀Bが落ちるが、山道の可能性も否定しきれない。さらに、西方にも小規模な腰曲輪、あるいは帯曲輪が続いているようにもみえるが、シダが深く確かなことはわからない。西の堀切C（上幅8×深さ3・5メートル）は尾根幅が小さいため小規模にみえるが、深さで比べれば東のものと同等である。

Ⅰ郭東堀切Aの対岸にはⅡ郭が広がるが、端部は曖昧で先端へいくほど自然地形との区別はつかなくなる。明確な曲輪とはいいきれない区画である。

DATA

所在：田辺市本宮町本宮字城尾
遺構：曲輪、堀切
規模：50×35m
標高等：標高283m、比高220m

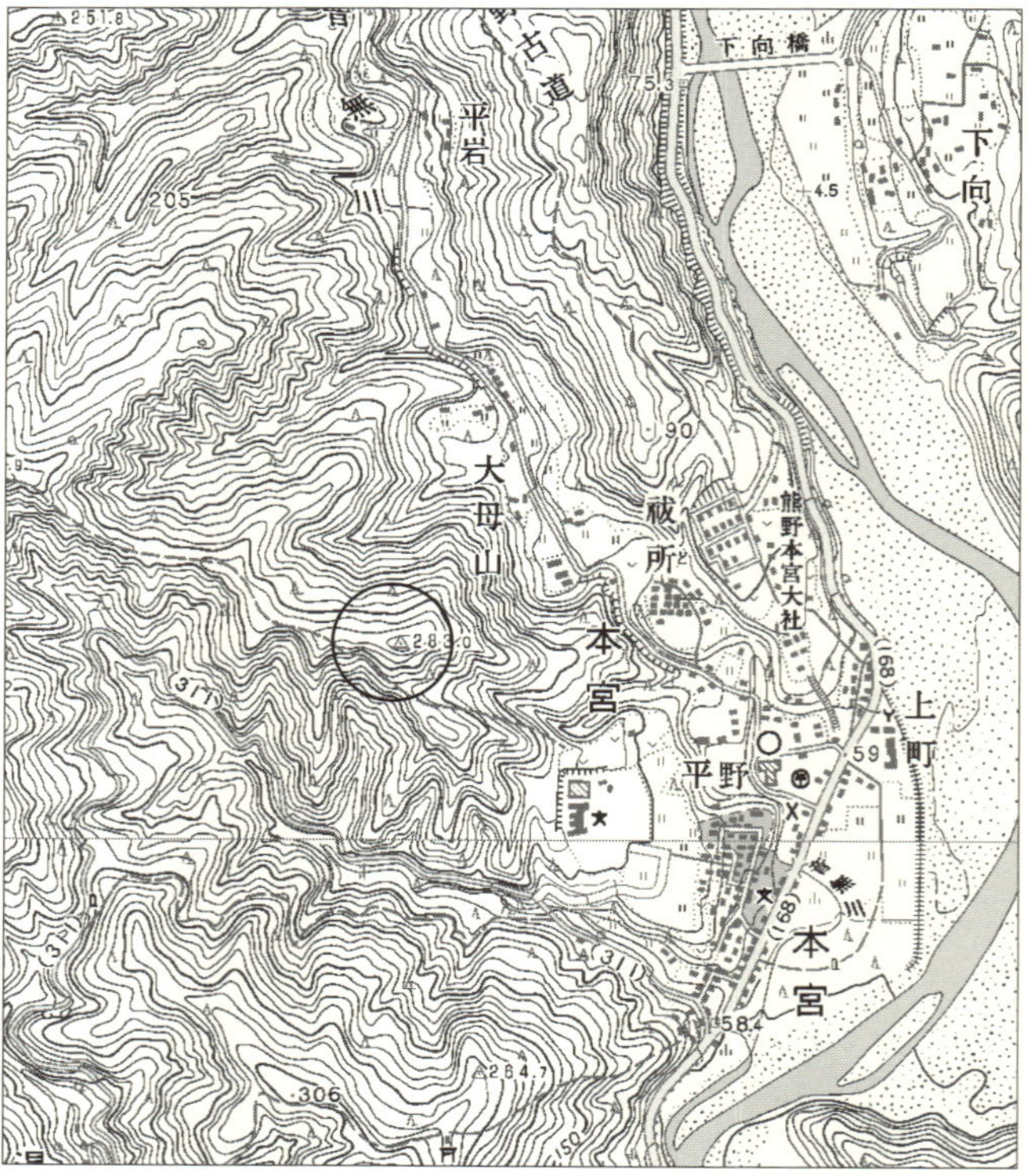

西堀切Cの対岸には、40×10メートルの範囲にわたってⅢ郭が広がる。端部は曖昧で、傾斜している。こちらも明確な曲輪とはいえない状況だが、完全に城外とはいいきれない。この西方が熊野古道の切り通し道Dであるが、一見すると堀切のようにみえる。

城跡へは、国道168号線で本宮大社を目指す。本宮中学校脇から延びる熊野古道を進む。道は石が転がり歩きにくい。5番の標柱から稜線を東へ進めばすぐに到達できる。中学校から約二〇分。曲輪内は樹木に加え、シダが非常に深く、見学は容易でない。

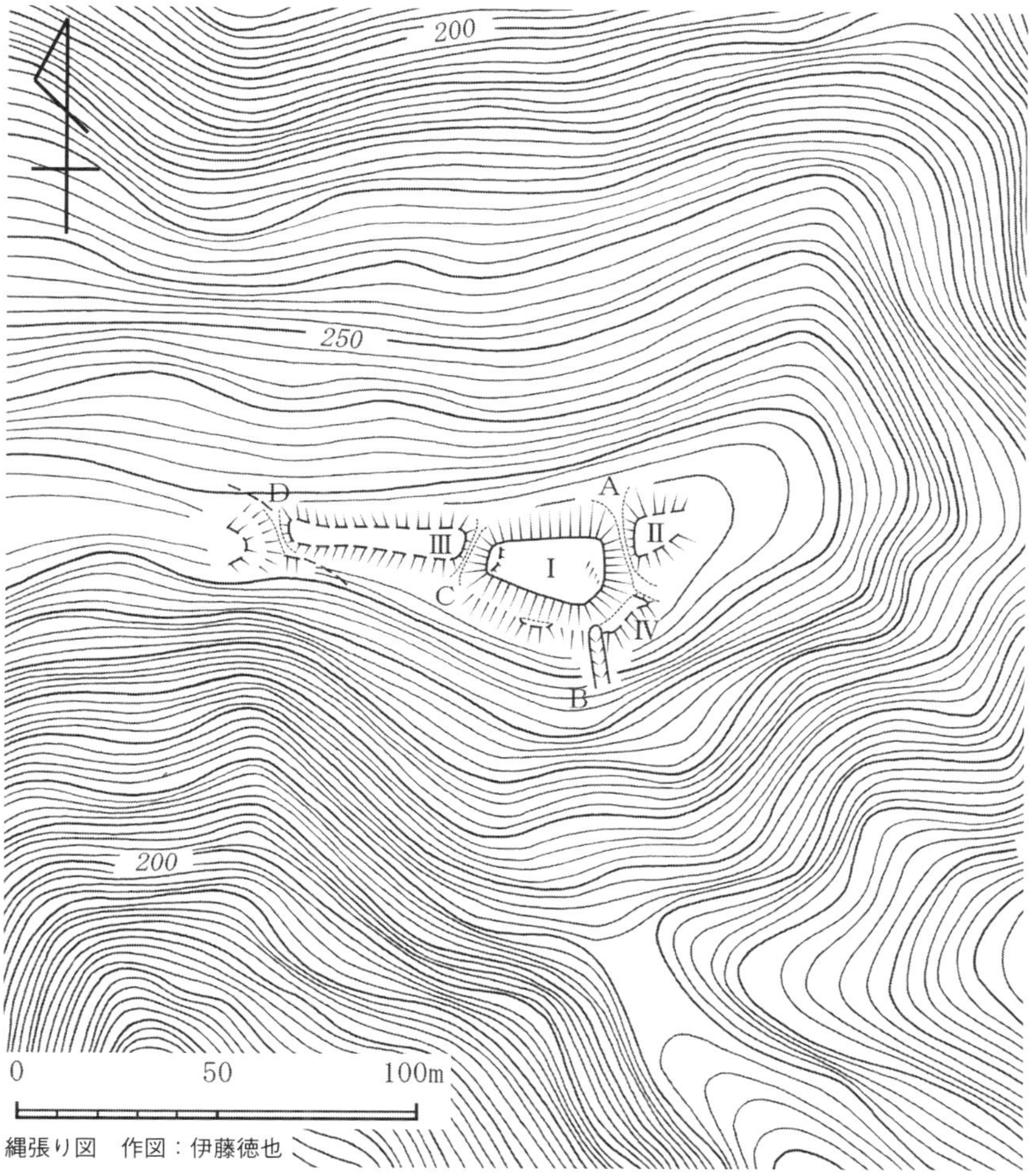

縄張り図　作図：伊藤徳也

【評価】 本宮大社は、もともと南東方の大斎原を社地としていたが、明治二十二年（一八八九）の大水害により社殿の中社、下社が倒壊した。そこで、本宮城東麓の現在地に上四社のみを祀り、他八社は石祠として旧社地大斎原に祀ることとなった。したがって、本宮城が機能していた時代、本宮大社の直上にあった城というわけではない。

しかし、絶頂期こそ過ぎたとはいえ、近接する本宮大社と無関係に存在したとも考えがたい。本宮地区最大の鷹巣山城や鬼ヶ城との関係も知りたいところである。（伊藤徳也）

［参考文献］前千雄　一九七三『奥熊野の城跡』

（上）曲輪内　（下）堀切

151

高地山城《たかじやまじょう》

戦乱を物語る境目の城

【選地】　当城は、田辺市中三栖《なかみす》と上富田町岡の境界にあたる高地山の山頂に築かれた。高地山は中三栖側の呼び名で、岡では尻付山《しりつきやま》と呼んでいる。山頂より200メートルほど南にある尻付石が、その名の由来である。左会津川を挟んで西向かいには、愛洲氏の居城とされる衣笠城（『近畿』Ⅱ所収）がある。

　また、約3・5キロ南東には、奉公衆山本氏の本城である龍松山城（上富田町市ノ瀬、『近畿』Ⅱ所収）がある。このように、当城は紀南の有力な領主の本拠に挟まれた位置にある。

高地山城石碑

DATA

所在：田辺市中三栖、上富田町岡
遺構：曲輪、土塁
規模：106×40m
標高等：標高226m、比高186m

　高地山へのアクセスは複数あるが、北麓からの農道が頂上付近まで延びており、登城には比較的便利である。

【歴史】　当城に関する同時代の史料は存在しないが、近世の史料では奉公衆山本氏の出城とされている。「風土記新撰ニ付御尋之品書上帳」（宮野茂家文書）は、「山本主膳出張之城」として国陣山と尻付山の二つを挙げる。そして、尻付山の城は東西六間半、南北八間半で、「但、北ハ三栖組中三栖村ニ至、岡村ニ而者尻付山と唱、又中三栖ニ而者高城山と唱申候、村中ヨリ西北ニ当り、道法弐拾丁程」とする。

【構造】　東西約18×南北約22メートルのⅠ郭の北斜面に、帯曲輪が段々に造成されている。Ⅰ郭は方形に近い形状をとり、幅2～3メートルの低い土塁によって囲郭される。土塁はⅠ郭の東面中央部で開口し、この部分が最も高くなっている。この開口部Aが、Ⅰ郭の虎口と評価できる。

　Ⅰ郭の北斜面下に、高地山城の石碑が建つ。ここから西側にかけて帯曲輪状の遺構が取り巻くが、切岸はあいまいである。Ⅰ郭の南東斜面下は、開墾により大きく改変されている。

　Ⅰ郭の北尾根上の帯曲輪は、それぞれ幅5メートルほどの規模で七段にわたり構築されている。いずれも、Ⅰ郭ほど切岸は明瞭ではない。

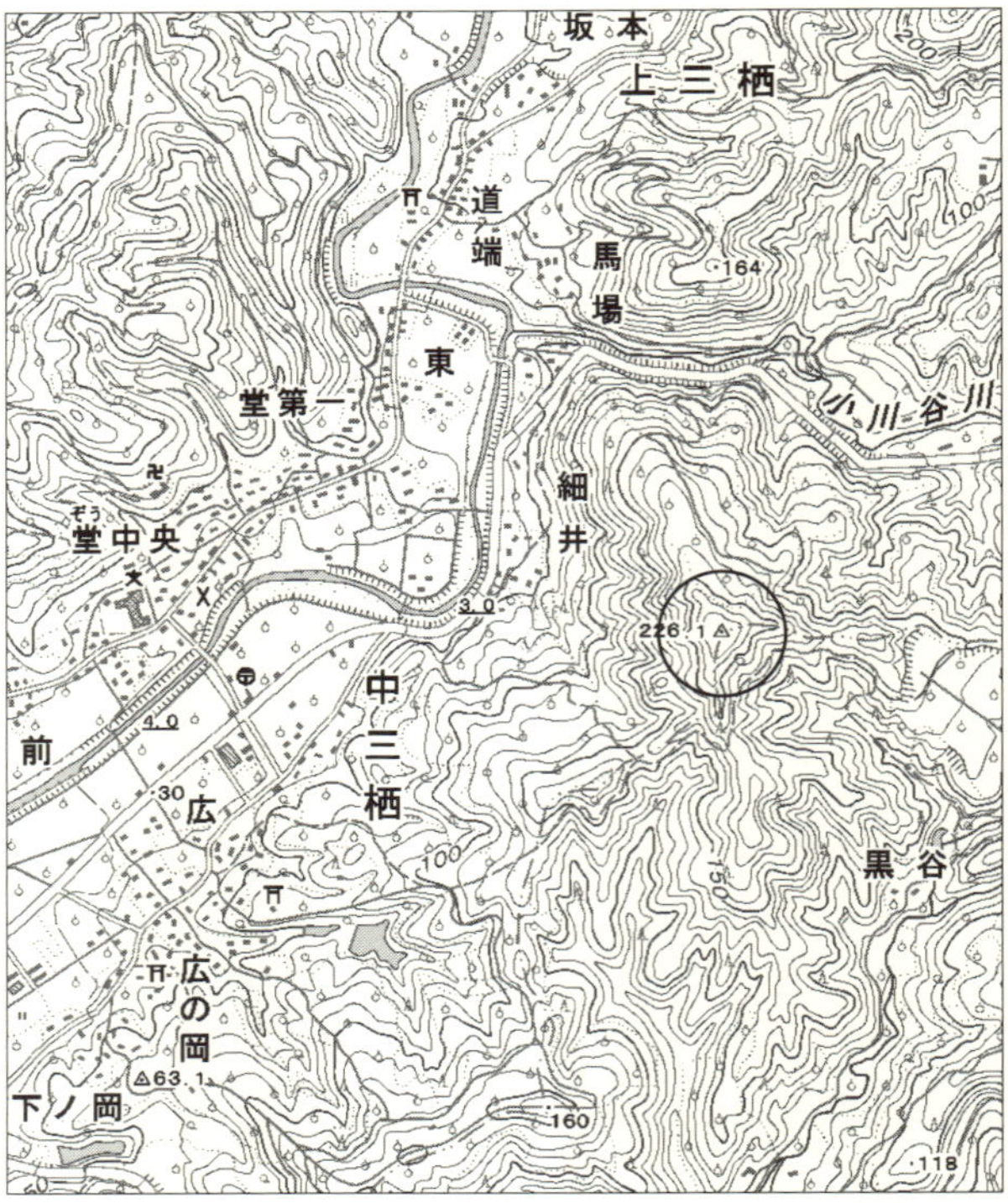

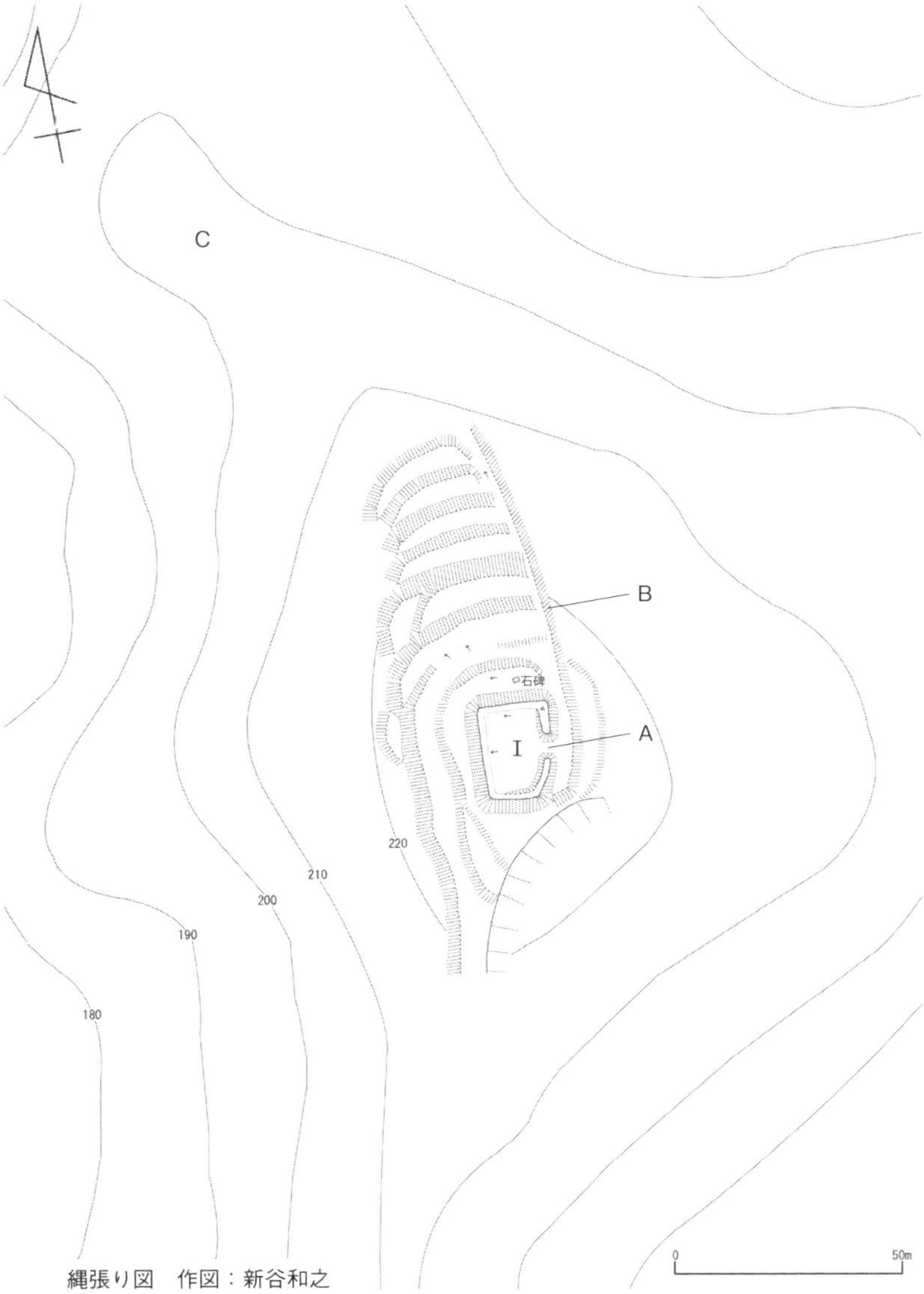

縄張り図　作図：新谷和之

ない。そして、帯曲輪の東面を画するように、切岸Bが南北に延びている。切岸Bは、東斜面からの攻撃を食い止める機能が想定できるが、後世の土地利用に伴うものとみる余地もあり、慎重な評価を要する。

なお、Cを含む尾根部は、近年の農地の造成により地形が大きく改変された。Cにはかつて、堀切を思わせるような窪みがあったと地元の方からうかがった。堀切があったか否かは今となっては検証できないが、堀切によって尾根を遮断するのはオーソドックスな手法といえる。

【評価】小規模な城ではあるが、Ⅰ郭は方形で明瞭な虎口をもち、ていねいに造成されている。北尾根上の曲輪群は、当城が北側からの攻撃を意識して整備されたことを物語っている。したがって、山本氏の出城とみる評価は妥当であろう。

当城の周辺には、国陣山城（上富田町上岩田）や西原城（田辺市西原）のように、削平の甘い曲輪を空堀で囲郭する、いかにも陣城らしい城がみられる。こうした特徴的な城が集中することは、当該地域の軍事情勢を考える上で非常に興味深い。

（新谷和之）

［参考文献］水島大二　一九八二「田辺市の古城―その現状―」『田辺文化財』二五　田辺市教育委員会／上富田町　一九九二『上富田町史』四

Ⅰ郭の切岸

152 龍口城《たつのくちじょう》

山城か宗教施設か、謎を残す複合遺構群

【選地】「城山」は左会津川（旧三栖川）の南岸で、田辺市街の平野で分岐した熊野街道の中辺路《なかへち》が、熊野本宮大社に東進する際に最初にぶつかる山地にあたる。田辺市街や田辺湾への眺望は効かないが、熊野街道を押さえた内陸部の要衝である。

写真１　城跡遠望

DATA
所在：田辺市下三栖
別称：龍口山の城
遺構：磐座、土塁、石積み
規模：270 × 280m
標高等：標高 47m、比高 0m
指定：田辺市指定史跡

【歴史】城主は、在地勢力の楠本氏とされる。「小山文書」によれば、文明九年（一四七七）に熊野から三栖方面に進出した畠山義就方が築き、畠山政長方の小山氏に攻略された目吉良・衣笠・知法寺の諸城と共に登場する。

天正十三年（一五八五）の羽柴秀吉の紀州討伐では、田辺に侵攻した羽柴秀長勢に危機を感じた熊野本宮大社が、当城に尾呂志山城守や入鹿左衛門次郎ら熊野衆を派遣して籠城させたという（『熊野軍記』〈『御浜町文化財』引用〉）。

この時も、秀長家臣の藤堂与右衛門（高虎）と青木勘兵衛に撃破され、本宮方面への侵攻を許した。基本的には在地よりも広範囲に活動する勢力が使用する城であった。

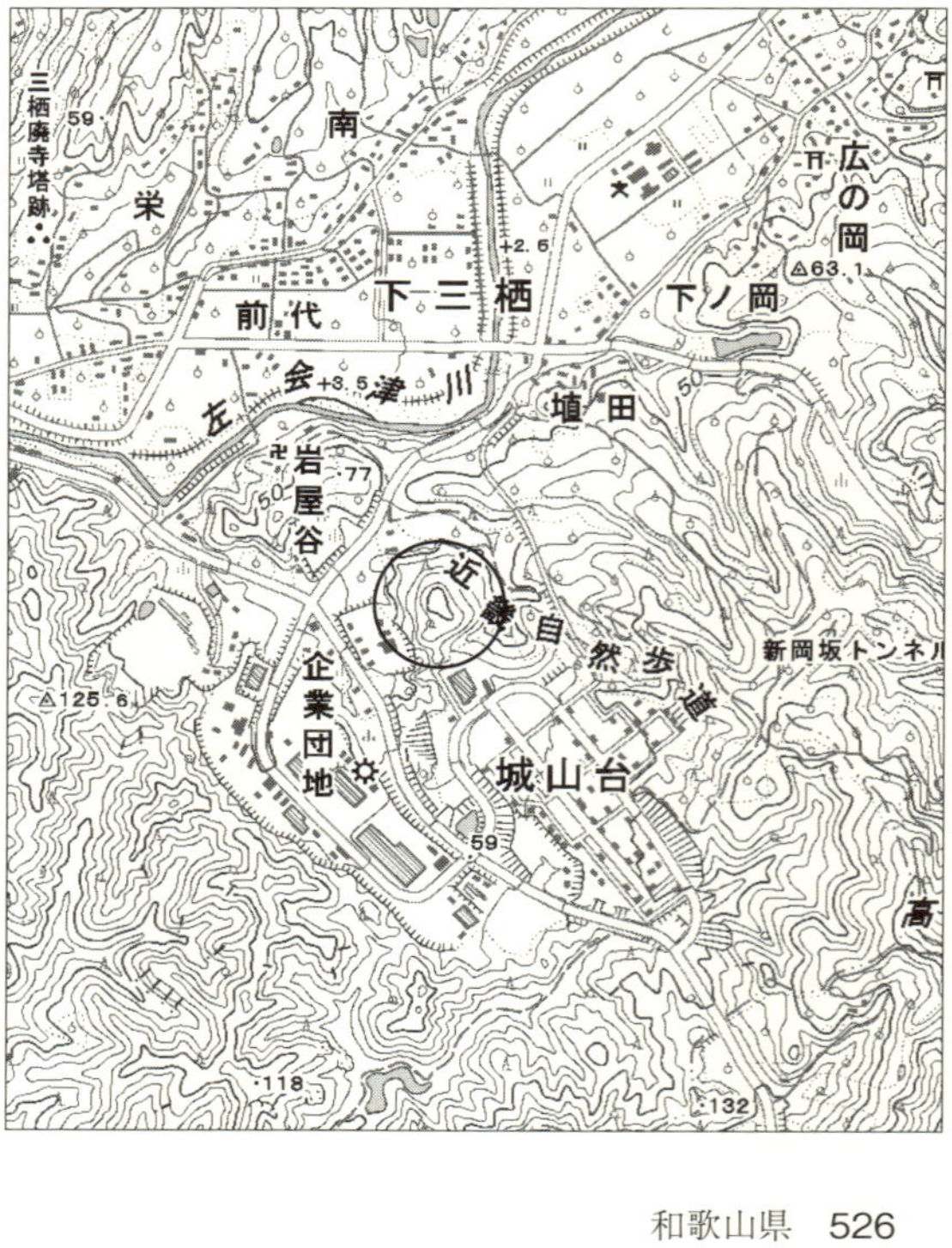

【遺構】遺構は、城跡碑が立つ山頂部のⅠが主郭とされ、頂部の岩には直径25センチの円筒形の掘り込みが見られる。Ⅰからは北と西側に尾根を削り残した土塁を伸ばし、土塁に挟まれた山腹Ⅱに三段ほどの平場を抱える。

北側土塁は上部の大部分で岩場が露頭しており、天端の利用が難しい。先端部Ⅲは、岩が除去された7×5メートルの平場である。これらを含めて山頂部周辺の平場は安定した面を成すが、切岸は緩く遮断機能は弱い。唯一、安定した防御が期待できるのは西側土塁だけだが、これも切岸は緩く防御性は弱い。

縄張り図　作図：藤岡英礼

南側の遺構は、Ⅰから延びる石段でつながれている。断崖をなす一枚岩のⅣは、前部の平坦面Ⅴから見て、高さ10×幅15メートルを測る。下から3メートルあたりには幅10メートルにわたり、八の字型の内刳りが見られる（写真2）。平場Ⅴは南側の岩場群に挟まれた小規模な空間だが、山内で唯一、東と西の切岸に石積みを持つなど（写真3）特別視された空間である。傾斜が比較的緩い北側谷部や、南側尾根上に抜ける通路を兼ねた平場Ⅵ・Ⅶにつながる。

Ⅰの東下山腹に展開する平坦面群は石塔があったとされ、中世墓地の可能性がある。

城域からやや外れた平坦面Ⅸは、周辺に近世の矢穴痕を残す岩場が散在することから、石材の切り出しに伴う作業場と思われる。

（上）写真2　磐座状の一枚岩Ⅳ　（下）写真3　平場Ⅴの石積み　東側

【評価】 当城に堀はなく、曲輪切岸や土塁を見ても遮断機能は低い。そのため、岩場が醸しだす外観の威圧感とは裏腹に、城郭としては非効率な造りである。

室町期以前の城は、普請を伴わない非城郭の空間であっても、兵が入ったり軍事行動がとられたりすると、「城」と呼ばれることがある。このため「龍口城」も合戦記録に登場したとしても、一時的に軍勢が入っただけの非城郭遺構であったと思われる。

現在の「城山」は樹木が生い茂るが、往古はまばらで山麓から眺める岩場Ⅳはことに印象的だったのではないか。八の字を呈する内刳りが、建物屋根の痕跡を示すかは明らかにしえないが、象徴的な形態は宗教性を帯びた磐座に近い。水島大二氏の縄張り図によれば、Ⅳの頂部に岩盤を刳り貫いた円形の穴が二基書かれている。この穴を筆者は実見できなかったが、建物の柱穴とするには数が少ない。Ⅰにある円筒形の掘り込みと併せて考えれば、岩場の神性を意識した「経筒」の埋納孔であった可能性があり、石組などの上部施設は消滅したのではなかろうか。

また、Ⅳの東隣には人ひとりが入れる岩場の内刳りがあり、こちらは座禅などを行う石窟であった可能性がある。山内では昭和十四年に遺物が採取されたが、それらは丸瓦数個と奈良時代の須恵器や鎌倉時代の瓦器碗であり、戦国期の遺物は見られない（『田辺市史』）。

このことから、「龍口城」と称する遺構は山城ではなく、古代から中世前期に機能した宗教空間（山寺・修行場）であったと考えられる。

（藤岡英礼）

［参考文献］田辺市史編さん委員会　一九九四『田辺市史』第四巻／藤岡英礼「龍口城」『和歌山城郭研究』

153 宮代城《みやだいじょう》

山上にわずかな伝承を残す見張り城郭

城跡遠望

【選地】 旧大塔村鮎川字宮代《みやだい》に所在する山城で、「城《じょう》ノ《の》山《やま》」という。現在の田辺市大塔行政局前方に見える三角形の山で、南麓には「城ノ裏」と呼ばれる平地がある。

DATA
所在：田辺市鮎川
別称：城ノ山
遺構：石積み・石垣、堀切
規模：約 26 × 150m
標高等：標高 210m、比高 163m

【歴史】 当城に関する記録はほとんどなく、『鮎川村郷土誌（全）』（大正初年刊）に「分領山ノ尾延ビテ宮代ト云フ　更ニ隆起シテ即チ城ノ山ナリ　山麓ニ村社アリ　山上ニハ古城址アリ」と記録されるにすぎない。

これ以外の記録は見つかっていないが、「興禅寺文書」（『上富田町史・史料編』所収）に「麦粉峯に木戸ヲ居江《すえ》数度防戦たりければ……」とある。この「木戸」とは、城ノ山の南約2キロの位置にあたるらしい。

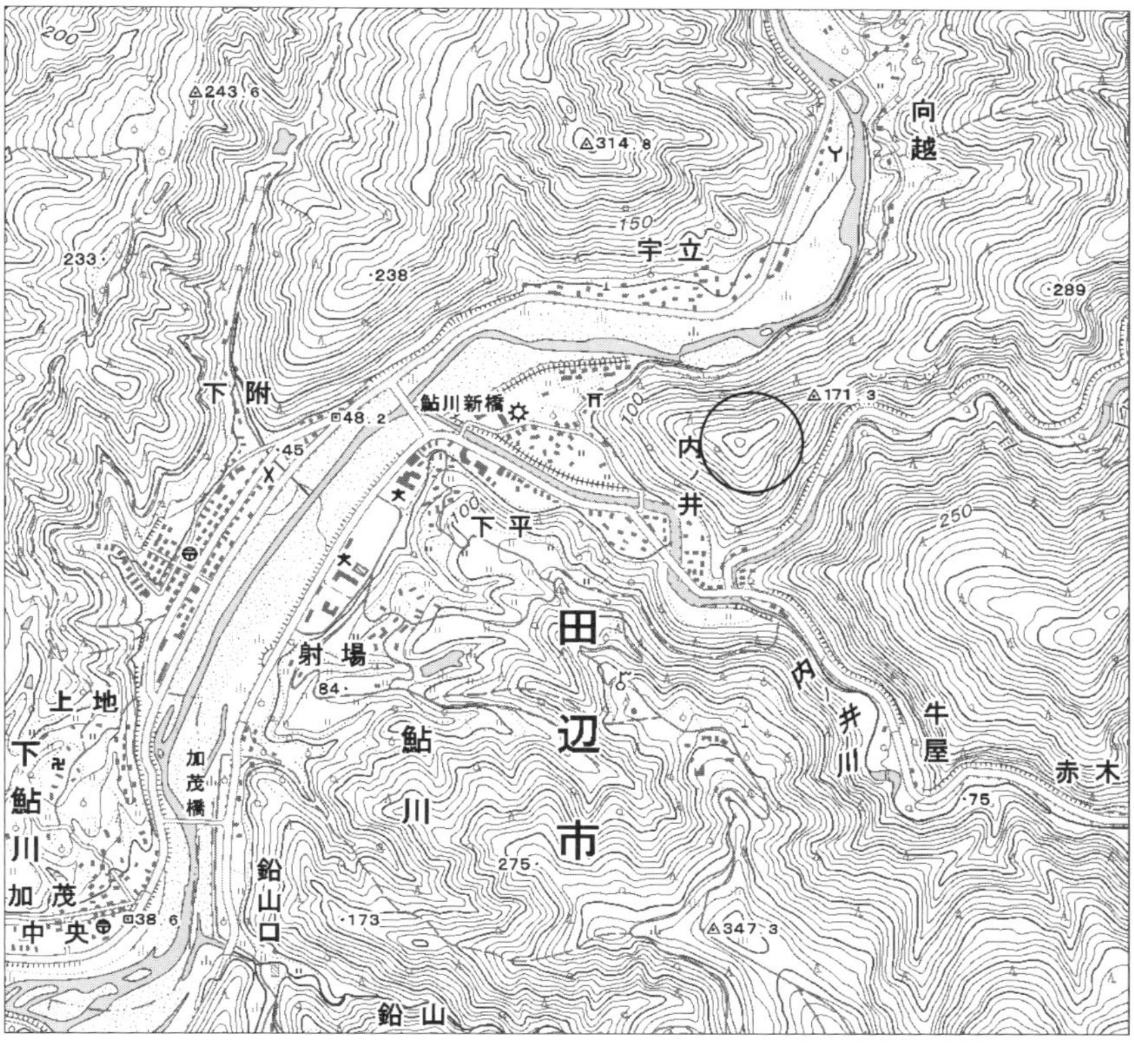

また、城ノ山の北西には「音城」（崩落して存在せず）の存在が『美夫君志・第九集』に伝えられている。このことから、分領山には一連の防御施設が構えられ、城ノ山はその中枢部であったと想像される。

天正の頃（一五七三～九二）、龍松山城（『近

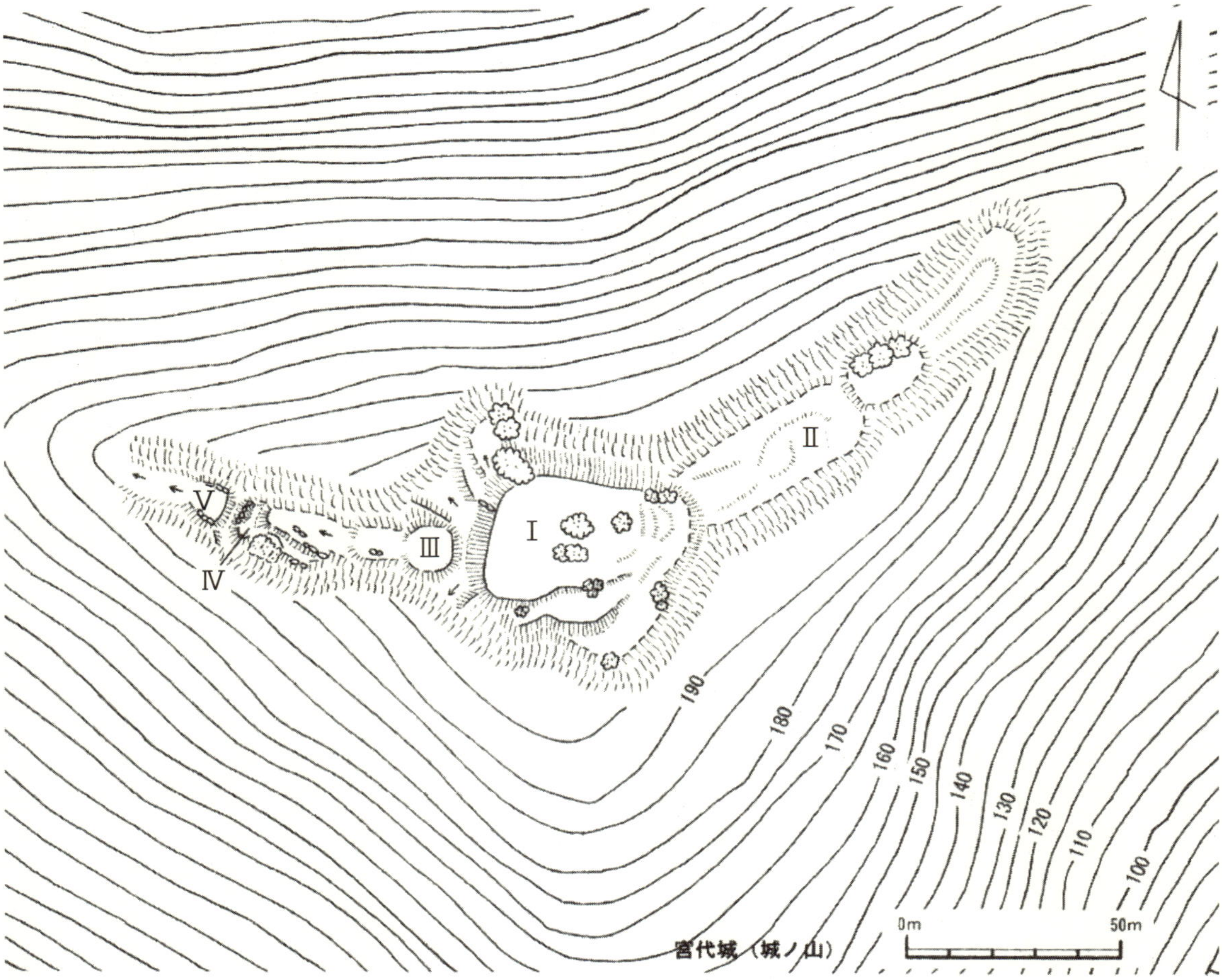

縄張り図　作図：野田 理

石垣の一部　写真提供：野田 理

畿』Ⅱ所収）を拠点とする山本主膳に仕える恩地氏が、龍松山城の守備目的で築城した。あるいは、同十三年の秀吉紀州攻めのとき、山本主膳がこの峰伝いに敗走したのではないか。その時の防御施設の一つとする説もある。

前出の『鮎川村郷土誌（全）』では、城ノ山の欄外に朱書きで「太田草下守」とメモされている。

【遺構】 城ノ山に登るのは容易ではない。比較的緩やかな北西の斜面を三〇分あまりかけて登ることになる。

山上の尾根は、東西約26×南北約150メートルと開けているが、この場所は人工的な地形はきわめて少ない。Ⅰの主郭とおぼしき山頂部から東には、やや広い平坦地Ⅱがある。この場所は、自然の大岩が点在しており、削平された平地には見えない。

西方にも、Ⅱより狭いが段状になった平地Ⅲがある。これも曲輪とは言いがたい。しかし、その先端Ⅳは、東西約8×南北約6メートルの小さな曲輪で、切岸と石積みの一部もみられ、その西は幅約2・5メートルの堀切となる。当城で最も明確な遺構がみられ、最も防御性を感じさせる場所である。

この西方に、井戸跡があったと伝えられている。平成四年（一九九二）の調査で、窪地を確認したが、井戸跡かは断定するに至らなかった。その先は自然のやせ尾根Ⅴが続く。南麓の「城ノ裏」は、城で監視する兵の休憩所だったのかもしれない。あるいは、『鮎川村郷土誌（全）』（前出）の「山麓ニ村社アリ」と記される社跡かもしれない。

これとは別に、「御屋敷」と呼ばれる恩地氏の屋敷跡が上富田町下鮎川の加茂谷に伝わっている。常日頃は、この加茂谷の屋敷を生活拠点としていたのではないか。遺構はないが、通称「加茂井戸」と呼ばれる井戸の跡が伝わっている。

【評価】尾根状部分の一部にしか削平地が見られない山城跡である。急峻な山肌は天然の城壁であるため、必要な部分のみに人工的防御性を高めたと思われる。

合戦時の臨時的築城、あるいは見張りの城郭のいずれかであったことは間違いないだろう。

（水島大二）

［参考文献］二〇一一『大塔村史』通史・民俗編／一九九二『熊野史研究』

堀切　写真提供：野田 理

恩地屋敷跡（上富田町下鮎川）

154

在地領主層の築いた小規模な山城群

中峰城《なかみねじょう》

—付、金毘羅山城《こんぴらさんじょう》・下崎城《しもさきじょう》

城跡遠望

【選地】　田辺市秋津川は、右会津川（秋津川）を遡った山間地域である。平野部の上秋津や左会津川《ひだりあいづがわ》流域の万呂《まろ》・三栖《みす》とは、高尾山や三星山・龍神山の山塊によって隔てられ、その間は急峻な岩壁が迫る奇絶峡によりかろうじて通じている。

秋津川の中村地区にあって、平地に突き出すように延びる尾根の先端に当城は位置する。ここからは、秋津川の中心部だけでなく高尾山・伏菟野方面、上秋津や龍神など南北方面が見通せ、田辺から龍神に至る街道を押さえる位置にある。

DATA

所在：田辺市秋津川
遺構：曲輪、土塁、堀切
規模：25 × 35m
標高等：標高 247m、比高 55 m

【歴史】『紀伊続風土記』によれば、当城は「中（中村）にあり目良彌次郎春湛の城といふ」とある。紀南の目良氏は、守護畠山氏の被官となっていた国人である。近隣の左会津川流域を領地とする愛洲氏は、室町幕府にも守護にも属さない国人領主であったが、畠山氏の内訌では目良氏は政長方、愛洲氏は義就方に属し、長年にわたって抗争状態にあった。

目良氏は守護畠山氏の要請に従い、紀伊や畿内各地の戦闘に参加している。「目良家証文」によると、永禄五年（一五六二）には畠

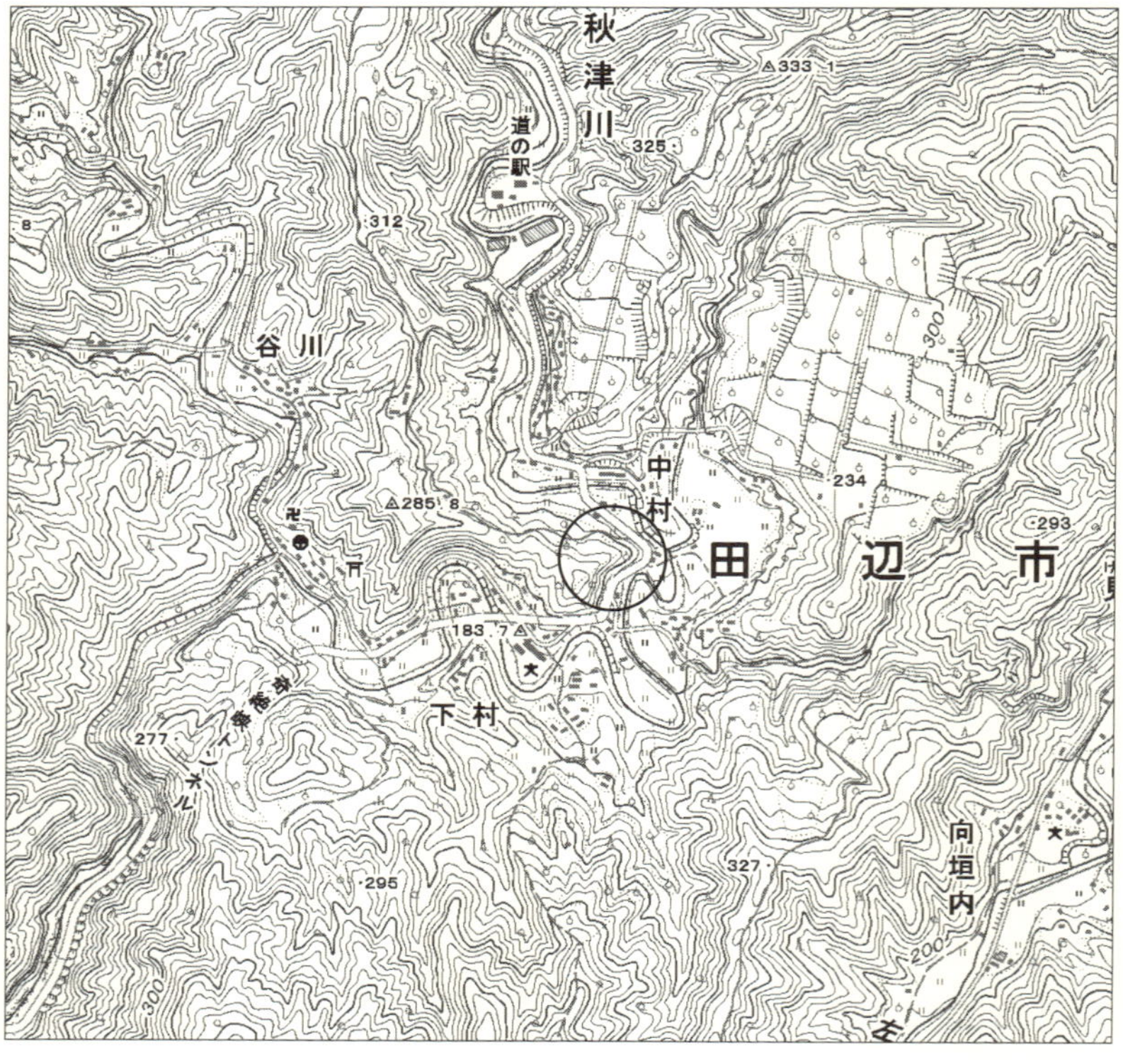

山高政に従って湯河氏等の紀伊勢とともに出陣し、河内国教興寺（大阪府八尾市）で三好氏と戦っている。この戦いで、目良三兄弟は三好勢三十六人を討ち取る奮戦をしたが討ち死にしたという。この史料は後世に「家之語伝ために」作成したと記され、誇張もあるだろうが、証文として有効と考えられたことを物語っている。

天正十三年（一五八五）、羽柴秀長の紀州攻めでは他の国人領主と同様、目良氏もそれまでの存立基盤を失って廃城になったと考えられる。遺構は残っていないが、山麓には目良氏屋敷跡と伝承される場所が中村と谷川の二ヵ所にあり、当城に関連する居住施設と推定される。

【遺構】 秋津川の中村集落から尾根に取り付いたところに階段状の墓地が設けられており、それに沿って登ると右側に比較的広い削平地がある。さらに、その上に遺構が確認される。

構造としては東西17×南北25メートルの主郭Ⅰ、その南に堀切、北から西にかけて段差1・5メートルの切岸を伴う帯曲輪Ⅱをもつ。主郭Ⅰのほぼ全体に低い土塁がめぐらされ、特に南側の堀切に面した部分が高くなっている。

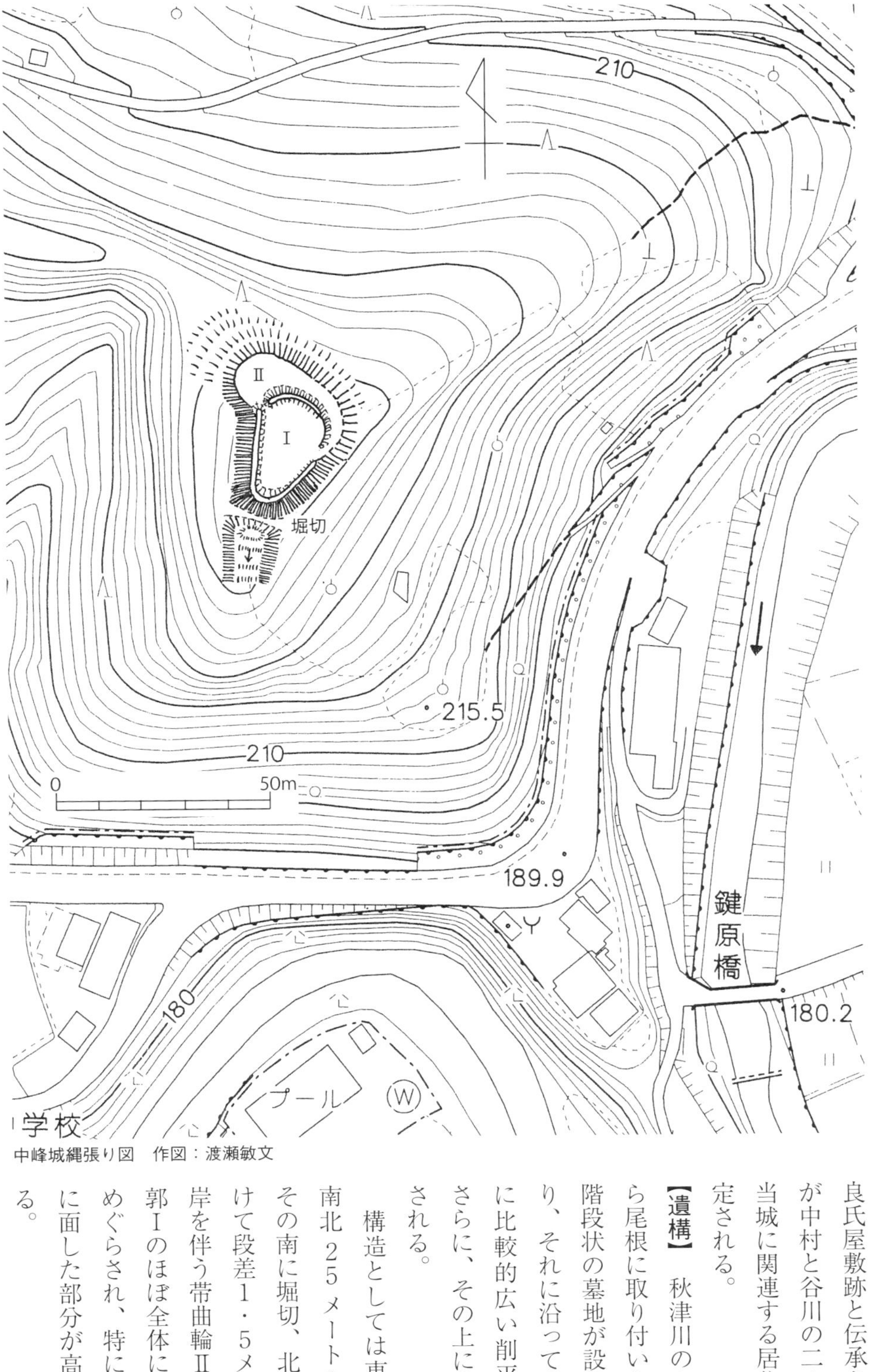

中峰城縄張り図　作図：渡瀬敏文

主郭内部と土塁（奥）

土塁の切れ目が東と西にあって虎口と考えられるが、尾根に続く西側のほうがきちんと造成されている。集落から登ってくる東側のものは造りが甘く、帯曲輪Ⅱも削平が不十分なまま残されている。主郭Ⅰの南方は両側が急峻な細尾根となっており、堀切を設けることによって遮断性を高めている。

主郭Ⅰは地形に即した形ではあるが削平は十分なされ、周囲をめぐる土塁の存在と併せて考えると、下記の二城に比べ、中心的な使用がなされていたのだろう。

堀切

【評価】 史料には出てこないが、同じ尾根上にはさらに二つの城跡が存在する。当城から鞍部を経て西の最高地点には金毘羅山城。さらに北方の支尾根には下崎城があり、同時期のものかは不明であるが、それぞれ役割を異にしながら同じく目良氏の城として機能した可能性がある。

金毘羅山城は標高286メートルの山頂にあり、『田辺市史』「通称地名表示図」によれば、この地点が「中峰山」とある。近世の社殿（金比羅社）建立により改変されているものの、城郭としては規模が大きく（東西45×南北35メートル）、兵が当城よりたくさん駐屯できる。曲輪Ⅰ（主郭）が東西20×南北20メートル、北に曲輪Ⅱ、南西に曲輪Ⅲ、さらにいくつかの小曲輪をもち、北側には当城のそれより深く広い堀切がある。

下崎城の地点は「通称地名表示図」では城山とあり、金毘羅山城とは谷を隔てて指呼の間にある。小規模ながらも三つの曲輪、三本の竪堀をもち、当城や金毘羅山城からは見えない北方の芳養《はや》谷や南部方面を見張ることができる場所に位置する。

当城は、先述のように単郭で小規模な山城で、地域支配を行う国人層の詰城のようである。しかし、周囲に土塁をしっかり築いている点や、最も集落に近い急峻な尾根末端にあること、また、主たる敵対勢力であった愛洲氏の方面を常に監視できるとともに、田辺―龍神間の街道を押さえる位置にある。これは三城のうち、特に防御機能を高めていたものと考えられる。また、会津川対岸の丘陵上には、おそらく同族と考えられる殿屋敷城跡も

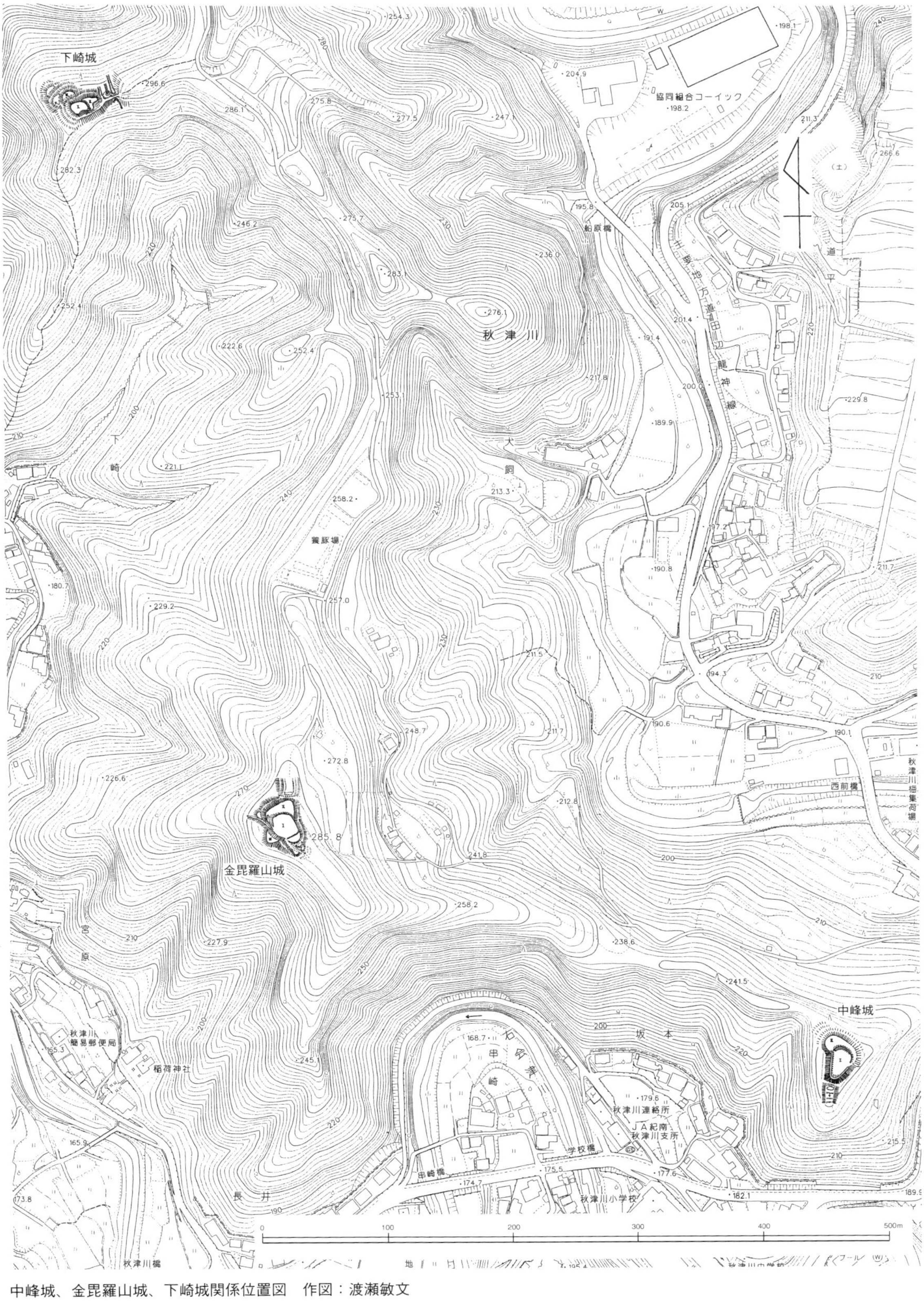

中峰城、金毘羅山城、下崎城関係位置図　作図：渡瀬敏文

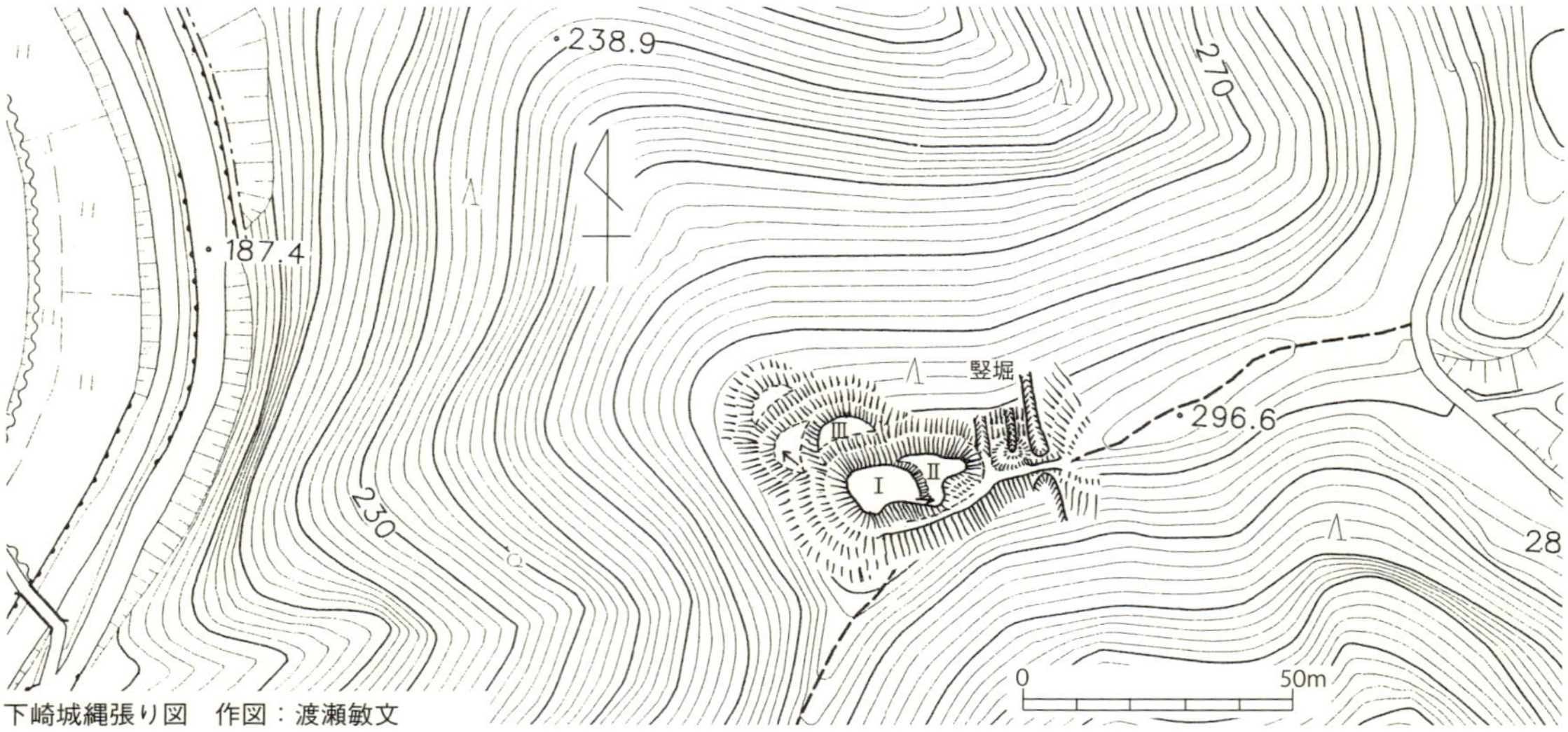

下崎城縄張り図　作図：渡瀬敏文

ある。

紀南の国人層にあって目良氏は守護勢力に従い、同時に近隣勢力との抗争を繰り広げつつ、戦国期を生き抜いてきた。その争いの中で、領地を守るための努力や工夫が、当城をはじめとする山城に残されているのではなかろうか。

（渡瀬敏文）

〔参考文献〕中口孝行　二〇一六「中峰城跡・金毘羅山城跡・下崎城跡・殿屋敷城跡」『和歌山城郭研究』15／田辺市　二〇〇三『田辺市史』第一巻／田辺市　一九九四『田辺市史』第四巻／田辺市　一九九一『田辺市史』第一〇巻／水島大二　一九八二『田辺市の古城—その現状—』『田辺文化財』25

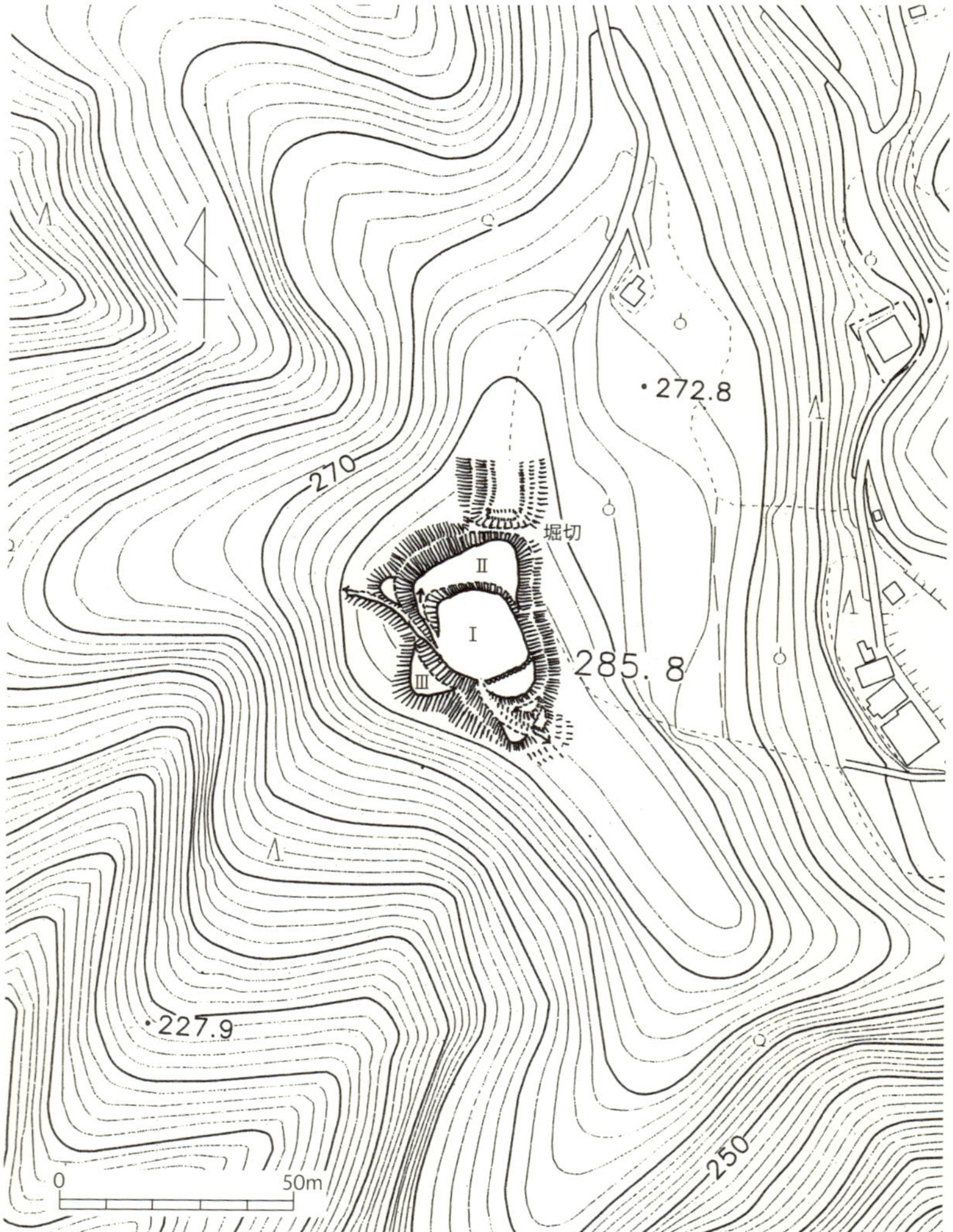

金毘羅山城縄張り図　作図：渡瀬敏文

155 横手山城《よこてやまじょう》

大横堀を持つ湯河氏庶子家の城

I郭　南より

【選地】　山城が築かれた横手山は、蛇行する芳養川と支流小畔川《こもろがわ》が合流する、谷底平野を見下ろす山塊である。西鞍部には芳養《はや》清川《きよかわ》線が通り、小野坂峠により結ばれている。山城は、三方を河川に挟まれた要衝地といえる。

DATA
所在：田辺市中芳養平野
別称：大城・小城
遺構：曲輪、空堀、切岸、土塁
規模：約 80 × 70m
標高等：標高 90.4m、比高 50m

【歴史】　芳養荘は、室町幕府奉公衆である湯河氏の有力庶家、湯河式部大夫家（下芳養殿）が所領を持つ地域である。『紀伊続風土記』によれば、砦跡の多くが湯河氏被官の築城と伝わる。その中にあって当城は、芳養荘平野村項に砦跡として「村の乾（筆者註、北西）四町ばかり、横手山にあり。東西二十二間ばかり、南北十三間ばかり。今なお小城大城などの名が残る。城主は詳らかでない」と記されている。

【遺構】　遺構は、I郭を中心に四方を腰曲輪で囲い込んだ構造である。残存状態は良好であるが、直近まで果樹園開発が進み、一部に破壊を受けている。I郭は、東西24×南北37メートルの規模で、方位は異なるが、およそ、規模は地誌の記述と一致する。I郭内部は果樹園として平坦に均されているが、北端には、II郭内部に侵入された場合の土塁Aが残存する。また、不明瞭ながら虎口Bも認められる。

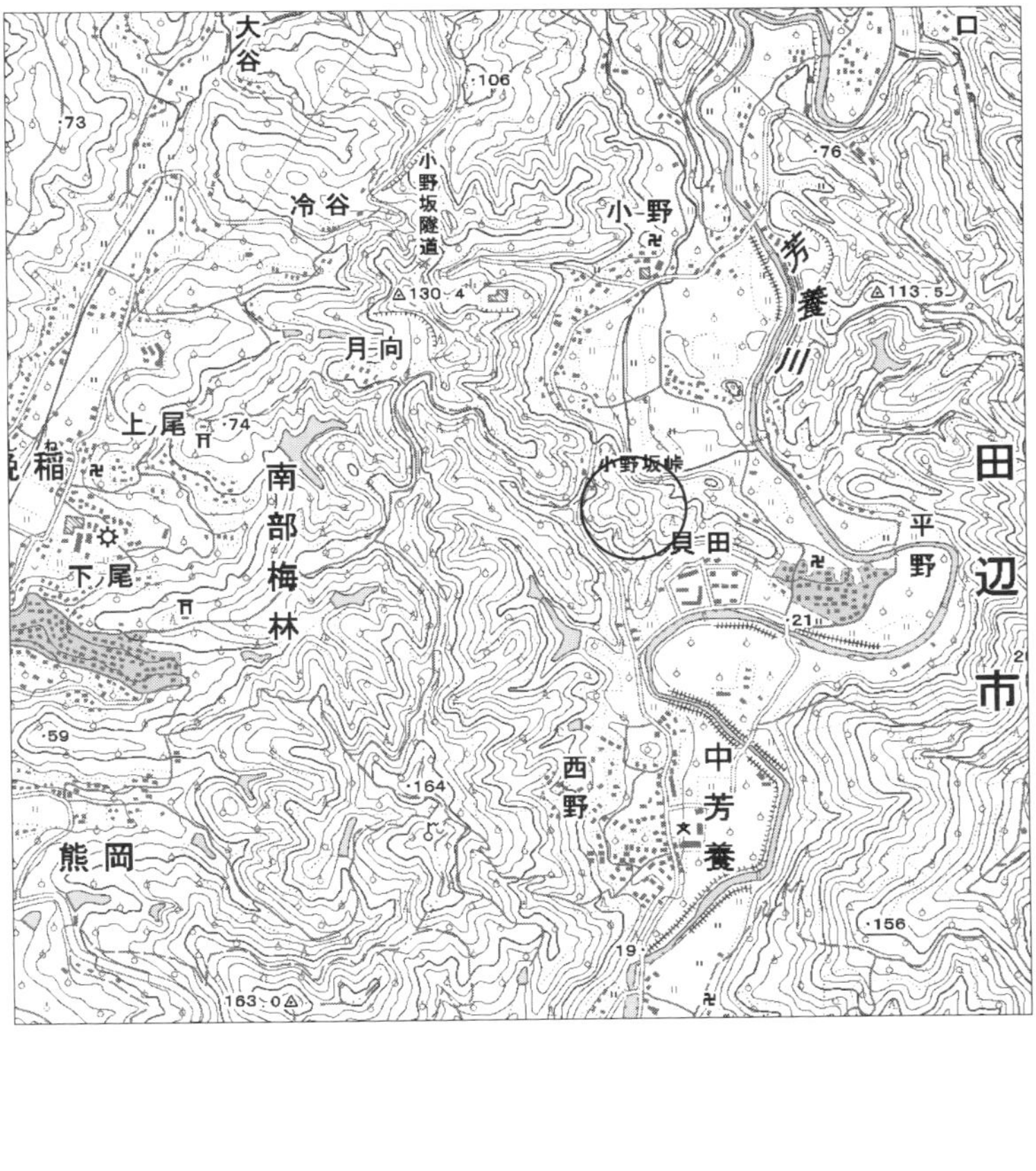

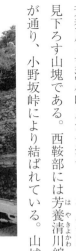

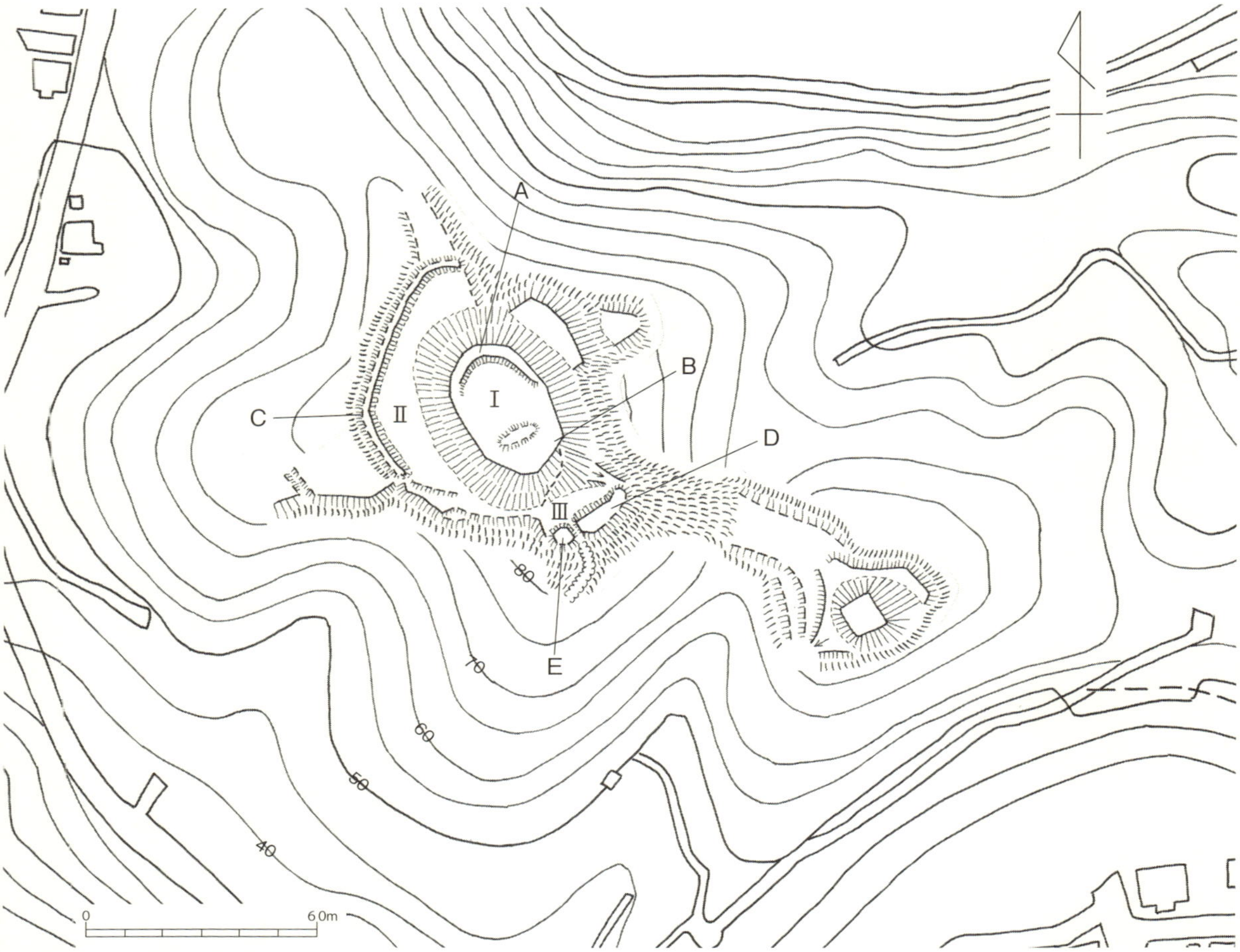

縄張り図　作図：野田 理

西方を防御するⅡ郭は、北に延びる尾根筋を起点として造作されているので、横堀と評価することも可能である。規模は、多数の兵が駐屯可能な面積であるが、地形上、南にやや傾斜する。土塁Cの幅は果樹園造成の際に削り取られ、わずかな頂部ラインから、土塁の規模は想定しがたい。

Ⅱ郭の南端を回り込むと、Ⅲ郭に至る。Ⅰ郭の虎口Bを下るとⅢ郭に至るので、Ⅲ郭は、虎口受けの曲輪と思われる。南端には、土塁

Ⅰ郭Aの土塁

DとEにより尾根を下るルートを挟み込んでいるのが確認できる。しかし、曲輪内には梅木が植林され、改変も考慮する必要がある。

『紀伊続風土記』に記載された小城は、頂部12×12メートルの方形である。現状は果樹園に改変され、地表面調査での遺構は確認できない。斜面は粗雑で崩落による自然地形と思われ、物見程度の役割は可能だろう。

【評価】 地誌によれば、確かな境界は記されていないが、上芳養荘の南端集落が「小野」で、中芳養荘の北端集落が「平野」である。とすれば、小野坂峠は、上芳養荘と中芳養荘の境界となる。

縄張りをみると、西方に土塁を伴うⅡ郭を築き、特に防御を厚くしている。おそらくは城郭が機能していた時期、小野坂峠から仰ぎ見れば、異様な構築物に見えたに違いない。三方を川と湿地帯で防御し、小野坂峠を見下ろす山塊に築いているのは、明らかに峠道を意識した築城といえる。

また、幹線ルートのポイントとなる小野坂峠に絞った選地や、河川を利用した防御法などは、芳養川流域に広がる穀倉地帯を重視し、築城ポイントを自由に選択できた勢力が想定できる。該当する勢力は限られ、庶子家湯河氏が有力候補といえる。（野田 理）

［参考文献］二〇一六『和歌山城郭研究』15 和歌山城郭調査研究会／田辺市史編さん委員会 一九九一『田辺市史』／仁井田 好古編 一九九〇『紀伊続風土記』臨川書店

（上）Ⅰ郭 （中上・中下）Ⅱ郭 （下）Ⅲ郭

156

熊野街道の三越峠を押さえる山城

要害森山城《ようがいもりやまじょう》

城跡遠望

【選地】熊野街道三越峠《みこし》（標高560メートル）は、近世において口熊野と奥熊野の境界であった。この峠の西は湯川王子―岩神王子―草鞋峠―小広王子、峠の東は猪ノ鼻王子から発心門―本宮へと熊野街道がつながる。『紀伊続風土記』によれば、この峠は中世に関所が設置されていたという。ここが、熊野街道における重要な境界であったことを物語る伝承である。

当城は、この峠の東南約600メートルの山頂部に位置する。当城が三越峠を押さえる目的で存在したことは間違いないだろう。

同時に、当城の南の道湯川《どうのゆかわ》（現在廃村）から平治川《へいじがわ》（現在廃村）へ越える峠も押さえることができる。当城が両峠を押さえる場所に立地することは重要である。しかし、峠の直近の山ではなく、標高の高い山上に位置することの意味を考慮すべきだろう。

DATA

所在：田辺市中辺路町道湯《どうのゆ》川《かわ》・平治川

別称：城屋敷・要害カ森・要害（『紀伊続風土記』）

遺構：堀切、曲輪（現状雑木林）

規模：50 × 20m

標高等：標高 779m、比高 220m

【歴史】当城について記されたものは、近世の地誌に限られる。『紀伊続風土記』巻八十五「牟婁郡四村荘平治川村」の条に、「此村の西三十町許山奥道ノ湯川村界に要害カ森

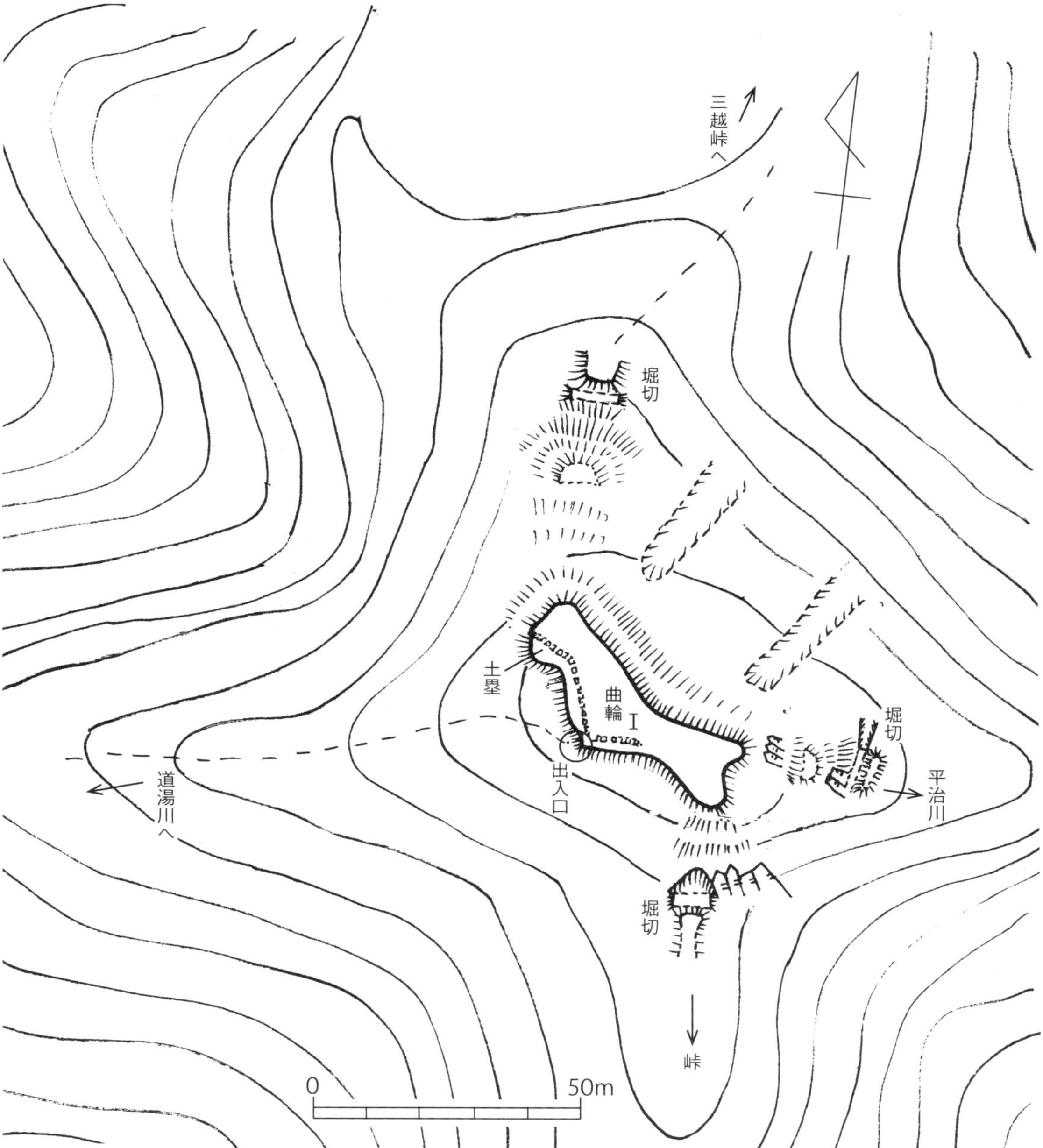

縄張り図　作図：白石博則

といふ処あり。古平家の落人隠れ住し処といふ。今も城地の形あり」とある。これは当城を指す。当城の東南の平治川では、平家の落人が築いたという伝承を伝えている。同書の道湯川の条では、「城屋敷」と記されているが、築城主体は記されていない。

比高の高い山上にあること、中世の幹線である熊野街道を扼する立地であることを考えると、当城は、広域を支配することができた勢力が関与した可能性が高い。

【遺構】 山頂部を緩やかに造成して曲輪を設けた単郭の城で、I郭は約50×10〜15メートルの規模である。I郭直下の北・東・南の尾根に堀切が設けられている。竪堀はない。北・南の堀切は比較的規模が大きく、東は小規模である。

堀切

三越峠につながる北尾根の堀切が最も大きく、幅は最大で1・8メートルをはかる。南尾根の堀切は幅1・5メートルで、これに次ぐ。南尾根の500メートル先には、道湯川から平治川、湯峰につながる峠がある。北・南の堀切は、それぞれ峠からの攻撃に対応する意図で設けられたものだろう。

I郭の西辺には城の出入り口らしき箇所（虎口と呼べるほどの仕掛けはない）があり、

曲輪G

そこからの杣道が下って西麓の道湯川（熊野街道湯川王子が所在する）につながる。西尾根にはあえて堀切を設けず、道湯川の集落とのつながりを保持していたことがわかる。

【評価】 単郭で曲輪の造成も甘く、長期間、拠点とするような城ではない。しかし、岩盤を削って堀切が造られるなど、遮断に要するエネルギーは多大である。直下の二ヵ所の峠を押さえる意図があったことをうかがわせる。

三越峠には関所があったとされるが、関銭を徴収する場を維持する勢力の「安全保障」の場、すなわち、峠の関所が襲撃された時の逃げ込み場所としての機能を持ったのではないかと考えられる。同時に、比高の高さから、熊野街道を含む広域に影響を及ぼすことを意図した城と言えよう。

前述のように、I郭から西麓の道湯川に下るルートが確認できる。道湯川は現在、廃村になっているが、集落内を熊野街道が通り、「湯川王子」も設けられていた交通の要衝であった。

この地に屋敷を構えた湯川（湯河）氏は、近世には庄屋を務め、中世には日高郡を本拠地とする幕府奉公衆の一族として「奥の湯河」と呼ばれ、湯河一族の領域支配の一端を担ったという。この「奥の湯河氏」が街道の支配に関わって保持したのが、この山城ではないだろうか。

（白石博則）

157

能城城《のきじょう》

能城の丘陵を掘切り削り出した曲輪群

城跡遠景

【選地】 当城は、赤木川右岸（東岸）、熊野川との合流点を臨む丘陵端に位置する。東方には標高660メートルの西ノ峯がそびえ、そこから派生する尾根の最先端にある。

城跡へは、新宮市街から国道168号線を西へ進み、赤木川を渡る手前で能城山本集落への旧道に入る。新宮駅からは熊野交通バス土河屋行き、または本宮大社前行きで神丸下車。東麓の谷を南進する舗装道が城の脇まで通じており、一〇分で堀切の入口まで行ける。ここを右折して南下方を進むと、五分ほどでⅦ郭へ到達する。曲輪内は、樹木もまばらで見やすくなっている。

DATA

所在：新宮市熊野川町能城山本字井ヤノ奥
別称：城の岡
遺構：曲輪、土塁、堀切
規模：25 × 100m
標高等：標高60m、比高20m

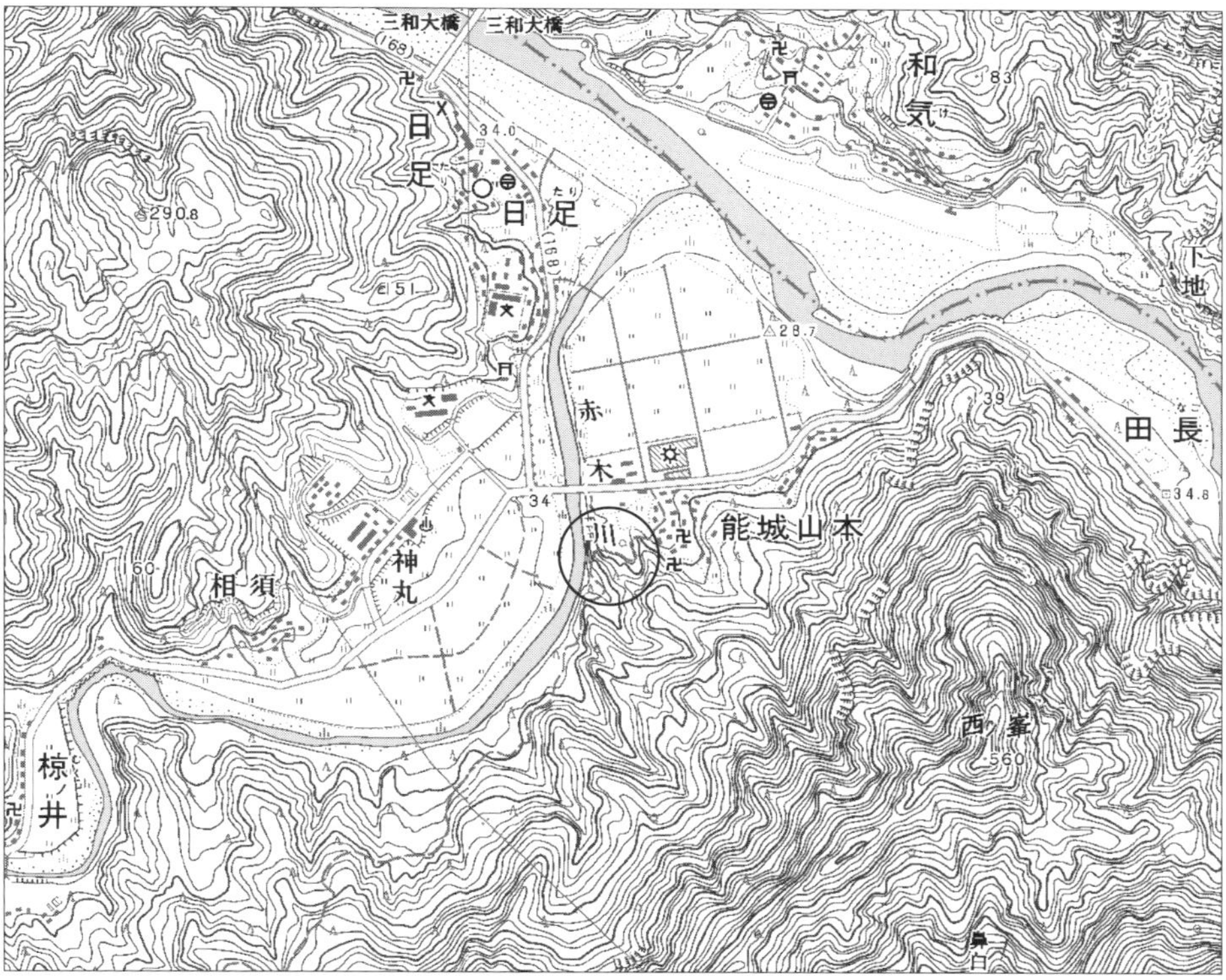

【歴史】『紀伊続風土記』に、延元年中（一三三六～四〇）頃、「湯河荘司光政の弟次郎勝光が新宮能城城に土居を構えて住せしより能城を氏とす」とある。その後の当城に関わる記録はなく、具体的な歴史は明らかにできない。

【遺構】細長く派生した支尾根の背後を堀切で遮断し、城域を独立させている。現在、堀切は切り通し道となるが、これは山道造成に伴う拡張の結果だろう。本来の堀底は、もっと高位にあったと考えたほうがよい。

当城が立地する尾根は堀切側の南ほど高く、先端に向けて低くなっていくというごく普通の地形である。全体として、原地形に最小限の手を加えることで平坦地を造成しているようだが、郭は高位置のものほど小規模、あるいは不整形となる。ただ、西縁の崩落が激しく、本来の規模は現状より何割か大きかった可能性はある。

Ⅰ郭は、堀切（上幅27×深さ8メートル）

縄張り図　作図：伊藤徳也

Ⅶ郭

を見下ろす南端最高所の郭で、土塁はない。歪んだ方形で、見張り台を思わせる郭である。

Ⅱ郭はⅠ郭の北下方1・5メートルで、土塁はない。やはり歪んだ方形である。この北下方にⅢ郭、Ⅳ郭と地形に合わせた形状の削平段を設けているが、Ⅳ郭の北端をみると方形への指向は感じられる。

Ⅴ郭は、Ⅳ郭の北下方0・5メートルである。西側の崩落が激しく本来の形状はつかめないが、方形を指向しているようにはみえる。また、高位の曲輪と比べると、大規模であったことが想像できる。東下方には、Ⅳ郭まで帯曲輪（Ⅵ郭）が延びる。

Ⅶ郭は不整形ではあるが、土塁（上幅1～2×高さ1・5～3メートル）をもつ唯一の郭である。Ⅵ郭直下に虎口が開き、Ⅷ郭への通路となる。開口部の切岸には部分的ながら石垣が残っている。

Ⅷ郭からみたⅦ郭虎口

堀切

【評価】細尾根を堀切で何重にも遮断し、その間を曲輪とする手法はこの地方でもよく見られる。この形態の城では、一般に最高位、もしくはそれに準じる場所に主郭を配置することが多い。

しかし当城では、細尾根上を段状に造成し、曲輪を連続させる手法は一般的ではあるが、各曲輪の規模と構造から考えると、中核となる曲輪は最高所ではなく下位においていたようだ。

何らかの意図があってのことか、あるいは地形上の制約で、高位に一定規模の曲輪を設けるには土木量が大きくなりすぎるからか、その理由はわからないが、近隣ではあまり見かけない形式である。

なお、当城周辺では造成、土取りが進み、立地の原風景が失われつつある。（伊藤徳也）

［参考文献］和歌山県教育委員会　一九九八『和歌山県中世城館跡詳細分布調査報告書』／新宮市　二〇〇八『熊野川町史　通史編』

158

高田《たかた》古城《ふるじょう》山城《やまじょう》・経塚《きょうづか》山城《やまじょう》

石組の竪土塁が特徴的な当地の支配拠点

DATA

所在：新宮市高田

遺構：曲輪、竪土塁、竪堀

規模：（高田古城山城）60 × 50m、（経塚山城）40 × 25m

標高等：標高 180m、比高 100m

高田古城山城　遠景

【選地】　高田古城山城は、高田川左岸（北岸）の丘陵頂部に位置する。経塚山城は、古城山城から尾根を東へ下った鞍部を挟んで位置する。両城の麓付近では、口高田川を始めとする何本もの河川が高田川に合流し、尾根と谷が複雑に入り組んでいる。現在の高田集落は、これらの合流点付近を中心に展開している。両城の南西方向には大雲取山、中辺路《なかへち》の大雲取越が聳え、東方の下流では熊野川に合流する。

城跡へは、新宮から国道１６８号線を相賀まで進み、ここから県道を雲取温泉方面へ進む。高田集落へ入る直前の郵便局で右折し、２００メートルほどで右斜め上に入る狭い道を進めば、右手の山が城跡である。

経塚山城南西麓から山道を登るか、高田古城山城南麓の廃屋背後の谷部分から登る。山道経由で高田古城山城まで約一五分、谷からの直登で両城間の鞍部まで約五分。切岸はシダが深く地表面が見えないが、曲輪面はなんとか見学できる。

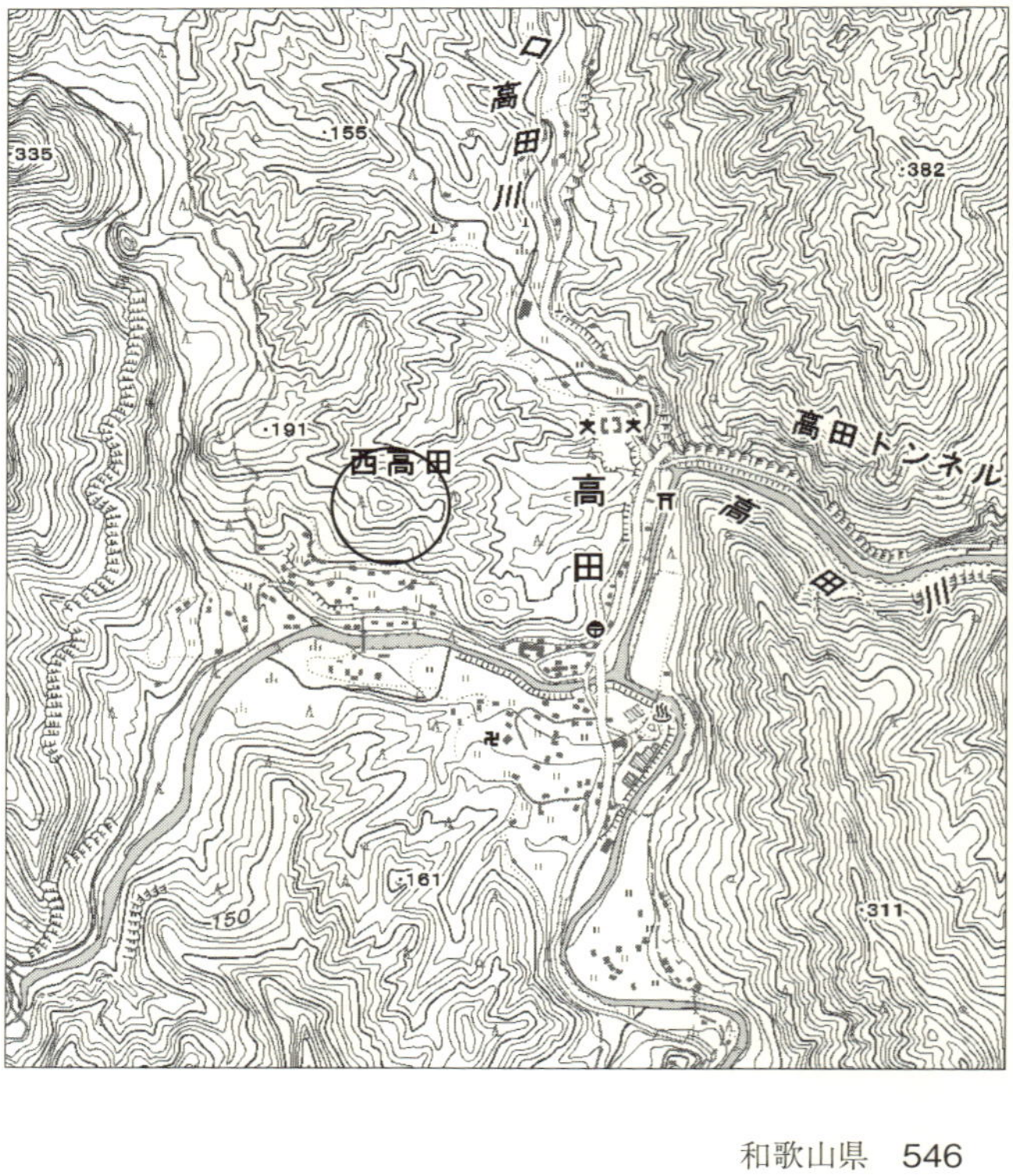

【歴史】　新宮市と合併した当時の高田村は、南檜杖・相賀・高田の三地区であったが、高田地区の口高田・里高田・西高田で高田村を構成していた時期もあった。

開拓の時期ははっきりしないが、中世に伊勢から那智山への間道として人の往来が始まったのではないかという。やがて、熊野川流域から内陸部へ入った雲取山麓の中心と

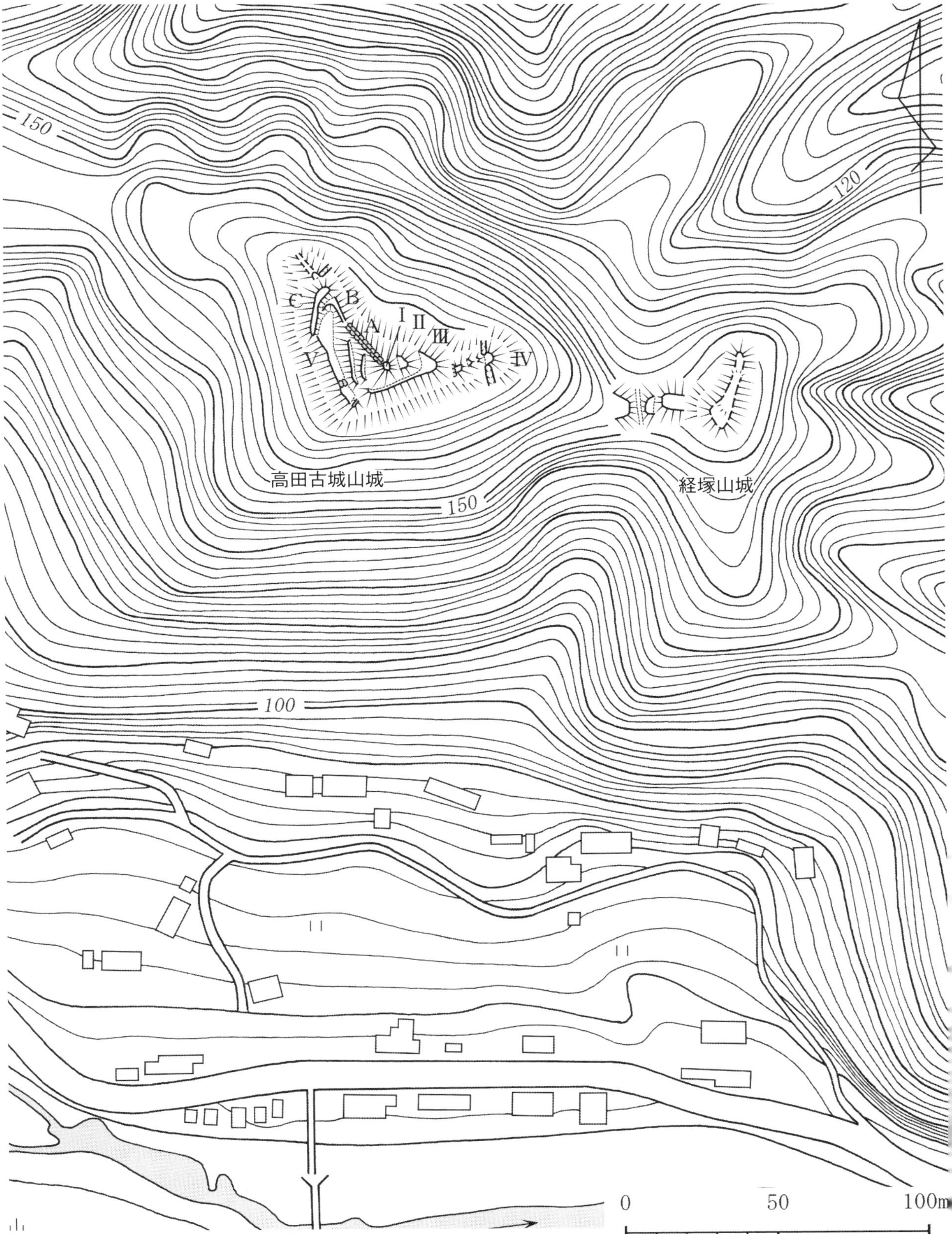

縄張り図　作図：伊藤徳也

（上）高田古城山城　竪土塁　（中）高田古城山城　V郭
（下）経塚山城　切り通し

なった地域である。古城山城、経塚山城はともに記録等に記載がなく、具体的な歴史や城主等は明らかにできない。

【遺構】　高田古城山城は、丘頂から東へ延びる尾根上に小削平段を、急傾斜の西側には細い段を設ける。各曲輪は極小規模で、見張り台の機能だけではないかと思えるほどである。

頂部のI郭は2メートル四方ほどの規模ながら、明瞭に削平されてはいる。しかし、玉砂利が残っていることから、近年まで小祠を祀っていたことがわかる。I郭の東下方には六、七ほどの小曲輪が連続し、最下段のⅣ郭の両端には竪堀が落ちる。ただし、全体にシダが密生し、ほとんど地表面が見えない状態のため、確実に竪堀と断定はできない。

Ⅲ郭は東側最大規模の曲輪で、I郭の南下方が通路となって延び、西側の段につながっていたのかもしれない。特徴的なのは、I郭の北西隅から極細く、極低いながら石組を伴った竪土塁Aが延びることである。末端で石組みは確認できなくなるが、V郭の北端を区画する土橋状の土塁Bとなる。V郭は南四分の一が一段高い。南端は低土塁で区画し、土塁Bとセットで両端を区画する。土塁Bの北は一段高い土塁Cとなり、V郭の西へ延びていく。そのため、V郭の北四分の一は横堀状となる。

経塚山城は、丘頂から西へ三段にわたる構造だが、削平は不十分である。特に、頂部は端部が不明瞭で、明確に曲輪と判断するのは難しい。

【評価】　経塚山城は、経塚を城として再利用したのではないかともいわれるが、その根拠は明確でない。現況から、これを城の遺構と判断することは難しい。高田古城山城との間の堀切も、おそらくは切り通し道であり、城としては古城山城のみと考えるほうが妥当だ。その高田古城山城もかなり個性的な構造で、評価しにくい曲輪構成である。

一方、高田集落を挟んだ対岸の寺院背後の山頂にも砦があったというが、確認はできていない。この地域の支配拠点としての城がなかったとは考えにくいため、高田古城山城の評価はこうした地を含めた、付近の再調査の結果をふまえてから行うほうがよいのかもしれない。

（伊藤徳也）

［参考文献］新宮市役所　一九七二『新宮市史』／前千雄　一九七三『奥熊野の城跡』

159 殿和田森城《とのわだもりじょう》

奥熊野の大名・堀内氏の那智進出の拠点

城跡遠望　東より

【選地】 新宮市佐野と那智勝浦町宇久井《うくい》を隔てる山塊東端の、袖摺《そですり》岬の上に位置する。北麓には佐野川（祓川・王子川）が囲繞し、東には海が迫る。国道４２号線は城跡の東の海岸沿いを通り、城跡の下をＪＲ紀勢線のトンネル（袖摺トンネル）が貫通する。

城跡の北麓には熊野街道（大辺路・那智街道）佐野王子がある。一般にこの宇久井（那智勝浦町）―佐野（新宮市）のルートは、旧熊野街道と国道４２号線と重なると認識されているようだが、海に面した不安定なルートで、荒天時などには通行が難かったようだ。そのため、海岸の北の山塊（袖摺岬）を越えるルートも併用されていたと考えられる。城跡の西の鞍部に、今は使われていない山道が通る。このルートは宇久井の北の谷沿いを通り、谷の奥から鞍部に至り、さらにトンネルの上に出て佐野に越え、佐野王子を経て新宮に至る。

平安後期の「中右記」には天仁二年（一一〇九）、作者藤原宗忠が「左野山」（新宮市佐野にあった山、すなわち袖摺岬か）を越えたという記述があり、宗忠が越えたのはこの山越えのルートと考えられる。このように、当城は那

DATA

所在：新宮市佐野
別称：和田森城
遺構：堀切、土塁
規模：40 × 16m
標高等：標高 87m、比高 80m

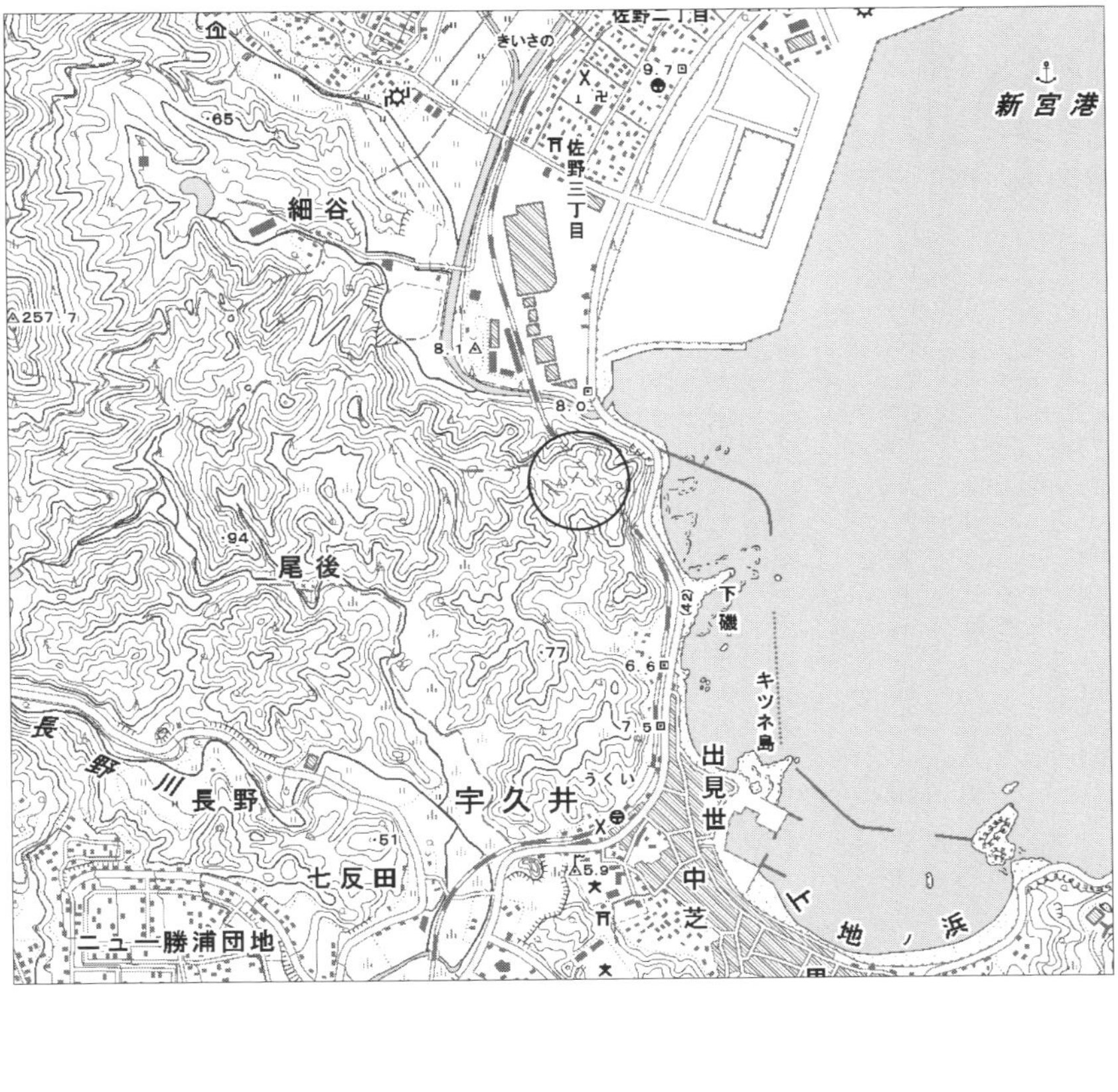

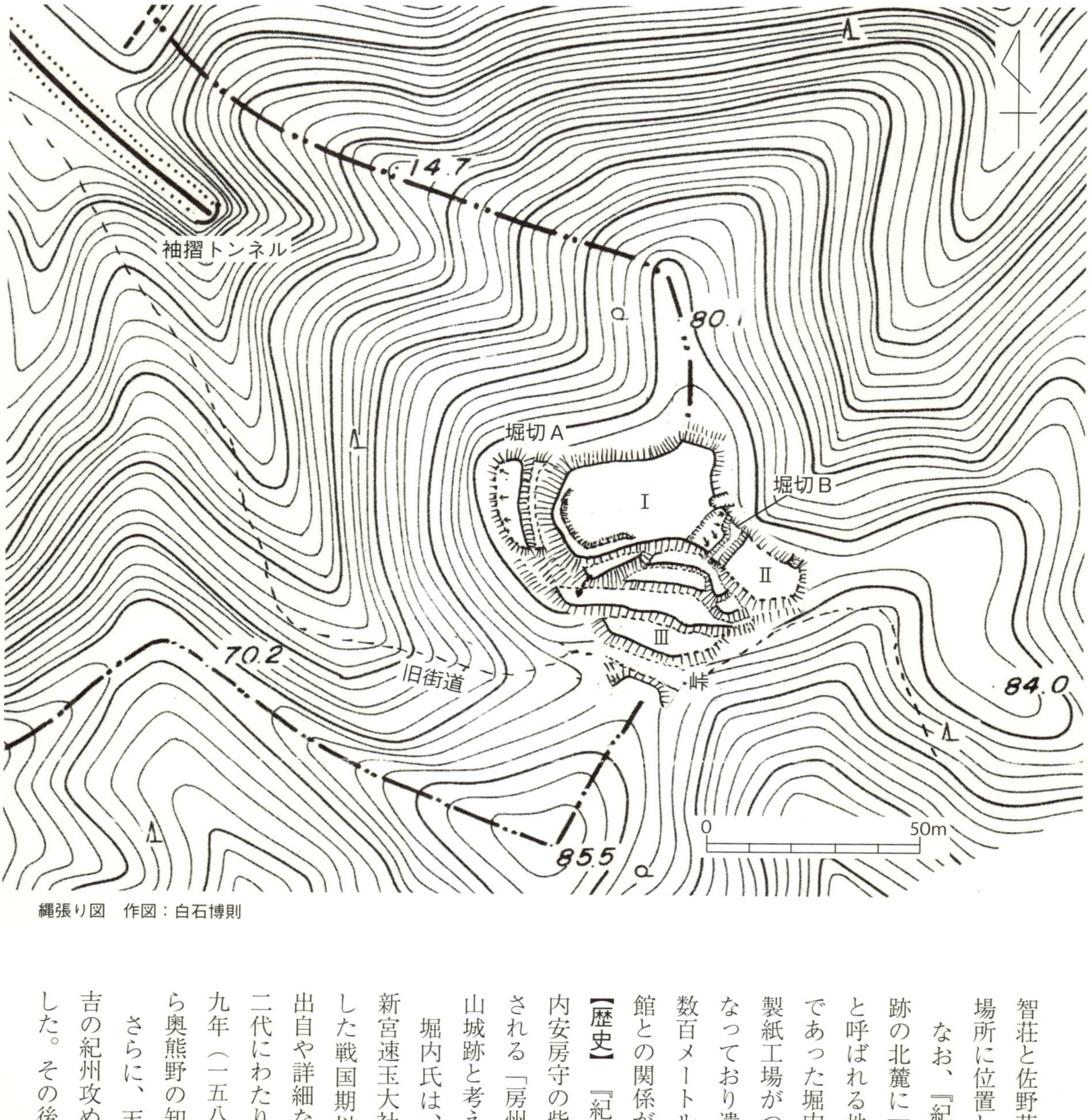

縄張り図　作図：白石博則

智荘と佐野荘をつなぐルートの峠を押さえる場所に位置していた。

なお、『紀伊続風土記』佐野荘の条に、城跡の北麓に「房州殿ノ芝」（通称「ぼしとの芝」）と呼ばれる地があり、戦国期に佐野荘の領主であった堀内安房守の館跡とされる。近代に製紙工場がつくられ、現在は複合商業施設になっており遺構はない。城跡とは直線距離で数百メートルと至近にあり、当城と堀内氏の館との関係が推定される。

【歴史】『紀伊続風土記』「和田森城蹟」に「堀内安房守の砦」とあることや、その居館跡とされる「房州殿ノ芝」の伝承から、堀内氏の山城跡と考えられる。

堀内氏は、奥熊野（和歌山県東牟婁郡）で新宮速玉大社を運営してきた七上綱《ひちじょうこう》が衰退した戦国期以降、台頭してきた勢力である。出自や詳細な経緯は不明だが、氏虎・氏善の二代にわたり奥熊野の諸勢力を糾合し、天正九年（一五八一）には堀内氏善が織田信長から奥熊野の知行を安堵された。

さらに、天正十三年（一五八五）の羽柴秀吉の紀州攻めでは、いち早く秀吉政権に臣従した。その後、国内統一戦や朝鮮出兵にも参加し、豊臣政権下において二万七千石の大名となり、新宮を拠点とした。その時の居城は、「堀内新宮屋敷」（『近畿』Ⅲ所収）とされる。

【遺構】北西の尾根と南東の尾根に堀切が設けられている。Ⅱ郭は平坦地であるが東端に堀切がなく、また切岸も明確ではないので、岩盤上の自然の平坦地と評価される。

Ⅰ郭は東西約４０×南北２０メートルほどの規模で、西南の縁に低い土塁が残る。堀切Aはこの土塁の西側で、幅（開口部）約4メートル、現状で底部と曲輪の落差が4メートル以上あり、遮断性が高い。

Ⅰ郭とⅡ郭の間の堀切Bは、岩盤を穿ったもので、深さは1メートルに止まり、遮断性は高くない。Ⅰ郭の南のDの鞍部（宇久井―佐野を結ぶルートの峠）に向いて連続する四段の平坦地（Ⅲ郭）は、各段が1メートル程度の落差で防御性は低い。しかし、石積みの跡などもなく人里から遠い位置のため、耕作地とは考えられない。評価が難しいが、駐屯部との見方も可能であろう。

【評価】Ⅰ郭を核とする、単郭の小規模な城郭である。城のある山塊の他のピークも造成されておらず、城域は限定的である。遮断施設も堀切・切岸のみで、遮断性が高いとは言えない。また、特徴的な縄張りではないため、主体・時代などは特定しがたい。立地から見ると、宇久井―佐野を結ぶ街道の鞍部を押さえる役割りに特化した城郭と想定できる。Ⅲ郭も城域であるならば、那智方面に向けて一定の軍勢を配する「陣城」と評価できるであろう。

堀内氏は、天正期に那智荘・那智山を支配下に置き、さらに古座の田原（佐部城・『近畿』Ⅰ所収）まで進出している。堀内氏の勢力が南下する足掛かりとしたのが、当城ではなかろうか。（白石博則）

（上）曲輪　（中・下）堀切B

［参考文献］紀南文化財研究会・熊野歴史研究会監修・編集　二〇〇八『熊野古道　大辺路調査報告書―田辺市から新宮市まで』

160 古和田城《ふるわだじょう》

南朝の勢力圏に築かれた一拠点か

DATA

所在：紀の川市古和田
遺構：曲輪跡、堀跡
規模：80 × 150m
標高等：標高 53m、比高2m

【選地】 泉南（大阪府）から紀北へ抜ける主要ルートである風吹峠の近く、紀ノ川河岸の平地を見下ろすやや小高い台地上に立地している。大字「古和田」内の字「古城跡」と呼ばれる地域で、中心部分は現在、光圓寺（『池田組寺社方差出帳』によれば正徳三年〈一七一三〉開基）の境内となっている。南西に国分寺跡があり、古くから開けた地域であったことがわかる。

この地域は南都興福寺の荘園・池田荘に属し、中世には根来寺の強い影響下にあった（『角川日本地名大辞典』）。荘内には、ほかに「王城」「宰相垣内」「重行城」などの小規模城郭が存在したと言われており、とくに「王城」は、本城との関連も考えられる。南側には「田中馬場」という大字もある。

また、北方には白鬚党と関係するとされる城ヶ峯城、南には南北朝期の記録のある最初ヶ峯城がある（図1）。

【歴史】 当城の存在を記した一次史料はない。本来は「和田城」と呼ばれていたようである（『紀伊国名所図会』）が、多くの書籍には「古和田城」と記載されている。ただし、地名は「古和田」である。

地元の伝承では南朝・楠木一族の和田氏の居城で、和田氏はその後、和泉国・岸の地に移って「岸和田城」を築いたとされる。そのため「岸和田城」に対し、この地を「古和田」と呼ぶという。幕末期に成立の『紀伊国名所図会』には、「云伝ふ楠家一族の居城なり。此城泉州岸和田にうつすといふ」とあり、すでにこのような伝承が成立していることがわかる。

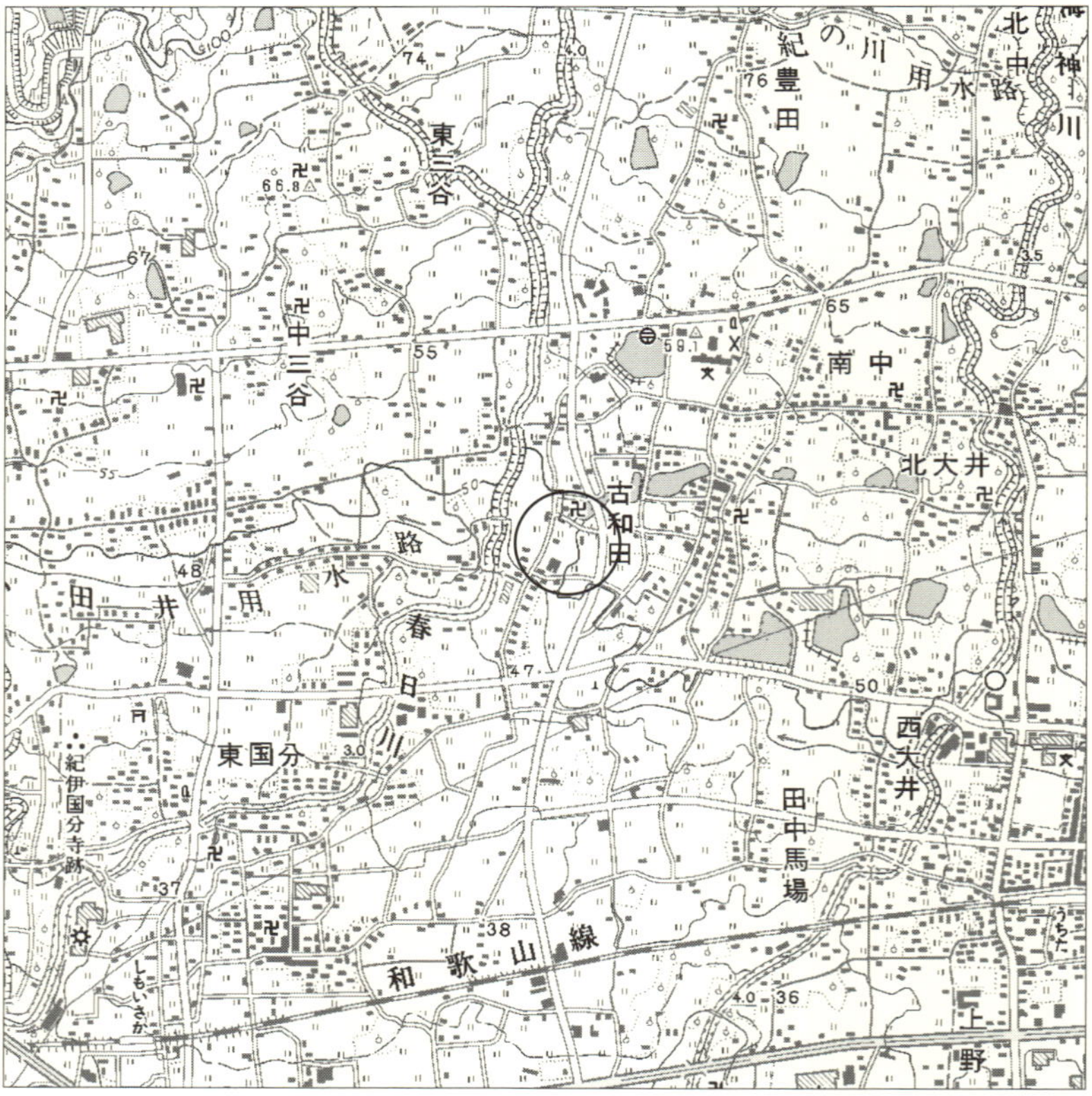

ただし、岸和田古城を和田氏が築いたという伝承自体が現在では疑問視され、岸和田古城の築城も和田氏とは考えられない[1]。また、『紀伊続風土記』に「和田氏の事蹟今村中に

遺れる事なし」とあるように、江戸期にはすでに周囲に和田氏の痕跡はなかったようである。

ただ、南北朝の争乱がこの地域を何度も通過した蓋然性は高く、周囲には「王城」「御所芝」などの地名が残る。『紀伊続風土記』には「右二箇所（中略）南朝の諸帝の中和田氏の居城なるを以て駐駅を此地に移し給ふことありしならんか」とある。少なくとも近世には南朝に関連した伝承があり、それと関連して当城が考えられていたことは間違いない。

また、南北朝期以後に、この地が城館として使われたことを示す史料や痕跡もない。

【遺構】　文化期にまとめられた『紀伊続風土記』では、「其区域を城の内といふ　東西は一町余にして南北はやや長し　其東西南北三面今は皆畑なれとも湟《ほり》形猶残れり　中央に天守跡と称ふる所あり」と記載されているが、堀が埋められてなくなったほかは、現状もあまり変わらない。東西80メートルほど、南北150メートルほどの谷で挟まれた段丘上が城域とされている。標高の高い北側部分は、光圓寺の境内になっているが、その東側は2メートルほどの高低差を持つ崖状地形である。

古くからの住民によれば、敷地の周囲にかつて石垣が巡らされていたそうで、古和田城のものだと伝えられていたが、現在は失われている。『紀伊続風土記』にある「堀跡」は現在確認できないが、かつて東側と南側の堀とされる領域に、小池や溜池などがあったと伝承されている。[2] 現在も、水路や池の一部が残っている。西側は緩やかな坂だが、北側は堀跡や土塁跡、高低差のような城郭の痕跡はまったく残らない。地籍図をみても堀の痕跡は確認できない（図2）。

【評価】　遺構も史料もほぼ残らず、地元に伝承のみが残るという評価の難しい「城館」である。現地に立つと北方を除く三方への見晴らしは良く、旧国府や風吹峠にも近いことか

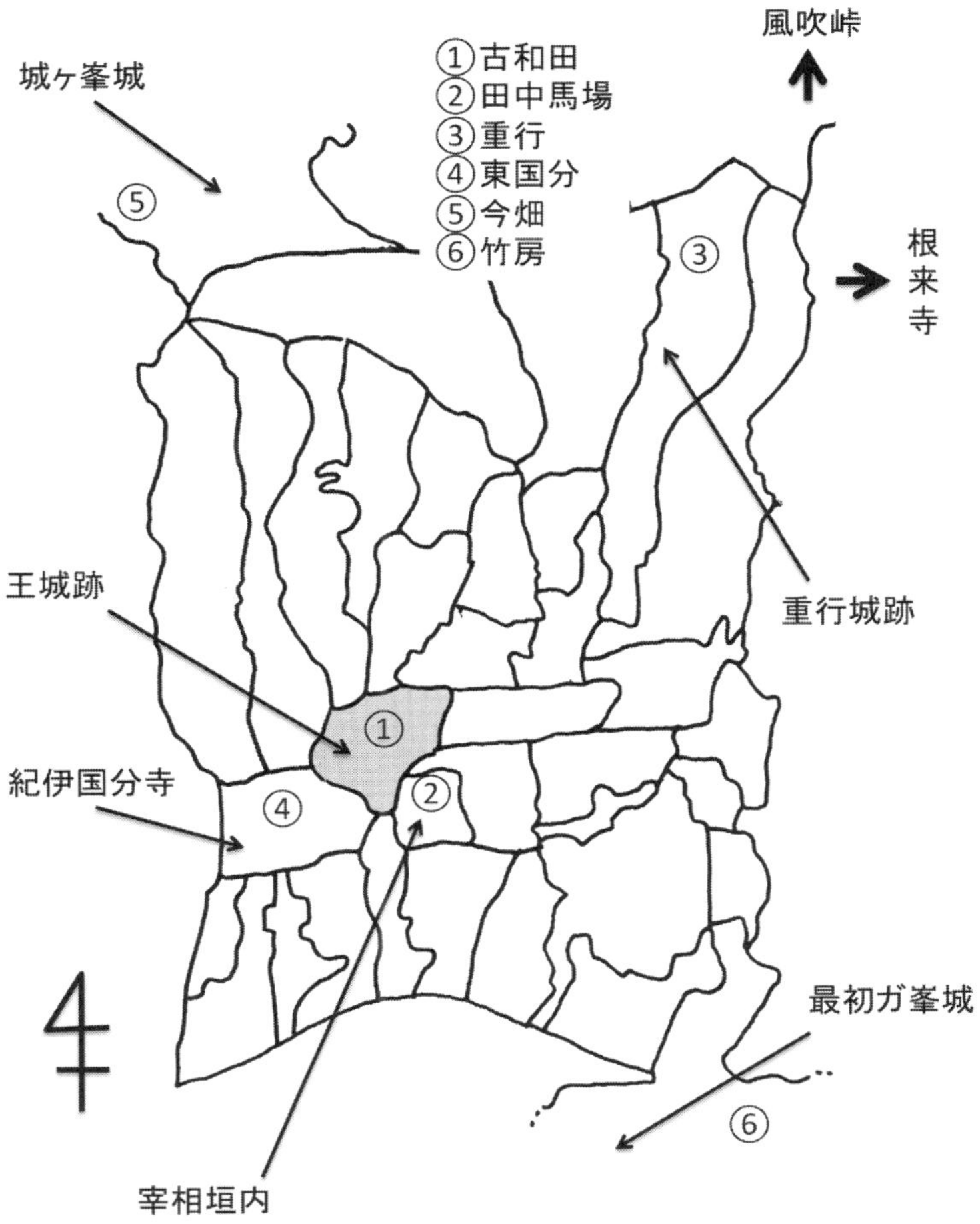

図1　打田町主要部の大字境界と関連遺跡

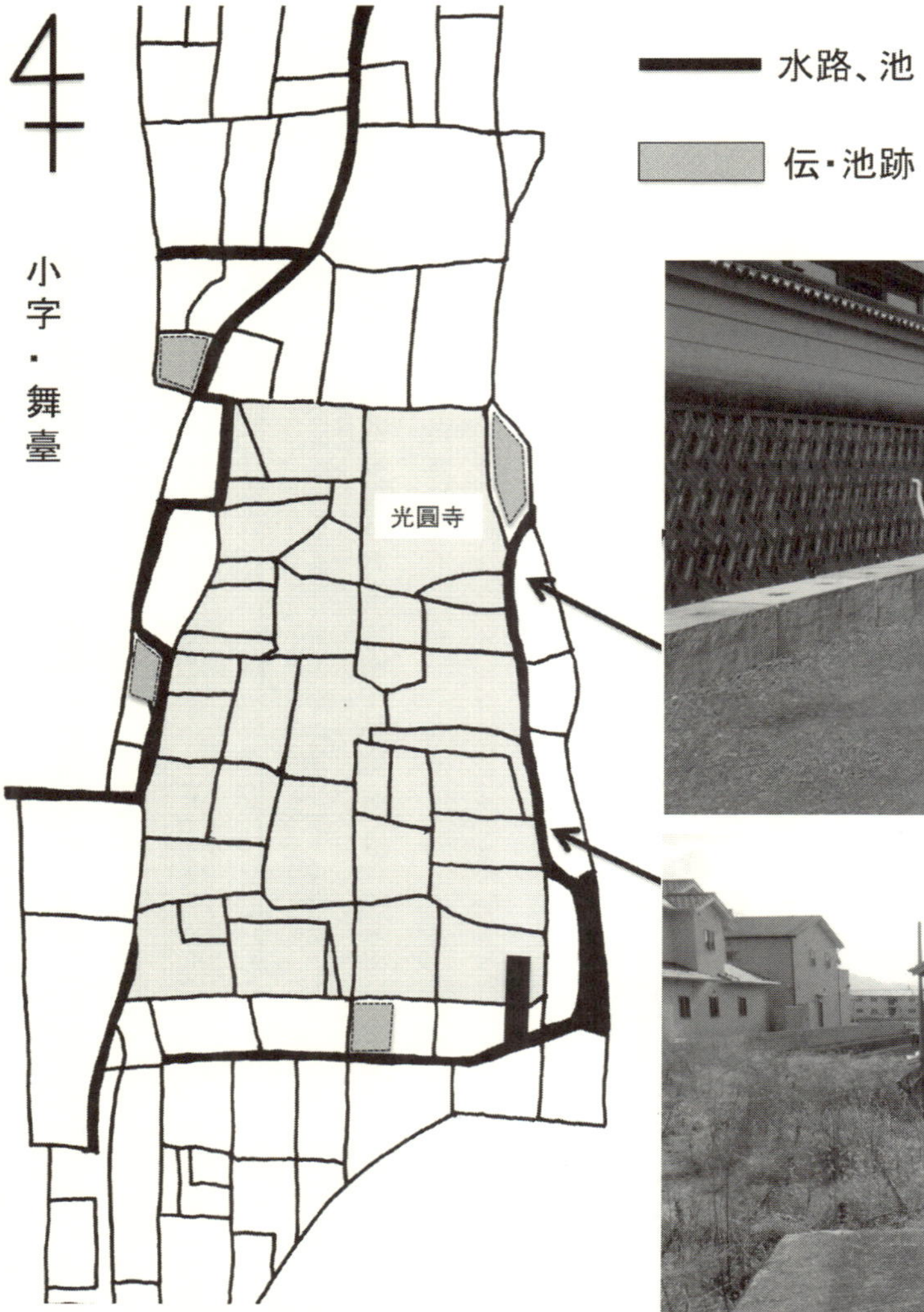

図2　小字・古城跡の地籍図・古和田城周辺図
（薄いアミかけ部分が推定城域）

ら地域支配の拠点としての「立地」としては悪くはない。

　ただ、地籍図上で痕跡も見出されないため、「城館」があったとしても、かなり古い時代に廃絶したのだろう。西に300メートルほど離れて前述の「王城」跡があるが、水田のなかの80メートル四方ほどの方形の微高地である。[3] 合わせて評価すべきだろう。

　「岸和田」との関係については、事実とは考えがたいが、古くからこの地域と泉南の間に強い紐帯があったこと示唆するものではある。周囲には『太平記』にも登場する城ヶ峯城・最初カ峯城もあり、勢田の富松氏・三谷の岩田氏、安国寺や法輪寺など南北朝争乱に関わる伝承も多く、何らかの「城館」があった可能性は否定できない。

（伊藤俊治）

［参考文献］（1）堀内和明　二〇〇八「南北朝内乱における岸和田市とその周辺」『岸和田古城から城下町へ』和泉書院／田中伸幸　二〇〇九「古和田城と岸和田城」『和歌山城郭研究』8　（2）白石博則　二〇〇九「古和田城跡」『和歌山城郭研究』8　（3）『打田町史』／水島大二　二〇〇九「王城跡」『和歌山城郭研究』8

161

猿岡山城《さるおかやまじょう》

粉河衆の城から藤堂高虎の城へ

城跡遠望　粉河寺大門二階より

【選地】 粉河《こかわ》城とも呼ばれた当城は、観音の霊場・粉河寺の大門東側に位置する猿岡山に築かれた山城である。現在は秋葉山と呼ばれて公園になっており、山頂の展望台からは、粉河寺大門や門前町の家並みが一望できる。

この絶景地に、藤堂高虎も後に居城を構えたので、粉河城とも粉河館とも呼ばれた。

城跡へは、粉河寺大門を潜ってすぐ右側の小橋を渡り、舗装道を五分ほど登る。かつては車で山頂まで行くことができたが、今は通行禁止。車は大門近くの有料駐車場に預けて歩いて登る。和歌山線粉河駅からは徒歩二〇分ほどで山頂に到達できる。

【歴史】 お遍路姿が行き交う粉河寺は西国三番札所だが、周辺には戦国期の自衛目的の防御施設跡が残っている。

大門前を流れる中津川は天然の堀をなし、東に猿岡山城、西に矢倉山城が大門を挟むように築かれ、境内北方の山中には、防御目的の堀切の痕跡が見られる。

粉河寺所蔵「粉河旧記」（『粉河町史第三巻所収』）に「同年（文明十八年〈一四八四〉）九月五日、根来寺行人合力ニ仍テ、当寺行人泉州木嶋へ陣立、水間ノ城ヲ粉川衆責落」の記述があり、当時は泉州地方まで勢力を延ばしていた様子がうかがえる。

また、「粉河寺旧寺領注文」（同）にも「西は和歌山市来栖、本渡、北は泉州長滝・大鳥辺りまで勢力を延ばし」と、先述の内容を裏付ける文言があり、文末に「天正十三年乙酉年之兵乱迄、所務仕候」とある。

築城は前出「粉河旧記」の「粉河領旧跡之覚」

DATA

所在：紀の川市粉河
別称：粉河城、粉河館
遺構：城跡碑のみ
規模：120 × 160m
標高等：標高 90m、比高 35m

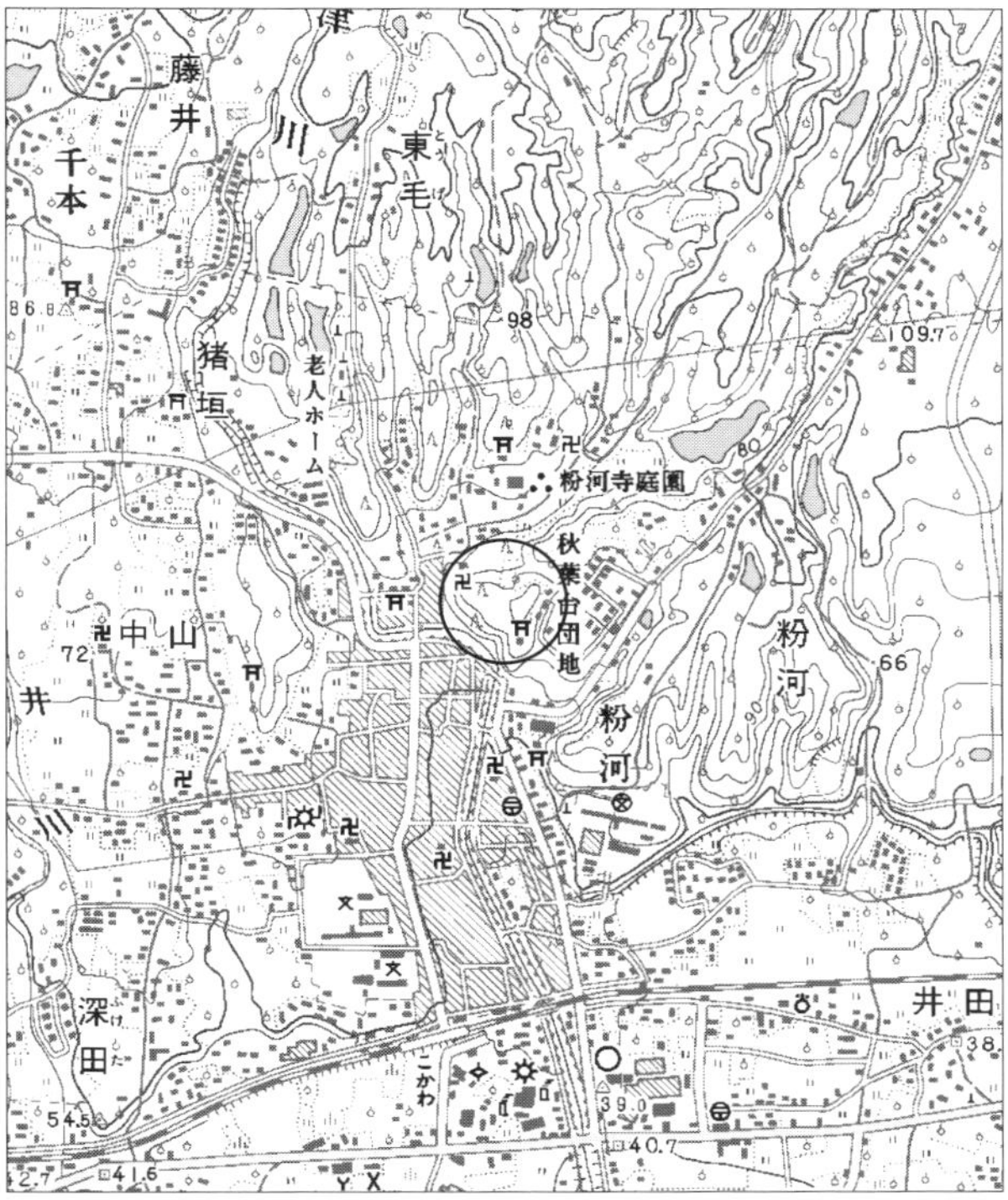

に「前山、弁天之社此所。昔山王寺社有。猿柵と云より後、小猿岡と号ス　山之四辺ニ堀跡あり。根廻り七町　東西廿九間　南北三十間　高八間　天正元年僧侶築城為籠居要害ノ堀切　此所大福院之跡也　是ニ暫藤堂高虎被居住由」とある。この「其外諸所堀切らす」は、本堂裏山に数ヵ所に見られる堀切（前述）のことと思われるが、「小猿岡」は猿岡山のどの部分を指しているのかは明らかでない。

城跡石碑

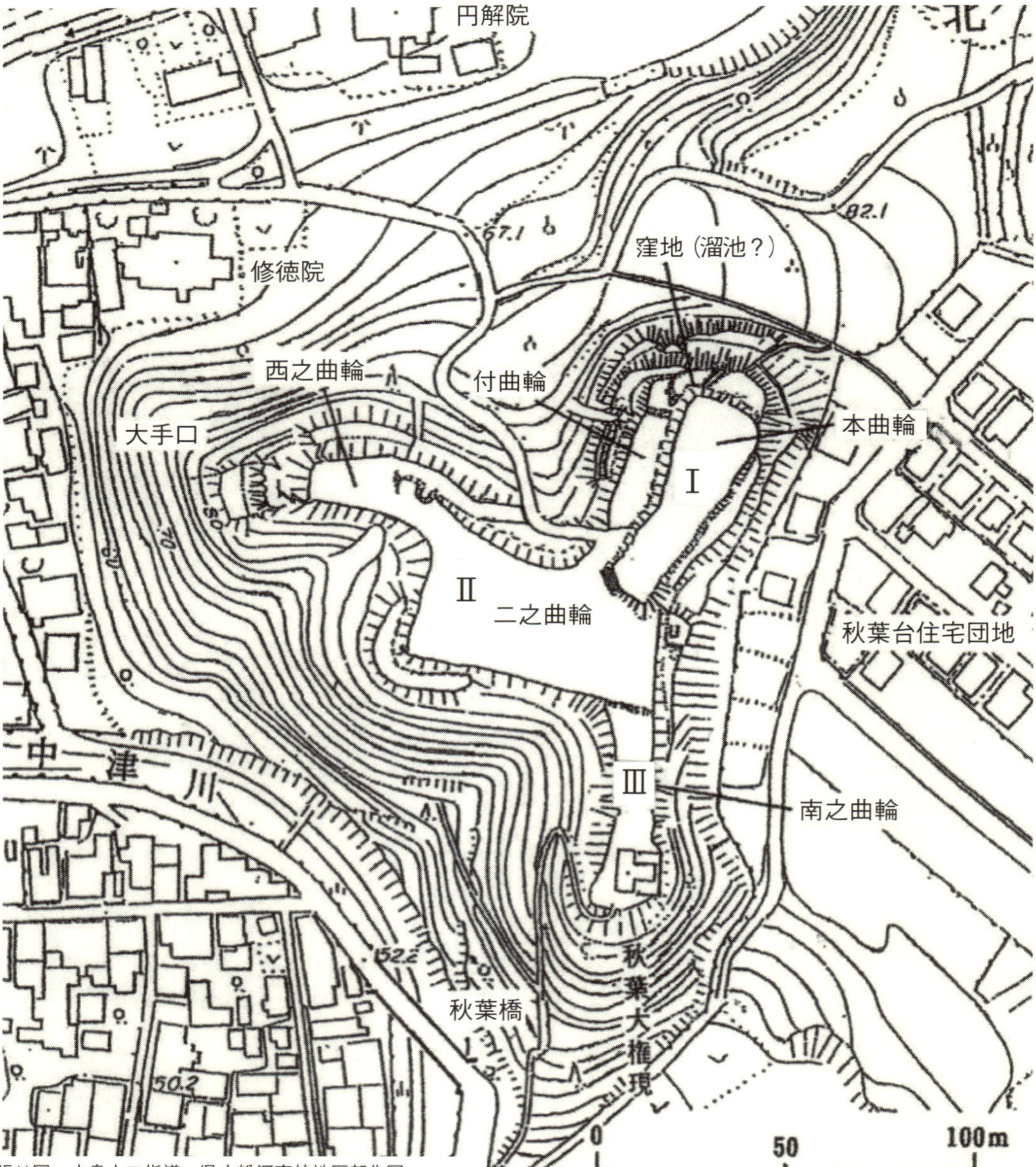

縄張り図　水島大二指導、県立粉河高校地歴部作図

『紀伊続風土記』は「粉河村中より東、粉河寺境内猿岡山といふあり。城跡東西一町南北四十町許　慶長の頃藤堂大学ノ居城の跡といひ伝ふ　明和年中粉河寺よりその地に秋葉権現を祀る」と、藤堂高虎の城としていて粉河寺の城としての記載は見られない。

　その高虎は、天正十三年（一五八五）、秀吉の紀州攻めの功績で一万石の領地を得て、粉河衆の当城跡に館を築き、根来、雑賀の残党の監視を兼ねて入城したようだ。同十五年、九州攻めの功績が認められて二万石の領主となった高虎だが、秀吉の命で土佐や長崎に赴くなど、ほとんど粉河にはいなかったという。

　文禄元年（一五九二）四月、文禄の役に参戦したのち、高虎は粉河を完全に離れていった。

【遺構】　城跡は秋葉山公園となり、その片隅に「猿岡城跡」の大きな石碑が建つ。

　明治の地形図を見ると現在のような広い平地は認められず、等高線が幾重にも描かれ、起伏があったように見受けられる。

　現在の公園整備に至るまでには、Ⅱの曲輪に相撲の土俵が設けられた時期があり、その時に地形が大きく改変されたと推測する。その後しばらく放置されていた時期を経て、平成十二年頃、再び公園化のために整備された。現在、城跡の雰囲気はなく、Ⅱの曲輪の東角に石碑のみが昔日の歴史を伝えているにすぎない。

【評価】　地元では、藤堂高虎の居城跡であることを知る人は少ない。

　粉河衆の城跡に藤堂高虎が居城したというものの、粉河衆が猿岡山のどの部分に築いたのか、高虎がどのように拡張したのかなど一切不明である。今日の地形から判断することは不可能である。ただ、かつてⅠの小高い場所には、腰曲輪など城跡の面影が幾分か残り、「猿岡城跡」の木柱も建てられていた。

　歴史上の著名人の初期居城地として、古い地形図などを駆使して、当時の縄張りを割り出したいものである。そのためにも、藤堂高虎の居城地であったことを語り継ぐ必要がある。　（水島大二）

［参考文献］一九八八『粉河町史』第四巻／一九九五『定本和歌山県の城』／水島大二　一九九三「寺を守った城砦群―根来寺と粉河寺」『摂河泉文化資料』

（上）城跡北側の現状　（中）1988 年当時の石積みの痕跡
（下）1988 年当時の本曲輪跡

162 秋葉山城《あきばさんじょう》

信長の高野攻めに備えた小規模な山城

城跡遠望

【選地】 遺構は、高野山の膝下荘園である鞆淵荘の中心地・中野南の南西の通称「秋葉山」に位置する。ここは比高200メートル、鞆淵《ともぶち》荘全域を視野におさめることができる。

DATA

所在：紀の川市中鞆渕・中野南
遺構：堀切、切岸
規模：20 × 30m
標高等：標高 412m、比高 200m（中野南から）

荘園の鎮守・鞆淵八幡神社は城から北東約1キロにある。また、天正九年から十年の信長高野攻めの際には、紀ノ川流域が戦場となった。この時、高野山方の防御ラインとなったのが竜門山系で、そのピークでこの戦線の核になった飯盛山城跡（『近畿』Ⅲ所収）が城の北3・5キロに見える。

城の北麓には、南北朝から室町初期にかけて荘内で荘官として力を持ち、やがて農民との闘争に敗れて没落した鞆淵氏の墓所や、屋敷跡とされる場所も伝わっている。

【歴史】 鞆淵荘は、鞆淵「薗」として石清水八幡宮領として成立し、鎌倉初期には現国宝の神輿が下賜された。南北朝時代になると、高野山の運動が実り、後醍醐天皇の裁定によって高野山領に編入される。南北朝から室町初期にかけて、鞆淵荘内で下司として活躍したのが鞆淵氏である。

鞆淵氏は管領・守護である畠山氏の被官にもなり、農民らに京上夫《きょうじょうふ》（都に上って労役を務める夫役）を課して反発を買い、最終的には領主高野山に改易される。鞆淵氏は荘内で在地領主としての成長を企図したが、道半ばで没落したのである。鞆淵氏に関連する屋

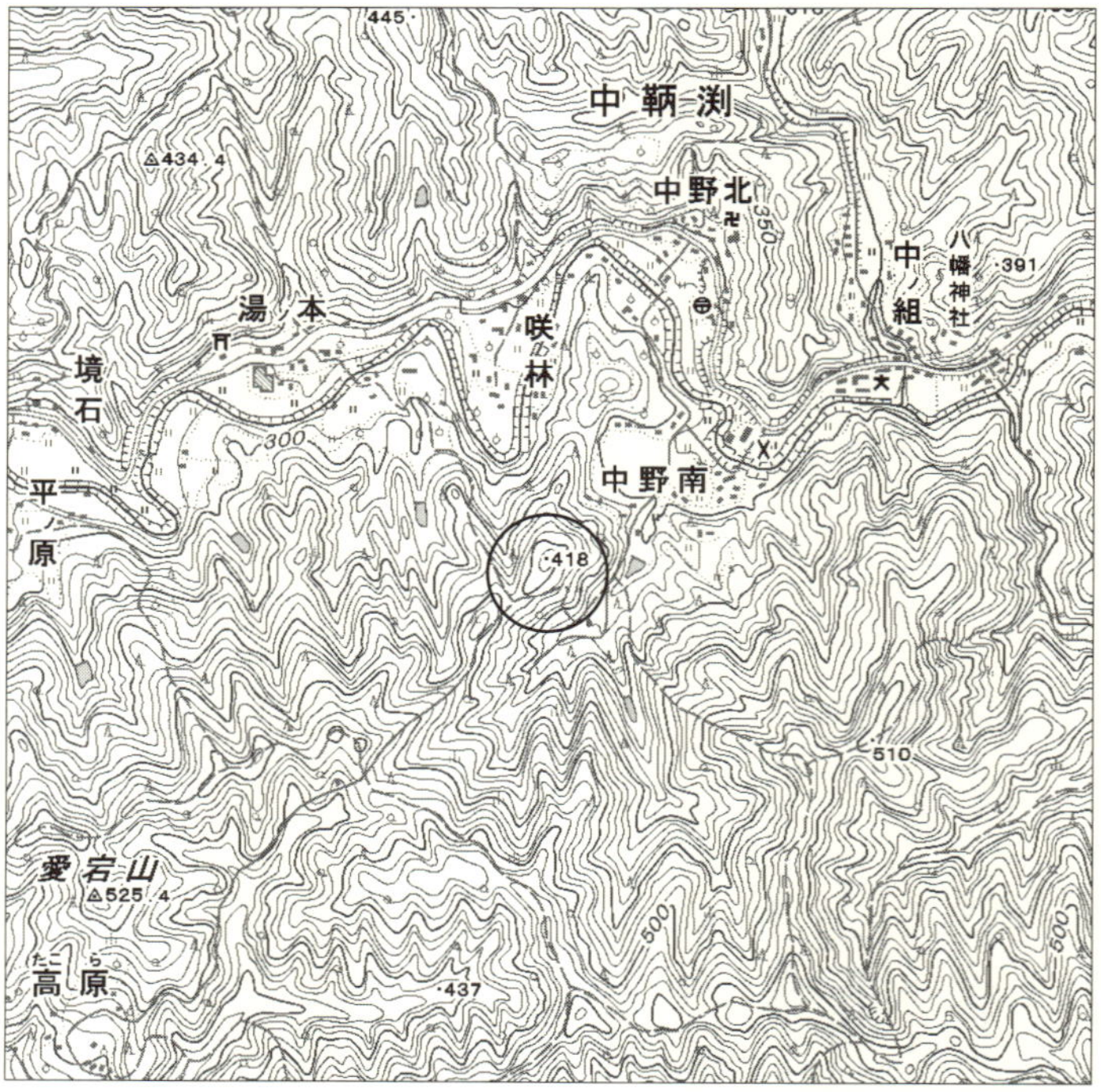

縄張り図　作図：白石博則

敷地は、中野南の北西の「ハゴロコ」（中世墓地）や「ジョウノテン」（城ノ天）、湯ノ本の「ドイハラ」（土居原）ではないかと推定されている。

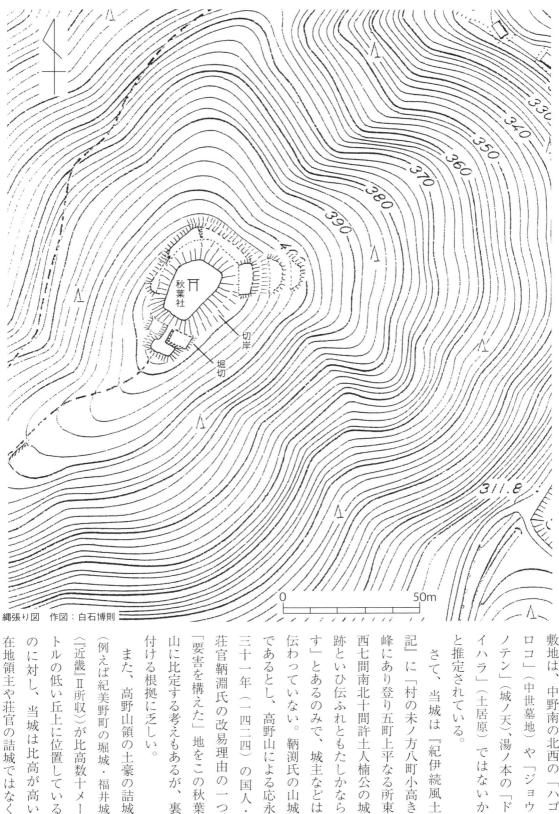

さて、当城は『紀伊続風土記』に「村の未ノ方八町小高き峰にあり登り五町上平なる所東西七間南北十間許土人楠公の城跡といひ伝ふれともたしかならす」とあるのみで、城主などは伝わっていない。鞆渕氏の山城であるとし、高野山による応永三十一年（一四二四）の国人・荘官鞆淵氏の改易理由の一つ「要害を構えた」地をこの秋葉山に比定する考えもあるが、裏付ける根拠に乏しい。

また、高野山領の土豪の詰城（例えば紀美野町の堀城・福井城〈『近畿』Ⅱ所収〉）が比高数十メートルの低い丘上に位置しているのに対し、当城は比高が高い。在地領主や荘官の詰城ではなく、

山頂の秋葉社

堀切・土橋と切岸

高野山領の広域を視野に入れた見張りや情報を伝達する山城と考えたい。

【遺構】　東西15×南北20メートルの曲輪と、その周囲の高さ8メートルの切岸、さらに曲輪のすぐ南には底部で幅5メートルを測る堀切と土橋（後世のものの可能性がある）などが確認されている。北斜面には数段の腰曲輪があるが、植林に伴う段の可能性がある。

防御の主体は切岸で、曲輪の東面は自然地形だが北・西面はていねいに削られ、たとえると「お釜を伏せた」形状である。この切岸は、周囲の村々からもよく仰ぎ見られたであろう。構造は単純で、国人や土豪の詰城に見られる、階段状に曲輪（連郭式）を設ける縦深的な構造ではない。曲輪が一つでは、実際の戦闘で長時間持ちこたえることはできないであろう。また、現在残る遺構は（堀切の幅の広さなど）一五世紀初頭ではなく、戦国期と推定される。

【評価】　筆者は当城について、戦国期に谷間の集落からは望めない飯盛山城からの軍事情報をここで受けて、さらに荘内に伝える役割を持った城と考えている。飯盛山城からあがった狼煙《のろし》（鐘・貝）を当番の者が見て、東西に広がる鞆淵荘内の集落に狼煙・鐘・貝などで伝えることを目的とし、そのため単郭で十分だったのだろう。

築城主体は、戦国期にこの地を知行した高野山行人方の長床衆と惣の組織であろう。なお、林垣内《はやしがいと》の公文代《くもんだい》・林氏の近世文書には、ここに先祖が「出城した」とあるが、これも高野山や在地との関わりの中でこの城と関わったことを反映した伝承と考える。

なお、この城は『定本和歌山県の城』（郷土出版　一九九五年）『紀伊国鞆渕荘地域総合調査―本編』（早稲田大学海老澤衷ゼミ　一九九九年）では山名をとって「秋葉山城」としているが、『和歌山県中世城館跡詳細分布調査報告書』（和歌山県教育委員会　一九九八年）では「中野南城」と記載しているので注意が必要である。

（白石博則）

［参考文献］高木徳郎　二〇〇〇年「鞆淵荘―八幡神人と鞆淵氏」『きのくに荘園の世界上巻』山陰加春夫編清文堂所収／二〇〇七年『和歌山城郭研究』7号

163 襷《たすき》城《じょう》

法螺貝で合図した高野山勢の「繋ぎ」の城

【選地】 野田原から細野に通じるタスキ峠、通称「三本松タスキ城山」の山頂に築かれている。北東に黒川、西は野田原、東は下鞆渕《ともぶち》、東南は細野に至る要衝である。

城跡遠望

DATA

所在：紀の川市野田原小字隠田
別称：貝合城
遺構：曲輪、切岸
規模：55×30m
標高等：標高470m、比高278m

【歴史】 当地は、高野山膝下荘園内に位置する。高野山は、空海の手印が捺された「御手印縁起」を根拠に、平安時代末期から鎌倉時代を通じて那賀、伊都、有田郡の一円寺領化をめざす運動を展開していた。

元弘三年（一三三三）、後醍醐天皇が、その正当性を認め、紀の川以南の諸荘園を一括して高野山の所領とする「元弘の勅裁」を宣言したことで、高野山領膝下荘園が成立した。

文献におけるタスキ峠の初見は、平治元年（一一五九）五月二十八日付けの後白河院庁下文にみられる。「紀伊国荒川荘を美福門院領とする。荒川荘の四至は東は桧峯並に黒川を限り、南は高原並に多須木峯を限り、西は

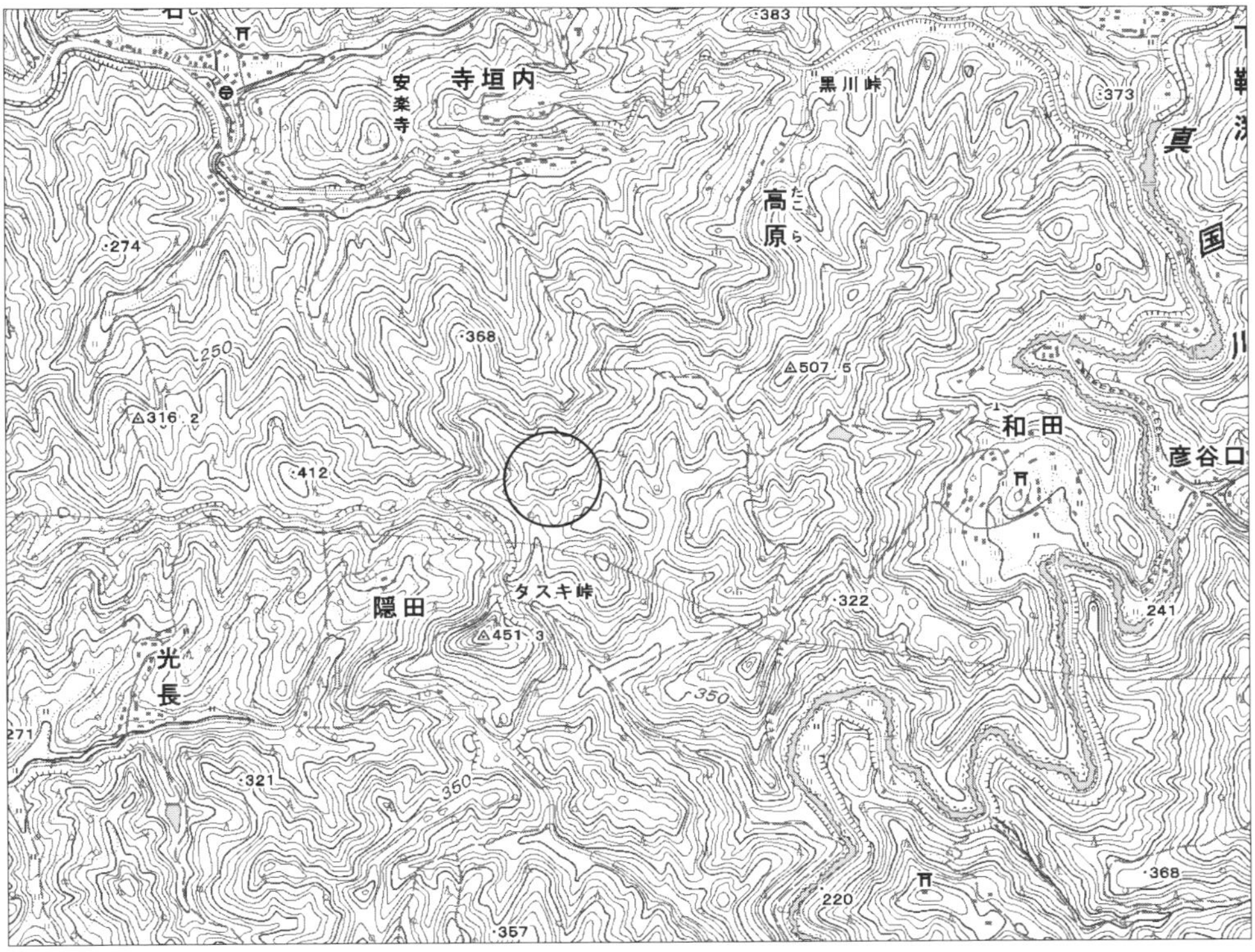

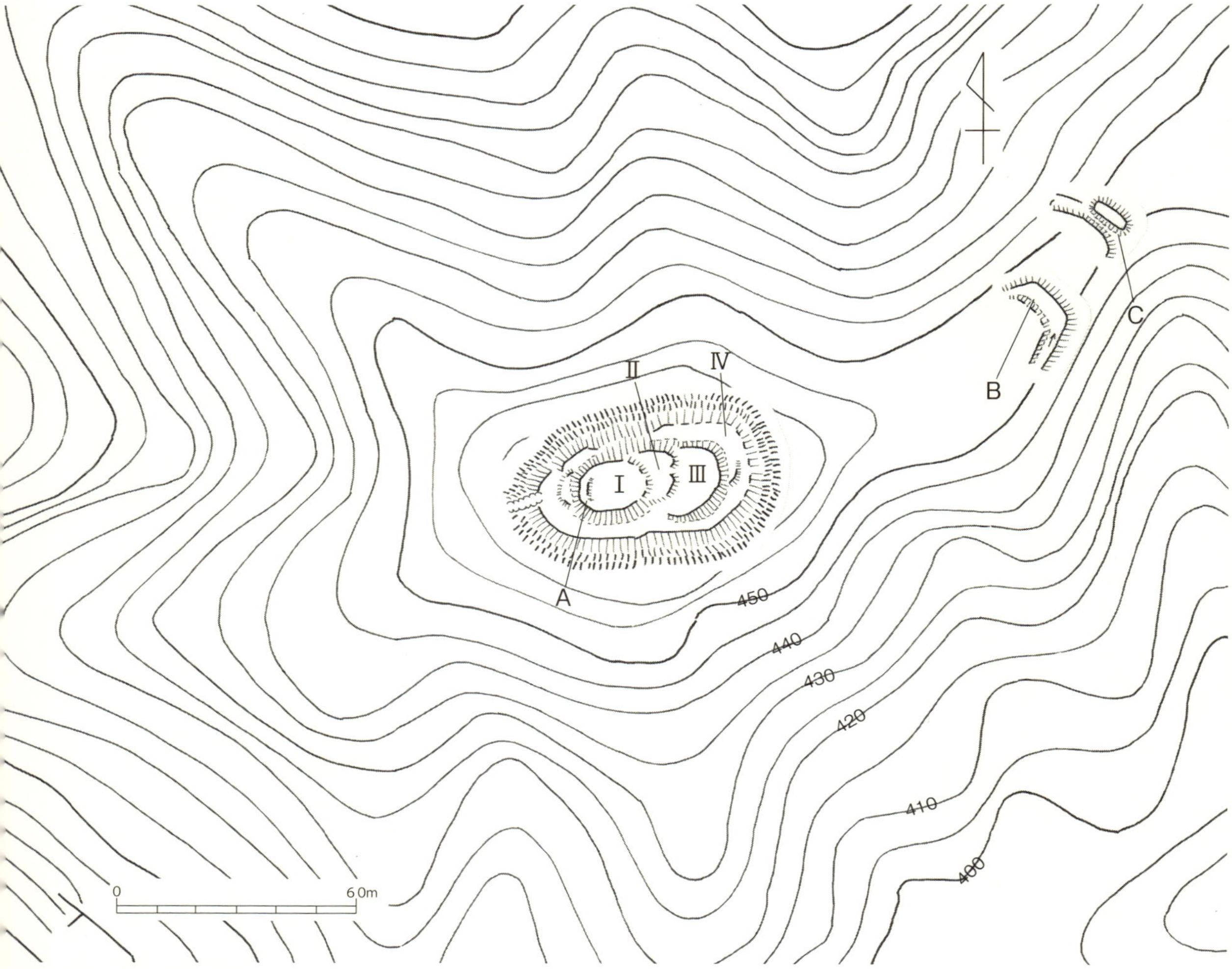

縄張り図　作図：野田 理

尼岡中心並に透谷を限り、北は牛景渕並に純陀渕南の古溝を限る」とある。タスキ峯が荒川荘の南至と記述しており、平安時代より比較的安定した高野山領であったことがわかる。

江戸後期の地誌では、「村中所蔵の古絵図に貝合城跡と書す。勝谷城山と繋ぎ城を構へし地なるにや。然らば信長高野攻の時の事なるべし。螺を吹て合図をなし故貝合といふか。按ずるに里人勝谷の城を織田三七信孝の城なりと云ふは誤にして、信孝高野攻の時高野より城を構へし地なるべし。信孝勢は皆紀の川より北に在りしなれば、此山中に城を築くべき様なし。高野勢麻生津の飯盛山に陣を取りしといへば、高野までの繋ぎに高峯を見立て出城を築きしなるべし。勝谷の峯、襷の

Ⅳ郭よりⅠ郭を見る

峯、皆高峯なれば其時の城ならん。此所北東は黒川、坤は野田原、巽は細野、三方の界なり」とある。江戸後期には貝合城と呼ばれ、高野山が築城主であると評価している。

【遺構】　縄張りは、Ⅰ郭を中心にⅡ郭とⅢ・Ⅳ郭で構成されており、空堀を使用していないのが特徴である。Ⅰ郭には、東端に土塁Aがかすかに認められるが、虎口や曲輪に至るルートは明確でない。また、西尾根に平坦部Bと堀切Cが認められるが、ともに山道が通じていることから後世の改変と思われる。つまり、当城は切岸と曲輪で構成された、小規模で普請が甘い城郭である。

【評価】　規模や構造から、小勢力である在地土豪の城郭と評価されがちである。ただし、その単純な構造は高野山が主導する城郭の特徴である。当域は、長期に安定した高野山の膝下荘園内であり、同様の構造を持つ城郭が山間部に点在するのは、築城を主導する上位権力が関わった証といえる。高野山領内の異変や外来勢力の侵攻を、地誌に記されたように法螺や鉦を叩いて高野山内に伝達する目的で築かれた城郭であろう。

　築城年代は不明だが、天正九年（一五八一）信長の「高野攻め」に限定せず、永享五年（一四三三）に勃発した金剛峯寺宗徒と行人、守護勢力を交えた大規模な合戦に至った「高野動乱」まで、範囲を広げて考察する必要がある。

（野田　理）

［参考文献］　山陰加春夫　二〇〇八『永享五年の「高野動乱」について』／東京大学史料編纂所　一九五二「高野山文書」「大日本古文書」「家わけ文書」／仁井田好古編　一九九〇『紀伊続風土記』臨川書店／和歌山城郭研究会　二〇〇八年『和歌山城郭研究』七

Ⅰ郭

Ⅰ郭切岸

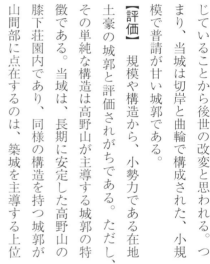

164

志賀城《しがじょう》

高野山膝下荘園の小規模な山城

Ⅰ・Ⅱ郭

【選地】紀ノ川の支流真国川の上流、上志賀小字「内城」にある。この地は、高野山の膝下荘園六箇七郷のうちのひとつ、志賀郷であった。

【歴史】『紀伊続風土記』や『紀伊国名所図会』にも登場せず、文献資料も残っていない。築城者・築城時期も不明だが、高野山領内であるため、高野山勢力を背景にした在地の有力者の城と考えられる。

【遺構】城跡は上志賀の大日堂の西、標高440メートル、比高70メートルの小山にあり、帯曲輪を伴う上下四段の曲輪で構成されている。

主郭Ⅰは東西8×南北20メートルの大きさで、南側の切岸には石積みが確認できる。主郭Ⅰ北の鞍部に幅約7メートルの堀切があり、北からの侵入を遮断する。主郭Ⅰ西下に東西10×南北14メートルのⅡ郭、さらに下には削平されていない自然地形が続く。

主郭ⅠおよびⅡ郭の東にはそれぞれ帯曲輪があり、東斜面の防御を重要視している。

Ⅲ郭は、東西6×南北15メートルの規模で、その後は再び未削平の地形が約9メートル続き、Ⅳ郭へ至る。Ⅳ郭は東西南北ともに10メートルあり、東西にさらに二つの小さい曲輪を伴い、西尾根からの侵入を防ぐ。東西は急斜面のため、竪堀が掘られていない。

また、Ⅱ郭からⅣ郭の間に未削平の地形があるが、籠城の際の緩衝地帯として残したも

DATA

所在：伊都郡かつらぎ町上志賀
遺構：曲輪、堀切
規模：30 × 120m
標高等：標高 440m、比高 70m

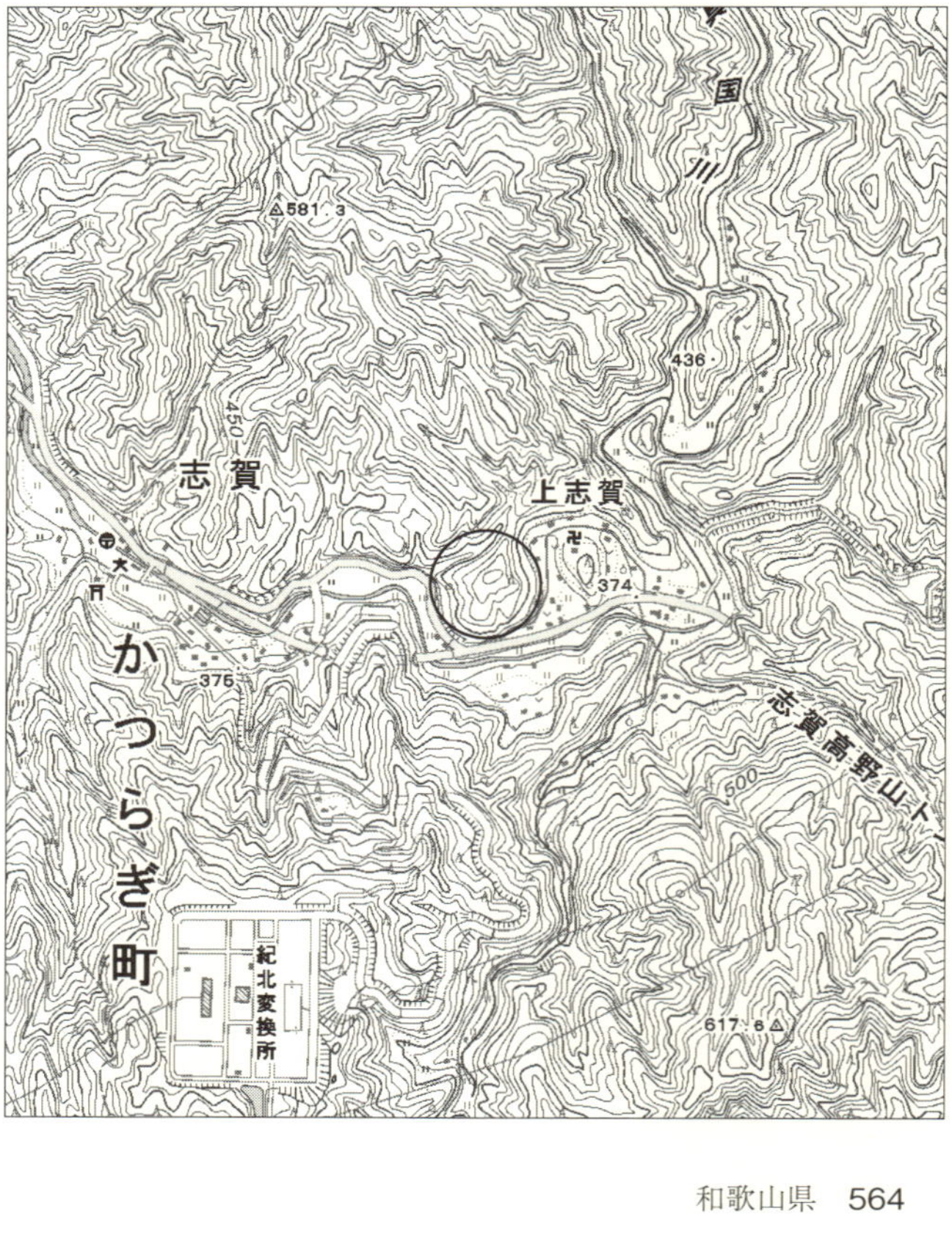

のであろうか。

当城への登城ルートは、城のある尾根の東尾根から入り、Ⅱ郭の直下を通りⅢ郭へ入る。その後、Ⅱ郭から主郭Ⅰへと続くと推定される。このことから、上志賀の集落とのつながりの強さがうかがえる。

当城は比較的単純で、複数の曲輪で構成された規模も小さな在地の荘官、または土豪の城と考えられるが、山城の麓に屋敷跡などは確認されていない。

石積み

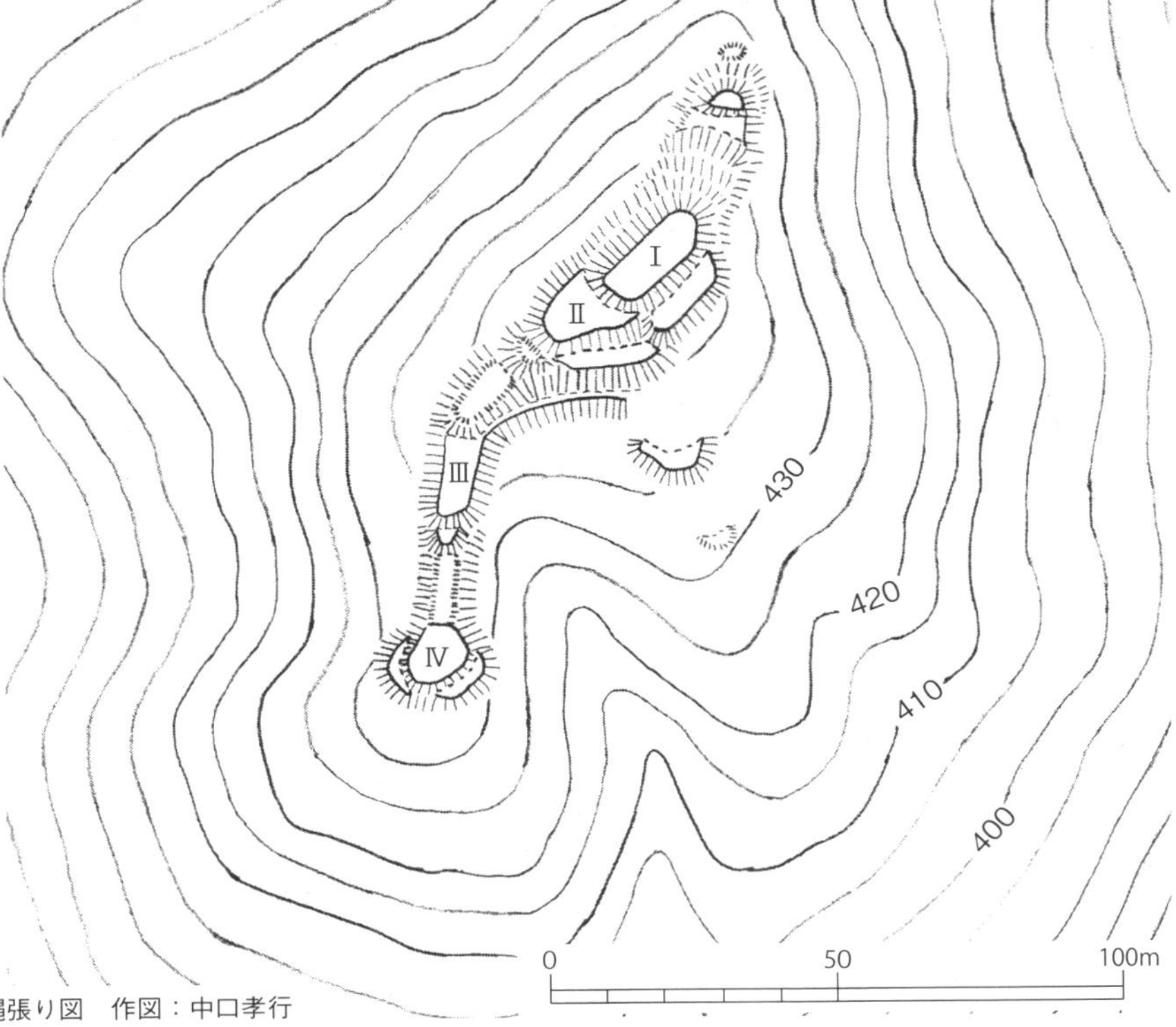

縄張り図　作図：中口孝行

【評価】高野山領内で見受けられる多くの単郭の城とは違い、複数の曲輪配置で構成されている。主郭Ⅰ北側を掘り切るなど鞍部からの侵入を遮断しているものの、両斜面に竪堀がなく、横移動を規制する意識が見受けられない。これは、急斜面であるため必要がないと考えたのであろうか。あるいは、小規模な戦闘を想定した縄張りの城郭ゆえのものであろうか。小規模ながら、比高が高く防御性も高い、在地の有力な者の城と評価できる。

（中口孝行）

Ⅲ郭から主郭Ⅰを望む

165

二川天城《ふたがわてんじょう》

南北朝期に四条隆俊が逃れたとする城

【選地】 有田川と支流の日物川が合流する山上で、河岸段丘の二川集落を見下ろす位置関係にある。近年は二川ダム建設に伴い、国道480号線が有田川の西方を貫いたことで家屋は国道沿いに分散したが、集落の中心部は、神社や寺院が集中している有田川東岸である。古くは、二川から七肘を通り清水に至る山保田古道が通じていた。

城跡遠望

DATA

所在：有田郡有田川町二川（旧清水町二川）
別称：天城・阿瀬川下城・阿瀬川城塞天城
遺構：曲輪、土塁、空堀
規模：120 × 80m
標高等：標高 257m、比高 90m

【歴史】 中世以前から、有田川沿いの有田川町金屋より上流は「石垣荘」と呼ばれていたが、鎌倉時代に上・下の二荘に分割され、上荘が二川を含む「阿氏河荘《あてがわ》」として独立した。江戸時代には、阿氏河荘は「山保田組」と呼称替えになり、石垣組の粟生《あお》が山保田組に加えられた。

山城が築かれた戦国期、「石垣荘」は鳥屋城（『近畿』Ⅱ所収）を本拠とした守護代神保氏が支配していた。これに接する「阿氏河荘」は高野山膝下荘園として成立していたが、鎌倉幕府の有力御家人であった湯浅氏一族の保

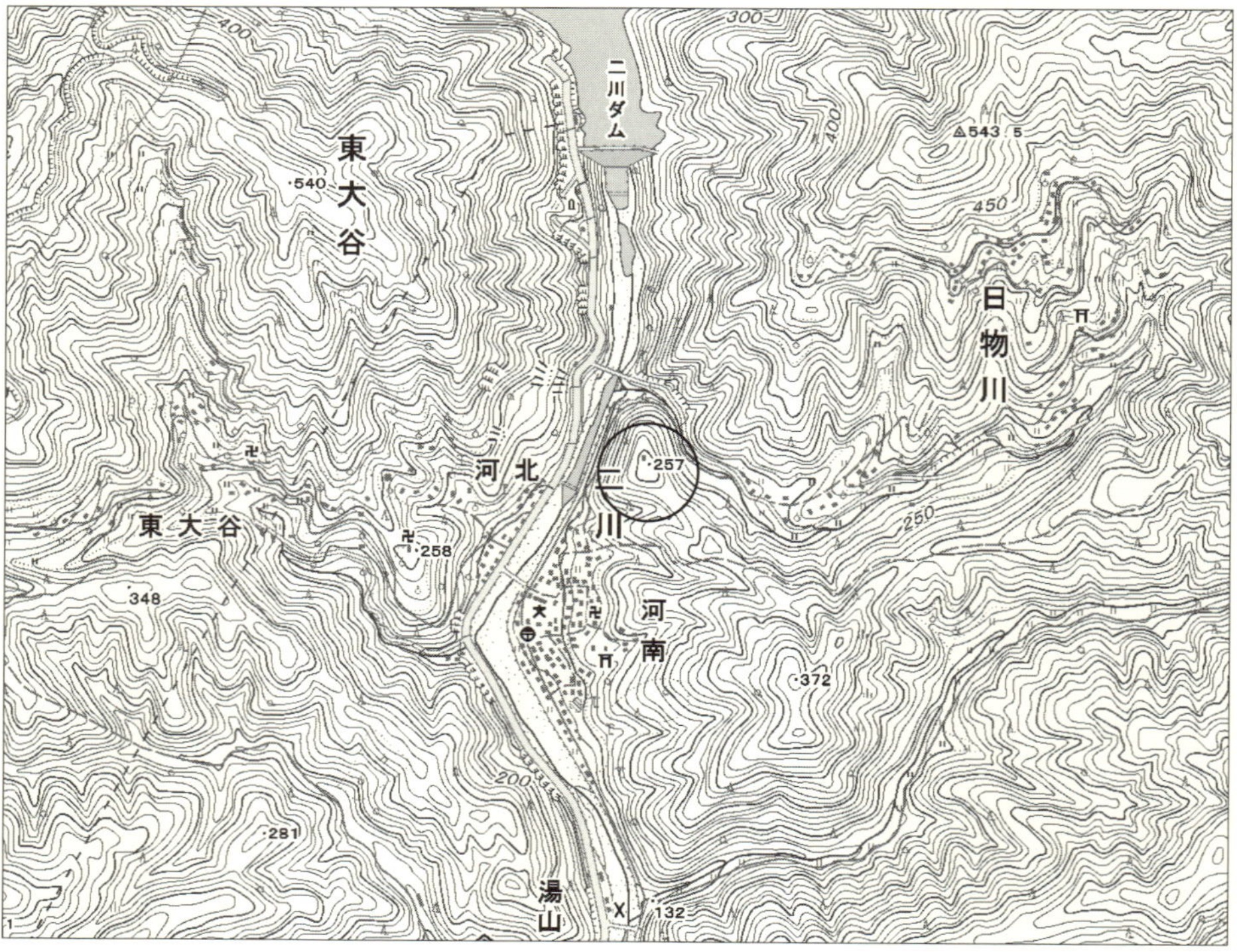

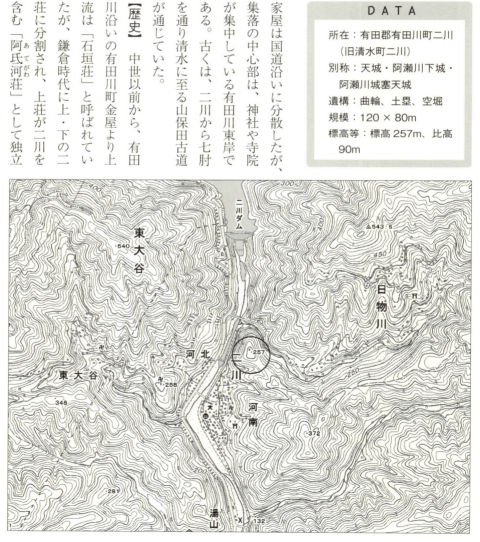

縄張り図　作図：野田 理

田氏が、独自に山城群を築き支配権を行使していた。いわば、当城が築かれている二川は、守護勢力と寺社勢力・在地勢力の交錯地といえる。

二川集落には二川殿居館跡・門口・馬かけ登り道・殿様井戸・番太屋敷・陣屋跡などの伝承地が残されていて、南北朝時代に龍門山の戦いで敗れた四条中納言隆俊が逃れた地とも伝わる。また、領主の二川殿は四条中納言臣下だったとも伝わる。

【遺構】　昭和初期に主郭Ⅰへ大師堂、参道脇へ三十三観音石仏が造立されたことで、破壊を受けている。また、東光寺の伽藍跡ともい

主郭Ⅰ

われており、現在は平坦部が残されているだけである。

Ⅱ郭は、主郭Ⅰに次ぐ規模で、主郭Ⅰを取り巻くように築かれている。尾根が続く西面には土塁Aが築かれ、さらに切岸下には、堀切Bで尾根筋を防御する。南面は、桜の植林のため整地され、遺構の見極めは困難な状態となっている。南面下部には、小規模な横堀Cがある。山麓に「馬かけ登り道」の地名が伝わるので、横堀Cは虎口と評価することも可能である。

Ⅲ郭は、有田川に面した曲輪である。現在、Ⅲ郭には休憩所が建てられ遺構面が破壊されているが、端部に高まりDが確認できる。これは、障壁土塁あるいは櫓台の可能性がある。この高まり下部には、堀切Eが認められる。堀切Eを下ると有田川となるので、当城の北端遺構となる。

Ⅱ郭

堀切B

【評価】当城は、有田川と日物川を縄張りに取り込んだ構造である。保田氏の詰城である紅葉山城（有田川町清水）や西原城（有田川町西原）も、地勢を有効に利用している。

また、縄張りは小規模ながら主要部に堀切・横堀・土塁を築き防御性を高めている。このような縄張りは、高野山勢が築いた周辺の城郭では、あまり類例がない。さらに、石垣荘の鳥屋城（有田川町金屋）と比較しても技巧性が乏しく、虎口も曖昧な構造である。よって、当城の築城主体は在地武士の二川氏である可能性が濃く、縄張り構造から保田氏の影響化にあったと思われる。

（野田　理）

［参考文献］和歌山城郭調査研究会　二〇一一『和歌山城郭研究』10／清水町誌編さん委員会　一九九八『清水町誌』／前嶋高蔵　一九八七『清水の城を考える』清水町文化協会

堀切E

166

阿《あ》尾《お》城《じょう》

海上交通を監視する拠点

城跡遠望　北側の比井より

【選地】　御坊市西方の美浜町三尾と日高町阿尾との境界にある産湯峠の西方約370メートル、標高144メートルの「城山」に位置する。

城跡からの眺望は良く、紀伊水道や城の南・北・西の海域を見渡すことができる。東は尾根筋を通り、平野部にも下ることができる。

【歴史】　築城に関わる文献がなく、判然としない。『紀伊続風土記』には「阿波監物という人阿州より持ちし城なりといひ伝ふ」とあり、『日高郡誌』には「湯川氏の砦」とある。「阿波監物」の詳細は不明だが、地元には四国阿波から来た武士による築城伝承があったことがわかる。

DATA

所在：日高郡日高町阿尾・美浜町三尾
遺構：曲輪、石積み
規模：30 × 120m
標高等：標高 140m、比高 130m

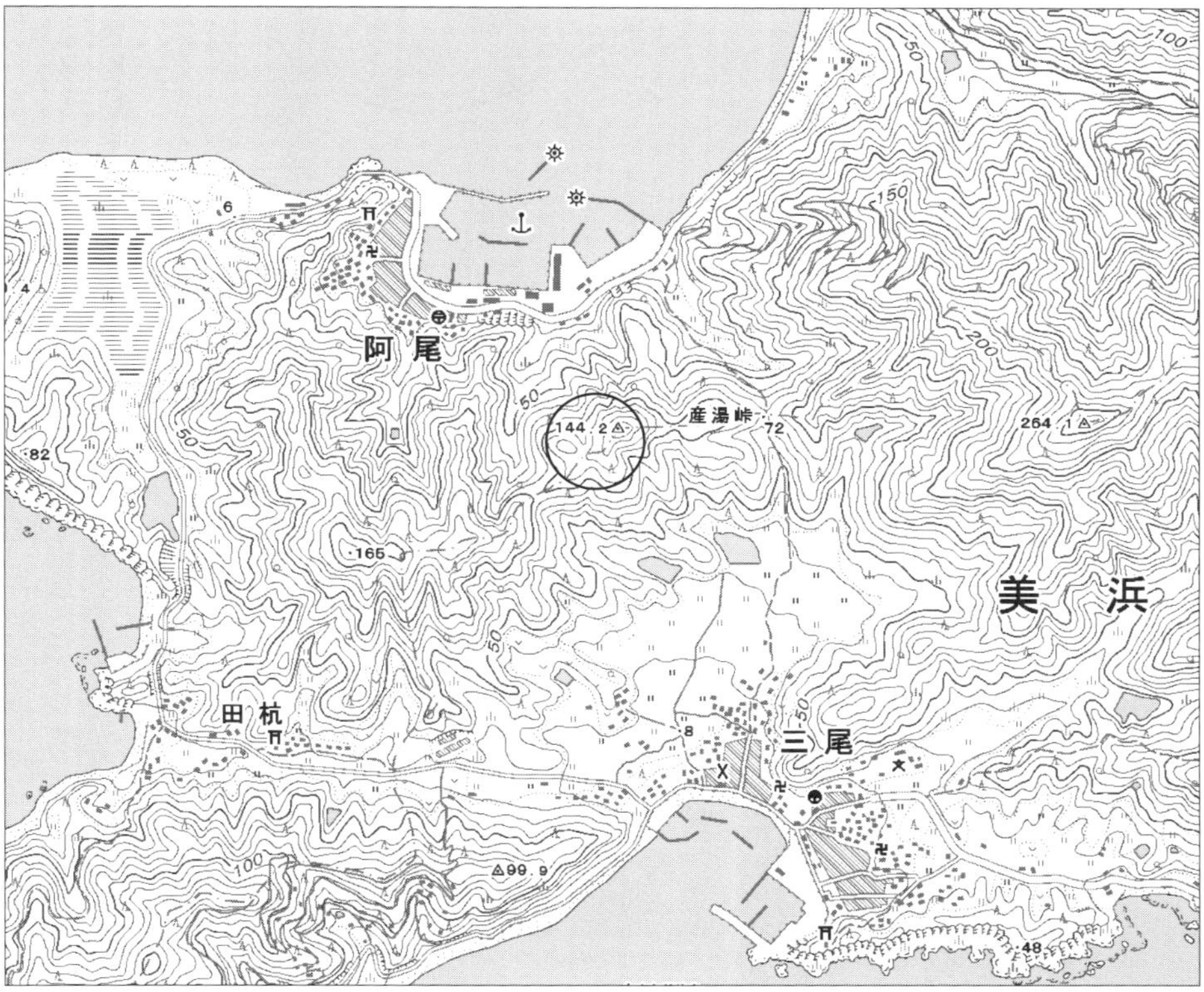

近世後期の軍記物「鞍賀多和長尾記」には、阿波から三好氏の大軍が日高郡に来襲し、崎山氏・湯河氏らと戦った様子が記されている。史実かどうか不明だが、阿波の軍勢が日高地

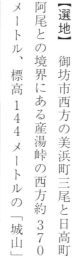

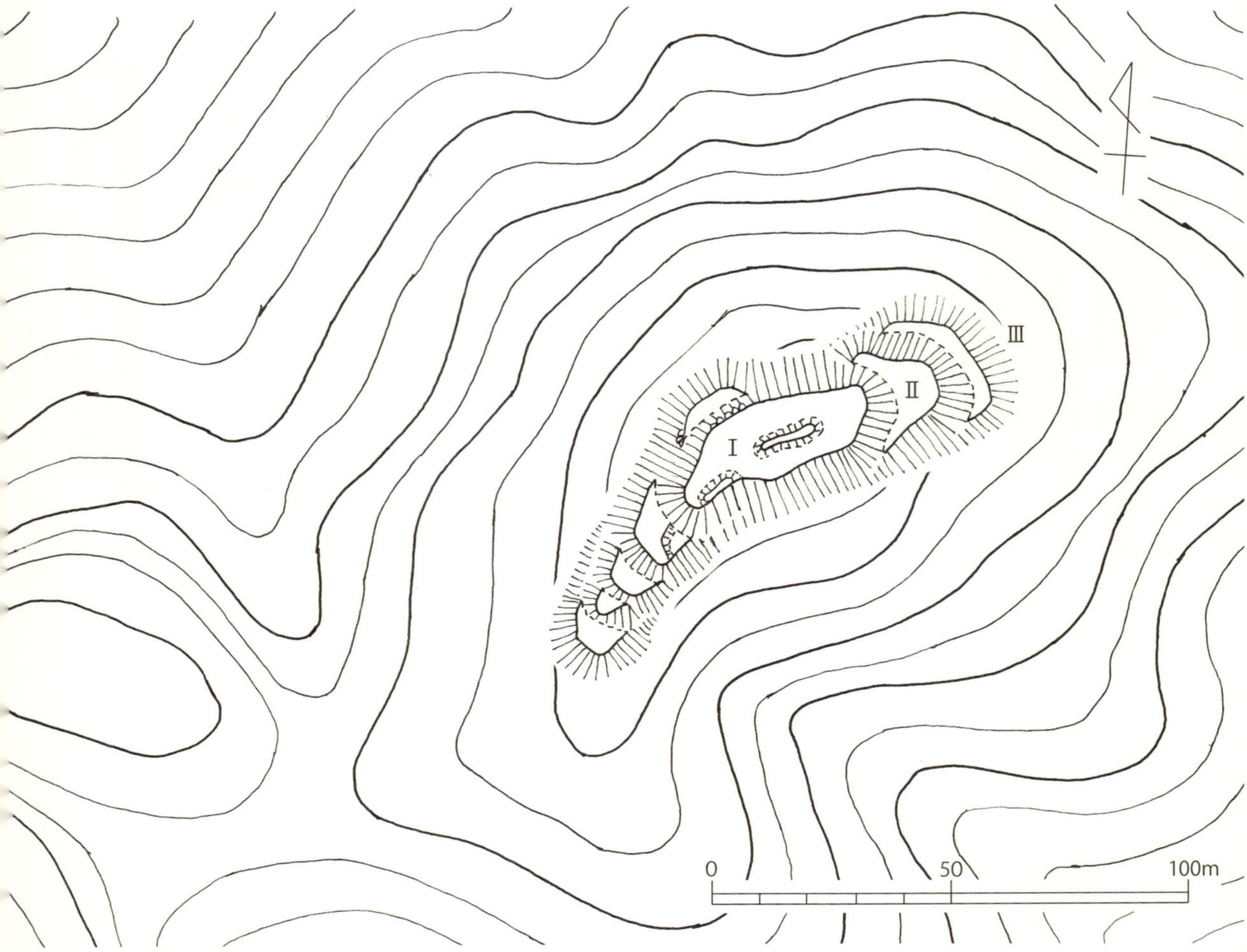

縄張り図　作図：中口孝行

方に来襲した事実を反映している可能性はあるだろう。阿波監物の築城伝承も、外部勢力が来襲して築いた城の可能性を示唆している。いずれにしても、位置から見て海上勢力が築城に関わった可能性は高い。

【遺構】　主郭であるⅠ郭を中心に、九つの曲輪で構成されている。Ⅰ郭は東西４３×南北１８メートルで、北側斜面に石積みが確

Ⅰ郭北の石積み

認できる。石の大きさは小さく、斜面の土留め用であろう。また、曲輪中央部に土塁が認められるが、これは後世の境界土塁と思われる。南北の両斜面は、急峻な切岸のみで防御されていて、東側にⅡ郭とⅢ郭がある。

Ⅱ郭は、東西１０×南北２１メートルの規模で、この城で二番目に大きな曲輪である。Ⅲ郭は、東西２×南北２８メートルで細長く犬走り状になっている。これより先に曲輪はなく、緩やかに下っていくが堀切はない。

Ⅰ郭北側は、石積み下に東西１２×南北３メートルの小さな曲輪で北斜面を防御している。西尾根には小規模なものを含め四段の曲輪があり、切岸も緩やかで高低差も小さい。また、全体的に曲輪の数は多いが、個々の面積は小さい。切岸と階段状に配置し、その曲輪群の段差によって防御しようとする。

【評価】 構造的には竪堀や横堀・堀切といった施設を設けず、遮断は切岸が主体になっている。防御性が低いとは言えないが、城の原初的な形を残すといえる。これが築城主体の動員力が低い結果であるのか、切岸だけで充分であると考えたのかは現状では判断できない。

当城の北と南方面の海域の眺望が良いことと、西方約１５０メートルに江戸期の狼煙場跡が確認できることから、海上交通の監視を主な目的として築城された城郭ではないだろうか。

（中口孝行）

（上）Ⅰ郭北の石積み　（中上）切岸　（中下）近世狼煙　（下）北の比井崎を望む

167

高幡山城《たかはたやまじょう》

近世に狼煙場に利用された境目の城郭

城跡遠望

DATA

所在：日高郡みなべ町滝
遺構：土塁、曲輪
規模：40 × 40m
標高等：標高 413m、比高 340m

【選地】　南部川上流（上南部）の滝と中流域の東本庄の境界に所在する。高幡山トンネルの東南、柿の木隧道の西にあたる。戦国期に南部川の上流部「上南部」は、滝・土井を本拠とする龍神《りゅうじん》氏（土井の鳶之巣《とびのす》城城主）の領域であり、中流域・下流域の平野部は西本庄・東本庄を拠点とする野辺《のべ》氏（平須《へいす》賀《が》城城主）の影響力が強い地域であった。龍神・野辺両氏の勢力の境目に当たるのが、当城のある山塊である。

高幡山は海上からも船舶航行の目印になる高さと、特徴的な三角錐の山容を持つ。近世には、田辺領（和歌山藩家老安藤氏の領地）の狼煙が置かれていた時期もあった。「文化五年辰六月　風土記新御撰附御尋之品書上帳」には、その狼煙場を「上ノ段東西拾壱間程南北拾弐間程　明神社御座候」と記している。ここに記されている上ノ段の規模は、ほぼ当城の主郭と一致する。狼煙も江戸中期以降には使われなくなるが、地元住民にとって高幡山は、城跡というよりも狼煙山の印象のほうが強かったのであろう。

【歴史】　文献、あるいは伝承でも「城跡」とは伝えていない。悉皆的な城郭調査をした際に発見された城跡である。地元では、前述のように近世田辺領「狼煙場跡」という認識が強い。

【遺構】　城跡は、大きく上下三段からなる。上段となる主郭は、東西南北22～24メートルの円形に近い多角形で、周囲に低い（最大で1メートル）土塁がめぐる。西辺に虎口が開口しているが、横矢や桝形などの工夫はない。二段目は主郭をほぼ同心円状に囲んで

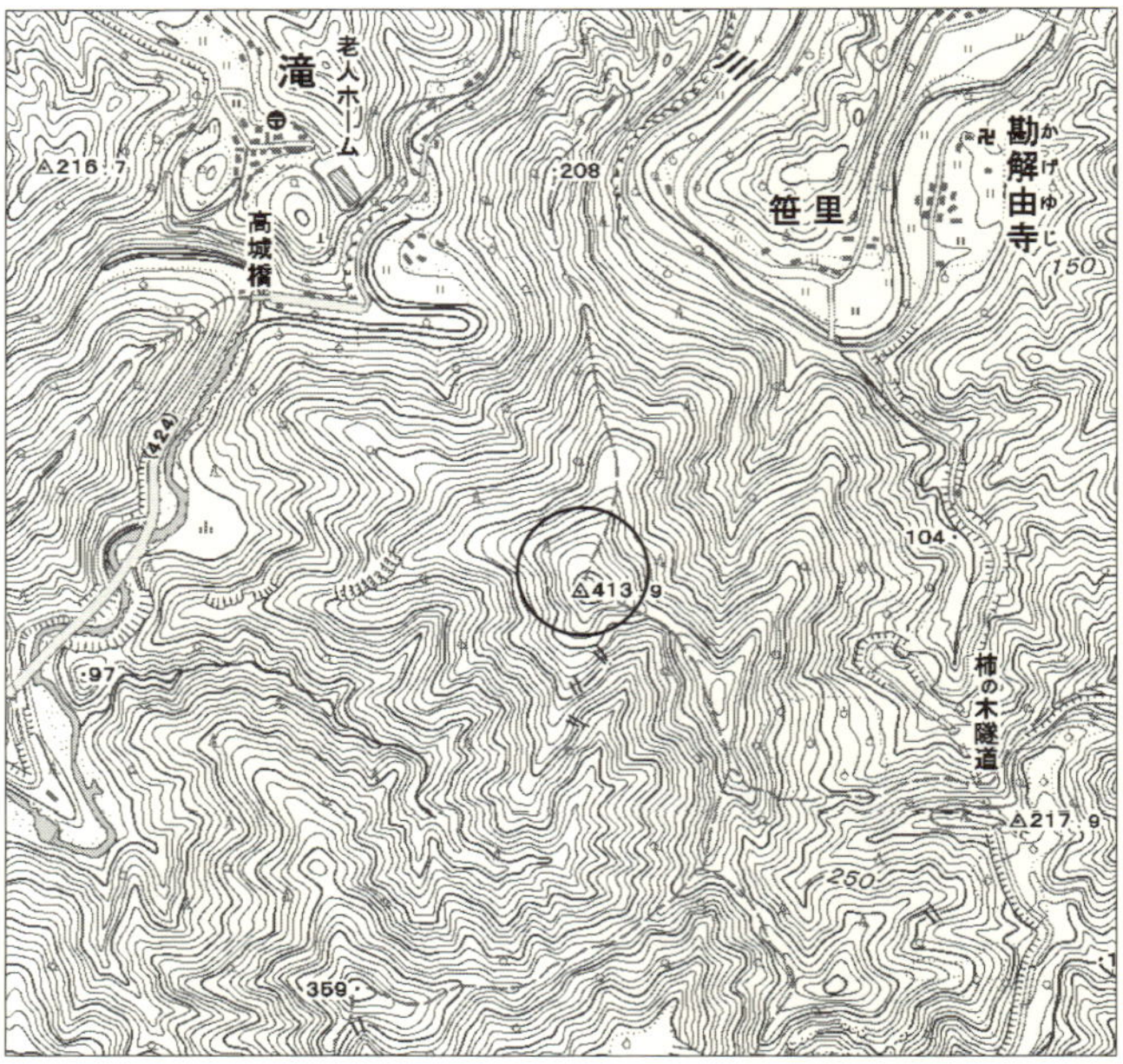

おり、西辺の一部が途切れている。三段目の北側は造成が十分ではなく、自然地形を残している。

ただ、東南の柿の木隧道方面に伸びる尾根の方向だけは、腰曲輪・切岸の造成がしっかりしている。堀切こそないものの、この方面からの侵入には切岸で対応するよう配慮されていることがわかる。

【評価】　立地からみると、上南部と南部平野部の境界にあり、戦国期にこの両地域を別々の勢力が押さえていたとするならば、「境目の城」のような役割であったろう。

標高は上南部の鳶之巣城（標高２４８メートル・龍神氏・『近畿』Ⅰ所収）や、高幡山の南にあたる平須賀城（標高２０７メートル・野辺氏ら・『近畿』Ⅰ所収）と比較すると格段に高く、両城を見下ろすことができる（両城からも高幡山は見える）。

一方、鳶之巣・平須賀両城は、お互いに見通すことはできない。既述のように、鳶之巣城と平須賀城はともに独立した勢力であったようで、互いに相手の動向を目視する必要があったのではなかろうか。筆者は上南部の勢力と平野部の勢力のいずれかが、緊張期に相手の動向を把握するために築いた山城ではなかろうかと考える。当城の最寄りの集落が龍神氏の影響下にある滝であることを考えると、城の主体は龍神氏ではなかろうか。（白石博則）

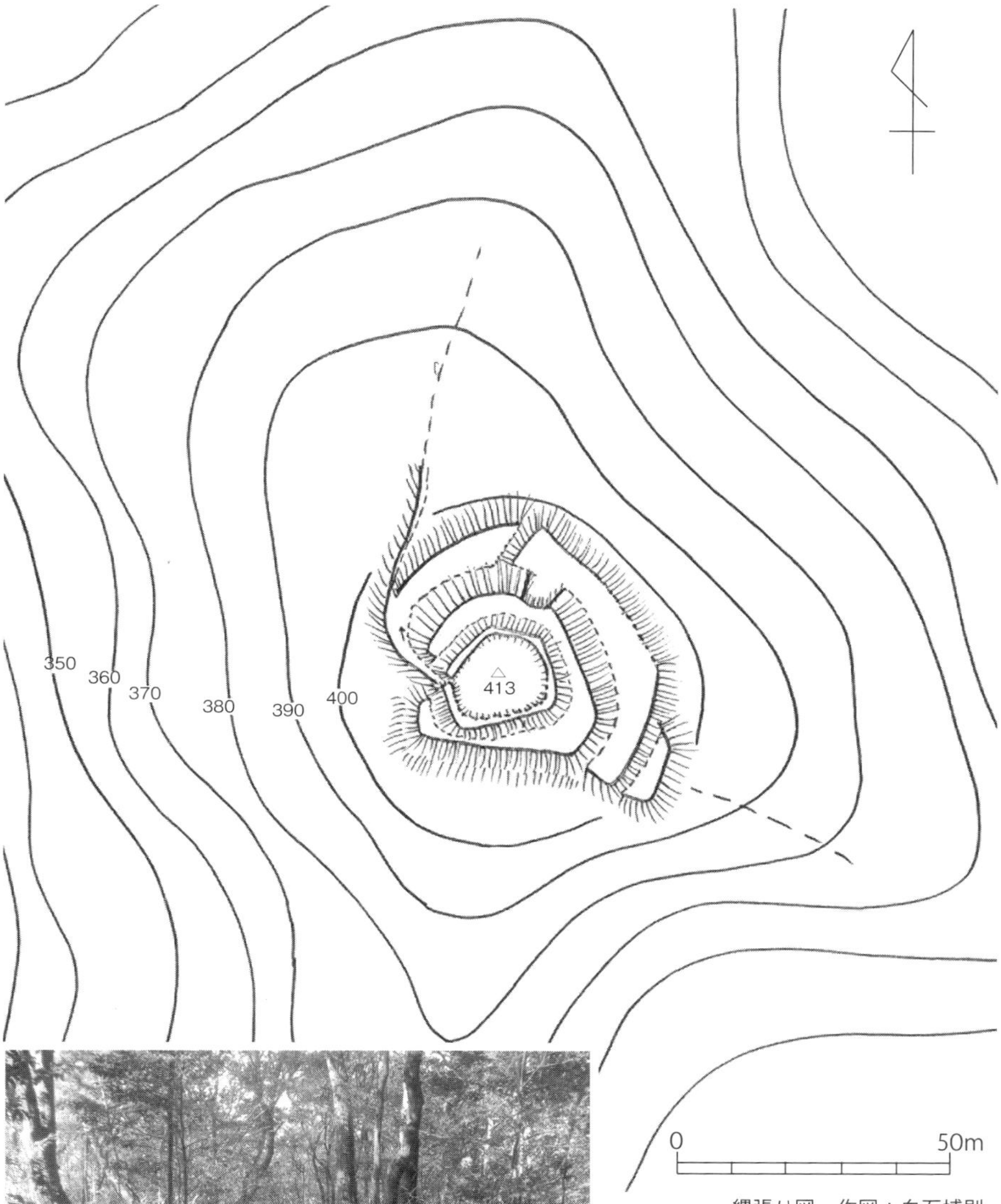

縄張り図　作図：白石博則

主郭土塁

168

安宅大野城《あたぎおおのじょう》

小規模だが中世城郭の見所が凝縮

（上）城跡遠望　（下）堀切

【選地】 日置川《ひきがわ》下流の右岸に位置し、比高約30メートルの小高い丘頂に選地する。現在は、あたかも独立丘の様相を呈するが、これは昭和四十年代に土取り工事で尾根続きが大きく掘削されて、山の高さが半分以下になったためである。往時は半島状丘陵の先端部に位置していた。丘の南麓には、江戸時代に建立された春日神社が鎮座する。

日置川をはさんだすぐ対岸の平地には安宅本城があり、本城を中心に輪形陣を描くように、大野城と安宅八幡山城・安宅勝山城（ともに『近畿Ⅰ所収』）が配置されている。

【歴史】 当城は史料上不明な点が多いが、中世に日置川下流域を支配した熊野水軍の一派である安宅氏の執事、大野氏の居城と伝わる。

【遺構】 全体的に非常に小規模な縄張りであるが、その中に中世城郭の見所が凝縮された城跡である。Ⅰ郭が最高所で主郭である。

東西25×南北38メートルを測り、周囲よりも一段高く築くが、削平はやや甘い。中央は若干高くなり、南面にかなり低い土塁を設ける。この土塁の外周には、低い石積みが施されている。これに背後の北尾根とⅠ郭前方にあるⅡ郭の間に堀切を掘ることで、Ⅰ郭の遮断性を高めている。

西斜面にも帯曲輪を巡らすが、南西隅が一段低く窪んでいる。中に入ってみると塹壕のイメージで、横堀というよりは武者隠しと思われる。ここから弓矢などの投射兵器を用いて、西斜面を防御する意図が見て取れる。

堀切をはさんでⅡ郭がある。東西18×南北13メートルの台形状の曲輪で、南から東にかけて二面に土塁を巡らし、さらにその周囲にも横堀を巡らす。あたかも馬出のような形状を呈するが、ここから城外に出る構

DATA

所在：西牟婁郡白浜町大古《おおふる》
遺構：曲輪、土塁、帯曲輪、横堀、堀切、石積み
規模：75×50m
標高等：標高約42m、比高約30m

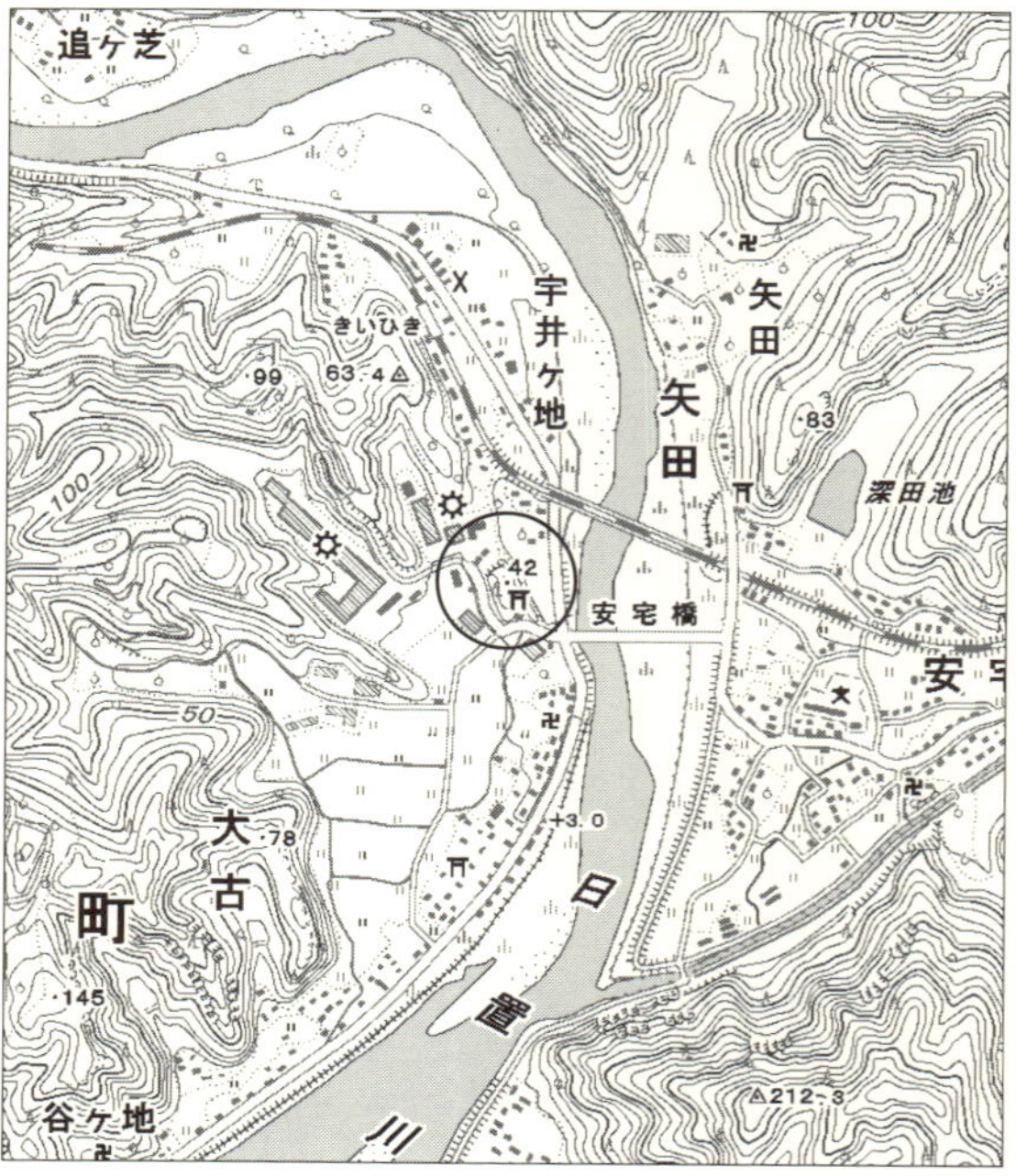

造にはなっていないので、虎口空間ではなくI郭を守る橋頭堡的な空間であったと思われる。

【評価】 ここまで述べた範囲の北側、現在福祉施設が建つ一帯は、前述のとおり土取りによって往時よりも半分以下の高さになっている。筆者が幼少期だった昭和四十年代まで、かつてここに丘頂から東斜面にかけて数段の帯曲輪状地形が続き、一部に石積みらしき物の存在を記憶している。地元の一部では「ハサマ城」と呼ばれ、これも城跡と伝えられていたが、今となっては検証のしようがない。付近も遺構だったとすれば、現状よりも大規模な城域となるが、現存する遺構だけでも完結した縄張りとなっている。

（堀口健弐）

縄張り図　作図：堀口健弐

主郭石積み

堀切

169

古武之森城《こぶのもりじょう》

安宅勝山城攻略のための周参見氏の付城か

【選地】すさみ町境に近い通称「古武之森」に位置し、山頂から北尾根筋にかけて選地する。古武之森山頂は安宅《あたぎ》集落側からは望めず、付近には街道も通っていないことから、日常とは遊離した性格の城郭であろう。

　山肌は露頭や巨礫が散乱し、山の高さと相まって登山には相当の苦労を要する難所である。山頂に立てば、隣町のすさみ町を望むことができる。

腰曲輪の石積み

DATA
所在：西牟婁郡白浜町伊古木《いこぎ》
遺構：曲輪、腰曲輪、竪堀、堀切、石積み
規模：90 × 40m
標高等：標高約 301m、比高約 290m

【歴史】江戸時代の軍記物『安宅一乱記』によると、安宅一族内乱の際に阿波から来援した小笠原右近太夫が守備したとされる。


【遺構】Ｉ郭が最高所で主郭である。東西19×南北25メートルを測る。削平は悪く、しかも曲輪中央部に巨大な岩塊がむき出しになっており、これでは本格的な建物が建てられない。その直下には腰曲輪を設けるが、自然石による石積みが施されている。

　Ⅱ郭はＩ郭の背後に位置し、東西8×南北11メートルを測る。この曲輪も削平がやや甘く、東斜面に竪堀を一条落とす。Ⅱ郭よりさらに下った南尾根上には、この山中にはない河原石のような円礫が集中して散布する。もしかすると、投弾用の飛礫の可能性もある。

　北尾根筋には、四条の連続堀切と二条（不明瞭な物も含めると三条）の畝状空堀群を落とし、堀切と併せると事実上、四条となる。堀切も竪堀も幅は狭く、現状では浅い。

　さらに、城郭本体部から遠く離れた尾根先端部にも堀切を一条掘り、端部は北斜面に向かって竪堀状に落ちている。


【評価】当城の縄張りの特徴は、南尾根は非常に緩い傾斜にも関わらず、防御施設はわずかに竪堀一条しかない。反面、北尾根は急斜

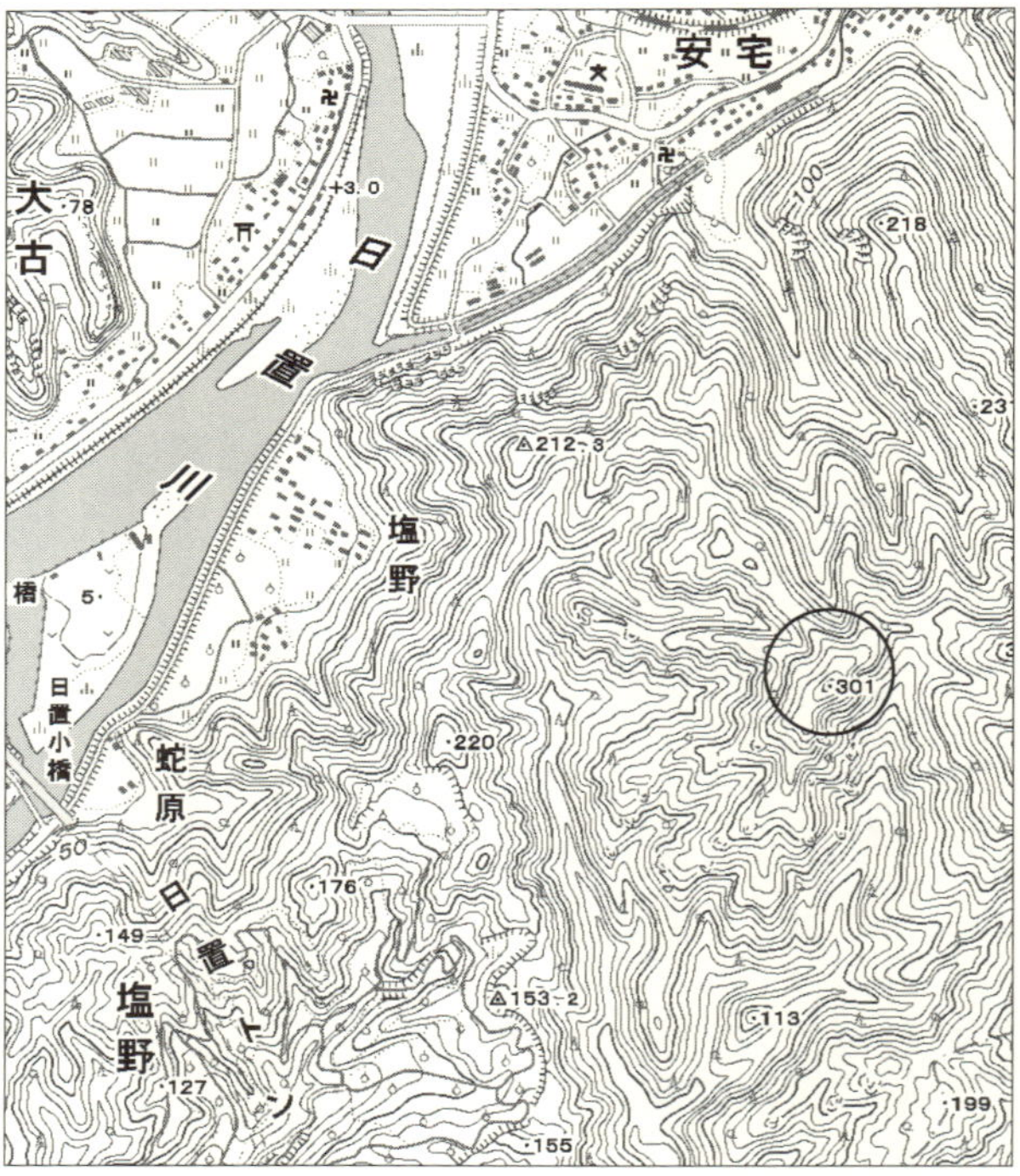

面にも関わらず、多重堀切・畝状空堀群・石積みなどを用いて、北方面に対しての集中防御を施している。
　ところで、当城より北尾根筋の延長線上には、安宅勝山城が選地する（『近畿』Ⅰ所収）。安宅勝山城は、東尾根筋に対して石積みを伴う五重堀切による多重防御となっている。あたかも二つの城郭が多重堀切を築きあって、互いに対峙しているかのようである。しかも、当城は安宅勝山城よりも１００メートルほど高く、眼下に見下ろす位置関係にある。
　この時代、日置川下流域を支配した安宅氏と、周参見《すさみ》川下流域を支配した周参見氏の間で、幾度か争いが起こっているようである。当城は史料上不明ながらも、周参見氏が安宅勝山城攻めのために築いた付城、もしくは安宅氏に睨みをきかせる境目の城などの機能を担っていたのではないだろうか。（堀口健弐）
［参考文献］白石博則　二〇〇五「城郭」『日置川町史』第一巻　日置川町

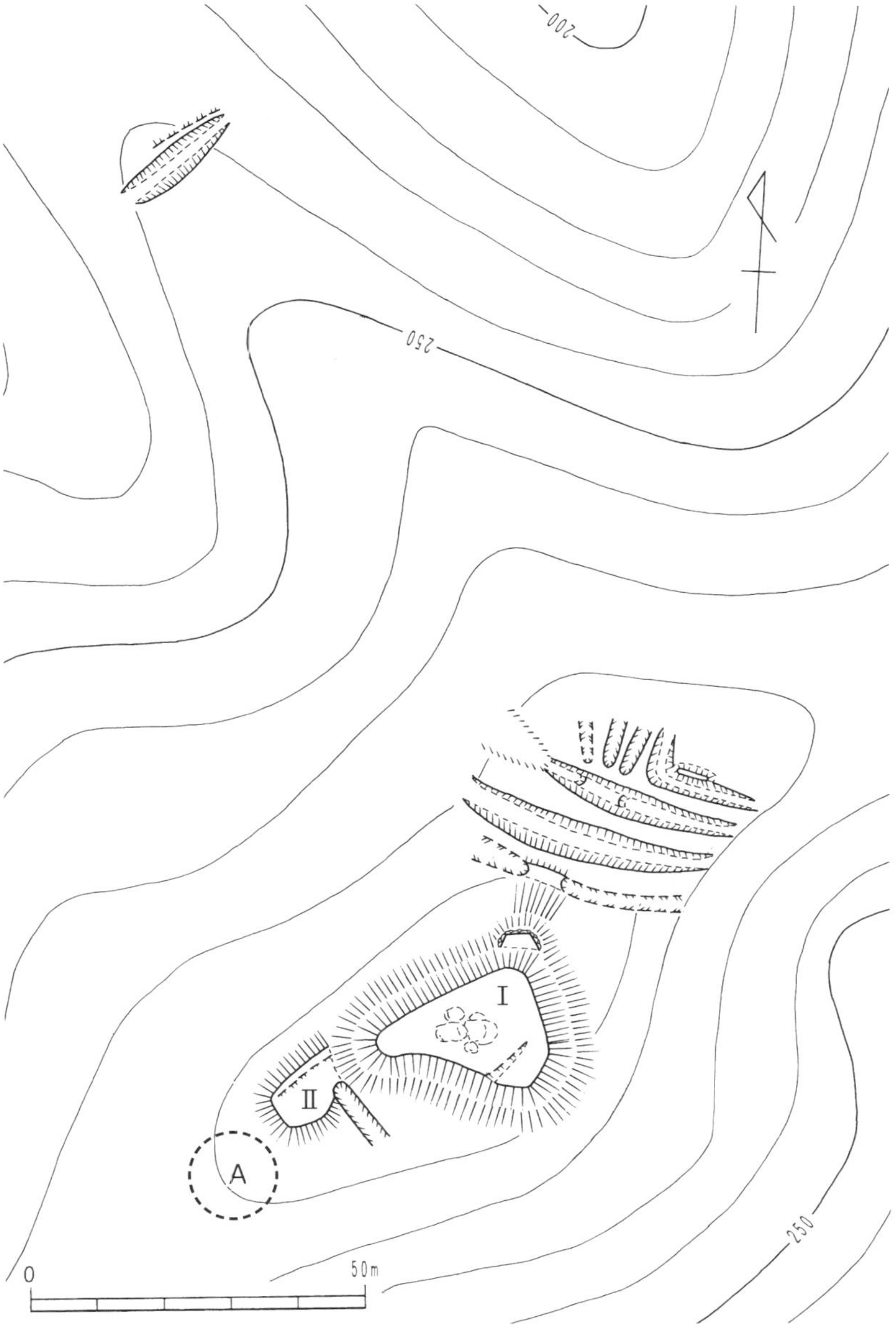

縄張り図　作図：堀口健弐

円礫（飛礫ヵ）

堀切

170 血深城《ちぶかじょう》

熊野街道を押さえる巨岩を利用した要害

【選地】当城は、富田川下流域にあたる平間を西に見下ろす標高約99メートルの山上に築かれた。この山は、標高約288メートルの近塔山《ちかとうやま》より西に派生する尾根筋にあたる。

富田川はこの山の地形に規制され、平間の辺りで西に大きく蛇行する。富田川の左岸を熊野街道（大辺路）が南北に走るが、当城の麓で川の蛇行に合わせて大きくカーブする格好となる。これにより、当城は熊野街道を広く見渡すことができる立地となっている。

平間神社の裏手の山道を東に300メートルほど進むと、当城に至る。山の南北の斜面は急崖で、東の尾根上には切り立った巨岩があり、たいへん登りにくい。

【歴史】近世後期に紀州藩が編さんした地誌『紀伊続風土記』には、「血深山城跡　小名血深の東の山にあり、城主詳ならず、山上三段に分る、上段東西十八間南北十六間、中段東西六間南北十六間、下段東西二十五間南北二十間なり」とある。特定の城主を想定する見解もあるが、現時点では不明といわざるをえない。

【構造】東西約38×南北33メートルのⅠ郭に、幅6～8メートルの規模で帯曲輪Ⅲが取り巻く。Ⅰ郭の東辺から南辺にかけて、最大幅約7メートルの土塁Aがめぐる。土塁Aの東側の開口部が、Ⅱ郭に至る虎口となっている。

Ⅱ郭は、東西約48×南北約38メートルの規模を誇るが、人工的な造成はほとんど認められない。自然の岩盤が各所に露頭し、一部採石の痕跡が見受けられる。

岩盤Bには、人工的に掘り込んだと思われる穴が複数みられる。水島大二氏はこれらを柱穴とみなし、Cの岩と岩の間に対する石落としのための仮塀を想定する。また、Dの岩穴について抜け穴や地下倉庫の可能性を指摘している。

しかし、Bの穴を柱穴とする確証は現時点では得られない。また、C・Dの岩肌は風食を受けており、城のあった時代に人工的に造成されたとは考えにくい。

DATA

所在：西牟婁郡白浜町平間
遺構：曲輪、土塁
規模：113 × 52m
標高等：標高 99m、比高 81m

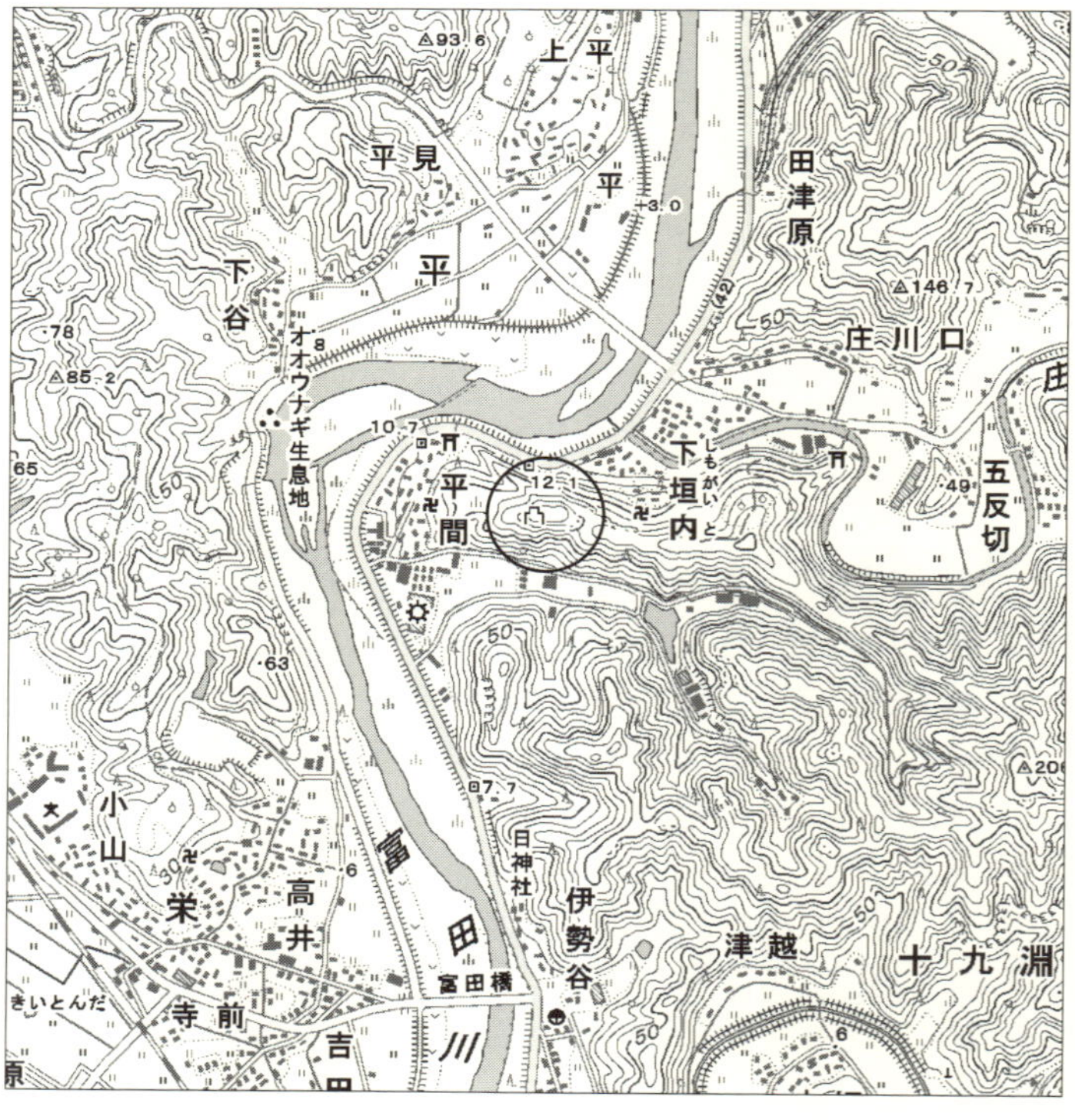

帯曲輪Ⅲの南端に、巨岩に挟まれたＥがあり、一見すると虎口として整備されたかのような印象を受ける。しかし、先のＣ・Ｄと同様にＥの表面にも風食が認められ、人工的に造成されたものではない。一方、Ｆの開口部の斜面下には虎口受けのような空間があり、こちらが本来の虎口であろう。

なお、『紀伊続風土記』にいう上段・中段・下段は、それぞれⅠ・Ⅱ・Ⅲ郭を指すものと考えられる。

【評価】従来、Ⅱ郭の巨岩に注目が集まり、特異な城郭とみなされてきたが、城の中心はむしろⅠ・Ⅲ郭にあり、Ⅱ郭を積極的に利用しようとする意図はうかがえない。Ⅱ郭を駐屯のスペースとみなせば、いわゆる陣城の二重構造として縄張りを把握することができ、熊野街道を眼下に押さえる立地に適った城と評価することが可能である。

（新谷和之）

[参考文献] 白浜町　一九八六『白浜町誌　本編上巻』／水島大二　一九九五「血深城」同監修『定本　和歌山県の城』郷土出版社／水島大二　一九八〇「血深城」『大系』10

縄張り図　作図：新谷和之

（上）城跡遠望　（下）岩盤Ｂの穴

171

周参見中山城《すさみなかやまじょう》

古くからの霊場に築かれた周参見氏の城

【選地】　周参見川の右岸、比高50メートルの東西に細長い独立丘、通称「大日山」の南端ピーク部に選地する。周参見川を挟んだ対岸には、周参見氏の本城である神田城が位置する（『近畿』Ⅱ所収）。

城跡遠望

DATA

所在：西牟婁郡すさみ町太間《たいま》
遺構：曲輪、帯曲輪、堀切、石積み
規模：140×50m
標高等：標高61m、比高50m

大日山の名が示すように、同山中には墓石や石塔類が数多く残されている。その多くは「天保」や「文政」など幕末期の年号であるが、石塔の中には中世末～近世初頭頃と思われるものもあり、当山が古くから信仰の場として存在していたことを物語る。

【歴史】　史料上は不明な点が多いが、中世に周参見川下流域を支配した周参見氏の持ち城で、城主は周参見太郎と伝わる。

【遺構】　Ⅰ郭が最高所で主郭である。東西20×南北65メートルの細長い曲輪で、四周に土塁が巡る。土塁は北端部で幅広となり、櫓台的な機能を有したとも考えられる。上面は掘り窪められているが、穴蔵状施設なのか、それとも後世の土取り痕なのかは判然としない。

この土塁外周の北西隅や西南隅など、ところどころに石積みを施している。土塁北面の内側が〝折れ〟状になっているのは、祠の建立に際して幾分削られたものと思われる。現在の祠は近年の産物だが、手水鉢には「天保八丁酉正月」の銘文が残り、廃城後は地域の信仰の場であったことがわかる。西南隅には平入り虎口を開口させ、ここからⅡ郭へ通じるが、正確なルートはわからない。

Ⅱ郭は、東西15×南北8メートルの斜面を切り込んだ小曲輪で、東面を竪堀で遮断する。他にも帯曲輪状の微地形が周辺に存在する。

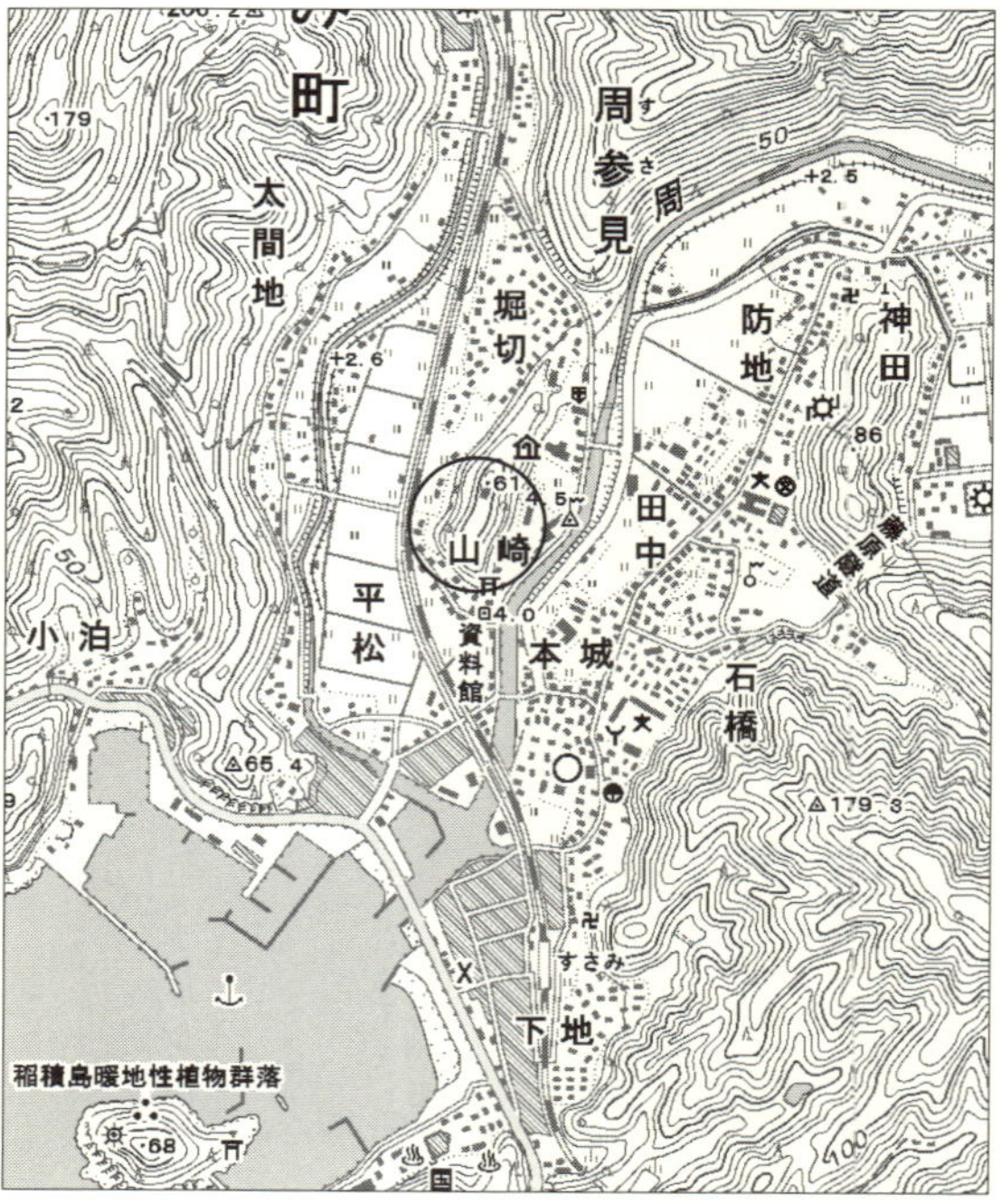

する。帯曲輪状地形より東方は近年の土取り穴によって、遺構と自然地形との差が不明瞭となり判断に迷う。

南尾根筋には、岩盤を浅く掘り込んだ二条の竪堀らしき微地形が見られる。これを積極的に遺構と評価すれば、尾根筋を若干食い違いにして土橋状に掘り残した堀切であったと言えよう。

Ⅰ郭の背後も、帯曲輪とその先端から浅い竪堀を落とし、さらにその先は自然の急峻な谷地形となって、背後とを完全に遮断している。

【評価】 Ⅰ郭の背後の北方は、尾根鞍部から北の小ピークにかけて上水道施設が建設されて、大きく削平されてしまった。したがって、ここまで城域が広がっていたか否かは、今となっては不明である。

（堀口健弐）

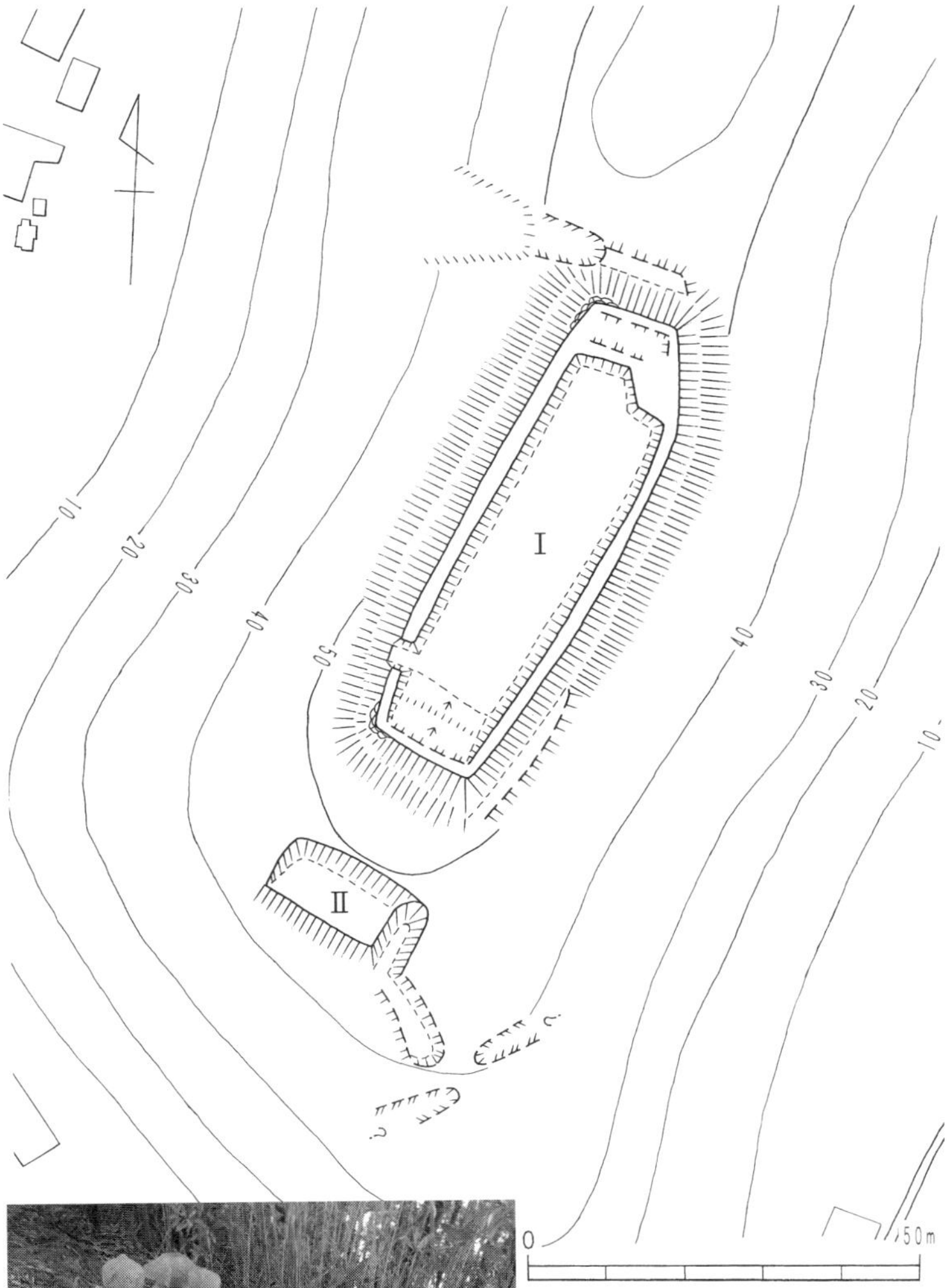

縄張り図　作図：堀口健弐

山中の石造物

堀切

Ⅰ郭

172

市《いち》鹿《か》野《の》城《じょう》

近年発見された山間部に残る陣城

主郭

【選地】　日置川上流左岸の山深い地域に位置し、大きくヘアピンカーブする細長い谷底平地を見下ろす、秋葉山山頂に選地する。眼下には上ノ谷川が流れ、本流の日置川へと注ぐ合流点になっている。

城跡が所在する市鹿野集落は、日置川との間を遮るように秋葉山があり、集落と川筋とは隔絶した位置関係になっている。

【歴史】　当城は文献史料に登場せず、近年ようやく所在が確認された城跡である。そのため城主は不明であるが、地元の伝承では和田兵衛の城と伝わる。

【遺構】　縄張りは単郭で、東西30×南北55メートルを測り、自然地形に沿った歪な形状を呈する。

曲輪内には現在、祠が祀られている。曲輪面の削平はやや甘く、中央付近が一段高くなり、地形のピーク部を削り残した痕跡と思われる。曲輪の北半部には高さ1メートル程度

DATA

所在：西牟婁郡白浜町市鹿野
遺構：曲輪、土塁、帯曲輪、横堀、堀切
規模：70 × 45m
標高等：標高 180m、比高約 70m

の土塁を巡らし、北の尾根筋側の一部には石積みを施している。おそらく、築城前の原地形は山頂部となる北側が高くなっており、築城にあたってはこれを掘り込み、切り土して曲輪を造成したとみられる。

曲輪の周囲には帯曲輪を巡らし、尾根背後と尾根前方には浅いながらも堀切を設けている。また東側の一部で、若干横堀状を呈する箇所がある。その中央部は障壁状となるが、帯曲輪内の横移動を制限する機能が想定できる。なお、北側の尾根後方は緩い下り坂となるが、とくに防御施設は見られない。

曲輪へ通じるルートは二ヵ所ある。南側のAは切岸を直接上がるが、現在の祠への参道となっているため本来の城道かどうかの確証はない。一方、西側の開口部Bは土塁を貫通しているが、見た目の印象では破壊道のようにも見える。このため、本来の虎口が判然としない。

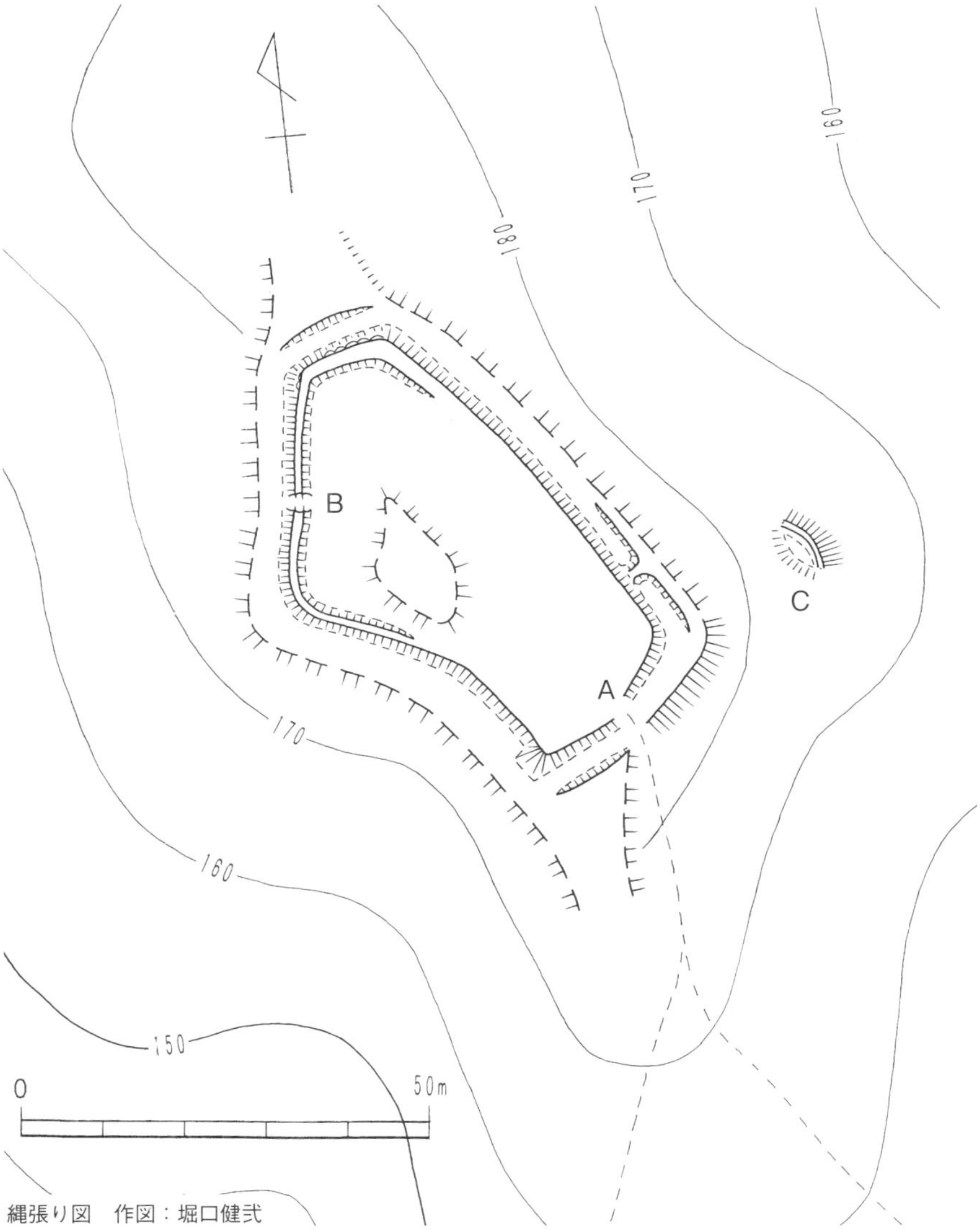

縄張り図　作図：堀口健弐

主郭

なお、主郭から東へ少し下った支尾根にも、半円形を呈する人一人が入れるほどの窪みがある（C）。これも城郭遺構と積極的に評価するならば、東斜面を攻め登ってくる敵を攻撃するための武者隠し（タコ壺陣地）の可能性がある。

【評価】当城は前述のとおり、周囲の土塁や帯曲輪をしっかりと造成しているのに対して、曲輪内の削平は甘く、在地領主の支配拠点の城とは考えにくい。

一方、これとよく似た縄張りの城は、峠を越えた隣町に位置する国陣山城（同郡上富田町岩田・『近畿』Ⅲ所収）や、仮称・西原城（田辺市長野）でも見られる。いずれも単郭で曲輪の削平が甘く、周囲の土塁や帯曲輪・横堀を巡らせることから、陣城であろうと考えられている。

当城については年代を推定する手立てに乏しいが、一時的な戦闘のための陣城として築かれた可能性が高いのではないだろうか。

（堀口健弐）

［参考文献］増山政明　二〇一六「市鹿野城跡」『和歌山城郭研究』第一五号　和歌山城郭調査研究会

土塁と石積み

堀切

帯曲輪

173 太地城《たいじじょう》

太地湾を見下ろす太地氏の詰めの城

城跡遠望

DATA

所在：東牟婁郡太地町太地
別称：泰地城
遺構：曲輪、土塁、竪堀
規模：110×75m
標高等：標高50m、比高45m

【選地】　太田川河口部の東方、熊野灘に突出したリアス式の半島が二股に分かれ、その間に太地湾が入り込む。良港を形成し、湾に面して太地集落が広がっている。太地集落は、半島北の付け根に位置する森浦集落に比べると規模が大きく、半島の主要地区となる。

　当城は、太地漁港からわずか200メートルにまで迫った、この集落を見下ろす丘陵先端に位置する。東明寺の裏山にあたり、丘陵は尾根と谷が複雑に入り組み、西方の河口部に広がる下里集落まで続く。下里側の丘陵端には下里城（那智勝浦町、『近畿Ⅲ』所収）が位置し、丘陵塊の両端はこの二城に抑えられた形になる。

　城跡へは、国道42号線から太地市街地へ入る。太地駅からは町営循環バス、漁協前で下車する。東明寺から谷を登るか、南麓を西へ進んで保育園奥から尾根筋を東へ進む。保育園から約一五分。曲輪内は樹木が茂るが、大きな支障はない。

【歴史】　応永二十五年（一四一八）頃、隠岐二郎頼定がこの地の地頭職を得、地元で城山といわれる地に頼子《よろこ》城（太地町森浦）を築くとともに、姓を泰地に改めたという。しかし、頼子城は防御に適した地ではないため、新たに太地城を築いて移ったのだという。

　『紀伊続風土記』には、「村の坤の山上なり平地南北二町東西二十一間又屋敷跡あり方二十間余伝へいふ日高郡の湯川氏三前郷古座浦の高川原氏新宮を攻むる時和田蔵人太地隠岐守等此地に城を築き防戦せし地といふ」という記載がある。

【遺構】東方に延びた丘陵から、やや南に派生した尾根の中ほどに主郭Iを設け、東西両側を竪堀で遮断する。尾根の先端部は大きく改変され、旧状を捉えることは難しいものの、何らかの曲輪を設けていたことは想像できる。基本的な構造は、細長い尾根筋を掘り切って、その間を曲輪にしたものである。

主郭Iは25×30メートルの不整形で、西隅に土塁（上幅2×高さ1・5メートル）が残る。内部は不明瞭ながら段で三つに区画しているようにみえ、東端にも土塁の痕跡が残る。西側が高く東に行くほど低くなるが、段差はわずかで曲輪の南縁ではひと続きとなる。

虎口は東西に開く。西虎口は明瞭で、土塁と切岸に挟まれる。外へ出るとすぐ両側に竪堀Aが落ちる。北へ落ちる竪堀は谷を利用して設けられ、南に比べると緩斜面で、曲輪に沿って緩やかにカーブしていく。

縄張り図　作図：伊藤徳也

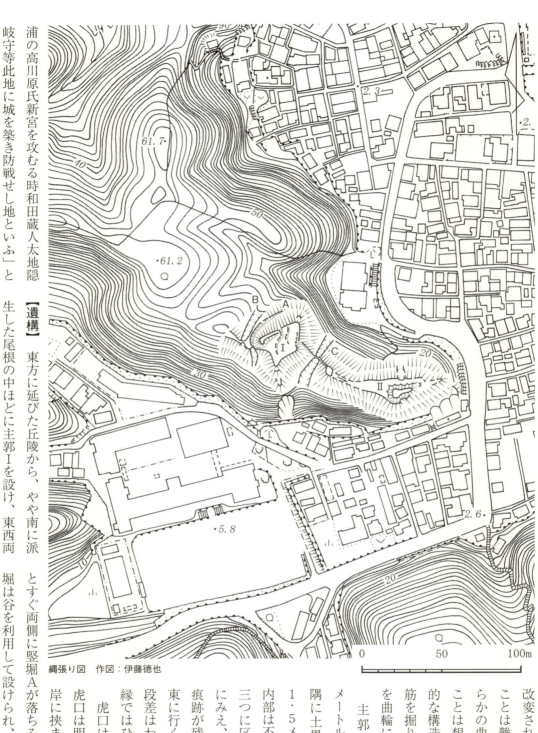

この土橋を抜けると、両側に竪堀Bが落ちる。南のものは現状ではごく短いが、北のものは竪堀Aに沿いながらも、ほぼまっすぐに落ちていく。そのため両竪堀間は土塁状となるが、下方は幅広となっていく。この土橋西のピーク上は自然のままで、その先の大きく谷が入り込んだ鞍部にも竪堀はない。

一方、東の虎口は開口部といった程度だが、細い通路が東端の区画へ続く。虎口を下ると、やはり両側に竪堀Cが落ちるが、この竪堀は大規模である。

竪堀間を通過すると見張り台のような高台があり、ここから尾根筋を東へ下った平坦部がⅡ郭である。中央付近が一段高く、別の曲輪といえるのかもしれないが、改変が大きい。

【評価】当城北麓の東明寺は太地（泰地）氏の居館跡との伝承があり、当城とともに地域支配の拠点になっていたという。しかし、当城はその規模から本城となりうるものではなく、頼子城が本拠で当城はその支城であったともいわれる。

頼子城については、堀切かと思われる地形が残っていたというが、詳細は不明である。そのため即断はできないが、東明寺を居館、当城を詰めの城とするならば、集落はもとより太平洋までを臨む好立地である。大規模、技巧的なものではないが、地域支配の拠点としては十分に機能するのではないかと考える。

（伊藤徳也）

［参考文献］太地町　一九七九『太地町史』／『大系』10／前千雄　一九七三『奥熊野の城跡』

竪堀Ａ北より

竪堀Ｂ北より

土塁

174 小匠城《こだくみじょう》

麓から見上げる城山、彼方に霞む

西の尾根より

【選地】　当城が位置する通称「城山」は、西から南を小匠川に、東を太田川に囲まれている。さらに、北麓には太田川に合流する中野川が流れ、北西尾根続き以外は川に囲まれた立地である。河川沿いには県道234号線（長井古座線）が並走し、山頂からはこれらが一望できる。

城跡へは、那智勝浦新宮道路の市屋出口から太田川に沿って小匠集落まで進む。紀伊勝浦駅前または那智駅からは町営バス太田線小匠行き、終点下車。齢巌寺《れいがんじ》奥から登る場合、砂防ダム上を東から西へ渡り、これに続く山道を進んで尾根上に出る。あとは尾根道を辿ればよいが、ところどころで道が不明瞭になる。谷側の道へは入らず、常に稜線を進むほうがよい。小ピークと鞍部との比高差は大きく、斜面にはシダが密生している。谷が深いため、ルートを誤るとかなり苦労する。

齢巌寺から約八〇分。物見台上はシダ深く地表面がみえないが、曲輪内は比較的、見学しやすい。

DATA

所在：東牟婁郡那智勝浦町小匠
別称：城山
遺構：曲輪、物見台
規模：15 × 25m
標高等：標高 281m、比高 240m

【歴史】『那智勝浦町史』「小匠村」の項に「要害《よが》の森《もり》」の説明がある。それによると、「要害の森は大字高遠井の北側に現在の長井、高遠井、中の川、築紫（南大居）の里を抱き囲むように聳えている。その頂上は平らかな屋敷相をして城跡のようであり、古老の話によると、昔は時折瀬戸物なども出たらしい。そこに通ずる裏道に「状者尾」「荷老尾」（いずれも中の川）と呼ばれる山道があり、城に通ずる有事の秘密連絡路の跡と伝えられている。太田川の瀬に「矢の瀬」「鐙瀬」等と名のつく川瀬もあり、川をへだてて「殿田殿」の古

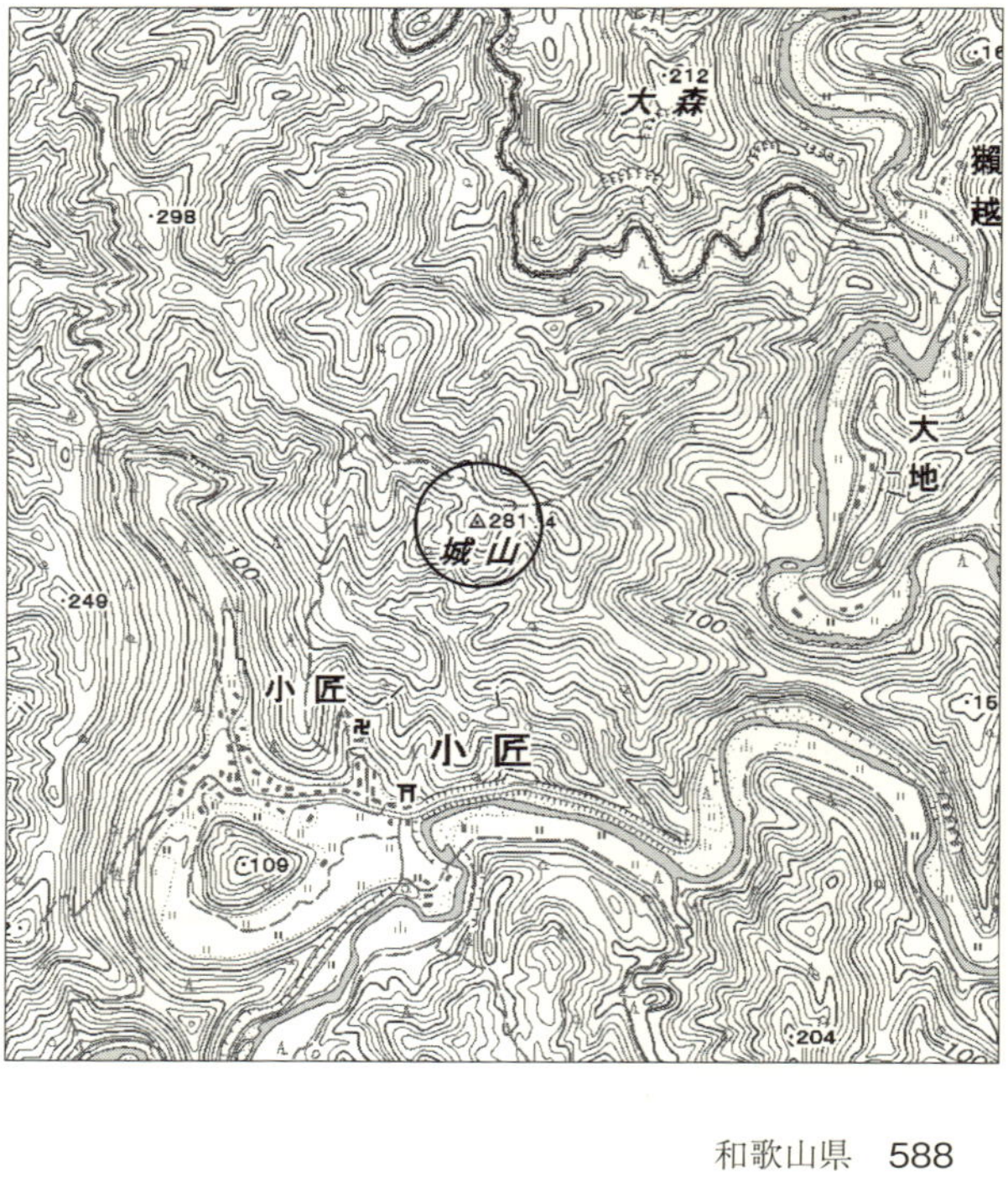

い墓が祀られている。これらのことから、要害の森は「地勢険難にして敵には害となり、味方にはかなめとなる所」に当る地点で、古城の跡とも考えられる」とあり、要害の森が当城のことを指しているようである。

しかし、古文書、地誌等に具体的な記載はなく、歴史や城主等は明らかにできない。

【遺構】 城域として確認できる範囲は、狭小の頂部だけである。現在、谷からの登攀は困難で、南麓から西方の尾根を伝って大回りしていくしかない。しかも、尾根続きにも高低差のある多くの鞍部が入り込み、平坦ではない。両側斜面の傾斜もきつい。特に北と南の鞍部とは30メートルもの落差で隔絶され、西方の尾根から見ると独立峰のようにみえる。

曲輪は14×18メートルの規模で、中央西寄りが一段高い。高さ1～1・5メートルの見張台状になるが、他に土塁や堀はない。北の一段下には、小段があるようにもみえる。

【評価】 太田川流域では、中下流域にいくつかの城があるが、山中の上流域に入ると当城以外には確認できない。その立地と形態は、地形により規制されている側面が多分にあるとはいうものの、中下流域のものとはまったく異なる。

城と判断してよいものか多少の疑問が残るが、そこには当城がもつ役割を反映したものがあるのだろう。（伊藤徳也）

［参考文献］那智勝浦町　一九八〇『那智勝浦町史』

縄張り図　作図：伊藤徳也

（上）曲輪内　（下）北の腰曲輪

おわりに

『図解近畿の城郭』Ⅲの「おわりに」では、私は山城に登る際に近くの民家、あるいは農作業中等の地元の方に一声掛けるようにしていると述べた。そのことに関連して、最近の山城歩きでの出来事を書いてみよう。

私は、十数年ぶりに某県の某城を訪れた。久しぶりの探訪で、城跡への上り口がわからなかったため、近くの農作業をしているご夫婦に声を掛けた。するとご亭主は、「城跡ではイノシシが増えているので、猟師の人がワナを仕掛けている。ワナは普通の人が見てもわからないように、巧妙に仕掛けてある。うっかり踏んでしまったら、大怪我をするから行ってはダメだ」と言われる。そこで私は、「そんなワナは法令で禁止されているはずです。仮にワナが仕掛けられているとしても、自己責任で行くのであれば構わないでしょう?」と返すと、ご亭主はすかさず、「そんなことをすれば猟師に迷惑がかかるから、やめてくれ」と言う。私もしつこく「それでも行きたいのです」と言えば、ご夫婦で顔を見合わせた後、こう言われた。「私が聞いている範囲では、あの山の杉が植林されているあたりならば、ワナが仕掛けられていないはず。ただし、その先は巧妙にワナを仕掛けてあると思う。どうしても行くというのなら、杉が植林されている場所だけにしてもらえないか」と。

あれこれ問いただすのも野暮だと思い、礼を述べたうえで植林された付近の遺構だけを見て回った。それでもどこかにワナが仕掛けてあるのではないかと思うと、かなり怖かった。だが、何も知らずに山に立ち入っていたらどうなっていただろう。地元の方に声を掛けていなかったら、この身を惨事が襲ったかもしれない。

ところで、私は六年ほど前、岡山県にある某城の付城群を仲間と共に踏査したことがある。付城が設けられた細尾根を下っているとき、突然、前方にこんもりと盛られた糠が目に入った。なぜこんな場所に?　と思うとともに、何かしら危険を感じた。近くに落ちていた木切れを手に取り、糠の周りを何気なく叩いてみた。するとどうだろう。バチャン、という大きな音と共に、周囲の土が舞い上がった。次の瞬間、目の前でブラブラとワイヤーに吊られたトラバサミが怪しく揺れていた。運悪く踏んづけていたら、足を骨折するか、切断するはめになっただろう。狩猟用にトラバサミを用いることは法令で禁じられているが、闇で使用される場合もあるわけだ。

もっとも、近年の獣害被害の深刻さがこうしたワナを横行させる背景にある。近畿地方でも獣害を防ぐため、山裾に獣除けのフェンスを延々と張り巡らしている場所が多くなった。フェンスを無理によじ登ることは、絶対してはならない。危険であるうえ、フェンス自体を損傷させてしまうからである。

大抵はどこかにゲートがあるのだが、その場所は地元の人だけが知っている。地元の方に声を掛けて、登り口を尋ねれば、ゲートの所在を教えてもらえるはずだ。もちろん、地元の人に「私有地だから上るな」「そんな場所は教えられない」と言われてしまったら、登るのは潔く諦めよう。また、ゲートを出入りしたら、元通り施錠を確実に。うっかり施錠を忘れてしまったため、獣が集落に現れて被害をもたらしたといった話も聞く。決して一人の不注意・怠慢で、地元の方に迷惑をかけてはならない。そんなことが続けば、よそ者が城跡に出入りすることを禁じられてしまうかもしれない。

＊　＊　＊

閑話休題。本書では、城郭と伝承されながら城郭遺構を残さない事例（兵庫県・苔縄城）、戦争遺跡を複合的に残すと思われる事例（京都府・高蓮寺城）等も取り上げている。前者は、「城郭伝承地」と呼ぶ場合がある。後者は、横堀・土塁・曲輪状を呈しながら、城郭遺構ではないモノ全般を指して「城郭類似遺構」と呼ぶ。縄張りをどのように読み込み、理解するかが、城郭類似遺構の排除・峻別につながっていく。とはいえ、いつも排除・峻別ができるわけではない。グレーゾーンとなる遺構も決して少なくない。そんなときは、縄張り図上に「?」をつけ評価を保留する。ちなみに、縄張り図上に「?」をつけるのは、作成者がすでに城郭遺構ではないと認識している場合を含んでいる。

ところで、城跡であると伝えられ、あるいは評価されていながらも、全体が城郭遺構とは考えにくい事例、つまり全体が城郭類似遺構で占められているケースも想定される。福知山市の牧城は、『塩見系図』によれば城主を牧利明とする。遺構は中央部の堀で区画された二区画の周囲を、ぐるりと帯曲輪が囲い込んでいる。囲い込まれる内側は切岸といえるほど急ではなく、曲輪といえるほど平坦ではない。一方、帯曲輪はやや傾斜を持つものの、幅はほぼ均一であるうえ、きれいに一貫して一周する。

これに類似した遺構を、愛知県の山間部で目にしたことがある。神社本殿の周囲を帯曲輪状にぐるりと均しているのだが、それは祭礼時に馬を走らせた馬場であるとの話を聞いた。牧城跡でも頂部に神社が祀られている。中央の堀は、帯曲輪状の部分とつながっている。これは、社殿前から馬を下ろすための通路だったのではないか。

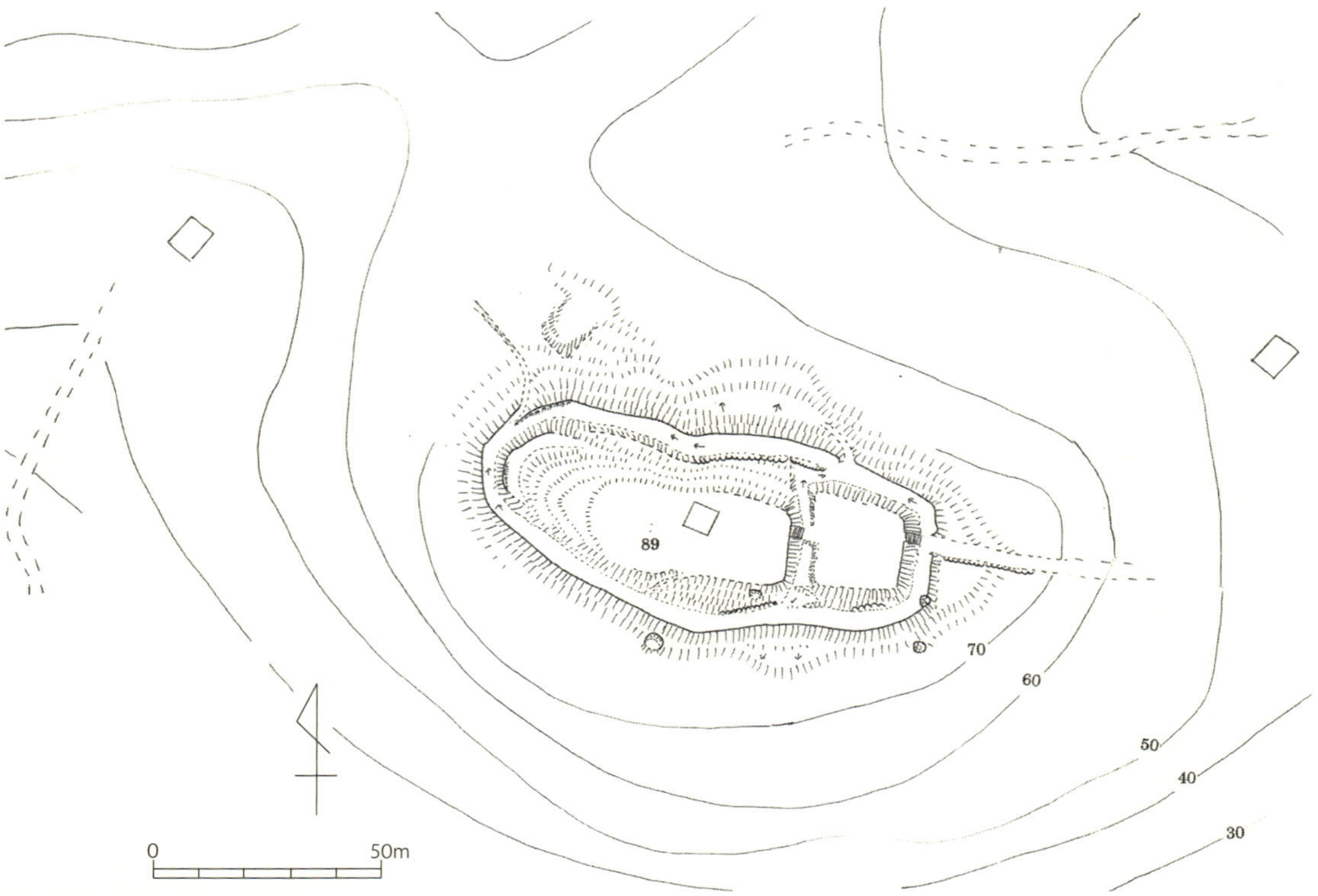

牧城　縄張り図　作図：高田 徹

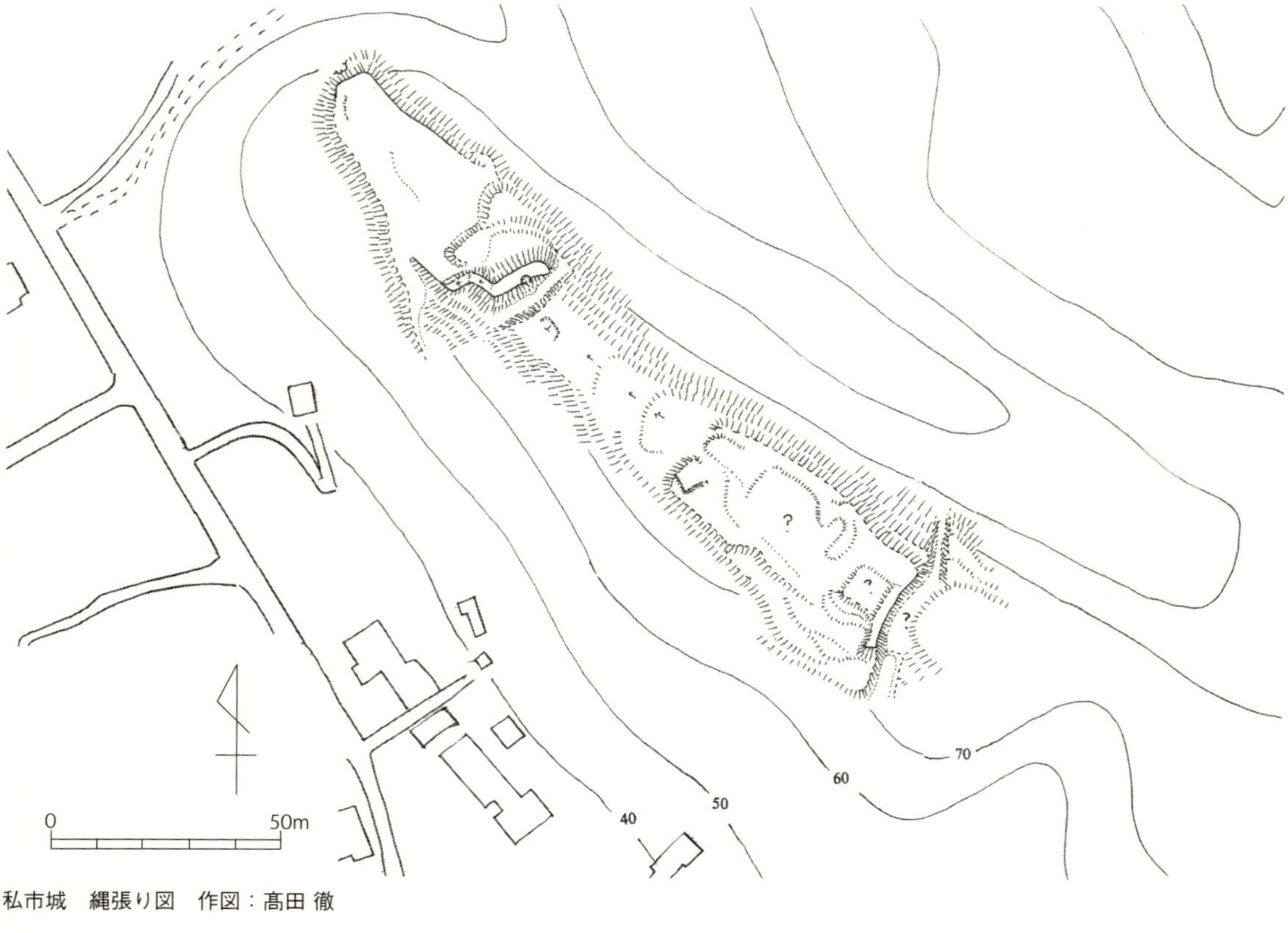

私市城　縄張り図　作図：高田 徹

総合すると、現在残るのは城郭遺構ではなく、城郭類似遺構ではないかと思われるふしがある。

同じく、綾部市の私市城は記録や伝承もないが、『京都府中世城館跡調査報告書』第2冊では城跡として取り上げられている。同書は、南側の一角は城郭遺構として疑わしいとしつつも、北側の一角は居館ではないかと評価する。もっとも、北側の一角も、城郭遺構であるかは疑問である。土塁は低く、堀は浅いうえ、平坦面との連動性が弱い。感覚的で恐縮ながら、城跡らしさ、城郭遺構らしさが感じられない。付近は墓地、墓地跡とみられる痕跡が認められる。堀や土塁は、墓域を囲むものではなかったか。もとより確証はないが、堀・土塁を備えるから必ずしも城跡であるとは言い切れない。いずれにせよ山中には、さまざまな過去の人間の営みの痕跡が残っていることを認識しておく必要がある。

＊　＊　＊

聞くところでは、本書を手にして近畿地方の城郭を訪ね歩いている人もいらっしゃるらしく、嬉しい限りである。残念ながら、私はそのような方に巡り合ったことはないのだが、年齢・性別を問わず、城跡を歩く人はたしかに増えているようだ。最近では、城跡を訪ねることを「攻城」「攻略」等と表現するのがはやっているようだ。個々人の楽しみ方を批判する気は毛頭ないが、私自身はこうした表現が好きではない。たしかに城は攻めるべき対象ではあったが、過去の人々の英知を集め、工夫を凝らした結晶である。初めて訪れる城跡では、大抵良い意味で予想を裏切られる。予想に反して明瞭な遺構が認められなかったり、逆に過剰なほどの防御遺構が見られたり、はたまた私の頭では理解不能な遺構に行きあたることは決して珍しくない。過去に訪れたことのある城跡でも、再発見はしょっちゅうである。城跡を訪れるたび、城跡から教えられること、学ぶことばかりである。そんな城跡は、私にとっては敬意を表すべき対象であり、探訪することを「攻城」「攻略」と表現する気にはなれないのである（あくまでも個人的な考えであるため、くれぐれも誤解なきよう）。

今回も、滋賀県立大学教授・中井均氏に監修をご快諾いただき、各地の城郭研究者・考古学研究者の先生・先輩・仲間たちにご執筆を頂くことができた。また、戎光祥出版株式会社代表取締役の伊藤光祥氏、編集担当の髙木鮎美さんには終始温かいサポートを頂いた。我が城郭談話会会員一同、厚くお礼申し上げたい。

平成二十九年の初夏を感じる土曜日に

城郭談話会を代表して　髙田　徹

執筆者一覧

石川浩治（西尾市教育委員会）
石川美咲（福井県立一乗谷朝倉氏遺跡資料館）
伊藤俊治（和歌山城郭調査研究会）
伊藤徳也（三重県立飯南高等学校）
内野和彦（城郭談話会）
遠藤啓輔（尼崎市立文化財収蔵庫）
岡本　健（同志社大学）
荻　能幸（城郭談話会）
金松　誠（城郭談話会）
河本愛輝（滋賀県立大学大学院）
北畠　俊（城郭談話会）
小谷徳彦（甲賀市教育委員会事務局　歴史文化財課）
小林裕季（公益財団法人滋賀県文化財保護協会）
坂井尚登（国土交通省　国土地理院）
佐伯哲也（北陸城郭研究会　会長）
周藤匡範（城郭談話会）
白石博則（和歌山城郭調査研究会）
新谷和之（和歌山市和歌山城整備企画課）
関口和也（城郭研究家）
髙田　徹（城郭談話会）
高橋成計（城郭談話会）
髙橋順之（米原市教育委員会）
多田暢久（姫路市立城郭研究室）
谷　允伸（城郭談話会）
寺岡光三（伊賀中世城郭研究会）
中井　均（滋賀県立大学人間文化学部教授）
永惠裕和（兵庫県教育委員会）
中川貴皓（知立市教育委員会）
中口孝行（和歌山城郭調査研究会）
中西裕樹（高槻市立しろあと歴史館）
成瀬匡章（森と水の源流館）
西尾孝昌（城郭談話会）
野田　理（和歌山城郭調査研究会）
福永清治（城郭談話会）
藤岡英礼（城郭談話会／栗東市教育委員会）
馬部隆弘（大阪大谷大学専任講師）
廣富亮太（龍谷大学大学院）
振角卓哉（日野町教育委員会）
堀口健弐（吹田市教育委員会　文化財保護課）
水島大二（元、和歌山県立高等学校教諭）
三宅　勝（城郭談話会）
宮﨑雅充（高島市教育委員会　文化財課）
宮田逸民（城郭談話会）
山﨑敏昭（城郭談話会／ひとはく地域研究員）
吉澤雅嘉（城郭談話会）
渡瀬敏文（和歌山城郭調査研究会）

【監修者略歴】

中井　均（なかい・ひとし）

1955年、大阪府生まれ。龍谷大学文学部史学科卒業。公益財団法人滋賀県文化財保護協会、米原市教育委員会、長浜城歴史博物館館長を経て、現在、滋賀県立大学人間文化学部教授。また、ＮＰＯ法人城郭遺産による街づくり協議会理事長として、全国のまちづくりにも関わる。専門は日本考古学で、特に中・近世城郭の研究、近世大名墓の研究。主な著書は『城館調査の手引き』（山川出版社、2016年）、『歴史家の城歩き』（共著・高志書院、2016年）、『近世城郭の考古学入門』（編著・高志書院、2017年）など。

【編者紹介】

城郭談話会（じょうかくだんわかい）

昭和59年創会。関西を中心とした在野の城郭研究会。毎月第2土曜日に、大阪府高槻市内にて例会開催。主な編著は『筒井城総合調査報告書』（大和郡山市教育委員会と共著）、『倭城の研究』1～6、『図解 近畿の城郭』Ⅰ～Ⅲ（戎光祥出版、2014～2016年）、『但馬竹田城』（戎光祥出版、2016年）、『淡路洲本城』（戎光祥出版、2017年）など。

装丁：川本　要

図解《ずかい》 近畿《きんき》の城郭《じょうかく》Ⅳ

二〇一七年八月一〇日　初版初刷発行

監修者　中井　均

編　者　城郭談話会

発行者　伊藤光祥

発行所　戎光祥出版株式会社

東京都千代田区麹町一―七

相互半蔵門ビル八階

電　話　〇三―五二七五―三三六一㈹

ＦＡＸ　〇三―五二七五―三三六五

編集協力　株式会社イズシエ・コーポレーション

印刷・製本　モリモト印刷株式会社

http://www.ebisukosyo.co.jp

info@ebisukosyo.co.jp

© Jokaku Danwakai 2017

ISBN978-4-86403-256-8

図解 近畿の城郭Ⅰ～Ⅳ 〈以下続刊〉
6府県の城郭史上で最重要な山城・城館を解説。
中井 均 監修／城郭談話会 編
●5800円～6500円＋税

富原文庫蔵 陸軍省城絵図 ―明治五年の全国城郭存廃調査記録
所在不明であった城郭絵図124枚をオールカラーで一挙公開。
●9800円＋税

シリーズ・城郭研究の新展開 〈以下続刊〉

第1巻 但馬竹田城 ―雲海に浮かぶ天空の山城
縄張り・石垣・出土遺物・空間構造・城下町など最新の成果。
城郭談話会 編
●3200円＋税

第2巻 淡路洲本城 ―大阪湾を見下ろす総石垣の山城
日本で三例の登り石垣や縄張り、出土遺物等、多角的に検討。
城郭談話会 編
●3600円＋税

第3巻 三河岡崎城 〈2017年9月刊行予定〉
愛知中世城郭研究会 編
●予価3600円＋税

図説 日本の城郭シリーズ 〈以下続刊〉

第1巻 神奈川中世城郭図鑑
研究の最前線を担う執筆陣が100の城跡の通説を徹底検証。
西股総生・松岡進・田嶌貴久美 著
●2600円＋税

第2巻 大阪府中世城館事典
研究史上重要な116城館を680点もの図版・写真で解説。
中西裕樹 著
●2700円＋税

第3巻 宮坂武男と歩く 戦国信濃の城郭
真田氏や武田信玄との攻防で名高い長野を代表する60城を厳選。
宮坂武男 著
●2600円＋税

第4巻 築城の名手 藤堂高虎
〝築城三名人〟の一人と称されたその生涯と築城術を総覧。
福井健二 著
●2200円＋税

第5巻 戦国の北陸動乱と城郭 〈2017年8月刊行予定〉
佐伯哲也 著
●予価2500円＋税

縄張図・断面図・鳥瞰図で見る
信濃の山城と館 〈全8巻〉
1 佐久編
2 更埴・長野編
3 上田・小県編
4 松本・塩尻・筑摩編
5 上伊那編
6 諏訪・下伊那編
7 安曇・木曽編
8 水内・高井・補遺編
宮坂武男 著
●7300円～8200円＋税

縄張図・断面図・鳥瞰図で見る
甲斐の山城と館 〈上巻〉北部・中部編
宮坂武男 著
●7500円＋税

縄張図・断面図・鳥瞰図で見る
甲斐の山城と館 〈下巻〉東部・南部編
宮坂武男 著
●7800円＋税

信濃をめぐる境目の山城と館 〈上野編〉
宮坂武男 著
●6400円＋税

信濃をめぐる境目の山城と館 〈美濃・飛騨・三河・遠江編〉
宮坂武男 著
●8000円＋税

飯盛山城と三好長慶
〝戦国おおさか〟を舞台とした三好一族興亡の歴史と知られざる城館の姿。
仁木宏・中井均・中西裕樹・NPO法人摂河泉地域文化研究所 編
●2400円＋税

シリーズ・実像に迫る 〈オールカラーブックレット〉 ●各巻1500円＋税

003
長野業政と箕輪城
主家再興に賭けた人生を新たな視点で書き下ろす。
久保田順一 著

009
松永久秀
くつがえされる悪人のイメージ。信貴山城での〝爆死事件〟の真相は？
金松 誠 著

010
荒木村重
信長を裏切り、長きにわたる籠城戦の果てに描いた未来とは？
天野忠幸 著